Alexandra Frank
Mirko Kaupat
Günther Schäfer

Baltikum

„Zeit macht aus einem Gerstenkorn eine Kanne Bier"
Lettisches Sprichwort

Impressum

Alexandra Frank, Mirko Kaupat, Günther Schäfer
REISE KNOW-HOW Baltikum

erschienen im
REISE KNOW-HOW Verlag Peter Rump GmbH
Osnabrücker Str. 79, 33649 Bielefeld

© REISE KNOW-HOW Verlag Peter Rump GmbH 2012, 2014
**3., neu bearbeitete und komplett aktualisierte
Auflage 2017**
Teile des Buchinhalts sind den Büchern „Estland", „Lettland" und „Litauen", erschienen im REISE KNOW-HOW Verlag, entnommen. Die Aktualisierung des Estland-Teils dieser Auflage ist von Thorsten Altheide und Heli Rahkema.

Alle Rechte vorbehalten.

Gestaltung
Umschlag: G. Pawlak, P. Rump (Layout);
    Svenja Lutterbeck (Realisierung)
Inhalt: Günter Pawlak (Layout);
    Svenja Lutterbeck (Realisierung)
Fotonachweis: Günther Schäfer (gs), Mirko Kaupat (mk),
    Thorsten Altheide (ta), Heli Rahkema (hr), Alexandra
    Frank (af), www.fotolia.com ©Andrea Seemann
Titelfoto: Thorsten Altheide
    (Motiv: An der Nordküste der Insel Vormsi in Estland)
Karten: Catherine Raisin, Thomas Buri,
    world mapping project™

Lektorat: Caroline Tiemann
Aktualisierung: Katja Schmelzer

Druck und Bindung: Media-Print, Paderborn

ISBN 978-3-8317-2915-9
Printed in Germany

Dieses Buch ist erhältlich in jeder Buchhandlung
Deutschlands, der Schweiz, Österreichs, Belgiens
und der Niederlande. Bitte informieren Sie Ihren Buchhändler über folgende Bezugsadressen:
Deutschland
    Prolit GmbH, Postfach 9, D-35461 Fernwald (Annerod)
    sowie alle Barsortimente
Schweiz
    AVA Verlagsauslieferung AG
    Postfach 27, CH-8910 Affoltern
Österreich
    Mohr Morawa Buchvertrieb GmbH
    Sulzengasse 2, A-1230 Wien
Niederlande, Belgien
    Willems Adventure, www.willemsadventure.nl

Wer im Buchhandel trotzdem kein Glück hat,
bekommt unsere Bücher auch über unseren
Büchershop im Internet: www.reise-know-how.de

213le mk

Alexandra Frank
Mirko Kaupat
Günther Schäfer

BALTIKUM

Bequem einkaufen
im Verlagsshop

Oder Freund auf
Facebook werden

Vorwort

Estland, Lettland und Litauen – die baltischen Länder sind seit einigen Jahren ein beliebtes Reiseziel. Mit einer jeweils eigenen Sprache, Kultur und Geschichte bieten die selbstständigen Staaten an der Ostsee, seit 2004 Mitglieder der EU, genügend unterschiedliche Facetten, um zu einer ausgedehnten Rundreise einzuladen: die quirligen Hauptstädte Tallinn, Riga und Vilnius mit einer lebhaften Kulturszene, alte Schlösser, Burgen und Gutshöfe, barocke Kirchen und historische Provinzstädtchen. Die unvergleichliche Kurische Nehrung mit den größten Dünen Europas ist als UNESCO-Welterbe geschützt und auch die großen estnischen Inseln Saaremaa und Hiiumaa lohnen den Besuch. Es locken die wilde Ostseeküste und herrliche See- und Flusslandschaften zu Badevergnügen und erlebnisreichen Touren. Erholungssuchende können sich in traditionsreichen Kur- und Badeorten verwöhnen lassen.

Ob mit dem eigenen Auto oder Wohnmobil, per Mietwagen, Fahrrad, Zug oder Bus, per Kajak auf einem der wunderschönen Flüsse oder zu Pferde: Dieser Reiseführer liefert die nötigen praktischen Informationen, um das komplette Baltikum auf eigene Faust zu erkunden. Mit zahlreichen Tipps und Anregungen soll er Reisenden helfen,

⊡ In Estland

die drei Länder in all ihrer Unterschiedlichkeit zu entdecken und zu erleben. Ausflugsvorschläge, Stadtrundgänge, Übernachtungs- und Restaurantempfehlungen für jeden Geschmack und Geldbeutel werden ergänzt durch umfangreiche Hintergrundinformationen zu Geschichte, Kultur, Natur und Traditionen sowie Exkursen zu verschiedenen landestypischen Themen.

Für dieses Buch wurden Teile aus den Reiseführern „Estland", „Lettland" und „Litauen", die im Reise Know-How Verlag erschienen sind, zusammengefügt. Alle wichtigen Orte und Sehenswürdigkeiten sind in diesen Titel eingeflossen, viele weitere, weniger bekannte Attraktionen sind ebenfalls, zum Teil in leicht

gekürzter Fassung, berücksichtigt worden. Die Auswahl der beschriebenen Orte ist eine umfassende Zusammenstellung der Highlights aller drei Länder und liefert für eine mehrwöchige Rundreise reichlich Material. Sollte man bestimmte Regionen in Litauen intensiver erkunden wollen, ist es sinnvoll, sich den aktuellen Einzelband zuzulegen (die Einzelbände „Lettland" und „Estland" werden nicht mehr aufgelegt). Doch auch in diesem Band werden zahlreiche kleine Sehenswürdigkeiten abseits der üblichen touristischen Pfade beschrieben, die oftmals erstaunlich nahe an den bekannten Hauptrouten liegen. So werden auch Baltikum-Kenner darin viel Neues entdecken.

999b ta

Inhalt

1 Litauen   14

1a Vilnius und der Südosten   19

1b Kaunas und der Südwesten   102

1c Klaipėda und die Ostseeküste   154

1d Im Norden und Osten   225

2 Lettland   252

2a Riga und Umgebung   257

2b Vidzeme – der Norden   330

Hinweise zur Benutzung dieses Buches

1 Die **farbigen Nummern** in den „Praktischen Tipps" der Ortsbeschreibungen verweisen auf den jeweiligen **Karteneintrag.**

Der Schmetterling …
… zeigt an, wo man besonders gut Natur erleben kann oder Angebote im Bereich des nachhaltigen Tourismus findet.

MEIN TIPP: …
… steht für spezielle Empfehlungen der Autoren: abseits der Hauptpfade, persönlicher Geschmack.

Nicht verpassen!
Die Highlights der Region erkennt man an der **gelben Hinterlegung.**

5 Land und Leute 856

6 Anhang 916

Exkurse

▷▷ Auf dem Tallinner Rathausplatz

Karten

Stadtpläne

Übersichtskarten

Thematische Karten

Preiskategorien der Unterkünfte

Die **in den Ortsbeschreibungen** aufgeführten Unterkünfte sind in folgende Preisklassen unterteilt. Der Preis gilt für **zwei Personen im Standard-Doppelzimmer in der Hauptsaison,** sofern nicht anders angegeben. Dies dient nur zur Orientierung, was das Preisniveau anbelangt, und entspricht nicht etwa dem Qualitäts-Sternesystem.

Estland und Litauen

bis 40 Euro	①
40–70 Euro	②
70–100 Euro	③
100–140 Euro	④
ab 140 Euro aufwärts	⑤

Lettland

unter 50 Euro	①
50–100 Euro	②
100–150 Euro	③
über 150 Euro	④

Die Länder im Überblick

1 Litauen | 14

Litauen ist mit seinen knapp 3 Millionen Einwohnern schon das Schwergewicht unter den baltischen Ländern. Die gegenüber Lettland und Estland eigenständige Geschichte und katholische Prägung des Landes hat zahlreiche sichtbare Spuren hinterlassen. Die Hauptstadt **Vilnius (S. 19)** mit ihren schönen Barockkirchen ist denn auch eher mitteleuropäisch als baltisch geprägt. Schließlich liegt **die Mitte Europas** in Litauen **(S. 86)**! In direkter Nachbarschaft zur Hauptstadt gehört sicher die romantische **Wasserburg Trakai (S. 88)** zum Pflichtprogramm eines Litauenbesuchs. Ein Höhepunkt für Naturfreunde ist eine Fahrt über die **Kurische Nehrung (S. 187)** mit ihrer eigenwilligen, rauen Schönheit. Unter den Städten steht die alte Hauptstadt **Kaunas (S. 103)** zu Unrecht etwas im Schatten von Vilnius – die charmante Stadt am Zusammenfluss von Memel und Neris ist einen Stopp wert.

2 Lettland | 252

Die Westküste Lettlands bietet einen der **längsten und ursprünglichsten Sandstrände Europas (S. 429)**, historische Altstädte wie die von **Kuldiga (S. 403)** oder **Cēsis (S. 332)**

schicken den Besucher für eine Weile zurück ins Mittelalter, naturbelassene Flüsse wie die **Gauja (S. 346)** und die Salaca locken Kanuten an, Nationalparks wie in **Pape (S. 399)** lassen einzigartige Begegnungen mit einer seltenen Pflanzen- und Tierwelt zu. Dazu bietet dieser kleine baltische Staat mit knapp zwei Millionen Einwohnern eine unglaubliche Vielzahl an romantischen, herrschaftlichen und schmuckvollen Burgen, Schlössern und Gutshäusern mit einer reichen Vergangenheit. All dies wäre schon mehr als eine Reise wert, doch da ist natürlich noch das herausragende **Riga (S. 256)** mit seiner historischen Altstadt und seinem Jugendstil-Ensemble.

3 Estland | 492

Estland, das kleinste und am dünnsten besiedelte der drei baltischen Länder, ist am stärksten nordisch geprägt. Weite, karge Landschaften, Moore, eine vielfältige Küste und zahlreiche Inseln prägen die Natur. Die sehenswerte Insel **Saaremaa (S. 740)** ist immerhin die viertgrößte der Ostsee. Der **Lahemaa-Nationalpark (S. 561)** an der estnischen Nordküste vereint landschaftliche Schönheit mit dem kulturellen Erbe des Landes. Prächtige Gutshöfe wie **Palmse (S. 564)** zeugen von der langen Geschichte der deutschbaltischen Besiedlung, den historischen Verbindungen nach Schweden und ins Zarenreich. Unter den Städten ragt **Tallinn (S. 497)** mit seiner einzigartigen historischen Altstadt und als Zentrum der dynamischen estnischen Wirtschaft hervor. Doch auch die gemütliche Universitätsstadt **Tartu (S. 613)** und die elegante Sommerhauptstadt **Pärnu (S. 683)** sollten Teil einer Estlandreise sein.

1 Litauen

Verlockende Gründe, Litauen zu besuchen, gibt es genug: Vilnius mit seiner prächtigen Altstadt, die Kurische Nehrung, Kaunas oder der geografische Mittelpunkt Europas. Neben seinen historischen Stätten bietet Litauen eine reiche kulturelle Vielfalt und wunderschöne, teilweise fast unberührte Landschaften.

◁ Matrjoschkas und Bernstein – die beliebtesten Souvenirs

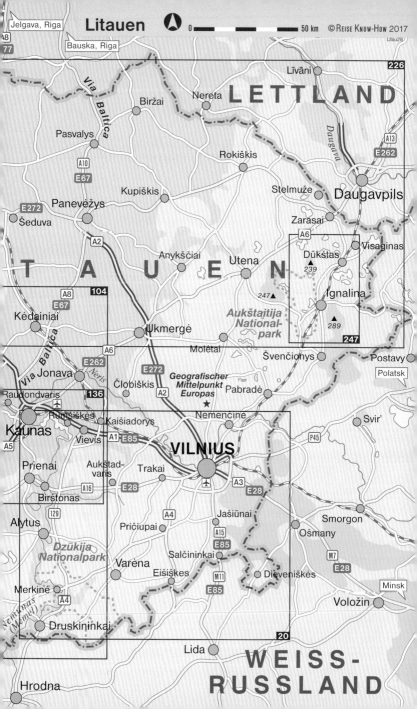

Diese Tipps erkennt man an der gelben Hinterlegung.

◁ Die Kathedrale mit dem Großfürstenpalast (rechts) und der Gediminas-Statue

1a

VILNIUS UND DER SÜDOSTEN

Die Hauptstadt Litauens ist aufgrund der Vielzahl und Vielfalt ihrer Sehenswürdigkeiten immer eine Reise wert. Wegen der prachtvollen Meisterwerke der Baukunst verschiedener Stile in der **größten Altstadt Osteuropas,** die zum UNESCO-Weltkulturgut zählt, wird Vilnius auch als „das Neue Prag", aber auch „Rom des Nordens", „Perle des Barock" und „Stadt der Kirchen" bezeichnet.

Die Hauptstadt

Die **Silhouette** von Vilnius wird sowohl von den Glockentürmen der mehr als 30 katholischen Kirchen und 40 Klöster als auch von den Zwiebeltürmen der orthodoxen Kirchen geprägt. **Zeichen der religiösen Toleranz** sind auch Gebetshäuser anderer Religionen. Früher hieß es sogar, dass es unmöglich war, weniger als drei Kirchen zu sehen, egal in welche Richtung man schaute.

Die Stadt ist eingebettet in die **bewaldete Hügellandschaft** mit schönen Panoramablicken vor allem entlang des Flusses Neris. Rund 46 % der Stadtfläche sind von **Parks** und **Grünanlagen** bedeckt, zwei Landschaftsschutzgebiete tangieren den Stadtrand. Aber Vilnius ist nicht nur die grünste Hauptstadt des Baltikums, sondern für viele auch **die schönste** und aufgrund der Vielzahl der

kulturellen Veranstaltungen, dem großen Angebot an Gastronomiebetrieben
und wegen des Nachtlebens auch **die
pulsierendste.** Schon seit dem 15. Jh. ist
sie ein **multikultureller Treffpunkt zwischen Ost und West.** Es gibt viele Theater, Konzertsäle, Galerien und Museen.
Hat Rom den unabhängigen Staat Vatikan auf seinem Territorium, so hat Vilnius die mehr oder weniger unabhängige **Republik Užupis,** ein Künstlerviertel.
Mit dem Sitz von Regierung, Parlament
und Präsident, der Botschaften und Banken, ist Vilnius auch das wirtschaftliche,
administrative und politische **Zentrum**

Litauens und seit jeher ein **Schmelzti-
gel der Nationalitäten.** Die landesweit
größte Stadt zählt etwa 523.000 Einwohner. Sie liegt im Südosten des Landes,
nur 33 km von Weißrussland entfernt.

Die Hauptstadt entstand an der Einmündung des Flüsschens **Vilnia** („Wel-
le"), dem die sie ihren Namen verdankt,
in die **Neris,** welche die Stadt in drei
Schleifen durchquert.

Das **Finanz- und Geschäftszentrum**
am nördlichen Neris-Ufer, mit einigen
neuen futuristisch aussehenden Hoch-
häusern, ist ein gutes Beispiel der aufstrebenden Entwicklung der Stadt.

Stadtgeschichte

Der Legende zufolge soll Fürst *Gediminas* (1316–41), inspiriert durch einen Traum, die Stadt gegründet haben. Tatsächlich war die Gegend an der Einmündung der Vilnia in die Neris bereits in **vorgeschichtlicher Zeit** besiedelt; die mehr als 7 m tiefe Kulturschicht am Fuß des Gediminas-Hügels reicht bis ins 4. Jahrtausend v. Chr. zurück. Aus mehreren kleineren Siedlungen ging dann im 7. Jh. n. Chr. eine Stadt hervor, die sich vom 9. bis 13. Jh. als **Handelszentrum** entwickelte. Vom 10. bis 13. Jh. stand auf dem Hügel eine **Holzburg,** 1251 ließ König *Mindaugas* an der Stelle der heutigen Kathedrale eine Kirche erbauen.

Erstmals schriftlich erwähnt wurde Vilnius, hier prallen Legende und historische Überlieferung aufeinander, durch die berühmte **Botschaft des Gediminas** aus dem Jahre 1323, mit der sich der Großfürst an die Hansestädte, viele europäische Fürsten und sogar an den Papst wandte. Um seine „neugegründete" **Hauptstadt** aufzubauen, rief er Siedler, Kaufleute, Handwerker und Baumeister nach Vilnius und versprach ihnen Land und allerlei Vergünstigungen. Das litauische Heidentum war damals überaus **tolerant.** So wurde **deutschen Kaufleuten** schon 1320 der Bau der Nikolauskirche erlaubt. 1323 gilt als offizielles Gründungsjahr. Die **Obere Burg** wurde aus Holz erbaut, am Fuß des Hügels entstand die **Untere Burg,** auf dem „Berg der Drei Kreuze" (s. u.) die **Schiefe Burg.** Das Territorium der Burgen als selbständiges, urbanes Gebilde war vom 14. bis 16. Jahrhundert das **politische, kulturelle und religiöse Zentrum des Großfürstentums.**

Im Sommer 1365 erreichten die **Kreuzritter** Vilnius, und in den folgenden Jahrzehnten belagerten sie oft die Stadt, letztmals 1402, obwohl 1387 Litauen christianisiert wurde, Vilnius das **Magdeburger Stadtrecht** erhalten hatte, und König *Jogaila* einige Kirchen bauen ließ. Das **Stadtwappen** zeigt den *Hl. Christophorus,* Symbol der Christianisierung, mit dem Jesuskind auf seinen Schultern sowie das Doppelkreuz von *Jogaila;* es wurde Vilnius schon 1330 verliehen, aber bis zur Christianisierung 1377 zeigte das Wappen den Märchenhünen *Alkis,* der seine Frau ebenfalls auf den Schultern über den Fluss trug. Dank der **geschützten Lage** zwischen den zwei Flüssen und den starken Befestigungen der Stadt, schafften es die Ritter bis auf das Niederbrennen der Schiefen und der Unteren Burg nach fünfwöchiger Belagerung im Jahr 1390 nicht, die Stadt zu erobern. Genauso wie es der Traumdeuter geweissagt hatte. Die Ritter versuchten acht Mal die Eroberung, jedes Mal erfolglos, zuletzt 1402.

Deshalb entwickelte sich die neue Hauptstadt rasch. Und nachdem die Kreuzritter 1410 geschlagen worden waren, erlebte Vilnius eine Blüte seiner Macht und nahm wirtschaftliche und kulturelle Beziehungen zu anderen europäischen Städten auf. Ein Großteil der Stadt und der Unteren Burg wurde aber 1419 bzw. 1530 durch **Großbrände** zerstört. 1495 wurden die Goldschmiede- und Schneiderzünfte, dann auch andere **Handwerkerzünfte** gegründet. Im Jahr 1501 wird das **Wasserleitungssystem** in Betrieb genommen.

Da es inzwischen über den Ring seiner natürlichen Schutzwälle hinausgewachsen war und tatarische Reitertruppen die Stadt von Südosten her bedrohten, wurde 1503–22 eine fast 3 km lange und bis zu 12 m hohe **Stadtmauer** mit **10 Toren** und **fünf Türmen** errichtet. Die beiden Burgen wurden in das Verteidigungssystem mit einbezogen. Die Fläche betrug rund 100 Hektar. 1522 wurde Vilnius zu einem der europäischen **Buchdruckerzentren.**

1532 wurde eine hölzerne **Wasserleitung** von den Quellen in Vingriai ins Zentrum gelegt, 1536 war die erste **Steinbrücke** über die Neris fertig. Vilnius wurde während seiner **feudalen Blütezeit** im 16. Jh. mit rund 30.000 Einwohnern zu einer der größten und bedeutendsten Städte Europas. Über die Flüsse hatte man Zugang zur Ostsee und zum Schwarzen Meer. 1562 entstand eine Postverbindung über Krakau und Wien bis nach Venedig; von besonderer Bedeutung war der Handel mit Moskau und Kiev. 1570 wurde das **Jesuitenkolleg** gegründet, aus dem dann 1579 die **Universität** hervorging. Sie war die **erste** Universität im Gebiet der einstigen Sowjetunion und beeinflusste das kulturelle und wissenschaftliche Leben weit über die Grenzen Litauens hinaus.

Durch die Vereinigung Litauens mit Polen in der **Union von Lublin** (1569) verlor Vilnius an Bedeutung. Die Großfürsten residierten in Polen. Vilnius fiel an Bedeutung erst hinter Krakau, dann auch noch hinter Warschau zurück. Es hob sich von anderen Städten durch seine religiöse Toleranz gegenüber vielen Religionen ab; deren Gläubige wohnten meist in bestimmten Stadtbezirken (so lebten die Lutheraner in der Vokiečiú gatvė, der „Deutschen Straße"). 1604 mussten die Calvinisten die Stadt verlassen. Vilnius wurde 1610 von einem

Großbrand heimgesucht und hatte unter der **Besetzung durch Russland** (1655–61) zu leiden. Handel und Handwerk lagen darnieder, die Bevölkerung der Stadt schrumpfte um die Hälfte, die Obere und die Untere Burg wurden zerstört.

Im **Nordischen Krieg** (1700–21) zwischen Russland und Schweden, wechselte Vilnius mehrfach den Besitzer und wurde oft geplündert. Erneut hatte die Stadt unter Bränden zu leiden und wurde 1708–11 von **Hunger- und Pestepidemien** heimgesucht, die allein im Sommer 1710 innerhalb von nur drei Monaten über 30.000 Menschenleben forderten. Die **Großbrände** 1737, 1748 und 1749 zerstörten 12 Kirchen, 15 Paläste und Hunderte von Häusern. In der Zeit des Niedergangs der Republik wurde Vilnius dann zur **Stadt der Kirchen und Klöster.** Mitte des 18. Jh. ließen adlige Mäzene neben prunkvollen Palästen auch 40 Kirchen und 18 Klöster bauen, allesamt im Spätbarockstil. Es erhielt den Namen **Rom des Nordens.**

Bei der **Dritten Polnischen Teilung** von 1795 fiel auch Vilnius an Russland und wurde zur **Hauptstadt** des neuen Gouvernements. Die Wirtschaft erholte sich, Vilnius begann zu wachsen und war 1811 mit 56.000 Einwohnern, nach Moskau und St. Petersburg, die drittgrößte Stadt Russlands. Die Universität erlebte eine neue Blüte.

1812 zog *Napoleon* auf seinem Marsch nach Moskau in Vilnius ein und setzte eine litauische Regierungskommission ein. Wenige Monate später kehrte er mit seinen geschlagenen Truppen zurück, bevor der russische General *Kutuzov* einmarschierte. In Vilnius kamen rund 40.000 Soldaten Napoleons ums Leben, viele davon verhungerten und erfroren. Nach den **Aufständen gegen die Zarenherrschaft** von 1825 und 1831 verstärkte sich die Unterdrückung und Russifizierung. 1832 wurde die Universität geschlossen.

Durch den **Eisenbahnbau** zwischen Warschau und St. Petersburg 1860–1869 kam es zu einem erneuten **Wirtschaftsaufschwung** und die Einwohnerzahl erhöhte sich bis 1897 auf 154.000, davon 64.000 Juden, deren Anzahl bis 1919 sogar auf 100.000 stieg. 1896–1902 wird Vilnius Zentrum der „nationalen Wiedergeburt".

Die Politik spielte sich von 1915 bis heute (außer der Interimszeit 1920–39) vorwiegend in Vilnius ab, sodass hier auf das allgemeine Kapitel „Geschichte" verwiesen sei. In der Sowjetzeit 1945–90 waren 30 der 40 Kirchen und Kapellen von Vilnius geschlossen.

Rund um die Kathedrale

Kathedralenplatz

Der natürliche Ausgangspunkt für einen Rundgang durch Vilnius ist der Kathedralenplatz *(Arkikatedros aikšte),* sowohl zum Besichtigen als auch zum Erleben. Hier schlägt das **Herz von Vilnius,** hier kreuzen sich alle Fäden, hier pulsiert das Leben. Er ist ein beliebter Rendezvous-Platz. Hier fanden 1988–90 viele Kundgebungen im Unabhängigkeitskampf statt. An der Stelle, wo am 23. August 1989 die 595 km lange Menschenkette begann bzw. endete, wurde eine **Platte** mit der Inschrift „Stebuklas" (Wunder)

☑ St.-Anna-Kirche mit der Bernardiner-Kirche

Vilnius und der Südosten

G10ligs

Vilnius

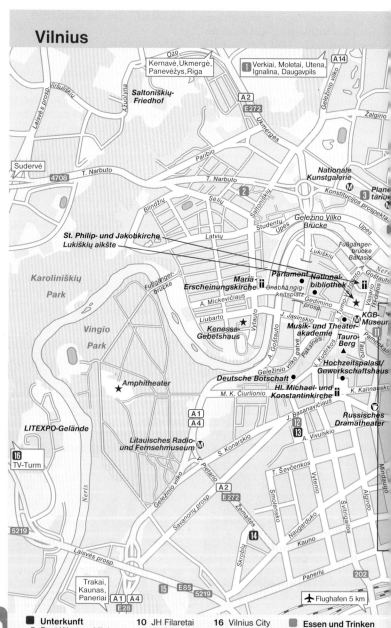

Karoliniškių Park

Vingio Park

LITEXPO-Gelände

Saltoniškių-Friedhof

Suderve

T. Narbuto

T. Narbuto

St. Philip- und Jakobkirche
Lukiškių aikšte

Mariä-Erscheinungskirche
A. Mickevičiaus

Kenessa-Gebetshaus

Amphitheater

TV-Turm

Litauisches Radio-und Fernsehmuseum

Kernavè, Ukmergè, Panevèžys, Riga

Verkiai, Moletai, Utena, Ignalina, Daugpils

Nationale Kunstgalerie

Planetariu

Geležino Vilko Brücke

Parlament
Unabhängigkeitsplatz

National-bibliothek

KGB-Museum

Musik- und Theaterakademie

Tauro Berg

Hochzeitspalast/Gewerkschaftshaus

Deutsche Botschaft

HI. Michael- und Konstantinkirche

Russisches Dramatheater

Trakai, Kaunas, Paneriai

Flughafen 5 km

1a

Unterkunft
5 Best Western Vilnius
9 Saulès Namai

10 JH Filaretai
13 Grata Hotel
14 Žemaitès

16 Vilnius City Camping

Essen und Trinken
8 Marceliukès Klètis
11 Valgykla

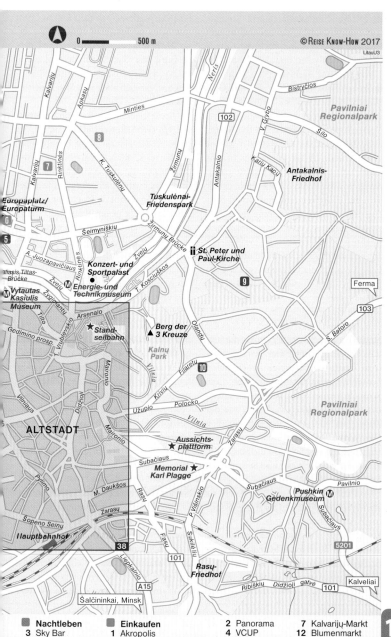

Nachtleben	Einkaufen	2 Panorama	7 Kalvarijų-Markt
3 Sky Bar	1 Akropolis	4 VCUP	12 Blumenmarkt
	Einkaufszentrum, Ozas	6 Europa	15 Laisvės Turas

1a

in den Boden eingelassen. Wer sich etwas wünscht, muss darauf treten, den Wunsch äußern (aber nicht verraten), die Augen schließen und sich dreimal im Uhrzeigersinn drehen. Man findet sie halbwegs zwischen Kathedrale und Glockenturm, die den Platz dominieren und schon von weitem ins Auge fallen.

Der Kathedralenplatz war die **Keimzelle der Stadt.** An der Stelle der Kathedrale befand sich seit ältester vorchristlicher Zeit eine religiöse Kultstätte (s.u.). Rund um die heutige Kathedrale erhob sich zur Blütezeit des Litauischen Reiches die **Untere Burg,** eine befestigte Stadtanlage in Form einer hölzernen Vorburg mit Türmen und Wällen, die am Fuß des Hügels, während die eigentliche Festung, die Obere Burg, auf dem Hügel errichtet wurde. Die **Vilnia** verlief damals aber in einer Schleife westlich um den Burgberg herum, und im Norden strömte die Neris vorbei, sodass die Stadt von drei Seiten her durch die beiden Flüsse geschützt war. An der Ostseite brach der Berg zu einer tiefen Schlucht hin ab. Und indem man diese Schlucht vertiefte und die beiden Flüsse durch einen Graben verband, war der Zugang zu Stadt und Burg nun von allen **vier Seiten** her durch Wasser versperrt. Sichelförmig zog sich also die Stadtanlage um die Nord-, West- und Südseite des Berges herum.

Auf der **Nordseite** am Ufer der Neris standen einst dicht gedrängt die Wohn- und Wirtschaftsgebäude, in denen Handwerker und Kaufleute lebten. Hier stand auch die **Kirche St. Anna** (später St. Barbara), deren Fundamente noch erhalten sind (s.u.). Im 14./15. Jh. wurde der hölzerne Schutzwall durch eine einen Kilometer lange Mauer aus Ziegeln

ersetzt, 9–10 m hoch und 2–3 m breit, mit Toren und über 20 Türmen (darunter der heutige Glockenturm). Die Untere Burg war das kulturelle, politische und administrative und mit der Kathedrale schließlich auch religiöse Zentrum des Landes.

Direkt neben der Kathedrale stand der **14** **Großfürstenpalast.** Im 15. Jh. mussten die Händler und Handwerker in Häuser südlich der Vorburg entlang der Burgstraße und der Handelsstraßen umziehen, wo seit jeher schon die anderen Bürger wohnten. Nach der Zerstörung im Krieg gegen Russland (1655–61) baute man die gesamte Untere Burg nicht mehr auf. Unter der Zarenherrschaft wurden 1801 die meisten historischen Gebäude und der stark verfallene Palast abgetragen, der inzwischen wieder aufgebaut wurde (s.u.).

Unter dem Platz liegen Reste von Steinzeit- und heidnischer Siedlungen. Der westliche Arm der Vilnia wurde zugeschüttet, der östliche Kanal blieb erhalten. Auf dem freien Platz wurden Anfang des 20. Jh. **Märkte** abgehalten, darunter der berühmte Jahrmarkt des *Heiligen Kasimir.* Da der Platz jedoch wiederholt durch Hochwasser der Neris überschwemmt wurde, verlegte man die Märkte bald auf den Lukiškių aikštė. 1938–41 wurde der Kathedralenplatz erhöht und mit Betonplatten ausgelegt, wodurch er sein heutiges Gesicht erhielt. Die dunkleren **Granitplatten** markieren die Lage des früheren dreigeschossigen Haupttors des ehemaligen Bischofspalastes aus dem 14. Jh. (1536 abgebrannt), des Gerichtshofs sowie einer Verteidigungsmauer zwischen dem Glockenturm und dem Neuen Arsenal. **Weitere Überbleibsel** der Unteren Burg sind der untere Teil des Glockenturms sowie Gebäudeteile des Alten und Neuen Arsenals, das Haus des Burgvogts und Teile der Verteidigungsmauer (s. u.).

Auf dem südöstlichen Teil des Platzes hinter dem ehemaligen Haupttorsteht eine 🆗 **Reiterstatue von Großfürst Gediminas**. Obwohl er nie ein Krieger war, hält er ein Schwert in der Hand, was den Unwillen vieler Einwohner hervorrief. Auf dem Sockel in traditionellem Stil sind Reliefs von den anderen Großfürsten *Vytautas, Kestutis, Algirdas* und *Jogaila* sowie der „Eiserne Wolf".

Geschichte der Kathedrale

Die Hl.-Stanislaw-und-Hl.-Władislaw-Kathedrale, die Hauptkirche Litauens und seit 1922 eine erzbischöfliche Basilika, steht an der Stelle eines heidnischen **Kultplatzes,** vermutlich dem Perkūnas-Tempel mit dem „Ewigen Feuer".

Die **erste litauische Kirche** wurde hier 1251 im romanischen Stil unter dem späteren König *Mindaugas* im Zusammenhang mit seiner Taufe aus Holz errichtet, nach seinem Tod 1263 jedoch in einen heidnischen Tempel umgewandelt. Großfürst *Jogaila* ließ 1387–88, als die Litauer den christlichen Glauben angenommen hatten, diesen abreißen und auf den Fundamenten der Mindaugas-Kirche eine **Steinkirche** im gotischen Stil mit fünf Kapellen bauen, von der 1985 die nördliche Mauer mit gotischen Fresken entdeckt wurde.

Nach einem Brand im Jahre 1419 wurde das Gotteshaus unter Fürst *Vytautas* ebenfalls im gotischen Stil, aber größer und im Stil norddeutscher Kirchenbauten wiederaufgebaut.

In den folgenden Jahrhunderten wurde der Dom durch eine Reihe von **Bränden** zerstört und jedes Mal in einem anderen Stil wieder erneuert: 1530 im Geist der italienischen Renaissance mit Fresken, 1610 im Barockstil. 1666 wurden die schmalen gotischen Fenster verbreitert. Mitte des 18. Jh. entstanden Risse in der Westfassade, und 1769 stürzte einer der Türme ein. Das Gotteshaus wurde wegen Baufälligkeit geschlossen.

Ihr heutiges Gesicht erhielt die Kathedrale schließlich ab 1783 unter dem Architekten *Laurynas Stuoka-Gucevičius* (1753–98), der mit ganzem Herzen für den Klassizismus schwärmte (sein Denkmal steht südwestlich der Kathedrale in der nach ihm benannten Straße, s. u.). Er beließ nur den Grundriss und konstruierte das Äußere des im Kern immer noch gotisch geprägten Baus von Grund auf neu: klassisch-streng und mit ausgewogenen Proportionen. Von dem früheren Bauwerk ist außer dem *gotischen* Innenraum und den frühbarocken Kapellen (die Kasimir-Kapelle und die gegenüberliegende Sakristei) nichts erhalten geblieben. Nach dem Tode von *Stuoka-Gucevičius* wurden die Arbeiten 1801 vom Architekten *Michael Schulz* beendet.

Aus der mittelalterlichen Kirche war ein Bauwerk geworden, das nicht mehr wie eine Kirche, sondern wie ein **griechischer Tempel** wirkte. Unter sowjetischer Herrschaft wurde die Kathedrale 1956 vollends verweltlicht und als Kunstmuseum und Konzerthalle genutzt – ein weniger schlimmes Schicksal, da 15 der 20 Kirchen in der Altstadt als Lagerhäuser missbraucht wurden. 1988 gab der Staat das Bauwerk an die katholische Kirche zurück, sie wurde am 5. Februar

1989 neu geweiht. Die sterblichen Überreste des Heiligen *Kasimir* wurden aus der St.-Peter-und-Paul-Kirche (s.u.) zurück in die Kathedrale überführt. Heute dient das Gotteshaus wieder als **erzbischöfliche Kathedrale.** 1993 wurde sie von Papst *Johannes II.* besucht.

⓯ Die Kathedrale

Beeindruckend ist die majestätische **Säulenhalle der Westfassade** mit ihren 20 m hohen sechs dorischen Säulen. In den Nischen stehen große **Barockstatuen,** welche die vier Evangelisten, flankiert von Moses und Abraham, darstellen. Das **Giebelrelief** zeigt Noahs Familie beim Dankopfer für die Rettung vor der Sintflut. 1996 wurden die unter dem Regime Stalins 1950 zerstörten hölzernen **Figuren der drei Heiligen** *Stanislav, Kasimir* und *Helene* als rund 5 m hohe Replikas aus Blech auf der Kathedrale wieder aufgestellt und sind von weither sichtbar, insbesondere die **Hl. Helene** mit einem 9 m langen goldenen Kreuz in der Hand. Auch die **Nord- und Südfassaden** werden von sechs dorischen Säulen getragen, wobei in den Nischen der Nordkolonnade Rokoko-Figuren von Aposteln und Heiligen, auf der Südseite Rokoko-Figuren litauischer Fürsten stehen. Im **Inneren** teilen zwei Reihen mächtiger viereckiger Säulen den Raum in drei gleichhohe Schiffe. Beeindruckend sind der Hauptaltar, die kostbare Tabernakeltür, (1625 von Augsburger Goldschmieden geschaffen), die rund 40 Bilder und Fresken vom 16.–19. Jh., die Skulpturen und die dekorativen Grabplatten vieler Persönlichkeiten. In den Seitenschiffen befinden sich elf Kapellen, unter denen die **Kapelle des Heiligen Kasimir** das Prunkstück und künstlerisch am wertvollsten ist. Die Kapelle im Stil des frühen Barock (1623–36) befindet sich im südöstlichen Teil der Kathedrale (also vom Portal aus rechts hinten) und wurde zu Ehren des Nationalheiligen *Kazimieras* (= Kasimir) erbaut.

◁ Die „lächelnde Madonna" in der Kathedrale von Vilnius, darüber der Heilige Kasimir

1a

Seine Reliquien sind in dem **Silber-sarg** aufbewahrt. Das Bildnis über dem Sarg von 1521 zeigt ihn mit drei Händen, laut einer Legende ein Wunder. Unter dem Sarg sieht man ein Stukkorelief vom 17. Jh., die „**Lächelnde Madonna**" mit dem Jesuskind. Die Kapelle ist u.a. mit Sandstein, schwarzem Marmor, braunem Granit und weißen Stukkofiguren reich verziert. **Fresken** an der Kuppel und den Wänden der Kapelle zeigen Szenen aus dem Leben des Heiligen Kasimir. Als besonders wertvoll gelten die beiden großen Fresken an den Seitenwänden, die die „Graböffnung" (nach 120 Jahren war sein Körper nicht verwest) und das „Wunder am Grab des Heiligen Kasimir" (ein totes Mädchen stand wieder auf) zeigen. An die Einweihung der Kapelle erinnert eine beeindruckende **Gedenktafel** mit dem Wappen des Doppelreichs Polen-Litauen. Die acht versilberten **Holzfiguren** in den Wandnischen stellen litauische Großfürsten dar. Die Kapelle war über eine versteckte Galerie im oberen Stock mit dem Großfürstenpalast verbunden. Der Balkon, wo das Fürstenpaar gewöhnlich saß, ist über dem Eingang zur Kapelle.

Rechts von ihm ist der Eingang zu den **unterirdischen Krypten** und zum unterirdischen **königlichen Mausoleum** mit den Überresten von litauischen Großfürsten und polnischen Königen, darunter *Vytautas der Große* (1430), seine Frau *Ono* (1418), sein Bruder *Keštutaitis* (1440), *Švritigaila* (1452), *Alexander Jogailaitis* (1506) sowie die zwei Ehefrauen von König *Sigismund August II.*, *Elisabeth von Habsburg* (1545) und *Barbora Radvilaitė* (1551) mitsamt Krone. Außerdem die Urne mit dem Herzen des litauischen Großfürsten und polnischen

Königs *Władisław IV. Waza* (1648). In den unterirdischen Räumen aus dem 12. Jh. sind auch die Fundamente der heidnischen Tempel, der Fußboden der Kirche von König *Mindaugas* (1251), Überreste der Kirche von 1387, das älteste litauische Fresko (die Kreuzigung Jesu aus dem 14. Jh.) sowie die Krypten vieler Persönlichkeiten und Priester der Kathedrale zu sehen (www.bpmuziejus.lt, Mo–Sa 10–17 Uhr, Kombiticket mit Museum des Kirchenerbes und Glockenturm möglich). Andere sehenswerte **überirdische Kapellen** sind u.a. die Kapelle Goštautų des Kanzlers Goštautas mit seinem Marmorgrabmal von 1640, die Renaissance-Kapelle Valavičių von 1631 sowie die Renaissance-Kapelle von Bischof *Alšėniškis* von 1550 mit dem wundertätigen Bild „Die Hl. Jungfrau Maria" von 1750 (die dritte Kapelle rechts vom Portal).

Im März 1985 wurden in den Wänden der Kathedrale wertvolle **Juwelen** sowie **Gold- und Silberschätze** vom 13.–16. Jh. gefunden. Aus Angst, dass die Sowjets den Schatz okkupieren, wurde er 13 Jahre lang versteckt, und erst im Juli 1998 wurde der Fund öffentlich bekannt gegeben. Die 270 religiösen Gegenstände (Monstranzen etc.) im heutigen Wert von mehr als 10 Millionen Euro wurden im Jahr 1655 vor dem Ansturm der Russen hier versteckt. Sie sind heute im Museum des Kirchenerbes zu sehen.

15 Glockenturm

Vor der Kathedrale erhebt sich der Glockenturm, der sich aus verschiedenen Teilen aus **unterschiedlichen Epochen** zusammensetzt – erst viereckig, dann

scharten. Dieser Teil stammt aus dem 14. Jh. und war ein Turm in der Stadtmauer um die Untere Burg. Der **achteckige,** zweistöckige Aufbau mit den hohen Fenstern wurde 1522–24 gebaut. Ende des 16. Jh. folgte das letzte Stockwerk für die Uhr, die aber erst 1803 eingebaut wurde. Auf diesen Unterbau wurde 1893 eine 8 m hohe Spitze aus Blech gesetzt. Insgesamt ist der sichtbare Teil des Turmes 52 m hoch, oder sogar 57 m, wenn man das Kreuz mit der vergoldeten Kugel an seiner Spitze mitrechnet.

Die **Turmuhr** aus dem 17. Jh. wiegt fast eine Dreivierteltonne. Die vier vergoldeten **Zifferblätter** mit je 2 m Durchmesser rings um den Turm haben keine Minutenzeiger, weshalb alle 15 Minuten die Glocken schlagen. Zu den zehn Messingglocken aus dem 16.–18. Jh. von deutschen und holländischen Meistern kamen im Jahre 2002 sechs weitere hinzu, ein Geschenk des Erzbischofs von Köln. Nach über 10 Jahren ist seit 2016 wieder eine **Besteigung des Turms** möglich (Di–Sa 10–19 Uhr, www.bpmuziejus.lt, auch Ausstellung von Glocken und Rekonstruktion). Kombiticket mit den Krypten der Kathedrale und dem Museum des Kirchenerbes möglich.

rund und achteckig. Der viereckige Abschnitt des Turmes ist allerdings nicht sichtbar, da er mehr als 5 m tief unter die Erde in die so genannte „Kulturschicht" reicht. Er soll aus dem 13. Jh. stammen.

Über das heutige Niveau des Platzes erhebt sich das **runde** Geschoss mit bis zu 4 m dicken **Mauern** und **Schieß-**

14 Großfürstenpalast

Der Großfürstenpalast wurde von *Gediminas* im 14. Jh. gebaut und war fast 300 Jahre lang die **wichtigste Residenz** der Großfürsten. Von hier aus wurde das Land regiert, hier wurden auch Gäste und Gesandte aus dem Ausland empfangen. Nach der Zerstörung durch die Kreuzritter 1390, dem Wiederaufbau und dem Großbrand von 1419 ließ *Vy-*

⌃ Der Glockenturm der Kathedrale

1a

tautas den Palast ebenso wie die Kathedrale im gotischen Stil erneut wiederaufbauen.

Mitte bis Ende des 15. Jh. wurde er durch einen steinernen Palast ersetzt. *Sigismund der Ältere* (1506–44) und seine Gattin *Bona Sforza* aus Italien (Details im Kapitel „Kaunas") ließen 1520–30 im Stil der **Renaissance** den Nordflügel anbauen, den Ost- und Südflügel auf drei Stockwerke aufstocken und einen Innenhof anlegen; der Westflügel schloss direkt an die Kathedrale an. Hier gab es u.a. eine Sammlung von unschätzbaren Kostbarkeiten, eine **Bildergalerie** und eine **Bibliothek** mit 4000 Bänden, die später als Basis der Universitätsbibliothek dienten. Der Palast überstand im Gegensatz zum größten Teil der Stadt und der Burg unbeschadet den Großbrand von 1530.

Sigismunds Sohn Großfürst und König von Polen *Sigismund August II.* (1529–72) residierte hier 1544–48 erst mit seiner ersten Ehefrau *Elisabeth von Habsburg,* die 1545 hier verstarb, dann ab 1547 mit seiner zweiten Frau *Barbora Radvilaitė,* die 1551 vergiftet wurde; ihr Denkmal steht auf der Vokiečių gatvė. Der Großfürst konnte sie aufgrund des Widerstands innerhalb des Hofes erst 1547 heiraten, sodass er sie bis dahin im nahegelegenen **22** **Radvila-Palast** auf dem Territorium der Unteren Burg über einen **Geheimgang** in der Nähe des Neuen Arsenals aufsuchte, der kürzlich gefunden wurde. 1562 wurde im Palast die Hochzeit seiner Schwester *Katrin* mit dem Sohn des schwedischen Königs *Gustav Wasa* gefeiert.

Beim Großbrand 1610 wurde der größte Teil der Stadt und der Burg vom Feuer verwüstet; der Palast wurde zwar mit mehr Marmor und Sandstein renoviert, aber seitdem nur noch selten als Residenz benutzt. 1636 fand hier die **erste Opernaufführung** in Litauen statt.

1655–61 wurde er durch die Russen geplündert und verwüstet. 1801 hat man die Reste auf Anordnung des russischen Gouverneurs abgetragen, die Fundamente und Keller später zugeschüttet.

Der **Wiederaufbau** des Palastes im Stil des 16. Jh. begann 2002 und ist 2012 beendet worden. Im Hof sieht man unter Glasplatten alte Mauerwerke. Mehr davon sowie viele Ausstellungsstücke mitsamt einem historischen Abriss findet man auf drei Etagen (Tel. 2620007, www.valdovurumai.lt, Di, Mi, Fr, Sa 10–18, Do 10–20, So 10–16 Uhr).

Burgberg (Gediminas-Hügel)

Rechts am Großfürstenpalast vorbei gelangt man zu dem Weg, der von Süden her auf den 142 m hohen **Pilies kalnas** (Burgberg) hinaufführt. Der Höhenunterschied vom Platz aus beträgt nur 48 m und ist unter schattigen Bäumen rasch überwunden. Man kann auch mit einer **Standseilbahn** hochfahren, die Talstation liegt zwischen Neuem und Altem Arsenal (s.u.) auf der anderen Seite des Hügels (1,50 Euro, einfach 1 Euro, tgl. 10–19 Uhr, Okt.–April Di–So 10–17 Uhr). Das Gelände ist rund um den Fuß des Berges eingezäunt. Das Südtor ist 7–21 Uhr, von Mai bis September 7–23 Uhr geöffnet, die anderen Tore sind meist geschlossen. Von hohen Absätzen wird aufgrund des Kopfsteinpflasters abgeraten.

Der ziegelrote **13** **Gediminas-Turm** auf dem Gipfel mit drei achteckigen Geschossen, die auf einem massiven viereckigen Fundament ruhen, ist das **Wahrzeichen der Stadt** und eine beliebte Pilgerstätte nationaler Identität, da hier am 1. Januar 1919 das erste Mal die **Nationalflagge** wehte. Dieser Anlass wird hier stets am Neujahrsabend gefeiert (s. Exkurs „Staatssymbole"). Die erste Aktion der vielen Okkupanten im Laufe der Geschichte war stets, die eigene Flaggen zu hissen, so die Polen 1920, die Russen 1940, die Deutschen 1941 und wiederum die Russen 1944. Zwischendurch nutzten die Litauer jede Gelegenheit, die eigene Flagge aufzuziehen. Am 7.10.1988 wurde hier dann lange vor der Unabhängigkeit die Nationalflagge gehisst.

Hier oben fand man in einer 6 m tiefen Kulturschicht **Siedlungsreste** von 500 v. Chr. mit Holzbauten, Waffen etc., auch einen Verteidigungs- und einen heidnischen Kultplatz mit einem vorchristlichen **Observatorium** ähnlich wie in Palanga. Auch im 5./6. Jh. gab es hier eine Siedlung. *Gediminas* soll 1323 die

☑ Der Gediminas-Turm auf dem Burgberg

Vilnius und der Südosten

Obere Burg aus Holz errichtet haben, obwohl hier schon ab dem 10. Jh. eine Holzburg gestanden haben soll, die auch den Angriffen der Ordensritter widerstand. Zu jener Zeit war der Hügel noch unbewaldet, von ihm floss Wasser aus Trinkwasserquellen. Nach dem Brand von 1419 ließ *Vytautas* eine **gotische Burg** aus rotem Backstein errichten, geschützt durch eine 320 m lange Wehrmauer mit einem Tor sowie drei dreistöckigen Schutztürmen im Süden, Westen und Norden. Im Osten lag der zweistöckige **Palast** mit einem Thronsaal. Zwischen ihm und dem Nordturm stand die Kapelle des Hl. Martin. Mitte des 15. Jh. verlor die Burg ihre Funktion als Wehranlage, wurde ein Arsenal und ab 1610 das Staatsgefängnis. Während der russischen Besetzung (1655–61) wurde die Burg zerstört. 1930 wurde der **Westturm** als heutiger Gediminas-Turm restauriert; er war aber ursprünglich vierstöckig. Zu sehen sind auch noch Teile des Palastes, des Südturms, der Wehrmauer und der Kapelle. Im Gediminas-Turm ist das **13 Obere Burgmuseum** untergebracht, mit einer Ausstellung, die u.a. Waffen und Rüstungen vom 13.–18. Jh. zeigt (tägl. 10–21 Uhr, Oktober–März 10–18 Uhr, Tel. 2617453, www.lnm.lt, www.eurob.org). Ein anderer Grund, weswegen man den 20 m hohen Turm mit seinen 78 Stufen besteigen sollte, ist der beeindruckende **Ausblick** von seiner Plattform.

Nach Süden blickt man über die Dächer der **Altstadt,** zwischen denen Türme und Kuppeln emporragen. Nach Westen hin führt der schnurgerade **Gedimino prospektas** zum Parlament, ganz im Hintergrund sieht man den **Fernsehturm.** Östlich des Burgberges sieht man aus dem Grün der Bäume **drei weiße Kreuze** (s.u.) aufragen. Jenseits der bewaldeten Hänge des **Kalnų-Parks** im Nordosten erstreckt sich der Stadtteil **Antakalnis,** und nach Norden hin geht der Blick weit über die **Neris** und die neuen Stadtteile sowie die fünf futuristisch gestalteten Hochhäuser und Wolkenkratzer. Es ist also schon etwas dran, wenn die Litauer sagen: „Wer nicht auf dem Gediminas-Turm gewesen ist, der hat Vilnius nicht gesehen".

Tipp: Gute **Panoramablicke** hat man u.a. auch vom „Berg der Drei Kreuze", von der Bastei der Wehrmauer, vom Tauro-Berg, vom Supermarkt im 31. Stock des Europaturms (nur So 11–15 Uhr), vom Fernsehturm und vom Glockenturm der St. Johanneskirche der Universität.

Am Fuße des Burgbergs

Wer auf dem Burgberg ist, kann mit der Standseilbahn von dort zur Talstation im **Hof des Alten Arsenals** fahren (s.u.). Beschrieben wird hier der Fußweg am Rand des Burgbergs von der Kathedrale in Richtung Neris. Gleich hinter der Kathedrale steht die **Skulpturengruppe** „Litauische Ballade" mit drei abstrakten Figuren, die Könige, Priester oder Götzen darstellen könnten; der Künstler ließ 1973 die Sowjets darüber im Unklaren, damit er sie überhaupt aufstellen durfte. Nicht weit davon steht das **Denkmal für König Mindaugas,** dem einzigen König Litauens. Auf seinem Thron sitzend, hält er die königlichen Insignien – Zepter und Kugel. Der Sonnenkalender am Sockel zeigt die wichtigsten heidnischen und christlichen Feste.

Das danebenliegende, langgestreckte, zweigeschossige Bauwerk mit rotem Dach ist das **Neue Arsenal,** dessen nordwestliche Mauer zugleich auch Wehrmauer der Unteren Burg war. Hier findet man **Fragmente vieler architektonischen Stile,** von gotischen Kellern des 14. Jh. bis zur klassischen Fassade mit dem Portiko vom 19. Jh. Heute ist darin das **10 Nationalmuseum** untergebracht, das man sich nicht entgehen lassen sollte. Das landesweit größte, bereits 1855 gegründete Museum umfasst über 700.000 Exponate, die über Volkskunst, Archäologie, Ikonographie und die Geschichte von der Steinzeit bis in die Gegenwart informieren. Zu sehen sind auch Wohnräume der ethnografischen Regionen und eine Ausstellung über Handel der Bauern und Fischer, Militärstücke von Soldaten *Napoleons* und eine Kartografiesammlung. Die berühmtesten Museumsstücke sind wohl der Tisch, an dem 1795 die dritte Teilung des polnisch-litauischen Doppelreiches besiegelt wurde, und der zerbrochene Dolch des polnischen Königs *Stanislaw,* der das Ende des Staates symbolisieren sollte (Tel. 2629426, Di–So 10–18, Okt.–April Mi–So 10–17 Uhr, www.lnm.lt).

Vom Ausgang des Nationalmuseums nach rechts ca. 100 m weiter führt ein Tor in einen **Hof.** Hier sieht man die **Fundamente der St. Anna und St. Barbara Kirche.** Nachdem die Königin *Barbora Radvilaitė* vergiftet worden war, ließ ihr Mann, König *Sigismund August II.* die hier Ende 14. Jh. erbaute Kirche abreißen und eine neue Kirche als Mausoleum der Königsfamilie errichten. Nach seinem Tod 1572 wurde der Bau aber eingestellt, die Backsteine für den Umbau der Kathedrale benutzt. Dane-

ben stand der gotische **Radvila-Palast.** Der Geheimgang, der zum Großfürstenpalast führte (s.o.), liegt heute verdeckt hinter der Mauer am Fuß des Hügels. Am Fuß des Burgbergs steht das **Haus des Burgvogts,** das im 16. Jh. so gebaut wurde, dass es auch als Hangstütze diente. Hier ist heute die Verwaltung des Nationalmuseums.

Durch das Tor des langgestreckten Gebäudes neben den Kirchenfundamenten gelangt man in den Hof des Alten Arsenals (Arsenalo 3), wo die Talstation der Standseilbahn zum Burgberg (s.o.) liegt. In dem Gebäude aus der Zarenzeit gegenüber ist das **11 Archäologische Museum** untergebracht (Tel. 2122452, Di–So 10–17 Uhr, u.a. Fundstücke vom 11. Jt. v. Chr. bis 14. Jh. n. Chr., ein Modell der Burganlage, alte Waffen). Östlich davon liegt das **Alte Arsenal,** eines der Zeughäuser aus dem 16. Jh., das rekonstruiert wurde; die Fassade erstrahlt im Renaissance-Stil des 17. Jh. Die freigelegten Mauerreste gotischer Bauten und der Stadtbefestigungen (12.–14. Jh.) von der Unteren Burg sind im Gebäudeinneren zu sehen. Jetzt ist darin das **12 Museum für Angewandte Kunst,** in dem litauische und ausländische Kunst vom 14. bis 20. Jh. (Möbel, Keramik, Porzellan, Kreuze etc.) sowie Wechselausstellungen zu sehen sind (Di–Sa 11–18 Uhr, So 11–16 Uhr, Tel. 2628080, Arsenalo 3a, www.ldm.lt).

Nach so vielen Museen bietet sich die Möglichkeit einer einstündigen **Bootsfahrt auf der Neris** an; die Anlegestelle ist bei der Mindaugas-Brücke (Tel. 685 0100, www.barta.lt, Mai–Juli 11–20 Uhr, August–Okt. 11–19 Uhr, Abfahrt stündlich zu jeder vollen Stunde).

Nordöstlich des Burgbergs

Berg der drei Kreuze
(Trijų Kryžių Kalnas)/Kalnų Park

Direkt hinter dem Flüsschen Vilna führt eine Straße von der T. Kosciuškos rechts ab hoch zum hügeligen **Kalnų Park**. In dessen Dainų-(Lieder)-Tal finden auf der Freiluftbühne Konzerte und Folklorefeste statt. Ein Weg führt hoch zum „**Berg der drei Kreuze**", dem **Plikasis-Hügel**. Hier sollen im Jahr 1333 sieben Franziskanermönche, die auf dem späteren Rathausplatz Heiden taufen wollten, von denselben gekreuzigt worden sein, von denen vier mit samt dem Kreuz in die Vilnia geworfen wurden, während die anderen drei zur Abschreckung eine Weile lang hängen blieben. Als Erinnerung daran wurden im 17. Jh. drei Holzkreuze errichtet, die 1916 durch Betonkreuze ersetzt wurden. 1950 wurden sie gesprengt. Die am 14. Juni 1989 neu aufgestellten weißen Kreuze sind ein Symbol von Hoffnung und Trauer. Von hier hat man ein gutes **Panorama** auf die Stadt. Hier oben stand auch die „**Schiefe Burg**", bis sie 1390 von den Kreuzrittern zerstört wurde.

Weiter östlich liegen der nach seiner Gipfelform benannte **Tischberg**, wo *Gediminas* begraben sein soll, und wo bei Feiern Opferfeuer abgebrannt werden, und der „**Bekešo-Berg**", wo 1580 ein Feldherr beigesetzt wurde.

St.-Peter-und-Paul-Kirche
(Šv. Petro ir Povilo Bažnyčia)

Zurück zum Ausgangspunkt auf der T. Kosciuškos geht man weiter nach rechts Richtung Stadtteil Antakalnis, oder man nimmt einen der vielen Trolleybusse bis zum ersten Kreisverkehr. Nach rund 800 m, vorbei am Barockschlösschen Sluškai (Hausnr. 10), gelangt man zur barocken St.-Peter-und-Paul-Kirche am Platz des Papstes Johannes Paul II., der die Kirche 1993 besuchte. Sie ist neben der gotischen St.-Anna-Kirche (siehe Altstadt) das zweite **Bauwerk von europäischem Rang** in Vilnius. Das **architektonische Meisterwerk** mit großartigen Werken der Bildhauerkunst blieb dank seiner Lage außerhalb der damaligen Stadt von Krieg und Bränden verschont. So kann man es heute als das **bedeutendste** Baudenkmal des **Hochbarock** in Litauen bewundern.

Der Legende zufolge soll an dieser Stelle in vorchristlicher Zeit der heidnischen Liebesgöttin *Milda* gehuldigt worden sein. Die ersten Missionare nahmen den heidnisch-sündigen Ort für das Christentum in Beschlag, indem sie hier eine **Holzkirche** errichteten. 1655 soll diese Holzkirche im Krieg gegen Russland abgebrannt sein. Der reiche und mächtige Fürst und Hauptmann der Armee *Mykolas Kazimieras Pacas,* der damals nur knapp dem Tode entrann, soll beim Anblick der brennenden Kirche geschworen haben, an ihrer Stelle das prachtvollste Gotteshaus der Stadt zu errichten, vorausgesetzt, er komme mit dem Leben davon. Er kam davon, und mit dem Bau der Kirche und des Klosters der Lateran-Chorherren wurde 1668, bzw. 1677 begonnen. Sein wahres Motiv war jedoch eher, dass er mit seinem Reichtum glänzen und sich eine pompöse Gruft bauen wollte. 1675 war Richtfest. *Pacas* starb jedoch schon 1682 (seine Gruft liegt im Keller unter der

1a

Schwelle), und wegen Geldmangels ruhte der Bau 1686–91. Die Innengestaltung und Ausschmückung dauerte bis 1704.

Dies wird verständlich, wenn man die dreischiffige Kirche nach dem Plan eines lateinischen Kreuzes mit einigen Kapellen betritt. Während ihr Äußeres mit einer Kuppel und zwei kleinen Türmen eher schlicht und ruhig wirkt, empfängt den Besucher im Inneren eine **Symphonie der Formen:** eine überaus reichhaltige, ästhetisch ausgewogene und sehr plastische Ausgestaltung, die jedoch nicht überladen wirkt, da hier das **überreiche Stuckdekor** ganz in Weiß durch freie Flächen unterteilt und gegliedert ist. Einfach überwältigend sind die mehr als **2000 Menschenfiguren und Gesichter,** die zu unterschiedlichsten Kompositionen gruppiert sind: mythologische und biblische Szenen, historische Schlachten und philosophische Darstellungen; Vertreter aller Stände, Berufe und Altersgruppen; Arme und Reiche, Heilige und Sünder, Kinder, Ritter in Rüstung, Schäfer, Greise und der Sensenmann. Jede Figur, jede Pose ist anders. Auch bei den meisterhaften **Reliefs** und **Panneaus** mit Darstellungen von Tieren, Pflanzen, Blumen etc. wiederholt sich nichts. Geschaffen wurde diese Vielfalt von den italienischen Bildhauern *Pietro Perti* und *Giovanni Galli,* wie

⌂ Das Portal der St.-Peter-und-Paul-Kirche

1a

überhaupt die ganze Kirche weitgehend das Werk **italienischer Meister** ist. Die **Fresken** des Hauptschiffes mit Szenen aus dem Leben des Apostels *Petrus* malten die Italiener *Alto Monte* und *Michelangelo Palloni,* die **Altäre** im Querschiff schufen ihre Landsleute *Pensa* und *Capone,* und im 19. Jh. ergänzten die Italiener *Boretti* und *Piano* die Kirche mit zwei Altären sowie einer **Rokokokanzel** und einem **Kristallkronleuchter,** beide in Form eines Schiffes. Die Apostel *Petrus* und *Paulus* sind in einem Bild über dem Hauptaltar verewigt. Die um 1700 in Rom geschnitzte **Jesusskulptur** „Ecce homo" soll ebenso wie das Bildnis der Jungfrau Maria wundertätig sein. Das Kloster wurde 1864 geschlossen. 1953–1991 lagen hier die Reliquien des Nationalheiligen *Kasimir* (s. Exkurs), bevor sie in die Kathedrale überführt wurden. An den Kirchengründer *Pacas* erinnert ein Portrait links in der Sakristei sowie am Haupteingang das Wappen seines Geschlechts und sein Grabstein mit der Inschrift „His jacet pecator" („Hier liegt ein Sünder").

Tuskulėnai-Friedenspark

Wenn man über die Žirmūnų-Brücke geht, folgt man 350 m dem ausgeschilderten Weg bis zu einem Park, der ein Picknickplatz war, bis ans Licht kam, dass hier 706 Leichname verscharrt lagen. Sie waren sogenannte „Waldbrüder" und wurden 1944–47 vermutlich in der KGB-Zentrale (im heutigen Museum) ermordet. Zu ihrem Gedenken wurde ein **Grabhügel** errichtet, der von Kreuzen flankiert ist und in dessen Grabkammer ihre Gebeine aufbewahrt werden

(Tel. 2750704, www.tuskulenumemoria las.lt, www.genocid.lt, Mi–Sa 10–18, So 10–17 Uhr, Zirmūnų 1F).

Daneben stehen ein Gutshaus vom 19. Jh., eine Galerie im ehemaligen Reitstall und eine Kapelle.

Antakalnis-Friedhof

Etwa 1 km nordöstlich von der St.-Peter-und-Paul-Kirche in der Karių Kapų gatvė 1 liegt der berühmte Friedhof, auf dem u.a. Gefallene aus dem Ersten Weltkrieg liegen (1809 erstmals angelegt). Links vom Eingang sieht man die zahllosen identischen Gräber polnischer Soldaten. Dahinter steht ein Gedenkstein mit der Aufschrift „Den deutschen und russischen Kriegern 1914–18". Noch weiter links „bewachen" übergroße Statuen von Soldaten der Roten Armee die jetzt erloschene **Ewige Flamme.** In der Nähe steht ein Denkmal für sowjetische Persönlichkeiten und hinter einer Treppe sieht man Gräber von Sowjetsoldaten. Im Zentrum des Friedhofs in einem Bogen liegen neun der 14 Opfer, die am 13. Januar 1991 von russischen Truppen getötet wurden; die anderen fünf wurden in ihren Heimatstädten beerdigt. Außerdem liegen hier die 1991 am Grenzposten Medininkai von Sowjets getöteten sieben Soldaten. Eine **Madonnenskulptur** mit dem toten Jesus in ihren Armen steht hier zum Gedenken an die Nationalhelden. Auch die Überreste der vielen **Soldaten Napoleons** sind hier beigesetzt, die 2001 in Massengräbern im Stadtteil Žirmunai gefunden wurden. Östlich des Friedhofs liegt das botanische Schutzgebiet von Antakalnis, einem Teil des Pavilniai-Regionalparks (s. dort).

1a

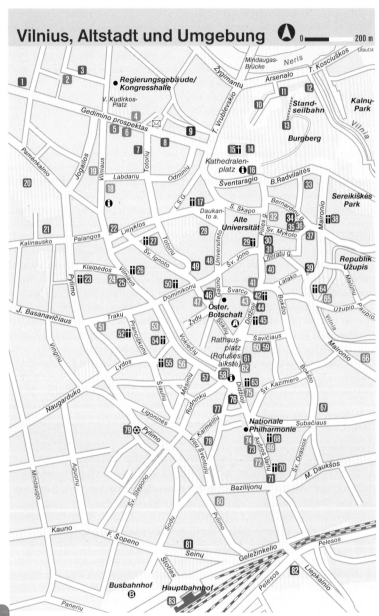

Vilnius, Altstadt und Umgebung

0 — 200 m

Litau04

Regierungsgebäude/Kongresshalle

Mindaugas-Brücke
Neris
Žygimantų
Arsenalo
T. Kosciuškos

Stand-seilbahn

Kalnų-Park

V. Kudirkos-Platz
Gedimino prospektas
V. Vrublevskio

Burgberg

Vilnia

Pamėnkalnio
Jogailos
Vilniaus
Labdarių
Totorių
Odminių

Kathedralen-platz

Šventaragio
B.Radvilaitės

Sereikiškės Park

Daukan-to a.
Alte Universität
Bernardinų
Sv. Mykolo

Kalinausko
Palangos
Liejyklos
Totorių
Universiteto
Pilies g.
Maironio

Republik Užupis

Klaipėdos
Šv. Ignoto
Vilniaus
Dominikonų
Gaono
Šv. Jono
Literatų g.
Latako

J. Basanavičiaus
Traku
Pranciškonų
Vokiečių
Žydu
Švarco
Didžioji
Bokšto

Öster. Botschaft

Maironio

Lydos
Šiaulių
Mėsinių
Stiklių
Šavičiaus
Rathaus-platz (Rotušės aikštė)
Bokšto

Vingriu
Naugarduko
Ligoninės
Rūdninkų
Karmelitu
Didžioji
Šv. Kazimiero

Nationale Philharmonie
Subačiaus

Mindaugo
Aguonų
Pylimo
Visų Šventųjų
Aušros Vartu
Šv. Dvasios

M. Daukšos

Bazilijonų

Kauno
Šv. Stepono
Sodų
Pylimo

F. Šopeno
Seinų
Stoties
Geležinkelio
Peletos
Liepkalnio

Busbahnhof
Hauptbahnhof

Paneriu

1a

© Reise Know-How 2017

■ Unterkunft
9　Senatoriai Gästehaus
30　Narutis
34　Litinterp Gästehaus
39　Mabre Residence
46　Relais & Chateaux Stikliai
49　Apia Hotel
76　Radisson Blu Royal Astorija
81　Panorama
82　Fortuna Hostel

■ Essen und Trinken
4　Sriubos Namai
18　Mano Guru
19　Da Antonio
24　Balti drambliai
32　Forto Dvaras
43　Café de Paris
46　Stikliai
47　Lokys/Ponių Laimė
53　Žemaičiai
56　Čili Kaimas
58　Žuvinė
60　Graf Zeppelin
69　Gusto blyninė
72　Bunte Gans
75　Čili-Pizzeria

■ Nachtleben
51　Pabo Latino
62　Salento Disco Pub
65　Užupio Kavinė
74　In Vino

■ Einkaufen
2　Gedimino 9
5　Centro Pasaža
6　Marks & Spencer
41　Souvenirmarkt/Bildermarkt
66　Tymo-Markt
80　Halés-Markthalle

■ Sehenswürdigkeiten, Museen, Gotteshäuser
1　Denkmal Žemaitė
3　Nationales Opern- und Balletttheater
7　Geldmuseum
8　Nationales Dramatheater
10　Nationalmuseum
11　Archäologisches Museum
12　Museum für Angewandte Kunst
13　Gediminas-Turm/ Oberes Burgmuseum
14　Großfürstenpalast
15　Kathedrale/Glockenturm
16　Gediminas-Statue
17　Heiligkreuzkirche
20　Jüdisches Museum
21　Frank Zappa Memorial
22　Radvila Palast
23　Reformierte Evangelische Kirche
25　Theater-, Musik- und Filmmuseum
26　St. Katharinen Kirche
27　St. Ignatius Kirche
28　Präsidentenpalast
29　St. Johanneskirche
31　Signatura namai
33　Spielzeugmuseum
35　A. Mickiewicz Museum
36　Bernsteinmuseum
37　Museum des Kirchenerbes/ St. Michaelkirche
38　St. Anna-, Bernhardinerkirche
40　Šlapeliai-Haus
42　Piatnickaya Kirche
44　Gemäldegalerie
45　St. Nikolai Kirche
48　Alumnat
50　Heiliggeistkirche
52　Jungfrau-Maria-Kirche
54　Evang.-lutherische Kirche
55　St. Nikolaus Kirche
57　Zentrum für moderne Kunst
58　Palast der Künstler
59　M.K. Čiurlionio Museum
61　K. Varnelis Museum
63　Kirche des Hl. Kasimir
64　Russ.-orth. Muttergotteskirche
67　Bastei der Wehrmauer
68　Russ.-orth. Heiliggeistkirche
70　St. Theresienkirche
71　Aušros Vartai Tor
73　Tor des Basilius-Klosters
77　Jugend- und Marionettentheater
78　Denkmal L. Pelėda/Shevchenko
79　Synagoge
83　Eisenbahnmuseum

1a

Altstadt

Die Altstadt *(senamiestis)* erstreckt sich vom **Kathedralenplatz** rund einen Kilometer in Richtung Süden bis zum **Medininkų aušros** (auch *Aušros Vartai* bzw. „Tor der Morgenröte"). Sie ist mit 351 ha die größte Osteuropas. Die **Hauptachsen** sind die ineinander übergehenden Straßen Pilies, Didžioji und Aušros Vartų. Hier kreuzten sich die früheren Handelsstraßen und hier wohnten seit jeher die „normalen" Bürger, ab dem 15. Jh. auch die Händler und Handwerker, nachdem sie von der Unteren Burg weichen mussten. Der Kathedralenplatz war bis zum 19. Jh. noch von Mauern umgeben, und auf seiner Südseite war der Zugang zum nördlichen Ende der **Pilies gatvė** (Burgstr.), der **ältesten Straße** von Vilnius, nur durch ein Tor möglich. Diese verband die Untere Burg mit dem damaligen Marktplatz neben der St.-Johannes-Kirche. Er wurde später ein Stück weiter südlich auf den Rathausplatz verlegt, die Verlängerung der Straße nannte man einfach **Didžioji (Große Straße).** Während des Baus der Stadtmauer (1503–22) wurde die Aušros Vartų zum südlichen Stadttor angelegt. Auf dieser Achse reihten sich schnell Gebäude an Gebäude, sodass bald auch andere Wege angelegt werden mussten.

Mit ihren verwinkelten Straßen und Gassen, Kirchen, prunkvollen Bürgerhäusern und Palästen sowie mittelalterlichen Höfen, Plätzen, Befestigungsanlagen, Torbögen und Türmen ist die Altstadt ein **Eldorado** für jeden, der gern einfach bummelt, um zu entdecken und zu erleben. In den vielen **Geschäften** oder an Straßenständen kann man Souvenirs erwerben, in den **Restaurants** oder **Straßencafés** dem bunten Treiben zusehen. Das historische Erbe trifft man in den vielen **Museen,** die sich teilweise in früheren Adelshäusern befinden, ein Anziehungspunkt sondergleichen. Auch viele **kulturelle Veranstaltungen und Feste** finden hier statt.

Die gesamte Altstadt mit ihren seit dem 13. Jh. natürlich gewachsenen Stadtstrukturen ist ein **städtebauliches Denkmal,** schön und unnachahmlich, und es ist deshalb auch kein Wunder, dass sie mit ihren rund 1500 Gebäuden, von denen fast 40 % von höchstem architektonischen oder historischen Wert sind, 1994 von der UNESCO in die **Welterbe-Liste** aufgenommen wurde. Dazu beigetragen hat auch die für Vilnius spezifische Kombination der natürlichen Umgebung mit der harmonischen Architektur, einer einzigartigen Mischung der bedeutendsten Stile Europas. Trotz der Zerstörungen durch Brände und Kriege sind viele sehenswerte Bauwerke erhalten geblieben, viele sind später restauriert worden.

Ursprünglich war das Gesicht der Altstadt von **gotischer Architektur** geprägt. Noch heute findet man in der Altstadt eine Reihe gotischer Bürgerhäuser, und rund 300 Häuser sollen hier über gotischen Kellergewölben stehen, die noch unter dem Stuck späterer Jahrhunderte versteckt sind. Schönstes Zeugnis dieser Stilepoche ist die St.-Anna-Kirche, mit Abstrichen auch die Bernhardiner-Kirche und die Paläste vom 14. bis 16. Jh. Acht andere gotische Kirchen wurden im Laufe der Jahrhunderte so umgebaut, dass von ihrer ursprünglichen Architektur nicht mehr viel zu erkennen ist. Die meisten von ihnen haben ein **barockes** Gesicht bekommen und viele Kirchen

1a

sind erst in der Barockzeit entstanden, und zwar im „Litauischen Barock". Die schönsten Beispiele sind die Kirche des Hl. Kasimir und die St. Theresienkirche. Zwischenzeitlich hatte auch der Stil der **Renaissance** Einzug gehalten, wenn auch nur kurzfristig. Die herrlichsten Bauwerke hierfür sind das Aušros-Tor, die St.-Michaelkirche, der wiederaufgebaute Großfürstenpalast und einige Höfe der Universität. Die schönsten Beispiele des **Klassizismus** sind das Rathaus, die Kathedrale und der Chodkevičiai-Palast.

Rundgang durch die nördliche Altstadt

Vom Kathedralenplatz schwenkt man nach Osten. Man passiert das **33** **Spielzeugmuseum** (Šiltadaržio 2/7, Tel. 604 00 449, www.zaislumuziejus.lt, Di/Mi 14–18 Uhr, Do/Fr 14–20, Sa/So 11–16 Uhr; Juni–August Di–Fr 12–20, Sa 11–16 Uhr). Dann gelangt zum **Sereikiškes-Park,** dem ältesten Park von Vilnius in einer Flussschleife der Vilnia. Im 15. Jh. befanden sich hier die Gärten des Bernardiner-Klosters, vom 18. Jh. bis 1842 der Botanische Garten der Universität (auf Veranlassung des berühmten Naturwissenschaftlers *Johann Georg Aden-Forster*). Heute ist es ein populärer Ort zum Spazierengehen, für Volksfeste und als Vergnügungspark. Hier ist übrigens das Rauchen verboten.

Gotisches Ensemble

In der Maironio 8 und 10 kommt man zu einem Höhepunkt des Rundgangs:

Zum „Gotischen Ensemble", dem wohl **schönsten Bauensemble** von Vilnius, das man sich auch dann unbedingt ansehen sollte, auch wenn man für Bauwerke nicht viel übrig hat: die **38** **Bernhardiner-Kirche** und die **St.-Anna-Kirche** gehören zu den vollkommensten gotischen Baudenkmälern Litauens. Sie sind Orte der **„Europäischen Ziegelgotik-Route"** (www.eurob.org). Zuerst passiert man das langgestreckte dreistöckige gotische Gebäude des ehemaligen **Bernhardiner-Klosters** (nach dem Zarenaufstand von 1863 wurde es geschlossen, 1919 von polnischen Offizieren genutzt. Heute beherbergt es Teile der Kunstakademie).

Die Blüte **spätgotischer** Baukunst, einzigartig in der nordosteuropäischen Backsteingotik, markiert die **St.-Anna-Kirche.** Ein Schmaus für die Augen, eine Freude für denjenigen, der Ausgewogenheit und Harmonie bewundert. Aufgrund ihrer verspielten Vielfalt der Linien, der Symmetrien und geometrischer Muster wirkt die daneben liegende Bernhardiner-Kirche geradezu schlicht und streng. „Wenn ich nur könnte, würde ich sie auf meinen Händen nach Paris tragen!", soll *Napoleon* beim Anblick der St.-Anna-Kirche ausgerufen haben. Ihre heutige Form hat sie von 1581, der Vorgängerbau stammt aus 1495–1500. 1394 stand hier schon eine Holzkirche zu Ehren von *Ono,* der Ehefrau von *Vytautas dem Großen.*

Bei einem Feuer 1812 wurde das Innere zerstört, weshalb das Kirchenschiff heute recht schlicht ist. Hier herrscht Barock vor, darunter drei Altäre von 1747 unter Aufsicht des berühmten Baumeisters *Johann Glaubitz.* Ein Netzgewölbe ziert das Presbyterium. Die kunstvolle **Westfassade** ist von einzigartiger Schön-

Vilnius und der Südosten

1a

heit. Auffallend sind die beiden Seitentürme mit ihren Spitzen, die Erker mit Ziertürmchen, die den Gediminas-Säulen ähneln, der große Rundbogen und die vielen kleinen Bögen sowie die schmalen hohen Fenster. Wer genau hinschaut, erkennt die Buchstaben A und M (für Ave Maria). Geöffnet Di–So 17–19 Uhr, www.onosbaznycia.lt.

In dieser relativ kleinen Kirche sind alle Errungenschaften der **gotischen Backstein-Baukunst** zusammengefasst. 33 verschiedene Formen von Backsteinen mussten hergestellt werden, um dieses Kunstwerk zu verwirklichen. Viele Kunsthistoriker sprechen deshalb von einer „flammenden Gotik", man könnte manchmal wirklich den Eindruck haben, die Kirche stehe in Flammen.

Unbekannt geblieben ist die Identität des bzw. der Baumeister, um die sich daher eine **Legende** rankt, welche zugleich den Unterschied zwischen dem glatten, massigen Unterbau und dem plastisch-verspielten Aufbau erklären soll. Sie behauptet, dass ein Maurermeister namens *Vaitiekus* den Bau der Kirche begonnen habe; sein Geselle *Jonas* verliebte sich in die Tochter des Meisters, die schöne *Anna*. Und wie es so zu sein pflegt, war der Geselle ein armer Schlucker, der zwar der Tochter gefiel, nicht aber dem Meister, der erst wissen wollte, wozu *Jonas* imstande war. Daraufhin zog er beleidigt in die Ferne. Als er Jahre später, jetzt als Meister, wieder nach Vilnius zurückkehrte, da war der alte *Vaitiekus* verstorben und hatte weder die Kirche vollendet noch seine Tochter verheiratet. Beides übernahm nun der junge Meister. Die Liebe zu der schönen *Anna* verlieh seiner Schaffenskraft Schwung und Leichtigkeit, und ihr zu Ehren gab er der Kirche den Namen „Anna-Kirche". Den unteren Teil des Bauwerkes mit den drei Rundbogen des Portals soll der alte Meister geschaffen haben, wuchtig, behäbig und schwer. Der aufstrebende, lebendig verspielte Teil mit den drei Türmen soll vom jugendlichen *Meister Jonas* stammen. Die Geschichte klingt schön, ganz gleich, ob sie wahr ist oder nicht.

Der **Glockenturm** daneben wurde erst 1873 im neugotischen Stil erbaut. Gleich hinter ihm liegt die **Kapelle der Christustreppe** von 1613, umgebaut 1752. Man erreicht sie durch einen gotischen Torbogen.

Schräg gegenüber liegt der Eingang zur Kirche des *Hl. Franz von Assisi*, besser bekannt als **Bernhardiner-Kirche.** Sie gehörte zum Kloster der Franziskaner, die bereits 1469 als Mitglieder des Kreuzritterordens von Polen gekommen waren und ein Stück Land in der Flussschleife der Vilnia erhalten hatten. Die an der Stelle eines mitsamt dem Kloster abgebrannten Holzbaus um 1500 errichtete Steinkirche stürzte schon bald wieder ein. Lediglich die Sakristei blieb erhalten und bildet noch heute die Apsis der Kirche. Die heutige Kirche wurde 1519 unter dem Baumeister *Enkinger* auf den ehemaligen Fundamenten erbaut und markiert die **klassische Vollendung der Gotik.** Trotz Renovierungen hat das Bauwerk sein ursprüngliches Aussehen mit Spitzbogenfenstern, den Ornamenten über den Nischen an der Hauptfassade und der für die Gotik typischen aufstrebenden Wirkung weitgehend bewahrt. Im **Renaissancestil** gestaltet wurden nur die Spitzen der beiden Seiten-

▷ Bernhardiner-Kirche
und das Denkmal für Adam Mickiewicz

1a

türme und der Frontgiebel; dort in einer Halbkreisnische sieht man die **Wandmalerei** „Der Gekreuzigte" von 1846.

An der Südwand liegen zwei barocke **Kapellen,** an der Nordseite findet sich die Klostergalerie. Der **Innenraum** wird von vier Paaren achteckiger Säulen in drei Schiffe unterteilt; abgetrennt durch einen Triumphbogen ist der Chor. Auffallend sind die verschiedenen Gewölbe. Der Holzaltar stammt von 1614, die zwölf Seitenaltäre im Rokoko-Stil sind von 1766–84. Hier befinden sich auch das Grab des Fürsten *Stefan Radvila* (1618) sowie eine mannsgroße Skulptur eines Gekreuzigten vom 15. Jh., die landesweit älteste. Im Zuge einer tiefgreifenden Renovierung wurden auch gotische **Fresken** im Innenraum (mit Szenen von *Jesus* und *St. Christophorus*) sowie im Klosterkorridor zur Sakristei der St.-Anna-Kirche entdeckt.

241li.gs

1a

Dass das Gotteshaus nicht nur frommen Zwecken gedient hat, beweisen die 19 **Schießscharten** in der nördlichen Wand direkt unter dem Dach sowie die dicken Mauern und die **Verteidigungstürme**, auf die Spindeltreppen hinaufführen. Wegen ihrer Lage am Stadtrand wurden die festungsartige Kirche und das Kloster gleich in die Wehranlagen einbezogen. Zu Sowjetzeiten diente die Kirche als Lagerhaus. Heute finden hier auch **Konzerte** statt. Führungen zeigen u.a. die Kapelle des *Hl. Florian,* den mit Fresken verzierten Klosterhof und den Dachboden mit einem schönen Ausblick, www.bernadinuansamblis.lt.

Hinter der Kirche erhebt sich der 37 m hohe achteckige **Glockenturm** von 1874, ebenfalls ein Meisterwerk der Gotik mit 10 verschiedenen Backsteinformen, verziert mit Nischen, Figuren und Reliefs. An der Maironio-Straße südlich der Kirche steht ein **Denkmal** für *Adam Mickiewicz* (s.u.).

Daneben an der Maironio 14 liegt die 64 **russisch-orthodoxe Muttergotteskirche** im gotisch-byzantinischen Stil. Die schneeweiße Kathedrale war die erste in Vilnius und ist auch heute noch die größte und wichtigste Kirche der Orthodoxen. Sie ist prachtvoll mit georgischen Motiven und vielen Gemälden ausgestattet. An den Marmortafeln stehen die Namen der russischen Soldaten, die beim Aufstand 1863 starben. Ein Geschenk des Zaren *Alexander II.* ist das Muttergottesbild von 1870 an der rechten Säule. Teile des ursprünglich gotischen Mauerwerks aus dem 15. Jh. sind noch an der Außenfassade zu sehen. Die Fassade und die Kuppel ähneln der georgischen Architektur des Mittelalters. Die Kirche soll 1346 von *Algirdas'* Ehefrau

Juliana in Auftrag gegeben worden sein, in der sie auch begraben ist. 1516 fand hier auch die Ehefrau von Zar *Alexander* ihre letzte Ruhestätte. 1609 wurde sie an die Unierten Kirchen übergeben. Die Kirche wurde nach den Bränden von 1610, 1716 und 1748 immer wieder aufgebaut. Die Universität übernahm sie 1808, der Architekt *M. Schultz* unterteilte sie 1810 in zwei Stockwerke; hier waren Hörsäle, eine Anatomie, eine Bibliothek und ein Museum. 1842–60 wurde sie als Militärbaracke, Archiv, Lagerhaus und sogar als Schmiede missbraucht. 1865–68 baute man sie wieder zur Kirche um.

Danach überquert man die Brücke zur Republik Užupis, ein Abstecher der besonderen Art.

Republik Užupis

„Grenzübergänge": Die „Republik" liegt östlich der Altstadt. Von den sieben Brücken ist die Užupio-Brücke am zentralsten und einfach zu erreichen. Am Geländer der Brücke befestigen Liebespaare Schlösser und werfen die Schlüssel in den Fluss, als Zeichen ihrer ewigen Liebe. An drei der sieben Brücken ist bei Festivals „Zoll" als Eintrittsgebühr in die Republik zu bezahlen.

Das alternative, nur etwa 60 ha große Užupis-Viertel wird als **„Montmartre von Vilnius"** bezeichnet, weil hier viele **Künstler** leben und zahlreiche Ausstellungen, Galerien und Ateliers zu sehen sind. Hier wohnen mittlerweile auch Prominente, mehr und mehr Geschäfte, Cafés etc. eröffnen. Es ist zu einem der teuersten Prestige-Stadtteile geworden. „Užupis" bedeutet „Ort hinter dem

Fluss", und dieses Image hat es bis heute. Erwähnt wurde der Bezirk im 15. Jh. als Vorstadt von Vilnius, obwohl er auch heute noch mehr an ein Dorf erinnert. Schon damals haftete ihm der Makel eines Armenviertels an. Er ist nicht so sauber, viele Häuser bedürfen einer Renovierung, aber er hat eben „das gewisse Etwas". Das Viertel wird im Süden und Westen durch den Fluss Vilnia begrenzt, der über sieben Brücken überquert werden kann.

Die rund 2000 Bewohner „scherzen" gern, dass sie sich jederzeit von Vilnius loslösen könnten, und haben deshalb als **PR-Gag** am 1. April 1997 die **„Republik Užupis"** ausgerufen, was man u.a. auf Straßenschildern erkennen kann. Die Einwohner haben spezielle Pässe, einen Präsidenten, einen Bischof, eine Armee aus zwölf Männern, eigene Briefmarken, die Zeitung „Užupis Herald" eine Natio-

nalhymne und eine Verfassung mit eigenartigen 41 Artikeln, die zeigen sollen, dass hier Ironie und Freude regieren. Die „offizielle Regierungsbehörde" ist die **Užupio Kavinė,** eine Kneipe gleich hinter der Užupio-Brücke in der Užupio 2 (Tel. 2122138, 10–23 Uhr). Eine Gedenktafel erinnert an den Freundschaftsvertrag mit Montmartre vom August 1998. Dort bekommt man auf Wunsch ein Visum in den Pass gestempelt. Persönlichkeiten wie z.B. der *Dalai*

🔺 1997 wurde im Stadtviertel Užupis die Republik ausgerufen

Lama bei seinem Besuch 2001 erhielten schon die Ehrenbürgerschaft. In der Užupio 2 a, etwas nördlich der Kneipe, ist das **inoffizielle Kulturministerium,** das Kunstinkubator, eine Galerie, und der einzige Ort der Stadt, wo man offizielle Andenken von Užupis kaufen kann (Di–Sa 11–19 Uhr, www.umi.lt).

Um den satirischen Aspekt der Loslösung zu unterstreichen, wurde der **Nationalfeiertag** auf den 1. April, den Tag der Streiche, gelegt. Nach einem besonderen Kalender werden hier auch eigentümliche **Feste** gefeiert, z.B. das Neujahrsfest am 21. März (Verbrennung aller Stereotypen), Ende Juni das Wasserfestival oder am 2. November der Nistkastentag.

„Schutzpatron" ist das verstorbene Rockidol *Frank Zappa* (zu seinem Denkmal s.u.). Ein neues Symbol ist die bronzene Nixe in einer Nische am Flussufer, auch **„Fräulein von Užupis"** genannt. Ihr wird nachgesagt, dass sie Menschen aus aller Welt mit ihrem Zauber in den Stadtteil locke. Die Verfassung steht auf einem Zaun am Anfang der Paupio geschrieben. An der Ecke Užupio, Malūnų, Paupio steht eine 4 m hohe Säule mit einem **Engel mit Posaune,** das **Staatssymbol** der Republik. In der Paupio 3 stehen große Tafeln, auf denen die Verfassung in verschiedenen Sprachen (u.a. auf Deutsch) zu lesen ist.

In der Užupio gatvė stößt man bei der Nr. 16 auf das spätklassizistische Honestai-Schloss vom 19. Jh., bevor man in der Nr. 17 a die Kirche des *Hl. Baltrameus* sieht, die kleinste Kirche der Stadt. An der Stelle einer Holzkirche,1788 von *M. Knackfuß* errichtet, wurde die jetzige 1824 erbaut. Seit 1878 hängt darin das Bild der *Hl. Jungfrau Maria,* das früher im Trakai-Tor seinen Platz hatte. Während der Sowjetzeit war hier eine Bildhauerwerkstatt, heute gehört sie der katholischen Gemeinde der Weißrussen. Auf dem Friedhof des früheren Bernhardinerklosters in der Žvirgždyno 3 an der Vilnia liegen Persönlichkeiten aus älterer Zeit begraben. Von hier geht es zurück zum Engel mit Posaune und dann nach rechts. In der Malūnų gatvė Nr. 3 steht ein langes Haus mit wenigen Fenstern; es war das 1495 gegründete **erste Frauenkloster** der Stadt, das Bernhardinerkloster von Užupis. Da sie keine eigene Kirche hatten, mussten die Nonnen über eine (heute nicht mehr vorhandene) Holzbrücke zum gleichnamigen Männerkloster auf der anderen Seite der Vilnia gehen. Hinter der Brücke geht man rechts, zurück zum Gotischen Ensemble.

Zwischen Gotischem Ensemble und Universität

Gegenüber der St.-Anna-Kirche erhebt sich an der Šv. Mykolo 9 die **37 St.-Michael-Kirche** mit dem sich südlich daran anschließenden **Bernhardinerinnen-Kloster,** das einzige Renaissance-Ensemble in Vilnius. Die Außenfassade mit den vorgerückten Türmchen trägt aber auch Zeichen der Gotik und des Barocks. Beide Bauwerke wurden 1594 unter dem Kanzler und Hauptmann *Leonas Sapiega* begonnen, dessen Altargrabstein und der seiner zwei Frauen rechts vom Hochaltar aus buntem Marmor und Alabaster im Renaissancestil aus dem 17. Jh. steht. Sein Wappen, ein Fuchs, prangt am Deckengewölbe, das mit seiner Rosettenform das landesweit schönste seiner Art ist. Er stiftete dem

Orden das Kloster und die Kirche unter der Auflage, dass die Kirche seine Gruft wird; es ist das einzige Heiligtum dieser Art in Litauen. Er und seine Familie wurden dann mumifiziert in den **Katakomben** der Kirche bestattet (Besichtigung möglich); seine Krypta wurde früher ausgeraubt, die Überreste ruhen jetzt in Eichensärgen. Zu den wertvollsten Grabsteinen Litauens zählt der von *Stanislovas Sapiega* über dem Portal der Sakristei. Das Kloster wurde 1604 vollendet, die Kirche erst 1627, der Turm sogar erst 1715. Das Kloster wurde 1949 geschlossen. Die Seitenaltäre wurden einst von den Sowjets herausgerissen. Hier ist heute das **37** **Museum des Kirchenerbes** mit Gemälden, Kunst- und sakralen Gegenständen (Di–Sa 11–18 Uhr, Tel. 2697803, www.bpmuziejus.lt, Kombiticket mit den Krypten der Kathedrale und des Glockenturms möglich).

Schräg gegenüber in der Šv. Mykolo 10 ist das **36** **Bernsteinmuseum**, in dem die Geschichte des Bernsteins erklärt wird (auch auf Deutsch). Zu sehen sind u.a. Inklusen, eine Nachbildung eines Amuletts aus dem Neolithikum vom berühmten Juodkrantė-Schatz sowie Wechselausstellungen moderner Bernsteinkunst. Im Keller steht u.a. ein gefundener Keramik-Schmelzofen aus dem 15. Jh. (tgl. 9–18 Uhr, Tel. 222499, www.ambergallery.lt). Einen Museumsshop gibt es auch in der Filiale in Nida (s. dort).

Die um die Ecke liegende **Bernardinų gatvė** ist eine der für das alte Vilnius typischen Gassen, die von eng zusammengedrängten Häusern aus dem 17. und 18. Jh. gesäumt sind. Schön ist der **Olizar Palast** in der Nr. 8, der später vom Architekten *Johann Glaubitz* prunkvoll gestaltet wurde, heute ein Hotel.

Ein **35** **Gedenkmuseum** im **Haus Nr. 11** mit Innenhof erinnert an den berühmten polnischen Dichter *Adam Mickiewicz* (1798–1855). Er hat 1815–19 an der Universität von Vilnius studiert und 1822 einige Zeit in diesem Haus gelebt und gearbeitet. Er verbrachte auch einige Zeit in einem Gefängnis des Basilius-Klosters (s.u.). Sein Denkmal steht neben der St.-Anna-Kirche (s.o.). Von 1819–23 unterrichtete er am Jesuitenkolleg in Kaunas (s. dort), bevor er von den zaristischen Behörden aus Litauen verbannt wurde, das er jedoch Zeit seines Lebens als geliebte Heimat verehrte. Das beweisen die Zeilen aus seinem Gedicht und heutigen polnischen Nationalepos „Pan Tadeusz" *(Herr Thaddäus)*, das er zehn Jahre später in Paris schrieb: „Litauen! Wie die Gesundheit bist du, mein Vaterland! Wer dich noch nie verloren, der hat dich nicht erkannt. In deiner ganzen Schönheit prangst du heut' vor mir. So will ich von dir singen, denn mich verlangt nach dir!". Eine kleine Ausstellung in diesem Gebäude erinnert an das Leben und Werk des Dichters während seiner Zeit in Vilnius (Tel. 279 189, Di–Fr 10–17 Uhr, Sa, So 10–14 Uhr).

Am Ende der Gasse stößt man auf die **Pilies gatvė**, die älteste (schon 1530 erwähnt) und eine der schönsten Straßen der Altstadt mit vielen architektonisch interessanten Gebäuden aus dem 16.–18. Jh., wie das Capitulumhaus mit der Hausnummer 4 im Renaissancestil rechter Hand und das gotische Wohnhaus mit der Nr. 12. Im Haus Nr. 8 ist das Schokoladenzimmer (Mo–Sa 10–22 Uhr, www.ajsokoladas.lt). Am Haus Nr. 13, einem Gebäude der Universität, ist eine Gedenktafel an *A. Mickiewicz* angebracht. An der Hauswand der Nr. 21 (ei-

nem Teil der Kirche) sind, was wie ein türloser Balkon aussieht, die Reste eines katholischen **Schreins** von 1759 zu sehen, dem einzigen des Landes in dieser Form. Hier stand früher auch eine Christusstatue. An der Steinplatte darunter sieht man Inschriften und Verzierungen. Ab 1781 lag an der Stelle des Hauses Nr. 22 einige Jahre lang der Botanische Garten der Universität.

Alte Universität

Zwischen den Seitenstraßen Skapo und Šv. Jono gatvė liegt die **Alte Universität**, deren Komplex verschiedenster Gebäude aus dem 16.–19. Jh mit gotischen, barocken, Renaissance- und Klassizismus-Architekturbeispielen das **gesamte Straßenkarree** bis zur Universiteto gatvė auf der Westseite umfasst, wo auch der einzige Zugang ist; bei Gottesdiensten ist

aber auch das Tor zur St.-Johannes-Kirche auf.

MEIN TIPP: Sehr empfohlen wird hier die Fahrt mit dem Lift auf die 45 m hohe **Aussichtsplattform des Glockenturms** mit einem tollen Blick (Juni–August 11–20 Uhr, Mai und Sept. 10–19 Uhr, Tel. 2193029, www.muziejus.vu.lt). Der 68 m hohe, fünfgeschossige Glockenturm im Renaissance- und Barock-Stil (1600–10 bzw. 1737) ist das höchste Gebäude der Altstadt. (**Hinweis:** für die, die den Universitätskomplex hier nicht besichtigen und lieber auf der Pilies gatvė weiter südlich bummeln möchten, wird auf den **»Rundgang durch die südliche Alt-**

⌃ Fresko „Die Jahreszeiten" in einem Saal der Universität

stadt" verwiesen). Man muss also sowohl bei der St.-Johannes-Kirche in die Šv. Jono, als auch bei der Kreuzung mit der Universiteto gatvė nach rechts abbiegen.

Dabei passiert man mit der Hausnr. 3 den Pacas-Palast vom 16. Jh., der dem Kanzler *Sapiega* gehörte und in den 1831 die Gouvernementsverwaltung des Zarenreichs einzog. Heute ist hier die polnische Botschaft. Der Palast in der Universiteto 2/18 mit gotischen Mauern aus dem 16. Jh. wurde Ende 17. Jh. von *M. Knackfuß* (s.u.) umgebaut. Im Hof des Gebäudes mit der Hausnr. 4 liegt das **48 Alumnat,** ein 1582–1622 als Studenteninternat errichteter und später als Priesterkolleg (von Papst *Gregor XIII.* gegründet) genutzter, prachtvoller Palast, dessen im Stil der italienischen Spätrenaissance angelegter Innenhof auf allen drei Geschossen von offenen Arkadengängen umgeben ist. Hier ist heute das italienische Kulturinstitut.

Weiter nördlich sieht man unter einem Arkadenbogen beim Bibliothekshof der Universität das **Denkmal** für *Kristijonas Donelaitis* (1714–80), dem Begründer der litauischen Belletristik und eine **78 Gedenktafel** an *Taras Shevchenko*. Wer Interesse an einer Führung in der **Universitätsbibliothek** hat, muss sich im *Littera*-Buchladen (s.u.) anmelden. Deren Eingang mit der Aufschrift „Vilniaus Universitetas" liegt rechts neben dem Bibliothekshof und dem goldenen Tor (s.o., Universiteto 5). Die Bibliothek wurde 1570 zusammen mit dem Jesuiten-Kolleg gegründet und sie besitzt heute die größte Sammlung Litauens: rund 5 Mio. Bücher (davon 170.000 aus dem 15.–18. Jh.), 180.000 Manuskripte aus dem 13.–16. Jh. und 4000 kartografische

Werke, darunter eine der zwei erhaltenen Ausgaben des **ersten litauischen Buches,** das Buch „Katechismus" von *Mažvydas* (siehe „Sprache"). Einen Besuch wert ist der **Smuglevičius-Lesesaal** aus dem 17. Jh. mit Deckenfresken griechischer Philosophen und Dichter (hinter dem Eingang links, in der Regel nur mit Führung). Besucher der Universität und der Bibliothek waren u.a. Papst *Johannes Paul II.,* der *Dalai Lama* und *Prince Charles.* Etwas weiter liegt der **Eingang zur Universität** (Mo–Sa 9–18 Uhr, November–Februar 9.30–17.30 Uhr, Tel. 2193029, www.muziejus.vu.lt, Universiteto 7).

Wegen der Größe des Komplexes werden hier nur die sehenswertesten der **12 Innenhöfe** mit Arkadengängen und Galerien sowie der **12 Gebäude** beschrieben (die sich aus mehreren Blöcken zusammensetzen; viele haben mit Fresken geschmückte Säle). Zur Orientierung hilft ein kostenlos erhältliches Faltblatt (auch auf Deutsch). Bei größerem Interesse ist eine **Führung** empfohlen (Tel. 2687103). Die Universität ist eine wahre **Schatzkammer der Wissenschaft und Kunst.**

Die Universität ist 1579 aus dem zehn Jahre zuvor gegründeten Jesuitenkolleg hervorgegangen und damit eine der **ältesten Hochschulen Osteuropas.** Beim Aufbau der Universität wurden alle Wohnhäuser des gesamten Viertels zusammengekauft und zu Universitätszwecken umfunktioniert. Nach einem Brand im Jahre 1610 musste vieles neu aufgebaut werden.

Die Universität war eines der bedeutendsten **wissenschaftlichen und kulturellen Zentren Osteuropas.** Fast zwei Jahrhunderte lang befand sie sich im Besitz der **Jesuiten,** die damals in Litauen in Bildungsfragen das Sagen hatten. Sie brauchten die Universität insbesondere dazu, um gegen reformatorische Ideen anzukämpfen. 1773 wurde der Orden europaweit verboten und die Universität vom polnisch-litauischen Staat übernommen. Er verwaltete alle Schulen und Gymnasien u.a. in Vilnius, Minsk und Kiev. Nach der zaristischen Machtübernahme 1795 wurde sie 1803 zur „Kaiserlichen Universität". Aufgrund der Studenten- und Professorenbeteiligung am Zarenaufstand 1830 wurde sie zwei Jahre später geschlossen, 1919 dann erstmals als litauische Uni wiedereröffnet, 1920–39 unter polnische, dann in kurzen Abständen unter litauische, sowjetische und deutsche Hoheit gestellt, bevor sie 1943 von den Nazis wiederum geschlossen wurde. 1944 wurde sie wieder sowjetisch und ab 1990 litauisch. Hier studierten u.a. der spätere Nobelpreisträger *Czeslaw Milosz* und *Simonas Daukantas*.

Heute sind hier noch das Rektorat, die Bibliothek sowie drei der zwölf Fakultäten untergebracht.

Die **12 Höfe** verschiedener Größe und Form (nach Wissenschaftlern der Universität benannt) sind nicht miteinander verbunden, sodass man manche mehrmals passieren muss. Einige Passagen sind recht eng und sehen deshalb gar nicht wie solche aus.

Durch einen Torbogen kommt man zuerst in den **Sarbievijus-Hof,** der belebteste und das **Herz der Uni.** Auf der gegenüberliegenden Seite liegt der Buchladen „Littera" mit einem 120 m² großen Freskogewölbe (Mo–Fr 9–18, Sa 10–15 Uhr). Links davon liegt das „Zentrum für litauische Studien", in dessen 1. Stock in der Aisčiai-Halle das brillante **Fresko**

„Die Jahreszeiten" von *P. Repšys* zu sehen ist, für dessen Fertigstellung er zehn Jahre brauchte.

Rechts vor dem Buchladen führt eine Treppe (die Glocke darüber stammt vom Glockenmuseum in Sirutėnai) hoch zum **Dydysis (Großen) Hof,** der wie ein Saal unter freiem Himmel wirkt. Er ist auf drei Seiten von dreigeschossigen Gebäuden umschlossen. Diese wurden im 17. Jh. im Manieristischen Stil gebaut, dem Übergangsstil von der Renaissance zum Barock. Früher hatten auch die oberen Stockwerke offene Loggien mit Bogengängen im italienischen Stil, sie wurden jedoch im 19. Jh. aufgrund des zu rauen Klimas zugemauert.

Die Ostseite schließen drei Gebäude ab: erstens das **Hauptgebäude der Universität** und deren ältester Teil überhaupt (mit einem geschwungenen Dach, der Aufschrift „Alma Mater Vilnensis" und einem Säulensaal als Aula); zweitens der **Glockenturm** (s.o.) und daneben die dazu gehörende **29 St.-Johannes-Kirche.** Deren dreistöckige Fassade gilt als eine der originellsten Schöpfungen des **Spätbarocks** und bietet mit ihren Säulen, Wandpfeilern und Simsen ein sehr plastisches Bild. Die Kirche wurde 1387–1426 auf Veranlassung von *Jogaila* gebaut, unmittelbar nachdem Litauen das Christentum angenommen hatte. König *Sigismund August* übergab sie 1571 den Jesuiten, die sie aber 1773 zurückgeben mussten. Nach dem Brand von 1737 erhielt der gotische Bau (von dem nur noch die hohen Fenster zeugen) Stilelemente des Spätbarock wie z.B. das obere Stockwerk, die später hinzugefügte Kuppel und die Außenverzierung. Nach dem Umbau 1748–49 unter *J. K. Glaubitz* wurde der Innenraum reichhaltig ausgestattet, u.a. mit wertvollen Gemälden, Büsten und Skulpturen. Sehenswert ist neben dem prachtvollen Deckengewölbe auch der **barocke Hauptaltar,** der größte und einzige dieser Art im Baltikum, der sich aus 10 von ursprünglich 22 im Halbrund angeordneten Altären zusammensetzt. Davon sind sieben vom 17./18. Jh. Die schönsten der sieben Kapellen sind die der Hl. *Anna* mit einem schwarzen Marmorportal sowie die wunderschöne Oginski-Kapelle links vom Chor. Hier steht auch die größte Orgel Litauens. Während der Sowjetära wurde die Kirche erst als Lagerhalle missbraucht, dann war hier das Museum für Wissenschaftliche Gedanken untergebracht; heute ist in der Uni das **Wissenschaftsmuseum der Universität Vilnius,** Tel. 2687155, Mo–Sa 10–17 Uhr. Zu sehen sind u.a. 50 alte Bücher, z.T. aus dem 14. Jh. Die Kirche wird seit 1991 wieder für Gottesdienste genutzt, aufgrund der exzellenten Akustik auch für **Klassikkonzerte** (www.lmrf.lt).

Durch den dem Kircheneingang gegenüber liegenden Bogengang gelangt man in den **Observatoriumshof.** Von der ursprünglichen Sternwarte von 1753, der viertältesten der Welt, ist nur der untere „Weiße Saal" übrig geblieben, in dem heute ein Teil der Bibliothek untergebracht ist. Ab dem 18. Jh. wurden dann von den Kuppeln der beiden zylinderförmigen Türmchen die Sterne beobachtet. 1882 wurde das Observatorium auf Befehl des Zaren geschlossen, viele Geräte brachte man in andere Institutionen des Zarenreichs. An der im klassizistischen Stil entworfenen Fassade sieht man Reliefs der 12 Tierkreiszeichen.

Vom Sarbievijus-Hof gelangt man in weitere Höfe. Im **Daukanto-Hof** sind in der „Filologijos Fakultetas" im ersten Stock u.a. Fresken griechischer Musen zu sehen.

Zurück zum Kathedralenplatz

Nach Norden mündet die Universiteto auf den dreieckigen **Daukanto-Platz,** benannt nach dem Historiker *Simonas Daukantas* (1793–1864). Hier liegt der ㉘ **Präsidentenpalast** (*prezidentūra,* Fr/Sa Besichtigung möglich mit kostenloser Führung, Tel. 70664073, www.president. lt, Mai–Sept., 12–18 Uhr, ist das Betreten des Innenhofs auch ohne Führung möglich). Im 14. Jh. wurde er als Adelsresidenz erbaut, 1543 Bischofsresidenz, ab 1795 war er Residenz der russischen Gouverneure. 1812 weilte hier erst Zar *Alexander I.,* kurz darauf *Napoleon* bei seinem Marsch auf Moskau und bei dessen Rückzug auch sein Widersacher Generalgouverneur *Kutuzov.* Dieser ließ den Palast dann im spätklassizistischen Stil umbauen. Während der Sowjetzeit diente er als Palast der Künstler, von 1991–97 als französische Botschaft.

Täglich um 18 Uhr findet der **Wechsel der Ehrenwache** statt. Sonntags um 12 Uhr wird die Staatsflagge feierlich gehisst. Diese wird eingezogen, wenn der Präsident nicht in Vilnius weilt.

Der **De-Reus-Palast** aus dem 18. Jh. auf der Nordseite des Platzes (Daukanto 2) erinnert mit seinen vier Säulen an einen griechischen Tempel. Gegenüber liegt der **Lopacinski-Palast** (Skapo 4), erbaut im 18. Jh. im klassizistischen Stil von *M. Knackfuß.* Von hier nach links und dann sind es noch 100 m zurück zum Kathedralenplatz.

Vilnius und der Südosten

1a

Tour durch die westliche Altstadt

Auf dieser Tour liegen im Umkreis von 200 m von der Kreuzung Vilniaus/Dominikonų gatvė **vier Klosterkirchen** von verschiedenen Kongregationen (Jesuiten, Benediktiner, Franziskaner und Dominikaner) sowie zwei von **deutschen Kaufleuten erbaute Kirchen** – ein Zeichen der religiösen Toleranz von Vilnius.

Vom Kathedralenplatz geht es südwestlich in die L. Stuokos-Gucevičiaus gatvė. Neben dessen Denkmal (Details bei der Kathedrale, s.o.) steht die **17 Heiligkreuzkirche.** Hier starben im 14. Jh. Franziskanermönche als Märtyrer, für die 1543 eine Kirche errichtet wurde. Das Bonifrater-Kloster wurde 1635 angebaut. Mitte des 18. Jh. wurde die Kirche mit Stukko und Marmoraltären im Barock- und Rokoko-Stil, im 20. Jh. mit Deckenmalereien ausgestattet. In der Sowjetzeit diente die Kirche als Konzertsaal. Berühmt ist sie wegen des wundertätigen Bildnisses der Hl. Jungfrau *Maria* mit Kind.

An der Kreuzung mit der Totorių links und zwischen dem Palast aus dem 19. Jh. (heute das Verteidigungsministerium) und dem Hotel *Artis* rechts geht es in die Benediktinių. An der nächsten Kreuzung mit der Šv. Ignoto erinnert eine Gedenktafel am Gebäude des früheren Rabbinerrats an den Besuch von *Theodor Herzl.* Hier lohnt ein kleiner Abstecher links zum Jesuitenkloster und zu der barocken **27 St.-Ignatius-Kirche**

▷ St.-Katharinen-Kirche

(Šv. Ignoto 4), 1622–47 gebaut, diente sie als Sitz der deutsch-katholischen St.-Martin-Brüderschaft. Das Kloster wurde 1798 geschlossen, das Kircheninnere im 19./20. Jh. weitgehend zerstört.

Richtung Westen stößt man auf die **Vilniaus gatvė.** Dort liegt links in der Nr. 30 die **26 St.-Katharinen-Kirche.** Die spätbarocke Kirche von 1622, in der heute auch Klassikkonzerte aufgeführt werden (www.kultura.lt), wurde 1741–43 von *J. K. Glaubitz* umgebaut und mit Altären, Gemälden und Skulpturen reich verziert. Sie war Teil des Benediktinerinnen-Klosters und prägt mit der markanten Silhouette ihrer beiden 50 m hohen Türme das Bild dieses Viertels. Die kuppelgekrönte **Kapelle** wurde zu Beginn des 18. Jh. angebaut. Beim davor gelegenen Denkmal für den berühmten polnischen Komponisten *S. Moniuška* können Liebespaare auf der **Bodenplatte „Herz und Apfel"** ihre Wünsche äußern.

In der Nr. 41 ist im Kleinen Radvila-Palast im Renaissance- und Barockstil, in dem 1795–1810 das städtische Theater war, das **25 Theater-, Musik- und Filmmuseum** mit 252.000 Ausstellungsstücken untergebracht (Di, Do, Fr 11–18, Mi 11–19 Uhr, Sa/So 11–16 Uhr, Tel. 2312 724, www.ltmkm.lt). An der Kreuzung rechts in die Trakų, danach links in die Pranciskonų, wo rechter Hand die **52 Jungfrau-Maria-Kirche** des früheren Franziskanerklosters liegt (1334–87 vor der Christianisierung Litauens errichtet, heute gotischer und spätbarocker Stil; 1812 Lazarett für Napoleons Soldaten, bis 1989 Staatsarchiv). Die Kirche wird zur Zeit renoviert. Die Statue der *Jungfrau Maria* soll wundersam sein. Zum Klosterensemble gehört auch die barocke **Suzinų-Kapelle** von 1708.

1a

Geradeaus stößt man in der Šv. Mikalojaus 4 auf die **55 St.-Nikolaus-Kirche.** 1320 von deutschen Kaufleuten bereits vor der Christianisierung erbaut, erstmalig 1387 erwähnt und die **älteste erhaltene Kirche** Litauens, die fast unverändert ihre gotischen Bauzüge beibehalten hat. Sie ist ein Ort der Europäischen Ziegelgotikroute (www.eurob.org). Im 16. Jh. wurde die einschiffige Kirche im gotischen Stil dreischiffig umgebaut, die Hauptfront erhielt einen Stufengiebel. Im 18. Jh. erhielt das Gotteshaus neue Altäre, einen Chor und einen Glockenturm im Barockstil. Im Seitenaltar ist ein Bildnis des *Hl. Michael* vom 16. Jh. in Silber. 1902–39 war es die einzige Kirche der Stadt, in der die Messen auf Litauisch gehalten werden durften. Im Garten steht eine Skulptur des *Hl. Christophorus,* des Schutzpatrons der Stadt.

Zurück zur Kreuzung und nach rechts weiter bis zur Vokiečių: Dort links bei der Hausnr. 20 steht die **54 Evangelisch-Lutherische-Kirche.** 1555 von deutschen Kaufleuten erbaut, vereinigt sie barocke und gotische Elemente. Der pompöse Rokoko-Altar von *Johannes Glaubitz* stammt von 1741. In der Sowjet-Ära wurde sie zur Basketballhalle und Bildhauerwerksatt umfunktioniert. Der Glockenturm wurde 1872 errichtet, Zugang durch einen Hof; hier finden auch Konzerte statt).

Auf dem Mittelstreifen der Vokiečių auf Höhe der Mėsinių steht ein modernes **Denkmal** für *Barbora Radvilaitė* (Details beim Großfürstenpalast bzw. bei Biržai). Im Mittelalter lebten viele deutsche Mönche, Kaufleute, Architekten, Handwerker und Würdenträger in Vilnius; ihr großer Beitrag zum Aufbau der Stadt wurde mit dem Namen der

Vokiečių gatvė (Deutsche Straße) geehrt. Die meisten Gebäude dieser Straße wurden während des Zweiten Weltkriegs und der Sowjetzeit zerstört bzw. abgerissen. Erhalten geblieben sind das Gebäude **Nr. 22** mit Gotik- und Barockelemen-

1a

Jerusalem des Nordens

Wer heute über die **Vokiečių-Straße** („deutsche Straße") geht, ahnt nicht, dass sich dort einst ein **Zentrum jüdischen Lebens** befand, das seinen Ursprung im ausgehenden Mittelalter hatte. Damals zwang der christliche Fanatismus in Mittel- und Westeuropa viele Juden zur Flucht nach Osten. In Osteuropa fanden sie religiöse Toleranz und bildeten als Händler und Handwerker die neue Mittelschicht. So verlagerte sich Anfang des 16. Jh. der Schwerpunkt des jüdischen Lebens gen Polen, Galizien, Litauen und Russland.

In Litauen gab es **erste jüdische Niederlassungen** schon Ende des 15. Jh. („shtettlech" genannt); in Vilnius (jiddisch: Wilna) wohnten Juden bereits seit 1323. Mindestens seit 1633 existierte ein **jüdisches Viertel**. Die jüdischen Bewohner werden seit jeher **Litvaken** genannt. Sie durften aber erst nur in den dem Magistrat gehörenden Gebäuden wohnen, so Anfang des 17. Jh. nur in den Straßen Žydų, Šv. Mykolo und Mėsinių, nicht aber in der Vokiečių (für sie waren sogar Wohnungen mit Blick auf letztere verboten). Typisch für Judenviertel waren schmale Straßen mit Querbögen; ein solcher ist heute noch in der Marko Antokolskio gatvė zu sehen.

Trotz wiederholter **Pogrome** wurde 1573 mit dem Bau der großen Synagoge begonnen, und das geistige und kulturelle Leben begann zu blühen. Es entstand eine **Talmud-Akademie.** Dort lehrte auch der größte Gelehrte, *Elija ben Salomon Zalman* (1720–1797), besser bekannt unter dem Ehrentitel *„Gaon"* (er konnte schon im Alter von sechs Jahren den ganzen Talmud auswendig vortragen).

Ab dem 18. Jh. entwickelte sich Vilnius zu einer **Hochburg rabbinischer Gelehrter** und zu einem **Zentrum jüdischer Kultur.** Hier lebten viele Wissenschaftler des Judaismus. Weise der Stadt sollen den Talmud mit seinen 64 Bänden auswendig gekannt haben. Sie schufen bedeutende Literaturwerke in ihrem **Jiddisch,** der Grundlage des heutigen Literatur-Jiddisch. Im Gegensatz zu den chassidischen Strömungen Osteuropas, eines mystifizierenden, verinnerlichenden Glaubens, herrschte in Vilnius mehr der **Geist der Aufklärung,** der *Haskala.* Neben der Rabbinerschule und zehn geistlichen Akademien mit jüdischen Studenten aus aller Welt gab es **96 Synagogen,** neun Gebetshäuser, jüdische Verlagsanstalten und Druckereien einen Schriftstellerklub, die Strashun-Bibliothek (ab 1902) und 160 jüdische Vereine. Die Pogrome von 1881 und das Erstarken des polnischen und russischen Antisemitismus stürzten den Haskala schließlich in eine Krise.

1897 wurde der **Jüdische Bund,** die größte jüdisch-sozialistische Partei Osteuropas, als Alternative zum Zionismus gegründet. Von 1897 bis 1919 stieg die jüdische Bevölkerungszahl von 64.000 auf 100.000 und stellte **rund ein Drittel der Einwohner.** Die Kinder wurden in jüdischen Schulen unterrichtet, es gab **sechs Zeitungen** in jiddischer Sprache sowie ein eigenes Theater. 1925 wurde das YIVO („Yidisher Visenshaftliker Institut") gegründet, das die **jiddische Sprache** erforschte und bis 1940 in Vilnius seinen Hauptsitz unterhielt. Vorstandsmitglieder waren u.a. *Einstein* und *Freud.* In Vilnius wurde angeblich das „reinste" Jiddisch gesprochen. Am Ende der polnischen Annexion (1920–39) betrug der Bevölkerungsanteil mit rund 80.000 Juden noch 34 %. Im September 1939 übernahm Russland Ostpolen, löste alle jüdischen Organisationen auf und deportierte ihre Leiter. Unterdessen flohen viele polnische Juden vor den Nazis nach Vilnius.

Im Juni 1941 besetzte die deutsche Wehrmacht Vilnius, und am 6. September wurden auf dem Gebiet des jüdischen Viertels, getrennt durch die Vokiečių gatvė, **zwei Ghettos** errichtet. Das kleinere existierte nur 46 Tage. Die rund 11.000 Bewohner wurden im Wald von Paneriai erschossen. Im **großen Ghetto** mit 29.000 Bewohnern, entwickelte sich trotz weiterer Aktionen, bei denen über 26.000 Juden den Tod fanden, ein **eigenständiges Leben.** Etwa 20.000 Bewohner (davon 12.000 legale) unterhielten Fürsorgeeinrichtungen, ein medizinisches Versorgungssystem, Schulen, ein Gericht, Polizei und ein **Ghettotheater,** wo 120 Stücke aufgeführt wurden (hier ist heute das Marionettentheater). Verantwortlich für die Organisation des alltäglichen Lebens war der **Judenrat.** Wer nicht in die Arbeitslager kam, wurde in **Konzentrationslager** nach Lettland und Estland deportiert.

Widerstandskämpfer konnten zwar keinen Aufstand organisieren, ermöglichten aber bis zur endgültigen Auflösung des Ghettos am 23.9.1943 rund 6000 Menschen die Flucht.

Die Ghettos wurden 1944 von den Sowjets vollends zerstört, die Große Synagoge in die Luft gesprengt. Der **23. September** ist heute der **Gedenktag an den Holocaust,** der in keinem anderen Land so brutal umgesetzt wurde wie hier. Nur etwa 800 Ghettobewohner überlebten ihn. Die Bevölkerung von Vilnius sank größtenteils deswegen von 209.000 vor Kriegsbeginn auf nur noch 110.000. Es ist historisch belegt, dass die meisten Juden **unter Beihilfe oder direkt von Litauern** ermordet wurden (aus Rache, da sie die Juden für Spitzel und Helfer der Sowjets hielten. Von 25 Polizeibataillonen waren 10 aktiv an Verbrechen gegen Juden beteiligt). Überlebende sagten auch, dass die litauischen Kommandos oft noch grausamer als ihre deutschen Vorgesetzten handelten. Auch heute wird nicht gern über das dunkle Kapitel gesprochen, man liest meist nur von „örtlichen", nicht jedoch von litauischen Kollaborateuren. Von den jüdischen Gedenkstätten abgesehen, werden die Sowjets allgemein in einem viel schlechteren Bild als die deutschen Besatzer gezeigt. Das heutige Verhältnis zu den Juden ist immer noch etwas belastet, und in Vilnius leben zur Zeit nur noch **3500 jüdische Einwohner** (Infos beim **Zentrum für Toleranz,** Naugarduko 10, Tel. 2120112, www.jmuseum.lt, beim **Chabad Lubavitch Zentrum,** Tel. 2150387, Bokšto 19/20, bei der **Universität,** Tel. 2687187, www.judaicvilnius.com und im **jüdischen Gemeindezentrum,** Pylimo 4, Tel. 2613003, www.lzb.lt, Mo–Fr 10–17 Uhr).

Vom früheren „Jerusalem des Nordens" mit seinen 105 sakralen Stätten ist bis auf die **Synagoge** und die später angebrachten **Gedenktafeln** (s. Rundgänge) nichts mehr geblieben. Auch nach dem Krieg löschten die **Sowjets** jüdisches Kulturgut aus. 1957 wurden die Friedhöfe im Kalnų-Park und auf dem heutigen Žalgiris-Stadion geräumt und die Grabsteine auf dem **Supervės-Friedhof** aufgestellt, soweit sie nicht zu Gehwegplatten benutzt wurden (diese wurden 1991 der jüdischen Gemeinde zurückgegeben). Dort liegt auch das **Grab des Gaon.** Beim Žalgiris-Stadion steht ein **Denkmal** für den dortigen ehemaligen Friedhof.

Der Ghettoalltag sowie der Holocaust werden im **20** Museum, im „Grünen Haus" in der Paménkalnio 12 (das Gässchen hoch hinter Hausnummer 2) bewegend dargestellt (Tel. 262 0730, www.jmuseum.lt). Mo–Do 9–17 Uhr sowie Fr 9–16, So 10–16 Uhr geöffnet (Führung auch auf Deutsch). Es liegt auf dem **„Rundgang durch das Neue Zentrum"** (s.u.).

Daneben stehen Denkmäler für den niederländischen Botschafter *Zwartendijk* und den japanischen Konsul *Sugihara,* die 1940 2200 bzw. 6000 Juden das Leben retteten. Für *Sugihara* wurde auch ein **Denkmal** neben der Upės gatvė beim Radisson Blue Hotel Lietuva aufgestellt (vgl. Museum in Kaunas). Gedenksteine zwischen der Subačiaus 47 und 49 erinnern an *Karl Plagge,* der 250 Juden das Leben rettete (s. „Rundgang durch die südliche Altstadt").

ten (das Wohnhaus des Hofarztes *Matthäus Worbeck-Lettow,* ein Geschenk der Adelsfamilie *Radvila*), das Haus **Nr. 24** des Burgvogts und Verwalters der Münzprägerei *Ulrich Hosius* aus dem 16. Jh. mit Gotik- und Barockelementen, der **Wittinghof-Palast** mit der **Nr. 26,** eines der besten Architekturbeispiele von *Martin Knackfuß* sowie der **Tyzenhausen-Palast** mit der **Nr. 28/17,** ebenfalls erbaut von *Knackfuß*; sein Silbersaal war Anfang des 19. Jh. eines der Zentren der Universitäts- und Salonkultur.

Während des Zweiten Weltkriegs teilte die Vokiečių gatvė die zwei **jüdischen Ghettos** (s. Exkurs „Jerusalem des Nordens"). Das **„Große Ghetto"** erstreckte sich südwestlich zwischen den Lydos, Pylimo und Karmelitų gatvė, das **„Kleine Ghetto"** nordöstlich zwischen Dominikonų, Stiklių gatvė und fast bis zum Rotušės aikštė. Diese Tour führt um das „Kleine Ghetto" herum, und zwar erst Richtung Norden und dann rechts in die **Dominikonų.**

Bei der Nr. 8 liegt die **50** **Heiliggeist-Kirche.** Von der ersten gotischen Kirche von 1408, die von *Vytautas dem Großen* gestiftet wurde, sind noch Reste der Kellergewölbe erhalten. 1501 übergab sie Großfürst *Alexander* dem Dominikanerorden, der daneben ein Kloster errichtete (mit schönen Fresken). Nach Bränden wurde sie 1770 im Stil des Barock und Rokoko umgebaut. Während des Zarenregimes diente das Kloster als Gefängnis für litauische und polnische Patrioten; die katholische Kirche wurde später zeitweilig als russisch-orthodoxe genutzt. Das Innere ist mit Stukkofiguren und Fresken üppig ausgestattet. Die **Orgel** von 1776 ist die wertvollste Litauens. Beeindruckend sind auch die 17 Marmoraltäre, die barocke Orgelempore und die Kanzel. Während der Sowjetzeit war sie als eine der wenigen Kirchen für Gottesdienste offen. Sie ist die Hauptkirche der polnischen Gemeinde, weshalb Papst *Johannes Paul II.* sie auch 1993 besuchte. Sie wird auch für Konzerte genutzt. In den Kirchenkrypten liegen die Gebeine von rund 2000 Menschen, die im 17./18. Jh. an Seuchen starben.

Ein schönes Mosaikportal hat die **Hl. Dreifaltigkeitskirche** in der Nr. 12 (im 16. Jh. im gotischen Stil erbaut, Umbau und Bau von zwei Türmen im 18. Jahrhundert).

Die Straße ist eine der ältesten und schönsten Straßen, die schon im 16. Jh. mit hölzernen Wasserleitungsrohren versorgt und damals schon ganz mit Häusern aus Stein bebaut war. Kein Wunder, wohnten hier doch einige Adelsfamilien. Deren Residenzen sind zum Teil noch erhalten, so der **Pociejus-Palast,** Haus Nr. 11, mit Frühbarockelementen (Reiterbasreliefs und eine zweigeschossige Bogengalerie), der **Zaviša-Palast** mit der Nr. 13 im frühklassizistischen Stil (der Keller aus der Renaissance blieb erhalten) und der **Gureckis-Palast** mit der Nr. 15, der Ende des 18. Jh. ebenfalls im frühklassizistischen Stil umgebaut wurde.

Ein kleines Stück zurück geht es dann links in die **Stiklių gatvė** (Glaserstraße). Es gibt hier mehrere Gaststätten, Souvenirläden und Hotels. Mit ihren Bürgerhäusern aus dem 15.–19. Jh., hübschen Fassaden, alten Schaufenstern und vielen dekorativen Details ist sie eine der malerischsten Gassen. Auf Höhe des Hotels *Stikliai* wird man an das **jüdische Viertel** erinnert. Links in der Gaono 3 (schräg gegenüber der österreichischen

Botschaft), wo das Tor des „Kleinen Ghettos" lag, ist eine **Gedenktafel** angebracht zur Erinnerung an die 11.000 Bewohner, die 1941 hier ihren Todesmarsch antreten mussten. Beim Gebäude Gaono 1 war eine Art Tor ins Ghetto. Das Haus Nr. 6 stammt aus dem 16. Jh. Rechts in der Žydų gatvė („Judenstraße") Nr. 4 steht eine **Bronzebüste des Gaon** gegenüber seinem früheren Haus (Zydų 4), mit einer Gedenktafel. Links davon, an der Stelle des heutigen Kindergartens, stand die **79 Große Synagoge** (1633) und die **Strashun-Bibliothek,** die größte Judaika-Bibliothek Europas. Zurück geht es zur Stiklių, wo man in der Nr. 3 das kleine **Leinenmuseum** besichtigen kann (Tel. 2610213), bevor diese in den Rathausplatz mündet. Die nächste Tour beginnt am südlichen Teil der Pilies gatvė, sodass man zunächst 200 m links Richtung Norden gehen muss.

Rundgang durch die südliche Altstadt

Ausgangspunkt ist die Stelle, wo der „Rundgang durch die nördliche Altstadt" zur Universität abbiegt (s.o.). Im Signaturenhaus mit der Neorenaissance-Fassade in der Pilies 26 mit der Aufschrift **31 „Signatura namai"** wurde am 16. Februar 1918 die Unabhängigkeitserklärung unterzeichnet. Heute finden sich hier das Zentrum für Geschichte und Kultur und ein Museum (Di–Sa 10–17 Uhr, Tel. 2314437, www.lnm.lt). Hier lohnt ein Abstecher links in die Literatų gatvė, wo vor allem an der Außenseite der Häuser Nr. 4–10 mehr als 100 kleine

Bilder aus Metall, Holz, Glas etc. an berühmte Autoren erinnern (u.a. *Günter Grass* oder *Herta Müller*). In der Nr. 40 im ersten Stock des **40 Šlapeliai-Hauses** aus dem 17. Jh. befindet sich ein Museum über Aktivisten der nationalen Befreiungsbewegung im 19./20. Jh. (Mi–So 11–16 Uhr, Tel. 2610771). Hier am Ende der Pilies bis zum Beginn der Didžioji gatvė liegt ein **Souvenirmarkt.** Die ideale Kulisse für den **Bildermarkt** bietet die Kirchenmauer der malerischen russischorthodoxen **42 Paraskovila-Piatnickaya-Kirche.**

Hier auf dem Platz eines Heidentempels für *Ragutis,* den Gott des Bieres (an den ein Findling erinnert), wurde 1345 noch vor der Christianisierung Litauens die erste Steinkirche von Vilnius für die erste Frau des Großfürsten *Algirdas* gebaut. Anfang des 17. Jh. gehörte sie dem Basilianerorden, der sie als Gasthaus benutzte, bevor sie 1655 renoviert wurde. *Peter der Große* besuchte die Kirche 1705, und schenkte ihr 1709 die Siegesflagge von der Schlacht gegen die Schweden in Poltava in der Ukraine. Hier taufte er 1705 auch *Hannibal, Alexander Pushkins* Urgroßvater, der ein Prinz aus Eritrea und ein Geschenk des Sultans der Türkei an den Zaren war. Nach Bränden wurde die Kirche 1863 mit beim Zarenaufstand konfiszierten Geldern im neobyzantinischen Stil neu errichtet. Nach der Zerstörung im Zweiten Weltkrieg wurde sie 1949 wiederaufgebaut, 1962–91 diente sie als Gemäldemuseum.

Schräg gegenüber in der Nr. 1 im französischen Kulturzentrum residierte die Behörde der Schatzkammer der Großen Armee *Napoleons.* Im Sommer 1812 wohnte hier der berühmte französische Schriftsteller *Stendal.*

1a

Gegenüber im großen Hof liegt der **Chodkevičiai-Palast** aus dem 17. Jh., rekonstruiert im 19. Jh. Der dreistöckige Palast in U-Form ist das stilvollste und größte klassizistische Bauwerk Litauens. Sein Inneres schmücken Stukkos im spätklassizistischen Stil. Er beherbergt die **44 Gemäldegalerie** mit Ausstellungen litauischer Kunst vom 16.–20. Jh. (Gemälde, Grafiken, Skulpturen, Didžioji 4, Di–Sa 11–18, So 12–17 Uhr, Tel. 2124258, www.ldm.lt). Im Hof finden Konzerte statt.

Im **Pacas Palast** (Haus Nr. 7) vom 17. Jh. waren u.a. *Napoleon* und *Zar Alexander I.* zu Besuch. Das Haus Nr. 10 ist reich verziert. Bei Nr. 12 findet man die prachtvoll restaurierte russisch-orthodoxe **45 St.-Nikolai-Kirche.** Die ursprüngliche Holzkirche ließ *Algirdas'* Frau *Juliana* 1350 in eine Steinkirche umbauen, die 1609–1827 dem Unitarier-Orden gehörte. Der Altar und der Großteil der Fassade ist gotisch-byzantinisch, nach den Bränden 1747/48 wurden barocke Elemente hinzugefügt. 1865 erhielt sie auch Elemente im neo-byzantinischen Stil. Mit ihrem dominanten katholischen Kirchturm ist sie ein originelles Gotteshaus.

Beim Gebäude Nr. 17/1 stand im 14. Jh. eine der ersten Kirchen, die im 16. Jh. in eine **gotische Ziegelkirche** umgebaut wurde, von der heute noch Fragmente an der Seitenfassade erhalten sind.

Die Didžioji verbreitert sich dann zu einem großen, dreieckigen Platz, dem **Rotušes aikštė** (Rathausplatz). Hier fällt der Blick zuerst auf die wuchtige Säulenfront des klassizistischen **ehemaligen Rathauses,** das an der Südseite den Platz beherrscht. Dieses tempelartige, zweigeschossige und quadratische Bauwerk mit dem auf erhöhten Stufen errichteten do-

rischen Säulenvorbau ist wie die Kathedrale ein Werk des Architekten *Laurynas Stuoka-Gucevičius.* Es wurde zwischen 1785 und 1799 errichtet. Der Architekt starb jedoch kurz vorher. Es dient heute als **58 Palast der Künstler** mit Ausstellungen moderner Kunst und als Konzertsaal (Didžioji 31, Mo–Fr 9–18 Uhr, Tel. 2618007, www.vilniausrotuse.lt). Hier finden sich auch ein **Touristinformationsbüro** (Tel. 2626470, Mo–Do 11–18 Uhr, Fr 11– 17 Uhr) und die **Gedenktafel** für die Anerkennung der Altstadt als UNESCO-Welterbe.

An dieser Stelle kreuzten sich einst die Handelswege und es entstand ein Markt, um den Geschäfte, Lager, Büros etc. entstanden. Erhalten ist heute noch das Gildehaus der Kaufleute (s.u.). Hier sollen 1333 die sieben Franziskanermönche getötet worden sein (siehe „Berg der drei Kreuze"). Der Platz war das **wirtschaftliche** und **gesellschaftliche Zentrum** der Stadt. Hier fanden Handelsmessen, Konzerte und Festivals statt, hier wurden Verbrecher ausgepeitscht oder hingerichtet und es traten Wanderzirkusse auf. Heute werden auf dem Platz auch **Staatsempfänge** (u.a. von Königin *Elizabeth II.*) und **Zeremonien** abgehalten.

Ende des 14. Jh. wurde hier nach Erlangung des Magdeburger Stadtrechts das **erste Rathaus** im Gotikstil mit Uhrturm und Kuppel gebaut. Es war zugleich Magistrat, Gericht, Gefängnis, Archiv, Schatzkammer und Arsenal. Nach Bränden in den Jahren 1748/49 war das alte Rathaus trotz intensiver Bemühungen nicht mehr zu retten. Der Bau, der heute an seiner Stelle steht, diente 1810–1924 als Stadttheater. 1940–91 stand hier das städtische Kunstmuseum, bis 1991 war es das Litauische Kunstmuseum.

Unverändert erhalten sind der Große Saal und der Keller mit Sternengewölbe. Den Giebel ziert das Stadtwappen mit dem Hl. *Christophorus.*

Rechts dahinter liegt an der Vokiečių gatvė 2 das **57 Zentrum für moderne Kunst,** mit wechselnden Ausstellungen verschiedenster Epochen, Genres und Länder (Di–So 12–20 Uhr, Tel. 212195, www.cac.lt).

Wer sich für die **jüdische Geschichte** interessiert, kann einen **Abstecher** in das ehemalige **„Große Ghetto"** machen. Die Rudninkų gatvė führt zum damaligen „Sitz des Judenrats" im Oginskipalast in der Nr. 8, in dessen Hof eine **Gedenktafel** an die 1200 Juden erinnert, die für den Marsch nach Paneriai „auserwählt" wurden. An der nächsten Seitenstraße rechts steht am Parkrand eine **Skulptur** des legendären jüdischen Arztes *Cemach Shabad.*

An der Stelle des Ghettotors an der Nr. 18 zeigt eine **Gedenktafel** die Lage der zwei Ghettos. In der Nr. 20/1 liegt die **frühbarocke Allerheiligenkirche** der **Karmeliter** vom 17. Jh., der Glockenturm wurde 1743 errichtet. (Während der Sowjetzeit war hier das Folkloremuseum.) Nicht weit entfernt in der Pylimo 39 liegt die einzige erhaltene von früher rund 100 **Synagogen** (So–Fr 10–14 Uhr). Sie wurde 1903 im maurischen Stil erbaut und während der Nazi-Zeit als Medikamentenlager genutzt.

Auf dem Rückweg zum Rathausplatz sieht man rechts von der Karmelitų (sie begrenzte das Ghetto im Osten) im Park ein **Denkmal** für die *Lazdynų Pelėda* („Haselnusseule"), Synonym für ein schriftstellerisches Schwesternpaar. Weiter rechts ein Denkmal an *Taras Shevchenko,* der 1829–31 in Vilnius studierte. In der Arklių liegen das **77 Jugend-** sowie das **Marionettentheater** im früheren Ghettotheater (s. Exkurs „Jerusalem des Nordens"), an das eine Gedenktafel erinnert. Beide sind noch fast unveränderte Teile des Oginski-Palasts vom 16. Jh. mit barocken und klassischen Umbauten.

Auf der gegenüberliegenden Seite des Rathausplatzes in der Didžioji 26, im kleinen **Gildehaus der Kaufleute** aus dem 15. Jh., liegt das **61 Kazys Varnelis Museum** (Tel. 2791644, www.lnm.lt, Di–Sa 10–16 Uhr, Anmeldung erforderlich). Der Künstler vermachte seine interessante Kunstsammlung der Stadt, die er in 50 Jahren im Exil aufgebaut hatte; in 33 Räumen sind wertvolle Sammlungen (Grafiken, Bilder, Möbel etc.) zu sehen.

An der Didžioji 34 liegt die **63 Kirche des Heiligen Kasimir,** des litauischen Nationalheiligen (siehe Exkurs). Ihren Grundriss bildet ein so genanntes „lateinisches Kreuz" (ein langes Mittelschiff, das von einem Querschiff gekreuzt wird). Darüber erhebt sich die 40 m hohe monumentale Kuppel, die größte in Vilnius. Der **Dachabschluss in Form einer Krone** der Jagiellonen erinnert an die fürstliche Abstammung des Heiligen. Zwei Jahre nach seiner Heiligsprechung wurde die dreischiffige Kirche 1604–35 durch die Jesuiten als **erste Barockkirche** von Vilnius errichtet. 1655, 1709 und 1749 brannte sie ab, wurde aber immer wiederaufgebaut. 1812 wurde sie von *Napoleons* Soldaten als Getreidelager missbraucht. Während der Zarenzeit verwandelte man sie ab 1832 in eine **russisch-orthodoxe Kirche** und baute sie 1864–68 entsprechend um. Die beiden Türme wurden auf die heutige Höhe „gestutzt" und mit (nicht mehr vorhan-

Vilnius und der Südosten

denen) Zwiebeldächern versehen. Die Fresken wurden übermalt, die Fassade mit Schnörkeleien im Stil des Neo-Rokoko gestaltet. Der russische Schriftsteller *Fjodor Dostojewski* soll bei seinem Besuch hier gebetet haben. 1915 wurde die Kirche nach der Besetzung Litauens durch die Deutschen als Gebetshaus der Armee (ebenso wie 1941) benutzt, 1917 an die Jesuiten zurückgegeben, die sie weitgehend im alten Stil rekonstruierten (das Kloster befindet sich hinter der Kirche). Unter den Sowjets wurde sie als Weinlager, 1965–88 als Museum des Atheismus entweiht. Bei der Restaurierung erhielt die Kirche wieder ihr barockes Gesicht mit Gotik- und Renaissanceeinflüssen. Seit 1991 finden wieder

☑ Nationale Philharmonie

Gottesdienste statt, manchmal auch Konzerte. Erhalten sind noch die drei spätbarocken Marmoraltäre von 1755 und auch einige Fresken aus dem 17. Jh. in der Krypta. Eine Gedenktafel erinnert an den Besuch des Kaisers *Wilhelm II.* im Ersten Weltkrieg.

Ab hier geht die Didžioji in die **Aušros Vartų** über, die wohl schönste Straße der Altstadt. Sie war seit jeher berühmt wegen der Kirchen dreier Konfessionen auf engstem Raum.

An der Nr. 5 liegt die **Nationale Philharmonie,** ein prunkvolles Gebäude von 1902, im Stil des Historismus, in dem 1906 die erste Nationaloper, „Birutė" von *Mikas Petrauskas,* uraufgeführt wurde. Im Giebel des Gebäudes ist das Stadtwappen, der *Hl. Christophorus* mit dem Jesuskind, zu sehen. Hier forderte 1905

1a

das Parlament vom Zaren die Anerkennung der Autonomie Litauens, und hier wurde 1918 Litauen als Sowjetrepublik proklamiert.

An der Nr. 7 steht das prachtvoll spätbarocke **73** **Tor des Basilius-Klosters,** dessen fließende Formen der Architekt *Johann Glaubitz* 1761 schuf. Mit fast 18 m Höhe und fast 11 m Breite ist es eines der größten Tore Litauens. Oben prangt das Relief „Hl. Dreifaltigkeit mit dem Erdball". In der Konrad-Zelle des Klosters fanden 1920–39 Literaturabende statt, wo bedeutende deutsche Literaten Lesungen hielten.

Hinter dem Tor liegt das Kloster, das an der Stelle errichtet wurde, an der im 14. Jh. drei orthodoxe Märtyrer starben. 1596–1827 war hier eine bedeutende Klosterdruckerei. 1607–1807 und wieder seit 1991 wird es vom griechisch-katholischen Basilianerorden (Unitarier) genutzt, zwischenzeitlich von der russisch-orthodoxen Kirche. Die würfelförmige **Dreifaltigkeitskirche** (1514) hat gotische, barocke und russisch-byzantinische, die Türme Rokoko-Elemente.

Zurück am Tor, beginnt die Straße etwas anzusteigen und öffnet den Blick auf das Aušros-Tor an ihrem Ende. Sie ist auf diesem Abschnitt von gut erhaltenen **alten Bürgerhäusern** verschiedener Epochen gesäumt. Schön ist das Backsteingebäude mit gotischem Unterbau aus dem 16. Jh. und einem stufenförmigen Renaissancegiebel (Haus Nr. 8).

Gleich daneben jenseits eines neo-byzantinischen Torbogens, erblickt man die Kuppel der **68** **Heiliggeistkirche.** Sie ist die **bedeutendste russisch-orthodoxe Kirche** Litauens, Sitz des Erzbischofs von Vilnius sowie das landesweit einzige orthodoxe Gebäude im Frühbarockstil

mit Rokokoeinschlag und in Form eines lateinischen Kreuzes. Von außen wirkt sie etwas schlicht, doch ein Besuch lohnt sich wegen der prunkvollen Barockausstattung, der Stucksskulpturen und der wertvollen Ikonen. Von hohem künstlerischen Wert sind die große Barockikonostase aus Marmor mit vielen Gemälden (geschaffen 1753–57 von *J. K. Glaubitz*) und der grüne Altar.

Die gut erhaltenen **Leichname** der 1347 am Hof des Großfürsten *Algirda* zu Tode gefolterten drei orthodoxen Märtyrer *Anton, Eustatius* und *Johannes* liegen in einer Krypta am Anfang der Treppe unter dem Altar (man kann sogar ihre Füße sehen). Die Überreste der drei sind an Weihnachten mit weißen, in der Karwoche mit schwarzen und ansonsten mit roten Tüchern verhüllt. Am 26. Juni jeden Jahres werden sie sogar enthüllt; dann werden ihnen besondere Heilkräfte nachgesagt.

Die 1597 aus Holz gebaute Kirche in dem traditionell von Russen bewohnten Stadtteil wurde 1632–38 durch eine Steinkirche ersetzt, nach dem Brand 1749 unter *J. K. Glaubitz* wieder aufgebaut. Die Kuppel wurde 1873 aufgesetzt. Auf dem Grundstück befinden sich auch die landesweit einzigen russisch-orthodoxe Mönchs- und Nonnenkloster, 1584 gegründet von der Brüderschaft der *Hl. Theresa*. In der Klosterdruckerei dieser Kirche in Vievis wurde die erste „Slawische Grammatik" gedruckt.

Wenig weiter ragt die frühbarocke **70** **St. Theresienkirche** empor. Am Giebel der Hauptfront der dreischiffigen Kirche vom Basilikatyp sowie über dem Portal sieht man das Wappen der Stifterfamilie *Pacas* (vgl. St.-Peter-und-Paul-Kirche). Für die Fassade wurden ausschließlich

teure Materialien wie Granit, Marmor und schwedischer Sandstein verwendet. Unter dem Haupteingang führt eine Treppe in die Begräbniskapelle. Zusammen mit dem dahinter liegenden Kloster des „Barfüßigen Karmeliterordens" wurde sie zwischen 1633 und 1654 gebaut. Das Kloster wurde 1844 geschlossen,

⌃ Das Aušros-Vartai-Tor

heute befindet sich hier die Technische Universität. Das üppig verzierte Innere der Kirche ist im Rokoko- und Spätbarockstil gehalten. Sehenswert sind u.a. die Deckenfresken mit Szenen der Heiligen Theresa, die acht vergoldeten Seitenaltäre sowie der zweiteilige Hauptaltar mit wertvollen Gemälden. Rechts von ihm erreicht man durch einen Korridor die 1783 gebaute **Stifterkapelle** der Familie *Pacas*. Diese ist mit der Kapelle im

Aušros-Vartai-Tor (s.u.) durch einen Kreuzweg verbunden, jedoch nicht immer zugänglich.

Gegenüber in dem Gebäude Aušros Vartų 19 aus dem 17. Jh., weilte 1918 der spätere Präsident *Basanavičius.*

Das am südlichen Rand der Altstadt gelegene dreistöckige **71** **Aušros-Vartai-Tor** („Tor der Morgenröte") aus dem Jahr 1514 im Renaissance-Stil wird auch „Medininku-Tor" genannt. Es ist das letzte noch erhaltene **Stadttor** und auch heute noch mit Teilen der alten Stadtmauer verbunden. Seinen Namen bekam es dadurch, dass alle Händler auf dem Weg nach Minsk, der Medininkai-Burg usw. erst durch dieses Tor mit einer Ziehbrücke über den Wehrgraben fahren mussten. Dass es nicht ebenso wie die übrigen neun Tore sowie großen Teilen der Verteidigungsmauern von den Russen um 1800 abgerissen worden ist, verdankt es der **Ikone,** die sich in der **Tor-Kapelle** befindet. Sie ist auch durch eine Nische von der Straße her sichtbar, sodass Gläubige zu dem Torbogen aufblicken und sich bekreuzigen.

Durch einen Eingang links vor dem Tor führen 40 Stufen hoch zur Kapelle. Am Eingang ist eine Gedenktafel zum Besuch von Papst *Johannes Paul II.* angebracht, der 1993 die Kapelle besuchte und eine purpurne Kardinalsmütze als Geschenk hinterließ. Hier bieten alte Frauen Ikonenbildchen, Rosenkränze etc. feil (der Weg links hinter dem Eingang führt zum Kreuzweg und zum Inneren der St. Theresienkirche, falls deren Hauptportal geschlossen sein sollte, s.o.).

Die „Hl. Jungfrau Maria Mutter der Barmherzigkeit", wegen ihrer Hautfarbe auch „**Schwarze Madonna**" genannt, ist von einem Silberrahmen und einem prachtvollen Altar umgeben. Das Bild ist auf acht Eichenbrettern gemalt und wurde später öfters umgemalt, allein die Hände achtmal. Es wurde 1620–30 nach einer Zeichnung des holländischen Künstlers *Martin de Vos* aus dem 16. Jh. gemalt und ist eines der bedeutendsten Werke der litauischen **Renaissancemalerei.** Karmeliter-Mönche der Theresien-Kirche erklärten 1671 die Madonna für **wundertätig,** worauf diese zu einer der bedeutendsten **Pilgerstätten** wurde und heute noch ist, sowohl für Katholiken als auch für Orthodoxe.

Das Bildnis der Mutter Gottes soll eines Nachts über der Stadt geschwebt haben, sodass sie als Dank für ihren Schutz ein Silberkleid übergezogen bekam, das mit Nägeln befestigt wurde (bei der Restaurierung im Jahr 1927 wurden 2687 Nagellöcher gezählt). Nach dem Brand 1715 wurde sie in eine andere Kapelle gebracht und 1829 in die inzwischen neoklassizistisch umgebaute Tor-Kapelle zurückgebracht. 1927 sandte der Papst eine Krone, um die wundertätige Madonna zu krönen. Viele Kirchen der Welt haben ein Bildnis dieser Madonna, die St.-Peter-und-Paul-Basilika im Vatikan und die St.-Severin-Kirche in Paris. Rund 8000 Geheilte und Getröstete haben sich mit Herzen und Skulpturen aus Silber bedankt oder als Bitte um Gottes Hilfe diese **Votivgaben** an den silbernen Wandpaneelen neben der Madonna befestigt. Besonders viele Gläubige kommen zum **Feiertag der Madonna** am 16. November.

An der **Südseite** des Tors sieht man zwischen Schießscharten ein Kreuzgeschmiede (1920–39 prangte hier das polnische Staatswappen), darüber ein kleines Medaillon von *Hermes,* dem Schutzgott der Kaufleute. An dem erst im 17. Jh. im Stil der Spätrenaissance aufgesetzten **Attikum** sind das von Greifen gehaltene Staatswappen und dekorative Blindfenster zu sehen. Mit dem Rücken zum Tor geht es nach links an den streckenweise gut erhaltenen **Stadtmauerresten** (s. „Geschichte") entlang der Šv. Dvasios-Gasse rund 200 m zu einer Promenade rechts oberhalb der Bastei. Hier bietet sich vor allem bei Sonnenuntergang ein schönes **Panorama,** auch auf die Republik Užupis (s.o.). Dieser Ort wurde im 18. Jh. als „Paradies" bezeichnet und wird auch heute noch von Liebespaaren besucht.

Neben der Bastei stand das **Subačiaus-Tor**, das wiederaufgebaut werden soll. Wer noch gut zu Fuß ist, kann einen Abstecher machen: 1 km weiter östlich, auf der rechten Straßenseite schräg gegenüber von der Bushaltestelle Subačiaus (von wo man einen herrlichen Panoramablick auf Vilnius hat), zwischen Subačiaus 47 und 49 neben einer jüdischen Menorah erinnert ein **Memorial** an den **Wehrmachtssoldaten Karl Plagge** (1897–1957), der 1944 250 Juden vor dem Tod rettete. Diese arbeiteten hier nach der Auflösung des Ghettos unter seiner Kontrolle und seinem Schutz. Am 1.7.1944 warnte er sie, bevor die SS vor dem Einmarsch der Russen alle Juden umbrachte. Plagge wurde 2005 als Held Israels gewürdigt (s. Exkurs „Jerusalem des Nordens").

Der Eingang der **67 Bastei der Wehrmauer** in der Bokšto 20/18, ist auf der Westseite. Sie wurde Anfang des 17. Jh. vom deutschen Militäringenieur *Friedrich Getkant* zum Schutz gegen Russen und Schweden in der Form eines halbrunden italienischen Verteidigungssys-

tems gebaut und Mitte des 18. Jh. schwer beschädigt. Vom Turm in der Ringmauer führt ein 48 m langer, unterirdischer Treppentunnel zum hufeisenförmigen Kanonenraum. Im 19. Jh. war hier ein Waisenhaus untergebracht. Später wurde die verwahrloste Bastion als Müllplatz benutzt, unter dem 1828 die Decke einbrach. Damals ging die Legende eines in der Bastion schlafenden Drachens in der Stadt um. Im 1. und 2. Weltkrieg war hier ein Waffenlager der deutschen Armee. Heute sind Waffen, Kanonen, Ritterrüstungen etc. zu sehen (Mi–So 10–18 Uhr, Tel. 2612149, www.lnm.lt).

Weiter nach Norden bergab, an der spätbarocken Hl.-Jungfrau-Mariakirche der Augustiner (1746–68) vorbei, geht es links in die Savičiaus, wo in der Nr. 11 das **59 M. K. Čiurlionio-Museum** liegt. Der Künstler (s. Exkurs) lebte und arbeitete hier 1907/8 einige Monate. Hier steht auch sein Piano (Mo–Fr 10–16 Uhr, manchmal Konzerte, Eingang durch die Seitentür, Tel. 2622451, www.mkcnamai. lt). Von hier ist es nicht weit zurück zum Rathausplatz.

Rundgang durch das Neue Zentrum

Das Neue Zentrum erstreckt sich westlich der Altstadt und wird im Norden und Westen durch die Neris begrenzt. An der Hauptachse, dem **Gedimino prospektas** in einer verkehrsberuhigten Zone, findet man zahlreiche Cafés, Restaurants, Banken, Hotels, Ministerien und Geschäfte. Von 19 Uhr bis morgens um 4 Uhr, sonntags bereits ab 10 Uhr ist die Straße bis zum V.-Kudirkos-Platz für den Verkehr gesperrt. Mit dem KGB-Museum und dem Parlament ist er auch von historischer Bedeutung. Er verbindet die vier größten Plätze der Stadt und führt schnurgerade fast 2 km von der Kathedrale bis zur Neris im Westen.

Bis zur Mitte des 19. Jh. war dieses Gebiet, das nach seinem Besitzer *Luka* den Namen Lukiškės trug, nur spärlich besiedelt. 1836 wurde es durch den Bau des heutigen Gedimino prospektas erschlossen, an dem Verwaltungs- und Geschäftshäuser entstanden und der bis heute die **Haupteinkaufsstraße** ist. Seit damals musste sie elf Namensänderungen über sich ergehen lassen.

Der Rundgang beginnt am **Kathedralenplatz**. Auf dem ersten Abschnitt bis zum V.-Kudirkos-Platz kommt man vor allem an Gebäuden der Wende vom 19. zum 20. Jh. vorbei, in denen wissenschaftliche und kulturelle Institutionen ihren Sitz haben, z.B. die Akademie der Wissenschaften in der Nr. 3. Hier ist eine **Gedenktafel** angebracht für die Unabhängigkeitsbewegung *Sajūdis,* die 1988 hier gegründet wurde; sie tagte fortan im Gebäude Nr. 1, wo eine Ausstellung eingerichtet wurde (Mo–Fr 9–16 Uhr, Tel. 2124881). Den Eingang eines Schuhgeschäfts in der Nr. 2 zieren Schokolade essende Bärenfiguren, Überbleibsel eines Schokoladengeschäfts aus der Zarenzeit Anfang des 20. Jh. In der Gedimino 4 links erhebt sich das **8** **Nationale Dramatheater**. Über dem Eingang schweben die Skulpturen der drei heiteren, dramatischen und tragischen Musen.

Vorbei am **Hauptpostamt** (Haus Nr. 7) und dem **7** **Geldmuseum,** Totorių 2/8, Tel. 2680334, Di–Fr 10–19, Sa 11–18 Uhr, www.pinigumuziejus.lt) gelangt man zum **V.-Kudirkos-Platz,** mit

dessen Denkmal an der Kreuzung mit der Vilniaus gatvė (Rauchen ist hier verboten). Dahinter liegt das **Regierungsgebäude** (Nr. 11), hinter diesem die **Kongresshalle** (Vilniaus 6/14; Veranstaltungsort für Konzerte), und links von ihm das **3** **Nationale Opern- und Balletttheater** (Eingang an der Westseite bei der Vienuolio). Daneben ist in einem neoklassizistischen Gebäude vom Anfang des 20. Jh. das **Vytautas Kasiulis Museum** mit vielen seiner Kunstwerke untergebracht (Goštauto 1, Tel. 2616764, Di–Sa 10–17 Uhr, So 12–17 Uhr, www.ldm.lt). Der Maler (1918–95) floh 1944 vor den Nazis nach Österreich und Deutschland, bevor er sich schließlich in Paris niederließ.

Kleiner Abstecher: Die Vilniaus führt auf die nördliche Seite der Neris. Es lohnt sich, zumindest bis zur **Zaliasis tiltas** („Grüne Brücke") zu gehen. Sie war die erste Steinbrücke über die Neris (1536), die 1944 gesprengt und 1952 wiederaufgebaut wurde. Davon zeugen noch die vier sozialistischen Eckpfeiler, die Landwirtschaft, Industrie, Frieden und Jugend symbolisieren sollen. 1739 wurde sie mal grün gestrichen, daher der Name. Von der Brücke hat man einen guten Blick auf die zweitürmige, im Inneren herrlich verzierte **St.-Raphaelskirche** aus dem 18. Jh. mit dem Jesuitenkloster linker Hand und ein Schlösschen von 1920 rechts (heute ein Café).

Beim **Europaplatz** steht der 146 m hohe **Europaturm** (Business- und Einkaufszentrum; Gastronomiebetriebe, www.europa.lt). Er ist Teil des neuen Verwaltungszentrums mit dem neuen Rathaus sowie anderen weiteren futuristisch aussehenden **Wolkenkratzern.** Die Skyline ist Ausdruck des modernen Vilnius.

1a

Wer will, kann die 103 m lange Brücke überqueren und hinter der Kirche links in eine **Fußgängerzone** einbiegen. Dort liegen u.a. das **Planetarium** (Konstitucijos 12 a, Eingang an der Šnipiškių, Tel. 2724148, Mo–Do 10–16 Uhr, Fr 10–14.30 Uhr, www.planetarium.lt) und ein Einkaufszentrum. Weiter westlich in der Konstitucijos 22 liegt die **Nationale Kunstgalerie** (Tel. 2195960, www.ndg.lt, Di/Mi/Fr/Sa 11–19, Do 12–20, So 11–17 Uhr). In dem früheren Revolutionsmuseum werden heute Kunstwerke vom 19. und 20. Jh. gezeigt. Hier fanden im November 2013 Sitzungen der EU-Ratspräsidentschaft statt. Nicht weit von hier steht die Siegesgöttin *Nike.*

Zurück zum Gedimino prospektas gelangt man über die gleiche Brücke oder über die weiter westlich gelegene Radfahrer- und Fußgängerbrücke Baltasis („Weiße Brücke"). Daneben liegt im Sommer ein **künstlicher Strand** mit Beach-Volleyball. Vor dem Hotel *Scandic Neringa* befindet sich der **Gedimino-Markt.** In einem kleinen Park zwischen Nr. 27 und 29 steht das **1** **Denkmal** für die Schriftstellerin *Julija Žemaitė* (1845–1921). Man nennt sie die „stille Größe Litauens".

Vorbei an prachtvollen Gebäuden (z.B. Nr. 20 im Jugendstil mit einer Statue des *Hl. Georg* auf dem Dach oder dem kleinen Staatstheater von Vilnius in der Nr. 22) gelangt man zum **Lukiškių aikštė,** dem früheren Leninplatz. Hier wurden 1863 die Rädelsführer des Aufstands gehängt bzw. spätere Freiheitskämpfer exekutiert. Das monumentale Lenindenkmal, das einst hier stand und jetzt in Grūtas zu sehen ist (s. dort), wurde 1991 von seinem Sockel gestürzt, und in nur einer Nacht hat das Volk selbst das wuchtige Postament in einen Trümmerhaufen verwandelt.

Am Nordende des Platzes steht die zweitürmige **St.-Philip- und Jakobkirche** aus dem Jahre 1690, mit 24 m die höchste einschiffige Kirche Litauens. Das Innere der spätbarocken Kirche wurde erst 1744 fertiggestellt (schöne Holzkanzel und acht Altäre). Daneben liegt ein **Dominikanerkloster** von 1642, das in der Sowjetzeit als Lagerhaus diente (heute ist es ein Krankenhaus). Auf der westlichen Seite sieht man das **Außen- und Finanzministerium** (J. Tumo Vaižganto 2 bzw. 8/2) sowie ein an die Sowjets erinnerndes, gigantisches Wohnhaus mit Spitze (Ecke Goštauto).

Auf der Südseite an der Gedimino 40 sind in die Wand 199 Namen von 1945–46 vom KGB hier ermordeten Opfer eingraviert. Das 1899 errichtete Gebäude war ursprünglich ein Gerichtshof. 1941–44 diente es als Gestapo-Kommandozentrale, dann bis 1991 als KGB-Zentrale. Heute ist es teils das Staatsarchiv wie auch das **KGB-Museum** oder **Museum der Genozidopfer;** der Eingang liegt an der Seitenstraße Aukų 2a, im hinteren Gebäudeteil links vom Mahnmal (eine Pyramide aus Feldsteinen). In den Kellerräumen kann man heute die 9 m² großen 22 Zellen sehen, in denen bis zu 20 Andersdenkende eingesperrt und verhört wurden, ehe man sie nach Sibirien deportierte oder zum Tode verurteilte, falls sie nicht vorher verhungerten oder die Folter z.B. in der Wasser- oder Isolationszelle nicht überlebten. Tausende wurden hier verhört. In den Zellen sieht man auch Blutspuren und in die

> Im KGB-Museum

244li gs

Wand eingeritzte Wörter. Bis 1963 wurden hier auch Todesurteile vollstreckt (diese Kammer darf wegen des gläsernen Bodens nur mit Pantoffeln betreten werden).

Die Führer zeigen diese Räume mit spürbarer Verbitterung, denn sie sind teilweise ehemalige Insassen der Zellen. Respektieren Sie ihre Gefühle! Man kann sich das Museum auch ohne Führung anschauen, da alle Tafeln in Englisch beschriftet sind bzw. auch Audioguides ausgeliehen werden können (z.Zt. nur auf Englisch). Wohl nirgends sonst werden die Schrecken der sowjetischen Vergangenheit so hautnah und stark erlebbar wie hier (Tel. 2496264, Mi–Sa 10–18, So 10–17 Uhr, www.genocıd.lt).

Neben dem Museum steht die **Litauische Musik- und Theaterakademie,** an der der spätere Präsident *Landsbergis* unterrichtete.

1a

Hinter dem Lukiškių-Platz gelangt man zur **Martynas-Mažvydas-Nationalbibliothek** und dem **Parlament** auf dem **Unabhängigkeitsplatz** *(Nepriklausomibės aikštė)*. Hier warteten im Januar 1991 Tausende hinter den damals errichteten Barrikaden auf die Sowjetpanzer; Kreuze wurden dort aufgestellt, litauische Soldaten nagelten ihre sowjetischen Armeeausweise an die Bäume. Es gab jedoch keine Zwischenfälle. Bis Ende 1992, als der letzte Rote-Armee-Soldat Vilnius verließ, war es noch verbarrikadiert. Auf der **Westseite** sieht man noch Reste des Stacheldrahtverhaus und der bemalten Barrikaden, Kreuze für die damals Getöteten sowie ein Dankeskreuz für Island. Am 11.3.1990 wurde hier die Wiedererrichtung der Unabhängigkeit proklamiert (s. „Geschichte"). Im 1982 errichteten Parlament *(seimas)* sind Führungen möglich (Tel. 2396960, zwei Wochen vorher buchen, www.lrs.lt).

Auf der **anderen Flussseite** liegt der Stadtteil Žverynas. Seinen Namen hat er von Rehen, die dort von der Adelsfamilie *Radvila* gezüchtet wurden. In dem beliebten Wohngebiet stehen viele Sommerhäuser und Villen.

Jenseits der alten Žveryno-Brücke von 1906 ragen in der Vytauto 21 die silbernen neo-byzantinischen Kuppeln der orthodoxen **Mariä-Erscheinungs-Kirche** (1903) auf, die viele Ikonen beherbergt. Nicht weit weg in der Liubarto 6 liegt das Gebetshaus **Kenessa** der Karäer (s. auch Exkurs „Die Karäer") von 1923, welches während der Sowjetzeit als Lagerhaus diente.

Für den Rückweg zum Kathedralenplatz via Liubarto-Brücke und der Jasinskio/Pamėnkalnio kann man einen Trolleybus nehmen. Bis zur Haltestelle Pamėnkalnio/Tauro sind es ca. 800 m. Hier erhebt sich rechter Hand der **Tauro-Berg** (Auerochs-Berg). Wer diesen nicht besteigen möchte, kann bis zum Ende der Pamėnkalnio weitergehen/fahren und die Tour beim **20** jüdischen Museum fortsetzen (s.u.). 107 Stufen führen durch einen Park hoch zum **Gewerkschaftshaus** mit seinen acht monumentalen Säulen (und mit Kulturzentrum) und schönem Blick auf die Neustadt. Am südlichen Ende des Parks liegt der **Hochzeitspalast**, ein Betonklotz, und dahinter an der Basanavičiaus Nr. 27 erheben sich die grünen Zwiebeltürme der russisch-orthodoxen **Hl. Michael- und Konstantinkirche** von 1913.

Man folgt der Basanavičiaus-Straße von der Kirche abwärts, vorbei am ersten Hauptsitz der YIVO (s. Exkurs „Jerusalem des Nordens"), heute in New York, in der Nr. 16 und der Nr. 13, dem **Russischen Dramatheater** bis zur Kreuzung Pylimo/Trakų. Den Balkon am Tiskevičių-Palast, dem Eckhaus Nr. 1/26 aus dem 15. Jh., stützen schöne Atlanten; es zählt zu den bedeutenden Gebäuden im **Empirestil**. Erhalten ist auch das Wappen der Familie. Im Hof des gegenüber liegenden **Umiastowski-Palastes** vom Ende des 18. Jh. in der Trakų Nr. 2 sieht man noch einen Teil des alten Stadtmauertors nach Trakai. Wo die Statue „Wächter" in der Nische hin zur Pylimo steht, stand damals die Statue des Hl. *Christo-*

▷ Frank-Zappa-Memorial mit Graffiti-Wand

1a

phorus. Weiter nördlich kommt man an der Pylimo 20 zur Stelle der ersten kalvinistischen Kirche (1553), wo heute die 1830–35 im neoklassizistischen Stil mit mächtigen Säulen erbaute **23 Reformierte Evangelische Kirche** liegt. Am Giebeldreieck prangt das Relief „Der lehrende Jesus". Seit 1990 steht sie wieder für Gottesdienste zur Verfügung, nachdem sie seit 1953 erst für Ausstellungen, dann als Kinosaal zweckentfremdet wurde. Davon zeugen noch die Kinosessel, die die Kirchenbänke ersetzten. Tafeln im Innenraum zeigen bedeutende Calvinisten Litauens.

Hinter einer Klinik in der Kalinausko 1 steht das weltweit erste **21 Frank-Zappa-Memorial** mit einem eindrucksvollen Graffiti an der Mauer als Erinnerung an den Rockstar, der 1993 an Krebs starb. Er ist auch Schutzpatron der Republik Užupis (s.o.).

Wer Interesse an der **jüdischen Geschichte** in Vilnius hat, kann hier das „Grüne Haus" besichtigen (s. Exkurs).

In der Vilniaus 24 steht der **Radvila-Palast,** in dem sowohl 165 Portraits der Adelsfamilie *Radvila* als auch ausländische Kunst vom 16. Jh. bis heute zu sehen sind (Tel. 2620981, Di–Sa 11–18, So 12–17 Uhr, www.ldm.lt). Das einst prächtige Renaissance-Schloss aus dem 17. Jh., einer der neun Paläste der einst 300 Jahre lang mächtigen Familie, wurde dem Palais Luxemburg in Paris nachgebaut. Es hatte fünf dreigeschossige Pavillons und wunderschöne Säle; wegen seiner Kunstsammlung wurde es „Klein Louvre" genannt. Nach mehreren Bränden verfiel es, 1984 hat man den Westflügel rekonstruiert.

Im Gebäude nebenan befindet sich die Hauptverwaltung der **Touristinformation.** Am Gebäude Vilniaus 10 kann

083li gs

man beim Berühren eines Buddhas seine Wünsche äußern. Von hier sind der Gedimino prospektas, bzw. der Kathedralenplatz nicht mehr weit.

Weitere Sehenswürdigkeiten

Vingio-Park

Der bewaldete Park in einer Biegung der Neris ist seit dem 16. Jh. beliebt. So soll hier 1812 Zar *Alexander* auf einem Ball von einem Kurier die Nachricht vom Vorstoß *Napoleons* auf das Zarenreich überbracht worden sein (s. Geschichtsteil von Kaunas). Im Ostteil nahe der Čiurlionio gatvė liegt neben einer klassizistischen Kapelle ein **Soldatenfriedhof** mit 4200 meist deutschen Soldaten des Ersten und Zweiten Weltkriegs, der von der deutschen Kriegsgräberfürsorge unterhalten wird. Ein riesiger trauernder Löwe aus Stein bewacht die Gräber.

Auf und vor der **Amphitheaterbühne,** die in Form einer riesigen Muschel 1960 für die traditionellen Liederfeste (alle fünf Jahre) gebaut wurde, finden im Sommer Veranstaltungen statt. Hier hielt Papst *Johannes Paul II.* 1993 eine Messe. Westlich davon liegt seit 1919 eine Sektion des **Botanischen Gartens** der Universität (die andere ist in Kairėnai; im Nordosten der Stadt mit 199 ha, Tel. 52317933, www.botanikos-sodas.vu.lt, Anfahrt mit Bus 18/38). Der 160 ha große Park ist u.a. bei Joggern und Radfahrern beliebt, bei Kindern der Minizoo.

Fahrräder, Rollschuhe etc. können am Kiosk in der Nähe der Freilichtbühne ausgeliehen werden. Es gibt hier auch einen kleinen Vergnügungspark (Čiurlionio 100, Tel. 2220276). **Anfahrt** mit dem Bus 24 zur Bushaltestelle Vingis (Nähe Savanorių/V. Pietario). Auf dem Weg zum Park passiert man das **Litauische Radio- und Fernsehmuseum** im *LRT*-Gebäude, Konarskio 49 (Tel. 2363214, www.lrtc.lt, nur nach Voranmeldung) Hier war auch ein Schauplatz der russischen Attacke 1991, bei der drei Zivilisten starben. Heute stehen hier **hölzerne Kreuze** als Mahnmal (s. „Fernsehturm").

Fernsehturm

Der Fernsehturm ist mit 326 m das **höchste Gebäude Litauens.** Die Sichtweite beträgt bei gutem Wetter bis zu 50 km. Zu Weihnachten beleuchtet, ist er der weltweit größte Weihnachtsbaum.

Am 13. Januar 1991 attackierten Spezialtruppen der Sowjets mit Panzern den Fernsehturm, um den herum Zivilisten als menschliche Schutzschilde Arm in Arm zum Zeichen der Solidarität für die Unabhängigkeit Litauens standen. Dabei wurden elf Personen erschossen oder von Panzern überrollt, in den Radio-Studios (s.o.) starben weitere drei Menschen; insgesamt 1782 Personen wurden verletzt. Das Programm wurde so lange gesendet, bis die ersten Soldaten der Roten Armee durch die Türen brachen, mit dem Ausspruch: „Der Fernsehturm und die Studios werden jetzt attackiert, aber am Ende werden wir siegen!" Diese Bilder gingen um die Welt. Die Sowjets hielten 222 Tage bis zum Moskauer Putsch am 22. August 1991 Stellung. Als Mahnmal für die Getöteten wurden elf kleine **Gedenksteine** genau an den Plätzen platziert, wo sie starben (einer davon im Erdgeschoss des Turms). Die Straßen in der Nähe wurden nach ihnen benannt. Außerdem sind eine **Fotoausstellung** der Vorgänge und Reste des Stacheldrahtverhaus zu sehen (täglich 10– 21 Uhr, Eintritt frei). Außerhalb des Geländes am Eingang stehen hölzerne Kreuze und Kerzen zum Gedenken, die jährlich am 13. Januar angezündet werden. Am Gedenktag findet auch ein Straßenlauf vom Antakalnio-Friedhof hierher statt. Täglich 10–22 Uhr, Tel. 2525333, www.lrtc.net.

Rasų Friedhof

Hier liegen viele **berühmte litauische Persönlichkeiten** wie z.B. der Komponist und Maler *M.K. Čiurlionis* und der Autor *J. Basanavičius*. Rechts vom Eingang liegt im Grab seiner Mutter das Herz des polnischen Marschalls *Josef Pilsudki*, der für die Annexion 1920 verantwortlich war. Polnische Nationalisten besuchen oft dieses Grab sowie das mit seinen anderen sterblichen Überresten in Krakau. Im Zentrum des 1801 an der Ecke Rasų/Sukilėlių gatvė angelegten Friedhofs *(Rasų kapinės)* steht eine neogotische **Kirche** (gebaut 1841–50) mit einem Glockenturm. Anfahrt mit Bus Nr. 31.

Alexander-Pushkin-Gedenkmuseum

Grigorij, der Sohn des berühmten russischen Dichters, lebte mit seiner Frau in diesem Holzhaus von 1899 bis zu ihrem Tod 1905 bzw. 1935. Zu sehen sind die Originalmöbel sowie eine Ausstellung über *Pushkins* Werke. Anfahrt mit Bus

Nr. 10 bis zur Endstation Markučiai. Das Museum *(Puškino memorialinis muziejus)* mitsamt dem Familienfriedhof, der Kapelle der *Hl. Barbara* und den Grünanlagen liegt am Westrand des Pavilniai-Regionalparks, Subačiaus 124, Tel. 2600 080, Mi–So 10–17 Uhr.

Pavilniai-Regionalpark

Er tangiert die Stadt im Osten vom Stadtteil Antakalnis bis nach Ribišės. Mit 2153 ha ist er der kleinste Regionalpark Litauens und ein beliebtes Naherholungsgebiet; hier kann man u.a. wandern, Rad fahren, reiten, angeln und im Winter Ski fahren (es gibt Skilifte). Baden kann man in der Vilnia unterhalb des Damms. Außerdem findet man hier auch einen Abenteuerpark. Dazu Lehrpfade, geführte Wanderungen und organisierte Wander- und Radtouren. Der Park wurde von der deutschen Umweltschutzorganisation *BUND* infrastrukturell umgestaltet. Hilfreich ist das Faltblatt der Touristinformation.

Anfahrt mit Bus 10 zum Pushkinmuseum am Westrand des Parks (s.o.) oder mit den Bussen 4, 27 und 44 zur Parkmitte bis zur Haltestelle Viadukas. Dort liegen inmitten eines Erholungsparks (www.belmontas.lt, Tel. 68614656, mit Hotel und Restaurant) die **Wassermühle von Pučkoriai,** die Wasserfälle von Belmontas und die Reste einer Waffenschmiede vom 16. Jh. Sehenswert sind auch der 18 m hohe **Pučkoriai-Burghügel** vom 13. Jh. bzw. die Reste einer **Steinzeitsiedlung** an dessen Fuß sowie die Reste der Rokantiškės-Burg und Grabhügel vom 11. Jh.

Im Park liegt der mit 65 m Höhe landesweit **höchste Gletscherabbruch** der Eiszeit. Von dort bzw. rund 15 anderen Aussichtspunkten hat man einen guten Blick auf die erosive Landschaft, die Hauptstadt und die Vilnia, die sich fast wie ein Gebirgsfluss ins Tal schlängelt. Im Park findet man rund 750 Pflanzenarten, mehr als die Hälfte der landesweit vorkommenden. Besonders geschützt sind das **Kalnai-** und das botanisch-zoologische **Belmontas-Schutzgebiet.**

Paneriai

Der Ort, an dem 1941–44 100.000 Menschen, davon 70.000 Juden, von den Nazis und vor allem von ihren litauischen Schergen ermordet wurden, liegt 10 km südwestlich von Vilnius. Die Anfahrt mit dem Bus ist umständlich, besser ist einer der Nahverkehrszüge Richtung Trakai, Kaunas oder Merkinė nach Paneriai, der ersten Haltestelle (10 Min., 1 Euro). Danach 1 km westlich die Agrastų gatvė der Bahnlinie folgen bis zum Ende. Dort steht rechts des Wäldchens ein polnischer **Gedenkstein,** links einer mit hebräischer, litauischer und russischer Inschrift. 100 m links von hier liegt das kleine, aber erschütternde **Museum** (*Panerių Memorialas,* Agrastų gatvė 15, www.jmuseum.lt, Tel. 66289575, Di–So 9–17 Uhr, Okt.–April nur nach Vereinbarung). Daneben stehen ein **jüdisches Monument** mit einem Davidstern und ein **Obelisk** mit einem Sowjetstern. Von dort führen Wege zu vier Massenerschießungsgräben, wo man versuchte, die Greueltaten zu verheimlichen, indem man die Opfer verbrannte. Im Juni 2016 entdeckten Archäologen einen Tunnel, in dem einst rund 40 Juden versucht hatten, ihrem Schicksal zu entkommen.

Verkehrsmittel

Eigenes Fahrzeug

Die A 1 (E 271) führt nach Kaunas (100 km) und nach Klaipėda (312 km), die A 2 (E 272) nach Panevėžys (140 km). In der Altstadt gibt es viele **Einbahnstraßen.** Das Fahren vor allem während der Stoßzeiten (vor 8 und nach 17 Uhr) kann nervtötend und zeitraubend sein. Die **Parkplätze** im Zentrum sind meist voll. Werktags 8–22 Uhr sind sie meist gebührenpflichtig (1–2 Euro/ Std; unterteilt in blaue, rote, gelbe und grüne Zonen, Bezahlung am Automaten, beim Parkwächter, per Parkkarte oder per SMS mit einer lokalen SIM-Karte). Parkhäuser im Zentrum gibt es unter dem V.-Kudirkos-Platz und in der Tilto gatvė.

Am Flughafen

In der **Ankunftshalle Geldwechsel** am Wechselschalter der *Vilnius Bank* (tgl. 24 Std., auch Reiseschecks). Außerdem gibt es einen Geldautomaten, ein Fundbüro (10–15 Uhr), ein Café (10–22 Uhr), Gepäckaufbewahrung (9–24 Uhr), viele Agenturen für Autovermietung, ein Blumengeschäft, eine Snackbar, einen Kiosk (6–23, Sa 7–20 Uhr; Verkauf von Bustickets), ein **Buchungsbüro** für das **Flughafenhotel** bzw. **Hotels** im Zentrum (tgl. 10–19 Uhr) und eine **Touristinformation** (Tel. 2306841, 9–21 Uhr, 1.11.–30.4. 10–19 Uhr).

In der **Abflughalle** im Obergeschoss (erreichbar über Lift bzw. Wendeltreppe in der Ankunftshalle) sind ein Restaurant (10–22 Uhr), ein Souvenirshop, ein Kiosk und ein *Duty Free Shop* sowie die **Flughafeninformation** (5.30–22.30 Uhr; telefonisch 24 Std., Tel. 2306666, www. vilnius-airport.lt oder unter www.vno.lt). Beim Flughafen an der Rodūnios kelias 8 gibt es ein **Hotel** im gleichen Gebäude:

■ **Airinn②,** Tel. 2329304, www.airinn.lt, modern, 115 Zimmer, Sauna, Fitnessraum. Mit Restaurant.

Die **Adressen der Fluggesellschaften** finden sich im Stadtführer *VIYP* (s.u.). Viele haben ein Büro im Flughafen.

Vom und zum Flughafen

Der Flughafen liegt nur 5 km südlich des Zentrums im Stadtteil Kirtimai. Das mit Abstand schnellste und beste Transportmittel ist der **Airport-Zug** zum Hauptbahnhof (0,72 Euro, 16-mal tgl. 6–22 Uhr, Fahrplan bei www.rail.lt und in *VIYP*, Fahrtzeit 7 Min.). Die Haltestelle ist auf einem überdachten Weg 100 m vom Ausgang zu erreichen. Nehmen Sie keinesfalls eines der privaten **Taxis,** die vor dem Flughafen warten, sofern Sie nicht völlig überhöhte Preise bezahlen wollen. Wenn, dann ein offizielles Taxi der Firma *Martonas* für 15 Euro (billiger ist es, ein Taxi – z.B. bei der Touristeninformation – telefonisch zu bestellen).
Gute und sehr billige Alternativen sind die **Minibusse** Nr. 15, 20, 23, 47 (1,50 Euro) vom anderen Ende des Parkplatzes in Richtung Flughafen oder die **Busse** Nr. 1 und 3G (1 Euro); die Halte-

stellen liegen direkt vor dem Flughafenausgang. Die Linie 1 geht zum (Bus-)Bahnhof (5–23 Uhr, Sa 7–22 Uhr, 1–2-mal stündlich); Linie 3G zum Lukiškių-Platz im Zentrum der Neustadt und weiter zum Stadtteil Šeskine im Nordwesten der Stadt (5–23 Uhr alle 20 Min. vom Gedimino prospektas, ggf. weiter mit einem Taxi. Der Bus 88 fährt zur Altstadt, alle 20–40 Min., 7–23 Uhr.).

Mietwagen

Es gibt mehr als zehn Mietwagenfirmen am **Flughafen,** darunter alle renommierten Firmen und einige örtliche Vermieter, von denen einige auch ein Stadtbüro haben. Einige Firmen haben lediglich ein **Stadtbüro.** Die Adressen und Öffnungszeiten der Anbieter in Vilnius findet man in *VIYP.*

Bahn

Der **Hauptbahnhof** liegt nicht weit von der Altstadt, schräg gegenüber vom Fernbusbahnhof. Falls man in Transit von/nach Weißrussland ist, darf man den abgesperrten Korridor erst nach erfolgter Zollkontrolle verlassen. Die **Wechselstube** (24 Std., Tel. 2135454) links vom Ausgang akzeptiert auch Reiseschecks und Kreditkarten. Dort und im Bahnhof stehen auch **Geldautomaten.** Hier ist auch eine **Apotheke** (7–21, Sa/So 9–18 Uhr) und das **83** **Eisenbahnmuseum** (s.u.).
Der **Bahnhofvorplatz** ist auch die Endstation vieler **Minibusse** und (Trolley-)**Busse.** Rechts vom Ausgang fahren die Trolleybus-Linien 1, 2, 7, 15, 16 bzw.

die Buslinie 19 (Tickets beim Kiosk oder beim Fahrer), links davon die Minibusse 1, 2, 4, 5, 6, 7 und die Buslinie 62 (Tickets beim Fahrer) ins Zentrum. Vom Bahnhof aus sollte man möglichst kein **Taxi** nehmen (s.u.).

Am Bahnhof sind alle Destinationen auf großen Anschlagtafeln vermerkt. Bei einigen Zügen nach Warschau ist ein Visum für Weißrussland erforderlich!

■ **Bahnhof „Stotis":** Geležinkelio 16, Info: Tel. 70055111.

■ **Tickets:** rechts vom Haupteingang **nationale,** links **internationale** Tickets (dort auch kostenloser Fahrplan erhältlich), Schalter von 7.30–20.30 Uhr geöffnet. Tickets können auch bei einigen **Reisebüros** gekauft werden.

■ **Reservierung:** Tel. 2626947, 8–20 Uhr, So 8–17 Uhr, nicht für Abfahrten am gleichen Tag.

■ **Verbindungen:** Züge u.a. nach Kaunas (60 Min.), Klaipėda via Šiauliai (5 Std., Nachtzug 8 Std.), Trakai (35 Min.), Varėna (90 Min.), Marcinkonys (2 Std.), Ignalina (2 Std.), Warschau (10 Std.), Minsk (2½ Std.), Moskau (14 Std.), St. Petersburg (16 Std.), Riga (6 Std.), Kaliningrad (8 Std.), Kiev (16 Std.). Fahrplanauszüge in *VIYP.*

■ **Gepäckaufbewahrung** und **WC** (beide 24 Std.) sowie ein **Supermarkt** (6–22 Uhr) und ein **Kiosk** (6–21 Uhr) im Untergeschoss.

Bus

Der gegenüberliegende **Busbahnhof** *(autobusų stotis)* an der Sodų g. 22 unterhalb des *IKI*-Supermarkts (8–22 Uhr) ist modern eingerichtet (5–23 Uhr, Ticketschalter 6–19 Uhr). Es gibt u.a. Kioske (6–22 Uhr), Geldautomaten, Geldwechsel (s. „Bahn"), ein Postamt (Mo–Fr 9–13, 14–18 Uhr) und ein WC im Untergeschoss. Gepäckaufbewahrung am Ende der Plattformen 5.30–21 Uhr, Sa und So 7–21 Uhr. Auskunft Tel. 890001661, bzw. www.toks.lt, Reservierung Tel. 216 2977 (8–17 Uhr). Ticketschalter befinden sich in der Halle rechts, Fahrpläne in der Wartehalle.

Die **Plattformen** links sind meist für den Nahverkehr (Ticket im Bus kaufen), rechts Fernverkehr (Ticket kann man vorher kaufen; bei durchgehenden Bussen im Fernverkehr direkt beim Fahrer lösen).

Tickets für **internationale Busse** gibt es bei *Eurolines* im Busbahnhof (Tel. 2335277, www.toks.lt, täglich 6–22 Uhr) bzw. bei *Lux Express* (Sodų 20 b-1, Tel. 23366, www.luxexpress.eu, Mo–Fr 8–19, Sa/So 9–19 Uhr, im *Ecolines*-Kiosk (www.ecolines.net, 8–19, Sa, So 9–17.30 Uhr) außerhalb des Busbahnhofs bzw. in Reisebüros der Stadt. Sie bedienen viele Städte mit komfortablen Bussen, u.a. Kaliningrad (9 Std.), Moskau (18 Std.), Minsk (4–5 Std.), Riga (4 Std.), Tallinn (9 Std.). Für Städte in Polen, Deutschland und Österreich s.a. „Anreise/Mit dem Bus".

Von Vilnius gibt es Busverbindungen zu fast allen **inländischen** Orten. Für längere Strecken sind Expressbusse vorzuziehen.

■ **Kaunas** (100 Min.), **Klaipėda** (4 Std.), **Panevėžys** (2–3 Std.), **Palanga** (5–7 Std.), **Nida** (6 Std.), **Šiauliai** (3–4 Std.), **Ignalina** (2–3 Std.), **Druskininkai** (2 Std.), **Moletai** (1 Std. 30 Min), **Utena** (2–3 Std.), **Lazdijai** (3 Std.), **Alytus** (2 Std.), **Trakai** (40 Min.), **Kernavė** (90 Min.), **Rumšiškės** (80 Min.) u.v.m.

Von der Plattform 1 fahren kostenlose **Shuttle-Busse** zum Einkaufszentrum *Akropolis* (s.u.), von Plattform 2 fahren **Expressbusse** zum Flughafen.

Taxi

Es wird empfohlen, Taxis **telefonisch** zu bestellen, weil sicherer und billiger, z.B. Tel. 1450 (1 Euro/km). Sonst werden für eine Fahrt in die Altstadt 6 oder mehr Euro verlangt.

Städtische Verkehrsmittel

Busse und **Trolleybusse** fahren von ca. 5 Uhr bis Mitternacht und sind auf bestimmten Routen zu bestimmten Tageszeiten oft überfüllt (Vorsicht vor Taschendieben!).

Tickets (sowohl für Busse als auch Trolleybusse) können beim Fahrer gekauft werden. Billiger ist der Kauf von elektronischen Tickets *(Vilniečio kortelė)* an Kiosken für 1,50 Euro, die beim Einstieg entwertet werden müssen; hier kostet eine Fahrt 0,64 Euro (30 Min. gültig) bzw. 0,93 Euro (60 Min. gültig bei mög-

◁ Auch in Litauen aktiv: die Strick-Guerilla

Vilnius und der Südosten

1a

lichem Umsteigen). Es gibt auch Tickets für 30 Tage, 90 Tage, 180 Tage und 270 Tage, bzw. 1-, 3- und 10-Tage-Tickets für 3,48 Euro, 6,08 Euro und 40,98 Euro. Studenten zahlen nur die Hälfte.

Teurer sind **Privatbusse** (Tickets nur beim Schaffner) und **Minibusse** (Tickets beim Fahrer). Sie9+ fahren rund um die Uhr (meist die gleichen Linien und Nummern wie die Trolleybusse). Fahrpläne und Routen aller Verkehrsmittel unter **www.vilniustransport.lt.**

Das **Rauchen** an Bushaltestellen ist übrigens verboten.

Informationen

■ **Vilnius Touristinformationszentren** in Vilniaus 22, Tel. 2629660, www.vilnius-tourism.lt; Didžioji 31 (Palast der Künstler), Tel. 2626470, 9–18 Uhr, Sa/So 10–16 Uhr, Nov.–März nicht sonntags. Ebenso im Flughafen 9–21 Uhr.

Außer hilfreichen Infos auch Zimmervermittlung, Veranstaltungskalender mit Ticketverkauf, Verkauf von Stadtplänen und Landkarten, Organisation und Durchführung von Touren zu Fuß oder mit Pkw (in und um Vilnius, z.B. Altstadt-, Barock-, Gotik-, Klassizismus-, Ökotourismustouren, „Nächtliches Vilnius", Geistertour, Folkloreabend, adliges Festmahl, Workshops). Auch Autovermietung, Souvenirs, Tourismus-App. Verleih von Audio-Guides. Buchung von Heißluftballonfahrten. Hilfreich sind die Broschüren *Vilnius for kids, Vilnius Cyclocity, Bicycle Routes to Trakai and Kernavė, Water Routes, Vilnius Tourism Manual* (engl.) und *Vilnius Events* (auch auf Deutsch; Auflistung aller Veranstaltungen, auch unter www.vilnius-events.lt) sowie *Deutsches Erbe in Vilnius* und *Autoexkursionsroute* (mit CD). Infos auch unter www.city-info.net.

■ **Infos zu den 36 Sehenswürdigkeiten,** bei denen eine **Schautafel** mit einer Objektnummer

aufgestellt ist, erhält man u.a. auf Englisch unter Tel. 1389 (0,30 Euro/Min.).

Vilnius City Card

Erhältlich bei der Touristinformation oder unter www.vilnius-tourism.lt (24-Std.-Ticket 20 Euro, 72-Std.-Ticket 30 Euro), bietet freie Fahrt mit öffentlichen Verkehrsmitteln, freien Eintritt in 15 Museen und andere Ermäßigungen. Ohne öffentliche Verkehrsmittel 15 Euro für 24 Stunden.

Stadtmagazin

■ Als Ergänzung hilfreich ist der Stadtführer **Vilnius In Your Pocket** (*VIYP*; 3-mal jährlich, auf Englisch, 1 Euro) und auch als Faltblatt.

Stadtführungen

■ **Reisebüro** *Senamiesčio Gidas* (Altstadtführer), Aušros Vartų 7, Tel. 2615558, www.vilniuscitytour.com. Altstadttouren zu Fuß, *Vilnius bei Nacht,* Minibustouren in Vilnius, nach Trakai, Kernavė, Kaunas, Nida etc. Buchung bei Hotelrezeptionen und Touristinformationen. In deren kostenlosen *Tourist Pass* gibt es viele Ermäßigungen für Hotels, Restaurants, Klubs, Touren, Museen, Geschäfte für Vilnius, Druskininkai und Trakai.

■ Gleiches gilt für Touren vom **Reisebüro** *In Via,* M.K. Čiurlionio 7/1-1, Tel. 2310049, www.invia.lt, mit Touren in Vilnius und Trakai. Weitere Veranstalter in *VIYP.*

■ **Touristinformationen,** s.o.

■ **Segway-Tour,** Vilniaus 45, Tel. 61234444.

■ **Ballonflug,** einstündig, Tel. 65200510, www.ballooning.lt.

■ **Fahrradtour,** Aušros Vartų 7, Tel. 67412123, www.velovilnius.lt.

Nützliche Adressen

■ **Polizeiliche Hilfe für Ausländer,** Tel. 271 6159, Mo–Fr 8–17 Uhr (u.a. auf Deutsch).

■ **Zollamt,** Jakšto 1/25, Tel. 2613027, www. cust.lt.

■ **Komitee für Kulturelles Erbe,** Šnipiškių 3, Tel. 2734256, www.kpd.lt.

■ **Goethe Institut,** Gedimino 5, Tel. 2314433, www.goethe.de/lietuva.

■ **Litauisch-Deutsche Gesellschaft,** Tel. 6994 0022.

■ **Deutsch-Baltische Handelskammer,** Tel. 2131122, www.ahk-balt.org, mit Wirtschaftsstammtisch, Tel. 2127934, Kudirkos 6.

■ **LITEXPO-Ausstellungszentrum,** Laisvės 5, Tel. 2451800, www.litexpo.lt.

■ **Hauptbüro der Litauischen Nationalparks,** Juozapavičiaus 9, Tel. 2723284.

Reisebüros

Neben dem Verkauf von Flug-/Fährtickets etc. vermitteln sie u.a. Touren, Autovermietungen, teilweise auch Hotelzimmer mit Discount bzw. Privatzimmer und Urlaub auf dem Lande (s. „Unterkunft"). Hier nur eine kleine Auswahl. Weitere in *VIYP.*

■ **Baltic Travel Service,** *Lufthansa CityCenter,* Subačiaus 2, Tel. 1593, www.bts.lt.

■ **Astrida,** Tumo-Vaižganto 5, Tel. 2122790, www. astrida.lt, auch Radtouren.

Banken/Geldwechsel

■ **Kreditkartenbarauszahlung** in der Vilniaus Bankas, Gedimino 12, Tel. 2682093.

■ **24 Std. Geldautomaten für Visa-Card,** u.a. Gedimino 10, 12; Jogailos 9/1.

■ **24 Std. Geldautomaten für MasterCard,** u.a. Gedimino 53, 56; Vilniaus 16, 18; Pilies 9.

■ **Wechselstuben** sind überall zu finden. Die beim Hauptbahnhof und im Flughafen sind rund um die Uhr geöffnet (akzeptieren z.T. auch Reiseschecks).

■ **Western Union Geldtransfer** (Infos unter Tel. 2390600 bzw. www.swedbank.lt) bei allen *Swedbank*-Banken.

Post und Telekommunikation

■ **Hauptpostamt,** Gedimino 7, Tel. 70055400, (Mo–Fr 7.30–19, Sa 9–16 Uhr) auch Schreibwaren. Post im *Akropolis*-Einkaufszentrum, 10–22 Uhr.

■ **EMS-Post,** Geležinkelio 6, Tel. 2398388.

■ **Kurierdienste, ISPS, Laptop Login, SIM-Cards, Mobiltelefone:** Adressen in *VIYP.*

■ **Internetcafés:** Pilies 22, (Tel. 2618334, 10–19 Uhr) u.v.m.

Botschaften

■ **Deutschland:** Sierakausko 24/8, Tel. 2106400, www.vilnius.diplo.de.

■ **Österreich:** Gaono 6, Tel. 2660580, www. bmeia.gv.at/wilna.

Medizinische Hilfe

■ **Vokiečiu Vaistinė** (dt. Apotheke), Didžioji 13, Tel. 2124232, Mo–Fr 9–19 Uhr, Sa/So 10–18 Uhr.

■ **Baltic American Klinik,** Nemenčines 54 a, Tel. 2342020, 24 Std., www.bak.lt.

■ **Medical Diagnostic Centre,** V. Grybo 32, Tel. 2333000 (7–20 Uhr, Sa 9–14 Uhr), www.medcentras.lt.

■ **Optiker,** Rega, Pilies 32, Tel. 2620073 (Augenuntersuchungen, englisch sprechend).

■ **Zahnarzt,** Universiteto 2, Tel. 2312952, Mo–Fr 8–20 Uhr.

■ Weitere findet man in *VIYP.*

1a

Sonstiges

- **Schuhreparatur,** Labdarių 1, Tel. 2628863.
- **Reinigung,** Jasinskio 16, Tel. 2649164.
- **Übersetzungen,** Bernardinų 9–4, Tel. 2122924, www.baltick.lt.

Sport und Erholung

Kontaktadressen zu diversen sportlichen Aktivitäten und Einrichtungen bzw. Ausleihe von Sportgeräten in *VIYP* in den Broschüren *Active Holidays* und *Leisure Activities in Vilnius* sowie bei den Touristinformationsbüros.

Es gibt viele **Parks. Fahrradausleihe** ist möglich in einigen Hotels und Hostels, bei www.cyclocity.lt und bei *Velo CityTours & Rent* (www.velovilnius.lt, Aušros Vartų 7; Reparatur in Kauno 5; orange Räder an 24 Stellplätzen). In und um Vilnius gibt es rund 70 km **Radwege.**

Am Nordufer der Neris neben der Baltasis-Brücke kann man sich im Sommer am **künstlichen Sandstrand** vergnügen, mit Palmen, Pool, Duschen, Strandvolleyballplätzen, einer Skaterbahn und einer Bar.

Baden

- **Žalieji ežerai** (Grüne Seen), vom Bahnhof mit Bus 26 und 26 a von der Haltestelle Žalgirio mit Bus 35, 36 oder 50 zur Haltestelle Žalieji Ežerai, dann die gleichnamige Straße hinab. Von hier sind der Verkiai-Regionalpark, der Europa-Park und der Mittelpunkt Europas (letzterer nur mit eigenem Fahrzeug) zu erreichen (s. „Umgebung von Vilnius").
- **Veršupis ežerai,** Strand mit Rutschbahn, Anfahrt mit Bus 39 von Antakalnis bis zur Haltestelle Veršupis.
- **Pavilniai-Regionalpark,** s. oben.
- **Vichy Aquapark,** Ozo 14 c, Tel. 118, www.vandensparkas.lt, modernes Spaßbad mit polynesi-

scher Thematik, Tahiti-Tänze etc., 9 Wasserrutschen, Wellenbad, Saunas, Anfahrt mit Bus 53 bis Pramogų Arena, 12–22 Uhr, Sa, So 10–22 Uhr.

Unterkunft

Obwohl ständig neue Hotels entstehen, sollte man in der Saison bestimmte Unterkünfte besser **rechtzeitig buchen** (s. Kap. „Reisetipps A–Z", „Litauen", „Unterkunft"). Das **Flughafenhotel** ist bei „Verkehrsmittel" beschrieben. Eine ausführlichere Beschreibung findet man auf den Websites der Hotels, unter www.vilniushotels.lt und in *VIYP.* Hier ist nur eine Auswahl aufgeführt. **Zimmervermittlung** auch in den Touristinformationsbüros, z.T. auch von Reisebüros. Tipp: Einige der teureren Hotels haben **günstige Wochenendtarife.**

Hotels obere Kategorie

Vilnius

5 **Best Western Vilnius**③-⑤, Konstitucijos 14, Tel. 2739595, www.vilniushotel.eu. 114 Zimmer, Restaurant, Bar, Pool, Sauna, Fitnessraum. Renoviertes Sowjethotel.

Vilnius Altstadt

76 **Radisson Blu Royal Astorija**⑤, Didžioji 35/2, Tel. 2120110, www.radissonblu.com, 5-Sterne-Hotel, 2 Bars und gutes Restaurant; 119 Zimmer; Pool, Fitnessraum, Sauna; in renoviertem Gebäude aus dem Jahr 1901.

39 **Mabre Residence**④-⑤, Maironio 13, Tel. 212 2087, www.mabre.lt; 4-Sterne, in einem ehemaligen orthodoxen Kloster; Sauna, Pool, Fitnessraum, 40 Zimmer, teures Steakhouse, schöner Innenhof.

▷ Haus in der Didžioji 10

301li gs

30 **Narutis**④-⑤, Pilies 24, Tel. 2122894, www.narutis.com; 52 Zimmer, schönes Gebäude aus dem 16. Jh., Restaurant, Bar, Fitness-Studio, Pool, Sauna. Innenhof mit viel Grün und Aufzug aus Glas; ältestes Hotel der Stadt, war schon im 16. Jh. eine Herberge; beheizter Fußboden im Bad.

46 **Relais & Chateaux Stikllal**⑤, Gaono 7, Tel. 2649595, www.stikliaihotel.com, 43 Zimmer, sehr luxuriös, historisches Ambiente in Gebäude vom 17. Jh., hervorragendes Restaurant, Pool, Sauna, Fitnessraum, Bibliothek.

Hotels mittlere Kategorie

Vilnius

13 **Grata Hotel**②-④, Vytenio 9/25, Tel. 2683300, www.gratahotel.com, 100 Zimmer, innerhalb eines Geschäfts- und Einkaufskomplexes, Sauna, Pool, Restaurant, Bar, Café, Fitnessraum.

14 **Žemaitės**②, Žemaites 15, Tel. 2133193, 213 3337, www.hotelzemaites.lt, 70 Zimmer, Anfahrt vom Bahnhof mit Trolleybus Nr. 15 oder 16 bis „Statybininkų", Sauna, Pool, Café, Bar.

1a

Altstadt Vilnius

81 Panorama③-⑤, Sodų 14, Tel. 2338822, www.
panoramahotel.lt, gegenüber vom Bahnhof; 224
Zimmer, gutes Frühstück.

49 Apia Hotel②-⑤, Šv. Ignoto 12, Tel. 2123426,
www.apia.lt, 12 schöne Zimmer, gute Lage.

Gästehäuser

Altstadt Vilnius

9 Senatoriai②-③, Tilto 2A, Tel. 2126491, www.
senatoriai.lt, 11 Zimmer, tolle Lage bei der Kathedrale, aber recht laut.

34 Litinterp①-②, Bernardinų 7-2, Tel. 2123850,
www.litinterp.com; EZ/DZ mit Küche. Arrangiert
B&B in Trakai, Kaunas, Klaipėda, Nida, Palanga.

Privatzimmer/B&B

Eine Liste von Privatzimmern und B&B haben auch
die Touristinformationsbüros. Apartments findet
man u.a. unter **www.vilniusapartments.lt** und
www.domus247.com. Eine Empfehlung:

Vilnius

9 Saulės Namai①-②, Saulės 15/23, Tel. 210
6112, www.saules-namai.com, 9 Zimmer, Bad/WC
im Flur, schöner Blick auf Wald, familiäre Atmosphäre, Kaminfeuer.

Jugendherbergen/Hostels

Eine Liste von allen Jugendherbergen und Hostels
haben die Touristinformationen. Zwei Empfehlungen:

Vilnius

10 JH Filaretai①, Filaretų g. 17, Tel. 2154627,
www.filaretaihostel.lt, vom Bahnhof Bus Nr. 34 bis
Filaretų; auch für Nichtmitglieder, 2-, 3- und 6-
Bett-Zimmer, 20 Zimmer; Waschmaschine, Küche.

Altstadt Vilnius

82 Fortuna Hostel①, Liepkalnio 2, Tel. 6562
2291, www.fortunahostel.com, 1-9-Bettzimmer,
guter Treffpunkt, gute Lage.

Camping

Vilnius

16 Vilnius City Camping①, Parodų 11 (Richtung
TV-Turm bei *LITEXPO*), Tel. 62972223, www.cam
ping.lt/vilniuscity, geöffnet Mai-Mitte Sept., gute
Ausstattung (Wasch- und Kochgelegenheit, Trimm-
Dich-Pfad, Restaurant etc.), bewacht, eingezäunt.
Anfahrt mit Trolleybus 11 oder 16.

Gastronomie

Es gibt sehr viele Restaurants mit litauischer und in-
ternationaler Küche aus aller Herren Länder, sodass
Feinschmecker die Qual der Wahl haben. Da die
Gastronomieszene ständig in Bewegung ist, ist es
nahezu unerlässlich, den ständig aktualisierten
Stadtführer **Vilnius In Your Pocket** zu erwerben.
Er ist in verschiedene Landesküchen unterteilt, mit
Öffnungszeiten, Preisniveau und Symbolen für Be-
hindertenrampen, Raucherbereiche etc. Außerdem
gibt es eine Auflistung von **Cafés** und vegetarische
Restaurants. Manche Hotels haben sehr gute Restaurants. Einige Empfehlungen der langjährig Be-
währten Lokale:

Restaurants

Vilnius

8 Marceliukės Klėtis, Tuskulėnų 35, Tel. 2725
087, 11-23 Uhr, breite Palette authentischer litauischer Nationalgerichte, populär auch bei Gruppen und Kindern.

11 Valgykla, Pamenkalnio 15/6, Mo-Fr 9-16 Uhr,
gute billige Kantinengerichte.

Altstadt Vilnius

46 Stikliai, Gaono 7, Tel. 2649580, Di–Sa 12–24 Uhr; das geradezu legendäre Spitzenrestaurant mit entsprechenden Spitzenpreisen; französische Küche.

47 Lokys, Stiklių 8, Tel. 2629046, www.lokys.lt, 12–24 Uhr; gotisches Kellergewölbe, in dem Ihnen ein ausgestopfter Bär *(lokys)* beim Essen zusieht; serviert werden Wildspezialitäten aus den litauischen Wäldern; romantische Atmosphäre und freundliche Bedienung, gutes Essen (Spezialität u.a. Wildschwein, Elch). Folklorevorstellungen am Wochenende.

58 Žuvine, Didžioji 31 (Hintereingang vom Palast der Künstler), www.zuvine.lt, 11–24 Uhr, exzellentes Essen, gute Fisch- und Meeresfruchtegerichte, originelle Inneneinrichtung mit Theaterkostümen und 350 Jahre alten Fresken, besonderer Service, teure europäische Küche. Ein Erlebnis, man fühlt sich wie im Film.

32 Forto Dvaras, Pilies 16, 11–24 Uhr, www.fortodvaras.lt, mittelalterliches Keller-Ambiente in neun traditionell dekorierten Sälen; große und gute Portionen litauischer Gerichte nach traditionellen Rezepten des kulinarischen Erbes zu einem sehr guten Preis. Populär.

19 Da Antonio, Vilniaus 23, Tel. 2620109, 11–23, Sa/So 12–23 Uhr, gute Pizza und italienische Küche. Nicht billig.

53 Žemaičiai, Vokiečių 24, 11–24 Uhr, viele kleine, auch unterirdische Räume, sehr gute litauische Küche, sehr zu empfehlen, an Wochenenden Live-Volksmusik, hölzerne Boote auf Terrasse.

24 🎋 Balti drambliai, Vilniaus 41, Tel. 2620 875, 11–24 Uhr, gute vegetarische Küche.

75 Čili-Pizzeria, zehnmal in Vilnius, u.a. in Didžioji 5, Tel. 2312462, www.cili.lt, sehr gut und populär, 9–3 Uhr (mit Frühstück), sehr schnelle Auslieferung unter Tel. 1822.

56 Čili Kaimas, Vokiečių 8, Tel. 2312536, www.cili.lt, 11–24 Uhr, schnelle und leckere Gerichte in einer Bauernhofatmosphäre mit lebenden Hühnern, Teich etc., preiswert, deshalb gut besucht.

69 Gusto blyninė, Aušros Vartų 6, Tel. 2620056, www.gusto.lt, Pfannkuchen-Dorado, andere Fast-Food-Gerichte lassen aber zu wünschen übrig, Filiale auch im Hauptbahnhof, 9–22 Uhr.

60 Graf Zeppelin, Savičiaus 9, 12–22 Uhr, So 12–17 Uhr; hier gibt es die angeblich größten *Cepelinai* der Stadt. Auch deutsche Gerichte.

72 Bunte Gans, Aušros Vartų 11, Tel. 2128312, www.buntegans.lt, leckere deutsche Gerichte, Spezialität des Hauses ist Gans mit Kartoffeln und Hohenzollern-Bier. Live-Musik, Sommerterrasse, 11–23, Fr 11–2, Sa 12–24, So 12–21 Uhr.

47 Ponių Laimė, Stiklių 14/1, 9–20 Uhr, Sa 10–20, So 10–19 Uhr, Buffet-Restaurant, leckere Gerichte.

4 Sriubos Namai, Gedimino 9, 10–22 Uhr, Suppenrestaurant.

18 Mano Guru, Vilniaus 22/1, www.manoguru.lt, 7–21, Sa/So 9–20 Uhr, gute Salatbar.

Cafés

Altstadt Vilnius

43 Café de Paris, Didžioji 1, Tel. 2611021, 11–24 Uhr, Mi–Sa 11–2 Uhr, französisches Flair, Crêpes.

■ Coffee Inn, u.a. Vilniaus 17, Trakų 7, Pilies 3, Gedimino 9, sauber, gemütlich und billig, 7–23 Uhr, Sa/So 8–24 Uhr.

Nachtleben

Vilnius

3 Sky Bar, im 22. Stock des Hotels *Radisson Blu Lietuva,* Tel. 2314823, 17–1, Fr, Sa 17–2 Uhr, gute Cocktails, toller Ausblick, angenehme Atmosphäre.

Altstadt Vilnius

65 Užupio Kavinė, Užupio 2, Tel. 2122138, 10–23 Uhr, Treffpunkt der Künstler und der alternativen Szene, Terrasse am Fluss, Sitz der Republik Užupis.

62 Salento Disco Pub, Didžioji 28, Tel. 67682015, 21–6 Uhr, seit Langem der Renner.

51 **Pabo Latino,** Traku 3/2, Tel. 2621045, Do 21–3, Fr/Sa 21–5 Uhr, www.pabolatino.lt, Tanzbar, Cocktailbar, Latino-Küche.

74 **In Vino,** Aušros Vartų 7, Tel. 2121210, www.in vino.lt. Weinbar mit besonderer Atmosphäre, 16–2, Fr/Sa 16–4 Uhr.

■ Viele weitere Etablissements in **VIYP** sowie in einer Liste der **Touristinformation.**

Kultur

Theater und Konzertsäle

Programmhinweise für Theater, Oper, Konzerte sowie Ballett findet man in *VIYP,* bei den Touristinformationsbüros (dort auch Ticketverkauf), im Kulturamt (www.vilnius.lt), in Tageszeitungen bzw. im 4-mal jährlich erscheinenden „Kulturkalender", Tel. 2410354. Die **Theatervorführungen** sind auf Litauisch, einige im Nationalen Dramatheater auch mit Simultanübersetzung. Andere Theater und Infos gibt es beim Theaterverband, Tel. 2610814. Die Vorführungen beginnen meist um 19 Uhr. Die Theater sind montags sowie im Sommer meist geschlossen.

Ganzjährig finden in einigen **Kirchen** klassische Konzerte statt. Diese und **andere Veranstaltungsorte** sind bei den Rundgängen vermerkt. Hier die wichtigsten kulturellen Orte:

■ **Nationales Dramatheater,** Gedimino 4, Tel. 61875780, www.teatras.lt.

■ **Kleines Staatstheater von Vilnius,** Gedimino 22, Tel. 2498869, www.vmt.lt.

■ **Nationales Opern- und Balletttheater,** Vienuolio 1, Tel. 2620727, www.opera.lt.

■ **Russisches Dramatheater,** Basanavičiaus 13, Tel. 2620552, www.rusudrama.lt (nur Russisch).

■ **Jugendtheater,** Arklių gatvė 5, Vorbestellung Tel. 2616126, www.jaunimoteatras.lt.

■ **Marionettentheater „Lėlė",** Arklių gatvė 5, Tel. 2628678. www.teatraslele.lt.

■ **Nationale Philharmonie,** Aušros Vartų 5, Tel. 2665233, www.nationalphilharmonic.eu.

■ **St. Johanneskirche, Alte Universität,** viele Klassikkonzerte, www.lmrf.lt.

■ **St. Katharinenkirche,** Vilniaus 30, Klassikkonzerte, www.kultura.lt.

■ **Konzert- und Sportpalast,** Rinktinės 1, Tel. 2728942.

■ **Musik- und Theaterakademie,** Gedimino 42, Tel. 2612691, www.lmta.lt.

■ **Kongresshalle,** Vilniaus 6/16, Tel. 2618828, www.lvso.lt.

■ **Siemens-Arena,** Ozo 14, Tel. 1588, www.siemens-arena.com, landesweit größte und modernste Konzert- und Sporthalle.

■ **Unterhaltungs-Arena,** Ažuolyno 9, Tel. 242 4444, www.pramoguarena.lt.

Festivals und Feste

Die **nationalen** Feiertage und Feste werden hier meist besonders gefeiert. Daneben wartet Vilnius mit vielen **lokalen** Festen und Festivals auf. **Infos** bei den Touristinformationsbüros, beim städtischen Kulturamt (Tel. 2615082, www.vilnius.lt, www.vilniusfestivals.lt, www.vilnius-events.lt) bzw. beim Kulturzentrum für Folklore (www.etno.lt). Feste in der **„Republik Užupis"** siehe dort.

Von besonderer Bedeutung ist das einwöchige internationale **Folklorefestival Baltica,** das im dreijährigen Turnus mit Riga und Tallinn mit Konzerten, Tänzen und Umzügen (das nächste Mal 2017) in Vilnius stattfindet (Infos unter Tel. 261 2594, www.baltica.llkc.lt).

Das **Liederfestival der Weltlitauer** mit Riesenchören und Massentänzen findet nur unregelmäßig statt und zieht stets ca. 100.000 Zuhörer und Zuschauer an (www.llkc.lt).

Weitere Feste

■ **1. Januar** (s. u.a. Gediminas-Turm)

■ **Hl. Drei Könige,** 6. Januar, Umzug, Volksfest

■ **Tag der Verteidiger der Freiheit,** 13. Januar

Vilnius und der Südosten

■ **Kaziukas-Jahrmarkt,** am 1. Märzwochenende (s. „Einkaufen/Souvenirs"), www.kaziukomuge.lt
■ **Internationales Filmfestival** (www.kinopa vasaris.lt), im März/April
■ **Tag der Kultur,** Mitte April
■ **Europatag,** Anfang Mai
■ **Tag der Straßenmusik,** im Mai
■ **Festival des modernen baltischen Tanzes** (www.dance.lt), im Mai
■ **Folklorefestival „Skamba Skamba Kankliai",** im Mai
■ **Karneval** zum Sommeranfang mit Umzügen und Wettkämpfen, Ende Mai/Anfang Juni
■ **Vilnius Festival** mit Konzerten Ende Mai bis Anfang Juli (www.vilniusfestival.lt)
■ **Vilnius Tanzfestival,** Anfang Juni
■ **Veranstaltungen zum Krönungstag** von König Mindaugas am 6. Juli
■ **St. Christophorus Sommerfestival,** Klassik, Jazz etc., 1. Juli bis 31. August
■ **Vilnius Musikwoche,** Ende August/Anfang September
■ **Internationales Festival „Vilnius Days"** dreitägig im September, u.a. mit Karneval, Theater, Konzerten, dem Franziskus-Markt und dem **Bier-Festival**
■ **Internationales Theaterfestival „Sirenen"** (www.sirenos.lt), Mitte September bis Oktober
■ **Festival der internationalen Folklore,** Mitte September bis Oktober
■ **Internationales Festival für alte Musik „Banchetto Musicale",** Mitte September
■ **Feuerskulpturenfestival,** Ende September
■ **Internationales Festival für zeitgenössische Musik „Gaida",** im Oktober
■ **Internationales Musikfestival** (www.vilni usjazz.lt), im Oktober
■ **Internationales Jazzfestival Mama Jazz** (www.vilniusmamajazz.lt), im November
■ **Erleuchten des TV-Turms** am 25.12., mit 326 m der weltweit höchste „Weihnachtsbaum".

Museen, Ausstellungen, Galerien

Neben den o.a. Museen ist noch das **Eisenbahnmuseum** *(Geležinkelio muziejus)* zu erwähnen. Ausstellung über die Geschichte der Bahn in Litauen, Führungen nur auf Russisch und Litauisch, Tel. 2693741, Di–Fr 9–17, Sa 9–16 Uhr, im Obergeschoss des Hauptbahnhofs, www.litrail.lt.

Das **Energie- und Technikmuseum** erzählt die Geschichte der Energiegewinnung seit 1900 (Žvejų 14 a/Rinktinės 2, www.emuziejai.lt, Tel. 2782085, Di–Sa 10–17 Uhr).

Kinos

■ Die Kinos **Skalvija** (Goštauto 2/15, Tel. 2610505, www.skalvija.lt), das moderne **Forum Cinema Vingis** (11 Kinosäle, Savanorių 7 bzw. Ozo 25, 8 Kinosäle, Tel. 1567, www.forumcinemas.lt) und das **Multikino,** Ozo 18, Tel. 195378, www.multi kino.lt, zeigen Originalfilme mit Untertiteln.

Infos in den Zeitungen *Lietuvos Rytas* und *The Baltic Times.*

Einkaufen

Die **Haupteinkaufsstraße** ist der Gediminas prospektas; viele Geschäfte gibt es auch in der **Altstadt.** Die Auswahl ist riesig, aber die Preise westlicher Importwaren sind in den Geschäften im Zentrum oft teurer als bei uns. Billige Elektronikprodukte, Kleidung, Schuhe etc. gibt es auf den Märkten oder in Geschäften außerhalb des Zentrums. Einen guten **Einkaufsführer** findet man in *VIYP.*

Bücher, Zeitschriften, Zeitungen

■ Ausländische Literatur findet man u.a. in **Littera,** in der Universität, Mo–Fr 9–18 Uhr, Sa 10–15 Uhr; **Draugystė,** Gedimino 2; **Prie Halės,** Pyli-

1a

mo 53; **Akademinė Knyga,** Universiteto 4; **Centri-nis Knygas,** Gedimino 13, **Vaga,** Gedimino 50/2; **Humanitas,** Dominikonų 5, **Pilies,** Pilies 22; **Ro-tas,** Pylimo 42; **Vaga,** Gedimino 9 und 50; **Mint Vi-netu,** Šv. Ignoto 16/10.

◼ Ausländische Zeitschriften und Zeitungen u.a. in den **Kiosken** an Gedimino 7 und 21, bzw. in guten **Hotels.**

Camping-, Outdoorartikel

🔢 **Laisvės Turas,** Laisvės 123, Tel. 2736711.

Fotoartikel

◼ In Pamėnkelnio 15/6, Pilies 23, 42 u.v.m.

Kaufhäuser und Einkaufszentren

1 **Akropolis,** Ozo 25, Tel. 1588, www.akropolis.lt, 10–22 Uhr, riesiger Komplex u.a. mit *Maxima*-Su-permarkt (8–23 Uhr), 100 Geschäften, Kinokomplex (s.o.), Eislaufbahn, Restaurants, Banken, Bowling; Shuttle-Bus ab Busbahnhof, Plattform 1 (alle 15–30 Min.), bzw. Bus 53.

5 **Centro Pasaža,** Gedimino 16; Mo–Sa 10–22 Uhr.

4 **VCUP,** Konstitucijos 16, täglich 10–22 Uhr, www.vcup.lt.

2 **Gedimino 9,** Gedimino 9; Mo–Sa 10–20 Uhr, So 11–18 Uhr, www.go9.lt.

6 **Europa,** Konstitucijos 7 A, Tel. 61895680, www.pceuropa.lt, 10–21 Uhr, So 10–20 Uhr.

1 **Ozas,** Ozo 18, Tel. 1588, www.ozas.lt, 10–22 Uhr, 180 Läden, Restaurants etc.

6 **Marks & Spencer,** Gedimino 20/1, www.marks-and-spencer.lt, 8–21, So 9–18 Uhr, Lebens-mittel und Kleidung.

2 **Panorama,** Saltoniškių 9, www.panorama.lt, 10–22 Uhr, Kleidung, Restaurants, Go-Kart-Bahn.

Lebensmittel

◼ **IKI-Supermärkte** in Žirmunu 2, Mindaugas 25, Jasinskio 16, Sodų 22 u.a., 7–22 Uhr, www.iki.lt.
◼ **IKI Express,** Užupio 7, 8–23 Uhr, Pylimo 21, Vokiečių 13, Jogailos 16, Gedimino 28.
◼ **Maxima-Supermarkt,** u.a. in der Mindaugo 11, 24 Std., www.maxima.lt.

Kunstgewerbe/Souvenirs

In einigen **Ateliers** und **Kunsthandwerkstätten** (Auflistung bei der Touristinformation bzw. in *VIYP*) kann man die Arbeit der Künstler beobachten und sich deren Arbeitsmethoden beibringen lassen.

◼ **Sauluva,** u.a. Pilies 21, Literatų 3, www.saulu va.lt (große Auswahl).
◼ **Bernstein,** u.a. in Aušros Vartų 9, 13, 17, 21, Pilies 7, 8, 10, 32, Didžioji 10.
◼ **Leinenprodukte,** Didžioji 5, 6, 10, 11, Pilies 7, 10, 38, Vilniaus 12 etc.
◼ **Antiquitäten,** Dominikonų 3, 14, 16, 32, Did-žioji 38, Pilies 12 etc.
◼ **Weitere Souvenirgeschäfte** findet man u.a. in den Straßen Pilies, Didžioji, Vokiečių und Vilniaus.

Märkte

Sie sind für gewöhnlich ab 7 Uhr bis 15–17 Uhr ge-öffnet (montags meist geschlossen). Hier sollte man stets Taschendiebe bedenken.

80 **Halės-Markthalle,** Pylimo 58/1, Lebensmittel, Textilien etc., www.halesturgaviete.lt, Di–Sa 7–17 Uhr, So 7–15 Uhr.

41 **Souvenir- und Bildermarkt,** tägl. 9–19 Uhr in Pilies 23 (Bernstein, Leinen, Keramik, Bilder, etc.).

7 **Kalvarijų-Markt,** Kalvarijų 61, Lebensmittel, Blumen u.v.m., www.kalvariju-turgus.lt, Di–So 7–16 Uhr.

66 Tymo-Markt, Maironio (südlich von Užupis), Öko- und Biomarkt, Do und So 10–17 Uhr.

◼ Etwa 4 km außerhalb in Richtung Kaunas liegt der **Gariūnai-Markt,** Gariūnų 68 (an der Autobahn nach Kaunas). Hier bekommt man auf 120 ha alles, vom Kaugummi bis zu Autos. Der Markt ist allemal sehenswert. Vom Hauptbahnhof mit Minibussen zu erreichen (Aufschrift *Gariūnai*) bzw. mit dem Bus *Gariūnai* von der Trolleybushaltestelle „Gerosios Vilties" (www.gariunai.lt).

12 Blumenmarkt, Basanavičiaus 42 (24 Std. tägl.).

◼ **Trödelmarkt,** beim Gewerkschaftshaus, Tauro-Berg, Sa 7–12 Uhr. Auch im *Akropolis* am So (9–16 Uhr) und Gedimino 9 (So 12–17 Uhr).

Umgebung von Vilnius

Europa-Park (Europos parkas)/ Liubavas-Mühle

Der **Skulpturenpark** unter freiem Himmel (19 km nördlich von Vilnius) ist dem Mittelpunkt Europas gewidmet. Über 100 Skulpturen internationaler Künstler stehen seit 1991 auf etwa 55 ha, auch aufgrund eines jährlichen Workshops mit Künstlern werden es immer mehr. Täglich geöffnet von 10 Uhr bis Sonnenuntergang, im Sommer Einlass bis 19 Uhr (Führungen auf Englisch müssen im Museumscafé oder unter Tel. 52377077 angemeldet werden). Infos (auch zu Skulpturenkursen, zum Ausleihen von Fahrrädern und zur nahegelegenen **Wassermühle Liubavas** mit Museum, das 2012 den EU-Preis für kulturelles Erbe erhielt; 15. April bis 15. Oktober 10–18 Uhr) unter www.europosparkas.lt. Im Park gibt es auch einen Betonblock der Berliner Mauer sowie ein 700 m langes **Labyrinth** mit ca. 3000 alten TV-Geräten und einer auf dem Rücken liegenden, teils zerstörten Lenin-Statue, eine Anspielung auf die frühere Sowjet-Propaganda. Es wurde im Jahr 2002 ins *Guinness-Buch der Rekorde* aufgenommen.

Anfahrt: Minibus 149 bzw. Bus 66 von Vilnius-Žalgirio (Bushaltestelle an der Kalvarijų) nach Skirgiškės, dem Busfahrer Bescheid sagen (Fahrzeit 35 Minuten). Die Straße von hier zum Mittel-

1a

punkt Europas ist schlecht, empfohlen wird deshalb die Rückfahrt bis Verkiai, am Kreisverkehr dann rechts abbiegen.

Mittelpunkt Europas (Europos centras)

Nahe dem Dorf **Purnuškės** etwa 26 km nördlich von Vilnius am See Girijos ist der geografische Mittelpunkt Europas. Ein Blick auf die Karte beweist es: die Linien Gibraltar – Ural und Nordkap – Kreta kreuzen sich hier. Bis 1989 lag der Mittelpunkt Europas offiziell in Raniv in den ukrainischen Waldkarpaten, festgestellt 1887 vom „K.u.K. Militärgeographischen Institut" in Wien. Erst dann hat das französische nationale Geografie-Institut mit Computerhilfe das neue Zentrum bestimmt, genau bei 25° 19' östlicher Länge und 54° 54' nördlicher Breite. Diese Koordinaten stehen auf einem **Findling** mit Windrose, außerdem steht dort eine **Sonnenuhr** mit aufgetürmten Steinen.

Seit dem Tag des EU-Beitritts, dem 1. Mai 2004, stehen hier die Flaggen der EU-Länder und eine **Granitsäule.** Die Sternenkrone erinnert an das Königreich Litauen im 13. Jh. Im **Infozentrum** (Tel. 52040121, tgl. 8.30–17.30 Uhr, Sa/So nur 15.6.–31.8.) kann man sich ein **Zertifikat** über den Besuch des Mittelpunkts von Europa ausstellen lassen.

Anfahrt: auf der A 14 nach Molėtai links abbiegen nach Bernotai. Man kann die Anlage schon von der Straße aus sehen, ebenso den Burghügel aus dem Jahr 1266. Die Busse nach Molėtai bzw. Pabėrze passieren den Ort; dem Busfahrer Bescheid sagen. Vom Busbahnhof in Vilnius, Plattform 32, fahren Busse nach Radžiuliai (Fahrtzeit rund 30 Min.).

◁ Der Mittelpunkt Europas

Kernavė

Knapp 40 km nordwestlich von Vilnius an der Neris liegt mitten im Dorf Kernavė (300 Einwohner) ein **historisches und archäologisches Reservat** mit 195 ha, das mit seinen 18 geschützen Objekten zum **UNESCO-Weltkulturerbe** gehört. Über das Reservat gibt ein **Museum** in einem Flügel des Verwaltungsgebäudes Aufschluss mit vielen Ausgrabungsstücken und einem Modell der Anlage (Kerniaus 4 a, Tel. 38247385, www.kernave.org, Mi–So 10–18 Uhr, 1.11.–1.4. bis 16 Uhr). Daneben liegt ein Café, nicht weit davon die **neogotische Backsteinkirche** (1920–40).

Touristinformation im Gebäude nebenan, Di–Do 11–17 Uhr (Kerniaus 4, Tel. 38247311, www.kernave.org, dort findet man u.a. den Fahrplan der rund sieben Mikrobusse von Vilnius nach Širvintos, die das Dorf passieren).

Die Gegend entlang des Flusses war bereits 8000 v. Chr. besiedelt. Im 12./13. Jh. stand auf dem später genannten **„Thron des Mindaugas"**-Berges eine Burganlage. 1253 soll hier *Mindaugas* gekrönt worden sein. Der Ort wurde in der Livländischen Reimchronik 1279 als Stammland des Großfürsten *Traidenis* (Regierungszeit 1269–82) genannt und gilt daher als die **erste Hauptstadt Litauens** vor Trakai und Vilnius. Es wurden zur Befestigung **weitere vier „Schüttburgen"** mit Vorburgen errichtet und zwar auf dem „Berg des Lizdeika" (so benannt erst von Romantikern des 19. Jh.) mit dem spitzen Kegel (links), dem Burgberg (Pilies; rechts), dem weiter entfernten Kriveikiškis-Berg und dem oben abgeflachten „Opferberg" *(Aukuras)*.

Die **Fürstenburg** lag später auf letzterem, geschützt von den anderen vier Schüttburgen. Ende 13./Anfang 14. Jh. entstand im Pajauta-Tal zwischen den Hügeln und dem Fluss die **„Untere Stadt"**, eine **hölzerne Stadtanlage** der Kaufleute und Handwerker. In der feudalen Stadt gediehen Handel, Handwerk und Ackerbau, sodass Kernavė bald als das bedeutendste **politische und wirtschaftliche Zentrum** Litauens galt. Nach der Verwüstung der Unteren Stadt durch die Kreuzritter zogen die Bewohner in die befestigten Burganlagen. Auch diese wurden des öfteren attackiert und teilweise niedergebrannt. 1316 wurde Trakai Hauptstadt und Residenz der Großfürsten, sodass die Bedeutung von Kernavė schwand. 1365 brannten die Litauer die Fürstenburg nieder, weil sie den Ordensrittern nicht in die Hände fallen sollte. Die anderen Burgen waren schon vorher aufgegeben worden. Im Unterschied zu Vilnius blieben hier die Kulturschichten vom Ende des 14. Jh. völlig unberührt, ein Eldorado für Archäologen.

Es gibt die **Sage,** dass nach Einführung des Christentums 1387 und der Zerstörung der vorchristlichen Heiligtümer am Hauptsitz der Oberpriester, von denen der Ranghöchste stets den Namen *Lizdeika* trug, sich jener hierher zurückgezogen habe, um mit den *Vaidilutės* (heilige Jungfrauen) das Ewige Feuer zu hüten. Nach der schönsten dieser Jungfrauen, die den Namen *Pajauta* („Mitgefühl") trug, ist jetzt das o.a. Tal benannt. Eine andere Sage erzählt, dass es von hier einen **unterirdischen Gang bis Vilnius und Trakai** gegeben haben soll. Dessen Zugang in Kernavė war angeblich mit eisernen, in Vilnius mit silber-

1a

nen und in Trakai mit goldenen Toren versperrt.

In Litauen gibt es zwar fast 1000 Schüttburgen, doch im gesamten Ostseeraum findet man keinen anderen **Fünf-Burgberge-Komplex** mehr. Von jeder von ihnen hat man einen schönen Blick auf die jeweils anderen sowie auf das Neris-Tal. Viel los ist hier während der „Nacht der Museen" Ende Mai, der **Sonnwendfeier** am 23. Juni und den äußerst interessanten **Archäologie-Tagen** Anfang Juli (11–19 Uhr, Demonstrationen von steinzeitlicher und mittelalterlicher Handwerkskunst, Reiten, Ritterkämpfe, traditionelle Gerichte und Musik etc.). Dann gibt es auch viele Busse sowie Touren von Vilnius. Im August findet ein **Folkfestival** statt.

Trakai

Man sollte das Städtchen Trakai, 27 km südwestlich von Vilnius, mit rund 5400 Einwohnern, unbedingt zumindest als **Tagesausflug** besuchen. Es liegt in der malerischen Landschaft des **Historischen Nationalparks,** umschlossen von **fünf Seen** mit Buchten, Hügeln und Wäldern, ein Paradies für Natur- und Sportfreunde (vor allem für Wassersportler). Ein Antrag auf Anerkennung als UNESCO-Weltkulturgut ist bislang noch nicht positiv entschieden worden. Das beliebte **Erholungsgebiet** kann man auch mit Booten oder Ausflugsschiffen erkunden.

Trakai selbst war die Hauptstadt des Reichs noch vor Vilnius, hier residierten die Großfürsten. Sie ist auch mit dem Abwehrkampf der Litauer gegen den Kreuzritterorden eng verbunden. Haupt-

attraktion ist die herrliche **mittelalterliche Inselburg,** eine Art Nationalheiligtum. Sie ist die **einzige Wasserburg Osteuropas** und die meistfotografierte Burg des Landes. Sehenswert sind auch das Museum der von der Krim stammenden **Karäer** (s. Exkurs „Die Karäer") und deren malerische kleine Holzhäuschen sowie die Ruinen der Halbinselburg. Das **Städtchen** hat seinen Grundriss aus dem 14./15. Jh. behalten und zählt zu den interessantesten ethnografischen und städtebaulichen Denkmälern aus jener Zeit. Auch die Holzarchitektur ist einzigartig.

Stadtgeschichte

Ein genaues Gründungsdatum ist nicht bekannt, doch schon im 12. Jh. war Trakai Sitz des Fürstentums. Allerdings nicht am heutigen Platz, sondern 4 km weiter südlich in **Senieji (Alt-)Trakai;** bis auf Burgwall und Graben ist nichts mehr davon zu sehen. 1316 verlegte Großfürst *Gediminas* (1316–41) die **Hauptstadt** und den Sitz der Fürstenresidenz von Kernavė nach Trakai, bevor er 1323 die neue Hauptstadt Vilnius gründete. Trakai blieb aber weiterhin **Residenz der Fürsten.** *Gediminas'* Sohn, Großfürst *Kestutis* (1345–82) residierte sowohl in Vilnius als auch in Trakai. Er heiratete hier die schöne *Birutė* (s. Geschichte Palanga), die ihm 1350 seinen Sohn *Vytautas* gebar. Da die Ordensritter wiederholt Trakai angriffen, ließ er auf einer Landzunge die günstiger gelegene **Halbinselburg** bauen, um die sich dann die heutige Stadt bildete.

> Die Inselburg Trakai

Auch sie war ab 1377 des öfteren Ziel der Ordensritter, worauf mit dem Bau der noch besser geschützten **Inselburg** begonnen wurde. 1382 wurde *Kestutis* von seinem Neffen *Jogaila* ermordet. Nachdem dieser 1386 König wurde, setzte er seinen Günstling *Skirgaila* als Statthalter des Fürstentums ein. *Vytautas* fühlte sich um sein Erbe betrogen, verbündete sich mit den Ordensrittern und belagerte Trakai. Vermutlich 1391 wurde die Halbinselburg von ihnen geschleift. 1392 versöhnten sich *Jogaila* und *Vytautas,* und *Vytautas* wurde Fürst von Litauen. 1396 holte er sich Krimtataren als Palastwachen, Gärtner und Handwerker, und 1397/98 auch 383 Karäer-Familien. Nachdem er 1401 Großfürst wurde, ließ er die Inselburg fertigstellen. 1409 erhielt Trakai das **Magdeburger Stadtrecht,** und *Vytautas* ließ auf dem Platz der zerstörten Halbinselburg eine Kirche und ein Bernhardinerkloster bauen. Er starb 1430 in der Inselburg, kurz vor seiner Krönung als König. Nach seinem Tod schwand die Bedeutung Trakais. Im Jahr 1655 wurde die Inselburg dann von den Kosaken zerstört und als Kerker benutzt. Mit dem Wiederaufbau wurde im Jahr 1952 begonnen.

Rundgang

Vom Busbahnhof geht man die rund 1,5 km lange Hauptstraße Vytauto nach Norden und passiert dabei die **russisch-orthodoxe Kirche** (Nr. 32). Nach der Vytauto 6 sieht man rechts in der Birutės 5 auf einem Hügel die zweitür-

406li gs

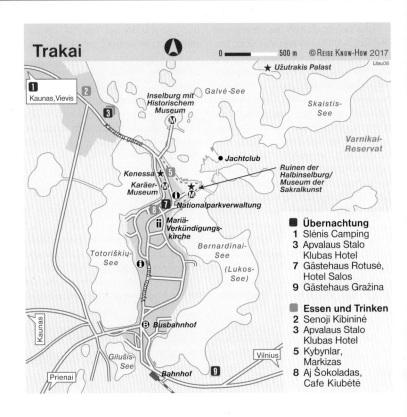

Trakai

0 — 500 m ©Reise Know-How 2017 Litau08

★ Užutrakis Palast

1 Kaunas, Vievis

2

3

Inselburg mit
Historischem
Museum

Galvé-See

Skaistis-
See

Varnikai-
Reservat

● Jachtclub

Kenessa ★ **5**

Kaŗäer-
Museum

Ruinen der
Halbinselburg/
Museum der
Sakralkunst

7 Nationalparkverwaltung

8

Mariä-
Verkündigungs-
kirche

Bernardinai-
See

Totoriškių-
See

(Lukos-
See)

Ⓑ Busbahnhof

Kaunas

Gilušis-
See

Prienai

Vilnius

Bahnhof **9**

■ **Übernachtung**
1 Slėnis Camping
3 Apvalaus Stalo
  Klubas Hotel
7 Gästehaus Rotusė,
  Hotel Salos
9 Gästehaus Gražina

■ **Essen und Trinken**
2 Senoji Kibininė
3 Apvalaus Stalo
  Klubas Hotel
5 Kybynlar,
  Markizas
8 Aj Šokoladas,
  Cafe Kiubėtė

mige **Mariä-Verkündigungskirche.** Sie wurde 1409 unter *Vytautas* mit Steinen der zerstörten Halbinselburg im gotischen Stil mit Wehrbaucharakter erbaut, 1655 teilweise zerstört und 1717 im Barockstil wieder aufgebaut. Bekannt ist sie auch wegen einiger wertvoller Gemälde und einer *Maria*-Ikone mit silberbeschlagenem Gewand, die 1123 in Konstantinopel gemalt und 1390 *Vytautas* als Geschenk gemacht worden sein soll, das landesweit älteste Muttergottesbild, dem

magische Kräfte zugeschrieben werden (www.trakubaznycia.lt).

Nach der Rechtskurve sieht man die **Kapellensäule für den Hl. Johann Nepomuk** (17. Jh.), die früher auf dem Marktplatz stand. Hier geht die Vytauto in die Karaimų über (s.u.). Hinter der Nationalparkverwaltung (Karaimų 5) liegt in der Kestučio 10 das frühere **Dominikanerkloster** (1832–64). Hier ist heute die Verwaltung des Historischen Museums und im hinteren Teil das **Mu-**

seum der Sakralkunst in der ehemaligen Kapelle (Kestučio 22, Mi–So 10–18 Uhr, Nov.–März 9–17 Uhr, Tel. 53945, www.trakaimuziejus.lt). Dahinter liegen die **Ruinen der Halbinselburg** *(Pusiasalio pilis)* und des späteren Bernhardinerklosters.

Von den 14 Wehrtürmen wurden drei wiederaufgebaut; zu sehen sind auch noch Teile der bis zu 9 m hohen Verteidigungsmauern. Hier finden oft mittelalterliche Festspiele und Liederfestivals statt. Durch ein Steintor führt ein Weg hinab zum See.

Von hier führt ein schöner **Pfad** entlang des Seeufers zur Inselburg, die man schon von weitem sieht. Bei deren Brücke liegen viele Souvenirstände, Cafés etc. **Segeltörns** werden angeboten und Boote können ausgeliehen werden, hier fährt im Sommer ein Dampfschiff ab (s.u.).

Die fünfstöckige gotische **Inselburg** aus rotem Ziegelstein fügt sich malerisch in die Landschaft aus Wald und Wasser ein. Man hat den Eindruck, als rage es direkt aus dem Wasser empor. Man erreicht es über zwei Holzbrücken und eine dazwischen liegende bewaldete Insel. Die zweite Brücke endet unmittelbar vor dem quadratischen **Torturm,** durch den man den trapezförmigen **Großen Hof** mit seinen bis zu 7 m hohen Mauern und drei runden Ecktürmen betritt. Gesäumt wird der Hof durch die Gebäude der **Vorburg,** in denen sich einst die Unterkünfte der Burgwachen sowie Waffenlager und Lebensmittelvorräte befanden. Rechts liegen die Ost-, links die zweigeschossigen Westkasematten mit Balustraden, in denen ein Teil des **Historischen Museums** (Waffen, antike Pfeifen u.v.m.) untergebracht ist.

Die **Hauptburg** *(Palas)* ist von einem tiefen Graben umgeben, den man auf einer Brücke überquert (früher eine Zugbrücke). Durch das mächtige Tor des 33 m hohen **Donjon** (Wohn- und Wachturm), von dessen Spitze man einen guten Ausblick auf die Seen und Inseln hat, gelangt man in den schmalen **Hof,** umrahmt von hölzernen Galerien. In den Obergeschossen lagen die Repräsentations- und Wohnräume der Fürsten. Im 1. Stock links und im 2. Stock ist ein Teil des **Historischen Museums** untergebracht, das über die Geschichte der Burg und des litauischen Staates informiert (10–19 Uhr, März/April/Okt. Di–So 10–18 Uhr, Nov.–März Di–So 9–17 Uhr, Tel. 53946, Führung Tel. 55296, www.trakai muziejus.lt). Im ersten Stock rechts liegt der **Große Saal** (Thronsaal) mit einem gotischen Sterngewölbe. Von den Fresken sind nur noch Umrisse erkennbar. Hier gibt es manchmal Konzerte. Größere Veranstaltungen (u.a. Feste, Konzerte, Opern, Balletts) finden auf der Bühne im Großen Hof statt. Infos zu Trakai erhält man in der **Touristinformation** in der Karaimų 41 (s.u.).

Entlang der Karaimų (von der Inselburg in Richtung Stadtmitte) stehen die bunten **Holzhäuschen** der Karäer (s. Exkurs). In der Nr. 30 ist die **Kenessa,** das Gebetshaus der Karäer, in dem sonntags Gottesdienst gehalten wird (nur von außen zu besichtigen). Das ursprüngliche Gebäude aus dem 15. Jh. wurde von Napoleons Truppen 1812 zerstört.

In der Karaimų 22, kann man sich im **Ethnografischen Museum der Karäer** über Trachten, Gebrauchsgegenstände und Brauchtum dieser Volksgruppe informieren (Mi–So 10–18 Uhr, Nov.–März Mi–So 9–17 Uhr, Tel. 55286).

1a

Nationalpark Trakai

🦋 Man sollte sich auch die herrliche Landschaft rings um Trakai etwas genauer ansehen. Der 8200 ha große **Historische Nationalpark von Trakai** mit seinen sanften Hügeln und seinem weit verzweigten System von 32 Seen und deren Inseln und Buchten ist vor etwa 14.000 Jahren von den **Gletschern** der Eiszeit geformt worden. Die Seen umfassen 1110 ha (darunter der Galvė-See, der größte mit 21 Inseln, und der Akmena-See).

Die **Moore** bei Varnikai (mit einem rund 3 km langen Lehrpfad ein botanisch-zoologisches Reservat) und Plomenai sind Brutstätten für seltene Vögel. Der Park ist auch von **ethnografischem** und **archäologischem Wert.** Hier befinden sich einige **Grabhügel** und **Hünengräber** vom 9.–12. Jh. sowie Überreste alter Burgen. Mehr als ein Drittel des Parks nimmt die **Schutzzone** mit zwei

Die Karäer

Die Karäer (Karaiten) waren ursprünglich eine jüdische Sekte, die nur das Alte Testament, nicht aber den Talmud und die rabbinische Tradition anerkannten. Der Name leitet sich von der Bezeichnung *Kara im* ab, die soviel bedeutet wie „die Biblischen", d.h. „Söhne der Schrift" im Gegensatz zu den Anhängern der rabbinischen Lehre.

Gegründet wurde diese Sekte zu Beginn des 8. Jahrhnderts n. Chr. von *Anan* aus dem Hause David in **Babylonien,** wo sie von den mohammedanischen Behörden unterstützt wurde. Sie setzte sich aus verschiedenen Gruppen zusammen, die die Autorität der mündlichen Lehren des Talmud anfochten, und ihre Anhänger nannten sich zur damaligen Zeit *Ananiten.* Nach dem Tode Anans zerfiel die Sekte wieder und konnte sich in Babylonien nicht mehr behaupten – teils wegen ihrer komplizierten und rigorosen Gesetzgebung, teils wegen überzogener Askese. Einzelne Gruppen wanderten nach Palästina aus, um dort in strenger Askese zu leben.

Seit Mitte des 9. Jh. setzte sich für die Sektierer der heute gebräuchliche Name *Karäer* durch. *Gaon Saadja* verteidigte das rabbinische Judentum und versuchte, die Karäer aus der jüdischen Gemeinschaft auszuschließen. Nach Mitte des 11. Jh. verlagerte sich das Schwergewicht der Sekte in den **byzantinisch-türkischen Raum.** Dort kam es im 15./16. Jh. erstmals zu einer Annäherung zwischen Karäern und Rabbaiten (Anhängern der rabbinischen Lehre). Im 14. Jh. gelangten die Karäer auf die Krim, und Ende des 14. Jh. ließ der litauische Großfürst *Vytautas,* dessen Reich sich bis ans Schwarze Meer erstreckte, Karäer zusammen mit Tataren von der Halbinsel Krim als **Palastwachen** an seinen **Hof von Trakai** holen. Die Karäer waren auch erfahrene **Handwerker** und weitgereiste **Händler** mit Sonderrechten. Berühmt waren sie auch als **Gemüsezüchter,** vor allem Gurken. 1441 erhielten sie sogar das Recht der Selbstverwaltung.

Als während der zaristischen Zeit im 19. Jh. die litauischen Juden unter Beschrän-

Reservaten und zehn Kultur-, Landschafts- und Naturschutzgebieten ein. Den Kern des Nationalparks bildet der Komplex der zwei Burgen mit der Altstadt (s.o.). Außerdem sind noch etwa 50 historische Bauten oder ihre Reste, meist aus dem 20. Jh., zu sehen.

Infos bei der Touristeninformation oder bei der Nationalparkverwaltung in der Karaimų 5, Mo–Fr 8–12 und 13–17 Uhr (Tel. 55776, www.seniejitrakai.lt, im Gebäude der alten Post, 1810 von Dominikanermönchen gebaut). Arrangiert auch Touren, verkauft Karten und Souvenirs, stellt Erlaubnisscheine zum Angeln und Zelten aus u.v.m. Den Nationalpark kann man teilweise mit dem eigenen Fahrzeug erkunden.

Interessant kann auch eine **Bootsfahrt** sein (s. „Aktivitäten") oder im Sommer ein Ausflug mit dem **Dampfschiff** *Skaistis* (Mai–Juli alle 60 Min. 10.30–18.30 Uhr, August–Okt. alle 2 Stunden, Fahrzeit 60 Min., Tel. 69927797, www.barta.lt)

---

kungen zu leiden hatten, konnten sich die Karäer sogar **Privilegien** sichern und nannten sich nicht mehr Juden, sondern „russische Karäer alttestamentlichen Glaubens".

Bis heute haben sich die Karäer in der Gegend von Trakai, Vilnius und um Panevėžys als **eigene Volksgruppe** mit eigenen Sitten und Gebräuchen erhalten. Sie sprechen zum Teil die **karäische Sprache.** Aus Sicht der Sprache und Ethnogenese gehören Karäer zu den Kiptschaken, einem der Turkvölker.

Die **Karäer-Häuschen,** aus Platzgründen mit dem Giebel zur Straße gebaut, haben drei Fenster (je eines für den Hausherrn, den Fürsten und für Gott). Interessierte können hier auch übernachten (s.u.).

Karäische Küche: Sie basiert hauptsächlich auf Fleisch- und Teiggerichten. Einige werden täglich, andere nur für festliche Anlässe zubereitet. Die meisten traditionellen Gerichte haben aber einen Bezug zu den religiösen Festen der Karäer, teils auch der Tataren. Die bekannteste Speise ist *kybyn* (Plural: *kybynlar* bzw. *kibinai*), eine Art Pastete in Form eines Halbmondes, gefüllt mit Rind- oder Hammelfleisch. Bekannte Gerichte sind auch *shishlik,* gebratene Lamm-, Rind- oder Kalbfleischspieße; *troškinta mėsa,* eine Art Eintopf; *chamur-dolma,* eine Brühe mit Klößchen; *chanach,* ein Eintopf mit Gemüse und Fleisch in einer Keramikschale; *ajaklyk,* Kuchen aus Lammfleisch; *kiubėtė,* Kuchen aus Hühnchenfleisch; *chanachta,* granierter Kartoffelkuchen; *giuliaf almada,* in Teig gebackene Äpfel serviert mit Rosenblättermarmelade. Für Vegetarier gibt es *imam-bajaldy* mit Gemüse.

Das **Nationalgetränk** der Karäer ist *krupnik,* ein stark alkoholhaltiges, goldfarbiges Getränk aus Kräutern, Wurzeln und orientalischen Gewürzen, das jede Hausfrau bzw. jeder Koch nach dem eigenen Geschmack herstellt.

Die Zahl der litauischen Karäer wird von den Behörden mit knapp 250, davon 50 in Trakai, angegeben; sie sind damit die **kleinste Volksgruppe in Litauen.** Infos unter www.karaim.eu.

hinüber zum Ostufer des Galvė-Sees, an dem in einem alten Park der weiße neoklassizistische **Užutrakis Palast** der Grafen *von Tyszkiewicz* steht. Er wurde 1897–1902 gebaut und bis 1939 von ihnen bewohnt. Hier sind heute viele Ausstellungen zu sehen (Tel. 52855006, www.seniejitrakai.lt, Fr–So 11–19 Uhr). Täglich fahren vier Busse vom Busbahnhof zum Palast und zurück. Wer mit dem Pkw unterwegs ist, muss die Abzweigung an der Straße von/nach Totoriškes nehmen. Vom Palast aus hat man eine tolle Sicht auf Trakai.

Informationen

- **Tel.-Vorwahl Trakai:** (00370-) 528
- **Touristinformation,** Karaimų 41, Mo–Fr 8–17 Uhr, Mai–Sept. 9–18 Uhr sowie Sa, So 10–17 Uhr. Tel. 51934; Infos unter www.trakai-visit.lt, www.trakaimuziejus.lt; auch Souvenirverkauf. Infos und Bildergalerie auch unter www.city-info.net.

Nützliche Adressen

- **Geldautomat:** u.a. Vytauto 52, 69.
- **Internetcafé,** in Bibliothek, Vytauto 69, gratis.

Verkehrsmittel

Trakai ist mit öffentlichen Verkehrsmitteln gut zu erreichen; es gibt auch organisierte Exkursionen (s. „Informationen" bei Vilnius).

Anfahrt möglich mit dem **Vorortzug** von Vilnius nach Trakai (8–10 Züge tgl.; 35 Min. Fahrzeit) oder mit dem **Bus** vom Fernbusbahnhof (25 Verbindungen, tgl. zwischen 6 und 20 Uhr, Fahrzeit 45 Min.). Busstation und Bahnhof liegen 1,5 bzw. 2 km südlich der Burg. Wem der Weg zu lang ist, kann ein **Taxi** neben dem (Bus-)Bahnhof nehmen (max. 2 Euro). Der **Busbahnhof** liegt in der Vytauto 90, Tel. 51333, www.trakauautobusai.lt, der **Bahnhof** in der Vilniaus 5, Tel. 70055111. Im Busbahnhof gibt es einen Fahrradverleih.

Unterkunft

1 **Slėnis Camping,** 5 km nördlich von Trakai an der Straße nach Vievis direkt am Galvė-Seeufer in Totoriškės; Tel. 53880, www.camptrakai.lt; ganzjährig, populär, westlicher Standard; Taxi ab Busbahnhof ca. 6 Euro; viermal täglich Bus ab dem Busbahnhof, Anfahrt auch mit Dampfschiff Skaistis. Hier ist auch der Sitz des litauischen Camping-Verbands (s. Kap. „Reisetipps A–Z: Unterkunft"). Übernachtung in Holzhütten, 42 Zimmer (2, 3, 4, 5 Betten ab 23 Euro, Apartment mit Küche ab 58 Euro) oder im Zelt (5 Euro); 30 Stellplätze für Caravans; Ausleihe von Rädern, Booten, Jachten, Zelt. Kaminofen, Sandstrand, Wasserrutsche, Reiten, Tauchen, Paintball, Waschmaschine, Heißwasserduschen, Café, Bar, Feuerholz, Sauna, Angellizenzscheine; organisiert auch Ballonfahrten.

3 **Apvalaus Stalo Klubas Hotel**③, Karaimų 53 a, Tel. 855595, www.asklubas.lt, Restaurant, Zigarrenlounge, Sauna, 17 edel ausgestattete Zimmer, teilweise mit Blick auf die Burg.

7 **Gästehaus Rotusė**①, Vytauto 1, Tel. 55148, nur April bis Oktober, 7 Zimmer, einfache Zimmer, recht laut.

7 **Hotel Salos**①, Kranto 5 b, Tel. 53990, www.salos.lt, 10 Zimmer, Restaurant, Nachtklub, Sauna, Pool, Fahrrad-und Bootverleih, populär.

- **Akmeninė Rezidencija**③, im Dorf **Bražuolės** am Akmenos-See 2 km nordwestlich von Trakai, Erholungskomplex der gehobenen Klasse, Tel. 698 30544, www.akmeninerezidencija.lt, traditionelle Holzhäuser mit Schilfrohrdächern, 8 Zimmer, Restaurant, Weinkeller, Sauna, Outdoor-Pool, Jacuzzi, Angeln, Reiten, Bootsverleih etc.

9 **Gästehaus Gražina**①, Šaudyklos 6, Tel. 376 26, 5 moderne Zimmer, schöne Lage, Sauna, Boote, Fahrrad, Strand, Badesee.

■ **Weitere Pensionen** u.a. in Gilušo 9 (Tel. 687 42937) an der westlichen Uferstraße des gleichnamigen Sees; Karaimų 83 (Tel. 68520229), Birutès 16 a (Tel. 65263287; eine Querstraße nördlich vom Busbahnhof) sowie am Südufer des Lukos-Sees in der Šaudyklos 5 (Tel. 68489431) bzw. Mikulionio 7–1 (Tel. 67049638). Buchung auch bei der Touristinformation, auch für Pensionen im Umland.

Gastronomie

2 MEIN TIPP: **Senoji-Kibininė,** Karaimų 65, www.kibinas.lt, 10–23 Uhr, karäische Küche. Auch litauische Küche und Pizza im Gebäude nebenan.

5 MEIN TIPP: **Kybynlar,** Karaimų 29, www.kybynlar.lt, 11–23 Uhr, karäische Küche, 2 Säle, Folkloreabende.

3 **Apvalaus Stalo Klubas** (Runder Tisch-Club), Karaimų 53, 12–22, Fr/Sa 12–23 Uhr, Einrichtung im Stil eines prunkvollen Landhauses, Nobelrestaurant, französische und italienische Küche, toller Blick auf die Burg.

5 **Markizas,** Karaimų 25a, 11–22 Uhr, europäische Küche.

8 **Café Kiubetė,** Vytauto 3a, einfache Gerichte.

8 **Aj Šokoladas,** Vytauto 4, 8–20, Sa 10–21, So 10–20 Uhr, Café.

■ Im Sommer gibt es auch viele **Cafés, Eisstände** und **Imbissstuben** in der Nähe der Inselburg. Fast alle Hotels und Gästehäuser haben auch Restaurants und/oder Cafés. Probieren sollte man auch *Šimtalapis,* eine tartarische Süßigkeit mit Mohn und Honig.

Aktivitäten

Radverleih (auch *E-Bikes* im Busbahnhof und im Hotel *Trasalis*); einige **Badestrände** und Möglichkeiten von Segeltörns sowie **Bootsverleih,** u.a. mittelalterliche Boote, **Windsurfen** etc.; **Angeln** bei Žvejų Namai, Tel. 526008, mit Bar und Spielplatz, rechtzeitig buchen; **Katamaran-Fahrten,** Tel. 67552200, www.holiday-boat.lt.

Feste

■ **Nacht der Museen** (Mitte Mai, u.a. Ritterkämpfe in der Inselburg)

■ **Stadtfestival** (Mitte Mai)

■ **Festival des Mittelalters** (Anfang Juni)

■ **Städtefest** (1. Juni–15. Juli; Spiele, Theater, Opern, Konzerte)

■ **Regatta** (Ende Juni),

■ **Kulturtage der Tartaren** (Ende Juni)

■ **Mittelalterliche Tage** (6.–8. Juli; Ritterkämpfe, Handwerksvorführungen)

■ **Opern- und Ballettsommerfestival** (Mitte Juli)

■ **Ruderwettbewerbe** (Ende Juli/Anfang August)

■ **Jazzfestival** (freitags im Juli und August) auf fahrenden Booten

■ **Trakai-Festival** (1.–20. August; Konzerte etc.).

■ Im Juli/August gibt es **Kammermusikkonzerte beim Užutrakis-Palast.**

■ Auch in der **Inselburg** finden viele Konzerte statt. Infos beim Touristinformationsbüro.

Druskininkai

Das Städtchen mit etwa 17.000 Einwohnern am rechten Ufer des Nemunas liegt im südlichsten Winkel Litauens nahe der **Grenze zu Weißrussland** und Polen. Druskininkai ist ein **Kurort** par excellence: würzig frische Luft, paradiesische Ruhe und eine traumhafte Landschaft mit Wäldern und Seen. Das Klima soll hier noch gesünder als in Davos sein.

1a

Das linke, hohe Nemunas-Ufer schützt die Stadt vor Nordwinden. Es ist der einzige Kurort in Europa, der von Kiefernwäldern dieses Ausmaßes umgeben ist.

Druskininkai eignet sich gut als Ausgangspunkt für den **Dzūkija-Nationalpark** und den **Grūtas-Skulpturenpark.** Was Palanga für Badefreunde ist, das ist Druskininkai für alle, die sich in den Wäldern wohler fühlen als am Strand. Es gibt 15 **Wanderrouten** mit einer Länge von 80 km sowie **Routen für Radfahrer und Langläufer** über 55 km, das größte und wohl beste Netz des Landes. Aber auch Pilz- und Beerensammler schätzen diese Gegend sehr.

Architektonisch interessant sind der **Aquapark** (mit drei Rundgebäuden und Turm) in der Vilniaus 13 und das runde **Sanatorium Sūrutis** (auch Pušelė) in der Taikos 10 (Tel. 53335). Neben der Bootsanlegestelle sind einige **Mineralwasserquellen** bzw. -brunnen; probieren kann man das salzhaltige Getränk in einer **Trinkhalle** (7–9, 11–14, 16–19 Uhr).

2 km östlich vom Zentrum an der Čiurlionio 116 (erreichbar mehrmals täglich mit Buslinie 3) liegt das **Forstmuseum Girios Aidas** (Echo des Waldes). Es sieht aus wie das Hexenhaus; in drei Stockwerken, rings um eine Eiche gebaut, gibt es Ausstellungen über die Waldflora und -fauna, eine Umweltschutzbibliothek und einen kleinen Zoo (Di–So 10–18 Uhr, Tel. 53901); im und ums Museum stehen viele interessante Holzskulpturen.

Aktiv betätigen kann man sich in der schönen Umgebung. Besonders beliebt ist der sogenannte **„Sonnenweg"** *(Saulés takas)*, ein etwa 4 km langer Fußweg, der am Ufer der Ratnyčėlė entlang und entsprechend gewunden bis zu einer alten Mühle führt. Man hat an diesem „Gesundheitsweg" Lauben aus Zweigen, sogenannte „Märchenhäuschen" sowie Stege und Bänke gebaut. Der Weg führt weiter zum 20 km entfernten Latas-See. Der 6/8/10 km lange **Žilvinas-Fußweg** führt vom Sanatorium Eglė nach Grūtas. Ein beliebter Radweg ist die **„Sternenbahn"** mit 9/12 oder 24 km Länge zum Tal von Raigardas. Infos zu weiteren Rad- und Wanderwegen erhält man bei der Touristinformation.

Verkehrsmittel

■ **Busbahnhof,** Gardino 1, Tel. 51333, Schließfächer, Busse u.a. nach Varena, Vilnius, Kaunas.
■ **Bootsanlegestelle,** von Mai bis Okt. fahren Ausflugsdampfer nach Liškiava, Fahrzeit eine Stunde. Infos bei Touristinformation.
■ **Taxi,** Tel. 51213, 55555.

Informationen

■ **Tel.-Vorwahl Druskininkai:** (00370-) 313
■ **Touristinformation,** Gardino 3 (im Bahnhof), Tel. 60800, Mo–Fr 8.30–17.15 Uhr; Vermittlung von Zimmern, Touren zum Dzūkija-Nationalpark, Stadtrundgang, Bootstouren etc. **Nebenstelle** in der Čiurlionio 65; Tel. 51777, www.info.druskininkai.lt, www.city-info.net, Mo–Sa 10–18.45, So 10–17 Uhr.

Aktivitäten

■ **Radverleih,** Laisvės 9, Maironio 22, Vilniaus 8 und 20 bzw. und bei einigen Sanatorien. Auch möglich bei *Dropbyke* (online buchbar unter http://dropbyke.com).
■ **Aquapark,** riesiger Wasserpark mit 30.000 m², 6 Wasserrutschen (bis zu 212 m Länge), 18 Bäder,

Eiskammer, Wasserfälle, 22 Saunen; Tel. 52338, www.akvapark.lt, Vilniaus 13, Mo–Do 10–22, Fr 10–22 Fr/Sa 10–23, So 10–21 Uhr. Mit Hotel (s.u.), Restaurant, Bar.

■ **ONE Adventure Park,** 200 m neben *Aquapark*, A. Jakšto 7, der größte Abenteuerpark im Baltikum, Tel. 60720911, www.unoparks.lt, je nach Monat geöffnet von 10 bis 19.30 bzw. 22.30 Uhr.

■ **Snow Arena,** im Dorf Mizarai, Nemuno Kelias 2, Tel. 69699, www.snowarena.lt, ganzjährig geöffnete Schneearena (Skifahren, Snowboarding), Verleih, Skischule, Restaurant. Geöffnet Mo–Do 12–19, Fr 12–22, Sa 10–22, So 10–18 Uhr. Ganz einfach zu erreichen mit einer Seilbahn vom *Aquapark*, 1 km lang, Fahrzeit 5 Min., in einer Höhe von 45 Metern mit schöner Aussicht auf die Stadt, Mo–Do 10–20, Fr/Sa 10–22 Uhr.

Unterkunft

In der Nebensaison (1.10.–1.5.) sind die Preise z.T. niedriger. Auch Erholungsheime und einige der neun Sanatorien bieten unabhängig von einer Kurbehandlung Zimmer an. Die Preise in Sanatorien beinhalten i.d.R. Vollpension (Schonkost). Die Preise variieren stark nach Komfort und Leistungsumfang. Gute Infos hierzu bei der Touristinformation.

■ **Europa Royale Druskininkai**③, Vilniaus 7, Tel. 42221, www.europaroyale.com, prachtvoll umgebautes Gebäude aus dem 18.Jh., Fußbodenheizung, Telefon in der Toilette, Sauna, Fitnessraum, 101 Zimmer.

■ **Best Western Central**③, Šv. Jokūbo 22, Tel. 60533, www.bestbaltichotels.com, geschmackvoll eingerichtet, sehr empfehlenswert, gutes Restaurant, 36 Zimmer. Sauna, Spa.

■ **Regina**③, Kosciuškos 3, Tel. 51242, www.regina.lt, angenehmes Flair, guter Service, prima Frühstücksbuffet, ruhige Lage, zu empfehlen, Bar, Restaurant, 40 elegante Zimmer.

■ **Druskininkai Hotel**①, Kudirkos 43, Tel. 52566, www.grandspa.lt, 50 Zimmer, sauber, Café, Reisebüro, top renoviert, gutes Preis-Leistungsverhältnis, Dachgarten.

■ **Gästehaus Alte Post**②, Kudirkos 43, im 3. Stock des Postamts (s.o.), Tel. 68258257, www.senasispastas.lt, 11 schöne Zimmer, Radverleih.

■ **Gästehaus Eurista**①, Vilniaus 22, Tel. 52318, euristahotel@gmail.com, 5 schöne Zimmer in einem Holzhaus.

■ **Hotel Galia**①, Maironio 3, Tel. 60511, www.galia.lt, 16 Zimmer, schön ausgestattet, Café. Filialen in Dabintos 3 und 4, schön umgebaute Holzvilla, 44 komfortable Zimmer. Restaurant, Bar.

■ **Grand Spa Lietuva**②, Kudirkos 45, Tel. 51200, www.grandspa.lt; relativ modernes, ganzjährig geöffnetes Sanatorium mit verschiedensten Anwendungen, eigener Quelle, Sauna, Pool, Sport- und Spielangeboten, Tennis, Radverleih, Bar, 246 Zimmer.

■ **Medical Spa Draugyste**②, Krėvės 7, Tel. 531 32, www.draugyste.lt; 5 Gebäude, 153 Zimmer; u.a. Sauna, Pool, Tennis, Fitnessraum.

■ **Medical Spa Eglė**②, Eglės 1, Tel. 60220, www.sanatorija.lt; 879 Zimmer, erreichbar mit Stadtbussen; Tennis, Pool, Sauna, Radverleih.

■ **Spa Vilnius**③, K. Dineikos g. 1, Tel. 53811, www.spa-vilnius.lt, 187 Zimmer, Wellness, Sauna u.v.m., modern, gute Qualität.

■ **Hotel Violeta**②, Kurorto 4, Tel. 60600, www.violeta.lt, modernes Hotel mit Blick auf den Nemunas, 20 schöne Zimmer, Restaurant, Bar.

■ **Aqua Medūna**③, Vilniaus 13-1, Tel. 59195, www.akvapark.lt, die 93 Zimmer im Aquapark sind für die recht einfache Ausstattung recht teuer, Billard, Bowling.

Camping

■ **Druskininkai Kempingas,** Gardino 3 a (neben Busbahnhof), Tel. 60800, www.info.druskininkai.lt, angenehme, saubere Anlage, Familienbetrieb, geöffnet Mai–Sept., gute Lage beim Wald unweit vom

Zentrum, Zelt 5 Euro, Wohnwagen 17 Euro, kleine Hütten für 2 Pers., ab 28 Euro.

Gastronomie

■ **Kolonada,** Kurdikos g. 22, 11–23 Uhr; schönes Ambiente, recht teuer, mit Musikklub.
■ **Picerija Sicilija,** Taikos 9 und Čiurlionio 56, relativ teure italienische Küche, gute Pizzas (rund 60 verschiedene), täglich 10–23 Uhr.
■ **Forto Dvaras,** M. K. Čiurlionio 55, Mo–Mi 11–22, Do–Fr 11–23, Sa 10–24, So 10–22 Uhr, leckere und billige litauische Gerichte, populär.

Skulpturenpark von Grūtas

7 km östlich von Druskininkai liegt der sehr populäre Skulpturenpark, in dem 86 Statuen und Denkmäler, die in der Sowjet-Ära stolz Rathaus- und Bahnhofsvorplätze in verschiedenen Städten des Landes zierten, in einem 20 ha großen Waldstück aufgestellt wurden. Sie sind die Erbstücke aufgezwungener **sowjetischer Monumentalistik,** die hiermit ihre Götzen würdigte. Diese wurden nach der Unabhängigkeit gestürzt und lagerten seither in Hinterhöfen, bis sie der mit Champignonexporten reich gewordene Millionär *V. Malinauskas* aufkaufte und den Park neben seinem prachtvollen Bungalow anlegen ließ. Er, der seinen Vater und andere Familienmitglieder in der sibirischen Gefangenschaft verlor, wollte damit seinen Landsleuten bei der Vergangenheitsbewältigung helfen; außerdem sollen sie der jüngeren Generation (und Touristen) die historische Wahrheit der Okkupation und Greueltaten (s. Kapitel „Geschich-

te") bewusst machen. Für sein Projekt bekam er Zustimmung bei rund 60 % der Bevölkerung und in der Weltpresse, erntete aber auch harsche Kritik (wie z.B. „geschmackloser Ort der Heldenverehrung", „Stalin-Park", „Lenins Welt", „historischer Geisterpark"). Im Jahr 2001 bekam er den **Alternativen Nobelpreis** für ein Werk, das nicht reproduziert werden kann oder soll; in dieser Form mit so vielen Skulpturen und ideologisiertem Inhalt ist es auch weltweit einzigartig.

Auf zwei **Rundgängen** aus Beton- und Holzbohlenpfaden über sumpfiges Gelände und Sandwege mit insgesamt 2 km Länge, die beide beim Restaurant beginnen, sieht man streckenweise Fragmente von **sibirischen Lagern** in Form von Wachtürmen und Stacheldrahtverhauen, berieselt von gedämpfter Musik (was an die schrecklichen Bedingungen erinnern soll).

Interessant ist der erste Rundgang, auf dem sich nach 500 m das **Informationszentrum** befindet (mit Memorabilia, Medaillen, Gemälden, Fotos etc. über die sowjetische Besatzung, die Propaganda, die Deportationen und den Widerstand; gezeigt werden auch Videofilme z.B. über den **Sturz des** 6 m hohen **Lenindenkmals in Vilnius** und den Verlust seiner Beine – Bilder, die damals um die Welt gingen). Wie vor den Denkmälern selbst sind hier Schautafeln in englischer, russischer und litauischer Sprache angebracht. Die in Stein oder Bronze gefassten „Helden" können teilweise auch **bestiegen** werden (was früher undenkbar war; viele Neuvermählte lassen sich wie früher auch vor ihnen ablichten). *Lenin* ist natürlich mehrmals vertreten in verschiedenen Größen (da-

Vilnius und der Südosten

runter die Statue von Klaipėda mit blauen Augen; und die von Druskininkai, eine von den insgesamt zwei Statuen in der UdSSR, die ihn sitzend zeigt); die anderen sind u.a. *Stalin, Marx, Kapsukas,* der KGB-Gründer *Dserschinski,* aber auch viele litauische Genossen.

Zu sehen sind auch **monumentale Skulpturen** von Soldaten, Bauern und Arbeitern. Es gibt u.a. Pläne, die Figuren nachts zu beleuchten und Reden der früheren Führer abzuspielen; aufgegeben hat der Gründer jedoch die Idee, von Vilnius hierher Gleise zu verlegen und die Besucher mit alten Viehwaggons ins Lager zu karren, um ihnen die damalige Grausamkeit realitätsnah zeigen zu können; ebenso die Idee, die Waggons entlang der Denkmäler vorbeifahren zu lassen.

Vor dem Eingang steht ein ehemaliger **Viehwaggon für Gefangene;** an einer 50 m langen Plakatwand hängen Artikel internationaler Presse; am Parkplatz ist ein öffentliches WC; nicht weit von hier ist ein Badesee. Hinter dem Parkeingang findet man ein **Restaurant** (natürlich viele Pilzgerichte), einen **Kinderspielplatz** und einen **Mini-Zoo.**

■ **Grūto parkas,** geöffnet täglich 9–22 Uhr (im Winter 9–17 Uhr), Tel. 31355111, www.grutopar kas.lt, Audioguide 13 Euro. Am 1. April sowie am 9. Mai (Siegestag) werden hier Feste veranstaltet.

Anreise: Busse auf der A 4 (z.B. von Vilnius nach Druskininkai) passieren den Ort; dem Fahrer vorher Bescheid sagen. Es gibt auch täglich vier Busse (Bus Nr. 2) von Druskininkai nach Grūtas. An der Abzweigung an der A 4 (mit Bushaltestelle) 500 m zu Fuß durchs Dorf. Vom Eglė-Sanatorium führt der 3 km lange Fußweg Žilvinas (s.o.) hierher.

Dzūkija-Nationalpark

🦋 Der **größte Nationalpark Litauens** umfasst 559 km² und wurde 1991 gegründet. Vier Fünftel bedecken Wälder (größtenteils Kiefern); es gibt fast 48 größere und kleinere Seen sowie 30 Flüsse und Bäche. Der Parkboden ist auf zwei Dritteln der Fläche sandig; **Festlanddünen** mit der dafür typischen Vegetation liegen vor allem bei Zervynos. Die Wälder beeinflussen auch das **Klima,** denn es gibt hier die größten Temperaturschwankungen in Litauen mit sehr heißen Sommern und sehr kalten Wintern.

Es gibt hier viele **Raubvögel,** aber relativ wenig Wild. Besonders geschützt sind 157 Pflanzen- und Tierarten. Außerdem finden sich hier rund 20 **Landschafts-, Natur- und Ethnokulturschutzgebiete** (u.a. die Dörfer Lynežeris und Musteika). Die alte Steinarchitektur sowie **Fischer- und Handwerkerhäuser** findet man vor allem am Nemunas in den Dörfern Liškiava und Merkinė. Im Park liegen über hundert **Weiler** und viele **Einzelgehöfte.**

Die Bewohner, die **Dzūken,** haben ihre Weiler, Flüsse und Wälder mit sehr schönen Namen versehen. Die **Stuben** ihrer Häuser sind durch sonnige Ornamente geschmückt. **Kreuze** und die **Betsäulen** sollen den Geist der Wälder und Häuser bewachen. An vielen Pfaden und Stegen stehen **Bildstöcke,** wo die Vorbeigehenden oft Halt machen.

Die Verbundenheit der Dzūken mit ihren Besitztümern, die Anpassung an

1a

die besonderen Lebensbedingungen und ihre Beharrlichkeit sind mit einem sehr starken **Bedürfnis nach Zusammenleben** verbunden. Deshalb haben sie auch die alten Bräuche der Feste und Hochzeiten bewahrt. Wegen der **harten Lebensbedingungen** gibt es auch heute noch u.a. das gemeinsames Heuernten. **Pferde** sind für viele noch Fortbewegungsmittel und werden auch für Feld- und Waldarbeiten eingesetzt. Auch alte **Traditionen** wie Heilkräutersammeln, Bienenzucht, Holzschnitzen, Weben, Töpfern, Keramikgießen, Korbflechten, Kerzenziehen, Chorsingen, Volkstänze etc. sind bis heute lebendig. In der ersten Augustwoche finden die **„Tage des Handwerks"** mit vielen Vorführungen statt. Einige der Produkte werden in Gehöften angeboten, ebenso **Pilze und Beeren.** Besonders zahlreich sind diese in den Wäldern bei Zervynos sowie in dem Gebiet zwischen Marcinkonys und Margionys (dort gibt es auch kleine Sumpfgebiete). Das Gebiet gilt als **„Provinz der Sänger und Volkstänzer."**

Liškiava

Der Ort liegt 9 km nordöstlich von Druskininkai am linken Nemunas-Ufer. Im Jahr 1044 erstmals erwähnt, besitzt er ein barockes **Dominikanerkloster** und die spätbarocke **Dreifaltigkeitskirche** (1704–20) mit sieben sehenswerten **Rokoko-Altären,** die als beste Beispiele dieses Stils in Litauen gelten, und wertvollen **Fresken** aus dem 17. Jh. Im Kellergewölbe sieht man die Gebeine der Mönche.

Unweit des Ortes erhebt sich ein **Schüttberg** (Pilies) mit Mauerresten des Rundturms der früheren Burg. Man begann im 14. Jh. während der Kriege gegen die Kreuzritter mit dem Bau, aber nach der Schlacht bei Tannenberg wurde sie nicht vollendet.

Daneben befinden sich die Überreste einer kleinen **Kirche** aus dem 15. Jh. sowie auf dem benachbarten Baznycios-Berg Reste von Bauten aus dem 15.–17. Jh. Im Sommer fahren **Boote** nach Druskininkai.

Merkinė

Ca. 29 km nordöstlich von Druskininkai liegt der Ort sehr reizvoll an den Mündungen des Merkys und der Stangė in den Nemunas. Einen besonders schönen Blick darauf und auf einen Teil des Dzūkija-Nationalparks hat man von dem **Schüttberg** bei der Brücke über den Nemunas (an der Straße von Leipalingis her; über eine Treppe erreichbar). Die mächtige Burg fand schon 1377 urkundliche Erwähnung, als die Kreuzritter gegen sie anrannten. Viele litauische Großfürsten wie auch *Zar Peter I.* von Russland besuchten sie. Auf dem dreieckigen Marktplatz ist in der früheren russisch-orthodoxen Kirche das **Heimatmuseum** untergebracht (Mi–So 9–18 Uhr, Tel. 31039136).

Übrigens wurden in Merkinė Reste der **ältesten Siedlung Litauens** gefunden, die rund 10.000 Jahre alt ist und sofort nach dem Abschmelzen der eiszeitlichen Gletscher entstanden sein muss. Merkinė ist die beliebteste Gegend des Dzūkija-Nationalparks, sodass hier ein Informationszentrum steht (s.u.). Der Ort ist berühmt für **schwarze Keramik;** jährlich finden hier Workshops statt.

■ **Busse** von Druskininkai nach Vilnius, Kaunas, Alytus etc. halten in der Regel an der Abzweigung 2 km östlich des Stadtzentrums *(Merkinės kryžkele)*, wo man ggf. umsteigen muss/kann.

Informationen

■ **Parkverwaltung,** Šilagelių 41, Marcinkonys, Tel. 310-44466, www.dzukijosparkas.lt.
■ **Touristinfo-Center,** Vilniaus 2, Tel. 57245 (8–12, 13–17 Uhr, Sa bis 16 Uhr), Vilniaus 2, arrangieren Wander-, Rad-, Bootstouren; Zimmervermittlung; Ausstellung von Camping-, Ruder- und Angelscheinen; Verkauf von Landkarten etc.; Verleih von Zelten, Schlafsäcken, Booten, Kanus etc.; Vogelbeobachtung, Kunsthandwerkskurse; Infos über Feste und sportliche Wettbewerbe. Touren in den Park werden u.a. auch von Reisebüros in Druskininkai durchgeführt.

Unterkunft

■ **Gästehaus „Eglis" der Parkverwaltung**①, Marcinkonys, Miškininkų 61, Tel. 31044466, 11 Zimmer, schöne komfortable Zimmer, rechtzeitig buchen, Halbpension möglich; auch die **Infostelle in Merkinė** bietet gelegentlich Zimmer an.
■ **Jugendherberge**①, Zervynos, Tel. 31052720, 11 Betten in idyllischem Holzhaus; ohne Strom, mit Heizung und herrlicher traditioneller Sauna am Fluss; Beeren-/Pilzsuche sowie Kanutrips.
■ **Camping**①, Erlaubnis für die Campingplätze bei der Parkverwaltung oder bei den örtlichen Forstämtern *(girininkija)*.
■ **Nemunas-Park-Hotel**②, in der Nähe von Nemunaitis, 16 km südlich von Alytus, Tel. 31529629. 17 Zimmer, modern, Restaurant, Bar, Terrasse, Rad- und Bootsverleih, Reiten, Angeln, Baden, Heißluftballonzentrum; guter Ausgangspunkt für den Dzūkija-Nationalpark und Umgebung.

Vilnius und der Südesten

▷ Volkstümliches Liedgut wird in Litauen gepflegt

KAUNAS UND DER SÜDWESTEN

Kaunas, die **zweitgrößte Stadt Litauens** am Zusammenfluss der beiden längsten Flüsse **Neris** und **Nemunas** ist ein wichtiges Industrie-, Kultur- und mit zehn Hochschulen auch ein bedeutendes Bildungszentrum. In der Umgebung liegen beliebte Erholungsgebiete.

NICHT VERPASSEN!

➠ Das ungewöhnlichste Museum: das **Teufelsmuseum in Kaunas** | 121

➠ Das **ethnografische Freilichtmuseum in Rumšiškės:** Litauen in Kleinformat | 140

Diese Tipps erkennt man an der gelben Hinterlegung.

▷ Auf dem Rathausplatz in Kaunas

Kaunas

In der Stadt mit rund 297.000 Einwohnern leben 93 % Litauer und 4 % Russen. Ein Besuch lohnt sich sehr, denn Kaunas hat nicht nur eine malerische **Altstadt,** ausgedehnte Fußgängerzonen mit schattigen Linden und einer ganzen Reihe sehenswerter Bauwerke, sondern auch zahlreiche Galerien, Ausstellungen und etwa 40 Museen, darunter das weltweit einzigartige **Teufelsmuseum.**

Stadtgeschichte

Bereits im 4./5. Jh. gab es an der strategisch günstigen Stelle zwischen den beiden Flüssen eine Siedlung. Erstmals erwähnt wurde der Ort 1361 in der Chronik des *Wiegand von Marburg* im Zusammenhang mit Vorstößen der Kreuzritter auf die Burg. Kaunas erhielt 1408 das **Magdeburger Stadtrecht,** konnte sich aber erst nach dem Sieg über die Kreuzritter bei **Grunwald** 1410 entfalten. Das Handwerk begann zu blühen, und die Stadt wurde zu einem **Zentrum**

1b

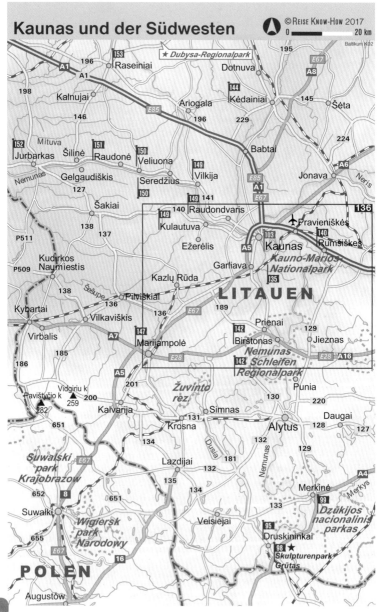

Kaunas und der Südwesten

©Reise Know-How 2017

0 ———— 20 km

Baltikum K02

★ *Dubysa-Regionalpark*

195

A1 196 **153** Raseiniai   Dotnuva   **E67** **A8**

A1

198   Kalnujai   E85   Ariogala   **144** Kėdainiai   145

146   196   229   Šėta

224

Mituva   **151**   **150**   Babtai   **A6**

152 Šilinė Raudonė Veliuona   **149**

Jurbarkas   Seredžius Vilkija   E85   Jonava   *Neris*

Nemunas Gelgaudiškis   A1

127   **150**   **149** 141   E67

Šakiai   **149** 140 Raudondvaris   **136**

138   137   **149** Kulautuva   ✈ Pravieniškės

P511   Ežerėlis   **103**   **140**

Kudirkos   A5   Kaunas Rumšiškės

P509 Naumiestis   Garliava   *Kauno-Marios-*

       Kazlų Rūda   *Nationalpark*   **135**

138   *Šešupe*   **L I T A U E N**

Kybartai   **136** Pilviškiai

    Vilkaviškis   136   E67   189

Virbalis   **A7**   Prienai   129

185   **147**   **142**   Jieznas

186   Marijampolė Birštonas

     A5   E28   *Nemunas*   **142** *Schleifen*   E28 **A16**

      201   *Regionalpark*

Pavištvčio k   Vidgiriu k   200   *Žuvinto*   Punia

282   259   *rez.*   130   220

    Kalvarija   131 Simnas   Daugai

651   Krosna   Alytus 128   127

    134   132   129

Suwalski   E67   *Dusia*   *Nemunas*

park   Lazdijai   181

Krajobrazow   132   **A4**

652   **8**   135   134   Merkinė   *Merkys*

   651   133   **99** *Dzūkijos*

Suwałki   *nacionalinis*

655   *Wigierski*   Veisiejai   *parkas*

   park   **95**

   Narodowy   Druskininkai

   16   **98** ★

P O L E N   *Skulpturenpark*   *Grūtas*

Augustów

des Handels zwischen Russland und Westeuropa. Die vielen **deutschen Siedler** hatten sogar Sitz und Stimme im Magistrat. Kaunas besaß einen Flusshafen und ein Zollamt, und es gab Handelsmessen. 1440–1532 war hier sogar ein **Hansekontor,** wodurch sich ihre Stellung als **Handelszentrum** weiter festigte. Mehr als 40 Handwerkergilden wurden gegründet, eine Schiffswerft entstand. Italienische Bernhardinermönche brachten 1468 ein neues Architekturprinzip mit, man baute die ersten **Häuser aus Ziegeln.** Nach dem Großbrand von 1537 gewährte König *Sigismund* den Händlern Privilegien, sodass Kaunas noch mehr aufblühte, und 1540 wurde der erste Bebauungsplan mit einem rechtwinkligen Straßennetz entworfen. 1566 wurde Kaunas außerdem zu einem Verwaltungszentrum, 1578 baute man eine Papierfabrik, 1648 entstand das erste Jesuiten-Kolleg.

1655–61 war die Stadt von russischen Truppen besetzt und wurde teilweise niedergebrannt. 1657 suchte eine Epedemie die Stadt heim. 1670 ereignete sich ein Großbrand, 1701 wurde die Stadt von den Schweden besetzt, 1721 von der Pest heimgesucht, und 1731 bzw. 1732 brachen dann weitere zwei von insgesamt 13 Großbränden in der Geschichte der Stadt aus. 1795 kam sie unter russische Herrschaft. Damit war Kaunas der **westlichste Vorposten des Russischen Reiches.** Gleich südlich des Nemunas, jenseits der **Vytauto-Brücke** begann Preußen. Diese wurde damals als „längste Brücke der Welt" bezeichnet, da man am anderen Ende erst 13 Tage später ankam (was allerdings nur daran lag, dass in Russland damals noch der **julianische** und in Preußen der **grego-**

rianische Kalender galt). *Napoleon* startete 1812 von einem Hügel bei Kaunas seinen verhängnisvollen Angriff auf das russische Imperium. Seine Armee marschierte auf ihrem **Russlandfeldzug** gleich zweimal plündernd durch die Stadt – einmal auf dem Weg nach Moskau und wenig später geschlagen auf dem Rückzug.

Als Hauptstadt des gleichnamigen Gouvernements ab 1843 ging es dann wieder aufwärts mit **Kowenj,** wie die Stadt damals auf russisch hieß. Sie erhielt ihre Rolle als **Handelszentrum** zurück, und während sie um 1720 nur 1500 Einwohner hatte, waren es 1870 schon 86.000, u.a. auch wegen des Eisenbahnanschlusses nach Preußen (1861) und Vilnius (1863).

Als strategisch wichtiger Ort an der Westgrenze des Reiches wurde die Stadt auf Befehl des Zaren 1879–87 zur **Grenzfestung** ausgebaut: Neun Forts und neun Artilleriestellungen wurden errichtet, die aber zu Beginn des **Ersten Weltkriegs** die Eroberung durch die Deutschen nicht verhindern konnten. Trotz einer Besatzung von 90.000 Mann war die Stadt in zwei, das Neunte Fort in elf Tagen genommen. Anfang 1919, nachdem Vilnius von der Roten Armee besetzt wurde, siedelte die Regierung der erst am 16. Februar 1918 ausgerufenen Republik nach Kaunas über. Nachdem Polen am 9. Oktober 1920 Vilnius besetzte, wurde Kaunas bis zum 10. Oktober 1939 die **provisorische Hauptstadt und Parlamentssitz** Litauens.

Diese Aufwertung förderte auch das kulturelle Wachstum. 1920 gründete man ein Opern- und Schauspielhaus, 1922 wurde die **Vytautas-Magnus-Universität,** die erste litauischsprachige

Kaunas und der Südwesten

1b

Universität, gegründet; Museen wurden eingerichtet, der Zoo und der Botanische Garten entstanden. Bis 1941 hatte die Stadt bereits 150.000 Einwohner und es wurden in dieser Zeit zahlreiche große Verwaltungsgebäude und Villen wohlhabender Bürger gebaut, viele im **Bauhaus- oder Jugendstil** (wie z.B. das heute noch erhaltene Gebäude der Litauischen Bank in der Maironio 25 mit einer Skulpturengruppe). Die Universität wurde 1940 geschlossen.

Litauische Freischärler verübten teilweise noch vor dem Einmarsch der deutschen Wehrmacht am 24. Juni 1941 (und danach unter deren Augen) ein **Pogrom** gegen Tausende jüdischer Mitbewohner. Die Nazis errichteten ein **jüdisches Ghetto** und räumten es erst im Oktober 1944 vor dem Ansturm der Roten Armee. Von 37.000 Juden überlebten nur 2500. Die meisten wurden im Neunten Fort ermordet, zusammen mit 43.000 anderen Personen.

Nach dem Krieg wurde Kaunas wieder Verwaltungszentrum, ein wichtiger Industriestandort sowie Zentrum der technischen Ausbildung und Erziehung, sodass es während der Sowjetzeit eine **„geschlossene" Stadt** war.

1972 kam es in Kaunas nach der Selbstverbrennung von *Romas Kalanta* zu ersten **Massendemonstrationen** gegen die sowjetische Besatzung. 1989 wurde die **Universität** wiedergegründet; am 16. Februar 1989, dem Jahrestag der litauischen Unabhängigkeit, wurde auf dem Vienybės-Platz das **Freiheitsdenkmal** wieder errichtet.

☑ In Kaunas gibt es zwei Standseilbahnen

Die Altstadt (Senamiestis)

Was für Vilnius der Kathedralen-Platz ist, das ist für Kaunas die **Landspitze** zwischen den Flüssen Neris und Nemunas: Hier war es, wo alles begann. Hier fand man Reste menschlicher **Siedlungen vom 4./5. Jh.**

Schlendert man durch die Altstadt, so lernt man eine sympathische und gemütliche Stadt kennen, die noch viel von ihrer **mittelalterlichen Substanz** erhalten hat, reizvolle Winkel und Gässchen und eine hübsche Fußgängerzone besitzt. Auf einer Fläche von 106 ha ist die Altstadt ein großes **architektonisches und historisches Denkmal** von europäischem Rang. Hier stehen viele architektonische Meisterstücke verschiedener Epochen und Baustile.

Ein sehr schönes **Panorama** über die Altstadt genießt man von den südlich des Nemunas gelegenen **Aleksotas-Hügeln**, die man über die 256 m lange **Vytauto-Brücke** (auch Aleksoto-Brücke genannt) erreicht. 1853 brach hier Zar *Nikolaus II.* mit seinem Wagen auf der Eisdecke ein und musste sich schwimmend ans Ufer retten. Die Brücke wurde mehrmals aufgebaut und wieder zerstört. Die jetzige Brücke von 1948 mit Hammer- und Sichelzeichen wurde von deutschen Kriegsgefangenen errichtet und 2005 renoviert.

Südlich der Brücke kann man entweder die 262 Stufen hochgehen oder mit der **Standseilbahn** *(funikulerius)* in 90 Sekunden hinauffahren (Tel. 391086, 0,58 Euro, Mo–Fr 7–11, 12–16 Uhr, Sa 10–13, 14–16 Uhr; fährt alle paar Minuten). 1935 von Schweizer Ingenieuren gebaut, ist sie das **älteste** noch funktionierende **Verkehrsmittel** Litauens und

auch in Europa ist dieser Typ nur noch sehr selten anzutreffen. Ein technisches Denkmal sind die zwei Original-Waggon-Häuschen mit Holzbänken, die einander in der Mitte der Strecke passieren. Eine **zweite Bahn gleichen Typs** fährt auf den Žaliakalnis-Berg (s. u.). Sie sind neben dem neuen Funikular in Vilnius die einzigen litauischen „**Bergbahnen**"; erstaunlich in einem Land, in dem die höchsten Berge nicht mal 300 m erreichen. Von der 70 m hohen **Aussichtsplattform Aleksotas** sieht man den Zusammenfluss von Neris und Nemunas, dazwischen eingeschlossen die Altstadt mit ihren roten Dächern und Türmen und die Hänge des Žaliakalnis, des „Grünen Berges".

Rund um die Burg

Die Burg von Kaunas *(Kauno pilis)* war die **erste Festung Litauens** als wichtiger Teil eines Verteidigungssystems und auch die einzige mit doppelten Mauern. Die einst massive Befestigungsanlage wurde **teilweise rekonstruiert.** Der Rundturm, das Tor, die sie verbindende Mauer und der Wassergraben zeugen vom historischen Kampf gegen die Ordensritter. Bei der Burganlage finden manchmal historische Spiele und Zeremonien statt. Heute sind hier Ausstellungen über die Geschichte der Burg sowie Kunstausstellungen (Tel. 300672, www.kaunomuziejus.lt, Führungen sind möglich, Di–Sa 10–18, So 10–16 Uhr, Sept.–Mai Di–Fr 10–18, Sa 10–17 Uhr). Auf der Ostseite steht eine große **Statue des Donnergottes Perkūnas.**

Die Burg wurde in der zweiten Hälfte des 13. Jh. als viereckige **Steinburg** mit

1b

Kaunas

Baltijos prosp.

3 ★ *Neuntes Fort,* Klaipėda

4

Linkuvos gatvė

Demokratų gatvė

Neries Krantinė

Varnių

2

Utenos

Neries krantinė

Linkuvos gatvė

Neris

P. Dovydaičio g

Darbininkų g.

Zanavykų g.

Moletų

Žemaičių g.

P. Kalpoko g.

Kalnieč

Tilžės g.

Raudondvario pl.

Jurbarkas

Panerių g.

Ariogalos

Jurbarko g.

★ **Ghetto-Gedenkstein**

Jonavos g.

P. Kaipoko g.

P. Kalpoko g.

Savanorių pr.

Vilijampolės Br.

Žemaičių g.

Aušros g.

Brastos g.

Jonavos g.

Stand-seilbahn

Santakos-Park

Benediktinių g.

A. Mackevičiaus g.

A. Mackevičiaus g.

Savanorių pr.

V. Putvinskio g.

Šv. Gertrūdos

A. Jakšto

Valančiaus

Šv. Gertrūdos g.

E. Ožeškienės g.

Vieny-bės aikštė

K. Donelaičio g.

Maironio

Laisvės al.

Laisvės

Rotušė s a.

Muitinės g.

M. Daukšos g.

Vilniaus g.

Birštono

Nemuno g.

I. Kanto g.

Kęstučio g.

S. Daukanto g.

A. Mackevičiaus

Gedimino g.

Preplaukos Kr.

Kurpių g.

Puodžių g.

Karaliaus Mindaugo pr.

Miško g.

Vytauto-Brücke

Karaliaus Mindaugo pr.

Griunvale

Marvelés g.

≡ **Standseil-bahn**

118

Nemuno

Nemunas Inselpark

Žalgiris-Arena

ⓘ Karmeliter-kloster

Karo ligonin

Dariaus ir Girėno g.

Veverių g.

Nemunas

H. ir O. Minkovskių

ALEKSOTAS-HÜGEL

Veverių g.

H. ir O. Minkovskių

5 ✈ *Luftfahrtmuseum, Botanischer Garten,* Marijampolė , Druskininkai

1b

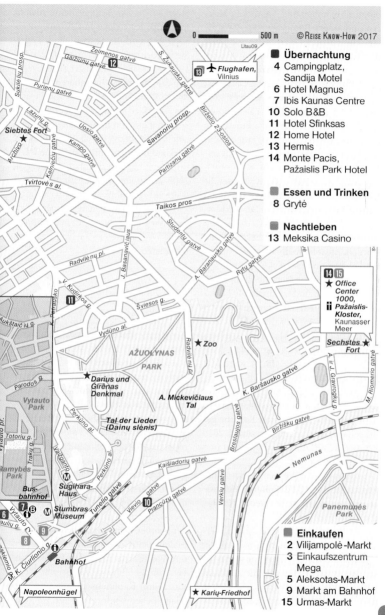

© REISE KNOW-HOW 2017

■ **Übernachtung**
4 Campingplatz,
   Sandija Motel
6 Hotel Magnus
7 Ibis Kaunas Centre
10 Solo B&B
11 Hotel Sfinksas
12 Home Hotel
13 Hermis
14 Monte Pacis,
   Pažaislis Park Hotel

■ **Essen und Trinken**
8 Grytė

■ **Nachtleben**
13 Meksika Casino

■ **Einkaufen**
2 Vilijampolė-Markt
3 Einkaufszentrum
   Mega
5 Aleksotas-Markt
9 Markt am Bahnhof
15 Urmas-Markt

bis zu 13 m hohen und 2 m dicken Mauern und einem Burggraben an der strategisch sehr günstigen Stelle zwischen den beiden Flüssen errichtet (zuvor hatte dort bereits eine noch ältere, aber weniger haltbare Befestigungsanlage aus Holz gestanden). 1362 wurde sie von den Kreuzrittern nach 19-tägiger Belagerung eingenommen und zerstört. Eine Büste zeigt heute Fürst *Vaidotas*, einen Sohn von Großfürst *Kestutis,* der mitsamt seiner 600 Krieger gefangen genommen wurde. 1366 wurde sie im Stil der litauischen Gotik mit bis zu 9 m hohen und 3,50 m dicken Mauern aus Feldsteinen wieder aufgebaut, welche dann oben durch Backsteinreihen abgeschlossen wurden. Einst hatte die Burg vier mächtige Türme, an jeder Ecke einen. Während der Kämpfe gegen die Ritterorden wurde sie 1383 und letztmals 1404 belagert. 1580 wurde eine Geschützbastei hinzugebaut; 1611 fielen die beiden Nordtürme und Mauerteile einem Hochwasser der Neris zum Opfer. Während der Kriege im 17./18. Jh. wurde die Burg fast zerstört und der Verteidigungsgraben zugeschüttet. Mitte des 19. Jh. wurde die Festungsanlage, nachdem sie als Gefängnis und Kaserne gedient hatte, aufgegeben und zerfiel. 2010 hat man den Rundturm aufgestockt und die Anlage erweitert.

Südlich der Burg erheben sich in der Papilio gatvė das **4** **Bernhardinerkloster** und die turmlose **St.-Georg-Kirche,** die 1471–1504 auf dem Grundstück errichtet wurde, das die Bernhardinermönche 1413 als Dank für die Taufe der Kaunasser erhalten hatten. Sie ist ein besonders typisches Beispiel für die **litauische Backsteingotik** mit sehr hohen und schmalen Fenstern und stufigen Stützsäulen. Die Kirche diente sowohl während des Kriegs mit Napoleon als auch während der Sowjetzeit als Lager. Sie wurde dreimal durch Feuer zerstört. 1993 wurde sie dem Kloster zurückgegeben und renoviert. Im Inneren sind Elemente der Renaissance, der Gotik und des Barock zu sehen.

Man kann von hier entlang der Neris einen Spaziergang durch den **Santakos-Park auf der Landspitze** zwischen Neris und Nemunas unternehmen. Hier joggte 2007 *James Bond* (alias *Daniel Craig*) während Filmaufnahmen in Kaunas. Zurückgehen kann man auf dem gleichen Weg oder entlang dem Nemunas. Beide Wege führen in die Nähe des Rathausplatzes.

Rund um den Rathausplatz

Das Zentrum der Altstadt bildet der viereckige **Rotušės aikštė** (Rathausplatz), der frühere Marktplatz, auf dem wie überall im Mittelalter u.a. Festlichkeiten, Umzüge, aber auch Hinrichtungen stattfanden. Er wurde 1542 auf Veranlassung von *Bona Sforza* (einer Königsgattin und Nachfahrin der berühmten Familien *Medici* und *Sforza* aus Florenz) nach dem Großbrand von 1537 als neues Zentrum angelegt. Um den Rathausplatz herum entstanden vom 16.–19. Jh. meist **prächtige Gebäude,** von denen viele noch erhalten sind. Im Sommer kann man hier von Straßencafés dem bunten Treiben zuschauen, manchmal begleitet von Konzerten, Tänzen o.Ä. Von Mai bis September findet sonntags um 13 Uhr eine historische Zeremonie mit Kanonenschüssen und mittelalterlichen Uniformen statt. Im Winter gibt es hier eine Eislaufbahn. Die Hausnummern beginnen an der Nordostecke mit der Nr. 1 und verlaufen im Uhrzeigersinn bis zur Nr. 29. Die Hausnummern beginnen an der Nordostecke mit der Nr. 1 und verlaufen im Uhrzeigersinn bis zur Nr. 29.

Was hier als Erstes ins Auge fällt, ist das weiße Bauwerk, auch **18** „**Weißer Schwan**" genannt, mit seinem eleganten Turm mitten auf dem Platz. Es ist keine Kirche, wie man vielleicht vermutet, sondern das ehemalige **Rathaus**. Vorherrschend ist der frühklassizistische Stil mit Elementen von Renaissance und Spätbarock. Der 53 m hohe Turm aus fünf Elementen ist mit einem Auerochsen, der als Wetterfahne dient und das Wahrzeichen der Stadt ist, sowie dem Staatswappen (s. „Land und Leute", „Die Länder im Überblick") gekrönt. Auf der Südseite im Kellergeschoss ist das **18 Keramikmuseum** untergebracht (Tel. 203572, Di–So 12–18 Uhr; im Winter 11–17 Uhr; mehrere Räume mit Fundstücken bzw. modernen Ausstellungsstücken). Hier befand sich früher das Gefängnis. Vor dem Eingang sieht man unter einem Glasdach einen unterirdischen Schmelzofen.

Erbaut 1542–62 im gotischen Stil; davon ist nur noch das Backsteingewölbe im Kellergeschoss (s.o.) erhalten. Ab 1630 zweistöckig mit Läden und Gerichtssaal sowie einem achtgeschossigen Turm. 1655 erheblich zerstört, danach mehrfach umgebaut, zuletzt 1771–80 mit dem heutigen Turm. 1795 als orthodoxe Kirche genutzt, dann als Waffenla-

ger, ab 1837 als provisorische Zarenresidenz. 1862–69 war hier das Russische Theater und das Feuerwehrhaus, bevor die Stadtverwaltung bis 1949 hier untergebracht war. 1973 wurde es zum „**Hochzeitspalast**" umfunktioniert. Es sollte als „feierliches" **Standesamt** die in dem atheistischen Staat nicht vorhandene Kirche ersetzen. Auch heute dient es noch als Standesamt. Links und rechts am Westeingang sind Tafeln mit den Vornamen der möglichen Nachkommen angebracht.

> Der „Weiße Schwan", das Standesamt

Kaunas und der Südwesten

Einige der an der **Nord- und Ostseite** mit Backsteinen gebauten **gotischen Bürgerhäuser** vom 16./17. Jh. bestanden aus Wohnhaus, Wirtschaftsgebäude und Warenlager. Hier haben sich Gastronomiebetriebe aller Art etabliert, z.T. in mittelalterlichen Kellergewölben. In der Nr. 3 war der Sitz der **Händlergilde**, in der Nr. 1 findet man heute die **Fotogalerie** (www.kaunasgallery.lt) und ein Restaurant in einem mittelalterlichen Kellergewölbe. Schräg gegenüber in der Nr. 29 stehen zwei denkmalgeschützte Häuser die mit einem Innenhof verbunden sind: das Linke aus dem 16. Jh., das Rechte aus dem 17. Jh. im Renaissancestil. Hier sind heute die **Alte Post** (mit altem Mobiliar; Eingang auf der Valančiaus 1) in einer früheren Goldschmiede aus dem 16. Jh., eine **Kunstgalerie mit Touristinformation** und im Keller ein **Nachtklub.**

MEIN TIPP: In der Nr. 28 gelangt man durch einen Torbogen ins **20** **Museum für Medizin und Pharmaziegeschichte** (Tel. 201569, Di–Sa 10–17 Uhr, im Winter 11–17 Uhr), untergebracht in einem ursprünglichen Apothekengebäude vom 17. Jh., teilweise auch in fünf Sälen im Kellergewölbe. Ein Faltblatt (auch auf Deutsch) informiert u.a. über eine originalgetreue Apotheke vom Ende des 19. Jh., eine Medikamentenmaschine aus Leipzig und die teilweise makabren Geräte. Sehr lohnenswert, zumal die pharmazeutische Abteilung die bedeutendste in Europa sein soll.

Dahinter liegt die **Trinitatis-(Dreifaltigkeits-)Kirche** mit Elementen der Gotik, Renaissance und des Barock (1624–34). Sie ist heute ebenso wie der hinter der Mauer liegende **3** **Masalskis-Palast** von 1634 Teil des Priesterseminars; sie

können nicht besichtigt werden. Sie bildeten früher ein Ensemble, das Papst *Pius XI.* im Jahr 1920 besuchte. Der Palast ist dank seines Volutengiebels eines der wertvollsten Renaissance-Bauwerke Litauens. Hinter der Hofeinfahrt liegt links der **Erzbischöfliche Palast** mit acht Säulen sowie einem tollen Giebelwappen, rechts Gebäude des Priesterseminars. Hier ist heute ein Gästehaus (s. Unterkunft). An der **Nordwestecke** des Platzes steht das Denkmal für den Bischof *Valančius,* der 1864 im Priesterseminar arbeitete.

Der Eingang zum **6** **Museum der Kommunikationsgeschichte** liegt neben dem Trinkwasserbrunnen mit Hundefiguren (Nr. 19, Tel. 424920; Mi–So 10–18 Uhr, Führung u.a. auf Englisch). In den ehemaligen Pferdestallungen der alten Poststation findet man neben der Entwicklungsgeschichte von Telefon, Radio, Fernsehen und Computer u.a. auch alte Telefone und Briefmarken sowie im Hof Fragmente einer Brauerei aus dem 17. Jh.

Im Gebäude Nr. 15 ist das **7** **Stadtmuseum** (Tel. 208220, Di–Sa 10–18, So 10–16 Uhr, www.kaunomuziejus.lt) untergebracht.

An der **Südwestecke** des Platzes steht auf einer Grünfläche das **Maironis-Denkmal.** Dahinter ist in einem Palast aus dem 17. Jh., in dem *Maironis* von 1910 bis zu seinem Tode wohnte (im Hausgiebel vermerkt), das **8** **Maironis-Museum für Litauische Literatur** in acht Räumen mit über 220.000 Exponaten untergebracht (Nr. 13, Tel. 2007608, Di–Sa 9–17 Uhr, www.maironiomuziejus.lt). Der frühere Kerker im Keller kann besichtigt werden.

Maironis (1862–1932), mit bürgerlichem Namen *Jonas Mačiulis,* studierte in

Kiev Literatur und in St. Petersburg Theologie und wurde Rektor des Theologischen Seminars von Kaunas. Er gilt als Begründer der modernen litauischen Dichtung und war ein glühender Verfechter der nationalen Wiedergeburt Ende 19./Anfang 20. Jh. Seine Werke wurden aufgrund des Verbots der litauischen Sprache bis 1904 in Königsberg gedruckt und nach Litauen geschmuggelt. Auch unter Stalin durfte er nicht publizieren. Sein Grabmal liegt an der Kathedrale.

Südlich davon liegt in der Muziejaus gatvė Nr. 7 das **9** **Litauische Sportmuseum** (kleine Ausstellung über die nationalen Idole und Sportarten, Di–Sa 10–17 Uhr, Winter 10–16 Uhr, Tel. 220691, am letzten Do im Monat geschlossen).

Wieder zurück auf der **Südseite** des Rathausplatzes liegt an der Nr. 7–9 die spätbarocke **14** **St.-Franziskus-Xaver-Kirche** mit prunkvollen Marmorsäulen sowie das frühere **Jesuitenkloster.**

Mit dem Bau der spätbarocken Kirche wurde 1666 begonnen, aber wegen zahlreicher Brände wurde sie erst 1759 fertiggestellt. Das Kloster wurde 1761–68 gebaut. 1787 wurde es dem Franziskanerorden übergeben, nachdem der Papst den Jesuitenorden verboten hatte. Von 1819 bis zu seiner Ausweisung aus Litauen 1923 unterrichtete hier im Kolleg der polnische Dichter *Adam Mickiewicz* (s.a. Ausstellung, Tal und Gedenkstein in Kaunas bzw. Museum in Vilnius). 1843 wurde sie zur russisch-orthodoxen Alexander-Nevski-Kirche, 1918 den Jesuiten zurückgegeben. 1962 erneut als Schule, Sporthalle, Schießanlage und die Krypta als Sauna zweckentfremdet, ist sie seit 1990 wieder ein Gotteshaus. Von der Aussichtsplattform auf dem Dach des Klosters hat man einen guten Blick auf die Altstadt (Fr, Sa 10–16 Uhr). Zugang durch das rechts um die Ecke in der Aleksoto Nr. 6 liegende **13** **Perkūnas-Haus,** nach dem Donnergott benannt, an dessen Südseite eine Statue von ihm steht. Aus 16 verschiedenen Ziegelsteinarten wurden die Erker, Nischen etc. gemauert. Schön ist die Giebelkomposition

△ Gotischer Giebel auf dem Perkūnas-Haus

1b

am Satteldach und das Sonnenzeichen aus Kacheln.

Was die genaue Bauzeit und die ursprüngliche Bestimmung des Bauwerks sowie die Herkunft seines Namens anbetrifft, gehen die Meinungen der Wissenschaftler auseinander. Die einen sind der Ansicht, es sei einst der Haupttempel des Gottes *Perkūnas* gewesen; auf dem Dach habe sich eine Perkūnas-Statue befunden, und unter dem Gebäude in der Erde habe sein Opferaltar gestanden. Andere hingegen glauben, dass das Gebäude in der ersten Hälfte des 15. Jh. für eine ausländische Handelsorganisation, möglicherweise die Hanse, errichtet worden sei und zwar als Kontor und Lagerhaus an der Gasse vom damaligen Marktplatz zur Schiffsanlegestelle. Jedenfalls wurde bei Umbauarbeiten 1818 eine eingemauerte 27 cm lange Bronzestatue gefunden, die der litauische Historiker *Narbutas* als diejenige des altlitauischen Gottes *Perkūnas* identifizierte, wenngleich polnische Wissenschaftler damals der Meinung waren, dass es sich um einen indischen Gott handeln müsse, den Tataren mitgebracht haben. Möglich, dass das Gebäude erst durch diesen Fund im Nachhinein den Namen Perkūnas-Haus erhielt. 1670–1722 benutzten es die Jesuiten als Kapelle, bis zum Anfang des 19. Jh. stand es leer. Dann zog eine Schule ein, und 1844 das erste Kaunasser Schauspielhaus, bis es 1863 in sich zusammenfiel. 1928 haute man riesige Fenster in die Fassade. 1968 wurde es restauriert.

Dank seiner geschmückten und harmonisch komponierten Ostfassade gehört es zu den **schönsten Profanbauten der Backsteingotik.** Heute sind hier eine Ausstellung über Leben und Werk von *Adam Mickiewicz* sowie ein Konzertsaal untergebracht (Tel. 64144614, Di–Fr 14–16.30 Uhr, www.perkunonamas.lt).

Direkt am Fluss Nemunas bei der Vytauto-Brücke steht die gotische **11 Vytautas-Kirche,** auch Hl. Jungfrau Maria Himmelfahrt Kirche genannt, die älteste Kirche der Stadt. Sie wurde 1410 auf Befehl von *Vytautas dem Großen* für die in Kaunas lebenden ausländischen Christen von den Franziskanermönchen gegründet und war eines der ersten gotischen Backsteingebäude in Kaunas. Der Turm wurde erst Ende des 15. Jh. angefügt. Aufgrund von Kriegen, Bränden und Überschwemmungen wurde sie oft umgebaut. Während des Napoleonkriegs diente sie als Munitionslager, bevor sie die Soldaten beim Rückzug in Brand setzten. 1845–53 war sie russisch-orthodox. 1990 wurde sie den Katholiken zurückgegeben. Das auch Mariä-Himmelfahrts-Kirche genannte katholische Gotteshaus hat einen achteckigen Turm und ist die **einzige erhaltene gotische Hallenkirche** Litauens. Hier liegt das Grabmal des berühmten Geistlichen und Schriftstellers *Juozas Tumas-Vaižgantas* (1869–1933; sein Gedenkmuseum ist in der Aleksoto 10-4, Di–Sa 9–17 Uhr, Tel. 222371).

Rechts neben der Eingangstür sowie unten an der Flussmauer zeigen **Wasserstandsanzeiger,** welche Höhe der Nemunas vor dem Bau des Wasserkraftwerks erreichte.

Nicht weit von hier, an der Uferstraße Mindaugo 3, liegt die **12 evangelisch-lutherische Kirche** im barock-neuromanischen Stil. Sie wurde 1682–88 von der deutschen Gemeinde erbaut. Von hier geht es zurück zum Rathausplatz.

Dort, wo an der **Nordostecke** die Vilniaus gatvé den Platz verlässt, steht

1b

die dreischiffige **21** **St.-Peter-und-Paul-Kathedrale** mit ihrem 42 m hohen Turm. Sie ist das größte Bauwerk der Altstadt seit 1921, auch die **Basilika** des Kardinals der katholischen Kirche Litauens, die einzige Kirche Litauens im gotischen Basilika-Stil und mit einer Länge von 84 m, einer Breite von 34 m und 28 m Höhe das **größte gotische Bauwerk** in Litauen. Allerdings ist die recht wuchtig wirkende Kirche oft umgebaut worden, was sich in Renaissance- und Barockelementen niederschlug. Der pompöse barocke **Hauptaltar** zeigt die Kreuzigungsszene. Sehenswert sind auch die links von ihm liegende Sakristei mit Kreuzgewölbe, die rechts von ihm liegende neugotische holzgeschnitzte Kapelle vom 17. Jh., die anderen neun spätbarocken Altäre sowie die Gemälde und Fresken an den Hauptsäulen. Dem Bildnis der leidenden Gottesmutter werden heilende Kräfte zugesprochen.

An der Stelle des heutigen Chors stand die unter *Vytautas* 1408–13 gebaute einschiffige St.-Peter-und-Paul-Kirche. Erst 1624 erreichte sie die heutigen Ausmaße, fertiggestellt war sie erst 1665. Bis 1775 wurde sie noch mehrmals umgebaut. Der Turm wurde erst im 17./18. Jh. angefügt. Meist ist nur der Eingang an der Südseite geöffnet. Dort liegt etwas weiter rechts das **Grabmal von Maironis.**

An der Ostseite findet man die **Krypta** von *Motiejus Valančius* (1801–75). Der Bischof von Žemaitija war auch berühmt als Schriftsteller, Aufklärer, Historiker und Kämpfer für die litauische Sprache und Kultur. Nachdem die bischöflichen Brauereien bankrott machten, engagierte er sich auch vehement gegen Alkoholkonsum.

Vilniaus gatvė

Vom **Rotušės aikštė** verläuft die Vilniaus gatvė rund 900 m nach Osten. Dies ist die Straße, die ab dem 13. Jh. aus der Stadt hinaus nach Vilnius führte. Heute ist sie auf ganzer Länge eine **Fußgängerzone,** voller Leben und gesäumt von Geschäften, Cafés und Galerien. Auch eine Radspur wurde eingerichtet. Auf alt gemachte Telefonzellen, Kopfsteinpflaster und Laternen passen gut zum Straßenbild. Die Straße spiegelt die Geschichte der architektonischen und historischen Stadtentwicklung wider. Viele Gebäude datieren vom 16. Jh. Die Häuser Nr. 7, 10 und 11 stehen unter Denkmalschutz. Schön ist das Haus in der Nr. 12 mit seinem recht ungewöhnlichen Renaissance-Giebel.

Ein **Abstecher** lohnt sich rechts in die Zamenhofo. In der Nr. 12 führt das Tor mit dem exotisch wirkenden doppelten Holzdach ins **27** **Museum der Volksmusik und -instrumente** (Tel. 422295, www.kaunomuziejus.lt, Di–Fr 10–18 Uhr, Sa 10–17 Uhr; rund 500 Musikinstrumente aus vielen Ländern). Reste zweier **Synagogen** findet man bei Hausnr. 7 und 9. An der Ecke Zamenhofo/Kurpių 13 liegt das **Museum für Edelsteine und Gemologie** (Mo–Fr 10–18, Sa 10–16 Uhr, Tel. 227780).

In der Vilniaus 31 steht die **Garnisonskirche** mit einem Jesus-Mosaik an der Außenfassade, auch „Kirche des Leichnams Jesu" genannt, gebaut 1682–90 im Barockstil; ein Dominikanerkloster wurde angebaut. Während der Sowjetzeit war darin ein Kino.

Von hier führt eine Unterführung auf die andere Seite der Vilniaus. Der „Königliche Krug" unter der Haus-

1b

nummer 33 war der **28 historische Präsidentenpalast,** als Kaunas 1920–39 Interimshauptstadt war. Im Garten stehen **Statuen** der damaligen drei Staatspräsidenten *Smetona* (mit Zylinder), *Grinius* (sitzend) und *Stulginskis* (mit Spazierstock). Im neobarocken Palast sind Dokumente und Memorabilia jener Zeit zu sehen (Di–So 11–17 Uhr, Do bis 19 Uhr, Tel. 201778, www.istorineprezidentura. lt). Gebaut wurde er 1860, der Zar erwarb ihn 1876 als Provinzregierungsgebäude. Im gegenüberliegenden **Maironis-Gymnasium** waren die Tagungen der litauischen Regierung; hier wurde auch die erste litauische Verfassung veröffentlicht (Gymnazijos 3).

⌃ Der alte Präsidentenpalast

Tour durch das Neue Zentrum

Das Neue Zentrum beginnt am östlichen Ende der Vilniaus an der großen Kreuzung. Es entstand erst in der Zeit der Zarenherrschaft nach einem 1871 entworfenen Plan und erstreckt sich von hier zwischen dem Nemunas und dem Südhang des Žaliakalnis („Grüner Berg") bis hin zum Bahnhof. Dass hier alle Gebäude aus der Entstehungszeit mit eklektizistischer Architektur maximal **zwei Stockwerke** hoch sind, hängt mit der Verordnung des Zaren zusammen, Kaunas als Festung und Vorposten gegen das im 19. Jh. erstarkte Deutschland auszubauen. Es war daher verboten, höhere Häuser zu errichten.

Hauptachse und Schlagader mit vielen Geschäften, Gastronomiebetrieben, Verwaltungsgebäuden, Hotels, Banken etc. ist seit 1843, als Kaunas Gouvernements-Hauptstadt wurde, die **Laisvės alėja** (Freiheitsallee), ein 1621 m langer und 30 m breiter, schnurgerader Boulevard. 1982 als erste **Fußgängerzone** der damaligen Sowjetunion überhaupt eingeweiht, bildet sie zusammen mit der Vilniaus g. die 2,5 km lange **Haupteinkaufsstraße** der Stadt (interessant ist die Mischung von eleganten Modeboutiquen o. Ä. und den Gebäuden mit sowjetischer Architektur). Um so vorsichtiger muss man aber bei den **Querstraßen** sein, die sie kreuzen; denn hier dürfen die Autos fahren. Auch ein Radweg wurde markiert. Besonders im Sommer ist es herrlich, unter den schattigen **Lindenalleen** zu flanieren. Cafés, zum Teil mit Plätzen im Freien, und Bänke laden zu einer Pause ein.

Während der Zarenzeit hieß sie nach dem *Hl. Georg,* die deutschen Besatzer nannten sie Kaiser-Wilhelm-Straße, danach hieß sie Freiheitsallee (mit Ausnahme der Zeit von der sowjetischen Besatzung bis zu Stalins Tod). Damals mussten die Bewohner die Straßen und Schaufenster ständig sauber halten, weshalb Kaunas auch „Weiße Stadt" genannt wurde. Heute nennt man die Laisvės auch „Podium", weil man sich hier zeigen kann. Sie hat jedoch mittlerweile durch den Bau von Einkaufszentren außerhalb des Stadtzentrums an Attraktivität verloren.

Spaziert man auf der Laisvės alėja nach Osten, so hat man als exotisch wirkenden Blickfang ständig die blaue, neobyzantinische Hl. Erzengel-Michael-Kirche direkt am Unabhängigkeitsplatz vor

Augen (s. u.). Gleich rechts bei der Nr. 101 führt ein Durchgang zur altgotischen **31 St.-Gertruden-Kirche,** ein Backsteinbau vom 15. Jh. mit barocken Einflüssen und einem Spitzturm. Wertvoll sind das Kreuz mit der Jesus-Skulptur und der Altar (www.gertrudosbaznycia. lt). An der Freiheitsallee liegt links neben der steinernen Schildkröte das nach dem Museums- und Zoogründer *Tadas Ivanauskas* benannte **32 Zoologische Museum** mit einer sehr umfangreichen Sammlung von rund 14.000 Tierpräparaten (Laisvės al. 106, www.zoomuzie jus.lt, Di–So 11–18,30 Uhr, Tel. 200292, Führungen Tel. 222543).

In der Nr. 102 liegt das **Hauptpostamt.** In der Laisvės 100 lohnt ein Blick in die Apotheke „Vilties Vaistinė" mit sozialistischem Flair und einem riesigen Fresko. Zwischen der Nr. 98 und 96 steht die **34 Statue von Vytautas dem Großen** (1350–1430), die 1990 wiedererrichtet wurde, nachdem sie erstmals 1932 zu seinem 500. Todestag eingeweiht worden war. Er triumphiert symbolisch über vier besiegte Soldaten (einen Polen, Tataren, Teutonen und Russen). Der Teutone mit dem abgebrochenen Schwert soll an die Niederlage der Kreuzritter in der Schlacht von Grunwald (1410) erinnern. Daran erinnert die Plakette 1410–2010, als zum Jahrestag am 10. Juli 2010 hier eine Kapsel mit dem Boden des Schlachtfeldes vergraben wurde.

Nebenan steht das **Neue Rathaus** von 1939 in dem für die Zwischenkriegszeit typischen Art-déco-Stil. Im unmittelbaren Umkreis befinden sich nördlich davon die **Philharmonie** (Sapiegos 5; hier war in der Interimszeit das Justizministerium) und die **Synagoge** von 1872 mit

1b

einem der schönsten jüdischen Altäre weltweit. Dahinter befindet sich eine Gedenkskulptur für die rund 1700 ermordeten Kinder im Neunten Fort. 37 Gedenktafeln erinnern an die 37 Orte, an denen rund 50.000 jüdische Kinder ermordet wurden (Ožeskienės Nr. 13, www. kaunasjews.lt).

Im **Stadtgarten** gegenüber der Vytautas-Statue verbrannte sich am 14.5.1972 der 19-jährige Student *Romas Kalanta* aus Protest gegen die Sowjets. Unterhalb der Grünfläche ist das **Memorial** „Feld der Opferung", sein Name ist in die schwarzen Bodenplatten eingelassen. Sie symbolisieren die „verbrannten Seiten" der Geschichte, die Anzahl der Steine seine Lebensjahre. Nach seinem Tod gab es die ersten Demonstrationen gegen die Besatzer. Am 16. Februar 1988 zum 70-jährigen Gedenktag der Unabhängigkeit ging von hier die erste **Befreiungsbewegung** aus. Der 14. Mai ist heute der Nationaltag des zivilen Widerstands. Auf dem Platz stehen auch **Büsten** berühmter Persönlichkeiten.

Im südwestlichen Teil des Stadtgartens stehen Teile der alten Verteidigungsmauer und eines Wehrturms. Gegenüber das **37** **Musiktheater** (Laisvės 91). In dem Jugendstil-Gebäude von 1892 konstituierte sich am 15. Mai 1920 das Parlament; hier wurde am 21. Juli 1940 der Vertrag der Wiedereingliederung Litauens in die Sowjetunion besiegelt.

Nebenan liegt das **38** **Kammertheater** (Kestučio 74 a). In der Laisvės Nr. 87 a befindet sich das **39** **Marionettentheater** mit dem **Marionettenmuseum** (Tel. 220061, www.kaunoleles.lt), in der Nr. 71 das **41** **Akademische Schauspielhaus** (die erste Aufführung war am 19. Dezember 1920 das Drama „Johannisnacht" von

■ Unterkunft
1 Apple Economy Hotel
2 Gästehaus der Erzdiözese
5 Gästehaus Domus Pacis
10 Daugirdas Hotel
16 Amberton Cozy
30 Best Western Santaka Hotel
35 Kaunas City Hotel
40 Hotel Kaunas
48 Hotel Babilonas
50 Centre Hotel Nuova
52 The Monk's Bunk Hostel
54 Park Inn by Radisson Kaunas
56 Hotel Daniela
60 R Hostel
62 Litinterp B&B
64 Hotel Europa Royale Kaunas

■ Essen und Trinken
1 Kavos Klubas
15 Medžiotojų Užeiga
17 Forto dvaras
26 Senieji Rūsiai,
   Buon Giorno
29 Arbatos Klubas
33 Miesto Sodas
36 Ouksas
42 Pizza Jazz
43 Pieno Baras
49 Pompėja

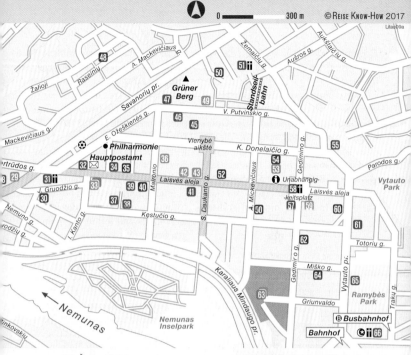

Hermann Sudermann, s. Šilutė); die Fassade schmücken Skulpturen im sozialistischen Stil.

Kurz dahinter wird die Freiheitsallee von der **S. Daukanto gatvė** gekreuzt. Diese **Fußgängerzone** führt als Querachse in südlicher Richtung über die wie eine Kombination aus Segelflugzeug und Glockenturm aussehende **Lakunas-Jurgis-Kairys-Brücke** zum **Nemunas-Inselpark** mit Sportanlagen auf der Karmelitų-Insel (u.a. mit dem größten

Sportklub Litauens), in nördlicher Richtung zum **Vienybės aikštė** (Platz der Einheit). Letzterer ist umgeben von der Vytautas-Universität, der Technischen Hochschule und einem Museumskomplex. Am 16. Februar 1989, dem Tag der Unabhängigkeitserklärung von 1918, wurde hier das **Freiheitsdenkmal** wiedererrichtet. Es stand hier bereits 1928, wurde aber 1950 abmontiert.

Eine **Ehrengalerie** von Büsten bedeutender Persönlichkeiten der litauischen Geschichte und Kultur führt zum **Ewigen Feuer.** Das danebenstehende **Denkmal der Unabhängigkeit,** eine Pyramide aus Feldsteinen, erinnert an alle, die für die Freiheit 1918–20 ihr Leben ließen (es wurde am 16.2.1990 errichtet). Umringt ist es von Kreuzen aus den Orten des Landes, in denen Unabhängigkeitskämpfe stattfanden. An Feiertagen werden hier Kränze und Blumen niedergelegt.

Schräg gegenüber wachen zwei steinerne Löwen, die ursprünglich vor dem Astravas-Palast in Biržai standen, über das historisch bedeutende **45** **Militärmuseum von Vytautas dem Großen** (Donelaičio 64, Tel. 320939, Di– So 11– 18 Uhr, im Winter 10–17 Uhr). Es zeigt eine Sammlung zur Geschichte der Waffen vom Holzbogen bis zu Gewehren und Kanonen, Exponate aus der Geschichte Litauens sowie Memorabilia über die beiden litauischen Atlantikflieger *Steponas Darius* und *Stasys Girėnas.* Im Untergeschoss befindet sich eine beeindruckende Gedenkstätte für die Ge-

◁ Das Freiheitsdenkmal auf dem Vienybės-Platz

fallenen des Unabhängigkeitskampfes 1918–23. Im **Glockenturm** des Museums sind 49 Glocken installiert; es finden samstags, sonntags und an Feiertagen um 16 Uhr Glockenkonzerte statt. An den gleichen Tagen findet von Mai bis September um 12 Uhr eine Zeremonie patriotischer Art statt.

Im gleichen, 1936 im neoklassizistischen Stil gebauten Gebäudekomplex, mit dem Eingang auf der Putvinskio 55, befindet sich das staatliche **46 M. K. Čiurlionis-Kunstmuseum**, das landesweit älteste und größte Kunstmuseum mit zwölf Abteilungen. Es besitzt eine umfangreiche Sammlung von Zeichnungen und Gemälden des Malers und Komponisten *Čiurlionis*. Etwa 360 seiner Werke sind im zweiten Stockwerk zu sehen, im Musiksaal der Galerie kann man Aufnahmen von Werken des Künstlers hören. Interessant sind auch die Abteilungen der litauischen Volkskunst mit Webarbeiten und zahlreichen Holzschnitzereien sowie der litauischen Kunst vom 15.–20. Jh. (Tel. 229475, www.ciurlionis.lt, Di–So 11–18 Uhr; im Winter 11–17 Uhr, Führungen Tel. 323603).

Schräg gegenüber steht am Fuß des „Grünen Berges" das Haus von *Antanas Žmuidzinavičius* (1876–1966) mit einer Sammlung von Werken des impressionistischen Landschaftsmalers (Eingang rechts vom Ticketverkauf). Bekannt ist es jedoch für sein **47 Teufelsmuseum** (*Velnių muziejus*) wegen der umfangreichen und weltweit einzigen Sammlung verschiedenster Teufelsdarstellungen; V. Putvinskio g. 64, Tel. 221587, Di–So 11–17 Uhr, Do bis 19 Uhr mit Café, Souvenirverkauf und Teufelsshows.

Geht man die Putvinskio weiter nach Osten, kommt man erst zu einer Treppe mit interessanten Skulpturen, danach in der Putvinskio 22 zur Talstation der 1931 gebauten und 140 m langen **Standseilbahn** (Tel. 425882, 7–19 Uhr, Sa/So 9–19 Uhr, www.kaunoliftai.lt, Ticket 0,30 Euro, nur an der Talstation), die beide auf den Žaliakalnis, den „**Grünen Berg**", hinaufführen. Dort steht die **51 Christi-Auferstehungskirche** in der Žemaičiū 31. Der Bau dieser Backsteinkirche wurde 1933 begonnen, aber nach einigen Jahren eingestellt. Während der deutschen Besatzung diente sie als Papierlagerhaus, ab 1952 war hier unter der Sowjetherrschaft eine Radiofabrik, erst 1988 wurde das Gotteshaus an die Gläubigen zurückgegeben. Die Fertigstellung wurde mit Spendengeldern finanziert, 2004 wurde die Kirche schließlich geweiht. Vom 70 m hohen Turm hat man einen guten Ausblick auf die Stadt (Aufzug 1,50 Euro, dort ist auch ein Dachcafé, Tel. 229222, tgl. 11.30–18.30 Uhr, www.prisikelimas.lt). Einen besseren und kostenlosen Blick hat man vom Restaurant des *Centre*-Hotels (s.u.)

Nun geht es entweder wieder hinab zur Putvinskio und dann links, oder die Žemaičių hinab zur **55 Gemäldegalerie** in der Donelaičio 16, einer Filiale des M. K. Čiurlionio-Kunstmuseums mit moderner Kunst (Tel. 221779, Di–So 11–17 Uhr, Do bis 19 Uhr). Dann an der Gedimino nach links auf den **Nepriklausomybės aikštė (Unabhängigkeitsplatz)**, nicht zu verfehlen wegen der wuchtigen **58 Hl.-Erzengel-Michael-Kirche** im neobyzantinischen Stil mit fünf silberglänzenden Kuppeln und korinthischen Säulen. Erbaut wurde sie 1891–93 als russisch-orthodoxe Peter- und Paul-Kathedrale für die Stadtgarnison der Zarenarmee, 1919 erhielt sie ihren jetzigen

Namen. 1962–91 war hier das Skulpturen- und Glasmalerei-Museum. Seither wird die Kirche wieder für katholische Gottesdienste genutzt und ist beliebt bei Trauungen. Im Volksmund nennt man sie *soboras* (Kathedrale). In den **Katakomben** unter der Kirche wird eine Führung in völliger Dunkelheit, unter dem Namen „Museum für die Blinden" angeboten, Tel. 226676.

Die südlich davon stehende Statue „Mann" im Adamskostüm soll den griechischen Siegesgott *Nike* darstellen. Da-

neben ist der Eingang zum **57** **Mykolas-Žilinskas-Kunstmuseum** aus Glas und Granit (Tel. 222853, Di–So 11–17 Uhr, Do bis 19 Uhr; Gemälde westeuropäischer Maler vom 16.–20. Jh., ägyptische Kunst, Porzellan etc.; der früher als Exilant in Berlin lebende Kunstmäzen vermachte der Stadt seine Sammlung unter der Auflage des Baus dieses Museums).

Von hier geht es zum südöstlich in der Vytauto 50 gelegenen früheren deutschen Gymnasium (1930–1934) und dem späteren Umsiedlungsamt für Deutsche,

1b

028li gs

wo 50.000 Deutsche ihre Papiere erhielten. Daneben liegt das **61** **Pädagogikmuseum** (Nr. 52, Tel. 207936, www.lsim.lt, Mo–Do 9–19, Fr 9–18 Uhr), das die Schulformen seit dem 19. Jh. zeigt. In der Nr. 46 findet sich das **65** **Museum für Exilanten und politische Gefangene** mit einer Ausstellung über den Gulag und den Widerstand der „Waldbrüder"

⌂ Hl.-Erzengel-Michael-Kirche

gegen die sowjetischen Besatzer (Di–Fr 10–18 Uhr, Sa 10–17 Uhr, Tel. 323179). Davor steht eine eiserne Skulptur für die ersten litauischen Freiheitskämpfer von 1918–22.

Das Museum liegt im nördlichen Teil des **Ramybės-Parks** (Park der Ruhe), der offiziell seit 1995 wieder „Alter Stadtfriedhof" genannt wird. Dieser lag hier 1847–1960, bevor die Gräber von den Sowjets eingeebnet oder verlegt wurden. In der Mitte des Parks steht das gigantische, 9 m hohe **Grab des Unbekannten Soldaten.** Im Südteil liegen die **66** **Orthodoxe-Verkündigungs-Kathedrale** (Vytauto 38) mit schönen Ikonen und einem Madonnenbildnis von 1530 und eine kleine weiße **66** **Moschee,** die der tatarischen Gemeinde als Gotteshaus dient. Östlich vom Busbahnhof liegt das **Stumbras Museum,** wo Führungen über die landesweit größte Alkoholfirma angeboten werden (K. Būgos 7, Tel. 308800, www.stumbras.eu, Mo–Fr 12–16 Uhr).

Ungefähr 400 m südöstlich von hier in der Gedimino 1 liegt das **Karmeliterkloster,** in dem *Napoleon* vom 24.–26. Juni 1812 übernachtete, gebaut 1685–1700 mit der Heiligkreuzkirche im Stil von Barock und Neoklassizismus (www.karmelituparapija.lt).

Andere Sehenswürdigkeiten

Östlich des Neuen Zentrums liegt in der Verlängerung der Laisvės aleja auf einer Anhöhe der **Vytauto-Park.** Noch weiter östlich, hinter dem **Darius-ir-Girėno-Sportkomplex,** dem 25 m hohen Obelisken und einem 3 t schweren **Bronze-**

1b

denkmal der Nationalhelden erstreckt sich der **Ažuolynas**, ein 63 ha großer, herrlicher Eichenwald. Die mehrere hundert Jahre alten Eichen haben ihr Überleben der Tatsache zu verdanken, dass sie als heiliger Hain aus vorchristlicher Ära lange Zeit besonderen Schutz genossen. Erst mit dem Beginn der Industriezeit war nichts mehr heilig, und der heidnische Tempel wurde mit Axt und Säge in Kapital verwandelt. Was zu Beginn des 20. Jh. noch davon übrig war, wurde in einen Park umgewandelt und erhalten. Seither hat man wieder über 15.000 Eichen gepflanzt.

Im nordöstlichen Teil des Parks liegt an der Radvilėnų plentas 21 der Eingang zum landesweit einzigen **Zoo** (rund 16 ha groß). Zurzeit werden ca. 250 Tierarten und rund 2900 Tiere gehalten, davon 300 wilde (Tel. 332540, www.zoosodas. lt, Mai–Sept. 9–18, April/Okt. 9–17, Nov.–März 9–16 Uhr. Anfahrt mit den Buslinien 3, 10, 37 bzw. den Minibuslinien 17 und 24).

Südlich davon, ebenfalls von der Radvilėnų pl. erreichbar, liegt das malerische **Mickevičiaus-Tal**, benannt nach dem o.a. Dichter, für den hier an seinem geliebten Girstupis-Flüsschen zu seinem 100. Geburtstag ein Gedenkstein errichtet wurde (er verewigte das Tal auch literarisch, indem er hier 1820 die „Ode an die Jugend" schrieb). Von hier ist es nicht mehr weit zur Baršausko, die von 24 verschiedenen Trolley-/Mini-/Stadtbuslinien befahren wird.

Im Südteil des Parks, weiter westlich, liegt das **Tal der Lieder** (*Dainu slėnis*). Es war 1924 Austragungsort des ersten litauischen **Sängerfestes,** das inzwischen zu einer beliebten Tradition geworden ist. Zu verschiedenen feierlichen Anlässen wird hier ein alter **Opferaltar** errichtet und von Reitern und Mädchen in alter Nationaltracht entzündet (z.B. bei der Sonnwendfeier).

Südwestlich von hier liegt das **Sugihara-Haus** in der Vaižganto 30 (Mo–Fr 10–17 und Sa/So 11–16 Uhr; Nov.–April Mo–Fr 11–15 Uhr; Tel. 69802184). Hier wohnte 1939/40 der japanische Konsul *Sugihara,* der durch Ausstellen von Transitvisa über 6000 Juden rettete. Ein kleines Museum zeigt die Heldentat, ebenso wie die kleine Ausstellung im Neunten Fort (s.u.). Das hier angesiedelte Studienzentrum arbeitet mit der Vytautas-Universität zusammen. Infos unter www.sugiharahouse.com (siehe Exkurs „Jerusalem des Nordens").

Fährt man von der oben angegebenen Baršausko südlich in die Breslaujos g. und weiter in die Verkių oder nimmt den Minibus Nr. 12 oder 15 (Haltestelle Karių kapinės), erreicht man den **Karių-Friedhof** (Ašmenos 1). Hier liegt links vom Eingang das Grab der Nationalhelden Darius und Girėnas. Am östlichen Ende der Baršausko (s.o.) ist ein großer Kreisverkehr, bei dem fünf Straßen zusammenlaufen. Zwischen dem nach Nordosten führenden Pramonės pr. und der nach Südosten verlaufenden R. Kalantos (der Straße zum Pažaislis-Kloster, s.u.) lag das **Sechste Fort.** An der Kreuzung stand ein russischer Panzer als Denkmal. Nach der Ausrufung der litauischen Unabhängigkeit wurde er im August 1991 entfernt und an seiner Stelle ein Kreuz errichtet. Wenige Tage später war es von frevlerischen Unbekannten umgesägt, worauf man ein weiteres Kreuz, diesmal aus Eisen, errichtete. Dieses erste Kreuz ist Island gewidmet, das als erstes Land Litauen diplomatisch anerkannte. Danach entstand ein kleiner Wald von Kreuzen.

MEIN TIPP: Nördlich des Sechsten Forts liegt eine sehr moderne Sehenswürdigkeit, das **Office Center 1000,** das aus rund **4000 bedruckten Glasfenstern** in Form eines dreidimensionalen Puzzles besteht, die eine riesige 1000-Litas-Banknote aus dem Jahr 1925 zeigen, und die ein Denkmal sein sollen für den Litas, der 2015 dem **Euro** weichen musste. Es liegt an der Taikos 88 a, erreichbar mit den Trolleybussen 15 oder 16 bzw. Bus 28 vom Zentrum bis zur 10. Station Dainavos. Infos unter www.1000lt.com. Ein beeindruckender Anblick, vor allem am Abend, wenn sich die Farben der Scheiben verändern. Von CNN wurde es als das zweitbizarrste Gebäude der Welt bezeichnet.

Südlich des Sechsten Forts führt eine Brücke über den Nemunas zum **Panemunės-Park.** Er wird auch „Zauberberg" genannt, weil schon viele Tuberkulosepatienten in einem Sanatorium im Süden des Parks geheilt wurden bzw. noch werden. Es gibt einen Strand entlang des Nemunas, das Wasser ist jedoch nicht sehr sauber. Den Süden des Parks erreicht man mit Trolleybus Nr. 1 und 6 (Endstation) oder mit den Bussen 3, 29, 43. Bus Nr. 29 fährt auch in den Nordteil des Parks.

☑ Das Office Center 1000

Napoleon beobachtete 1812 den Einmarsch einer Armee mit 690.000 Soldaten in das Zarenreich auf dem heutigen **Napoleonhügel,** genau gegenüber der Nemunas-Südschleife. Anfahrt ab der Burg mit Bus Nr. 25 (Kauno Pilis-Freda) bis zur Haltestelle Geležinkelio Pervaža am Fuße des Hügels. Wer den Hügel nicht erklimmen möchte, kann ihn auch von der Eisenbahnbrücke am Ende der M.K. Čiurlionio g. sehen.

In einem Gebäude des Sportflughafens *Dariaus ir Girėno* befindet sich das **Luftfahrtmuseum,** Veiverių 132, Mo–Sa 9–17 Uhr, Tel. 390357, www.lam.lt (u.a. einige alte Flugzeuge, Memorabilia; die Trümmer der *Lituanica* befinden sich dagegen im Militärmuseum, s.o.). Anfahrt mit Bussen oder Minibussen auf der Veiverių Richtung Marijampolė. 1 km weiter östlich liegt der 63 ha große **Botanische Garten,** mit Teichen und Pfaden ein Ort zum Entspannen mit 7000 verschiedenen Pflanzen (Ž.E. Žilibero 6, Tel. 295300). Anfahrt mit Minibus Nr. 49 bzw. Bus Nr. 20 oder 35 direkt bis zur Haltestelle „Botanikos sodas" (April–Oktober Mo–Fr 9–19 Uhr, www. botanika.vdu.lt).

Mit Trolleybus 1 oder 2 vom Zentrum erreicht man das **Siebte Fort.** Von der Haltestelle „Eivenių" sieht man schon die Wallanlagen, der Eingang ist an der Südseite. Es wurde 1902 fertiggestellt, nie angegriffen und ist deshalb recht gut erhalten. Das Fort diente dann als Archiv. Am 6.7.1941 ermordeten hier litauische Schergen 3000 Juden. Heute ist es ein **Museum** (Archyvo 61, Tel. 65566 550, Do–So 10–18 Uhr, www.septin tasfortas.lt).

Auf der nördlichen Neris-Seite sieht man rechts hinter der Vilijampolės-Brü-

cke, an der Ecke Ariogalos/Linkuvos, den **Gedenkstein für das ehemalige Judenghetto** im damaligen Stadtteil Slobodka. Es wurde zwischen Jurbarko, Panerių, Demokratų und dem Flussufer im Sommer 1941 von den Nazis errichtet (alle Juden der Stadt mussten hier wohnen). Im Oktober 1943 wurde es in ein KZ umgewandelt, 1944 vor dem Ansturm der Roten Armee aufgegeben. Die meisten der 37.000 jüdischen Bewohner wurden im Neunten Fort ermordet. Eine Ausstellung über das Ghetto befindet sich im **Neunten Fort,** rund 7 km nördlich des Zentrums neben der Autobahn nach Klaipėda, an der Žemaičių plentas 73.

Es wurde als Grenzfestung gegen Ende des 19. Jh. gebaut. Die Deutschen nahmen es im Ersten Weltkrieg nach nur elf Tagen ein. 1924–40 war es ein litauisches, danach das Gefängnis des sowjetischen Geheimdienstes NKWD. 1941 wurde hier unter dem Decknamen „Fabrik Nr. 1005-B" ein KZ eingerichtet, in dem die Nazis unter Beteiligung der litauischen Hilfspolizei etwa 80.000 Menschen erschossen, darunter 34.500 Juden aus dem Ghetto von Kaunas, dann auch mit dem Zug aus Frankreich, Deutschland usw. verfrachtete Juden, später auch etwa 10.000 russische Kriegsgefangene. Sie wurden in den Gräbern neben dem Fort verscharrt oder verbrannt. Unter Stalin war das Fort ein Gefängnis mit Erschießungsplatz. Heute ist es eine **Museumsgedenkstätte.**

Anfahrt mit Bus Nr. 23 bzw. Minibus Nr. 28/46. Der Weg ist (noch) nicht ausgeschildert. Man geht von der ersten Bushaltestelle nach der Autobahnunterführung ein kurzes Stück zurück bis zum Verkehrsschild („Kaunas 6 km, Vilnius

102 km"), am Eckhaus Vandčiogalos/ Sudūvos rechts, am Haus Sudūvos 3 links ab. Dort sieht man die Unterführung, die auf die andere Straßenseite direkt zur Ticketkasse führt. Nur hier kann man die Tickets für den aus drei Teilen bestehenden Komplex kaufen (Tel. 377 750, www.9fortomuziejus.lt, Mi–Mo 10–18 Uhr, im Winter Mi–So 10–16 Uhr; Führungen gibt es auch auf Deutsch).

Das im gleichen Gebäude befindliche **Museum** zeigt eine Ausstellung u.a. über die Verbrechen der Nazis an den Juden bzw. der Sowjets an den Litauern, über den Widerstand der „Waldbrüder" gegen die Besatzer und die Deportationen (während der Sowjetzeit wurden hier nur die Nazi-Verbrechen gezeigt, das Wort „Juden" wurde gar nicht erwähnt). Von hier geht es etwa 200 m hoch zum **Neunten Fort.** Im Erdgeschoss sind Gefängniszellen von 1924–44, eine Nasszelle, eine Dunkelkammer unter dem Namen „Gesundheitsanatoriumszelle", eine Ausstellung über das Ghetto und über die 64 Personen zu sehen, die über den Zwischentrakt flüchten konnten. Im Obergeschoss gibt es Ausstellungen über die Festungsanlagen in Kaunas von 1879–1915, über den Ersten Weltkrieg, die Naziverbrechen und den Konsul *Sugihara* (s.o.).

Die Tunnelanlagen im Erdgeschoss können nur mit Führung besichtigt werden (man kann sie z.T. aber auch außerhalb des Museums sehen). Dort stehen auf dem Ort der früheren Massengräber eine 32 m hohe und rund 100 m lange **Skulpturengruppe** (sie soll an den Kampf, Sieg und Leid des Widerstands erinnern) sowie andere **Gedenksteine.** Daneben sind noch Teile der Mauern zu sehen, an denen die Opfer zur Erschie-

ßung aufgestellt wurden. Im Gegensatz zu anderen KZs wurden die Opfer in Litauen meist mit Schüssen getötet (siehe Exkurs „Jerusalem des Nordens").

Das Neunte Fort passieren auch Bus Nr. 23 und Minibus 93 auf dem Weg nach **Domeikava.** Dort neben der Kirche stehen **14 Märtyrerskulpturen** als Symbole des tragischen Lebens der Litauer.

Verkehrsmittel

Eigenes Fahrzeug

Die **Autobahn** A1/E271 verbindet Kaunas mit Vilnius (100 km) und Klaipėda (205 km). Eine **Alternative** ist die Strecke das Nemunas-Tal flussabwärts nach Klaipėda. In Nord-Südrichtung führt die Via Baltica durch Kaunas.

Achtung: Im Zentrum der Stadt gibt es viele Einbahnstraßen. Einen **Parkzonenplan** gibt es unter www.parkavimaskaune.lt. **Parktickets,** gestaffelt in grüne, blaue, rote und gelbe Zonen, sind hier erhältlich:

◼ an **Automaten mit „E-Cards"** (nur Scheine, keine Münzen)
◼ als Einzeltickets an **Kiosken** oder bei den grüngekleideten **Parkwärtern**
◼ per **SMS** (Registrierung bei *Omnitel, Bitė* oder *Tele 2*)
◼ Infos im **Parkbüro,** Tel. 37069880601.

Am Flughafen

Der Flughafen Karmelava liegt 12 km nordöstlich der Stadt. Es gibt ein **Informationsbüro** (24 Stunden, Tel. 612244 442, www.kaunas-airport.lt, www.cityinfo.net), einen *Duty-Free-Shop,* ein Ca-

1b

fé, einen Kiosk und Agenturen für Autovermietung. **Geldwechsel** rechts in der Ankunftshalle bzw. am Automaten. Die **Touristinformation** ist 7–24 Uhr geöffnet, Tel. 323436. *Ryanair* hat ein Büro im Flughafen, 3.45–16.30 Uhr. Tel. 750195, www.ryanair.com.

Fahrt vom/zum Flughafen

■ **Bus 29, vom Bahnhof** via Busbahnhof, 0,80 Euro, Kauf beim Fahrer (kein Rückgeld möglich) oder mit *Kaunas City Cards* (s.u. „Städtische Verkehrsmittel"), www.kvt.lt, 4–21 Uhr, einmal stündlich, 50 Min. Fahrzeit.

■ **Minibus 120, von der Kaunas-Burg,** passiert den Flughafen und hält dort nur auf Wunsch, hält dort aber nicht auf der Fahrt nach Kaunas, 1 Euro, 6–18 Uhr, 40 Min. Fahrzeit.

■ **Taxi ins Zentrum;** vorher bei der Touristinfo bestellen, da dann sicher und billiger (12–15 Euro).

■ Infos zu **Shuttle-Bussen** nach Vilnius und Klaipėda gibt es unter www.ollex.lt. Auch **Kautra-Busse** (www.kautra.lt) u.a. nach Vilnius via Jonava. Und **Express-Bus** nach Riga.

Bahn

Der **Bahnhof** liegt an der M. K. Čiurlionio 16 (Tel. 70055111), 400 m vom Busbahnhof entfernt. Der Unabhängigkeitsplatz ist in etwa 20 Minuten zu Fuß zu erreichen – entlang der Vytauto. Man kann auch einen Trolleybus oder einen der vielen (Mini-) Busse nehmen. Die Haltestellen erreicht man durch die grün bemalten Unterführungen. Wer ein Taxi braucht, sollte eines mit funktionierendem Taxameter nehmen (max. 7 Euro bis zur Altstadt). Im Bahnhof gibt es einen Geldautomaten und eine Touristin-

formation (Tel. 323436, Mo–Sa 8–19 Uhr), Kiosks und ein Restaurant; die **Ticketschalter** sind von 4 bis 22 Uhr geöffnet, für internationale Tickets von 8 bis 20 Uhr. Es gibt Schließfächer und ein WC (gratis) im Untergeschoss.

■ **Verbindungen** (Fahrtdauer in Klammern), u.a. nach Vilnius (80 Min.), Klaipėda (7 Std.) sowie nach Šeštokai, Jonava, Kybartai, Marijampolė, Šiauliai (3 Std.), Kaliningrad (6 Std.), Riga (7 Std), Moskau (20–23 Std.), Warschau (9 Std.).

Bus

Der kürzlich rundum erneuerte **Busbahnhof für Fernbusse** liegt an der Vytauto g. 24–26, ca. 800 m südöstlich vom Unabhängigkeitsplatz (zum Zentrum s. Bahnhof). Es gibt (Mini-)Busse praktisch in jeden Ort des Landes und auch in viele europäische Städte. Auskunft unter Tel. 409060, www.autobusubilietai.lt. Die **Fahrziele mit Abfahrtszeiten** sind sowohl an den Plattformen als auch auf der großen Tafel im Hauptgebäude angeschrieben. Daneben ist der Informationsschalter (7–19 Uhr). Die **Ticketschalter** sind geöffnet von 6 bis 21.30 Uhr (ansonsten beim Fahrer zahlen). Es gibt ein Café, ein Lebensmittelgeschäft und Kioske, Gepäckaufbewahrung bei einem Häuschen hinter den Plattformen sowie ein WC (6–21 Uhr) und einen Geldautomaten. Touristinformation, Tel. 322222, Mo–Fr 9–18, Sa 10–17 Uhr. Hier einige Verbindungen:

■ **Druskininkai** (2½–3 Std.)
■ **Kaliningrad** (6 Std.)
■ **Klaipėda** (2½–3 Std.) via Autobahn oder via Jurbarkas (5 Std.)

- **Palanga** (3 Std.)
- **Sventoji** (3½ Std.)
- **Nida** (4 Std.)
- **Vilnius** (1½–2 Std.)
- **Ignalina** (4 Std.)
- **Marjampolė** (1 Std.)
- **Panevėžys** (2 Std.)
- **Šiauliai** (3 Std.)
- **Rumšiškes** (7-mal täglich)
- **Birštonas, Prienai** (alle 30 Min. 6–20 Uhr)

Die **Kautra-Luxusbusse** fahren zu den meisten der o.a. Fahrziele. Verkauf von Tickets **internationaler Busse** (z.B. *Eurolines, Kautra, Ecolines*) im Busbahnhof.

Schiff

Im Sommer verkehren **Ausflugsboote** auf dem „**Kaunasser Meer**". Vom Pier neben der Vytaustaskirche legen Ausflugsboote auf dem **Nemunas** an, nach Kulautuva und nach Nida ab. Infos unter **www.vandensturail.lt** und bei der Touristinformation.

Taxi

Taxis sind überall zu finden. **Stände** u.a. am Bahnhof, am Busbahnhof und am Rotušės aikšte. Nur Taxis mit eingeschaltetem Taxameter nehmen, besser telefonisch bestellen. Renommierte Firmen unter Tel. 61133554. Preis pro km meist 0,64 Euro. Tarife unter www.kvt.lt.

Städtische Verkehrsmittel

Es gibt 16 **Trolleybus**- sowie 47 **Busrouten.** Tickets für Busse und Trolleybusse, die von 5 bis 23 Uhr fahren, kosten 0,80 Euro beim Fahrer (kein Rückgeld möglich). Steigt man um, gilt das Ticket nur 30 Minuten. Die elektronischen Tickets *(Kaunas City Cards)* gibt es ab 1,74 Euro an allen *Kauno-Spauda-* bzw. *Narvesa*-Kiosken (Einzelfahrt für 0,58 Euro). Sie müssen beim Einsteigen entwertet werden. Es gibt auch Tickets für 3, 7, 30 und 92 Tage.

Einige **Nachtbusse** fahren auf den wichtigsten Routen (z.B. 13N, 14N, 37N).

Die Busse fahren nicht auf der Laisvės aleja, sondern parallel zu ihr in Ost-Westrichtung auf der Kestučio g. bzw. in West-Ostrichtung auf der Donelaičio gatvė. Das gilt auch für die **Minibusse,** von denen es 22 Routen gibt (1 Euro, nachts teurer).

Zum **Flughafen** fahren Minibus Nr. 120 und Bus Nr. 29 (s.o.).

Infos über das Streckennetz unter Tel. 362509, www.kvt.lt. Bei der Touristinformation erhält man die *Kaunas City Traffic Map* (Übersichtsplan mit Routen). Die beiden **Standseilbahnen** (Funikulare) sind im Text vermerkt.

Informationen

- **Tel.-Vorwahl Kaunas:** (00370-) 37

Touristinformation

- **Regionales Touristinformationszentrum,** Laisvės 36, Tel. 323436, www.kaunastic.lt, Mo–Do 9–19, Fr 9–18, Sa 10–16, So 10–15 Uhr, von Mai bis Sept. Mo–Fr 9–20, Sa/So 10–15 Uhr. Außerhalb dieser Zeiten fungiert die Rezeption des Hotels *Park Inn Kaunas* als offizielle Touristinformation. Zimmervermittlung (z.T. mit Discount), Infos über Sehenswürdigkeiten in der Stadt und Region sowie über „Urlaub auf dem Lande" und Tourismus in ländlichen Gebieten (landesweit). Es gibt auch eine Filiale im Rathaus. Mehrsprachige Stadtführungen und Touren in und um Kaunas, Veranstaltungsprogramme (Katakombentour, Bierroute, Kochshow, Tour nach Rumsiškes), Aktivitäten u.v.m., sehr hilfsbereit.

- **Touristinformation Kauno vartai** („Tor von Kaunas"), Rotušės a. 29, Tel. 321112, www.kauno vartai.lt, sehr hilfreich, auch Souvenirverkauf, Führungen u.a. auf Deutsch, tgl. 9–20 Uhr, Okt.–April Sa/So nur 10–18 Uhr, Filiale neben dem Busbahnhof (Vytauto 22). Informationen für den Distrikt Kaunas gibt es in Kulautuva, Akacijų 29, Tel. 37543318.
- **Touristinformation am Flughafen,** s.o.
- Eine gute Ergänzung zu diesem Reiseführer ist der Stadtführer **Kaunas in your pocket** (*KIYP*, 1 Euro, jährlich, auf Englisch).

Stadtführungen

Neben den **Touristinformationsbüros** auch vom **Stadtführerverband** (Tel. 320756) und von **www. kaunascitytour.com** (mit Audioguide), Touren zu Fuß und mit Bus, auf Deutsch und Englisch.

Nützliche Adressen

Banken/Geldwechsel

- **Banken** u.a. in Laisvės 79, 82, 86 und Vilniaus 13 (auch Reiseschecks und *Western Union* Transfer). Außerdem im *Akropolis*-Einkaufszentrum.
- **Geldautomaten** findet man überall in der Stadt.

Post/Telekommunikation

- **Hauptpostamt,** Laisvės 102, Mo–Fr 7–19/Sa 9–16 Uhr (Kopien, Schreibwaren), Tel. 401368.
- **Senas Paštas (Alte Post),** Valančiaus 1, Mo–Fr 9–13, 14–18 Uhr (neben der Kathedrale, schönes altes Mobiliar).
- **Postamt,** Vytauto 21, Tel. 324428, Mo–Fr 9–13, 14–20 Uhr; Sa/So 9–13, 14–18 Uhr.
- **EMS,** Laisvės 102, Tel. 401378, Mo–Fr 7– 19, Sa 7–17 Uhr.
- **Internetcafé,** Vilniaus 24, Donelaičio 26, Kęstučio 54/7, viele weitere.

Medizinische Hilfe

- **Apotheken,** *Vokieçiu Vaistine* (dt. Apotheke), Šv. Gertrudos 3, Tel. 228061; Vilties, Laisvės 100; Homöopatische Apotheke, Rotušės 3.
- **Krankenhaus,** Laisvės 17, Tel. 425919, www. kkligonine.lt, 24 Std.
- **Zahnarzt,** Baltijos 42, Tel. 68262762, www.pro dentas.lt.

Reisebüros

- **DELTA Tours,** Vytauto 32-208, Tel. 425896, www.deltatours.lt (bietet alle Arten von touristischem Service, das Team spricht Deutsch), Mo–Fr 8–17 Uhr. Dolmetscherservice, Hotelreservierung mit Discounts, Städte-, Studien-, Erholungs-, Pilger-, Radreisen im Baltikum.

Sonstiges

- **Öffentliche WC,** Vytauto 16, Rotušės a. 27, Laisvės 93 sowie im (Bus-)Bahnhof.
- **Gepäckaufbewahrung,** im (Bus-)Bahnhof.
- **Reparatur** von Schuhen und Kleidung, Vilniaus 17; von Uhren, Laisvės 73.

Unterkunft

Die Touristeninformation hat eine Liste von Gäste-häusern, B&B, Hostels und Apartments in Kaunas und Umgebung. **Vermittlung** durch Reisebüros und Touristinformationsbüros, die für einige Unter-künfte **Sondertarife** haben. Teurere Hotels haben oft günstige Wochenendtarife.

Hotels obere Kategorie

Kaunas

13 **Hermis**③, Savanorių 404, Tel. 490300, www.hermishotel.lt, 13 Zimmer, am Stadtzentrum (Trolleybus 16), Pool, Fitnesscenter, Restaurant, Bar, Nachtklub). Nähe Autobahn.

11 **Sfinksas**③-④, Kudirkos 19 a/Aukštaičių 55, Tel. 65595526, www.sfinksas.lt, 12 Zimmer, ruhige Lage, schöne Einrichtung, Restaurant, Sauna, Pool.

14 **Monte Pacis**③-⑤, T. Masiulio 31, Tel. 6559 5185, www.montepacis.lt, liegt im Pažaislis-Kloster-Komplex in **Pažaislis,** 13 schöne Zimmer mit Garten, auch gutes Restaurant.

Kaunas Zentrum

10 **Hotel Daugirdas**③-⑤, T. Daugirdo 4, Tel. 301561, www.daugirdas.lt. Bestes Hotel der Altstadt (hier übernachtete *Daniel Craig* alias *James Bond*), 48 Zimmer, besteht aus einem neuen Teil und einem umgebauten Gebäude aus dem 16. Jh., verbunden durch eine mit Glas überdachte Passage mit Straßenlaternen. Nichtraucher- und behindertengerechte Zimmer, Dachterrasse, in den mittelalterlichen Kellerräumen gibt es drei Restaurants.

30 **Best Western Santaka**②-③, Gruodžio 21, Tel. 302702, www.santakahotel.eu, 92 Zimmer. Bar, Restaurant, Sauna, Pool, Nachtklub.

56 **Hotel Daniela**⑤, Mickevičiaus 28, Tel. 321505, www. danielahotel.lt. 75 Zimmer. Restaurant, Bar.

40 **Hotel Kaunas**③-⑤, Laisvės 79, Tel. 750850, www. kaunashotel.lt. 85 Zimmer. Gute Lage, Pool, Fitnesszentrum, Restaurant, Sauna. Minigolf.

54 **Park Inn by Radisson Kaunas**③-④, Donelaičio 27, Tel. 306100, www.parkinn.com/hotel kaunas, 206 Zimmer. Gut ausgestattete Zimmer, Restaurant, 5 Bars, Sauna, komplett umgebaut.

16 **Amberton Cozy**③-④, Kuzmos 8, Tel. 229981, www.ambertonhotels.com, 28 Zimmer. Hotel in der Altstadt, gutes Restaurant, Bar.

64 **Europa Royale Kaunas**③, Miško 11, Tel. 407 500, www.europaroyale.com, Hotel in ruhiger Lage, 91 Zimmer.

Mittlere Kategorie

Kaunas

6 **Magnus**②-③, Vytauto 25 (gegenüber vom Busbahnhof), Tel. 340000, www.magnushotel.lt, 82 moderne und schöne Zimmer, Panorama-Bar.

14 **Pažaislis Park Hotel**③, T. Masiulio 18e, Tel. 61463664, www.pazaislisparkhotel.lt, 10 Zimmer , in der Nähe vom Pažaislis-Kloster in **Pažaislis** (Anfahrt s. dort), einige Zimmer mit Balkon, Blick auf Park. Gutes Restaurant.

7 **Ibis Kaunas Centre**②, Vytauto 28, neben dem Busbahnhof, Tel. 265600, www.ibis.com. 125 schöne Zimmer.

Kaunas Zentrum

50 **Centre Hotel Nuova**②-③, Savanorių 66/31, Tel. 244007, www.centrehotel.lt. 29 Zimmer, Bar, Restaurant. Dachterrasse mit schönem Ausblick.

48 **Babilonas**②-④, Žalioji 38a, Tel. 202545, www.babilonas.lt, 24 Zimmer. Modern, gut für Familien (ausziehbare Sofas), Restaurant. Gutes Frühstück, Tiefgarage, Radverleih und Radtouren.

Untere Kategorie

Kaunas Zentrum

1 **Apple Economy Hotel**①-②, Valančiaus 19, Tel. 321404, www.applehotel.lt, 14 kleine Zimmer. Nicht jedermanns Geschmack.

35 Kaunas City Hotel①-②, Laisvės 90, Tel. 220 220, www.kaunascityhotel.com, 44 Zimmer, gutes Preis-Leistungs-Verhältnis.

Privatpensionen, B&B und Apartments

Kaunas

12 Home Hotel②, Gaižiūnų 80, Tel. 337444, www.homehotel.lt, 3 Zimmer. Sehr sauberes Apartment, sehr komfortabel, gastfreundlich, Abholung vom Flughafen oder Anfahrt mit Minibus 27.

10 Solo B&B②-③, Dysnos 10, Tel. 68754443, www.solohotel.lt, zwei Apartments, Küche, Garten.

Kaunas Zentrum

62 Litinterp B&B①-②, Gedimino 28/7, Tel. 228 718, www.litinterp.lt. Vermittelt auch B&B in anderen Städten; Autovermietung, 8 Zimmer über Büro.

2 Gästehaus der Erzdiözese①, Rotušės 21, Tel. 322597, www.kaunas.lcn.lt/sveciunamai, 21 schlichte Zimmer zu einem Superpreis, einige mit Balkon.

5 Gästehaus Domus Pacis①, Papilio 9, im Bernhardiner-Kloster, Tel. 68247794, www.domus pacis.lt, Zimmer mit 2–4 Betten, modern.

Hostels

Kaunas Zentrum

60 R Hostel①, Vytauto 83, Tel. 69045329, www.r-hostel.lt, 4 Zimmer.

52 The Monk's Bunk Hostel①, Laisvės 48-2, Tel. 6209 9695, 3 Zimmer.

Motel

Kaunas

4 Sandija②, Jonavos 45, Tel. 332487, www.sandija.lt, 26 Zimmer. Nahe der Autobahn Richtung

Klaipėda. Sehr gutes Restaurant, große Zimmer und Apartments, schöne Anlage mit Garten.

Camping

Kaunas

4 Campingplatz①, Jonavos 51 a, Tel. 61809407, www.kaunascamping.eu; bewacht, auch Hütten für 18 Euro, Zeltverleih, Freibad.

Gastronomie

Die gastronomische Szene ist ständig in Bewegung. Einen aktuellen und detaillierten Überblick über Restaurants und Klubs etc. bietet *KIYP* (s.a. Anmerkungen bei „Gastronomie" in Vilnius). Die meisten liegen in den Fußgängerzonen **Vilniaus g.** und **Laisvės alėja** sowie deren unmittelbarer Umgebung. Im Einkaufszentrum **Akropolis** (s.u.) gibt es viele *Fast-Food*-Restaurants und einige andere Restaurants (tgl. 10–24 Uhr). Im Sommer gibt es viele **Straßencafés.** Auch die meisten Hotels haben gute Restaurants. Hier nur ein kleiner Querschnitt:

Restaurants in mittelalterlichen Kellern

Kaunas Zentrum

26 Senieji Rūsiai, Vilniaus 34, 11–24 Uhr, sehr gute Küche, www.seniejirusiai.lt.

17 Forto dvaras, Rotūšės 1, www.fortodvaras.lt, gute und günstige litauische Küche, 11–22 Uhr, Do–Fr 11–24 Uhr.

Restaurants

Kaunas

8 Grytė, Vytauto 19, 9–22 Uhr, gute und billige Gerichte, sehr zu empfehlen, populär.

Kaunas Zentrum

42 Pizza Jazz, 5-mal in Kaunas (u.a. Laisvės 68, Vilniaus 26), 9–24 Uhr. Die Konkurrenz ist groß. Es gibt in Kaunas viele weitere Pizzerien.

26 Buon Giorno, Vilniaus 34 und Daukanto 14, 9–23, Fr/Sa 11–24 Uhr, gute italienische Küche.

36 Ouksas, Maironio 28, 12–23 Uhr, neues Nobelrestaurant.

33 Miesto Sodas, Laisvės 93 (neben Stadtpark), 10–24 Uhr, Fr, Sa bis 1 Uhr, gute Gerichte und Salatbar, populär. Von hier Zugang zum beliebten Nachtklub *Siena* im Keller, Do–Sa 22–4 Uhr.

49 Pompėja, Putvinskio 38, 10–22 Uhr, Sa 12–24 Uhr, So 12–22 Uhr. Gute Fisch- und Fleischgerichte (Wildschwein, Reh, Elch), gegrillt auf Lavasteinen, romantisches Ambiente, Live-Musik.

53 Žalias Ratas, Laisvės 36 b (hinter Hotel *Park Inn Kaunas* in einem traditionellen Bauernhaus), 11–24 Uhr, gute litauische Küche in rustikaler Umgebung.

15 Medžiotojų Užeiga („Jagdtaverne"), Rotušės 10, 11–24 Uhr, leckere Wildspezialitäten inmitten ausgestopfter Trophäen, populär bei Gruppen.

63 Bravaria, im Einkaufszentrum *Akropolis,* deutsche Gerichte, eigene Mikrobrauerei, 9–22 Uhr, Do–Sa 11–24 Uhr, www.bravaria.lt.

59 Valgykla, Laisvės 23, billige Kantine mit guten litauischen Gerichten, Mo–Fr 9–17 Uhr.

Cafés

Hier einige der **landestypischen** Cafés:

Kaunas Zentrum

1 Kavos Klubas, Valančiaus 19, 9–22, Do–Sa 9–23, So 9–21 Uhr. Große Auswahl an Kaffee und Tee.

43 Pieno Baras, Daukantо 18, Mo–Fr 8–18 Uhr, Milchbar, auch Tee, Kaffee, Snacks.

29 Arbatos Klubas (Teeklub), Vilniaus 41, 8–21 Uhr, auch Gerichte.

Nachtleben

Kaunas

13 Meksika Casino, Savanorių 170, 24 Std.

Kaunas Zentrum

33 Nachtklub Siena, s.u. Restaurant *Miesto Sodas,* Do–Sa 22–4 Uhr.

25 Avilys, Vilniaus 34, 12–24 Uhr, Fr, Sa bis 2 Uhr. Pub mit eigener Brauerei, Honigbier.

19 Skliautas, Rotušės a. 26 a, im Innenhof, 11–24, Do 11–2 Uhr, Fr/Sa 11–3, So 11–23 Uhr, Einrichtung im Stil der 1920er/1930er Jahre, tagsüber Café, Künstlertreffpunkt, Jazzmusik.

22 Senamiesčio Vyninė, Daukšos 23, 10–23 Uhr. Weinbar, Live-Musik.

24 Seit Jahren beliebt ist auch **B.O.,** Muitinės 9, 17–2, Sa, So bis 3 Uhr, alternativer Szenetreff.

Kultur

Theater und Konzertsäle

Die meisten sind montags geschlossen. Programme findet man in der *Baltic Times,* im *Kauno Diena* (www.kaunodiena.lt) und bei den Touristinformationsbüros (dort auch Ticketverkauf).

41 Akademisches Schauspielhaus, Laisvės 71, Tel. 224064, www.dramosteatras.lt. Überwiegend Stücke litauischer Dramatiker.

37 Musiktheater, Laisvės 91, Tel. 200933, www.muzikinisteatras.lt. Opern, Operetten, Ballett.

39 Marionettentheater, Laisvės 87a, Tel. 221691, www.kaunoleles.lt.

38 Kammertheater, Keštučio 74a, Tel. 228226, www.kamerinisteatras.lt. Sehr bekannt.

23 Kleines Theater und **Pantomimentheater,** Daukšos 34, Tel. 408470, www.mazasisteatras.lt bzw. Tel. 220586, www.pantomimosteatras.lt.

■ Tanztheater „Aura", Daukšos 30a, Tel. 202062, www.aura.lt.

■ **Philharmonie,** Sapiegos 5, Tel. 222558, www.kaunofilharmonija.lt.

■ **Žalgiris Arena,** Mindaugo 50, www.zalgirioarena.lt, für große Veranstaltungen.

■ Weitere Theater sowie die Adressen der **Kulturzentren** findet man in *KIYP* und bei der Touristinformation.

Festivals und Feste

Genaue Daten der folgenden und auch anderer Festivals sind bei der Touristinformation zu erfragen.

■ **Jazz Festival** (April) 4-tägig, größtes im Baltikum, prominente Jazzmusiker (www.kaunasjazz.lt).

■ **Stadtfestival,** Mitte Mai, 3-tägig, Konzerte, Volkstänze, Straßenmarkt, Feuerwerke etc (www.tautosnamai.lt).

■ **Internationales Marionettenfestival,** Mitte Mai (www.kaunoleles.lt).

■ **Musikfestival in Pažaislis,** (1.6.–31.8.) mit Klassik, Jazz, Theater, im Kloster selbst (s.u.) bzw. in Kirchen etc. in Kaunas (www.pazaislis.lt).

■ **Sängerfeste** (wechselnde Termine).

■ **Operettenfestival,** Anfang Juli, in der Burg Kaunas (www.operetta.lt).

■ **Festival zur Erinnerung an den Einmarsch Napoleons von 1812,** Mitte Juli (Umzüge, historische Kostüme).

■ **Internationales Tanzfestival Aura,** Ende September/Anfang Oktober, www.dancefestival.lt.

■ **Internationale Hansetage,** Ende August, zur Erinnerung an den mittelalterlichen Hansebund, www.hanzakaunas.lt.

Ausstellungen und Galerien

Kunstgalerien sowie deren Ausstellungsprogramme findet man in *KIYP,* den Tageszeitungen bzw. den Touristinformationen.

Einkaufen

Man findet alles auf der rund 2,5 km langen **Fußgängerzone** vom Rathausplatz bis zum Unabhängigkeitsplatz.

63 **Einkaufszentrum Akropolis,** Mindaugo 49, www.akropolis.lt, tägl. 8–22 Uhr, hier findet man rund 300 Geschäfte, über 20 Restaurants, Kino, Eisbahn und Bowling.

3 **Einkaufszentrum Mega,** Islandijos 32, www.mega.lt, Anfahrt mit Bus 21 bzw. Minibus ab der Burg, tägl. 10–21 Uhr. Restaurants, Kino, Bowling bis 23 Uhr. *Rimi*-Supermarkt 9–23 Uhr. Riesiges Aquarium.

■ **Antiquitäten,** Rotušes 29, Laisvės 26 und 99.

■ **Bücher, Zeitschriften,** Laišvės 75; Vilniaus 11, 43; Vytauto 58.

■ **Büchermarkt im Urmas-Markt** (s.u.), Mo–Fr 9–18, Sa 9–17, So 9–15 Uhr.

■ **Fotogeschäfte,** Laisvės 20, Kanto 24.

■ **Kunstartikel,** Daukanto 15, Laisvės 31, Vilniaus 22 und 32.

■ **Supermärkte,** *IKI* (u.a. Laisvės 90, Vilniaus 153, Jonavos 3, tgl. 7.30–22 Uhr); *Maxima* (Vytauto 32, 8–24 Uhr); *Ruta,* Laisvės 88 (Mo–Fr 10–18, Sa 10–15 Uhr).

■ **Kaffee und Tee,** Vilniaus 29, Laisvės 97 a.

■ **Lebensmittel,** Vilniaus 3 (tägl. 7.30–20.30 Uhr), Šv. Gertrūdos 21 (Honig), Laisvės 88 (Süßigkeiten), Laisvės 42 und 87 bzw. Vilniaus 7 (Bäckerei).

■ **Souvenirs,** Vilniaus 14, Valančiaus 5 und 21, Laisvės 37, 50, 57 und 88.

■ **Blumen,** Laisvės 32 b, 90, 106 bzw. auf Märkten (s.u.), Mickevičiaus 31.

■ Weitere Geschäfte (auch für Musikartikel, Kosmetik, Sportartikel etc.) findet man in **KIYP.**

Märkte

9 **Markt am Bahnhof,** M. K. Čiurlionio 23, 7–21 Uhr, Sept.–April 7–19 Uhr.

15 Urmas-Markt, Pramonės 16, So 9–15 Uhr. Landesweit größter Markt mit ca. 2000 Ständen, www.urmas.net. Dort auch dreimal jährlich großer Flohmarkt (www.fleamarket.lt), Anfahrt mit Minibus 99 (bis Endstation) oder Minibus 30.

2 Vilijampolė-Markt, Varnių 48 b, www.vilijampolesturgus.lt, Mo 7–15, Di–Fr 7–18, Sa/So 7–16 Uhr, hier gibt es (fast) alles, sonntags Flohmarkt.

5 Aleksotas-Markt, Veiverių 47b, Di–So 7–15 Uhr, u.a. viele Antiquitäten. Anfahrt mit Bus Nr. 6, 6a oder 12 oder Minibus Richtung Aleksotas, Haltestelle „Aleksoto Poliklinika".

Kauno-Marios-Regionalpark

Das **Kaunasser Meer** östlich von Kaunas entstand 1959 durch den Bau des landesweit einzigen **Wasserkraftwerks** bei Kruonis im Südosten des heute 64 km² großen und 93 km langen **Stausees,** dem größten Litauens. Der Regionalpark wurde 1992 zum Schutz der Flora und Fauna des Ufers und des kulturellen Erbes gegründet. Dazu gehören der größte und baumartenreichste Park des Landes, der **Girionys-Park** und das **Gedenkmuseum** der Dichterin *Salomėja Nėris* (Tel. 37373606, Di–Sa 9–17 Uhr, Nėries 7).

Die Hauptattraktionen sind zweifellos das **Kloster Pažaislis** am West- und das **Freilichtmuseum von Rumšiškės** am Nordostufer. An den Sonntagen von Mai bis September fährt auf Nachfrage ein **Ausflugsschiff** von Pažaislis nach Rumšiškės. Infos unter www.vandensturai.lt, bei der Touristinformation in Kaunas oder bei der Parkverwaltung im Dorf Vaišvydava, Miškininkų 2 (Tel. 3738

3070, www.kaunomarios.lt). Der Stausee und dessen Umgebung ist ein beliebtes **Naherholungsgebiet.** Es gibt Radwege, einen Paddelboot- und Pferdeverleih, Campingplätze und einen Naturpfad für Wanderer. Beim Jachthafen kann man z.B. auch angeln und segeln.

Pažaislis-Kloster

Am Westufer des Stausees auf einer malerischen, mit Kiefern bewaldeten Halbinsel liegt die **Klosteranlage** von Pažaislis, die als eines der schönsten Barockensembles in Litauen gilt, ein **Meisterstück des Hochbarock** und einer der formvollendetsten Sakralbauten Nordosteuropas. Der Eingang ist links vom Torbogen mit dem Hausschild (T. Masiulio 31, Di–Fr 10–16.30 Uhr Sa 10–15 Uhr, www.pazaislis.org, Führung Tel. 458868, Dauer 2 Std, Anmeldung nötig). Im Sommer finden in der Kirche oder auf der Kirchtreppe **Konzerte** des Musikfestivals statt (s. Kaunas). Es gibt hier auch ein Hotel mit Restaurant (www.montepacis.lt).

Gegründet wurde das Kloster um 1664, mit dem Bau der Kirche begann man 1667. Ihr Stifter war der wohlhabende Adlige und Kanzler Litauens *Kristupas Žigmantas Pacas,* der hier auch sein Mausoleum hat, dessen Familienangehöriger *Kazimieras* die St.-Peter-und-Paul-Kirche in Vilnius stiftete. Auch die Bildhauer, Stukkateure und Maler sind zum Teil die gleichen, die das Gotteshaus in Vilnius ausgeschmückt haben (s. dort). Das Kloster wurde für den als besonders streng bekannten **Orden der Kamaldulenser** erbaut, den *Pacas* während seiner Jugendjahre in Italien kennen gelernt hatte, und der 1662 in Litau-

1b

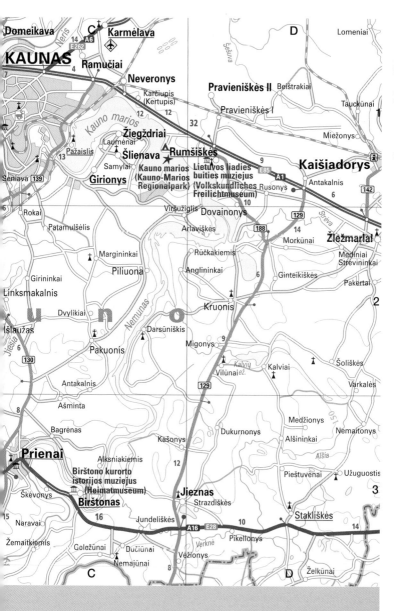

Domeikava

Karmėlava

KAUNAS Ramučiai

Neveronys

Karčiupis (Kertupis)

Pravieniškės II Beištrakiai

Pravieniškės I

Tauckūnai

Kauno marios

Žiegždriai

Laumėnai

Miežonys

Pažaislis

Slienava

Rumšiškės

Samylai

Kauno marios (Kauno-Marios Regionalpark)

Lietuvos liadies buities muziejus (Volkskundliches Freilichtmuseum)

Kaišiadorys

Girionys

Rusonys

Antakalnis

Senavia 139

Viršužiglis Dovainonys

Rokai

Arlaviškės

Patamulšėlis

Morkūnai

Žiežmariai

Marginiai

Rūčkakiemis

Mediniai Strėvininkai

Piliuona

Anglininkai

Ginteikiškės

Pakertai

Girininkai

Kruonis

Linksmakalnis

Dvylikiai

Darsūniškis

Išlaužas

Migonys

Pakuonis

Vilūnai ež.

Kalviai

Šoliškės

Antakalnis

Varkalės

Ašminta

Medžionys

Bagrėnas

Nemaitonys

Prienai

Kašonys

Dukurnonys

Alšininkai

Alšia

Aleksniakiemis

Pieštuvėnai

Užuguostis

Birštono kurorto istorijos muziejus (Heimatmuseum)

Jieznas

Škėvonys

Birštonas

Strazdiškės

Stakliškės

Naravai

Jundeliškės

Žemaitkiemis

Golozūnai

Dučiūnai

Pikeltonys

Nemajūnai

Vėžonys

Verknė

Želkūnai

en gegründet wurde. Die Mönche dieses Ordens sind die einzigen, die auch heute manchmal noch zu frommer Andacht in besonderen **Eremitenhäuschen** beten. Zehn solcher Häuschen gab es in Pažaislis – zwei davon sind noch erhalten. Weltweit hat der Orden nur noch acht Klöster mit rund 200 Mönchen.

1696 war die Kirche, 1712 waren die anderen Gebäude fertiggestellt. 1812 wurde sie von Soldaten *Napoleons* verwüstet. In der Zarenzeit, als die katholische Kirche zugunsten der orthodoxen zurückgedrängt wurde, nahmen 1831 die altgläubigen Orthodoxen das Kloster in Besitz und bauten es bis 1845 erheblich um. Ein Teil der Fresken wurde übermalt, einige Altäre und Skulpturen zerstört. 1915–18 benutzte es die deutsche Armee als Lazarett. 1920–44 und wieder ab 1990 war bzw. ist hier der Sitz des „Orden der Schwestern des Heiligen Kasimir", des litauischen Nationalheiligen (s. Exkurs). Als die Sowjets Litauen besetzten, wurden die Mönche und Nonnen vertrieben, im Kloster wurden erst ein Archiv und dann ein „Irrenhaus" eingerichtet. 1966 wurde es zu einem Kunstmuseum umgestaltet und ist seit 1990 wieder für Gottesdienste geöffnet.

Beeindruckend von außen sind die malerische Lage von Pažaislis, der romantisch verwilderte **Klostergarten** mit seinem **Turm** und die **sechseckige Kirche** mit ihrer ebenfalls sechseckigen, 53 m hohen Kuppel und den zwei rechteckigen Portaltürmen. Sehenswert im **Hof** sind der Schildkrötenbrunnen, eines der zwei Eremitenhäuschen (s.o.) und rechts vom Kircheneingang das Grab von *A.F. Lvov* (1798–1870), dem Komponisten der russischen Nationalhymne. Die Klostergebäude haben zwei Innenhöfe. Sehr beeindruckend ist die Kirche mit ihrem prunkvollen **florentinischen Design.** Rosa und schwarzer Marmor ziert den sehr hohen Kirchenraum mit seinen vier Kapellen und dem runden Presbyterium, die alle mit Stukkaturen geschmückt sind. Die wunderschönen 140 Fresken runden den tollen Eindruck ab. Auf elf von ihnen ist die Taufmission des *Hl. Bruno* vor 1000 Jahren dargestellt. Prächtig sind auch die Holzschnitzereien in der Sakristei. Berühmt ist das **Bild der Gottesmutter,** ein Geschenk von Papst *Alexander II.,* das vor allem am 2. Juli, dem Tag der Marienverehrung, viele Gläubige anzieht. Ein kleines Museum zeigt die Geschichte des Klosters.

▷ Die Klosteranlage von Pažaislis

Anreise

Einige Minibusse sowie im Sommer auch die Trolleybusse 9 und 12 fahren zum Stausee in der Nähe des Klosters. Ansonsten fahren sie bis zur Endstation kurz vor der Eisenbahnbrücke. Vorbei am Strand und der Schiffsanlegestelle geht es links zum Kloster. Einige **Mini-** **busse** fahren nicht die gleiche Strecke zurück; ggf. fragen.

Vom Sechsten Fort in Kaunas südöstlich in die Kalantos, am Kreisverkehr südlich in die Masiulio, immer geradeaus unter der Eisenbahnbrücke hindurch zum Stausee (6 km vom Bahnhof). Der Weg zum Kloster und zum Jachthafen (weitere 1,2 km) ist ausgeschildert.

1b

Rumšiškės

Die Ortschaft Rumšiškės wurde schon 1385 in einer Ordenschronik erwähnt und ist doch ganz neu. Wie das? Als 1959 der Nemunas aufgestaut wurde und das „Kaunasser Meer" entstand, versanken das alte Rumšiškės und andere Ortschaften mit insgesamt 721 Gebäuden in seinen 20 m hohen Fluten. An seinem Ufer wurde das neue Rumšiškės für seine 1600 Bewohner erbaut. Lediglich die **Holzkapelle St. Nikolai** aus dem 18. Jh. wurde zerlegt und mitgenommen. Das alte **Gräberfeld** aus dem 14.– 16. Jh., das sich auf einer Anhöhe befand, liegt jetzt auf einer Insel im See. Die Kapelle steht jetzt am gegenüberliegenden Ufer.

Ethnografisches Freilichtmuseum

Bekannt ist das Dorf wegen seines Freilichtmuseums mit **140 Originalgebäuden** mit über 88.000 Exponaten. Es wurde 1974 nach achtjähriger Aufbauarbeit für Besucher eröffnet. Auf einer Fläche von 176 ha ist praktisch ganz Litauen vom Ende des 17. bis Anfang des 20. Jh. dargestellt. Ein Muss für jeden, der sich für die frühere Bau- und Lebensweise der verschiedenen Regionen interessiert. Das Museum bietet sich auch dem an, der wenig Zeit hat, das Land zu bereisen, oder der sich schon für Reisen auf dem Land einstimmen bzw. sich einen Überblick verschaffen möchte. Es kann auch mit Führung (auf Deutsch) besichtigt werden (L. Lekavičiaus 2, Tel. 34647392, www.llbm.lt, Mai–Sept. 10–20 Uhr (Besichtigung der Gebäude nur bis 18 Uhr); 1.4.–15.10. 10–18 Uhr, 16.10.–31.3. 10– 16 Uhr (nur Park), April 10–18 Uhr (nur Park). An der Kasse gibt es ein sehr gutes Faltblatt in deutscher Sprache mit Route und Plan.

In der hügeligen und abwechslungsreichen Wald- und Wiesenlandschaft hat man traditionelle Bauwerke aus allen **vier ethnografischen Regionen** Litauens (Aukštaitija, Žemaitija, Dzūkija und Suvalkija) zusammengetragen. Jede Region hat ihr eigenes Dörfchen. Es sind Original-Holzbauwerke, die bewohnt worden sind. Man hat sie an ihrem ursprünglichen Standort zerlegt und hier wieder aufgebaut, einschließlich der kompletten Ausstattung.

Man findet Bauernhäuser vom wohlhabenden Gutshof bis zur Tagelöhnerkate, Stallungen, Scheunen, Schuppen, Vorratshäuser (Kleten), Badehäuschen, Rauchhütten, Brotbacköfen, Kammern zum Pilzetrocknen, Werkstätten, Kapellen, aber auch alte Bienenstöcke aus ausgehöhlten Baumstämmen, Hundehütten, Taubenschläge oder Ziehbrunnen. Am Wegrand stehen **Windmühlen** (u.a. eine Ölmühle), Mühlsteine, Opfersteine, Kreuze und Kapellenständer. Oft sieht man Leute in traditionellen Kostümen. Um die Häuser wurden **Gärten** und Zäune angelegt, mit typischen Nutzpflanzen und Blumen. Auch die **Felder** werden nach lokalen Eigenarten bestellt. Daneben erstrecken sich Wiesen und Weiden, auf denen Kühe, Pferde und Schafe grasen. Es gibt auch ein **Pferdegestüt.** Man kann Reiten lernen oder sich in einer Kutsche (im Winter mit einem Schlitten) spazierenfahren lassen.

Den schon in der Bronzezeit gebauten Typ eines „**Numas**"-Wohnhauses aus dem 17. Jh. findet man im Žemaitija-Dorf; es ist das landesweit einzige erhaltene Gebäude dieses Stils. Nicht weit davon steht ein Gehöft aus **Klein-Litauen (Memelland)**.

Um das Leben der früheren Stadtbewohner zu zeigen, wurde ein **Städtchen** (Miestelis) vom 17.–19. Jh. originalgetreu errichtet (Schulhaus, Spital, Töpferei, Dorfschenke). In einem Schuppen ist die landesweit einzige **Kutschenausstellung** zu sehen. Mitten auf dem Marktplatz steht die originelle Skulptur des Feuerwehrpatrons, des *Hl. Florian*.

In der Nähe des Dzūkija-Dorfes auf einer Waldwiese stehen **Mahnmale** für die Deportationen während der Sowjetzeit. Neben einem Original-Güterwaggon für den Transport nach Sibirien (mit Fotoausstellung) wurde eine **Erdhütte** nachgebaut, in der 40 Frauen, ältere Leute und Kinder jahrelang bei Innentemperaturen von -2°C leben mussten. Überlebende erzählen hier von ihrem Schicksal. Daneben steht ein Eichenholzdenkmal für die Verbannten. Ein Gedenkstein erinnert an die Holocaust-Opfer.

Man sollte sich einen ganzen Tag Zeit nehmen. Ein einfacher Rundgang ohne größere Abstecher ist etwa 7 km lang. Man kann auch mit dem eigenen Auto oder Minibus durch die Anlage fahren (20 bzw. 30 Euro Gebühr), doch das schönere Erlebnis hat man natürlich bei einem Spaziergang (ggf. Sonnenschutz und Getränke mitnehmen). Man kann auch picknicken oder in einem Wirtshaus aus dem 19. Jh. im Žemaitija-Dorf auf gutbäuerliche Art essen. Ganz in dessen Nähe hat man einen guten Blick auf den Stausee.

Im Sommer finden fast an jedem Wochenende Volkstänze, Folklorekonzerte und andere **Vorführungen** statt (z.B. im Scheunentheater), ebenso an bestimmten Feiertagen oder an Festen wie z.b. der Faschingsaustreibung, Ostern, im Mai zwei Festivals, im Juni der Saunatag und das Johannisfest, im August das Annafest, am 15. August Mariä Himmelfahrt und im September der Tag des Kunsthandwerks. Oft, vor allem samstags, werden kunsthandwerkliche Traditionen (Weben, Töpfern u.a.) vorgeführt. Gelegentlich gibt es einen Markt, auf dem man volkstümliche Handarbeiten kaufen kann.

Anreise

Im Sommer möglich mit einem **Ausflugsschiff** oder mit einer Tour (www.visitkaunas.lt). Ansonsten **Minibusse** vom Busbahnhof in Kaunas (Plattform 26); auch möglich mit Minibussen nach Jieznas und Pravieniškės. Von der Bushaltestelle sind es noch 500 m zu Fuß. Der letzte Bus nach Kaunas fährt gegen 20 Uhr zurück. Man kann auch einen der Busse nach Vilnius nehmen und den Fahrer bitten, dass er einen bei der Abzweigung aussteigen lässt; von dort sind es etwa 1,5 km zu Fuß. Für die Rückfahrt kann man auf der Nordseite der Autobahn (leicht zu überqueren!) einen der aus Vilnius kommenden Busse an der überdachten Bushaltestelle anhalten. Es gibt auch zahlreiche Direktbusse nach Vilnius und zurück. Der nächstliegende **Bahnhof** ist Pravieniškės (5 km entfernt). Mit dem eigenen Fahrzeug an der Ausfahrt bei Km 79 (von Vilnius) abbiegen; von Kaunas sind es 25 km.

Nemunas-Schleifen-Regionalpark

Der 320 m² große Park südlich von Kaunas wurde zum Schutz des Ökosystems der einzigartigen drei 59 km langen **Nemunas-(Memel-)Schleifen** sowie des Waldes bei Punia und der vielen Kulturdenkmäler errichtet. Im Herzen des Parks liegt der international renommierte Kurort Birštonas mit der **Parkverwaltung** in der Tylioji 1 (Tel. 831965613, www.nemunokilpos.lt, Mo–Do 8–17; Fr 8–16 Uhr, von Mai bis September auch Sa 10–16 und So 10–14 Uhr, Infos u.a. zu Campingplätzen, Wandern, Radfahren, Reiten, Vogelbeobachtung).

Birštonas

Der Ort liegt 38 km südlich von Kaunas, via Prienai in einer weiten Flussschleife am rechten Nemunas-Ufer. Der kleinere Stadtteil am linken Ufer ist nur per Boot zu erreichen. Der **Kurort** mit 3000 Einwohnern ist mit jährlich 15.000 Kurgästen in den zwei ganzjährig geöffneten **Sanatorien** der meistbesuchte nach Druskininkai. Seine neun heilkräftigen **Mineralquellen** sind seit alters her bekannt. Dank der geschützten Lage und vieler dichter Wälder, die die Winde abhalten, ist das Klima sehr mild. Schön sind die vielen Parks mit **Spazierwegen** und die liebevoll restaurierten **Holzvillen** vom Ende des 19. Jahrhunderts.

Erstmals schriftlich erwähnt wurde der Ort „Birston" mit seinen salzhaltigen Quellen und seiner Holzburg auf dem Hügel in Berichten des Deutschen Ordens von 1382. Der spätere Großfürst *Vytautas* hatte hier einen Jagdsitz, die wildreiche Gegend (u.a. Auerochsen, Bisone) war ein beliebtes **Jagdrevier.** Ideal war die natürliche Engstelle in der Flussschleife, an der das Wild für den Adel zusammengetrieben wurde. Die Burg wurde von den Kreuzrittern erobert, aber schon 1410 wieder verlassen. Danach verfiel sie. 1518 bekam der Ort die Magdeburger Stadtrechte. 1846 wurde Birštonas Kurort, das erste Sanatorium wurde 1855 gebaut. Ende 19. Jh. gab es etwa 60 Heilbäder.

Rundgang

Es ist sehr einfach, sich in dem etwas verträumten Städtchen zurechtzufinden. Der **Busbahnhof** liegt an der Kreuzung Vaižganto/Jaunimo/Dariaus ir Girėno/ Kestučio. In der Nähe liegt die Verwaltung des Regionalparks (s.o.). Östlich vom Busbahnhof liegt der **Skulpturenpark;** die Broschüre *Skulpturenrundweg* gibt es bei der Touristinformation.

An der Ecke Vaižganto/Vytauto nach rechts. Inmitten schöner Holzvillen steht an der Ecke Vytauto/Muziejus das **Heimatmuseum** (Tel. 65606, Mi–So 10–17 Uhr, www.birstonomuziejus.lt). Die Vytauto geht hinter der **Bank** in die Birutės über. In der Nr. 10, dem früheren Pfarrhaus im Volksarchitekturstil, findet sich das **Museum der Sakralkunst** (www.sakralinis.lt, Tel. 65699, Di–Fr 10–17, Sa 11–17, So 11–18 Uhr) direkt vor der **neugotischen Backsteinkirche** (1909), die dem *Hl. Antonius von Padua* geweiht ist. Daneben liegt ein kleiner Park mit Holzfiguren sowie einem Teich mit einer Wassermühle.

Von hier führt ein Weg zum Tulpė-Sanatorium und zur **Deichpromenade** (sie führt von hier 2 km stromauf zum o.a. „Tiergarten"). Etwas südlich sieht man die große **Vytautas-Statue** am Fuß des 30 m hohen Birštonas-Bergs, auch **Vytautas-Hügel** genannt. Diesen erklimmt man von der dem Großfürst gewidmeten Eichensäule über 171 Stufen. An der Stelle der ehemaligen Burg ist heute eine **Aussichtsplattform** mit schönem Blick auf die Flussgegend.

Für den Rückweg kann man auch den Waldweg auf der anderen Hügelseite nehmen. Nicht weit vom Denkmal kann man in dem gelben **Brunnenhäuschen** das salzige Mineralwasser kosten. Daneben liegen andere Gebäude des **Tulpė-Sanatoriums** (Tel. 65525, Sruogos 4, www.tulpe.lt), weiter links die Mineralwasser-Abfüllanlage (auch Fruchtwein etc.) und das **Versmė-Sanatorium** (Sruogos 9, Tel. 65673, www.versme.com) mit dessen Trinkbrunnen. Von hier führt ein Weg zur Dariaus ir Girėno g. und zurück zum Busbahnhof.

Verkehrsmittel

■ Halbstündliche **Minibus-Verbindung** mit Prienai und Kaunas; **Busse** u.a. nach Vilnius und Klaipėda.

Informationen

■ **Tel.-Vorwahl Birštonas:** (00370-) 319
■ **Touristinformation,** Sruogos 4, Tel. 65740, www.visitbirstonas.lt, Mo–Fr 9–18, Sa 10–18 Uhr, So 10–16 Uhr. Auch Vermittlung von Unterkunft bzw. Rad- und Wandertouren. Infos und Bildergalerie auch unter www.city-info.net.

Unterkunft

■ Übernachtung im **Versmė**① (s.o., schöne Zimmer, nicht nur für Patienten), gutes Restaurant.
■ **Gästehaus Audenis**①-②, Lelijų 3, Tel. 61300, www.audenis.lt, 9 Zimmer, sauber, gutes Preis-Leistungsverhältnis, populär.
■ **Hotel Sonata,**①-②, Algirdo 34, Tel. 65825, www.sonata.lt, 22 schöne Zimmer, gutes Restaurant.
■ **Residenz Sophia**①-③, Jaunimo 6, Tel. 45200, www.sofijosrezidencija.lt, 13 elegante Zimmer.

Gastronomie

■ **Restaurants:** z.B. Seklytele, Prienų 10, gute Küche; Pizza Fun, Birutės 3.
■ **Cafés** in Birutės 1 und 35, Jaunimo 3 und 4 bzw. Kestučio 8, **Teehaus** in Vaižganto 2.

Aktivitäten

Es gibt viele **Rad- und Wanderwege.** Infos u.a. zu **Rad- und Kanuverleih** unter www.birstonospor tas.lt, Tel. 65640, Jaunimo 3, und bei der Touristinformation. **Rudern im Wikingerboot** bzw. **Kajak-Tour** unter www.birstononemunas.lt, Tel. 563 60. **Ausflugsboote,** www.nemunoslenis.lt, Tel. 56493 bzw. www.sonata.lt, Tel. 65825 bzw. www. ostina.lt. **Ballonfahrten,** www.skriskimekartu.lt. **Skifahren** am Birštonas-Berg (Skilift, Schneemaschinen, zwei Routen, auch nachts).

Feste

■ Ende März dreitägiges internationales **Jazzfestival** (im Kulturzentrum, Jaunimo 4, Tel. 65550, www.birstonokultura.lt), nur alle zwei Jahre, gerade Jahreszahlen.

■ Am 4. April-Wochenende und im August internationaler **Ruderwettbewerb.**

■ Am 2. Juni-Wochenende viertägiges **Stadtfestival** (Umzüge, Konzerte, Tänze, Kunstgewerbemarkt, internationaler Heißluftballonwettbewerb, Air Show, Motorbootrennen).

Kėdainiai

Kėdainiai (31.000 Einw.) liegt 54 km nördlich von Kaunas nahe der Via Baltica. Die am Westufer des Flusses Nevėžis gelegene, 87 ha große **Altstadt** mit Häusern vom 15.–19. Jh. im Stil von Gotik, Renaissance, Barock und Klassizismus wurde liebevoll restauriert und ist recht verträumt.

Die Stadt wurde erstmals 1372 in der **Livländischen Chronik** von *Hermann Wartberg* erwähnt und erhielt später die **Magdeburger Stadtrechte.** Im 17./18. Jh. war sie neben Biržai ein Zentrum und Zufluchtsort der Reformisten, die von der hier seit 1614 ansässigen Fürstenfamilie *Radvila* Unterstützung erhielten, als sie von den Jesuiten in der Gegenreformation verfolgt wurden. 1655 unterzeichnete *Radvila* mit dem schwedischen König den Vertrag von Kėdainiai, da er die Loslösung Litauens vom polnisch-litauischen Reich wollte. Die Stadt war auch bekannt für ihre **religiöse und kulturelle Toleranz,** sodass sich hier u.a. auch viele Schotten, Polen,

Deutsche und Juden ansiedelten (erstere stellten einmal rund die Hälfte der Einwohnerzahl). Hier hatten viele christliche Glaubensrichtungen ihre Gebetshäuser, es gab auch drei Synagogen. Es war eine blühende Stadt mit reformierten Schulen, einer Papierfabrik, einer Druckerei, 10 Handwerkergilden und sechs Marktplätzen, von denen noch vier existieren. Der Glanz verfiel durch die Schwedenkriege, den Russlandkrieg, Brände und die Pest.

Rundgang

Man findet sich auch ohne Stadtplan leicht zurecht. Das **Stadtzentrum** liegt 1 km nördlich vom **Busbahnhof** (Basanavičiaus Nr. 93) rund um das **Rathaus** (Basanavičiaus Nr. 36); dorthin fahren auch Busse und Minibusse, allerdings mit einem kleinen Umweg.

Auf halbem Weg (Basanavičiaus Nr. 46a) sieht man linkerhand auf einem Hügel die von außen und innen recht schlichte **Evangelische Lutherkirche** von 1664 mit alten Wandmalereien vom 17. Jh.; der Glockenturm wurde 1713 erbaut. Während der Sowjetzeit diente sie als Lagerhalle für Leder. Auf dem Kirchhof wurden im 1. und 2. Weltkrieg deutsche Soldaten beerdigt.

Im Rathaus ist auch das **Holzskulpturenmuseum** (Tel. 53685, Mo–Fr 10–15 Uhr). Nördlich vom Rathaus, im ehemaligen Gutshof mit der Hausnr. 45, befindet sich heute die interessante **J.-Monkute-Marks-Galerie** (Di–Fr 10–18 Uhr, Sa 10–15 Uhr; Juni–Aug. auch So 10–15 Uhr, www.jmm-muziejus.lt).

Neben dem Rathaus liegt die **orthodoxe Kirche** von 1893 im byzantinischen Stil mit schönen Ikonen und Wandmalereien (Gedimino 2). Gegenüber mündet die **Didžioji gatvė** ein, die älteste und längste Straße der Altstadt, die nach 500 m am Nevėžis endet. Im Karmeliterkloster aus dem 18. Jh. in der Nr. 19 befindet sich heute das **Regionalmuseum** in 16 Räumen mit rund 30.000 Exponaten, darunter einige der Radvila-Familie sowie archäologische Fundstücke, Jagdtrophäen und riesige Holzkreuze (Tel. 53685, Di–Sa 10–17 Uhr).

Durch den Torbogen der Nr. 19 kommt man zur **hölzernen St. Josephkirche** (1704–66) in der Radvilų 10, ein Meisterstück einer Stabkirche im Volksbarockstil mit zwei Türmchen sowie einem frei stehenden Glockenturm.

Zurück zur Didioji, an der Senoji nach rechts. Die Gebäude Nr. 4 und 2 sind die **Rektorenhäuser** von 1660 mit ihren für litauische Bürgerhäuser typischen geschwungenen Giebeln. Gegenüber in der Nr. 1 liegt die **Evangelische Reformistenkirche** mit vier runden Ecktürmchen und einem hohen Portal, auch Calvinistenkirche genannt. Sie wurde 1631–52 im Renaissance-Stil gebaut. Erhalten blieben die Kanzel aus Eiche, der hölzerne Thron der Radvilas mit zwei korinthischen Säulen auf einer Plattform sowie Eichenreliefs in den Seitennischen.

In der Kirchengruft stehen sechs **Sarkophage der Radvila-Familie,** das landesweit bedeutendste Adelsgrab (Di–Sa 10–16 Uhr, Tel. 53680; ggf. Anmeldung bei der Touristinformation). Der Glockenturm stammt aus dem 18. Jh.

An der Kreuzung mit der Radvilų nach links; das Haus Nr. 5 von 1661 gehörte dem Bürgermeister *Andersen*. Es liegt am **Großen Marktplatz** (*Didžioji rinka),* der von anderen schönen Bauten gesäumt wird. Das Haus der schottischen Kaufleute vom 17. Jh. trägt die Nr. 4.

Im **Alten Rathaus** in der Didžioji gatvė 1, ein Gebäude von 1624–54 im Renaissance-Stil, das 1770 abbrannte und 1983 wiederaufgebaut wurde, sind heute eine **Kunstgalerie** (Tel. 54551, Di–Sa 10–17 Uhr) und die **Touristinformation**. Hier finden gelegentlich Konzerte statt; im Hinterhof ist ein kleiner Skulpturenpark und eine jüdische Sonnenuhr vom 17. Jh. Im Keller waren früher ein Archiv und das Gefängnis, im Erdgeschoss Geschäfte und die erste Apotheke der Stadt, im ersten Stock das Magistrat und das Gericht.

Das Gebäude Didžioji Nr. 6 war das Haus der Glasmacher. Von hier führt eine Brücke über den Nevėžys, wo sich linkerhand die **St. Georgkirche** von 1403, rekonstruiert im 18. Jh, erhebt; sie war ursprünglich spätgotisch und wurde später barockisiert. Das Eckhaus Didžioji-Senoji Nr. 20/7 ist ein Werkstattgebäude von 1624–61.

An der Senoji nach rechts, gelangt man zum **Alten Marktplatz** (*Senoji rinka).* An dessen Nordseite stehen zwei **Synagogen** vom 17.–19. Jh., heute eine Kunstschule und eine Galerie. Auf dem Weg zurück zur Didžioji zweigt rechts die Smilgos ab, wo man in der Nr. 13 die Reste einer weiteren Synagoge findet; dort ist eine Gedenktafel an *Gaon* (s. Vilnius) angebracht. Der Rundgang führt über die Didžioji zurück zum Rathaus.

Verkehrsmittel

■ **Busbahnhof,** Basanavičiaus 93, Tel. 60333, Busse u.a. nach Kaunas, Šiauliai.

■ **Bahnhof,** Dariaus ir Girėno 5, Tel. 20700, sporadische Zugverbindungen.
■ **Taxis,** Tel. 50005, 60005, 61111.

Informationen

■ **Tel.-Vorwahl Kėdainiai:** (00370-) 347
■ **Touristinformation** (s.o.), Mo–Fr 8–12 und 13–17 Uhr, Sa 9–15 Uhr, Tel. 60363, www.kedainiutvic.lt. U.a. Führungen durch die Altstadt und Umgebung.

Nützliche Adressen

■ **Post,** Basanavičiaus 59, Tel. 53444.
■ **Bank,** Basanavičiaus 47, 51, 55, 80.
■ **Geldautomat,** Liepų 1, Gegučių 13.
■ **Internetcafé,** Josvainiū 4, 10–19 Uhr.

Unterkunft

■ **Gästehaus Sandra & Co.**①, Šetos 112, im Norden der Stadt gelegen, Tel. 68348, 13 einfache, aber saubere Zimmer, oft voll.
■ **Gréjaus Namas**①, Didžioji 36, Tel. 51500, www.grejausnamas.lt, 26 moderne Zimmer, bestes Hotel der Stadt, Kellerrestaurant mit Gerichten wie z.B. Straußensteak, Sauna.
■ **Smilga**①, Senoji 16, Tel. 67224, www.hotelsmilga.lt, 27 Zimmer, schön ausgestattete Zimmer, Sauna, Billard, Restaurant.
■ **Aroma Rex Hotel**①, Didžioji 52, Tel. 55555, 5 Zimmer, gemütlich eingerichtete, recht kleine Zimmer.

Gastronomie

■ **Pošiaudinių stogu,** Jazminų 1, Tel. 61572, gute litauische Küche in schöner Holzhütte, 10–23 Uhr.
■ **Medžiotojų užeiga,** Basanavičiaus 91 b, Tel. 60002, einfache Kantinengerichte, 11–24 Uhr.
■ **Kavinė Skaitykla,** Didžiojirinka, Tel. 61285, am Fluss Nevežys, 11–24 Uhr.
■ **32 ratai,** Didžioji 25, Tel. 53345, 10–22 Uhr, Café-Bar.
■ **Savas Kampas,** Didžioji 39, große Auswahl, u.a. rund 20 Pizzasorten, gutes Frühstück, 9–21 Uhr.
■ **Vikonda,** Basanavižiaus 22, sehr populäres Tanzlokal Do–Sa 12–4 Uhr, Mi, So 12–24 Uhr, Billard, Bowling.

Feste

■ Anfang August **Eiscrem-Festival** (Konzerte, Feuerwerk), im Sommer **Gurken-Fiesta** (die Stadt gilt als die Gurkenhauptstadt).

Marijampolė

Das **Sūduva-Gebiet** liegt im Südwesten des Landes und wird auch **Suvalkija** genannt. Marijampolė mit 50.000 Einwohnern ist das Verwaltungs-, Industrie- und Kulturzentrum der Region. Von Polen über die *Via Baltica* (Grenzübergang Kalvarija) oder per Bahn kommend, ist sie die erste litauische Stadt und deshalb ein bedeutendes Handelszentrum. Für Touristen ist Marijampolė meist nur Durchgangs-/Übernachtungsstation.

Die **Via Baltica** (A 5) durchschneidet die Stadt, und zwar als Kauno gatvė nördlich und als Vytauto südlich des **Platzes Basanavičiaus aikštė,** leicht zu

◁ Alte Bürgerhäuser von Kėdainiai

1b

erkennen am mehrstöckigen Hotel Europa Royale, in dem auch die **Tourist-information** ist. Am gleichen Platz stehen auch die Post und das Rathaus. Von hier führt die Gedimino g. Richtung Osten zum sehenswerten **Bahnhof** von 1924 (Jugendstil) mit originellem Turm. Südlich des Platzes führt die Bažnyčios g. nach Westen zum **Marktplatz,** um den die zweitürmige **Basilika** (1824, klassizistisch, schöne Gemälde), das **Mariannenkloster** und das **Theater** (P. Armino 2, Tel. 54459) liegen. Das **Heimatmuseum** ist auf verschiedene Gebäude verteilt (Hauptmuseum in Vytauto 29, Tel. 54575).

Verkehrsmittel

■ **Busverbindungen** vom Busbahnhof neben dem Bahnhof (Tel. 51333) u.a. nach Polen und Deutschland.
■ **Bahnverbindungen** vom Bahnhof, Stoties 2 (Tel. 91520), nach Kaunas und Šeštokai.

Unterkunft

■ **Gästehaus Grižulo Ratai**①, Kauno gatvė, einfache, saubere Zimmer im 1. Stock eines Fahrradgeschäfts.
■ **Hotel Vingis**②, Poilsio 21, schöne Lage beim Marios-Park am Flüsschen Šešupe im Süden der Stadt, Tel. 20980, www.hotel-vingis.lt, 15 Zimmer.
■ **Motel Luna**②, Mokyklos 1, Tel. 68608, www.motelluna.lt, 32 Zimmer, Restaurant, Bar, Bowling, Billard.
■ **Hotel Südavija**②, Sodo 1 a, Tel. 52995, www.sudavija.com, 15 moderne Zimmer, schöner Garten, ruhig.
■ **Hotel Europa Royale**③, Basanavičiaus a. 8, Tel. 97778, www.europaroyale.com, 47 sehr elegante Zimmer, Fitness- und Spa-Center, Pizzarestaurant im Erdgeschoss, Bar.
■ **Gästehaus Keta**①, Gedimino 14 a, Tel. 52264. 10 Zimmer, Restaurant.

Informationen

■ **Tel.-Vorwahl Marijampolė:** (00370-) 343
■ **Touristinformationen,** im Hotel *Europa Royale*.

Nützliche Adressen

■ **Post,** Basanavičiaus 9.
■ **Pizza Jazz** (im Hotel *Europa Royale*); **Cafés** u.a. in der Gedimino g.
■ **Iki-Supermarkt** (Vilkaviškio 22, 9–21 Uhr).

Von Kaunas durch das Nemunas-Tal

Der Fluss Nemunas (**Memel**) stand im 13. Jh. im Mittelpunkt des Kampfes zwischen den Kreuzrittern und den Litauern, und danach wurde er zu einer wichtigen **Handelsstraße.** Die 86 km lange Fahrt am nördlichen Ufer auf der Straße 141 **von Kaunas nach Jurbarkas** führt auf der alten Poststraße vorbei an vielen historischen Orten mit z.T. noch gut erhaltenen **Schlössern,** die von Adligen im 17. Jh. meist im Renaissancestil erbaut wurden. Die **Holzburgen** der Litauer und der Kreuzritter sind zwar nicht mehr erhalten, aber die **Burghügel** reflektieren beeindruckend die Geschichte jener Zeit. Von ihnen hat man gute Ausblicke auf das Flusstal.

Auch **(Mini-)Busse** befahren diese Strecke, und man kann die Tour als **Tagestrip** von Kaunas unternehmen. Die Sehenswürdigkeiten sind vom Bus aus aber schlecht oder gar nicht zu sehen, sodass man unterwegs aussteigen und auf den nächsten der relativ wenigen (Mini-)Busse warten muss (am besten gleich vor der Abfahrt am Busbahnhof die Fahrpläne geben lassen). Es gibt zwei **Radwege,** einer entlang der Nord-, einer entlang der Südseite des Nemunas (streckenweise noch im Bau). Infos auch unter www.jurbarkotic.lt. Empfohlen ist der *Nemunas Cycle Route Guide.*

Raudondvaris

9 km stromab von Kaunas sieht man nahe der Mündung des Nevėžis die roten Ziegelmauern des **Schlosses Raudondvaris** („Rotes Schloss"). Man erreicht es über eine 500 m lange, ausgeschilderte Stichstraße gleich rechts hinter dem Ortseingang. Es wurde 1615, also bereits lange nach den Angriffen der Kreuzritter, auf dem Platz einer früheren Burg als Lustschloss im Renaissance-Stil erbaut. Sein **runder Burgturm,** die schmalen Fenster und Schießscharten waren deshalb nur Kulisse. Einem Beschuss hätten die dünnen Mäuerchen schon damals nicht standgehalten.

Das Schloss wurde oft umgebaut. Im 17. Jh. war es im Besitz der Adelsfamilie Radvila. Anfang des 19. Jh. hatte Graf *Tiszkiewicz* hier seine Bildersammlung und Bibliothek. Die Bilder wurden im Ersten Weltkrieg in den Westen verkauft, die Bibliothek ging an die Universität von Kaunas. 1885 bekam das Schloss neugotische Züge.

Während des Ersten Weltkriegs hat der Schriftsteller *Arnold Zweig* als Schreiber des Oberkommandos Ost hier gearbeitet und das Schloss in seinem Roman „Einsetzung eines Königs" verewigt. Im Zweiten Weltkrieg wurde es schwer beschädigt. Auf dem Parkgelände stehen auch die Orangerie und vier Wirtschaftsgebäude. In einem von diesen ist heute ein **Museum** über den Grafen sowie über den Komponisten *Juozas Naujalis* (Di–Sa, Tel. 37449601, 9–17 Uhr). Für letzteren wurde in der Stadt ein beeindruckendes Denkmal aufgestellt. Sehenswert ist auch die **Paštuva-Kirche** mit einer schönen Sakristei.

Kulautuva

Nach 17 km führt eine 2 km lange Stichstraße zum Luftkurort Kulautuva. Im Sommer fahren Ausflugsboote von Kaunas hierher (s. dort). Sehenswert sind die vielen **Villen.** Alle zwei Jahre findet hier das „Kaunas Gesangs- und Tanzfestival" statt. Die Touristinformation ist in der Akaciju al. 29, Tel. 67266694.

Vilkija

Vilkija (von lit. *vilkas* = Wolf) liegt 27 km von Kaunas entfernt und wurde erstmals 1430 in einem Brief von *Vytautas* an den Magister des Kreuzritterordens erwähnt. Hier hatte der Großfürst ein Schloss. Die Handelsstraße von Vilnius nach Königsberg, auf dem Weg von Danzig nach Moskau, führte durch den Ort, der 1450 als **erste litauische Zollstation** erwähnt wurde, ein wichtiger Umschlagplatz zwischen Litauen, Polen

1b

und Russland. 1792 erhielt Vilkija die Magdeburger Stadtrechte. Die Altstadt ist ein urbanes Kulturerbe.

Von der neugotischen zweitürmigen **St. Georgskirche** (1908) hat man einen schönen Blick. Nicht weit von hier liegt der **Jauciaikiai-Hügel,** der an die im 14. Jh. hier befindliche Burg und die Kämpfe mit den Kreuzrittern erinnert; Ausstellung im **Heimatmuseum** (Kauno Mažoji 2, Tel. 37556400).

Seredžius

Die Stadt liegt 42 km von Kaunas am Zusammenfluss von Nemunas und Dubysa und ist einer der **sagenumwobensten Orte** Litauens. Die Holzburg von Piešvė auf dem **Burghügel Palemonas** (abgeleitet vom römischen Patriziergeschlecht Palemon, von dem die Litauer angeblich abstammen sollen) erwehrte sich 1293–1363 den Angriffen der Kreuzritter. Sie verlor aber nach 1410 ihre Bedeutung. Vom Burghügel hat man einen tollen Blick auf das Tal der Dubysa und ihrer Mündung. Es wird vermutet, dass in der Nähe die **Kreuzritterburgen Marienburg** (1336) und **Dubysos** (1406) standen. Von diesen sind nur zwei kleine Hügel mit dem Namen Paločeliai übriggeblieben.

Im 16. und 17. Jh. war die Stadt ein wichtiges Handels- und Handwerkszentrum. 1829 wurde sie überschwemmt, sodass sie an einer der oberen Nemunas-Terrassen wieder aufgebaut wurde, darunter eine alte Wohnsiedlung und die **Kirche des Hl. Johannes des Täufers** (1913). Die Bushaltestelle liegt am Fuß des Burghügels am Ortsausgang. Einen Kilometer weiter liegt rechter Hand das

klassizistische **Gutsschloss Belvedere** (1830–40), erreichbar über 365 Treppenstufen. Es ist nicht zu besichtigen.

Panemuniai-Regionalpark

Der Park wurde zum Schutz des Nemunas-Tals von Seredžius bis Jurbarkas mit seinen Schlössern, Burghügeln und Gutshöfen sowie seiner Fauna und Flora errichtet. Die Zeit scheint hier stehengeblieben zu sein, viele **Alleen** säumen die Straße. Die Parkverwaltung ist in Silinės (Tel. 44741723, Infos u.a. über vier Wanderrouten, Segelboote). Ausflüge von Jurbarkas bis hierher und das Folklore- und Sportfestival Mitte/Ende Mai auf den Burghügeln organisiert die Touristinformation in Jurbarkas.

Veliuona

Folgt man dem Nemunas abwärts, so gelangt man an der Einmündung der Veliuonelė zu dem geschichtsträchtigen Städtchen mit seinen **drei Burghügeln,** die man über Holztreppen besteigen kann. Bereits 1231 stand hier auf einem 32 m hohen Schüttberg die **Burg Junigeda,** die von den Ordensrittern immer wieder angegriffen wurde. Da sie aber nie eingenommen werden konnte, errichteten die Ritter dann im Jahre 1337 westlich von Veliuona an der Mündung der Gysta in den Nemunas auf dem Pilaičiai-Hügel ihre eigene Burg – die **Bayerburg** (Pilaitės). Die Litauer aber zerstörten die Bayerburg, indem sie am Fuß der Burg riesige Feuer legten und die Ritter mit Pfeilen und Katapultsteinen beschossen, sodass diese die Feuer nicht löschen konnten. Wie die Legende behauptet, soll dabei der Großfürst *Gediminas* durch die Kugeln der Kreuzritter gefallen sein, die hier erstmals in Litauen Feuerwaffen einsetzten. Historiker bezweifeln dies allerdings, da der Sturm auf die Burg 1337 stattfand, während *Gediminas* bis 1341 noch lebte.

Das hinderte aber die Litauer nicht daran, den Hügel neben der Burg Junigeda, der durch einen 17 m tiefen Graben getrennt ist, als **Grabhügel des Gediminas** zu bezeichnen und für ihren Nationalhelden dort 1922 einen Obelisken aufzustellen. Hier soll früher eine Opferstelle für die Göttin *Velionė* gewesen sein. *Vytautas* der Große ließ 1412 an der Stelle der Junigeda-Burg eine **neue Burg** (Ramybė) aus Stein errichten. Sie diente aber nach der Niederlage der Ritter im Jahr 1410 nicht mehr strategischen Zwecken, sondern als Pfalz.

Im Jahr 1507 erhielt die Stadt das **Magdeburger Stadtrecht.** Hier lebten viele Handwerker und Händler aus ganz Europa. *Vytautas* wurde auf dem nach ihm benannten Platz ein **Denkmal** errichtet. Zu seinen Ehren findet Anfang September ein historisches Fest statt.

Sehenswert sind auch die **Renaissance-Kirche Mariä Himmelfahrt** (1636–44) mit wertvollen Kunstschätzen und einem tollen Barockaltar sowie das **klassizistische Gut Veliuona** vom 19. Jh., das in einem großen Park mit seltenen Bäumen liegt und ein kleines **Heimatmuseum** beherbergt (Di–So 10–17 Uhr, Tel. 4842652).

Raudonė

10 km westlich von Veliuona erreicht man Raudonė. Von der Durchgangsstraße aus sieht man von Weitem einen roten Zinnenturm über die Baumwipfel ragen. Die **Schlossburg** liegt auf einer Terrasse oberhalb des Flusslaufes und ist über ein 500 m langes steiles Sträßchen zu erreichen.

Sie heißt wie das Schloss Raudondvaris nach dem roten Ziegelstein „die Rote" und ist ebenfalls gegen Ende des 16. Jh. als reiner Repräsentationsbau (Lustschloss) im Stil der Renaissance errichtet worden. Bauherr war der Holzhändler *Krispin Kirschenstein,* der die Hänge entlang des Nemunas abholzen ließ, um das Geld in diesen Prunkbau zu investieren. An der gleichen Stelle hatte bereits zur Zeit der Ordensritter und des Großfürsten Vytenis (1294–1316) eine **Festung** gestanden, die zur Kette der Burgen entlang dem Nemunas gehörte. Danach war hier ein Königliches Gut, um das sich dann ein Dorf ansiedelte.

1968 wurde die zuvor gotisch, dann klassizistisch und neugotisch umgebaute Burg teils wiederaufgebaut, teils restauriert, die Wehrmacht sprengte 1944 auf dem Rückzug den Turm. (15. April–15. Oktober Mo–Fr 8–16 Uhr, Sa/So 10–16 Uhr). Heute dient sie als Schule. Vom 35 m hohen spätgotischen Zinnenturm hat man eine tolle **Aussicht.**

Im **Park,** einem der besterhaltenen Schlossparks, stehen eine **Linde mit neun Stämmen** sowie andere seltene Bäume. Ende Mai findet hier ein Theaterfestival statt (www.panemuniuziedai.lt). Von Raudonė fährt eine **Fähre** nach Plokščiai am anderen Flussufer (Anmeldung unter Tel. 68679106).

1b

Schloss Panemunė

Etwa 6 km weiter, beim Dorf Vytenai, liegt hoch über dem Nemunas-Tal das Schloss Panemunė, das sich der ungarische Händler Eperjes 1604–10 als Repräsentationsbau errichten ließ. 1753 wurde es im klassizistischen Stil umgebaut, nachdem es ursprünglich im Renaissancestil mit spätgotischen Elementen erbaut wurde. Die Schlossbesitzer, die Brüder *Gelgaudas*, nahmen am Aufstand von 1831 teil, sodass das Schloss zuerst verwüstet, dann von der zaristischen Verwaltung enteignet wurde. Es verwahrloste und wurde in der zweiten Hälfte des 19. Jh. teilweise abgerissen.

Übrig geblieben sind nur die beiden runden **Wehrtürme,** das südliche und westliche Gebäude sowie Reste des östlichen Schlossgebäudes. 1960 begann man schließlich, die Gebäude wieder herzurichten. Ein **Park** mit Teichen umgibt das Schloss. Es ist mit dem Hinweis „Pilis I" ausgeschildert (Besichtigung Di–So 10–16 Uhr). Die Burg kann nicht besichtigt werden. Mitte bis Ende Juli findet hier das Kunstfestival „Echo des Schlosses" statt (www.piliesaidas.lt).

In der nächsten Ortschaft **Skirsnemunė** stand in den Jahren 1313–28 die **Burg Christmemel** des Deutschen Ordens auf dem Hügel, auf welchem heute die St. Georgkirche von 1903 steht. In der Nähe ist ein Campingplatz, Tel. 64032128, www.medaus-slenis.lt.

Jurbarkas

Die Stadt hat touristisch nicht viel zu bieten, dafür aber historisch. Es war ein von Litauern und den Kreuzrittern heftig umkämpfter Ort. Letztere bauten 1259 auf dem von ihnen eroberten Burghügel Bišpiliukais die **Georgenburg** (von der der heutige Stadtname stammt). Fast zur gleichen Zeit errichteten die Litauer ein Schloss auf dem **Schüttberg von Bišpilis.** Die Kämpfe dauerten bis zur Schlacht von Grunwald im Jahr 1410, wonach sich die Ritter zurückzogen. Danach begann die Stadt zu wachsen und wurde ein Handelszentrum, aufgrund der Grenzziehung mit dem Kreuzritterorden sogar eine **Grenzstadt** mit Zollstation. Ende des 16. Jh. erhielt sie Handelsprivilegien, und 1611 die **Magdeburger Stadtrechte.**

Im Zentrum der 13.000 Einwohner zählenden Verwaltungsstadt fließt der Fluss Imsrė in die Mituva, und diese kurz darauf in den Nemunas. Die Straße 141 von Kaunas nach Klaipėda führt als **Dariaus ir Girėno gatvė** in Ost-West-Richtung. An dieser liegen alle wichtigen „Institutionen": in der Nr. 98 das Hotel, in der Nr. 94 das Kulturzentrum mit einem Internetcafé, in der Nr. 81 b eine Buchhandlung, in der Nr. 72 die Post, der Supermarkt Maxima in der Nr. 66, zudem einige Banken und Restaurants.

Hinter der Brücke über die Imsrė liegt der **Busbahnhof.** Von hier führt die Vydūno g. nach Süden über den Nemunas nach Šakiai, die erste Brücke ab Kaunas. Hinter dem Busbahnhof liegen die **Touristinformation** (Nr. 19) und das **Heimatmuseum** (Nr. 21, Tel. 52710, www.jurbarkomuziejus.lt, Mo–Do 8–17 Uhr, Fr 9 16, Sa 11 16 Uhr). Am Nord rand des Stadtparks liegt am anderen Ufer der Imsrė der **Burghügel Bišpilis.**

Verkehrsmittel

■ **Busbahnhof** (s.o.), Tel. 72933, (Mini-)Busse u.a. nach Kaunas, Klaipėda, Vilnius, Tauragė.
■ Im Hafen legen die **Schiffe** von Kaunas nach Nida an (s. dort).

Nützliche Adressen

■ **Tel.-Vorwahl Jurbarkas:** (00370-) 447
■ **Touristinformation** (s.o.), Tel. 51485, www. jurbarkotic.lt.
■ Supermarkt **Maxima** (s.o.); 24-Std.-Geschäft, Kauno 72.

Unterkunft

■ **Hotel Jurbarkas**①, Dariaus ir Girėno 98, direkt am Fluss, Tel. 51646, www.hoteljurbarkas.lt, 28 Zimmer im 5./6. Stock.
■ Pension **Koryznos**①, Liepų 19, Tel. 55534, freundlich, sauber.

Von Kaunas nach Klaipėda auf der A1

Schneller, aber nicht so interessant wie durchs Nemunas-Tal, ist die Fahrt von Kaunas nach Westen auf der A1. Das erste Stück bis zur Abzweigung nach Panevėžys ist Teil der *Via Baltica.*

Raseiniai

In Raseiniai sind das Ensemble des Dominikanerklosters (17./18. Jh.) in der Bažnyčios 11, die Mariä-Himmelfahrt-kirche (1782) und das Žemaitis-Denkmal sehenswert. Touristinformation, Muziejus 5, Tel. 42870723.

Unterkunft

■ **Hotel Rasa**①, Moimio 2, direkt am Fluss, Tel. 428 51274, rasprek@delfi.lt.
■ **Gästehaus Mirkliai**①, Žemaièiu 26, Tel. 428 70405, office@mirkliai.lt.

Dubysa-Regionalpark

Für **Natur- und Sportfreunde** ist der Dubysa-Regionalpark nördlich und östlich von Raseiniai interessant. Er wurde zum Schutz des Flusses Dubysa und seiner Umgebung eingerichtet (der 120 km lange Fluss fliesst auch durch die Regionalparks Kurtuvėnai und Panemuniai).

Es gibt zwei **Naturreservate** (Pasandravys, Lyduvenai) und das **Kulturreservat Betygala** (Burghügel der Žemaiten-Burg von 1253; Hl.-Nikolaus-Kirche mit schönen Gips-und Holzfiguren). Die **Parkverwaltung** ist in Raseiniai (Dominikonų 2 a, Tel. 42870330, Infos u.a. über Campingplätze, Pensionen, Bootsausflüge, Kanutrips, Segelboote, Radfahren, Skilanglauf; Kanuverleih unter Tel. 42850686).

Kaunas und der Südwesten

1b

KLAIPĖDA
UND DIE OSTSEEKÜSTE

Klaipėda, das frühere Memel, ist die drittgrößte Stadt Litauens und **der einzige große und eisfreie Seehafen des Landes.** Und die schmale, lange Landzunge der **Kurischen Nehrung** aus purem Sand ist zweifellos eine der eigenartigsten und faszinierendsten Landschaften Europas. Sie ist als Nationalpark geschützt und außerdem auf der UNESCO-Welterbe-Liste.

NICHT VERPASSEN!

- Ein poetisches Erinnerungsstück: das **Denkmal des „Ännchen von Tharau"** | 163
- Die Sahara als UNESCO-Welterbe: beeindruckende **Dünenlandschaft auf der Kurischen Nehrung** | 187
- Liebhaberort für Literaten: das **Thomas-Mann-Haus in Nida** | 203
- Europas größtes **Bernsteinmuseum** steht in **Palanga** | 215

Diese Tipps erkennt man an der gelben Hinterlegung.

△ Am Kurischen Haff in Minija

1c

Klaipėda

Die Stadt Klaipėda mit rund 154.000 Einwohnern liegt gegenüber der Nordspitze der Kurischen Nehrung an der Mündung des Flusses Danė (Dange). Alle Vororte mitgerechnet, erstreckt sie sich bei 2–3 km Breite über mehr als 20 km entlang der Haffküste.

Hauptader ist die von Nord nach Süd verlaufende Manto gatvė, die südlich des Flusses für etwa 500 m zur Tiltų gatvė und dann zum Taikos prospektas wird.

Das **Geschäftszentrum** liegt nördlich der Danė. Die reizvolle **Altstadt** findet man am linken (südlichen) Ufer der Flussmündung. Weiter nach Süden hin schließt sich der einstige Vorort **Smeltė** (Schmelz) an, der sich zu einem Industrieviertel entwickelt hat. Dort liegen

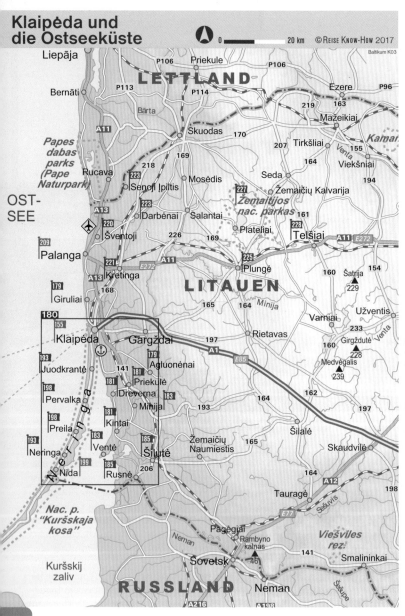

Klaipėda und die Ostseeküste

0 ▬▬▬ 20 km   ©REISE KNOW-HOW 2017

Baltikum K03

auch der Fischereihafen (Heimatbasis der Fischfangflotte), ein Cargo-Hafen und der **internationale Fährhafen** mit dem Kreuzfahrtschiffterminal. Die Kais haben eine Gesamtlänge von 12 km.

Danach folgen kilometerweit neuere Wohngebiete, die sich in Richtung Priekulė erstrecken. Ebenfalls zu Klaipėda gehört **Smiltynė** (Sandkrug) an der Spitze der Kurischen Nehrung, ein Naherholungsgebiet, rund 500 m entfernt auf der anderen Haffseite und mit Fähren verbunden. Dort befinden sich u.a. das Meeresmuseum, das Delfinarium und das Aquarium.

Für den **Tourismus** hat Klaipėda mehrfache Bedeutung. Einmal ist die **Altstadt** mit ihren für Litauen ungewöhnlichen **Fachwerkbauten** einen Stadtbummel wert, und es gibt auch einige lohnende **Museen.**

Nach Norden hin sowie 20 km weiter landeinwärts erstrecken sich einige schöne Kiefernwälder. Gute **Bademöglichkeiten** findet man in erster Linie an den Stränden von Smiltynė, aber auch nördlich von Klaipėda in Melnragė und Giruliai. Die Hafenstadt ist schließlich auch das **Tor zur Kurischen Nehrung** mit ihrer einzigartigen Natur und ihren traumhaften Badeorten.

Geschichte Klaipėdas und des Memellandes (Klein-Litauen)

Es wird allgemein vermutet, dass der Name Klaipėda aus der Verschmelzung von zwei Wörtern entstanden ist. *Klaips* bedeutet Brot und *eda* essen. Der Name tauchte erstmals 1413 auf.

Schon zu Beginn unserer Zeitrechnung war die Gegend um den natürlichen Hafen an der Danė-Mündung und nahe dem Haff-Ausgang vom baltischen Aisčiai-Stamm besiedelt. Auf den Inseln der Mündung entstand eine **Burg** mit dem Namen *Cleypeda,* die ab dem 9. Jh. zusammen mit der Ortschaft immer wieder von den Wikingern angegriffen wurde.

Im 13. Jh. war der **Fluss Memel** die Grenzlinie der Interessengebiete des Deutschen Ordens nördlich und des Livländischen (Schwertbrüder-)Ordens südlich davon, die den Wasserweg und die Meerenge beim Kurischen Haff für die Missionierung zu sichern und ihre Gebiete zu vereinigen suchten, wobei ihnen die Burg im Wege war. Daraufhin eroberte der **Orden der Schwertbrüder** das Gebiet um Klaipėda.

1252 baute er an der Stelle der eroberten Burg eine **Palisadenburg** und nannte sie und die Stadt **Memele** (der Name beruht vermutlich auf einem Irrtum, da sie den Fluss Dangė für die Memel hielten). Die **Memel-Burg** wurde 1254 durch eine **Steinburg** ersetzt und kurz darauf erfolglos von litauischen Stämmen angegriffen.

Die Stadt entwickelte sich schnell und erhielt 1254 das **Dortmunder,** 1258 das **Lübecker Stadtrecht.** Im gleichen Jahr wurde die erste Missionskirche gebaut, weitere folgten bis 1290, noch lange vor der Christianisierung Litauens. 1260–74 organisierte *Herkas Mantas* die erfolglosen Pruzzen-Aufstände. Burg und Stadt hatten **große strategische Bedeutung** als Verbindungsort zwischen Königsberg und Riga. Entsprechend erbittert wurde er von den Kuren, Žemaiten und später auch Aukštaiten angegriffen und mehrfach eingenommen, erstmalig 1323, als sich Žemaiten und Aukštaiten unter Führung des Großfürsten *Gediminas* vereinigten und Stadt und Burg einnahmen. Sie wurde jedoch wieder zurückerobert. 1328 vereinigten sich die beiden Kreuzritterorden, und die Stadt mit Burg wurde an den **Deutschen Orden** übergeben.

Die bisherige Grenzlinie am Fluss Memel verlagerte sich deshalb auch ein Stück nach Norden. Das Gebiet von der Memel bis dorthin hieß fortan **Memelland** und wurde später ein Teil von **Ostpreußen.** Der etwa 30–40 km breite Landstreifen erstreckte sich von Nimmersatt (Nemirseta; heute Stadtteil von Palanga) bis nach Schmalleningen (Smalininkai). Hier siedelten sich später u.a. deutsche und polnische Bauern an, und es bildete sich ein Schmelztiegel vieler Nationen. Es wurde auch als **Klein-Litauen** bezeichnet.

Trotz der Niederlage der Kreuzritter 1410 bei Grunwald blieb das Memelland nach den Friedensverträgen von Thorn (1411) und Melnosee (1422) beim Deutschen Orden, doch die Angriffe des litauischen Großfürstentums endeten erst, als sich dessen Interesse mehr nach Polen verlagerte.

Die **Grenze** zwischen **Preußen** und **Litauen** wurde zur **dauerhaftesten in Europa,** von 1422–1919 blieb sie unverändert (der Stadtname Memel blieb bis 1923 erhalten).

Nachdem Memel 1525 durch die Auflösung des Ritterstaates **preußisch** wurde, begann die Stadt zu wachsen, Handwerk und Handel entwickelten sich, aber die Stadt hatte gegen die Konkurrenz von Riga und die der **Hansestädte** Danzig und Königsberg anzukämpfen. Danziger Kaufleute luden sogar Anfang des 16. Jh. große Steine von Schiffen ab und blockierten damit die Hafeneinfahrt. Bis zum 17. Jh. durften aus strategischen Gründen keine Häuser aus Stein errichtet werden, damit man bei einem Angriff die Stadt in Brand setzen und die Gegner keinen Schutz finden konnten. Doch das hatte auch Nachteile, denn der erste von vielen **Großbränden** brach 1540 aus. Im 30-jährigen Krieg fiel 1629 das Memelland für sechs Jahre an die Schweden, die es völlig zerstörten. Wiederaufgebaut fiel Klaipėda 1678 einem erneuten Großbrand zum Opfer. 1701 wurde Memel Teil des **Königreichs Preußen.** Die **Pest** raffte 1709–10 3000 Menschen dahin, Hungersnöte folgten. 1757–62 fiel Memel unter die **Zarenherrschaft** unter dem berühmten Feldherrn *Suvorov.*

Als *Napoleon* Berlin erobert hatte, wurde Memel 1807–08 sogar zur **provisorischen Hauptstadt Preußens** und der Residenz von König *Friedrich Wilhelm III.* und seiner Gattin *Luise.* Sie residierten im späteren „Alten Rathaus" in der Alexanderstraße (heute Danės g.). Zar *Alexander I.,* der sie schon 1802 in Berlin besucht hatte, war hier im April 1807 drei Tage zu Gast. Der König erließ hier u.a. den Befehl zur Abschaffung der Leibeigenschaft in Preußen. Die legendäre Königin *Luise* unternahm hier ein vergebliches Friedensangebot an Napoleon. 1812 besetzten russische Truppen kurzfristig die Stadt.

▷ Das Museum der Geschichte Klein-Litauens

Danach folgten einige ruhigere Jahrzehnte. Handel und Wirtschaft blühten auf. Das Jahr 1854 brachte zunächst einen enormen **Aufschwung,** weil durch Ausbruch des Krimkriegs der gesamte russische Handel über den Hafen von Memel lief (unter den vermögenden Kaufleuten war auch *Heinrich Schliemann,* der spätere Entdecker Trojas). Im gleichen Jahr ereignete sich aber eine **Brandkatastrophe,** die fast die gesamte Stadt vernichtete. 1871–1919 gehörte Memel zum **deutschen Kaiserreich.** 1873 wurde der Kaiser-Wilhelm-Kanal fertiggestellt. Es erfolgte der Versuch der **Germanisierung der litauischen Bewohner,** der jedoch auf Widerstand stieß. 1875 erfolgte der Bau der **Eisenbahnlinie nach Tilsit,** die Stadt florierte durch Schiffbau und Holzhandel.

Im **Frieden von Versailles** wurde das Gebiet nördlich des Nemunas (Memel) 1919 zunächst zum Völkerbundsmandat, dann am 15.1.1920 zur treuhänderischen Verwaltung an **Frankreich** übergeben. Nachdem die Region Vilnius 1920 von Polen annektiert wurde, beanspruchte Litauen verschärft das Memelgebiet. Im Januar 1923 besetzten **litauische Freischärler** die Stadt und das Memelland, in Šilutė forderten sie am 19. Januar den Anschluss Klein-Litauens an Litauen. Die 200 französischen Soldaten ergaben sich widerstandslos. In der am 8.5.1924 unterzeichneten **Memelkonvention** übertrugen die Hauptmächte der Alliierten ihre Rechte aus dem Versailler Vertrag an Litauen, wodurch das Memelgebiet **Autonomiestatus** unter litauischer Oberhoheit erlangte. Der Landtag bestand jedoch überwiegend aus antilitauischen Abgeordneten. Die überwiegende Mehrheit der Memel-

länder fühlte sich immer noch dem Deutschen Reich und Kulturkreis angehörig und wählte überwiegend auch deutsche Parteien (diese erhielten 1938 sogar 87 % der Stimmen, obwohl nur rund die Hälfte Litauer waren). Am 23. März 1939 erzwang das Deutsche Reich die Rückgabe des Memellandes, die letzte Rückeroberung vor Ausbruch des Zweiten Weltkriegs (ansonsten hätte die Wehrmacht ganz Litauen besetzt). Litauen wurde nur eine **Freihafenzone** in Memel **für 99 Jahre** zugestanden. Am gleichen Tag traf dann der „Führer" in Memel ein und proklamierte vom Balkon des Theaters den **Anschluss des Memellandes.** Als deutsches Staatsgebiet blieb das Memelland deshalb vom „Heim ins Reich"-Programm verschont.

1c

Fünf Monate später begann der **Zweite Weltkrieg,** und am 28. Januar 1945 besetzte die Rote Armee zusammen mit der 16. Litauischen Division nach monatelangem Artilleriebeschuss die Stadt, die zu zwei Dritteln in Schutt lag. Von etwa 40.000 Einwohnern vor Kriegsausbruch flüchteten die meisten nach Westen, und als die Russen die Stadt eroberten, fanden sie nur noch **28 Überlebende.** 1948 wurde das Memelland der litauischen *SSR* angegliedert. Die hier gebliebenen **Memelländer** wurden zwangseingebürgert; die meisten wanderten 1956 nach Aufnahme diplomatischer Beziehungen mit der Sowjetunion nach Deutschland aus. Die Stadt florierte als Industrie- und Hafenstadt und war für ausländische Touristen gesperrt. Das frühere Memelland wurde auf die Verwaltungsbezirke Klaipėda und Tauragė aufgeteilt.

Am 20.10.1988 wurde auf dem Theater die litauische Flagge gehisst, das Lenindenkmal wurde am 21.8.1991 geschleift (es ist heute in Grūtas zu sehen).

Altstadt (Senamiestis)

Die rund 60 ha große **Altstadt,** das eigentliche historische Zentrum, erstreckt sich südlich der Danė, gleich bei der einstigen Burg, und ist 1410 nach einem streng rechteckigen Muster angelegt worden. Verlaufen ist unmöglich. Die Anordnung der Straßen und Gebäude hat sich seit Mitte des 17. Jh. nicht verändert. Ihr Gesicht wird geprägt durch die **700 Jahre deutscher Besiedlung** und ihre Funktion als Hafen und Handelszentrum. So findet man hier alte **Speicher** und, was sonst für Litauen sehr ungewöhnlich ist – **Fachwerkbauten,** die nördlichsten in Europa.

Allerdings ist das Fachwerk hier vergleichsweise schlicht und bleibt in den meisten Fällen dem Besucher verborgen, da es aus Gründen des Brandschutzes mit Putz überzogen wurde. Denn mehrmals haben hier verheerende Brände gewütet, zuletzt 1854, sodass nur wenige Fachwerkhäuser und einige andere Häuser vom 17. bis 19. Jh. erhalten sind. Die einstigen Kirchen wurden im 2. Weltkrieg zerstört und abgerissen. Die Stadtmauer wurde schon im 18. Jh. geschleift.

Die gesamte Altstadt wurde 1969 zum **Kulturdenkmal** erklärt, und seither bemüht man sich intensiv und mit Erfolg, alles zu restaurieren, um das traditionelle Gesicht der Stadt zu bewahren. Die **Straßennamen** lassen leicht darauf schließen, welche Betriebe hier früher angesiedelt waren, z.B. Kepėjų g. (Bäcker-), Kurpių g. (Schuster-), Kalvių g. (Schmiede-), Šaltkalvių g. (Schlosser-) und Žvejų g. (Fischerstraße). Die Touristinformation und einige Museen verkaufen Kopien eines alten deutschen Stadtplans. Die Altstadt pulsiert Tag und Nacht. Es gibt einige Museen und Galerien, Theater, viele Gastronomiebetriebe, Nachtklubs und Einkaufsmöglichkeiten.

Rundgang

Der Rundgang beginnt an der **Börsenbrücke** *(Biržos tiltas)* zwischen Manto und Tiltų, der ältesten Brücke der Stadt. Daneben steht eine **Infosäule** mit Dächlein, Windrose, Barometer, Thermometer, Stadtplan und Uhr; ein kleineres Modell von der einst 5 m hohen meteorologischen Säule von 1889 (damals noch mit einem Automaten mit Werbeschildern), die 2003 zum 750-jährigen Stadtjubiläum wiedererrichtet wurde. Am Kai liegt der herrliche **Windjammer Meridianas** von 1948, früher ein finnisches Ausbildungsschiff für Matrosen, heute ein populäres Restaurant. Ein großes **Denkmal** erinnert an die 1000-jährige Staatsgründung (1009–2009). Am Eckhaus Tiltų 1 soll die Skulptur des Liebesgottes *Cupid* an die Liebe der Bürger zu ihrer Stadt erinnern.

Südlich der Brücke, vorbei an ausgegrabenen Fundamenten, geht es westlich in die Žvejų g. Rechts steht das **erste Hochhaus** der Stadt (von 1923, 9-stöckig), das wie die meisten Gebäude der Altstadt wegen des sumpfigen Grundes auf Holzpfählen errichtet werden musste (heute ist eine Bank darin untergebracht). An der Flusspromenade befinden sich fünf **Bronzepoller,** darunter einer zur Erinnerung an *Gintaras Paulonis* (s. Smiltynė). Entlang der schönen Uferpromenade stehen einige **alte Speicher,** die teilweise bereits restauriert und zu Geschäften, Hotels, Cafés, Restaurants etc. umfunktioniert wurden. Das heutige *Restaurant Memelis* ziert die alte Aufschrift „Germania-Speicher".

Auf der anderen Seite der Pilies g. (Burgstraße) erstreckte sich der frühere **Markt.** Hier sind auch einige alte Speicher erhalten geblieben, und gleich bei der Anlegestelle der Fähre nach Smiltynė findet man noch Spuren aus der deutschen Zeit in Gestalt einer ausgebleichten Aufschrift an der verwitterten Backsteinfassade des ehemaligen **Raiffeisen-Lagerhauses.**

Von der **Memelburg** sind heute nur noch die Ruinen des Burgfundamentes, Fragmente des Walls und des Rund-turms, Reste der Bastion, der Wassergraben und der Ravaline der Burgzitadelle zu sehen. Sie liegt westlich des Theaterplatzes nahe der Danė-Mündung. Unter einem Erdwall wurde zur 750-Jahr-Feier das **Burgmuseum** eingerichtet (Pilies 4, Di–Sa 10–18 Uhr, Tel. 410527, www.mli muziejus.lt. Geschichte der Burg, Waffen, Kleidung, Straßenpflaster aus dem 16. Jh. u.a.). Sehr sehenswert, der Eingang liegt südlich des Wassergrabens. Man erreicht es über die Werftstraße, entweder von der Pilies oder von Westen. Es gibt ein verbilligtes Kombiticket, das auch für das Schmiedekunstmuseum und das Museum der Geschichte Klein-Litauens gilt.

Der Wassergraben hat einen Zufluss zur Danė. Eine von Hand zu bedienende **Drehbrücke** von 1855 verbindet den Kanal zwischen der Burg und der Danė. Die erste **Steinburg** von 1254 wurde während der nächsten Jahrhunderte oft erobert, teilweise zerstört und deshalb auch oft umgebaut. Im 16. Jh. baute man als Schutz gegen die aufkommende Artillerie die heute noch teilweise gut erhaltenen **Erdwälle.** Im 18. Jh. wurde sie zum **stärksten Fort Preußens** ausgebaut. Trotzdem wurde sie vom russischen Heer 1757 eingenommen. Nach dem Rückzug der Russen wurde sie 1866 abgerissen, zumal damals auch das Fort Kopgalis gebaut wurde. Der Wiederaufbau der Burg ist geplant.

Nur wenige Schritte von der Burg liegt der **Theaterplatz** *(Teatro aikšte),* das Herz der Stadt und der frühere Marktplatz. Hier finden viele Feste und Feierlichkeiten statt, hier ist auch der **Souvenirmarkt** (sehr touristisch und leider auch überteuert). Neben dem **Alten Theater** steht das **Schauspielhaus** von

Klaipéda und die Ostseeküste

1c

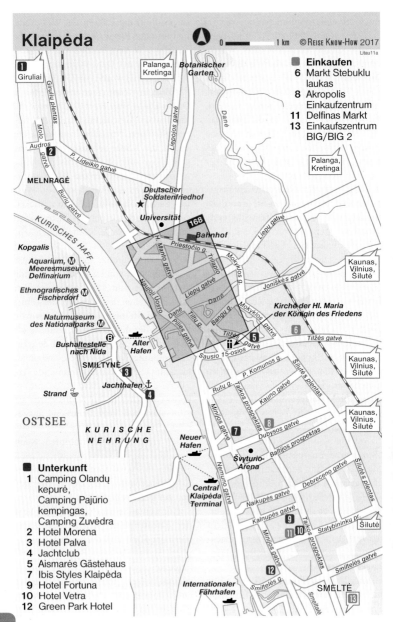

Klaipėda

0 ▬▬ 1 km © REISE KNOW-HOW 2017

Litau11a

Einkaufen
6 Markt Stebuklu laukas
8 Akropolis Einkaufzentrum
11 Delfinas Markt
13 Einkaufszentrum BIG/BIG 2

Giruliai

Palanga, Kretinga

Botanischer Garten

Danė

Girulių plentas

Molio

Audros gatvė

P. Lideikio gatvė

Palanga, Kretinga

MELNRAGĖ

Burių gatvė

KURISCHES HAFF

Deutscher Soldatenfriedhof

Universität

166

Bahnhof

Priestočio g.

Liepų gatvė

Mokyklos g.

Liepų gatvė

Kaunas, Vilnius, Šilutė

Kopgalis

Aquarium, Ⓜ Meeresmuseum/ Delfinarium

Ethnografisches Ⓜ Fischerdorf

Naturmuseum Ⓜ des Nationalparks

Bushaltestelle Ⓑ nach Nida

Alter Hafen

SMILTYNĖ

Jachthafen ⚓

Strand

OSTSEE

KURISCHE NEHRUNG

Naujoji Uosto

Tiltų g.

Pilies gatvė

Danė

Liepų gatvė

Triliapio

Bangų g.

Joniškės gatvė

Kirche der Hl. Maria der Königin des Friedens

Tilžės

5

ⅱ

Tilžės gatvė

6

Sausio 15-osios

P. Komunos g.

Rutų g.

Talkos prospektas

Kauno gatvė

Minijos gatvė

Dubysos gatvė

Šilutės plentas

Kaunas, Vilnius, Šilutė

Kaunas, Vilnius, Šilutė

Neuer Hafen

7

8

Švyturio-Arena

Baltijos prospektas

Nemuno gatvė

Central Klaipėda Terminal

Naikupės gatvė

Kalnupės gatvė

9

11

10

Statybininkų pr.

Debreceno gatvė

Šilutės plentas

Šilutė

Unterkunft
1 Camping Olandų kepurė, Camping Pajūrio kempingas, Camping Zuvėdra
2 Hotel Morena
3 Hotel Palva
4 Jachtclub
5 Aismarės Gästehaus
7 Ibis Styles Klaipėda
9 Hotel Fortuna
10 Hotel Vetra
12 Green Park Hotel

Internationaler Fährhafen

12

Smiltelės g.

Minijos gatvė

Talkos prospektas

Smiltelės gatvė

SMELTĖ

13

1982. In Anlehnung an das Weimarer Theater wurde 1819 an der Stelle eines früheren Provisoriums ein Theater im Stil des Neoklassizismus erbaut. Hier dirigierte der junge *Richard Wagner* eine Saison lang, und die Königsberger Oper war oft zu Gast. Beim Großbrand 1854 wurde es zerstört, 1857 wieder aufgebaut, 1893 von der Stadt gekauft und der Giebel mit dem Stadtwappen versehen. Auf dem Balkon proklamierte *Hitler* 1939 den Anschluss Memels ans Großdeutsche Reich.

Seit 1989 steht an seinem alten Platz vor dem Theater wieder das berühmte **Standbild des „Ännchen von Tharau"** *(Taravos Anika)*. Das ursprünglich 1912 enthüllte „Ännchen" hat den Krieg nicht überstanden, aber der „Ännchen-von-Tharau-Gesellschaft" ist es gelungen, eine Kopie der Skulptur ausfindig zu machen und so eine originalgetreue Nachbildung zu schaffen, die auf dem **Simon-Dach-Brunnen** wieder aufgestellt worden ist.

Und auch der Brunnen selbst entspricht dem alten Bild: den Steinsockel ziert das Medaillon des in Memel geborenen Dichters *Simon Dach* (1605–1659), und zu Füßen der anmutigen Mädchengestalt ist die erste Zeile des berühmten Liedes vom „Ännchen von Tharau" eingemeißelt. Er hat 1636 das Liebesgedicht zur Hochzeit der Pfarrerstochter *Anna Neander* aus Tharau (dem heutigen Vladimirovo im Kaliningrader Gebiet) mit Pfarrer *Johannes Pertatius* geschrieben. *Dach*, damals Lehrer an der Domschule in Königsberg, verliebte sich beim ersten Anblick hoffnungslos in sie, was er auch in dem Poem zum Ausdruck bringt. Vertont hat es ein anderes Mitglied des „Königsberger Zirkels", der Domorganist *Johann Albert*. Aber erst

nachdem es *Johann G. Herder* 1778 vom ostpreußischen Plattdeutsch ins Hochdeutsche übersetzte und *Philipp F. Silcher* es neu vertonte, wurde es ein Volkslied. Man kann es zu bestimmten Zeiten während des Glockenspiels des Hauptpostamts hören.

Vom Theaterplatz führt u.a. die Jono gatvė nach Osten. Parallel dazu verlaufen die Turgaus gatvė (Marktstraße) und südlich von ihr die Tomo gatvė (Thomasstraße). Von hier führt die Sukiléliu nach Süden. Das Haus mit der Nr. 18 ist ein schönes Fachwerkhaus (eines von zweien, die den Großbrand von 1854 überstanden haben). Nach links in die Daržų, am Musikzentrum (Hausnr. 18) vorbei. Das Eckhaus Daržų/Aukštoji 13 ist die **Alte Post** (sehenswert ist das alte Mobiliar). Von hier lohnt sich ein Abstecher nach Süden zum **Marktplatz** Turgaus aikštė. Links davon ist die **Markthalle,** wo sich bis 1938 die Synagoge befand. Auf dem Platz nahe der Pilio steht eine Dobermann-Skulptur mit dem Namen „Wächter der Altstadt".

Dahinter führt die Seitenstraße Šaltkalvių zum **Schmiedekunstmuseum** (Hausnr. 2, Tel. 410526, www.mlimuziejus.lt, Di–Sa 10–18 Uhr, verbilligtes Kombiticket; u.a. mit einer alten Schmiede und schmiedeeisernen Grabkreuzen vom alten Friedhof, der heute ein Skulpturenpark ist, s.u.).

Hier lohnt ein Abstecher zur **Friedrich-Passage,** einem Komplex restaurierter Gebäude mit Restaurants, Cafés etc. (Tiltų 26 a, www.pasazas.lt), wo eine Nachbildung der Skulptur „Der Wilde" aus dem 17. Jh. steht.

Zurück beim Schmiedekunstmuseum geht man Richtung Norden zur Daržų, nach rechts (im Haus Nr. 10 ist das **Zen-**

1c

trum für **Ethnokultur,** das Haus Nr. 3 hat ein schönes Fachwerk) und gleich wieder links in die Vežejų g. (Hausnr. 4) mit schönem Fachwerk; hier ist das **Marionettentheater.** Dann links in die Bažnyčių und nach links in den Hof mit dem „**Haus der Künstler**" und einer Kunstgalerie (Bažnyčių 4, www.menokiemas.lt), beide prachtvolle Fachwerkbauten. Durch das Tor an der Südseite des Hofs geht es dann zurück zur Daržų, dann nach rechts und zurück zur Alten Post.

Den ältesten **Fachwerkbau** findet man an der Aukštoji gatvė 1/2 (Hohe Straße). Es ist ein 16 m hoher, weiterer Speicher von 1819 (auch **Elefantenspeicher** genannt) und wird für Ausstellungen genutzt. Er ist Teil des **Ausstellungspalastes** *(KKKC Parodų rūmai),* eines

Komplexes aus sechs Gebäuden, von denen vier Baudenkmäler sind (Tel. 314443, Mi–So 11–19 Uhr, www.kulturpolis.lt). Eines davon, die **Baroti-Galerie** im Hinterhof, lohnt allein schon wegen des Gebäudestils (Tel. 68732886, www.barotigalerija.lt, Di–Fr 11–18, Sa 11–16 Uhr).

Die **Aukštoji gatvė** insgesamt ist schön restauriert worden und zeigt hübsche Wohnhäuser alten Stils.

Das **Museum der Geschichte Klein-Litauens** ist in der Didžioji vandens (Große Wasserstr.) Nr. 2. Es beherbergt etwa 56.000 Exponate, darunter archäologische Funde, Trachten, alte Münzen und Landkarten etc. Das Museum war ein aus holländischen Ziegeln gemauertes Kaufmannshaus aus dem 18. Jh., von dem das Mansardendach mit Barockfenstern und das Tor mit Torgewölbe erhalten sind (Tel. 410524, Di–Sa 10–18 Uhr, www.mlimuziejus.lt, verbilligtes Kombiticket).

Von hier zum Ausgangspunkt an der Börsenbrücke kann man durch die vielen Gassen bummeln. Dabei kann man viele interessante **Skulpturen** entdecken, so in der Kepėju die Bronzeskulptur „Turm", das Symbol der Altstadt, an der Kurpių 1a eine Maus, auf dem Haus Kurpių 8 einen Schornsteinfeger und an der Ecke Pastuntinių/Kalvių eine Katze.

In der Turgaus 3 liegt das **Museum der Bernsteinkönigin** mit einem Verkaufsraum (Tel. 213390, 10–19 Uhr, Mai–September 10–21 Uhr).

◁ Ein Prachtstück: der Elefantenspeicher

In der Turgaus 5 liegt die **Tourist-information**. Entgehen lassen sollte man sich aber nicht das älteste Gebäude der Stadt an der Ecke Turgaus/Tiltų 8/10: Die 1677 von *Jakob Jung* gegründete **Grüne Apotheke** ist restauriert worden und zeigt eine kleine Ausstellung mit altem Apothekenzubehör.

Die Jono gatvė (Johannesstraße) führt zum **Johannes-Hügel** an einem Wassergraben mit Resten einer Bastionsfestung vom 15.–18. Jh. Hier stand auch die Johanneskirche von 1696, die im Weltkrieg zerstört und von den Sowjets abgerissen wurde. Die Anlage ist am besten vom Ende der Turgaus oder der Tomo g. zu sehen. Während der Sowjetzeit war hier ein Ruderzentrum und der Winterhafen. Auf der Insel wird das Johannisfest gefeiert, auch klassische Konzerte gibt es hier.

Vor der **Švyturis-Brauerei** in der Kūlių Vartų 7 (Tour möglich nach Voranmeldung in der Touristinformation) steht die **Statue der Neringa** mit zwei Schiffen auf ihren Schultern, welche ihre Macht symbolisieren sollen.

Südöstlich in der Rumpiškės 6a steht die **Kirche Hl. Maria Königin des Friedens** (1960), von deren 46 m hohem **Turm** man einen tollen Blick auf die Stadt hat (8–18 Uhr, Anmeldung unter Tel. 410120 oder Besichtigung bei einer organisierten Tour).

Neues Zentrum

Das Neue Zentrum liegt am rechten (nördlichen) Danė-Ufer. Bereits 1770 wurde parallel zur Danė die Liepų gatvė (Lindenstraße) angelegt, die schönste Straße im 19. Jh., an der die reichen Kaufleute ihre Villen errichteten. Quer dazu baute man zu Beginn des 19. Jh. die **Manto gatvė** nach Norden in Richtung Palanga. Seither entwickelte sich dieser Stadtteil zunehmend zum neuen Zentrum Klaipėdas. Zu deutschen Zeiten hieß er „Friedrichstadt". Heute präsentiert sich eine eklektizistische Mischung von Baustilen. **Haupteinkaufs- und Flaniermeile** des Bezirks ist die Manto gatvė.

Rundgang

Kommt man von der Altstadt über die **Börsenbrücke** (die Börse und der Industrie- und Handelspalast standen früher links von der Brücke), passiert man wieder den Windjammer *Meridianas.*

Rechts am Danės-Platz steht die **Arche,** ein rund 8 m hohes und 150 t schweres **Granitdenkmal für das vereinte Litauen.** Die kleine, rötliche Säule stellt Klein-Litauen dar, das 1923 an Litauen (die große, graue Säule), angeschlossen wurde. Eingemeißelt ist das Zitat der Schriftstellerin *Eva Simonaitytė* „Wir sind ein Volk, ein Land, ein Litauen". Der quasi abgebrochene Teil der oberen Säule symbolisiert das Königsberger Gebiet, das heute zu Russland gehört.

Geradeaus sieht man rechts das **Musiktheater** mit der **Philharmonie,** links das **Hotel Amberton Klaipėda** hinter dem Platz Atgiminio a., wo früher die Lenin-Statue stand. Hier verbrannte sich am 2.3.1989 der Künstler *Vičiulis* mit einer litauischen Fahne in der Hand aus Protest, ein Denkmal erinnert an ihn.

Weiter westlich steht das **Alte Rathaus** mit dem Stadtwappen im Giebel. Hier hatten 1807/08 Königin *Luise* und König *Friedrich Wilhelm III.* von Preu-

1c

ßen ihre zwischenzeitliche Residenz (s.o.). Das klassizistische Gebäude hatte früher einen Turm. Zwischen den beiden Weltkriegen tagte hier der Landtag des autonomen Memelgebiets. Heute ist hier der Sitz der Kreisverwaltung.

An der Kreuzung rechts beginnt die **Liepų-(Linden-)Straße,** eine der schönsten Straßen mit viel Vorkriegszeit-Charakter. Eine Gedenktafel am Gebäude Nr. 5 erinnert daran. Am Haus Nr. 7 sieht man schöne Skulpturen an der Fassade der Bibliothek des Heimatmuseums, das 1924 hier eröffnet wurde. Die Gegenstände sind heute im Museum für die Geschichte Klein-Litauens zu sehen (s.o.). Gegenüber erstrahlt das Haus Nr. 10 mit prachtvoll restaurierter Fassade. Im neoklassizistischen Gebäude Nr. 12 ist das **Uhrenmuseum** untergebracht (Tel. 410413, www.muziejai.lt, Di–Sa 12–18 Uhr, So 12–17 Uhr). Es ist das einzige in Litauen (280 Exponate vom 16. bis 20. Jh. aus vielen Ländern, darunter eine Atomuhr). Eine Äquator-Sonnenuhr aus dem 18. Jh. zeigt im Hof die Zeit an; hier finden manchmal Konzerte statt.

Daneben (Nr. 16) steht das 1893 errichtete **Hauptpostamt,** ein Ziegelbau im Stil der wilhelminischen Neugotik. Es hieß früher „Wilhelminische Post" oder auch das „Kaiserliche Postamt" und ist eines der schönsten Gebäude der Stadt.

⌃ Das Alte Rathaus

Die Schalterhalle hat bunte Glasfenster, die Wände sind mit Brieftauben bemalt (Mo–Fr 8–19, Sa 9–16 Uhr). Das in Holland hergestellte **Glockenspiel** im 44 m hohen Turm stimmt die „Hymne von Klaipėda/Memel" an: das „Ännchen von Tharau". Das Glockenspiel mit 48 Glocken ist sehr gut im Hof des Uhrenmuseums zu hören. Es wird an Samstagen, Sonntagen und Feiertagen zwischen 12 und 13 Uhr gespielt, ebenso zum Ostseefestival und zum Geburtstag der Stadt (siehe „Festivals und Feste", außerdem nach Anmeldung unter Tel. 213225). An den Astronomen *Friedrich Wilhelm Argelander,* der 1799 hier geboren wurde und aufwuchs, erinnert eine Gedenktafel an der Außenwand, er starb 1875 in Bonn.

Auf der linken Straßenseite nach der Einmündung der Donelaičio liegt der gleichnamige Platz mit dem Denkmal des ersten litauischen Dichters *Donelaitis.* In der Hausnr. 33 findet man den aus drei Gebäuden bestehenden Komplex der **Gemäldegalerie P. Domšaitis** mit Werken litauischer, russischer und ausländischer Künstler (Tel. 410412, www.ldm.lt, Di–Sa 12–18, So 12– 17 Uhr).

Vom Ostende der Liepų gatvė nach Norden fast bis zum Busbahnhof erstreckt sich eine Grünanlage: der einstige Stadtfriedhof, der 1977 eingeebnet und zum **Skulpturenpark** umgewandelt wurde mit seinen rund 180 Skulpturen von 54 Künstlern (www.mlimuziejus.lt). Die russisch-orthodoxe Kirche im Südteil des Parks war früher die Friedhofskapelle. Im Park steht auch ein Denkmal für die Aufständischen von 1923 sowie ein Obelisk, ein Originalgrenzpfahl von der früheren Grenzmarkierung zwischen Litauen und Deutschland bei Ni-

merseta. Vom ehemaligen Friedhof sieht man nur noch ein paar Grabsteine an der Nordostseite. Einige der Grabkreuze sind jetzt im Schmiedekunstmuseum (s.o.) zu besichtigen.

Am Nordende des Parks bei der Einmündung der Sodų in die Daukantos steht das **Denkmal für die Befreier des Hafens** am 28.1.1945; hier sind 700 Sowjetsoldaten begraben. Am Tag des Sieges am 9. Mai gibt es hier ein Blumenmeer; das „Ewige Feuer" ist aber schon längst erloschen. Um die Ecke, in der S. Neries 4, kann man im früheren **KGB-Hauptquartier,** dem heutigen Zollamt, eine 12 qm große Zelle besichtigen (Tel. 410527, Anmeldung nötig, www.mlimuziejus.lt, Mo–Do 8–17, Fr 10–15 Uhr; von Okt.–Mai Mo–Fr 10–14 Uhr). Am Eckhaus Daukanto 31 findet sich das **Naturschutzmuseum** (Besuch nur nach Anmeldung, Tel. 412718, Mo–Fr 9–15 Uhr).

Ebenfalls zum Gedenken an *Martynas Mažvydas* wurde 1997 auf dem Lietuvininkų (Memelländer)-Platz ein **Denkmal** errichtet. Der Name des Platzes rührt von der Bezeichnung der Bewohner Klein-Litauens. Nicht weit von hier steht in der Manto 25 die neoklassizistische **Alte Bibliothek** von 1900 mit Säulenportal. Die sechs neogotischen Ziegelgebäude aus dem 19. Jh. in der Manto 84 waren deutsche Armeekasernen; heute ist dort die **Universität** untergebracht.

Nicht weit von der Universität, gleich westlich der Manto g. und nördlich der Eisenbahnbrücke, liegt der **deutsche Soldatenfriedhof.**

Der 10 ha große **Botanische Garten** der Universität im Tauralaukis-Park mit 3000 Arten liegt an der Kretingos 92,

1c

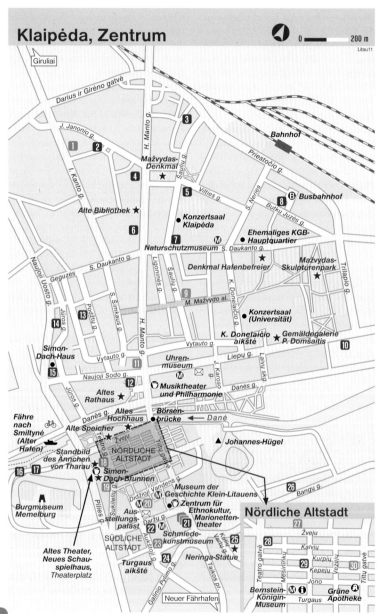

Klaipėda, Zentrum

0 ▬▬▬ 200 m

Litau11

Giruliai

Darius ir Giréno gatvė

J. Janonio g.

① **②**

③

Mažvydas-Denkmal ★

Bahnhof

Priestočio g.

④

⑤

Vities g.

S. Neries g.

Butkų Juzės g.

⑧ Busbahnhof

Alte Bibliothek ★

⑥

Konzertsaal Klaipėda ●

Ehemaliges KGB-Hauptquartier ●

⑦ Ⓜ

Naturschutzmuseum   S. Daukanto g.

Denkmal Hafenbefreier ★

Mažvydas-Skulpturenpark ★

Geguzés

S. Daukanto g.

Naujoji Uosto g.

Juros g.

Podźiu g.

⑬

⑭

S. Šimkaus g.

Ligonines g.

Šaulių g.

H. Manto g.

⑨

M. Mažvydo al.

K. Donelaičio g.

Konzertsaal (Universität) ●

K. Donelaičio aikštė

Gemäldegalerie P. Domšaitis ★

⑩

Simon-Dach-Haus

⑮

Vytauto g.

Naujoji Sodo g.

⑪

Uhren-museum

Vytauto g.

Liepų g.

J. Karoso

Lauru skg.

⑫

Ⓜ Musiktheater und Philharmonie

Danés g.

Altes Rathaus ★

Fähre nach Smiltyné (Alter Hafen)

Danés g.

Altes Hochhaus

Alte Speicher ★

Börsen-brücke ●

Dané ←

▲ Johannes-Hügel

⑯ **⑰**

Standbild des Ännchen von Tharau ★

Teatro g.

Žveju

⑱

NÖRDLICHE ALTSTADT

Tiltų gatvė

Burgmuseum Memelburg

Ⓘ Simon-Dach-Brunnen

⑲

Pilles g.

Sukilleliu g.

Didžioji Vandens g.

Ⓜ **⑳**

Museum der Geschichte Klein-Litauens

Ⓜ ● Zentrum für Ethnokultur, Marionetten-theater

㉖ Bangu g.

Altes Theater, Neues Schau-spielhaus, Theaterplatz

Aus-stellungs-palast

SÜDLICHE ALTSTADT

Daržu g.

Aukštoji g.

㉒

㉑

Schmiede-kunstmuseum

㉓

㉕

Neringa-Statue

㉔

Turgaus aikštė

Galinio Pylimo g.

Taikos pl.

Neuer Fährhafen

Nördliche Altstadt

㉗

Žveju

Teatro gatvė

㉘

Mésininku

㉙

Kalvių

Kurpių

Kepėjų

Vežeju

㉚

Tiltų gatvė

Bernstein-Königin-Museum

Ⓜ Ⓘ

Jono

Turgaus

Grüne Apotheke Ⓐ

1c

© REISE KNOW-HOW 2017

etwa 3 km nördlich der Stadt (Tel. 398 833, www.ku.lt/botanikos-sodas.lt, Mo–Fr 8–18, Sa 10–15 Uhr). Hier sollen sich 1802 König *Wilhelm III.* und Zar *Alexander I.* getroffen haben.

Smiltynė (Sandkrug)

Smiltynė war schon 1419 aufgrund einer Taverne bekannt. Es ist ein Stadtteil von Klaipėda, aber auch Teil des **Nationalparks Kurische Nehrung.** Nach Smiltynė gelangt man mit **Fähren.**

Das „Smiltynė Hotel" 200 m südlich vom Fährhafen ist kein Hotel, sondern ein Sportlererholungsheim (Smiltynės 13; es war früher das berühmte *Kurhaus Sandkrug,* gebaut 1901). Wer auf die Fähre warten muss, kann sich an den vielen Kiosken oder im Restaurant Nerija 100 m südlich davon (10–2 Uhr) verköstigen. Auf der rund 1,5 km langen, schönen **Uferpromenade** von der Anlegestelle bis zur Nordspitze passiert man ein **Museum** und ein **ethnografisches Fischerdorf** (s.u.). Im Sommer fahren hier Pferdekutschen und ein kleiner Touristenzug. Am einfachsten ist eine **Fahrt mit der Fähre** vom Alten Hafen (5 x täglich Juni–August) direkt zum Meeresmuseum (s.u.).

Meeresmuseum, Delfinarium und **Aquarium** befinden sich an der Nordspitze der Kurischen Nehrung (auch „Süderspitze" genannt). Dort baute Preußen 1866–71 zum Schutz des Hafens von Klaipėda das Fort Kopgalis, eine zweistöckige runde Kaserne umgeben von Erdwällen und Gräben. 1895 wurde es aufgegeben, da es kriegstechnisch überholt war. Im Zweiten Weltkrieg war es ein Munitionslager der Deutschen,

Klaipėda und die Ostseeküste

wurde aber vor dem Einmarsch der Roten Armee in die Luft gesprengt. In seinen renovierten Überresten hat man das Museum eingerichtet. Auch das Anfang des 19. Jh. errichtete Fischerdorf, später Urlaubsort mit schönen Villen und einem Kurhaus, wurde nach dem Ende des Zweiten Weltkriegs aufgegeben.

Das **Meeresmuseum** ist eine für Litauen einzigartige Einrichtung. Wenn es nicht gar zu stürmisch oder regnerisch ist, sollte man sich einen Besuch dort nicht entgehen lassen. In den Museumsräumen ist eine Sammlung von über 16.000 farbenprächtigen und skurril geformten Muscheln und Korallen zu bewundern. Im **Aquarium** werden nicht nur die Süßwasserfische Litauens und die Fische der Ostsee gezeigt, sondern auch die Bewohner tropischer Meere, Seehunde, Seelöwen, Ostseerobben und verschiedene Arten von Pinguinen. Im **Delfinarium** mit 1000 Sitzplätzen finden je nach Jahreszeit zwei bzw. drei Schwarzmeerdelfin- und Seelöwenshows statt. Hier werden auch **Delfin-Therapien** für behinderte Kinder durchgeführt.

In den ehemaligen vier **Pulverkasematten** des Forts hat man außerdem die Möglichkeit, sich über die Geschichte der Schifffahrt zu informieren und Schiffsmodelle aus verschiedenen Epochen kennen zu lernen – vom Einbaum bis zu modernen Schiffen. Neben der Seelöwentribüne ist das zerstörte **neufundländische Ruderboot** von *Gintaras Paulonis* zu besichtigen, der als erster Litauer die Ostsee in drei Wochen überquerte. Auf dem Rückweg von Schweden, im September 1994, soll er in dem gleichen Sturm, in dem auch die Fähre „Estonia" mit 852 Passagieren unterging,

gekentert sein. Sein Boot und seine Leiche wurden später am Strand von Nida angespült. Der Komplex ist geöffnet Mai/Sept. Mi–So 10.30–17 Uhr; Juni bis Aug. Di–So 10.30–18.30 Uhr; Okt. bis April Sa und So 10–18 Uhr (Tel. 490740, www.juru.muziejus.lt, eine Führung ist möglich).

600 m südlich des Meeresmuseums liegt das **ethnografische Fischerdorf**, das einen interessanten Einblick in die Lebens- und Wohnverhältnisse der kurischen Fischer bietet. Man sieht dort ein typisches Fischergehöft vom Ende des 19. Jh. mit Wohnhaus, Stall, Badehaus, Räucherraum und Kornspeicher. Daneben im „**Garten der Alten Fischerboote**" stehen drei Schiffe auf Betonklötzen,

⊳ Mit der Fähre von Klaipėda nach Smiltynė

darunter ein deutsches Schleppnetzfischerboot und ein Kurenkahn.

Einen Einblick in die einzigartige Landschaft und die Pflanzen- und Tierwelt der Kurischen Nehrung bietet das **Naturmuseum des Nationalparks Kurische Nehrung,** rund 200 m vom Fährhafen in der Smiltynės 11 (Tel. 391179, Mai–Okt. Di–Sa 10–19, So 12.30–17 Uhr). Hier im roten Ziegelhaus ist auch das **Infozentrum des Nationalparks Kurische Nehrung,** zu dem Smiltynė gehört (Tel. 402256, www.nerija.lt, Di–Sa 9–12 und 13–18 Uhr; Filme, Vorträge, Führungen, Vogelbeobachtungen, Ausflüge) In den Holzhäusern Nr. 9 (braun), 10 (grün) und 12 (gelb) zeigen Ausstellungen die geologische Entwicklung und die geografischen Eigenschaften der Kurischen Nehrung sowie ihre Flora und Fauna. Die Hauptverwaltung ist in der Smiltynė 18, einige Hundert Meter weiter südlich (Tel. 391113).

Auf der Westseite der hier nur rund einen Kilometer breiten Nehrung findet man einen herrlichen **Sandstrand,** der sich unverbaut und nahezu endlos nach Süden erstreckt, aber an heißen Sommerwochenenden total überlaufen ist, und zu dem ausgeschilderte Pfade (vom Fährhafen zuerst geradeaus) durch schöne Kiefernwälder führen. Die Pfade sollte man zum Schutz der Böden und Dünen nicht verlassen.

Bestimmte Sektionen des Strandes sind nur den Damen zugänglich (Schild „Moterų paplūdimys"), andere nur den Herren („Vyrų pliažas"). Nur an diesen darf nackt gebadet werden, nicht jedoch am „gemischten" Strand („Bendras pliažas"). Die etwa 700 m langen Pfade sind gut ausgeschildert. Zeckenschutz wird empfohlen.

Der rund einen Kilometer lange **hölzerne Lehrpfad** mit Infotafeln soll an den Waldbrand von 2006 erinnern, der 240 ha vernichtete. Das Rauchen auf den Pfaden und am Strand ist verboten. Der Strand erhielt die „Blaue Flagge" für sauberes Wasser.

Verkehrsmittel

Bewachte Parkplätze: Hotel *Klaipėda* (3 Euro für Nichtgäste) und vor dem Alten Hafen (2 Euro). Parktickets ab 0,30 Euro (unterteilt in rote, gelbe, grüne und blaue Zonen) können am Parkomaten oder per SMS bezahlt werden.

Bahn

Der **Bahnhof** befindet sich an der Priestočio 1, rund 1,5 km nördlich vom Fluss Danė; er hat einen außergewöhnlichen Uhrenturm. Ein Informationsschalter befindet sich in der Haupthalle (6–19 Uhr, Tel. 70055111). Neben dem Bahnhof sind die Toiletten sowie eine alte Dampflokomotive. Vor dem Bahnhof steht die Skulptur „Abschied" zum Gedenken an die Deutschen, die 1945 vor den Russen flohen.

Bei der **Gepäckaufbewahrung** (6–22 Uhr) kann man auch Fahrräder für mehrere Tage abgeben (1 Euro/Tag). Es gibt auch Schließfächer (1,50 Euro/24 Std.) und Reiseagenturen. Fahrt ins Zentrum mit Bus Nr. 1, 5, 8, Minibus 8. Taxi zur Altstadt 3–4 Euro.

■ **Zugverbindungen** u.a. nach Vilnius (5 Std.), Šiauliai (2 Std.), Kretinga (30 Min.), Šilute (75 Min.) und Pagėgiai. Fahrpläne in der Haupthalle.

Bus

Der **Busbahnhof** liegt an der Butkų Juzės 9, rund 150 m östlich des Bahnhofs. Die Abfahrtszeiten sind sowohl in der Haupthalle als auch an den einzelnen Plattformen angeschrieben, ggf. am Informationsschalter (3.30–19.30 Uhr) fragen (Tel. 411547, telefonisch reservierte Tickets müssen spätestens zwei Stunden vor Abfahrt abgeholt werden). Der Busbahnhof ist von 3.30 Uhr bis 24 Uhr geöffnet (Ticketschalter 8–12, 13–20 Uhr, Gepäckaufbewahrung 3.30–11.30 und 12.30–20 Uhr), das Restau-

rant 7–19 Uhr. Buchladen, Supermarkt, Kioske, Geldautomaten außerhalb. Fahrt ins Zentrum siehe Bahn. Einige Verbindungen mit Fahrtdauer:

Vilnius (5 Std.), **Kaunas** (3 Std.), **Palanga** (½ Std.), auch Minibusse, **Kretinga** (1 Std.), auch Minibusse, **Šilute** (1 Std.), weiter nach Jurbarkas, **Šiauliai** (3 Std.), **Panevėžys** (4 Std.), **Liepaja** (2 Std.), **Riga** (4½ Std.).

Vom Fähranleger **Smiltynė** (s.u.) fahren Busse nach und via Nida (s. Verkehrsverbindungen Kurische Nehrung, Fahrplan vorher in Klaipėda checken). Es einige Direktbusse vom Busbahnhof nach Nida.

Schiff

■ Internationale Fährverbindungen gibt es u.a. nach Kiel (s. Kapitel „Anreise/Mit der Fähre"). Der **internationale Fährhafen** liegt rund 8 km südlich der Innenstadt („Tarptautinė perkėla" bzw. „Harbour Kylis"). Anfahrt mit Bus 1a (selten) bzw. Mikrobus 8 A (alle 30 Minuten). Taxi zur Altstadt mindestens 10 Euro. Perkelós 10, Tel. 395051, Wechselstube, 8–19.30 Uhr, Fr–So 24 Std., Geldautomat; keine Gastronomie.

■ **Kreuzfahrtschiffe** und **Fähren nach Karlshamn** (Schweden) laufen den neuen *Central Klaipėda Terminal* an, Baltijos 40, Tel. 313137, www.ckt.lt.

■ **Jachthafen**, Pilies 4, Tel. 490975, www.ports.lt, www.jurosvartai.lt.

■ **Küstenwache**, Gintaro 1, Tel. 397850, www.pasienis.lt.

■ **Hafenverwaltung**, Janonio 24, Tel. 499660, www.portofklaipeda.lt.

Fähren zur Kurischen Nehrung

Nach Smiltynė gehen Fähren von zwei verschiedenen Häfen. 24 Std.-Infoservice, Tel. 311117 (www.keltas.lt, Žvejų 8). Bei schlechtem Wetter u.U. keine Fahrt, im Winter weniger Fahrten.

■ **Alter Hafen,** Danės 1, Fahrzeit 7 Min.; 7–23 Uhr; ca. alle 30 Min., im Winter alle 60 Min. Tickets 0,80 Euro (gilt für Hin- und Rückfahrt), Fahrrad gratis. Nicht für Autos und Busse.

■ **Neuer Hafen,** Nemuno 8; in Smiltynė 3 km südlich der o.a. Anlegestelle, keine Busverbindungen (3 km südlich des Zentrums; den Schildern „Neringa" folgen; Anfahrt mit Bus 1); empfohlen für Pkw (max. 32); 5–2 Uhr.

Von Juni bis August fahren 5-mal täglich Fähren vom Neuen Hafen zum Jachthafen in **Smiltynė,** zum **Alten Hafen** und zum **Meeresmuseum** bzw. umgekehrt.

Ende Mai bis Ende August fährt zweimal täglich von hier ein **Ausflugsschiff** via Juodkrantė und Nida. Fahrzeit 2 Stunden. Fahrradmitnahme möglich. Tickets an Bord oder in der Touristinformation.

Mietwagen

■ **Hertz,** Daukanto 4, Tel. 69870049, www.hertz.lt.
■ **Eurorenta,** Šimkaus 2, Tel. 382121, www.euro renta.lt.
■ Weitere in *KIYP.* Einige haben auch ein Büro am Flughafen in Palanga.

Taxis

■ Zu empfehlen ist **Autopunktas,** Tel. 311211, www.autopunktotaksi.lt.

Städtische Verkehrsmittel

■ **Tickets** 2,40 Euro am Kiosk, 2 Euro beim Fahrer, Minibus 2,50 Euro, nachts 3,50 Euro.
■ **1-, 3- und 7-Tage-Tickets** kosten 2,03/5,21/10,14 Euro. Einzelfahrscheine (auch elektronisches Ticket möglich) kosten 0,52 Euro am Kiosk bzw. 0,75 Euro beim Fahrer.
■ **Infos** unter www.klaipedatransport.lt.

Informationen

■ **Tel.-Vorwahl Klaipėda:** (00370-) 46
■ **Touristinformation,** Turgaus 5–7, Tel. 412186, www.klaipedainfo.lt, April/Oktober Mo–Fr 9–19 Uhr; Sept., Nov.–März auch Sa 10–16 Uhr; Mai bis August 9–19 Uhr, Sa/So 10–16 Uhr. U.a. Zimmervermittlung, Tourprogramme, Radverleih, Kartenverkauf. Sehr hilfsbereit.

■ Empfehlenswert ist der **Stadtführer** *Klaipėda In Your Pocket (KIYP)*, erhältlich für 1 Euro an Kiosken, in Hotels, Buchgeschäften etc. Nur englische Ausgabe, erscheint jährlich; mit Infos und Stadtplänen von Klaipėda, Nida und Palanga. Infos mit Bildergalerie unter www.city-info.net.

■ **Stadtführungen,** bei der Stadtführergilde (Tel. 213973), bei der Touristinformation und bei einigen Reisebüros. Bei der Touristinformation auch Tour im offenen Bus, Brauereiführung, Bernsteintour, Tour durch den Botanischen Garten, Hafenrundfahrt etc.

Sonstige Informationen

■ **Simon-Dach-Haus,** Jūros 7, Tel. 311481, www. sdh.lt; Mo–Fr 11–17 Uhr (deutsches Kulturzentrum, Bücherei, Sprachkurse, Café, Apartments (s.u.).
■ **Komitee für kulturelles Erbe,** Tomo 2, Tel. 218854.
■ **Zollamt,** Nėries 4, Tel. 390000, www.cust.lt.
■ **Russisches Generalkonsulat,** Šermukšnių 4, Tel. 499952, www.klaipeda.mid.ru.

Nützliche Adressen

Reisebüros

■ **Dorlita-Reisebüro,** Tomo 10 a/1, Tel. 411346, Hotelvermittlung mit Rabatten, Touristinformation auch auf deutsch, Autovermietung, Touren in Klaipėda und Umgebung bzw. nach Kaliningrad, dorlita@takas.lt (Vertretung von *Schnieder-Reisen*).

■ **Baltic Clipper,** Turgaus 2, Tel. 312312, www.bc.lt, Flugtickets etc.
■ Viele weitere in **KIYP.**

Banken/Geldwechsel

■ 24 Std. Geldwechsel bei der **Swedbank,** Turgaus 9 (auch Reisechecks); Hotel *Amberton Klaipėda* 8–13 und 15–21.30 Uhr.
■ **24-Std.-Geldautomaten für Visa:** Manto 4, Daržų 13, Taikos 22, Turgaus 9 und 15.
■ **24-Std.-Geldautomaten für MasterCard:** Taikos 22, Turgaus 9, 15, Manto 4 und 84, Liepų 16, Daukanto 10, Daržų 13, Naujoji sodo 1, Perkėlos 10.
■ **Western Union** (Geldtransfer), Manto 4, Tel. 410479.

Medizinische Hilfe

■ **Rot-Kreuz-Krankenhaus,** Nėries 3, Tel. 4106 88, 24 Std.
■ **Deutsche Apotheke** (*Vokiečių Vaistinė*), Tiltų 14, Tel. 314703.
■ **Zahnarzt,** Daukanto 22, Tel. 410898.
■ **Optiker,** Manto 30, Tel. 310072.

Post und Kommunikation

■ **Hauptpostamt,** Liepų 16, Tel. 315022, (Mo–Fr 8–19, Sa 9–16 Uhr).
■ **LP-Express,** Priestočio 7, Tel. 315031, Mo–Fr 8–18 Uhr.
■ **Internetcafé,** Manto 36, 46, Taikos 61.

Sonstiges

■ **Fotogeschäft,** Liepų 24, Tel. 310018.
■ **Reinigung/Waschsalon,** Pilies 6, Daukanto 22 a, Taikos 61, Minijos 64, Manto 34.

■ **Schuhreparatur,** Tiltų 17.
■ **Übersetzung,** Puodžių 17, Tel. 411814, www.baltick.lt.
■ **Weitere Dienstleistungsanbieter** findet man in *KIYP.*

Sport und Erholung

■ Kontaktadressen zu Billard, Bowling, Fitnesscenter, Fliegen, Golf, Kajak, Paintball, Schwimmbädern, Reiten, Fallschirmspringen etc. in **KIYP** und der **Touristinformation.**
■ **Infos für Radfahrer,** auch Touren, Radverleih und Reparaturen bei *Balticcycle,* Naujoji Uosto 3, Mai/Sept. 9–21 Uhr, Juni–August 9–21 Uhr, Tel. 37061591773, www.velorenta.lt; Radtouren auch über *Dorlita*-Reisebüro. An der Kretingos 32 ist eine Radrennbahn. Durch Klaipėda führt der Radweg „Euro Velo 10". Auch einige Hotels haben einen Radverleih.
■ **Strände** in Smiltynė (s.o.), Melnragė und Giruliai (s.u.).
■ **Vergnügungspark,** Manto 83 (im Stadtpark; mit Riesenrad usw.).
■ **Wanderpfad** Klaipėda – Palanga, Infos Tel. 398835.
■ Fahrt mit dem **Kurenkahn,** Tel. 68665242.
■ **Golf,** im Dorf Stančiai (4 km nördlich), Tel. 46420000, www.nationalgolf.lt.
■ **Reiten,** im Dorf Dargužiai, 10 km von Klaipėda, www.horsemarket.lt.

Unterkunft

Das Angebot ist überschaubar. Im **Sommer** empfiehlt sich eine **rechtzeitige Reservierung.** Die Touristinformation und einige Reisebüros vermitteln auch Zimmer, z.T. mit Discount. Einige der besseren Hotels haben günstige Wochenendtarife.

Hotels obere Kategorie

Klaipėda Zentrum

⑫ Amberton Klaipėda②-④, Naujoji Sodo 1, Tel. 404372, www.ambertonhotel.com. 257 gut ausgestattete Zimmer, Restaurant, drei Bars, Nachtklub, Billard, Bowling, Fitnessklub, Pool, Reisebüro, Kiosk mit ausländischen Zeitungen, Sauna, Casino.

⑥ Navalis④-⑤, Manto 23, Tel. 404200, www.navalis.lt, Restaurant, 28 Zimmer, Pool, Sauna, Business-Hotel mit modernem Design (viel Glas), gute Lage.

⑦ Radisson Blu④-⑤, Šaulių 28, Tel. 490800, www.radissonblu.com; 74 Zimmer, ruhig gelegen, anspruchsvolle Ausstattung, guter Service. Reichhaltiges Frühstücksbuffet, gutes Restaurant, Sauna.

㉘ National Hotel③-⑤, Žvejų 21/1, Tel. 211111, www.nationalhotel.lt. Gute Altstadtlage, in einem renovierten Haus (hier war 1839 das Hotel *Zum Weißen Schwan*, 1889 das *Hotel de Russie*), 50 moderne Zimmer; gutes Restaurant, Bar.

㉒ Euterpė③-⑤, Daržų 9/Aukštoji 15, Tel. 474 703, www.euterpe.lt, 23 kleine, moderne Zimmer, tolle Lage, gutes Restaurant.

⑭ Dunetton③-⑤, Jūros 23, Tel. 301002, Tel. 385577, www.dunettonhotel.lt, 23 Zimmer, Restaurant, Bar, ruhig trotz Lage an Hafen und Hauptstraße, Parkplatz, Pool, Dachterrasse, Sauna.

⑩ Ararat Apart Hotel③-④, Liepų 48 a, Tel. 400 880, www.ararat.lt, 28 Luxuszimmer mit Küche, Restaurant mit guter armenischer Küche.

Hotels mittlere Kategorie

Klaipėda

⑫ Green Park Hotel Klaipėda②-③, Minijos 119, Tel. 380803, www.greenhotels.lt, 84 moderne, einfach ausgestattete Zimmer. Restaurant.

③ Palva②-③, Smiltynės 19, an der Haffseite der Kurischen Nehrung, zwischen Fähranleger und dem Jachthafen, Tel. 391155, www.hotel-palva.lt, 17 schöne Zimmer. Bar, Café, Sauna, Ausflugsboote.

⑩ Vetra①-②, Taikos 80a, Tel. 348002, www.vetrahotel.lt. 17 Zimmer, freundlich, akzeptables Hotel, Sauna, Restaurant, Bar, Reisebüro, 5 km südlich des Zentrums.

⑦ Ibis Styles Klaipėda②-⑤, Nemuno 51, Tel. 297000, www.ibis.com, 144 Zimmer verschiedener Größe, auch Apartments mit Küche.

④ Jachtklub②-③, Smiltynės 25 (beim Jachthafen), Tel. 66355550, www.smiltynesjachtklubas.lt, 40 Zimmer.

Klaipėda Zentrum

③ Promenada②-③, Šauliu 41, Tel. 403020, www.promenada.lt, 22 Zimmer, Mit Restaurant.

㉔ Lügnė②-③, Galinio Pylimo 16, Tel. 411884, www.lugne.com, 33 Zimmer, hat schon bessere Zeiten gesehen.

② Magnisima②-③, Janonio 11, Tel. 310901, www.magnisima.lt, über einem Casino, 17 Zimmer, Ausstattung wie in einem italienischen Landhaus, angenehme Atmosphäre.

㉖ Aribė①-②, Bangų 17a, Tel. 490940, www.aribe.lt, 21 Zimmer, modern ausgestattet.

⑰ Old Mill Conference②-④, Žvejų 20, Tel. 474 764, www.oldmillhotel.lt, am Fluss Dane, moderne Fachwerkoptik, Restaurant, 15 Zimmer.

⑯ Old Mill②-③, Žvejų 22, Tel. 21215219, www.oldmillhotel.lt, Schwesterhotel mit 31 Zimmern.

㉕ Memel Hotel②-③, Bangų 4, Tel. 474900, www.memelhotel.lt, 50 schöne Zimmer in einem auf alt gemachten Gebäude, populär, tolles Frühstücksbuffet, Radverleih.

Hotels in der Umgebung

Eines der besseren Hotels und einen Campingplatz findet man in den Seebädern **Melnragė** (4 km nördlich) und **Giruliai** (8 km nördlich). Allerdings ist zur Saison vieles ausgebucht, sodass man früh reservieren sollte. Melnragė ist mit Minibus Nr. 4 oder 6 zu erreichen, Giruliai mit Nr. 4. Im Hafen von Melnragė liegt der gestrandete deutsche Frachter

Klaipėda und die Ostseeküste

1c

Rudolf Breitscheid. Der Strand erhielt die „Blaue Flagge" für seine Sauberkeit.

Klaipėda

2 Morena②-③, Melnragė, Audros 8a, Tel. 351 314, www.morenahotel.lt, 26 holzverkleidete Zimmer; Bar; 3 Min. zum Strand, Sauna, Restaurant.

Gästehäuser, Pensionen, Privatzimmer und Apartments

Klaipėda

5 Aismarės Gästehaus②-③, Tilžės 9, Tel. 617 77399, www.aismares.lt, ruhige Lage nahe Industriegebiet, 10 Zimmer, Mini-Pool, Sauna.

9 Fortuna②, Poilsio 64, Tel. 348028, www.fortuna.lt. 8 Zimmer, südlich des Zentrums, ruhig gelegen im Obergeschoss eines Reihenhauses, Café.

Klaipėda Zentrum

29 Preliudija Guesthouse③, Kepėjų 7, Tel. 31077, www.preliudija.com, 6 Zimmer, renoviertes Gebäude von 1856, recht gut ausgestattet.

13 Litinterp B&B①-②, Puodžių 17, Tel. 410644, www.litinterp.com, Mo–Fr 9–18, Sa 10–16 Uhr; arrangieren auch Privatzimmer mit oder ohne Familienanschluss in Klaipėda, Nida und Palanga; 19 Zimmer. Auch Übersetzungsbüro.

15 Simon-Dach-Haus②, Jūros 7, Tel. 311481, www.sdh.lt, 6 Zimmer, mit Küche.

5 Kubu Guesthouse②, Vilties 2, Tel. 65052311, www.kubu.lt.

21 Gästehaus Friedrich②-④, Saltkalvių 3, Tel. 391020, www.pasazas.lt, sechs Apartments.

■ **Apartamentų Nuoma**②-③, Tel. 69820158, www.apartamentunuoma.lt, verschiedene Apartments im Zentrum.

■ **Privatzimmer** und **Apartments** sind auch bei o.a. Reisebüros oder bei der Touristinformation zu erfragen.

Hostels

Klaipėda Zentrum

8 Klaipėda Hostel①, Butkų Juzės 7-4 (neben Busbahnhof), Tel. 65594407, www.klaipedahostel.com, 6 Zimmer, davon 1 DZ (insg. 10 Betten). Guter Treffpunkt und Infoquelle, Fahrradausleihe (10 Euro/Tag), Ausflüge, Internet, Küche, Waschmaschine.

4 Kubu Hostel①, Manto 37 a, Tel. 67642018, www.kubu.lt, 4 gemischte Schlafsäle mit 4–10 Betten. Mit Küche, Waschmaschine und Radverleih.

Camping

Klaipėda

1 Pajūrio kempingas, Šlaito 3, **Giruliai,** zwischen Ostsee und Bahnhof, Tel. 67773227, www.campingklaipeda.lt, 50 Zeltplätze, und 8 Zimmer in Hütten, Radverleih.

1 Žuvėdra, zwischen **Giruliai** und **Karklė** an der Ostseestraße, Tel. 68736307.

1 Camping Olandų kepurė, Molo 69 a, Nähe Strand, Tel. 68662915, www.olandukepure.lt, auch Hütten, Sauna, Café.

Gastronomie

Die Szene ist ständig in Bewegung, sodass man auf die jährlich aktualisierten Stadtführer *KIYP* zurückgreifen sollte. Einige Empfehlungen:

Restaurants

Klaipėda Zentrum

30 Kurpiai, Kurpių 1, Tel. 67859187; sehenswert eingerichtetes Theater-Restaurant mit einfacher Küche, Musik und Tanz; tägl. Jazz, Bar (12–2 Uhr).

9 Jola, Mažvydo 9, gedrängt voll beim Mittagessen, abends gemütliches Kellerrestaurant. Im Erdgeschoss *Café Sukūriai*, 9–24 Uhr.

19 Forto Dvaras, Sukilelių 8/10, Tel. 64037654, 11–23, Do–So 11–24 Uhr, www.fortodvaras.lt. Gute und preiswerte litauische Küche.

11 Bambola-Pizzeria, Manto 1, Tel. 433333, 10–23 Uhr, gute Pizzen, populär, auch *Take-away*.

21 Friedrich-Passage, Tiltų 26 a, www.pasazas.lt, 11–24, Fr/Sa 12–1, So 12–24 Uhr, mit Restaurants und Cafés.

27 Das Boot, Žvejų 12, am Danė-Fluss, sehr gutes Grillrestaurant, Tel. 66245770, 10–1 Uhr, Mi/Do 10–2, Fr/Sa 10–3 Uhr.

19 Laimės Skonis, Sukilėlių 2, Tel. 63052463, 11.30–22 Uhr, vegetarisches Restaurant.

Fast Food

Klaipėda Zentrum

■ **Čili,** Taikos 28, 61 und 139 bzw. Liepų 2, sehr leckere Pizzas, Cocktails, litauische Gerichte, Tel. 310 953, www.cili.lt.

Cafés

Klaipėda Zentrum

20 Senamiestis, Bažnyčių 4, Tel. 412237, 11–24 Uhr, Café und Cocktailbar, interessanter Innenhof, abgeteilte Sitzecken, Sofas, sehr populär.

21 Coffee House, Tiltų 26, 8.30–23 Uhr, Mini-Café in Hinterhofpassage mit vorzüglichen Kaffeespezialitäten aus aller Welt, ebenso Tee.

■ **Weitere gute Cafés** gibt es u.a. in Turgaus 11 und 17, sowie in Manto 3, 9, 12, 13.

Nachtleben

Klaipėda Zentrum

Klaipėda hat ein ausgeprägtes Nachtleben. Bald an jeder Ecke gibt es Orte, wo man seinen Durst löschen kann. Hier eine Empfehlung:

1 Skandalas, Kanto 44, Tel. 63839960, 12–24, Fr/Sa 12–1 Uhr, populärster Pub mit guter Küche, Live-Jazz, allerdings recht teuer.

Kultur

Theater und Konzertsäle

Das **Veranstaltungsprogramm** findet man in den Tageszeitungen *Klaipėda, Vakarų Ekspresas* und *Vokiečių Žinios (Deutsche Nachrichten)* bzw. bei der Touristinformation.

■ **Schauspielhaus,** Taikos 70, Tel. 314453, www. kldteatras.lt.
■ **Musiktheater,** Danės 19, Tel. 397404, www. klaipedosmuzikinis.lt.
■ **Philharmonie,** Danės 19, Tel. 410576.
■ **Konzertsaal der Universität,** Donelaičio 4, Tel. 398753, Orgel- und Kammermusik (Jugendstilgebäude mit Fresken).
■ **Klaipėda Konzertsaal,** Šaulių 36, Tel. 410566, www.koncertusale.lt.
■ **Zentrum für Ethnokultur,** Daržų 10, Tel. 410108, www.etnocentras.lt.
■ **Marionettentheater,** Vežejų 4, Tel. 239932, www.klaipedosleliuteatras.lt.
■ **Švyturio Menų Dokas** *(Leuchtturm-Kunstdock),* Naujoji Uosto 3, Tel. 68560050, www.dokas.info, Konzerte, Ausstellungen, Filme, Theater etc.
■ **Švyturis Arena,** Dubysos 10, www.svyturioarena.lt, Tel. 64023858.

Festivals und Feste

■ Mai: **Tag der Straßenmusik**
■ Mitte Mai: **Schiffsparade**
■ Juni: dreitägiges **Jazzfestival**
■ Ende Juni: **internationales Folklore- und Sängerfest**

■ Letztes Wochenende im Juli: **Ostseefestival** und **Glockenspiel-Musikfestival** (Karneval, Neptunparade, Konzerte, Ausstellungen, Regatta, Feuerwerk etc.), gefolgt vom **Geburtstag der Stadt** (1. August) und dem **Meeresfestival** (www.jurossvente.lt).

■ August: **Musikalischer August am Meer** (u.a. in Klaipėda, Palanga und Juodkrantė), jeden Sa/So Konzerte (www.muzikinis-teatras.lt).

■ Juli bis August (nur samstags): **Live-Konzerte** auf der Fähre nach Smiltynė, www.muzikuojantis keltas.lt.

Galerien

■ Auflistung von Galerien in **KIYP.** Einige sind beim Stadtrundgang erwähnt.

Kinos

■ **Jūratė ir Kastytis,** Taikos 105, Tel. 342857.
■ **Forum Cinemas,** Taikos 61 (Im *Akropolis*-Einkaufszentrum), Tel. 1567, www.forumcinemas.lt.

Einkaufen

Die **Haupteinkaufsstraßen** sind die Manto und Tiltų gatvė. Einen guten **Einkaufsführer** gibt es in *KIYP.*

■ **Bücher, Zeitschriften** (fremdsprachige), Manto 9, 21, 46; Turgaus a. 2; Taikos 61, 141; Tiltų 19.
■ **Blumen,** Manto 3 bzw. 27 a, Turgaus 4.
■ **Kunsthandwerk,** *Dailė*, Turgaus 5/7; *Žematija*, Aukštoji 5, Manto 3.
■ **Souvenire,** Šukilelių 4, Tomo 10, Turgaus 2.
■ **Supermarkt,** *IKI* (Mažvydo 7, Manto 31 und 84, Taikos 115, Taikos 28, alle tgl. 8–22 Uhr; alle haben sehr gute Backwaren).

21 **Friedrich-Passage,** Tiltų 26 a, www.pasazas.lt, 11–24 Uhr, Fr/Sa 12–1, So 12–24 Uhr, mit Restaurants und Cafés.
8 **Einkaufszentrum Akropolis,** Taikos 61, Tel. 1588 (tgl. 10–21 Uhr), www.akropolis.lt; Anfahrt mit Bus 8, mit Eislaufbahn, Kino, vielen Restaurants.
13 **Einkaufszentrum BIG/BIG 2,** Taikos 139/141, Tel. 277499, www.bigklaipeda.lt, 10–20 Uhr, So 10–19 Uhr, riesiger Komplex, Restaurants, Minigolf.
■ **24-Std.-Geschäfte,** Taikos 28, Manto 9, 21, 84.
■ **Kaffee und Tee,** *Friedrich-Passage*, Tiltų 26 a.

Märkte

11 **Delfinas Markt,** Taikos pr. 80; Lebensmittel, Blumen, Importwaren etc. tgl. ab 8 Uhr.
6 **Markt Stebuklu laukas** *(Feld der Wunder)*, Tilžes 51, Kleidung, Schuhe u.v.m.
18 **Souvenirmarkt,** Teatro aikštė, vor allem Bernstein, aber überteuert.
23 **Zentraler Markt,** Turgaus aikštė, tägl. 6–18 Uhr; z.T. in Markthalle, stimmungsvoll.

▷ Kurenkahn auf dem Kurischen Haff

Umgebung von Klaipėda

Giruliai/Melnragė

Giruliai, 7 km nördlich von Klaipėda, wurde dank seiner günstigen Lage bereits 1863 zum **Kurort.** Hier bauten Kaufleute von Klaipėda ihre Sommervillen. Außer dem schönen **Badestrand** gibt es hier aber auch gute **Wanderwege** durch den herrlichen alten Kiefernwald. Besonders beliebt ist ein Spaziergang in Richtung Melnragė. Es gibt dort ein **Hotel** (siehe „Unterkunft Klaipėda", dort auch Hinweise zu **Melnragė** und zu den Verkehrsverbindungen).

Agluonėnai (Aglonehnen)

Das schön gestaltete, typisch memelländische Streudorf am Agluona-Bach, ca. 18 km südöstlich von Klaipėda, beherbergt am Ortsrand eine **ethnografische Ausstellung,** die eine Mühle, einen Ziehbrunnen, eine Dampfmaschine, Werkzeuge und Geräte aus dem Memelland zeigt. In der Scheune werden Theaterstücke aufgeführt (Di–So 15–19 Uhr; von der Bushaltestelle in der Dorfmitte den Schildern folgen). Außerhalb des Dorfs am Waldrand liegt der **Erholungskomplex Karčema** (Restaurant, Bar, russische Sauna, Pool, Volleyball-, Spielplatz). Camping und Übernachtung in Hütte (ab 30 Euro p.P., Tel. 26442277). Sehenswert sind die vielen Mühlräder, der Hügel mit dem Thron des *Mindaugas* und das Herrenhaus im Fachwerkstil.

Im Osten des Kurischen Haffs

Eine Rundfahrt südlich von Klaipėda führt durch den westlichen Teil des **Memellands.** Dieses weist hier deutliche Spuren einer einzigartigen Kultursymbiose aus deutschen und litauischen Elementen auf, die im Gegensatz zu früher heute bewusst gepflegt und erforscht werden. Hier in **Preußisch-Litauen (Klein-Litauen)** ist auch die litauische Schriftsprache besonders gepflegt worden. Heutzutage leben hier noch etwa 400 Deutsche (siehe Geschichtsteil von Klaipėda). Der nur hier gesprochene ethnische **Dialekt Lietuvinkai** stirbt langsam aus.

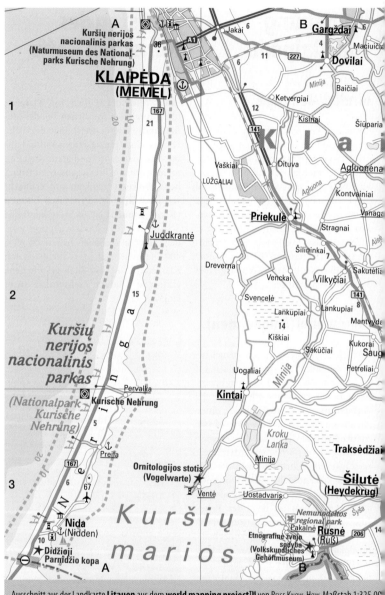

Ausschnitt aus der Landkarte **Litauen** aus dem **world mapping project™** von Reise Know-How, Maßstab 1:325.00

1c

Die Verbindungen im **öffentlichen Personenverkehr** sind hier sehr dürftig. Deshalb bietet sich eine Tour oder eine Fahrt mit dem eigenen/gemieteten Fahrzeug an. Es gibt auch **Bootsausflüge** von Nida in den Nemunas-Delta-Regionalpark. Eine schöne Bildergalerie hierzu findet man unter www.city-info.net.

Priekulė (Prökuls)

Die typisch preußisch-litauische Kleinstadt (2200 Einwohner) am rechten Ufer der Minja liegt 21 km von Klaipėda entfernt, erreichbar mit Bus und Zug. Bereits 1587 wurde hier, gleich nach der Reformation Ostpreußens, eine evangelisch-lutherische Kirche gebaut, 1896 wurde sie erneuert, 1954 abgerissen. An die Kirche erinnern ein Gedenkstein und die Fundamente. Daneben liegt ein kleiner **Park** mit einem Gedenkstein an die Geschichte des erstmals 1540 erwähnten Städtchens, das sich um das Wirtshaus Prekol bildete. An die Schriftstellerin *Eva Simonaitytė* (1897–1978) erinnert ein Gedenkmuseum in ihrem Häuschen (Vingio 11, Tel. 46542471, Di–Sa) sowie ein Gedenkstein bei der Abzweigung zum 7 km entfernten Dreverna (Drawöhnen).

Dreverna und Klaipėda-Kanal

Nördlich von diesem typischen Fischerdorf stößt man auf den 25,3 km langen und 30 m breiten Klaipėda-Kanal (früher **Kaiser-Wilhelm-Kanal**), der 1863–1873 gegraben wurde, da die Holzflöße von den Haffwellen oft auseinandergerissen wurden. Fertiggestellt wurde er von französischen Kriegsgefangenen des deutsch-französischen Krieges 1870/71. (Bei der Brücke ist eine Infotafel.) Für die dabei ums Leben Gekommenen wurde ein **Denkmal** an der Kanaleinmündung beim jetzigen internationalen Fährhafen errichtet. Nach dem Ersten Weltkrieg wurde der Kanal nicht mehr genutzt. Erhalten sind das 157 m lange Verschlusssystem, die beiden Tore sowie drei der ursprünglich zehn Brücken. Heute dient der Kanal als Wasserspeicher. Bootstouren zur Kurischen Nehrung und zum Nemunas-Delta unter Tel. 46476285, Pamario 8. Dreverna hat einen modernen Jachthafen.

Kintai (Kinten)

Kintai, 43 km südlich von Klaipėda, ist ein malerisches Fischerdorf und Kurort mit ca. 1000 Einwohnern, erstmals erwähnt um 1540. Ein Fichtenwald schützt den Ort vor den Seewinden. Die im Jahr 1705 erbaute **Kirche** aus hierher transportierten Mauerresten der alten Windenburg (Ventė) wurde restauriert und dient jetzt als Kammermusiksaal.

In der ebenfalls 1705 gebauten Schule (direkt hinter der Bushaltestelle) ist ein **Museum für den Schriftsteller Vydūnas** (*Wilhelm Storosta*, 1868–1953) untergebracht, der hier 1888–1892 unterrichtete (Di–So 10–17 Uhr, Tel. 441 47379). Später zog er nach Tilsit, dem heutigen Sowetsk. 1953 wurde er in Detmold begraben, 1991 nach Bitėnai umgebettet. Die Ausstellung zeigt außer seinem Klassenzimmer viele Erinnerungs-

Nemunas-Delta-Regionalpark

🦋 Der 240 km² große Park wurde zum Schutz der besonderen Fauna und Flora sowie der ethnografischen Dörfer und Gehöfte gegründet. Neben Vogelliebhabern und Anglern kommen auch Naturliebhaber und Ruhesuchende auf ihre Kosten. Bei den **Infostellen** in Šilutė und Rusnė (s.u.) erhält man Infos u.a. über Campingplätze (Genehmigung erforderlich), „Urlaub auf dem Land"-Pensionen (15–25 Euro), Segeln, Boottrips, Bootsverleih (u.a. in Minija, Ventė und Rusnė), Radwege, Fahrradverleih, Reiten, Angeln (Lizenzvergabe 3 Euro/Tag), Wanderrouten und Vogelbeobachtung (organisierte Ausflüge von Mitte Sept. bis Ende Okt. und März bis Mitte Mai).

Der Nemunas teilt sich bei Rusnė. Nach links fließt der 9 km lange **Skirvytė** und bildet die Grenze zum Kaliningrader Gebiet, nach rechts fließt der 13 km lange **Atmata.** Das beste Verkehrsmittel ist das **Boot.** Es gibt wenige Straßen und Wege, man muss deshalb große Umwege in Kauf nehmen (z.B. Pakalnė – Kintai 45 km, mit Boot nur 8 km). Viele Straßen und Wege sind im Frühjahr wegen **Überschwemmung** nicht befahrbar. Weite Teile des Parks, vor allem die Delta-Insel, liegen nur 0,50–1,50 m über dem normalen Flusspegel (streckenweise sogar unter dem

stücke, u.a. seine Harfe. Im Obergeschoss sind Wechselausstellungen.

Gleich hinter Kintai beginnt der **Nemunas-Delta-Regionalpark.** Die auf dem Parkterritorium liegenden Dörfer Minija und Ventė sind über Stichstraßen von Kintai aus erreichbar, das Dorf Rusnė kann auf dem Landweg nur über Šilutė erreicht werden.

Unterkunft

■ **Hotel Kintai** ②, moderne Anlage in der Nähe der Abzweigung nach Minija, Tel. 44147339, www.kintai.lt, 4 Zimmer, Café, Sauna, organisiert Jagd-, Boots-, Eisfischen- und Angelausflüge, (Tret-)Bootverleih, Fischfarm. Auch Hausboot mit 10 kajütenartigen DZ ab 40 Euro, Camping ab 10 Euro.

◁ Im Gedenkmuseum für den Schriftsteller Vydūnas in Kintai

Meeresspiegel des Kurischen Haffs). Das **Hochwasser** ist oft doppelt oder dreimal so hoch und übersteigt die vielen Deiche.

Auf der 43 km² großen Delta-Insel führt eine Ringstraße (Pflaster- und Schotterpiste) u.a. zu den Dörfern **Pamarys** und **Pakalnė.** Beim Leuchtturm Uostadvaris von 1873 (8 km von Rusnė am Atmata-Ufer) liegt die erste litauische **Pumpstation** von 1907 mit Dampfantrieb, die das über die Dämme hereintretende Wasser in die Flüsse zurückpumpte. Heute geschützt als technisches Denkmal, abgelöst durch eine moderne Pumpstation; gleichzeitig **Hydrotechnisches Museum** (Besichtigung auf Anfrage, Tel. 44162230, Mi–So). Bei gutem Wetter kann man die Dünen der Kurischen Nehrung sehen. Hier ist auch ein **Vogelbeobachtungsturm** (andere stehen in Naikupė, Rusnė sowie bei Kintai).

Das sumpfige Naturschutzgebiet mit Schilfwiesen und Feldern ist ein **Vogelparadies.** Hier findet man 270 von den in Litauen vorkommenden 330 Vogelarten, darunter viele Sumpf- und Wasservögel sowie Störche. Es gibt annähernd 3000 **Storchennester** von Weißstörchen, aber nur sieben von Schwarzstörchen (besonders viele bei Ventė). Es gibt auch Kormoraninseln.

Minija (Minge)

Minija (ca. 100 Einwohner) liegt 22 km von Šilutė am gleichnamigen Fluss, nahe der Mündung in den Nemunas. Die Stichstraße endet am **Jachthafen,** in dem auch Ausflugsboote anlegen. Die Fischerhäuser aus dem 19. Jh., z.T. mit Schilfdächern, sind Architekturdenkmäler und liegen zu beiden Seiten des Minija, der „Hauptstraße ohne Brücken". Das Dorf wird aufgrund des Bootsverkehrs – stark übertrieben – als **„Venedig Litauens"** bezeichnet.

Von Minija führt ein **Radweg** um den See **Krokų Lanka,** den größten des Regionalparks. Von Mai bis September **Bootsausflüge** nach Nida, Juodkrantė, Preila und Pervalka bzw. zum Nemunas-Delta-Regionalpark unter Tel. 44169526, www.mingeskaimas.lt, auch Fahrradmitnahme möglich.

Ventė (Windenburg)

Man fährt wieder zurück in Richtung Kintai, biegt aber an der Kreuzung links nach Ventė ab. Der Ort, 10 km südlich von Kintai, 25 km von Šilutė, liegt auf der **Windenburger Ecke** (Ventės ragas), einer Landzunge, die sich ins Haff hinaus erstreckt und von Sandbänken und Untiefen umgeben ist. Sie sieht je nach Wetterlage verschlafen oder wild aus und ist Teil des Nemunas-Delta-Regionalparks. Nach **Nida** und zurück gibt es von Juni bis August Ausflugsschiffe (www.ventaine.lt).

Das alte Fischerdorf hat ca. 150 Einwohner. Hier entstand bereits 1360 als wichtiger Brückenkopf gegen die Litauer eine **Burg** unter dem Ordensmarschall von Königsberg. Von dieser Burg aus fuhren die Kreuzritter den Nemunas aufwärts. Irgendwann im Laufe des 16. Jh. wurde die Festung schließlich durch die Stürme und Wellen des Haffs zerstört und aufgegeben. Die Kirche wurde zwar wiederaufgebaut, fiel aber 1702 erneut einem Sturm zum Opfer.

1c

Danach baute man mit den Steinen die Kirche in Kintai. Auf der Stelle der Burg wurde 1852 ein **Leuchtturm** errichtet, von dem man einen Blick auf die elf Kilometer entfernte Kurische Nehrung hat. 🦋 Die gesamte Landzunge ist ein unberührtes **Naturschutzgebiet** mit einer **Vogelwarte,** die an einem UNESCO-Projekt zur Erforschung des Vogelzugs mitwirkt. Sie wurde 1929 gegründet und 1960 mit großen Fangnetzen bespannt. Hier beringte Vögel wurden u.a. in Südafrika, Ägypten und im Iran gesichtet. Einen spektakulären Anblick bieten die etwa 200 Vogelarten, die bis zu 300.000 im Herbst und Frühling die Station auf einer der größten Nord-Südrouten überfliegen. Aber auch zu anderen Jahreszeiten lohnt ein Besuch. Bisher wurden Millionen von Vögel beringt, jährlich kommen rund 60–80.000 hinzu. Die Ornithologen sind gerne zu Auskünften und kleinen Führungen bereit. Anmeldung unter Tel. 44154480 oder 44516, kkod@silute.omnitel.net. Es gibt auch ein kleines **Museum** mit ausgestopften Vögeln (Mo-Fr 8–12 und 13–17 Uhr, Tel. 44168514).

Unterkunft

▣ **Hotel Sturmų Svyturys**②, 3 km vor Ventė, Tel. 68797756, info@sturmusvyturis.lt, Restaurant mit einer Ausstellung von Kurenwimpeln (s. „Kurische Nehrung").

▣ **Leisure Centre Ventainė,** 1 km vor Ventė, Tel. 68670490, www.ventaine.lt, sehr gepflegt, 130 Zelt- u. Wohnwagenplätze (WC, Dusche), Zelt ab 3 Euro, Wohnmobil 15 Euro, Bungalow ab 17 Euro. Auch 27 schöne Zimmer ab 40 Euro, Sauna, Billard, Tennis, Fahrrad-, Motorboot-, Waterbike-, Bootsverleih, Organisation von Jagd-, Eisfischen- und Angelausflügen. Römerbad, Jacuzzi, Pool und Schneemobil. Von Juni bis August fahren von hier Schiffe nach Nida, www.ventaine.lt.

▣ **Gästehaus Ventės poilsis**①, Marių 3, Tel. 633 22315, 3 Zimmer.

⌃ Der Leuchtturm von Ventė mit Vogelnetzen der Vogelwarte

Rusnė (Ruß)

Rusnė, 9 km südwestlich von Šilutė, hat 2500 Einwohner und ist ein alter, 1448 erstmalig urkundlich erwähnter Fischerort mit Stadtrechten; er liegt im Osten der 43 km² großen **Flussinsel** im Delta des Nemunas, der sich hier teilt. Hier liegt auch die einzige Brücke vom Festland auf die Insel. Rusnė war eine Flößerstadt, wo früher die Flöße auf dem Weg nach Memel neu vertaut wurden. Der alte Hafen wird heute von der Wasserschutzpolizei genutzt. Trotz der Dämme ist der Ort bei Eisbruch gelegentlich nur mit Amphibienfahrzeugen oder Hubschraubern zu erreichen. Im Herbst und Winter wehen starke Weststürme.

Hier scheint die Zeit stehengeblieben zu sein. Schöne alte, liebevoll gepflegte **Fischerhäuser** und Bauerngehöfte aus dem 19. Jh. findet man vor allem in dem eingemeindeten Dörfchen **Skirvytėlė** (1,5 km, gut ausgeschildert). Es gibt im Haus Nr. 8 ein **Ethnografisches Gehöft-Museum** (Tel. 44158169). Die Bauweise der Gebäude ist ausschließlich in der Küstenregion zu finden. Die massiven Holzhäuser sind mit Brettern verschalt, ihre Dächer oft mit Dachpfannen oder Schilf gedeckt, verziert u.a. mit Reitersymbolen. Gezeigt wird das Leben der Fischer und Bauern, die Beschilderung ist auch auf Deutsch.

Ein architektonisches Denkmal ist die **Žvejų-Straße.** Der **Leuchtturm** wurde 1873 gebaut, bereits 1809 die evangelisch-lutherische **Kirche,** die den Marktplatz prägt.

Rusnė ist Ausgangspunkt für Ausflüge auf der **Rusnė-Deltainsel,** die ebenso wie die Stadt zum Nemunas-Delta-Regionalpark gehört. Dessen **Touristen-zentrum** liegt in der Pakalnės 40a, westlich von Rusnė, und ist gut ausgeschildert (Tel. 44162685, www.nemunodelta.lt; tgl. 9–17 Uhr, Winter nur Mo–Fr).

Unterkunft

■ **Švecių Namai Rusnėje**②, Skirvytėlės g. 9 (Tel. 44158142), auch Vermietung von Fahrrädern und Ruderbooten.

■ **Gästehaus Rusnė Villa**②, Pakalnės 82, Tel. 65297333, www.rusnevilla.lt, 7 Zimmer.

■ **Vila Prie Peterso tilto**①, Nemunas 1, Tel. 685 74650, www.rusnepetersas.lt, 6 Zimmer in der alten Post von 1912.

Šilutė (Heydekrug)

Die Stadt 53 km südlich von Klaipėda mit rund 23.000 Einwohnern liegt am Ufer des Flusses Šyša, auf dem Bootsausflüge zum Nemunas reizvoll sind.

Dieser Ort ist aus einer um 1511 gegründeten Wirtschaft hervorgegangen, um die sich Händler, Bauern, Handwerker und Fischer ansiedelten. Der Ort hieß Heydekrug *(Šilokarčema).* Durch den Zusammenschluss mit den Dörfern Verdaine (Werden), Žibai (Szibben) und Cintjoniškiai (Zintjunischken) entstand 1910 dann die Stadt Heydekrug. Im Januar 1923 forderten hier Freischärler erfolgreich den Anschluss von Klein-Litauen an Litauen, worauf die Stadt in Šilutė umbenannt wurde. Von 1939–44 hatte sie aber wieder ihren ursprünglichen Namen. Der D-Zug Berlin – Memel hatte hier einen Stopp, der Wochenmarkt war weithin bekannt.

An der **Hauptstraße** Lietuvininkų gatvė (sie erstreckt sich westlich des Bahnhofs bis zum Fluss Šyša) liegen viele Geschäfte, einige Restaurants und Ca-

1c

fés, die Post (Nr. 23), die Bank mit Geldautomat (Nr. 55), der Supermarkt *Maxime* (Nr. 58) und die Sehenswürdigkeiten, so in der Nr. 29 die 1926 erbaute evangelisch-lutherische **Kirche** mit ihrem 50 m hohen Turm. Die **Fresken** zeigen *Bach, Luther, Melanchthon* und andere Persönlichkeiten. Das mit der Erschaffung der Welt beginnende, chronologisch aufgebaute Fresko dürfte wohl in Gestaltung und Konzeption einmalig sein.

Das **Heimatmuseum** in der Lietuvininkų g. 36 zeigt Stücke aus der reichen Altertumssammlung des einstigen Gutsbesitzers *Scheu* (Di–Fr 10–18, Sa 10–17 Uhr, www.silutesmuziejus.lt, Tel. 62209). Es bietet neben Steinzeitexponaten einen Einblick in das Leben der Menschen in Klein-Litauen (Memelland) und Westlitauen. Das Denkmal für *Scheu* steht vor dem Gebäude Lietuvivinku 4, in dem eine **Ausstellung** über ihn sowie ein Informationszentrum des Museums untergebracht sind (Tel. 62207).

Sehenswert sind auch das **Feuerwehrhaus** von 1911 (Nr. 2), das Palais des Landguts von 1816 sowie das Denkmal des Heimatschriftstellers *Hermann Sudermann* (1857–1928), das 1996 neben der Kirche wiedererrichtet wurde. In seinem Geburtshaus in Macikai (Matzicken), 3 km nordöstlich von Šilutė, ist heute sein **Gedenkmuseum** (Di–Sa 10–17 Uhr, Tel. 62209). Unter seinen Werken sind „Die Reise nach Tilsit" und „Litauische Geschichten" wohl die bekanntesten.

In **Macikai** war ein Nazilager für Juden, Kriegsgefangene und Zwangsarbeiter (Stalag Luft VI) und danach bis 1955 ein Gulag-Lager, woran ein Museum (Ecke Vilties/Zuderman, Tel. 44162203, Di–Fr 10–16, Sa 10–15 Uhr) und eine Gedenkstätte auf dem Friedhof erinnern.

Sehr schön ist die **Umgebung** der Stadt mit Mooren, Wäldern, Heide und Feldern. Für **Spaziergänge** bietet sich der Weg entlang dem Flüsschen Šyša in Richtung Verdaine (Werden) an. Es gibt auch sehr viele **Radwege.**

Verkehrsmittel

■ **Bahnhof,** Gelenžinkelio 4, Tel. 53460, Züge nach Klaipėda.

■ **Busbahnhof,** schräg gegenüber, Tel. 51263, u.a. viele Busse nach Klaipėda, Tauragė, Jurbarkas; täglich in die Dörfer Ventė, Rusnė, Kintai, Švėkšna, Žemaičių Naumiestis.

■ **Taxi,** Tel. 54445.

Informationen

■ **Tel.-Vorwahl Šilutė:** (00370-) 441

■ **Touristinformation,** Lietuvininkų 4, Tel. 777 95, www.siluteinfo.lt.

■ **Infozentrum des Nemunas-Delta-Regionalpark,** Lietuvininkų 10, Tel. 75050, www.nemunodelta.lt.

Unterkunft

■ **Herberge**①, Lietuvininkų 72, Tel. 51804, 30 Betten, sehr einfach; geöffnet Mitte Juni bis Mitte August.

■ **Hotel Deims**②, Lietuvininkų 70; hübsches Hotel mit Restaurant und Café, Tel. 52345, www.deims.lt, 43 Zimmer.

■ **Gästehaus Liepa**①, Liepų 10, Tel. 61603050, www.liepainn.lt, 6 Zimmer.

■ **Hotel Gilija**②, Vytauto 17, Tel. 52572, www.silutesgilija.lt, 16 Zimmer, Restaurant.

1c

Kurische Nehrung

Fragt man einen Litauer, was man in seinem Heimatland unbedingt sehen sollte, so wird er die Kurische Nehrung nennen. *Wilhelm von Humboldt* schrieb 1809: „Die Kurische Nehrung ist so merkwürdig, dass man sie gesehen haben muss, wenn einem nicht ein wunderbares Bild in der Seele fehlen soll." Und wer diese eigenartige Mischung aus Südeuropa, Nordafrika und Skandinavien selbst erlebt hat, der wird ihm begeistert zustimmen.

Diese schmale und rund 98 km (52 km auf litauischer Seite, 46 km auf dem Kaliningrader Gebiet) lange **Landzunge aus purem Sand** ist zweifellos eine der eigenartigsten und faszinierendsten Landschaften Europas. In beiden Landesteilen ist sie als **Nationalpark** geschützt, seit dem Jahr 2000 ist sie auch **UNESCO-Welterbe**.

Ihre westliche Küste wird von der **Ostsee,** die östliche vom **Kurischen Haff** umspült. Die schmalste Stelle misst fast 400 m (bei Lesnoj auf der russischen Seite), die breiteste 3,8 km am Bulvikis-Horn zwischen Nida und Preila. Die Nehrung ist die fünftlängste der Welt, die Küste mit 28 Kaps sehr kurvig.

Seit Generationen schon hat sie zahlreiche Maler, Schriftsteller und andere Künstler beeindruckt, unter ihnen *Carl Zuckmayer* und *Thomas Mann*. Das Wechselspiel des Lichts, der Form und der Farben der Landschaft; der Kontrast des Wassers, der Dünen und Wälder sowie zwischen der Brandung der Ostsee und dem stillen Haff; der Sonnenuntergang, der die Dünen erst orange, dann rot färben lässt: Wer wird hier nicht inspiriert? *Heinz Rühmann* drehte hier den Spielfilm „Quax in Afrika". Hier kann man durch eine **Sandwüste** streifen, wie sie die Sahara nicht malerischer bietet, und kann über 60 m hohe **Dünen** erklimmen, die höchsten Europas in der längsten Dünenlandschaft des Kontinents. Im Sommer flimmert über ihnen das Sonnenlicht (die Nehrung hat die meisten Sonnenstunden Litauens), schneebedeckt (meist Dezember bis Februar) wirken sie wie eine unschuldige Weihnachtslandschaft.

Wenig weiter schon findet man **Buchten** mit grünen Kiefern, goldenem Sand und kristallklarem Wasser. Und wenn man dann durch die **Wälder** streift, Pilze sammelt und dabei womöglich einem Elch begegnet, fühlt man sich von der Mittelmeerregion mit einem Schlag nach Schweden oder Finnland versetzt.

In den verträumten **Fischer- und Feriendörfern,** alle an der geschützten Haffseite gelegen, leuchten zwischen dem Grün der Bäume **malerische Holzhäuschen** hervor. Zweiteilige Balkenhäuser, senkrecht mit Brettern verkleidet, meist in blauer, weißer oder bräunlicher Farbe gestrichen (die Farben symbolisieren das Meer, dessen Schaumkrone und die Erde) mit weißen Sprossenfenstern. Sie besitzen zwei Enden, eins für die Familie selbst, eins für Gäste, getrennt durch einen zwei Meter breiten Flur. Die früheren Haustüren hatten zwei Teile, sodass man vom oberen herauskriechen konnte, falls über Nacht Flugsand den unteren barrikadiert hatte. Die zwei sich kreuzenden **Gesimsbretter** am Giebel enden in geschnitzten Pferden, Vögeln oder Blumen, die als Symbole des Leidens Krankheit, Unheil

Klaipėda und die Ostseeküste

1c

oder Feuer anziehen und somit von den Bewohnern fernhalten sollten. Die traditionelle Dachbedeckung sind rote Dachpfannen oder Schilf. 96 Häuser, fast alle in Nida, stehen unter **Denkmalschutz.**

Die mit Lattenzäunen umgebenen **Vorgärten** mit farbenprächtigen Blumen bieten schöne Fotomotive. Manchmal hängen hier Fischernetze zum Trocknen, und es wird **geräucherter Fisch** nach traditionell kurischem Rezept verkauft. Des öfteren sieht man Holzstäbe mit **Kurenwimpeln** an der Spitze, an denen manchmal eine Windfahne befestigt ist. Sie mussten ursprünglich nach der preußischen Fischereiverordnung von 1844 am Kahnmast befestigt werden. Diese Tradition ist bis heute ein in Europa **einmaliges kulturelles Phänomen.** Die auf der Nehrung vorgeschriebenen schwarz-weiß gefärbten Blechtafeln von 60 x 30 cm Größe hatten ein rotes und weißes Fähnchen, um die Herkunft des Bootes und den Status des Eigentümers bestimmen zu können. Später schmückten die Fischer ihre Wimpel mit selbst geschnitzten und bemalten Holzbrettern in der vorgeschriebenen Größe von 115 x 45 cm. Diese kleinen Kunstwerke sind heute das **Symbol der Nehrung** und dienen teilweise als Straßenschilder. In verkleinerter Form sind sie als Souvenir erwerbbar. Von der Kultur der Kuren zeugen heute auch noch die alten **Kurenkähne und Kurenbretter;** nicht mehr ausgeübt wird das Krähenfangen (Details bei Nida).

Idyllische Schilfbuchten säumen die **Haffküste** und an der Ostseeküste zieht sich ein endlos scheinender, goldig feiner **Sandstrand** hin – unverbaut und so ursprünglich, wie Wind und Wellen ihn geschaffen haben. Ideal für Strandspaziergänge, auf denen man vor allem nach Frühlings- und Herbststürmen mit etwas Glück **Bernstein** findet; ideal auch für Sonnenanbeter und Badefreunde, da er nie überlaufen ist. Von der britischen Zeitung „The Guardian" wurden 2008 die Badestrände auf der Kurischen Nehrung als zweitbeste Europas gekürt.

Die **Ostsee** ist relativ flach und kalt, die Wellen können recht rauh sein. Auf der Haffseite kann man **Bootsausflüge** (u.a. mit einem Kurenkahn) z.B. zum Nemunas-Delta-Regionalpark unternehmen. Lohnend sind auch Angeltrips, im Winter **Eisangeln.** Zwischen Nida und Smiltynė existiert ein **Radweg.** Die Nehrung ist auch ein Paradies für Naturliebhaber sowie für alle, die Ruhe und Erholung suchen und gern spazierengehen (z.B. entlang der Haffpromenaden) oder wandern. Allerdings gibt es zwei **Reservate,** deren Zutritt nur mit Genehmigung erlaubt ist, sodass man sich einer organisierten Tour anschließen kann. Deshalb sollte man eine Karte des Nationalparks mitführen. Hilfreich und interessant ist der Nachdruck des Buchs „Kurische Nehrung" von 1932 im Rautenberg-Verlag.

Unterkunft

Die **Übernachtungspreise** variieren je nach Neben- und Hauptsaison sowie nach Auslastung (ggf. handeln). Frühstück ist meist inklusive. Im Sommer (Juni bis Aug.) sollte man bestimmte Unterkünfte **im Voraus buchen** (Preis genau festlegen), oder zumindest frühzeitig anreisen; ansonsten helfen die Touristinformationen, die u.a. mit der Buchung einer Pension helfen. Hilfreich sind auch Reisebüros, Bed-&-Breakfast-Agenturen wie z.B. *Litinterp* (u.a. in Klaipėda). Die meisten Hotels und Pensionen sind ebenso wie die Restaurants und Cafés nur in der **Hauptsaison** geöffnet. Und in Nida gibt es einen **Campingplatz. Nida,** der Hauptort der Kurischen Nehrung, ist in einem eigenen Kapitel beschrieben.

Geschichte der Nehrung

Besiedlung

Die **ersten menschlichen Spuren** datieren von 8000 v. Chr., die ersten „Siedlungen" von 3500 v. Chr. Hier lebten größtenteils Jäger, Sammler und Fischer. Ab dem 12./13. Jh. ließ sich der Stamm der **Kuren** nieder. Nach den Kreuzzügen wurde die Nehrung Teil des **Memellandes** (s. Geschichtsteil von „Klaipėda"). Bis 1944 wurde neben Deutsch auch noch der **kurische Dialekt** gesprochen.

Während der fast 50 Jahre langen Sowjetzeit war die Nehrung **militärisches Sperrgebiet,** Nida war Erholungsort der „Elite-Apparatschiks" (1968 durfte der französische Philosoph *Jean Paul Sartre* die Nehrung mit einer Genehmigung von *Chruschtschov* besuchen). Es durften nur bestimmte Wege und Badestellen benutzt werden, ein Segen für die Natur und Tierwelt. Kombinate errichteten **Ferienheime** für ihre Angestellten. Nach dem Zerfall der Sowjetunion und der Unabhängigkeit Litau-

☑ Naturlandschaft Kurische Nehrung

Klaipėda und die Ostseeküste

ens war die Nehrung wieder zweigeteilt, und der litauische Teil wurde ein magischer Anziehungspunkt für deutsche „Heimweh"-Touristen". Die Erholungsheime wurden danach in Hotels umgewandelt. Im Tourismusgewerbe wird heute meist wieder **Deutsch** gesprochen.

Entstehung

Nach der letzten Eiszeit vor etwa 13.000 Jahren blieb am Rande der heutigen Ostsee (dem damaligen Eismeer Litorina) eine Kette von Endmoränenhügeln zurück, die als Inseln aus dem ansteigenden Wasser ragten. Im Laufe der Jahrtausende spülte eine nordwärts gerichtete Meeresströmung Sand von der Küste Samlands weg und lagerte ihn zwischen diesen Inseln ab, bis sich allmählich die Kanäle dazwischen auffüllten und eine lange **Landzunge** entstand. Und der hauptsächlich von Westen her wehende Wind türmte den von den Wellen angespülten Sand zu immer höheren Bergen auf, sodass über 60 m hohe **Dünen** entstanden. Seit damals wandert die Nehrung langsam nach Osten.

Die Landzunge hätte das **Haff** längst völlig vom offenen Meer abgeschlossen, wenn nicht die hier mündenden Flüsse – besonders der Nemunas – durch ihre Strömung einen schmalen Ausgang freihalten würden. Da das Haff ständig von den Flüssen aufgefüllt wird und nur wenig Meerwasser eindringt, ist das Wasser im Haff **fast salzfrei** und durch die vielen Nährstoffe aus den Flüssen zudem relativ **fischreich**. Mit einer Fläche von 1600 km² (davon über 400 km² auf litauischem Gebiet) ist das Haff das größte Binnengewässer Litauens; die **Süß-**wasserlagune ist rund dreimal so groß wie der Bodensee.

Mit der Ostsee ist es durch die 500 m breite **Passage** bei Klaipėda verbunden; im **Kaliningrader Gebiet** ist es bis zu 35 km breit.

Versandung – Erosion

Ursprünglich war die Nehrung fast ganz von **Mischwäldern** aus Birken, Eichen, Linden und Fichten sowie Gestrüpp und Gras bewachsen, die den Sandmassen Schutz und Halt boten. Kleine Reste dieses ursprünglichen Waldes sind heute nur noch bei Nida und Juodkrantė erhalten. Für die heidnischen Stämme war der Wald heilig. Nicht jedoch für die Eroberer, die Holz für ihre Burgen und Schiffe brauchten und die ab dem 15. Jh. den Wald nach und nach **abholzten,** darunter die Kreuzritter, die Preußen, aber vor allem die Schweden und Russen während des Siebenjährigen Kriegs (1756–63).

Ende des 18. Jh. waren bereits weite Flächen abgeholzt und in den ursprünglichen **wüstenähnlichen** Zustand zurückverwandelt worden. Stürme, Waldbrände und die Erosion der dünnen Humusschicht erledigten den Rest. Das empfindliche ökologische System geriet aus dem Gleichgewicht, und der Wind türmte den bloßgelegten Sand zu riesigen **Wanderdünen** auf. Unaufhaltsam wälzten sich diese wandernden Berge jährlich bis zu 20 m haffwärts und **begruben** zwischen dem 16. und dem 19. Jh. **vierzehn Fischerdörfer** unter ihren Sandmassen – Karwaiten, Neu-Pilkoppen und viele andere, an die manchmal ein auf der heutigen Düne errichte-

1c

tes Kreuz erinnert. Teilweise wurde ein Dorf mehrmals neu aufgebaut, wobei man die bedrohten Häuser zerlegte und mitnahm. Doch auch die neuen Dörfer wurden meist bald wieder vom Sand eingeholt.

Erst zu Beginn des 19. Jh. begann man mit Versuchen, die alten Fehler wiedergutzumachen, um die alles verschlingenden Dünen aufzuhalten. Professor *Titius,* Rektor der Universität Wittenberg, erarbeitete einen Plan zur Wiederaufforstung und zur Schaffung einer Schutzdüne an der Seeseite, die dem Sand seinen weiteren Weg zu den Wanderdünen abschneiden sollte. Als einer der ersten nahmen 1825 der Niddener Postmeister *Gottlieb David Kuwert,* aber vor allem sein Sohn *Georg David* diese gigantische Aufgabe am Urbo kalnas hinter dem Postamt in Angriff. Mit Hilfe einer künstlich angelegten Vordüne, Strauchzäunen und Bepflanzung mit Strandhafer **befestigte** er den Flugsand. Dann bepflanzte er eine große Fläche zwischen den Vordünen und den Wanderdünen mit **Kiefern** und rettete so seinen Heimatort vor den Sandmassen. In anderen Orten der Nehrung folgten andere seinem Beispiel und zu Beginn des 20. Jh. war die Vordüne vollständig geschlossen, und der Sand kam allmählich zur Ruhe. Die heutige Landschaft ist größtenteils durch die Aufforstungen aus der zweiten Hälfte des 19. Jh. geprägt.

Doch seither hat die Situation sich umgekehrt: jetzt sind die **Dünen,** die einst die Dörfer bedrohten, **gefährdet.** Denn die heftigen Weststürme reißen noch immer gewaltige Mengen Sand davon und wehen ihn ins Haff. Andererseits sind die einstigen Wanderdünen jetzt durch die Vordünen und die Be-

pflanzung an der Westseite von ihrem Nachschub abgeschnitten. Die Dünenfläche ist deshalb seit 1990 um 10 ha **geschrumpft,** die Dünen sind jetzt niedriger. So ist die **Parnidder Düne** von Nida in den letzten 30 Jahren um rund 10 m abgetragen worden, und in hundert Jahren wird sie vielleicht ganz verschwunden sein. Daher suchen Naturschützer und Wissenschaftler heute wieder nach Möglichkeiten, diese Dünen zu erhalten. Es laufen einige **Wiederaufbau-, Forschungs- und Aufklärungsprojekte.** Letztere sind auch dringend notwendig, da die Zahl der Touristen ständig zunimmt und da alte Gebräuche wie Beeren- und Pilzsammeln in den Wäldern nur schwer zu unterbinden sind.

Nationalpark Kurische Nehrung

🦋 Es ist ein sehr **empfindliches Gleichgewicht,** das die einzigartige Landschaft mit den Dünen, dem auf Sand wachsenden Wald und der biologischen Vielfalt möglich macht und erhält. Deshalb ist es außerordentlich wichtig, dass dieses durch umsichtiges und **verantwortliches Handeln** gewahrt bleibt. Die Humusdecke der Halbinsel ist dünn und verletzlich. Aus diesem Grund wurde 1991 zum Schutz und Erhalt des Naturerbes sowie der mehr als 150 ethnisch-kulturellen und historischen Kulturdenkmäler der Nationalpark Kurische Nehrung geschaffen (ein Infozentrum, die Hauptverwaltung und das Naturmuseum sind in Smiltynė, s.o., ein zweites Infozentrum ist in Nida, s.u.). Er umfasst die gesamte Nehrung einschließlich aller Ortschaften (auch Smiltynė; es ist aber praktischerweise bei Klaipėda erwähnt).

Die **Nationalparkgebühren** (Pkw 5, im Sommer 20 Euro; Minibus 20 Euro, Wohnwagen 30 Euro, Fahrräder und Motorräder 5 Euro, www.neringa.epar kingas.lt) werden bei der Anreise von Klaipėda erst 8 km südlich von Smiltynė beim **Kontrollposten in Alksnynė** (Tel. 46953135; er steht neben dem Einzelgehöft von 1898) kassiert, bei Einreise vom Kaliningrader Gebiet gleich hinter dem **Grenzposten.** Das Ticket gilt 24 Std. (Verlassen und Wiedereinfahrt beliebig oft, auch am anderen Kontrollposten möglich – Ticket aufbewahren).

Von den 26.474 ha Parkfläche auf litauischer Seite entfallen 4200 aufs Haff, 12.500 auf die Ostsee und 9774 auf die Nehrung (u.a. 70 % Wald, 25 % Sandflächen). Es gibt zwei streng geschützte Naturreservate (19 %), vier Landschaftsschutzgebiete (58 %) sowie kulturelle Schutzzonen und Erholungszonen (18 %).

Fauna und Flora

Hier gibt es 37 der 65 in Litauen vorkommenden **Säugetiere,** davon zehn seltene und vier geschützte (u.a. Flussotter und Seehunde). Schätzungen sprechen von 30 Elchen, 210 Rothirschen und Rehen, 120 Wildschweinen, 100 Füchsen und vielen Nagetieren (u.a. Hasen, Eichhörnchen, Biber, Marder, Dachse). Außerdem findet man 40 Fisch-, 470 Schmetterlings-, rund 300 Käfer- und viele Insektenarten. Von den über 200 **Vogelarten** brüten hier mehr als 100, darunter 54 geschützte Arten wie der Seeadler. Nördlich von Juod-

krantė ist die mit rund 1500 Nestern landesweit größte Kolonie von grauen Kormoranen beheimatet. Während des **Vogelzugs** im Frühling und Herbst überfliegen rund 15 Mio. Vögel die Nehrung.

Die meisten **Bäume** wurden angepflanzt, darunter die dominanten (Berg-) Kiefern, aber auch Fichten, Birken, und Erlen. Es gibt etwa 350 Pilz- sowie 960 Pflanzenarten, darunter auch 190 sehr seltene sowie 31 geschützte.

Aufenthaltsbestimmungen

Besucher sind gehalten, ihre **Fahrzeuge** nur auf Parkplätzen abzustellen (bei nicht vorschriftsmäßig geparkten Fahrzeugen wird meist eine Reifensperre montiert), nur die zugelassenen Wege zu befahren und die Tempolimits (innerorts 40 km/h, sonst 60 bzw. 70 km/h) zu beachten (manchmal Radarkontrollen; gelegentlich überqueren Wildschweine, sehr selten Elche die Fahrbahn). Die Straße ist relativ schmal.

Es ist auch streng **verboten,** Lärm zu machen, ohne Erlaubnisschein zu jagen sowie Vögel zu verscheuchen oder ihre Nester zu zerstören. Denn nur eine intakte Vegetation kann alles erhalten.

Deshalb: Kein Feuer machen, Bäume, Sträucher und Waldwerk nicht beschädigen, bis auf den Campingplatz in Nida nicht zelten, nichts abpflücken, die Wald- und Dünenpfade nicht verlassen, keinen Abfall zurücklassen und keine Strandburgen in den Dünen bauen. Sonst könnte es sein, dass es dort bald keine Dünen und keinen Strand mehr gibt! Für o.a. Vergehen werden **Geldstrafen** verhängt (bis 100 Euro). Man sollte auch keine Wildtiere füttern.

Neringa

Neringa ist ein durch die Verwaltungsreform 1961 geschaffenes, künstliches Gebilde. Damals wurde fast der gesamte litauische Teil der Nehrung mit den Orten Juodkrantė, Pervalka, Preila und Nida zusammengefasst und **zur Stadt ernannt.** Smiltynė, das sich bis 5 km südlich des Fährhafens erstreckt, ist Stadtteil von Klaipėda (s. dort). Neringa umfasst 95 km² und hat eine rund 45 km lange „Hauptstraße", aber nur ca. 2400 Einwohner – ein **Kuriosum.**

Verkehrsverbindungen

Von Klaipėda gibt es mehrere **Fährverbindungen** (s.o.). Beim Fähranleger der Personenfähre in Smiltynė ist eine **Bushaltestelle.** Hier fahren Busse nach Nida (s.u.). Man sollte sich in Klaipėda nach den Abfahrtszeiten erkundigen, um nicht zu lange auf die nur etwa alle zwei Stunden verkehrenden Busse warten zu müssen. Die Luxusbusse (z.B. Kaunas – Nida, 4 Std.) nehmen die südlich davon gelegene Autofähre (kein Zustieg in Smiltynė möglich). Die **Alte Poststraße,** die früher Memel und Königsberg verband, führt auch heute fast durchgehend als Smiltynės plentas die gesamte Nehrung entlang. Sie ist Teil der **Litauischen Bernsteinstraße,** die von Nida nach Šventoji führt.

◼ **Busse** Smiltynė – Nida (4 Euro, 50 Min.) via Juodkrantė (2,50 Euro, 20 Min.). Einige fahren via Pervalka 3 Euro) und Preila (3,50 Euro), sonst muss man die jeweils letzten 2 km zu Fuß gehen. Sie halten i.d.R. nur an den Bushaltestellen.

Radfahrer dürfen die Alte Poststraße nicht mehr benutzen, sondern nur noch den neu angelegten und gut ausgeschilderten, 42 km langen **Radweg von Smiltynė nach Nida.** Dieser führt durch Wald und Dünen, ist meist flach und hat Rastplätze.

Der **Grenzübertritt** von Nida in den **russischen** Teil der Nehrung ist nur mit einem russischen Visum möglich, das man sich vor Reiseantritt bei einer Botschaft besorgen muss. Reisebüros sind dabei behilflich.

Die **einzige Tankstelle** auf der Nehrung befindet sich zwischen der südlichen Abzweigung nach Nida (Taikos gatvė) und dem litauischen Grenzposten nach Kaliningrad (24 Std.). Der **russische Grenzposten** ist rund 2,5 km weiter südlich.

Taxis verlangen oft 30 Euro für die Strecke Smiltynė – Nida gegebenenfalls herunterhandeln oder ein Sammeltaxi nehmen (Nationalparkgebühr für Pkw nicht inklusive).

Im Sommer fährt ein **Ausflugsboot** von Klaipėda nach Nida und zurück mit einem Stopp in Juodkrantė (Infos bei Klaipėda). Gelegentlich fahren auch **Schiffe** von Kaunas nach Nida und zurück (Infos im Kapitel „Kaunas").

Juodkrantė (Schwarzort)

18 km von Smiltynė liegt der zweitgrößte Ort der Nehrung mit 720 Einwohnern, langgestreckt an der geschützten Haffseite entlang der Hauptstraße L. Rėzos, eingebettet in das Dünental der großen **Parabol-Dünen.** Sie ist eine der ältesten Siedlungen der Nehrung (erst-

mals 1429 erwähnt) und hat sogar die Zeit der Wanderdünen unbeschadet überstanden, da Reste des ursprünglichen Waldes mit bis zu 50 m hohen Kiefern den Ort von drei Seiten her schützen. Daher stammt auch sein Name, da sich der „schwarze" Wald deutlich von den weißen Dünen abhob (der litauische Name bedeutet aber „Schwarzküste").

Juodkrantė lebte von der Fischerei und Bernsteinsuche. Bei der Bootsanlegestelle etwa 1 km nördlich des Ortes (Promenadenweg) sind noch Reste des alten **Bernsteinhafens** zu sehen, der bei der Suche nach dem „baltischen Gold" ausgehoben wurde. Daran erinnert auch die künstliche Bernsteinbucht, an die der ausgewaschene Sand geworfen wurde. (s. Exkurs).

Vor dem Zweiten Weltkrieg war Schwarzort ein weltberühmter **mondäner Kurort** mit 15 Hotels und Gasthöfen. An ihn erinnern noch einige schöne **Holzvillen** von 1900–20 sowie das Kurhaus von 1868, die ebenso wie die 15 alten **Fischerhäuser** entlang der Rėzos g. unter Denkmalschutz stehen. Diese bieten mit ihren verzierten Giebeln und den Kurenwimpeln reizvolle Fotomoti-

Der Bernsteinschatz von Juodkrantė

1854 wurden während der Vertiefung der Fahrrinne große Schichten von Bernstein entdeckt. Zwei Kaufleute aus Klaipėda (Memel) gründeten die Firma „Stantien und Becker", erhielten 1860 eine Lizenz, und förderten bis 1890 rund 2250 Tonnen Bernstein aus drei riesigen Klötzen, von denen der größte auf einer Sandbank rund 600 m vor dem Haff lag. Hier arbeiteten bis zu 600 Leute mit Dampfbaggern, Schuten und Booten. Dabei fand man außer Rohbernstein überraschenderweise auch **Bernsteinknöpfe, -broschen, -perlen, und -schmuck,** deren Herkunft unbekannt war. Erst 1880 gelang es dem Geologen *R. Klebs,* alle 434 gefundenen Stücke wiederaufzutreiben und zeitlich einzuordnen (die meisten stammten aus dem **Neolithikum** 4000–3500 v. Chr.). Daraufhin ging die sensationelle Meldung vom Fund eines **prähistorischen Bernsteinschatzes** um die ganze Welt.

Zu den wertvollsten Bestandteilen des Schatzes gehörten die kunstvoll geschnitzten Menschen- und Tierfiguren, die von den damals an der Ostseeküste lebenden Baltenstämmen zu Amuletten verarbeitet wurden. Man vermutet deshalb, dass hier ein **heidnischer Opferplatz** war. Der größte Teil des Schatzes wurde im Preußischen Museum von Königsberg ausgestellt, einige Stücke gerieten in Privatsammlungen. Im Verlauf des Zweiten Weltkriegs ging ein großer Teil des Schatzes verloren. Doch bereits zu Beginn des 20. Jh. hatte *Klebs* den Schatz vermessen, beschrieben und gezeichnet. Außerdem gab es Gipsabdrücke im Kriegsmuseum von Kaunas. So ist es möglich, dass heute wieder **Kopien des Bernsteinschatzes** in den Bernsteinmuseen von Palanga, Vilnius und Nida zu sehen sind. 22 Originalstücke werden heute im Geologiemuseum von Göttingen ausgestellt.

1c

ve. Juodkrantė ist dank seines herrlichen alten Waldes mit vielen Wanderwegen und der salzhaltigen Meereswinde ein beliebter **Luftkurort** und hat überdies eine sehr ruhige und erholsame Atmosphäre, obwohl nach dem Ausbau des kleinen **Jachthafens** auch hier der Tourismus verstärkt Einzug gehalten und Nida etwas den Rang abgelaufen hat. Dieser liegt im nördlichen (Haupt-) Teil des Orts, in dem man auch das alte Villenviertel, die meisten öffentlichen Einrichtungen und einige Läden, Lokale und Hotels findet. Vor dem Hotel „Vila Flora" steht das **Denkmal** für *Liudvikas Rėza (Ludwig Rhesa).* Der Rektor der Königsberger Universität, Dichter und Folkloreforscher (1776–1840) war Herausgeber und Übersetzer des **Poems Metai** („Jahreszeiten"; von 1818) des Schriftstellers *K. Donelaitis,* vieler Fabeln und der ersten poetischen Volksliedersammlung (Dainos) mit 85 Liedern auf Litauisch und Deutsch (1825).

Die 2,4 km lange **Haffpromenade,** an der 1997 ein **Skulpturenpark** mit 31 Figuren des Bildhauersymposiums „Erde und Wasser" angelegt wurde, erstreckt sich nördlich des Jachthafens bis zum kleineren Südteil des Orts mit der **neogotischen Backsteinkirche** von 1885. Davor steht eine Christusstatue. Auf der anderen Straßenseite liegt das **Museum der Miniaturen** (Rėzos 3, Tel. 53323, www.ldm.lt/jps, Di–Sa 11–18, So 11–16 Uhr). Im renovierten historischen Gebäude neben der Kirche sind rund 300 Ausstellungsstücke zu sehen, darunter ein Porträt von *Napoleon,* für das er persönlich Pose bezog.

Neben der Kirche ist eine **Galerie der Kurenwimpel** zu sehen (Rėzos 13, Tel. 53357, www.autentic.lt).

Etwa auf halber Strecke zwischen dem nahen Hotel Ažuolynas und dem Jachthafen führt bei der Rėzos 46 eine Abzweigung zum **Hexenberg** *(Raganų Kalnas)* mit dem Schild *Muziejus.*

Hier ist ein **Märchenpfad** als Rundparcours mit etwa 1,5 km Länge angelegt worden, der einen Spaziergang lohnt. Den Pfad säumen rund 100 Hexen und Teufel und allerhand sonstige bizarre Eichenfiguren, die von litauischen Holzschnitzern und Volkskünstlern 1979–81 nach Motiven litauischer Volksmärchen und Sagen geschaffen worden sind. 1988 wurde der Pfad um 12 Bildhauerskulpturen erweitert. Bei Symposien werden die Skulpturen renoviert und neue geschaffen. Sie sind nicht nur zum Angucken da, sondern auf einigen dürfen die Kinder sogar herumklettern. Schon der Eingang ist eine Sehenswürdigkeit, es lohnt sich auch ein Besuch in einem der vielen Souvenirgeschäfte. Bei Dunkelheit ist der Besuch nichts für schwache Nerven. Geradezu mystisch wird hier die Johannisnacht, die „Sonnenwendfeier", am 23./24. Juni zelebriert.

Von der Rėzos gatvė führen einige **Wanderwege** rund 1,6 km durch einen der ältesten Wälder der Nehrung zum **Ostseestrand,** der für seine Sauberkeit die „Blaue Flagge" erhielt.

Informationen

■ **Tel.-Vorwahl Juodkrantė:** (00370-) 469
■ **Touristinformation,** Rėzos 8, im L. Rėza-Kulturzentrum (dort auch Ausstellungen), Tel. 53490, www.visitneringa.com, Di–So 9–18 Uhr, 16.9.–31.5., Di–Sa 9–18 Uhr, auch Zimmervermittlung. Infos und eine Bildergalerie unter www.city-info.net.

1c

Nützliche Adressen

■ **Bank,** Rèzos 54, Tel. 53245.
■ **Öffentliches WC,** Kalno 3, Rèzos 6 a.
■ **Telefon,** Kalno 3 (tgl. 8–24 Uhr).
■ **Bushaltestellen,** bei Rèzos 56 und gegenüber Rèzos 6 a (Hexenberg).
■ **Post,** Kalno 5, Tel. 53222, Mo–Fr 8.30–17 Uhr.
■ **Grenzpolizei,** Žaliasis Kelias 2, Tel. 53182.
■ **Erste Hilfe,** Kalno 26, Tel. 53282.
■ **Apotheke,** im Hotel *Ažuolynas.*
■ **Buchgeschäft,** Rèzos 13, Tel. 53357, gute deutschsprachige Literatur über das Memelland etc., alte Postkarten.

Unterkunft

■ **Ažuolynas** *(Eichenwald)*②-③, Rezos 54, Tel. 53310, www.hotelazuolynas.lt. Hotelkomplex mit 78 modern ausgestatteten Zimmern; sehr angenehme Atmosphäre, Restaurant, Café, Bar, Sauna, Pool, Whirlpool, Fahrradverleih, Tennis; große Wasserrutsche, Basketball, Billard, Zimmer mit Blick aufs Haff können im Sommer stickig sein.
■ **Eglių Slenis** *(Tannental)*②, levos Kalno 28, Tel. 53364, www.egliuslenis.lt; 20 Zimmer, das beste Hotel am Ort, schöne, moderne Apartments mit Balkon und Küche, guter Service, Café, Bar.
■ **Vila Flora**②, Kalno 7 a, Tel. 53024, www.vilaflora.lt, 17 Zimmer, neu erbaut im alten Villenstil, beliebt, modern, guter Service; Bar und gutes Restaurant.
■ **Kuršių Kiemas** *(Kurischer Hof)*②, Miško 11, Tel. 53004, www.neringatravel.lt, 20 Zimmer, renoviertes Hotel *Bachmann* von 1895, in Waldnähe, Fitnessraum.
■ **Kurėnas**②, Rèzos 10, Tel. 69802711, kurenas@gmail.com, 9 Zimmer, modern, mit schönem Café.
■ **Užmaris**②-③, Žaliasis Kelias 8, Tel. 53337; liegt direkt am Meer, 3 km vom Zentrum, hinter dem Parkplatz abbiegen; einfache Zimmer, Sauna, Pool.

■ **Vilavita②**, Rėzos 25, Tel. 53009, www.vilavita.lt, 12 gemütliche und moderne Zimmer.

■ Es gibt rund 30 **Pensionen und Ferienwohnungen,** die meist 10–12 Euro pro Person verlangen, u.a. in der Kalno 14 und 24, sowie **Apartments** ab 45 Euro (u.a. in Kalno 5a, levos Kalno 14–2, 16–12). Informationen bei der Touristinformation oder im Ort fragen.

Gastronomie

Neben den **Restaurants** und **Cafés** in den o.a. Hotels gibt es auf der Rėzos g. einige gemütliche und billige **Lokale** (z.B. in Nr. 1, 6a, 30, 42, 48) und **Räucherfischbuden** (z.B. in Nr. 1, 16, 20, 22, 26, 28, 36, 44), dem Haupterwerbszweig neben dem Tourismus. Bei den meisten kann man draußen sitzen, viele haben nur während der Saison geöffnet.

Aktivitäten

■ Gute **Anlaufstellen** sind die Hotels. **Bootsverleih** auch in Rėzos 6, **Reiten** unter Tel. 53194. **Bootsausflüge** und vieles mehr bei *Jovila Travel,* Rėzos 1–2, Tel. 68478707, www.jovila.lt. **Radverleih** u.a. in Kalno 7, Rėzos 42.

Feste

■ **Fischerfest,** Mitte Juni, Konzerte, Fischerspiele.
■ **Festival der Kammermusik,** Ende Juli bis Mitte August (in der Kirche).
■ **Musikalischer August an der See,** an Wochenenden.
■ **Folklore-Festival,** August, Infos unter www.lrezoskc.lt.
■ **Fest zum Saisonende,** Ende September im Bernsteinhafen.

Südlich von Juodkrantė

Rund 1 km hinter Juodkrantė, wo die Straße vom Haff weg und bergauf führt, kann man nach rechts einen **Abstecher** zu einem Aussichtspunkt bei den 45 m hohen **Reiherbergen** (Garniai-Hügeln), den größten europäischen **Graureiherkolonien,** machen. Graureiher sitzen auf den Ästen und viele **Großkormorane** auf den Baumspitzen der Pinien, die wegen der Exkremente der Vögel fast weiß sind und abzusterben beginnen. Ein beeindruckender Anblick beim Geschrei der rund 3500 Vögel (Fernglas ist zu empfehlen).

Gleich dahinter findet man linker Hand einen schönen Rastplatz, von dem aus man zum **Avinas** (Schafsberg) hinaufsteigen kann. Der ist zwar bloß 40 m hoch, bietet aber dennoch einen wunderschönen Blick über das Haff, die Nehrung und auf die Ostsee. Südlich von hier erstreckt sich die 9 km lange Kette der „Toten Dünen", das streng geschützte **Naglis-Naturreservat,** das sich fast bis Pervalka hinzieht. Es kann erst ca. 2 km vor der Abzweigung nach Pervalka von einem ausgeschilderten Parkplatz aus über einen Bretterfußweg mit Naturlehrpfad besichtigt werden, der auf den 53 m hohen Naglių kopa (Neegel-

Klaipėda und die Ostseeküste

☐ Wegweiser zum Hexenberg von Juodkrantė

1c

schen Berg) führt, unter dem das Dorf **Neegeln** (Naglių) liegt. Von hier hat man einen faszinierenden Blick aufs Haff. Das Reservat darf nicht betreten werden. Das Dorf wurde zwar noch zwei Mal an anderer Stelle wiederaufgebaut, aber immer wieder vom Sand begraben, bis es schließlich aufgegeben wurde. Von hier sieht man auch das **Kupsten-Terrain**, wo Wind und Regen bizarre Formen in den Dünensand modelliert haben. 2 km hinter dem Parkplatz zweigen **Stichstraßen** nach rechts zum Ostseestrand (ca. 1,5 km) sowie nach links zum Haff ab. Auf der letztgenannten erreicht man nach 2 km Pervalka.

Pervalka (Perwelk)

Dieser verträumte Ort mit rund 40 Einwohnern und 11 denkmalgeschützten **Fischerhäusern,** der 1836–44 von Bewohnern der vom Sand verschütteten Dörfern Neegeln und Karweiten gegründet wurde, liegt direkt am Haff. Auf dem etwas nach Osten ins Haff hineinragenden **Landvorsprung** hoffte man vor den Wanderdünen sicher zu sein, die weiter nördlich und südlich unaufhaltsam ein Dorf nach dem anderen unter sich begruben. Nördlich des Orts ragt hinter der Agila-Bucht eine Landzunge, der sog. *Pferdehaken* ins Haff, auf dem der **Pferdeleuchtturm** von 1900 steht. Man erreicht ihn per Boot oder zu Fuß am Haffufer entlang.

Nützliche Adressen

- **Infos** bei der Touristinformation in Nida.
- **Boots-/Wasserradverleih:** Pervalkos 13, 21.

Unterkunft

Es gibt einige **Ferienhäuser,** z.B.:

- **Vila Baldininkas**②, Pervalkos 29b, Sauna, Radverleih, Tischtennis, Tel. 68653506, www.vila baldininkas.lt.
- **Vaivos Gintaro namai**②-③, Pervalkos 13, Tel. 68548473, www.vaivosgintaronamai.lt, Billard, Tischtennis.

Südlich von Pervalka

Der **Radweg nach Nida** führt teilweise an der Haffküste entlang. Neben Kiefern stehen auch viele Birken und Erlen, mit Glück sieht man auch Rotwild. **Autofahrer** müssen die Stichstraße zurück zur Alten Poststraße nehmen.

Von dort etwa einen Kilometer weiter südlich führt ein Weg links auf den 53 m hohen **Skirpstas** (Kirbste-Berg) hinauf. Auf der Kuppe der einstigen Düne, mit Blick weit über die Nehrung und das Meer, steht eine **Holzskulptur** mit dem Porträt von *Ludwig Rhesa* und der Inschrift eines seiner Gedichte (s. Juodkrantė). Er wurde 1776 in dem weiter südlich gelegenen Ort Karvaičiai (Karwaiten) geboren. Dieser wurde 1797 aufgegeben und an die Bucht verlegt, aber auch dort schließlich von den Sandmassen eingeholt.

Preila (Preil)

Der 1843 von Bewohnern der versandeten Dörfer Neegeln und Karwaiten gegründete Ort liegt ebenfalls 2 km abseits der Poststraße an der Haffküste, 4 km südlich von Pervalka. Er ist ebenso wie

Pervalka bisher ein sehr ruhiger und angenehmer **Ferienort** mit rund 200 Einwohnern und ideal für einen erholsamen und naturnahen Urlaub. Die 19 denkmalgeschützten **Fischerhäuser** mit Schilf- oder Strohdächern wurden 1910–30 erbaut. Sehenswert sind die **alte Schule** und der etnografische **Friedhof**. Ein 2 km langer Weg führt zum Ostseestrand.

Nützliche Adressen

- **Apotheke,** Preilos 57, Tel. 46951113.
- **Post,** Preilos 57, Tel. 46952236.
- **Radverleih,** u.a. Preilos 2, 15, 45.

Unterkunft

- **Ferienzimmer** u.a. in Preilos 99, Tel. 68577888, oder Preilos 4 a, 9, 17, 93.

Südlich von Preila

Zwischen Preila und Nida erstreckt sich ein Waldgebiet, das **Elchbruch** genannt wird und in dem auch heute noch einige wenige Elche leben sollen.

Südlich von Preila liegt die mit 67 m **höchste Düne der Nehrung** (*Vecekrugo kalnas*). Ihren Namen hat sie von einer alten Kneipe, die sich am Fuß der Düne befand. Der Anstieg ist etwas steil, wird aber von der tollen Aussicht auf die Buchten und Landzungen am Haff belohnt. Auf dem Radweg biegt bei der Bulvikis-Düne kurz vor Nida ein Kiesweg zum **Bulvikis-Horn** ab, der breitesten Stelle der Nehrung mit 3,8 km (es nimmt aber durch den Haffstrom stän-

dig ab). Von hier sieht man bei gutem Wetter die andere Haffseite (8 km entfernt). Autofahrer müssen zur Alten Poststraße zurück, von dort sind es noch 9 km bis Nida.

Nida (Nidden)

Der bekannteste Ort der Nehrung und ihr Verwaltungszentrum liegt rund 48 km von Smiltynė bzw. 3 km von der Kaliningrader Grenze entfernt. **Drei Zufahrtsstraßen** führen zum Zentrum, von denen die *Kuverto* und *Taikos* zu empfehlen sind.

Nida, das ist der Inbegriff der Kurischen Nehrung, ihr Herzstück und sicher ihr schönster und beliebtester **Ferienort**, zudem noch **Kurort, Fischerort** und **Hafen**. 3 km südwestlich von Nida, südlich der „Gleiter-Düne" im heutigen **Grobštas-Naturreservat** und Grenzgebiet, stand die vermutlich **älteste Siedlung** der Nehrung. Sie wurde erstmals 1385 unter dem Namen *Noyden* in Berichten des Deutschen Ordens erwähnt. Der **Gasthof Nida,** 1429 und 1437 erwähnt, stand weiter östlich, um den sich dann das Dorf Nida entwickelte. Es versandete 1675 und wurde 500 m weiter nördlich bei der Parnidder Düne wiederaufgebaut, wo es 1732 das gleiche Schicksal ereilte. Den neuen Ort verlegte man dann an die Haffküste, wo er mit den Dörfern Škruzdynė („Ameisenhaufen") und Purvynė („Schlamm") verschmolz (eine 2 km lange Straße verbindet noch heute die Stadtteile). Der Versandung kam man durch Dünenbepflanzung zuvor. Ende des 19. Jh. wurde

Nida **Künstlerdomizil,** 1933 dann Kurort mit damals fünf Hotels.

Herrlich ist die Lage Nidas am stillen Wasser des Haffs: im Norden und Westen von sattgrünen Wäldern eingesäumt, im Osten von der silbrig glitzernden Fläche des Haffs und im Süden von den leuchtend weißen Sanddünen, die sich turmhoch über die Wipfel der Bäume erheben. Die nahe Ostsee lädt zum Baden ein, an der **Haffpromenade** lässt es sich entspannt bummeln und radfahren. Nida hat viel von seinem **Charme** bewahrt, der schon früher viele Künstler und Erholungssuchende anzog. Auf die 1550 Einwohner kommen in der Saison rund 50.000 Feriengäste, was der Gemütlichkeit aber keinen Abbruch tut. Im Sommer geben manchmal kleine Musikkapellen abendliche Konzerte am Haff. Souvenirhändler, Straßencafés, Räucherfischbuden sowie die vielen flanierenden Gäste halten den Ort lebendig.

Sehenswertes

Das **Zentrum** liegt westlich des Hafens beim Rathausplatz und der Touristinformation. Viele der schönen alten **Fischerhäuser,** von denen 52 denkmalgeschützt sind, findet man südlich davon in den Sträßchen Lotmiškio und Naglių, einige mit bezaubernden Vorgärten, einige auch mit (Garten-)Restaurants und Pensionen. Das Räucherfischlokal in der Naglių 6 zieren Giebelbretter mit zwei Schwänen und Sonnenblumen.

In der Naglių 4 ist das **ethnografische Fischermuseum** (Di–Sa 11–17 Uhr, 1.6.–1.9. täglich 10–18 Uhr, Tel. 952372, www.neringosmuziejai.lt). In diesem Fischergehöft sind original ausgestattete Räume

zu sehen, die mit ihren Arbeitsgeräten, Hausrat und Mobiliar einen anschaulichen Einblick in das Leben der Nehrungsfischer vom 19. Jh. bieten. Zum Gehöft gehören Wohnhaus, Stall, Speicher, Dampfbad, Keller und Räucherkammer. Es werden auch traditionelle kurische Festmahle mit Tänzen und Gesängen organisiert (30 Euro pro Person, Dauer 90 Minuten). Im Garten stehen vier alte schwarze **Kurenkähne.** Die meist 8–10 m langen und 3 m breiten *Kurenai* aus dickem Eichenholz ohne Kiel, aber einem Seitenschwert zur Stabilisierung, waren aufgrund ihres geringen Tiefgangs ideal für den Fischfang auf dem oft nur 3 m tiefen Haff; sie sind seit dem 12. Jh. bekannt und wurden bis 1956 eingesetzt. Heute existieren fünf Nachbildungen aus dem 19. Jh. Eine davon liegt im Sommer am Pier und wird für Touristenfahrten genutzt (Tel. 686 65242). An den Mastspitzen dieser Kähne befestigte man ab 1844 **Kurenwimpel** (s.o.).

An die Südsee erinnert das daneben liegende Restaurant *Eserinė,* das im passenden ethnografischen Stil erbaut ist, mit Reetdach, viel Holz, rustikaler Ausstattung und Innenhof. Es bietet einen herrlichen Ausblick auf die Front der schneeweißen Dünen.

Bernsteinmuseum

Im Bernsteinmuseum *(Gintaro Galerija)* in der Pamario 20 (Tel. 952573, 10–19 Uhr, 1.6.–31.8. 9–20 Uhr, April, Mai, September, Oktober 10–19 Uhr, www.amber gallery.lt) erfährt man alles Wissenswerte über das baltische Gold; auch Ausstellung einer Kopie des Bernsteinschatzes

von Juodkrantė (s. Exkurs); im Künstlerhaus daneben Ausstellung berühmter
Bernsteinjuweliere und -meister, Vorführungen sowie Verkaufsgalerie. Im
Garten stehen interessante Skulpturen.
Man erreicht es über die belebte Pamario
g. oder über die gemütliche **Haffpromenade,** die beim Hafen beginnt (von ihm
hat man einen schönen Ausblick auf die
Dünenlandschaft um Nida). Es gibt **Filialen** in der Skruzdynės 17 a und Naglių
14 bzw. 18 c sowie in Vilnius.

Kirche mit Friedhof

Auf einer Anhöhe gegenüber steht die
**neogotische evangelisch-lutherische
Kirche** von 1888, in der sonntags Gottesdienste (z.T. auf Deutsch), manchmal
auch Konzerte stattfinden. Um die Kirche finanzieren zu können, schrieb der
Pfarrer 6000 Bittbriefe an Gemeinden
des Deutschen Reiches. 1962 wurden
Kanzel und Kirchengestühl als Sauna-
holz verheizt, 1966 wurde sie als Heimatmuseum und Konzertsaal genutzt, 1989
wieder der Kirchengemeinde zurückgegeben. Daneben liegt ein kleiner **Friedhof** aus dem Jahr 1732.

Ungewöhnlich sind die aus einem
Brett geschnitzten **Grabkreuze** *(krikš-
tai),* die man nur um das Kurische Haff
herum findet. Diese Tradition reicht bis
ins Heidentum zurück. Wie Waldgeister
stehen sie zwischen den Bäumen. Und
wenn man die schlicht aufgepinselten,
teils längst verblassten Inschriften zu
entziffern versucht, so entdeckt man viele deutsche Namen, darunter auch jenen
des Gastwirts *Blode* (s.u.). Vom 16. bis
17. Jh. wurden sie für Männer mit Pfer-
deköpfen, für Frauen mit Vögeln verziert, ab Ende 17. Jh. für Männer auch
mit Vögeln, für Frauen mit Blumen und

Die Haffpromenade in Nida

1c

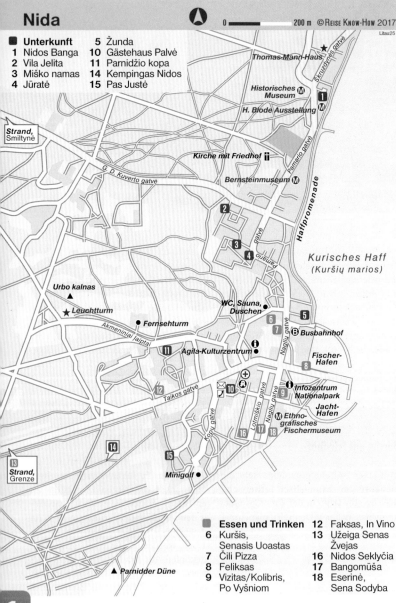

Nida

0 — 200 m © Reise Know-How 2017

Litau25

Unterkunft
1 Nidos Banga
2 Vila Jelita
3 Miško namas
4 Jūratė
5 Žunda
10 Gästehaus Palvė
11 Parnidžio kopa
14 Kempingas Nidos
15 Pas Justė

Thomas-Mann-Haus

Historisches Museum Ⓜ

H. Blode Ausstellung

Strand, Smiltynė

G. D. Kuverto gatvė

Kirche mit Friedhof 🛈

Bernsteinmuseum Ⓜ

Haffpromenade

Kurisches Haff
(Kuršių marios)

Urbo kalnas ▲

★ Leuchtturm

Akmeniniai laiptai

● Fernsehturm

WC, Sauna, Duschen

Ⓑ Busbahnhof

Fischer-Hafen

🛈 Agila-Kulturzentrum

Infozentrum Nationalpark

Jacht-Hafen

Ethno-grafisches Fischermuseum Ⓜ

Taikos gatvė

Kopų gatvė

Lotmiškio gatvė

Naglių gatvė

Strand, Grenze

Minigolf ●

Essen und Trinken
6 Kuršis, Senasis Uoastas
7 Čili Pizza
8 Feliksas
9 Vizitas/Kolibris, Po Vyšniom
12 Faksas, In Vino
13 Užeiga Senas Žvejas
16 Nidos Seklyčia
17 Bangomūša
18 Eserinė, Sena Sodyba

▲ Parnidder Düne

1c

Herzen. Diese **Symbole** waren Sinnbilder des Leidens, wie man sie auch an den Giebelbrettern der Fischerhäuser findet. **Kröten** dagegen wurden als **heilige Tiere** verehrt. Die **Kurenbretter** wurden am Fußende des Grabes aufgestellt, damit sich die Verstorbenen am „Tag der Auferstehung" gemäß ihres heidnischen Glaubens daran aufrichten konnten. Die der Männer waren aus Eiche oder Birke, die der Frauen aus Linde gefertigt. Größe, Verzierung und Farbe waren von Alter und Geschlecht abhängig. *Lovis Corinth* verewigte den Friedhof in einem seiner Bilder. Auch an neuen Gräbern werden z.T. Kurenbretter aufgestellt.

Das Grab des Dünenbepflanzers *Gottlieb D. Kuvert,* gleichzeitig Denkmal für seinen Sohn *Georg David,* liegt mitsamt der Gräber vieler Förster und Dünenwärter auf dem **Miskininkų-Friedhof,** nordöstlich der Kreuzung Kuverto-Smiltynės pl. (Alte Poststraße).

Künstlerviertel

Nida hat schon immer auch Künstler angezogen, die hier ihre Motive und Inspirationen fanden, und ist daher nicht nur als Badeort berühmt, sondern hat sich auch einen Namen als **Malerwinkel** gemacht. U.a. malten hier *Lovis Corinth, Max Pechstein, Ernst Ludwig Kirchner* und andere Mitglieder der „Brücke". Meist muss man auch heute nicht weit gehen, um irgendwo zwischen Kiefern oder Dünen eine Staffelei zu sehen. Vor allem Ende 19./Anfang 20. Jh. traf sich hier die **Kolonie deutscher Expressionisten,** unterstützt durch den Kunstmäzen *Hermann Blode,* der die Maler in seinem Hotel in der Skruzdynės 2 (dem

heutigen *Nidos Banga*-Hotel, wo eine Gedenktafel für ihn angebracht ist) freies Quartier gewährte, oder dafür Bilder bekam. Die heutige millionenschwere Gemäldesammlung ist auf viele Museen der Welt verteilt. Replika dieser Gemälde sowie Fotos einiger hier abgestiegener Künstler, Schriftsteller, Schauspieler etc. kann man in einer kleinen **Ausstellung** im Hotel sehen (Juni–August 8–22 Uhr, Tel. 952221, www.hotelbanga.lt).

Historisches Museum

Gegenüber liegt das Historische Museum (Pamario 53, Tel. 951162, www.neringosmuziejai.lt, Di–Sa 10–17 Uhr, 1.6.–1.9. tgl. 10–18 Uhr). Zu sehen sind u.a. Fischfanggeräte (auch für Eisangeln), Kurenwimpel, Kurenkähne und alte Fotos. Besonders erwähnenswert ist die **Ausstellung über das Krähenfangen,** das bis 1943 meist von Kindern und älteren Leuten im Frühjahr und Herbst praktiziert wurde. Die Tiere wurden erst totgebissen, gekocht, dann gesalzen oder geräuchert verspeist. In der **Bibliothek** im gleichen Gebäude stehen u.a. die Werke von *Thomas Mann.*

Thomas-Mann-Haus

Auch der Nobelpreisträger *Thomas Mann* (1875–1955) übernachtete hier 1929 im *Blode*-Hotel, und war von der Landschaft und Atmosphäre so angetan, dass er sich in der Nähe auf dem „Schwiegermutterberg" in bester Lage ein Sommerhaus bauen ließ – mit „Rivierablick", wie es heißt. Erst wenn man von dem am Hang erbauten Haus zwischen den Kiefern hindurch über Laubbäume und Ziegeldächer auf das Haff und seinen Strand blickt, versteht man, was damit gemeint ist. Der Nobelpreisträger verbrachte hier die Sommer der Jahre 1930–32 und arbeitete dabei unter anderem an dem Roman „Joseph und seine Brüder". Viele nannten das Haus „Onkel Toms Hütte".

Das Thomas-Mann-Haus *(Tomo Mano namelis)* im typischen Stil der Nehrung mit Reetdach ist restauriert worden und birgt jetzt ein kleines **Gedenkmuseum** (Skruzdynės 17, Tel. 952260, www.mann.lt). Es ist auch Sitz des Thomas-Mann-Kulturzentrums (Seminare, Konzerte etc., Di–Sa 10–17, 1.6.–15.9. täglich 10–18 Uhr), hat die Funktion eines internationalen Begegnungszentrums und organisiert das jährlich stattfindende **Thomas-Mann-Festival** (s.u.), wo Interessierte auf seinen Spuren wandeln können.

Dünen

Man sollte sich einen Spaziergang auf die **Parnidder Düne** (Parnidžio-Kopa) mit 52 m Höhe auf keinen Fall entgehen lassen (Zugang in der Verlängerung der Naglių gatvė). Durch lichten Kiefernwald und über eine parkartige Fläche geht es den schneeweißen Sandbergen entgegen und dann über 159 Treppenstufen höher und höher hinauf. Ein unwirklich schönes Panorama bildet der Steilabbruch dieser hohen Dünenwand zwischen grünen Bäumen, mittelmeerblauem Himmel und dem Wasser des Haffs.

Die fast 14 m hohe **Sonnenuhr** (mit alten baltischen Kalenderinschriften) auf dem Gipfel ist bei einem Orkan 1999 teilweise abgesplittert. Man erreicht die Düne auch auf einem Asphaltweg, der bei dem bewachten Parkplatz links von der Taikos gatvė abgeht (2 km von der Post) und weitere 2 km bis zum Parkplatz in der Nähe der Sonnenuhr führt. Von der Sonnenuhr führt Richtung Norden ein Waldweg zurück nach Nida. Dabei passiert man den **Gedächtnisstein für die Segelfliegerschule,** die 1933–39 hier operierte; später war hier das Sommerlager der litauischen Segelflieger. Auf dem Fundament des ehemaligen Hangars steht heute ein Bogen.

Die Düne ist Teil des **Parnidis-Landschaftsschutzgebiets,** an das das weiter südlich bis zur 2 km entfernten Kaliningrader Grenze liegende 9 km² große **Grobštas-Naturreservat** anschließt, dessen Zutritt verboten ist (unter dem

Sand dieser zwei Gebiete liegen übrigens die ursprünglichen Siedlungen von Nida, 1675 und 1732 verschüttet). Hier sieht man eine der höchsten Dünen Europas in den Himmel ragen, die **Sklandytojų (Gleiter-)Düne** mit zurzeit 65 m Höhe. Sie war bei Drachenfliegern sehr beliebt, liegt aber heute im Grenzgebiet (Betreten verboten).

Dies ist das Gebiet, das auch den Namen **Litauische Sahara** trägt. Und wer schon einmal in der Sahara war, weiß, dass dieser Vergleich nicht übertrieben ist. Dort liegt das **Tal des Schweigens,** auch **Tal des Todes** genannt, weil hier im Mittelalter der Pestfriedhof lag und während des Deutsch-Französischen Kriegs 1870/71 zahlreiche französische Kriegsgefangene wegen der harten Lebensbedingungen bei der Dünenbepflanzung ihr Leben lassen mussten.

Am Fuß der Dünentreppe kann man aber auch am Haffufer ein Stück in Richtung Süden gehen, wo man mit dem Blick auf die legendäre **Sandwand beim Grobštas-Horn** belohnt wird. Ein faszinierendes Naturerlebnis, nur Sand und Himmel. Hier beginnt das **Naturreservat,** das man nicht betreten darf. Man sollte es sowohl aufgrund der drakonischen Strafen auf litauischer Seite und möglicher stundenlanger Verhöre von russischen Grenzbeamten als auch zum Schutz der Natur nicht darauf ankommen lassen weiterzugehen. Wind und Sandmassen haben hier **großartig skurrile Landschaften** modelliert, die nicht

Klaipėda und die Ostseeküste

☑ Strand bei Nida

nur Maler und Fotografen faszinieren. Fantastische Schluchten und Steilabbrüche haben die Stürme in den Sand gefräst, feine Wellenmuster geschaffen und bizarre Sandinseln herausmodelliert.

Das **Wahrzeichen Nidas** ist der rotweiß geringelte, 29 m hohe **Leuchtturm** auf dem Urbo kalnas (Bärenberg). Er wurde 1874 auf der 51 m hohen Düne, die übrigens als erste Düne der Nehrung wiederaufgeforstet wurde, eingeweiht. Nach Zerstörungen im Zweiten Weltkrieg wurde er 1945 wiederaufgebaut. Von hier hat man einen tollen **Ausblick** auf die gesamte Breite der Nehrung (der noch besser ist, wenn einem der Leuchtturmwärter erlaubt, den Turm zu besteigen).

Am Strand

Der Badestrand des Ortes liegt an der Ostseeküste und ist unterteilt in Textilstrand (rechts) und FKK (links), dazwischen der Frauenstrand (Erläuterungen beim Strand in Smiltynė). Hier ist auch der Turm der Rettungswacht untergebracht. 2002 erhielt der Strand zum ersten Mal den Status der **„Blauen Flagge"** für sauberen Wasserzustand. Es gibt einige Umkleidekabinen, die Wassertemperatur beträgt im Juli/August max. 22 °C. Alle Wege von Nida nach Westen führen zum Strand, die meisten durch den kühlen Kiefernwald. Der kürzeste mit rund 20 Min. Gehzeit ist der **Fußweg** entlang der Taikos g., gesäumt von einigen Räucherfischbuden. Es gibt im Sommer den **Shuttle-Bus** „Centras-Paplūdimys" zu jedem gewünschten Strandabschnitt bei genügend Passagieren (Abfahrt vor der Apotheke, Tai-

kos 11; Fahrpreis 1 Euro). **Parkplätze** gibt es an der Alten Poststraße, von der drei ausgeschilderte Zugangswege zum Strand führen und auf denen Eis, Getränke und Würstchen verkauft werden.

Praktische Tipps

Verkehrsmittel

- **Taxi,** Tel. 52708.
- **Busbahnhof,** Naglių 18e, Tel. 52859. Busse nach Smiltynė; Busse u.a. nach Kaliningrad (3 Std.), Kaunas (4 Std.), Vilnius (5 Std.). Gepäckaufbewahrung (3 Euro, 7.45–20 Uhr), öffentliches WC, Reisebüro.
- Gelegentlich fahren auch **Fähren** von Kaunas nach Nida und zurück, Infos s. „Kaunas". Im Sommer gibt es auch **Ausflugsschiffe** von Klaipėda via Juodkrantė nach Nida und zurück (s.o.).

Informationen

- **Tel.-Vorwahl Nida:** (00370-) 469
- **Touristinformation,** Taikos 4, Tel. 52345, www.visitneringa.com, Mo–Fr 8–12, 13–17 Uhr, Sa 9–13, 14–18 Uhr, Juni bis August Mo–Sa 10–19, So 10–15 Uhr. U.a. Zimmervermittlung (2 Euro Gebühr), Karten, Exkursionen. Infos und Bildergalerie auch unter www.city-info.net.
- **Infozentrum des Nationalparks,** Naglių 8, Tel. 51256, www.nerija.lt, Di–Sa 9–12, 13–18 Uhr.

Nützliche Adressen

- **Post,** Taikos 15, Tel. 52647, Mo–Fr 9–12, 13–17.30 Uhr; hier Gästehaus *Palvė* (s.u.).
- **Telefonamt,** Taikos 13, Tel. 52007, 9–22 Uhr; Okt.–April 9–17.45 Uhr.
- **Internetcafé,** in der Touristinformation.

- **Bankas Snoras-Kiosk,** Naglių 27 (Geldautomat im Sommer 24 Std.), *Swedbank,* Naglių 9.
- **Krankenhaus und Apotheke,** Taikos 11, Tel. 51203 bzw. 52138.
- **(Verkehrs-)Polizei,** Taikos 5, Tel. 52205.
- **Grenzpolizei,** Tel. 52100.
- **Zollamt,** Tel. 52161.
- **Hafenbüro,** Tel. 51101.
- **Umweltschutzbüro,** Taikos 2, Tel. 51232.
- **Öffentliches WC,** im Busbahnhof bzw. hinter Naglių 29, dort auch **Duschen** (2 Euro) und **Sauna** (4 Euro/Std.); 10–20 Uhr.
- **Wäscherei,** Pamario 5, 8–22 Uhr.

Unterkunft

Neben den **Hotels** gibt es fast 70 **Ferienhäuser** und **Pensionen,** einige davon im traditionellen Fischerhausstil neu errichtet, einige nur im Sommer geöffnet. Eine detaillierte Broschüre ist bei der Touristinformation erhältlich. Gegen eine **Gebühr** von 2 Euro vermittelt sie Privatzimmer (für i.d.R. 10–30 Euro p.P.) und Apartments (i.d.R. 45–100 Euro).

Hotels

4 Jūratė②-③, Pamario 3, Tel. 52300, www.hotel-jurate.lt; Ferienheim mit 10 sehr verschiedenen Häusern, 112 einfache Zimmer; das Haupthaus war von *Königin Luise* bewohnt und steht unter Denkmalschutz; Restaurant, Bar, Café, Sauna, Fitnesstudio, Radverleih. Gute Lage.

11 Parnidžio kopa③, Taikos 26 (Zugang nach Taikos 10), Tel. 66641120, www.parnidziokopa.lt, 13 Zimmer, sehr modern, Fitnessraum, Pool, Sauna, Billard, Café.

1 Nidos Bangas („Niddener Sand")②-③, Skruzdynės 2, Tel. 52221, www.hotelbanga.lt; früheres *Hermann-Blode*-Künstlerhotel (s.o.); 88 Zimmer, besteht aus 3 Häusern, hell, etwas klein; Restaurant, Bar, Radverleih; 15 Min. zum Zentrum.

5 Žunda②, Naglių 20 (Rezeption im Restaurant davor), Tel. 68618868, 14 Zimmer, an Haffpromena-

de; etwas hellhörig, aber für den Preis und die Lage schwer zu schlagen.

Gästehäuser und Pensionen

15 Pas Justė②-③, Kopų 15-4, Tel. 52354, www.kopos.lt, 11 Zimmer, angenehme Atmosphäre.

10 Palvė②, Taikos 15, Tel. 52702, www.palve.lt, Gästehaus der Telekom (über dem Postamt), modern eingerichtet mit Miniküche, 18 Zimmer, Sauna, Billard.

3 Miško namas (Villa Waldhaus)③, Pamario 11, Tel. 52290, www.miskonamas.com, acht Zimmer; bezauberndes Holzhaus, romantische Atmosphäre, modern eingerichtet, mit Balkon, getrennte Eingänge, eigene Küche, Fahrradverleih.

2 Vila Jelita②-③, Kuverto 7–4 (in Seitenstraße), Tel. 61404451, www.jelita.lt, im Fischerhausstil, 7 Zimmer ab 50 Euro, Küche.

Campingplatz

14 Kempingas Nidos, Taikos 45a (Richtung Strand, dann links ab; ist ausgeschildert), Tel. 52045, www.kempingas.lt, 39 Euro p.P. Viele Freizeitmöglichkeiten (Tennis, Kino etc.), Verleih von Zelten, Schlafsäcken etc., auch Vermietung von 10 Apartments (ab 60 Euro), Restaurant, Sauna, Pool.

Gastronomie

Neben den Hotelrestaurants wartet Nida mit guten Lokalen auf, die meisten in traditionellen Fischerhäusern und deren Vorgärten an der Naglių gatvė. Spezialität des Ortes ist **Räucherfisch** *(rūkyta žuvis)*, fast überall zu kaufen.

16 Nidos Seklyčia, Lotmiškio 1, Tel. 50000, www.neringaonline.lt, tägl 10–23 Uhr, urgemütliches Café-Restaurant in kleinem Holzhaus mit Terrasse; Nationalspezialitäten, riesige Auswahl, auch gutes Weinsortiment; herrlicher Dünenblick, teuer.

13 Užeiga Senas Žvejas (Alte Fischerkneipe), Tel. 6200640, 10–22 Uhr. Vor der Tankstelle am Grenzübergang zum Kaliningradgebiet; zünftige Grillbar, in der man das Fleisch an Halbmeterspießen und frischgeräucherte Aale bekommt.

12 **Faksas,** im Wald in der Taikos gatvė 32a, Tel. 64853665, 15–4 Uhr. Ein Stück nach dem *Lineja-Hotel* rechts. Urige Atmosphäre, Räucherfisch.

6 **Senasis Uoastas,** Naglių 29 a, Tel. 52663, 8–24 Uhr; rustikale Ausstattung, Fisch und Hähnchen sind hier Spezialität, gute Küche.

9 **Vizitas/Kolibris,** Naglių 14a, Café, nebenan Räucherfisch, 8–23 Uhr, Tel. 469-52557.

9 **Po Vyšniom,** Naglių 10, Tel. 61252822, 9–23 Uhr, gutes Gartenlokal mit litauischer Küche, 10–22 Uhr, Tel. 52906.

■ **Agila-Kulturzentrum,** Taikos 4; kleines Café, litauische und italienische Gerichte, 10–22 Uhr.

17 **Bangomūša,** Naglių 5, Café, 9–24 Uhr, Tel. 682 17873.

8 **Feliksas,** Taikos 14 (Hafengebäude), 24 Std., internationale Küche, manchmal Live-Musik.

6 **Kuršis,** Naglių 29, Tel. 52804, 9–22, Fr–So 9–24 Uhr, kleines Cafe mit guten, billigen Gerichten.

18 **Sena Sodyba,** Naglių 6, Tel. 52782, 11–22 Uhr, angenehme Atmosphäre unter Bäumen, gute Fisch- und Fleischgerichte, geräucherter Fisch hinter dem Gartenlokal.

18 **Eserinė,** Naglių 2 (s.o.), Tel. 52757, www.ese rine.lt, 10–24 Uhr, kreative Küche, beliebt (s.o.).

7 **Čili Pizza,** Naglių 16, 10–23 Uhr, Fr/Sa 10–24 Uhr, auch Anlieferung in Nida und an den Strand, Tel. 61516480.

12 **In Vino,** Taikos 32, Tel. 69991585, 12–24 Uhr, angenehme Weinbar in toller Lage.

Aktivitäten

■ Bei einigen der o.a. Hotels und an verschiedenen Plätzen im Zentrum kann man **Fahrräder** ausleihen (Ausweis mitbringen).

■ **Reiten,** beim Forstamt (*Nidos Girininkija,* Purvynes 27, Tel. 52302).

■ **Rollschuhverleih,** beim Hafen.

■ **Pferdekutschenfahrten,** beim Hafen.

■ **Kegeln,** Hotel *Linėja.*

■ **Minigolf, Tischtennis, Billard, Fitnessraum,** bei *Neringa-Sportschule,* Lotmiškio 2, Tel. 52828; Ruder-/Tretbootverleih, Jachtklub.

■ **Motor-, Segelbootverleih, Wasserski,** beim Hafen.

■ **Bootsausflüge,** u.a. zum Nemunas-Delta-Regionalpark (s.o.), Infos beim Hafenbüro bzw. bei den Ausflugsbooten im Hafen, www.nidas.eu, www.mingeskaimas.lt, www.ventaine.lt.

■ **Kanus,** Blokart- und Ruder-Katamarane, Windräder, Windschlitten, Strandsegeln, Eissegeln, Treträder, Nordic Walking, Rafting, Sauna auf Rädern, Lenkdrachen u.v.m. unter www.irklakojis.lt, Kopų 3-7, Tel. 61881957.

MEIN TIPP: **Kurenkahnfahrten** (Mai–Sept.), Infos beim Hafen.

■ **Elektroroller, Velomobil, Luftkissenverleih,** Naglių 3, Tel. 258654.

■ **Freibad,** beim Hotel *Auksinės kopos* (3 Euro)

■ **Karaoke,** Naglių 18e, kleine Bar, Tel. 51346, bzw. neben Hotel *Jūratė.*

■ Das **Reisebüro baltTours** im Busbahnhof, Tel. 51190, www.balttours.lt, hilft bei der Visumsbesorgung für **Kaliningrad.** Auch weitere **Ausflüge, Autoverleih, Rundflüge.**

Feste

Zu den **wichtigsten Veranstaltungen** zählen:

■ **Ende Mai,** Musikfestival.

■ **22.–24. Juni,** Internationale Kunstfestspiele (u.a. Theater, Konzerte, Folklore-, Handwerksvorführungen).

■ **Mitte Juli,** Thomas-Mann-Festival, einwöchig, Konzerte, Lesungen, Filme, Ausstellungen u.a., Infos Tel. 52260, www.thomas-mann-festival.de; es gibt Sonderreisen deutscher Reiseveranstalter.

■ **Ende Juli–Mitte August,** Kammermusikfestival, Segelregatten, www.neringa.lt.

■ **Musikalischer August,** an Wochenenden (Opern u.a.).

■ **Mitte August,** Fest des prähistorischen und mittelalterlichen Handwerks (Konzerte, Ausstellungen u.a.), Jazzfestival.

■ **22. September,** Symposium der Feuerskulpturen aus Schilfrohr.

■ **15. November,** Stadtgründungsfest, Konzerte u.a.

■ **Weitere kulturelle Veranstaltungen** (Filme, Ausstellungen, Chor-, Theater-, Folkloregruppen etc.) im *Agila-Kulturzentrum*, Taikos 4 (Tel. 52345, www.visitneringa.com, Mo–Fr 8–17 Uhr). Wer sich für die umfangreichen Werke des Künstlers *Eduardas Jonušas* interessiert, kann ihn in seiner Werkstatt besuchen (im Rahmen einer Führung, Tel. 687 58233, keine offizielle Adresse, bei Touristinformation fragen). *Nida Kunstkolonie,* Taikos 43, Tel. 20370, www.nidacolony.lt, gelegentliche Ausstellungen.

Einkaufen

■ **Lebensmittel,** im Zentrum, Naglių 29 a, gibt es u.a. den *Maxima*-Supermarkt.

■ **Souvenirs,** Naglių 16 (Holzhäuschen) bzw. Markt neben dem *Agila*-Kulturzentrum.

Palanga (Polangen)

Der **Bernstein-, Kur- und Badeort** mit rund 17.600 Einwohnern und einem Vielfachen an Feriengästen im Sommer (Anfang Juni bis Mitte Sept.) liegt etwa 25 km nördlich von Klaipėda und ist der **größte Ferienort** des Landes.

Scheinbar endlos erstreckt sich der rund 10 km lange **Strand** mit feinem weißem Sand (auch Seidensand genannt), gesäumt zunächst von einem Dünenwall, den man auf Bohlenwegen durchquert, dann von den **Küstenwäldern,** deren harziger Kiefernduft sich mit dem Salzgeruch der Ostsee mischt (die Ausführungen zum Naturschutz im Kapitel „Nationalpark Kurische Nehrung" gelten sinngemäß). Der Strand auf Höhe des Botanischen Gartens erhielt die **„Blaue Flagge"** für gute Wasserqualität.

Die Stadt selbst bietet einen wunderbaren Park, Alleen, zahlreiche Cafés, Bars, Restaurants, Sport- und Kultureinrichtungen, Sanatorien und Europas größtes **Bernsteinmuseum.**

Bei den großen Besucherzahlen darf man natürlich nicht erwarten, dass es hier so ruhig und beschaulich zugeht wie auf der Nehrung. In der **Hauptsaison,** besonders an Wochenenden, ist der Strand oft gedrängt voll, die Hotels, Pensionen und Fremdenzimmer sind meist ausgebucht und die Cafés, Bars und Restaurants sind überlastet. Es gibt dann auch viele Veranstaltungen wie **Konzerte** oder **Festivals.** Wer Strandurlaub mit Abwechslung liebt, ist hier richtig. Bis

Klaipėda und die Ostseeküste

1c

Palanga

0 ▬▬▬ 300 m

Litau22

OSTSEE
(Baltijos Jūra)

1 ✈ **Flughafen,** Šventoji, Lettland

Žvejų gatvė

Vytauto gatvė

Druskininkų gatvė

Bangų gatvė

3

2

Kastyčio gatvė

Maironio gatvė

Vytauto gatvė

Gintaro gatvė

Ganyklų gatvė

Klaipėdos plentas

Naglio aleja

Birutės aleja

Jūratės gatvė

5 **4**

7 **6**

Pier mit Landungsbrücke

S. Nėries gatvė

28

15

16

J. Basanavičiaus gatvė

14 **Wider-standsmuseum**

A. Mickevičiaus g.

M. Valančiaus g.

✉

ℹ

13

ℹ **Maria-Himmelfahrts-Kirche**

Gedinino

17 Ⓜ

12

11

Kretingos gatvė

Meilės aleja

Konzerthalle

18

10

Ⓐ

8

20

Birutės aleja

Dz. Simpsono gatvė

19

Ⓜ

Vytauto gatvė

Denkmal Basanavičius

9

Ⓜ **Hunde-museum**

A. Mončys-Hausmuseum Ⓜ

21

Vydūno aleja

22 ★ **Skulpturen-park**

Plytų gatvė

Ražė

Ⓑ **Busbahnhof**

S. Daukanto gatvė

Kęstučio gatvė

★ **Apotheke Palangos Vaistinė**

Klaipėdos plentas

Dr. J. Šliūpas Museum Ⓜ

Jūrostakas

23

S. Dariaus ir S. Girėno gatvė

Birutė-

Bernsteinmuseum Ⓜ

24

25

Park

Birutė Hügel ▲

26 Klaipėda

27

1c

© REISE KNOW-HOW 2017

Unterkunft

1 Camping Senasis Kempingas
2 Jugendherberge
3 Žalias namas
4 Best Baltic Hotel
5 Tauras
7 Aitvaras
8 Gamanta
16 Šachmatinė
19 Alka
20 Žilvinas
21 Vandenis
22 Vila Šilelis
23 Vila Ramybė
24 Joldija
25 Vyturys
26 Campingplatz, Užkanavės, Nemirseta
27 Auska

Essen und Trinken

10 1925
11 Molinis Astotis
12 Monika
14 Senas Tiltas, Jūros Tiltas, Meilutė, Žuvinė
15 Judex Bistro, 16 Žuvinė
17 Jimmy's
18 Čili

Nachtleben

16 Šachmatinė
17 Elnio Ragas
23 Vila Ramybė
28 Mojo Lounge Palanga Beach Bar

Einkaufen

6 Einkaufszentrum
9 Supermarkt
13 Souvenirmarkt

spät in die Nacht ist auf der **Flanier , Gastronomie- und Vergnügungsmeile Basanavičiaus** etwas los: Souvenirstände, Straßenverkäufer, Rummelplätze, Spielautomaten u.v.m.; abends eine Disco unter freiem Himmel, überall dröhnen (Live-)Musik und Karaoke, hier geht die Post ab. Es gibt hier auch zwei Radspuren. Auch die **Vytauto** ist recht belebt; in den anderen Straßen ist es fast so ruhig wie in Nida.

Ähnlich wie Neringa auf der Kurischen Nehrung ist Palanga durch die Verwaltungsreform zu einer riesigen **Flächenstadt** geworden. Sie erstreckt sich von Nemirseta (Nimmersatt), 6 km südlich von Palanga, rund 24 km (einschließlich Šventoji, das extra aufgeführt ist) und einer Breite von bis zu 4 km bis Lettland; das bedeutet, dass von den 99 Küstenkilometern Litauens etwa 74 km allein auf die „Stadtgebiete" von Neringa und Palanga entfallen.

Palanga ist aber nicht nur Seebad im Sommer, sondern auch **Ganzjahreskurort** für Badekuren und Schlammbadtherapien. In einer Tiefe von 500 m ist man auf Mineralquellen gestoßen, es gibt Salzthermen, und die Moore der Umgebung liefern das Material für heilsame Packungen und Bäder in den zehn Sanatorien. Aufgrund der jodhaltigen Luft ist es auch **Luftkurort.** Infos über alle Kurmöglichkeiten liefert die Broschüre „Palanga – Quelle der Gesundheit".

Palanga gehört mit seinem endlosen Strand, den vielen **Wander- und Fahrradwegen,** den Wäldern und dem großen Park sicher zu den **schönsten Kur- und Badeorten Europas.** Es gibt Radwege nach Klaipėda (25 km) und Šventoji (12 km). Für Erholungssuchende besonders zu empfehlen ist die **Nachsaison**

1c

Ende September. Dann ist es meist noch angenehm warm, das Wetter ist stabiler als im Sommer, und die Menschenmassen sind weg.

Stadtgeschichte

Das Gebiet war bereits im 3./2. Jh. v.Chr. vom baltischen Stamm der **Kuren** besiedelt. In Gräberfeldern und Grabhügeln fand man Gefäße, Bronzeschmuck und Spuren des Bernsteinhandels, darunter römische Münzen vom 3./4. Jh. Andere Gräber aus dem 8.–13. Jh. enthielten Silberschmuck, Schwerter und arabische Geldstücke, Beweis für die Bedeutung Palangas als wichtiges Handelszentrum des **Kurenlands Meguva.** Am Fuß des Birutė-Hügels, einer 22 m hohen Düne im heutigen Botanischen Garten, fand man Überreste einer Siedlung von Kuren und dänischen Händlern (Wikingern) sowie ein **astronomisches Observatorium** vom 14./15. Jh., ein Kreuz von Steinen (Stonehenge in England ähnlich). Die Himmelsrichtungen waren mit Holzpfählen bezeichnet, man ermittelte hier auch die Kalenderfeste (ein Modell steht heute im Museum der Geschichte Klein-Litauens in Klaipėda).

Auf dem Hügel befand sich vom 10.–13. Jh. eine kleine **Palisadenburg** sowie ein **heidnisches Heiligtum,** in dem der Hohepriester zusammen mit den *Vaidilutės* (jungfräulichen Priesterinnen) das **Ewige Feuer** hütete.

Die „Litauische Chronik" berichtet, dass Großfürst *Kestutis* (1345–82) sich in die schönste der *Vaidilutės* verliebt haben soll, die den Göttern jedoch ewige Jungfernschaft gelobt hatte und ihn daher nicht erhören wollte. Da entführte der Fürst sie kurzerhand in seine Residenz in Trakai und heiratete sie. Sie gebar ihm 1350 den späteren Großfürsten *Vytautas.* Nachdem *Kestutis* ermordet worden war, soll sie wieder zu ihrem Heiligtum zurückgekehrt sein. Ihr Name war *Birute*, und nach ihr wurde der Hügel benannt, auf oder neben dem sie auch begraben worden sein soll. Sie gilt als **Symbol der Treue und Liebe** zu ihrem Land.

Erstmals erwähnt wurde Palanga schon 1253 in der Chronik des Schwertbrüderordens. Ähnlich wie Memel (Klaipėda) befand sich auch Palanga während der **Zeit der Kreuzritter** (13.–15. Jh.) in einer wenig beneidenswerten Lage. Im Norden saßen die Ritter des Schwertbrüder-Ordens, im Süden die des Deutschen Ordens, die beide bemüht waren, ihre Territorien entlang der Küste auszudehnen. Mehrmals wurde der Ort von den Rittern besetzt, aber jedes Mal von den Litauern wieder zurückerobert. Da Klaipėda sich in der Hand der Deutschen befand, waren Palanga und das nahe-gelegene Šventoji die einzigen litauischen Häfen. Nach dem **Frieden von Melnosee** (1422) endete die Ordensmission, im Friedensvertrag von Brest (1435) wurde Palanga endgültig Litauen zuerkannt, **Nemirseta** war nördlichster Punkt des **Memellandes.** Danach wurde der Landstrich auch von Žemaiten besiedelt. Spätere Versuche, den Hafen auszubauen, scheiterten am Widerstand der Nachbarhäfen Memel, Riga und Liepaja.

1639 erhielt die Stadt das **Privileg des freien Handels** mit Riga, Königsberg und Danzig. 1685 richteten die Schweden (wie schon zuvor 1589 die Engländer) eine eigene Handelsvertretung ein, um von Memel und Riga unabhängig zu sein, und die Stadt erlebte eine kurze Blütezeit als Hafenstadt. Doch schon 1701 wurde sie im **Schwedenkrieg** verwüstet, und der Hafen wurde zerstört, weil die Konkurrenz, die Handelsherren von Riga, darum gebeten hatten.

Palanga versank für ein Jahrhundert in einen Dornröschenschlaf, bis zu Beginn des 19. Jh. in Adelskreisen Kuraufenthalte und **Badeorte** in Mode kamen. 1824 kaufte Graf *Tiskiewicz,* ein Oberst der Zarenarmee, den gesamten Ort. 1847 wurde ein Park angelegt, die Stadt entwickelte sich langsam zum **Kurort.** 1890 ließ er eine Landungsbrücke und einen Hafen bauen, der allerdings bald wieder versandete. 1897 ließ er sich auch ein **Schloss** errichten, in dem heute das Bernsteinmuseum untergebracht ist. Immer mehr Adlige und wohlhabende Bürger aus dem Zarenreich und Polen wurden durch den herrlichen Strand und die Wälder angelockt und bauten hier ihre **Villen und Sommerresidenzen.** Neue Kurhäuser und Sanatorien entstanden, Deutsche Kriegsschiffe zerstörten 1915 große Teile der Stadt. Viele wieder errichtete Gebäude fielen 1933 einem Großbrand zum Opfer. Die Grafenfamilie emigrierte 1940. Nach dem Zweiten Weltkrieg bis zur Unabhängigkeit Litauens wurde Palanga jeden Sommer von Hunderttausenden Gästen aus allen Teilen der einstigen Sowjetunion besucht.

Rundgang

Nach Palanga locken das Meer, die Sonne und der 8 km lange **Badestrand.** Ein **Spaziergang** durch die Stadt lohnt sich, auch wenn es hier nicht viele Baudenkmäler zu besichtigen gibt – oder gerade deshalb. Es ist ein gepflegtes Städtchen mit viel Grün, mit einer verkehrsberuhigten Innenstadt, mit hübschen alten Villen und Kurbauten.

Ausgangspunkt ist die genau im Stadtzentrum stehende neogotische **Maria-Himmelfahrts-Kirche** (1897–1906) mit dem 76 m hohen Kirchturm. Das Kircheninnere ist geschmückt mit Schnitzereien und Marmorskulpturen (Vytauto 88; tgl. 8–19 Uhr). Nördlich der Kirche liegen das Geschäftszentrum sowie die meisten öffentlichen Einrichtungen. Die **Vytauto** verläuft parallel zum etwa 700 m weiter westlich gelegenen Strand und führt zum Hotelkomplex im nördlichen Stadtteil Vanagupė und zum Flughafen, nach Süden zur Hauptsehenswürdigkeit, dem Bernsteinmuseum. Auf dem Weg dorthin passiert man den kleinen **Souvenirmarkt** bei der Brücke über das Flüsschen Ražė und der Einmündung der Basanavičiaus. Rechter Hand liegt der **Skulpturenpark** mit 28 Figuren des Kunstmuseums.

Gegenüber liegt das wiederaufgebaute **Kurhaus,** das 2002 durch einen Brand zerstört wurde. Um das 1870 von *Tiskiewicz* als Restaurant erbaute Haus entwickelte sich dann der Kurort und galt als Symbol der Stadt. Heute finden hier Klassikkonzerte statt.

Weiter südlich an der Vytauto 33 liegt die 1827 eröffnete **Apotheke „Palangos Vaistinė"** mit Originalmobiliar (9–21 Uhr, Sa/So 10–19 Uhr). Hier war 1944–51 zwischenzeitlich das städtische Hauptquartier des KGB. Etwas zurückversetzt an der Nr. 23 a liegt das **Dr. Jonas Sliūpas-Museum** (Tel. 54559, Di–Sa 11–17 Uhr; Mai–August Di–So 11–18 Uhr; Ausstellung über die Geschichte

Palangas sowie über den Unabhängigkeitskämpfer, Sprachwissenschaftler und ehemaligen Bürgermeister, der hier 1933–39 wohnte).

Hinter der Kreuzung mit der Dariaus ir Girėno liegt der 110 ha große **Botanische Garten,** der größte seiner Art in Litauen, der jetzt **Birutė-Park** heißt. Er wurde 1843 angelegt, 1897–1907 vom französischen Gartenarchitekten *Edouard André* erweitert und zum Schlosspark umgebaut. Die ersten Pflanzen kamen aus den Botanischen Gärten von Berlin und Paris. 1960 entstand daraus der Botanische Garten, nachdem zu den Schwanenteichen, Springbrunnen und Blumenrabatten u.a. noch ein Rosengar-

ten und einige Gewächshäuser für subtropische Pflanzen hinzugefügt wurden. Heute blühen hier rund 370 einheimische und rund 250 importierte Pflanzenarten, davon 24 gefährdete (www.botanikosparkas.lt).

Südwestlich des Haupteingangs steht die landesweit bekannte **Märchenplastik der Natternkönigin Eglė** (eine zweite steht vor dem Alka-Hotel). Sie symbolisiert die Liebe der Fischerstochter *Eglė* („Tanne") zu *Žilvinas* („Uferweide"), einem verzauberten Prinzen in Form einer Schlange. Sie lebten glücklich mit ihren vier Kindern. Doch Eglės 12 Brüder wollten sie von diesem Fluch ihres Mannes befreien und ermordeten ihn. *Eglė*

verwandelte sich daraufhin in eine Tanne, und ihre vier Kinder *Ažuolas* (Eiche), *Beržas* (Birke), *Uosis* (Erle) und *Drebule* (Espe) in ewig lebende Bäume.

In der Parkmitte steht eine **Christus-Statue** (eine Replika, da das Original von den Sowjets zerstört wurde) vor dem **Schloss des Grafen Tiskiewicz,** 1897–1902 im Stil der Neorenaissance gebaut. Es beherbergt seit 1963 **Europas größtes Bernsteinmuseum,** das man sich nicht entgehen lassen sollte, es ist Teil der litauischen Bernsteinstraße (Tel. 51319, Di–Sa 10–19 Uhr, So 10–18 Uhr, Sept.–Mai Di–Sa 11–17, So 11–16 Uhr, www.pgm.lt). Hier erfährt man auch einiges über Entstehung und Verbreitung von Bernstein und über seine Gewinnung (Verarbeitung, Morphologie etc.). Das Museum ging 1963 aus einer kleinen Ausstellung von 32 Stücken hervor, die der Graf in seinem Billardzimmer gezeigt hatte. Heute umfasst es über 26.000 Exponate, von denen aber nur 4500 in 15 thematisch geordneten Räumen ausgestellt sind, darunter kiloschwere Bernsteinbrocken, über tausend prähistorische Schmuckstücke aus Bernstein und 15.000 Inklusen (mit Vergrößerungsgläsern). Zu sehen sind auch eine **Kopie des Bernsteinschatzes** von Juodkrantė sowie eine Bernsteinwerkstatt (s. Exkurs).

In der Kapelle ist eine Ausstellung mit Fotos und persönlichen Gegenständen des Grafengeschlechts *Tiszkiewicz* zu sehen. Auf der Terrasse finden im Sommer **klassische Musikabende** (Nachtserenaden) statt. Südwestlich davon liegt der geschichtsträchtige **Birutė-Hügel** (s.o.), auf dem eine achteckige Kapelle von 1869 mit schönen Silberikonen steht. Am Fuß steht die Holzskulptur mit der Inschrift „Für Dich, Birutė" sowie neben der Grotte ein Denkmal der Jungfrau

041ligs

☐ Eglė-Figur im Botanischen Garten

1c

Maria. Unweit davon steht eine kleine Infotafel. Optionen: entweder am Strand oder den Dünen an der Meilės alėja entlang; Kunstinteressierte können noch einen Abstecher machen zur Daukanto 16 ins **Hausmuseum** von *A. Mončys* (1921–93), einem berühmten Bildhauer, Schnitzer und Maler (Tel. 49367, www.antanasmoncys.com, Mi–So 14–19 Uhr, 16.9.–1.5., Mi–So 11–17 Uhr).

Alle Wege führen zwangsläufig zur „Touristenmeile" **Basanavičiaus gatvė**. Kurz vor Sonnenuntergang haben (fast) alle nur ein Ziel: Man spaziert auf die **Landungsbrücke** hinaus, die die „Verlängerung" der Basanavičiaus gatvė ist. Errichten ließ den ursprünglich 630 m langen hölzernen Landungssteg der bekannte Graf *Tiskiewicz*, der mit seinem Dampfer „Phoenix" gerne hier anlegte. Das Ende des Stegs zeigte nach Norden, um die anlegenden Schiffe vor den mächtigen Wellen zu schützen. Durch die heftigen Winterstürme 1923, 1968 und 1993 wurde der größte Teil der Brücke weggerissen, aber 1997 mit Beton, Stahl und Holzdielen mit einer Länge von 470 m wieder aufgebaut. Tausende von Leuten tummeln sich hier abends auf der Brücke, um den **Sonnenuntergang** zu sehen. Sie ist vor allem auch als Rendezvous-Platz beliebt, sodass sie von den Einheimischen auch **„Liebes-Allee"** genannt wird. Am Beginn des Landungsstegs steht ein Springbrunnen mit *Juratė* und *Kastytis*. Zwischen den vielen Lokalen sieht man auch einige schöne **Holzvillen**. In der Nr. 21 können Interessierte einen Blick ins **Widerstandsmuseum** werfen (Mi, Sa, So 16–18 Uhr). Das **Denkmal** für den Namensgeber der Straße, *J. Basanavièius*, steht an der Einmündung in die Vytauto.

Verkehrsmittel

Eigenes Fahrzeug

■ Palanga ist durch eine gut ausgebaute Straße mit Klaipėda verbunden (ca. 25 km) und über die **Autobahn** auch von Vilnius aus rasch zu erreichen. Die *Klaipėdos plentas* ist die Umgehungsstraße zwischen Klaipėda und Šventoji.

■ Bei der Touristinformation gibt es einen **Stadtplan für Autofahrer** (Details über Parkplätze, Halteverbote etc.) Es empfiehlt sich, sein Auto auf einem der bewachten Parkplätze abzustellen, um Palanga als Erholungsort so gut wie **autofrei** zu halten. Die meisten Straßen sind gesperrt. Wer außerhalb der vorgezeichneten Stellen parkt, riskiert eine Wegfahrsperre und ein hohes Bußgeld. **Parken** in der grünen Zone kostet pro Stunde 1,70 Euro, in der roten 1,20 Euro und in der gelben 0,60 Euro.

Am Flughafen

■ Palanga hat den einzigen **Flughafen** an der Küste. Er liegt etwa 6 km nördlich der Stadt an der Hauptstraße (Liepojos pl. 1, Tel. 61244422, www.palanga-airport.lt, Mo–Fr 5–24, Sa 5–20, So 8–24 Uhr. Café 8–20 Uhr, im Winter 8–18 Uhr; Geldwechsel (7–23 Uhr), Autovermietung und Zoll (Tel. 51405). Infos auch unter www.city-info.net.

■ **Stadtbusse** der Linie Nr. 3 fahren zwischen 6 und 22 Uhr vom Busbahnhof etwa stündlich zum Flughafen und fahren ca. 20 Minuten nach Ankunft der Flugzeuge zurück nach Klaipėda. Taxis verlangen meist 6 Euro nach Palanga, mindestens 28 Euro nach Klaipėda (telefonische Reservierung am Info-Schalter im Obergeschoss ist billiger und sicherer). Sollte kein Bus fahren, empfiehlt sich ein Taxi zwischen Flughafen und Palanga (1,10 Euro) und von Palanga nach Klaipėda einen (Mini-)Bus (2 Euro). Direktbusse vom Flughafen nach Klaipėda (via Palanga), 3 Euro, Tickets beim Fahrer.

Bahn

Die nächsten Bahnhöfe liegen in **Kretinga** sowie in **Klaipėda;** Verbindungen s. dort. Fahrkartenverkauf Vytauto 74, Tel. 48265.

Bus

◼ Der **Busbahnhof** liegt im Zentrum an der Klaipėdos 42 (Tel. 030200, www.naujapalangosau tobusustotis.lt, 7–20 Uhr). Gepäckaufbewahrung 8–13, 14–20 Uhr. Mindestens zweimal stündlich (zwischen 7 und 22 Uhr) gibt es eine Verbindung von und nach **Klaipėda.** Die Fahrt dauert ca. 45 Min. (per Mikrobus 30 Min.). Weiterhin gibt es Verbindungen u.a. nach: **Kretinga** (20 Min., u.a. Minibusse) – mindestens halbstündlich, **Kaunas** (3½ Std., auch *Kautra*-Luxusbusse), **Šiauliai** (2½ Std.), **Vilnius** (5½ Std.), **Liepaja/Lettland** (1 Std.), **Riga/Lettland** (4½ Std.). Nach **Vilnius** verkehrt auch ein Express-Minibus in 3½ Std. (Tel. 31314). Von Klaipėda (via Kretinga) gibt es mehr Verbindungen nach **Darbenai, Skuodas, Salantai** und andere Orte in der Umgebung als von Palanga aus.

Öffentlicher Stadtverkehr

◼ **Bus 3** fährt Richtung Flughafen und passiert den Hotelkomplex *Vanagupė;* weiter nach Šventoji (Abfahrt Busbahnhof), 6–22 Uhr, ca. stdl., Fahrplan bei der Touristinformation.

Taxi

◼ Tel. 51777, 52425, 54103, 53333 u.a.; **Taxistand** in der Nähe des Busbahnhofs. Preis pro km 2–2,50 Euro, Einsteiggebühr 2–3 Euro.

Informationen

◼ **Tel.-Vorwahl Palanga:** (00370-) 460
◼ **Touristinformation,** Vytauto 94, Tel. 48811, www.palangatic.lt, 9–18 Uhr (Mo–Fr 9–17, Sa 10–14 Uhr Juni–August 9–19, Sa/So 10–16 Uhr); u.a. Zimmervermittlung, Exkursionen. Infos und Bildergalerie auch unter www.city-info.net; gute Infos auch in *Klaipėda in your Pocket* (*KIYP,* s.o.).

Nützliche Adressen

◼ **Bank,** u.a. Vytauto 61, Jūratės 15 (Reisechecks, *Western Union*).
◼ **Geldautomaten,** Vytauto 53, 61, 106, Juratės 15, Kretingos 1 u.a.
◼ **Apotheken,** Vytauto 59, 92.
◼ **Internetcafés,** Vytauto 94a, Tel. 49525, 8–23 Uhr, und Vytauto 97, Tel. 53411.
◼ **Post,** Vytauto 53, Mo–Fr 9–18, Sa 9–14 Uhr; Tel. 48871; *Western-Union*-Geldtransfer; *EMS*-Expresspost Tel. 217103.

Unterkunft

Bestimmte Unterkünfte sollte man in der Saison (Mitte Juni bis Ende August) **rechtzeitig buchen.** Es gibt eine breite Palette von luxuriös bis schlicht. Relativ billig sind die meisten Privatzimmer und die (noch) unrenovierten Erholungsheime. An den Einfallstraßen von Klaipėda und Kretinga sowie am Busbahnhof stehen **private Zimmervermieter** mit Schildern *(kambariai, nuomo jami).* Hilfreich bei der Zimmervermittlung für die fast 90 Hotels, Erholungsheime und Pensionen ist die **Touristinformation.** Auch Reisebüros z.B. in Klaipėda und Bed&Breakfast-Agenturen wie *Litinterp* (s. Klaipėda) vermitteln Zimmer. Weitere Übernachtungsmöglichkeiten findet man auch im *Klaipėda In Your Pocket*-Stadtführer *(KIYP).* In der **Nebensaison** sind die Preise viel günstiger, viele Hotels sind aber ge-

1c

schlossen. Die Preise sind i.d.R. inkl. Frühstück. Einige Hotels haben einen Spa-Bereich, wo mit vielen Kurgästen zu rechnen ist.

Obere Kategorie

27 Auska④-⑤, Vytauto 11, Tel. 31720, www.auskahotel.lt, 10 Apartments, 5-Sterne-Hotel, 50 m vom Strand, Restaurant, Bar, Tennis, Sauna, Pool mit Salzwasser, Park, für gehobene Ansprüche.

16 Šachmatinė②-③, Basanavičiaus 45, Tel. 672 67253, www.sachmatine.lt, 11 Zimmer, direkt am Strand und Pier und inmitten des Touristenrummels, luxuriös, guter Service, Disco, Pizzeria, Sauna, Pool, aber eher laut.

4 Best Baltic Hotel②-③, Gintaro 36, Tel. 52 441, www.bestbaltichotels.eu, 42 Zimmer, auch ideal für Familien, sehr gut ausgestattete Zimmer, Sauna, Restaurant, Bar, Kegelbahn, exzellent.

5 Tauras②, Vytauto 116, Tel. 42825, www.feliksas.lt, 20 Zimmer, populäres Hotel mit modernen Möbeln, Balkon, Café, Restaurant, Sauna, Bowling, Radverleih.

3 Žalias namas②-③, Vytauto 97, Tel. 6878 6651, www.zaliasnamas.lt, 15 Zimmer; modern, Pool, Sauna, Restaurant.

22 Vila Šilelis②-③, Kestučio 2a, Tel. 54592, geschmackvolle Zimmer, populär.

19 Alka②, Daukanto 21 (es ist zu erkennen an der Eglė-Statue, die davor steht), Tel. 41433, www.alka.lt, 43 Zimmer, Billard.

Mittlere Kategorie

21 Vandenis②-③, Birutės 47, Tel. 53530, www.vandenis.lt, 20 Zimmer, 200 m zum Strand, Nähe Park, recht einfache Zimmer, älteres Mobiliar, aber angenehme Atmosphäre, ruhig, Bar, Restaurant, Sauna, Billard.

8 Gamanta②-③, Plytų 7, Tel. 48885, www.gamanta.lt, 30 Zimmer, Sauna, Pool und Restaurant.

20 Hotel Žilvinas②-③, Kestucio 26, Tel. 615 28465, www.zilvinashotel.lt, ruhige Lage, 200 m zum Strand, 400 m zum Stadtzentrum; 41 Zimmer, große und komfortable Apartments, bewachter Parkplatz, Tennis, Sauna, Pool, Restaurant und Bar, gut für Familien. Zum Komplex gehören auch die Holzhäuser in der Gedimino 2, 4, 5 und 6. Kureinrichtungen.

25 Hotel Vyturys②-③, Dariaus ir Girėno 20, Tel. 49147, www.vyturyshotel.lt, 145 Zimmer; ruhige Lage; 1 km zum Strand bzw. zum Zentrum; Bar, Restaurant, Parkplatz, Kureinrichtungen, Tennis, Sauna, Pool, Reha-Zentrum.

23 Vila Ramybė②-③, Vytauto 54, Tel. 54124, www.vilaramybe.lt, 13 Zimmer, schönes, gemütliches Holzhaus; kann aber wegen des Restaurants (gute Küche), der überdachten Veranda und der Bar recht laut sein.

Untere Kategorie

7 Aitvaras①, Biliūno 8, modernisierte Zimmer mit Balkon, Tel. 51497.

24 Joldija①, Dariaus ir Girėno 12, Tel. 53057. 2-, 3-, 4-Bettzimmer eines typischen Ferienheims, 1,5 km vom Strand, Etagendusche.

2 Jugendherberge①, Ganyklų 30, Tel. 49184.

Camping

26 Campingplatz, Vytauto 8 (4 km südlich), Tel. 53533, Hütten mit Platz für 2–4 Personen (3–4 Euro p.P.), Heißwasserdusche, auch Zeltplatz; Saison: 15.5.–15.9.; mit Bus Nr. 1 zu erreichen (Haltestelle Kempingas).

26 Užkanavės, Tel. 51676, 2 km südlich an der Straße nach Klaipėda, 1 km von Bushaltestelle; gute sanitäre Einrichtungen, empfehlenswert.

26 Nemirseta, Tel. 52377, 5 km südlich nahe der Hauptstraße, Duschen, empfehlenswert.

1 **Senasis Kempingas,** Vytauto 180, Tel. 287-07545, Zeltverleih, Dusche.

■ **Weitere Campingplätze** sowie Details sind bei der Touristinformation erfragbar.

Gastronomie

Die **Basanavičiaus** ist die Gastronomiemeile. Man stolpert fast von einem Lokal ins andere. Jeder findet hier sein Fleckchen, wo er sich wohl fühlen kann. Es geht dort meist **sehr laut** zu. Viele Lokale sind nur im Sommer geöffnet. Neue sprießen aus dem Boden, alte schließen oder ändern ihre Namen. Die unten angeführten existieren schon länger und zählen zu den besten und populärsten. Weitere sind in *KIYP* zu finden. Frühstücksbuffets in Hotels stehen oft auch Nichtgästen offen, sind aber meist teuer. Auch die meisten **Hotels** haben Restaurants oder Cafés.

10 **1925,** Basanavičiaus 4, www.baras1925.lt, Café-Bar in tollem Holzhaus, Tel. 52526, 10–24 Uhr, deftige Landesgerichte, manchmal Live-Musik.

18 **Čili,** Basanavičiaus 45, Tel. 57359, 10–22 Uhr, Fr, Sa 10–24 Uhr, u.a. leckere Pizzas.

14 **Senas Tiltas/Jųros Tiltas/Meilutė,** Basanavičiaus 38, 9–24 Uhr, drei kleine Restaurants unter einem Dach, billige litauische Gerichte.

15 **Judex Bistro,** Basanavičiaus 48, 9–2 Uhr, tagsüber billige Kantine, Wochenende Disco.

14 **Žuvinė,** Basanavičiaus 37a, Tel. 49012, 9–24 Uhr, gutes ukrainisches Fischrestaurant, schöner Innenhof mit Veranda und Pool.

17 **Jimmy's,** Basanavičiaus 19, Tel. 54178, 12–24 Uhr (nur im Sommer), etwas zurückversetzt, aber leicht zu erkennen am hölzernen Indianer, gutes Essen, sehr beliebt.

12 **Monika,** Basanavičiaus 12, Tel. 52560, 10–24 Uhr, litauische und italienische Küche.

11 **Molinis Asotis,** Basanavičiaus 8, Tel. 040208, www.molinisasotis.lt, 11–24 Uhr, Terrasse am Fluss, im Winter am Kamin, gute internationale Küche.

Nachtleben

Im Sommer ist die ganze **Basanavičiaus** spät abends eine Tanzfläche. Überall dröhnt laute Musik, z.T. von Live-Bands. Infos auch in *KIYP* (s.o.).

16 **Šachmatinė,** gute Disco und Kellerbar im gleichnamigen Hotel (21–5 Uhr). Tel. 51655. Hier kommt jeder auf seine Kosten.

23 **Vila Ramybė,** Vytauto 54, Tel. 54124 (8–24 Uhr), Café, Jazzbar im gleichnamigen Hotelgebäude aus 1926 mit sehr großer Terrasse, gemütlich, gute Auswahl an Weinen.

17 **Elnio Ragas,** Basanavičiaus 25, Tel. 53505, 10–24 Uhr, beliebte Bar mit Veranda, gute Wildgerichte.

28 **Mojo Lounge Palanga Beach Bar,** neben Pier, 11–24 Uhr; einen Nachtklub mit gleichem Namen findet man in der Basanavičiaus 4 a, Fr/Sa 11–5 Uhr. Beide sind derzeitige *Hotspots*.

Kultur

■ **Veranstaltungskalender** bei der Touristinformation bzw. in der Zeitung *Vakarinė Palanga* (erscheint Do und Sa; vakpalanga@is lt). Auf Straßenplakate achten.

■ **Konzerthalle,** Vytauto 43; Konzerte, Opern, Ballett, Tel. 52210.

■ **Kino,** Vytauto 82 Tel. 57575.

■ **Kurhaus,** Grafų Tiškevičių 1, Tel. 48547, www.palangoskulturoscentras.lt, Di–So Klassikkonzerte.

Festivals, Konzerte und Feste

■ **Mitte Februar:** Fischerfest.

■ **21./22. April,** St.Georgstag, Frühlingsfest mit Folklore im Birutė-Park.

■ **Mitte Mai,** dreitägiges Kurortfestival, volkstümliche Märkte.

■ **1. Samstag im Juni/letzter Samstag im August:** Zur Eröffnung und zum Ende der Sommersai-

Klaipėda und die Ostseeküste

1c

son steigen große Feste; Karneval, Straßenmarkt, Konzerte, Strandparties, Liederfestival, Feuerwerk, Theater, Beachvolleyball, Skulpturenfest.

■ **Juni bis August,** Festival „Hauptstadt des Sommers" (Konzerte, Musikparaden, Strandveranstaltungen, Ausstellungen, Feuerwerk).

■ **Ende Juli bis Anfang August:** Nachtserenaden (Klassikkonzerte vor dem Bernsteinmuseum).

■ **14. und 15. September:** Birutė-Park-Tag, Konzerte, Tänze etc.

■ **Letztes Oktober-Wochenende:** Festival des Herbstbeginns (Konzerte u.a.).

Aktivitäten

■ **Strand,** viele baden, obwohl er nicht so sicher sein soll. Der Damenstrand (vgl. Bestimmungen beim Strand in Smiltynė) liegt ca. 700 m nördlich der Landungsbrücke. Badeverbot 23–7 Uhr.

■ **Surfen,** 6 km nördlich Richtung Šventoji, Infos unter Tel. 285-11895.

■ **Surfbretter, Wasserski, Jetski, Boote,** Mietverleih an der Seenotstation, Tel. 1509.

■ **Tretboote und Trampolin,** beim Pier.

■ **(Strand-)Volleyball,** beim Pier und bei Basanavičiaus 39.

■ **Schwimmen,** ganzjährig beheiztes Frei- und Hallenbad, Vanagupės 5 (Tel. 51451, 9–20 Uhr/Sa, So 9–21 Uhr).

■ **Minigolf,** Basanavičiaus 37a, Tel. 51079.

■ **Reiten,** Klaipedos 16 und 34.

■ **Tennis,** Gėlių 1, Gedimino 7.

■ **Fahrradverleih,** u.a. Vytauto 67, 116; Dariaus ir Girėno 1, Daukanto 4.

■ **Pferdekutsche,** Tel. 54209.

■ **Gokart,** Kretingos 56 a, Tel. 21130, www.kartu nuoma.lt.

■ **Bowling,** Vytauto 98 (Tel. 53288, auch Billard), Vytauto 116; Gintaro 36, Daukanto 21, Žvejų 32.

■ **Wasserrutsche** (für Kinder), Basanavičiaus 5a.

■ **Elektro-, Wassermobile,** Basanavičiaus 22.

■ **Inline-Skater-Verleih,** an vielen Plätzen.

■ **Vergnügungspark,** zwischen Jųratės 11 und 13 gelegen.

■ **Bernsteinwerkstatt,** Darius ir Gireno 21

■ Einige Galerien bieten **Bernstein-Workshops** an.

Einkaufen

6 **Einkaufszentrum,** Vytauto 96, Mo–Fr 10–20, Sa 10–16 Uhr.

13 **Souvenirmarkt,** Vytauto gatvė (bei der Kirche), Bernstein u.v.m.

9 **Supermarkt,** Plytų 9, tgl. 8–22 Uhr.

Šventoji

13 km nördlich von Palanga liegt „Die Heilige", ein **Kurort** mit Ferienheimkomplexen, auf Massentourismus ausgerichtet (jährlich 20.000 Besucher), aber längst nicht so reizvoll und exklusiv wie das von ihm verwaltete Palanga, obwohl der **Strand** ähnlich schön ist. Das Städtchen mit 2000 Einwohnern liegt südlich des gleichnamigen Flusses, der hier mit vielen Windungen schlängelnd in die Ostsee mündet. Am alten **Hafen** legen noch Fischerboote und kleinere Jachten an. Sehenswert ist die **Affenbrücke,** eine alte Hängebrücke, an der jedoch mittlerweile der Zahn der Zeit nagt.

Nach Wiedererlangung der Unabhängigkeit gehörte Šventoji einige Zeit zu Lettland, und selbst heute bezeichnen sich einige Einwohner als Letten und werden „**kuršininkai**" genannt. Von hier sind es nur rund 12 km bis zur **lettischen Grenze.**

Im Norden der Stadt, in Dünennähe, stehen rituelle Holzpfähle auf dem Žemaieių-Alka-Hügel, einer früheren **heidnischen Opferstätte** mit einem **paleoastronomischen Observatorium.** Eine Karte und eine Bildergalerie sind unter www.city-info.net (bei „Palanga").

Täglich fahren viele **Minibusse** nach Palanga sowie **Busse** in andere Städte, u.a. auch ein *Kautra*-Expressbus nach Kaunas.

■ **Übernachtung** im Hotel *Auksinės kopos*②, Jūros 30, Tel. 46045365, www.akopos.lt, Sauna, Billard, Radverleih.

■ **Festivals:** 23./24. Juni, die **Johannisnacht** wird auf dem Žemaiciu-Alka-Hügel und im Zentrum groß gefeiert; 19. Juli, **Fischerfest** mit Bootsrennen und anderen Wettbewerben, Konzerte etc.

Kretinga

Das 13 km östlich von Palanga im Tal der Danė gelegene Kretinga (20.000 Einwohner) lohnt einen Besuch. Erstmalig wurde 1253 eine **Burg Kretinga** erwähnt, die dem Livländischen Orden von den Žemaiten abgenommen wurde. Seither war die Stadt im Besitz litauischer Fürsten wie Katkevičius, Sapiega und Masalskis, die hier ein Schloss hatten.

Einen Eindruck von der wechselvollen Geschichte erhält man am **Rathausplatz,** auf dem sich auch ein Unabhängigkeitsdenkmal befindet. Im Nordteil steht das architektonisch interessante Ensemble von Kirche und Kloster: Die **Kirche Mariä Verkündigung** wurde 1617 geweiht und weist Stilmerkmale von der Renaissance bis zum Barock auf. Sehenswert sind insbesondere die aus Holz geschnitzte Renaissancekanzel, die Bänke mit aufgemalten Mönchsporträts, die geschnitzten Türen von Sakristei und Vorraum sowie die Fresken mit Szenen des Alten und Neuen Testaments.

Hinter der Kirche ist eine **heilige Grotte** mit einer Quelle, der Heilkräfte zugeschrieben werden. Um die Kirche ist ein **Kreuzweg** angelegt. Im Glockenturm steht die Statue eines Franziskanermönchs. 1610–17 wurde das **Franziskanerkloster** erbaut. Es fällt durch den Stufengiebel auf und hat Elemente von Renaissance und Barock. Die schönsten Räume sind das Refektorium und die Bibliothek.

Nach Norden führt die Vilniaus gatvė durch einen Flusspark zum **Schloss.** Der von Graf *Subow* (ein Günstling der Zarin) erbaute und von Graf *Tiškevičius* umgebaute Adelssitz in der Vilniaus 20 beherbergt heute neben einer Fachschule das **Heimatmuseum** mit rund 36.000 Exponaten (Bernsteinfunde, Masken, Tongefäßen, Möbel) sowie einer Ausstellung über den Bischof Valančiaus und einer Gemäldegalerie (Tel. 77612, www.kretingosmuziejus.lt, Mi–So 10–18 Uhr).

An den Palast ist die **Orangerie** (Wintergarten) in einem Glaskuppelbau als Anbau angegliedert, wo rund 150 exotische Pflanzen, ein Wasserfall, künstliche Quellen und Bächlein zu sehen sind. Dort ist auch das Café-Restaurant *Pas Grafa* (Zum Grafen), geöffnet Di–So 12–23 Uhr (tolles Ambiente, gute Küche, Konzerte und kulturelle Veranstaltungen). Im Park liegt neben dem Teich der **Stein der Liebe,** durch dessen Berühren romantische Wünsche erfüllt werden sollen.

Verkehrsmittel

■ **Busbahnhof,** Šventosios 1 (300 m westlich vom Rathausplatz), Tel. 79001; Busse u.a. nach Salantai, Skuodas, Plungė, Palanga, Klaipėda.
■ Am Rathausplatz fahren **Minibusse** u.a. nach Palanga, Klaipėda, Darbenai, Salantai.
■ **Bahnhof,** Stoties 1 (gegenüber Busbahnhof), Tel. 51197; Züge u.a. nach Klaipėda, Šiauliai, Kaunas, Vilnius.

Nützliche Adressen

■ **Tel.-Vorwahl Kretinga:** (00370-) 445.
■ **Touristinformation,** im Schloss, Vilniaus 20, Tel. 77612, www.kretinga.lt.

Unterkunft

■ **Vienkiemis Padvarų Kiemas**①, am See im Norden der Stadt, Tel. 78425, modern, ruhig; Sauna, Café; Angel- und Segeltouren, Radverleih.
■ **Gelmė**①, Žemaičių 3 (gleich südlich vom Rathausplatz), Tel. 76931, 5 DZ.

Umgebung von Kretinga

Orvydų sodyba

Bei Salantai, nordöstlich von Kretinga, trug die Familie *Orvydas* eine eigenartige Sammlung zusammen, bekannt als **Absurditätenmuseum** bzw. **Orvydas Garten.** Dieses Museum, das die tiefe Religiosität der Litauer zeigt, sollte auch, wie der Berg der Kreuze bei Šiauliau, von den Sowjets vernichtet werden. Auch hier sind sie jedoch gescheitert. In den 1960er Jahren mussten auf Befehl Moskaus nämlich die **Grabsteine** auf allen Friedhöfen **beseitigt** werden. Der Steinmetz *Kazys Orvydas* erlaubte den Einwohnern daraufhin, die von ihm gefertigten Grabsteine in seinem Garten aufzustellen. Die Sammlung vergrößerte sich zusehends, die Sowjets ließen die Steinkreuze abtransportieren, aber es häuften sich immer wieder neue Exemplare an. Erneut zerstörten sie teilweise den Garten und errichteten eine Blockade. 1980 besichtigte der spätere Sowjetpräsident *Gorbatchow* den Ort, worauf die Schikanen aufhörten.

Der Steinmetzsohn *Vilius* verwandelte das „Grabstein-Asyl" in ein **surrealistisches Labyrinth** aus Bretterverschlägen, Hütten, Grotten, Pfaden, und Torbögen; dazwischen findet man Holzschnitzereien, Findlingspyramiden, Skulpturen, Kreuze und sogar eine alte Rakete und einen Panzer. Das Durcheinander macht den Reiz aus, manche empfinden den Garten als mystisch. Das Museum wird von Familienmitgliedern fortgeführt (Di–So 10–18 Uhr, Tel. 61328624).

■ **Anfahrt:** Die wenigen Busse von Klaipėda/Kretinga nach Skuodas fahren über Salantai und

Mosėdis. Nach der Ortsdurchfahrt von Salantai kommt man zu einer Kreuzung mit einer Tankstelle (links nach Skuodas 23 km, geradeaus nach Plateliai 12 km, rechts nach Plungė 26 km). Hier aussteigen und Richtung Plungė zu Fuß 2 km zum Dorf Gargždele; dort sieht man den 1 km entfernten Hain. Von dem Wegweiser, einem Eichenkreuz, führt eine 600 m lange Stichstraße zum Museum. Die (seltenen) Busse von Plungė nach Skuodas halten dort auf Wunsch (auch an der Kreuzung bei Salantai).

Mosėdis

Der Ort 12 km nördlich von Salantai ist bekannt durch das **Museum einzigartiger Steine** (*Akmenų muziejus*, Salantų 2, Tel. 440-76291, Mo–Fr 8–18 Uhr, Sa/So 10–18 Uhr, Nov.–April Mo–Fr 8–12 und 13–17 Uhr). Die Steine scheinen in diesem Teil Litauens regelrecht zu „wachsen". „Teufelssteine" werden sie daher von den Bauern genannt. Während der Kaltzeiten der letzten Eiszeit rückten die **Gletscher** von Skandinavien vor und bedeckten das gesamte Gebiet des heutigen Baltikums. Durch ihre Bewegung und ihre Ablagerungen prägten sie das Gesicht dieser Region. Sie transportierten riesige, meist vom Eis abgeschliffene Felsblöcke mit einem Gewicht bis zu 1600 Tonnen, die nach dem Abschmelzen des Eises als **Findlinge** liegenblieben. Besonders viele kann man hier in Mosėdis sehen.

Der Dorfarzt sammelte verschiedene Arten dieser „Teufelssteine" und legte im Tal einen eigenen Park für sie an. Inzwischen wurden über 5000 Findlinge und andere Steine zusammengetragen. Die **102 verschiedenen Arten** sind nach Größe (bis zu 2 m hoch und 10 t schwer) und Herkunftsort (heimische sowie aus Lettland, Estland, Finnland, Schweden und vom Grund der Ostsee) sortiert und in **Steinalleen** angelegt. Um sie herum wachsen die für das Gebiet der Steinart typischen Pflanzen; man findet Teiche mit Wasserrosen, traditionelle Holzpfähle und Schnitzereien.

Die Pfade beginnen bei der alten **Wassermühle,** in der eine **Ausstellung** über die Gletscher informiert. Das Dorfbild dominiert die zweitürmige barocke **Erzengel-Michael-Kirche** von 1783. Unweit davon am Ufer des Flusses Bartuva stand auf dem Schüttberg die alte Burg. Auf dem Dorfplatz liegen drei **Findlinge,** einer mit Inschriften im žemaitischen Dialekt, die anderen mit politischer Kritik.

Senoji Įpiltis

Das Dorf liegt neben einem der berühmtesten Schüttberge Litauens, auf dem Reste einer **Holzburg** aus dem 10.– 13. Jh. gefunden wurden: ein Burgtor, Palisaden und ein interessanter Tunnel aus Eichenstämmen.

Darbėnai

Sehenswert in dem Ort nördlich von Kretinga sind der hölzerne Glockenturm (Anfang 19. Jh.) und die Wassermühle von 1820 etwas außerhalb.

- Die angeblich **größte Sonnenuhr der Welt** findet man in **Šiauliai** | 233
- Symbolträchtiger Hügel: der **Berg der Kreuze** | 236
- Natur pur: der **Aukštaitija-Nationalpark** ist das Naturparadies Litauens | 249

NICHT VERPASSEN!

Diese Tipps erkennt man an der gelben Hinterlegung.

⌃ Das Oginski-Schloss

1d

04 3lj gs

IM NORDEN UND OSTEN

Litauischer Geist am Berg der Kreuze und **einer der schönsten Nationalparks des Landes** sowie **Šiauliai** als eines
der kulturellen Zentren locken Besucher in diese Region.

Plungė

Plungė mit seinen rund 23.000 Einwohnern liegt 50 km östlich von Palanga.
Der Babrungas teilt die Stadt in zwei Teile; am linken, südlichen Ufer befindet
sich das Zentrum. Auf der rechten Seite
erstreckt sich ein 60 ha großer **Park,** in
dessen Mitte das **Oginski-Schloss** liegt,
das 1879 von dem deutschen Architekten *K. Lorenz* erbaut wurde und damals
zu den prachtvollsten des Landes gehörte. In dem Renaissancebau war bis 1902
die landesweit erste **Musikschule** untergebracht, die auch der Maler und Komponist *M. K. Čiurlionis* 1889–93 besuch-

te. Ein Zimmer im heute darin befindlichen **Žemaitija-Kunstmuseum** erinnert
an ihn (Di–Sa 10–17 Uhr, 1.5.–31.10 Di–
Sa 10–19 Uhr, Tel. 52492, www.oginski.
lt, von August bis September findet hier
das *Oginski-Festival* statt; auch ethnografische Ausstellung). Vom Schloss die
Treppen nach unten gehend, sieht man
links die frühere **Orangerie,** die an den
Vecchio-Palast in Florenz erinnert.

Die Stadt ist ein guter Ausgangspunkt
für den Žemaitija-Nationalpark.

Verkehrsmittel

■ **Bahnhof,** Stoties 2, Tel. 52297; Züge u.a. nach
Klaipėda und Vilnius.

1d

Im Norden und Osten

Busbahnhof, Darius ir Girėno 29, Tel. 52333; Busse u.a. nach Klaipėda, Palanga, Skuodas, Plateliai, Žemaičių Kalvarija.

Taxi, Tel. 55555.

Nützliche Adressen

Tel.-Vorwahl Plungė: (00370-) 448

Touristinformation, Darius ir Girėno 27, Tel. 53644, www.visitplunge.lt.

Bank, Vytauto 3, Tel. 57651.

Unterkunft

Beržas Hotel②, Minijos 2, Tel. 56840, www.hotelberzas.lt, sehr gut, freundlich, 10 Zimmer.

Gästehaus Vilkavaris①-②, Birutė 44, Tel. 523 955, 5 Zimmer ab 20 Euro.

1d

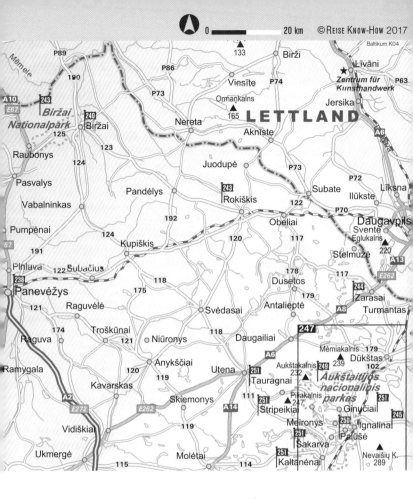

Žemaitija-Nationalpark

🦋 Der von Wald und Seenlandschaft geprägte Žemaitija-Nationalpark umfasst mehr als 200 geschützte **Mythologie- und Ethnografie-Denkmäler** sowie malerische **Grab- und Hainhügel.** Bis auf den Plateliai-See ist er touristisch gesehen relativ ruhig.

Der Ort **Plateliai,** 10 km nördlich von Plungė am Westufer des gleichnamigen Sees, liegt im Zentrum des Nationalparks in einer romantischen Hügellandschaft. Die Gegend wird auch **„Litauische Alpen"** genannt. Der kristallklare, 12 km² große See ist der größte der Region Žemaitija. Im Dorf steht im schönen Schlosspark eine **„Hexen-**

esche", mit 7,20 m Umfang und 32 m Höhe – die landesweit größte. Eine **Ausstellung** zum Nationalpark findet man in der Didžioji 22, Tel. 65907918, Di–Fr 10–17, Sa 10–16 Uhr; Juni–August auch So 10–16 Uhr.

Beim Dorf **Plokštinė** an der Ostseite des Sees liegt ein **Militärmuseum.** In den Jahren 1963–78 waren hier vier russische **Atomraketen** mit dem Ziel Deutschland unterirdisch stationiert. Um zu den 27 m tiefen Einbuchtungen zu gelangen, muss man sich durch dunkle und enge Schächte zwängen. Die **Abschussrampen** waren gut getarnt. Heute sind die Betonkuppeln von außen sichtbar. Die Gegend hier ist nicht mehr radioaktiv belastet. Eine Besichtigung ist nur mit Führung möglich (Tel. 67786 574 bzw. bei der Parkverwaltung, täglich 10, 12, 14, 16 Uhr, Mai–Sept. auch 11, 13, 15, 17 und 18 Uhr).

■ **Parkverwaltung** und **Touristinformation,** Plateliai, Didžioji 8–10, Tel. 44849231, www.ze maitijosnp.lt, Mo–Do 8–17 Uhr, Fr 8–15.45 Uhr, Führungen unter Tel. 44849240, es gibt eine zweistündige **Diashow.** Verkauf von **Karten** sowie Ausstellung von **Angellizenzen** und **Camping-Erlaubnisscheinen** (es gibt fünf offizielle Campingplätze). **Zimmervermittlung** in Ferienheimen und Urlaub auf dem Lande; empfohlen wird das **Gästehaus** *Mikašauskienė,* Ežero 33, Tel. 448 49117, herrliche Lage an einem Teich, auch freistehende Hütten (ab 24 Euro), Küche, Sauna, Kaminfeuer, Billard, sehr freundlich.

Organisierte Touren (Vogelbeobachtung, Biotopwanderung, Fahrradtour, Besuch der Dörfer und Holzschnitzer, Organisation von traditionellen Volkstänzen, Besuch des Militärmuseums, s.u.).

Infos über **Reiten, Windsurfen, Wasserräder, Segel-, Tret-, Ruderboote** und **Fahrradverleih.**

Telšiai

Im Herzen der Žemaitija

Die Žemaitija ist die nordwestliche Region Litauens (auch Niederlitauen, Samogitia und Schemaiten genannt). Sehr verbreitet ist hier die Tradition, **Kreuze, Kapellpfähle und Bildstöcke** am Straßenrand oder an Kreuzungen aufzustellen. Man findet sie oft alle paar Hundert Meter. Infos über die Hügel und Seen der Žemaitija, Ferienheime, Reiten oder Radrouten erhält man bei der Verwaltung des **Varniai-Regionalparks** in Oztakiai, südlich von Telšiai (Tel. 444 47415, www.varniuparkas.lt); Infos über **Urlaub auf dem Lande** in der Touristinformation in Telšiai. In Varniai gibt es auch eine **Touristeninformation** im Museum des Žemaitija-Bistums in der Daukanto 6, Tel. 47455, www.var niai-museum.lt.

Die Stadt auf sieben Hügeln mit 33.000 Einwohnern, 29 km östlich von Plungė, erstreckt sich rund um den Mastis-See und entlang des Flusses Durbinis. Sie ist **Bezirkshauptstadt** der Žemaitija-Region und gehört zu den sehenswerteren der Provinzstädte.

Die **Altstadt** hat ihren natürlich entstandenen sternförmigen Grundriss beibehalten. Es dominieren hier Backsteingebäude vom Anfang des 20. Jh., aber es gibt auch noch Gebäude aus dem 17. und 18. Jh., darunter das Bernhardinerkloster und das alte Schulhaus.

Im Zentrum der Stadt erhebt sich der **Bischofsdom,** errichtet 1761–91 im Barockstil (Eingang auf der Rückseite, 9–18 Uhr). Die Altäre sind im Übergangsstil von der Renaissance zum Klassizismus. Der Dom ist dem Hl. Antonius von Padua geweiht. Der **Bischofspalast** ist erst 1929 entstanden. Das 1740 eingerichtete, aber 1863–1927 bzw. 1946–89 geschlossene **Priesterseminar** der Bernhardinermönche zeugt von der Bedeutung der Stadt als eines der religiösen Zentren des Landes, was auch im Stadtwappen ersichtlich ist. Originell ist der **Glockenturm mit Haube** auf dem Marktplatz vor dem Rathaus. Mitte Juni findet hier das Große Stadtfest statt.

Zu den lohnendsten Zielen gehören das **Freilichtmuseum** mit žemaitischen Bauernhäusern vom Ende des 19. Jh. mit Windmühle und Schmiede im Stadtpark am Südwestufer des Sees (Maluna 5, Tel. 28646, Mai–Sept. Mi–So 9–17 Uhr; hier finden auch Konzerte und Folklorefeste statt) sowie das **Heimatmuseum** *(Alka)* an der Muziejaus gatvė 31 (Tel. 70282, Mi–Sa 9–17 Uhr, So 10–16 Uhr), das über die Geschichte der Region Žemaitija informiert (alte Möbel, Trachten, Holzkreuze, Gemälde, u.a. von *Rubens*).

Verkehrsmittel

■ **Bahnhof,** Stoties 35, Tel. 53297; Züge u.a. nach Klaipėda, Vilnius.
■ **Taxi,** Tel. 53430.
■ **Busbahnhof,** Respublikos 48, Tel. 53333; Busse u.a. nach Šiauliai, Mažeikiai.

Informationen

■ **Tel.-Vorwahl Telšiai:** (00370-) 444
■ **Touristinformation,** Turgaus 21, Tel. 53010, www.telsiaitic.lt, Mo–Fr 8–17 Uhr, sehr hilfreich.

Nützliche Adressen

■ **Post,** Sedos 1, Tel. 52506.
■ **Bank,** Sedos 6, Tel. 51471.
■ **Geldautomaten,** Sedos 35, Birutės 5 a.

☑ Das Freilichtmuseum von Telšiai

305li gs

Unterkunft

■ **Hotel Telšiai**①-②, Kestučio 21, Tel. 53292, 12 Zimmer, schlicht und sauber.
■ **Gästehaus Sinchronas**①, Turgaus a. 24/1, Tel. 69994, www.sinchronas.lt.

Šiauliai (Schaulen)

Die mit rund 106.000 Einwohnern viertgrößte Stadt Litauens ist ein **industrielles und kulturelles Zentrum** und ein wichtiger Verkehrsknotenpunkt. Aufgrund vieler Plünderungen, Brände und Kriege besitzt Šiauliai nur wenige alte Gebäude und Architekturdenkmäler. Dafür hat es viele **originelle Museen.** Fast alle Sehenswürdigkeiten sind zu Fuß zu erreichen. Die Stadt ist Ausgangspunkt für den **„Berg der Kreuze".**

Stadtgeschichte

Über die frühe Geschichte der Stadt weiß man nicht viel. Doch ihr Name wird mit der berühmten **Schlacht bei Saulė** (Sonne) in Verbindung gebracht, bei der die litauischen Žemaiten am 22. September 1236 einem fast 3000 Mann starken Heer unter Führung des **livländischen Schwertbrüderordens** eine vernichtende Niederlage bereiteten. Der Orden, der selbst nur mit 55 Rittern beteiligt war, hatte den Feldzug auf den Winter verschieben wollen, da Ordensmeister *Volquin* sehr wohl wusste, dass Sümpfe und Flüsse vor der

Zeit des Frostes für die Ritter eine besondere Gefahr darstellten und dass die landeskundigen Einheimischen ihnen in dieser Zeit überlegen waren. Doch die mit ihnen gekommenen rund **500 deutschen Kreuzzugsteilnehmer,** die nur ein halbes Jahr in Litauen verbringen wollten, um hier anstatt in Palästina durch die „Heidenmission" Ablass von ihren Sünden zu erlangen, drängten auf den Kampf. Die Ordensritter gaben dem Drängen nach und schlossen sich an. Zusammen mit rund 1500 kriegsdienstpflichtigen Esten, Kuren und Letten waren die Ritter bereits einige Zeit plündernd und sengend durch das Land der Žemaiten gezogen. Übrigens haben zu jener Zeit und auch schon früher die Žemaiten ihrerseits – im Winter, wenn die Feldarbeit ruhte und die Sümpfe gefroren waren – die Kuren, Liven und Letten in ähnlicher Weise überfallen, um Frauen, Kinder und Vieh zu rauben. Die žemaitischen Streitkräfte unter Prinz *Vykintas* überraschten das Heer der Ritter und ihrer Hilfstruppen auf dem Rückweg in morastigem Gelände. Der Ordensmeister und alle seiner Mitstreiter fielen im Kampf oder auf dem Rückzug vom nördlich von Meškuičiai gelegenen Dorf **Jauniūnai,** wo zum 750. Jahrestag ein Eichenwäldchen gepflanzt wurde.

Danach begann *Mindaugas* mit der Erweiterung seines Großfürstentums und der Festigung des Staates. Nach dieser schweren Niederlage erhoben sich weitere Baltenstämme gegen die Ritter, und der Orden war daher gezwungen, sich 1237 dem in Ostpreußen ansässigen *Deutschen Orden* anzuschließen.

1589 erhielt die Stadt **Selbstverwaltung** nach dem **Magdeburger Recht** und entwickelte sich zum Verwaltungszentrum eines königlichen Guts mit 6000 Bauernhöfen. Danach litt Šiauliai mehrmals unter Großfeuern; hinzu kamen Plünderungen durch die Schweden und Pestepidemien. 1812 wurde es von der Armee *Napoleons* geplündert und 1872 durch einen Brand fast völlig vernichtet, da nahezu alle Gebäude aus Holz bestanden.

Wichtig für die weitere Entwicklung der Stadt waren der Aufbau der Textilindustrie durch schlesische Weber Ende des 18. Jh., der Bau der Straße Petersburg – Königsberg im Jahre 1839 und der Bahnlinie von Liepaja 1871, die auch andere Industriezweige nach Šiauliai brachten. Die Stadt wurde zu einem **Handelszentrum.** Im Ersten und Zweiten **Weltkrieg** wurden 65 bzw. 85 % der Gebäude beschädigt oder zerstört. Während der Sowjetherrschaft wurde es zu einem **Industriezentrum** und war aufgrund der Hochtechnologieprodukte für militärische Güter für Ausländer gesperrt. Der frühere sowjetische Militärflughafen Žokniai wurde 1995 zu einer **Freihandelszone** und verhalf der Stadt zu wirtschaftlichem Aufschwung.

Sehenswertes

Die Tilžės gatvė ist die Hauptachse von Nord nach Süd. Ein **Uhrentürmchen** steht am Centrinė-Platz, wo sie sich mit der Ost-West-Achse **Vilniaus gatvė** schneidet (beliebter Rendezvous-Platz); auf Knopfdruck ertönen Nachrichten in verschiedenen Sprachen, auch auf Deutsch. Nicht weit von hier findet man im ehemaligen *Saulė*-Kino, Tilžės 140, beeindruckende **Glasmalereien;** das 200 m² große Werk ist das landesweit

größte und zeigt Szenen der Schlacht von 1236 (Di–Fr 13–17 Uhr). Gegenüber, in der Tilžės 133, steht die alte Pralinenfabrik mit dem **Schokoladenmuseum** (s. u.).

Die Vilniaus ist streckenweise **Fußgängerzone** und **Flaniermeile,** die mit ihrer Allee, Blumenrabatten, Wandmalereien, Springbrunnen, dem Amphitheater, Geschäften, Cafés und einigen älteren Gebäuden an die Laisvės-Allee von Kaunas erinnert. Hier findet man mehrere **Museen** (s. u.) und das **Dramatheater.** Einige Plastiken und auffällige Ladenschilder, die auf mittelalterliche Traditionen zurückgehen, schmücken die Straße. An der Vilniaus 245 steht die kirchturmlose St.-Ignatius-Kirche, ein früheres Wohngebäude, in dessen Priesterhaus Papst *Johannes Paul II.* 1993 übernachtete. Hier steht heute ein Denkmal für ihn. Nahe der Kreuzung mit der Žemaitės erinnert der **Berg der Aufständischen** *(Sukiléliy kalnas)* an die Anführer des Aufstands von 1863 gegen die Zarenherrschaft, die hier öffentlich gehängt wurden; für sie wurde ein Obelisk, später noch eine Skulpturengruppe errichtet. An der Aušros 3 steht der oktagonale 70 m hohe Turm der **St.-Peter-und-Paul-Kathedrale.** Der zweithöchste Turm des Landes wurde gegen Ende des 19. Jh. erbaut und dient als Eingangsportal. Die Kirche entstand 1595–1625 als Renaissance-Basilika. Sie ist das einzige Gebäude und architektonische Denkmal der alten Stadt, das alle Brände und Kriege überstand.

An der Südwand zeigt eine für Litauen einzigartige **Sonnenuhr** die genaue Zeit. Die Kirche hat mit ihren zahlreichen Erkern und Schießscharten Wehrcharakter.

1d

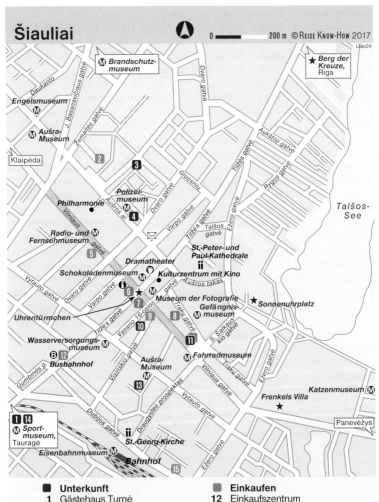

Šiauliai

0 ▬▬▬▬ 200 m ©Reise Know-How 2017

Litau24

★ **Berg der Kreuze,** Riga

Ⓜ *Brandschutz-museum*

Engelsmuseum Ⓜ

Ⓜ *Aušra-Museum*

Klaipėda

2

3

Polizei-museum Ⓜ

Philharmonie

4

Radio- und Fernsehmuseum Ⓜ

5

Talšos gatvė

St.-Peter- und Paul-Kathedrale �ⁱⁱ

Talšos-See

Dramatheater

Schokoladenmuseum Ⓜ ○ ★ *Kulturzentrum mit Kino*

6
7
Ⓜ *Museum der Fotografie*

Uhrentürmchen **8**

9 *Gefängnis-museum* Ⓜ

10

★ *Sonnenuhrplatz*

Wasserversorgungs-museum Ⓜ

11

Ⓑ **12**
Busbahnhof

Aušra-Museum Ⓜ

13

Ⓜ *Fahrradmuseum*

Katzenmuseum Ⓜ

Frenkels Villa ★

Panevėžys

1 **14**
Ⓜ *Sport-museum,* Tauragė

Eisenbahnmuseum Ⓜ

ⁱⁱ *St.-Georg-Kirche*

Bahnhof

15

■ **Unterkunft**
1 Gästehaus Turnė
3 Hotel Saulininkas
4 Jugendherberge des Šiauliai College
10 Hotel Šaulys
11 Hotel Šiauliai
13 Turnė Hotel
14 Hotel Salduvė, Siaulių Krašto Medžiotojų Užeiga, Gästehaus Simona, Hotel Tomas

■ **Einkaufen**
12 Einkaufszentrum Saulės Miestas

■ **Essen und Trinken**
2 Café Juonė Pastuogė
5 Mimoza
9 Pekinas
15 Senasis Sodžius, Dubysa

■ **Nachtleben**
6 Arkos
7 Kapitonas Morganas
8 Rockn'Roll Pub
11 Martini

Im Norden und Osten

Am Talšos-See findet man die angeblich **größte freistehende Sonnenuhr der Welt.** Ihren „Zeiger" bildet eine 21 m hohe, klassizistische Säule, auf deren Spitze die vergoldete Skulptur eines Bogenschützen steht. Sie wurde zum 750. Jahrestag der Schlacht bei Saulė errichtet. Der **Schütze** ist das **Wahrzeichen** der Stadt, da ihr Name von *Šaulys* (Schütze) oder von *Saulė* (Sonne) abgeleitet ist. Als Zifferblatt dient der halbkreisförmige Sonnenuhrplatz, in den die Metallziffern 1, 2, 3 und 6 eingelassen wurden. Unweit davon steht die **größte Tierskulptur Litauens**, der „Eiserne Fuchs" mit fast 7 m Länge. Östlich des Talšos-Sees liegt der Salduves-Park, in dem es u.a. einen 5 km langen Ökopfad mit 23 Infostellen gibt (zu erreichen über einen Pfad am Südende des Sees).

Die katholische **St.-Georg-Kirche** im neobyzantinischen Stil von 1903 in der Kratų 17 war früher russisch-orthodox.

Einige der vielen **Museen** sind aufgrund der in Šiauliai ansässigen Industrie, z.B. dem Fahrradwerk und Werk für Fernsehgeräte, entstanden (s.u.).

Praktische Tipps

Verkehrsmittel

■ **Taxi,** Bahnhof, Busstation und Ecke Vilniaus/ Žemaitės gatvė, Tel. 1400, 1456.

Bahn

■ Der **Bahnhof** (Tel. 203447) liegt an der Dubijos gatvė 44 (Gepäckschließfächer). Reisebüro, Geldautomat und Toiletten im Gebäude nebenan. Hier ist auch das **Eisenbahnmuseum** (s.u.). Verbindungen u.a. nach **Riga** (2½ Std.), **Vilnius** (2½ Std.), **Kaunas** (2½ Std.), **Klaipėda** (2 Std.), **Tallinn** (10 Std.).

Bus

Der **Busbahnhof** (Tel. 525085) ist Teil des großen Einkaufskomplexes *Saulės Miestas* an der Tilžės gatvė 109. Es gibt eine Gepäckaufbewahrung (6– 19). Wichtige Verbindungen:

■ **Kaunas** (140 km, 3 Std.), **Vilnius** (220 km, 3½ Std.; schnellste Route via Panevėžys), **Klaipėda** (160 km, 2½ Std.), **Palanga** (150 km, 2½ Std.), **Riga** (130 km, 2 ½–3 Std.), **Tallinn** (450 km, 7 Std.), **Panevėžys** (80 km, 1½ Std.), **Berg der Kreuze** (s. dort).

Informationen

■ **Tel.-Vorwahl Šiauliai:** (00370-) 41
■ **Touristinformation,** Vilniaus 213, Tel. 523110, www.tic.siauliai.lt; Mo–Fr 9–18 Uhr, 1.9.–1.6. Mo–Fr 9–18 Uhr, Sa 10–16 Uhr, Zimmervermittlung (u.a. Urlaub auf dem Lande, Pensionen), Touren etc.

Nützliche Adressen

■ **Bank,** Vilniaus 225, Tilžės 149, 170.
■ **Hauptpostamt,** Aušros al. 42, Tel. 523740.
■ **Internetcafés,** Vytauto 111, Tel. 431961 (10– 22 Uhr), Tilžės 109, Rudės 19.
■ **Apotheken,** Aušros 66, Varpo 27, Vilniaus 32.

Unterkunft

Hotels

11 **Šiauliai**②-③, Draugystės pr. 25, Tel. 437333, www.hotelsiauliai.lt. 14 Stockwerke an der Fußgängerzone, 131 Zimmer, gutes Preis-Leistungs-Verhältnis, Restaurant, Café, Sauna, Nachtclub.

3 **Saulininkas**②-③, S. Lukauskio 5 a, Tel. 436555, www.saulininkas.com, 13 Zimmer, Sauna, Pool.

1d

10 Šaulys③-⑤, Vasario-16-osios 40, Tel. 520812, www.saulys.lt; 41 Zimmer, Restaurant, modern, Sauna.

14 Šiaulių Krašto Medžiotojų Užeiga③-⑤, Dubijos 20 (500 m westlich vom Busbahnhof), Tel. 524526, www.hoteluzeiga.lt, 89 Zimmer, modern, Fitnessraum.

14 Tomas②-③, Tilžės 63 a, Tel. 4155150, www.hoteltomas.lt.

13 Turnė Hotel②, Rūdes 9, Tel. 500150, www.turne.lt, 23 Zimmer, modern, mit Restaurant.

14 Salduvė①-②, Donelaičio 70 (in Querstraße von Tilžes g. nach 200 m), Tel. 553593, www.salduveshotel.lt, 20 Zimmer (außerhalb in Waldnähe; Bus Nr. 6), altes Sowjethotel, recht gut in Schuss.

Jugendherbergen und Gästehäuser

1 Gästehaus Turnė①-②, Rokiškio 8 a, Tel. 522 205, www.turne.lt, 17 Zimmer, sauber, modern.

14 Gästehaus Simona①-②, Gumbinės 34 (etwa 500 m westlich vom Busbahnhof), Tel. 61446634, www.nakvynesiauliuose.lt, von einer netten Familie betriebenes Gästehaus, saubere, einfache Zimmer, Kochgelegenheit, für den Preis und die Leistung kaum zu schlagen, 20 Zimmer.

4 Jugendherberge des Šiauliai College①, Aušros 40, Tel. 523764, www.jnnsvaka.lt, 8 Zimmer.

Gastronomie

Einen Überblick bietet die Touristinformation bzw. deren Webseite. In den Einkaufszentren *Šaulės Miestas* bzw. *Akropolis* (s.u.) gibt es viele Restaurants, Cafés und *Fast-Food*-Restaurants. In der Stadt wimmelt es von Pizzerien.

▷ Die St.-Peter-und-Paul-Kathedrale

15 Senasis Sodžius, Stoties 3 (Bahnhofstraße), gute litauische Küche, Mo–Fr 11–18, Sa 10–16 Uhr.

15 Dubysa, Stoties 2, Kantine mit günstigen litauischen Gerichten, Sa/So 9–19 Uhr.

5 Mimoza, Vilniaus 219, Café mit leckeren Kuchen, schöne Atmosphäre, populär.

9 Pekinas, Višinskio 41 (Ecke Vilniaus), 12–22 Uhr, chinesische Küche.

2 Café Juonė Pastuogė, Aušros 31a, Tel. 524 926, www.jonis.lt, Mo–Do 12–24, Fr 11–24, Sa/So 11–2 Uhr.

Nachtleben

7 Kapitonas Morganas, Vilniaus 183, gemütliche Bar, 10–22, Fr–So 11–23 Uhr.

6 Arkos, Vilniaus 213, Tel. 520205, www.arkos.lt. Restaurant mit Bar, bei TV-Sportübertragungen voll, hier treffen sich Yuppies und Ausländer, 10–24 Uhr.

11 Martini, Draugystės 25, Klub für die Betuchteren, Disco, Cabaret.

8 Rock'n Roll Pub, Vilniaus 128, Tel. 61225330, Mo/So 17–24, Di–Do 17–2, Fr/Sa 17–4 Uhr.

Aktivitäten

● **Jachtklub,** Rėkyva, Poilsio 14, Tel. 434531.
● **Bootsverleih,** Zyro 34, Tel. 428657.
● **Aeroclub,** Žemaitės 43, Tel. 462556 (u.a. Rundflüge).

Einkaufen

● **Bücher,** Vilniaus 118, 213.
● **Supermarkt,** Vilniaus 117, 124, 204.
● **Souvenirs,** Vilniaus 146, 168, 204, 213, Tilžės 133 und 151.
● **Schwarze Keramik,** Familie *Mataitis* im Dorf Gruzdžiai (7 km von Šiauliai).

■ **Einkaufszentren:** *Šaulės Miestas,* Tilžės 109 (beim Busbahnhof), Supermarkt, Restaurants, 8–24 Uhr, www.saulesmiestas.lt; *Akropolis,* Aido 8 (im Süden der Stadt), 10–22 Uhr, mit Supermarkt, www.akropolis.lt.

Kultur

Festivals und Feste

■ **Internationales Kirchenmusikfestival** über die Osterfeiertage.

■ **Anfang Juni,** Intern. Country-Musikfestival.

■ **21./22. Juni,** Festival der litauischen Country-Musik zum Johannistag *(Country Joninės).*

■ **Mitte Juli,** internationales Folklorefestival, www.saulesziedas.su.lt.

■ **Mitte September,** Šiauliai-Tage (beim Saldūva-Burghügel im Osten der Stadt), Musik, Tanz, Handwerksmarkt u.v.m.

Museen, Ausstellungen, Galerien

■ **Aušra Museen,** Aušros al. 47, Tel. 524391, www.ausrosmuziejus.lt; Außenstelle: Vytauto 89, Tel. 524392; eines der größten historischen und ethnografischen Museen Litauens (mehr als 700.000 Exponate), Mo–Fr 9–17 Uhr.

■ **Fahrradmuseum,** Vilniaus 139, Tel. 524395, www.ausrosmuziejus.lt, Di–Fr 10–18 Uhr, Sa 11–17 Uhr, rund 250 Räder, Fahrradverleih.

■ **Katzenmuseum,** Žuvininkų 18, Tel. 69844; Di–Fr 10–17, Sa 9–12 Uhr; ein Museum von Kindern für Kinder mit lauter Katzenbildern, -figuren und -futterverpackungen, in einer Schule.

■ **Museum der Fotografie,** Vilniaus 140, Tel. 524396, www.ausrosmuziejus.lt; Di–Fr 10–18, Sa/So 11–17 Uhr.

■ **Radio- und Fernsehmuseum,** Vilniaus 174; Tel. 524399, www.ausrosmuziejus.lt; Mi 10–19, Do/Fr 10–17, Sa 11–17 Uhr.

■ **Eisenbahnmuseum,** Dubijos 44 (Dampflok), Tel. 203684, Mo–Do 7–16, Fr 7–14.45 Uhr.

■ **Brandschutzmuseum,** Basanavičiaus 89, Tel. 1397911, nur nach Vereinbarung.

■ **Wasserversorgungsmuseum,** Vytauto 103, Tel. 592257, Mo–Do 8–17, Fr 8–15 (im Erdgeschoss eines Wasserturms); Filiale in Žemaitės 83, Tel. 425611, Di–Sa 11–19 Uhr.

■ **Žaliūkiai-Windmühle,** Architektų 73 (2 km südwestlich des Bahnhofs), Tel. 211198, www.ausrosmuziejus.lt; Di–Fr 10–18, Sa 11–17 Uhr, Außenstelle des Aušra-Museums mit ethnografischer Ausstellung in einer Windmühle; jeden Mai findet hier eine Messe über alte Gewerbe statt.

1d

■ **Polizeimuseum,** Aušros 19, Tel. 397522, Führungen auf Litauisch und Russisch, Mo–Do 8–17, Fr 8–15.45 Uhr.

■ **Feuerwehrmuseum,** Lakūnų 2 (in einem Hangar des Flughafens südöstlich der Stadt), Tel. 1542 003, Mo–Fr 8–17 Uhr.

■ **Gefängnismuseum,** Trakų 10, Tel. 430921, www.siauliuti.lt, nur nach Vereinbarung.

■ **Frenkels Villa,** Vilniaus 74, Tel. 433680, Di–Fr 10–18, Sa/So 11–17 Uhr, Kunstausstellung in der Villa von *Chaim Frenkel.*

■ **Sportmuseum,** Jablonskio 16 (in der Šiaulių-Arena), Tel. 437328, Mo–Fr 8–17 Uhr.

■ **Schokoladenmuseum,** Tilžės 133, in der alten Pralinenfabrik, Tel. 523212, www.sokoladomuziejus.lt, Mo–Fr 10–19, Sa 10–17 Uhr.

Berg der Kreuze

Etwa 10 km nördlich von Šiauliai nahe der Straße Richtung Riga, vor der Ortschaft Meškuičiai, findet sich der **Kryžių kalnas.** Es ist eine der Sehenswürdigkeiten, die jeder Litauer unter den ersten aufführen wird, da sie den litauischen Geist widerspiegelt und bei Besuchern einen tiefen Eindruck hinterlässt. Auf und neben einem rund 9 m hohen Hügel, dessen Form an einen Sattel erinnert, sieht man ein weltweit einzigartiges **Meer von Kreuzen,** schätzungsweise 200.000, dicht an dicht, in allen Größen und Formen; einige davon sind geschnitzte Kunstwerke, viele sind bei anderen Kreuzen eingehängt und bilden Girlanden, viele liegen aufgestapelt am Fuß großer Kreuze. Einige sind Gedenkkreuze, verziert mit Blumen, Fotos und mit einer kleinen Nachricht für die Verstorbenen versehen.

Der **Wallfahrtsort** steht als Symbol des Leidens und Gedenkens, aber auch der Liebe und Hoffnung. Am Parkplatz vor dem Hügel kann man Kreuze kaufen. Wenn man eines am Hügel zurücklässt, sollen laut einer Legende die Wünsche in Erfüllung gehen, weshalb auch bei freudigen Anlässen wie z.B. Hochzeiten der Ort besucht wird.

Der einstige **Burghügel** Jurgaičiai, dessen Burg 1348 von Kreuzrittern zerstört worden sein soll, ist seit alters her von Legenden umwoben und ein besonderer Ort der Volksfrömmigkeit. Der Hügel war vermutlich eine **Gebets- und Opferstätte,** und man geht davon aus, dass die Kreuze als Dank- oder Bittopfer aufgestellt worden sind. Historisch rich-

> Das Papstkreuz vor dem Berg der Kreuze

tiger ist wahrscheinlich, dass die Bewohner der Umgebung nach der Niederschlagung der Aufstände gegen den Zarismus (1831/1863) damit begannen, hier Kreuze für ihre bei dem Aufstand ums Leben gekommenen Angehörigen zu errichten, von denen sie nicht wussten, wo sie begraben lagen. Die Litauer legen traditionell großen **Wert auf die Grabpflege** und das Andenken an ihre Toten, da sich sonst, dem Volksglauben nach, die Geister der Toten an ihnen rächen könnten. Erstmals schriftlich erwähnt wurden die Kreuze in Chroniken von 1850. Ende des 19. Jh. gab es 150 Kreuze, 1940 etwa 400. Danach kamen auch Kreuze für die **Opfer des Stalinismus** hinzu, als Tausende von Litauern nach Sibirien deportiert wurden und dort starben. Die Überlebenden, die nach Stalins Tod 1953 in ihre Heimat zurückkehren durften, stellten dann für die im Gulag Gestorbenen Kreuze auf; ebenso ehemalige politische Gefangene und viele Gläubige.

Dass diese Gedenkstätte den sowjetischen Machthabern ein Dorn im Auge war, ist offensichtlich. 1961 und 1975 haben Bulldozer die Kreuze **plattgewalzt.** Doch Glaube und Freiheitsliebe der Li-

04SII gs

1d

tauer waren nicht zu bezwingen. Am nächsten Tag waren die Kreuze wieder aufgerichtet, und je mehr die atheistischen Machthaber sich bemühten, den Glauben zu unterdrücken und die Gedenkstätte zu vernichten, desto hartnäckiger wehrten sich die gläubigen Litauer. Der Hügel wurde zu einem **Symbol** für den neu erstarkenden katholischen Glauben und die eng damit verbundene nationale Identität der Litauer, ein Kristallisationspunkt für den Widerstand gegen das Sowjetregime und für die Unabhängigkeit des Landes. 1990 gab es dann schon rund 40.000 Kreuze, Gebetsstöcke, feierliche Standbilder und Bilder mit Rosenkränzen auf rund 4600 m². Nach der Unabhängigkeit besuchten auch viele Emigranten und deren Angehörige den Ort.

Inzwischen dehnt sich die Flut der Kreuze rings um den Hügel in die Ebene aus. Geht man auf den schmalen Pfaden durch den Wald von Kreuzen, so ist man tief beeindruckt – nicht nur von der Unmenge an Kreuzen, sondern auch von der Atmosphäre des Ortes und von der Kraft des Glaubens und dem Freiheitswillen dieses kleinen Volkes, der hier zum Ausdruck kommt. Und das eigentümliche **Geräusch** von den vielen Rosenkränzen und kleinen Kreuzen, die im Wind gegen die großen schlagen, wird man gewiss nicht so schnell vergessen.

Zu **Ostern** wird der Kreuzhügel zu einer wahren Pilgerstätte. Er ist einer der **meistbesuchten touristischen Orte.** Es gibt viele Verkaufsstände mit religiösen Gegenständen (Infos unter www.kryziu kalnas.lt).

◼ **Anreise:** In Šiauliai fahren vom Busbahnhof **Busse** in Richtung Joniškis, Meškuičiai und Riga ab.

Nehmen Sie keinen Bus, der über Pakruojis geht und sagen Sie dem Fahrer Bescheid. Von der Haltestelle im Dorf Domantai sind es noch etwa 1,5 km zu Fuß. Das Straßenschild zeigt zwar 2 km, aber es dauert nur ca. 20 Minuten zu Fuß. Insgesamt 25 Busse passieren täglich. Ein **Taxi** kostet etwa 15 Euro (einfache Fahrt). Wer anschließend weiter nach **Norden** will, braucht nicht nach Šiauliai zurück, sondern kann dort auf einen Bus warten. Das gilt auch für Fahrten vom Norden her.

Panevėžys

Panevėžys mit rund 96.000 Einwohnern ist ein Bezirkszentrum am Fluss Nevėžis, eine moderne Industriestadt und wichtiger Straßenknotenpunkt an der Via Baltica. 1927 wurde die Stadt zum **Bischofssitz.** Wie Šiauliai hatte sie schwer zu leiden: im Ersten Weltkrieg brannte praktisch die ganze Stadt ab, im Zweiten wurde sie von den Nazis beim Rückzug zerstört. Danach baute man sie nach den Prinzipien sowjetischer Planwirtschaft wieder auf. Bekannt ist Panevėžys als **Theater- und Kunststadt;** für die meisten ist es nur Durchgangsstation, echte Sehenswürdigkeiten besitzt die Stadt nicht.

Nördlich des zentralen Freiheitsplatzes hat man einen schönen Blick hinab aufs alte Flussbett (Senvagė), das zu einem großen **Teich mit Fontäne** und Inselchen aufgestaut wurde. Entlang des neuen Flussbetts wurden **Uferpromenaden** angelegt und Skulpturen aufgestellt. Von hier oben sieht man die ziegelrote, zweitürmige **St.-Peter-und-Paulskirche** von 1804 im Barockstil (Smelynės 10). Südlich des Platzes liegt in der Katedros 7 die **bischöfliche Kathedrale des Königs der Christenheit** (1908–29) und in der Sodų 3 die klassizistische **Dreieinigkeitskirche** von 1803, die älteste Kirche der Stadt, verbunden mit dem **Kloster der Piaristen** vom 18. Jh.

- **Geldautomaten,** Laisvės 18 und 26, Respublikos 56, Basanavičiaus 3.
- **Apotheken,** Vilniaus 25, Smėlynės 12.
- **Internetcafé,** Laisvės 16.
- **Hauptpost,** Respublikos 60, Tel. 468871.
- **Verkehrspolizei,** Tel. 463715.
- **Krankenhaus,** Smėlynės 25, Tel. 507186.

Verkehrsmittel

- Der **Bahnhof** (Tel. 463615), Kerbedžio 9, ist am Nordende der Stoties gatvė (ins Zentrum Buslinie 7 bis Bushaltestelle Ukmergė). Die Stadt liegt an der Strecke Šiauliai – Dauqavpils. In jeder Richtung fahren täglich mehrere Züge. Ebenso Züge u.a. nach Riga, Mažeikiai. Wer nach Vilnius will, muss in Radviliškis umsteigen. Nach Anykščiai fährt eine **Schmalspureisenbahn.** Infos in der Geležinkelio 23, Tel. 577127, Mo–Fr 8–16.30 Uhr.
- Der **Busbahnhof** (Tel. 463333) liegt im Zentrum am Savanorių aikštė 5. Sehr häufige Verbindungen gibt es nach Vilnius (2–2½ Std.), Kaunas (1½–2 Std.) und Šiauliai (1 Std.); nicht so häufig z.B. nach Klaipėda oder Biržai. Es gibt auch Busse in deutsche Städte, ebenso nach Bauska (2½ Std.), Riga (4 Std.) und Tallinn (8 Std.).
- **Taxi,** Tel. 511111, 515151, 511511.

Informationen

- **Tel.-Vorwahl Panevėžys:** (00370-) 45
- **Touristinformation,** Laisvės aikštė 11, Tel. 508081, www.panevezysinfo.lt; Mo–Fr 9–16, Sa 9–14 Uhr.

Nützliche Adressen

- **Banken/Geldwechsel,** Laisvės 15 (Tel. 430 521), Laisvės 18 (Tel. 505649), Ukmergės 20 (Tel. 505400).

Unterkunft

- **Hotel Romantic**③-④, Kranto 24, Tel. 584860, www.romantic.lt, 73 komfortable Zimmer), Restaurant, Nachtklub, Fitnessraum, Sauna.
- **Hotel Smėlynė,** Smelynės②-③, Tel. 507790, www.smelyne.lt, 21 Zimmer.
- **Gästehaus Verslo Klasė**②, Smėlynės 104, Tel. 582032, www.hotelpanevezys.lt, 7 Zimmer.
- **Gästehaus Kaziuko kamara**①, Klaipėdos 67, Tel. 69998255, www.kaziukokamara.lt, 5 Zimmer.
- **Hotel Pervaža**②, Smėlynės 112, Tel. 508118, www.pervaza.lt, 31 Zimmer.
- **Hotel Conviva**②, Laisvės 16, Tel. 508302, www.conviva.lt, modernes Hotel, 10 Zimmer, Café.

Gastronomie

- **Puntukas,** Respublikos 2, Tel. 424542, 11–24 Uhr; Bar, internationale Küche, Tische aus Aquarien, Wasserfall, angenehmes Flair.
- **Teatro,** Café neben Dramatheater, Laisvės 5, Tel. 465413, populär.
- **Galerija XX,** Laisvės 7, Tel. 438701, Café-Bar in einer Galerie.
- **Forto Dvaras,** Ukmergės 18 (im *IKI*-Einkaufszentrum), gute litauische Küche.
- **Cafe Kafenhauz,** Ukmergės 3 (Nähe Busbahnhof), Tel. 461595.
- **Pizzeria Can Can,** Laisvės a. 26, hier gibt es leckere Pizza.

Kultur

- **Dramatheater,** Laisvės 5, Tel. 468691. Es hatte lange einen republikweiten und sogar internationalen Ruf, und auch heute bemüht man sich, diesem Ruf weiter gerecht zu werden.
- **Jugendtheater,** Vasario 16-osios 19, Tel. 468935.
- **Musiktheater,** Nepriklausomybės 8, Tel. 468941.
- **Puppentheater,** Respublikos 30, Tel. 460533, www.leliuvezimoteatras.lt; für Kinder; im Sommer ist die Gruppe nach guter alter Theatersitte mit dem Pferdewagen unterwegs; es heißt deshalb auch das Kutschentheater *(Vežimo teatras).*
- **Fotogalerie,** Vasario-16-osios g. 11; Mi–Sa 11–19, So 11–18 Uhr, Tel. 467551.
- **Kunstgalerie,** Respublikos 3, Tel. 468933, www.arspanevezys.lt; Mi–So 11–19 Uhr; etwa 25 Ausstellungen jährlich; Keramiksymposien.
- **Landeskundemuseum,** Vasario-16-osios g. 23, Tel. 461973; Mo–Do 8–17, Fr 8–16 Uhr; u.a. archäologische Funde, 5000 Schmetterlinge.
- **Altes Skulpturenmuseum,** Kranto 21, Do–So 11–17 Uhr; sehr interessante Holzskulpturen im ältesten Gebäude der Stadt von 1614.

Einkaufen

- **Bücher,** Respublikos 21; Vilniaus 14.
- **Jagd- und Angelbedarf,** Smėlynės 2a.
- **Markt,** Ukmergės 26 (östlich vom Busbahnhof), Di–So 8–14 Uhr.
- **Souvenirs,** Respublikos 9, Savanorių 12.
- **Supermarkt IKI,** Ukmergės 18, Mo–So 8–22 Uhr.
- **24-Std.-Shop,** Beržu 34, Tel. 572021.
- **Blumen,** Respublikos 17, 19.

▷ Der Astravas-Palast

1d

Biržai

70 km nördlich von Panevėžys liegt Biržai in einer sehr reizvollen Landschaft mit Karstseen und Wäldern nahe der lettischen Grenze, 20 km östlich der Via Baltica. Sie liegt am Zusammenfluss von Apaščia und Agluona, die im 16. Jh. zum Schutz der Stadt und Burg gestaut wurden, sodass der 340 ha große **Širvena-See** entstand. Die Grenze des **Biržai-Regionalparks** verläuft mitten durch die Stadt.

Eng verbunden mit der Geschichte des Ortes, der 1455 erstmalig erwähnt wurde, ist das einst mächtige Geschlecht der *Radvila* (Radziwill). 1573 wurde eine evangelische Kirche errichtet, Biržai war neben Kedainiai eine **Hochburg der Protestanten.** 1586–89 entstand nach italienischem Vorbild zum Schutz der nördlichen Landesgrenze eine sternförmige **Burg** mit breiten Wassergräben, die einzige Residenzfestung mit Bastei in Litauen (im Stil der späten Renaissance). Während der Kriege mit Schweden wurde sie mehrfach erobert und zerstört. 1811 ging Biržai in den Besitz des damals mächtigen Grafengeschlechts *Tiszkiewicz* über, was ihr zu neuem Aufschwung verhalf. 1944 wurde die Stadt zu 70 % zerstört.

Sehenswertes

Die Stadt ist auch ohne Stadtplan leicht zu Fuß zu erkunden. Von Westen kommend mündet die Kestučio nach Überquerung der Agluona in die von Nord nach Süd verlaufende **Hauptstraße Vyt-**

auto. Am Nordende der Vytauto befindet sich der Busbahnhof. Dazwischen liegt linker Hand die neobarocke **Kirche des Hl. Johannes des Täufers** von 1861 mit schönem Inneren; dahinter am Seeufer ist das **Heimatmuseum Sėla,** das in dem im Renaissance- und Frühbarockstil rekonstruierten **Radvila-Burgpalais** untergebracht ist (Radvilos 3, Tel. 33390, Mi–Sa 9–17.30, So 9–16.30 Uhr, im Sommer Mi–Sa 10–18.30, So 10–17.30 Uhr); Ausstellung u.a. über Stadtgeschichte, Bierbrauerei, Natur, Volkskunst (u.a. Musikinstrumente), Kirchengeschichte (mit der ältesten Bibel Litauens von 1563); im Foyer finden Konzerte und Kunstausstellungen statt. Um den Palast sieht man die **Burgbrücke,** die **Burgwälle** und die **Wassergräben.**

Vom Busbahnhof führt die Reformatų als Verlängerung der Vytauto zur neogotischen **Reformationskirche** (1874) am Seeufer; die Basanavičiaus führt nach Osten. Nach Überquerung der Apaščia geht man die Malūno links ab bis zum See, wo die mit 525 m **längste Fußgängerbrücke Litauens** zum anderen Ufer führt. Dort steht der 1849–62 von der Grafenfamilie Tiszkiewicz errichtete klassizistische **Astravas-Palast.** Schön ist auch die Parkanlage mit sechs Teichen und einem Rosarium. Bewacht wird der Palasteingang von zwei steinernen Löwen, deren Vorgänger heute vor dem Militärmuseum in Kaunas stehen.

Biržai ist auch „**Bierhauptstadt Litauens**" (Bierliebhaber betonen gern die erste Silbe des Stadtnamens). Die erste Brauerei gab es im 17. Jh. Nach der Zerstörung der Stadt 1704 durch die Schweden bauten die Bürger als erstes die Brauerei wieder auf (hier steht heute noch die Biržai-Brauerei). Damals gab es in der Stadt 43 Kneipen. Es gibt heute sieben Brauereien, die Touristinformation organisiert Besichtigungen.

Praktische Tipps

Verkehrsmittel

■ **Busbahnhof,** Basanavičiaus 1, Tel. 51333. Viele Busse nach Vilnius, Kaunas, Klaipėda, Šiauliai etc. Wer von Riga kommt, muss erst nach Pasvalys (30 km südlich von Biržai). Express-Mikrobusse nach Vilnius.

Informationen

■ **Tel.-Vorwahl Biržai:** (00370-) 450
■ **Touristinformation,** Janonio 2, Tel. 33496, Mo–Fr 8–17 Uhr (organisiert auch Stadtführungen), www.birzai.lt.

Nützliche Adressen

■ **Post,** Vytauto 23, Tel. 51444.
■ **Bank/Geldautomat,** Rotušės 8.
■ **Markt,** neben dem Busbahnhof.

Unterkunft

■ **Hotel Tyla②,** Tylos 2, Tel. 31191, www.hotel.tyla.lt. Sauna, Pool, Boots- und Angelverleih; liegt am Kilučių See.
■ **Gästehaus Helveda②,** Janonio 7, Tel. 62051, 8 Zimmer.

Gastronomie

■ **Restaurant/Cafeteria,** Vytauto 29; Mo–Fr 8–17, Sa 8–16 Uhr; billige, einfache Küche.

Im Norden und Osten

■ **Pizza House,** Rotušės 28, Tel. 51842, 11–23 Uhr; gute Pizzen, auch zum Mitnehmen.

■ **Stumbras,** Rotušės 22, Tel. 51557, 11–22 Uhr; englischer Pub mit guter Küche.

■ **Aibė,** Vilniaus 47, Tel. 52165; Bar.

Feste

■ **März:** Theaterfestival.

■ **April:** Volksmusikfestival.

■ **Mai:** Musikfestival von Nordlitauen.

■ **Ende Juni/Anfang Juli.** Flugshow.

■ **Juli:** Regatta und Schwimmwettbewerb auf dem Širvėna-See.

■ Weitere **Infos** beim **Kulturhaus,** Basanavičiaus 4, Tel. 52513.

Biržai-Regionalpark

Der Regionalpark umschließt **17 Seen und 13 Landschaftsschutzgebiete.** Infos zu Fahrtrouten und Rad-/Wanderwegen erteilt die **Parkverwaltung** in Biržai, Ramunių 2, Tel. 45032889. Sie veranstaltet u.a. Touren und Führungen zu einigen der landesweit einzigartigen etwa 3000 **Karstlöcher.** Aufgrund des hohen Gipsgehalts des Untergrunds bildeten sich durch Auswaschungen des Grundwassers im Laufe der Zeit Höhlen, unterirdische Gänge, Flüsse und Seen; die Löcher, teilweise groß wie Krater, entstanden durch das Zusammenstürzen der Höhlen, begleitet von Grollen und kleineren lokalen „Erdbeben". Einige der Höhlen sind begehbar, z.B. die berühmte „Kuhhöhle" (hier brach einmal eine Kuh ein), mit 46 m Länge die größte des Landes, mit einem „Dom" und einem 1,50 m tiefen See. Man findet sie kurz vor Biržai in der Nähe des Dorfs Karaji-

miškis; den Schildern „Karvės Ola" folgen. Hier in der Nähe, wo die Flüsse Tatula und Apašia zusammenfließen, kann man in den vielen kleinen Seen, die zwischen Karstlöchern liegen, **baden.** Eine im Baltikum einzigartige Landschaft.

Rokiškis

Die Stadt mit 17.000 Einwohnern, 93 km nordöstlich von Panevėžys und 27 km vor der Grenze zu Lettland, hat einige Architekturdenkmäler zu bieten. Herz der Stadt ist der 400 m lange **Unabhängigkeitsplatz** (Nepriklasomybės aikštė), der frühere Marktplatz. Zur 500-Jahrfeier (1999) wurde in der Mitte ein Torbogen mit Brunnen errichtet. Der Marktplatz ist der landesweit einzig erhalten gebliebene Platz dieser Art aus der klassizistischen Zeit. Erbaut wurde er ebenso wie das östlich gelegene **Schloss** im Jahr 1701 durch den polnisch-litauischen Grafen *Tiesenhausen.* Man erreicht es über eine 400 m lange Esplanade und dann durch das Tor des 1791 angelegten Schlossparks. Das Palais war zentrales Gebäude eines Guts, das schon 1499 urkundlich erwähnt wurde. 1905 wurde das einstöckige klassizistische Gebäude im Neobarockstil aufgestockt.

Heute ist in den mit Eichenholz prachtvoll ausgestatteten Räumen das **Heimatmuseum** (77.000 Exponate u.a. zu Geschichte, Volkskunst, Schnitzereien von *L. Šepka,* Di–So 10–18 Uhr, www.muziejusrokiskyje.lt, Tyzenhauzu aleja 5, Tel. 52261), Führung möglich, und die **Touristinformation** (Tel. 51044, www.rokiskiotic.lt) untergebracht. In ei-

1d

nigen der 15 gut erhaltenenen **Gutsge-bäude** (Gästekanzlei, Dienerhaus, Molkerei, Küche, Orangerie) im Park sieht man Stücke der Volksarchitektur und auch Arbeitsgeräte. Hier finden auch Kammermusikkonzerte statt.

Am westlichen Ende des Unabhängigkeitsplatzes steht die landesweit schönste neogotische Kirche, die dreischiffige **Kirche des Apostels Matthäus,** eine neogotische Backsteinkirche mit einem 60 m hohen Turm, die 1864–85 erbaut wurde. Auffällig ist der durchbrochene Stufengiebel des Hauptbaus, der an Rathäuser Norddeutschlands erinnert. Im Inneren sind wertvolle Kunstarbeiten aus verschiedenen Ländern Westeuropas zu sehen. Die **Krypta** mit dem Familiengrab der Stifterfamilie *Tiesenhausen* sowie einige Katakomben können besichtigt werden (Tel. 52835). An der Südseite steht die sechseckige **Johannes-Kapelle** mit einer Kuppel.

Verkehrsmittel

■ **Bahnhof,** Stoties 4, Tel. 52978, u.a. Züge nach Panevėžys, Lettland.
■ **Busbahnhof,** Panevėžio 1, Tel. 51078, u.a. Busse nach Biržai, Kaunas.
■ Direkt hinter dem Busbahnhof fahren etwa halbstündlich **Busse** (Nr. 1, 2) zum Unabhängigkeitsplatz (1,5 km) und zum Bahnhof.

Nützliche Adressen

■ **Tel.-Vorwahl Rokiškis:** (00370-) 458.
■ **Post,** Respublikos 92.

Unterkunft

■ **Hotel Pagunda**②, Respublikos 45 a, Tel. 332 34, 18 Zimmer, gutes Restaurant.
■ **Gästehaus Pas Angelė**①-②, Panevėžio 7a, Tel. 32610.
■ **Gästehaus JSC Leokordis**①-②, Perkūno 4, Tel. 71575, www.leokordis.lt, schlichte, saubere Zimmer.

Im Land der Seen

Über **1000 größere und kleinere Seen** liegen im Nordosten des Landes inmitten vieler Wälder. In der schönen Landschaft kann man sich erholen oder Aktivurlaub machen, z.B. Wandern, Angeln, Radfahren oder Bootfahren. Herzstück der Region ist der **Aukštaitija-Nationalpark.** In der Gegend gibt es einige Campingplätze.

Zarasai

Der Ort liegt an der Grenze zu Lettland. Der Bezirk Zarasai umfasst über 300 Seen und wird auch als **„Litauische Schweiz"** bezeichnet. Hier entspringt der Fluss **Šventoji,** einer der für Kanufahrer interessantesten Flüsse des Landes, da er in seinem Oberlauf durch zahlreiche Seen und abwechslungsreiche Landschaft führt.

🏵 Zum Schutz der Natur wurde der **Gražutė-Regionalpark** eingerichtet. Die Stadt ist von den Seen Zarasai, Griežtas und Zarasaitis umgeben. Anfang August findet hier ein großes **Musikfest** statt (www.galapagai.lt).

Verkehrsmittel

■ **Bahnhof,** Turmantas, Tel. 58335.
■ **Busbahnhof,** Savanorių 7 (u.a. nach Vilnius, Utena).

Nützliche Adressen

■ **Tel.-Vorwahl Zarasai:** (00370-) 385
■ **Touristinformation,** Sėlių a. 22, Tel. 37171, www.visitzarasai.lt (u.a. Zimmervermittlung, Urlaub auf dem Lande); www.zarasai.lt/tic.
■ **Infozentrum des Gražutė-Regionalparks,** Laisvoji 14, im Dorf Salakas, Tel. 59425, www. grazute.lt, Infos zu Radwegen, Kanufahren (Verleih möglich), Eisbahn im Winter, kleines Meeresmuseum.
■ **Aeroclub,** Žemaitės 15, Tel. 52250, u.a. Rundflüge, Fallschirmspringen.

Unterkunft

■ **Ferien auf dem Bauernhof,** u.a. in Vytauto 13, Tel. 51659.
■ **Gästehaus Vandens Ielija②,** Kaunas g. 22, Tel. 50802, 7 schöne Zimmer, Pool, Café und Bootsverleih.
■ **Campingplatz,** Kauno 67, Tel. 93432.

Umgebung von Zarasai

Stelmužė

11 km nördlich von Zarasai an der Grenze zu Lettland liegt Stelmužė in einer reizvollen Landschaft mit Hügeln und Seen. Berühmt ist der Ort für die **älteste und dickste Eiche Litauens** – und Eichen sind in Litauen hochgeschätzte Bäume. Das Alter dieses Naturdenkmals wird auf ca. 1500 Jahre geschätzt, sein Stammumfang beträgt stolze 3,5 m, seine Höhe 23 m! Allerdings beginnt der Eichen-Großvater nun doch immer mehr an Altersschwäche zu leiden, sodass er gestützt werden muss. Sehenswert sind auch die 1650 erbaute **Holzkirche,** die ohne Benutzung von Sägen und Nägeln gebaut wurde und ein Architekturdenkmal ist (nur von außen zu besichtigen), sowie ein **Museum für Kirchenkunst.** Die Eiche und die Kirche liegen im gleichen Park.

Dūkštas

Der Ort 27 km südlich von Zarasai ist von Seen, Hügeln, Sümpfen und **prähistorischen Siedlungen** umringt und hat eine im Jahre 1601 erbaute Kirche. Außerdem befindet sich hier ein **Landgut** im klassischen Stil aus dem 18./19. Jh. mit Knechtshaus, Vorratskammer, Ställen und einem Park aus dem 19. Jh., heute ein Nobelrestaurant (Tel. 386 2621407).

Ignalina

Die zwischen sieben Seen gelegene Stadt mit 7200 Einwohnern liegt an der Bahnlinie Warschau – St. Petersburg, der sie ihre Existenz verdankt. Erstmals erwähnt wurde Ignalina im Jahre 1810. 1920–39 gehörte es wie alle östlich der Bahnlinie von der lettischen Grenze bis Švenčionėliai liegenden Orte (und das Gebiet rund um Vilnius) zu Polen.

Die Region ist zu einem Drittel mit Wäldern, über 200 Seen und 20 Flüssen bedeckt; mit rund 30 Fischarten ein **Angelparadies,** aber auch ein Jäger-Mekka (gejagt werden u.a. Elche). Hier liegen auch viele **archäologische und kulturelle Denkmäler.**

Ignalina ist Ausgangspunkt für den Aukštaitija-Nationalpark, der den Westteil der Stadt tangiert. Außerdem ist es das **Wintersportzentrum** Litauens, insbesondere für Ski und Biathlon.

Der Name stammt von der Volkssage der Liebhaber *Ignas* und *Lina*; sie sind in einer 5 m hohen Holzskulptur am See Paplovinys verbildlicht.

Eine 19 m große **Holzskulptur** beim Bahnhof soll an die Verbannten während der Sowjetzeit erinnern.

Verkehrsmittel

- **Bahnverbindungen,** von Vilnius via Ignalina nach Turmantas und Visaginas.
- **Bahnhof,** Geležinkelio 8, Tel. 52975.
- **Busverbindungen** führen u.a. nach Palūšė, Visaginas, Kaunas, Druskininkai, Daugavpils (Lettland).
- **Busbahnhof,** Geležinkelio 8, Tel. 52333.

Informationen

- **Tel.-Vorwahl Ignalina:** (00370-) 386
- **Touristinformation,** Ateities 23, Tel. 52597, www.ignalinatic.lt; Zimmervermittlung (u.a. „Urlaub auf dem Lande" für die Region Ignalina und den Aukštaitija-Nationalpark), Angelscheine, Touren, Karten.

Nützliche Adressen

- **Bank,** Vasario 16-osios 10; Geležinkelio 8; Ateities 9.
- **Postamt,** Laisvės 64, Tel. 52102.
- **Ethnokulturelles Zentrum,** Taikos 11 (Ausstellungen, Verkauf).

- **Lebensmittelgeschäft,** neben dem Bahnhof, 7–22 Uhr, gute Auswahl.
- **Polizei,** Vasario 16-osios 11, Tel. 52398.
- **Apotheke,** Laisvės 60, Tel. 52252.

Unterkunft

- **Hotel Gavaitis**①-②, Atgimimo 37, Tel. 52345, einfaches Hotel mit 60 Betten; die Zimmer sind klein; einige mit TV. Bad und Dusche auf der Etage.
- **Herberge**①, Mokyklos 4, Tel. 52118, 53476, auch DZ, Dusche, TV-Raum, 68 Betten.
- **Hotel Žuvėdra**②, Mokyklos 11, Tel. 838652 314, www.zuvedra.com, 10 Zimmer.

Gastronomie

- **Restaurant Dringis,** Laisvės 68, Tel. 54300.
- **Café Žuvėdra,** Mokyklos 11, weitere Cafés: Atgimimo 30, im Kulturhaus, Laisvės 62, Ligoninės 1.
- **Valgykla** (Kantine), am Busbahnhof, sehr preisgünstig.
- **Bars,** Laisvės 75, Turistų 11 und 21.

Aktivitäten

- **Strand** mit Wasserrutsche, Gavys-See.
- **Wintersportzentrum,** Sporto 3 (2 km östlich am Žaliasis-See gelegen), Tel. 54193, www.lzsc.lt; u.a. Langlauf, Skilift und -hügel, Schanze, Eisangeln; im Sommer 7,5 km Parcours für Radfahrer, Jogging, Wandern; Tennis, Basketball, Volleyball, Angeln; Verleih von Schlafsäcken, Zelten, Rädern, Skier, Schlitten, Schlittschuhen u.a. möglich; Sauna, Pool, Fitnessraum; Windsurfen, Bootsverleih, Kanu, Wasserräder. **Übernachtung**① in einfachen EZ, DZ, Triple, in Sommerhütten, frühzeitige Reservierung empfohlen.

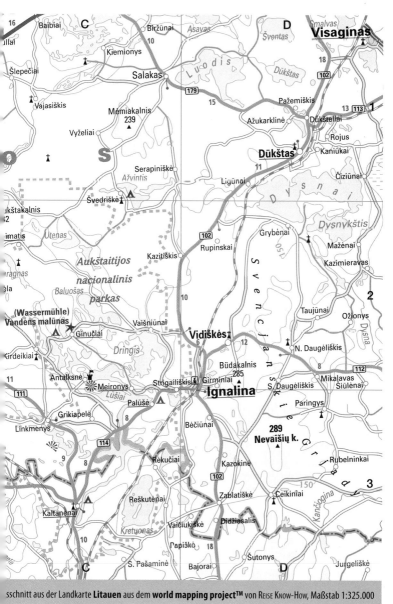

Aukštaitija-Nationalpark

🦋 Neben der einzigartigen Kurischen Nehrung und dem Kurort Druskininkai gilt der Aukštaitija-Nationalpark als der **schönste Naturpark Litauens.** Er umfasst das litauische „Bergland" mit zahlreichen Seen, ausgedehnten Wäldern und Urwäldern, Mooren und bis zu 200 m hohen „Bergen" bei Tauragnai (die höchsten Gipfel liegen etwas außerhalb des Parks bei Ignalina und erreichen sogar „stolze" 289 m.)

In den ursprünglichen Sumpflandschaften und unwegsamen Wäldern sind sehr seltene Vogel- und Pflanzenarten zu bewundern. Fast alle **Tierarten** Litauens findet man, beispielsweise Elche, Hirsche, Rehe, Wildschweine, Füchse, Wölfe sowie auch Marder, Nerze, Otter, Biber, Biberratten, Hasen und Fledermäuse. Es gibt 193 Vogelarten, von denen 135 hier brüten. Für Raubvögel (u.a. Adler), Eulen und Enten wurden Nistplätze angelegt. Unter den 16 Spezies von Reptilien und Weichtieren sind Eidechsen und Frösche sehr oft, Grasschlangen und Vipern dagegen äußerst selten anzutreffen. Der Winter ist in dieser Region länger und kälter als im übrigen Litauen, der Sommer wärmer.

Der Nationalpark ist in **drei Zonen** eingeteilt: die Wirtschafts-, Erholungs- und Landschafts- und Naturschutzzonen. Außerdem gibt es zwei Reservate, die nur mit besonderer Erlaubnis der Parkverwaltung betreten werden dürfen, der **Ažvinčiai-„Urwald"** und das **Balčio-Reservat.** Schließlich gibt es noch **ethnokulturelle Schutzgebiete** (u.a. das Šakarva-Gräberfeld und ethnografische Dörfer).

In den **Erholungszonen** sind vielfältige Freizeitanlagen geschaffen worden. Hier gibt es herrliche Wander- und Radwege, Campingplätze, Rastplätze mit Feuerstellen, Routen für Wasserwanderer und die Feriensiedlung von Palūšė. Die Gewässer sind ein Anglerparadies, Angelscheine bekommt man in der Nationalparkverwaltung (s.u.). Dort erhält man auch Infos zu vielen anderen Aktivitäten und kann Ausrüstung (auch für Wintersport) leihen.

Innerhalb des Parks darf nur auf den offiziellen **Campingplätzen** (Karte bei der Parkverwaltung) gezeltet werden. Sie sind auch für Wasserwanderer leicht zu finden. Ausgestattet sind sie mit Feuerstellen, Brennholz und Trinkwasser.

Da sich der Park über drei Verwaltungsbezirke erstreckt, sind die jeweiligen Touristinformationen auch für die **Unterkünfte** in deren Gebiet zuständig. Jede hat eine Auflistung von „Urlaub auf dem Lande"-Unterkünften und Pensionen (z.B. Ignalina für Palūšė, Utena für Tauragnai und Švenčionys für Kaltanėnai). Sie sind sich jedoch gegenseitig behilflich, ebenso wie die Parkverwaltung selbst Unterkünfte vermittelt. Die Übernachtungspreise reichen von 6 Euro bis zu 50 Euro p.P. in Apartments. Viele Unterkünfte bieten eine breite Palette an Freizeitmöglichkeiten.

Die Entfernungen sind beträchtlich, sodass man auf ein **Fahrzeug** angewiesen ist, es sei denn, man legt mehrere Etappen mit Übernachtungen ein. Die

◁ Gedenkkreuz im Nationalpark

1d

meisten Straßen sind asphaltiert. Aus Umweltschutzgründen ist zwar ein **Fahrrad** dem Auto vorzuziehen; man sollte jedoch ein geländegängiges, gutes Rad haben, da es viele einzelne Gehöfte gibt, deren freilaufende Wachhunde manchmal aggressiv sind. Da hilft nur schnelles Treten ... (Radverleih bei der Parkverwaltung, dort auch Radwanderkarte erhältlich mit verschiedenen Rundfahrten). Bei mehrtägigen **Wanderungen** ist die Mitnahme eines Zeltes unumgänglich, da die Übernachtungsmöglichkeiten außer den 17 Campingplätzen beschränkt sind.

Verkehrsmittel

Vom Bahnhof **Ignalina** verkehren mehrmals täglich Busse zum 4 km entfernten Palūšė (1 Euro; ein Taxi sollte nicht mehr als 6 Euro kosten). Zwischen den beiden Orten verläuft 3 km parallel zur Straße ein Radweg. Die **Busse** von **Utena** nach Ignalina fahren über Palūšė; die nach Švenčionys über Kaltanėnai; es gibt auch sporadisch Busse von Utena nach Tauragnai.

Information

■ **Touristinformation** und **Nationalparkverwaltung:** Tel. 38653135, www.anp.lt, bzw. **Infozentrum** unter Tel. 38647478, 24 Std., www.palu se.lt. Hier erhält man auch eine ausführliche Karte des Nationalparks und der Campingplätze, Vermittlung von Unterkünften im Feriendorf, von Campingplätzen, „Urlaub auf dem Lande" und Pensionen im gesamten Parkgebiet; Verleih von Campingausrüstung, Fahrrädern, Ruder-, Paddelbooten, Kanus, Surfbrettern, Wintersportausrüstung etc.; Organisation von Reit-, Jagd- und Angeltouren; Exkursionen (auch mit Boot).

Schöne Dörfer und Sehenswürdigkeiten

Palūšė

Palūšė ist ein guter **Ausgangspunkt für Rundfahrten.** Es liegt 4 km westlich von Ignalina am Lūšiai-See. Das erstmalig 1681 erwähnte Dorf ist mit 150 Einwohnern das größte im Park. Hier findet man viele Unterkunfts- und Betätigungsmöglichkeiten. Es gibt nicht nur einen **Campingplatz** (Tel. 38652891) und ein Lebensmittelgeschäft, sondern auch ein **Feriendorf** mit Holzhäuschen für 1–4 Personen (350 Betten ohne Bad/Dusche, Mai bis September) in einer reizvollen Waldgegend. Man findet auch **Wanderwege** und Möglichkeiten zum **Baden** und **Bootfahren** auf dem See.

Sehenswert ist die **St.-Joseph-Holzkirche** (1747–57) im Volksarchitekturstil, nur wenige Schritte vom Feriendorf entfernt. Sie ist ohne einen einzigen Nagel errichtet worden und für viele die **schönste Holzkirche des Landes.** Sie birgt drei Rokoko-Altäre sowie Bilder aus dem 17. und 18. Jh. Der achteckige **Glockenturm** (1750) mit einer Arkade und wertvollen Bronzeglocken steht daneben.

Bei Palūšė beginnen ein 5 km langer **Erholungspfad** (im Winter eine Loipe) und ein 3,5 km langer **Botanischer Rundgang** (Richtung Meironys).

Meironys

Schräg gegenüber am anderen Ufer des Sees Lūšiai liegt das im 16. Jh. erwähnte

Fischerdorf. Ein paar Schritte den Hang hinunter zum Ufer, gelangt man zu einer Reihe traditioneller **Holzskulpturen** und einer **Statuette** mit Motiven litauischer Sagen.

Šakarva

Der Ort liegt 4 km südwestlich von Palūšė an einem schmalen, tiefen Arm des Lūšiai-Sees (Wanderweg von Palūšė). Hier kann man einen Abstecher nach Süden einlegen zum **Gräberfeld Šakarvos**. Auf einer Fläche von 72 ha finden sich 37 Gräber vom 8.–12. Jh. zwischen dem Šakarva- und dem Žeimenys-See. Wo der Žeimena diesem See entspringt, liegt in einer malerischen Schleife der Ort Kaltanėnai.

Kaltanėnai

Hübsch ist der **Marktplatz** des alten Dorfes, der unter Denkmalschutz steht. Die **Kirche** und das **Kloster** wurden im 17. Jh. gegründet. Beim ehemaligen Landgut ist eine mehr als **100-jährige Scheune** erhalten geblieben.

Tauragnai

Tauragnai liegt an der Nordwestecke des Nationalparks. In der Nähe fand man einige Hügelgräber vom 5./6. Jahrhundert. Im Dorf ist ein **Heimatmuseum** (Tel. 38632311).

Stripeikiai

Etwa 10 km südöstlich von Tauragnai zweigt ein kleiner Fahrweg in nordöstlicher Richtung ab, der nach Stripeikiai führt. Hier findet man eine weitere **Wassermühle.** Zu den interessantesten Sehenswürdigkeiten des Parks gehört das **Imkereimuseum,** das in traditionellen Holzhäusern untergebracht und sehr liebevoll gestaltet ist. Es soll das einzige dieser Art in Europa sein. Es informiert anhand von alten Werkzeugen und Geräten über die Imkerei von ihren Anfängen, als die Menschen noch auf Bäume stiegen, um wilden Honig zu erbeuten, über die ersten „Hausbienen" in ausgehöhlten Baumstämmen und Strohkörben bis zur heutigen Imkerei (1.5.–15.10. Di–So, 10–19 Uhr, Tel. 38653135; auch Honigkostproben/-verkauf und Verkauf von Met).

Ginučiai

Der Ort, erstmals im 16. Jh. erwähnt, liegt am Sravinaitis-See. Hier gibt es einen Burgberg sowie eine alte **Wassermühle** aus dem 19. Jh., die zu einer **Touristenherberge** umgebaut wurde (15 Betten, Küche, Tel. 38652891). In einem Nebentrakt ist ein **Brotmuseum** untergebracht. Etwa 2 km südlich inmitten von malerischen Seen erhebt sich der 155 m hohe berühmte **Ladakalnis** (Eisberg), von dem aus man einen wunderschönen Ausblick genießt. Sechs Seen auf einmal sieht man zwischen den dunklen Wäldern blinken.

2 Lettland

Es ist das Land der langen, einsamen Strände,
das Land der Burgen, Schlösser und Gutshäuser,
das Land der Naturparks, der Seen und Flüsse,
das Land faszinierender Städte – allen voran
die Hauptstadt Riga: Lettlands Vielfalt lohnt
eine ausführliche Entdeckungsreise.

◁ Das bekannteste Schloss Lettlands: Pilsrundāle

2

Lettland

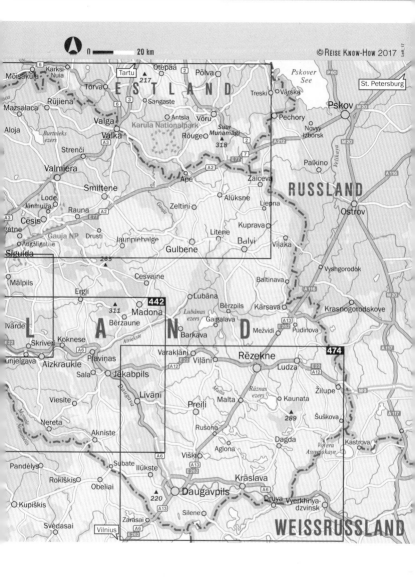

Die Hauptstadt

NICHT VERPASSEN!

➡ Die **Altstadt von Riga** bildet ein großartiges und herausragendes Ensemble | 269

➡ Das „Maskenhaus" an der Elizabetes iela und die benachbarten Gebäude zeigen Riga als europäische **Hauptstadt des Jugendstils** | 291

➡ Lettland im Verlauf der Jahrhunderte lässt sich erlaufen im riesigen **Freilichtmuseum** | 300

➡ Im Ortsteil **Majori** konzentriert sich das Leben des Kurorts Jūrmala, direkt an der Rigaer Bucht | 317

Diese Tipps erkennt man an der gelben Hinterlegung.

Neben der Bezeichnung „Kapitale des Landes" heftet man sich hier an der Daugava (deutscher Name des Flusses: Düna) gern einen weiteren Titel ans Revers: **„Hauptstadt des Jugendstils".** Die Ironie der Geschichte wollte es, dass ausgerechnet im lettischen Riga das größte einheitliche Ensemble überhaupt in diesem Stil zu finden ist. Das teils mittelalterliche, teils neuzeitliche, teils moderne Vecrīga, die von der UNESCO als **Welterbe** ausgezeichnete Altstadt mit ihren Kirchen, Gassen, Höfen, Passagen, Restaurants, Museen und architektonischen Perlen, ist bei all ihrem Reiz daher nur *ein* großer Höhepunkt eines jeden

RIGA UND UMGEBUNG

Riga nennt sich selbst gern **Hauptstadt des Baltikums.** In der langen Geschichte der drei kleinen Ostseeländer spielte deren größte Stadt schon immer auch die größte Rolle.

◁ Häuserensemble Drei Brüder

011le mk

Riga-Besuches. Der zweite sind eben jene Straßen rund um die Alberta iela, nur wenige Schritte von der Altstadt entfernt, in denen die ungemein prächtigen und imposanten Jugendstil-Gebäude mit ihren reich geschmückten, oft frisch herausgeputzten Fassaden um die Aufmerksamkeit der Spaziergänger buhlen. Eine moderne Kneipen- und Restaurantszene erweitert noch die Attraktivität dieses Viertels.

Faszinierend auch, dass die Jugendstil-Bauten weit über dieses Neustadt genannte Gebiet hinausreichen. Auf der Fahrt aus dem Zentrum stadtauswärts in Richtung Nordosten erstrecken sich die Wohnhäuser mit den schön geschmückten Fassaden teilweise noch kilometerweit. Riga ist also keine dieser „Schmuckkästchen-Städte", die letztlich nur im engsten Zentrum schön, darüber hinaus aber eher unattraktiv sind.

Als wäre die einmalige Ansammlung von Gebäuden und Straßen vom Mittelalter bis zum 20. Jahrhundert noch nicht genug, haben auch noch die **Sowjets** eine bleibende Marke hinterlassen – zum Leidwesen der Letten. Doch den Besuchern hilft es, die Stadt zu verstehen, die doch erst seit einem Vierteljahrhundert wieder frei ist und nicht mehr bloß die Provinzhauptstadt in einem riesigen Sowjetreich.

Besonders schön ist **Riga von oben.** Man muss noch nicht einmal auf festen Boden unter den Füßen verzichten, um das Stadtpanorama aus luftiger Höhe zu genießen: Per Fahrstuhl geht es auf den Turm der Petrikirche in der Altstadt, auf den Fernsehturm der Daugava-Insel, in

2a

die *Skyline-Bar* des Hotels *Latvija* und auf den Turm des sozialistischen Bollwerks der Akademie der Wissenschaften.

Riga ist bis ins engste Zentrum hinein eine sehr **grüne Stadt.** Selbst mitten in der Altstadt finden sich kleine Oasen der Natur wie der blumenübersäte Līvu laukums (Livenplatz).

In Riga leben laut der letzten Zählung **696.000 Menschen,** knapp über ein Drittel der gesamten lettischen Bevölkerung. Etwa die Hälfte davon sind in Lettland lebende Russen, Weißrussen und Ukrainer, teilweise mit lettischer Staatsbürgerschaft – das lange Erbe der sowjetischen Jahre. Daher hört man äußerst häufig Russisch auf den Straßen. Die Letten waren in ihrer eigenen Hauptstadt jahrzehntelang in der Minderheit. Nun ist zumindest das Gleichgewicht erreicht und in wenigen Jahren wird wohl eine Mehrheit Lettisch als Muttersprache haben.

Diese **kulturelle Vielfalt,** die den Bewohnern das Zusammenleben nicht immer erleichtert, ist aber auch eine Bereicherung und macht es für Besucher noch spannender, die Stadt zu entdecken. Die weltoffene Atmosphäre kommt nicht von ungefähr, denn schon seit Jahrhunderten wandelt Riga unter der Herrschaft verschiedener Länder nicht nur auf dem schmalen Grat zwischen Ost und West, sondern war und ist als Hafen- und Handelsstadt in ständigem Kontakt zum Rest der Welt.

Stadtgeschichte

Die offizielle 800-Jahr-Feier hat Riga hinter sich: **1201** wurde es vom Bremer Bischof *Albert Buxhövden* gegründet.

von Münzen. 1215 kam es zum ersten großen Feuer, das beträchtlichen Schaden an den gerade entstandenen Gebäuden anrichtete. Bis 1226 erhielt Riga ein eigenes Wappen und einen Stadtrat.

Langsam begann der Ort, sich als Wirtschaftsfaktor zu etablieren. Ein Handelsabkommen mit dem Prinzen von Smolensk wurde unterzeichnet. 1282 kam schließlich der große Schritt, mit dem Riga endgültig zu einer Handelsmacht aufstieg: Der Beitritt zur **Hanse.** 1293 verwüstete ein **gewaltiges Feuer** fast die halbe Stadt. Der Bau von Holzgebäuden wurde eingeschränkt – Riga war dafür schon zu groß geworden.

Die „brüderliche Aufteilung" Livlands hielt kein ganzes Jahrhundert: Zwischen 1297 und 1330 kam es zum **Krieg** zwischen dem Livländischen Orden der Schwertbrüder und der Stadt Riga. Letztere war am Ende zu einer wichtigen Konzession gezwungen: Außerhalb der Stadtmauern musste Riga für den Orden eine große Burg erbauen.

Wirtschaftlich stand das 14. Jh. ganz unter dem Zeichen eines gewaltigen Aufschwungs: Immer mehr **Gilden und Berufsgenossenschaften** bildeten sich, von den Goldschmieden bis zu den Bierbrauern. Die Vereinigungen strebten nach Macht und Exklusivität: So setzte man etwa 1412 beim Stadtrat durch, dass „Nicht-Deutsche" kein Bier mehr brauen und verkaufen durften. Bauern war es nicht mehr erlaubt, ihre Produkte auch außerhalb der Stadtmauern zu veräußern.

1481 bis 1494 gipfelte der schwelende Konflikt zwischen dem Orden und der Stadt Riga erneut in einem bewaffneten Kampf. Diesmal kam Riga nicht so glimpflich davon: Es musste sich dem

Fünfeinhalb Hektar groß war die befestigte Siedlung an der Mündung des Flusses, der damals Düna hieß und heute auf Lettisch Daugava genannt wird. Im 12. oder sogar schon im 11. Jh. war an dem Ort bereits eine erste Siedlung errichtet worden.

Bischof *Albert* teilte 1207 die gesamte Region Livland zwischen der Kirche und dem Schwertbrüderorden auf. Ein Drittel des Gebietes aber, Riga und Umgebung, behielt er wohlweislich als eigenes Herrschaftsgebiet. Noch im selben Jahr begann er mit dem Bau von Stadtmauern zu Verteidigungszwecken. Es ging Schlag auf Schlag weiter: Bereits drei Jahre später kamen die Stadtwälle zu ihrem Einsatz, als die **Kuren Riga belagerten** – sie konnten die Festung nicht einnehmen. Wiederum nur ein Jahr später begann der Bau der Kathedrale. Bischof Albert genehmigte offiziell das Prägen

mächtigen Ordensgroßmeister **Wolter von Plettenberg** unterwerfen. Allerdings handelten die Stadtväter eine gewisse Souveränität aus.

1521, der Machtverfall des Livländischen Ordens war schon im Gange, begann die **Reformation** sich auch in Riga durchzusetzen. Nur drei Jahre später kam es zu gewalttätigen Auseinandersetzungen zwischen Katholiken und Anhängern der Reformation. Beim sprichwörtlich gewordenen „Ikonen-Pogrom" wurden zahlreiche Kirchen in der ganzen Stadt beschädigt. Die Reformationsbewegung war nicht aufzuhalten: 1535 gewährte der Ordensgroßmeister den Bürgern von Riga Glaubensfreiheit, eine Entscheidung von tiefer geschichtlicher Ironie, waren die Ordensritter doch einst nach Livland gezogen, um die Bevölkerung katholisch zu missionieren.

Im 29 Jahre währenden **Polnisch-Schwedischen Krieg,** der genau 1600 begann, stand Riga mitten im Schlachtgeschehen. 1621 war es mit der, wenn auch begrenzten, Unabhängigkeit endgültig vorbei: Die Stadt ergab sich dem schwedischen König *Gustav II. Adolph.* Der Protestantismus gewann endgültig die Oberhand. Wenige Jahre später – und gut zwei Jahrhunderte vor der industriellen Revolution – wurde die **erste Fabrik** der Stadt eröffnet: ein Werk für Holzverarbeitung des Unternehmers *Rutger Niderhof.*

Mitte des 17. Jh. belagerte Zar *Alexej* die Stadt im Zuge des **Russisch-Schwedischen Krieges.** Doch das schwedisch kontrollierte Riga wehrte sich erfolgreich gegen die Einnahme. 1698 erschien in Riga die von *Ernst Glück* ins Lettische übersetzte Bibel, das erste Buch überhaupt auf Lettisch. Dafür ist Glück heute

noch im ganzen Lande berühmt, denn das Ereignis wird als **Geburtsstunde der lettischen Schriftsprache** und als Meilenstein zur Bildung einer lettischen Identität angesehen.

Doch bis zur Unabhängigkeit mussten noch Jahrhunderte der Fremdherrschaft überstanden werden. Die relativ liberale Zeit der schwedischen Besatzung endete bereits 1710, als der nächste Zar, **Peter I.** *(der Große),* Riga neun Monate lang belagerte. Die folgende Hungersnot und eine Pest-Epidemie rafften gut die Hälfte der Stadtbevölkerung dahin. Riga lag am Boden und wurde dem **Russischen Zarenreich** einverleibt. Es war nun offiziell ein Bezirk (Gouvernat) unter der Kontrolle St. Petersburgs. Der Kaisergarten, ein Park zu Ehren des Zaren, wurde eingerichtet (heute Wochenendziel vieler Rigaer, während des Zweiten Weltkriegs war hier das Konzentrationslager „Riga-Kaiserwald").

Weitere wichtige Institutionen entstanden in der russischen Zeit des 18. Jh.: Das Museum von Riga, das erste Theatergebäude, das erste Krankenhaus, 1816 die Börse. Doch Börsenturbulenzen waren nichts gegen die Angst, die vier Jahre zuvor herrschte, als **Napoleon** das zur Großstadt gewordene Riga auf seinem Vormarsch nach Russland ins Visier nahm. Er hielt auf Riga zu, doch am Ende konnte er die Bastion nicht einnehmen.

Das 19. Jh. stand ganz im Zeichen **infrastruktureller Errungenschaften:** 1830 legte das erste große Dampfschiff im Hafen an – die „Oscar" aus Lübeck. 1852 wurde ein öffentliches Verkehrssystem mit Pferdekutschen eingerichtet. 1861 weihte man feierlich den Bahnhof und eine Zugverbindung nach Dünaburg (Daugavpils) ein. Viele weitere Strecken folgten schnell und erschlossen so das ganze Land. Damit nicht genug: Bereits 1882 wurden den ersten 54 Abonnenten die Telefonleitungen freigeschaltet. Ganz am Ende des Jahrhunderts, kurz vor der 700-Jahr-Feier, wurden der erste Wasserturm, das erste Elektrizitätswerk und das erste Kino eröffnet. Hinzu kam ein gewaltiger Zuwachs an Fabriken und Industrieanlagen.

Was wie eine mustergültige Entwicklung klingt, war für die Letten eine schwierige Zeit: **Nationale Bewegungen wurden unterdrückt,** teilweise auch gewaltsam. Die Spannungen entluden sich 1905 in einem Arbeiteraufstand, ja einer richtigen **Revolution,** die in blutigen Konfrontationen mit Polizei und Militär endete.

Die Kampfhandlungen des **Ersten Weltkriegs** erreichten Riga im Jahre 1915. Wieder einmal wurde die Stadt belagert, diesmal von den reichsdeutschen Truppen. Über 200.000 Fabrikarbeiter aus Riga wurden mit ihren Familien ins russische Stammland umgesiedelt. 1917 nahmen die Deutschen die Stadt ein und sogar Kaiser *Wilhelm II.* reiste zu einem Besuch an.

Am 18. November 1918 erklärte sich Lettland erstmals in seiner Geschichte für **unabhängig.** Das Deutsche Reich hatte den Krieg verloren und sich zurückziehen müssen. Bis 1940 war Riga nun die Hauptstadt eines souveränen Lettlands.

Ab 1940 musste die Stadt das selbe Schicksal erdulden wie der Rest des Landes: **Besatzung durch die Sowjets** mit Verfolgungen und Deportationen vieler Menschen, dann die **Okkupation durch die deutschen Truppen** bis zum Ende

des Krieges. Geschätzte 44.000 jüdische Bewohner Rigas wurden in ein Ghetto gesperrt, umgebracht oder abtransportiert. Riga war zu dieser Zeit Sitz des „Reichskommissariats Ostland". Bei den Kämpfen gegen die Rote Armee 1944 wurde vor allem die Altstadt schwer beschädigt.

Schließlich gewannen die Sowjets. Die erneute Einverleibung Lettlands in die Sowjetunion war die Folge. Riga war nun die Kapitale der **Lettischen Sozialistischen Sowjetrepublik** und das Parlament im Stadtzentrum wurde zum „Obersten Sowjet" dieser Teilrepublik. Es dauerte bis 1990, als das Parlament – noch nicht in freien und fairen Wahlen bestimmt – die **Unabhängigkeit von der UdSSR** deklarierte. Die Parteiführung in Moskau wollte Lettland nicht so einfach aufgeben und ließ das Parlamentsgebäude vom Militär umstellen. Die Situation drohte zu eskalieren. Doch im Vergleich zur litauischen Hauptstadt Vilnius kam es zu weniger **gewalttätigen Auseinandersetzungen.** Bei einer Konfrontation zwischen Letten und sowjetischen Militäreinheiten starben aber 1991 zwei lettische Kameramänner auf dem Basteihügel, gleich vor den Toren der Altstadt.

Noch im selben Jahr erkannten die Sowjetunion und später Russland die Republik Lettland als freien Staat und Riga als dessen **Hauptstadt** an. Ab diesem Zeitpunkt entwickelte sich Riga rasant als **Wirtschafts- und Tourismuszentrum.** Gewaltige Wiederaufbaumaßnahmen und Renovierungsarbeiten wurden unternommen. Den historischen Beitritt zur Europäischen Union im Mai 2004, der die Freiheit und Unabhängigkeit Lettlands zementierte, feierten Zehntausende in den Straßen der

Metropole. In den Jahren 2008 und 2009 geriet Riga vor allem durch Demonstrationen gegen die schwere Wirtschaftskrise und die Sparpolitik der Regierung in die internationalen Schlagzeilen. Ende 2013 erschütterte der Einsturz eines Supermarktdachs mit 54 Toten in einem Rigaer Stadtteil Zolitūde das Land.

Ankunft am Flughafen

Der Flughafen von Riga (*Starptautiska lidosta Riga,* Tel. aus Lettland 1187, aus dem Ausland 00371 29311187, www.riga-airport.com) liegt im **Vorort Lidosta,** 13 Kilometer südwestlich des Zentrums. Der Weg in die Stadt ist gut ausgeschildert. Die **Buslinie 22** verkehrt von der Haltestelle am Ausgang der Ankunftshalle mindestens alle 10 bis 30 Min. in Richtung Zentrum (Fahrzeit ca. 30 Min., einfaches Ticket beim Busfahrer 2 Euro, wer es vorher bei der Touristeninformation, in einem *Narvesen*-Kiosk oder am Automaten kauft, zahlt nur 1,15 Euro, ein 24-Stunden-Ticket kostet 5 Euro). Die Fluglinie *Air Baltic* bietet Fahrten ins Zentrum mit **Minibussen** an, Preis 5 Euro. Abfahrt alle 30 Min. von 10.30 bis 19 Uhr, Hinweisschild *Riga Shuttle Bus.*

Auch **Taxis** stehen dort zur Verfügung. Seriöse Anbieter sind *Rigas taksometru parks* (auch *red cabs* genannt, Preis ins Zentrum zwischen 12 und 15 Euro), *Rigas taxi* und *Baltic Taxi.* Der Standardtarif ist ca. 2 Euro Grundgebühr und dann 70 Cent pro Kilometer, Wartezeit kostet 8,50 Euro pro Stunde. Ein zusätzliches Taxiunternehmen ist *Smile Taxi.*

Der Flughafen ist zwar nicht der kleinste der baltischen Hauptstädte, wirkt aber doch sehr übersichtlich. In

2a

rund 10 Minuten hat man die gesamten Hallen durchlaufen. Ein großer **Parkplatz** unter freiem Himmel direkt vor dem Gebäude steht Kurzzeitparkern zur Verfügung (1,50 Euro für die erste halbe Stunde, danach Tagesrate 28,50 Euro). Langzeitparkplätze sind ebenfalls vorhanden und schnell zu erreichen (3,50–4 Euro pro Tag, Zahlung bei Abholung auch per Geldkarte möglich. Der hiesige Parkwächter gibt übrigens bei Bedarf Starthilfe!).

Auf Straßenebene liegt der Ankunfts- und in der ersten Etage der Abflugterminal mit den Verkaufsschaltern und Check-in-Punkten der einzelnen Fluggesellschaften. Zahlreiche **Geschäfte** und eine **Touristeninformation** sind hier zu finden. Auf der Galerie in der zweiten Etage lockt ein **Restaurant** der *Lido*-Kette mit Selbstbedienung und lettischen Gerichten – etwas teurer als in Riga selbst, aber mit akzeptablen Preisen, einem großen Saal in ansprechender Holzatmosphäre und einem schönen Blick durch Panoramascheiben auf das Flugfeld und die Landebahnen (Tel. (6)7068771, www.lido.lv, geöffnet Bistro 8–20 Uhr, Restaurant und Bar 9.30–21.30 Uhr). Im zweiten Stock steht gläubigen christlichen Reisenden eine kleine Kapelle zur Verfügung.

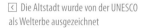
☐ Die Altstadt wurde von der UNESCO als Welterbe ausgezeichnet

☐ Die „Laima"-Uhr in der Neustadt von Riga ist ein beliebter Treffpunkt für Verabredungen

2a

Riga

Unterkunft
1 Riga City Camping
13 Radisson Blu Hotel Latvija
15 Hotel Bergs
17 Central Hostel, Hostel Knights Court
18 Dodo Hotel
20 ABC Kempings

Essen und Trinken
2 Vincents
5 Bestsellers
7 Big Bad Bagels
8 Citi Laiki Krogs
10 Steiku Haoss
11 Kabuki
19 Lido Atputas Centrs

Nachtleben
4 Lidojosa Varde
12 Gay-Club Golden
13 Skyline-Panoramabar

Einkaufen/Sonstiges
3 Jūgendstila Paviljons
6 Visbija 24 h Lebensmittel
9 Waschsalon Nivala
14 Buchladen Jāņa sēta
16 Passage Berga Bazars

2a

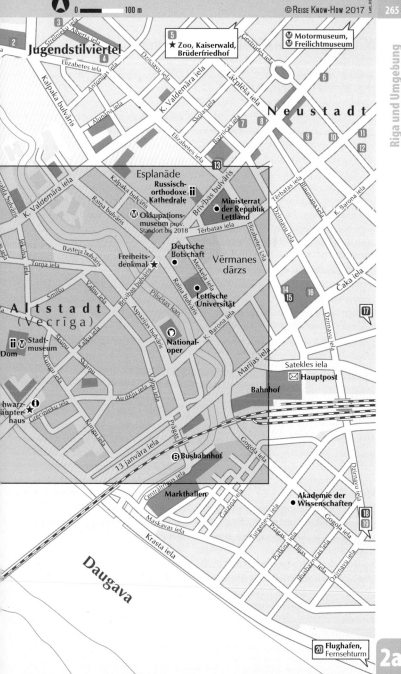

3

Jugendstilviertel

4

Strēlnieku iela / Alberta iela

Elizabetes iela

Antonijas iela

Kalpaka bulvāris

Dzirnavu iela

K. Valdemāra iela

5 ★ Zoo, Kaiserwald, Brüderfriedhof

Ⓜ Motormuseum,
Ⓜ Freilichtmuseum

Ģertrūdes iela

Lāčplēša iela

6

N e u s t a d t

Skolas iela

Elizabetes iela

Baznīcas iela

7 **8**

9 **10** **11**

12

13

Esplanāde

Kalpaka bulvāris

Raiņa bulvāris

Russisch-orthodoxe Kathedrale Ⓘ

Ⓜ **Okkupations-museum** prov. Standort bis 2018

Brīvības bulvāris

• **Ministerrat der Republik Lettland**

Tērbatas iela

Elizabetes iela

Terbatas iela

Blaumaņa iela

K. Barona iela

Dzirnavu iela

Čaka iela

K. Valdemāra iela

Jēkaba iela

Dasteja bulvāris

Torņa iela

Freiheits-denkmal ★

• **Deutsche Botschaft**

Merķeļa iela

Vērmanes dārzs

14 **15**

16

17

Smilšu iela

Valņu iela

Pilsētas kan.

Brīvības bulvāris

Aspazijas bulvāris

Raiņa bulvāris

K. Barona iela

• **Lettische Universität**

**A l t s t a d t
(Vecrīga)**

Ⓘ Ⓜ **Stadt-museum**
Dom

Skārņu iela

Kaļķu iela

Aspazijas bulvāris

Ⓘ **National-oper**

Marijas iela

Satekles iela

✉ **Hauptpost**

Skunu iela

Kungu iela

Audēju iela

Valņu iela

Bahnhof

hwarz-äupter haus ★
Ⓘ

Grēcinieku iela

Kungu iela

Prāgas iela

Gogoļa iela

13 janvāra iela

Ⓑ **Busbahnhof**

Centrāltirgus iela

Markthallen

Gaiziņa iela

Turgeņeva iela

Prāgas iela

Elijas iela

Prākšu iela

Maskavas iela

• **Akademie der Wissenschaften**

Gogoļa iela

Dzirnavu iela

Jeruzalemes iela

Dzirnavu iela

18

19

Krasta iela

Daugava

20 **Flughafen,** Fernsehturm

Mit dem Auto in die Stadt

Kommt man von Polen und Litauen über die **Via Baltica** (E67/A7) nach Riga, kreuzt man etwa zehn Kilometer vor dem Zentrum die Schnellstraße, die einen Bogen um Riga macht und weiter in Richtung Estland führt. In die Hauptstadt hinein führt eine einst sehr holprige, inzwischen aber ausgebesserte Zufahrtstraße. Nach der Daugava-Überquerung ist man im Stadtzentrum. Von einem beliebigen Ziel in Lettland aus ist Riga nicht zu verfehlen: Aus jeder Himmelsrichtung führen sternförmig große Straßen in die Metropole.

In Riga selbst ist das Autofahren zwar nicht besonders abenteuerlich, aber besonders in der Altstadt sind viele Straßen gar nicht oder nur schwierig zu erreichen. Daher lohnt sich die **Nutzung öffentlicher Verkehrsmittel.**

Parken

Bewachte Parkplätze sind sowohl an vielen Stellen rund um die Altstadt, als auch bei Hotels, am Bahnhof und anderswo zahlreich vorhanden.

Die **Parkgebühr** sollte von außen gut sichtbar ausgewiesen sein und im Voraus mit dem Parkwächter geklärt werden. Die Gebühr auf städtischen Parkplätzen beträgt in der Altstadt, je nach Parkzone, bis zu 5 Euro für die erste Stunde, in angrenzenden Zonen dann absteigend von 2,50 Euro bis einen Euro. Ab der zweiten Stunde wird es teurer.

Hotels bieten ihren Gästen oft kostenlose oder zumindest vergünstigte Parkmöglichkeiten an.

Bahnhof

Der **Hauptbahnhof** (*Centrālā Stacija, Stacijas laukums 1*, Tel. (6)7231181, www.ldz.lv) ist vorwiegend für die Weiterreise innerhalb Lettlands interessant. Er ist mit seiner sandsteinfarbenen Fassade und dem quadratischen, schlanken, hohen Uhrenturm und der Aufschrift „Riga" schlicht, aber trotzdem auffällig. Einige Glaselemente wurden 2003 beim Ausbau hinzugefügt. Das Innere des Bahnhofs ist sehr **modern, angenehm** und **sauber** eingerichtet und besitzt eine direkte Verbindung zu einer **Einkaufspassage** mit einem täglich bis 24 Uhr geöffneten Supermarkt.

Im Bahnhof selbst scheinen der Fahrkartenverkauf und das Warten auf den Zug gar nicht im Vordergrund zu stehen, denn auch hier wimmelt es von **Kiosken, Drogerien, Imbissen, Restaurants** and allerlei anderen Geschäften, die zum Geldausgeben einladen. Selbst wer keine Zugreise antreten möchte, kann durch die Station schlendern und eventuelle Einkäufe tätigen.

Die Verkaufsschalter sind übersichtlich angeordnet. Auf Lettisch und meist auch auf Englisch ist ersichtlich, bei welchen der nummerierten Schalter die entsprechende **Fahrkarte** gekauft werden kann. So sind Fahrkarten für den Nahverkehr nach Jūrmala beispielsweise an den Fenstern Nummer 7–12 erhältlich. Beim Informationsschalter kostet die Auskunft Geld: 10 Cent für eine einfache Frage, 20 oder 30 Cent, wenn eine Verbindung für den Kunden ausgedruckt wird. Möglicherweise ist man als Ausländer erst einmal bei der **Touristeninformation** (vom Eingang aus rechts) im Bahnhof besser aufgehoben – diese gibt grundsätzliche Auskunft und kann im Zweifelsfall weiterleiten. Die lettischen Bahnen betreiben ein **Infotelefon** (auch auf Englisch) unter der gebührenfreien Nummer 80001181 (aus dem Ausland ist es kostenpflichtig unter Tel. 00371 67231181).

Schließfächer und **Gepäckaufbewahrung** sind von 5 Uhr morgens bis 24 Uhr nachts geöffnet. Der **Hinterausgang** des Bahnhofs (zu erreichen durch den Tunnel unter den Gleisen) führt direkt zum Zentralmarkt mit seinen fünf großen Hallen (siehe „Sehenswertes").

Züge fahren von Riga unter anderem nach Moskau (eine Direktverbindung täglich, die 922 km lange Fahrt dauert fast 17 Stunden) und St. Petersburg (eine Direktverbindung, 16 Std. für 761 km). **Achtung:** Das Visum für Russland muss **vor der Reise** besorgt werden!

Wichtige Bahnstrecken

Die wichtigsten innerlettischen Bahnstrecken führen von Riga aus nordöstlich über Sigulda, Cēsis und Valmiera nach Valka an der estnischen Grenze, ostwärts über Sigulda nach Gulbene (von dort verkehrt die Schmalspurbahn nach Alūksne), in südöstlicher Richtung über Koknese nach Daugavpils, in die südwestliche Küstenstadt Liepāja und westwärts nach Ventspils, wo die Fähren aus Deutschland anlegen. Viele kleinere Orte in Lettland können nur per Bus erreicht werden. Parallel zu einigen Bahnstrecken verkehren ebenfalls Busse, doch für einige Fahrten kann sich die Eisenbahn durchaus lohnen. So kostet die dreieinhalbstündige Fahrt von Riga nach Daugavpils nur gut 7 Euro pro Person

(aber es existieren oft nur wenige Verbindungen täglich, das Angebot bei Bussen ist größer).

Busbahnhof

Der Busbahnhof (*Autoosta*, Prāgas iela 1, Tel. (6)9000009, www.autoosta.lv) liegt schräg hinter dem Bahnhof in Sichtweite der Altstadt nur wenige Schritte vom Zentralmarkt entfernt in einer außen schmucklosen, aber innen sehr gepflegten Halle. Es ist nichts von dem Muff, der Zugluft und dem Dreck zu spüren, die in vielen anderen Busbahnhöfen vorherrschen. Ganz im Gegenteil: Es duftet sogar nach lettischer Seife und Kosmetika, die in einem kleinen Laden verkauft werden. Kioske, Imbisse und Automaten ergänzen das Angebot.

Natürlich gibt es auch ausreichend einfache Sitzplätze für Wartende. Für alle, die länger oder sogar über Nacht warten müssen, stehen in der 1. Etage **Ruhesessel, Duschen** und sogar einfache, ordentliche **Zimmer** zur Übernachtung zur Verfügung (Einzelzimmer 25 Euro, Doppelzimmer 30 Euro). Wer abends per Bus ankommt und morgens früh weiter muss, braucht also mit seinem Gepäck nicht ins Zentrum zu fahren. Inzwischen gibt es allerdings auch in Bahnhofsnähe eine große Auswahl charmanterer Unterkünfte.

Vom Eingang aus rechts an der Wand hängt ein übersichtlicher **Abfahrtsplan** für alle Busse. Verkaufsbüros für Tickets stehen ebenso zur Verfügung wie eine **Gepäckaufbewahrung** (je nach Größe des Gepäckstücks und Dauer zwischen 0,60 und 1,40 Euro für die erste Stunde, jede weitere Stunde unabhängig von der

Größe jeweils 0,30 Euro). Über den Hinterausgang gelangt man direkt auf die klar durchnummerierten Bussteige.

Im 1. Stock des Busbahnhofs steht ein ordentliches Café mit traditionellen Speisen und WLAN-Internetverbindung zur Verfügung.

Stadtverkehr

Busse und Bahnen

Eine U-Bahn wie in anderen Landeshauptstädten der ehemaligen Sowjetunion existiert in Riga nicht. Doch die Entfernungen zu fast allen Sehenswürdigkeiten sind, wenn nicht zu Fuß, dann per Bus, Trolleybus (mit elektrischer Oberleitung) oder Straßenbahn leicht zurückzulegen. Von 05.30 bis 23.30 Uhr verkehren die meisten der insgesamt 83 Linien, einige stellen aber schon gegen 22 Uhr den Betrieb ein, wenige Straßenbahnen fahren aber bis nach Mitternacht. Nachts sind die wichtigsten Linien einmal pro Stunde unterwegs.

Eine Erleichterung für die Passagiere ist der **Ticketverkauf im Verkehrsmittel** selbst, sodass kein Kiosk gesucht werden muss. Die Kuriosität dabei: Meist arbeitet in den Bussen und Bahnen ganz wie zu Sowjetzeiten noch eine **Schaffnerin** *(konduktore)*, die Fahrkarten verkauft und kontrolliert. Wenn keine Schaffnerin im Fahrzeug ist, sind die Tickets **beim Fahrer** erhältlich. Eine Einzelfahrt kostet dann 2 Euro, Tagestickets sind hier nicht erhältlich, abgezählten Betrag bereithalten.

Das System wird allerdings langsam umgestellt. In Straßenbahnen wurden bereits **Automaten zum Abstempeln** der Fahrkarten eingerichtet, die weiterhin beim Fahrer, aber auch in vielen Kiosken erhältlich sind. Inzwischen gibt es auch sehr viele **Ticketautomaten.** Hier kostet eine Einzelfahrkarte dann 1,15 Euro. Im Angebot sind auch Zwei- und Mehrfahrtenkarten sowie ein Einstunden-Ticket (mit Umsteigemöglichkeit für alle Verkehrsmittel) für 2,30 Euro und ein 24-Stunden-Ticket für 5 sowie ein 3-Tagesticket für 10 Euro.

Immer **aktuelle Informationen** – auch auf Englisch – über den oft von Neuerungen und Änderungen betroffenen **Stadtverkehr** findet man unter **www.rigassatiksme.lv.** Leider ist die Orientierung manchmal schwierig, weil an den Haltestellen kaum Übersichtspläne aushängen. Auch hier hilft die angegebene Internetadresse oder der Gang zur Touristeninformation.

Minibusse

Eine weitere Möglichkeit, von A nach B zu kommen, sind die zahlreichen Minibus-Routen (*Maršrutka,* nach dem deutschen Wort „Marschroute") , die vom Zentrum aus der Stadt hinausführen. Die Minibusse können nicht nur an Haltestellen bestiegen, sondern an einer beliebigen Stelle auf der Route **per Handzeichen angehalten** werden. Das gleiche gilt fürs Aussteigen: Es kann überall auf der Strecke erfolgen, man muss dem Fahrer nur vorher Bescheid sagen. Ob man also nur einen oder zehn Kilometer im Minibus sitzen bleibt: Er kann eine schnelle Alternative zu den großen Bussen und Straßenbahnen sein. Doch man muss die Routen kennen. Für Ortsunkundige empfehlen sich die kleinen Busse daher nur in bestimmten Fällen (etwa bei der Fahrt nach Jūrmala) oder in Begleitung eines Einheimischen. Eine interessante Erfahrung ist diese Art Taxi mit fester Fahrstrecke aber in jedem Fall. Der **Minibus-Bahnhof** liegt schräg gegenüber dem Hauptbahnhof an der Satekles iela, eine einfache Fahrt kostet einen Euro, das Ticket gibt es beim Fahrer.

Taxis

Folgende **drei Taxigesellschaften** sind rund um die Uhr zu erreichen (Anruf aus dem Rigaer Festnetz kostenlos, Preis ca. 2 Euro plus 0,70 Euro pro km):

- **Rīgas taksometru parks,** auch bekannt als *Red Cabs,* Tel. (6)8383, www.rtp.lv.
- **Riga taxi,** Tel. (6)80001010, www.taxi.lv.
- **Baltic Taxi,** mit den charakteristischen grünen Autos, die inzwischen das Stadtbild Rigas dominieren, Tel. (6)8500, www.baltictaxi.lv.

Fahrradmiete

MEIN TIPP: Überall im weiteren Stadtzentrum – besonders in Altstadt und Neustadt – sind die orangefarbenen **Fahrradstationen** von *Sixt rent a bicycle* zu finden. Man meldet sich am besten vorher per Internet und Kreditkarte bei www.sixtbicycle.lv an und macht sich mit der Prozedur vertraut. Bei der Registrierung werden 10 Euro abgebucht, die man am Ende beim Abmelden, sollte man den Betrag nicht voll ausnutzen, wieder gutgeschrieben bekommt. Um ein beliebiges Fahrrad an einer der Stationen zu mieten, ruft man die Nummer (6)7676780 an (Telefonnummer darf

nicht unterdrückt sein), eine automatische Ansage bittet um die Nummer des Fahrrades und teilt dann den Code mit, den man eingeben muss. Bei der Abgabe schließt man das Fahrrad ab und ruft erneut kurz die Nummer an. Inzwischen funktioniert das Ausleihen und Abgeben auch schon ganz bequem **per App.** Es kommen ständig neue Stationen hinzu, sodass man sehr schöne Touren machen kann – sogar bis nach Jūrmala an der Ostsee. Die Leihräder kosten 0,90 Cent für 30 Minuten und 9 Euro pro Tag.

Sehenswertes

Prinzipiell lässt sich das **Besichtigungsprogramm** in **drei Bereiche** unterteilen: Altstadt, Neustadt mit Jugendstilgebäuden und einige Ziele außerhalb des Zentrums. Die ersten beiden Gebiete liegen direkt im Stadtzentrum und sind daher nicht nur zu Fuß zu erreichen, sondern auch am besten bei einem Spaziergang zu entdecken. Für die Anfahrt zu den weiter außerhalb gelegenen Zielen wie den Kaiserpark mit Zoo, das Freilichtmuseum und den Fernsehturm kommen Stadtbusse, Straßenbahnen und das eigene Auto in Frage.

Altstadt

Die in ihren Ursprüngen mittelalterliche Altstadt **Vecrīga** ist kein komplett erhaltenes architektonisches Ensemble. Zu viele Brände und Zerstörungen machten dem alten Riga in den vergangenen Jahrhunderten den Garaus. Es dominieren neben zeitgenössischen Gebäuden vor

2a

allem Häuser aus dem 19. Jh., viele geprägt vom Jugendstil – diese sind dafür aber umso prächtiger. Während der eigentliche Stadtkern bereits wieder in alter Pracht erstrahlt, wird in mancher Altstadtgasse und an mancher Fassade noch immer gewerkelt und restauriert.

Jeder Aufenthalt in Riga wird den Besucher unweigerlich immer wieder in das weitläufige Vecrīga führen. So verwinkelt diese auch sein mag: Die **Kaļķu iela** (Kalkstraße) ist immer ein guter Orientierungspunkt.

Schwarzhäupterhaus

Die Kaļķu iela durchschneidet den Stadtkern vom Rātslaukums (Rathausplatz), wenige Meter vom Fluss Daugava entfernt, bis zum berühmten Freiheitsdenkmal. Der **Rathausplatz,** ein ungleichmäßiges Viereck, ist nicht besonders groß. Auch zählt er noch nicht allzu viele Jahre, denn er wurde während des Zweiten Weltkriegs komplett zerstört. Doch er beherbergt – dem Rathaus gegenüber – eines der bekanntesten Rigaer Gebäude: das heute wieder intakte Schwarzhäupterhaus (Melngalvju nams).

Die Bezeichnung geht auf die **Bruderschaft der Schwarzhäupter** (offiziell: „Compagnie der Schwarzen Häupter") zurück, eine mittelalterliche Vereinigung unverheirateter, wohlhabender deutschstämmiger Kaufleute im alten Riga. Nach ihrer Heirat verließen die Mitglieder die Gemeinschaft und traten den mächtigen Gilden bei. Der Schutzpatron der Schwarzhäupter, der **heilige Mauritius,** wird in historischen Abbildungen stets mit dunkler Hautfarbe dargestellt.

Das Gebäude entstand spätestens 1334, die Zahl prangt in goldenen Lettern auf einem blauen Band unter dem Dachfirst. Daneben steht „RENOV. ANNO 1999", erst zu dieser Zeit kam es zum **Wiederaufbau** des Gebäudes, das im Zweiten Weltkrieg dem Erdboden gleich gemacht worden war.

Die Schwarzhäupter zogen 1447 als Mieter ein, 1713 wurden sie Eigentümer der Immobilie. Anfang des 18. Jh. musste das im Nordischen Krieg zerstörte Bauwerk weitgehend restauriert werden, in der zweiten Hälfte des 19. Jh. wurden sowohl Fassade als auch Inneneinrichtung erneuert. Diesen Zustand bemühten sich die Restaurateure von 1995 bis 1999 wieder herzustellen. Im Keller, der als einziger Teil des Gebäudes noch viele mittelalterliche Merkmale aufweist, sind **historische Fundstücke und Bruchstücke** ausgestellt.

Die **Frontseite** ist mit schlichten roten Backsteinen gemauert, doch dafür ist sie umso reicher geschmückt mit auf Sockeln stehenden Heiligenfiguren, Wappen und allerlei verschnörkelten Verzierungen. Unter dem Dach der nach oben hin immer schmaler werdenden Giebelfassade prangt zentral eine mit Gold geschmückte, große **Sonnenuhr,** deren deutsche Monatsnamen in alter Schreibweise („Märtz, April, May, Juny, Julyä") nur mit scharfem Auge zu erkennen sind. Den Haupteingang säumen große, farbige Reliefs des heiligen Mauritius und, auf der anderen Seite, der Jungfrau Maria mit dem Christuskind im Arm.

Im 18., 19. und nach dem Wiederaufbau im 20. Jh. war das Schwarzhäupterhaus ein wichtiger Ort für den Empfang hochkarätiger Gäste und herausragende Kulturveranstaltungen. Heute besitzt das

Gebäude eine repräsentative Funktion als eines der **Symbole für Riga.**

Einige Innenräume und eine Vielzahl von Utensilien und Fundstücken aus der Geschichte des Hauses sind zu besichtigen. Beliebt sind die schmuckvollen Säle auch bei frisch gebackenen Hochzeitspaaren als Fotokulisse. Zum Rathausplatz hin ist ein kleines Café und Esslokal im Gebäude untergebracht.

Links grenzt direkt an das Schwarzhäupterhaus das **Waagenhaus,** beide bilden zusammen ein Gebäude. Das Waagenhaus ist genau so hoch, aber schmaler, etwas weniger verziert und im Gegensatz zum Schwarzhäupterhaus mit einem spitz zulaufenden Dach versehen. Seit dem 19. Jh. trägt es auch den Namen Schwabe-Haus. Im Untergeschoss hat die **Touristeninformation** ihren Sitz –

⌃ Das Schwarzhäupterhaus mit dem Waagenhaus (links) aus der Blütezeit der Hanse

2a

Riga Altstadt

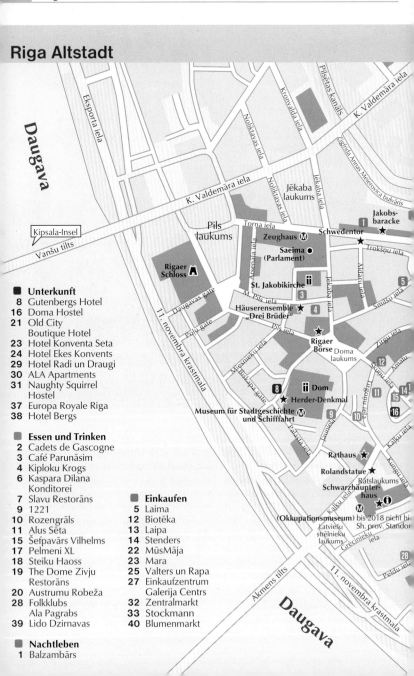

Daugava

Eksporta iela

Kronvalda iela

Nolikavas iela

Pilsétas kanáls

K. Valdemára iela

Zirgu Annas Meierovica bulváris

K. Valdemára iela

Jékaba laukums

Jékaba iela

Nolikavas iela

Jakobs-baracke

Kipsala-Insel

Vanšu tilts

Torna iela

Pils laukums

Schwedentor

Trokšņu iela

Zeughaus Ⓜ

Rigaer Schloss

Arsenála iela

Saeima ●
(Parlament)

St. Jakobikirche ⓘ

Aldaru iela

Smilšu iela

5

M. Pils iela

Häuserensemble
"Drei Brüder" ★

3

4

Daugavas gate

Poļu gate

Pils iela

11. novembra krastmala

Rigaer
Börse ★

Doma
laukums

12

Mdsnieku iela

Biskapa gate

Rozena iela

Kramu iela

Zirgu iela

Amatu iela

Dom ★

Herder-Denkmal ★

8

ⓘ

11

9

10

Jauniela

Tirgoņu iela

14

15

16

Museum für Stadtgeschichte Ⓜ
und Schifffahrt

Palasta iela

Kungu iela

Kaļķu iela

Rathaus ★

Rolandstatue ★

Rátslaukums

Schwarzhäupter-
haus ★ ⓘ

Kaļķu iela Ⓜ

(Okkupationsmuseum) bis 2018 nicht hi
Sh. prov. Standor

Latviešu
strēlnieku
laukums

Grēcinieku iela

28

Peldu iela

Akmens tilts

11. novembra krastmala

Daugava

Unterkunft
8 Gutenbergs Hotel
16 Doma Hostel
21 Old City
    Boutique Hotel
23 Hotel Konventa Seta
24 Hotel Ekes Konvents
29 Hotel Radi un Draugi
30 ALA Apartments
31 Naughty Squirrel
    Hostel
37 Europa Royale Riga
38 Hotel Bergs

Essen und Trinken
2 Cadets de Gascogne
3 Café Parunāsim
4 Kiploku Krogs
6 Kaspara Dilana
    Konditorei
7 Slavu Restorāns
9 1221
10 Rozengrāls
11 Alus Sēta
15 Šefpavārs Vilhelms
17 Pelmeni XL
18 Steiku Haoss
19 The Dome Zivju
    Restorāns
20 Austrumu Robeža
28 Folkklubs
    Ala Pagrabs
39 Lido Dzirnavas

Einkaufen
5 Laima
12 Biotēka
13 Laipa
14 Stenders
22 MūsMāja
23 Mara
25 Valters un Rapa
27 Einkaufzentrum
    Galerija Centrs
32 Zentralmarkt
33 Stockmann
40 Blumenmarkt

Nachtleben
1 Balzambārs

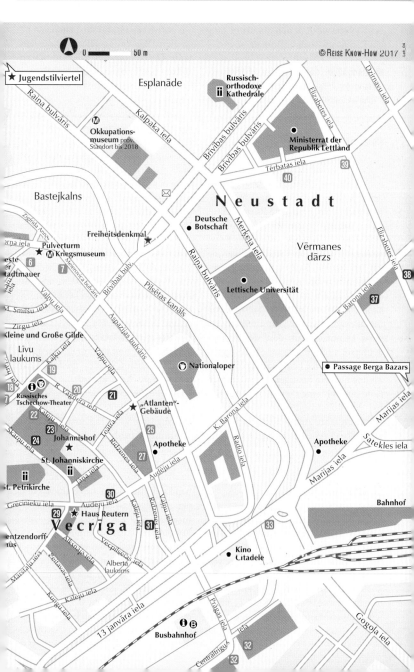

★ Jugendstilviertel

Esplanāde

Russisch-orthodoxe Kathedrale

© Reise Know-How 2017

0 — 50 m

Raiņa bulvāris

Kalpaka iela

Brīvības bulvāris

Brīvības bulvāris

Elizabetes iela

Dzirnavu iela

M Okkupations-museum prov. Standort bis 2018

Ministerrat der Republik Lettland

Tērbatas iela

39

40

Bastejkalns

N e u s t a d t

Zigfrīda Annas

Torņa iela

★ Pulverturm

M Kriegsmuseum

Deutsche Botschaft

Meierovica bulvāris

Freiheitsdenkmal ★

Vērmanes dārzs

este er adtmauer

6

7

Merķeļa iela

Elizabetes iela

38

Raiņa bulvāris

Valņu iela

Brīvības bulv.

Pilsētas kanāls

Lettische Universität

K. Barona iela

37

M. Smilšu iela

Zirgu iela

Aspazijas bulvāris

Kleine und Große Gilde

Līvu laukums

Nationaloper

● **Passage Berga Bazars**

18

19

20

R. Vāgnera iela

21

Teātra iela

Mariijas iela

Russisches Tschechow-Theater

22

Kaļķu iela

23

Johannishof

24

★ **St. Johanniskirche**

„**Atlanten"-Gebäude** ★

25

Rātzenes iela

Apotheke ●

27

K. Barona iela

Radio iela

Apotheke ●

Satekles iela

Mariijas iela

ii   ii

St. Petrikirche

Grēcinieku iela

Audēju iela

30

Kaļķu iela

Rātzenes iela

Valņu iela

Audēju iela

Bahnhof

29 ★ **Haus Reutern**

V e c r ī g a

31

33

Kino Citadele ●

entzendorff-us

Mārstaļu iela

Peitavas iela

Vecpilsētas iela

Alberta laukums

Kaļķu iela

Kungu iela

Prāgas iela

Cogola iela

13 janvāra iela

i B **Busbahnhof**

Centrālrīgas

32

32

ein weiterer Grund, den Stadtrundgang am Rathausplatz zu beginnen.

■ **Melngalvju nams** (Schwarzhäupterhaus), Rātslaukums 7, tgl. außer Mo 10–17 Uhr, Eintritt 3 Euro, Tel. (6)67043678, www.melngalvjunams.lv.

Rolandstatue

Zwischen Rathaus und Schwarzhäupterhaus, mitten auf dem mit Kopfsteinpflaster bedeckten Platz, steht auf einem hohen Sockel die imposante Rolandstatue. Der „Roland" ist ein Ritter mit einem einfachen Schwert, der mit seiner Erhabenheit den Stolz der Stadtbevölkerung auf ihre Rechte, Freiheit und Errungenschaften symbolisiert. Rolandstatuen stehen in zahlreichen Städten mit mittelalterlichen Wurzeln, die bekannteste von ihnen wahrscheinlich in Bremen. Da passt es nur zu gut, dass der Bremer Schlüssel auch im Rigaer Stadtwappen auftaucht und die Schwarzhäuptervereinigung bis zum heutigen Tag in Bremen (und nur in Bremen) existiert. Diese Kopie der Rolandstatue aus dem 19. Jh. wurde im Jahre 2000 aufgestellt. Das beschädigte Original ist in der St. Petrikirche zu sehen.

Okkupationsmuseum

MEIN TIPP: Das hässliche, dunkle, kastenförmige Gebäude am Rande des Rathausplatzes drückt die durch die anderen Gebäude erhabene Stimmung gewaltig, zumindest bis zur Wiedereröffnung 2018 (siehe Information unten). Doch das manchmal böswillig „Sarg" genannte Okkupationsmuseum (Latvijas Oku-

pācijas muzejs) ist für die Letten von besonderer Bedeutung: Hier wird die **leidvolle Geschichte** des kleinen, stolzen Volkes beschrieben, seit es nach dem Ersten Weltkrieg erstmals Souveränität erlangte.

Mit dem Hitler-Stalin-Pakt beginnt die Museums-Ausstellung. Anhand von historischen Fotos, Zeitungsausschnitten, Kopien von Dokumenten und Informationstafeln wird der tragische Fortgang der Geschichte dokumentiert: Der sowjetische Überfall und die Besatzung ab 1940, der Einmarsch der deutschen Wehrmachttruppen 1941, die zunächst als Befreier gefeiert und mit Blumen begrüßt, doch sehr schnell ebenfalls als gewaltsame Okkupanten erkannt wurden; die Vernichtung der Juden und die Zwangsrekrutierung von Letten für das deutsche Militär; die deutsche Niederlage und die erneute Machtergreifung der Sowjets mit den Massendeportationen nach Sibirien und dem grausamen Terror des Geheimdienstes; die lange Zeit des sowjetischen, unterdrückten Lettlands und schließlich der Freiheitskampf und die endgültige Wiedergewinnung der lange ersehnten Eigenständigkeit.

All dies wird hier sehr konkret und bildhaft dargestellt: Die Nachbildung einer Schlafbaracke im sowjetischen Lager zusammen mit dem niedergeschriebenen Erlebnisbericht eines Häftlings über den ständigen Gestank und die Not der Insassen lässt das Schicksal der Opfer beklemmend nah kommen. Der gar nicht allzu große Saal im ersten Stock des Gebäudes ist gut durchdacht eingerichtet. Durch die Fächerform der einzelnen, offenen Räume wird der Platz ideal ausgenutzt und die Besucher haben nur wenige Schritte zurückzulegen, können in Sekundenschnelle zu einem vorherigen Abschnitt zurückkehren oder zu einem späteren Bereich springen.

Bei allem Leid, aller Gewalt und aller Tragik, die in diesem düster anmutenden Gebäude sehr nahe gehen kann, ist die Ausstellung **frei von falschem Opfer-Pathos** oder kitschigem Nationalismus. Es wird mitfühlend, aber sachlich von den Ereignissen berichtet. Der Besuch des Okkupationsmuseums kostet nur eine freiwillige Spende und ist für Ausländer in Lettland ein wichtiges und beeindruckendes Erlebnis.

Zu Sowjetzeiten gab es in diesem Gebäude übrigens ebenfalls eine feste Ausstellung. Damals hieß das Haus „Museum der Revolution". Erzählt wurde dabei von der gleichen Zeitspanne wie jetzt – freilich mit entgegengesetzten Schlussfolgerungen: Die Sowjetbesatzung wurde als große Errungenschaft für alle Letten dargestellt. So wurde der geneigte Besucher darüber informiert, dass die Menschen 1940 „mit überwältigender Mehrheit" per Volksabstimmung dem Beitritt zur UdSSR zugestimmt hätten.

Derzeit wird das Okkupationsmuseum grundlegend renoviert – die Wiedereröffnung verzögert sich einstweilen und ist nun für den 18. November 2018 geplant – Lettlands 100. Jahrestag der Unabhängigkeit. Die Ausstellung ist für diese Zeit einige hundert Meter weit umgezogen zum grünen Boulevard Raiņa bulvāris 7, der die Altstadt begrenzt.

■ **Latvijas Okupācijas muzejs,** Raiņa bulvāris 7, Tel. (6)7212715, www.occupationmuseum.lv, Mai–September täglich 11–18 Uhr, Oktober–April Di–So 11–17 Uhr, als Eintritt wird um eine Spende gebeten, Audio-Guide auf Deutsch 3 Euro. Auch tägliche Führung (3 Euro), jeweils 14 Uhr.

Rathaus und Einkaufspassage

Natürlich steht am Rathausplatz auch das Rathaus, ein massiver, cremefarbener Bau mit roten Backsteinen am rechten und linken Rand – wiedererrichtet nach dem Zweiten Weltkrieg und originalgetreu seinem Vorgänger aus dem 18. Jh. nachempfunden. Einen leicht kuriosen Eindruck macht der etwas zu klein wirkende, putzige Turm auf der Mitte des Daches.

Die Jaunavu iela (Jungfernstraße), die hinter dem Rathaus verläuft, ist zu einer **modernen Einkaufs- und Ladenpassage** umgestaltet worden. Dort wird neben Konsumgelegenheiten auch ein 3500 Jahre alter Eichenstamm gezeigt, der bei den Bauarbeiten frei gelegt wurde.

Mentzendorff-Haus

Hinter dem Schwarzhäupterhaus, an der Kreuzung von Grēcinieku iela und Kungu iela, sticht das Haus Mentzendorff (Mencendorfa nams) hervor, das nach seiner langjährigen und letzten Besitzerfamilie benannt ist. Das schöne Gebäude mit dem steilen, roten Dach und der weißen Fassade entstand im 17. Jh., wurde im 18. Jh. grundlegend umgebaut und in den 80er Jahren des 20. Jh. restauriert. In einem kleinen **Museum** im Inneren des Hauses sind einige Elemente des Original-Gebäudes sowie sehr schöne **Wand- und Deckenmalereien** zu besichtigen. Es ist ein offizieller Zweig des Rigaer Museums für Stadtgeschichte und Schifffahrt.

■ **Mencendorfa nams,** Grēcinieku iela 18, Eingang von der Kungu iela, Tel. (6)7212951, www.

mencendorfanams.com, tägl. 10–17 Uhr ganzjährig, Eintritt 1,40 Euro, deutschsprachige Führung 10 Euro, Foto und Video 2,85 Euro, Familienticket (zwei Erwachsene, zwei Kinder) 2,85 Euro. Kombiticket für drei Museen innerhalb 24 Std. 5,70 Euro (Museum für Stadtgeschichte und Schifffahrt, Mentzendorff-Haus, Fotografiemuseum).

St. Petrikirche mit Aussichtsturm

Nur einen Steinwurf vom Rathausplatz entfernt liegt die St. Petrikirche. Zwar läuft ihr der Dom offiziell gesehen den Rang ab, doch bei der Anzahl der Besichtigungen liegt Petri eindeutig vorn – was nicht zuletzt an der zentralen Lage und am Fahrstuhl liegt, der in den barocken Turm hinaufführt und einen **fantastischen Blick** über die Dächer der Altstadt und weit darüber hinaus er-

möglicht. Einige Dutzend Stufen müssen auf dem Weg zum Lift allerdings zu Fuß erklommen werden. Eine sympathische ältere Dame (so lange sie nicht in Pension geht) informiert bei der Fahrt nach oben wahlweise auf Lettisch, Russisch oder Englisch über das Alter und die Höhe der Kirche (123,24 m). Es kann bis zu zehn Minuten dauern, bis der Fahrstuhl wiederkommt, doch nicht nur Fotografen werden angesichts der hervorragenden und einzigartigen Motive eher noch mehr Zeit auf der **72 Meter hohen Aussichtsplattform** verbringen wollen.

St. Petri ist eines der **ältesten Sakralgebäude im gesamten Baltikum.** Die erste Erwähnung in den historischen Quellen datiert von 1209. Der Bau war ursprünglich als die Hauptkirche von Riga geplant. Im Kampf gegen den Schwertbrüderorden wurde das Gottes-

haus sogar kurzerhand als Katapult zweckentfremdet, um das Wittensteiner Schloss besser bombardieren zu können. Trotz des niedrigeren Ranges im Vergleich zum Rigaer Dom prägte die Petrikirche wie keine andere das tägliche Leben in der mittelalterlichen Stadt: Eine spezielle Glocke läutete den Menschen Anfang und Ende ihrer täglichen Arbeit. Die erste städtische Uhr Rigas wurde 1352 an eben jener Kirche angebracht. Auch war der Turm schon immer ein wichtiger Aussichtspunkt: In Friedenszeiten wachte ein Späher von oben über Recht und Ordnung, während in Kriegszeiten die Feindbewegungen erkannt und gemeldet werden konnten.

Freilich wurde die Kirche im Laufe der Jahrhunderte immer wieder umgebaut und erhielt die Prägung neuer Kunstepochen. Anfang des 15. Jh. baute der Rostocker Architekt *Johann Rumeschottel* einen neuen Altar. 1491 wurde ein Holzturm auf das Gebäude gesetzt, der ganze 136 Meter Höhe aufweisen konnte – seinerzeit die **höchste hölzerne Turmkonstruktion** der Welt. 1690, nach der ersten verheerenden Zerstörung, wurde der Kirchturm in der heute zu besichtigenden Form im Barockstil errichtet. Wiederum wurde eine Holzkonstruktion gewählt, die sich mit 121 Metern Höhe immerhin als europäischer Rekordhalter rühmen konnte. Vom Original ist aber auch hier nichts übrig, denn es brannte gleich dreimal aus – zuletzt während des Krieges 1941, ausgerechnet am Namenstag des heiligen Pe-

trus. Erst in den 1970er Jahren kam es zum Wiederaufbau, diesmal wohlweislich mit Stahl statt Holz. Das Aussehen gleicht jedoch recht genau dem von vor 300 Jahren. Besonders charakteristisch ist die spitz zulaufende Form des Turmes, der gleich zweimal von offenen, luft- und blickdurchlässigen Galerien unterbrochen ist. Dies war im 17. Jh. eine echte Rarität. In den Siebzigern wurde von den Sowjets der in Kirchen eher seltene Fahrstuhl zur Aussichtsplattform eingerichtet.

Von der Originalkirche sind Teile der Außenwände an den Seitenschiffen erhalten. Die **barocke Westfassade** mit Bibeldarstellungen und Gleichnissen stammt von dem aus Straßburg nach Riga bestellten Architekten *Rupert Bindeschuh*, der auch für den innovativen Turm am Ende des 17. Jh. verantwortlich war.

Durch die Zerstörung im Zweiten Weltkrieg ist vom Innenleben der Kirche kaum etwas übrig geblieben. Doch das leere Gebäude strahlt immer noch eine besondere Atmosphäre der Macht und Erhabenheit aus. Temporäre **Kunstausstellungen** gastieren in St. Petri. Gelegentlich werden **Konzerte** in dem beeindruckenden Bau gespielt (dienstags um 18 Uhr präsentieren sich junge Musiker mit ihren Lehrern), doch für Musikdarbietungen ist sonst eher der Rigaer Dom berühmt.

Mit dem so oft zerstörten Kirchturm ist eine den Rigaern wohl bekannte **Anekdote** verbunden: Mitte des 18. Jh. eröffnete der Baumeister den nach einem Blitz zerstörten und wieder aufgebauten Turm, indem er persönlich ganz auf die Spitze zum goldenen Wetterhahn kletterte. Er goss sich ein Kristallglas

◁ Das Portal von St. Petri

Wein ein, trank es aus und warf das Glas über die Schulter. Der Turm solle so viele Jahre halten, rief er aus, in wie viele Einzelteile das Glas zersplittere. Doch wie durch ein Wunder blieb das Glas heil und nur der Stiel brach ab. Statt zwei Jahren stand der Turm aber immerhin gut zwei Jahrhunderte, bis zum Zweiten Weltkrieg. Das historische Glas war bis 1941 im Museum für die Geschichte Rigas ausgestellt, fiel dann aber wie ein Großteil der Kirche den Bomben zum Opfer.

Und noch eine Wendung erfuhr diese Geschichte: 1970 setzte sich der Baumeister *Petras Saulitis* ganz wie sein einstiger Vorgänger auf das Dach zum Wetterhahn und warf erneut das ausgetrunkene Glas über seine Schulter. Diesmal zersprang es in unzählige Einzelteile, was die Menschen als sehr gutes Omen auffassten.

■ **Sv. Pētera baznīca,** Skārņu iela 19, www. peterbaznica.riga.lv, Di–Sa 10–18, So 12–19 Uhr, Sept.–Mai Di–Sa 10–18, So 12–18 Uhr. Eintritt in Kirche und Turm 9 Euro.

Dom

Auf der anderen Seite der Kaļķu iela, nur zwei Minuten Fußweg von der Petrikirche entfernt, beherrscht der mächtige Dom von Riga das Bild. Der erzbischöfliche Sitz trägt den Namen **St. Marien** und hat einen deutlich größeren Grundriss als die Petrikirche, der die beachtliche Fläche von 87 x 47 Metern einnimmt. Eine weitere erstaunliche Zahl: Das Dach des Haupt-Kirchenschiffs besitzt so viel Oberfläche wie zwei Fußballfelder.

Zu dem Komplex gehört auch das gleichzeitig mit der Kirche erbaute **Kloster St. Marien,** das mit seiner großartigen Akustik vor allem für die regelmäßigen **Orgelkonzerte** bekannt ist. Es treten hier aber auch Gruppen auf – von Barockensembles bis hin zu philharmonischen Orchestern –, was das Gebäude zu einem der wichtigsten Konzertorte Rigas macht.

Im Jahre 1211, also fast zeitgleich mit der Errichtung der Petrikirche, wurde auch der Bau des Doms begonnen. Der von vielen als Stadtgründer bezeichnete Erzbischof *Albert* hatte den Bau der Kathedrale in Auftrag gegeben. Er starb vor ihrer Fertigstellung, die über 17 Jahre nach Beginn der Arbeiten erfolgte. Heute steht ein **Denkmal Alberts** im sehenswerten Kreuzgang des Doms.

Wie so häufig treffen auch beim Dom durch die verschiedenen Bauphasen unterschiedliche Kunstepochen aufeinander: späte Romanik, Frühgotik, Barock (die Haube des 140 Meter hohen Turms sowie der Ostgiebel) und sogar Jugendstil (die 1906 umgebaute Vorhalle mit dem Aufgang zur Orgel). Der Architekt *Christoph Haberlandt* baute Ende des 18. Jh. das Obergeschoss des Klosters zur Stadtbibliothek aus. Gemäß der damaligen Mode wählte er dafür den klassizistischen Stil. Erst bei Renovierungsarbeiten um die Wende vom 19. zum 20. Jh. entstanden die heute zu sehenden Glasfenster und auch der Hauptaltar.

Stolz verweisen die Rigaer darauf, dass es sich beim Dom um den größten und **wichtigsten Sakralbau Lettlands,** ja gar des Baltikums handelt. Noch ein Superlativ: Die **Orgel** war mit 124 Registern und 6718 Pfeifen zu ihrer Entstehungszeit 1884 die größte und modernste der Welt. Die legendäre Ludwigsburger Manufaktur Walcker & Co. zeichnete für den Bau und die Installierung des gewaltigen Instruments verantwortlich. Bis heute ist es eine der voluminösesten Kirchenorgeln ganz Europas mit einem außerordentlichen Klang. Neben den wöchentlichen, offiziellen Orgelkonzerten kann man zu vielen anderen Zeiten immer wieder das Glück haben, dass gerade ein Organist in seine Probe vertieft ist und die Besucher daran teilhaben lässt. Orgelfans sollten also im Vorbeigehen immer mal horchen, ob die Orgel spielt – und dann erst die Eintrittskarte lösen.

Besonders beeindruckend im Inneren sind die hohen, schlanken Fenster mit den bunten und reichen **Glasmalereien.** Ungewöhnlich für ein Gotteshaus dieses Ausmaßes ist der **Fußboden aus Holzdielen** anstelle von Stein, sonst eher in kleinen Dorfkirchen anzutreffen. Der hohe Dom mit den gotischen Bögen ist ohne Zweifel ein gewaltiges Gebäude. Doch wer Prunk und Pracht erwartet, wird möglicherweise enttäuscht sein. Getreu der evangelisch-lutherischen Lehre macht St. Marien trotz seiner Wucht einen fast bescheidenen, asketischen Eindruck.

Während der Sowjetzeit, als Religion aller Art unterdrückt wurde, gehörte das Gebäude zum Historischen Museum und wurde auch bereits als Konzertsaal genutzt. Nach der Unabhängigkeit 1991 wurde St. Marien wieder der evangelischen Gemeinde übertragen.

Am Rande sei bemerkt, dass die Katholiken und Russisch-Orthodoxen in Riga sich gegen die Bezeichnung „Rigaer Dom" oder „Kathedrale von Riga" für den evangelischen-lutherischen Dom verwahren, denn auch sie besitzen selbstverständlich ihre Kathedralen in der lettischen Hauptstadt. Dennoch hat sich im Sprachgebrauch des überwiegend protestantischen Lettland (auch wenn in Riga selbst der Orthodoxen-Anteil sehr hoch ist) durchgesetzt: Wenn von *dem* Dom oder *der* Kathedrale die Rede ist, dann ist die evangelisch-lutherische mitten in der Altstadt gemeint.

■ **Rigas Doms,** Doma laukums 1, www.doms.lv, Juli–Sept. Sa–Di 9–18, Mi–Fr 9–17 Uhr, Okt.–Juni tägl. 10–17 Uhr, Konzerte Mai–Sept. Mi und Fr 19 Uhr, Oktober–April Fr 19 Uhr, Eintritt in Dom frei, für Konzerte wechselnde Preise.

▭ Blick aus dem Kreuzgang auf den Dom

010e mk

Herder-Denkmal

Auf der Westseite des Doms, auf dem nach ihm benannten Platz (Herdera laukums), steht ein Denkmal des deutschen Dichters **Johann Gottfried Herder,** der neben seinen Tätigkeiten als Schriftsteller und Philosoph auch protestantischer Pastor war und von 1764 bis 1769 an der Domschule Naturwissenschaften, Mathematik, Französisch und Stilkunde unterrichtete. Als er nach Riga kam, war Herder gerade einmal 20 Jahre alt. Man kann sagen, dass er seine literarische Laufbahn hier begann.

Herder, ein enger Freund *Goethes* und wichtiger Vertreter der Weimarer Klassik, war einer der ersten Sammler traditioneller lettischer Volkslieder – zu einer Zeit, als der Begriff „Lettland" oder ein lettisches Nationalgefühl noch gar nicht existierten. 1807, vier Jahre nach Herders Tod, erschienen elf dieser Liedtexte in Tübingen in gedruckter Form.

Das Denkmal auf dem Herder-Platz ist eine neu geschaffene Kopie des zerstörten Originals aus dem 19. Jh. Lettland besitzt auch einige Nationaldichter, doch wahrscheinlich ist Herder der über die Landesgrenzen hinaus berühmteste Schriftsteller, der zumindest eine Zeit seines Lebens in Riga verbracht hat.

Museum für Stadtgeschichte und Schifffahrt

Direkt am Dom – baulich mit ihm verbunden – steht das Rigaer Museum für Stadtgeschichte und Schifffahrt. Das Gebäude, dessen eine Seite zum Herder-Platz hinausschaut, zählt zum **Dom-Komplex** und ist allein deswegen einen Besuch wert. Höhepunkt der Innenräume in diesem **ältesten Museum des Baltikums** ist der Säulensaal mit viel hellem Marmor, Kronleuchtern, wertvoller Deckendekoration aus Stuck und einer großen Wandmalerei an der Stirnseite des Raumes, der häufig für klassische Konzerte im kleinen Rahmen genutzt wird. Der lang gezogene Saal mit einer Empore gehört zur Ausstellungsfläche.

Über 200 Jahre ist es her, als 1773 das Museum mit Exponaten aus der Privatsammlung des Arztes *Nikolaus von Himsel* eröffnet wurde. Heutzutage ist es von sehr verschiedenen Ausstellungsstücken geprägt: Landkarten, Büchern, Dokumenten, Briefen, Werkzeugen, Schmuck, Münzen, Waffen, Kunstwerken und vielem mehr aus vergangenen Zeiten vom Mittelalter bis ins 20. Jh. Insgesamt gibt es hier über eine halbe Million Exponate.

Der Besucher gewinnt einen guten Eindruck von den zahlreichen Wendungen der Rigaer Geschichte: Deutsche, Schweden, Polen, Russen und natürlich Letten regierten im Laufe der Jahrhunderte die Stadt. Dass Riga zu allen Zeiten seiner Historie stark von deutscher Sprache und Kultur geprägt worden ist, vermitteln viele **deutschsprachige Dokumente** wie etwa versiegelte Erlasse des Rigaer Stadtrats. Auch auf den interessanten, großformatigen **historischen Fotos** vom 18. und frühen 19. Jh. wird die deutsche Dominanz deutlich: Die Straßen- und Ortsbezeichnungen sind in deutscher Sprache angegeben. So hieß das Gebäude, das heute als Nationaloper bekannt ist, damals „Deutsches Theater". Zu bewundern ist auch Kurioses wie der zu seiner Zeit kleinste Fotoapparat der Welt: die in der Zwischenkriegszeit in Riga hergestellte „Minox".

Der Museumsname „Stadtgeschichte und Schifffahrt" mag zunächst eigenartig anmuten, doch die Seefahrt war für die große Hafen- und Handelsstadt außerordentlich wichtig. Im entsprechenden Bereich der Ausstellung sind weniger Navigationsgeräte und detaillierte Beschreibungen der Handelsgeschichte zu bewundern als vielmehr metergroße **Modelle beeindruckender Schiffe,** die einst von Riga aus in See stachen, darunter das erste Rigaer Schiff aus dem 13. Jh.

Die Beschriftungen der Exponate sind vielfach nur lettisch. Allerdings liegen in jedem Saal Hefte in deutscher Sprache aus, die man beim Rundgang durch den Raum einsehen kann.

■ **Rīgas vēstures un kuģniecības muzejs,** www.rigamuz.lv, Palasta iela 4, Mai bis September tgl. 10–17 Uhr, Oktober bis April Mi–So 11–17 Uhr, Mo, Di geschlossen, Eintritt 4,30 Euro, Familien (2 Erwachsene, 2 Kinder) 7,10 Euro, fremdsprachige Führungen 11,40 Euro, Fototicket 7,20 Euro, Anmeldungen und Führungen Tel. (6)7356676. Tages-Kombikarte für dieses Museum, Haus Mentzendorff und Fotomuseum 5,70 Euro. Es wird verlangt, Jacken und Taschen an der Garderobe gegenüber der Kasse abzugeben. Trotz der reichen Geschichte des Gebäudes herrscht im Inneren (besonders am Eingang) eine eher sozialistische Atmosphäre. Dazu gehört, dass man bereits 20 Minuten vor Schließung von ungeduldigen Mitarbeiterinnen, die sich auf den Feierabend freuen, an das Ende der Öffnungszeit erinnert wird. Man sollte anderthalb Stunden vor Schließung den Rundgang beginnen.

Drei Brüder

Vom Domplatz die Jēkaba iela nehmend, vorbei an der schönen roten und hellgrünen, mit Figuren geschmückten Fassade der **Rigaer Börse** *(Rīgas birža)* und dann gleich in die erste Straße links hinein, führt die Mazā Pils iela nach einigen Schritten zu drei auf der linken Straßenseite aneinander geschmiegten Häusern, welche unter der Bezeichnung „Drei Brüder" *(Tris brali)* berühmt geworden sind – angelehnt an ein ähnliches Ensemble in Tallinn mit dem Namen „Drei Schwestern". Dabei haben die Gebäude außer der Tatsache, dass sie aneinander gewachsen zu sein scheinen, äußerlich kaum Gemeinsamkeiten: Sie sehen völlig verschieden aus und stammen aus verschiedenen Jahrhunderten.

Das Gebäude mit der **Nummer 17,** errichtet um die Wende vom 15. zum 16. Jh., ist das älteste noch erhaltene Wohnhaus der Stadt. Es hat **gotische und Renaissance-Elemente** an der Fassade und bestand zunächst nur aus einem Raum mit Schornsteinküche und einem Lager auf dem Dachboden. Später wurde das Haus nach vorn und hinten ausgebaut. Unter anderem war eine Bäckerei darin untergebracht.

Das Gebäude mit der **Nummer 19** entstand in seiner jetzigen Form 1646. Die Fassade enthält Elemente des **holländischen Manierismus.** Mitte des 18. Jahrhunderts wurde das Steinportal hinzugefügt.

Das Haus mit der **Nummer 21** wurde Ende des 17. Jh. gebaut – also im selben Jahrhundert wie die Nummer 19, aber doch in einem völlig anderen Stil, nämlich vor allem im **Barock.** Die drei Gebäude, so verschieden sie sein mögen, geben einen sehr guten Eindruck von Rigas Altstadt, wie sie noch vor etwa 200 Jahren ausgesehen hat.

Das mittlere Haus beheimatet seit 1995 das **Lettische Architekturmuseum** und bietet eine gute Gelegenheit, im Rahmen des Museumsbesuchs die Innenräume des historischen Baus genauer unter die Lupe zu nehmen. Es werden wechselnde, thematische Ausstellungen gezeigt.

Eine besondere Herausforderung für Hobby-Fotografen ohne Weitwinkel-Objektiv ist es, die drei Häuser auf ein Foto zu bekommen. Gut, dass direkt gegenüber dem Ensemble die Klostera iela abgeht, aus der heraus man es versuchen kann.

■ **Latvijas Arhitektūras muzejs,** Mazā Pils iela 19, Tel. (6)7220779, www.archmuseum.lv, Mo 9–18, Di–Do 9–17, Fr 9–16 Uhr, Sa und So geschlossen.

Parlament

Die Klostera iela führt nach wenigen Metern direkt auf die **Saeima** zu, das lettische Parlament. 100 Abgeordnete werden alle vier Jahre in diese Volksvertretung gewählt. Das kastenförmige Gebäude wurde im 19. Jahrhundert von dem Deutschbalten *Robert Pflug* zusammen mit dem ersten akademisch ausgebildeten lettischen Architekten *Janis Baumanis* im Stil des **Eklektizismus** entworfen und errichtet. Die Saeima vereint also viele Kunststile in sich: Neorenaissance-Elemente sind außen und in der Eingangshalle zu finden, wo der Landtag der Region Vidzeme sich einst traf. Im Speisesaal dagegen herrscht die Neogotik vor. Andere Säle sind im Stil des Franzosenkönigs *Ludwigs XVI.* gehalten. Damals galten die Innenräume als einige der schönsten und prächtigsten von Riga.

In der Zwischenkriegszeit hatte zunächst die verfassungsgebende Versammlung und später das Parlament der ersten freien lettischen Republik hier ihren Sitz, bis Präsident *Kārlis Ulmanis* 1934 die Macht an sich riss und die Parlamentsarbeit unterbrach. Zu Zeiten der UdSSR residierte der oberste Sowjet der lettischen Republik in dem Gebäude, unterbrochen von der deutschen Besatzungs-Periode, als die SS die Räumlichkeiten als Hauptquartier für die Region in Beschlag nahm und viele Kunstwerke zerstörte oder nach Deutschland bringen ließ. Seit Anfang der 1990er Jahre ist das lettische Parlament wieder in der Saeima untergebracht. Einige, aber nur wenige Teile der prächtigen Original-Inneneinrichtung sind erhalten, alle Räume wurden aber grundlegend restauriert.

■ **Saeima,** das Parlament hat ein Besucherzentrum eingerichtet, besonders für lettische Bürger, aber auch für ausländische Besucher, mit Infomaterial, Multimedia-Darstellungen und Möglichkeiten einer Besichtigung oder der Teilnahme an einer Sitzung: Jēkaba iela 16 (Eingang über Trokšņu iela), Tel. (6)7087321, www.saeima.lv, geöffnet Mo–Fr 9–16.30 Uhr.

St. Jakobikirche

Gegenüber der Saeima liegt in der Klostera iela die **katholische Kathedrale** von Riga, die gotische St. Jakobikirche (Sv. Jēkaba baznīca, Jēkaba iela 9), die bereits 1225 entstand. In ihrer wechselvollen Geschichte wurde das Gotteshaus zwischendurch von der Reformationsbewegung mitgerissen und „lutherisiert". Der polnische König *Stefan Batory* erwirkte

1582 die Übertragung des Gebäudes an die Jesuiten. Als wenige Jahre später ein Blitz in der Kirche einschlug, sahen einige Lutheraner dies als Rache Gottes. Im 17. Jh. übernahmen die Protestanten unter schwedischer Herrschaft wieder die Macht – und auch St. Jakobi. Später, als Riga zum zaristischen Russland gehörte, war die Kirche nicht in Betrieb und viele wertvolle Gegenstände wie die Glocken wurden entwendet. 1923 wurde das Gotteshaus dann wieder der katholischen Gemeinde übertragen. 1993 war sogar Papst *Johannes Paul II.* zu Besuch, worauf eine Tafel im Inneren hinweist.

Die Backsteinfassade wie der Innenraum der Kirche wirken zwar mächtig, aber doch auch auf protestantische Art schlicht und bescheiden. Der schmale und hohe, grünliche Turm ist von weitem auszumachen und garantiert St. Jakobi eine wichtige Rolle im Bild der Rigaer Innenstadt.

Rigaer Schloss

Das Rigaer Schloss (Rīgas pils, Pils laukums) ist ein massiver Gebäudekomplex am Rande der Altstadt und fast direkt an der Daugava gelegen. Ganz große Pracht oder Reichtum strahlt er auf den ersten Blick allerdings nicht aus. Das Schloss ist nicht die spektakulärste Station eines Riga-Besuchs und doch für die Stadt von enormer Wichtigkeit – nicht nur, weil der **lettische Präsident** heute in einem Flügel des Bauwerks residiert, so wie einst die lettischen Staatsoberhäupter während der Unabhängigkeit nach dem Ersten Weltkrieg.

1330 wurde die Burg vom Schwertbrüderorden am Rande des damaligen Riga errichtet, nachdem die Kreuzritter den Ort erobert hatten. Nur 23 Jahre dauerte es, bis sie fertiggestellt war. Die Lage am Fluss war natürlich kein Zufall: Von hier aus konnte der Hafen eingesehen und sich auf unerwartete Gäste vorbereitet werden – denn die kamen hauptsächlich auf dem Seewege. Zunächst hatte die Burg einen quadratischen Grundriss mit einem Turm an jeder der vier Ecken. Bei Auseinandersetzungen des Ordens mit der Stadtbevölkerung kam es 1484 zur kompletten Zerstörung der Burg, die aber bis 1515 vollständig wieder aufgebaut wurde. Als im 16. Jh. die Macht des Ordens schwand und nacheinander Polen, Schweden und Russen über Lettland herrschten, fungierte die Burg stets als Machtzentrale. Als Sitz des russischen zaristischen Generalgouverneurs wurde sie gleich mehrmals umgebaut, erneuert und erweitert. In den dreißiger Jahren des 20. Jh. folgte eine weitere große Rekonstruktion.

Eine Chance, das Schloss von innen in Augenschein zu nehmen, bieten die drei dort untergebrachten Museen. Das sehenswerte **Museum der lettischen Geschichte** nimmt den Besucher mit auf eine faszinierende Reise durch die Jahrtausende bis in die Gegenwart. Auch residiert das **Museum für Literatur, Theater und Musik** (Raiņa Literaturas un Makslas Vestures Muzejs) im Schloss. Beide Museen sollten wegen ihrer Ausstellungen und vor allem wegen ihrer schönen Innenräume auf jeden Fall besucht werden – auch wenn das Schloss bei vielen Stadtführungen nicht im Mittelpunkt steht. Zu einer Pause lädt der grüne **Schlossplatz** (Pils laukums) vor dem Gebäude ein.

2a

■ **Museum der lettischen Geschichte** (Latvijas Nacionālais vēstures muzejs), Pils laukums 3, Tel. (6)7223004, www.history-museum.lv, Di–So 10–17 Uhr, Eintritt 3 Euro.

Zeughaus

Vom Schlossplatz führt die Toṛņa iela, an der Lettischen Nationalbank (Latvijas banka) vorbei zu einem sehr interessanten Abschnitt der Straße. Zunächst liegt auf der rechten Seite das im russischen Klassizismus erbaute Zeughaus (Arsenals) mit einem Ausstellungssaal des **Lettischen Nationalen Kunstmuseums.**

■ **Arsenals,** Toṛņa iela 1, Tel. (6)7357527, www. lnmm.lv/en/arsenals, geöffnet Di, Mi, Fr 12–18, Do 12–20, Sa/So 12–17 Uhr, Eintritt 3,60 Euro, Familienticket 5,70 Euro, Führung (Englisch) 14,20 Euro.

Jakobsbaracke und Schwedentor

Ab dem Zeughaus läuft man zur Linken an einem langen, niedrigen Reihenhaus vorbei – einer **ehemaligen Kaserne,** in der heute schicke **Boutiquen, Juweliergeschäfte und Cafés** residieren. Das Besondere: Es existiert keine Straßenebene. In den Keller führen einige Stufen hinab und ins Erdgeschoss gelangt man über kleine Treppen nach oben. Das Gebäude mit dem Namen Jakobsbaracke (Jēkaba kazarmas) zieht sich über mehrere Hundert Meter hin.

Auf der anderen Straßenseite ist beim Eingang in die Aldaru iela zunächst das Schwedentor (Zviedru vārti) zu bewundern, das 1698 in ein altes Haus hineingeschlagen wurde, das Teil der Stadtbefestigung war. Diese hatte nach dem Bau eines neuen Verteidigungssystems für Riga ihre Bedeutung verloren.

Parallel zur Toṛņa iela verläuft ein Graben. In ihm stehen die Überreste eben jener einst so gewaltigen Rigaer **Stadtmauer.** Besonders reizvoll ist ein Abendspaziergang in der Straße, die am Pulverturm endet: Hier das luxuriöse Flair der Geschäfte und Lokale in den ehemaligen Baracken mit schönen Laternen und Schmuck, dort die hell beleuchteten Ruinen des mittelalterlichen Verteidigungswalls.

Pulverturm und Kriegsmuseum

Im Pulverturm (Pulvertornis), wo die Mauer endet, ist das Kriegsmuseum untergebracht. Der Turm ist einer der wenigen **Überreste der früheren Stadtmauer.** Er wurde im 17. Jh. an der Stelle eines Sandturms aus dem 14. Jh. errichtet, der kurz zuvor zerstört worden war. Im Rahmen eines Museumsbesuchs ist es daher auch attraktiv, das Innere des Bauwerks zu besichtigen (das Museum ist allerdings hauptsächlich in einem Anbau untergebracht, der dem Pulverturm in der Zwischenkriegszeit hinzugefügt wurde).

Der Schwerpunkt der Ausstellung liegt auf dem **20. Jh.** – was angesichts der lettischen Geschichte nicht erstaunt. Gezeigt wird die Gründung des unabhängigen Staates, die Zerstörungen durch die Weltkriege, die schwierige und leidvolle Zeit der sowjetischen und deutschen Okkupation sowie der Weg zur Freiheit Ende der 1980er und Anfang der 1990er Jahre. Die Inhalte ähneln sehr denen des beeindruckenden Okkupationsmuseums am Rathausplatz und mögen wie eine Wiederholung der dort behandelten Themen wirken. Im Kriegsmuseum liegt das Gewicht aber auf den **militärischen Aspekten.** So werden Waffen, Uniformen, Medaillen, Fotos, Soldatenausrüstung und historische Dokumente gezeigt – wobei menschliche Schicksale nicht ausgeklammert werden, wie etwa die Erfahrungen jener Letten, die zwangsweise in die Wehrmacht oder später in die Rote Armee eingezogen wurden.

1915 entstand erstmals so etwas wie ein lettisches Militär, als im Rahmen der zaristischen Armee ein lettisches Bataillon gegründet wurde. Bereits ein Jahr später öffnete ein Museum zu ihren Ehren seine Pforten – der Vorgänger des heutigen Kriegsmuseums. Zu Sowjetzeiten sahen die Ausstellungsräume freilich anders aus. Damals war dort Propagandamaterial zur lettischen Sowjetrepublik untergebracht. Im Jahre 1990, bereits ein Jahr vor der offiziellen Wiedererlangung der Unabhängigkeit, wurde das Kriegsmuseum wieder eröffnet. Eine Abteilung ist der mittelalterlichen und neueren Geschichte gewidmet.

■ **Kriegsmuseum** *(Kara muzejs)*, Smilšu iela 20, Tel. (6)7228147, www.karamuzejs.lv, April–Oktober tägl. 10–18, Nov.–März tägl. 10–17 Uhr, Eintritt frei, Führung 12 Euro.

Livenplatz

Vom Pulverturm aus ist über die schöne Meistaru iela in wenigen Minuten der malerische, kleine **Līvu laukums** erreicht. Den Namen trägt der Platz seit dem Jahr 2000 zu Ehren der Liven (vorher war es der Gildenplatz), die in Riga und Umgebung schon siedelten, lange

bevor die Kreuzritter hier eindrangen. Wohin der Blick auch wandert, von diesem Platz aus gibt es viel herausragende Architektur zu bewundern. Auch der berühmte Rigaer **Jugendstil,** der besonders häufig außerhalb der Altstadt vorkommt, ist vorhanden. Während die schöne Häuserzeile auf der Westseite des Platzes aus dem 17. Jh. stammt, wurde das **Katzenhaus** (Meistaru iela 10) 1909 nach einem Entwurf des Architekten *Friedrich Scheffel* im Jugendstil errichtet. Der Beiname des Hauses erklärt sich beim Blick auf die Spitze der beiden Türmchen: Jeweils eine Katze macht einen Buckel und richtet ihren Schwanz in Habacht-Haltung auf. Die Legende besagt, dass ein reicher Kaufmann einst nicht in die mächtige Gilde aufgenommen worden war und daher auf dem Dach seines Hauses, direkt gegenüber der Großen Gilde, die Katzen mit dem entblößten Hinterteil zur Gilde hin aufstellen ließ. Als die Gilde nachgab und ihn aufnahm, soll er die Tiere „richtig herum" platziert haben.

An der Ecke Amato iela und Skunu iela steht ein weiteres Jugendstilhaus von 1902 mit reich geschmückter Fassade und, zur Abwechslung, einer Hundefigur auf dem Dach.

Große und Kleine Gilde

Die wichtigsten Gebäude am Līvu laukums sind die Große und Kleine Gilde, die zu beiden Seiten der Amatu iela stehen – dort, wo sie in den Platz mundet. Die Kleine Gilde (Mazā Ģilde, auch unter dem Namen **Johannisgilde** bekannt) ist ein neogotisches Haus aus dem 19. Jh. Das erste Gildengebäude an diesem Platz stand hier bereits im 14. Jh. und war die **Berufsgenossenschaft der Handwerker,** die noch bis zum Zweiten Weltkrieg existierte. Erst vor kurzem, zur 800-Jahr-Feier der lettischen Hauptstadt, wurden die Innenräume des Bauwerks erneuert. Seitdem dienen sie hauptsächlich als faszinierender Ort für **Konzerte.**

Auch die Große Gilde (Lielā Ģilde, auch **Mariengilde** genannt) direkt gegenüber wurde im 14. Jh. errichtet. In ihr versammelten sich wohlhabende **Kaufleute,** aber auch einige hoch angesehene Handwerker wie etwa **Goldschmiede.** Eine Mitgliedschaft in der Gilde war eine besondere Auszeichnung für jeden Stadtbewohner. Ganz so, wie es *Thomas Mann* in den „Buddenbrooks" über Lübeck zu erzählen weiß, war es auch in der Hansestadt Riga: Die reichen Kaufleute versammelten sich nicht nur in einflussreichen Gilden, sondern bestimmten auch direkt als Ratsherren über das Schicksal und die Politik der damals mächtigen Handelsstadt.

Das gesamte Gebäude wurde wie die Kleine Gilde im 19. Jh. in ein **neogotisches Ensemble** umgestaltet. Aus dem Mittelalter sind nur die sogenannte Münsterstube und die Brautkammer erhalten und in den Neubau integriert worden. Heute residiert in dem prachtvollen Gebäude das **Lettische Nationale Symphonieorchester.**

- **Kleine Gilde** (Mazā Ģilde), Amatu iela 5, Tel. (6)7223772, interaktive Tour durch das Haus: www.gilde.lv/maza.
- **Große Gilde** (Lielā Ģilde), Amatu iela 6, Tel. (6)7213643, www.lnso.lv, Tickets in der Halle der Großen Gilde: Mo–Fr 12–19 Uhr, Konzertkarten 5–50 Euro.

Eckes Konvent mit Hof

MEIN TIPP: Vom Līvu laukums aus auf der Kaļķu iela nach rechts gehend und dann links in die Skārņu iela abbiegend, kommt man zu einem sehr attraktiven Element der Rigaer Altstadt: Dem ehemaligen **Witwenasyl der Meister der Kleinen Gilde,** auch Eckes Konvent (Ekes konventa nams) genannt. Es entstand bereits im 15. Jh., 130 Jahre später wurde es umgebaut und im 18. Jh. mit zwei Portalen versehen. Benannt ist das Haus nach dem reichen Rigaer Bürgermeister *Nikolaus Ecke.* Die Fassade mit ihrem Spätrenaissance-Relief von 1618 im Stil des Manierismus, genau in der Mitte, ist besonders erwähnenswert. „Der werfe den ersten Stein, der ohne Sünde ist", sagt die Inschrift zur Darstellung der von Christus geretteten Sünderin. Bürgermeister *Ecke* wählte dieses Motiv mit Bedacht, wurde er doch selbst gleich zweimal wegen Betrugs aus der Stadt geworfen, bevor er zurückkehren durfte.

Der Höhepunkt des Konvents ist aber der **Konventhof** (Konventa sēta), dessen Eingang neben dem Haus liegt. Er entstand einst als Ansammlung von Armenhäusern, Heilstätten und Herbergen, die Ende des 13. Jh. an der Stelle der alten Schwertbrüderburg gebaut worden waren. Im 19. Jh. wurden viele der Häuser umgebaut oder gar neu errichtet. Der in den 1990er Jahren restaurierte Hof mit seinen kleinen Gässchen und den immer noch aktuellen deutschen Namen („Graue Schwestern") bildet ein faszinierendes, kleines Labyrinth, in dem neben einem großen Hotel auch einige **Boutiquen und Läden** sowie Restaurants untergebracht sind.

St. Johanniskirche

Direkt neben dem Konventhof liegt das dritte wichtige evangelische Gotteshaus der Altstadt, die St. Johanniskirche. Das um die Wende vom 15. zum 16. Jh. entstandene spätgotische Bauwerk mit dem auffälligen Stufengiebel und dem sehr kleinen neogotischen Turm aus dem 19. Jh. lohnt einen genaueren Blick von außen. Das Innere ist schön, hat aber keine besonderen Attraktionen zu bieten. Wer Ruhe sucht, wird sie hier eher finden als im Dom oder in St. Petri.

■ **Sv. Jāņa baznīca,** Jāņa iela 7, Di – Sa 10–17 Uhr und zu Gottesdiensten.

Johannishof

Sehr sehenswert ist auch das niedrige, massive **Johannistor** *(Jāņa varti)* aus roten Ziegelsteinen, das in den Johannishof *(Jāņa sēta)* führt. Der Johannishof wurde wie der benachbarte Konventhof auf den Ruinen der mittelalterlichen Schwertbrüderburg errichtet. Noch heute sind hier Reste des **Schutzwalls aus dem 13. Jh.** zu besichtigen.

Haus Reutern

Auf der anderen Seite der Skārņu iela liegt die St. Petrikirche (s.o.), womit sich der Kreis des Stadtrundgangs geschlossen hat. Einen kleinen Abstecher wert ist noch das Haus Reutern *(Reuterna nams,* Marstalu iela 2) an der Mündung der Skārņu iela in die Grēcinieku iela. Es wurde im 17. Jh. von eben jenem *Rupert Bindeschuh* errichtet, der auch an der Renovierung der St. Petrikirche maßgeblich beteiligt war. Auf Bestellung des reichen Ratsherren *Johann Reutern* baute Bindeschuh dieses barocke Schmuckstück.

„Atlanten"-Gebäude

Vom Johannishof durch die nahe gelegene Teātra iela nach Norden in Richtung Neustadt gehend, gelangt man zum Haus Teātra iela 9, das durch seine Fassade mit Barock- und Renaissance-Elementen besticht. Berühmt ist es aber vor allem wegen der **Atlantengruppe** auf dem Ecktürmchen. Die starken Männerfiguren tragen einen gewaltigen, dunklen Erdball. Besonders schön ist das Ensemble nachts, wenn die Kugel von innen beleuchtet wird.

Neustadt

Auf der anderen Seite des Grünstreifens mit dem Pilsētas kanāls, hinter dem Freiheitsdenkmal, beginnt die Neustadt. Mit ihrem Jugendstilviertel steht sie, gemeinsam mit der Altstadt (Vecrīga), auf der Liste des **UNESCO-Weltkulturerbes.**

Freiheitsdenkmal

Die Kaļķu iela führt aus der Altstadt hinaus. Man geht geradewegs auf einen breiten, freien Platz zu, der für die Letten eine ganz besondere Bedeutung hat, den **Freiheitsboulevard** *(Brīvības bulvāris).* Als erstes fällt die hübsche **Standuhr** mit der großen *Laima*-Werbung auf – ein äußerst beliebter Treffpunkt für Verabre-

012ie mk

dudungen und Rendezvous in Riga. Es scheint, dass es in der Nähe der Uhr niemals völlig menschenleer ist. Besonders

⌃ Das Atlanten-Haus (links) in der Altstadt

abends zieht die von innen beleuchtete Säule mit der Retro-Ästhetik die Blicke der Passanten an. **Laima** ist eine lettische Schokoladenmarke mit einer sehr langen Tradition. In der litauischen und lettischen Mythologie ist Laima die Schicksalsgöttin und Göttin des Glücks. Das Unternehmen wurde im 19. Jh. von ei-

2a

nem gewissen *Theodor Riegert* gegründet und war zu seiner Zeit der größte Süßigkeitenhersteller des Baltikums. Seit der Unabhängigkeit Lettlands 1990 wuchs das Unternehmen sehr erfolgreich, konnte aber die Übernahme durch einen internationalen Riesen bisher vermeiden. Laima gilt im ganzen Land als Synonym für Schokolade.

Das Schönste am Freiheitsboulevard ist seine Lebendigkeit: Ältere Damen füttern Tauben, junge Mütter und Väter gehen zum Spielplatz im Park, Jugendliche treffen sich, Inlineskater können sich austoben und Passanten spazieren in die Altstadt.

Doch die größte Attraktion des Boulevards ist unumstritten: Inmitten der Fläche ragt das Freiheitsdenkmal *(Brīvības piemineklis)* in den Himmel, das nicht zufällig an die New Yorker **Statue of Liberty** erinnert, wenn es auch nicht ganz so hoch ist: Eine Frauenfigur reckt die Arme hoch. Sie hält drei Sterne – Symbole für die drei großen historischen Regionen Lettlands (Kurland, Livland und Lettgallen). Die grünliche Figur ruht auf einer schlanken, grauen Steinsäule, an deren unterem Ende überlebensgroße, in Stein gemeißelte Freiheitskämpfer für die lettische Unabhängigkeit stehen. Am Fuß der Figuren prangt in großen Lettern die Widmung „Tevzemei un Brivibai" („dem Vaterland und der Freiheit"). Zu beiden Seiten des massiven, braunen Sockels stehen zwei **Soldaten** Spalier. Immer wieder wechseln sie in genauestens einstudierten Ritualen ihre Position, marschieren gemeinsam nach rechts und links und nehmen dann wieder ihre Plätze ein.

Ständig bringen Privatleute frische **Blumen** zum Denkmal, um so an den langen, brutalen und mühsamen Freiheitskampf der Letten im 20. Jh. zu erinnern. Der Bildhauer *Kārlis Zale* entwarf die Statue in den 1930er Jahren – als Lettland zwei Jahrzehnte lang unabhängig war. Die Sowjets degradierten das Denkmal zur Insel in einem Kreisverkehr. Mit dem Erwachen der lettischen Nationalbewegung zu Zeiten von Glasnost und Perestroika wurde es aber wieder zum Bezugspunkt aller patriotischen Letten und entwickelte aufs Neue eine große symbolische Bedeutung. Nach der Wiedergewinnung der Unabhängigkeit wurde eine große verkehrsfreie Zone rund um das Freiheitsdenkmal eingerichtet.

Gleich nebenan findet sich der Mitte des 19. Jh. künstlich aufgeschüttete **Basteihügel** *(Bastejkalns)*. Auch der kleine Hügel hat eine besondere Bedeutung für den Freiheitskampf, denn hier starben 1991 zwei Kameramänner, als sie die Auseinandersetzung zwischen Letten und sowjetischen militärischen Spezialeinheiten filmen wollten. Denkmalsteine auf dem Hügel ehren heute ihr Andenken.

Schlosskanal und Grünstreifen

Der Grünstreifen rechts und links des Freiheitsdenkmals, der auf der einen Seite bis zum Hauptbahnhof und in der anderen Richtung bis zum Kronvalda parks reicht, ist nicht nur wegen des Schlosskanals (Pilsetas kanāls), der sich durch die Anlagen schlängelt, einen ausgiebigen **Spaziergang** wert. Die schönen Pfade führen auch zu einigen weiteren Sehenswürdigkeiten.

Lettische Nationaloper

Nach Südosten in Richtung Bahnhof gehend, trifft man zunächst auf die prachtvolle, klassizistische Nationaloper, die nach dem Abriss des Stadtwalls im 19. Jh. als **Deutsches Theater** gebaut wurde. Seit 1919 residiert hier die Oper. Man kann jederzeit den Eingangsbereich besichtigen. Das wahre Erlebnis ist aber der Besuch einer der Vorstellungen im mit Plastiken und Verzierungen aller Art versehenen Saal. Hier treten Musiker von nationalem und internationalem Rang auf.

■ **Latvijas Nacionālā Opera,** Aspazijas bulvāris 3, Tel. (6)7073777, www.opera.lv, Kasse geöffnet Mo–Sa 10–19, So 11–19 Uhr, Preise ab 7 Euro.

Universität

Gegenüber der Nationaloper auf der anderen Kanalseite liegt das Hauptgebäude der Lettischen Universität *(Latvijas Universitate)*, ein eklektizistischer Komplex mit Ursprung im 19. Jh.

Blumenmarkt

Kavaliere und Charmeure kommen in Riga weder am Valentinstag, noch am in Lettland viel beachteten Frauentag (8. März) noch in einer anderen Situation in Verlegenheit, denn zahlreiche Blumenverkäuferinnen stehen an der Tērbatas iela, direkt am schönen **Wöhrmannschen Garten** *(Vērmanes dārzs)*, rund um die Uhr und bei jedem Wetter draußen. Hinter dem Freiheitsdenkmal geht man zunächst gut 100 Meter geradeaus und dann an der großen Kreuzung schräg rechts. Mindestens 50 Meter lang ist die Reihe der konkurrierenden Blumenstände mit einem Meer aus bunten Pflanzen. Die Preise mögen etwas höher sein als bei einem gewöhnlichen Blumenstand an weniger prominenter Stelle, doch die freundlichen Verkäuferinnen, die fast alle Russinnen oder russischsprachige Lettinnen sind, und die angenehme Atmosphäre laden zum Kauf ein.

Russisch-orthodoxe Kathedrale

Vom Blumenmarkt ist es nicht weit zur dritten Kathedrale von Riga: Die russisch-orthodoxe **Christi-Geburts-Kirche** liegt auf der nordwestlichen Seite des Brīvības bulvāris (Nr. 23). Das mächtige Gotteshaus mit den charakteristischen Zwiebeltürmen, einst auch **Alexander-Newskij-Kathedrale** genannt, dominiert seine Umgebung. Es wurde noch im 19. Jh., also zur Zarenzeit, im neobyzantinischen Stil erbaut und war die größte orthodoxe Kirche des Baltikums. Im Ersten Weltkrieg wandelten die deutschen Besatzungstruppen das Gebäude kurzerhand in eine evangelische Kirche um. In der Zwischenkriegszeit wurde die Kirche wieder russisch-orthodox, doch mit der Eingliederung in die Sowjetunion war es schon wieder vorbei mit der freien Religionsausübung. Anfang der 1960er Jahre wurde der spirituelle Ort zu einem **Planetarium** umfunktioniert. Bis heute nennen viele Bewohner das Gebäude umgangssprachlich *Planetarijs*. 1991 schließlich konnte die Kathedrale ihre ursprüngliche Rolle wieder übernehmen.

Der wie immer bei orthodoxen Kirchen rundliche Innenraum ohne Sitzbänke ist von enormer Größe und Höhe und mit großen Kronleuchtern bestückt. Ein besonderes Erlebnis ist es, einem Gottesdienst beizuwohnen. Dabei sind aber Rücksicht, Unauffälligkeit und Respekt oberstes Gebot. Wer sich leise hineinschleicht, während eine Messe in Gange ist, und von hinten das Geschehen beobachtet, stört die Gläubigen nicht und erhält einen eindrucksvollen Einblick in die von den evangelischen und katholischen stark abweichenden Zeremonien der orthodoxen Christen: Der intensive Geruch, der monotone, aber einnehmende Gesang, die Ergebenheit der Gläubigen, die sich immer und immer wieder vor Gott verbeugen, schaffen eine ganz besondere Atmosphäre.

Sehenswert sind auch die 24 großen, goldenen Ikonen, die im Altarraum die Ikonostase bilden. Über den Altar selbst wölbt sich ein mächtiger Bogen mit der russischen Aufschrift: „Christus ist auferstanden.“ In Riga, wo gut die Hälfte der Einwohner dem russisch-orthodoxen Glauben angehört, ist die Kathedrale eine genau so wichtige Kirche wie der evangelisch-lutherische Dom in der Rigaer Altstadt.

■ **Kristus Piedzimšanas pareizticīgo katedrāle,** Eintritt frei, Spende erwünscht.

Regierungsviertel

Hinter der orthodoxen Kathedrale erstreckt sich der schöne Park **Esplanāde.** Hier und im gegenüber liegenden Wöhrmannschen Garten tummeln sich Spaziergänger, sobald auch nur einige Sonnenstrahlen auf Riga scheinen. Der Esplanāde-Park wurde von einem Deutschen namens *Georg Kuphaldt* entworfen, der während des Ersten Weltkriegs als angeblicher Spion aus seiner Heimat verbannt worden war. Direkt gegenüber der Christi-Geburts-Kirche liegt der gewaltige, wenn auch nicht allzu schmuckvolle Komplex des **Ministerrates der Republik Lettland** sowie des **Justizministeriums.**

Radisson Blu Hotel Latvija

Wenige Meter weiter liegt an der nächsten Kreuzung, wo der Brīvības bulvāris in die Brīvības iela übergeht, das *Radisson Blu Hotel Latvija* mit der *Skyline-Panoramabar* in der 26. Etage (siehe „Bars, Pubs und Klubs"). Das in den 1960er und -70er Jahren aus dem Boden gestampfte Gebäude war einer der ersten Wolkenkratzer Lettlands und galt als Pioniertat.

Jugendstilviertel

Am *Radisson Blu Hotel Latvija* zweigt die **Elizabetes iela** links vom Brīvības bulvāris ab und führt geradewegs zu dem einzigartigen Jugendstilensemble Rigas. Die prächtigsten Gebäude stehen innerhalb des kleinen, unregelmäßigen Vierecks, das von den Straßen Elizabetes iela, Antonijas iela, Alberta iela und Strēlnieku iela gebildet wird. Kurz vorher, an der Elizabetes iela 10b, sticht das **Maskenhaus** hervor. Es wurde von zwei deutschen Architekten aus Leipzig entworfen und bleibt durch die beiden gro-

Riga als europäische Hauptstadt des Jugendstils

Es ist erstaunlich: Jeder kennt ihn, er ist auch heute noch in vielen europäischen Städten sehr präsent, und doch ist der Jugendstil eine Kunstrichtung, die im Gegensatz zu den großen Stilen anderer Epochen wie Renaissance oder Barock nur eine sehr kurze Lebensdauer hatte: Kurz vor und direkt nach der Wende vom 19. zum 20. Jahrhundert entstanden Kunstwerke aller Art im Jugendstil. Danach war es damit sehr schnell wieder vorbei und andere Einflüsse bemächtigten sich der Kunstszene. Dass der Stil bis heute allgegenwärtig ist, liegt an seiner großen Verbreitung: Der Jugendstil fand nicht nur in Architektur und Malerei Anwendung, sondern auch Möbel, Schmuckstücke, Geschirr und viele andere Gegenstände des täglichen Bedarfs wurden nach Art des Jugendstils gestaltet.

Um das Jahr 1880 bildete sich zunächst in London und dann sehr schnell auch in den deutschsprachigen Gebieten eine Gruppe von Künstlern heraus, die mit dem Historismus der vorangegangenen Jahrzehnte nichts mehr zu tun haben wollte. Klassizismus, Neobarock – alle existierenden Moden schienen ihnen nur lauwarme Aufgüsse vergangener Epochen zu sein. Sie entwickelten einen eigenen Stil, dem natürlich auch eine tiefer gehende Philosophie zu Grunde lag. Man wollte sich von den starren Formen der Vergangenheit verabschieden. So gehen die Elemente etwa in einer Jugendstil-Fassade ineinander über: Die Figuren und Gesichter, die reichen Ornamente, die oft hohen Ziergiebel – nichts ist so richtig voneinander getrennt. Man wehrte sich ganz bewusst gegen starre Formen: Der Grundriss eines Gebäudes musste keineswegs rechteckig sein. Warum nicht eine Rundung hier und da oder gleich eine völlig asymmetrische Form wie bei der berühmten Kirche Sagrada Familia von *Antoni Gaudí* in Barcelona? Bunt und durchaus verspielt durften, ja sollten die Kunstwerke sein. Schließlich war es auch wichtig, dass keine hohe Kunst für die Elfenbeintempel dieser Welt geschaffen wurde, sondern Bauwerke und Gegenstände für die Menschen, für den Alltag – um darin zu wohnen, daraus zu essen oder seine Blumen hineinzustellen.

2a

Der Name „Jugendstil", zurückgehend auf die Münchner illustrierte Kulturzeitschrift „Die Jugend", war hauptsächlich im deutschsprachigen Raum und eben in Lettland gebräuchlich (und ist es bis heute). Die Österreicher nannten ihn „Secession", die Franzosen „Art Nouveau", die Engländer „Modern Style" und die Spanier „Modernismo". Neben dem bereits erwähnten Spanier *Gaudí* ragen die Namen des Belgiers *Henry van de Velde* und des Wiener Malers *Gustav Klimt* aus dieser Zeit besonders hervor. Weltberühmt sind auch die kunstvoll-verspielten Eingänge der Metro in Paris. Österreich-Ungarn wurde wie kein anderes Herrschaftsgebiet von dieser Kunstrichtung geprägt, wovon zahlreiche Fassaden in Budapest, Prag und auch Wien noch heute zeugen. In Riga waren aus Deutschland „importierte" Künstler wegweisend für die Errichtung der meisten Jugendstil-Bauten.

Es wird wohl ein Geheimnis bleiben, warum dem Jugendstil nur eine so kurze Blütezeit beschieden war. Wahrscheinlich war es einfach so, dass diese Richtung keine künstlerische Fortentwicklung fand und gewissermaßen in einer Sackgasse steckte. Moderne Strömungen wie der Expressionismus bildeten schnell die neue Avantgarde und ließen den Jugendstil auf einem Nebengleis zurück. Dort entwickelte dieser sich allerdings ganz prächtig. Es gibt sogar in neuester Zeit wieder Künstler, die wichtige Elemente des Jugendstils aufgreifen. Einer von ihnen war der 1999 verstorbene Österreicher *Friedensreich Hundertwasser*. Seine Kunstwerke, etwa der komplett umgestaltete Bahnhof von Uelzen oder das Hundertwasserhaus in Wien, machen den Jugendstil wieder lebendig oder rufen ihn zumindest in Erinnerung.

In ganz Europa gehören die Jugendstilgebäude bis heute zu den größten Attraktionen der jeweiligen Städte. Das Ensemble von Riga – auf der UNESCO-Welterbeliste stehend – ist als größtes seiner Art aber ein ganz besonderes.

2a

ßen Steinmasken über dem Eingangsportal in Erinnerung.

Die **Alberta iela** kann als Hauptstraße des Jugendstils bezeichnet werden. In ihr reiht sich ein fantastisch verziertes und beeindruckendes Haus ans nächste. Die 14 Gebäude der Straße entstanden in der erstaunlich kurzen Zeitspanne von 1901 bis 1908.

Der legendäre Architekt *Michail Eisenstein,* Vater des sowjetischen Regisseurs *Sergej Eisenstein,* schuf das Haus mit der **Nummer 2a**. Es verbindet den Jugendstil mit Neoklassizismus und ägyptischen Elementen, denn **zwei mächtige Sphinxe** bewachen den Eingang. Die schöne Fassade erhebt sich höher als das Haus selbst: Hinter den Fenstern im oberen Stockwerk ist einfach nur Luft. An der Hausfront fallen außerdem noch die zwei „Sieges-Skulpturen" auf. Eine von ihnen streckt einen Lorbeerkranz, die andere eine Siegesfackel in die Luft. Das Gebäude wurde wie viele andere in der Umgebung in den 1990er Jahren grundlegend restauriert. Das Haus mit der **Nummer 4** stammt ebenfalls von Eisenstein, der fast eigenhändig die wichtigsten Gebäude des gesamten Viertels projektierte. Die reich geschmückte Fassade besticht durch ihre drei oberen Fenster, die wie riesige Schlüssellöcher aussehen.

Eisenstein zeichnete auch für die Häuser mit den Nummern 6 und 8 verantwortlich. Das Rätsel, warum die am raffiniertesten verzierten Gebäude auf der Straßenseite mit den geraden Hausnummern stehen und warum nur auf jener Seite ein schöner Grünstreifen zu finden ist, klärt sich bei genauerer Beobachtung: Es ist die Sonnenseite der Alberta iela. Die andere Seite liegt häufiger und

länger im Schatten. Interessant zu beobachten ist der Eklektizismus der Jugendstilgebäude, die Elemente verschiedener Kunstepochen in sich vereinigen. Auch regionale Akzente wie die volkstümlichen lettischen Verzierungen an der Alberta iela 8 sind vorhanden.

Herausragend in dem beschriebenen Viereck ist auch das **Schwedenhaus** in der Strēlnieku iela 4a.

⌂ Das Maskenhaus – eines der berühmten Jugendstilgebäude in der Rigaer Neustadt

Weitere Sehens-
würdigkeiten im Zentrum

Zentralmarkt

Hinter dem Hauptbahnhof (Centrālā stacija) und direkt gegenüber dem Busbahnhof (Autoosta) dominieren fünf große, weiße Hallen das Stadtbild, vier davon parallel zueinander stehend und eine quer. Es handelt sich um ehemalige **Hangars für Zeppeline,** die einst in Riga gebaut wurden. Heute sind es **riesige Markthallen,** die Touristen faszinieren und für viele Einheimische zum Alltag gehören: Der Zentralmarkt ist der größte Lebensmittelmarkt Lettlands und war in der Zwischenkriegszeit, als er entstand, sogar lange Jahre der größte und modernste Markt in ganz Europa.

Die Hallen sind miteinander verbunden, sodass die Käufer niemals das hoch gewölbte Dach über dem Kopf verlassen müssen. Jede der Hallen hat Verkaufsstände mit einem bestimmten Warenangebot. So gibt es in einem Hangar **Fleisch,** in einem **Milchprodukte,** in einem **Fisch** und in einem weiteren eine gemischte Warenwelt mit verschiedenen Lebensmitteln. Hinzu kommen Süßigkeiten, Imbisse mit frisch gebratenen *Tscheburaki* oder *Pelmeni,* Apotheken, kleine Kioske mit Dutzenden Zigaretten- und Zigarrenmarken, Kosmetikstände sowie allerlei weitere Angebote. Das **Obst** strahlt auf den unendlich scheinenden Theken in allen nur denkbaren Farben, die Frische der Fische wird dadurch demonstriert, dass sie noch beim Verkauf zappeln, und die meist russisch sprechenden Marktfrauen und -männer (natürlich müssen sie auch Lettisch können, auch wenn die Mehrheit der Kunden ebenfalls russisch zu sein scheint) lassen auf freundliche Weise niemanden unbehelligt, der auch nur ansatzweise Interesse an den Produkten zu zeigen scheint. Dies alles schafft eine einzigartige Atmosphäre.

Während niemand die Faszination der Hallen bestreiten wird, gehen die Meinungen der Rigaer über die Einkäufe hier auseinander. Die einen schwören auf die Qualität und die schier unerschöpfliche Auswahl, andere beklagen die ihrer Ansicht nach überzogenen Preise. Auf jeden Fall findet jeder, der durch die unzähligen Gänge schlendert (und ständig von eiligen Käufern angerempelt wird, wenn er sich nicht ihrem Tempo anpasst), hier ein echtes Stück Rigaer Lebens und erhält nebenbei noch einen guten Eindruck davon, was bei den Menschen zu Hause auf den Tisch kommt.

Schöne Mitbringsel von den Markthallen sind **Honig direkt vom Imker** aus

911b mk

dem ganzen Land, der an mehreren Ständen feilgeboten wird, der scharfe **Kräuterlikör** *Rīgas balzams* oder Mittel zur **Körperpflege** aus eigener Produktion – schließlich wird Lettland von vielen als das Land der edlen Seifen geschätzt. Ein **Imbissstand** steht in der Halle mit Fleischwaren und heißt *Bistro Krasts.*

Unter freiem Himmel, im Bereich vor den riesigen Hallen, hat sich ein Markt etabliert, der etwas chaotischer und bescheidener aussieht als das Innenleben der Hangars. Hier wird neben Lebensmitteln vor allem **günstige Kleidung** verkauft, meist Billigmarken oder Kopien bekannter Labels.

■ **Centrāltirgus,** Nēģu iela 7, Zugang über die Pragas iela, Tel. (6)7229985, www.centraltirgus.lv, täglich 7–18 Uhr. Parkplätze gibt es u.a. hinter dem Markt, aus dem Zentrum neben dem Bahnhof durch den Tunnel unter den Gleisen zur Straße Gogoļa iela, dann bei der Akademie der Wissenschaften rechts zum Markt.

Akademie der Wissenschaften

Was den Warschauern ihr Kulturpalast und den Moskauern die Lomonossow-Universität, das ist den Rigaern die nur einen Steinwurf vom Zentralmarkt entfernte Lettische Akademie der Wissenschaften: ein protziger, sandsteinfarbener Palast auf quadratischem Grundriss, der die Macht der stalinistischen, sowjetischen Epoche verkörpert. Daher verwundert auch nicht der Bauzeitraum von 1953 bis 1956: Zehn Jahre später wäre das „Geschenk der anderen Sowjetrepubliken an das lettische Volk“, wie es in der Propagandasprache hieß, nicht mehr in dieser Form entstanden. Die Fassade

weist neben kommunistischen Symbolen wie Hammer und Sichel auch lettische folkloristische Elemente auf. Ein großes Stalin-Porträt war auch vorgesehen, wurde aber zur Erleichterung vieler Letten nie realisiert.

Der Palast ist 108 Meter hoch. Damit war er der **erste Wolkenkratzer Lettlands** und blieb für lange Zeit das höchste Gebäude der Stadt. Er wird stufenweise nach oben hin schmaler und endet in einer kleinen Spitze. Im Volksmund wurde er unter anderem „Stalins Geburtstagstorte“ genannt.

Im Zentrum von Riga erinnert auf den ersten Blick nicht mehr allzu viel an die stalinistische Vergangenheit der Stadt. Daher lohnt sich umso mehr eine genauere Besichtigung der Akademie, auch wenn sie bei den meisten Touristen nicht ganz oben auf der Liste steht. Man kann mit einem Fahrstuhl auf den **Aussichtsbalkon im 17. Stock** fahren und aus 65 Metern Höhe einen interessanten Blick auf die Altstadt genießen.

■ **Latvijas Zinātņu akadēmija,** Akadēmijas laukums 1, Tel. (6)7225361, www.panoramariga.lv, April–Nov. tägl. 9–22 Uhr, Eintritt 5 Euro.

◁ Abendstimmung auf dem Domplatz

Sehenswertes außerhalb des Zentrums

Fernsehturm und Daugava-Insel

Der Fernsehturm steht auf der **Insel Zaķusala** („Haseninsel") inmitten der Daugava und ist per Auto, aber auch sehr gut mit Trolleybus (am häufigsten verkehrt Linie 19) und Bus (Linie 40) zu erreichen (Haltestelle „Zaķusala" auf der Daugava-Brücke). Auch zu Fuß sind es nur 2 km vom Zentrum. Der Turm ist praktisch nicht zu verfehlen: In einem Umkreis von mehreren Hundert Metern stört kein einziges Gebäude die Sicht.

Von der am weitesten südlich gelegenen und längsten Daugava-Brücke (Salu tilts, die Verlängerung der zentralen Hauptstraße Lacpleša iela) führt eine schlechte, kleine Straße aus Betonplatten direkt am Fluss entlang zum Turm. **368 Meter** reckt er sich in die Höhe – genug, um den Fernsehturm am Berliner Alexanderplatz knapp zu übertrumpfen, wie eine Tafel im Eingangsbereich klar macht. Kein anderes Land in Europa kann mit diesen Ausmaßen mithalten. Mit seinen „Beinen", die schräg aufeinander zulaufen, sieht er aus wie eine sowjetische Weltraumrakete kurz vor dem Start.

Die wichtigste Funktion des leicht skurrilen Bauwerks ist die Ausstrahlung der Frequenzen für alle lettischen Radio- und Fernsehsender. Wenn der Turm ausfallen oder zusammenbrechen würde, hätte halb Lettland keinen Empfang mehr – ganz abgesehen von den Mobilfunknetzen, verschiedenen Navigations- und Kommunikationssystemen von Militär, Flugsicherheit, der Stadt Riga und

anderen wichtigen Institutionen. Doch so leicht wird der Turm nicht umfallen, denn er sitzt ganze 30 Meter tief in der Erde. Das soll ihn resistent machen gegen Erdbeben bis zur Stufe 8 auf der Richterskala. Da aber jeder noch so stabile Wolkenkratzer irgendwann zu wackeln beginnt, wurden in luftiger Höhe von 200 Metern schwere Pendel aufgehängt, welche die Schwingungen ausgleichen sollen. Damit trotzt der Tornis auch Winden in Orkanstärke.

Bereits in den 1970er Jahren begannen die Planungen für den Turm, doch erst 1986 konnte er in Betrieb genommen werden. Seine erste Sternstunde erlebte er beim Freiheitskampf 1991, als die Letten auf die Haseninsel eilten, wissend, dass sie von strategischer Bedeutung war. Denn hier steht außer dem Turm auch die Zentrale des staatlichen lettischen Fernsehens. Wer die Kontrolle über das Fernsehen gewann, entschied, was die Menschen in ganz Lettland zu sehen und hören bekamen. Nur wer auch den Fernsehturm in der Hand hatte, konnte die Ausstrahlung wirklich garantieren. Nicht zufällig kam es in der litauischen Hauptstadt Vilnius in eben jenem Jahr zu blutigen Auseinandersetzungen mit der sowjetischen Militärgewalt um den dortigen Fernsehturm.

Die Zeiten sind friedlicher geworden und eine freundliche und bereitwillig Auskunft gebende Angestellte fährt mit den Besuchern zusammen in Sekundenschnelle auf fast 97 Meter Höhe. Nur die Mitarbeiter fahren noch weiter hinauf. Der **Panoramablick** über ganz Riga in Verbindung mit dem Erleben dieses eigenartigen Turms ist großartig. Im Gegensatz zu den anderen Aussichtspunkten (St. Petrikirche, Akademie der Wissenschaften, *Radisson Blu Hotel Latvija*) steht man nicht mitten in Riga, sondern schaut aus einiger Entfernung auf das Zentrum und die anderen Stadtteile. Bei klarem Himmel reicht die Sicht bis nach Sigulda mit dem berühmten Schloss Turaida – ein Fernglas sollte also im Gepäck sein. Da stört es auch nicht, dass die Fenster ein wenig beschlagen oder schmierig sind – das Bedienen von Touristen gehört nicht zur Hauptbeschäftigung des Personals.

Die **Fahrt auf die Insel** lohnt sich auch ohne den Besuch des Fernsehturms. Direkt am Daugava-Ufer stehend, tut sich dem Betrachter das malerische Panorama des alten Riga mit dem glitzernden Fluss im Vordergrund auf – ein garantiertes Postkartenmotiv bei klarem Wetter. Besonders reizvoll ist es, am Anfang oder am Ende des Riga-Besuchs herzukommen, um entweder einen ersten Überblick oder einen schönen Rückblick auf die Stadt zu erhalten.

■ **Televīzijas tornis,** Tel. (6)7108643, Besichtigung der Aussichtsebene Mai–Sept. tägl. 10–20, Okt.–April Mo–Sa 10–17 Uhr, Eintritt 3,70 Euro.

Motormuseum

Eine kleine Perle unter den Rigaer Museen ist das wenige Kilometer außerhalb im Nordosten gelegene Motormuseum, das ganz angemessen neben einem großen, modernen Autohaus in einer Sporthalle liegt, in der mehrere Sportklubs und Fitness-Studios in Betrieb sind.

Gegründet wurde die Ausstellung 1989 noch zu Sowjetzeiten. Auf zwei Etagen wird hier eine beachtliche Anzahl an **faszinierenden Autos** präsentiert – von den ersten Anfängen der Motorisierung bis hin zu Flitzern und Nobelkarossen vom Ende des 20. Jh. Insgesamt 100 Exponate zählt die Schau, darunter einige Motorräder und Fahrräder. Selbst Menschen, die sich nicht als Auto-Narren bezeichnen würden, kommen hier aus dem Staunen nicht heraus. Bei der Gelegenheit lernen sie noch eine ganze Menge über die Geschichte des Automobils. Die deutschen Klassiker von *Horch* aus Zwickau und *Opel* bis hin zum *BMW* der 1980er sind ebenso dabei wie die amerikanischen Legenden *Buick, Chrysler* und *Chevrolet*.

Besonders spannend ist der **Schwerpunkt Sowjetunion:** Wie kamen die kommunistischen Bonzen in Moskau in den 1930er Jahren zu ihren ersten Luxusautos aus dem Westen? Was fuhr *Stalin* am liebsten (in einem der Wagen sitzt eine lebensgroße Stalin-Puppe auf dem Rücksitz), welchen „imperialistischen" Autos konnte Außenminister *Molotow* nicht widerstehen? Wann bauten die Sowjets erstmals ihre eigenen Oberklassewagen? Und warum saß Staats- und Parteichef *Breschnew* selbst am Steuer seines *Rolls Royce,* als er 1980 in Moskau einen Auffahrunfall verursachte? (Man sieht *Breschnew* mit aufgerissenem Mund tatsächlich vorn im verbeulten Auto sitzen.)

Neben normalen Straßenfahrzeugen sind auch die ersten **Rennwagen** zu sehen. Dazu kommt der Bericht des deutschen Rennfahrers *Bernd Rosenmeyer,* der 1937 auf einer deutschen Autobahn den Geschwindigkeitsrekord brach, aber „leider bei seinem Rekordversuch ums Leben kam". Sein Fahrzeug ist ebenfalls zu sehen.

Im Museum erzählt man sich, dass die weiblichen Besucher nach einer halben Stunde alles gesehen haben, während die Männer mindestens die dreifache Zeit brauchen. Doch man sieht auch viele Frauen gebannt vor den edlen Gefährten stehen – ebenso wie Kinder, auf die das Motormuseum eine besondere Faszination ausübt.

■ **Motormuzejs**, S. Eizenšteina iela 6, Tel. (6)702 5888, www.motormuzejs.lv, täglich 10–18 Uhr. Das Motormuseum wurde nach mehrjährigen Renovierungsarbeiten 2016 wieder eröffnet. Eintritt 10 Euro, Familien (Eltern mit bis zu 4 Kindern) 20 Euro. Beste Verbindung mit Bus Nr. 5 (Haltestellen an den Markthallen hinter dem Hauptbahnhof und an der Dzirnavu iela) bis Haltestelle „Motormuzejs". Dort hält auch der Bus Nr. 15, er fährt aber nicht ins Stadtzentrum.

⌂ Im Motormuseum

Freilichtmuseum

In der gleichen Richtung wie das Motormuseum, aber noch einige Kilometer weiter stadtauswärts an der Ausfallstraße Brīvības gatve Richtung Nordosten liegt das große Ethnografische Freilichtmuseum, das bereits seit 1924 existiert und bis zum heutigen Tag ständig um neue Gebäude und Elemente bereichert wird. Hier kann man in einem mindestens zweistündigen Spaziergang die vier großen lettischen Regionen und ihre Geschichte kennenlernen. Viele planen aber auch gleich einen halben Tag für die Erkundung dieses „Miniatur-Lettlands" ein, das auf sympathische Weise (noch) keine glatt polierte, kommerzorientierte Touristenattraktion ist, sondern erstaunlich bescheiden, fast unauffällig daherkommt.

In die Landschaft gebaut sind **kleine Siedlungen** mit Wohnhäusern, Ställen,

Brunnen, Kirchen, Windmühlen und Speichern, meist aus dem 19. Jh., genau so, wie sie damals in Kurland, Livland, Lettgallen und Semgallen üblich waren (auch wenn es recht schwer ist, die regionalen Unterschiede in Bauweise und Arrangement der Siedlungen auszumachen). Im Sommerhalbjahr sind die Häuser mit ihren authentisch eingerichteten Innenräumen zur Besichtigung geöffnet.

Neben Wohnhäusern finden sich vor allem Arbeitsgebäude von **Bauern und Handwerkern.** Darin demonstrieren den alten Zeiten entsprechend gekleidete und ausgerüstete **Schmiede, Imker, Töpfer, Müller** und 14 andere Berufsgruppen den Besuchern ihre Kunst. Die Werkzeuge der Bauern und Handwerker sind ebenso zu begutachten wie Haushaltsgeräte. Der Blick ins großzügig mit mehreren Räumen eingerichtete **Badehaus,** die klassische lettische Sauna (*pirts*), lässt erahnen, dass selbst im ländlichen Lettland das Leben neben harter Arbeit auch zu jenen Zeiten Annehmlichkeiten zu bieten hatte.

Der Eindruck, den man hier vom traditionellen Leben gewinnt, wird durch Auftritte von **Volkstanz- oder Gesangsgruppen** ergänzt. Sonntags wird die **Usma-Kirche** zum lebendigen Haus, wenn darin Gottesdienste abgehalten werden.

Unglaubliche 100.000 Ausstellungsstücke sind nach Angaben der Betreiber im Museum zu bewundern. Wer alles anschauen will, sollte also ausreichend Zeit mitbringen. Angenehm ist auch der Spaziergang am **Ufer des Juglas-Sees,** das zum Gelände gehört. Der romantische Steg, die alten Häuser, die Enten und Schwäne und die sanften Hügel würden den Betrachter in eine andere Zeit versetzen – wäre da nicht der Blick auf die Hochhäuser am gegenüberliegenden Ufer und das leise Dröhnen der Motoren auf der nahen Brīvības gatve.

Wer in der passenden Atmosphäre noch ein wenig die gewonnenen Eindrücke sacken lassen will oder vom vielen Laufen hungrig geworden ist, kann im traditionellen und urigen „krogs" Halt machen. Das **Gasthaus** nahe dem Museumseingang bietet Getränke und einfache Speisen aller Art. An kühleren Tagen lockt eine heiße *Soljanka* oder eine Kohlsuppe direkt aus dem großen Kessel, dazu eine Scheibe dunklen, malzigen Brotes, und schon ist die verlorene Energie wieder hergestellt. Natürlich gehört auch ein kleiner Laden mit **Souvenirs,** schönen kunsthandwerklichen Artikeln wie Töpferwaren sowie Büchern, Heften, Postkarten und anderem zum Museum.

Man sollte rechtzeitig eintreffen, denn auch im Sommer schließt das Gelände, das von ungefähr 100.000 Menschen jährlich besucht wird, bereits um 17 Uhr seine Tore. Ein Besuch des Museums empfiehlt sich auch für Autoreisende, die gar nicht nach Riga hinein wollen, sondern deren Weg nur die Hauptstadt kreuzt. Man kann im Vorbeifahren einen kleinen Abstecher machen, ohne allzu sehr in den dichten Stadtverkehr gezogen zu werden.

■ **Brīvdabas muzejs,** Brīvības gatve 440, Tel. (6)7994106, www.brivdabasmuzejs.lv (Informationen auf Englisch mit aktuellen Veranstaltungshinweisen), 10–17, in der Sommersaison zusätzlich 17–20 Uhr (ab 17 Uhr günstiges Abendticket), Eintritt 4 Euro, Familien 8,50 Euro. Ein Prospekt, auch auf Deutsch, informiert über die Route und darüber, welches Gebäude welche Rolle spielt. Anfahrt mit Bus Nr. 1 vom Hauptbahnhof, ca. 30 Min., Haltestelle „Brīvdabas muzejs".

Riga und Umgebung

2a

Kaiserwald

Wer per Auto das Motormuseum oder das Freilichtmuseum besucht hat, kann auf dem Rückweg einen kleinen Abstecher zum Kaiserwald machen und nicht auf der Brīvības iela direkt in die Stadt zurückkehren. Man fährt einige Hundert Meter weiter stadtauswärts und biegt dann links ab, um am **Ufer des Sees Ķīšezers** entlang in einem recht großen Bogen wieder das Zentrum anzusteuern.

Zunächst taucht auf der anderen Seite des Sees eine große Werft am Horizont auf. Wenige Minuten später ist die Werft bereits erreicht – ein wichtiges, wenn auch nicht eben schönes Industriegelände der größten Hafenstadt des Baltikums. Weiter Kurs aufs Zentrum nehmend, kommt man an dem mit 400 Hektar Fläche riesigen Kaiserwald vorbei, einer **weitläufigen Grünanlage**, etwa fünf Kilometer vom Herzen der Metropole entfernt. Der Weg zum Haupteingang führt am Ende der Straße nach links und dann auf der Meža prospekts entlang, während das Zentrum nach rechts ausgeschildert ist.

Vom Eingang aus führt ein breiter, langer **Fußgänger-Boulevard** mit schicken Laternen zu beiden Seiten und zahlreichen Sitzbänken tief in den **Mežaparks** hinein. Zwei Seitenwege führen an das Ufer des Ķīšezers-Sees. Mehrere große **Kinderspielplätze** und der Rigaer Zoo (s.u.) sorgen dafür, dass die Grünanlage zum Ausflugsort Nummer eins für Familien, Pärchen, Senioren und eigentlich alle anderen Bewohner der Großstadt geworden ist. Im Sommer lockt außerdem ein beachtliches **Amphitheater** (Mežaparka Lielā estrāde),

das 1955 im sozialistischen Stil gebaut wurde und Platz bietet für bis zu 25.000 Zuschauer. Die Bühne ist ausgelegt für monumentale Chöre von mehreren Tausend Sängern sowie Ensembles mit Hunderten von Tänzern. Der Weg zu dieser Freiluftbühne führt vom Boulevard aus einen knappen Kilometer bis zur ersten großen Kreuzung, dann weiter geradeaus einen halben Kilometer auf einer Waldallee und schließlich noch ein kleines Stückchen nach links.

Der Mežaparks hat eine noble Geschichte, denn niemand anderes als **Zar Peter I.** („der Große") erließ die Anweisung, einen Park für die „Rigaer Gesellschaft" zu errichten. Peter inszenierte sich als Mann des Volkes, denn die Grünanlage war nach seinen Worten „besonders für die weniger Wohlhabenden und für diejenigen, die keine eigenen Sommerhäuser besitzen" vorgesehen. Das war Anfang des 18. Jh. Schon vorher trug der Wald aber den Beinamen „königlich", weil der Schwedenkönig *Gustav Adolf* hier 1621 vor dem Angriff auf Riga sein Lager aufgeschlagen hatte. Im 20. Jh. – noch unter russischer Herrschaft und dann auch während der lettischen Unabhängigkeit bis 1940, wurde die Gegend rund um den Mežaparks zu einem **schicken Wohnviertel** mit einer Reihe von Villen und exklusiven Wohnhäusern.

Wer sich in den Nebenstraßen nahe dem Haupteingang umschaut, wird auch heute noch eine gediegene Atmosphäre der gehobenen Klasse mit einer Reihe schöner Gebäude vorfinden. Die Sowjets schufen neben der Freiluftbühne eine über den Park verteilte Ausstellung, in der die angeblichen „Errungenschaften der Volkswirtschaft der lettischen Sowjetrepublik" zelebriert wurden. Auch ein Restaurant und ein Hotel liegen im Park.

■ **Mežaparks,** Meža prospekts, Tel. (6)755 7988, Bus Nr. 9 vom Hauptbahnhof, Haltestelle „Saules Dārzs" und Straßenbahn Nr. 11 vom Hauptbahnhof, Haltestelle „Visbijas Prospekts", www.scmezaparks. lv mit Informationen zu einem Hotel am See mit Café und Bar, aber auch mit Tennisplätzen (Tennis 6 Euro/Stunde, sonntags 10 Euro/Stunde), Sporthalle (40 Euro pro Stunde) und Fitness-Studio (5 Euro pro Besuch), die jeder nutzen kann.

Zoo

Der **Nationale Zoologische Garten** von Riga am Eingang zum Mežaparks ist eine weitere Attraktion für Kinder und Familien. Nach Angaben der Betreiber sind hier 443 verschiedene Tierarten zu bewundern, davon 98 Säugetier-, 91 Vogel-, 110 Amphibien- und Reptilien- sowie 78 Fischarten und 66 wirbellose Spezies. Rund 140 von ihnen bekommen jedes Jahr Nachwuchs, gewissermaßen vor den Augen der Zuschauer. Zu den prominentesten Bewohnern des 1912 eröffneten Tiergartens gehören der sibirische Tiger, der Grauwolf, Wildschweine, Rotfüchse, Braunbären, Lamas, Luchse, Dachse und Vielfraße. Außerdem steht den Besuchern ein Giraffenhaus offen. Ein Elefantenhaus ist in Vorbereitung.

Für Kinder gibt es **Tiere zum Anfassen** – nicht nur Schafe oder Ziegen, sondern auch das eine oder andere Reptil kann in die Hand genommen werden. Der Zoo preist sich selbst dafür, dass viele der wilden Tiere unter Bedingungen gehalten werden, die ihrer Natur nah sind. Eine Herde von Kiangs – eine tibetanische Pferdeart – bevölkert zusammen mit ungarischen Kühen einen Bereich von 30 Hektar inklusive Hügeln, Waldstücken und einem natürlichen Teich.

Im Zoo kann man ohne weiteres eine bis zwei Stunden oder sogar mehr Zeit verbringen. Sympathisch: Man darf sein eigenes **Picknick** mitbringen und es an einem der Rastplätze ausbreiten und verzehren.

■ **Rīgas Nacionālais zooloģiskais dārzs,** Meža prospekts 1, Tel. (6)7518409, www.rigazoo.lv, tgl. 10–19 Uhr, Mitte Oktober bis Mitte April tgl. 10–17 Uhr, die Kasse schließt jeweils eine Stunde früher, Eintritt 6 Euro, Kinder 4 Euro, Familien (2 Erwachsene, 2 Kinder) 17 Euro, Anfahrt wie zum Kaiserwald, s.o.

Brüderfriedhof

Zwischen dem Kaiserwald und Rigas Zentrum liegt der Brüderfriedhof, der für die Letten eine **große nationale Bedeutung** hat. Es ist mehr als ein Militärfriedhof, denn neben Tausenden Gefallenen der beiden Weltkriege sind hier auch diejenigen Letten bestattet worden, die beim **nationalen Freiheitskampf** nach dem Ersten Weltkrieg ihr Leben gelassen haben. In der Phase der ersten lettischen Unabhängigkeit entstand das Projekt für diesen Ort, geleitet von der lettischen Bildhauer-Legende *Kārlis Zale*, dem selben Mann, der auch die Freiheitsstatue entworfen hat. Das große Eingangsportal, das ständige Feuer auf der Ehrenterrasse, mehrere Skulpturen, die beeindruckende Statue der „Mutter Lettland" und die Alleen unterstreichen den hohen symbolischen Rang des Friedhofs.

Die Sowjets bestatteten nach dem Zweiten Weltkrieg hier Soldaten der Roten Armee und wichtige politische Persönlichkeiten. Nach der Wiedererlangung der Freiheit wurden deren Gebeine von den Letten aber umgebettet, denn sie passten ihrer Ansicht nach nicht zu dem Geist des Ortes.

■ **Brāļu kapi,** Aizsaules iela 1b, Straßenbahn Nr. 11, Haltestelle „Braļu kapi", dieselbe Linie fährt weiter zum Kaiserwald.

Andrejsala

Das **Hafengebiet** Andrejsala an der Daugava, nur zwei Kilometer von der Altstadt entfernt und z.B. vom Turm der Petrikirche auszumachen, entwickelte sich zu einem Treffpunkt für Künstler und Kreative aus der alternativen Rigaer Szene. Es entstanden Ateliers und Studios. Auch die Politik begann, sich für die Landzunge zu interessieren: 2009 beschloss der Stadtrat einen weitgehenden Entwicklungsplan für Andrejsala, durch den das Hafenviertel zu einer „ästhetischen, multifunktionalen, urbanen Umgebung mit Architektur der Spitzenklasse" werden sollte. In jüngster Zeit ist von einer Entwicklung allerdings nichts zu spüren. Das Viertel wirkt heruntergekommen mit lediglich einer alten Fabrik und einem Getränkeverkauf aus der Lagerhalle. Ob es bald den entscheidenden Schub für Andrejsala geben wird, steht derzeit in den Sternen.

■ **www.andrejsala.lv,** mit vielen Informationen rund um das Viertel.

Daugava-Insel Ķipsala

❀ Die kleine Insel liegt vom Zentrum aus gesehen schon beinahe auf der anderen Seite des Flusses. Zu ihr führt die große Straße Krišjāņa Valdemāra iela über die Brücke Vanšu tilts, direkt am nördlichen Ende der Altstadt. Neben dem **Rigaer Campingplatz** findet sich auf der ruhigen Insel eine ganze Reihe hübscher alter **Holzhäuser** mit kunstvoll geschnitzten Fassaden. Manche Bauten sind verwittert, andere bereits restauriert. Einige Letten und Ausländer mit finanziellen Mitteln haben hier auch ansehnliche Neubauten errichtet.

Am besten nimmt man sich im Zentrum Rigas ein **Fahrrad** und erkundet auf diese Weise das Eiland (auf der Brücke gibt es einen Radweg). Der Abzweig von der Brücke zur Insel (dort steht ein großes Einkaufszentrum mit Supermarkt) liegt auf der Fahrradstrecke, die an der Bahnlinie entlang zu den Stränden von Jūrmala führt. Der Rundweg kann also gut in einen Jūrmala-Ausflug integriert werden. Auch für einen Spaziergang ist die Insel geeignet, zu Fuß sind es vom Zentrum etwa 15 Minuten.

Informationen

■ **Touristeninformation,** Schwabe-Haus (Švābes nams) am Rathausplatz, Rātslaukums 6, Tel. (6)7037900, www.liveriga.com, tägl. 10–18 Uhr, Mai–September tägl. 9–19 Uhr.
■ **Filiale im Flughafen (Lidosta):** Erdgeschoss (Hinweis: In Lettland wird das Erdgeschoss als die 1. Etage bezeichnet) bei den Ankünften im Sektor E, Tel. 29311187, wtr@riga-airport.com, tägl. rund um die Uhr.

■ **Filiale im Busbahnhof:** Prāgas iela 1, Tel. (6)7220555, info@rigatic.lv, tägl. 10–18 Uhr, Mai–September tägl. 9–19 Uhr.

■ **Touristen-Information in der Altstadt,** nahe dem Livenplatz: Kaļķu iela 16, Tel. (6)7227444, info@rigatic.lv, tägl. 10–18 Uhr, Mai–September tägl. 9–19 Uhr.

Im Internet

■ **www.rigathisweek.lv,** sehr nützliches Online-Magazin mit sehr vielen aktuellen und allgemeinen Informationen.

Stadtführungen und Ausflüge

Buchungen von Ausflugsfahrten bei den Touristeninformationen, außerdem u.a. bei:

■ **Ltd. Amber Way,** 2-Stunden-Tour durch Riga mit deutschem Audioguide über Kopfhörer, 15 Euro. Weitere Angebote wie z.B. geführter Altstadtspaziergang oder Bus- und Spaziertouren mit lettischem Essen. Jeden Samstag Fahrt zum Schloss Pilsrundāle bei Bauska. Infos: www.sightseeing.lv. Start ist jeweils am Opernhaus, Tickets gibt es beim Fahrer.

Für Behinderte

Kaufhäuser, Hotels sowie öffentliche Einrichtungen wie Bahnhöfe und Ämter sind inzwischen sehr häufig behindertengerecht eingerichtet. Es gibt aber immer noch beispielsweise Museen mit vielen für Rollstuhlfahrer unüberwindlichen Stufen. Gleiches gilt für viele öffentliche Verkehrsmittel. Sogar einige Hotels sind noch nicht auf Behinderte eingestellt. Zu Sowjetzeiten hatten es Rollstuhlfahrer wegen mangelnder Einrichtungen besonders schwer, sich selbständig fortzubewegen. Noch heute sieht

man sie seltener im Straßenbild als etwa in einer westeuropäischen Großstadt. Die Bedingungen haben sich aber bereits massiv verbessert.

Interessante Adressen

■ **Goethe-Institut Riga,** Torņa iela 1 (Altstadt, Eingang von Klostera iela), Tel. (6)7508194, www.goethe.de/riga, geöffnet Mo–Fr 8–20, Sa 9–16 Uhr, unter anderem mit Lesesaal und Ausleihe deutscher Bücher und Zeitungen.

■ **Deutsch-Baltische Industrie- und Handelskammer,** Kronvalda bulvāris 3-12, Tel. (6)7320718, www.ahk-balt.org, mit Informationen für Messebesucher und regelmäßigen Stellenangeboten und/oder Praktikumsplätzen.

■ **Lettische Freundschaftsgesellschaft mit Deutschland** (Latvijas un arzemju draudzibas biedrbu savieniba), Vecpilsētas iela 3, 2. Korp., Tel. (6)7227256.

■ **Deutsch-Baltische Gesellschaft,** Aglonas iela 56, www.deutsch-balten.de, Tel. (6)7187250 (Vorsitzender Janos Danos).

■ **Deutsche Evangelische Kirche in Riga,** Gottesdienst in deutscher Sprache jeden ersten Sonntag im Monat um 13 Uhr in der Jesuskirche (Jēzus baznīcas iela, hinter dem Zentralmarkt), Auslandspfarramt der EKD, Pastor Markus Schoch, K. Valdemāra iela 7–9, Tel. (6)7211251, www.kirche.lv.

Post, Telekommunikation und Internet

Post

■ **Postzentrum Sakta,** Brīvibas bulvāris 32, Mo–Fr 7.30–19, Sa 9–15 Uhr, www.pasts.lv.

■ **Weitere Postämter im Zentrum:** Tallinas iela 4; Marijas iela 20; Brīvibas iela 152 (alle drei Mo–Fr 8–19, Sa 9–13 Uhr); Stacijas laukums (Bahnhof,

Origo-Supermarkt), Mo–Fr 7–21, Sa 9–20, So 10–20 Uhr.

Telefonieren

Telefonnummern für Riga haben in der Regel acht Ziffern und beginnen mit einer 6. In den langsam aussterbenden Telefonzellen wird fast immer eine Telefonkarte mit dem Aufkleber *Telekarte* benötigt, die überall in Läden, Kiosken und Postämtern erhältlich ist. Seltener ist auch der Einwurf von Münzen möglich.

Notruf- und Hilfsnummern
- **Allgemeiner Notruf:** 112.
- **Fundbüro:** (6)7086628.
- **bei Verkehrsunfall:** (6)7377000.
- **Medizinischer und Giftnotruf** (6)7042473.

Internet

Die meisten **Hotels** und **Hostels** sowie inzwischen auch fast alle **Cafés** und **Restaurants** bieten kostenloses WLAN, meistens als „WiFi" bezeichnet, und auch eine Gratis-Computerbenutzung an. Darüber hinaus gibt es in der gesamten Stadt viele Internetcafés (ab 1 Euro/Stunde, teilweise noch weniger), einige davon sind rund um die Uhr geöffnet.

- **Dualnet Café,** Peldu iela 17, Tel. (6)7814440, mit Bar und Drinks.
- **Virtual Travel Bureau,** Kaļķu iela 20, Tel. (6)7228228, täglich 9.30–0.30 Uhr, mit 70 Arbeitsstationen und anderen Multimedia-Angeboten auf drei Etagen.
- **Planeta Internet Café,** Vaļņu iela 41, Tel. (6)7220030, rund um die Uhr geöffnet.

Geld

Wie im ganzen Lande sind auch und besonders in Riga zahlreiche **Bankautomaten** vorhanden. Maestro-(EC-)Karten werden ebenso akzeptiert wie *Visa*- und andere Kreditkarten. Restaurants und Hotels nehmen ebenfalls mit einigen Ausnahmen Kreditkarten an. Wer übrigens von einem vorherigen Aufenthalt noch **alte lettische Lats** besitzt, kann diese bei der Nationalbank in Riga in Euro umtauschen (nur Scheine, keine Münzen). Diese Regelung hat keine Frist, wird also voraussichtlich noch viele Jahre bestehen.

Notfälle und nützliche Adressen

Botschaften

- **Deutsche Botschaft,** Raiņa bulvāris 13, Tel. (6)7085100, in dringenden Fällen auch Tel. 294 66456, www.riga.diplo.de. Erreichbarkeit Mo–Mi 8–17, Do 8–16.30, Fr 8–15 Uhr, Konsularabteilung Mo, Di, Do, Fr 8.30–11.30, Mi 14–16 Uhr.
- **Österreichische Botschaft,** Alberta iela 13, 7. Stock, Tel. (6)7216125, www.bmeia.gv.at/botschaft/riga.
- **Botschaft der Schweiz,** Elizabetes iela 2, Tel. (6)73383-51/-52/-53, www.eda.admin.ch/riga.

Apotheken

- **Mēness aptieka,** Audēju iela 16, Tel. (6)721 3340, in der Altstadt, rund um die Uhr geöffnet, www.menessaptieka.lv, mehrere weitere Filialen in Riga.
- **Ģimenes aptieka 33,** Ģertrūdes iela 54, Tel. (6)7282431, Mo–Fr 8–20 Uhr, in der Neustadt rund um die Jugendstil-Häuser.

Englischsprachige Ärzte

■ **Dr. Livija Caune,** Elizabetes iela 2, „World Trade Centre", 1. Etage, Tel. (6)7321980 und 29139115.
■ **Dr E. Tirans,** Bruninieku iela 67, Tel. (6)73 15594, Allgemeinmediziner.

Englischsprachiger Zahnarzt
■ **Smaidisim,** Audēju iela 6, Tel. (6)7228024.

Krankenhäuser

■ **ARS Clinic,** Skolas iela 5, Tel. (6)7201006 (Rezeption), (6)7201009 (24-Std.-Bereitschaft auf Englisch), (6)7201005 (Notfälle zu Hause), www.arsmed.lv.
■ **Krankenhaus für Traumatologie and Orthopädie,** Duntes iela 12/22, Tel. (6)7399300, www.tos.lv.
■ **Gailezers Krankenhaus,** Hipokrata iela 2, Tel. (6)7042400, www.aslimnica.lv.
■ **Stradins Krankenhaus,** Pilsonu iela 13, Tel. (6)7069600, www.stradini.lv.

Waschsalon

■ **Nivala,** Lāčplēša 21, Eingang von Akas iela, Tel. (6)7281346, 24-Stunden-Selbstbedienung.

Unterkunft

Das Angebot an Hotels, Hostels und Appartements in Riga ist groß und breit gefächert – und es wächst immer mehr. Durch die Konkurrenz steigt auch die Qualität. In vielen Fällen empfiehlt sich eine rechtzeitige Buchung per Internet, die oft sogar Preisnachlässe mit sich bringt. Bei den günstigeren Hostels ist Kartenzahlung nicht überall möglich.
    Weitere Übernachtungsmöglichkeiten findet man im Internet unter www.rigatourism.lv und

bei www.rigathisweek.lv. In ganz Lettland, aber besonders in Riga, gibt es eine Fülle von Gastgebern, die bei www.booking.com zu finden sind. Meist ist es sogar kein Problem, für denselben Tag spontan eine Übernachtung zu finden.

Obere Preiskategorie

Riga
15 MEIN TIPP: **Hotel Bergs**③, Elizabetes iela 83/85, Tel. (6)7770900, www.hotelbergs.lv. In der modernen Boutiquen-Passage *Berga Bazars* sehr elegant gelegen mit geräumigen Zimmern und Suiten. Preise inkl. Fitnesscenter und Sauna. Verglaster Saal auf dem Dach für Konferenzen.

Riga Altstadt
37 **Europa Royale Riga**③–④, K. Barona iela 12, Tel. (6)7079444, www.europaroyale.com. Luxushotel in einem restaurierten, edlen Gebäude aus dem 19. Jh. mit Blick auf den Wöhrmannschen Garten. Die *Royal Suite* kostet mindestens 500 Euro, Doppelzimmer gibt es dagegen schon für rund 100 Euro. Alle Zimmer stilecht mit hohen, stuckverzierten Decken und echtem Parkettboden.
23 **Konventa Seta**③, Kalēju iela 9/11, Tel. (6)70 87507, www.konventa.lv. Der Konventhof ist einer der sympathischsten Orte der Altstadt. Ins Hotel integriert sind neun mittelalterliche Gebäude mit Ursprung im 13. Jh.
8 **Gutenbergs Hotel**③, Doma laukums 1, Tel. (6)7814090, www.hotelgutenbergs.lv. Im Stil des 19. Jh. direkt am Domplatz. Jedes Stockwerk ist individuell eingerichtet. Gemütliche Atmosphäre „wie zu guten alten Zeiten" mit nur 38 Zimmern.

Mittlere Preiskategorie

Riga Altstadt
21 **Old City Boutique Hotel**②, Teātra iela 10, Tel. (6)7356 060, www.oldcityhotel.lv. Gemütlich und

2a

stilvoll eingerichtete individuelle Räume auf vier Etagen sowie im angrenzenden Gebäude auf sieben Stockwerken modern gestaltete Räume – von der Luxussuite bis hin zum Economy-Zimmer. Insgesamt 65 Zimmer. Alles neu und auf 4-Sterne-Niveau. Sympathisches Personal.

24 Ekes Konvents②, Skārņu iela 22, Tel. (6)735 8393, www.ekeskonvents.lv. Im Jahre 1435 wurde das erste Gasthaus in Riga im selben Haus eröffnet. Nur elf Zimmer in einem kleinen, klosterähnlichen Gebäude. Atmosphäre des alten Riga.

30 ALA Apartments②, Audēju iela 11, Tel. (6)722 3957. Für alle, die mehr als nur ein Zimmer zum Schlafen suchen und beispielsweise selbst Frühstück machen oder gelegentlich kochen wollen.

29 MEIN TIPP: Radi un Draugi②, Marštalu iela 3, Tel. (6)7820200, www.draugi.lv. „Verwandte und Freunde" heißt das von einem britisch-lettischen Paar in der Altstadt geführte Hotel. 77 gemütliche Zimmer.

Untere Preiskategorie

Riga

18 Dodo Hotel①, Jersikas iela 1, Tel. (6)72 40220, www.dodohotel.com. Gute Lösung für Riga-Besucher mit weniger Geld, die ein schlichtes, gutes Hotel einem jugendlich geprägten Hostel vorziehen. Zimmer und Betten erstaunlich gemütlich. WLAN-Internetzugang und Pfannkuchen zum Frühstück inbegriffen. Knapp zwei Kilometer zur Altstadt.

17 Hostel Knights Court①, Bruņinieku iela 75b, Tel. (6)7364444, www.knightscourt.lv. Im Zentrum, aber leicht abseits und ruhig gelegen. Das stilvolle *Knights Court* firmiert als Hostel und bietet entsprechende Zimmer, hat aber einen leicht höheren Standard als andere Hostels. Gratis-Internet.

17 Central Hostel①, Birznieka Upīša iela 20e, Tel. Tel. 22322663, www.centralhostel.lv. Fünf Minuten Fußweg zum Bahnhof, zehn Minuten zur Altstadt, zehn Minuten zum Jugendstilviertel. In unscheinbarem Gebäude, aber mit ruhiger, sympathischer

Atmosphäre. Kein Party-Hostel. Küche zum Selberkochen, breite Holzbetten, Online-Computerbenutzung und WLAN. Freier Parkplatz vor dem Haus (oft problematisch bei Hostels in der Altstadt). Rezeption 24 Stunden besetzt, Bezahlung nur in bar.

Riga Altstadt

16 Doma Hostel①, Mazā Jaunavu iela 8, Tel. (6)7213101, www.domahostel.lv. Günstige Unterkunft mitten in der Altstadt. Computer mit Internet, WLAN gratis, Küche und gemütlicher Aufenthaltsraum. Kreditkarten akzeptiert.

31 MEIN TIPP: Naughty Squirrel Hostel①, Kaleju iela 50, Tel. (6)7220073. Das „ungezogene Eichhörnchen" gewann schon mehrere Jahre in Folge den Preis für das beste Hostel des Landes. Gute Lage in der Altstadt und ganz in der Nähe der Bushaltestelle des Flughafenbusses 22.

Campingplätze

Riga

1 Riga City Camping, Rietumu iela 2, Tel. (6)70 65000, www.rigacamping.lv. Ideal gelegen auf der Daugava-Insel Ķipsala, wenige Hundert Meter von der Altstadt. Der Platz ist nüchtern mit Stellplätzen für Wohnmobile, einer Wiese zum Zelten und sanitären Anlagen, aber sauber und ordentlich. Wohnmobil 7–10 Euro, Pkw-Parkplatz 3 Euro, Zelt 6 Euro, zusätzlich Erwachsene 3 Euro, Kinder 5–16 Jahre 1,50 Euro, Hunde 3 Euro, Waschmaschine 4,50 Euro, Strom 3 Euro, WLAN 3 Euro. Saison dauert von Mitte Mai bis Mitte/Ende September.

20 ABC Kempings, Šampētera iela 139a, Tel. (6)7892728, www.hotelabc.lv (auf „Camping" klicken). Hotel und Camping in einem. Komplette Ausstattung, Abholung vom Flughafen, Autoverleih, Sauna, Grill, Konferenzräume. Am Stadtrand von Riga, 5–10 Minuten zum Flughafen, Wohnmobil mit Insassen 20 Euro, Preis inkl. WLAN und Strom. Sauna 20 Euro, Frühstück 5 Euro, Fitness-Center 5 Euro.

Essen und Trinken

Besonders interessant sind neben den lettischen Restaurants und Bistros die Lokale der in Riga so zahlreich vertretenen Russen und anderer Völker der ehemaligen Sowjetunion wie etwa der Usbeken. Die russische Teigtaschen-Spezialität **Pelmeni** zum Beispiel ist als Imbiss wesentlich beliebter und verbreiteter als jede lettische Speise.

Ein weiterer sympathischer und angenehmer Aspekt der Rigaer Gastronomie ist die Tatsache, dass es fast an jeder Straßenecke günstiges, meist lettisches und russisches Essen in den Lokalen mit der Aufschrift „**kafejnīca**" gibt. Diese sind anders, als der Name suggeriert, keine klassischen Cafés, sondern oft sehr schön eingerichtete Kombinationen aus Café und Imbiss mit Selbstbedienung und Sitzplätzen. Viele Einheimische nutzen dieses schnelle, gemütliche und günstige Angebot, um zu Hause nicht kochen zu müssen.

Bei den **Restaurants** der **unteren Preiskategorie** kann man schon zu zweit mit 15 Euro auskommen, in der **mittleren Kategorie** kostet es dann zwischen 15 und 30 Euro, in der **oberen Kategorie** mehr als 30 Euro.

Weitere Adressen findet man unter www.riga thisweek.lv.

Obere Preiskategorie

Riga Altstadt

19 **The Dome Zivju Restorāns,** Miesnieku iela 4, geöffnet 7–23 Uhr, Tel. (6)7559884, www.zivju restorans.lv. Eine der ersten Adressen für Fisch-Gourmets in Riga. Mit vier in verschiedenen Stilen eingerichteten Esssälen. Die Gäste können ihre Speisen teilweise selbst aus dem Aquarium aussuchen. Mit *Valet-Parking* (ein Angestellter parkt das Auto für den Gast).

10 **Rozengrāls,** Rozenaiela 1, Tel. 25769877, www. rozengrals.lv, sehr schöner, etwas versteckt liegender Weinkeller in der Altstadt mit toller, mittelalter-

licher Atmosphäre und sehr gutem, wenn auch nicht gerade günstigem Essen.

Mittlere Preiskategorie

Riga

5 **Bestsellers,** Dzirnavu iela 33, tgl. 6.30–23 Uhr, Tel. (6)7331717, www.alberthotel.lv. Modern, im Dekor einer Bibliothek eingerichtetes Restaurant im *Hotel Albert* mit 130 Sitzplätzen. Internationale Küche von griechisch und italienisch bis chinesisch.

11 **Kabuki,** Terbatas iela 46 (Eingang von Martas iela), Mo–Fr 11–22.30, Sa, So 12–22 Uhr, Tel. (6)78 42728, www.sushi.lv. Weitere Filialen in K. Barona iela 14 (Eingang von Elizabetes iela) und Lielirbes iela 29, Mo–Do, So 12–23, Fr, Sa 12–24 Uhr. Japanische Lokale, mit Laufband für Sushi-Gerichte, aber nicht reduziert auf Sushi, sondern mit einer breiteren Palette. Modern eingerichtet.

8 **Citi Laiki Krogs,** Brīvibas iela 41, Mo–Do 11–23, Fr 11–23, Sa 12–22, So geschlossen, Tel. 29118819, http://citilaiki.lv. Auch hier wird traditionelles lettisches Essen mit dem obligatorischen einheimischen Bier offeriert. Dazu eine ländliche, urige Atmosphäre. Abends lettische Live-Musik. An Werktagen 12–16 Uhr Business Lunchmenü.

19 **Lido Atputas Centrs,** Krasta iela 76, tgl. 11–24 Uhr, Tel. (6)7504420, www.lido.lv. Weiteres Lokal der Lido-Gruppe: Staburags, Čaka iela 55, tgl. 11–24 Uhr. Etwas außerhalb des Zentrums, zu erreichen mit den Straßenbahnen 3, 7 und 9 sowie Bus Nr. 12 (Haltestelle „Lido"). Großer Komplex mit Express-Restaurant, Bistro und Bierkeller. Lettisches Essen, eigenes Bier, jeden Abend Live-Musik, reiche Dekoration und Folklore zu nationalen Feiertagen.

Riga Altstadt

18 **Steiku Haoss,** Meistaru iela 25, Mo–Do 12–24 Uhr, Fr, Sa 12–01 Uhr, weitere Lokale: Audēju iela 2, Mo–Do, So 12–23, Fr, Sa 12–1 Uhr, und **10** (s. Karte „Riga") Terbatas iela 41/43, Mo–Do 12–23, Fr, Sa 12–24 Uhr; Tel. (6)7222419, www.steikuhaoss.lv. In

Wildwest-Manier eingerichtete Restaurants. Der Name bedeutet nicht „Steak-Haus", sondern „Steak-Chaos". 17 verschiedene Steaks werden vor den Augen der Gäste gebraten. Country-Live-Musik und Tanz. Preise nicht niedrig, aber bezahlbar.

11 Alus Sēta, Tirgoņu iela 6, tgl. 11–22 Uhr, Tel. (6)7222431, www.lido.lv. Restaurant in gemütlicher Kneipenatmosphäre mit Selbstbedienung an der Theke und rustikaler Holzeinrichtung. Typisch lettische Speisen, die man wählt, ohne die komplizierten Namen verstehen zu müssen. Dazu das von der Restaurantgruppe *Lido* selbst gebraute Bier. Mitten in der Altstadt, auch Letten kommen häufig.

39 Lido Dzirnavas, Dzirnavu iela 76, Mo–Fr 10–21, Sa, So 11–21, Tel. (6)7284228, www.lido.lv. In der „Mühle" herrscht eine rustikale, lockere Atmosphäre: Von Wasser angetriebene Räder drehen sich munter, während die Gäste auf dicken Holztischen ihre Speisen und Getränke abladen. Besonders leckere, frische Salate. Kinderfreundlich mit Spielecke.

20 Austrumu Robeža, Riharda Vāgnera iela 8, tgl. 11–23 Uhr, Tel. (6)7814202, www.austrumurobeza. lv. „Ostgrenze" heißt dieses Erlebnisrestaurant in der Altstadt. In dem Kellersaal wird mit Augenzwinkern auf die Sowjetära geblickt: Die Kellnerinnen in düsteren Uniformen, Stalin-Porträts an der Wand und sogar die Toiletten sind mit Hammer und Sichel geschmückt. Dazu gibt es Konzerte, Kabarett und natürlich eine entsprechende Küche – alles, was zu Sowjetzeiten als besonders galt.

9 1221, Jauniela 16, 12–23 Uhr, Tel. (6)672201, www.1221.lv. Deftige lettische und internationale Küche in einem urigen, mit Kühen bemalten Altstadthaus im Schatten des Doms. Viel Holz in der Einrichtung und ein Kamin sorgen für eine gemütliche Athmosphäre.

4 MEIN TIPP: Ķiploku Krogs (The Garlic Pub), Jekaba iela 3/5, Eingang von Maza Pils iela, Tel. (6)7211451, www.kiplokukrogs.lv, tgl. 12–23 Uhr. In dieser Restaurant-Kneipe, wenige Schritte von den „Drei Brüdern" entfernt, mit netter, kleiner Außenterrasse in der Altstadt wird alles bis hin zum Nachtisch mit Knoblauch zubereitet. Sogar ein Bier mit Knoblauch-Zugabe ist zu haben, es schmeckt sehr gut.

Untere Preiskategorie

Riga

2 Vincents, Elizabetesiela 19, Tel. (6)7332830, www.restorans.lv, exklusives, schickes, äußerst beliebtes Esslokal mit raffinierten Speise-Variationen und absolutem Rundum-Service inkl. Besuch des Küchenchefs am Tisch. Frühzeitig reservieren.

Riga Altstadt

17 MEIN TIPP: Pelmeni XL, Kaļķu iela 7, tgl. 9–4 Uhr, Tel. (6)7222728, www.xlpelmeni.lv. Das perfekte Essen für Zwischendurch, auf die Schnelle und für den kleinen Geldbeutel – dabei angenehm, freundlich und gemütlich in einem Haus, dessen Stil an Hundertwasser erinnert. Ideal gelegen mitten in der Altstadt. Verschiedene Sorten der russischen Teigtaschen Pelmeni, auch ohne Fleisch, dazu immer eine heiße Suppe und frischer Salat. Selbstbedienung an der Theke. *Pelmeni XL* ist auch ein Refugium für Nachteulen zum Aufwärmen und Stärken: Es hat bis 4 Uhr morgens geöffnet.

7 Slavu Restorāns, Vaļņu iela 19, täglich 11–24 Uhr, Fr, Sa 11–1 Uhr, Tel. (6)7283974, www.slavu.lv (mit englischer Version). Typische und schmackhafte russische Küche von Pelmeni über Vareniki, Soljanka und Borschtsch bis hin zu Süßigkeiten und Getränken wie *Kwas* oder Meerrettich-Wodka.

15 Šefpavārs Vilhelms, Šķūņiela 6, Tel. (6)722 8214, kleines, nettes Altstadt-Lokal mit Pfannkuchen aller Art, ob süß oder herzhaft. Dazu Salate, Waffeln, Getränke. Selbstbedienung an der Theke, ideal für einen kurzen Imbiss.

28 Folkklubs Ala Pagrabs, Pelduiela 19, Tel. 277 96914, www.folkklubs.lv. Gute Stimmung herrscht in diesem Brauereikeller mit 16 Bieren vom Fass und traditionellen lettischen Gerichten zu sehr erschwinglichen Preisen. Live-Musik an den meisten

Abenden. Am Wochenende ist eine Reservierung empfohlen.

Cafés

Riga

7 Big Bad Bagels, Baznīcasiela 8, Tel. 24556585, www.bigbadbagels.com. Wie der Name verrät, gibt es hier besonders *Bagels* – von süß mit Erdnussbutter bis sehr scharf mit *Japaleños,* aber auch Suppen und Salate werden offeriert. Es gibt überdies günstige Lunch-Angebote.

Riga Altstadt

■ **Double Coffee,** u.a. Raiņa bulvāris 25, Vaļņu iela 11, Terbatas iela 28, teilweise rund um die Uhr geöffnet, www.doublecoffee.lv. Café-Kette, deren Filialen an jeder Ecke zu stehen scheinen. Modern mit viel Metall und Spiegeln eingerichtet. Neben Dutzenden Kaffee-Kreationen, Kuchen und Torten werden auch warme Speisen und alkoholische Getränke serviert. Spezielles Frühstücksangebot. Mittlere Preisklasse, 10 % Trinkgeld werden auf den Preis geschlagen. WLAN.

6 Kaspara Dilana konditoreja, Vaļņu iela 2, Tel. (6)7220032. Nettes, klassisch lettisches Café, das nicht nur auf Touristen abzielt. Achtung: Draußen auf dem Schild steht nicht *Kaspara Dilana,* sondern nur *KD Konditoreja.*

5 Café Parunāsim, Mazā Pils iela 4, Tel. 2566 3533, www.parunasimkafe.lv. Schön in einem Altstadt-Innenhof gelegenes Café, das auch einige warme und kalte Speisen anbietet. Romantische Atmosphäre, auch abends sehr angenehm. Hausgebackene Käsekuchen, *Cupcakes,* Kekse usw.

2 Cadets de Gascogne, Meierovica bulvāris 6, Mo–Fr 8–20, Sa, So 9–20 Uhr, Tel. (6)7876265. Französisches Café mit gutem Kaffee und leckerem, selbstgemachtem Gebäck am Basteiboulevard am Rande der Altstadt. Auf dem Dach des Lokals hat ein weiteres Café Sitzplätze unter freiem Himmel: das *Central Park.*

Nachtleben

Bars, Pubs und Klubs

Die Kategorien überschneiden sich stark. So sind eine ganze Reihe der oben genannten Restaurants auch genau so gut als Pubs zu bezeichnen, in denen man einfach nur ein Bier trinken geht. Andererseits haben fast alle Klubs, Kneipen und sogar Discos in Riga etwas zum Essen im Angebot.

Riga

13 Skyline-Panoramabar *(Radisson Blu Hotel Latvija),* Elizabetes iela 55, Mo–Do 16–2 Uhr, Fr, Sa 15–3 Uhr, So 15–2 Uhr, Tel. (6)7772222, www.skylinebar.lv. Im wahrsten Sinne des Wortes ein gehobenes Ambiente herrscht in dieser Lounge auf dem Dach des Wolkenkratzer-Hotels am Beginn des Rigaer Jugendstilviertels. Hier im 26. Stock gibt es auch Speisen, aber wer sich für *trendy* hält, macht es sich hauptsächlich wegen der Aussicht über Riga und der reichen Auswahl an Cocktails in den Plüsch-Sofas gemütlich. Am Wochenende Live-DJs.

4 Lidojosa Varde, Elizabetes iela 31a, So–Do 10–1 Uhr, Fr, Sa 10–3 Uhr, Tel. (6)7321184, www. flying-frog.lv. Der „Fliegende Frosch" liegt sehr zentral im Jugendstilviertel. Touristen treffen hier auf Einheimische und auf in Riga lebende Ausländer. Im Winter brennt drinnen ein gemütliches Feuer, in der warmen Saison ist die Terrasse gut gefüllt. Neben Getränken werden auch Salate, Omelettes, Pasta-Gerichte und frisch zubereitete Hamburger serviert, deren Zutaten man bei der Bestellung selbst bestimmt. Verhältnismäßig teuer, aber nicht luxuriös.

Riga Altstadt

■ **Doma laukums,** auf dem großen, schönen, nach dem Dom benannten Platz sind im Sommerhalbjahr riesige Terrassen aufgebaut, auf denen unter freiem Himmel von mehreren Lokalen, außer Bier und anderen Getränken, oft auch Speisen serviert werden. Meistens mit stimmungsvoller Live-Musik.

1 Balzambārs, Tornu iela 4/1b, Mo–Do, So 11–24 Uhr, Fr, Sa 11–1 Uhr, Tel. (6)7214494, www.balzambars.lv. Benannt nach dem berühmten Rigaer Kräuterbalsam, der hier, auch als Cocktail, ausgeschenkt wird – neben weiteren lokalen und nationalen Getränken. Für Hungrige gibt es Snacks und internationale Küche. Schön gelegen in der schicken ehemaligen Kaserne gegenüber den Resten der Stadtmauer und dem Schwedischen Tor.

Homosexuelle

Die weltoffene Großstadt im protestantischen Lettland steht Schwulen und Lesben insgesamt tolerant gegenüber. Riga hat eine Reihe von Schwulenklubs. 2015 zog der Demonstrationszug *Euro Pride* durch die Innenstadt von Riga. Trotzdem ist es noch nicht üblich, dass zwei Männer oder zwei Frauen Händchen haltend oder küssend in der Öffentlichkeit zu sehen sind. Wer es doch tut, hat nichts zu befürchten, wird aber unweigerlich große Aufmerksamkeit auf sich ziehen.

Riga

12 Golden, Ģertrūdesiela 33/35, Tel. 25505050, Gay-Club und Bar mit stilvoller Dekoration und Tanzfläche, DJs legen auf, besonders am Wochenende wird es oft voll. Mi und Do bis 2 Uhr, Fr und Sa bis 5 Uhr morgens geöffnet.

Kino

■ **Kino Citadele,** 13. Janvara iela 8, www.forumcinemas.lv. Großer Kinokomplex direkt neben dem Hauptbahnhof. Nicht-lettische Filme laufen im Original mit lettischen Untertiteln.
■ **Kinogalerija,** Elizabetes iela 83/85, Tel. (6)72 85411, www.kinogalerija.lv. Sympathisches Studio-Kino beim *Berga Bazārs*-Innenhof nahe der Jugendstil-Neustadt. Meist gutes Filmangebot, auch Hollywood, aber insgesamt eher anspruchsvoll.

Theater, Oper und Konzerte

Neben ständig in Riga spielenden Einrichtungen wie dem Nationalen Symphonieorchester kommen in die lettische Hauptstadt auch häufig internationale Gäste von höchstem Rang, sei es in der klassischen Musikszene oder in der Rock-, Pop- und Jazzwelt. Man sollte also vor einem Riga-Besuch immer die aktuellen Programme studieren und möglichst Karten schon von zu Hause aus bestellen. Das aktuelle Programm für Konzerte, Oper und Theater findet sich unter **www.rigathisweek.lv.**

■ **Lettisches Nationales Symphonieorchester,** in der Großen Gilde, Amatu iela 6, Tel. (6)721 3643, www.lnso.lv, Mo–Fr 12i–19 Uhr, Tickets 5–50 Euro.
■ **Lettische Nationaloper** *(Latvijas Nacionālā Opera),* Aspazijas bulvāris 3, Tel. (6)7073777, www.opera.lv, Kasse geöffnet Mo–Sa 10–19, So 11–19 Uhr, Preise von 7–85 Euro.
■ **Konzerte im Rigaer Dom** *(Rīgas Doms),* Doma laukums 1, www.doms.lv, Konzerte im Rigaer Dom werden häufig geboten, oft sogar mehrmals in der Woche. Eintritt in der Regel 7 Euro. Oft hochkarätige Gastauftritte. Konzerte Mai–Sept. Mi und Fr 19 Uhr, Oktober–April Fr 19 Uhr.
■ **Russisches Tschechow-Theater** *(Rīgas Krievu teatris),* Kaļķu iela 16, Tel. (6)7225395, www.trd.lv.

Einkaufen

Bücher

Riga

14 Jāņa sēta, Elizabetes iela 83/85, Mo–Fr 10–19 Uhr, Sa 10–17 Uhr, So geschlossen, Tel. (6)7240894, www.mapshop.lv. Buchladen im Stadtzentrum mit großer Anzahl an Reisebüchern und Landkarten in verschiedenen Sprachen.

Riga und Umgebung

Riga Altstadt

25 Valters un Rapa, Aspazijasbulvāris 24, Tel. 672 2748, www.valtersunrapa.lv, großer Buchladen auf zwei Etagen am Rande der Altstadt bei dem Atlanten-Gebäude. Viel Literatur über Lettland, auch auf Englisch und Deutsch. Im Gebäude ist zudem das schöne *Café Rienzi* mit Spezialisierung auf Schokoladen – in flüssiger Form oder auch zum Kaufen als Mitbringsel.

Souvenirs

Das wichtigste Mitbringsel aus Riga ist der scharf schmeckende Kräuterschnaps **Rigas balzams,** der in braunen Steingutflaschen in verschiedenen Größen verkauft wird. Er ist in sehr vielen Geschäften erhältlich und nicht zu übersehen. Am günstigsten kauft man ihn ganz profan im Supermarkt. Unbedingt ins Gepäck gehört auch **Laima-Schokolade** oder Pralinen dieser Traditionsmarke – in vielen Geschäften auch erhältlich mit Riga-Abbildungen auf der Verpackung. Lohnend ist auch der Gang in einen der vielen Läden, in denen edle, **handgemachte Seifen** feilgeboten werden.

Riga

3 Jūgendstila Paviljons, Strēlnieku iela 9, tgl. 10–18 Uhr, Tel. (6)7333030, www.artnouveauriga. lv. Sehr schöner Laden für Souvenirs, Geschenke und Kunstwerke im für Riga so berühmten Jugendstil, von Schmuck und Keramik über Bücher bis hin zu Postkarten.

Riga Altstadt

5 Laima, Smilšu iela 8, Tel. (6)7221533, www. laima.lv, Mo–Fr 9–19 Uhr, Sa 9–16 Uhr, So geschlossen. Hauptaus der lettischen Schokoladenmarke. Weitere Filialen in vielen Kaufhäusern.

22 MūsMāja, Kalējuiela 7 Tel. 28444900, stil- und geschmackvoll eingerichteter Souvenirladen in der Altstadt, mit freundlicher Bedienung und angenehmer traditioneller lettischer Musik, die gleich in die

richtige Stimmung versetzt. Außer der üblichen Massenware auch viel Handwerkskunst.

13 Laipa, Laipu iela 2/4, Mo–Fr 10–18 Uhr, Sa 10–16 Uhr, So geschl., Tel. (6)7229962. Traditionelle lettische Produkte aus Leinen, Wolle, Leder, Holz, Keramik, Silber und natürlich Bernstein.

23 Mara, Kalēju iela 9/11, tgl. 9–19 Uhr, Tel. (6)7087541. Juwelierwaren aus baltischem Bernstein und andere traditionelle Souvenirs sind in dieser Boutique im schönen Altstadt-Hotel *Konventa Seta* zu erwerben.

14 Stenders, Laden der lettischen Kosmetikmarke *Stenders,* die bereits in über 20 Ländern vertreten ist, darunter auch in Deutschland, Österreich und der Schweiz. In diesem kleinen Altstadt-Geschäft gibt es alles von Hautbürsten über Seifen bis hin zu Körper- und Massegeölen, darunter viele Naturprodukte. Oft Rabattaktionen.

Einkaufszentren und Passagen

Riga

16 Berga Bazars, Marijas iela 13, zwischen Dzirnavu iela und Elizabetes iela, tgl. 10–22 Uhr, www. bergabazars.lv. Sehr schöne und exklusive Einkaufspassage unter freiem Himmel mit Galerien, Cafés, Restaurants, Boutiquen und Geschäften sowie dem Hotel *Bergs.* Sehr viele Souvenirs und Geschenke sowie eine weitere Filiale des oben erwähnten französischen Cafés *Cadets de Gascogne.*

Wichtiger Hinweis
Die **Ausfuhr von antiken Kunstwerken** aus Lettland ist verboten. Eine Exportgenehmigung kann man aber erhalten. In der Regel helfen die Läden, in welchen die Waren verkauft werden, bei der Erledigung dieser Formalität. Dies betrifft nur Antik-Waren von historischem Wert.

2a

Riga Altstadt

■ **Origo,** Stacijas laukums 2, tgl. 10–21 Uhr, **Supermarkt Rimi** tgl. 7–24 Uhr, Tel. (6)7073030, www.origo.lv. In diesem neuen, baulich mit dem **Hauptbahnhof** vereinten Zentrum sind die typischen Rigaer Souvenirs zu erwerben: Seife bei *Stendera Ziepju Fabrika*, *Laima*-Schokolade direkt daneben im firmeneigenen Laden und *Rīgas Balzams* bei *Rimi* im Supermarkt.

27 Galerija Centrs, Audēju iela 16, tgl. 8–22 Uhr, www.galerijacentrs.lv. Übersichtliches, helles und modernes Einkaufszentrum mit Glasdach in der Altstadt, zahlreiche Boutiquen, Geschäfte und auch einige Restaurants.

33 Stockmann, 13. Janvara iela 8, www.stockmann.lv, Mo–Sa 9–22 Uhr, So 10–22 Uhr. Großes Kaufhaus in Sichtweite vom Hauptbahnhof, gegründet 2003, mit Kleidung, Schuhen, Geschirr, Parfüm und vielen anderen Produkten.

Märkte

Riga Altstadt

32 Zentralmarkt *(Centrāltirgus),* täglich 7–18 Uhr, Neģu iela 7, Zugang über Pragas iela, www.centraltirgus.lv. Größter Lebensmittelmarkt Lettlands in fünf großen Hallen (siehe „Sehenswertes").

40 Blumenmarkt, Tērbatas iela, entlang dem Wöhrmannschen Garten *(Vērmanes dārzs).*

Lebensmittel

Riga

6 Visbija 24h Lebensmittel, Brīvības iela 68.

■ **Weitere Lebensmittelgeschäfte:** u.a. Barona iela 24/26, Jaunmoku ielā 13, Biķernieku ielā 120 b, Duntes ielā 19 a, Ulmaņa gatvē 122.

Riga Altstadt

▣ **Rimi** (im *Origo*-Einkaufszentrum im **Bahnhof,** s.o.), groß, bis Mitternacht geöffnet.

12 🦋 **Biotēka,** Skunu iela 12/14, Mo–Fr 10–19 Uhr, Tel. (6)7211268, www.bioteka.lv. Großer Bioladen mit gesunden, fair gehandelten Lebensmitteln aller Art, aber auch Kosmetika und Haushaltsmitteln.

☑ Der Blumenmarkt auf der Tērbatas iela ist rund um die Uhr geöffnet

Jūrmala

Westlich von Riga, direkt an der schönen Küste der Rigaer Bucht, liegt Jūrmala, der berühmte **Badeort,** in den nicht nur die Erholung suchenden Bewohner der Hauptstadt gern flüchten. Tausende von Letten aus dem ganzen Land und auch immer mehr Ausländer nutzen die Nachbarschaft zu Riga für einen kombinierten Urlaub.

Zwei Dinge sollte man allerdings von Anfang an wissen. Zum einen: Jūrmala gibt es eigentlich gar nicht. Dies klingt eigenartig, aber tatsächlich ist es so, dass der Begriff nur eine Reihe von nebeneinander am Meer liegenden Orten zusammenfasst. Wer also mit Bus oder Bahn anreist, steigt nicht in „Jūrmala" aus, sondern beispielsweise in **Majori,** dem zentralen und größten Ort auf der Strecke.

Während Jūrmala in bunten Prospekten oft als der Badeort der Reichen und Schönen bezeichnet wird, handelt es sich in Wirklichkeit um eine sehr interessante Mischung. Sicher, es gibt sie, die teuren Villen und prächtigen **Wohnhäuser mit Jugendstil-Elementen,** großer Gartenanlage und Videoüberwachung rund um die Uhr. Besonders in Majori lohnt sich ein Gang durch die Wohnstraßen. Doch wer einen noblen Vorort von Riga erwartet, könnte enttäuscht werden: Ganz normale Häuser und ordentliche, aber einfache Wohnblöcke sind hier ebenso zu finden wie ein nicht allzu schönes Hochhaus-Hotel, ein heruntergekommenes ehemaliges Kurhaus und die eine oder andere Großbaustelle. Dies ist aber nicht als Abschreckung zu ver-

9140.mk

2a

stehen: Die Dörfer von Jūrmala besitzen ihren Charme, eine gute Infrastruktur für Touristen – ob zum Einkaufen, Erholen oder Sport treiben – und natürlich einen mit gut 30 Kilometern sehr langen, schönen **Sandstrand,** an dem man von Ort zu Ort spazieren kann.

Stadtgeschichte

Die langen Jahrhunderte der Deutschen Ordensherrschaft im heutigen Lettland vergingen, ohne dass die Küstenlinie neben dem damals schon wichtigen Riga eine besondere Bedeutung besessen hätte. Die Gegend gehörte nicht zur von Bischöfen regierten Stadt Riga, sondern **zum livländischen Ordensstaat.** Nur langsam entstanden kleine Fischerdör-

fer. Erst Mitte des 17. Jh. begann eine neue Entwicklung, als das Dorf Sloka ins Blickfeld des kurländischen Herzogs *Jakob* geriet. Vom 16. bis zum späten 18. Jh. gehörte die Region nämlich zum **Herzogtum Kurland.** In Sloka entstand die erste Kirche und mehr Menschen siedelten sich an, obwohl die Zahl für heutige Verhältnisse mit einigen Hundert immer noch sehr klein blieb.

Es dauerte aber bis zur Einverleibung Lettlands ins russische Zarenreich, dass die so malerisch an der Rigaer Bucht gelegenen Dörfer endlich als potenzielle **Badeorte** ins Visier genommen wurden.

Wurde der Lebensunterhalt der Bewohner bis dahin fast allein vom Fischfang und der Fischräucherei bestritten, so krempelte sich die Gesellschaft im Laufe des 19. Jh. komplett um und der

Tourismus trat immer mehr in den Vordergrund. Zunächst lag der Schwerpunkt aber auf dem **Kur- und Heilungsaspekt:** Die im Krieg gegen *Napoleons* Truppen verwundeten russischen Soldaten erholten sich bei den Fischern zu Hause. Auch die Zarin *Katharina die Große* soll ein Bad in Jūrmala genommen haben.

Schon 1844 begann ein Dampfschiff den regelmäßigen Passagierverkehr von und nach Jūrmala, weitere **Verbindungen nach Riga** und auch Jelgava folgten bald. Noch vor Beginn des 20. Jh. entstand ein großer Teil der heute noch existierenden Infrastruktur: Kur- und Badehäuser sowie Unterkünfte für Gäste wurden gebaut – die meisten davon aus Holz. Ein guter Teil dieser **Holzarchitektur** ist noch heute in den Dörfern präsent – etwa an der Promenade von Bulduri. Meerwasser wurde gesammelt und in Wannen erwärmt. Ein Bad darin sollte die verschiedensten Leiden mindern und Krankheiten heilen.

Auch der Strand selbst blieb natürlich nicht ungenutzt. Allerdings durften Männer und Frauen nur getrennt zu verschiedenen Zeiten ans Wasser. Später wurde die Separation aufgehoben. Es mussten aber die von alten Fotos bekannten, kuriosen Ganzkörper-Badeanzüge getragen werden.

Erst 1920 wurde der Name Jūrmala erstmals öffentlich aus Anlass der Vergabe von Stadtrechten verwendet, allerdings noch unter der Bezeichnung „Rīgas Jūrmala". 1959 entfiel der Beiname „Riga".

◁ Typische Ostsee-Bäderarchitektur in Jūrmala

Sehenswertes

Jūrmala hat fast den **Charakter einer Insel,** denn während das Gebiet im Norden von der Meeresküste begrenzt wird, so endet es auf der gegenüberliegenden Seite am **Ufer der Lielupe.** Der Fluss verläuft, abgesehen von einigen Schlenkern, parallel zum Strand. Sowohl die Eisenbahn als auch alle Busse und Autos müssen also von Riga kommend zunächst die recht breite Lielupe überqueren, um nach Jūrmala zu gelangen.

Vor dem Fluss werden alle Autofahrer bei einer **Mautstation** aufgehalten, denn die Einfahrt kostet Geld (2 Euro). An Parkmöglichkeiten in den Orten oder in Strandnähe mangelt es später eher nicht. Hinter dem Fluss beginnt der Ortsteil Lielupe, dessen Bahnstation mit Baujahr 1913 einer der ältesten **aus Holz gebauten Bahnhöfe** Lettlands ist.

Majori

Wer mit öffentlichen Verkehrsmitteln anreist, sollte in Majori aussteigen. Bahnhof und Bushaltestelle liegen mit Blick zum Fluss, der hier einen großen Bogen schlägt und damit das Stück zwischen Fluss und Meer sehr eng macht. Am Horizont wird eine Reihe von Industrieanlagen mit Kränen und Fabriken sichtbar.

Es lohnt sich ein kurzer Spaziergang kreuz und quer durch die Wohnstraßen von Majori. Hier stehen einige **schöne Villen** und Häuser der gehobenen Klasse, meist hinter hohen Zäunen und schön gepflegten Gärten ein wenig im Hintergrund. Das Viertel ist schnell durchschritten und der **Strand** erreicht.

2a

Jūrmala

Ortsteil Majori

© REISE KNOW-HOW 2017

0 — 100 m

Rigaer Bucht

Unterkunft
- 4 Camping Nemo
- 5 Hotel Dzintars
- 7 Amber SPA Boutique Hotel
- 8 Baltic Beach Hotel
- 9 Best Eastern Majori Hotel
- 11 Jūrmala Spa Hotel
- 13 Hotel Pegasa Pils
- 15 Spa-Hotel Alve

Essen und Trinken
- 2 Restaurant Kūriņš
- 10 Kazbeks
- 12 Alus krodziņš

Einkaufen/Sonstiges
- 1 Café Dablins (Internet)
- 3 Apotheke
- 6 Aquapark (Schwimmbad)
- 14 Souvenirladen Pie Meistara
- 16 Künstlerhaus Bulduri

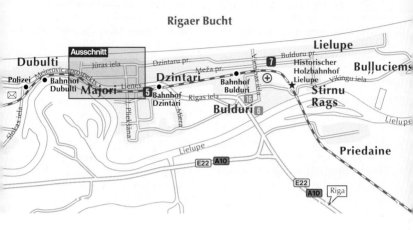

Geht man am Strand entlang nach links, geraten einige Gebäude in den Blick, die ihre beste Zeit schon sehr lange hinter sich haben. Es waren einst stolze **Kurhäuser** und Unterkünfte für gut betuchte Gäste. Heute sind sie bereits **verfallen** und stehen leer. Die einst repräsentative Terrasse direkt am Strand zerbröckelt langsam, die Treppe hinunter ans Wasser ist nur noch mit Vorsicht zu betreten. Es ist allerdings sicher nur eine Frage der Zeit, bis mit Hilfe von EU-Mitteln hier neue, schicke Gebäude entstehen.

Nach diesem kleinen Abstecher empfiehlt sich ein Gang in die Gegenrichtung, also nach Osten, immer am Wasser entlang. Recht bald sind Gebäude in deutlich besserem Zustand auszumachen und es dauert keine halbe Stunde, bis das große **8** *Baltic Beach Hotel* auftaucht, das mit der zum Strand hin abgestuften Außenwand wie ein Ozeanriese aussieht, der gerade in See stechen will. Dahinter liegt der 100 Jahre alte **Seepavillon,** mit dem großen **Schildkröten-Denkmal** im Vordergrund. Nicht nur Kinder lieben das Klettern auf und das Posieren mit der Schildkröte, deren Metall von den vielen Berührungen der Passanten schon glänzende Stellen aufweist. Das Tier steht für ein langes Leben und wer es anfasst, sichert sich genau das, wenn er dem Aberglauben folgt. Der frisch renovierte, weiße Seepavillon, dessen Spitzdach mit Wetterhahn fast wie ein Kirchturm aussieht, beherbergte im Jahre 1929 sogar schon den damaligen Schwedenkönig *Gustav V.*

Direkt am nächsten, bald darauf folgenden Ausgang vom Strand steht noch ein prächtiges weißes Haus, ganz im Stil der Bäder-Architektur, ebenfalls fast ein Jahrhundert alt. Hier wurden lange Zeit die heilenden Bäder mit erwärmtem

Meerwasser genommen. Die Sowjets machten aus dem Gebäude das **Kurzentrum** von Jūrmala. Heute werden immer noch Behandlungen und Kuren aller Art angeboten.

Wer nochmals einige Hundert Meter am Strand zurücklegt, gelangt zum nächsten Ausgang. Die schöne **Konzerthalle von Dzintari** sticht sofort ins Auge. Hier treten regelmäßig Musiker aus dem In- und Ausland auf. Im Sommer kommen Konzerte auf der direkt daneben gelegenen **Freilichtbühne** hinzu. Abends hier zu sitzen oder zu flanieren, nur wenige Meter vom Strand entfernt, und Live-Musik zu lauschen, ist ein schönes Erlebnis.

Der klassische Spaziergang führt nun die Turaidas iela hinauf. Gleich hinter der ersten Querstraße steht rechts eines der prächtigsten Bauwerke Jūrmalas: das **Hotel Pegasa Pils** („Schloss des Pegasus"), Anfang des 20. Jh. im Jugendstil mit viel Liebe zum Detail errichtet. Eigenartig: Bis heute ist nicht bekannt, wer der Architekt war.

Als nächstes zweigt rechts die Jomas iela ab. An der Ecke findet sich ein weiteres Postkartenmotiv des Kurortes: der große, drehbare **Globus aus Kupfer.** Die Fußgängerzonen-Straße Jomas iela führt schnurstracks zum Bahnhof von Majori zurück. Unterwegs sind nicht nur eine Vielzahl von **Hotels, Restaurants und Cafés** zu finden, abends oft mit Live-Musik, sondern auch schöne Gebäude im Stil der hiesigen Architektur und eine ganze Reihe von Geschäften mit Kleidung, Kunsthandwerk und Souvenirs. Auffällig ist hier, dass die klare Mehrheit der flanierenden Erholungs- und Unterhaltungssuchenden russisch sprechen, denn nicht nur unter russischsprachigen Letten, sondern auch bei russischen Touristen ist Majori äußerst beliebt.

Zwischendurch lohnt sich ein Blick auf die **Jūras iela,** die parallel verläuft, aber näher zum Meer direkt an den Dünen. Während die Straße selbst auf den ersten Blick wenig aufregend scheint, so hat sie doch auf der einen Straßenseite **sehr schöne Villen** und Häuser in allen möglichen Stilrichtungen zu bieten, meistens mit weißer oder sehr heller Fassade, gelegentlich mit Türmchen, verzierten Balkons oder ausladenden Freitreppen.

Jūras iela und Jomas iela sind durch gut ein Dutzend kleiner Querstraßen miteinander verbunden, sodass man ohne Weiteres ein- oder zweimal hin und her springen kann. Die Fußgängerzone Jomas iela mündet schließlich am Bahnhof in die große Durchfahrtsstraße. Hier steht das 1925 im Stil des Historismus erbaute **9** **Best Eastern Majori Hotel.** Einst beherbergte es wertvolle Möbel und Kunstschätze, die in die Burg von Sigulda gebracht wurden, als das damals Hotel *Majori* genannte Hotel in den

▷ Holzhaus in Majori

2a

025le mk

1930er Jahren wegen großer finanzieller Not unter den Hammer kam.

Gegenüber auf dem kleinen, dreieckigen Platz wurde 2006 ein Brunnen aufgestellt. Die **Skulptur des Drachentöters** steht dagegen schon wesentlich länger an dieser Stelle.

In einem großen, modernen Gebäude direkt an der Durchgangsstraße findet sich das **Stadtmuseum** von Jūrmala (Tirgoņu iela 29, Tel. (6)7764746, Infos unter: www.jurmala.lv, Mitte Mai–Mitte September Mi–So 10–17 Uhr, Eintritt 1,50 Euro). Es bietet eine gute Übersicht über die recht junge Stadtgeschichte und die Traditionen der Region. Ein Schwerpunkt liegt auf Künstlern aus der Gegend. Im **Museumsshop** sind Bücher, Alben, Postkarten und Handwerksprodukte erhältlich.

Ortsteile westlich von Majori

Es gibt selbstverständlich noch eine ganze Hand voll weiterer sehenswerter Gebäude und Straßen, auch wenn die Mehrheit der Attraktionen sich auf dem beschriebenen, relativ übersichtlichen Raum konzentriert. Besonders im Sommer aber, wenn der Betrieb groß und die Straßen, Läden und Cafés voll sind, lohnt sich durchaus die Fahrt mit dem Bus, dem Zug oder dem Fahrrad weiter an der Küste entlang nach **Dubulti, Pumpuri, Melluži, Asari** und **Vaivari**. Dort herrscht während der Saison zwar auch immer großer Betrieb, aber hinter Vaivari läuft man gut drei Kilometer am Strand entlang, ohne auf Bebauung zu treffen. Hier ist es deutlich ruhiger, außer auf der Höhe des riesigen Camping-

2a

platzes in der Mitte dieser Strecke. Es folgt der Ort **Kauguri,** der direkt am Wasser Kaugurciems heißt. Erst hier endet das eigenartige Gebilde Jūrmala. Die Hauptstraße führt weiter entlang der Rigaer Bucht in Richtung Roja und Kolka. Das westliche Ende von Jūrmala bildet den Beginn des riesigen und faszinierenden Ķemeri-Nationalparks.

◼ **Internet:** Gratis-Internetzugang u.a. an der Touristeninformation (Lienes iela 5), im Stadtmuseum (Tirgoņu iela 29), beim Stadtrat (Jomas iela 1/5), im Kulturhaus Majori (Jomas iela 35) und im Kulturhaus Kauguri (Raiņa iela 110, Kauguri). Internetcafé: **1** *Interneta Café Dablins*, Nometņu iela 6, Kauguri, Tel. (6)7811121, 9–22 Uhr.

◼ **Fahrradverleih:** *Velonoma,* Jomas iela 63, Majori, Tel. 29607669; *Picnic,* Mellužu prospekts 21, *Melluži,* Tel. (6)7767899, auch Scooter und Roller.

Praktische Tipps

Information

◼ **Touristeninformation,** Lienes iela 5, Majori, Tel. (6)7147900, www.visitjurmala.lv, geöffnet Mo–Fr 9–19, Sa 10–17, So 10–15 Uhr, im Winterhalbjahr kürzer. Informationen über aktuelle Veranstaltungen, kostenlose Prospekte und Karten, Hilfe bei der Buchung von Ausflügen, Suche von Unterkünften, Internetzugang.

Behinderte

Im Kurort Jūrmala sind eine ganze Reihe von Einrichtungen und Hotels auf Behinderte eingestellt. Eine befestigte Promenade am Strand entlang existiert leider nicht. Der beste Zugang zum Strand ist die Turaidas iela in Majori. Die Fußgängerzone Jomas iela ist gut gepflastert.

Notfälle und nützliche Adressen

3 **24-Stunden-Apotheke:** *Āris,* Raiņa iela 98a, Kauguri, Tel. 7734888.

◼ **Krankenhaus:** Vienības prospekts 19/21, Bulduri, Tel. (6)7752254.

◼ **Polizei:** Dubultu prospekts 2, Tel. (6)7740448.

◼ **Post:** u.a. Strēlnieku prospekts 16, Majori, Tel. (6)7762430, Mo–Fr 8–19, Sa 9–15 Uhr.

Unterkunft

13 **Hotel Pegasa Pils**④, Jūras iela 60, Tel. (6)776 1149, www.hotelpegasapils.com. Nur wenige Schritte von der Konzerthalle und vom Strand in einem der schönen Kurhäuser an der Jūras iela gelegen. Hoher Standard, sehr gute Ausstattung, Sauna, Restaurant, Konferenzsäle.

7 **Amber SPA Boutique Hotel**③-④, Meža prospekts 49, Tel. (6)7755330, www.iwcbalans.com. Sehr schönes Hotel der gehobenen Klasse im Ortsteil Bulduri, sehr freundliches Personal, die Ausstattung lässt kaum Wünsche übrig (Standardzimmer bereits über 20 Quadratmeter), gute Spa-Behandlungen, schmackhaftes Essen im Restaurant, Ermäßigungs-Angebote auf der Website.

11 **Hotel Jūrmala Spa**②-③, Jomas iela 47/49, Majori, Tel. (6)7784415, www.hoteljurmala.com. Modern eingerichtetes, großes Kurhotel mit sehr breitem Angebot von der Wellness-Oase über Schönheitskuren bis hin zu medizinischen Kurbehandlungen. Großzügige Zimmer, Restaurant, Bars, Konferenzräume. Sonderaktionen mit „Paketen" aus Übernachtung und Behandlungen auf der Website.

5 **Hotel Dzintars**②, Edinburgas prospekts 15, Dzintari, Tel. (6)7751582, www.dzintarshotel.lv. Kleines, sympathisches Hotel in für Jūrmala typischem Häuschen. Sehr nah an der Bahnstation Dzintari, 10 Min. Fußweg von der Konzerthalle und dem Strand. Café, Sauna, Minigolf.

Camping

4 Nemo②, Dubultu prospekts 51, Jaundubulti, Tel. (6)7732350, www.nemo.lv. Großer Campingplatz zwischen den Ortsteilen Vaivari und Majori in direkter Nähe zum Strand mit Holzbungalows, Wohnmobil- und Zeltplätzen, Esslokal, Kinderspielplatz, Fernsehen, Internet, Feuerstellen, Sportgelegenheiten, Sauna usw. Nichts für Romantiker, sondern eher für Action- und Entertainment-Freunde. Geöffnet Mai bis September.

Essen und Trinken

Die meisten Hotels bieten lettische und internationale Küche in einem hauseigenen Restaurant an. Es kann sich aber durchaus lohnen, ein anderes Lokal zu suchen. Besonders in der Jomas iela von Majori findet sich etwas für jeden Geschmack. Wer schon zu viel Geld ausgegeben hat, findet auch in Jürmala einige der typisch lettischen Häuser mit dem Namen **kafejnica,** in denen man oft mit Selbstbedienung sehr einfach und günstig, aber typisch lettisch essen und trinken kann.

2 MEIN TIPP: Kūriņš, Kaugurciema iela 47, Kaugurciems, Tel. 26529539, www.kurins.lv. Die meisten Besucher lieben dieses rustikale Lokal in einem alten Fischerhaus mit ausgelassener Stimmung und lettischer Biergartenatmosphäre. Einheimische Speisen und Bier, Terrasse direkt oberhalb des Strandes und oft Volksmusik live. Moderate Preise. Per Auto ein wenig schwer zu finden, am besten vom Strand aus.

12 Alus krodziņš, Jomasiela 64a, Tel. (6)7764 456, sehr beliebtes, rustikales Restaurant in der Fußgängerzone mit klassischen lettischen Gerichten und guten Bieren.

10 Kazbeks, Jomas iela 39, Majori, Tel. (6)776 4271. Dieses sympathische kasachische Lokal ist wärmstens zu empfehlen.

Einkaufen

14 Pie Meistara, Jomas iela 85, Majori, in der Fußgängerzone, Tel. (6)7762153, 10–18 Uhr. Handarbeiten, besonders aus Wolle, und Bernsteinschmuck, schöne Geschenke und Mitbringsel.

Kultur

■ **Konzerthalle Dzintari,** Turaidas iela 1, Tel. (6)7762092, www.dzk.lv. Die geschichtsträchtige Halle fasst bis zu 600 Zuschauer, doch im Sommer spielt sich das Leben vor allem daneben auf der Freilichtbühne ab. Hochkarätige Musiker vom Range beispielsweise des deutschbaltischen Geigers *Gidon Kremer* treten hier regelmäßig auf.

16 Künstlerhaus Bulduri, Muižas iela 6, Bulduri, Tel. (6)7752472. Hier kann man die Handwerkskünste der Einheimischen bewundern und selbst beim Weben und Töpfern sein Glück versuchen (oft Voranmeldung erforderlich, die Touristen-Info hilft weiter).

Feste und Veranstaltungen

■ Ein Höhepunkt des reichen Veranstaltungskalenders ist die jährliche **Mittsommernachts-Feier** am 22. und 23. Juni mit einer großen Fest-Parade in der Jomas iela von Majori und einem Konzert mit viel Pomp bei der Konzerthalle von Dzintari.

Sport und Erholung

Das Angebot ist riesig. Besucher sollten vor Ort oder auf www.jurmala.lv Einrichtungen suchen, die ihren Wünschen entsprechen. Generell kann man sagen, dass fast alle Häuser mit **Kur- und Wellness-Angeboten** auf einem guten Niveau operieren, besonders jene, die von den Tourismus-Verantwortlichen empfohlen werden. Wer keine komplexe Kurbehandlung möchte, sondern einfach mal ein Schlammbad oder eine Massage ausprobieren will, findet in fast jedem Hotel ein passendes Angebot.

15 Spa-Hotel Alve②, Jomas iela 88a, Majori, Tel. (6)7755970, www.alve.lv. Sympathisch, weil kein gigantischer Kurkomplex, sondern eine Spa-Anlage in einem recht kleinen, architektonisch interessanten Haus direkt in der Fußgängerzone. Konzentration auf Behandlungen von innen: Entgiftung des Organismus, Entspannungs-Programme mit vielen Arten von Massagen, Wasserbehandlungen, Gespräche mit Patienten, Ernährungsberatung usw.

6 Spaßbad Livu akvaparks, Viestura iela 24, Lielupe, Tel. (6)7755636, www.akvaparks.lv. Großes Spaßbad, im Gegensatz zu der Anlage auf dem Campingplatz *Nemo* ganzjährig geöffnet. Man könnte denken, eine Stadt mit kilometerlangem Sandstrand brauche keinen Aquapark, doch er erfreut sich größter Beliebtheit, besonders bei Kindern. Mo–Fr 12–22, Sa 11–22, So 11–21 Uhr, außerhalb des Sommers Mo, Di geschlossen, 2 Stunden: Erwachsene 21 Euro, Kinder 15,50 Euro.

Verkehrsverbindungen

■ **Auto:** Aus Rigas Zentrum kommend, ist die Strecke nach Jūrmala auf der A10 ausgeschildert. Es lohnt sich aber, das Auto stehen zu lassen und Bus oder Bahn zu nehmen, denn die Einfahrt ins Stadtgebiet von Jūrmala kostet eine **Gebühr,** die an einer Mautstation zu entrichten ist. Sie ist mit 2 Euro pro Tag allerdings nicht sehr hoch.

■ **Bahn:** Es gibt keine Station mit dem Namen Jūrmala, die Stadt ist eine Ansammlung einzelner Orte. Der touristisch wichtigste von ihnen ist Majori. Die Vorortbahn aus Riga, die eine gute halbe Stunde bis Jūrmala braucht, hält auch in Lielupe, Bulduri und Dzintari sowie in jedem weiteren Ort hinter Majori. Die Station von Lielupe ist einer der ältesten aus Holz gebauten Bahnhöfe Lettlands. Die Vorortbahn verkehrt in der Regel mindestens zweimal pro

Stunde. Eine Fahrkarte von Riga Hauptbahnhof nach Majori kostet 1,40 Euro.

■ **Bus:** Es lohnt sich kaum, einen großen Linienbus zu nehmen. Viel praktischer sind die sehr oft verkehrenden **Minibusse** (lettisch *maršrutki,* siehe „Riga, Stadtverkehr"). Sie starten tagsüber alle fünf oder zehn Minuten in Riga schräg gegenüber vom Hauptbahnhof und halten unterwegs überall, wo der Fahrgast es wünscht. Er muss es nur rechtzeitig dem Fahrer ankündigen. Man zahlt beim Einsteigen, sollte aber Kleingeld bereit halten, Riga – Jūrmala kostet 1,50 Euro. Wer nicht das Risiko eingehen will, falsch auszusteigen oder sich mit dem Fahrer misszuverstehen, nimmt lieber die Vorortbahn nach Jūrmala.

■ **Fahrrad:** Besonders reizvoll ist die Anreise nach Jūrmala aus Riga per Fahrrad, beispielsweise mit einem Mietrad von *Sixt rent a bicycle* (www.sixtbicycle.lv, siehe Riga, Stadtverkehr).

■ Man kann auch mit einem **Ausflugsboot** von Riga (nahe der Akmens-Brücke) nach Majori fahren, Preis ca. 15 Euro, hin und zurück ca. 20 Euro, Fahrzeit ca. 2½ Std.

Ķemeri-Nationalpark

🦋 Das gewaltige Areal des **Ķemeru nacionālais parks** von über 38.000 Hektar wurde 1997 in den Rang eines Nationalparks erhoben. Der zu über die Hälfte aus **Wäldern** und im Übrigen aus **Sümpfen und Wasserflächen** bestehende Park wird kaum von Straßen durchschnitten, sodass es recht schwer ist, ins Innere dieses „Dschungels" vorzudringen. Die Verantwortlichen in der Region sind peinlich darauf bedacht, den Tourismus so zu steuern und zu begrenzen, dass kein Besucher Schaden anrichtet oder Spuren hinterlässt und dennoch bleibende Eindrücke von der fantastischen Pflanzen- und Tierwelt mit nach Hause nehmen kann. Per Auto ist also bestenfalls ein Blick von außen in diese geheimnisvolle Welt möglich. Mit dem Fahrrad kommt man dem Kern des Parks schon wesentlich näher: Markierte Wege führen durch das Innere. Auch Wanderwege verlaufen durch die Wälder, auf langen Holzbrücken über Sümpfe und zu den berühmten **Schwefelquellen,** derentwegen die Mineral- und Heilwasser der Region so bekannt sind.

Im Herbst kommen vor allem **Vogelbeobachter** in Scharen. Auf den Karten des Parks sind die Stellen verzeichnet, wo man die beste Chance hat, seltene Vögel und andere Tiere wie **Fledermäuse und Biber** zu erspähen.

Direkt im Ort Ķemeri startet ein **Wanderweg,** der hauptsächlich auf Holzstegen durch die Sümpfe verläuft, die jedes Jahr im Frühling vom Fluss Vēršupīte überflutet werden. Drei **Fahrradrouten** – 16, 17 und 22 Kilometer lang – sind in den Farben rot, blau und orange gut ausgeschildert. Sie beginnen nicht in Ķemeri, sondern haben das Dorf Valgums als Fixpunkt. Es liegt recht nah an der Stadt Tukums, die sich ebenfalls als Ausgangspunkt für Touren in den Nationalpark eignet, auch wenn sie 15 Kilometer von seinem Rand entfernt ist. Radler, die gut in Form sind, können aber ohne Weiteres von Ķemeri oder gar von der Küste aus zu den Fahrradrouten durch den Nationalpark gelangen.

Mit einem **geländetauglichen Auto** kann man dem Innenleben des Parks von Ķemeri kommend auf der A10 Richtung Westen (Ventspils) und dann bei erster Gelegenheit links auf einer kleinen Sandpiste auf die Spur kommen. Der Weg verläuft am Rand des Parks entlang und führt nach neun Kilometern ein Stückchen in das Gebiet hinein. In dieser Gegend liegen auch die Fahrrad- und weitere attraktive Wanderrouten.

Ķemeri und Jaunķemeri

Ķemeri liegt sieben Kilometer vom mit Hotels und Kuranlagen bestückten Jaunķemeri entfernt und damit nicht direkt am Wasser. Kurz hinter der Ortseinfahrt aus Richtung Jaunķemeri beginnt ein **Park.** Dort ist an der Straße direkt hinter einem hübsch geschmückten kleinen Pavillon eine **Schwefelquelle** zu finden. Es wird empfohlen, das Gesicht mit dem intensiv riechenden Wasser zu waschen. Im Park, der sich schön für einen Spaziergang eignet, erhebt sich auf der winzigen, künstlich angelegten „Liebesinsel" ein größerer Pavillon mit schönen Holzschnitzereien. Die Insel ist besonders am Wochenende fest in der Hand frisch vermählter Paare, die hier Foto-Sessions abhalten. Sehenswert ist auch die ebenfalls in der Grünanlage gelegene russisch-orthodoxe Kirche.

Der Ort Ķemeri ist ansonsten weit entfernt vom regen Treiben in Jūrmala. Allerdings entsteht am Rande des Parks derzeit ein großes Kurhaus.

Information

■ **Information Ķemeri-Nationalpark,** Meža māja, Ķemeri, Tel. (6)7146819. Ein kleines Stückchen außerhalb des Ortes nahe der Zufahrtsstraße Tūristu iela. Wenn man aus Richtung Jūrmala an-

2a

fährt, geht es am Ortseingang rechts zur Zentrale des Nationalparks. Informationen über die Wander- und Radwege, Kartenmaterial und Vermittlung von geführten Touren.

Unterkunft

Die klassischen großen Hochhaus-Kurhotels von Jaunķemeri sind nicht jedermanns Geschmack, während das Angebot in Ķemeri selbst sehr klein ist. Besucher, die länger bleiben wollen, können darüber nachdenken, ob sie nicht lieber im günstigeren Städtchen Tukums unterkommen wollen oder auch auf einem der Campingplätze oder Hotels etwas weiter entfernt an der Rigaer Bucht (zu erreichen auf der P128).

■ **Rehabilitationszentrum Jaunķemeri**②, Kolkas iela 20, Jaunķemeri, Tel. (6)7733522, www.jaunkemeri.lv. Sehr breites Angebot an Kurbehandlungen, darunter Bäder und Massagen aller Art, Moorbehandlungen, Hochdruckkamer, Physiotherapie. In dem Komplex ist auch ein großes Hotel. Preis für ein Einzelzimmer mit drei Mahlzeiten am Tag, Arztbesuch und entsprechenden Heilbehandlungen.

Entlang der Daugava nach Osten

Neben Jūrmala sowie den Städten Bauska und Jelgava mit ihren Schlössern und Burgen (beschrieben im Kapitel „Zemgale") ist von Riga aus ein Tagesausflug an der Daugava (deutscher Name: Düna) entlang denkbar. Die meisten werden diese Strecke jedoch wählen, wenn sie sowieso dem Fluss in Richtung Daugavpils folgen wollen, denn unterwegs warten eine Reihe von Sehenswürdigkeiten, Ortschaften und die reizvolle Natur des Daugava-Tals. Der weitere Verlauf des Flusses mit der fantastischen Burg von Koknese als Höhepunkt ist im Kapitel „Zemgale" beschrieben.

Gedenkstätte Salaspils

Salaspils ist von Riga aus sehr schnell zu erreichen, wenn man die A6 in Richtung Daugavpils nimmt (Entfernung 24 km). Autofahrer, die auf der *Via Baltica* in einem großen Bogen um Riga herumgeführt werden, stoßen automatisch auf Salaspils und müssen wenige Hundert Meter in Richtung Riga zurückfahren. Aus Riga kommend, liegt das Gelände etwa zwei Kilometer vor Salaspils auf der linken Seite. Es ist nur auf Lettisch mit „Memoriālais ansamblis" ausgeschildert. Die Zufahrt von der A6 ist gut einen Kilometer lang. Der Weg endet auf einem großen Parkplatz, das letzte Stück muss man zu Fuß zurücklegen.

▷ Die Daugava verbindet die beiden größten Städte des Landes: Riga und Daugavpils

2a

Ob auf der Durchreise oder im Rahmen eines gezielten Ausflugs: Es lohnt sich der Besuch des **ehemaligen Konzentrationslagers von Salaspils.** Vom Lager selbst ist nichts übrig geblieben. Trotzdem bleibt die ganz im Grünen gelegene Gedenkstätte allen in Erinnerung, die sie gesehen haben. Das ganze Gelände ist frei zugänglich und kostet keinen Eintritt.

Von 1941 bis 1944 nutzten die Nazis Salaspils als Etappenlager, bevor die Gefangenen weiter transportiert wurden. 39 Baracken standen einst, wo jetzt nur eine große Wiese übrig geblieben ist. Auf der Fläche stehen gewaltige, ausdrucksstarke **Steinfiguren:** Ein unbeugsamer Mann, ein Erniedrigter, eine Mutter mit Kindern. Die monumentalen Gestalten erinnern an den Denkmal-Stil der Sowjets. An der Stelle der einstigen Kinderbaracke erinnern Stofftiere und Spielzeug neben Blumen an das Schicksal und das Leid der jungen Gefangenen.

Hauptobjekt des Geländes ist ein schmales, längliches, schräg ansteigendes Bauwerk, das als Ausstellungsraum errichtet wurde. Innen entsteht auf diese

Riga und Umgebung

1172le mk

2a

Weise ein **langer, dunkler Tunnel,** der vom Eingang aus langsam und schnurgerade nach oben führt. Ein Metronom klopft den immer gleichen Takt, während man sich der zunächst endlos weit erscheinenden Wand am Ende des Tunnels nähert. Keine ausführlichen Beschreibungen sind hier notwendig, um den Schrecken des Ortes zu dokumentieren und zu vermitteln. Die Wand trägt die Namen all jener Völker, deren Menschen hier ums Leben gekommen sind – in lettischer und russischer Sprache. Draußen vor dem Tunnel steht eine Tafel mit nichts weiter als einer Strichliste für die Opfer: tausend Tote pro Strich.

Daugava-Museum

Hinter der Gedenkstätte Salaspils, aber noch vor dem Städtchen selbst, treffen sich die A5 und A6 am Ufer des Daugava-Stausees. Nimmt man die A5 für wenige Minuten, z.B. Richtung Bauska oder Jelgava, überquert man den großen Daugava-Damm und kann rechts zum Daugava-Museum abbiegen. Wer wie oben beschrieben auf der *Via Baltica* fährt, kommt am ausgeschilderten Abzweig vorbei.

Das Museum liegt landschaftlich sehr reizvoll an einem toten Nebenarm der Daugava. Zu ihm gehört ein kleines Herrenhaus mit Park. Im kleinen Museum wird die **Geschichte des Flusses,** seiner Besiedlung und seiner Nutzung dargestellt, beispielsweise alte Fotos von der Eröffnung des Wasserkraftwerks Rigas HES durch die kommunistischen Parteibonzen. Besonders schön ist ein Spaziergang durch den **Park,** wo einige für die Daugava-Besiedlung typische historische Gebäude rekonstruiert wurden, eine Art kleines Freilichtmuseum. Am Ufer gibt es eine Bootsanlegestelle (Motorbootfahrten werden organisiert). Es gibt auf dem Gelände auch **Picknick- und Grillplätze** mit Blick aufs Wasser. Das Daugava-Museum bietet vor allem eine willkommene Pause im Grünen, bei der sich etwas über diesen für die Letten so wichtigen Fluss erfahren lässt.

■ **Daugavas muzejs,** Tel. (6)7216367, www.daugavasmuzejs.lv, täglich außer Di 10–17 Uhr, Park bis Dämmerung geöffnet, Eintritt 2, Kinder 1 Euro.

Daugava-Stausee

Die A6 in Richtung Daugavpils führt noch einige Kilometer am Stausee entlang. Der Fluss wurde hier einst künstlich verbreitert, um den riesigen Fabriken Energie zu liefern. Man kann an einigen Stellen seitlich parken und den **Deich** erklimmen. Oben bietet sich ein weiter Blick auf das gestaute Wasser. Auf dem Deich selbst verläuft ein kilometerlanger Fußweg.

Der nächste Ort auf der nördlichen Daugava-Seite heißt **Ikškile.** Er wartet mit einer kuriosen Sehenswürdigkeit auf: Wenn man durch den Ort zum Flussufer hinunterfährt und dann am Wasser entlang, wird plötzlich **mitten in der Daugava die Ruine einer Kirche** sichtbar. Vom Parkplatz aus führt eine Art Damm die Spaziergänger trockenen Fußes zu dem einstigen Gotteshaus. Nicht alle Mauern sind erhalten und mit dem neu hinzugefügten Blechdach und dem großen, modernen Kreuz macht das Ensemble einen eigenartigen, aber doch sehr interessanten Eindruck.

Altlettische Burg Lielvärde

MEIN TIPP: Weitere gut 20 Kilometer von Ikškile führt die A6 nach Lielvärde. Von der Durchfahrtsstraße ist eine eigenartige, hohe **Holzkonstruktion** sichtbar. Es ist die altlettische Burg von Lielvärde, ein Minidorf aus dicht beieinander stehenden Gebäuden, wie eine Schutzburg erbaut, mit Aussichtstürmchen zum Erspähen von Feinden.

Der in Lettland recht bekannte Künstler *Agris Liepinš* hat es zu seinem Hobby gemacht, hier das **Leben der altlettischen Völker** nachzuempfinden. Entstanden ist eine kuriose Ansammlung von Wohnhäusern, Gemeinschaftsgebäuden, Ställen und Scheunen. Man erhält Eindrücke von den Lebensumständen der Menschen, die so oder so ähnlich bis zum 13. Jh. und dem Einmarsch der deutschen Ritter vom Schwertbrüderorden gelebt haben. Es ist eine gute Erinnerung daran, dass die Geschichte Lettlands nicht mit den Burgen und Städten der Ordensritter begonnen hat.

Es ist spaßig, in diesem Minidorf umherzulaufen und durch die Türen in die **schön ausgestatteten Innenräume** mit den authentisch gekleideten Figuren zu blicken. Die Menschen lebten damals zumeist vom Handel mit Bienenwachs, den die Länder Westeuropas vor allem für ihre Kerzen in den Kirchen brauchten.

Auf verschiedenen Leitern und Treppen lassen sich die oberen Ebenen der Festungsanlage erkunden. Die Betreiber erklären bereitwillig die einzelnen Objekte, was auf Russisch und Lettisch am besten funktioniert, doch auch sonst lässt sich mit Zeichensprache einiges erfahren, zumal ein englischsprachiges Flugblatt verteilt wird.

Direkt neben der Anlage liegt ein **Minizoo** mit Ziegen, Kaninchen und anderen vertrauten Tieren.

■ **Altlettische Burg,** Parka iela 3, Tel. 29465792, www.lielvarde.lv, April bis Nov. Do–So 10–19 Uhr, an der Straße steht ein braunes Hinweisschild „Uldevena pils".

Andrejs-Pumpurs-Museum und Park

In Lielvärde ist außerdem ein Museum zu finden, das Ausstellungsstücke zum Leben und Werk des berühmten Schriftstellers *Andrejs Pumpurs* zeigt – dem Autor des Nationalepos „Läčplēsis –, der in diesem Ort gelebt hat. Nicht verpassen sollte man einen Gang durch den Museumspark mit einigen schönen **Holzskulpturen.** Vom Park aus führt eine Treppe hinunter zum Fluss mit hervorragender Aussicht auf die Daugava.

■ **Andreja Pumpura muzejs,** E. Kaulina aleja 20, Tel. (6)5053759, Di–Sa 10–17 Uhr, So 10–15 Uhr, Eintritt 0,80 Euro.

2a

VIDZEME – DER NORDEN

Die **größte der vier lettischen Regionen** wird oft mit dem aus der Geschichte bekannten Begriff „Livland" gleichgesetzt, wobei das historische Livland weitaus größer war als das heutige Vidzeme, das die östliche Küste der Rigaer Bucht, die gesamte lettisch-estnische Grenze und das Land dazwischen umfasst.

NICHT VERPASSEN!

- **Altstadt und Burg von Cēsis** sind wie eine Zeitreise zurück ins Mittelalter | 332
- Eine **Kajak-Fahrt auf der Gauja im Nationalpark Gauja** wäre allein schon die Anreise nach Lettland wert | 346
- Die **Burg Turaida bei Sigulda** ist die wohl berühmteste der vielen lettischen Burgen | 353

Diese Tipps erkennt man an der gelben Hinterlegung.

> Die weitläufige Anlage der Ordensburg in Cēsis

2b

Vidzeme grenzt auch mit einem kurzen Abschnitt an Russland. Durch die zentrale Lage im Baltikum war Vidzeme schon immer mitten im Geschehen. Einst galt dies vor allem für den Handelsverkehr, heute hauptsächlich für den Tourismus. Wer auf der Via Baltica nach Estland fährt, kommt an Vidzeme nicht vorbei.

In den ersten 1200 Jahren unserer Zeitrechnung lebten in der Region vor allem zwei Stämme: Die aus Westfinnland kommenden **Liven** und die baltischen **Lettgallen.** Dann folgte der Einmarsch der Christen. Nach Vidzeme kamen die germanischen Kreuzritter vom Schwertbrüderorden als erstes, als sie das Gebiet des heutigen Lettlands unter ihre Kontrolle brachten. Dies geschah zu Anfang des 13. Jh. Sie bauten die mächtigen Festungen und Burgen, die heute noch vollständig oder in Form von Ruinen in fast jedem größeren Ort zu bestaunen sind, und hielten ihre Vormachtstellung bis ins 17. Jahrhundert hinein.

2b

0 ⸻ 20 km

Häädemeeste • Tali • Mõisaküla • Abja-Paluoja • Karksi-Nuia • Puka
52 • 73 • Kuutsemäg
54 **6** • 69 • Otepää **looduspark** ▲217
Tõrva • Keeni
Schloss Taagepera • Sangaste
366 P17
Rūjiena • **6**
366 Naukšēni
Ainaži **372**
Pietrags-Felsen
Mazsalaca **367** **367** **Echofelsen Skaņaiskalns** ★ • Ērgeme • Valka **364** • Valga
Salacgrīva **373**
Staicele • Aloja **P16** **369** P17 Seda • Valka • P22
374 ⚓
Livische Opferhöhlen ★
Niedrāju-Pilkas-Sumpf • P15 **369** **362** Burtnieks-See • 67
P12 • Burtnieki
Dikļu Pils **362** • **364** • Tornimägi 137 • Saru
Svētciems **374** • P13 **363** P16 Strenči • P24
Felsen von Veczemji ★ • **Zilaiskalns** • **A3** • P23
375 **A1** E67 • P11 **359**
Tūja ⚓ • **370** Limbaži • **Valmiera** • **Valmiera Ordensburg** ★ • P25
Jelgavkrasti • P18 • Vireši
375 ⚓ • **346** • P14 • Smiltene • **A2**
Münchhausen-Museum 🏛 • P9 **346** **345** • E77
Straupe • **332** **P20** • Rauna • P27
377 • **Schloss Igate** • **Herrenhaus Orellen, Ungurs-See** • **Cēsis** • P28 • L E T T L A
Laučru akmens ★ • P8 • Slapjuma k.
377 • **Schloss Birini** 🏛 • **Ligatne Naturpark** • **343** Jūņukalns ▲248
Saulkrasti • **A3** • P30
P6 • 75 • **Burg Turaida** • V i d z e m e
Lilaste • **Seil- und Rodelbahn** ★ • **347** • P30
Jaunpiebalga
Sigulda

Dann begannen die großen Territorialkriege, während derer das heutige Vidzeme mal unter **schwedischer,** mal unter **polnischer** und mal unter **russischer** Kontrolle stand. Letztlich wurde die Region mit einem Teil des heutigen südlichen Estlands zusammengefasst und ins russische Zarenreich eingegliedert.

Heute präsentiert sich Vidzeme als ein moderner, aufgeschlossener Landstrich, der seine Touristenzentren – allen voran **Cēsis** und **Sigulda** – sehr gut verwaltet und von allen Regionen des Landes nach der Hauptstadt Riga die meisten Besucher verzeichnet – hauptsächlich dank der Ostseeküste, dem Nationalpark Gauja und der berühmten **Burg Turaida.**

Cēsis

Das kleine Cēsis mit seinen knapp 18.000 Einwohnern ist leicht zu unterschätzen. Für viele Letten ist es nach Riga und neben Sigulda symbolisch gesehen der wichtigste Ort im ganzen Land. Hier schlugen die Esten und Letten 1919 das vordringende deutsche Heer zurück und verteidigten so ihre gerade gewonnene Unabhängigkeit.

Auch die **lettische Fahne,** stolzes Symbol des Freiheitskampfes, stammt aus Cēsis. So will es jedenfalls die Legende, der zufolge der lettgallische König

tiger als Riga. Neben Riga wurde im heutigen Lettland nur Wenden mit dem Titel **Hansestadt** versehen und mit dem verbrieften Recht auf eine eigene Münzprägung ausgestattet.

Außer Geschichte und Symbolik hat Cēsis aber vor allem die zentrale Lage im großartigen **Gauja-Nationalpark** zu bieten, auf halber Strecke zwischen Sigulda mit seiner phänomenalen Burg Turaida und dem Ort Valmiera. So stellt Cēsis einen idealen Ausgangspunkt für Touren und Ausflüge aller Art dar.

Doch auch die Kleinstadt selbst, 80 Kilometer nordöstlich von Riga gelegen, ist einen eigenen Besuch wert, steht in ihr doch die alte Ordensburg, Respekt und Ehrfurcht heischend wie eh und je, obwohl sie nur als Skelett die vielen Jahrhunderte überdauert hat. Feste im Sommer und nahe gelegene Skipisten im Winter locken die Gäste an, die immer zahlreicher herbeiströmen. Dennoch hat Cēsis sich außerhalb der Monate Juli und August seinen leicht verträumten, sympathischen, fast niedlichen Charakter bewahrt. Überreste der alten Stadtmauer, das System der Altstadtgassen und eine Vielzahl an kleinen **Holz- und Kaufmannshäusern** sind stumme, aber vielsagende Zeugen der mittelalterlichen Entstehungsgeschichte.

1272 in einer Schlacht an diesem Ort verwundet wurde. Seine Untertanen legten ihn auf eine weiße Fahne, die sich von seinem Blut rasch rot verfärbte. In der Mitte blieb aber ein weißer Streifen. So wurden die Nationalfarben geboren. Verständlich daher, dass Cēsis sich selbst als „eine der lettischsten Städte in Lettland" anpreist.

Über die historische Richtigkeit dieser Behauptung kann man freilich streiten, denn bereits im Mittelalter, Jahrhunderte, bevor Lettland entstand, war dieses scheinbar so ruhige Nest, das damals den deutschen Namen **Wenden** trug, ein wichtiges Zentrum des Baltikums, zu Zeiten der Ordensherrschaft sogar wich-

Stadtgeschichte

Die Stadt taucht in schriftlichen Quellen zum ersten Mal im Jahr 1206 auf und ist damit einer der ältesten noch heute existierenden Orte Lettlands. Das **800-jährige Bestehen** wurde 2006 groß gefeiert. Je nach Quellenlage begann der gerade frisch gegründete **Schwertbrüderorden**

2b

zwischen 1207 und 1209 mit dem Bau einer gewaltigen Burg. Cēsis erhielt seine ursprüngliche Bezeichnung **Wenden** vom gleichnamigen Volk, das ab dem 11. Jh. von Westen kommend den Ort als neue Heimat auserkoren hatte. Eine heute nicht mehr erhaltene Holzburg der Wenden stand auf dem Nussberg (Riekstu kalns) über der Gauja und diente den Ordensrittern als Vorlage für ihren nur einen Steinwurf entfernten Bau.

Die **Ordensburg** war für Jahrhunderte eine der größten Festungen in Livland, oft verglichen mit der monumentalen Burg des Deutschritterordens im heute polnischen Marienburg. Um die Burg Wenden bildete sich schnell eine Handelssiedlung. Lange war die Festung **Sitz des Großmeisters** und Wenden avancierte zur Hauptstadt des vom Orden eroberten livländischen Gebiets. Die Burg sah in ihren Mauern im Laufe der Jahrhunderte nicht weniger als 40 Großmeister.

Einer der letzten und auch bekanntesten von ihnen war **Wolter von Plettenberg** (1450–1535). Der Orden hatte seine Machtposition im heutigen Lettland und Estland gefestigt, kam aber durch interne Querelen, Streit mit den Bischöfen, Druck von außen (Russland) und die Reformation immer mehr in Bedrängnis. Plettenberg gelang es, die Interessen auszugleichen, er regierte in Wenden über eine Periode der Stabilität. Doch die Entwicklungen waren nicht aufzuhalten: Die Reformation setzte sich auch in Livland und damit in Wenden durch und 42 Jahre nach Plettenbergs Tod war die Stadt umzingelt vom Moskauer Großfürsten **Ivan IV.** („dem Schrecklichen"). Die Bewohner sahen keinen anderen Ausweg, als sich zusammen mit der Burg in die Luft zu sprengen. Das stabile Bauwerk behauptete sich zwar, wurde aber im Nordischen Krieg 1703 endgültig zerstört.

Die Stadt Wenden, die durch die zentrale Lage im Herzen der Macht und den Handel mit Russland florierte und bereits im 13. Jh. das Stadtrecht erhalten hatte, wurde wie Riga zu einer **Hansestadt** (1383), damals ein äußerst begehrter Titel. Es gründeten sich Gilden, es bildete sich ein gesellschaftliches, kulturelles und geistliches Zentrum. Doch mit dem 25 Jahre tobenden Krieg gegen Russland war die Zeit des großen Aufschwungs vorbei. Kämpfe, Brände, die polnisch-schwedischen Kriege im 17. Jh. und die große Pest (1710–11) gaben Wenden den vorläufigen Todesstoß.

Als die gesamte Region 1721 an das russische Zarenreich überging, war es eine unbedeutende Kleinstadt geworden. 1785 ging es mit der Ernennung zur Kreisstadt langsam wieder bergauf, doch erst 1889 brachte die Eröffnung der ersten **Bahnstrecke** von Riga über Cēsis nach Valka einen Wachstumsschub, ebenso wie der Straßenbau. Cēsis begann wegen seiner einmaligen Umgebung, auch als Erholungsort für Reisende immer attraktiver zu werden.

Nahe der Stadt wurden einige brutale Schlachten des Ersten Weltkriegs geschlagen, doch der wichtigste Kampf folgte, als der Krieg offiziell schon vorbei war: Entgegen dem Versailler Friedensvertrag drangen reichsdeutsche Truppen unter Graf *Rüdiger von der Goltz* zusammen mit Deutschbalten über Riga nach Norden vor und wollten Lettland und Estland unter ihre Kontrolle bringen. Ein **estnisch-lettisches Heer** besiegte die Aggressoren im Sommer **1919** in Cēsis.

Der **23. Juni** wird bis heute als „Siegestag" in ganz Lettland begangen.

Seit dieser Zeit spielt Cēsis politisch keine entscheidende Rolle mehr, behält aber bis heute seinen Status als patriotisches Symbol und Herz des beliebtesten lettischen Nationalparks.

Für den Juli 2017 plant die Stadt zu ihrer **810-Jahres-Feier** ein großes Fest.

Sehenswertes

Kreuzritterburg

Die alte Burg des Schwertritterordens ist auch als **Ruine** die Hauptattraktion von Cēsis. Dass noch recht viel zu besichtigen blieb, verdankt die am besten erhaltene Kreuzritterburg Lettlands dem Grafen *Karl von Sievers,* der die Burg 1777 kaufte und in Teilen renovieren ließ.

Sievers errichtete für sich selbst ein kleines, heute rosafarbenes **Schlösschen** am östlichen Rand der Anlage, in dem seit Kriegsende das **Städtische Museum für Geschichte und Kunst** (Cēsu vestures muzejs) untergebracht ist. Dort finden sich archäologische Fundstücke aus Cēsis und Umgebung, aber auch viele andere Exponate und Erläuterungen zur bewegten Geschichte der Stadt. Im Jahr 1812 ließ Sievers noch einen romantischen **Schlossgarten** anlegen, heute der beste Erholungsort für Bewohner und Besucher.

Am auffälligsten an den Überresten der Burg ist der noch recht gut erhaltene runde **Südturm** mit seinem charakteristischen Spitzdach. Der **Westturm** hingegen ist quadratisch und versetzt Besucher mit seinen 4,60 Metern dicken Mauern ins Staunen. Bei einer Besichti-

gung wird jedem Besucher eine **Laterne mit Kerze** überreicht, denn in der Burg ist es oft sehr finster. Anstatt die Räume und Treppen zu beleuchten, kamen die Betreiber auf die schöne Idee, die Gäste bei Kerzenlicht das Innenleben der Festung kennenlernen zu lassen. Der Gang mit der Laterne über den Schlossgraben und in die dunkle Burg ist ein besonderes Erlebnis, das man sich nicht entgehen lassen sollte.

Die Anlage wurde in den letzten Jahren weitgehend umgebaut und renoviert. In das Objekt wurde ein modernes, gläsernes **Besucherzentrum** mit Touristeninformation integriert. Dort erhält man auch die Eintrittskarten für die Burg.

In einem alten Nebengebäude auf dem Gelände stellt ein Goldschmied traditionellen lettischen **Schmuck** her. Gern lässt Meister *Daumants Kalnins* Touristen bei seiner Arbeit zuschauen und erzählt, auch auf Englisch, von seiner Tätigkeit. Er ist leidenschaftlicher Sammler von alten Fundstücken und versucht, diese originalgetreu nachzuarbeiten. Man kann die Ringe, Armreifen und Ohrringe direkt bei ihm kaufen.

Neben dem Haupteingang zum Burggelände ist in einem Kasten die **Lenin-Statue** zu sehen, die jahrzehntelang den heutigen Platz der Einheit dominierte.

Reste des **Stadtwalls** umgeben die Burg auf dem Nussberg (Riekstu kalns) mit dem kleinen See an seinem Fuße heute noch. Auf der Rückseite der Burg erstreckt sich der schöne **Park** (Pils parks), der 1812 angelegt wurde, mit weiten Grünflächen, einem großen Teich, dem Blick auf das Burgensemble und einer Freilichtbühne, auf der im Sommer sehr häufig Open-Air-Konzerte stattfinden.

■ **Burg mit Schmiede und Museum,** Pils laukums 9, Mai–September täglich 10–18, Oktober–
April Di–Sa 10–17, So 10–16 Uhr, Eintritt 6 Euro,
Kinder 3,50 Euro, letzter Einlass 45 Minuten vor
Schließung. Fremdsprachige Führung 29 Euro (Infos
bei der Touristeninfo). Die Schmiede öffnet tägl. von
14–18 Uhr, Eintritt 2 Euro. Der Schlosspark gehört
nicht zum Burgkomplex und ist frei zugänglich.

▽ ▷ In den Gassen des mittelalterlichen
Städtchens – links die Johanniskirche

063lkmk

Altstadtgassen

Im gemütlichen Cēsis lohnt sich ein Spaziergang durch die **mittelalterlich anmutenden Gassen** der niedlichen Altstadt mit ihren roten Ziegeldächern und
Steinmauern. Besonders schön lässt es
sich abends beim Schein der alten Laternen, die an vielen Häusern hängen,
durch die Sträßchen flanieren.

Das Gebäude des alten Rathauses von
1767 sowie die vielen kleinen **Bürgerhäuser** aus Ziegelsteinen und Holz aus
dem 17. und 18. Jh. haben eine besonders urige und idyllische Ausstrahlung.
Allerdings ist noch längst nicht die gesamte Altstadt wieder originalgetreu
hergestellt. Hässliches Straßenpflaster ist
ebenso noch zu finden wie nicht renovierte oder gar baufällige Häuser. Der
Eindruck wird aber von Jahr zu Jahr immer besser.

St. Johanniskirche

Am meisten ins Auge sticht die hohe, renovierte St. Johanniskirche. Sie ist außerhalb Rigas das größte gotische Gotteshaus im Land. 1283 bis 1297 wurde sie
errichtet und danach in den Wirren der
Zeit (Reformation) mehrfach umgebaut.
Ihre jetzige Gestalt erhielt sie nach einem verheerenden Brand 1754. Neben
dem mächtigen Turm ist besonders die
schmuckvolle **Sonnenuhr** an der südlichen Mauer beeindruckend, ebenso die
Grabstätten von Bischöfen und Groß-
meistern, unter ihnen der berühmte
Wolter von Plettenberg, dem zu Ehren an
seinem 320. Todestag eine Bronzebüste
auf seine Ruhestätte gestellt wurde. Ein
weiterer Höhepunkt ist die **Orgel,** 1907

von der Firma *Walcker & Co.* aus dem baden-württembergischen Ludwigsburg erbaut, ebenso wie die Orgel in der Kathedrale von Riga. Lohnend ist auch die **Besteigung des Kirchturms,** von dem aus sich ein hervorragender Blick auf die gesamte Altstadt, die Burganlage und die Umgebung auftut.

■ **Sv. Jāņa baznīca,** Eintritt 1,50 Euro, Turm 2 Euro, geöffnet tgl. 10–20 Uhr.

Rosenplatz

Im späten 14. Jh. wurde vor der St. Johanniskirche ein **Marktplatz** (Rožu laukums) eingerichtet und damit der Stadtkern kurzerhand nach Osten verschoben. Wo am Rosenplatz im Mittelalter Pranger und Brunnen standen, steht heute eine **Pagode** im chinesischen Stil (kiniešu namiņš). In den letzten Jahren wurde der Platz aus seinem Dornröschenschlaf erweckt, er bildet nun mit Brunnen, Bänken, Cafés und *Kwas*-Ständen einen reizvollen Vordergrund zur Kirche.

Rīgas iela

Die Hauptstraße durch die Altstadt heißt Rīgas iela und verläuft vom **Līvu laukums** (Livenplatz) mit seinem kleinen, abends beleuchteten Brunnen zum moderneren **Vienības laukums** (Platz der Einheit), der heute als großer Kreisverkehr fungiert, mit einem schmucken Gerichtsgebäude aus dem 19. Jh. An dieser kleinen Verkehrsader steht eine Hand voll denkmalgeschützter Häuser und Gebäude.

Wie in praktisch jeder lettischen Stadt wird auch in Cēsis an die Kämpfer für die Unabhängigkeit des Landes erinnert. Hier hat diese Funktion ein **Sieges-Denkmal** auf dem Platz der Einheit. Als Mahnung, dass mit der staatlichen Souveränität 1920 das Leiden noch nicht vorbei war, dient die Tatsache, dass der Obelisk für die Freiheitskämpfer 1951 in einer Nacht- und Nebelaktion gesprengt und für fast 40 Jahre durch eine Lenin-Statue ersetzt wurde – Cēsis war mit dem gesamten Baltikum Teil der Sowjetunion geworden.

2b

Rauna-Tor

Das **Raunas varti** gibt einen Eindruck von der Massivität der alten Stadttore, die leider nicht erhalten sind. Auch das Rauna-Tor wurde nach alten Aufzeichnungen wieder aufgebaut. Auf dem nun wieder begehbaren alten Kopfsteinpflaster kann man heute feierlich durch das Tor schreiten.

Brauerei Cēsis

Nahe der Burg steht die alte Brauerei von Cēsis, sie ist mit ihren fast 500 Jahren eine der ältesten noch erhaltenen im gesamten Baltikum.

■ **Cēsu alus darītava,** Lenču iela 9–11, die Besichtigung ist nur von außen möglich.

Praktische Tipps

Information

■ **Touristeninformation,** Pils laukums 9, Tel. (6)4121815 oder 28318318, www.tourism.cesis.lv, geöffnet Mo–So 10–18 Uhr. Gut ausgestattetes Center, auch Infos zu Unterkünften, Internetzugang: 1,50 Euro/Stunde.

Cēsis

0 ▬▬▬ 50 m   © REISE KNOW-HOW 2017

■ Unterkunft
1 Province
2 Jugendherberge
4 Hotel Kolonna Cēsis
10 Hotel Katrina
11 Camping Žagarkalns, Camping Apaļkalns, Holzhäuser Cepla pirts

■ Essen und Trinken
1 Province
2 Glendeloka
5 Café Aroma
6 Tirgotava Teika
7 Vinetas un Allas Kārumlāde (Café-Konditorei)

■ Nachtleben
3 Vidzemnieks

■ Einkaufen/Sonstiges
8 Apotheke
9 Kunsthandwerksgeschäft Grieži
11 Cirulīši/Rad- und Bootsverleih
12 Indoor-Kartbahn

Alte Brauerei Cēsis ★

Pils parks

Maija parks

Polizei

Aldaru iela

Lenču iela

Nīmera iela

Maija iela

Kulturzentrum, Post, Bahnhof, Busbahnhof,

Sieges-Denkmal ★

Rauna-Tor ★

Vienibas Raunas iela laukums

Podnieku

Pils iela

West-turm ● Schmiede für alten Schmuck ⓘ

Südturm ●

Kreuzritterburg

Lenin-Statue ●

M Städtisches Museum für Geschichte und Kunst

St. Johanniskirche ⅱ

L. Skolas iela

Torņa iela

Rigas iela

Kāses

L. Katrinas iela

M. Katrinas iela

Palasta iela

Kaļēju iela

M. Kaļēju

L. Līvu iela

Rožu laukums

Limbaži

Livu laukums

Rigas iela

Valņu iela

Piebalgas iela

Behinderte

Die Bedingungen für Behinderte haben sich in den letzten Jahren auch in Cēsis verbessert, doch Rollstuhlfahrer treffen immer noch auf viele unüberwindliche Hindernisse. Die Altstadt ist gut zu besichtigen, ebenso wie der Schlossgarten. Die Burg ist teilweise für Rollstuhlfahrer zugänglich.

Notfälle und nützliche Adressen

8 Apotheke: *Cēsu Vecpilsētas aptieka*, Rīgas iela 7, Tel. (6)4122965.
■ **Krankenhaus:** Palasta iela 15, Tel. (6)41 22163.
■ **Polizei:** Pils iela 12, Tel. (6)4122575.
■ **Post:** Stacijas laukums 5, Tel. (6)4122008, Mo–Fr 7–18, Sa 9–13 Uhr.
■ **Internet:** Touristeninformation, s.o.

Geld

Es gibt zahlreiche **Geldautomaten.** Die meisten Hotels und Restaurants in Cēsis akzeptieren Kreditkarten *(VISA, MasterCard)*, kleinere Lokale und Läden aber nicht immer.

Unterkunft

10 Hotel Katrīna①-②, Mazā Katrīnas iela 8, Tel. 20008870, Buchung über www.booking.com. Kleines, gemütliches Hotel mit nur 16 Betten, renoviertes Gebäude, ordentliche Zimmer, Altstadtlage.
4 Hotel Kolonna Cēsis②, Vienības laukums 1, Tel. (6)4120122, www.hotelkolonna.com. Sehr nah an Schloss und Altstadt. 75 Schlafplätze, groß, modern, gut ausgestattet in einer Art Villa aus den 1930er Jahren, mit Café und Schönheitssalon. Für anspruchsvolle Gäste.
1 Province①, Niniera iela 6, Tel. (6)4120849, www.province.lv. Kleine, preisgünstige, familiäre Pension in Zweifamilienhaus mit 10 Plätzen, ordentlich, gutes Café im Haus.
11 Cepļa pirts, Cepļa 18, Tel. 29585844. Schönes, massives Holzhaus mit 40 Schlafplätzen, günstig. Das Haus liegt nah am Gauja-Ufer. Von Cēsis Zentrum in Richtung Limbaži, aber noch vor Ortsende und kurz vor Überquerung der Gauja-Brücke links abbiegen.

Jugendherberge
2 Trainingslager der Sportschule Cēsis, Cēsu prospekts 1, Priekuļi, Tel. (6)4130985 oder 2949 9941. 55 anständige, saubere Schlafplätze, 4 km außerhalb des Stadtkerns.

Camping

11 Kempings laivu baze Žagarkalns①, Murlejas iela 12, Tel. 26266266, www.zagarkalns.lv. In Richtung Limbaži, bei der Ausfahrt aus Cēsis direkt vor der Gauja-Brücke führt ein Sandweg links zum Campingplatz am Gauja-Strand, der eine wahre Rundum-Versorgung bietet: Plätze für Zelte und Wohnmobile, Boots- und Fahrradverleih, Sauna, Grillplätze direkt am Wasser. Sogar Zelte, Schlafsäcke und Grillspieße kann man leihen. Guter Startpunkt für Kajaktouren nach Sigulda.
11 MEIN TIPP: Camping Apaļkalns①-②, im Dorf Raiskums, Tel. 29448188, www.apalkalns.lv. Neuer, auf einer schönen, leicht hügeligen Grünfläche direkt am See errichteter Platz mit viel Raum für Wohnmobile und Zelte sowie einigen sehr ordentlichen Holzhütten (2 Personen 50 Euro, 4 Personen 70 Euro), Wohnmobil mit 2 Personen 19 Euro, Zelt 8 Euro/Person. Im Sommer inzwischen sehr gut besucht. Sympathischer Betreiber *Juris Leimanis*, einwandfreie sanitäre Anlagen, Strom und WLAN zur freien Verfügung auf dem ganzen Platz. Ca. 8 km von Cēsis, Zufahrt von dort in Richtung Limbaži, dann bald links nach Raiskums (Camping ausgeschildert).

2b

Essen und Trinken

Die meisten Restaurants und Bars sind Teil eines Hotels, dazu kommen noch einige eigenständige Cafés und Imbisse. Selbstverständlich ist es im Hotel meist am teuersten, wobei aber niemals Rigaer Preise erreicht werden. In Cēsis sind auch die einfachen Lokale vom Typ Kafejnīca gut vertreten.

2 Glendeloka, A. Kronvalda 2b, Tel. 26630600. An der Ausfahrtstraße Valmieras iela aus Cēsis hinaus (in Richtungen Valmiera, Riga), einen guten Kilometer vom Zentrum entfernt. Gemütliches, modernes Lokal mit Holzeinrichtung und anständiger, preisgünstiger lettischer Küche.

5 Aroma, Lenču iela 4, Tel. (6)4127575, 10–18 Uhr. Café mit Sommerterrasse im Zentrum von Cēsis am Vienības laukums. Größte Auswahl an Kaffee- und Teesorten der Stadt, auch abgepackt zu kaufen. Eis und Kuchen schmecken hier hervorragend.

6 Tirgotava Teika, Rīgasiela 8, Tel. 22053826, geöffnet Mo–Fr 8–18, Sa 8–17 Uhr, gutes, einfaches und beliebtes Selbstbedienungslokal im Zentrum, in dem man sich die Speisen von hinter der Glastheke aussuchen kann. Auch Süßes und Getränke, darunter *Kwas* und Bier.

7 Vinetas un Allas Kārumlāde, Rīgas iela 4, Tel. mobil 29392810, Mo–Sa 9–22 Uhr, So 10–18 Uhr. Winziges, gemütliches und sympathisches Konditorei-Café, wenige Schritte von der Johanniskirche entfernt.

1 Province, Niniera iela 6, Tel. (6)4120849. Schickes, verglastes Panorama-Café mit Sommerterrasse im Erdgeschoss des gleichnamigen Gästehauses (siehe „Unterkunft").

Nachtleben

Ein facettenreiches Nachtleben gibt es in Cēsis kaum, außer den angesprochenen Bars bieten sich bestenfalls noch sogenannte Spielklubs an:

3 Vidzemnieks, Raunas iela 13a, Kino, Musikklub, Spielhalle.

Einkaufen

■ Die **Supermärkte** sind täglich geöffnet, meist bis 22 Uhr, u.a. ein recht großer *Maxima* am Ende der Rīgas iela. Alle übrigen Geschäfte sind in der Regel werktags von 9 bis 18 Uhr (samstags bis 15 Uhr) geöffnet und sonntags geschlossen.

9 Kunsthandwerksgeschäft Grieži, Rīgas iela 17a, Tel. (6)4120259, Mo–Fr 9–18, Sa 9–17 Uhr.

Feste und Veranstaltungen

■ Besonders im Sommer, wenn die Stadt aus ihrer Ruhephase erwacht, werden viele **Festivals und Konzerte** veranstaltet. Doch auch im Herbst, Winter und Frühling werden im **Kulturzentrum** oft lettische Volkstänze oder Gastkonzerte gezeigt. Raunas iela 12, in der Stadtmitte, Tel. (6)4122431, http://kulturcentrs.wordpress.com, mit Konzerthalle für bis zu über 500 Gäste, mehreren kleineren Sälen und Bühnen.

■ Im Mai öffnet regelmäßig das **Stadtmuseum** für einen Tag und eine Nacht seine Pforten für besondere Schauen und Präsentationen.

■ Am 19. Mai wird der Geburtstag des Retters der Ordensburg, Graf *Sievers,* auf dem **Schlossplatz** gefeiert.

■ Zum **Johannisfest** wird am 23. Juni wie im ganzen Land die Sonnenwende mit Bier, Tanz und Live-Musik gefeiert, allerdings nicht so sehr in der Stadt selbst, sondern an der Strecke nach Limbaži, knappe 10 km außerhalb. Auf einer Wiese werden riesige Bühnen und Bierzelte aufgestellt. Es heißt, es sei die größte Party in ganz Lettland. Der Weg ist

▷ Im Neuen Schloss residiert das Städtische Museum für Geschichte und Kunst

2b

angesichts der Auto- und Menschenmassen, besonders am späteren Abend, nicht zu verfehlen.

■ Das **Stadtfest** Mitte Juli ist in Cēsis ein echtes Ereignis mit großen Feiern, Feuerwerk und Musik in der gesamten Altstadt und auf der Burganlage.

■ Ein weiterer Höhepunkt ist der jährliche Auftritt der lettischen **Nationaloper** auf den Stufen der Ordensburg. Immer am ersten Samstag im Juli verwandelt sich die Stadt in ein Meer aus Dekorationen und Musik.

■ Am letzten Wochenende im Juli wird das **Bierfest** gefeiert.

■ Wer sich zur **Weihnachtszeit** nach Cēsis aufmacht, kann den großen Weihnachtsbaum auf dem Einheitsplatz und zahlreiche **Adventskonzerte** in der schönen St. Johanniskirche bestaunen.

Sport und Erholung

🔢 **Indoor-Kartbahn,** Apšu iela 4, täglich 14–22 Uhr, Tel. 29191183 und 29473923. Karting und Bar mit traditionellen Pfannkuchen, Preis: 4,50 Euro für 5 Minuten, 8 Euro für 10 Minuten, 10 Euro für 15 Minuten, am Wochenende etwas höhere Preise.

🔢 **Cīruliši,** Mūrlejas iela 12, Tel. 29275378, 287 07707. Verleih von Fahrrädern, Booten, Skiern, gut sortiertes Geschäft auf dem Campingplatz Zagarkalns (s.o.).

■ **Fahrradverleih** auch bei der Touristen-Information und beim Eingang zur Burganlage.

Verkehrsverbindungen

■ **Auto:** Cēsis liegt etwa 80 km nordöstlich von Riga und ist mit dem Auto über die A2 und dann die letzten 10 km links auf der P20 in gut anderthalb Stunden zu erreichen. **Bewachter Parkplatz:** Lenču iela 6, mitten im Zentrum (nahe Rauna-Tor), rund um die Uhr geöffnet, Tel. (6)4127025.

■ **Bahn:** Züge von und nach **Riga** (Fahrzeit knapp 2 Std.) verkehren mindestens 4-mal täglich, Preis 3,50 Euro, von und nach **Sigulda** dauert es 45 Min., 2 Euro, es ist dieselbe Bahnstrecke wie nach Riga. Der Bahnhof (Stacijas laukums, Tel. 25828245) liegt zentral im Ort am Ende der Raunas iela, nur wenige Schritte von Burg und Altstadt.

■ **Bus:** Der Busbahnhof (Autoosta, Stacijas laukums, Tel. (6)4122762) liegt direkt gegenüber dem Bahnhof und bietet weit mehr Verbindungen von und nach **Riga,** insgesamt 27 täglich. Fahrzeit zwei Stunden, Preis 4,15 Euro, 4.25–19.50 Uhr.

Nach **Sigulda** in 45 Minuten, Preis 1,85 Euro, gleiche Strecke wie nach Riga. Die Busse halten nicht direkt in Sigulda, sondern zwei Kilometer südlich an der Vidzemes soseja.

Von Cēsis nach Līgatne

Zwischen Cēsis und Sigulda liegt der Ort Līgatne mit einem sehenswerten Naturpark in seiner Umgebung. Am schnellsten zu erreichen ist er von beiden Städten aus über die A2. Interessanter ist es jedoch, aus Cēsis kommend auf Nebenwegen nach Līgatne zu fahren. Dazu fährt man aus dem Stadtkern zunächst in Richtung der A2 (Richtung Riga, Sigulda).

Kurz vor Erreichen der großen Straße bietet die **Wasserburg von Āraiši** eine Besichtigung der ungewöhnlichen Art (tgl. 9–19 Uhr, November–März Mi–So 10–16 Uhr, Eintritt 3 Euro, Führung nur auf Russisch 15 Euro). Während die meisten Sehenswürdigkeiten in Lettland höchstens bis ins Mittelalter zurück datieren, wurde hier eine **Siedlung des Stammes der Lettgallen** aus dem 9. Jh. rekonstruiert. Mit ihrer Lage auf einer kleinen Insel hat sie einen einzigartigen Charakter, auch wenn das kleine Ensemble gleichförmig erscheinender Holzhütten schnell besichtigt ist. Im Dorf Āraiši steht eine alte, ein wenig verwitterte, aber solide **Mühle** aus Stein.

Wer nun so schnell und bequem wie möglich Līgatne erreichen will, fährt weiter bis zur A2, biegt rechts in Richtung Sigulda und Riga ab und fährt nach 13 Kilometern in **Augslīgatne** wieder rechts weitere sechs Kilometer nach Līgatne. Wer dagegen eine Strecke von gut 20 Kilometern auf einer rauen, aber akzeptablen Schotterpiste in Kauf nimmt, kann einen lohnenden Zwischenstopp einlegen.

Kurz bevor man von Cēsis aus die A2 erreicht, zweigt rechts ein Weg nach **Kārļi** ab. Dort geht es weiter über Skalupes nach Līgatne. Zwischen Kārļi und Skalupes wartet eine große Wand aus dem in der Region so häufigen **roten Sandstein** direkt am Fluss Amata auf eine Besichtigung, der **Zvārtes iezis** (ganzjährig zugänglich, Eintritt frei). Einige hartnäckige Pflanzen haben sich im Laufe der Jahrzehnte auf dem Felsen einen Platz erkämpft. Eine völlig neue, lange und schöne **Hängebrücke** aus Holz über die Amata führt zum Ziel. Über eine Reihe von Holztreppen gelangt man über einen Wanderweg auf den **hohen Felsen,** von dem aus sich ein reizvoller Blick über die liebliche Landschaft bietet. Der **Rundweg** enthält auch Holzschilder mit Märchenfiguren und Beschreibungen von Bäumen – allerdings nur auf Lettisch – sowie einige folkloristische Holzarbeiten wie eine Reihe von dicht nebeneinander an Ketten hängenden Holzbrettern mit geschnitzten Symbolen, die bei Wind gegeneinander schlagen und Töne erzeugen. Unterwegs stehen schöne Picknickplätze bereit.

Kurz vor dem Dorf Skalupes versteckt sich ein System von **unterirdischen Bunkern** aus der Sowjetzeit – einst streng geheim, heute gegen Voranmeldung sogar zu besichtigen (Tel. (6)467 747, Auskunft in der Touristeninformation Cēsis).

Unterkunft

■ **Kārļamuiža**②, Karli Drabesupagasts, Tel. 2616 5298, www.karlamuiza.lv, sehr schön in einem alten Gutshof eingerichtetes Landgasthaus, etwas abseits von der Straße, gar nicht groß ausgeschildert, aber äußerst beliebt bei den Gästen.

▷ Der Zvārtes-Felsen

2b

067le mk

Naturpark Līgatne

MEIN TIPP: 🦋 In Līgatne lohnt es sich, zum Fluss hinunterzufahren, wo eine **kleine Fähre** die nicht allzu breite Gauja überquert. Für die übersichtliche Distanz wird kein Motorschiff benötigt, vielmehr zieht die Fähre sich an einem Seil von einem Ufer zum gegenüber liegenden. Die Fähre verkehrt täglich 8–17 Uhr, 2 Euro für Auto mit Fahrer (2,50 Euro hin und zurück), jede weitere Person 0,70 Euro.

Auf der anderen Seite des Dorfes erstreckt sich der weithin bekannte und sehr sehenswerte Naturpark Līgatne. Schon für die Einfahrt, noch vor dem Parkplatz, muss das Eintrittsgeld beglichen werden. Die Zufahrtstraße wurde verbessert und am Eingang zum Park

2b

ein schönes, hölzernes Besucherzentrum mit Parkplatz errichtet. Mindestens zwei, eher aber drei oder vier Stunden sollte man für die Besichtigung einplanen.

Auf einem äußerst weitläufigen Gelände sind neben schönen, bergauf und bergab führenden **Wanderwegen** vor allem selten anzutreffende wilde Tiere zu bestaunen. Der Naturpfad ist 5,5 Kilometer lang. Zusätzlich können ein botanischer Pfad von gut einem Kilometer Länge, ein 0,9 Kilometer messender Märchenweg und ein kurzer Wanderweg durch „wilde Natur" von 1,3 Kilometern erlaufen werden.

Ein Besuch ist besonders für **Kinder** ein großer Spaß, so lange ihnen die Wege nicht zu lang werden. Die Kleinen und die erwachsenen Tierfreunde sollten allerdings wissen, dass es sich hier nicht um einen Zoo handelt, sondern um einen Wildpark. Es gibt also keinerlei Garantie, dass man tatsächlich alle der anwesenden Tierarten zu Gesicht bekommt.

Der **Luchs** beispielsweise tut den Besuchern nur selten den Gefallen, aus seinem Versteck herauszukommen. Relativ gute Chancen bestehen dagegen, Exemplare der Kreuzung aus Hund und **Wolf** anzutreffen: kurz hinter dem Eingang. Ebenso ist es mit den **Braunbären,** die in ihrem großen Gehege von einem Platz weit oberhalb beobachtet werden können. Außerdem sind in Līgatne **Eulen, Rothirsche, Wildschweine,** mächtige **Büffel** und **Elche** zu Hause.

Die Parkverwaltung versichert, dass die hier zu sehenden Exemplare allesamt große, den natürlichen Bedingungen angepasste Gehege bewohnen und nicht gewaltsam ihrem ursprünglichen Lebensraum entrissen wurden. Vielmehr seien nur verletzte oder aus anderen Gründen aufgelesene Tiere hier versammelt, die sich in ihrer natürlichen Umgebung nicht mehr zurecht gefunden hätten.

Da die Gehege groß und die Tiere nicht immer so freundlich sind, an den Zaun zu kommen, erweist sich ein **Fernglas** neben dem Fotoapparat im Rucksack als äußerst praktisch. Unterwegs steht ein 22 Meter hoher **Aussichtsturm** und ein **Café** bietet seine Dienste an. Wichtig auf den langen und oft steilen Wegen ist es, ausreichend zu trinken. Natürlich finden sich auf der Strecke immer wieder schöne Orte zum Picknicken. Es besteht auch die Möglichkeit, per Auto eine Rundfahrt zu machen.

■ **Līgatnes dabas takās,** Tel. (6)4153313, www.gnp.lv (Seite des Gauja-Nationalparks, auch mit Infos zum Zvārtes-Felsen und zur Fähre von Līgatne), tägl. 9–17 Uhr, Eintritt 3,60 Euro an Werktagen, 4,30 Euro an Wochenenden und Feiertagen. Für zusätzliche 7 Euro (am Wochenende 10 Euro) darf man per Auto das Gelände befahren.

Unterkunft, Camping

■ **Lāču miga②,** Gaujas iela 22, Tel. (6)4153481, www.lacumiga.lv. Schönes, großes Holzgebäude in Līgatne (gut ausgeschildert). Die „Bärentatze" bietet geschmackvolle Zimmer. Restaurant und Bar der gehobenen, aber bezahlbaren Kategorie, mit Sommerterrasse. Organisation von Ausflügen in die Umgebung, darunter Wanderungen, Fahrradtouren, Vogelbeobachtung, Skifahren im Winter. Das hauseigene Restaurant ist derzeit leider geschlossen.
■ **Canoe camping①,** Gaujas iela 36, Līgatne, Tel. 29244948, www.makars.lv.

Herrenhaus Orellen und Ungurs-See

MEIN TIPP: 🌿 Wenn man auf der Straße P14 knapp über zehn Kilometer aus Cēsis in Richtung Limbaži fährt, taucht auf der linken Seite der Ungurs-See mit einem schönen Campingplatz auf. Ziemlich genau gegenüber liegt die Zufahrt zum äußerst interessanten **Herrenhaus Orellen** (Ungurmuiža) mit langer deutscher Geschichte und Tradition. Das Gutshaus unterscheidet sich von den meisten anderen der zahlreichen Herrenhäuser Lettlands dadurch, dass es **fast ganz aus Holz** gebaut ist.

Der *Baron von Campenhausen* kaufte Orellen Anfang des 18. Jh. und entschloss sich, ein Herrenhaus auf seinem Grund und Boden zu errichten. Der Entwurf wurde in Russland erarbeitet, wo Campenhausen gerade lebte, doch der Baustil lässt besonders auf **ostpreußischen Ursprung** schließen. 1732 war das Gebäude nach zweijähriger Bauzeit schon so weit fortgeschritten, dass Campenhausen einzog. In den kommenden Jahrzehnten wurden zahlreiche Erweiterungen vorgenommen: der Ausbau des Obergeschosses, eine Uhr für die Fassade mitsamt in Riga gegossener Glocke, zusätzliche Treppen und Wandmalereien. Im 19. Jh. kam es zu ersten Renovierungen. Während des Ersten Weltkriegs zog die Familie Campenhausen in ein Nebengebäude und die Rote Armee beschädigte das Haupthaus stark. In der Zwischenkriegszeit stand es leer und verfiel. In den 1950er Jahren folgte dann ein Umbau und bis 1988 die Nutzung als Schule. Im Garten zum Teehaus wurden früher Wettläufe organisiert.

Abgesehen von einigen Konservierungsarbeiten in den 1970ern dauerte es bis 1989, dass eine wirkliche Rekonstruktion begonnen wurde. **Wandmalereien** wurden frei gelegt und der Ursprungszustand des Hauses wieder hergestellt. Bis heute wurde Orellen noch nicht perfekt restauriert, doch der Zustand ist gut genug, um die Schönheit und den Charme des Hofes zu erkennen. Im eleganten **Teehaus** von 1753 gegenüber dem Hauptgebäude werden heute vor allem Kulturreisegruppen verköstigt. Die Zufahrt zum Teehaus wurde breit genug gestaltet, um per Kutsche dorthin gelangen zu können.

Zu Pfingsten und in der ersten Augustwoche werden hier **Freiluftkonzerte** veranstaltet. Nähere Informationen zum jeweiligen Programm gibt es beim Haus Orellen selbst und auch bei der Touristeninformation von Cēsis.

Wenige Hundert Meter weiter in Richtung Limbaži steht rechts eine kleine evangelische **Kapelle** im Grünen. Hinter ihr versteckt sich ein großer, hügeliger **Friedhof** mit äußerst schönen Grabsteinen.

■ **Ungurmuiža,** Tel. 22007332, www.ungurmuiza.lv, geöffnet Mai–Oktober Di–Sa 10–18, So 10–16 Uhr, sonst auch nach vorheriger telefonischer Absprache, Eintritt 3 Euro, Familien 7 Euro, deutschsprachige Führung 55 Euro, **Übernachtung im Herrenhaus** 50 Euro im Doppelzimmer. Die Zufahrt zum Gutshaus besteht aus einem etwa 1 km langen Schotterweg. In einem Nebengebäude sind sechs **Gästezimmer** für je zwei Personen eingerichtet. Sie liegen mit 40 Euro für das Doppelzimmer plus

Frühstück für 10 Euro/Person in der mittleren Preisklasse, bieten aber nicht nur stilvolle Zimmer mit Holzfußböden und schönen, alten Möbeln, sondern vor allem einen Aufenthalt in der berückenden Atmosphäre des Landgut-Ensembles. Die privaten Besitzer des Objekts sind auf deutschsprachige Besucher eingestellt. Das Herrenhaus und die Säle können auch für Treffen und eigene Veranstaltungen gemietet werden.

Camping

■ **Ungurs**①, Tel. (6)4134402. Schön am Ungurs-See gelegen, fast gegenüber vom Herrenhaus Orellen, Campingplatz mit 15 Holzhütten. Man kann im See schwimmen und Tretboot fahren, eine **Kanufahrt** von Sigulda mit Abholung von Cesis kostet 60 Euro, außerdem gibt es hier *River-Rafting*, Flöße und Jeep-Safaris.

Straupe

Die Straße P14 nach Limbaži trifft kurz hinter dem Ungurs-See auf die größere A3, die rechts nach Valmiera führt. Biegt man nach links in Richtung Sigulda und Riga ab, erscheint bald das **Dorf** Straupe mit seiner gewaltigen mittelalterlichen **Festung Lielstraupe** aus dem 13. Jh. Der Komplex, der heute den Besucher erwartet, weist allerdings alle möglichen Stilrichtungen auf, denn im Laufe von über 700 Jahren wurde er mehrfach umgebaut und erweitert. So glänzt der Turm der Burg mit Barockelementen, während der kuriose, aus einfachen Brettern gezimmerte hölzerne Glockenturm mit seiner Schlichtheit so gar nicht in die Umgebung passen will. Insgesamt wird am

Hauptgebäude und am Gesamtaufbau des Komplexes aber die mittelalterliche Struktur deutlich. In dem Ensemble versteckt sich auch eine evangelische **Kirche.** Die Besonderheit an Straupe ist, dass hier nicht wie in vielen anderen Burgen und Gutshöfen ein Hotel oder ein Tagungszentrum untergebracht wurde, sondern schon seit langer Zeit ein Krankenhaus (Entzugsklinik für Drogenabhängige) seine Dienste verrichtet.

Nationalpark Gauja

Der Nationalpark Gauja rund um den gewundenen Flusslauf der Gauja wurde 1973 eingerichtet. Es ist mit 920 km² der größte Nationalpark aller drei baltischen Länder. Wegen des Steilufers der Gauja, der hügeligen Landschaft und der vielen Grotten und Höhlen bekam die Region den Beinamen **Lettische Schweiz.** Zar *Alexander II.* von Russland war bei seinem Besuch 1862 von der Gegend äußerst angetan, wie damalige Reporter zu berichten wussten. Das beste Zeichen für die Einzigartigkeit des Parks ist die Tatsache, dass die Letten selbst hierher strömen: Nur der Badeort Jūrmala zieht mehr einheimische Besucher an.

Im gesamten Nationalpark weisen präzise aufgestellte Schilder den Weg für **Wanderungen,** führen zu Feuerstellen, **Zeltplätzen** und **Aussichtspunkten.** Ob zum Luft Schnappen für zwei Stunden oder für eine dreitägige Paddeltour mit ausführlicher Beobachtung seltener

Wildtiere: Alle Varianten stehen Besuchern offen. Nur einige Reservate sind streng geschützt und dürfen nur mit einem offiziellen Führer erkundet werden.

Sehr beliebt sind auch **Fahrradtouren** durch die fantastische Landschaft. Allerdings sollten Velo-Freunde vorgewarnt sein, dass die Straßen- und Wegequalität nicht immer gut ist. Das wiederum ficht die zahlreichen Enthusiasten nicht an, die den Park durch **Ausritte zu Pferde** erkunden. Schließlich ist das Fahren auf der Gauja selbst mit Hilfe von **Flößen, Ruderbooten, Kajaks und Kanus** eine ganz besondere Attraktion. Die Perspektive von der Mitte des Flusses aus ist einmalig. Gleich eine Hand voll Veranstalter bietet organisierte Touren an oder holt individuelle Paddler am Nachmittag von ihrem Zielort wieder ab.

Die beliebteste **Radroute** verläuft von Cēsis nach Valmiera. Der populärste Gauja-Abschnitt für Wassersportler ist die Strecke von Cēsis nach Sigulda. Wander-, Rad- und Wasserwege im Nationalpark sind allesamt nach einem einheitlichen und übersichtlichen System ausgeschildert, sodass man durchaus einfach drauflos wandern oder radeln kann. Nur mit dem Boot sollte man im Voraus festlegen, wo man abgeholt werden möchte, sollte dies notwendig sein.

Eines kann in der Gauja allerdings nicht guten Gewissens empfohlen werden: schwimmen. Der Fluss hat einen sehr weichen Sandboden. Durch die recht starke Strömung werden auf dem Grund immer wieder Löcher, Höhlen und tiefe Stellen ausgewaschen, die ihrerseits gefährliche Strudel erzeugen. Die Gauja gilt als einer der **gefährlichsten Flüsse** des Landes. Dies bedeutet natürlich nicht, dass man um sein Leben fürchten muss, sobald man aus dem Kajak fällt. Dennoch ist **größte Vorsicht** angebracht.

■ **Informationen** bei allen Touristeninformationen in den jeweiligen Städten der Region (Cēsis, Sigulda, Valmiera).

■ **Bootsfahrten:** *Makara tūrisma birojs,* Peldu iela 2, Tel. 29244948, www.makars.lv. Am Campingplatz in Sigulda direkt an der Gauja. Organisation von Ausflügen auf der Gauja, Kanu- und Bootsverleih mit Abholung vom Ziel. River-Rafting für 10–60 Personen.

In der Nähe von Valmiera organisiert der Campingplatz *Baiļi* (siehe Valmiera) Rafting-Trips, außerdem Bootsverleih für Fahrten auf der Gauja. Auch der Campingplatz in Cēsis verleiht Boote.

Sigulda

Sigulda ist das Ziel fast jedes Lettland-Urlaubers, denn direkt vor den Toren der Stadt thront die berühmteste Burg des Landes: **Turaida.** Lettische Besucher und Touristen aus den sozialistischen „Bruderländern" machten Sigulda (zu deutsch: **Segewold**) bereits zu Sowjetzeiten zu einem lebhaften, internationalen Treffpunkt. Seit der lettischen Unabhängigkeit 1991 kamen immer mehr Touristen aus dem westlichen Ausland hinzu. Die Gesamtzahl der Besucher ist seither stetig gestiegen. Einwohner zählt der 53 Kilometer von Riga entfernte, kleine Ort nur 11.600.

Nach den Zerstörungen in beiden Weltkriegen war Sigulda den Launen der sowjetischen Architekturplaner ausgeliefert, blieb allerdings von hässlichen Blöcken und Plattenbauten weitgehend

Sigulda

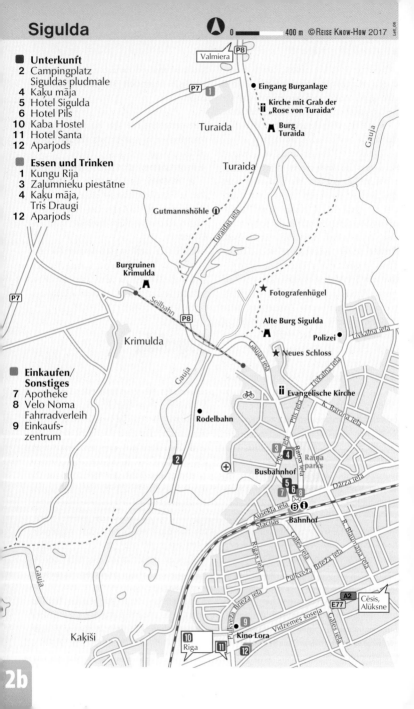

0   400 m   ©Reise Know-How 2017

■ Unterkunft
2 Campingplatz
Siguldas pludmale
4 Kaķu māja
5 Hotel Sigulda
6 Hotel Pils
10 Kaba Hostel
11 Hotel Santa
12 Aparjods

■ Essen und Trinken
1 Kungu Rija
3 Zaļumnieku piestātne
4 Kaķu māja,
Tris Draugi
12 Aparjods

■ Einkaufen/ Sonstiges
7 Apotheke
8 Velo Noma
Fahrradverleih
9 Einkaufs-
zentrum

Valmiera — P8

● Eingang Burganlage

ii Kirche mit Grab der „Rose von Turaida"

Burg Turaida

P7 — 1

Turaida

Turaida

Gutmannshöhle ⓝ

Gauja

Burgruinen Krimulda

Fotografenhügel ★

P7

Seilbahn

P8

Krimulda

Alte Burg Sigulda

Polizei ●

Livkalna iela

Neues Schloss ★

Gauja

Gaujas iela

Pils iela

ii Evangelische Kirche

Rodelbahn ●

K. Barona iela

2

Busbāhnhof

Raiņa iela

Raiņa parks

3
4

5
6
7 8

Darza iela

B ⓘ

Ausekļa iela

Stacijas

Bahnhof

Puķu iela

Cailes iela

Rīgas iela

R. Blaumaņa iela

Puķveža Brieža iela

Pulkveža Brieža iela

Vidzemes šoseja

A2
E77

Cēsis, Alūksne

Kaķīši

10 Riga

11

12

Kino Lora ●

9

Cailes iela

2b

verschont. Es entstanden hauptsächlich kleinere, niedrige Häuser – passend zur Umgebung oft aus Holz. Eine malerische Altstadt oder urige Gassen sind hier dennoch nicht zu finden. Es reihen sich aber wichtige Sehenswürdigkeiten aneinander: vier Schlösser und Burgen, spektakuläre **Höhlen,** ein Hügel mit legendärem Blick auf einen weiten Bogen der Gauja und eine **Seilbahn** über den Strom von Hügel zu Hügel. Der **Wintersportort** Sigulda hat außerdem eine Bob- und eine Rodelbahn zu bieten. Die Lage inmitten des wunderschönen Gauja-Nationalparks ermöglicht Wanderungen, Radtouren und Flussfahrten in der Umgebung.

Stadtgeschichte

Sigulda spiegelt die wechselvolle Geschichte Lettlands perfekt wider: Der Stamm der **Liven** lebte im gesamten Gauja-Tal. Den wenigen erhaltenen Dokumenten zufolge soll es mehrere **hölzerne Burgen und Festungen** gegeben haben, unter anderem in Turaida. Die Liven bauten die Stellungen zur Verteidigung gegen die eindringenden Kreuzritter. Mindestens sieben Burghügel gab es in Sigulda und Umgebung. Mehrere mittelalterliche Friedhöfe legen Zeugnis ab für die großen Verluste.

Um das Jahr 1200 eroberten die **Kreuzritter** die Region. Die deutschsprachigen Kreuzritter erbauten die Ziegelfestung Segewold am linken Gauja-Ufer, um die Grenze zum bischöflichen Gebiet um Riga abzusichern. Es entstand ein kleines **Händlerdorf mit Ziegelsteinkirche** rund um die Festung. Ab 1266 gab es eine christliche Kirchenge-

meinde. Es folgte eine Zeit relativer Ruhe, in der sich die Siedlung vergrößerte.

Während des **Livländischen Krieges** (1558–83) wurde Sigulda gleich zweimal von russischen Truppen unter dem für seine Brutalität gefürchteten Zaren *Iwan dem Schrecklichen* eingenommen. Der letzte **Ordensmeister Gotthard Kettler** wandte sich 1561 hilfesuchend an das Königreich Polen-Litauen. Das gesamte Livland fiel daraufhin an die Doppelmonarchie, Sigulda wurde Provinzhauptstadt. Doch nur kurze Zeit später, zu Anfang des 17. Jh., tobte der **Polnisch-Schwedische** Krieg für lange 29 Jahre. Auch Sigulda war betroffen. Die Burg diente nun nicht mehr als Festung, sondern wurde zum Adelssitz. Mehrere Nebengebäude wurden hinzugefügt, zuletzt 1881 ein Wohngebäude, das den Namen **Neue Burg** erhielt.

Sigulda verlor für lange Zeit seine strategische Bedeutung und es wurde ruhig um die Region, die Ende des 18. Jh. unter die Kontrolle des russischen Zarenreiches geriet. Im 19. Jh. wurden eine Straße von Riga nach Pleskau (russisch: Pskov) und eine Eisenbahnstrecke von Riga in die estnisch-lettische Grenzstadt Valka gebaut – plötzlich war Sigulda wieder mitten im Geschehen. Die Russen erkannten die einzigartig schöne Lage der Region und machten Sigulda zu einem Erholungsgebiet für Menschen aus weiten Teilen des Zarenreiches. Wanderungen, Rodelfahrten, Schloss- und Höhlenbesichtigungen zogen bereits damals die Privilegierten an, die sich die lange Reise aus den Tiefen Russlands leisten konnten. Der Ort sah mit den Hügeln und den vielen **schmuckvollen Holzhütten** ähnlich aus wie ein Städtchen in den Schweizer Alpen.

Doch während des Ersten Weltkriegs wurden viele Häuser zerstört. In der kurzen Zwischenkriegsperiode der lettischen Unabhängigkeit stellten die Bewohner ihren Ort wieder her. Erst in dieser Zeit, 1928, erhielt Sigulda Stadtrechte zugesprochen. Die Burg wurde konfisziert und einer Schriftsteller- und Journalistenvereinigung als Sitz zur Verfügung gestellt. Während des Zweiten Weltkrieges wurde die Stadt erneut schwer beschädigt: Der Bahnhof, die Gauja-Brücke, die Freilichtbühne und weitere Bauwerke fielen den Angriffen zum Opfer.

Nach dem Krieg wurde Sigulda für Verwaltung, Kultur und Wirtschaft zur **Hauptstadt der Gauja-Region.** Industrie siedelte sich an. Das auf der anderen Gauja-Seite liegende Krimulda und Turaida gehörten nun zur Gemeinde. Seit 1969 verkehrt die Seilbahn über den Fluss nach Krimulda.

Sehenswertes

Der eigentliche Ortskern von Sigulda liegt um die Raiņa iela herum. Ein kleiner Spaziergang durch die Gassen und Straßen eröffnet keine spektakulären Sehenswürdigkeiten. Im **Raiņa parks,** der sich an die Straße schmiegt, lädt ein Minigolfplatz zur Zerstreuung ein. Näher am Fluss ändert die Raiņa iela ihren Namen in Gaujas iela. Direkt an der Straßenecke zur Baznīcas iela liegt rechts die **evangelische Kirche** (Luteranu baznīca).

Seilbahn

Nach links führt ein Weg zur nahe gelegenen Seilbahn, die in einem gewaltigen Bogen über den Fluss hinüber nach Krimulda (s. u.) schwebt. Eine Fahrt lohnt sich, die großen Gondeln gleiten hoch über dem Wasser von Hügel zu Hügel.

◼ **Trošu ceļš,** Fahrzeiten tägl. ca. 10–18.30 Uhr, mindestens einmal pro Stunde, teils auch zweimal. Einfache Fahrt 7 Euro, hin und zurück 12 Euro, Kinder 5 bzw. 7 Euro, www.bungee.lv. Auch im Angebot: *Bungee Jumping,* Mai–Oktober, Do, Sa, So, Preis 60 Euro.

Neues Schloss und Burg Sigulda

Dort, wo die Gaujas iela sich zum Fluss abwärts schlängelt, liegt rechts das schmucke Neue Schloss mit dazu gehörigem **Park.** Heute ist ein großes, schickes Restaurant darin untergebracht mit einer schönen Terrasse auf der Rückseite. In diesem Gebäude aus dem 18. Jh. lag einst die Residenz der in dieser Region bedeutenden Kropotkin-Familie. Frisch Vermählte lassen sich hier gern fotografieren oder laden zum Essen ein.

Direkt hinter dem Schlösschen liegen die **Ruinen** der alten Schwertbrüder-Ordensburg aus dem 13. Jh. (Siguldas pilsdrupas). Von den sehenswerten Überbleibseln sind das Eingangstor sowie die Brücke über den Burggraben recht gut erhalten.

Zum Neuen Schloss und den Ruinen muss man bereits bei der Kirche in die Baznīcas iela rechts abbiegen und dann gleich wieder links. Wer diesen Abzweig verpasst, fährt bereits auf der Hauptstraße zur Gauja hinunter. Nur noch ein Fußweg führt dann rechts direkt zum Schloss.

In letzter Zeit werden hier immer häufiger recht große **Open-Air-Konzerte** (von Klassik bis Pop) mit Tausenden Besuchern veranstaltet.

Fotografenhügel

MEIN TIPP: Bietet das Gelände der Burgruine schon malerische Aussichten auf den Fluss, so lässt sich das Panorama durch einen weiteren kleinen Spaziergang von dort noch beeindruckender gestalten: mit dem einzigartigen Blick vom sogenannten Maler- oder Fotografenhügel über den **Gauja-Bogen** von Sigulda. Die Natur bietet hier tatsächlich ein Postkartenmotiv mit den dicht von dunkelgrünen Bäumen bewachsenen Hügeln und der rot leuchtenden Burg Turaida in nicht allzu weiter Entfernung. Man kann das Auto am Parkplatz abstellen und muss noch ein Stückchen auf einem markierten Weg zu Fuß gehen.

Rodelbahn

Vor dem Fluss, wo von der Gaujas iela der Pfad zum Fotografenhügel rechts abzweigt, beginnt links die Peldu iela, die an der Gauja entlangführt. Hier gelangt man zur Sommerrodelbahn (Rodeļu trase), die inzwischen zum **Erlebnispark „Tarzan"** gehört, mit Kletter-Parcours in Bäumen, Katapult und Trampolins für Kinder sowie einem Café – besonders für Kinder ein großer Spaß: Mit einem Sessellift gelangen die Rodelwilligen den Hügel hinauf. Von oben geht es dann in Seifenkisten auf einer gewundenen Bahn wieder bergab. Als Alternative kann man auch oben starten (Zufahrt über die Raiņa iela im Stadtzentrum) und zu Fuß den Hügel wieder hinaufklettern.

Ein Stückchen hinter der Rodelbahn liegt direkt an der Peldu iela und an der Gauja ein Campingplatz (s.u.). Im Winter wird aus diesem Hügel ein kleines **Skigebiet.** Dann wird der Sessellift erst so richtig genutzt.

■ **Siguldas piedzivojumu parks,** Peldu iela 1, Tel. 27001187, www.tarzans.lv, Mai–Oktober tägl. 10–20 Uhr. Rodelbahn mit Sessellift hinauf 3 Euro, Kinder 2 Euro; Tarzan-Kletterpark 17 Euro, Kinder 10 Euro.

Höhlen

Die Hauptstraße Gaujas iela führt auf einer großen Brücke über den Fluss und dann in einer Rechtsbiegung an der Gauja entlang. Es geht relativ steil bergauf. Links von der Trasse verstecken sich nach einem guten Kilometer drei faszinierende Höhlen (Zugang vom Parkplatz auf der rechten Straßenseite und dann zu Fuß durch einen Tunnel, Parkgebühr 2,50 Euro). Sie sind frei zugänglich und kosten keinen Eintritt.

Die 19 Meter tiefe und bis zu zehn Meter hohe **Gutmannshöhle** ist die größte ihrer Art im höhlenreichen Lettland und sogar im gesamten Baltikum. Dort soll sich die junge Maija, die „Rose von Turaida", mit ihrem Geliebten getroffen haben und dort starb sie auch tragisch (siehe Exkurs). Eine weitere Legende verbindet sich mit dieser Höhle: Ein Wunderheiler soll hier einst gewirkt haben – und zwar noch zu Zeiten, als die deutsche Sprache in dieser Region dominierte. Daher die Bezeichnung „Gutmannshöhle" (auf Lettisch abgewandelt *Gutmana ala*). Dieser Begriff ist mit der Gegend so verwurzelt, dass Versuche, ei-

Die tragische Legende der Rose von Turaida

Unterwegs zur Burg Turaida führt der Weg an einer bescheidenen **evangelischen Kirche** aus dem Jahr 1750 vorbei, einer der ältesten Holzkirchen in Lettland. Sie ist nicht nur ein Teil des Burgmuseums: Zweimal im Monat werden hier immer noch Messen abgehalten. Neben der Kirche liegt ein **mittelalterlicher Livenfriedhof.** Doch ein einzelnes, symbolisches Grab zieht die gesamte Aufmerksamkeit auf sich: das der Rose von Turaida. Hier liegen immer neue Blumen, meist von frisch vermählten Paaren gebracht. Auf dem **Grabstein** stehen die Jahreszahlen 1601–1620.

Die Rose von Turaida war ein wunderschönes Mädchen namens *Māja*. Sie wies viele Verehrer ab, die um ihre Hand anhielten. Doch als sie 19 Jahre alt wurde, verliebte sie sich in den jungen Gärtner *Viktor* aus der Umgebung von Sigulda. Die beiden wählten eine Höhle in der Nähe als ihr kleines Liebesnest. Wie groß aber war seine Verzweiflung, als *Viktor* seine Liebste eines Tages mit durchschnittener Kehle in der Höhle vorfand. Es stellte sich heraus, dass der junge polnische Offizier *Adam Jakubowski,* der in der Burg diente, die Tat begangen hatte. Er war ebenfalls unsterblich in das Mädchen verliebt gewesen und raste vor Eifersucht. Er schleppte *Māja*, die seine Avancen abblockte, zur besagten Höhle und wollte Gewalt anwenden. Da präsentierte *Māja* in ihrer Not *Jakubowski* ein Tuch, das ihn angeblich vor jeglicher Verletzung durch ein Schwert schützen sollte. *Māja* wollte die Wirkung des Tuches an sich selbst demonstrieren. Der Offizier schlug zu – und das Mädchen stürzte leblos zu Boden. Der schockierte Totschläger rannte in den Wald und erhängte sich an einem Baum.

Über viele Jahre wurde diese Geschichte als romantische und herzzerreißende Legende betrachtet. Doch im 19. Jahrhundert änderte ein sensationeller Zufallsfund im Keller des Schlosses von Riga diese Auffassung: Es tauchten Dokumente über einen Mordprozess in der Gutmannshöhle bei Turaida auf. Vielleicht steckt also doch eine Portion Wahrheit in dieser alten Legende?

070le mk

nen lettischen Namen durchzusetzen, von der Bevölkerung ignoriert wurden und damit scheiterten.

Auf die nur wenige Schritte dahinter liegende Höhle **Viktora ala** folgt die **Maza ala.** Sie soll dem Mythos zufolge von Luzifer persönlich ausgeschlagen worden sein, als er sich vor der Sonne schützen wollte. Daher die Bezeichnung „Teufelshöhle".

Burg Turaida

Einige hundert Meter weiter ist bereits die **berühmteste Burg Lettlands** erreicht, die imposante mittelalterliche Burg

Turaida. Leuchtend rot thront sie auf einem hohen Hügel über der Gauja und erfüllt alle geschichtsbewussten Letten mit Stolz.

Albert, der damals mächtige Erzbischof von Riga mit großem Einflussgebiet, ließ das Bauwerk 1214 dort errichten, wo einst eine hölzerne Burg der Liven gestanden hatte. Dies war gängige Praxis, auch die Burg von Cēsis steht an

🔼 Die Burg Turaida über der Gauja

2b

einem historischen Schauplatz. Wie andere Kreuzritterburgen entstand die Festung im gotischen Stil aus **roten Ziegelsteinen.** Sie wurde im Laufe der Jahrhunderte erweitert und fiel 1776 einem verheerenden Großbrand zum Opfer und verkam. Erst in den 1970er Jahren wurden Restaurierungsarbeiten aufgenommen, die sehr lange andauerten. Die Letten spotteten schon über das langsame Tempo der Wiederbelebung Turaidas, doch seit wenigen Jahren ist das Werk weitgehend vollbracht.

Dominiert wird die nun wieder strahlende Anlage vom gewaltigen **Nordturm,** der mit 38,50 Metern in den Himmel ragt. Seine Mauern sind unglaubliche 3,70 Meter dick. Eine schmale Steintreppe führt ganz hinauf. Der Turmaufstieg ist wegen der atemberaubenden Aussicht auf die Burg, die Gauja und die grüne Umgebung ein Muss.

Schon am Eingang der Burg begrüßen Frauen in traditionellen Gewändern stilecht die Touristen. Die gesamte Burganlage mit Umgebung ist in einem „Museumsreservat" zusammengefasst. Dieses enthält auch die Kirche von Turaida und den **Grabstein der legendären „Rose von Turaida",** die im Herzen jedes Letten einen besonderen Platz einnimmt. Die Lebensgeschichte dieses Mädchens ist so ergreifend wie kurz (siehe Exkurs).

Die zur Burg gehörenden Wirtschaftsgebäude wurden restauriert. Einige von ihnen sind schon gut zwei Jahrhunderte alt. Und sie stehen nicht leer: In der **Schmiede** können Besucher die Arbeiten bewundern – inklusive einer Ausstellung von Schmiedeprodukten und -werkzeugen. Auch das Verwaltungsgebäude, das Bade-, das Hunde- sowie das Fischerhaus können besichtigt werden.

Auf dem Dainu-Hügel lädt der **Park der Volkslieder** zum Spaziergang ein. Der Hügel ist eines der Symbole der lettischen Unabhängigkeit. Jahrelang kamen an den Sommerwochenenden Folkloresänger und -gruppen hierher, um die nationale Identität zu festigen und zu stärken.

Von der Spitze des **Hauptturms** eröffnet sich ein herausragender Blick auf den Fluss, der sich durch ein tiefes Tal windet, und auf das Grün der Bäume, so weit das Auge reicht. Im Inneren des Turms erläutert eine kleine **Ausstellung** die detaillierte Geschichte der Burg und ihrer Umgebung. Neben dem Turm wird im **Speicher** das Leben der Einwohner im 18. Jh. demonstriert. In der ersten Etage rekonstruierte man den Arbeitsraum eines der einflussreichen Rigaer Bischöfe aus dem 16. Jh.

Noch heute haben die Mächtigen des Landes ein besonderes Verhältnis zu Turaida. Als die beliebte Präsidentin *Vaira Viķe-Freiberga* im Juli 2007 ihr Amt verließ, schickten Zehntausende von Letten Blumen nach Turaida oder kamen selbst her, als auf dem Gelände ein großes Abschiedsfest für das Staatsoberhaupt gefeiert wurde.

■ **Turaidas pils,** Turaidas iela 10, Tel. (6)7971402, www.turaida-muzejs.lv, Mai–September 9–20 Uhr, Oktober 9–19 Uhr, November–April 10-17 Uhr, Eintritt Erwachsene 5 Euro (Winter 3 Euro), Familie (2 Eltern, 2 oder mehr Kinder) 10,70 Euro (Winter 6,40 Euro), Parkplatz 1,50 Euro (im Winter kostenlos), fremdsprachige Führungen 35 Euro.

Krimulda

In Krimulda, das man am einfachsten mit der **Seilbahn** von Sigulda aus erreichen kann, harren ebenfalls **Burgruinen** (Krimuldas pilsdrupas) der Besichtigung. Wer mit dem Auto den Weg nach Krimulda antreten will, muss über Turaida fahren, beim Schloss links abbiegen, dann 3,5 km geradeaus und anschließend links den kleinen Berg nach Krimulda hinauffahren. Die Burg wurde Mitte des 13. Jh. von Bischof *Albert II.* erbaut. 1601 wurde sie im Krieg niedergebrannt und trotz ihrer strategisch günstigen Lage nahe der Burg Turaida bis heute nie wieder aufgebaut oder saniert. Dementsprechend wenig ist von ihr übrig geblieben. Umso schöner ist das hinter ihr liegende Panorama von Sigulda, Turaida und des Gauja-Tals.

Von Krimulda führt die kleine Straße noch fast drei Kilometer weiter durch die Wälder zu einem Parkplatz. Von dort kann man zur Gauja hinabsteigen und eine weitere **Höhle** besichtigen (Velna ala). Ganz in der Nähe führt eine Fußgängerbrücke auf die Sigulda-Seite des Flusses. Hier ist man wieder gegenüber von Sigulda angekommen und kann den Kreis schließen.

Praktische Tipps

Information

■ **Touristeninformation,** Ausekļa iela 6, Tel. (6)7971335, www.tourism.sigulda.lv, Mai bis Oktober tägl. 9–19 Uhr, November–April tägl. 9–18 Uhr, neu eingerichtet in einem Büro neben dem Busbahnhof. Breites Angebot an Prospekten und Informationsmaterial über Sigulda, Turaida, Nationalpark Gauja, die gesamte Region und ganz Lettland. Verkauf von Postkarten und Souvenirs. Organisation von Führungen, Ausflügen und Touren, Hilfe bei Fahrradausleihe, Autovermietung etc.

Behinderte

Sigulda mit seinen vielen Hügeln und Burgen ist für Rollstuhlfahrer ein schwieriges Terrain. Allerdings kann man bei den meisten Sehenswürdigkeiten und Aussichtspunkten mit dem Auto vorfahren. Auf dem Gelände der Burg von Turaida steht dem Besuch von Rollstuhlfahrern nichts im Wege (außer den Steigungen).

Notfälle und nützliche Adressen

■7 **Apotheke:** Pils iela 3, Tel. (6)7970910.
■ **Krankenhaus:** Lakstigalas iela 13, Tel. (6)7976 933.
■ **Polizei:** Miera iela 1, Tel. (6)7972002.
■ **Post:** Pils iela 2, Tel. (6)7971740, Mo–Fr 8–18 Uhr, Sa 8–13 Uhr.

Geld

Es gibt zahlreiche **Geldautomaten.** Die meisten Hotels und Restaurants in Sigulda akzeptieren Kreditkarten *(VISA, MasterCard),* kleinere Lokale und Läden meist, aber nicht immer.

Unterkunft

■5 **Hotel Sigulda**②, Pils iela 6, Tel. (6)7972263, www.hotelsigulda.lv. Im Zentrum von Sigulda, nahe Bahnhof und Busbahnhof in schönem Gebäude, gehobenes Niveau, schön ausgestattete Zimmer. Im Hause auch Restaurant, Sauna und Konferenzsäle.

11 **Hotel Santa**①-②, Tel. (6)7705271, www.ho telsanta.lv. Gemütliches Hotel außerhalb von Sigulda an der Straße Riga – Cēsis, direkt hinter dem Abzweig nach Sigulda, aus Riga kommend auf der rechten Seite. Mit Restaurant, Bar, Sauna, Konferenzsaal, Organisation von Ausflügen in den Gauja-Nationalpark, Pferdereiten, Ballonfahrten.

10 **Kaba Hostel**①, Puķu iela 2, Tel. 26613131, www.hostelkaba.lv. Einfaches, aber neu und freundlich eingerichtetes Hostel, 2 Zweibett-, 4 Dreibett-, 2 Vierbett-, 4 Fünfbett- und 2 Sechsbettzimmer. Mit Konferenzraum und Café.

6 **Hotel Pils**①-②, Pils iela 4, Tel. (6)7709625, www.hotelpils.lv. Nur 12 Zimmer im Schlösschen von Sigulda, aber geräumig, gemütlich, modern ausgestattet (Highspeed-Internet) und in unschlagbarer Lage. Freundliches Personal, Fahrradvermietung, akzeptable Preise.

Camping

2 **Siguldas pludmale,** Peldu iela 2, Tel. mobil 29244948, www.makars.lv. Nicht allzu großer Campingplatz, unterhalb der Rodelbahn und direkt an der Gauja gelegen, nur wenige Hundert Meter zum Zentrum und zur Gauja-Brücke in Richtung der Burg Turaida. Stellplätze für Wohnmobile und Zelte, einige Zimmer im Gebäude, Picknick- und Grillplatz. Wohnmobil 6 Euro, Auto 3 Euro, Zelt 3 Euro, pro Person zusätzlich 6 Euro, Strom 3 Euro. Im Sommer ist der kleine Platz schnell voll. 17 Euro. Wenn man abends ankommt oder gerade kein Angestellter in Sichtweite ist, kann man das Zelt schon mal aufbauen. Organisation von Ausflügen auf der Gauja, Kanu- oder Bootsverleih (s. „Sport und Erholung").

Essen und Trinken

12 **12** **Aparjods,** Ventas iela 1a, Tel. (6)7974414, www.aparjods.lv, täglich 12–24 Uhr. Großes Ensemble hübscher Landhäuser mit Reetdächern. Rustikal mit Steinmauern, Holzbalken und Kamin in gehobener Atmosphäre. Akzeptable Preise (etwa 10 Euro für ein Mittagsgericht). Zur Anlage gehört ein schönes **Hotel**①-②, Tel. (6)7972230.

4 **4** MEIN TIPP: **Kaķu māja** (Cathouse), Pils iela 8, Tel. 29150104, www.cathouse.lv, täglich 8–21 Uhr. In diesem „Katzenhaus" direkt im Zentrum kann man in lockerer Atmosphäre sowohl günstig und anständig essen als auch am Abend einfach ein Bier oder an der Bar Cocktails trinken. Am Wochenende Tanz. Mit Billardtisch und angeschl. Bäckerei. Auch Vermietung von **Appartements** ①-②. Im Katzenhaus wurde auch ein **Hostel**① mit einfachen Zimmern eröffnet. Direkt daneben liegt eine weitere Kneipe mit Namen **Trīs Draugi.**

3 **Zaļumnieku piestātne,** Pils iela 9, Tel. 2660 7299, www.cathouse.lv, täglich 10–22 Uhr, gleich gegenüber dem „Katzenhaus" und im selben Besitz. Gemütliches, günstiges Lokal mit typischen, einfachen Speisen und Sitzplätzen unter freiem Himmel im Grünen. Ein Teil mit Bedienung am Tisch, ein Teil mit Selbstbedienung. Kleiner Kinderspielplatz.

1 **Kungu Rija,** Tel. (6)7971473, www.kungurija.lv, auf freier Strecke an der Straße P7 vom Schloss Turaida nach Süden, schickes Landhaus mit gemütlicher Atmosphäre und lettischen Gerichten.

Einkaufen

An der A2 von Riga, beim Abzweig zum Zentrum (Strēlnieku iela 2, www.kinolora.lv), wurde ein großes Gebäude mit dem **Kino Lora** sowie ein **9** **Einkaufszentrum** eröffnet, auch für Bekleidung oder Geschenkartikel.

Feste und Veranstaltungen

Die Burg von Turaida ist jedes Jahr Schauplatz wichtiger politischer Veranstaltungen. So eröffnete der deutschbaltische Geiger *Gidon Kremer* hier im Sommer 2008 das Festival seines Ensembles „Cremerata Baltica". Das nahe gelegene Turaida zieht einiges an Aufmerksamkeit auf sich, weswegen es in Sigulda selbst vergleichsweise ruhig zugeht.

Sport und Erholung

Die Touristeninformation gibt Auskunft über die vielfältigen Möglichkeiten für Wanderungen, Radtouren und Flussfahrten mit Start in Sigulda.

■ **Bootsfahrten:** Makara tūrisma birojs, Peldu iela 2, Tel. 29244948. An dem oben erwähnten Campingplatz direkt an der Gauja. Organisation von Ausflügen auf der Gauja, Kanu- und Bootsverleih mit Abholung vom Ziel. *River-Rafting* für 10–60 Pers.
■ **Reiten:** *Turaidas staļļi*, Turaida iela 10, Tel. 292 68457, www.horseriding.lv, 30 Minuten Reiten ca. 10 Euro. Pferdereiten sowie Kutsch- und im Winter Schlittenfahrten nahe der Burg Turaida.
8 Fahrradverleih: *Velo Noma*, Cēsu iela 15, Tel. (6)7972747, eine Stunde 2 Euro, jede weitere Stunde 1 Euro, 24 Stunden 7 Euro.
        Weiterer Fahrradverleih beim Hotel *Pils* (s. „Unterkunft"), erste zwei Stunden 5 Euro, Tag 10 Euro.

Verkehrsverbindungen

■ **Bahn:** Züge von und nach Riga (Fahrzeit 1 Std.) verkehren mind. 10-mal täglich (Preis 1,90 Euro) von und nach Cēsis dauert es ebenfalls eine Stunde. Die Züge aus Riga fahren weiter nach Cēsis. Der Bahnhof liegt nicht ganz im Zentrum, sondern am Ende der Raiņa iela, die man einen guten Kilometer entlanglaufen muss, um zum Ortskern zu gelangen.
■ **Bus:** Der Busbahnhof (*Autoosta*, Raiņa iela 3, Tel. (6)7972106)) liegt kaum näher am Zentrum als der Bahnhof am Anfang der Raiņa iela. Es verkehren täglich etwa 20 Busse von und nach Riga (Fahrzeit ungefähr eine Stunde, Preis 2,15 Euro). Fast ebenso

viele Verbindungen gibt es nach Cēsis. Auch andere Städte in der Region Vidzeme wie Valmiera und Limbaži werden regelmäßig bedient.

Umgebung von Sigulda

Schloss Bīriņi

Auf der P9 in Richtung Limbaži (zu erreichen vom Stadtzentrum Siguldas über die P7 in Richtung Küste) sind gleich zwei Paläste zu bestaunen, der erste von ihnen nach 18 Kilometern in der Ortschaft Bīriņi. Das Schlösschen ist außergewöhnlich schön in einem großen, grünen **Landschaftspark** und am malerischen Bogen des kleinen Flusses gelegen. Das Gebäude selbst besticht ebenfalls. Es wurde 1860 gebaut, doch ein klarer Baustil ist nicht auszumachen – Eklektizismus heißt diese Mischung verschiedener Stile. Die braunrote Fassade mit dem weißen Fensterschmuck und dem ebenfalls weißen Säulenportal ist komplett erneuert worden, ein winziger und ein etwas größerer Turm ragen in die Höhe. Der terrassenartig zum Fluss hin abfallende englische Rasen mit den streng rechteckig angelegten Spazierwegen ist ebenso reizvoll wie das Ufer inklusive Bootsanleger.

    Nicht weniger attraktiv präsentiert sich das **stilvoll eingerichtete Innere** des Palastes mit den Parkettfußböden, geschwungenen Holztreppen und -säulen und schweren Vorhängen an den großen Fenstern. Die schönste Art, das Innenleben des Gebäudes unter die Lupe zu nehmen, ist eine Übernachtung im hauseigenen **Hotel**②-④. Ein nobler Speisesaal und ein Konferenzraum fehlen

2b

ebenso wenig wie eine traditionelle lettische Sauna mit Swimmingpool zum Abkühlen. Sympathisch: Frisch vermählte erhalten im Hotel ein Sonderangebot. Die Besitzer bieten auch die Organisation von Touren und Ausflügen an. Eine kleine Kuriosität des Palastes von Bīriņi ist das steinerne Einfahrtstor. Betrachtet

man es von der Seite, stellt sich heraus, dass es in sich völlig schief steht, was von vorn gar nicht zu sehen ist.

■ **Bīriņu pils,** Region Limbaži, Tel. (6)4024033, www.birinupils.lv. Im schicken Gärtnerhaus sind Doppelzimmer in der Nebensaison ab ca. 60 Euro, in der Hauptsaison ab 80 Euro, Familienzimmer für

073le mk

Vidzeme – der Norden

Schloss Igate

Weitere gut 15 Kilometer auf der P9 in Richtung Limbaži folgt das Neorenaissance-Schlösschen von Igate aus dem Jahre 1880, das von Limbaži ebenfalls gut zu erreichen ist. Auch dieses Gebäude mit der gelb-weißen Fassade wurde erst kürzlich renoviert. Es ist umgeben von einem schönen Landschaftspark. Hier stehen **Gästezimmer**①-② zur Verfügung – allerdings nicht im Palast selbst, sondern in einem Nebengebäude – und es werden Veranstaltungen sowie Ausflüge für die Gäste organisiert.

■ **Igates pils,** Tel. 29245500, www.igatespils.lv. Im Schlösschen von Igate sind die Zimmer etwas einfacher, aber durchaus sehr elegant.

Valmiera

Das ziemlich genau 100 Kilometer von Riga entfernte und wie Cēsis und Sigulda im schönen **Gauja-Tal** gelegene Valmiera kann sich nicht unbedingt als die touristisch wichtigste Stadt von Vidzeme bezeichnen, doch mit gut 27.000 Einwohnern immerhin als die größte. Die **Hauptstadt der Region Vidzeme** ist nicht nur Anfangs- und Endpunkt vieler Gauja-Touren mit Booten und Kajaks, sondern auch der berühmten Fahrrad-

4 Personen für 85 Euro (Sommer 120 Euro), die Turm-Suite in der Burg für 200 Euro (Sommer 250 Euro) erhältlich. Schloss Biriņi besitzt außerdem ein feines **Restaurant** in unvergleichlicher Atmosphäre mit gehobenen, aber nicht überteuerten Preisen (Tel. (6)4024033, tgl. 13–21 Uhr). Es werden laut Restaurant zu 100 % biologische Lebensmittel verarbeitet.

◁ Schloss Biriņi

2b

route von und nach Cēsis. Von Valmiera führen Straßen in alle Himmelsrichtungen zu weiteren herausragenden Sehenswürdigkeiten. Daher bietet sich eine Übernachtung in Valmiera an – besonders für alle, die es etwas weniger touristisch mögen. Die Stadt selbst ist mit ihrer imposanten gotischen Simonskirche, den Resten der alten Livenburg und dem großen, zeitgenössischen Marktplatz mindestens einen ausführlichen Zwischenstopp wert.

Stadtgeschichte

Bereits vor 9000 Jahren siedelten Menschen auf dem Gebiet Valmieras. Wie überall in Vidzeme begann alles mit den in der Region ansässigen Liven-Stämmen, die sich im 12. Jh. gegen die Angriffe der Kreuzritter wehrten. Im Jahre 1224 ergab sich die damalige Siedlung dem Schwertbrüderorden, der den Ort **Wolmar** nannte und eine Burg errichtete. Es folgten Wohnhäuser und 1282 der Bau der Simonskirche. Dokumente belegen, dass der Ort bereits 1323 von einem Magistrat regiert wurde. Damit ist Valmiera eine der ältesten Städte des Landes.

Vom 14. bis 16. Jh. war Wolmar Mitglied der einflussreichen **Hanse,** was zu einer gewaltigen Bereicherung des Ortes führte. Während der Nordischen Kriege wurde es zerstört und brannte 1702 fast völlig nieder. Zu Sowjetzeiten lag der **Luftwaffenstützpunkt Liepas** ganz in der Nähe. Erst nach der Wende rückte die Kreisstadt wieder stärker in den Mittelpunkt – besonders wegen der touristisch attraktiven Lage an der Gauja und im dazugehörigen Nationalpark.

Sehenswertes

Valmiera macht im Gegensatz zu Sigulda oder Cēsis einen städtischen Eindruck – schon bei der Einfahrt über die weitläufige Umgehungsstraße mit riesigen Kreisverkehren, die den Durchgangsverkehr aus dem Zentrum heraushalten. Eine alte, urige Stadtmitte sucht man hier vergebens.

Simonskirche

Die hohe Simonskirche (Bruņinieku iela 2, tgl. 11–15 Uhr, So 10–13 Uhr, Turmbesteigung 1 Euro) dominiert das Ortsbild. Sie thront an einer scharfen Kurve der Hauptstraße. Jeder Autofahrer steuert also direkt auf das evangelische Gotteshaus mit dem Turm aus roten Ziegelsteinen zu, das bis heute weitgehend in seiner damaligen Form erhalten ist – eines der **ältesten gemauerten Bauwerke Lettlands.** Das Kirchenschiff ist weiß verputzt und trägt ein rotes Dach im Barockstil. Das romanische Eingangsportal an der Westseite stammt aus dem 13. Jh. und ist damit der älteste Teil des Gebäudes. Eine Eigenart besteht darin, dass **zwei Kanonenkugeln** aus dem Polnisch-Schwedischen Krieg in die Nordwand eingemauert sind. Das Innere der dreischiffigen Simonskirche ist bescheiden und ohne jede Art von Prunk gehalten, ganz wie es das schlichte Äußere erwarten lässt.

Ordensburg

Hinter der Kirche verstecken sich ein Hof die Ruinen der Ordensburg von Valmiera (Bruṇinieku iela), die nur sehr spärlich erhalten sind. Die **Mauerreste** geben aber einen Einblick in die erstaunlichen Dimensionen der ehemaligen Festung: Bis zu vier Meter dick waren ihre massiven Wälle, als die Schwertbrüder im 13. Jh. das Bauwerk errichten ließen.

Regionalmuseum

Auf dem stillen Hinterhof direkt neben den Burgresten wurde ein modernes Gebäude aus Glas und Ziegelstein errichtet, in dem das Regionalmuseum Valmiera (Bruṇinieku iela 3, Tel. (6)4223620, Juni–August Di–Sa 10–17, So 10–15 Uhr, Sept.–Mai So geschlossen, Eintritt 1,40 Euro) seinen Platz hat. Es gibt Auskunft über die Geschichte Valmieras und der Umgebung, unter anderem an Hand einer Postkartensammlung mit Stadtmotiven aus dem 19. Jahrhundert.

Stadtpark

Einen Steinwurf weiter auf der Hauptstraße stadtauswärts liegt links der Stadtpark mit dem Mühlenteich samt Wasserfontäne in der Mitte – eine willkommene Naturoase im sonst eher grauen Stadtbild. Der Name des Teiches stammt von einer Wassermühle, die hier vom 17. Jh. bis 1937 in Betrieb war.

Praktische Tipps

Information

■ **Touristeninformation,** Rīgas iela 10, Tel. (6)42 07177, www.visit.valmiera.lv/en, kostenloses WLAN

auf einer Parkbank vor der Touristen-Information, Juni bis August Mo–Fr 9–18, Sa 10–17, So 10–15 Uhr, September bis Mai Mo–Fr 9–18, Sa 10–15 Uhr.

Behinderte

Die Burgruinen, die Simonskirche und den Park von Valmiera erreicht man ohne Schwierigkeiten.

Notfälle und nützliche Adressen

■ **Apotheke:** *Briežu aptieka,* Rīgas iela 4, Tel. (6)4207556.
■ **Krankenhaus:** Jumaras iela 195, Tel. (6)42 02602.
■ **Polizei:** Garā iela 4, Tel. (6)4201312.
■ **Post:** Rīgas iela 34, Mo–Fr 7–18 Uhr, Sa 9–13 Uhr, Tel. (6)4225595.

Unterkunft

■ **Hotel Naktsmājas**①, Vaidavas iela 15, Tel. (6)4201200, www.naktsmajas.lv. Anderthalb Kilometer vom Stadtzentrum entfernt in einem neuen Gebäude gelegen. Einfache, ordentliche Räume.
■ **Hotel Vidzeme**①-②, Ausekļa iela 31, Tel. (6)4229606, www.viesnicavidzeme.lv. Einfaches, aber neu eingerichtetes und günstiges Hotel, zwei Kilometer vom Zentrum, mit nur 14 Zimmern. Bewachter Parkplatz, Frühstück und Kabelfernsehen im Preis inbegriffen; lettische Sauna. Rezeption rund um die Uhr geöffnet. Lokal mit Essen, Trinken und Billard.

Camping

■ **Campingplatz Baiļi**①, Gemeinde Kauguri, Tel. (6)4221861 und 29284119 (24 Std.), www.baili.lv. Fünf Minuten Fahrt von Valmiera Richtung Süden.

Anfahrt vom Zentrum: über die Gauja-Brücke, geradeaus weiter und der Ausschilderung zum Campingplatz folgen. Sehr ruhig und schön gelegen mit rund um die Uhr geöffneter Rezeption. Stellplätze für Zelte und Wohnmobile, ein interessantes Gebäude mit einigen Gästezimmern sowie vier Holzhäuschen (zwei mit eigenem Dampfbad, zwei einfachere). Sehr nah an der Gauja gelegen, Bootsverleih für Fahrten auf der Gauja und der Salaca. Organisation von Rafting-Trips und von Ausflügen für Vogelbeobachter. Skihang auf dem Gelände. DZ ab 25 Euro, Holzhütte 35 Euro (4 Personen) bis 75 Euro (13 Personen), Samstag teurer. 4 Personen mit Zelt und Auto 15 Euro, Sauna (bis 6 Personen) 15 Euro.

Essen und Trinken

■ **Jaunā saule,** Rīgas iela 10, Tel. 28330657, Mo–Mi 11–21 Uhr, Do 11–22 Uhr, Fr, Sa 11–24 Uhr, So 12–20 Uhr. Helles, buntes und freundliches Lokal mit beliebten Speisen wie Pizza und Sushi sowie alkoholischen und anderen Getränken.

■ **Ieva,** K.Baumaņa iela 9, Tel. (6)4233689, Mo–Fr 7.30–19.30 Uhr, Sa 7.30–18.30 Uhr, So 9–18.30 Uhr. Einfaches, günstiges, typisch lettisches Café mit traditionellen Speisen und Getränken. Der Schwerpunkt liegt auf Kaffee und Kuchen.

Einkaufen

Gegenüber der Simonskirche an Stelle des früheren Marktes ist das **Einkaufszentrum Valleta** entstanden (tgl. 10–21 Uhr, Supermarkt 8–22 Uhr, Rīgas iela 4, Tel. (6)42 50820, www.valleta.lv), wo u.a. Kleidung, Bücher, Kosmetika, Schmuck, Möbel, Schuhe, Blumen und Elektroartikel erstanden werden können. Hinzu kommen diverse Lokale.

Verkehrsverbindungen

■ **Bahn:** Züge von und nach Riga (Fahrzeit ca. 2,5 Std.) verkehren 4-mal täglich, Preis 4,20 Euro (Fahrpläne unter www.ldz.lv). Der Bahnhof (Stacijas laukums 5, Tel. (6)4296203) liegt zentrumsnah.

■ **Bus:** Der Busbahnhof (Autoosta, Stacijas iela 1, Tel. (6)4224728, www.autoosta.lv) liegt direkt gegenüber dem Bahnhof und bietet mit über 20 Verbindungen täglich noch mehr Verbindungen von und nach Riga als die Bahn. Riga-Valmiera, Fahrzeit meist 2 Std. 20 Min., Preis 4,75 Euro.

Umgebung von Valmiera

Dikļu Pils

Nur eine knappe halbe Autostunde auf einer kleinen, asphaltierten Landstraße durch reizvolle Natur entfernt liegt das **Landschlösschen Dikļu Pils.** Die Straße biegt aus Valmiera kommend links von

▷ Dikļi Palace Hotel

2b

der Trasse P16 nach Mazsalaca in nordwestlicher Richtung ab, der Palast ist ausgeschildert. Das Anwesen in Dikļi ist auf jeden Fall einen kleinen Umweg oder einen Ausflug wert, auch und besonders für **Radler**. Das 1896 im Neo-Barockstil errichtete Gebäude liegt malerisch an einem großen Teich mit einigen traditionellen Dorfhäusern, in denen einst die Angestellten des Gutsbesitzers lebten. Bereits im 15. Jh. existierte ein Gut Dikļi. Das hellgelbe Bauwerk mit dem roten Dach wurde vor Jahren komplett restauriert und ist zu einem **echten Palast** geworden, in dem heute ein exklusives 4-Sterne-Hotel residiert. Wer sich die Übernachtung nicht leisten kann oder will, dem bleibt eine Besichtigung.

■ **Dikļu Pils** und **Dikļi Palace Hotel**③-④, Tel. (6)4207485, www.diklupils.lv. Wer es sich in Lettland gut gehen lassen will, sollte ein paar Nächte in einem Palast wie diesem verbringen. Im *Dikļi Palace*

Hotel werden insgesamt 39 Doppelzimmer und 3 Suiten, eingerichtet mit antiken Möbeln, angeboten. Dazu gibt es ein Restaurant und ein breites Wellness-Angebot im angeschlossenen *Eco Spa* in wahrhaft entspannter Umgebung.

Zilaiskalns

Auf der Strecke von Valmiera zum Schloss Dikļu liegt auf halbem Wege ein wenig abseits der Straße der kleine Hügel Zilaiskalns und auf ihm ein eigenartiger, schon etwas in die Jahre gekommener **hoher Turm.** Er sieht aus wie eine startende Rakete und hatte wohl einmal die Funktion eines geheimen Aussichtsturms für die Rote Armee. Niemand in der Gegend scheint so richtig zu wissen, wozu der Turm einmal gebaut wurde oder was hier beschützt werden sollte. Auf jeden Fall ist das geheimnisvolle Objekt schön im Wald gelegen. Vom Park-

platz ist noch ein kleiner, bergauf führender Weg von etwa 20 Minuten zurückzulegen. Einige Menschen, die „magische" Stellen suchen, welche ihrer Überzeugung nach voll **mythischer Kraft** stecken, sehen den Zilaiskalns („Blauer Berg") als besonderen Ort an und führen dort Untersuchungen über Schwingungen und Energieströme durch. Die Legenden der Bewohner dieser Gegend stimmen den Esoterikern zu: Hier soll einmal eine Frau mit übernatürlichen Kräften gelebt haben.

Strenči

Die A3 führt von Valmiera aus in den Grenzort Valka und dann nach Estland hinein. Unterwegs, gut 20 Kilometer hinter Valmiera, liegt Strenči. Der Ort ist einen kurzen Halt wert, denn die **Gauja** präsentiert sich hier besonders malerisch mit einem schönen Spazierpfad entlang ihrem rechten Ufer und einer typisch lettischen Freiluftbühne direkt am Fluss.

Zu bewundern ist auch die **Holz-skulptur eines Flößers,** ein nicht seltener Beruf in der Geschichte der Region: Mit der relativ starken Gauja-Strömung wurde das geschlagene Holz auf Flößen bis zum jeweils nächstgelegenen Bahnhof transportiert. Von dort ging es über die Schiene weiter nach Riga. Die Tradition lebt bis heute: An jedem dritten Samstag im Mai feiert Strenči das **Fest der Flößer** mit einem Wettbewerb, Musik und traditionellem Essen. An den Sommer-Samstagen zwischen 20 und 22 Uhr stimmen einheimische Musiker

auf einem Boot traditionelle Musik an. Ein Flößermuseum, das einst bestand, gibt es leider nicht mehr.

Auf Voranmeldung werden **Floßfahr-ten** für bis zu 60 Personen angeboten (mehr unter www.valmiera.lv und bei den Touristeninformationen in Strenči und Valmiera).

Wer hinter der Ortsausfahrt von Strenči dem Hinweisschild „Gaujmala" folgt, gelangt zu einem **Waldpfad** mit 20 „von Menschen und Natur geschaffenen Objekten". Die Beschreibungen sind nur auf Lettisch, aber für einen Spaziergang lohnt sich der Pfad allemal.

Information

■ **Touristeninformation,** Rīgas iela 7, Tel. (6)47 15624, www.strencunovads.lv, geöffnet Mo–Fr 8.30–17 Uhr.

Valka

Weitere knapp 30 Kilometer auf der A3 führen nach Valka mit 5800 Einwohnern im lettischen Teil, einer besonderen, weil zweigeteilten Stadt: Mitten durch den Ort verläuft die **Staatsgrenze** zwischen Lettland und **Estland.** Beide Seiten kooperieren sehr eng und 2007 sind auch die zuletzt schon lockeren Grenzkontrollen eingestellt worden. Umso kurioser und reizvoller ist es, praktisch ohne Übergang von einer lettischen in eine estnische Stadt zu gelangen, mit den Straßenschildern in einer völlig anderen Sprache und einer leicht, aber doch spürbar anderen Atmosphäre. Auf Estnisch heißt der Ort Valga (siehe Kapitel „Estland", „Der Süden").

Sehenswertes

St. Katharinenkirche

Im lettischen Teil dominiert ein großer, dreieckiger Platz den Stadtkern. Die weiße, von Bäumen umstandene evangelisch-lutherische St. Katharinenkirche (im Sommerhalbjahr Di–Fr 14–17 Uhr, Sa 12–16 Uhr, So ab 12 Uhr) mit ihrem roten Dach ist hier zu finden. Gegen Entrichtung einer Spende kann man den nicht allzu hohen **Turm** erklettern und eine sehr lohnende Aussicht über die Grenzstadt genießen. Das Gotteshaus, erstmals 1477 erwähnt, wurde im 18. Jh. zweimal zerstört und danach wieder aufgebaut. Anfang des 20. Jh. musste die Kirche nach einem Brand restauriert werden. Nun wurde sie zum vorerst letzten Mal erneuert und herausgeputzt, inklusive Sicherung der Dachkonstruktion, eines Turm-Neuanstrichs und einer Wiederherstellung des Wetterhahns auf der Turmspitze. Durch die vielen Umbauten verschmelzen mehrere Stile, sowohl im schlichten Inneren als auch beim Außenbild der Kirche.

Stadtpark

Gegenüber der Kirche erstreckt sich der Stadtpark mit der **Waldbühne** in Form eines kleinen Amphitheaters in dessen Mitte, wo jedes Jahr im August ein **Rockfestival** gefeiert wird. Den ganzen Sommer über, besonders an den Wochenenden, werden **Konzerte** aller Art dargeboten. Ein Denkmal im Park (eine niedrige, lange, um mehrere Ecken verlaufende Mauer mit 414 eingravierten Namen) erinnert an die im Zweiten Weltkrieg gefallenen sowjetischen Soldaten der Roten Armee.

Russisch-orthodoxe Kirche

In der Ausekļa iela dominiert die gelbliche russisch-orthodoxe Kirche das Bild. Das Sakralgebäude ist erst 2005 fertiggestellt worden und damit eine der neuesten orthodoxen Kirchen Lettlands (geöffnet tgl. 12–16 Uhr).

Deutscher Soldatenfriedhof

Am Stadtrand liegt ein deutscher Soldatenfriedhof. Ein **Denkmal** erinnert an die 1943 in Valka und Umgebung Gefallenen. „Gedenket ihrer und der Opfer aller Kriege" mahnt die steinerne Tafel auf Deutsch und Lettisch.

Praktische Tipps

Information

■ **Touristeninformation,** Rīgas iela 22, Tel. (6)47 25522, www.visit.valka.lv.

Nützliche Adressen

■ **Internetcafé:** Rīgas iela 22, Tel. (6)4723672.
■ **Fahrradverleih:** *Vivo,* Ausekļa iela 4, Tel. (6)47 81552.

2b

Unterkunft, Essen und Trinken

■ **Otrā elpa**①, Zvaigžņu iela 12, Tel. (6)4722280. Kleines Gästehaus mit anständigen Zimmern. Außerdem einfaches, aber gemütliches Esslokal.

■ **Jumis,** Rīgas iela 12a, Tel. (6)4722108, Mo–Fr 7.30–18 Uhr, Sa 8–15 Uhr. Einfaches Esslokal für den Hunger zwischendurch mit klassischer lettischer Hausmannskost zu niedrigen Preisen. Auch mit schlichten, aber akzeptablen Gästezimmern.

Einkaufen

■ **Saulīte,** Em. Dārziņa iela 8, Tel. (6)375211. Handarbeiten und Handwerksartikel aus der Region.

Von Valka nach Mazsalaca

Es bietet sich an, von Valka nicht die A3 zurück nach Valmiera zu nehmen, sondern die kleinere Straße P22 **nach Rūjiena** und **Mazsalaca.** Die Straße wird nach 10 km und für etwa 30 km von einer Asphalt- zu einer Schotterpiste, aber nicht von der schlimmsten Sorte. Wer keine Angst vor einem staubigen Auto hat, sollte dieser Route durch **unberührte Landschaft** folgen. Als erstes Dorf liegt **Ērģeme** auf dem Weg und bietet die Reste von Burgruinen aus dem 14. Jh.

Naukšēni

Auf das Dorf Kārķi mit seinen charmanten Holzhäusern folgt Naukšēni, wo die Straße bereits wieder in Asphalt übergeht. Hier überrascht ein kleiner, schmucker **Palast.** Das von Bäumen umstandene, von einem englischen Rasen umgebene und mit schönen Blumenbeeten verzierte Gutshaus **Naukšēnu muiža** mit Ursprung aus dem 16. Jh. lädt zum Verweilen ein. „Nach ein paar Übernachtungen wird es Ihnen vorkommen, als wenn neben dem Fenster der Springbrunnen plätschert, als wenn das Stubenmädchen im Schlafzimmer die seidenen Decken richtet und im Stall die Baronpferde mit den Hufen scharren", heißt es poetisch in der Eigenwerbung des 1500-Seelen-Ortes. In dem Gutshof ist auch die **Touristeninformation** untergebracht (Tel. (6)4268021).

Naukšēni liegt – wie die gesamte Strecke von Valka bis hierher – im **Biosphärenreservat Nord-Vidzeme.** Hier zeigen sich mit etwas Glück dem Besucher immer wieder seltene Tiere wie Elche, Edelhirsche, Luchse, Marder und Birkhähne – besonders früh am Morgen, wenn alles noch ganz ruhig ist.

Eine weitere Spezialität von Naukšēni sind **Floßfahrten** für bis zu 30 Personen auf dem Fluss Rūja, die in der Regel zweieinhalb Stunden dauern. Auch Boote und Kanus werden hier für Touren auf dem malerischen Fluss verliehen (*Kūrmāja Rūjas NĀRAS Naukšēnos,* Tel. (6)4268194, www.naras.lv).

Rūjiena

Das kurz hinter Naukšēni gelegene Rūjiena ist eine ganz normale **Kleinstadt** in der Provinz von Vidzeme mit einer alten evangelischen Kirche und einem Denkmal von 1937. Und doch ken-

2b

nen die meisten Letten diesen Ort wegen seiner Molkerei *SC Valmieras piens*, besonders für die dort hergestellte, im ganzen Land beliebte Eiscreme, weshalb man sich stolz die „**Eis-Hauptstadt**" Lettlands nennt. Nach Voranmeldung, oder mit etwas Glück auch spontan, kann man im Rahmen einer Besichtigung Kostproben der hier produzierten 20 Eissorten genießen (Upes iela 5/7, Kontakt am besten über die Touristeninformation).

Von Rūjiena führt eine direkte Straße ohne besondere Attraktionen nach Valmiera. Auch für einen **Ausflug** zum **Burtnieks-See** bietet sich daher die weiter westlich gelegene Strecke Mazsalaca – Valmiera an.

■ **Touristeninformation Rūjiena**, Raiņa iela 3, Tel. (6)4263278, www.rujiena.lv.

Mazsalaca

Im kleinen Ort Mazsalaca, einem der nördlichsten in Lettland, warten keine herausragenden Sehenswürdigkeiten. Nett ist das Heimatkundemuseum, in dem eine charmante **Ausstellung von Teufelsfiguren** zu sehen ist (Velniņu muzejs, Tel. (6)4251781).

Auf dem Weg vom Zentrum zum Naturpark erscheint auf der linken Seite ein schöner, frisch renovierter, ehemaliger Gutshof, der nun als Schule dient. Wer um das Gebäude herumgeht und dann geradewegs hinunter zum Fluss, gelangt zu einer etwas wackeligen, aber faszinierenden **Hängebrücke**. Dies allein ist einen Abstecher wert. Auf der anderen

Uferseite führt ein etwa 200 Meter langer Trampelpfad zu einer interessanten **Höhle**. Durch die dreieckige Öffnung geht es nicht nur in einen kleinen Raum, sondern von dort noch ein wenig weiter in den Felsen hinein. Es ist ein Gang ins Unbekannte, denn nach einigen Schritten ist es stockdunkel. Eine Taschenlampe macht sich hier bezahlt oder zumindest ein Fotoapparat mit Blitz.

Information

■ **Touristeninformation Mazsalaca**, Rūjienas iela 1, Tel. 20374774, www.mazsalaca.lv.

Echofelsen Skaņaiskalns

🦋 Der Grund, warum Mazsalaca in jedem Fall auf der Reiseroute liegen sollte, ist der nahe gelegene **Naturpark** mit schönen Wanderwegen, bildhauerischer Kunst und dem faszinierenden „Echofelsen" als Schlusspunkt. Der Felsen fällt zum Ufer des malerischen Flusses Salaca steil ab. Die dem Wasser zugeneigte Seite offenbart eine steile Wand aus **rötlich leuchtendem Sandstein.** Wer den Wanderweg bis zum Ende läuft, sieht diesen Felsen vom anderen Ufer aus. Der Zahn der Zeit hat ihm eine abgerundete Form gegeben, sodass man von der gegenüber liegenden Seite ein schönes Echo erzeugen kann. Am besten postiert man sich zentral unter der mächtigen Eiche und stößt kurze, heftige Rufe aus. Dann wird man von einem erstaunlich **starken und klaren Widerhall** belohnt. Der Platz vis-a-vis dem Echofelsen ist auch ein schöner Ort für ein Picknick; Bänke und Tische stehen bereit.

075le mk

Der Wanderweg vom großen Parkplatz zum Echofelsen zieht sich ungefähr drei Kilometer in die Länge. Es ist ein sehr schöner Spaziergang mit einigen reizvollen Stationen, etwa vier großen **Holzfiguren** von Soldaten. Jeder Soldat repräsentiert mit seiner Kleidung und seinen Symbolen eine der vier lettischen Regionen: Vidzeme, Latgale, Kurzeme und Zemgale. Nebenpfade, Abstecher und Parallelwege führen zu weiteren Attraktionen: dem „Zwergenpfad" mit Holzfiguren der kleinen, lustigen Gnome, der „Liebesbrücke", der kleinen „Treppe der Träume" sowie einigen mehr oder weniger versteckten, geheimnisvollen **Felsen und Höhlen.** In die „Teufelshöhle" wagen sich angeblich nur die Mutigsten. Die „Teufelskanzel" ist dagegen für jeden zu besichtigen. Es handelt sich um einen Stein, der aussieht, als könne der Beelzebub einst hier gestanden und seine Reden geschwungen haben.

■ **Skaņākalna park,** Tel. 26429500, Eintritt 2 Euro, Auto 5 Euro. Alternativ zu der Wanderung kann man mit dem eigenen Pkw den gut befestigten Weg entlangfahren und auf Halteplätzen eine Pause einlegen, Zwischenstationen besichtigen und ein wenig spazieren gehen. Auf diese Weise lässt sich per Auto der Echofelsen erreichen.

⌂ Auf dem Weg zum Echofelsen an der Salaca

Burtnieks-See

Zwischen Mazsalaca und dem Burt-nieks-See an der Straße P16 in Richtung Valmiera siedelt im Örtchen **Vecate** eine **Kolonie von Weißstörchen,** die nörd-lichste ihrer Art in Europa. Zwar gibt es in Lettland fast überall seltene Vögel zu beobachten, aber wahrscheinlich nir-gendwo so viele auf einmal wie hier. Von der P16 zweigt später eine kleine Straße nach Burtnieki ab, das am 40 km² gro-ßen See liegt, immerhin dem viertgröß-ten Gewässer Lettlands, dessen schilfbe-wachsenes und unbefestigtes Ufer aller-dings das Baden erschwert.

Burtnieki

Außer dem See gibt es hier ein **Landgut mit Herrenhaus** zu entdecken. Am Tor zu diesem Gebäude beginnt ein **Natur-pfad zum See** mit Aussichtsturm am Ende. Etwa 45 Minuten dauert die ange-nehme Wanderung, die besonders Vo-gelbeobachter reizt, denn im Schilf herr-schen ideale Bedingungen für teils selte-ne der geflügelten Tiere. Unter Ornitho-logen ist der See national und sogar im Ausland durchaus bekannt. Burtnieki taucht in den **legendären Chroniken** des *Heinrich von Livland* auf. Die Ge-gend war in alten Zeiten ein Treffpunkt dreier in der Region wichtiger Völker: Esten, Letten und Liven. Das Herren-haus macht einen eher heruntergekom-menen Eindruck, doch der 1860 ange-legte Park rund um das Gebäude mit sei-nem gepflegten Garten und dem von Wasserpflanzen bewachsenen Teich mit

Brücke zu einer kleinen Insel ist definitiv ein paar Schritte wert. Pferdeliebhaber sollten auch beim **ältesten Hengst-Hof Lettlands** vorbeischauen, der den Na-men des Dorfes trägt. Neben einer Be-sichtigung werden hier auch Ausritte und Kutschfahrten im Sommer sowie Schlitten-Touren im Winter angeboten (nur nach Voranmeldung, J. Vintēna iela 13, Tel. 29137378, www.horse.lv).

Kirche von Burtnieki

Kurios ist die **Lage** der Kirche, steht sie doch weder im Dorf selbst noch in sei-ner Nähe, sondern ganze neun Kilome-ter entfernt auf der anderen Seite des Sees. Wie es zu dieser eigenartigen Plat-zierung kam, ist nicht überliefert. Das Gotteshaus bietet ein malerisches Motiv, wenn man von Burtnieki aus über das Wasser blickt und auch von unterwegs, wenn man sich auf der Landstraße der Kirche nähert, deren weiße Gestalt mit dem roten Turm sich effektvoll im See spiegelt. Daher stammen wohl auch die Legenden, nach denen die Kirche einst im Gewässer versunken sein soll. Das Gebäude in seiner heutigen Form stammt aus dem 17. Jh., während die erste Kir-che hier bereits im 13. Jh. stand. Wer das sehr hübsche Schlösschen in Dikļi noch nicht besichtigt hat (siehe oben „Umge-bung von Valmiera"), kann dies auf dem Weg nach Valmiera als Abstecher tun. Von der P16 führt eine kleine, ausge-schilderte Straße dorthin.

Unterkunft

Erholungskomplex Rits①, Andruves, Gemeinde Burtnieki, Tel. 29428708, www.hotelrits.lv, 2 km östlich vom Burtnieks-See, landschaftlich schön gelegen. Ideal für Gruppen, Übernachtungen für 29 Personen auf sieben Zimmern. Auch Sauna, Schwimmbecken, Kaminsaal.

Limbaži

Der Ort Limbaži liegt westlich von Valmiera bereits ein wenig abseits des Gauja-Nationalparks und hat daher nicht dieselbe touristische Bedeutung wie Sigulda, Cēsis oder Valmiera. Trotzdem bietet auch diese Kleinstadt einige Sehenswürdigkeiten im Ort und besonders in der Umgebung. Außerdem ist sie nur wenige Autominuten von der Via Baltica entfernt.

Limbaži bietet sich an als ruhiger, günstiger Standort für eine Rundreise nach Norden und an der Rigaer Bucht entlang wieder herunter, eventuell auch als Ausweichort, falls unmittelbar an der Küste keine Unterkünfte mehr zur Verfügung stehen. Auch für Fahrradausflüge kann die Kleinstadt je nach Routenplanung gut geeignet sein.

Stadtgeschichte

Die Kreisstadt trug zu Zeiten des in Livland regierenden Schwertbrüderordens noch den deutschen Namen **Lemsal.** Auch Lemsal war ein Mitglied der Hanse. Wie üblich in Livland entstand der Ort um eine Ordensburg herum. Die **Burg** von Limbaži stammt aus dem Jahre 1223. Kurz darauf erhielt die Siedlung Stadtrechte – als eine der ersten überhaupt in Livland –, 1385 dann die begehrten **Lübecker Stadtrechte.** Es entstanden die zentrale Labrencis-Kirche, das Rathaus und eine Stadtmauer. Ende des 14. Jh. war der Ort mit immerhin gut 400 Häusern nach Riga die zweitgrößte Stadt Livlands.

Im 16. Jh. traf Limbaži jedoch das gleiche Schicksal wie die anderen livländischen Handelsstädte: ein dramatischer **wirtschaftlicher Niedergang.** Neben den politischen Gründen kam für Limbaži noch die Austrocknung des nahen Dune-Sees und des Flusses Svetupe hinzu. Die großen Schiffe konnten nun nicht mehr einlaufen und der Handel versandete buchstäblich. Das nur wenige Kilometer westlich an der Rigaer Bucht gelegene Salacgrīva, obwohl viel kleiner als Limbaži, übernahm in weiten Teilen dessen Rolle.

Doch auch ein existierender Wasserweg hätte nicht geholfen, denn Limbaži wurde in der zweiten Hälfte des 16. Jh. nacheinander von *Iwan dem Schrecklichen,* dann von den Schweden und wieder von russischen Truppen niedergebrannt. 1602 kam es während der schwedischen Besatzung zur **völligen Zerstörung** – inklusive der Verteidigungsmauern. Ein langsamer und bescheidener Wiederaufbau fiel 1747 erneut den Flammen zum Opfer. Das heutige Stadtzentrum stammt aus dem 18. und 19. Jh., als sich die Stadt im Zuge der industriellen Revolution wieder nach vorn entwickelte.

Sehenswertes

Im Ortskern, der nach einer grundlegenden Erneuerung und Restaurierung bereits einiges an Reiz hinzugewonnen hat, ist die Anordnung der Straßen gemäß mittelalterlichen Regeln deutlich zu erkennen. Viele historische Gebäude sind auf Grund der unglücklichen Stadtgeschichte jedoch nicht erhalten, abgesehen von der **evangelischen Kirche** aus dem 17. Jh. und dem **Rathaus** aus dem 18. Jh.

Am interessantesten sind die noch vorhandenen **Ruinen der mittelalterlichen Burg** im Stadtzentrum *(Limbažu pilsdrupas)*.

Aufmerksamkeit verdient auch die **russisch-orthodoxe Kirche** des Ortes, die vor gut 100 Jahren im neobyzantinischen Stil aus schlichten, roten Ziegelsteinen erbaut wurde – ungewöhnlich für die sonst üppig geschmückten Gotteshäuser dieser Konfession. Auch die grauen Zwiebeltürme weisen von weniger Farbenfreude auf als üblich. Das Gebäude wirkt wie eine Kombination aus evangelischer und orthodoxer Kirche.

Großer Limbaži-See

Gleich südlich von Limbaži, am Ortsrand beginnend, liegt der Große Limbaži-See *(Limbažu lielezers)*, der sich entlang der P9 nach Sigulda in die Länge zieht und einen schönen **Naturpfad** *(dabas taka)* für Wanderer und Radfahrer sowie Möglichkeiten zum **Bootfahren** bietet. Nicht die gesamte Umgebung des Sees ist zugänglich gemacht worden, sondern nur das nordöstliche Ufer mit einem 3,6 Kilometer langen Wanderweg.

Ein Bad im See empfiehlt sich nicht, denn der Grund ist bedeckt von einer bis zu einen Meter dicken Schlammschicht. Umso schöner ist es, dass lange Holzbrücken über den Sumpf eingerichtet sind, sodass man mitten in sonst nicht zugänglicher Natur spazieren gehen kann. 90 Vogelarten, teilweise sehr seltene, sind hier gezählt worden.

Praktische Tipps

Information

◼ **Touristeninformation,** Torņa iela 3, Tel. (6)40 70608, www.visitlimbazi.lv, Mo–Fr 9–17, Sa 10–15 Uhr. Allgemeine Informationen, auch über den Landkreis Limbaži, der den Küstenabschnitt bis Saulkrasti umfasst; auch Reservierung von Touren und Unterkünften, Souvenirverkauf.

Notfälle und nützliche Adressen

◼ **Apotheke:** *Mana Aptieka,* Burtnieku iela 1, Tel. (6)4070113, Mo–Fr 8–21 Uhr, Sa, So 8–18 Uhr.
◼ **Krankenhaus:** *Limbažu slimnīca,* Klostera iela 3, Tel. (6)4070103.
◼ **Polizei:** Cēsu iela 28, Tel. (6)4001510.
◼ **Post:** Cēsu iela 22, Tel. (6)4022444, geöffnet Mo–Fr 7.30–18 Uhr, Sa 9–13 Uhr.

Unterkunft

◼ **Ezermala①,** Ievu iela 38, Tel. (6)4021867. Einfaches, aber ordentliches Gasthaus direkt am See mit 13 Doppelzimmern. Sauna, Bootsverleih, Möglichkeit zum Baden im See.

Essen und Trinken

◼ **Ezermala,** Ievu iela 1, Tel. 26425645. Café und Restaurant im gleichnamigen Hotel. Günstiges, typisch lettisches Essen in schlichter Atmosphäre.
◼ **MEIN TIPP: Trīs kambari,** Baumaņu Kārļa laukums 3, Tel. (6)4070711. Geschmackvoll und ge-

mütlich eingerichtetes, einfaches Lokal am Hauptplatz, halb im Keller, mit äußerst sympathischer Betreiberin und gutem Essen. Auch zum Bier- oder Weintrinken geeignet.

■ **Pilsmuižas krodziņš,** Burtnieku iela 7, Tel. (6)4022602, Mo–Do 10–21, Fr 10–23, Sa 11–23, So 12–20 Uhr, gutes, einfaches Ess- und Trinklokal mit hübscher Holzterrasse.

Einkaufen

■ **Touristeninformation,** Verkauf von Postkarten und Souvenirs aus der Region.
■ **Salon Tine,** Plavu iela 4, Tel. (6)4022528, Kunsthandwerk und andere Geschenk- und Schmuckartikel.

Verkehrsverbindungen

■ **Bus:** Busse verkehren zahlreich, sowohl aus Riga (täglich ca. 20 Verbindungen, Fahrzeit knapp 2 Stunden, Preis 4 Euro) als auch aus den anderen Orten der Region wie Valmiera, Sigulda und Cēsis. Der **Busbahnhof** (*Limbažu autoosta*, Stacijas iela 7, Tel. (6)4021045, Fahrpläne unter www.autoosta.lv) ist nicht weit vom Stadtkern.
■ **Taxiunternehmen:** Limbaži, Tel. 29436700, rund um die Uhr.

Von Limbaži nach Ainaži

In nördlicher Richtung gibt es von Limbaži zwei Möglichkeiten weiterzufahren: auf der P12 direkt nach Salacgrīva an der Küste, die letzten Kilometer allerdings auf einer noch nicht asphaltierten Stra-ße. Kurz vor Korgene lohnt ein kurzer Halt beim **Niedraju-Pilkas-Sumpf** (Niedraju Pilkas Purvs) mit Spazierweg und Aussichtspunkt. Die etwas längere Route führt von Limbaži auf der P13 über Aloja und Staicele nach Ainaži. Kurz hinter Aloja, im kleinen, unscheinbaren Mühlensee von Ungurpils, „schwimmen" die **Inseln.** Bei kurzer Betrachtung kann man allerdings keine Bewegung feststellen. Etwas spektakulärer ist da schon in der Ortschaft Mērnieki, wenige Kilometer vor Ainaži, der **Pietrags-Felsen,** auch „Roter Felsen" *(Sarkanās klintis)* genannt. Der Weg dorthin ist ausgeschildert und führt zu einem Parkplatz. Die Steilwand aus dem für Lettland so typischen roten Sandstein am Ufer der Salaca ist fast 400 Meter lang und zehn Meter hoch. Besonders pittoresk leuchtet der Felsen im warmen Licht der Abendsonne.

Die Ostküste der Rigaer Bucht

Ainaži

Ainaži, der **nördlichste Ort** an der lettischen Küste, war noch vor wenigen Jahren ein verschlafenes Nest, das außer einem **Leuchtturm** und einem Fußgänger-Grenzübergang nicht viel zu bieten hatte. Inzwischen können Reisende auch per Auto auf einer kleinen Straße nach **Estland** hinüberfahren. Doch auch Ainaži selbst hat sich ordentlich herausgeputzt: Fußwege und Radwege zum nahen Strand, kleine Geschäfte, Cafés und Lokale vom Typ *kafejnīca* sind hier nun zu finden (z.B. *Kafejnīca Robeža*, Valdemāra iela 32, Tel. 26514555, geöffnet Mo–Sa 11–22, So 12–20 Uhr). Um den Ortskern zu erreichen, muss man die *Via Baltica* rechtzeitig vor der Grenze verlassen.

In südlicher Richtung verläuft die *Via Baltica*, die offiziell A1 heißt, nach Riga. Zwischen Ainaži und Salacgrīva fährt man direkt an der Küste entlang, unterwegs tun sich immer wieder schöne Blicke auf. Bis zur ersten Ortschaft Kuiviži liegen zwischen Straße und Meer die sogenannten **Randu-Wiesen.** Die Bewohner der Gegend heben hervor, dass auf diesen Strandwiesen auf einem Abschnitt von einigen Kilometern nicht weniger als ein Drittel der gesamten lettischen Pflanzenarten wächst. Damit brachten es die Grünflächen auf die europäische Liste der wichtigsten Orte für Vogelmigration.

Salacgrīva

Salacgrīva ist ein kleiner **Fischerort** direkt an der Via Baltica. Obwohl ohne große Sehenswürdigkeiten besitzt er den gewissen Charme eines Städtchens an der Küste mit ein paar Seemannskneipen, einem **Hafen** (dem einzigen Jachthafen an der Küste Vidzemes) und dem Geruch des Meeres. Die hässliche und nicht gerade angenehm duftende Fischfabrik *Brīvais vilnis* gehört auch dazu. Dort werden die landesweit bekannten, und auch in viele Länder exportierten, **Sprotten** in Dosen hergestellt.

Erwähnenswert sind noch die orthodoxe Kirche mit ihrem schönen Zwiebelturm sowie die Reste der alten **Ordensburg** (Pilsdrupas), von denen nur noch ein Hügel und einige Mauern übrig geblieben sind.

Salacgrīva wird von der A1 durchschnitten. Auf der Wasserseite laden einige **Cafés und Restaurants** zum Verweilen ein, teilweise mit Terrasse und Hafenblick. Auf der dem Wasser abgewandten Seite von Salacgrīva, also jenseits der *Via Baltica*, legen die Fischer in der Salaca ganz besondere Reusen aus: **Neunaugen** werden mit Hilfe einer wie ein großer Zaun im Fluss stehenden Konstruktion in größeren Mengen gefangen.

Information

■ **Touristeninformation,** Rīgas iela 10a, Tel. (6)4041254, http://tourism.salacgriva.lv.

Unterkunft, Essen und Trinken, Camping

■ **Kapteinu Osta**①-②, Pernavas iela 49a, Tel. (6)4024932, www.kapteinuosta.lv. Dieser „Kapitänshafen" bietet ein neu und freundlich eingerichtetes Hotel/Gästehaus mit geräumigen, großzügig und farbenfroh eingerichteten Zimmern. Mit Sauna, Spa-Angeboten, Sportplatz, Kinderspielplatz und dem gemütlichen **Restaurant „Il Capitano",** in dem man schon ab 10 Euro lecker speisen kann (gute Fischauswahl). Zudem: Holzhaus für 4 Personen ab 64 Euro, Holzhaus für 4 Personen mit Sauna 78 Euro, Stellplatz für Wohnmobile und Zelte.

■ **Gasthaus und Campingplatz Rakari**①, Svētciems, Tel. (6)4071125, www.rakariresort.lv. Großer Campingplatz, etwa 5 km südlich von Salacgrīva. Ausgeschildert von der *Via Baltica,* 800 m von ihr entfernt, 300 m zum Meer. Camper haben sehr viel Platz und sehr gute sanitäre Einrichtungen, aber wenig Schatten oder Windschutz

2b

durch Bäume. Zusätzlich gibt es acht große Zwillings-Holzhütten mit voller Einrichtung und ein rustikales Gästehaus mit sehr gemütlichem Restaurant und Bar sowie acht Zimmern. Fußball-, Basketballplatz, Sauna. Preise im Sommer: DZ ab 57 Euro (Nebensaison ab 43 Euro), Holzhäuschen bis 2 Personen 64 Euro (Nebensaison ab 36 Euro), 4 Personen 78 Euro (Nebensaison ab 50 Euro), Sauna erste Stunde 28 Euro.

Essen und Trinken

■ Wer aber doch etwas Gediegeneres sucht, wird wenige Hundert Meter weiter auf der anderen Seite des Flusses fündig. Neben der Touristeninformation in der Rīgas iela liegt die **Kambīze,** die Schiffsküche (Rīgas iela 14 a, Tel. (6)4041222, täglich 10–24 Uhr, So 10–22 Uhr). Im rustikalen, authentisch nach Seemannsart eingerichteten Steinhaus werden vor allem gute Fischgerichte, aber auch deftige Fleischspeisen angeboten. Im Halbkeller gelegen, ist das Lokal besonders gut geeignet für einen gemütlichen Abend zu zweit oder in einer größeren Gruppe.

■ **Pasēdnīca Bistro,** Vidzemesiela 2, Tel. (6)401 1202, geöffnet täglich 8–22 Uhr, direkt beim großen *Top*-Supermarkt an der *Via Baltica,* mit einer anständigen Auswahl an klassischen Gerichten, darunter auch täglich breites Mittagsangebot, aber auch für den kleinen Imbiss zwischendurch.

■ **Lieneskonditoreja,** Ostas iela 2, Tel. 2660 0114, geöffnet Mo–Fr 8–17, Sa 9–14 Uhr, sehr gemütliches Konditorei-Café nahe dem kleinen Hafen. Nicht nur guter Kaffee und leckere Süßspeisen, sondern auch Herzhaftes zur Auswahl, mit täglich wechselnden Menüs.

Die Küste südlich von Salacgrīva

Livische Opferhöhlen

Die ersten gut 15 Kilometer hinter Salacgrīva führt die Via Baltica noch einmal mehr oder weniger nah an der Küstenlinie entlang, bevor sie mit größerem Abstand zum Wasser verläuft. Beim Ort **Svētciems** führt eine Straße links fünf Kilometer weit vom Meer weg zu einer auf den ersten Blick unauffälligen Stelle (Schild „Lībiešu upuralas"), die aber ein **wichtiges Kultobjekt** aus den Zeiten vor dem Einmarsch der Kreuzritter darstellt: alte Opferhöhlen der Liven am Flüsschen Svētupe. Mit mindestens 47 Metern waren die Höhlen einst die **längsten natürlichen Gebilde** ihrer Art in ganz Lettland. Im Laufe der Jahrhunderte sind eine Reihe von ihnen verschüttet worden. Die leicht zu verfehlende Stelle liegt bei einem Bauernhof, wo man das Auto parken und dann einige Schritte zu den Höhlen gehen kann.

Felsen von Veczemji

Zurück an der *Via Baltica* nach Riga folgt wenige Kilometer darauf nach rechts in Richtung Küste ein Abzweig zu den Felsen von Veczemji, **Veczemju klintis,** einem erstaunliche 200 Meter langen und vier Meter hohen Sandsteinaufschluss direkt am Strand. Ein recht ordentlich befahrbarer Sandweg führt in gut zwei Kilometern zu den Steinen. Wellenförmig aufgereiht ergeben die

Steine gemeinsam mit dem Strand und dem blauen Meerwasser eine schöne Kombination. Einige Höhlen wurden nicht ganz zugeschüttet und man kann direkt vom Strand aus ein paar Schritte hineingehen. Besonders reizvoll ist auch der benachbarte, sehr ansprechend gestaltete **Picknickplatz** mit Holzbänken, Tischen und einigen Grillplätzen, der zum hiesigen **Campingplatz** gehört, weshalb für die Nutzung eine kurze Anmeldung erforderlich ist. Sehr schön ist von diesem Ort aus auch ein Spaziergang auf dem kleinen Sträßchen, das vom Campingplatz in nördlicher Richtung direkt am links unten liegenden Strand entlangführt.

schwierig, tatsächlich an den Strand zu gelangen, der hier ziemlich steinig ist.

Gut zweieinhalb Kilometer hinter Tūja taucht ein Parkplatz auf. Eine Weiterfahrt auf dem Sandweg lohnt kaum, besser ist es, das Auto stehen zu lassen und die kleine Treppe hinunter zum **Strand** zu steigen. Hier stehen Holzbänke, Tische, Grills und ein **Zeltplatz** zur Verfügung. Es ist eine der letzten Möglichkeiten, vor dem Großraum Riga ein romantisches Fleckchen an der Küste zu finden. Näher an der Hauptstadt, im sich an der *Via Baltica* kilometerlang in die Länge ziehenden Städtchen Saulkrasti und dahinter, ist es weitaus weniger ruhig und entspannend.

Camping

■ **Camping Klintis**①, Tel. 27852476, www.klintis.lv, wunderschön gelegener, oben erwähnter Campingplatz mit schattigen Stellplätzen direkt am Steilufer über den bekannten „Roten Felsen" am Strand, der per Holzsteg und Treppe bequem zu erreichen ist. Mit Holz beheizte Badehäuser, Restaurant, Fahrradverleih, Wasserboot-Verleih, Verkauf von Brennholz. Ein schöner Ort besonders auch für Familien.

Tūja

30 Kilometer südlich von Salacgrīva zweigt von der A1 Richtung Riga, die hier mit einigem Abstand zur Küste verläuft, rechts eine asphaltierte Straße in das **Dorf** Tūja ab. Von hier führt ein befahrbarer Sandweg am Meer entlang nach Norden. Die Landschaft ist malerisch, teilweise grasen Ziegen vor dem Meerespanorama, doch es ist recht

Camping

■ **Jūrasdzeņi Camping**①, Jūras iela 10, Tūja, Tel. 26550574, www.jurasdzeni.lv, wunderschöner und großer Campingplatz direkt am Strand, außerdem mit Unterkunftsmöglichkeiten im Gebäude.

Münchhausen-Museum und -Park

MEIN TIPP: Eine besonders charmante Station erwartet die Reisenden aber noch, bevor sie sich mit großen Schritten Riga nähern: Das Münchhausen-Museum und der dazugehörige Park. Eben jener berühmte **Baron von Münchhausen,** dessen Name wegen seiner fantastischen Lügengeschichten in der ganzen Welt ein Begriff ist, hat im heutigen Lettland seine Wurzeln.

Kurz hinter der Kreuzung, deren Straßen links nach Limbaži und rechts nach

Tūja führen, folgt das kleine Dorf **Liepupe**. Die weiße **evangelische Kirche** mit dem roten Ziegeldach ist hübsch, wäre aber vielleicht keine besondere Erwähnung wert, wäre da nicht die Tatsache, dass der Baron von Münchhausen hier 1744 seine Gemahlin *Jacobine von Dunten* aus dem Nachbardorf heiratete. Und noch eine historische Figur ist mit diesem Gotteshaus verbunden: In der Pfarrei arbeitete jener *Garlieb Merkel* als Hauslehrer, der später mit seinem Buch „Die Letten" ein deutschsprachiges Standardwerk schuf.

Acht Kilometer weiter auf der A1 in Richtung Riga weist ein Schild nach **Dunte,** der Heimat von Münchhausens Ehefrau. Knappe zwei Kilometer von der großen Straße durchfährt man ein Einfahrtstor und ist schon auf dem Münchhausen-Gelände.

Zur Linken erhebt sich das Münchhausen-Museum, untergebracht im restaurierten **Landgut Dunte,** das der Baron von 1744 bis 1750 sein eigen nannte. Anhand von teilweise lebensgroßen Figuren, Objekten und Bildern werden die verrückten Erlebnisse, aber auch die tatsächliche Existenz des Lügenbarons dargestellt. Außerdem wird im Rahmen der Schau eine **Wachsfigurensammlung** mit berühmten Persönlichkeiten der lettischen Geschichte gezeigt. Es ist nach Angaben des Hauses eines von nur zwei Münchhausen-Museen auf der Welt und wird aus EU-Mitteln mitfinanziert.

Ebenso reizvoll ist der gegenüber dem Museum gelegene **Münchhausen-Park,** durch den zwei Pfade führen: Einer ist 5,4 Kilometer lang, der kürzere misst 3,1 Kilometer. Unterwegs werden über die Strecke verteilt mit Hilfe von **Holzschnitzereien** die Abenteuer des Barons vor Augen geführt: Der Ritt auf der Kanonenkugel, die versunkene Stadt, die fliegenden Fische, das Gefressenwerden durch ein Krokodil und manche andere unglaubliche Geschichte. An einer Stelle werden die Besucher ganz im Geiste des verschmitzten Barons auf die Schippe genommen – mehr sei hier nicht verraten!

Das i-Tüpfelchen jedoch ist der schöne **Sandstrand,** den man nach der Hälfte des Spaziergangs erreicht, wenn man den langen Weg wählt. Hier lässt sich das Meer in seiner ganzen Pracht erleben. Wer nicht nur im Sand sitzen, sondern sich zur Abkühlung in die Fluten stürzen möchte, sollte Badesachen einpacken.

Kinder können sich außerdem auf dem **Spielplatz** vor dem Eingang austoben. Zu dem Komplex mit Park und Museum gehört auch ein gemütliches **Restaurant** der mittleren Kategorie.

◼ **Minhauzena muzejs,** Tel. (6)4065633, www.minhauzens.lv, Mo–Do 10–17 Uhr, Fr–So 10–18 Uhr, November–April Mi–So 10–17 Uhr (Mi–Fr nur bei vorheriger Anmeldung), Eintritt Museum: 3,50 Euro, Parkplatz 2 Euro, Münchhausen-Pfad: 3,50 Euro (zusätzlich).

◼ **Atpūtas komplekss Minhauzena Unda②,** Ainažu iela 74, Tel. (6)7955198, www.minhauzens.lv. Ordentlich ausgestattetes Hotel. Mit Restaurant, Sauna, Swimmingpool, Billard und Zeltplatz.

Bei der Ausfahrt vom Münchhausen-Gelände zurück zur *Via Baltica* erscheint rechts ein Schild „Keramikas Darbnica". Der gastfreundliche und gesprächsbereite Künstler *Arnis Preiss* verkauft hier wenige Meter von der großen Straße seine **Keramik,** die er u.a. auch nach Riga und sogar zu Kunden in Westeuropa liefert.

Auch zu haben bei ihm: Honig aus eigener Imkerei.

Lauču akmens

Kaum mehr als einen Kilometer vom Münchhausen-Park entfernt geht von der *Via Baltica* ein Weg in Richtung Küste ab, der zum „Großen Stein von Lauči" *(Lauču akmens)* führt, einem 70 Tonnen schweren und zwei Meter hohen **Findling,** der hier stolz „König der Steine" genannt wird. Er wurde vor über 150 Jahren aus dem Meer herangespült. Heute ruht er sicher am Strand.

Camping
◼ Der wunderbar gelegene Campingplatz **Lauču akmens**①, Tel. 26350536, www.laucakmens.lv, mit Stellplätzen für Wohnmobile und Zelte (aber wenig Schatten), Holzhütten und einigen Zimmern liegt direkt oberhalb des Strandes mit dem Findling. Eine Holztreppe führt hinunter. Wer nur zum Besichtigen kommt, zahlt hier eine kleine Parkgebühr. Empfehlenswert ist auch das hübsch gestaltete Restaurant, das draußen Tische mit tollem Strand- und Meerblick bietet. Das nicht ganz billige Essen ist sehr lecker, besonders die Fischgerichte.

Saulkrasti

Saulkrasti ist eine Ansammlung ehemals kleiner Dörfer, die sich schier endlos aneinander reihen. Der Fernverkehr der *Via Baltica* rollt auf einer großen Umgehungsstraße. Die direkt an der Rigaer Bucht gelegene Stadt ist in der wärmeren Jahreszeit meist stark von **Wochenend- und Kurzurlaubern** aus der Hauptstadt frequentiert, die kaum über 30 Kilometer zu fahren haben, um dorthin zu gelangen. Nur der nordwestlich von Riga gelegene Badeort Jūrmala ist noch etwas näher, aber auch exklusiver und teurer. Saulkrasti hingegen ist dank der Invasion durch erholungssuchende Rigaer reich mit Hotels, Unterkünften und Restaurants aller Art gesegnet.

Alūksne

Die äußerst sehenswerte Kleinstadt Alūksne liegt etwas abseits ganz im Nordosten Lettlands in der Region Nord-Vidzeme. Selbst wer eine große Tour durch Vidzeme macht (mit Gauja, Cēsis, Sigulda, Valmiera und der Ostküste der Rigaer Bucht), wird die Region um Alūksne wahrscheinlich umfahren. Mit ein wenig mehr Zeit im Gepäck sollte man dies aber nicht tun, denn es gibt einiges zu entdecken – und so weit ist die Gegend auch wieder nicht entfernt. Wer mit der Region Latgale den Osten des Landes bereist, für den bietet sich sogar eine **große Rundfahrt** an: von Daugavpils nach Norden quer durch Latgale und dann über Alūksne zurück durch Vidzeme (Cēsis, Sigulda) in Richtung Riga.

Die Stadt liegt sehr idyllisch am großen **Alūksne-See** (Alūksnes ezers). Die Umgebung geizt ebenfalls nicht mit schöner Landschaft, Gutshöfen und Kirchen. Und da ist natürlich noch die alte **Schmalspurbahn,** die in Alūksne endet.

Stadtgeschichte

Obwohl die Gegend um Alūksne nachweislich schon viele Jahrhunderte vorher

079le mk

besiedelt war, findet die Ortschaft im Jahre 1284 erstmals urkundliche Erwähnung – in der Chronik von Pleskau (heute russisch Pskov) unter dem Namen Alyste. Es dauerte noch bis 1342, als der Livländische Orden hier eine Burg errichtete. Daraufhin nannte der Orden den Ort **Marienburg,** so wie das berühmte Marienburg mit der gewaltigen Kreuzritterburg im heute polnischen Großraum Danzig. Über Jahrhunderte hinweg trug Alūksne diesen Namen. Durch seine Lage ein wenig **abseits der großen Handels- und Reisewege** gestaltete sich auch die wirtschaftliche Entwicklung der Region eher bescheiden.

Dies änderte sich erst Anfang des 20. Jh. mit dem Bau der Schmalspurbahn von Gulbene. So kam es, dass Alūksne wuchs und im Jahre 1920 mit 2000 Einwohnern endlich die Stadtrechte erhielt.

⌃ Schloss von Alūksne

⌄ Evangelische Kirche von Alūksne

2b

080le mk

Heute leben hier schon 9000 Menschen und nach der Öffnung der Grenzen zu Estland profitiert Alūksne von der Nähe zum Nachbarland. Zu Russland sind die Grenzen zwar noch recht undurchlässig (was sich durch den Schengen-Beitritt Lettlands sogar noch verschärft hat), doch auch mit dem großen östlichen Nachbarn wird Handel getrieben.

Sehenswertes

Schloss und Schlosspark

Die erste Station einer Besichtigung ist das Neue Schloss (Jauna Pils, Pils iela 74) von Alūksne, in dem heute unter anderem die Touristeninformation und zwei Museen untergebracht sind. Eines davon ist das **Museum für Lokalerbe und Kunst** (Novadpētniecības un mākslas muzejs). Daneben ist noch das **Naturmuseum Vides labirints** zu besichtigen. Das Schlösschen wurde 1863 im neogotischen Stil erbaut. Innen ist von dem einstigen Glanz des Schlösschens nicht viel übrig geblieben, doch die Fassade ist sehr schön zu betrachten.

Etwas Besonderes ist aber der Schlosspark, der sich breit und lang auf der gegenüberliegenden Seite der Hauptstraße zum See hin erstreckt. Auf **schönen Wanderwegen** kann man verschiedene

2b

kleine **Architektur-Denkmäler** suchen und finden. Sie zeichnen sich dadurch aus, dass sie keinen historischen Wert besitzen, sondern ganz neu errichtet wurden: 2001 sind sie auf einem Bildhauersymposium entstanden und später dann in den Schlosspark eingefügt worden, darunter ein kleiner **Tempel** und ein offener **Pavillon** mit Seeblick. Der Park selbst hingegen blickt schon auf zwei Jahrhunderte Historie zurück. Von 1802 bis 1804 erschuf ihn der Schlossgärtner *Peter Bux* im englischen Stil. Auf einer Fläche von 40 Hektar verteilen sich 152 verschiedene Laub- und 18 Nadelbaumarten. Reizvoll ist der Blick auf den See und hinüber zum Tempelhügel auf der Halbinsel.

Stolz sind die Bewohner von Alūksne auch auf ihre fünf **Springbrunnen** im Schlosspark. Drei von ihnen präsentieren im Sommer bei Dunkelheit farbige Lichtspiele.

■ **Novadpētniecības un mākslas muzejs,** Pils iela 74, Tel. (6)4381321, Di–Fr 10–17, Sa/So 10–14 Uhr, im Winterhalbjahr am Wochenende eine Stunde kürzer geöffnet, Eintritt im Museum 2,10 Euro.

Insel mit Burgruinen

Über die Vācieša iela, gleich neben dem Schloss, gelangt man zur Insel im Alūksne-See. Die Straße heißt später Pilsētas iela und führt über eine Brücke direkt auf das kleine Eiland. Neben einem **Badestrand** am Ufer finden sich hier ein Sportplatz, ein Hügel und die Reste der alten **Kreuzritterburg** – schön für einen ausführlichen Spaziergang mit Blick zurück auf den Schlosspark von Alūksne.

Halbinsel mit Tempelberg

Wer sich noch weiter die Füße vertreten will, kann zurück aufs „Festland" und dann in einem größeren Bogen auf die Halbinsel **Kapsetas pussala** gehen (oder mit dem Auto fahren). Dort findet sich neben einem Parkplatz und einem großen Friedhof ein **217 Meter hoher Hügel** (Tempļa kalns) mit einem über 200 Jahre alten Tempel in Erinnerung an den Nordischen Krieg (ein runder, offener Pavillon mit fünf Säulen) auf dessen Gipfel, von dem sich ein hervorragendes Panorama sowohl der kleinen Insel als auch von Alūksne auftut.

Unterwegs zur Halbinsel, an der Hauptstraße Pils iela bei der Fahrt stadtauswärts rechts, kommt man nicht nur an zwei weiteren Hügeln mit **Aussichtspunkten** vorbei, sondern vorher noch an den beiden berühmten **Eichen** (Glika ozoli), die der deutsche Bibelübersetzer *Ernst Glück* hier im Jahre 1689 gepflanzt hat.

Bibelmuseum

MEIN TIPP: Im Zentrum Alūksnes ist noch eine weitere Einrichtung erwähnenswert: Das Bibelmuseum, das an jenen **Ernst Glück** erinnert, der von 1683 bis 1702 in Alūksne lebte, als erster überhaupt die **Heilige Schrift ins Lettische** übertrug und damit einen wichtigen Grundstein für die Entwicklung der lettischen Schriftsprache und damit der nationalen Identität legte. *Ernst Glück* war deutschstämmig, vertrat aber die Meinung, dass die lettischsprachige Bevölkerung sich nicht zur Feier des Gottesdienstes einer fremden Sprache bedienen, sondern die Möglichkeit haben und nutzen sollte, in ihrer Muttersprache zu beten.

Die evangelische Kirche richtete gegenüber ihrem Gotteshaus im Zentrum von Alūksne ein Bibelmuseum ein – im Jahre 1991, gleich nach dem Sturz des Kommunismus. In dem nur zwei Räume umfassenden Museum werden **Bibeln** sowie **Gesangs- und Gebetbücher** aus aller Herren Länder und in allen möglichen **Sprachen** gezeigt – insgesamt 226 Ausstellungsstücke. Der ganze Stolz der Sammlung ist die erste Ausgabe der von Glück übersetzten Bibel. Dieses Exponat konnte erst 2004 hinzugefügt werden. Eine sehr freundliche Dame empfängt jeden Gast und erzählt gern auf Russisch oder Lettisch (oder zur Not auch per Zeichensprache) über die Geschichte der Sammlung und einige besonders interessante Stücke.

Die **evangelische Kirche** ist auch einen näheren Blick wert, denn mit ihrem sich nach oben hin stufenartig verkleinernden Turm, dem Säulenportal und der recht stark geschmückten, gelblichen Fassade sticht sie gegenüber den meist eher schlichten evangelisch-lutherischen Kirchen heraus. In der Kirche hängt eine auf Deutsch und Lettisch verfasste Gedenktafel für Glück.

■ **Biblis muzejs,** Pils iela 25a, Tel. (6)4323164, Mai–Oktober Di–Sa 10–17 Uhr, Eintritt 1,50 Euro.

Schmalspurbahn

Die Sehenswürdigkeit von Alūksne mit dem größten Spaßfaktor ist die Schmalspurbahn ins etwas über 30 Kilometer entfernte **Gulbene**. Es ist die einzige noch aktive Schmalspurbahn im Baltikum. Als sie Anfang des 20. Jh. gebaut wurde und Alūksne zu einem Entwicklungsschub verhalf, war die Trasse allerdings deutlich länger. Damals verlief sie noch von Stukmani in den lettisch-estnischen Grenzort Valga/Valka, ein gutes Stück nordwestlich von Alūksne.

Wenn man der Bahn irgendwo auf freier Strecke „auflauert" oder auch im Bahnhof von Alūksne auf sie wartet, hört man sie schon von weitem tuten. Nicht schneller als 40 Stundenkilometer fährt die mit Blümchen bemalte, schon etwas alt aussehende Lokomotive mit ihren drei kleinen, **grünen Retro-Waggons** für Fahrgäste. Der Schaffner steht bei dem Tempo gern mal in der offenen Tür und genießt den Fahrtwind, Touristen und Einheimische stecken ihre Köpfe aus den Fenstern. In fast anderthalb Stunden ist die Strecke nach Gulbene bewältigt, doch auf zehn Bahnhöfen kann man unterwegs ebenfalls zusteigen und beim Schaffner eine Fahrkarte kaufen.

■ **Abfahrtszeiten:** Gulbene 13 und 18 Uhr, Alūksne 15.25 und 19.55 Uhr, Preis für volle Strecke 3,40 Euro, www.banitis.lv, gute Website mit vielen Informationen.

Praktische Tipps

Information

■ **Touristeninformation,** Pils iela 25a (im Bibelmuseum), Tel. (6)4322804 und 29130280, www.aluksnetourism.info, Mai–September Di–Fr 8.30–12.30 und 13–18 Uhr, Sa 10–14 Uhr, Oktober–April Mo–Fr 8–12 und 13–17 Uhr. Infomaterial über die Stadt und die Region.

Notfälle und nützliche Adressen

■ **Apotheke:** *Mēness Aptieka,* Pils iela 27 a, Tel. 20377471, Mo–Fr 8–20, Sa 8–18, So 9–17 Uhr.
■ **Krankenhaus:** Pils iela 1, Tel. (6)4307149.
■ **Polizei:** Dārza iela 11, Tel. (6)4323156.
■ **Post:** Pils iela 21, Tel. (6)4322501, geöffnet Mo–Fr 8–18, Sa 9–13 Uhr.

Geld

Banken sind im Zentrum ebenso leicht zu finden wie **Bankautomaten.** Kreditkarten werden in den kleinen Cafés eher nicht angenommen, in den größeren Hotels und Supermärkten dagegen schon.

Unterkunft

■ **Hotel Jolanta**①-②, Merķeļa iela 16, Tel. 2942 4253, www.jmgrupa.lv (auf „Hotel" klicken). In einer ruhigen Wohnstraße nahe dem Bahnhof gelegenes, sehr ansehnliches Hotel mit komfortablen Zimmern.
■ **Hostel im Ernst Glück-Gymnasium**①, Glika iela 10, Tel. (6)4307116, www.aluksne.edu.lv. Unterkünfte in der nach dem Bibelübersetzer benannten Schule. Besser vor Ankunft kontaktieren, denn nicht immer stehen Plätze zur Verfügung.

Camping

MEIN TIPP: **Jaunsētas**①, Tel. 28650600, www. jaunsetas.lv. Malerisch am großen Alūksne-See gelegener Campingplatz, wenige Minuten abseits der Stadt, mit sehr guter Badegelegenheit. Einige Holzhütten ohne Bad und Toilette (Nutzung Gemeinschaftsbad) DZ ab 25 Euro (30 Euro im Sommer), Gasthaus mit **Restaurant Katrīnkrogs** und Zimmern, Zelt- und Stellplätze für Wohnmobile. **Bootsverleih und Bootstouren, Fahrradverleih,** Verleih von Angelausrüstung, Basketball, Beachvolleyball, Fußball, Paintball und Sauna.

Essen und Trinken

■ **Jolanta,** Merķeļa iela 16, Tel. (6)4381011. Ordentliches, klassisch lettisches Restaurant im gleichnamigen Hotel.
■ **Pajumte,** Pils iela 68, Tel. (6)4322572. Einfaches Lokal mit ausgezeichnetem, günstigem traditionellen Essen im Zentrum, auch Frühstück. Gemütliche Tische unter freiem Himmel.
■ **Altiņš,** Pils iela 29, Tel. (6)4322784. Restaurant in der Stadtmitte. Lettische Küche.

Einkaufen

■ **Rota,** Tirgotāju iela 16b, Tel. (6)4381222. Souvenirs und Geschenke, schöne Kunsthandwerksartikel aus der Region im Zentrum der Stadt.

Verkehrsverbindungen

■ **Auto:** Von Riga muss man für die knapp über 200 Kilometer genügend Fahrzeit einplanen. Der überwiegende Teil der Strecke verläuft aber auf der sehr geraden und gut ausgebauten A2. Für die letzten 24 Kilometer muss man rechts abbiegen und gelangt auf der P39 direkt nach Alūksne. Wer aus der ostlettischen Region Latgale kommt, erreicht Alūksne über Balvi und dann über die P35 und die P43.
■ **Bahn:** Es gibt einen Bahnhof in Alūksne *(dzelzceļa stacija).* Diesen steuert allerdings nur die Kleinbahn aus Gulbene an. Gulbene wiederum ist auch per normaler Bahnstrecke zu erreichen.
■ **Bus:** Der Busbahnhof *(Alūksnes autoosta,* Pils iela 72, Tel. (6)4322157, www.autoosta.lv) liegt im Zentrum der Stadt. Eine ganze Reihe von Bussen verbindet Alūksne täglich mit Riga, 8 Verbindungen

gehen täglich nach Riga, Fahrzeit mindestens 3 Std. 10 Min., teils über 4 Stunden, Preis je nach Verbindung 8,05 bis 8,95 Euro.

Umgebung von Alūksne

Gutshof Stāmeriena

Im Ort **Stāmeriena** gibt es einen großen **Gutshofkomplex** zu besichtigen, bestehend aus einem kleinen Schloss, einem Gärtnerhaus, einer Mühle, einem Kornspeicher und einem 28 Hektar großen Park zwischen Stāmeriena- und Pogas-See. Das Bauwerk selbst mit einem hohen quadratischen und einem niedrigeren Rundturm, das Anfang des 19. Jh. im neogotischen Tudorstil entstand, wartet indes noch auf seine komplette Restaurierung. Es wurde später nach Art der Neorenaissance umgebaut. Bei der Revolution von 1905 brannte das Gebäude teilweise aus und wurde abermals umgestaltet. Diesmal kamen die neoklassizistische Veranda und Pergola sowie Masken im Jugendstil hinzu. Ein Spazierweg auf dem Gelände präsentiert Hintergründe über die Gegend und die Geschichte des Bauwerks.

Eine große, gelblich-weiße orthodoxe **Kirche** mit bescheidenen Zwiebeltürmchen steht in direkter Nachbarschaft am See. Ein besonders schönes Motiv ergibt die Kirche samt Spiegelbild im Wasser, wenn man im Bogen ein Stückchen um den kleinen See herumfährt. Stāmeriena ist in einer halben Autostunde auf der P43 von Alūksne aus zu erreichen. Noch schöner ist es, die **Schmalspurbahn** nach Gulbene zu nehmen und in Stāmeriena auszusteigen, den Gutshof zu erkunden, dort zu übernachten, und in den nächsten Zug wieder einzusteigen, zumal gegenüber dem Schloss ein großer Gasthof mit traditioneller Küche und Übernachtungsmöglichkeiten steht.

Information

■ **Touristeninformation Gulbene**, Ābeļu iela 2, Tel. 26557582, www.visitgulbene.lv.

Unterkunft

■ **Vonadziņi**①-②, Skolas iela 1, Tel. 29225805, www.vonadzini.lv. Eine schöne Anlage mit großem und kleinem Gasthaus samt Restaurant, Konferenzsaal und Badehaus – alles aus Holz. Rustikal und gemütlich eingerichtet.

➡ Der **Hafen von Ventspils** mit kleiner Altstadt und Burg ist sehr sehenswert | 420

➡ Der laut Letten „**längste Strand Europas**" mit herrlichem Sand verläuft an der gesamten Westküste, oft sehr einsam und romantisch | 429

➡ Offene Ostsee und Rigaer Bucht treffen wunderschön zusammen an der **Landspitze Kolkasrags** | 431

NICHT VERPASSEN!

Diese Tipps erkennt man an der gelben Hinterlegung.

⌂ Lange Strände an der Westküste Lettlands – hier: bei Kolka

2c

KURZEME – DER WESTEN

Die deutsche Bezeichnung der westlettischen Region Kurzeme hat fast jeder schon einmal gehört. Das historische Kurland deckt sich allerdings nicht vollständig mit dem heutigen lettischen Verwaltungsgebiet Kurzeme, doch man kann es ungefähr gleichsetzen. Kurzeme zeichnet sich besonders durch die **sehr lange Küstenlinie** aus, davon ein großes Stück an der freien Ostsee und ein Abschnitt an der Rigaer Bucht.

Besonders zum offenen Meer hin sind sie zu finden: die schier **endlosen Sandstrände** in wilder Natur, die teilweise erst jetzt touristisch entdeckt werden, weil sie zu Sowjetzeiten innerhalb geschlossener Gebiete lagen. Davon zeugt die Tatsache, dass die Küstenstraße hinauf zur Landspitze von Kolkasrags erst kürzlich asphaltiert wurde.

Kurzeme hat einige außerordentliche Städte zu bieten wie die **Hafenstadt Ventspils,** das wie aus einer anderen Zeit zu kommen scheinende **Kuldīga** mit seiner historischen Altstadt, **Kandava** mit

seiner reichen jüdischen Geschichte und natürlich wie überall in Lettland großartige Natur in dünn besiedelter Landschaft sowie zahlreiche Schlösser, Burgen und Gutshöfe.

Der Name Kurland und damit auch die heutige Bezeichnung Kurzeme stammt nicht von den Kreuzrittern oder den späteren Herzögen, sondern leitet sich vom baltischen **Stamm der Kuronier** ab, der die Gegend vor dem Mittelalter bewohnte. Als der deutsche Schwertbrüderorden im frühen 13. Jh. einmarschierte und die Bevölkerung

2c

Baltikum K07

Ruhnu

Rigaer Bucht

P131

Mērsrags

434 Engure-See

Engure · *Ķemeru*
35 · Rideļi · *nacionālais*
Wasser-
mühle · *parks*

436 · P131 · P128 · Ragaciems

Tukums · Milzkalne · Jūrmala

unmoku · 437 · Kemeri · A10
pils · Šlokenbekas
muiža

Babites-
ez · A5

A9 · Kalnciems

Olaine · A8
P99

104 · P98

Schloss · P98 · 442 · Jelgava
Jaunpils
Annenieki · P93

449 · P97 · P95
Dobele

P103 · P95 · Platone
P96 · 450 · Tērvete · E77
P95

Eleja · P103

eriai · Augstkalne
Žagarē · A8

Blankenfelde

153 · 209

54

Joniškis

E77

152

A12 · Linkuva

154 · Berg der
★ Kreuze · Pakruojis

christianisierte, lehnte man die Bezeichnung der Region also an den Namen der Ureinwohner an.

Der Livländische Orden kontrollierte im Folgenden für lange Zeit nicht nur das Gebiet Kurlands, sondern große Teile des Terrains der heutigen Staaten Lettland und Estland. Mit den Livländischen Kriegen im 16. Jh. kam es dann erstmals zu einer deutlichen Aufsplitterung. 1561 entstand das **Herzogtum Kurland und Semgallen,** das durch verschiedene Phasen mehr oder weniger großer Abhängigkeit ging. Insgesamt kann man das Gebilde, das bis 1795 existierte, als teilweise unabhängig bezeichnen. Die Herzöge galten zwar offiziell als eigenständig, doch de facto war Kurland und Semgallen ein Vasallenstaat des Polnisch-Litauischen Königreichs, bis kurz vor der Wende zum 19. Jahrhundert das **russische Zarenreich** das Gebiet übernahm. Vom halbselbstständigen Herzogtum sank die Bedeutung der Region nun zu einem reinen Verwaltungsbezirk Russlands ab, dem sogenannten **Gouvernement Kurland.**

Bis dahin, auch unter polnisch-litauischer Herrschaft, waren die Landbesitzer fast ausschließlich **aus deutschen Gebieten stammende Adelige** oder ihre Nachkommen gewesen. Dies änderte sich nun, sodass auch einige Letten Grund und Boden, auf dem sie lebten, erwerben durften, auch wenn nur eine Minderheit dieses Recht wirklich ausnutzen konnte.

Die relativ kleine Minderheit der Deutschstämmigen dominierte über all die Jahre das Leben der übergroßen Mehrheit der Letten. Zum Ende des 19. Jh. hin wuchs die Einwohnerzahl stetig an. Hauptstadt war das semgallische

2c

Jelgava, gefolgt von Liepāja (64.000 Einwohner). Das heute wichtige Ventspils (deutsch: Windau) lag damals mit nur 7100 Bewohnern noch hinter Kuldīga.

Bis zum Ersten Weltkrieg währte die Zugehörigkeit zu Russland, danach gehörte Kurland mit Semgallen zum neu ausgerufenen Staat Lettland, sodass die Mehrheit der Bevölkerung sich erstmals selbst regierte. Die Regionen hießen nun offiziell Kurzeme und Zemgale. Im Süden ging allerdings ein Stückchen Land an **Litauen** verloren: Der Kurort Palanga an der Ostsee, einst Teil von Kurland, ist heute Teil des Nachbarlandes.

Wie im Rest des jungen Lettland behielt die deutsche Minderheit zunächst viele ihrer Privilegien, hatte aber im Laufe der Jahre immer härter darum zu kämpfen, bis in den 1930er Jahren die nationalistischen Regierungen den Deutschen das Leben schwer machten. Um die Zeit des Kriegsausbruchs wanderten sie dann massenhaft ins Deutsche Reich aus.

Liepāja

„Die Stadt, wo der Wind geboren wurde" – unter dieser Bezeichnung ist Liepāja (deutsch: **Libau**) im ganzen Land bekannt und dieses Motto ist auch der Titel des offiziellen Liedes von Liepāja. Der Beiname bezieht sich auf die Lage an der **offenen Ostsee.** Das nördlich gelegene Ventspils ist die einzige weitere große Stadt, die ebenfalls am Meer liegt. Riga und andere Städte wurden zwar auch am Ostseewasser gebaut, aber in der ruhigeren Rigaer Bucht. Nur hier an der westlettischen Küste bläst einem der Wind richtig durch die Haare.

Auch als **Stadt der Kunst und der Künstler** sieht sich Liepāja selbst gern. Zu Sowjetzeiten einst eine geschlossene Stadt, entwickelt und öffnet sich Liepāja immer mehr. Mit **etwa 78.000 Einwohnern** liegt es in Lettland auf Platz drei hinter Riga und Daugavpils.

Liepāja war schon immer eine wichtige **Hafenstadt** für Güter und Waren, während der Passagierverkehr sich eher in Ventspils ansiedelte. Inzwischen ist aber wieder eine regelmäßige **Fährverbindung** in Betrieb: zweimal pro Woche von und nach Lübeck-Travemünde (www.stenaline.de). Der Flughafen der Stadt, der zum internationalen Airport werden sollte, steht dagegen einstweilen fast still.

Die wirtschaftliche und touristische Bedeutung der Stadt wächst ständig, was allein an der professionellen Vermarktung des sowjetischen Ex-Gefängnisses im „russischen Stadtteil" Karosta deutlich wird. Deshalb und wegen der **äußerst reizvollen landschaftlichen Lage** mit dem Naturpark Pape und anderen Reservaten in der Nähe steht Liepāja bei vielen Reisenden auf dem Besuchsprogramm.

Stadtgeschichte

Nachdem der Schwertbrüderorden ungefähr das Areal des heutigen Lettland eingenommen hatte, wurde Kurland zwischen den Ordensbrüdern und dem Bischof von Kurland aufgeteilt. In diesem Zusammenhang tauchte Liepāja 1253 erstmals in historischen Dokumenten auf. Der Ort war aus einigen kleinen Fischerdörfern am Fluss Liva entstanden. Über Jahrhunderte trug Liepāja den deutschen Namen **Libau.**

1560 zerbrach die Herrschaft des Ordens und Kurland wurde **Preußen** zugeschlagen. Erst 1625 wurde Liepāja auf Geheiß von *Friedrich,* Herzog von Kurland, mit Stadtrechten versehen. Doch dem Aufstieg des Ortes als Handelsstadt stand die flache Liva mit ihren Sandbänken im Wege. Ende des 17. Jh. wurde daher ein Kanal und daraufhin ein großer Hafen gebaut. 1795 geriet Liepāja zusammen mit ganz Kurland unter die Herrschaft des **russischen Zarenreiches.**

Auch wenn die Russen ihre neuen Gebiete an der Ostsee zunächst etwas nachlässig behandelten, behielt Liepāja doch seinen wichtigen Stellenwert als **Handels- und Hafenstadt.** Getreide, Holz, Wolle, Öl und viele andere Waren wurden von hier in den Westen exportiert. Im Laufe des 19. Jh. wurde eine **Bahnlinie** aus Russland gebaut. Seit 1906 konnten sich die Bewohner der Stadt sogar einer Verbindung in die große, weite Welt preisen: Eine Fähre verkehrte regelmäßig nach New York und ins kanadische Halifax. Angesichts solch guter Vernetzung florierte die lokale Industrie, Menschen strömten auf der Suche nach Arbeitsplätzen herbei: Zu Beginn des Ersten Weltkriegs zählte die Stadt bereits 110.000 Einwohner.

Das markanteste Merkmal Liepājas entstand um die Wende zum 20. Jh. Zar *Nikolaus II.* erkor die Stadt für den **Bau einer großen Festung** aus. Zwischen 1899 und 1909 wuchsen ein Militärhafen und eine acht Kilometer lange Befestigungsanlage aus dem Nichts. Die Festung besteht bis heute, inklusive Offizierspalast, Reitmanege, riesiger orthodoxer Kirche und einer Stadt in der Stadt darum herum. Das Kuriose daran ist,

◁ Strand nördlich von Liepāja

dass die Festung nie als solche genutzt worden ist. Erst die Rote Armee nutzte sie Jahrzehnte später zu militärischen Zwecken. Passenderweise ist dieses Gebiet auch heute noch das **russische Viertel** von Liepāja. Hier wird auf den Straßen kaum Lettisch gesprochen. Die Festung inklusive einem großen kommunistischen **Gefängnis,** der Hafen und die Kirche sind zu einer einzigartigen Touristenattraktion geworden.

Im Ersten Weltkrieg war die Stadt von deutschen Truppen besetzt. Während der lettischen Unabhängigkeit diente sie zeitweise sogar als **Hauptstadt Lettlands** – die Interimsregierung war per Schiff aus dem umkämpften Riga geflohen. Allerdings war Liepāja nur für ein halbes Jahr Regierungssitz. Im Zweiten Weltkrieg wurden zahlreiche Gebäude bei Bombenangriffen zerstört.

Zu Sowjetzeiten bestand ein Drittel Liepājas aus einer **Marinebasis** mit 26.000 dort stationierten Soldaten. Die meisten von ihnen waren Einwanderer aus anderen Sowjetrepubliken. Wegen der militärischen Bedeutung für die Sowjets wurde Liepāja zu einer **geschlossenen Stadt.** Besucher und sogar Einwohner brauchten spezielle Genehmigungen, um in andere Städten der Sowjetunion ein- und auszureisen. 1969 wurden die Bestimmungen etwas gelockert, doch Liepāja blieb im Vergleich zu anderen lettischen Städten isoliert.

Nach der Wiedererlangung der Freiheit bemühten sich die Letten sofort, aus der Garnisons- wieder eine prosperierende Hafenstadt zu machen. Gleich 1991 wurde der zivile, kommerzielle Hafen neu eröffnet. Erst 1994 verließ der letzte russische Soldat Liepāja, einer der letzten in Lettland überhaupt.

Liepāja befreite sich schnell aus seiner isolierten Lage. 1997 wurde eine **Sonderwirtschaftszone** für die Stadt eingerichtet, die auf 20 Jahre angelegt ist. Die speziellen Steuer- und Investitionsanreize für in- und ausländische Unternehmen dauern also noch bis 2017 an.

Sehenswertes

Liepāja ist keine aufregende Großstadt, man kann dem Ort provinziellen Charakter zuschreiben, was nicht zuletzt der Tatsache geschuldet ist, dass Liepāja zu Sowjetzeiten abgeriegelt war. Dementsprechend sollte man keine atemberaubenden Touristenattraktionen erwarten. Ein Spaziergang durchs Zentrum lohnt sich dennoch unbedingt. Wegen der Lage am Meer ist die Stadt mit 20 Kilometern sehr lang und dafür mit zwei bis vier Kilometern äußerst schmal. Das hilft Ortsunkundigen zumindest bei der Orientierung.

Eine Kuriosität stellen die **Musiknoten** auf den Bürgersteigen der Innenstadt dar. Sie führen Besucher zu den wichtigsten Sehenswürdigkeiten. „Besichtigen wie nach Noten" – so werben die Verantwortlichen für diese Idee. Und tatsächlich: Unterwegs trifft man die Noten häufig und weiß sich damit auf dem richtigen Weg.

Dreifaltigkeitskirche

Die Dreifaltigkeitskirche bietet sich als Ausgangspunkt an. Von außen macht sie nicht gerade den prächtigsten oder frischesten Eindruck, doch nach dem Eintritt, der nur eine freiwillige Spende kostet, stellt sich heraus, dass die Innenräume für eine evangelische Kirche reich geschmückt sind.

So war die **Orgel mit über 7000 Pfeifen** bis zum Jahr 1912 die größte der Welt. Ein Kuriosum: Als Besucher kann man hier sein **eigenes Orgelkonzert bestellen.** Rechtzeitiger Anruf, am besten mindestens einen Tag vorher, genügt und schon kann jeder für sich allein oder in einer Gruppe für 30 Euro sein ganz eigenes Klangerlebnis genießen. Die Privatvorführung dauert 30 Minuten.

Der **Altar** ist mit einer goldenen Dekoration im Stil von Barock und Rokoko sowie einem schönen Gemälde versehen. Darüber steht auf Deutsch: „Vater, in Deine Hände befehle ich meinen Geist." Dies ist nicht die einzige deutsche Spur in dem Gotteshaus. Im Juli und August werden sonntags um 16 Uhr **Gottesdienste in deutscher Sprache** abgehalten, in den anderen Monaten alle zwei Wochen. Es war die deutsche Gemeinde, die das Gebäude errichten ließ.

Am interessantesten ist der Gang auf den **Turm,** den man mit persönlichem Führer antritt. Auf halbem Wege ist das Innenleben der **Turmuhr** zu bestaunen, die aus dem Jahr 1905 stammt und von der deutschen Firma *J.F. Weule* aus Bockenem gefertigt wurde. Jede Viertelstunde läutet die Uhr den Bewohnern von Liepāja die Zeit. Nach mehreren weiteren Holztreppen bietet sich den Kletterern das **Stadtpanorama** aus 35 Metern Höhe – auf den großen Liepāja-See (Liepājas ezers) und das Hafengelände.

◼ **Sv. Trīsvienības baznīca,** Ecke Lielā iela und Baznīcas iela, Besichtigung und Turmbesteigung Mo–Sa 11–18 Uhr, So 12–16 Uhr, Tel. 20360055.

Eintritt 1,50 Euro, Turm 1,50 Euro, Reservierung von Tickets für Orgelkonzerte: Tel. 25914456, 30 Euro.

Historische Straßenbahn

Zurück auf der Straße lohnt sich ein Blick auf die Tram. Sie wurde 1899 als **erste elektrische Straßenbahn Lettlands** eingeführt. Die Waggons selbst sind allerdings nicht historisch, sondern mehr oder weniger aus heutiger Zeit. Eine 12,8 Kilometer lange Linie durchquert in 24 Min. die Stadt. Die Strecke führt ganz aus dem Süden durchs Zentrum und dann über die Brücke bis in die Neustadt hinein. Tickets sind im Kiosk am Bahnhof oder beim Fahrer erhältlich.

Rosenplatz

Der kleine **Rožu laukums,** wenige Schritte von der Kirche entfernt, ist sehr schön mit bunten Blumenbeeten gestaltet (500 Rosen) und ein beliebter Treffpunkt für Einheimische. Hier starten von Juni bis August tägliche Touren für Touristen. Von den Beeten umgebene Wappen stehen symbolisch für die Partnerstädte Liepājas, darunter das deutsche Darmstadt.

Hafen

Das auffälligste Merkmal des Hafens ist das schicke **Hotel Promenade,** das stilecht in einer völlig umgestalteten alten Lagerhalle eingerichtet wurde. Es liegt am Kanal, der die Ostsee mit dem Liepāja-See verbindet und die Innenstadt durchschneidet. Eine große, **golde-**

Liepāja

0 ▬▬▬ 500 m © REISE KNOW-HOW 2017

K a r o s t a

Seebrücke
Karosta

ii **Russisch-
orthodoxe
Kathedrale**

Generāla Baleža iela

● **Gefängnis
Karosta**

Priekšosta

Karostas kanāls

Pulvera iela

Pulvera iela

Ziemupes iela

Ziemeļu iela

Z i e m e ļ u

Silķu iela

Oskara Kalpaka iela

Kūrmājas

Ventspils iela

Brīvības iela

Flughafen,
Riga

P r i e k š p i l s e t a

Flotes iela

Bahnhof

Brivosta

Ziemas osta

Raiņa
parks

Zenniecku iela

Kuršu iela

Rīgas iela

Brīvības iela

Polizei ●

Hafen

Zirgu
sala

Atteku
sala

Ausschnitt

Tirdzniecības kanāls

Jaunā osta

Kūrmājas p. Jūras iela K.Zāles

Adu

Jauna iela

Ulihā iela

Peldu iela

Kungu iela

Kungu iela

Cālbuļu iela

Ezera iela

Zitoņu iela

Liepāja-See

O s t s e e

Lauku iela
Miera iela

Saldus iela

Klaipēdas iela

Cālbuļu iela

Dzērves iela

**Dienvidrietumu
Rajons**

Litauen

Ezerkrasts

Unterkunft
1 Europa City Amrita
2 Hotel Promenade
3 Fontaine Hotel
10 Hotel Roze

Essen und Trinken
1 Restaurant Oskars
5 Barons Bumbier's
7 Vecais Vikings

Nachtleben
3 Fontaine Palace/Club

Einkaufen/
Sonstiges
2 Fahrradverleih
4 Kino
6 Haus des
Kunsthandwerks
8 Apotheke
9 Pētertirgus

2c

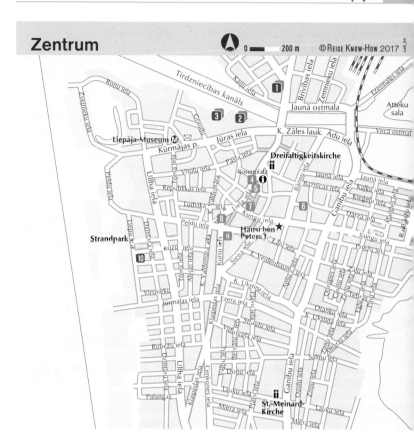

ne **Skulptur** zieht die Aufmerksamkeit auf sich. Sie sieht aus wie eine Sanduhr, nur dass statt Sand das „baltische Gold" Bernstein im Inneren ruht.

Fußgängerzone

Der eigentliche Ortskern wird markiert durch eine Mini-Fußgängerzone. Das hervorstechende, modern mit Stahl und Glas gestaltete ehemalige *Rock Café* (heute *Vecais Vikings*) wird von einer großen, silbernen Gitarre beworben, die auf dem Platz davor fast schon zu einem Symbol der Stadt geworden ist. Vor dem Gebäude glänzt der lettische „Walk of Fame", in dem sich bekannte einheimische Musiker ganz nach Hollywood-Art verewigt haben.

Ein kleiner Spaziergang auf der Kungu iela mit einem Blick auf interessante, wenn auch zum Teil noch immer recht heruntergekommen aussehende **Holzhäuser** sollte zum Programm gehören. Das bekannteste Gebäude ist ein nicht allzu hervorstechendes Holzhaus aus dem 17. Jh. an der Ecke Kungu iela und Bāriņu iela, in dem Zar *Peter der Große* 1697 übernachtet hat (Kungu iela 24). Es wird heute noch verniedlichend **Häuschen Peters I.** (Pētera I namiņš) genannt.

Strandpark

Sehr schön ist der große Strandpark westlich des Zentrums zur Meeresseite hin (Jūrmalas parks, Zufahrt z.B. über die Peldu iela), auch ohne weiteres in zehn Minuten zu Fuß zu erreichen. Neben vielen schönen Gehwegen, u.a. mit kleinen Kiosken, die *Coffee-to-go* verkaufen, und Zugang zum Wasser bietet der Park ein Stadion, Tennisplätze, Minigolf, Springbrunnen, das *Restaurant Kapteins*, das *Café Meduza* und gelegentlich zusätzliche Attraktionen wie **Konzerte** oder andere Vorstellungen unter freiem Himmel auf einer eigens dafür gebauten Bühne. Der Park zieht sich kilometerlang nach Süden. Der eigentliche **Strand** ist unter dem Beinamen „mit der blauen Flagge" bekannt.

Einst war im Hafen ein „U-Bootfriedhof" zu sehen, doch diese eigenwillige Sehenswürdigkeit beendete vor wenigen Jahren ihre Existenz, weil eine deutsche Firma, wie es die Einheimischen erzählen, kürzlich die Boote einschmolz und den Stahl weiter verarbeitete.

▷ Orthodoxe Kirche im Stadtteil Karosta

St.-Meinard-Kirche

Kurios ist ein modernes Gotteshaus, nämlich die St.-Meinard-Kirche (Sv. Meinarda baznīca, Ganību iela 120). Das Besondere an ihr: Sie war der Pavillon des Vatikan auf der **Expo 2000** in Hannover. Zwei Jahre später schenkte der Kirchenstaat ihn der Stadt Liēpaja. Seitdem fungiert er als reguläre Kirche.

Karosta

Mit dem Zentrum hat man in Liepāja bestenfalls die Hälfte der Attraktionen gesehen. Der **russische Stadtteil** Karosta sollte unbedingt entdeckt werden – durchaus auch per Fahrrad. Entsprechende Velo-Strecken sind vom Zentrum aus beschildert. Aus Vecliepāja (Alt-Liepāja) geht es nördlich durch ein neueres, industriell geprägtes Gebiet und über einen weiteren Kanal hinweg. Inzwischen ist eine **Hängebrücke** für den Autoverkehr (nach ihrer Renovierung) wieder befahrbar, somit ist Karosta wieder direkt erreichbar.

Das Viertel, das als eigene Stadt gedacht war und der Stolz des zaristischen Russlands sein sollte, wirkt auf den ersten Blick ziemlich **heruntergekommen.** Einige der großteils weißen Wohnblöcke sind verlassen und verrotten zusehends. Die meisten sind bewohnt und wirken mit ihren schmuddeligen Fassaden und der vor den Fenstern oder auf den kleinen Balkons aufgehängten Wäsche eher ärmlich. Die Straßen sind löchrig und statt moderner Supermärkte dominieren kleine Läden das Bild. Genau so könnte es hier auch zu Sowjetzeiten vor zwanzig oder dreißig Jahren ausgesehen haben –

087le mk

einmal abgesehen von den allgegenwärtigen Handys und einigen neuen Autos.

Dies alles klingt nicht besonders vielversprechend, wenn auch diese Zeitreise sehr spannend sein kann. Doch plötzlich tut sich der Blick auf und eine prächtige, monumentale orthodoxe Kirche strahlt am Ende der breiten Straße: die **Dreifaltigkeitskathedrale** (Sv. Trīsvienības katedrāle, Bāriņu iela 9, Eintritt frei, Spende erbeten), die verwirrenderweise fast den gleichen Namen trägt wie die oben beschriebene evangelische Kirche, nur dass hier der Zusatz „Kathedrale" gesetzt wird. Bestimmt einen halben Kilometer fährt oder geht man auf sie zu und sieht ihre goldenen Zwiebeltürme glänzen – umso mehr, als die Kirche gerade restauriert wurde. Nicht nur von der Imantas iela aus, an deren Ende sie liegt, ist sie sichtbar, sondern wie das Symbol von Karosta sieht man sie aus allen vier Himmelsrichtungen.

Ein Blick ins Innere ist nicht nur jenen vorbehalten, die sich während einer Messe unauffällig (und mit angemessener Kleidung) hineinschleichen können. Offizielle Besichtigungen sind ebenfalls möglich. Auch innen ist das Gotteshaus prachtvoll mit viel Goldschmuck und zahlreichen schönen, alten Ikonen ausgestattet.

Gefängnis Karosta

Sowjetnostalgie der etwas anderen Art bietet sich im ehemaligen kommunistischen Gefängnis von Karosta, in dem aus dem dunklen, abstoßenden Ort voll

2c

schlechter Erinnerungen eine Touristen-Attraktion gemacht wurde: Mit dem nötigen Maß an Augenzwinkern wird eine „realitätsnahe" Führung durch das von außen eher unscheinbar aussehende rote Backsteingebäude angeboten. Als **sowjetische Wachen** verkleidete Männer machen die **Besucher** aus dem In- und Ausland für die Zeit der Führung zu **Gefangenen.** Man lässt sich anbrüllen, nimmt Befehle entgegen, lernt seine persönliche Zelle ebenso kennen wie den Rest des Gefängnislebens. All dies frei nach dem Motto: Wenn es zu deprimierend wird, muss man darüber lachen. Es klingt wie ein kontroverses Konzept, doch Liepāja hat damit offenbar Erfolg: Bei den Besuchern kommt es bestens an und hat sich bereits als Tipp herumgesprochen. Wer sich als hartgesotten bezeichnet, kommt um eine **Übernachtung in der Gefängniszelle①** natürlich nicht herum – auch dies wird hier angeboten!

■ **Karostas cietums,** Invalīdu iela 4, Tel. 26369 470, www.karostascietums.lv. Gefängnis geöffnet Juni–August tägl. 9–19, Mai, Sept. tägl. 10–18, Okt.–April Sa/So 10–16 Uhr, einstündige Führungen zwischen 10 und 17 Uhr, jeweils zur vollen Stunde, von Oktober bis April nur nach Voranmeldung. Eintritt mit obligatorischer Führung 4,50 Euro, Führung mit spezieller Gefängnis-Showeinlage 6 Euro; Übernachtung 15 Euro pro Nacht und Person.

Seebrücke

Eine weitere „hässliche Schönheit" in Karosta ist die kilometerlange graue Mole aus Beton. Schier endlos zieht sich die **Ziemeļu mols** ins Meer hinaus und gibt den Blick frei zurück auf den Strand und die goldenen Kuppeln der orthodoxen Kirche hinter den Bäumen. Man kann mit dem Auto an den Anfang der Mole heranfahren.

Praktische Tipps

Information

■ **Touristeninformation,** Rožu laukums 5/6, Tel. (6)3480808 oder 2940211, www.liepaja.travel, (Website mit Adressen weiterer Informationsbüros in der Region Liepāja), geöffnet Mo–Fr 9–19 Uhr, Sa 10–18 Uhr, So 10–15 Uhr. Reichlich Informationsmaterial; die Mitarbeiter kennen sich gut aus und können auch Ausflüge, Hotels und andere Unterkünfte vermitteln. Es werden auch Souvenirs verkauft, außerdem Fahrradverleih.

Behinderte

Liepāja, inklusive Karosta, lässt sich von Rollstuhlfahrern relativ gut besichtigen, abgesehen vom Kirchturm und dem ehemaligen sowjetischen Gefängnis. Einige Hotels sind behindertengerecht eingerichtet.

Notfälle und nützliche Adressen

8 **Apotheke:** u.a. *Mēness aptieka,* Tirgoņu iela 24, Tel. (6)3426275, Mo–Fr 8–19, Sa 9–17 Uhr.
■ **Krankenhaus:** *Liepājas centrala slimnīca* (Zentralkrankenhaus), Slimnīcas iela 25, Tel. (6)3403222.
■ **Polizei:** Jelgavas iela 48, Tel. (6)3420269.
■ **Post:** Kürmājas prospekts 8/10, Tel. (6)3480548, geöffnet Mo–Fr 8–18, Sa 9–13 Uhr.
2 **Fahrradverleih:** *Blue Shock Bike,* Baznīcas iela 31, Tel. 20454321, Hollandräder, auch Verleih und Reparatur von Scootern, Rollern und Motorrädern. Fahrradverleih auch in der Touristeninformation.

Unterkunft

2 Promenade Hotel③, Veca Ostmala 40, Tel. (6)3488288, www.promenadehotel.lv. Komfortables, geschmackvolles Fünfsterne-Hotel mit einem Hauch von Luxus, 42 Zimmern und verhältnismäßig akzeptablen Preisen, besonders schön am Hafen gelegen. Sonderangebote auf der Website. Mit unter dem selben Dach: Restaurant Piano und Kunstgalerie Promenade.

1 Europa City Amrita①-②, Rīgas iela 7/9, Tel. (6)3403434, www.groupeuropa.com. Zwischen Bahnhof und Innenstadt in einem besseren, sanierten und renovierten Wohnblock angesiedelt. Die 83 Zimmer sind gemütlich und sympathisch eingerichtet, der Service ist gut (Internetanschluss und Satelliten-TV auf dem Zimmer). Gutes Preis-Leistungsverhältnis. Schöne Mini-Suite.

3 Fontaine Hotel①, Jūras iela 24, Tel. (6)342 0956, www.fontaine.lv. Hotel mit Charakter in zwei Holzhäusern aus dem 18. und 19. Jh. an derselben Straße im Zentrum. Jedes Zimmer ist individuell eingerichtet mit bunten und manchmal etwas schrägen Farben, einige besitzen sogar einen Balkon. Internet, TV, Bar.

10 Hotel Roze②, Rožu iela 37, Tel. (6)3421155, www.parkhotel-roze.lv. Komfortable Zimmer und Appartements in zwei schönen alten Holzhäusern in einer ruhigen Wohnstraße am großen Strandpark. Sauna, freier bewachter Parkplatz für Gäste.

Essen und Trinken

5 Barons Bumbier's, Lielā iela 13, Tel. (6)342-5411, www.baronsbumbiers.lv, geöffnet täglich 11–24 Uhr. Breites Angebot an traditionellen lettischen Speisen nahe dem hübschen Rosenplatz (Rožu laukums) beim Einkaufszentrum Kurzeme. Rustikal und gemütlich eingerichtet mit schöner Außenterrasse, sehr preisgünstig.

1 Oskars, Rīgas iela 7/9, Tel. (6)3403434, www.hotelamrita.lv, geöffnet 11–23 Uhr, Frühstücksbüffet 7–10 Uhr, Sa, So 8–11 Uhr. Schickes Restaurant im Hotel Amrita (s.o.) mit lettischer und internationaler Küche und der rustikaleren, einfacheren **Grillbar Bruno,** Mo–Do 17–23 Uhr, Fr, Sa 17–1 Uhr, So geschlossen.

7 Vecais Vikings (Old Viking), Stendera iela 18/20, Tel. (6)3481555, 8–6 Uhr (gelegentlich etwas frühere Schlusszeit). Das auffällige Glashaus mit den zwei Etagen (plus Keller), der Dachterrasse und der großen Gitarre vor dem Eingang mitten in der Fußgängerzone ist eine Mischung aus Kneipe, Café, Imbiss und Restaurant mit ordentlichem Essen und interessanten Rockmusik-Accessoires im Inneren. Fast rund um die Uhr geöffnet – nachts wird das Haus zu einem Klub.

Nachtleben

3 Fontaine Palace, Dzirnavu iela 4, Tel. (6)348 8510, www.fontainepalace.lv, rund um die Uhr geöffnet, Bar und Nachtklub mit viel Live-Musik. Zum gleichnamigen Hotel gehörend, liegt dort in der Nähe direkt am Hafen.

Einkaufen

■ Es gibt einige **Supermärkte,** die an jedem Wochentag geöffnet sind. **Kleinere Geschäfte** schließen sonntags ganztägig und an Samstagen ab Mittag oder Nachmittag.

9 Pētertirgus, Marktplatz direkt im Stadtzentrum mit Obst, Gemüse, fangrischem Fisch, Fleisch, Milchprodukten und je nach Jahreszeit auch Pilzen und Beeren – das meiste frisch und naturbelassen aus der unmittelbaren Umgebung von Liepāja, außerdem Blumen, Honig und Bernstein. Der Markt existiert seit fast einem Jahrhundert. Früher war hier der zentrale Platz von Liepāja, heute ist es „nur"

6 Haus des Kunsthandwerks, Dārza iela 4/8, Tel. 26541424, April–Sept. Mo–Fr 10–17, Sa 10–15, sonst Mo–Fr 10–17 Uhr. Werkstatt für und Verkauf von Artikeln der traditionellen Handwerkskunst, direkt gegenüber dem Peterhäuschen. Man kann bei der Herstellung zuschauen. Im Haus wird auch die mit 123 Metern angeblich längste Bernsteinkette der Welt ausgestellt.

Kultur

◾ Liepāja preist sich damit, im Sommerhalbjahr attraktive **Konzerte** zu veranstalten, viele unter freiem Himmel. Der Ort dafür ist der große Strandpark *(Jūrmalas parks)* am westlichen Rand der Innenstadt mit dem Stadion und der Freilichtbühne. An Wochenenden sind hier interessante Veranstaltungen fast garantiert.

4 Für Filmfans oder auch als Alternative an regnerischen Tagen bietet sich ganzjährig das **Kino** am Rosenplatz an *(Kinoteātris Balle*, Rožu laukums 5/6, Tel. (6)3480638, www.kinoballe.lv). Es laufen neben lettischen auch zahlreiche internationale Produktionen.

◾ **Liepāja-Museum**, Liepājas muzejs, Kūrmājas prospekts 16, Tel. 29605223, www.liepajasmuzejs.lv, Mi–So 10–18 Uhr, Eintritt frei.

Verkehrsverbindungen

◾ **Auto:** Liepāja ist die westlichste Stadt Lettlands und von Riga etwa 220 Kilometer entfernt (auf der relativ gut ausgebauten A9 zu erreichen). Für nicht wenige Reisende empfiehlt sich die Anfahrt aus dem litauischen Klaipēda (Memel), beispielsweise gleich zu Beginn einer Lettland-Rundfahrt. Von der litauischen Grenze sind es nach Liepāja gut 50 km auf der A11 (100 km von Klaipēda).

Parken im Zentrum kann man z.B. an der Kungu iela oder am Rožu laukums, Parkscheine gibt es im Automaten.

◾ **Bahn:** Es gibt nur regionale Verbindungen. Der Bahnhof *(Dzelzceļa stacija*, Stacijas laukums, Tel. (6)3416284) liegt leicht abseits des Zentrums nördlich der Altstadt im neuen Teil von Liepāja. Ohne allzu schweres Gepäck ist die Strecke in den Stadtkern zu Fuß in gut 20 Minuten über die schnurgerade Rīgas iela zu bewältigen. Eine sinnvolle Alternative ist die historische Straßenbahn. Tickets sind im Kiosk am Bahnhof oder auch beim Fahrer erhältlich.

◾ **Bus:** Der Busbahnhof *(Autoosta*, Stacijas laukums, Tel. (6)3427552) liegt direkt am Bahnhof und bietet über 20 Verbindungen täglich nach Riga. Die Wartezeit ist nie besonders lang, Fahrzeit mind. 3 Stunden, Preis ab 8,55 Euro. Weitere regelmäßig und täglich bediente Strecken führen ins litauische Klaipēda und in die anderen Städte der Region Kurzeme, darunter Ventspils und Kuldīga.

Die Küste um Liepāja

Es sind etwa **500 Kilometer Küstenlänge,** die das kleine Lettland aufzuweisen hat – und an den meisten Stellen zieht sich ein mehr oder weniger gut zugänglicher, **mehr oder weniger einsamer Strand** am Wasser entlang. Während im Kurort Jūrmala jeden Sommer die Badehandtücher dicht beieinander liegen, sind in weiten Abschnitten der Westküste jedoch nur das Rauschen des Meeres und das Schreien der Möwen zu hören.

Bernāti

Südlich von Liepāja an der A11 liegt dieser **Ort,** nicht direkt an der Straße, sondern einige hundert Meter zum Meer hin. Am Fußweg zum Strand findet sich ein symbolträchtiges kleines **Denkmal** aus Granit, das den westlichsten Punkt

Lettlands markiert. Von hier bietet sich ein schöner Ausblick aufs Meer. Das Grenzzeichen trägt die Bezeichnung *Zaļais stars* („Grüner Strahl"). Der lettische Bildhauer, der diesen Stein entwarf, schuf auch die drei weiteren Denkmäler, die den jeweils nördlichsten, südlichsten und östlichsten Punkt des Landes ausweisen.

Pape-Naturpark

MEIN TIPP: 🦋 Ein sehr schönes Reservat mit reicher Tier- und Pflanzenwelt findet sich gleich nördlich der litauisch-lettischen Grenze auf dem schmalen Streifen zwischen der A11 und der Ostsee. Die beste Möglichkeit, sich den Pape-Naturpark aus der Nähe anzusehen, bietet sich wenige Kilometer hinter der Grenze. Auf Höhe der Ortschaft **Rucava** – in der ein Geldautomat zu finden ist –, gut 40 Kilometer vor Liepāja, führt eine kleine, nicht asphaltierte, aber befahrbare Straße in das kleine **Dorf Pape.** Es liegt malerisch direkt an der Ostsee und gleichzeitig am **Pape-See** (Papes ezers). Weiter als bis ein wenig hinter das Dorf mit einigen Campingplätzen sollte man mit dem Auto besser nicht fahren.

Vogelbeobachter finden hier ein wahres Paradies vor: Insgesamt wurden **271 Vogelarten** gesichtet, darunter viele äußerst seltene. Auch ein ornithologisches Zentrum wurde hier eingerichtet (Tel. (6)3400341). Wer nicht auf gefiederte Tiere spezialisiert ist, sondern den Erholungswert fast unberührter Natur genießen will, kann einen neun Kilometer langen **Wanderweg** für einen ausführlichen Spaziergang wählen. Eine anspruchsvolle, sehr schöne **Fahrradroute**

(nur für sportliche Radler, einige Leser weisen darauf hin, dass man oft schieben muss, teils durch hüfthohes Gras) führt gut 20 Kilometer um den Pape-See, ebenso eine weitere, ähnlich lange Wanderstrecke. Man kann an einer Führung teilnehmen und wilde Pferde, Wisente sowie Auerochsen beobachten.

■ **Papes dabas parks,** Tel. 29489775, www.pdf-pape.lv. Die Website des Naturparks ist informativ und auch auf Englisch verfügbar. Weitere Informationen erteilt das Touristen-Informationszentrum in Rucava (Tel. (6)3494766 oder 29134903), wo auch Buchungen von Führungen und Übernachtungen getätigt werden können.

Camping, Unterkunft, Essen und Trinken

■ **Camping Pūkarags**①, Rucavasnovads, Pape, Tel. 28378625, www.pukarags.lv, wenige Fahrminuten hinter dem Dorf, schön im Grünen gelegener Campingplatz mit freundlichem Personal und genügend Platz für Wohnmobile und Zelte sowie schönen Gästezimmern② und einfachen Hütten① für bis zu 4 Personen.

■ **Camping Verbelnieki**①, Gemeinde Nica, Tel. 29138565, www.verbelnieki.lv, nur wenige Kilometer südlich von Liepāja, gute, ausgeschilderte Zufahrt. Ganzjährig geöffneter, großer Platz im Grünen, nahe einem wunderbar wilden Ostseestrand mit eigenem Zugang, einfache, saubere Duschen und Toiletten, WiFi, schattige Plätze, von morgens bis abends gutes, selbstgemachtes Essen in der Bar, überdachte Terrasse. Auch 40 **Gästezimmer**①.

■ Direkt neben dem Campingplatz wurde das große Gasthaus **Jūrnieka Ligzda**② eröffnet, Tel. 265 96877, www.jurniekaligzda.lv. Das „Seemannsnest" ist laut Leserbrief ein sauberes, sehr empfehlenswertes Hotel mit nur 30 Betten und einem reichhaltigen Frühstücksbüffet. Dazu Aussichts-

2c

turm, Konferenzräume und großer Garten mit Spielwiese sowie junges, freundliches Personal.

Nördlich von Liepāja

Landschaftlich reizvoll ist es, am Wasser entlang bis nach Ziemupe zu fahren. Der unbefestigte, aber akzeptable Weg führt sehr nah an der Küste entlang durch das Dorf **Saraiķi** (wo ein asphaltierter Weg rechts zur P111 führt) bis nach **Ziemupe.** Unterwegs tun sich immer wieder imposante und idyllische Motive mit dem Meer im Hintergrund auf, allerdings ist das Wasser meist durch Wälder verdeckt. Entlang der Strecke liegen einige romantische Camping- und Zeltplätze.

Um von Ziemupe weiter nach Norden zu gelangen, muss man die P111 ansteuern, denn eine andere Straße existiert nicht. Man trifft auf den Asphaltweg ungefähr auf halber Strecke zwischen Liepāja und Pāvilosta, mit einigem Abstand zum Meer.

Pāvilosta

In dem kleinen **Ort** Pāvilosta erreicht man dann wieder das Wasser. Es lohnt sich ein kurzer Halt und ein Spaziergang durch den Hafen. Mit etwas Glück verkaufen Händler gerade ihre frisch gefangenen Fische oder es werden **Fahrten aufs offene Meer** mit einem kleinen Schiff angeboten (Tel. 3498381). Eine asphaltierte kleine Straße (in den Ort kommend, links abbiegen) führt zu einem schönen **Strand).** Im Wasser schwimmt manchmal ziemlich viel

Grünzeug. Neben einem Beobachtungsturm zieht der größte aus dem Wasser gespülte **Stein** von Kurzeme die Blicke auf sich. Er steht zur Hälfte unter Wasser, ist 3,50 Meter hoch und hat einen Umfang von 15 Metern.

An der Dzintaru iela, dort wo die Meža iela abzweigt, steht ein Schiff im Garten. Es ist ein gut 50 Jahre altes **Fischerboot,** das damals in der DDR gebaut wurde. An dieser Stelle ist ein Weg ausgeschildert, der über die Saka-Brücke zur Mīlestības priede führt, der großen **Liebeskiefer.** Der Stamm des Baumes gabelt sich in zwei Stämme. Die Kiefer thront majestätisch über dem Fluss Saka.

Praktische Tipps

Information

■ **Touristeninformation,** Dzintaru iela 2, Tel. (6)3498229, www.pavilosta.lv, geöffnet Mo–Fr 7.30–19.30, Sa/So 8–16 Uhr. Mit Internetzugang.

Nützliche Adressen

■ **Apotheke:** Aptieka atrodas veselības un sociālajā centra, Lejas ielā 10, Tel. (6)3498222, geöffnet Mo–Fr 9–16, Do 12–18 Uhr.
■ **Fahrradverleih Dandzenieki,** Kalnu iela 16, Tel. 29126098.
■ **Vermietung von Kanus:** Redzēt Debesis, Dzintaru iela 7 a, Tel. 29401273.

Unterkunft

■ **Das Crocodill**②-③, Kalna iela 11, Tel. 2615 1333, www.dascrocodill.lv. Acht sehr individuell eingerichtete, höchst angenehme Apartments. Wo-

091le mk

her der deutsche Zusatz „das" zum Krokodil kommt, weiß keiner so recht zu sagen. Es klang einfach gut.
■ **Motelis vēju paradīze**①-②, Smilšu iela 14, Tel. 26446644, www.veju-paradize.lv (schöne Website, auch auf Englisch, mit Informationen über die Unterkunft, den Ort und die Region). Sehr ansprechendes Motel/Hotel aus viel Holz und Glas. Mit Café/Restaurant, Sauna, Feuerstelle und Konferenzraum.

Essen und Trinken

■ **Laiva,** Dzintaru iela 31, Tel. 29335575, geöffnet Mai–September. Einfaches, aber angenehmes, typisch lettisches Café mit einigen Klassikern der lettischen Küche. WLAN Internet.

Einkaufen

■ **TĪNE,** Tirgus iela 6, Tel. 27832339, geöffnet im Sommer Mo–Sa 10–17 Uhr. Souvenirladen mit Handwerksprodukten aus dem Ort.

⌂ Strand bei Jūrkalne

Jūrkalne

Das etwa 20 Kilometer von Pāvilosta entfernte Fischerdorf Jūrkalne ist besonders für seine imposante **Steilküste** von bis zu 20 Metern Höhe bekannt. Man kann mit dem Auto direkt an die Stelle heranfahren. Es bietet sich ein sehr schöner Blick auf die Meeresküste. Natürlich kann man hier auch zum Strand hinuntergehen und dort baden. Weitere Informationen unter www.jurkalne.lv. Man kann von Jūrkalne aus an der Küste entlang weiter nördlich nach Ventspils fahren oder auf der P119 ins Inland nach Kuldīga.

Alsunga

Im **Dorf** Alsunga an der P119 in Richtung Kuldīga reizt ein Bollwerk zur näheren Betrachtung: Die **Ordensburg** aus dem frühen 14. Jh. Einst war es das

2c

Wirtschaftsgebäude der Kreuzritterburg von Goldingen (Kuldīga). Nach schweren Beschädigungen im Polnisch-Schwedischen Krieg des 17. Jh., blieb aber lange Zeit nur eine Ruine übrig. Heute sind noch die beiden Türme aus dem 16. und ein Anbau aus dem 15. Jh. zu sehen.

Der Ort ist weithin als Zentrum der so genannten **Suiti-Region** *(suitu zeme)* bekannt, die bis zur Ostsee nach Jurkalne reicht. Auf den ersten Blick fällt die Besonderheit auf, dass die Mehrheit der Einwohner Katholiken sind. In keinem anderen Gebiet Westlettlands ist dies der Fall. Der einstige lokale Machthaber *Johann Ulrich von Schwerin* heiratete eine Polin, trat zum Katholizismus über und übergab die Kirche 1734 an die katholische Gemeinde. Von ihm stammt die Tradition der speziellen **Volkstrachten** dieser Region. Die Menschen sollen sich die Mode vom Gefolge des Adeligen abgeschaut haben, als er von einer Reise aus Vilnius zurückkehrte. Es dominieren leuchtende Farben, karierte Umhängetücher, rote Röcke, gemusterte Socken und bunte Seidentücher. Sogar einen eigenen **Dialekt** sprechen die Suiti. Besonders die Mitglieder der älteren Generation beherrschen diese Mundart noch fließend. Eine Frauen-Folkloregruppe namens *Suitu zievas* hat sich in ganz Lettland und darüber hinaus einen Namen gemacht.

Das kleine **Museum** in der Ordensburg zeigt einige der schönen Trachten sowie andere Ausstellungsstücke zur Geschichte des Ortes und der Region (www.alsunga.lv).

[>] Burg Ēdole

Praktische Tipps

Unterkunft

■ **Ķiši**①, Tel. 29244221 *(Anita)*, www.kisi.lv. Am See Zvirgzduezers, etwa 8 km südöstlich von Alsunga, wurde eine Erholungsanlage eingerichtet. Dort kann man auch campen. Mit Sauna, Sportplätzen, Feuerstellen und Bootsverleih. Angler erhalten dort die notwendige Genehmigung.

Essen und Trinken

■ **Spēlmaņu krogs,** Pils iela 7, Tel. 26429879, www.spelmanukrogs.lv. Zwei Jahrhunderte altes, rustikales, typisch lettisches Gasthaus mit Bier, schmackhaften Speisen und selbst gebackenem Roggenbrot, auch hausgemachtes Gebäck wie Honigkuchen und Kekse.

Ēdole

Im kleinen Ort Ēdole an der P119 nach Kuldīga verbirgt sich ein wirklicher Prachtbau, der demnächst sogar noch größer herauskommen könnte: die imposante **Burg** mit Ursprung aus dem 13. Jh., aber den meisten baulichen Charakteristika der englischen Neogotik aus der Mitte des 19. Jh. Das in zartrosa gestrichene Gebäude ist um einen kleinen, quadratischen Innenhof errichtet und verrät auf diese Weise noch seinen mittelalterlichen Ursprung. Während das Äußere sehr gepflegt aussieht, erwiesen sich die Innenräume noch vor wenigen Jahren als leer und noch nicht restauriert, abgesehen von den großartigen alten Kachelöfen. Doch ein Käufer investierte gut anderthalb Millionen Euro in den Erwerb und ganz sicher noch ein Vielfaches in die Instandsetzung des Bauwerks. Es ist zu einem Schmuckstück mit sehr empfehlenswertem **Hotel** und **Gaststätte** geworden. Ein Rundgang lohnt sich auch wegen der Turmbesteigung. Aus 30 Metern Höhe fällt der Blick auf die anderen Türmchen, die Ziegeldächer und den Innenhof des Komplexes sowie auf den gepflegten Schlossgarten und die malerische Umgebung mit dem kleinen See von Ēdole.

Interessant ist auch die evangelische **Kirche** von Ēdole aus dem 16. Jh. mit schönem Holzschmuck im Inneren.

Unterkunft

■ **Ēdoles Pils**②, Ēdole, Tel. 63321251, www.edolespils.lv, stil- und geschmackvoll, aber nicht luxuriös eingerichtete Zimmer im Schloss von Ēdole. Auch größere Räume und Suiten. Ein Erlebnis für jeden Lettlandbesucher.

Kuldīga

Mit dem sehr gut erhaltenen Ensemble des alten Stadtzentrums und den vielen schönen, wenn auch teils noch nicht restaurierten Holzhäusern ist Kuldīga, das auf Deutsch ehemals **Goldingen** hieß, eine der **malerischsten Städte** Lettlands. Hinzu kommt das Panorama des breitesten Wasserfalls Europas, der sich nahe der mächtigen Backsteinbrücke über die an dieser Stelle erweiterte Venta zieht.

In der Umgebung der sympathischen Kleinstadt locken Naturparks. Auch für weitere Ausflüge eignet sich Kuldīga bestens als Standort. Westwärts sind es gut 40 Kilometer bis zur Ostsee mit den Felsen von Jūrkalne und nach Osten ist es nicht viel weiter bis zu den schönen Orte Sabile, Kandava und Talsi. Die 58 Kilometer nach Ventpils bewältigt man in

901b mk

Kuldīga

weniger als einer Stunde. In einem Wort: Die ganze Region Kurzeme liegt in Kuldīgas Reichweite. Doch zunächst will die alte Hansestadt mit der reichen Geschichte und gerade einmal 13.000 Bewohnern entdeckt werden.

Stadtgeschichte

Bereits im 9. Jh. entstand eine Siedlung neben dem heutigen Kuldīga, dort wo das Volk der **Kuren** eine **Burg** errichtet hatte. Als die deutschen Kreuzritter vom Schwertbrüderorden im 13. Jh. Kurland einnahmen, zerstörten sie die Burg und bauten 1242 ihre eigene am Ufer der Venta. Aus dem gleichen Jahr stammt auch die erste Nennung des Ortes in historischen Quellen, unter dem von den Kreuzrittern vergebenen Namen Goldingen, der über Jahrhunderte aktuell blieb. Die **Ruinen** der Festung sind noch heute zu besichtigen.

Eine kleine Stadt entstand rund um die Burg. Die Entwicklung verlief so schnell, dass Kuldīga bereits 1368 der Liga der **Hansestädte** beitrat. Um den Übergang vom 16. zum 17. Jh. war der Ort sogar Hauptstadt Kurlands – allerdings nur für 20 Jahre. Doch auch danach erlebte Kuldīga eine Fortsetzung seines wirtschaftlichen Aufstiegs.

Erst Kriege und Plagen setzten der glanzvollen Entwicklung ein Ende: zunächst der Polnisch-Schwedische Krieg von 1653 bis 1667 und dann der Große Nordische Krieg, während dessen die schwedische Armee die Burg zerstörte. Sie wurde nie wieder aufgebaut. Eine große **Pest-Epidemie** tat ein Übriges, um Kuldīgas Bedeutung zu dezimieren. Als Ende des 18. Jh. die Grafschaft Kurland ins russische Zarenreich eingegliedert wurde, war Kuldīga nur mehr eine **Provinzhauptstadt** unter Hunderten in Russland.

Doch die Lage war für den Handel nach wie vor günstig und im Laufe des 19. Jh. entstanden nach und nach immer neue Fabriken. Die Zahl der Einwohner stieg. Kuldīga entwickelte sich zu einem Vorposten der Reformer und Revolutionäre: 1896 gründete sich hier die erste **sozialdemokratische Partei** und während der Tage der Revolution von 1905 waren es die **Studenten des Baltischen Lehrerseminars,** die als erste mit ihrem Streik begannen. Das Seminar war erst

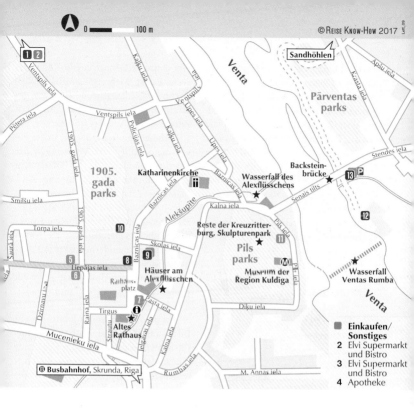

Sandhöhlen

Venta

Pārventas parks

Apšu iela

Krasta iela

Ventspils iela

Kalķu iela

Policijas iela

Ventspils iela

Ventspils iela

Kalķu iela

Upes iela

Pēteŗa iela

1905. gada iela

Smilšu iela

1905. gada parks

Katharinenkirche ⓘ

Baznīcas iela

Alekšupīte

Kalna iela

Wasserfall des Alexflüsschens ★

Senais tilts

Backstein-brücke ★

Stendes iela

13 🅿

Torņa iela

1905. gada iela

Baznīcas iela

Skolas iela

10

Reste der Kreuzritter-burg, Skulpturenpark ★

Pils parks

Pils iela

11

12

Saura iela

5

Liepājas iela

6

8

9

Rāthaus-platz

Häuser am Alexflüsschen ★

Ⓜ **Museum der Region Kuldīga**

Pils iela

Wasserfall Ventas Rumba ★

Venta

Dzirnavu iela

Mucenieku iela

Raiņa iela

Strautu

7 ⓘ

Altes Rathaus

Tirgus

Pasta iela

Jelgavas iela

Kalna iela

Dīķu iela

Rumbas iela

M. Annas iela

Ⓑ **Busbahnhof**, Skrunda, Riga

■ **Einkaufen/ Sonstiges**

2 Elvi Supermarkt und Bistro

3 Elvi Supermarkt und Bistro

4 Apotheke

wenige Jahre vorher aus Riga nach Kuldīga umgezogen.

Später erlebte Kuldīga ein ähnliches Schicksal wie die meisten anderen lettischen Städte. Die beträchtliche **jüdische Bevölkerung,** die Kuldīga im 19. Jh. stark geprägt hatte, verschwand in Folge des Nazi-Terrors gänzlich aus der Stadt. Stattdessen wurden von den Sowjets auch nach Kuldīga Menschen russischer Sprache umgesiedelt, allerdings relativ gesehen nicht so viele wie etwa nach Liepāja.

Seit der Unabhängigkeit 1991 sind in Kuldīga einige Anstrengungen unternommen worden, den historischen Stadtkern zu restaurieren und zu pflegen. Die Arbeiten werden noch weitere Jahre in Anspruch nehmen, doch immer mehr **Touristen** strömen in den idyllischen Ort und machen den Fremdenverkehr zum inzwischen wichtigsten Wirtschaftszweig.

Sehenswertes

Rathausplatz und Fußgängerzone

Um ein Gefühl für Kuldīga zu bekommen, sollte man zunächst einmal die Fußgängerzone der sich in die Länge ziehenden **Liepājas iela** abschreiten. Auf dem inzwischen grundlegend renovierten und mit einem schönen Brunnen versehenen **Rathausplatz** (Rātslaukums), wo die Straße beginnt, sind ein Parkplatz und die **Touristeninformation** zu finden. Die Liepājas iela mit ihren alten Häusern, viele von ihnen aus der Zeit vom 17. bis 19. Jh., wirkt ein wenig wie die Kulisse zu einem Film, der in den 1930er Jahren spielt. Die Straße wurde gerade neu gepflastert und die Häuser präsentieren ihre Schönheit, auch wenn

eine ganze Reihe noch auf die Restaurierung wartet. Mehrere Gebäude, einige davon aus Holz, sind bereits sehr geschmackvoll instandgesetzt und mit Blumenkübeln verziert worden.

In dieser autofreien Straße, in der sogar die Schilder und Werbetafeln der Geschäfte äußerst dezent angebracht sind, fühlt man sich wie aus einer Zeitmaschine entsprungen. Dieses Gefühl drängt sich auch im Rest der Stadt immer wieder auf. Erst bei näherem Hinsehen stellt sich heraus, dass die Läden durchaus auch moderne Elektronik, elegante Kleidung und schöne Souvenirs wie Töpfer- oder Holzwaren anbieten. Einige Geschäfte stehen immer noch leer.

Auf dem Rathausplatz lohnt sich ein Blick auf das **Alte Rathaus** (Vecais rātsnams) aus dem 17. Jh. Im Keller war damals das erste Gefängnis der Stadt untergebracht. Das kleine, dunkle und hölzerne Gebäude mit dem roten Ziegeldach nimmt sich geradezu bescheiden aus gegen das aktuelle Rathaus, das schräg gegenüber in relativ pompösem Stil errichtet wurde.

903b mk

◁ In Kuldīga

Häuser am Alexflüsschen

Vom Rathausplatz verläuft die kleine Straße Pasta iela bergab und gibt den Blick frei auf weitere **verwinkelte, alte Häuschen,** viele davon aus Holz. Bereits nach wenigen Metern überquert die Straße das winzige Flüsschen **Alekšupīte,** das sich malerisch durch die Altstadt schlängelt. Nach wenigen Schritten auf der Pasta iela kann man sich links zwischen den Häusern hindurchquetschen und einen Blick auf das Alexflüsschen, wie es auf Deutsch genannt wird, erhaschen. In dem schmalen Spalt zwischen den Gebäuden fließt es hindurch. Die Mauern der Wohnhäuser aus dem 17. und 18. Jh. stehen ganz im Wasser, was Kuldīga unweigerlich den Beinamen **Venedig Lettlands** einbrachte. Hier findet sich fast kein zeitgenössisches Gebäude – das **Ensemble aus dem Mittelalter** bzw. aus der frühen Neuzeit ist bestens erhalten, wenn auch vielfach renovierungsbedürftig.

Häuser in der Baznīcas iela

Die wichtigste Straße in diesem Areal ist die Baznīcas iela, in der die alten, mehr oder weniger abgenutzten, aber doch solide wirkenden Fassaden einen besonders schönen Eindruck machen. In einem der Gebäude hat sich ein modernes Hotel eingerichtet, die anderen Häuser wirken dagegen sehr ruhig, als seien sie voller nostalgischer Erinnerungen.

Im Gebäude mit der Hausnummer 8 war einst die herzogliche Hofapotheke untergebracht. Es ist das einzige Haus Kuldīgas, das im typisch **deutschen Fachwerkstil** errichtet wurde. Die Hausnummer 7 ist das mit Baujahr 1670 **älteste Holzhaus** in Kurzeme.

Schließlich verdient auch das Gebäude mit der Nummer 17 besondere Erwähnung. Es stammt ebenfalls aus dem 17. Jh. und war das Wohnhaus des damals mächtigen Bürgermeisters *Stafenhagen.* Wenn möglich sollte man einen Blick in den Eingangsbereich werfen, wo eine große **Schatztruhe** des Schwedenkönigs *Karl XII.* steht.

Katharinenkirche

Nach nur wenigen Schritten – die Wege in Kuldīga sind kurz – führt die Baznīcas iela, auf Deutsch „Kirchstraße", zu dem evangelischen Gotteshaus der Stadt: Die Katharinenkirche dominiert mit ihrem recht einfachen weißen Turm samt grünlichem Dach nicht das Stadtbild, ragt aber heraus. Sie ist benannt nach der Schutzheiligen der Stadt und beherbergt eine schöne, gut **300 Jahre alte Orgel** der deutschen Fabrik Zauer mit 996 Pfeifen und einen Altar mit hübschen Schnitzereien aus Holz.

Erstmals erbaut wurde St. Katharinen schon 1252 als Holzgebäude, doch im Laufe der Jahrhunderte blieb aufgrund von Zerstörungen nichts davon übrig. Historische Bedeutung sicherte sich die Stätte aber, als Herzog *Jakob von Kurland-Semgallen* hier im 17. Jh. Prinzessin *Charlotte Luise von Brandenburg* ehelichte. Jakob war in dieser Kirche getauft worden, worauf eine schmuckvolle Tafel hinweist.

Eine besondere Freude für deutschsprachige Besucher ist eine **Wandtafel** aus dem Jahr 1801, auf der ausführlich von den Feierlichkeiten der Stadt und der Kirchengemeinde zum Jahrhundertwechsel erzählt wird, verbunden mit einem Blick in die Zukunft. Die Lektüre mit der Überschrift „Nachricht für künftige Zeiten, wie der Schluss des 18. und Anfang des 19. Jahrhunderts von dieser Stadt, in dieser Kirche gefeyert wurde" gibt einen faszinierenden Einblick in den damaligen Alltag und die Vorstellungen, welche die Menschen von der Zukunft hatten.

Zu Sowjetzeiten wurde die Kirche zeitweise zu einem Getreidelager degradiert. Der wellige Boden zeugt noch heute von den Transportwagen, die damals ein- und ausfuhren.

Eine weitere Attraktion hat St. Katharinen zu bieten: den Gang auf den 34 Meter hohen **Turm,** von dessen Aussichtsplattform sich ein schöner Blick auf das einmalige historische Gebäude-Ensemble von Kuldīga und die Venta bietet. Beim Aufstieg kann man das komplizierte Innenleben der **Turmuhr** in Augenschein nehmen.

◾ **Sv. Katrinas baznīca,** Baznicas iela 31/33, Tel. (6)3324394, Eintritt 0,50 Euro, Turmbesteigung 0,50 Euro.

Wasserfall des Alexflüsschens

Wer hätte gedacht, dass ausgerechnet das kleine Alexflüsschen den **höchsten Wasserfall** Lettlands produziert? Zwar stürzt

sich das Wasser nur gerade einmal vier-
einhalb Meter in die Tiefe, aber Rekord
ist Rekord. Hinter der Kirche macht die
Baznīcas iela einen Bogen und endet in
der Stendes iela. Auf der linken Seite ist
der Wasserfall nicht zu verfehlen. Er
liegt sehr schön eingebettet in die grüne
Umgebung und hat den Vorteil, dass
man ihn von oben bewundern kann
(und außerdem von der Seite). Schließlich kann man nach unten klettern und
von dort hinaufschauen.

☑ Badende am breitesten Wasserfall Europas

Reste der Kreuzritterburg

Direkt gegenüber liegt das Gelände der
ehemaligen Kreuzritterburg. Von dem
einst so mächtigen Bauwerk, um das sich
Kuldīga bildete, sind nur wenige Steine
und Mauern geblieben. Dafür hat die
Stadt aber einen schönen **Park mit modernen Skulpturen** (Pils parks) der
Bildhauerin *Livija Rezevska* eingerichtet.

Museum der Region Kuldīga

Ein schönes Haus im Burgpark beher-
matet heute das Museum der Region
Kuldīga. Hier wird dem Besucher erst
richtig klar, wie viele **deutsche Spuren** es
in der Gegend gibt. Ein beeindruckender **Kachelofen** ist allein schon die Besichtigung wert.

Die interessanteste Abteilung des
Hauses ist aber eine **Spielkartenausstel-
lung.** Es ist das Verdienst eines begeis-
terten Sammlers, der im Laufe der Jahre
fast 200 Kartenblätter aus aller Welt zu-
sammenstellte, die heute thematisch und
auch nach Ländern geordnet bestaunt
werden können. Mit etwas Glück erwischt man den Herrn der Karten selbst,
Jānis Mētra, der bereitwillig auf Lettisch
oder Russisch über alle Einzelheiten
Auskunft gibt. Bei Bedarf wendet er
auch die Zeichensprache an.

Kurios ist die Geschichte des Gebäudes: Auf der berühmten **Weltausstellung 1900** in Paris diente es den Russen
als Beispiel für ein **zusammensetzbares
Holzhaus.** Ein Geschäftsmann aus Liepāja nahm die Russen beim Wort, kaufte
das Objekt, ließ es nach Kuldīga transportieren und für seine Braut als Geschenk originalgetreu wieder aufbauen.

■ **Museum der Region Kuldīga,** Pils iela 5, Tel. (6)3350129, geöffnet Di–So 11–18 Uhr.

Backsteinbrücke und Wasserfall Ventas Rumba

MEIN TIPP: Die Stendes iela führt nun direkt auf die 164 Meter lange Backsteinbrücke über die Venta, die 1874 so breit gebaut wurde, dass zwei Kutschen einander auf ihr begegnen konnten – damals war es ein Zeichen von Wohlstand, dass man sich ein solches Bauwerk leisten konnte. 2008 wurde sie grundlegend restauriert und strahlt nun in neuem, altem Glanz.

Doch die Brücke wäre nur halb so viel wert, würde sie nicht den Blick frei geben auf den **breitesten Wasserfall Europas,** wie er in Kuldīga gepriesen wird. Da stört es auch kaum, dass es sich eher um eine Schwelle als einen Wasserfall handelt, mit einer Höhe von durchschnittlich gut zwei Metern. Dennoch ist der Ventas Rumba ein echtes Phänomen, denn die Wasserstufe ist ohne menschliches Zutun entstanden und zieht sich in einigen Schlangenlinien über eine Breite von sagenhaften **249 Metern** hin. Dementsprechend ranken sich viele Legenden um diese Erscheinung. Historisch belegt scheint zu sein, dass der aus Kuldīga stammende Herzog *Jakob* auf der Höhe des Ventas Rumba Lachse fischen ließ, was der Stadt den Beinamen „wo Lachs in der Luft gefangen wird" einhandelte.

Man kann hinabsteigen und den Wasserfall von beiden Seiten aus der Nähe betrachten und fotografieren. Auf der dem Ortskern zugewandten Uferseite lässt er sich von oben bewundern. Herrlich ist es, sich vom herabstürzenden Wasser Schultern und Rücken massieren zu lassen. Im Sommer genießen viele Einheimische und Touristen bis in die Nacht hinein diese natürliche Wellness-Behandlung. Weiter am Ufer entlang wurden ein Holzsteg mit Treppen sowie ein offizieller **Badestrand** mit sanitären Einrichtungen angelegt.

Russisch-orthodoxe Kirche

Sehenswert ist auch die Russisch-orthodoxe Kirche in der Smilšu iela 14, die der schöne **Semināra parks** umgibt.

Praktische Tipps

Information

■ **Touristeninformation,** Baznīcas iela 5 (im Alten Rathaus), Tel. (6)3322259 oder 29334403, www.visit.kuldiga.lv (Website mit Adressen weiterer Informationsbüros in der Region Kuldīga). Im selben Gebäude werden schöne **Handwerksartikel und Andenken** verkauft. Außerdem kann man **Fahrräder** ausleihen (8 Euro pro Tag).

Behinderte

Kuldīga hat als einer der ersten Orte in Lettland eine offizielle Übersicht aller behindertengerechten Einrichtungen erstellt. Dazu gehören die Supermärkte Elvi und Rimi, die Banken Latvijas krajbanka und Hansabanka, die Touristeninformation und das Postamt der Stadt. Doch auch was die Sehenswürdigkeiten angeht, ist Kuldīga ein für Rollstuhlfahrer geeigneter Ort, denn die Wege sind kurz, die hübschen Straßen mit den alten Häusern befahrbar und die Wasserfälle von den Brücken aus zu besichtigen.

Einziges Problem: Im Stadtzentrum ist es leicht hügelig.

Notfälle und nützliche Adressen

4 **Apotheke:** *Mēness Aptieka,* Liepājas iela 37, Tel. (6)3322473, 24 Stunden geöffnet.

■ **Krankenhaus:** *Kuldīgas jauna slimnīca,* Aizputes iela 22, Tel. (6)3374002, www.slimnica.kuldiga.lv.

■ **Polizei:** Liepājas iela 26, Tel. (6)3350445, Mo–Fr 8–18, Sa 8–16 Uhr.

■ **Post:** Liepājas iela 34, Tel. (6)3350445, geöffnet Mo–Fr 8–18, Sa 9–13 Uhr.

Geld

Zwei Banken finden sich in der Fußgängerzone der Liepājas iela. Es gibt auch zahlreiche **Geldautomaten,** außer in der Liepājas iela auch mehrere am Pilsētas laukums.

Unterkunft, Camping

Gemessen an der Attraktivität dieser malerischen Kleinstadt ist das Angebot an Hotels eher gering, was sich in baldiger Zukunft sicher ändern wird. Dafür findet sich aber eine ganze Reihe interessanter Unterkünfte in der näheren und weiteren Umgebung. Im Ort selbst stehen einige Hotels zur Verfügung, die in Spitzenzeiten ausgebucht sein können.

9 **MEIN TIPP:** **Hotel Metropole**②, Baznīcas iela 11, Tel. (6)3350588, www.hotel-metropole.lv. In idealer Lage in direkter Nachbarschaft zum Rathausplatz, dort wo die beiden historischen Straßen Liepājas iela und Baznīcas iela ihren Anfang nehmen. Nur 14 Zimmer, aber modern eingerichtet und gepflegte Atmosphäre.

10 **Vintage Anna Apartment**①-②, Baznicas iela 12–2, Tel 20371650, www.vintageannaapart

ment.wordpress.com. Komplett ausgestatte Ferienwohnung mit kleinem Ofen, alles neu, sehr sauber, stilvoll und angenehm. Zentral gelegen.

1 **Virkas Muiža**②, Virkas iela 27, Tel. 22060780, www.hotelvirka.lv. Dieses Sport- und Jugendhotel liegt direkt am Stadion nahe dem Flussufer der Venta im nördlichen Teil Kuldīgas, aber nur drei Autominuten vom Zentrum entfernt. Sogar zu Fuß ist die Strecke zu schaffen, man spart sich dabei den Ärger mit den vielen Einbahnstraßen. Das Hotel ist in einem historischen Gutshaus, dem ehemaligen Hof der Familie *Firch,* untergebracht. Es ist einfach, aber sehr ordentlich und sauber eingerichtet.

8 **Fotogrāfa Apartamenti**①-②, Liepājas iela 1, Tel. 29851991, www.kuldigasapartamenti.lv, wunderbar renoviertes Dachgeschoss des Eckhauses mitten im Zentrum, wo beim Rathausplatz die Fußgängerzone beginnt. Schöner Blick, tolle Atmosphäre, bestes Stadterlebnis und freundliches Personal. Unterm Dach kann es im Hochsommer jedoch ein wenig heiß werden.

12 **Ventas Rumba**①-②, Latgales iela 3, Tel. (6)3324168 und 26438250, www.ventasrumba.lv. In Traumlage am Fluss, auf der dem Zentrum gegenüber liegenden Uferseite, direkt auf der Höhe des breiten Wasserfalls. Anfahrt per Auto zunächst Richtung Sandhöhlen, dann die erste links, auf Feldwegen hinunter zum Fluss und an ihm entlang bis zur Anlage (am besten vorher oben auf dem Parkplatz bleiben und sich erst einmal informieren). Im Gebäude wenige Meter vom Wasser stehen Zwei-, Drei- und Vierbettzimmer zur Verfügung. Auch Zelte können hier aufgeschlagen werden. Im Frühling kann man springende Lachse beobachten und im Sommer das fallende Wasser zur Massage nutzen. Sauna (gratis für Gäste), Bademöglichkeit, **Bootsverleih,** am Abend Lagerfeuer, Grill. Für Camper gibt es Dusche und WC im Gebäude.

13 **Wohnmobilstellplatz:** Auf dem Parkplatz über dem Wasserfall (vom Zentrum kommend gleich rechts hinter der großen Brücke) kann man für 3 Euro im Wohnmobil übernachten (keine sanitären Einrichtungen), mit **13** **Café Pilādzītis.**

Essen und Trinken

9 Restaurant und Bar Metropole, Baznīcas iela 11, Tel. (6)3350588. Sehr gutes, schmackhaftes und nicht zu teures Essen im geschichtsträchtigen Gebäude des *Hotel Metropole,* eine der wenigen gehobenen (aber nicht abgehobenen) Adressen.

7 Kafejnīca Pagrabiņš, Baznīcas iela 5, Tel. (6)3320034, www.pagrabins.lv, geöffnet Mo–Fr 11–23, Sa 11–24, So 12–23 Uhr. Typisch lettische Mischung aus Restaurant, Café und Kneipe mit soliden, rustikalen Speisen und Getränken in der historischen Baznīcas iela. Einmalig gemütliche Terrasse über dem Alexflüsschen.

6 Kafejnīca Staburadze, Liepājas iela 8, Tel. (6)3324021, So, Mo 11–18 Uhr, Di–Sa 11–22 Uhr, einfaches, ordentliches und günstiges Essen in der Innenstadt.

11 Bangert's, Pils iela 1, Tel. 29125228, www.bangerts.lv, schönes Restaurant oberhalb des breiten Wasserfalls, mit Terrasse und Traumblick. Ein Leser lobt besonders die Küche, die gemütliche Einrichtung und die fairen Preise.

5 Makkabi Kafejnīca, Liepājas iela 9, Tel. 29122051, geöffnet tägl. 10–21 Uhr, sehr gemütliches, kleines Café in der Fußgängerzone, mit einigen Tischen auf der Terrasse.

Einkaufen

■ Die schöne **Liepājas iela** mit Fußgängerzone bietet eine Vielzahl höchst interessanter **Läden und Boutiquen** mit regionaltypischen Souvenirs und Geschenken: Weidenkörbe, kunstvolle Keramik, Strickwaren, Holzarbeiten und vieles mehr. Die üblichen Öffnungszeiten: Mo–Fr 9–13 und 14–18 Uhr, Sa 9–15 Uhr.

2 3 Elvi, Smilšu iela 20 und Gravas iela 1, geöffnet 8–22 Uhr. Zwei sehr gut sortierte Supermärkte, unter anderem mit frischen Salaten an der Theke und im Kühlregal. Auch Bistro.

Feste und Veranstaltungen

Da der kleine Ort keine eigenen Theater, Orchester, Kinos oder Ähnliches vorweisen kann, ist man stolz auf eine Reihe von regelmäßigen **Kulturveranstaltungen** hohen Ranges. Alle zwei Jahre wird im Frühling ein internationaler **Cellisten-Wettbewerb** abgehalten. Die Touristensaison wird mit einer Reihe von Festen eröffnet, hauptsächlich vor dem Panorama des beeindruckenden Wasserfalls Ventas Rumba.

Höhepunkt im Sommer ist das viertägige **Stadtfest Dzires Kuldīga,** das mit Konzerten, Präsentationen, Feiern, Ausstellungen, sportlichen Wettbewerben, einem Umzug und einem Feuerwerk das größte Fest seiner Art in Kurzeme darstellt.

Gegen Ende der Sommersaison zieht eine große **Velotour** Fahrrad-Enthusiasten aus der Umgebung an, während die vor einigen Jahren eingeführte **Halbmarathon** ebenfalls auf sportliche Emotionen setzt.

Nähere Informationen und die konkreten Termine gibt es bei der Touristeninformation und unter www.kuldiga.lv.

Verkehrsverbindungen

■ **Auto:** Es ist nicht eindeutig, welcher Weg aus **Riga** am besten nach Kuldiga führt. Wer am wenigsten Zeit aufwenden will, nimmt die gut ausgebaute A9 in Richtung Liepāja und fährt auf ihr rund 120 km bis nach Saldus. Dort geht es rechts auf die P108 und weitere 50 km bis Kuldiga. Kürzer ist die Strecke über die A10 von Riga bis Tukums und dann auf kleineren Landstraßen westlich bis Kuldīga. Interessante Sehenswürdigkeiten liegen auf der Route über Tukums bis zum Abzweig nach Kandava, dann links auf der P130 über die sehenswerten Orte Kandava und Sabile zur P120 nach Kuldiga.

Aus **Liepāja** führt die A9 in Richtung Riga bis Skrunda und dann die P116 nach Kuldīga. Die Entfernung beträgt gut 100 km.

Von **Ventspils** verläuft die P108 auf einer Länge von 58 km direkt nach Kuldīga.

■ **Bus:** Der Busbahnhof (*Kuldīgas autoosta,* Stacijas iela 2, Tel. (6)3322061, Fahrpläne unter www.autoosta.lv) liegt einige Hundert Meter südlich des Zentrums. Von dort verkehren 14-mal täglich Busse nach Riga, die Fahrzeit beträgt 2½ bis 3 Stunden, Preis meist 6,40 Euro. Weitere Buslinien verkehren unter anderem nach Liepāja und Ventspils. Über aktuelle Fahrpläne verfügt die Touristeninformation.

Umgebung von Kuldīga

Sandhöhlen Riežupes alas

🦋 Durch die zentrale Lage Kuldīgas in der Region Kurzeme fehlt es in allen Himmelsrichtungen nicht an äußerst sehenswerten Objekten. Das nächste von ihnen liegt nur wenige Kilometer nördlich der Stadt, dort, wo es eigentlich gar keine richtigen Straßen gibt. Trotzdem ist ein Besuch fast schon obligatorisch.

Der Weg beginnt in Kuldīga am großen Parkplatz des Wasserfalls Ventas Rumba. Ein Holzschild auf der anderen Straßenseite mit der Aufschrift „SMILŠU ALAS" weist den Weg zu den einzigartigen Sandhöhlen am Fluss Riežupe. Die Entfernung wird mit 4,1 Kilometern angegeben. Nach zwei Kilometern auf einer sehr einfachen Straße heißt es dann, es seien noch 2,6 Kilometer, die man dann auf einem Sandweg zurücklegen muss. Doch es lohnt sich, denn an Ort und Stelle erwartet den Besucher eine sehr unterhaltsame und spannende Führung durch das **größte Sandhöhlen-System des Baltikums.**

Vor ungefähr 150 Jahren wurde hier der **edle weiße Sand** für die Produktion der europaweit berühmten Rigaer Glaswaren abgebaut und per Schiff auf der Venta in die Hauptstadt transportiert. Ein Teil des Sandes wurde ins Ausland geliefert. Durch den **Abbau** entstanden Höhlen, die noch heute eine Länge von insgesamt zwei Kilometern aufweisen. Begehbar sind zurzeit 450 Meter.

Am Eingang wird man nach der Sprache gefragt. Die ausländischen Besucher kommen meist in eine Gruppe mit einer Führerin, die während der gesamten Tour mit mehrsprachigem Kauderwelsch, Aufforderungen zum Mitmachen bei verschiedensten Tätigkeiten und lustigen Erzählungen die Touristen auf sympathische Weise bei Laune hält.

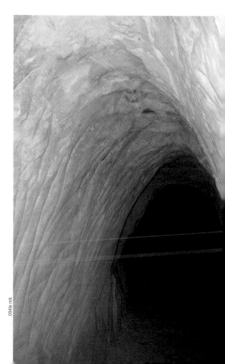

▷ Die engen Stollen, in denen einst Sand abgebaut wurde, sind begehbar

Kurzeme – der Westen

Gleichzeitig herrscht in den teils engen, niedrigen und **dunklen Tunneln,** in denen jeder eine **Kerze** in die Hand bekommt, eine geheimnisvolle Atmosphäre. Man sollte keine Angst vor engen Räumen haben und körperlich einigermaßen fit sein, um die Führung zu absolvieren.

Am Ende, schon wieder unter freiem Himmel, kann man einige Meter zum Flussufer hinabsteigen, wo eine **Quelle** entspringt, deren Wasser Wunderkräfte nachgesagt werden.

■ **Riežupes Smilšu alas,** Tel. (6)3326236, geöffnet Mai–Oktober 11–17 Uhr, die etwa halbstündige Führung kostet 5 Euro.

Rund um Aizpute und Skrunda

Aizpute

Eine landschaftlich schöne **Rundfahrt** von Kuldīga in südlicher Richtung beginnt auf der Straße P112 ins 39 Kilometer entfernte Aizpute. Dieser kleine, aber **geschichtsträchtige Ort** wurde, wie viele andere, im 13. Jh. gegründet. Doch Aizpute erhielt bereits 1378, als einer der ersten Orte in Lettland, Stadtrechte. Noch heute zeugt das historische Zentrum von den langen Jahrhunderten des Stadtlebens. Es lohnt ein kleiner Spaziergang durch die Straßen mit zahlreichen sehenswerten alten Holzhäusern. Auf einem Hügel kann man durch die Ruinen der **Ordensburg** aus dem 13. Jh. stolzieren (www.aizpute.lv).

Valtaiķi

Von Aizpute führt die P117 in Richtung Skrunda. Im **Dorf** Valtaiķi auf halber Strecke steht eine sehr schöne evangelische **Kirche** mit schmuckvoll gestalteten Glasmalereien vom Anfang des 20. Jh. in allen Fenstern. Das Gebäude rechts von der Durchfahrtstraße ist eine lokale Berühmtheit. Auf Touristen ist man allerdings noch nicht eingestellt. Wenn das Gotteshaus geschlossen ist, kann man aber im Dorfladen gegenüber nach dem Schlüssel fragen.

Unterkunft

■ **Garīkas**①-②, Tel. 29147776, www.garikas.lv. Gleich hinter dem Dorf Valtaiķi ist nach links „Garīkas" ausgeschildert. Nach gut anderthalb Kilometern darf man die rechts abgehende Lindenallee nicht versäumen. Nach wenigen Hundert Metern entlang von Feldern, auf denen Pilze gezüchtet werden, kommt ein sehr einsam und in schöner Natur liegender kleiner Landgutshof ins Blickfeld. Hier kann man zu vernünftigen Preisen sehr schön eingerichtete Zimmer im Hauptgebäude mieten oder ein Zelt aufschlagen. Die Gastwirtin bereitet ein typisches Frühstück. Der Hausherr, der japanische Shitake-Pilze anbaut und zur Kostprobe anbietet, spricht kein Deutsch, hat aber oft deutsche Gäste, die in der Gegend aufgewachsen sind und nun regelmäßig aus Deutschland an den Ort ihrer Kindheit reisen. Auf dem weitläufigen Gelände gibt es außerdem Seen mit Angelmöglichkeit, romantische Sitzbänke und Picknickplätze sowie einen Aussichtsturm.

■ Wenige Kilometer hinter *Garīkas* führt ein Weg nach rechts zu einem Landgut mit dem deutschen Namen **Berghof**② (lettisch: *Piena muiža*). Das Haus wurde neu im Stil des Neo-Rokoko hergerichtet und zu einer Unterkunft der höheren Kategorie umfunktioniert. Es präsentiert sich aber dennoch rustikal und mit bezahlbaren Preisen. Sieksāte, Rudbārži, Tel. 26518660, www.pienamuiza.lv.

Skrunda

Die P117 erreicht als nächstes den **Ort** Skrunda, ein wichtiger Kreuzungspunkt

Kurzeme – der Wetsen

in Kurzeme. Vom Hügel, auf dem 1365 eine später im Nordischen Krieg zerstörte Burg errichtet worden war, bietet sich ein hübsches **Panorama** der Umgebung. Auf dem Hügel an der Venta wurde eine **Freilichtbühne** eingerichtet sowie am Bahnhof in einem historischen Waggon ein kleines **Museum** über Sibirien-Deportierte (etwa einen Kilometer von der Ortsdurchfahrt entfernt).

Interessant kann auch eine **Bootsfahrt** von Skrunda aus auf der Venta nach Kuldīga sein. Durch schöne Landschaften, mehr oder weniger entlang dem Flusslauf der Venta, führt die P116 zurück nach Kuldīga.

Sabile

Der schönste Ausflug von Kuldīga führt auf der P120 nach Osten. Zwei Kilometer vor Sabile durchläuft der Fluss Abava rechts der Straße einige **Stromschnellen,** die eine kurze Pause lohnen (Abavas Rumbas, Parken und Eintritt 1 Euro pro Person, man kann eine Viertelstunde zum Ufer spazieren oder mit dem Auto hinfahren). Die Stromschnellen selbst sind wenig spektakulär, aber malerisch im Grünen gelegen mit Kinderspielplatz sowie Grill- und Picknickmöglichkeit. Sogar Häuschen zum Umziehen für Badewütige wurden aufgestellt.

Das hübsch gelegene Örtchen Sabile hat es mit den am weitesten nördlich gelegenen **Weinbergen** der Welt ins *Guinness Buch der Rekorde* geschafft. Von Kuldīga kommend, führt aus dem Zentrum die Kalna iela links zum Weinberg hinauf (Schild: „Sabiles vinakalns", Mi–So 10–18 Uhr, Eintritt 0,50 Euro.

Natürlich begeht Sabile wie jede andere Weinhochburg einmal im Jahr ein großes **Weinfest:** Ende Juli mobilisiert sich der gesamte Ort zu einer großen Feier mit vielen Gästen von nah und fern. Für diese Zeit sollte man Unterkünfte früh buchen. Zu allen Zeiten des Jahres lohnt in Sabile ein gemütlicher Spaziergang durch den Ortskern und zum Weinberg. Weitere Informationen zum Ort: www.sabile.lv.

Freilicht- und Kunstmuseum

Gegenüber von Sabile in einer Entfernung von knapp zwei Kilometern am anderen Ufer der Abava liegt **Pedvale.** Es ist das Gelände zweier ehemaliger Gutshöfe. Der Bildhauer *Oskars Feldberg* richtete hier ein sehr umfangreiches Freilicht- und Kunstmuseum ein – heute in ganz Lettland eine bekannte Adresse für moderne Kunst.

■ **Pedvāles muzejs,** der Weg vom Zentrum Sabiles ist ausgeschildert, Mai bis Mitte Oktober täglich 10–18 Uhr, sonst 10–16 Uhr, Eintritt 3 Euro, Führung 35,50 Euro pro Stunde bei vorheriger Anmeldung unter Tel. (6)3252249. Die Internetseite www.pedvale.lv gibt einen ersten Eindruck und weitere Informationen.

Essen und Trinken

■ **Kafejnīca Zane,** Rīgas iela 8, 9–18 Uhr, einfaches, aber ordentliches Esslokal an der Hauptstraße von Sabile.

■ **Kafejnīca Vīnakalns,** Rīgasielā 11, Tel. 2839 3003, sehr nettes Esslokal mit Terrasse, mitten im Zentrum des Ortes, mit einem Kamin, sehr beliebt bei Reisenden.

Kandava

Die P130 erreicht 15 Kilometer hinter Sabile das etwas größere **Städtchen** Kandava, dessen Zentrum einen besonders malerischen Eindruck macht. Dies liegt an der landschaftlich schönen Lage an der Abava und an den mit Kopfsteinpflaster belegten Straßen, die in der hügeligen Gegend auf- und abwärts führen. Erwähnt wurde Kandava in historischen Quellen bereits im 13. Jh., doch die Stadtrechte erhielt der heute 3800 Einwohner zählende Ort erst 1917. Ein schöner Spaziergang führt an der Lielā iela entlang durch das **historische Zentrum,** vorbei an vielen sehr alten Holzhäusern.

Burghügel und Pulverturm

Es lohnt sich ein Gang auf den Burghügel *(Bruņinieku pilskalns)* mit einigen wenigen **Resten der alten Ordensburg.** Man erreicht ihn über die kleine Pils iela, die von der Lielā iela abgeht. Der Ausblick auf das wunderschön sich dahinschlängelnde Tal der Abava ist den kleinen Anstieg wert. Die Burg, entstanden im 13. Jh., existierte noch bis ins 18. Jh. hinein und war bewohnt.

Unten am Burghügel steht ein dicker, eckiger etwas heruntergekommener Turm, **Pulvertornis,** dessen Baujahr unbekannt ist. Fest steht nur, dass im 17. Jh. hier Schießpulver gelagert und trocken gehalten wurde.

Unter dem Burghügel gibt ein sehenswertes großes **Modell** der alten, nur noch als Ruinen erhaltenen Festung.

Museum Kandava

Im Museum der Gemeinde Kandava gibt es eine kleine, interessante Sammlung zu allen möglichen Aspekten der Geschichte der Stadt und ihrer Umgebung. Von einem **alten Radio** der Marke *Abava* über historische **Telefone** bis hin zu **Kaffeemühlen** werden Retro-Fans interessante Dinge finden.

■ **Kandavas novada muzejs,** Talsu iela 11, Tel. (6)3182064, www.kandava.lv, Di–Fr 9–16, Do 9–18, Sa 10–14 Uhr, Eintritt 0,70 Euro.

Backsteinbrücke

Einen kleinen Schlenker wert ist die schöne Backsteinbrücke über die Abava, die der damals in der Region mächtige Adelige *Theodor von Firks* 1873 errichten ließ. Man erreicht das Bauwerk auf der Lielā iela stadtauswärts gehend und die Durchfahrtsstraße Kurorta iela/Abavas iela überquerend.

Information

■ **Touristeninformation,** Kurorta iela 1b, Tel. (6)3181150, www.kandava.lv, Mo–Fr 8.30–12.30 und 13–17 Uhr, in der Saison auch Sa 9–13 Uhr, Gratis-Internet-Terminal.

Notfälle und nützliche Adressen

■ **Krankenhaus:** Ziļu iela 1, Tel. (6)3182203.
■ **Apotheke:** *Mana Aptieka,* Sabiles iela 7, Tel. (6)3182415, geöffnet Mo–Fr 8–19, Sa 9–16 Uhr.
■ **Polizei:** Ziļu iela 2, Tel. (6)3122045.
■ **Taxi:** Tel. 28718171.

2c

Unterkunft, Essen und Trinken

■ **Hotel Pils**①, Pils iela 7, Tel (6)3124919, www. guesthousepils.com. Direkt gegenüber dem Pulverturm wurde das kleine, schöne Hotel mit Restaurant eingerichtet. Das Hotel besteht seit 1991, mit Sauna, Bootsverleih, Organisation von Offroad-Touren und Souvenirladen, im **Restaurant** breite Auswahl an guten Speisen, fast alle unter 10 Euro. Auch ein Souvenirshop gehört zum Gebäude.

■ **Hotel Plosti**①, Tel. 26310303, www.plosti.lv. Große Anlage 8 km von Kandava entfernt an der Strecke nach Sabile. **Campingplatz,** über 20 komfortable Holzhäuser, jeweils für 4 Personen oder mehr eingerichtet, **Fahrrad- und Bootsverleih,** Vermietung von Angelausrüstung und **Angelmöglichkeit,** Badehaus (mit Massage), Sauna für bis zu 10 Personen 92 Euro/Nacht, Jacuzzi unter freiem Himmel 25 Euro/90 Minuten, Picknick- und Grillplätze. Schöne Boots-, Wander- und Fahrradrouten in der direkten Umgebung. Ein Holzhaus für 4 Personen mit zwei Räumen, Dusche, WC, Küche und Satelliten-TV kostet 7 Euro pro Person. Einfache, günstige, typisch lettische Küche im Café-Restaurant. Bootsvermietung 14 Euro/Tag, Wohnmobil-Stellplatz 7 Euro, Zelt 1,50 Euro.

Ventspils

Für lettische Verhältnisse liegt das 42.000 Einwohner zählende Ventspils ziemlich weit ab vom Schuss, ganz im Nordwesten des Landes, 190 Kilometern von Riga. Eine spezielle Anreisemöglichkeit hat die Stadt aber zu bieten: per Schiff über die Ostsee. Genau hier sieht Ventspils seine Stärke, als **moderne Hafenstadt** im „wilden", von traumhafter Natur umgebenen Winkel Lettlands.

Dieses Bild eines lebendigen Fleckchens Erde mit im wahrsten Sinne des Wortes frischem Wind drängt sich bei einer Besichtigung auf. Der Hafen hat nicht mehr nur eine wirtschaftliche Funktion: **Passagierfähren** verkehren regelmäßig nach **Lübeck-Travemünde** (www.stena line.de). Die Altstadt, in der viele Gebäude die Wirren der Zeit überstanden haben, wurde von Grund auf renoviert, und die Kreuzritterburg lädt zur Besichtigung ein.

Ventspils eignet sich gut zu einem **ausführlichen Spaziergang:** durch die kleine Altstadt, an der langen Hafenpromenade entlang von den gewaltigen Fähren bis hin zur Burg, durch kleine Sträßchen mit alten Holzhäusern und hübschen Villen mit gepflegten Gärten bis hin zum netten Freilichtmuseum – Ventspils mit seinen Blumen, den Springbrunnen, dem vielen Grün und der weltoffenen Stimmung ist eine angenehme Stadt.

Außerdem ist es ein **guter Ausgangspunkt** für eine ausgedehnte Tour entlang der extrem dünn besiedelten Küste bis zur Landspitze Kolkasrags.

Stadtgeschichte

Auch in Ventspils zeugt eine imposante Burg des Schwertbrüderordens von der langen Geschichte und der Bedeutung der Stadt. 1290 wurde dieses Bauwerk erstmals in offiziellen Urkunden erwähnt. Um die Burg herum entstand zunächst die Siedlung der Ordensritter (deutscher Name: **Windau**), später kamen Geistliche, Kaufleute und Handwerker dazu. Die Dokumente geben keine klare Auskunft, doch spätestens im

Ventspils

Ostsee

Unterkunft
2 Kupfernams
4 Hotel Ventas
5 Hotel Raibie logi
7 Portoss
8 Hotel Jūras Brīze
9 Piejūras kemping

Essen und Trinken
1 Ostas 23
2 Kupfernams Kafe
3 Splins

Einkaufen/Sonstiges
6 Spaßbad Akvaparks
10 Apotheke

★ Aussichtsturm

Markt

Ordensburg   Zentralbibliothek

Venta   Ostas iela

Pils iela   Pils iela   Kuldīg

Rathausplatz ★

Vecpilsēta

Ostgals

K. Valdemāra   iela

Medmu iela   Tor iela   Kroņu iela   Vasarnīcu iela   Katoļu iela   Mežu iela   Saules iela   Kuldīgas iela

Rīgas iela   Raiņa ie

Jūras iela   Jūras iela

Liela

6

7

8

Vasarnīcu Rajons

Jaunpilsēta   5   Liela

Liela prospekts   Pētera iela   Pētera iela

Mežu iela

Bērzu iela   Pavila iela   Lielaias laukums

⊕

Katoļu iela   Inženieru iela   Vasarnīcu iela

Karātavu Lauki   Bērzu iela

Inženieru iela

Saules iela   Grambu iela   Inženieru iela   Zvaigžņu iela

Freilichtmuseum Ⓜ

Strandpark

9

Jūrkalne, Kuldīga

Flughafen   **Kauškulciems**

Jahr 1378 wurden Ventspils die Stadtrechte verliehen.

Als Hafenstadt war Ventspils auch schon für die Schwertbrüder ein strategisch wichtiger Ort, der im Mittelalter zur **Hanse** gehörte. Im 17. Jh. erlebte er seinen bis dahin größten ökonomischen Aufstieg: Die Stadt war der führende **Hafen der Region Kurland** und ein wichtiges Zentrum für Schiffbau und Handwerk. Dutzende von Handels- und Kriegsschiffen wurden in der hiesigen Werft gefertigt, die teilweise bis nach Gambia und Tobago fuhren. Diese beiden Länder waren für einige Zeit sogar Kolonien Kurlands.

Im Polnisch-Schwedischen Krieg brannte Ventspils fast vollständig nieder, Anfang des 18. Jh. brachte der Nordische Krieg die Pest mit sich: Ein Großteil der

Kantsonciems

Pārventas Meža parks

Strīķciems

Dzintaru iela

Talsu iela

Dzintaru iela

Liepājas iela

Passagierterminal

Russisch-orthodoxe Kirche

Polizei

Busbahnhof
Ⓑ

Saraiva iela

Sarkanmuižas dambis

uras iela

Sarkanmuižas Lauki ⑩

Venta

Dzintaru iela

Bahnhof

Lielais prospekts

prospekts

Riga

Bīvubas iela

Sarkana Tilta Rajons

Lākplīešā iela

Latkpliešā iela

Durbes iela

gales iela

Durbes iela

Durbes iela

Dikta iela

Kurpniekciems

ßerdem Straßen und eine **Eisenbahnroute nach Moskau.** Damit nahm die Bedeutung von Ventspils als Handelsplatz rapide zu. Die Zahl der Einwohner und der Arbeitsplätze stieg. Der Ausbruch des Ersten Weltkriegs machte der Aufwärtsentwicklung aber ein Ende. Auch wenn sich die Zerstörungen in Grenzen hielten, konnte nach dem Krieg während der kurzen lettischen Unabhängigkeit bis 1940 das vorherige Niveau nicht wieder erreicht werden. Zu Sowjetzeiten nahm Ventspils wieder eine neue, wichtige Rolle ein: Die Stadt wurde in den 1960er und 1970er Jahren zum **größten Exporthafen der UdSSR** für Öl und Ölprodukte. Seit der Wiedergewinnung der Unabhängigkeit versucht sich Ventspils auf die alten Stärken zu besinnen und gleichzeitig touristisch attraktiv zu werden.

Sehenswertes

In der Altstadt

Ein guter Ausgangspunkt ist die kleine Altstadt *(Vecpilsēta)* rund um die Fußgängerzone der Kuldīgas iela. Auf dem **Rathausplatz,** der leider teilweise als Parkplatz benutzt wird, steht eine hübsche Uhr im Retro-Stil mit einer runden Sitzbank um sie herum. Ein stilisiertes, großes **Tintenfass** mit zwei riesigen Federn vor dem Alten Rathaus weist auf die heutige Nutzung des Gebäudes hin: Es ist das Internationale Haus der Schriftsteller und Übersetzer. Gegenüber steht die gelblich-weiße **evangelische Kirche** im klassizistischen Stil.

Nicht direkt am Rathausplatz, aber nur einen Steinwurf hinter dem Schrift-

Einwohner starb. 1795 geriet die Stadt zusammen mit ganz Kurland unter die Herrschaft Russlands. Es folgten gut 50 eher ruhige Jahre, bis Mitte des 19. Jh. der Hafen und die Werft wiederbelebt wurden.

Kurz vor der Jahrhundertwende beschloss das Zarenreich, einen neuen, modernen Hafen in Ventspils aus dem Boden zu stampfen. Gebaut wurden au-

stellergebäude fällt die **Zentralbiblio-thek** (*Galvenā bibliotēka*, Akmeņu iela 2, www.biblioteka.ventspils.lv) ins Auge, die in einem stilvollen, modernen Bauwerk aus Holz und Glas residiert.

Geht man die Tirgus iela vom Rathausplatz in Richtung Wasser, tut sich nach wenigen Schritten der weiträumige **Marktplatz** auf, der in den letzten Jahren komplett neu gestaltet wurde. Sah er vorher außerhalb der Marktzeiten eher schmuddelig und wenig einladend aus, so ist er jetzt besonders hübsch. Nur ein Teil wird für den ständigen Marktbetrieb genutzt, zu erkennen an den drei langen Häuserreihen mit Verkaufstheken (täglich 8–13 Uhr). Auf dem freien Teil des Platzes wurde ein kleines, hohes und offenes Holzhäuschen errichtet, darin läutet ein **Glockenspiel** zu jeder vollen Stunde. Man kann einige Stufen hinaufklettern. Außerdem ist eine **Sonnenuhr** zu betrachten, ebenso wie eine Darstellung der alten Maßeinheiten für den Marktbetrieb. Schön ist der Blick auf die den Platz umgebenden Häuser, darunter einige Lagergebäude aus dem 17. Jh. und das **älteste erhaltene Wohnhaus** von Ventspils an der Kreuzung Tirgus iela und Skolas iela: das Baujahr 1646 macht es zu einem der ältesten in Lettland.

Hafen

Wenige Meter weiter auf der Tirgus iela ist die Hafenpromenade erreicht. Ein Stückchen nach rechts liegt das ebenfalls nagelneu und mit viel Glas gestaltete Terminal für die **Passagierschiffe** (Dārza iela 6, Tel. (6)3622263, www.por tofventspils.lv). Durch Korridore erreichen die Fahrgäste von dort bequem und trockenen Fußes ihr Boot. Im Terminal kann man Tickets kaufen, sich über Fahrzeiten und Preise unterrichten lassen und die Touristeninformation besuchen. Im Hafen liegt meist gerade eines der großen Schiffs-Ungetümer vor Anker. Neben den Fernpassagen nach Travemünde legen Fähren ins schwedische **Nynäshamn** und nach St. Petersburg ab.

Ganz rechts in der Plosta iela 10 versteckt sich die wichtigste **russisch-orthodoxe Kirche** der Stadt mit ihrer weißen Fassade und den für ein Gotteshaus dieser Konfession relativ bescheidenen, dunklen Zwiebeltürmchen. Der Hauptturm ist allerdings spitz und endet nur nach oben hin mit einem ganz kleinen „Zwiebelchen". Die sehr schön gepflegte Grünfläche mit vielen großen Bäumen verstärkt noch den eigenartigen Eindruck dieser Kirche mitten zwischen Passagier- und Containerterminal im Hafen.

Empfehlenswert ist ein Spaziergang an der **Hafenpromenade,** der Ostas iela. Besonders weit schweift der Blick hier allerdings nicht, denn der Hafen liegt nicht etwa direkt am offenen Meer, sondern am Fluss Venta, der einige Hundert Meter weiter mündet. Dafür gibt es aber eine Hand voll Attraktionen: das kleine **Ausflugsschiff** *Hercogs Jēkabs,* auf dem man den Hafen und die Stadt vom Wasser aus besichtigen kann (Reservierungen unter Tel. 26353344 oder bei der Touristeninfo), einen originell gemach-

⊡ Im Hafen von Ventspils

ten **Springbrunnen** mit dem Namen „Beobachter der Schiffe" und eine „Reisende Kuh", deren Aufkleber beweisen, dass sie schon die ganze Welt gesehen hat. Sogar die Abfalleimer werden hier zur lustigen Attraktion, weil sie passend zur Lage im Hafen in Form von Periskopen gestaltet sind.

Ordensburg

Die Ostas iela weitergehend, taucht wenige Minuten später linker Hand die Kreuzritterburg auf. Sie wurde von außen restauriert und glänzt mit ihrer **strahlend gelben Fassade** und dem roten Dach wie neu, aber in der Gestalt des 19. Jh. 1290 erschien sie zum ersten Mal in historischen Quellen.

Bei den Mitte der 1990er Jahre begonnenen Erneuerungsarbeiten wurden **Wandmalereien** aus dem 15. bis 17. Jh. entdeckt. Das Innenleben des Bauwerks wurde massiv umgestaltet. Dies fällt beim Gang in den kleinen Innenhof auf, der mit einem hohen Glasdach versehen ist. Ansonsten gibt es innerhalb der dicken Mauern einige schöne Raritäten wie alte **Holztruhen** mit deutscher Beschriftung („Windauer Schlossergesellen"), historische **Münzen, Karten** und **Fotos** der Stadt. Von der Urgeschichte bis in die Neuzeit werden Stadt und Region dargestellt, mit einem besonderen Akzent auf den verschiedenen Hand-

203le mk

werksberufen. Auch die Geschichte der Burg selbst wird nachvollzogen.

Rund um die Anlage wird in der warmen Jahreszeit einiges an Attraktionen geboten: ein Ritterturnier im Mai, Bogenschießen, mittelalterliche Utensilien, ein Kräutergarten und die Ausstellung „Hinter Gittern" in einem Nebengebäude über das ehemals dort betriebene Gefängnis. Ein schön gelegenes Schlossrestaurant wird ebenfalls betrieben.

■ **Livonijas ordeṇa pils,** Jaṇa iela 17, Tel. (6)36 22031, www.ventspilsmuzejs.lv, geöffnet Di–So 10–18 Uhr, Eintritt 2,10 Euro, Familienticket 4,20 Euro.

Pils iela

Ein Stück weiter verläuft die Ostas iela am Hafen entlang, bevor sie nach links abknickt und vom Wasser weg führt. Man trifft dabei auf die Pils iela, an der einige sehr schöne Gebäude stehen, darunter die Hausnummern 30, 31 und 40 im **schmuckvollen Art-déco-Stil.** Die Pils iela verläuft parallel zum Hafen zurück bis in den Kern der Altstadt und hat auf der ganzen Strecke eine nähere Betrachtung verdient.

Ostgals

Zunächst sollte man aber den noch ein Stückchen weiter liegenden kleinen Stadtteil Ostgals nicht übersehen, der rechter Hand liegt, wenn man am Ende der Hafenpromenade links hochgeht. So ungewöhnlich wie die orthodoxe Kirche bei den Schiffsterminals erscheint der Wohnbezirk an der Mündung der Venta in die Ostsee. Er kam zustande, als die zaristische Regierung in St. Petersburg den Bauern von Ventspils Order gab, hier in den Dünen zu bauen, um weitere Sandverschüttungen zu verhindern. Es entstanden meist bescheidene, **kleine Holzhäuser,** die als Ensemble fast unzerstört geblieben sind und heute sowohl historischen Wert besitzen als auch schön anzuschauen sind. Das ganze Viertel steht mit seiner blumengeschmückten Holzarchitektur und den **romantisch gepflasterten Straßen** unter staatlichem Denkmalschutz. Gerade im Vergleich zu dem sich sehr modern gebenden Rest von Ventspils entsteht hier beim Gang kreuz und quer durch die recht kurzen Gassen der Eindruck, einer Zeitmaschine entsprungen zu sein.

Strandpark und Mole

Von Ostgals aus durch den Strandpark (Jūrmalas parks) geht es zum schönen **Sandstrand** „mit der blauen Flagge", wie die Einwohner ihn wegen der im Wind flatternden Fahne nennen. Über die Medņu iela durch das Viertel Ostgals lässt sich per Auto und auch zu Fuß eine **Landspitze** erreichen, von der eine Mole weit ins Wasser hineinragt. Auf der Mole steht eine weitere Kuh. Anders als ihre „reisende" Kollegin an der Hafenpromenade ist diese vier Meter hohe Kunststoff-Kuh blau-weiß bemalt wie ein Matrose. Dort, wo die Mole beginnt, ankern meist Schiffe, die man auch an Bord besichtigen kann. Außerdem bietet der nicht zu übersehende **Aussichtsturm** (Skatu tornis) einen reizvollen Blick auf das Panorama des Hafens und der Stadt. Man kann mit dem Auto bis in diesen

Hafen hineinfahren und dort parken. Es besteht auch Zugang zum Badestrand.

Freilichtmuseum

Noch einen großen Anziehungspunkt hat Ventspils zu bieten: das Freilichtmuseum. Es liegt ganz am Ende der Vasarnīcu iela, jener Straße, die vom Ende der Hafenpromenade hochführt. Kurz bevor rechts ein großer Campingplatz ins Blickfeld gerät, taucht ebenfalls auf der rechten Straßenseite ein unauffälliges Holzhaus auf, durch das die Ausstellung betreten wird.

Auf der nicht allzu riesigen, schön in die grüne Landschaft eingebetteten Fläche werden **alte Schiffe und Boote,** historisch rekonstruierte **Wohnhäuser,** Windmühlen, Saunas und sogar eine **Schmalspur-Eisenbahn** mit Dampflokomotive präsentiert (Mazbānītis). Die Bahn wurde 1916 in Deutschland gebaut, sie verkehrte damals mit einer Höchstgeschwindigkeit von 20 km/h zwischen den Küstenorten. Von Mai bis Oktober dampft sie auch heute noch an Wochenenden durch den Strandpark und macht eine Runde von 1,4 Kilometern Länge. Auf den Schmalspurgleisen im Museum kann man zu zweit sein Geschick auf einer großen **Draisine** ausprobieren. Ein angenehmer Kinderspielplatz wurde ebenfalls eingerichtet.

■ **Piejūras brīvdabas muzejs,** Riņķa iela 2, Tel. (6)3624467, www.ventspilsmuzejs.lv, geöffnet Di–So 10–18 Uhr, Eintritt 1,40 Euro, Familienticket (bis zu 5 Kinder) 2,10 Euro, Bahnfahrt je nach Strecke ca. 2 Euro.

Praktische Tipps

Information

■ **Touristeninformation,** Dārza iela 6, Tel. (6)36 22263, www.visitventspils.com, Mai bis September Mo–Fr 8–19, Sa 10–17, So 10–15 Uhr, Oktober bis April Mo–Fr 8–17, Sa, So 10–15 Uhr. Gute Auswahl an Prospekten über Stadt und Region, zum Teil kostenpflichtig.

Stadtrundgänge in englischer Sprache werden vom 19. Juni bis 31. August jeden Mittwoch, Freitag und Samstag um 14 Uhr angeboten. Start und Verkauf von Tickets an der Touristeninfo.

Internet

■ **Bibliothek,** Akmeņu iela 2, Tel. (6)3623598, Mo–Fr 11–19 Uhr, Sa 10–16 Uhr.

Behinderte

Ventspils präsentiert sich als moderne Stadt und kümmert sich mehr um Behinderte als andere Orte. So ist die Burg mit Fahrstühlen ausgestattet und auch für Rollstuhlfahrer zur Besichtigung geeignet. Schwierigkeiten dürften dagegen die vielen Straßen mit Kopfsteinpflaster bereiten, doch meist steht ein glatter Bürgersteig zur Verfügung. Die Hafenpromenade und auch die Innenstadt mit Fußgängerzone sind ebenfalls gut befahrbar.

Notfälle und nützliche Adressen

10 **Apotheke:** *Mazā aptieku,* Lielais prospekts 26, Tel. (6)3634180, geöffnet Mo–Fr 8–21, Sa, So 10–20 Uhr.

■ **Krankenhaus:** *Ventspils slimnīca,* Inženieru iela 60, Tel. (6)3624665.

■ **Polizei:** Kuldīgas iela 2, Tel. (6)3604707.

■ **Post:** u.a. Platā iela 8, Tel. (6)3629630, Mo–Fr 8–18.30 Uhr, Sa 9–15 Uhr.

Unterkunft

8 **Hotel Jūras Brīze**②, Vasarnīcu iela 34, Tel. (6)3622524, www.hoteljurasbrize.lv. Neues, kleines und sympathisches Haus mit teils roter Holzfassade. Ideale Lage zwischen Stadtzentrum, Hafen, dem alten Viertel Ostgals und dem Freilichtmuseum. Mit *Café Jūras Brīze.*

5 **Hotel Raibie logi**②, Lielāis prospekts 61, Tel. 29142327, www.raibielogi.lv. Etwa in der Mitte zwischen Zentrum, Hafen und Strandpark, in keine Richtung länger als 10–15 Minuten Fußweg. Angenehme Zimmer und gute Betten in einem kleinen, grünen, renovierten Häuschen aus dem frühen 20. Jahrhundert.

2 **Kupfernams**②, Kārļa iela 5, Tel. (6)3626999, www.hotelkupfernams.lv. Schöne, stilvolle, saubere und angenehme Gästezimmer in einem braunroten Holzhaus, einst erbaut vom deutschen *Alexander Kupfer.* Sehr gutes Frühstück. Mit empfehlenswertem kleinem Esslokal.

4 **Hotel Ventas**①–②, Jūrasiela 14, Tel. (6)36 24468, neues, modernes Hotel für Preisbewusste, gegenüber dem technologischen Institut, in der Nähe von Hafen und Hotel *Kupfernams,* großer Parkplatz vor der Tür, nur Barzahlung möglich.

7 **Portoss**①, Medņu iela 4, Tel. 29272220, www.portoss.lv. Gästehaus in sehr ruhiger und günstiger Lager: 15 Minuten Fußweg zum Strand, 10 Minuten zur Venta-Promenade. Kleiner sehr liebevoll geführter Familienbetrieb mit gutem Essen.

Camping

9 **Piejūras kempings**①, Vasarnīcu iela 56, Tel. (6)3627925, www.camping.ventspils.lv. Riesiger, moderner Campingplatz direkt am Meer neben dem Freilichtmuseum. Historischer Stadtteil Ostgals fast in direkter Nachbarschaft, drei Kilometer zum Stadtzentrum. Mit Freilichtbühne, Saunas, Strandvolleyball, Streetball, Picknickplätzen und Feuerstellen, Spielplatz, Touristeninformation und Sommercafé. Bungalows für 4 Personen 36–74 Euro, Wohnmobil mit Strom 15 Euro, Wasser, Sanitäranlagen 14 Euro, Zelt 5 Euro, zusätzlich für jeden Erwachsenen 4,30 Euro, Kinder 1,40 Euro/Tag.

Essen und Trinken

1 **Ostas 23,** Ostas iela 23, Tel. (6)3622396, www.ostas23.lv, neues Restaurant in modernem Gebäude direkt am Hafen. Spezialität des Hauses sind selbstgemachte Burger, aber auf der Karte steht auch so ziemlich alles andere, was man in Lettland erwarten darf.

3 **Splins,** Kuldīgas iela 17, Tel. (6)3607176, Mo–Fr 11–23 Uhr, Sa/So 11–24 Uhr. Stilvoller Klub mit Restaurant, gediegene Retro-Atmosphäre, an Wochenenden mit Live-Musik.

2 **MEIN TIPP:** **Kupfernams Kafe,** Kārļa iela 5, Tel. (6)3626999, tgl. 8–24 Uhr (kann bei mangelndem Betrieb früher schließen). Das „Kupferhaus" ist ein gemütliches Esslokal in einer ruhigen, gepflasterten Nebenstraße wenige Gehminuten von der Burg mit netter Terrasse.

Sport und Erholung

6 **Akvaparks,** Medņu iela 19, www.pludmales akvaparks.lv, Tel. 26429684, 10–21 Uhr, Preis je nach Tag und Uhrzeit: 1½ Stunden 18,50–21 Euro, Tageskarte 25,50–28,90 Euro, Familien ab 47 Euro, Tageskarte 65 Euro (Tageskarten nur an Werktagen). Eine der größten Unterhaltungs-Attraktionen der Stadt im Strandpark mit mehreren Schwimmbecken, zwei Türmen (acht und zehn Meter hoch), Rutschen und einigem mehr.

Feste und Veranstaltungen

Besonders im großen **Strandpark** herrscht in der Sommersaison kultureller Hochbetrieb – fast jedes Wochenende und auch an Werktagen kann man mit Konzerten, Feiern und Spektakeln rechnen.

Schöne Gelegenheiten für einen Ventspils-Besuch sind unter anderem: Die **„Nacht der Museen"** im Mai, das Ritterturnier **„Maifest"** rund um die Ordensburg, ein **Strandfest** Anfang Juni, ein **Rockmusik-Festival** im Juni im Stadtzentrum, **Kinonächte** auf dem Hof der Ordensburg im Juli und das große **Stadtfest** Anfang August im ganzen Ort.

Verkehrsverbindungen

■ **Auto:** Die Anreise aus Riga erfolgt auf der größteils sehr gut ausgebauten A10 (knapp 200 km), sodass man mit drei Stunden Fahrzeit entspannt auskommt. Ein reizvoller Umweg führt von Riga auf der A10, bis hinter Tukums die P130 nach Kandava abzweigt. Die Strecke führt dann über die schönen Orte Kandava, Sabile und Kuldīga. Von Kuldīga wiederum verläuft die 58 km lange P108 direkt nach Ventspils.

Wer aus Litauen anreist, fährt über Klaipēda und dann an der Ostseeküste entlang auf der A11 nach Liepāja und dann auf der P111 bis Ventspils. Entfernung von Liepāja: gut 120 km.

■ **Fähre:** zur Fährverbindung nach Travemünde siehe Kapitel „Anreise".

■ **Bahn:** Der Bahnhof liegt in der Dzelzceļnieku 1, gegenüber der Innenstadt auf der anderen Seite der Venta gleich hinter der Brücke. Er bietet allerdings keine für Touristen interessanten Verbindungen.

■ **Bus:** Der Busbahnhof (*Autoosta*, Kuldīgas iela 5, Tel. (6)3622789) liegt weit näher am Zentrum als der Bahnhof und bietet eine Vielzahl von Verbindungen in alle Himmelsrichtungen wie etwa nach Kuldīga und Liepāja, und mehrmals täglich auch nach Riga. Man sollte allerdings vorher die Fahrzeit klären, denn einige Busse steuern die lettische Hauptstadt mit Umwegen an und brauchen daher länger als die drei Stunden, die man normalerweise einplanen muss. Der Preis für eine Einzelfahrt beträgt 7,85 Euro pro Person. Fahrpläne unter www.autoosta.lv.

Užava

Um an der Küste weiter nach Süden zu gelangen, fährt man von Ventspils zunächst auf der P108 in Richtung Kuldīga und Liepāja und biegt dann rechts ab auf die P111 Richtung Liepāja. Am Anfang verläuft die Trasse ein Stückchen an der Venta entlang und dann in einem Bogen zum Meer. Im Dorf Užava ist die Küste wieder beinahe erreicht. Sie zeigt sich an dieser Stelle sehr **steil und malerisch.**

Am schönsten kann man sie am **Leuchtturm Užavas bāka** bewundern, der allerdings nicht ganz einfach zu erreichen ist. Von Ventspils aus gesehen weist direkt hinter der Überquerung des Flüsschens Užava ein Schild den Weg zum Leuchtturm. Die Entfernung wird mit 4,1 Kilometern angegeben. Die letzten 1,5 Kilometer muss man sich auf einem schlechten, aber befahrbaren Waldweg (grünes Schild „Bāka") zum Leuchtturm mühen. Doch der 19 Meter hohe, weiße Turm von 1924, direkt vor dem kleinen Abhang am Steilufer gelegen, ist einer der schönsten in Lettland. Eine Wirtin wohnt hier das ganze Jahr über.

Užava ist in Kurzeme für sein **Bier** bekannt. Es wird in vielen Gasthäusern der Region ausgeschenkt und ist sogar in ganz Lettland in Supermärkten zu erwerben. Direkt an der großen Straße hat die Brauerei nun ihr Gelände sehr an-

Usma-See

Auf der gut ausgebauten Straße A10 von Ventspils in Richtung Riga gelangt man sehr schnell zum großen Usma-See (Usmas ezers). Knapp 40 Kilometer hinter Ventspils geht auf der Höhe einer Tankstelle rechts ein kleiner Weg in das Dorf Usma ab. Die drei, vier Kilometer bis Usma sind asphaltiert – kein Wunder, denn der Usma-See ist ein höchst beliebter Platz für sportliche Aktivitäten wie **Segeln und Angeln** – hauptsächlich für die Einheimischen aus Ventspils und anderen Bezirken, aber auch immer mehr für Urlauber. Obwohl mit 3892 Hektar bei weitem nicht der größte See des Landes, besitzt Usma den einzigen lettischen **Jachthafen** für Binnenschifffahrt. Immerhin ist eine der sieben **Inseln** im See die größte ihrer Art in Lettland (die Insel Viskuzu sala). Die Insel Moricsala ist ein einziges, großes **Naturschutzgebiet** und daher nicht zugänglich.

sprechend renoviert und umgebaut. Man kann direkt vor dem Gebäude parken und einen kleinen Laden mit Verkauf vom Werk besuchen. Sowohl die dunkle als auch die helle Sorte des Bieres schmecken hervorragend und können auch gemischt im Träger gekauft werden. Einige füllen sich sogar das Bier in mitgebrachte Plastikflaschen oder Kanister ab (Tel. (6)3630595, www.uzavasavalus.eu).

Die Küste nördlich von Ventspils

Von Ventspils aus bietet sich eine **Fahrt entlang der Küste** nach Nordosten an, bis zur Landspitze in Kolka und dann nach Südosten entlang der Küste der Rigaer Bucht – möglicherweise bis Jūrmala und Riga.

Los geht es in Ventspils zunächst auf der A10 in Richtung Riga und dann kurz außerhalb der Stadt nach links auf die

⌃ Der Leuchtturm von Užava

Küstenstraße P124. Es gibt auch eine Zubringerstraße, die aus dem Zentrum von Ventspils nach Norden zur P124 führt. Nach einem größeren Ort kann man sich nicht richten, denn die Strecke endet in keiner Stadt, sondern im kleinen Kolka, das noch vor kurzer Zeit für Besucher kaum zugänglich war. Bevor der Zubringer die große Straße erreicht, lockt links ein Abzweig nach **Staldzene** mit seiner schönen **Steilküste.**

Landspitze Ovišrags

Die einsame, einst löchrige, inzwischen aber ausgebesserte Hauptstraße verläuft eine Weile nah (aber nicht direkt) am Wasser entlang durch **Kiefernwälder.** Einige Male zweigen links Feldwege zum **Strand** ab. Der erste nennenswerte dieser Wege geht in das Dörfchen **Oviši** mit der Landspitze Ovišrags. Nachdem man die 2,5 Kilometer nach Oviši zurückgelegt hat, geht es im Dorf noch einmal 300 Meter links, mit Hinweisschild „Bāka". Vor Ort ist neben einer fabelhaften Aussicht auf das Meer auch der älteste, äußerlich seit dem Baujahr 1814 nie veränderte **Leuchtturm** Lettlands zu finden (Tel. (6)3600364, 10–18 Uhr). Eigenartig scheint, dass innerhalb des Turms ein weiterer Turm gebaut wurde. Offenbar war das Objekt weniger für die Steuerung der Schifffahrt, sondern vielmehr als getarnte militärische Anlage geplant worden.

Riesenteleskope in Irbene

In Irbene wartet die nächste Attraktion, aber diesmal ganz anderer Art: das In-ternationale Zentrum für **Radioastronomie** von Ventspils. Zwei riesige, weiße parabolische Radioteleskope richten sich gen Himmel. Das größere der beiden ist mit 32 Metern Durchmesser das größte Nordeuropas und das achtgrößte der Welt. Heute haben die „Schüsseln" ganz harmlose wissenschaftliche Zwecke. Spannend wird es erst mit dem Wissen um ihre Geschichte: Die **Sowjets** erbauten die Station zu **Spionagezwecken** in gigantischen Ausmaßen. Es war eine der wichtigsten in der Sowjetunion überhaupt. Noch gespenstischer wird die Atmosphäre, wenn man das **Geisterdorf Irbene** sieht: Die von den Sowjets einst erbauten Wohnblöcke sind verlassen, es herrscht Stille. Damals hatten hier Hunderte von geheim arbeitenden Technikern und Wissenschaftlern alle Hände voll zu tun, heute arbeitet nur noch eine Hand voll Forscher in dem Objekt.

Die Zufahrt zweigt kurz vor Kilometer 26 (von Ventspils aus, kleine Kilometerschilder am Straßenrand) rechts ab. Es geht auf Betonplatten vorbei an den leeren Wohnblöcken ohne Fenster und Balkons, bis rechts ein größeres Tor auftaucht. Einige Hundert Meter dahinter fallen die Teleskope auf der rechten Seite ins Auge. Man kann relativ nah herangehen. Die Universität Ventspils verwaltet die Station. Nach Voranmeldung sind hier **Führungen** möglich. Ein Schild weist zudem auf **Paddelmöglichkeiten** mit Kanu und Kajak hin und nennt hierzu konkrete Adressen in der Umgebung.

Leuchtturm Miķeļbāka

Jahrzehntelang endete kurz hinter Irbene die befestigte Strecke und es begann ein etwas abenteuerlicher Abschnitt über eine staubige und mühsame Schotterpiste bis nach Kolka. In den letzten Jahren wurde die Straße nach und nach asphaltiert und ermöglicht nun eine geradezu luxuriöse Fahrt – wenn auch das „Wildwest-Gefühl" ein wenig verloren ging.

Bald führt eine Straße links zum Miķeļbāka, wieder ein Leuchtturm mit einem Superlativ – hier handelt es sich um den mit 62 Metern über dem Meeresspiegel **höchsten Leuchtturm des Baltikums.** Das gegenwärtige Gebäude stammt von 1957, die Rote Armee hatte den Vorgänger an der selben Stelle in die Luft gesprengt.

Camping

■ **Camping Miķeļbāka**①, Tel. 27884438, www.mikelbaka.lv. In direkter Nähe zum Leuchtturm wurde ein sympathischer Campingplatz eingerichtet, der eine Übernachtung lohnt. Zehn Holzhütten für 2 Personen 35 Euro/Nacht, zwei große, schön ausgestattete Familien-Holzhäuschen ab 75 Euro/Nacht. Man sollte sie sich vorher anschauen, einige verfügen über ein schönes Doppelbett, andere nicht. Internetzugang auf dem Grundstück. Zelten 8 Euro, Wohnmobil 15 Euro (kein Zusatzpreis pro Person). Frisch zubereitetes Essen und Bier vom Fass. Direkter Fußweg (200 m) zu einem wunderschönen Ostseestrand. Kinderspielplatz, Grill, Lagerfeuer, Volleyball, Tischtennis.

■ **PIZĀ Guesthouse and Campsite**①, Tel. 28396 323, www.piza.lv, weiterer Campingplatz direkt neben Miķeļbāka, zum Zelten und mit dem Wohnmobil wegen der reichen Auswahl an teils hinter Bäumen versteckten Stellplätzen vielleicht sogar noch etwas romantischer und ruhiger, sehr freundliches lettisch-englisches Besitzer-Ehepaar, familiäre Atmosphäre, auch Gasthaus mit Zimmern, eigener Zugang zum Traumstrand.

Slītere-Nationalpark

🦋 Auf der immer einsamer wirkenden Straße nach Kolka folgt einige Zeit gar nichts, bis die kleinen Dörfer sich plötzlich wieder häufen. Es ist das Gebiet des Nationalparks Slītere, eines der **unberührtesten und natürlichsten** Flecken im ganzen Land. Seine Pflanzen- und Tierwelt ist einzigartig und unglaublich vielfältig. Es wurden einige **Naturpfade** mit Beschreibungen eingerichtet. Viele Wege sind nur mit Führung zu betreten, wo dann Dachshöhlen und Biberdämme entdeckt werden können (www.slitere.gov.lv, nur auf Lettisch).

Das **Dorf Slītere** ist über die Asphaltstraße P125 zu erreichen, die südlich nach Talsi führt. Zum **Leuchtturm** von Slītere (Slīteres bāka) muss man noch 1,4 Kilometer auf einem Schotterweg zurücklegen. Er steht sehr weit vom Meer entfernt: 5,3 Kilometer Luftlinie. Der Leuchtturm ist von innen zu besichtigen und zeigt eine kleine **Ausstellung** oben im Turm (Di–So 10–17 Uhr, Eintritt 1,20 Euro). Man sieht weit über den großen Naturpark hinweg auf die Ostsee und bei gutem Wetter sogar die etwa 35 Kilometer entfernte estnische Insel Saareema.

Hinter dem Leuchtturm führt ein kleiner Pfad steil abwärts in eine **Schlucht** hinein. Dies war einst die natürliche Grenze in den Lebensräumen der finno-ugrischen und der lettischen Völker.

MEIN TIPP: Jahrelang konnte dieser Naturpfad nur mit Führer erkundet werden, inzwischen ist er frei zugänglich und dies sogar kostenlos. Auf 165 Stufen gcht es bergab, ein kompletter **Rundweg** auf Stegen führt in 1,2 Kilometern einmal im Kreis. Sehr empfehlenswert, www.slitere.lv (Achtung: Die Angaben auf der Website sind teils veraltet).

Livisches Dorf Košrags

Während der Hauptteil des Naturparks rechts der P124 liegt, reicht er links davon bis ans Wasser heran. Eines der originellsten Dörfer direkt am Meer ist Košrags mit einem ganzen **Ensemble von alten Holzhäusern** im Stil der Liven. Jedes Haus, obwohl bewohnt, ist wie ein Ausstellungsstück, daher stehen vor den entsprechenden Häusern Schilder mit Erläuterungen.

Ein weiteres Schild am Wasser verkündet ganz unbescheiden, man befinde sich am **„längsten Strand Europas"**. Damit ist der gesamte Abschnitt an der lettischen Westküste gemeint.

Hörnersammlung

Eine lokale Berühmtheit ist der Sammler *Ivars Hausmanis*. Sein Vater begann vor 35 Jahren mit der Kollektion und so kamen im Laufe der Jahre über **600 Hörner von Wildtieren** zusammen. Einen guten Teil davon präsentiert *Hausmanis* samt **ausgestopften Adlern** und **Fellen** nun stolz in seinem Haus. Er dachte sogar über eine Erweiterung nach, sagt aber jetzt, dass er zwar immer neue Hörner finde, aber nun definitiv bald keinen Platz mehr habe und dann wohl immer nur einen Teil seiner Kollektion zeigen

könne. Die „ragu kolekcija" ist von Košrags ausgeschildert.

■ **Haus „Purzviedi",** Tel. 29395624 und (6)320 0179, Eintritt 1,50 Euro.

Vaide

Bei Vaide, dem letzten Dorf an der Route zum Kap, verläuft die Straße nah am Wasser: Nur einen Kilometer muss man zurücklegen, um zum breiten **Sandstrand** zu gelangen.

Dundaga

Von Slītere lohnt ein Abstecher auf dem Asphaltweg ins etwa 15 Kilometer südlich gelegene Dundaga – dem Heimatort keines Geringeren als von *Crocodile Dundee,* des Mannes, der nach Australien auswanderte und als Vorbild für den Filmhelden diente (s.a. Exkurs „Crododile Dundee – eine australische Legende aus Lettland?"). Das **Denkmal eines Krokodils** im Zentrum erinnert an den Sohn dieses Ortes. Besonders Kinder haben einen Riesenspaß auf dem Reptil herumzuklettern oder mit ihm für Fotos zu posieren. Einen Besuch sollte man in Dundaga auch der mittelalterlichen **Burg** abstatten, die für kulturelle Ereignisse und als Hotel (8 Räume, 28 Betten) genutzt wird. Sie ist malerisch an einem Teich gelegen und kann besichtigt werden.

■ **Dundagas pils,** Pils iela 14, www.dundaga pils.lv, auf dem Gelände hat die Touristeninformation von Dundaga ihr Büro (www.visit.dundaga.lv). Hier sind die Tickets für eine Schlossbesichtigung (2,50 Euro) erhältlich.

Crocodile Dundee – eine australische Legende aus Lettland?

Viele kennen den Filmhelden „Crocodile Dundee" – das Sinnbild des abenteuerlustigen und unerschütterlichen Australiers. Doch wer weiß schon, dass es „Crocodile Dundee" wirklich gegeben hat? Und auch noch, dass er aus Lettland stammte? Mehr noch: Der so englisch klingende Name „Dundee" ist nichts weiter als eine Ableitung von Dundaga in der Region Kurzeme, der Heimat eines gewissen *Arvids von Blumenfelds*. Die **Krokodil-Skulptur** im Zentrum dieses kleinen Ortes erinnert an den berühmt gewordenen Sohn der Stadt, der nach dem Zweiten Weltkrieg nach Australien übergesiedelt sein und sich als Jäger von Krokodilen einen Namen gemacht haben soll. Absolute Sicherheit gibt es in dieser Sache jedoch nicht, so wird in vielen offiziellen Berichten über den 1986 gedrehten Film ein gewisser *Rodney Ansell* als Vorbild für den von *Paul Hogan* gespielten Filmhelden angegeben. *Ansell* war 1977 zwei Monate lang im endlosen australischen Busch nahe der nördlichen Stadt Darwin verschollen gewesen und hatte mit seiner abenteuerlichen Überlebensgeschichte später Aufsehen erregt. *Ansell* starb 1999 bei einem Schusswechsel mit der Polizei. Der Name *Dundee* gibt der Interpretation rund um von Blumenfelds aber auch eine gewisse Glaubwürdigkeit. Über den Letten ist allerdings weit weniger bekannt. Die geheimnisvolle Geschichte erhielt vor wenigen Jahren eine neue Wendung, als der „Sydney Morning Herald" berichtete, dass *von Blumenfelds* sich offenbar nach seiner Karriere als „Crocodile Shooter" im zentralaustralischen Opal-Abbau-Städtchen Coober Pedy niedergelassen und sich den Namen *Harry von Blumantels* gegeben habe. Er sei in Coober Pedy ein recht auffälliger und eigenartiger Charakter gewesen, der an Feiertagen schon mal laut auf Deutsch singend durch die Straßen lief. Es tut sich also ein neues Rätsel auf: War „Crocodile Harry" womöglich sogar ein Deutscher oder jedenfalls von direkter deutscher Abstammung? Nimmt man die lettischen Endungen weg, so bleibt mit Arvid von Blumenfeld ein deutscher Name. Er soll laut „Sydney Morning Herald" im Krieg auf Seite der Deutschen gekämpft haben (allerdings haben dies auch freiwillig und unfreiwillig viele Letten getan). Viel mehr ist nicht bekannt über diesen Mann. Nur noch, dass die Krokodil-Skulptur von Dundaga ein Geschenk des lettischen Konsulats in Chicago aus dem Jahre 1995 ist. Das gespannte Warten auf neue Enthüllungen geht weiter.

Unterkunft, Essen und Trinken

■ Neben der Hörner-Ausstellung bietet *Ivars Hausmanis* (Kontakt/Info s.o.) einen Zeltplatz (Holzhütten 25, Zelt 3, Auto 1,50 Euro, 400 m zum Strand).

■ **Krūziņi Viesu Nams,** Vecmuižas iela 1, Tel. 291 74944, gemütliche, einwandfreie Zimmer, ausgestattet mit viel Holz, im Zentrum von Dundaga. Außerdem Restaurant mit leckeren, landestypischen Speisen.

Landspitze Kolkasrags

Das Dorf Vaide ist bereits die letzte ruhige Station vor dem Menschenauflauf (jedenfalls für lettische Verhältnisse) in Kolka. Die Landspitze Kolkasrags ist nicht zu verfehlen, es geht einfach immer geradeaus, bis der Weg endet. Man fragt sich, wo plötzlich die ganzen Leute herkommen, denn auf dem Parkplatz (1,50 Euro pro Stunde, von Oktober bis April 1,50 Euro für den ganzen Tag, Bezahlung bei der Ausfahrt) versammeln sich im Sommer nur einige Autos. Ein kurzer Fußweg leitet die Besucher zum Strand, wo man dann geradewegs auf die Landspitze zuläuft. An der Landspitze wurde kürzlich ein Besucherzentrum eröffnet, geöffnet täglich ab 10 Uhr, www.kolkasrags.lv. Als wollte die Natur den Übergangspunkt ganz besonders verdeutlichen, kann man buchstäblich sehen, wie die Wellen des offenen Meeres und der Rigaer Bucht sich in einem Punkt treffen. In diesem speziellen Abschnitt ist die Ostsee sogar gefährlich, **Baden ist bei Kolkasrags verboten.**

Zwischen den Bäumen, direkt am Strand, steht im Sommer eine **mobile Sauna** *(pirts)* mit Terrasse, die kurzerhand in einem alten Kastenwagen-Transporter untergebracht wurde.

Von Ventspils kommend, kann man auch, statt geradeaus zum gebührenpflichtigen **Parkplatz,** beim Kreisverkehr links fahren und erreicht nach wenigen hundert Metern einen Parkplatz, der an einem hölzernen Aussichtsturm vorbei auch zum Strand führt.

Übernachtung

MEIN TIPP: Mit dem **Haus des Glücks**①-② haben sich die Verantwortlichen des Campingplatzes *Melnsils* (Tel. 28605606, www.melnsils.lv), einige Kilometer südlich von Kolkasrags in Richtung Roja, etwas ganz Besonderes einfallen lassen: Diese wie riesige Fässer aussehenden Häuschen direkt am Strand haben gerade einmal Platz für ein gemütliches Doppelbett und ein klein wenig Sitzplatz davor. Durch große Fenster sieht man nur den Sand und das Meer, während von außen natürlich niemand hineinschauen kann, Tel. 29451592. Man sollte rechtzeitig reservieren, manchmal hat man auch spontan Glück.

Die Küste von Kolka bis Roja

Kolka

Das Dorf Kolka, dem das Kap Kolkasrags den Namen verdankt, liegt gleich südlich davon an der Rigaer Bucht. Hier ist die Küstenstraße, die die Nummer P131 trägt und zum Fernziel Riga führt, asphaltiert. Kolka selbst ist nicht besonders attraktiv – zu Sowjetzeiten war die gesamte Region streng abgeschirmtes **Militärgebiet,** auch wenn es hier schon immer Bewohner gab, wovon die älteren, nicht recht zur Gegend passenden Wohnblöcke zeugen.

Es riecht appetitanregend nach **Räucherfisch,** und an der Hauptstraße findet man zwei „**Top**"-**Supermärkte** (geöffnet 8–22 Uhr). Eine evangelische und eine hübsche orthodoxe **Kirche** ergänzen das Ortsbild.

Kurzeme – der Wetsen

2c

Uši

Im nächsten Dorf Uši liegt ein einfacher Zeltplatz. In Uši besteht erstmals nach Kolkasrags wieder Zugang zum Wasser mit einer schönen **Steilküste** (im Dorf links abbiegen und das letzte Stück zu Fuß zum Meer).

Camping

■ **Melnsils Kempings**①, Tel. 28605606, www.melnsils.lv, dieser Campingplatz zwischen Kolka und Pūrciems ist ausgeschildert und liegt äußerst malerisch am Wasser. Kanuverleih, Kneipe, Sauna im Fass. Die Betreiber sind auch verantwortlich für die oben erwähnten Übernachtungsmöglichkeiten im Fass beim Kolkasrags.

Pūrciems

Das kleine Dorf Pūrciems liegt gut 20 Kilometer südlich von Kolka direkt am Meer, kurz vor dem nächsten Ort Ģipka. Hier tun sich **gewaltige Sanddünen** auf

⌂ Kap Kolkasrags – rechts die Rigaer Bucht, links die offene Ostsee

2c

204le mk

informieren unterwegs über die geologische Entstehung der Dünen.

Camping

■ **Camping Plaucaki,** Pūrciems, Tel. (6)3267138. Der Campingplatz liegt einige hundert Meter entfernt von der großen Straße, aber weit genug entfernt, um ruhig zu sein. Die Rezeption besteht aus einem Kiosk, wo auch Snacks, Getränke und heißes Wasser erstanden werden können. Duschen mit warmem Wasser kosten extra. Von hier erreicht man in wenigen Minuten den Strand sowie in einer guten Viertelstunde Fußweg die riesigen Sanddünen.

Roja

Die Küstenstraße verläuft nun nah am Wasser, aber meist ohne Seeblick, bis in das Hafenstädtchen Roja. Dort dreht sich alles um das Thema Fisch. Man kann mit einem **Fischerboot auf Ausflugstour** gehen und in einem kleinen, aber netten **Fischereimuseum** die Geschichte des in dieser Gegend so wichtigen Berufes erkunden. Im Museum wird das typische Wohnzimmer eines Fischers ausgestellt. Außerdem kann man lernen, Fischernetze und Seemannsknoten zu knüpfen.

■ **Fischereimuseum,** Selgas iela 33, Tel. (6)326 9594, Di–Sa 10–17 Uhr, Eintritt 0,70 Euro.

(Pūrciema Baltā kāpa). Vom ausgeschilderten Parkplatz an der Hauptstraße gelangt man schnell auf den 900 Meter langen Rundweg. Die Verantwortlichen haben sich die größte Mühe gegeben, mit Hilfe endloser Holzstege und -treppen den Besuchern die Besichtigung dieser Naturerscheinung leicht zu machen. Die Dünen liegen nicht etwa direkt am Strand, sondern einige Hundert Meter vom Wasser entfernt im Wald. Von der Holzbrücke aus schaut man in einen erstaunlich tiefen Abgrund aus hellem Sand. Archäologische Untersuchungen dieser faszinierenden Stätte haben gezeigt, dass bereits in der Steinzeit Fischer rund um die Dünen siedelten. Schilder

Eine ausgeschilderte Asphaltstraße führt zum **Leuchtturm Mensrags Baka.** Dort entseht gerade ein neuer Campingplatz, aber schon jetzt kann man hier an einem kleinen Strand mit Picknickplatz den Meerblick genießen.

2c

Information

■ **Touristeninformation Roja,** im Fischereimuseum, www.roja.lv (nur auf Lettisch), Di–Sa 10–17 Uhr. Ganztägiger Ausflug zu einer Robbeninsel oder kürzere Tour in die Rigaer Bucht, Tel. 26178372.

Unterkunft, Essen und Trinken

■ **Hotel Roja**①-②, Jüras iela 6, Tel. (6)3232226, www.rojahotel.lv (nur auf Lettisch). Anständiges, kleines Hotel. In einem Fischerhof lassen sich in schöner Atmosphäre geräucherte Meerestiere und Fischsuppe zum Bier verspeisen.

Camping

■ **Dzintarkrasts**①, Dorf Zocene, Gemeinde Roja, Tel. 28600600, www.dzintarkrasts.lv. Großer Campingplatz unmittelbar an der Rigaer Bucht mit schönen Zelt- und Wohnmobil-Stellplätzen sowie neuen Holzhütten. Ausgezeichnete sanitäre Anlagen, direkter Strandzugang, Restaurant und Bar. DZ in einer Hütte ab 45 Euro, Zelt 7 Euro pro Person, Wohnmobilstellplatz 15 Euro ohne, und 20 Euro mit Stromanschluss.

Rund um den Engure-See

In **Mērsrags,** in der Rigaer Bucht, ragt, wie der Name bereits verrät, eine weitere kleine Landspitze ins Wasser. Von der Hauptstraße führt ein 2,5 Kilometer langer Asphaltweg zum **Leuchtturm** ganz am Ende dieses kleinen Kaps mit einer prächtigen Sicht aufs Meer. Das erste Signal sandte er 1875 aufs Meer.

Der sehr großflächige **Engure-See** (Engures ezers) ist von einem nach ihm benannten **Naturpark,** dem *Enguresezers dabas parks,* umgeben, einem weite-

▷ Am idyllischen Engure-See

ren Ort beeindruckender Vielfalt der lettischen Tier- und Pflanzenwelt. Besonders **Ornithologen** kommen hier auf ihre Kosten: 186 Vogelarten wurden im Naturpark gezählt. Auch **Angler** finden viele schöne Plätze. Ein 3,5 Kilometer langer Pfad erlaubt einen Blick auf einige der 22 im Park wachsenden **Orchideenarten.** Auch **Wildpferde** und **blaue Wildkühe** können mit etwas Glück erspäht werden. Obwohl der See nah an der P131 liegt, ist er per Auto doch recht schwer zu erreichen. Am besten fährt man von Mērsrags zum Dorf Ķipati, oder weiter im Süden kurz vor dem Dorf Bērzciems über einen holprigen Zufahrtsweg an den See heran (www.eedp. lv, auch auf Englisch).

Wassermühle von Rideļi

Ein kleiner Abstecher führt von der P131 kurz vor der Ortschaft Engure nach rechts in das einige Kilometer entfernte **Dorf** Rideļi (kurz vor Rideļi geht eine Straße nach Talsi rechts ab – diese nicht nehmen, sondern weiterfahren). Hier ist eine **Mühle** mit riesigem Wasserrad nicht zu übersehen. Sie kann besichtigt werden. Wenn gerade niemand da ist, muss man im schräg gegenüber liegenden Restaurant nachfragen. Das unbedingt empfehlenswerte **Lokal** ist auf verschiedene Arten von Pfannkuchen spezialisiert, deren Mehl aus der Mühle stammt. Es werden aber auch viele andere Speisen angeboten. Innen ist es ge-

mütlich eingerichtet, auch die idyllische Lage des Gartens und der dortigen Terrasse an einem kleinen Flüsschen mit Bootsverleih lohnt unbedingt einen Besuch. Im Haus werden zudem einige **Gästezimmer** vermietet.

Unterkunft, Essen und Trinken

■ **Hotel Villa Anna**②-③, Apšuciems, Tel. 261 22679, www.villaanna.lv. Im Dorf Apšuciems südlich von Engure an der Rigaer Bucht. Sehr stilvoll eingerichtete, äußerst großzügige Zimmer (Blumenmalereien an den Wänden), einige mit beeindruckendem Meerblick. Mit Restaurant inklusive schöner Sommerterrasse, Sauna und kostenlosem WLAN. Es gibt auch Familienzimmer und Suiten mit Panoramafenstern.

■ **Rideļu dzirnavas,** Tel. 26536532, www.rideludzirnavas.lv, oben erwähntes, sehr angenehmes Pfannkuchen-Restaurant mit **Gästezimmern**①.

Tukums

Die P131 verläuft bis zum Ort Engure noch an der Küste entlang, entfernt sich dann aber von ihr und erreicht knapp 30 Kilometer weiter die **Stadt** Tukums, die sich selbst gern als „Tor von Kurzeme" bezeichnet, denn sie ist nur 50 Kilometer von Riga und 25 Kilometer von Jūrmala entfernt. Ein Zwischenstopp in Tukums ist empfehlenswert. Von der **Livländischen Ordensburg** ist hauptsächlich der Turm übrig geblieben. Hier residiert heute das **Stadtmuseum,** das die Geschichte des Ortes vom 12. Jahrhundert bis zur heutigen Zeit rekonstruiert (www.tukumamuzejs.lv).

Schloss Durbe

Sehenswert sind auch die kleine **Altstadt** rund um die Harmonija iela und das **Schloss Durbe,** ein älteres Gebäude mit erster dokumentarischer Erwähnung im Jahre 1644, das im 19. Jh. nach klassizistischer Art umgebaut wurde (das weiße Säulenportal ist das markanteste Zeichen dafür). 1920 gelangte das Schlösschen in staatliche Hände und dann an den berühmten Dichter *Jānis Rainis*, der es zu einem Erholungs- und Versammlungsort für Lehrer machte. Die Innenausstattung ist teilweise rekonstruiert. Kurz darauf wurde ein Museum zu Ehren des Poeten eingerichtet, das aber bald nach Riga umzog. Durbe wurde zum Sanatorium, dann kurz zu einem Krankenhaus und wieder zu einem Sanatorium. So ging es noch weitere Male hin und her, bis das Museum von Tukums 1991 die Kontrolle übernahm und langsam mit der Restaurierung begann. Jeden Samstag demonstrieren Frauen in der typischen Kleidung des 19. Jh. den Alltag und die Lebensgewohnheiten der damals hier lebenden Menschen. Die Bäume im Park stammen aus Deutschland und Sibirien – sie wurden importiert und hier eingepflanzt.

■ **Durbes pils,** M. Parka iela 7, Tel. 26305946, www.tukumamuzejs.lv, Besichtigung der Innenräume und ethnografische Ausstellung, geöffnet Di–Sa 10–17 Uhr, So 11–16 Uhr, Führungen für Gruppen auch auf Deutsch oder Englisch.

Informationen

■ **Touristeninformation Tukums,** Talsu iela 5, Tel. 28311557, www.tukums.lv.

Umgebung von Tukums

Šlokenbekas muiža

Fünf Kilometer östlich von Tukums, im Dorf **Milzkalne,** steht ein weiteres **Schlösschen:** Šlokenbekas muiža. Das oben beschriebene Durbe war eine Art Ergänzung zu Šlokenbekas, das zwei Jahrhunderte mehr an Geschichte vorweisen kann: Bereits 1484 wurde es erstmals offiziell erwähnt. Es war als Schutzburg für Tukums errichtet worden und über die Jahrhunderte wohnten einige der für die gesamte Region wichtigsten Familien in den Gemäuern. Noch heute sind die Schießscharten der Burg deutlich zu sehen. Auch Šlokenbekas geriet 1920 in staatlichen Besitz. Nach dem Zweiten Weltkrieg nutzten es die Sowjets ganz profan als Station für die Reparatur und Instandhaltung von Straßenbaugeräten und -maschinen.

Ganz im Sinne dieser für eine Burg eigenartigen Tradition ist heute in Šlokenbekas das **Lettische Straßenmuseum** untergebracht. Schon draußen auf dem Hof stehen einige historische Straßenschilder, einige davon zweisprachig in Lettisch und Russisch, so wie es zu Sowjetzeiten üblich war. Innen werden anhand von Schautafeln, aber vor allem mit Hilfe echter Maschinen und Geräte die Geschichte und die Technik des Straßenbaus in Lettland erläutert. Man erfährt sogar die Philosophie hinter den verschiedenen Typen des Straßenbelags. Stolz der Ausstellung ist die britische Dampfwalze vom Typ *Marshall,* ein Veteran des Straßenbaus von vor dem Zweiten Weltkrieg. Nur noch ein weiteres Gefährt dieser Art soll existieren.

■ **Šlokenbekas muiža,** Tel. 29904147, www.slo kenbeka.lv, Mai bis Oktober Di–Fr 9–16 Uhr, Sa/So 10–17 Uhr, November bis April Mo–Fr 9–16 Uhr, Eintritt frei.

Unterkunft, Essen und Trinken

■ Im **Hotel**① der **Burg** stehen 15 Gästezimmer mit insgesamt 60 Betten zur Verfügung. Einfache Ausstattung, aber garantiert außergewöhnliche Atmosphäre. Räume mit Satelliten-TV und Bad. Außerdem ist hier ein **Restaurant-Café** (auch für Nicht-Hotelgäste), Sauna, Picknickplätze, Zeltplätze, Tel. 25155225, www.slokenbeka.lv.

Die leicht hügelige Gegend von Milzkalne wird im Winter übrigens zu einem **Skigebiet** mit einem breiten Angebot für Aktivitäten aller Art.

Jaunmoku pils

Kaum weiter als Šlokenbekas liegt Jaunmoku pils von Tukums entfernt. Dieser kleine **Palast** ist auf jeden Fall den Abstecher wert, zumal man nur einige Kilometer die gut ausgebaute A10 in Richtung Ventspils fahren muss. Von der Hauptstraße aus liegt das Jagdschloss noch einen halben Kilometer nach rechts. Der halb von Pflanzen zugewachsene **Teich mit Tretbooten** und die grüne, ländliche Umgebung passen hervorragend zu dem leicht verwunschenen Eindruck, den das ganz aus roten Ziegelsteinen geschaffene Gebäude macht. Gleich im Eingangsbereich versetzt ein riesiger, blauer Kachelofen mit Motiven aus Riga und Jūrmala die Besucher in Staunen. Im Vergleich zu anderen Schlössern ist Jaunmoku mit knapp über einem Jahrhundert noch recht jung. Den Auftrag zum Bau gab der damalige Bürgermeis-

2c

ter von Riga – Jaunmoku sollte die offizielle Jagd- und Sommerresidenz der Hauptstadt sein. Im Zweiten Weltkrieg diente das Bauwerk als Krankenhaus, später als Verwaltungsgebäude für eine Maschinen- und Traktorenfabrik sowie teilweise als Wohnraum für die Arbeiter des Werks. Heute kann man das Innere besichtigen.

Neben der Geschichte des Schlosses und seiner Besitzer und dem Blick auf das Interieur werden einige weitere **Ausstellungen** gezeigt, darunter über Wildtiere und alte Jagdwaffen sowie schweizerisch-lettische Malerei.

Sehr lohnend ist auch der Gang auf den **Schlossturm** mit einer fabelhaften Sicht über die waldreiche und sanft wellige Umgebung. Im Schlosspark lässt es sich nicht nur elegant spazieren gehen, sondern man kann auch Schach mit riesigen Figuren spielen.

■ **Jaunmoku pils,** Tel. 26187442, www.jaunmokupils.lv, Museum geöffnet tägl. 9–17 Uhr.

Unterkunft, Essen und Trinken

■ Sieben Zimmer③ im oben erwähnten Schloss, fünf im Gästehaus②, zwei im Haus am Teich① und 20 Zimmer① im Stall. Restaurant-Café, Sauna, Picknickplätze, Zeltplätze, Bootsverleih, Kutschfahrten. Gäste haben freien Eintritt zu den Ausstellungen im Schloss.

Festungsmuseum von Zante

Ein leider recht schwer zu erreichender Höhepunkt der Rundreise durch die Region Kurzeme ist das Festungsmuseum in Zante. Dieses sehr originell gestaltete, 1996 gegründete **Privatmuseum** scheint auf einem Sandweg am Ende der Welt zu liegen. Doch die ein wenig beschwerliche Anreise lohnt sich auf jeden Fall, denn hier werden Tausende von faszinierenden, militärischen Ausstellungsstücken aus dem Zweiten Weltkrieg präsentiert. Im Dorf Zante ist das Museum nahe der Hauptstraße leicht zu finden, doch Zante ist nicht über Asphaltstraßen zu erreichen. Bei sehr vorsichtiger Fahrweise und mit genug Zeit im Gepäck, kann man sich aber ohne Schaden auf die Schotterpisten wagen. Von Tukums aus geht es am schnellsten auf der P121. Wenn der Asphalt nach zwölf Kilometern aufhört, ist es ungefähr noch einmal so weit auf der unbefestigten, aber befahrbaren Straße. Kürzer ist die Anreise von Saldus. Hier muss man nur ungefähr sechs Kilometer auf nicht asphaltierten Wegen hinter sich bringen.

Der **Rundgang** beginnt draußen. Es geht vorbei an einer Sammlung von alten Uniformjacken (Wehrmacht und Rote Armee), an einem Munitionslager und einem US-amerikanischen Geländewagen zu einem sowjetischen Panzer. Die Besucher können in das Gefährt hineinrobben und wie ein Panzerfahrer von innen durch den Sehschlitz schauen. Gleich daneben steht ein Propellerflugzeug der Russen und anschließend wird man in einen kleinen Bunker geführt, in dem man heute sogar übernachten kann. Wem dies alles ein zu spielerischer Umgang mit dem schrecklichen Thema „Krieg" ist, der wird die Seriosität der Ausstellung in den Innenräumen zu schätzen wissen, wo die Ereignisse, besonders von 1944 und 1945, dargestellt und aus kurländischer Sicht rekapituliert werden. Man erfährt von den Opfern, den lettischen Soldaten, die in die Wehrmacht eingezogen wurden und den Ereignissen an der Front bis zum Kriegsende. Alte Original-Utensilien von lettischen Soldaten in der Wehrmacht ergänzen die Ausstellung.

■ **Kurzemes cietokšņa muzejs,** Skolas iela 8 a, Tel. 29442311, geöffnet im Sommerhalbjahr Mi–Sa 10–17 Uhr, So 11–15 Uhr, Eintritt 3 Euro. Übernachtung im Bunker (Auskunft im Museum), es stehen auch normale Gästezimmer zur Verfügung.

Man kann von Zante über kleine Straßen zum **Schloss Jaunpils**, s.u., gelangen, ohne den Umweg über Tukums oder Saldus zu nehmen. Es ist eine deutliche Abkürzung, verlangt aber 20 Kilometer Fahrt auf einer Schotterpiste.

Schloss Jaunpils

Das vierte Objekt im Bunde der Schlösser und Burgen in der Region Tukums ist gleichzeitig das älteste und das am weitesten von der Stadt entfernte, nämlich 26 Kilometer südlich an der P104. Die weiße **Burg** mit dem roten Dach und dem charakteristischen dicken, runden Turm entstand bereits 1301 auf Geheiß des livländischen Ordensmeisters. In dem bei der wechselhaften Geschichte erstaunlich langen Zeitraum von 1576 bis 1920 gehörte das Bauwerk der Familie *Von der Reke.*

Eine der Töchter dieser Familie erreichte weltweite – und bis zum heutigen Tag andauernde – Berühmtheit durch *Ludwig van Beethovens* Stück „Für Elise", das eben jener Frau gewidmet war. Ein Porträt *Elises* hängt noch heute in der Burg. Im 18. Jh. wurde das mittelalterliche Bollwerk mit einigen Barockelemen-

ten versehen. Bei der Revolution von 1905 beschädigte ein Feuer Jaunpils schwer, doch obwohl ein Großteil der Innenausstattung verloren ging, sieht das Äußere nach einer grundlegenden Restaurierung sehr gut und authentisch aus. Im 20. Jh. diente das Gebäude lange Zeit für die Zucht verschiedener Tiere, seit den 1970er Jahren wurden Wohnungen für Arbeiter eingerichtet.

Heute gehört die Burg der Stadt, und es sind ein **Kulturzentrum** und ein **Museum** hier untergebracht. Neben den Innenräumen sind Ritterrüstungen, Waffennachbildungen und Miniaturen der Burgen von Jaunpils und Dobele zu besichtigen. Zum Ensemble gehört auch eine Kirche direkt gegenüber und eine Wassermühle. Eigenartig ist der Name dieses Ortes, denn das Dorf, in dessen Gemeinde die Burg liegt, heißt Jaunpils. Das lettische Wort für „Schloss" oder „Burg" ist *pils*. Daher heißt dieses Bauwerk offiziell „Jaunpils pils".

■ **Jaunpils pils,** Tel. 26101458, www.jaunpilspils. lv, tägl. 10–17 Uhr.

Unterkunft, Essen und Trinken

■ **Jaunpils pils Hotel**①-②, Tel. 29442539, www.jaunpilspils.lv, Doppel- und Mehrbettzimmer, schön und angenehm eingerichtet, allerdings mit Bad auf dem Flur. Rustikales **Lokal** *Krogs,* geöffnet tägl. 10–20 Uhr.

ZEMGALE – DER SÜDEN

Zemgale (deutsch Semgallen) ist die **kleinste der lettischen Regionen.** Auch wenn es historisch als eigenständiges Gebiet verankert ist, so ist Zemgale in der Geschichte doch immer wieder mit Kurland (Kurzeme) zusammengefasst und damit „vereinnahmt" worden. Selbst im lettischen Wappen oder beispielsweise auf dem Kopf der Freiheitsstatue von Riga sind nur drei Sterne als Symbol für die Regionen des Landes zu sehen: Kurland, Livland und Lettgallen.

Der Westteil mit Jelgava und Bauska bietet sich in Verbindung mit einer Kurzeme-Reise oder einem Riga-Besuch an. Der Mittelteil an der Daugava mit Jaunjelgava und Koknese lässt sich ebenfalls gut mit Riga oder Vidzeme verknüpfen. Im östlichen Abschnitt der Region folgt man am besten dem Fluss nach Daugavpils, der Hauptstadt von Latgale.

Dennoch ist Zemgale eine eigenständige Region, nicht nur historisch, sondern auch in der gegenwärtigen administrativen Aufteilung Lettlands. Sie hat zwar keine Meeresküste zu bieten, dafür aber einige der wichtigsten **Schlösser und Burgen** des Landes sowie die einmalige Route entlang der **Daugava.**

◁ Pilsrundāle – das berühmteste Schloss Lettlands

🡪 Sehenswert ist **Jelgava** mit der *Academia Petrina* und seinem Schloss samt Grüften der Herzöge von Kurland | 442

🡪 Ganz Lettland scheint zu leuchten im Glanz des **Schlosses Pilsrundāle** | 459

🡪 Skurril, malerisch, imposant: die **Burgruinen von Koknese** werden vom Wasser umspült | 465

NICHT VERPASSEN!

913b.mk

Diese Tipps erkennt man an der gelben Hinterlegung.

2d

Jelgava

Jelgava (61.600 Einwohner), das früher unter dem deutschen Namen **Mitau** und später als russisches Mitawa lange Zeit der politisch zweitwichtigste Ort Lettlands war, schmückt sich mit dem Titel „Hauptstadt Zemgales". Berühmt sind das gewaltige und gerade frisch herausgeputzte Schloss im Zentrum an der Lielupe sowie die *Academia Petrina*. Einige schöne Kirchen aller drei großen christlichen Konfessionen runden das Bild ab. Das war es dann aber auch schon – weitere touristische Höhepunkte sucht der Reisende hier vergebens. Man sollte Jelgava wegen des Schlosses und der Akademie gesehen haben, aber länger als drei Stunden wird kaum jemand im Ort

verbringen. Diejenigen, die sich doch etwas mehr Zeit nehmen, erleben eine lebendige, russisch dominierte lettische Stadt im Umbruch.

Stadtgeschichte

Im 13. Jh. erkor der deutsche Schwertbrüderorden das Gebiet zum Stützpunkt aus, um die Region Semgallen zu erobern, die bis dahin noch von den einheimischen Stämmen kontrolliert worden war. Sie nannten den Ort **Mithow** (manchmal taucht in den Quellen auch „Mitau" auf). Die Liven wählten später jedoch einen anderen Namen: **Jelgab.** Dies hieß soviel wie „Stadt in niedriger und feuchter Lage".

Vom 16. bis zum Ende des 18. Jh. gehörte Jelgava zum Herzogtum Kurland-

de später zur Zarin *Anna I.* des Russischen Reiches.

Doch es war auf Erlass von **Graf Ernst Johann von Biron,** dass die beiden Einrichtungen gebaut wurden, für die Jelgava noch heute berühmt ist: Das Schloss und die **Academia Petrina.** Von Biron war ein Deutschbalte, der sich geschickt die Gunst der Gräfin gesichert und großen Einfluss auf sie ausgeübt hatte. Seine erstaunliche und kuriose Lebensgeschichte ist ein eigenes Buch wert.

Jelgava, das ein kleines Nest in der Provinz irgendwo zwischen West- und Osteuropa hätte bleiben können, wurde zu einem wichtigen **Zentrum für Handel und Diplomatie** im 18. und 19. Jh. 1775 wurde die *Academia Petrina* gegründet, an der zahlreiche in- und ausländische Elitestudenten ihre Ausbildung genossen. Die Akademie existiert heute nicht mehr, doch das Gebäude ist eine Besichtigung wert.

Mitte des 19. Jh., nach 73 Jahren Zugehörigkeit zum Zarenreich, erhielt Jelgava eine **Eisenbahnverbindung** und die **Industrie** in der Stadt blühte auf. Immer mehr Arbeiter und Handwerker bevölkerten den Ort, der 1914 bereits 45.000 Einwohner zählte. Im Ersten Weltkrieg besetzten deutsche Truppen die Stadt. 1919 war Jelgava Schauplatz schwerer Auseinandersetzungen zwischen Sowjets, deutschen Freischärlern und lettischen Freiheitskämpfern. In der Zwischenkriegszeit hatte Jelgava den Rang einer der wichtigsten Städte des freien Lettland. Im **Zweiten Weltkrieg** wurde es zu 90 % **zerstört** und das historische Zentrum war praktisch verschwunden. Nach dem Krieg wurde die Stadt ganz im Sowjetstil wieder aufgebaut.

Semgallen, 1573 erhielt es die Stadtrechte und fünf Jahre später war es bereits die **Hauptstadt des Herzogtums.** Diese Rolle wurde unterbrochen von der Teilung des Herzogtums 1596. Der Herzog Semgallens, *Friedrich Kettler,* war nun der Herrscher des Gebietes ohne Kurland. Doch 1617 vereinigten sich die Herzogtümer erneut und Jelgava erhielt seine Hauptstadtfunktion zurück. Als die Union aus Polen und Litauen im 17. Jh. das Zepter in der Region übernahm, hieß der Ort „Mitawa". In den polnisch-schwedischen Kriegen litt Jelgava wiederholt unter kräftezehrenden **Belagerungen.** Letztlich waren es weder Schweden noch Polen und Litauer, die in Semgallen an der Macht blieben. Vielmehr geriet die Region unter russische Kontrolle. Die Gräfin *Anna Iwanowna,* die hier von 1711 bis 1730 regierte, wur-

Sehenswertes

Schloss

Hauptattraktion ist unzweifelhaft das Schloss von Jelgava, in dem heute die **Lettische Landwirtschaftliche Universität** ihren Sitz hat. Der Palast ist aus dem Zentrum nach wenigen Schritten erreicht. Man geht zum Fluss Lielupe, von dort führt eine Fußgängerunterführung unter der breiten Hauptstraße Lielā iela hindurch direkt zum imposanten Gebäude.

Bereits im 14. Jh. stand hier erstmals eine klassische Burg mit Ecktürmchen und Ringmauer. Zu Zeiten von *Gotthard Kettler* wurde die Anlage um eine Kirche erweitert. Bis ins 18. Jh. stand das mittelalterliche Schloss. Es war weder Krieg noch Katastrophe, was dem massiven Bauwerk den Garaus machte, sondern der eigenwillige und machtbesessene Graf *Ernst Johann von Biron* (siehe „Stadtgeschichte"). Von Biron ließ die Burg kurzerhand abreißen und den Bau eines neuen Palastes beginnen. Der italienische Architekt *Francesco Rastrelli* erhielt den Auftrag. Der Bau begann, doch nach drei Jahren – die politische Lage hatte sich geändert – mussten die Arbeiten abgebrochen werden. Erst 23 Jahre später konnte Rastrelli sein Werk fortsetzen, um acht Jahre später, 1771, sein **barockes Meisterstück** zu vollenden. Graf von Biron residierte noch kurz in dem Gebäude, nachdem er jahrzehntelang in der politischen Bedeutungslosigkeit verschwunden und beinahe sogar zum Tode verurteilt worden war.

Der Palast ist in Hufeisenform gestaltet und hat als Grundfarbe ein dunkles, bräunliches Rot, das passenderweise an den Farbton der erst viel später entstandenen lettischen Flagge erinnert. Die vielen Fenster sind weiß umrahmt und verziert. 1788 richtete ein Großbrand erheblichen Schaden an, der Palast wurde aber wieder hergerichtet. In der russischen Zeit wurde das Gebäude zum **Sitz des Gouvernements Kurland.** Die Befestigungsanlagen erlitten Anfang des 19. Jh. einigen Schaden. Bei seinem Vormarsch gen Russland richtete **Napoleon** im Palast ein Lazarett ein, bevor Jelgava wieder in russische Hände fiel.

Die deutsche Armee brannte auf ihrem Rückzug zum Ende des Ersten Weltkriegs das Gebäude nieder, doch die lettische Landwirtschaftskammer nahm sich ab 1920 des Wiederaufbaus an. Die unheilvolle Serie ging aber weiter: Im Zweiten Weltkrieg brannte der Palast erneut aus, die Rekonstruktion wurde erst 1961 abgeschlossen.

Die **Innenräume** waren einst reich geschmückt und gefüllt mit Rokoko-Ausstattung. Das wenige, das von diesem Interieur im Erdgeschoss übrig ist, bleibt heute den Studenten der Hochschule vorbehalten: Eine Tour für Touristen wird von der Stadt Jelgava nicht angeboten. Besichtigen kann man jedoch ein kleines **Museum** mit wechselnden Ausstellungen, die einen Blick ins Gebäude erlauben, sowie die **Grüfte.** Der geheimnisvolle Keller mit den reich verzierten Särgen ist einen Abstieg wert.

Im Park zwischen den Flüssen Lielupe und Driksa sind noch Teile der ehemaligen **Befestigungsanlage** ausgestellt.

■ **Jelgavas pils,** Lielā iela 2, Tel. (6)3005617, www.llu.lv und www.jelgavaspils.lv (auch auf Englisch). **Museum** geöffnet Mo–Fr 9–17 Uhr, im Sommer 9–19 und zusätzlich Sa 9–18, So 11–16

Uhr, Eintritt 2 Euro. Die **Grüfte** sind Mai–Okt. tägl. 9–17 Uhr geöffnet, Tel. (6)3962197, Eintritt 3 Euro. Der Eingang ist an der zur Stadt weisenden Vorderseite des Schlosses.

Im Zentrum

Der Weg vom Palast zurück ins Zentrum führt wieder unter der Lielā iela hindurch und dann mit dem Fluss im Rücken geradeaus. Die zweite Straße links ist die Akadēmijas iela. Direkt an der Straßenmündung steht ein **Denkmal von Janis Čakste** (1859–1927), dem ersten Präsidenten der Republik Lettland. Dieser historische Staatsmann ist ein Sohn Jelgavas. Er wurde in Lielsesava südlich von Jelgava an der litauischen Grenze geboren. In der Akadēmijas iela

☑ Das Barockschloss von Jelgava diente Napoleons Truppen als Lazarett

36 lebte er während seiner Schulzeit, nebenan in der Katoļu iela 23 dann von 1908 bis 1915, bevor er die Stadt verließ. Vorher war er bereits in St. Petersburg offizieller Abgeordneter für seine Region im zaristischen Parlament gewesen.

Im Hintergrund, ganz am Anfang der Straße, steht der **Glockenturm** der evangelischen **St. Trinitatiskirche** von 1688 (Akadēmijas iela 1), der großteils im Originalzustand erhalten ist – ohne zugehörige Kirche. Damit ist er eines der ältesten Gebäude der durch Kriegszerstörungen um so viele historische Objekte beraubten Stadt. An der selben Stelle war im Jahre 1522 die älteste Kirche Jelgavas erbaut worden.

Die Akadēmijas iela selbst ist die interessanteste Straße Jelgavas, denn hier sind neben den unten erwähnten Sehenswürdigkeiten einige schöne **Jugendstilhäuser** zu entdecken – auch wenn sie zum Teil recht verfallen und abgebröckelt aussehen und nur langsam restauriert werden.

208le mk

Academia Petrina

Mehr Informationen und Ausstellungsstücke zum Schloss von Jelgava und vieles mehr erwarten den Besucher im **Geschichts- und Kunstmuseum,** das im kürzlich restaurierten **barocken Gebäude** der *Academia Petrina* untergebracht ist. Das Bauwerk wurde 1775 fertiggestellt, auch hierfür hatte Graf *Ernst Johann von Biron* die Verantwortung. Kein Wunder also, dass die Akademie im Erscheinungsbild stark an das Schloss von Jelgava erinnert: das gleiche erdige Rot als Grundfarbe, Weiß für die Umrahmung der Fenster und ähnliche Verzierungen. Nachdem er aus dem Abseits an die Macht zurückgekehrt war, ließ *von Biron* die Akadamie dort erbauen, wo Gräfin *Anna Iwanowna* – die spätere Zarin von Russland – residiert hatte. Doch es war sein Sohn *Peter,* der die Einrichtung als **Universität** mit vier Fakultäten vollendete.

Im 35 Meter hohen **Turm,** der zentral auf dem Gebäude ruht, war bis 1919 das erste astronomische Observatorium Lettlands untergebracht. Wie die meisten Bauwerke Jelgavas blieb auch die Akademie im Ersten wie im Zweiten Weltkrieg nicht von schweren Zerstörungen verschont. Sie wurde nach Ende der Kriegshandlungen jeweils wieder aufgebaut. Doch nach der Sowjetzeit hatte das Gebäude erneut an Glanz verloren. Daher wurden 50 Jahre nach der letzten Rekonstruktion wieder Erneuerungsarbeiten in Angriff genommen, die 2008 abgeschlossen werden konnten.

Im Museum wird sowohl die Geschichte der Herzogtümer Kurland und Semgallen von 1561 bis 1795 als auch die Historie der Stadt Jelgava von der Gründung bis in die heutige Zeit sehr anschaulich dargestellt. So sitzt eine Figur des Grafen in voller Pracht am Tisch, die

⌂ Die Academia Petrina

2d

Ausstattungen der Räume sind authentisch nachempfunden und an den Wänden hängen historische Landkarten.

Sehenswert ist auch die Ausstellung von Werken des berühmten lettischen **Malers Ģederts Eliass,** dessen Denkmal vor dem Gebäude platziert wurde – zusammen mit vier großen Kanonen aus der Zeit des Herzogtums Kurland. Hinzu kommen wechselnde, teilweise sehr sehenswerte **Kunstausstellungen.**

■ **Academia Petrina,** Akadēmijas iela 10, Tel. (6)3023383, www.jvmm.lv, geöffnet Mi–So 10–17 Uhr, Eintritt 3 Euro.

Russisch-orthodoxe Kathedrale

Nicht zu verpassen ist die russisch-orthodoxe Kathedrale (Raiņa iela 5), nur wenige Schritte hinter der Academia an der Kreuzung von Akadēmijas iela und Raiņa iela. Es scheint, als hätte der Architekt *Francesco Rastrelli* im 18. Jh. jedes wichtige Gebäude der Stadt entworfen, denn neben dem Palast und der Akademie war *Rastrelli* auch für den Bau dieser Kirche verantwortlich – auf Befehl der **Zarin Katharina der Großen.** Es war die erste in der Region Kurland und Semgallen. Allerdings ist es nicht sein Werk, das heute hier zu bewundern ist: Ende des 19. Jh. wurde eine neue Kirche mit fünf Türmen an Stelle von *Rastrellis* Objekt im **russisch-byzantinischen Stil** errichtet.

Die nach den orthodoxen *Heiligen Simeon* und *Anna* benannte Kirche mit ihren schneeweiß getünchten Mauern und den großen und kleinen, blau-golden strahlenden Zwiebeltürmen zieht die Aufmerksamkeit auf sich. Im russisch

dominierten Jelgava, wo Lettischsprachige die Minderheit bilden, kann man dieses Gotteshaus als **Hauptkirche der Stadt** bezeichnen. Ein Blick ins reich geschmückte Innere lohnt sich – besonders, wenn gerade ein Gottesdienst abgehalten wird. Wer eine Messe miterleben möchte, sollte sich sehr unauffällig und respektvoll im Hintergrund halten.

Der **Glockenturm** kann besichtigt werden (Anfragen in der Kirche selbst oder in der Touristeninformation).

Katholische Kathedrale

Nur eine Kreuzung entfernt an der Katoļu iela 11 („Katholische Straße") liegt die **Georg- und Marienkirche,** die katholische Kathedrale der Stadt. Das rote Backstein-Bauwerk mit dem hohen, spitzen Turm ist ebenfalls ein weithin sichtbares Wahrzeichen Jelgavas. Mit dem Baujahr 1906 ist sie erst ein gutes Jahrhundert alt. Ihr Inneres ist eher schlicht gehalten und die Kirche strahlt durch ihre beachtlichen Ausmaße Erhabenheit und Ruhe aus. Schön gestaltet und verziert präsentiert sich das Eingangsportal.

St. Annenkirche

Ein großes **evangelisches Gotteshaus** zieht an der Ecke Lielā iela und Brieza iela die Aufmerksamkeit auf sich: Die St. Annenkirche von 1638. Ein kleiner Umweg lohnt sich allein schon wegen der mächtigen **Martin-Luther-Eiche,** die 1883 im Gedenken an den 400. Geburtstag des Reformators vor der Kirche gepflanzt wurde.

Zemgale – der Süden

2d

Praktische Tipps

Information

■ **Touristeninformation,** Akadēmijas iela 1, Tel. (6)3005445, www.tornis.jelgava.lv und www.visit. jelgava.lv, geöffnet Mai–Sept. Mo–Fr 9–22, Sa 10–22, So 10–18 Uhr. Die Touristeninformation ist im weithin sichtbaren Turm am Beginn der Akademie-Straße untergebracht. Sie bietet das volle Programm inklusive Organisation von Touren und Ausflügen sowie Verkauf von Souvenirs.

Behinderte

Der Weg zum Schloss aus dem Zentrum ist ohne Stufen zu bewältigen.

Notfälle und nützliche Adressen

■ **Apotheken:** *Jelgavas Pils aptieka,* Akadēmijas iela 2, Tel. (6)3023966; *Jelgavas Lielā aptieka* („Die große Apotheke"), Uzvaras iela 3, Tel. (6)3024230.
■ **Post:** *Pasta Centrs Jelgava,* Katoļu iela 2b, Tel. (6)3012445, Mo–Fr 8–19, Sa 8–13 Uhr.

Unterkunft

■ **Hotel Jelgava**②, Lielā iela 6, Tel. (6)3026193, www.hoteljelgava.lv (auch auf Deutsch). Touristen wählen oft diese Unterkunft. Das Hotel liegt sehr zentral, hat einen guten Dreisterne-Standard, eine gemütliche Einrichtung und ein breites Service-Angebot mit Sauna, Café, WLAN, Autovermietung und Vermittlung von Ausflügen. Große, angenehme Zimmer, Übernachtungspreise jeweils inklusive Frühstücksbüffet und Sauna.

Essen und Trinken

■ **Čili Pica,** Katoļu iela 7 und Rigas iela 11a, Tel. (6)3045555, geöffnet täglich 10–24 Uhr, leckere Pizzavariationen.
■ **Silva,** Driksas iela 7/9, Tel. (6)3084899, großes Café-Bistro-Restaurant gegenüber dem Einkaufszentrum, Mo–Sa 8–19, So 10–17 Uhr. Behindertengerecht, Internetzugang.
■ **Crash,** Akadēmijas iela 21, So–Do 12–23 Uhr, Fr und Sa 12–1 Uhr, Tel. (6)3010000. Modern gestaltetes Restaurant im Stil eines amerikanischen Diners, mit Bowlingbahn. Wegen der langen Öffnungszeiten beliebter Treffpunkt.
MEIN TIPP: Chocolate & Pepper, Kr. Barona iela 6, Tel. (6)3024925, www.choco-pepper.lv, geöffnet tägl. 12–23 Uhr, Fr/Sa 12–2 Uhr. Schön an einer kleinen Grünfläche gelegenes, preiswertes Restaurant und Cocktailbar, stilvoll eingerichtet, wenige Schritte vom Stadtkern gelegen.

Nachtleben

■ **Mūzikas klubs Jelgavas krekli,** Lielā iela 19a, Tel. (6)3022259, Mo, Di, Do, So 12–24 Uhr, Mi, Fr, Sa 12–5 Uhr. Neu gestalteter, schön mit verglaster Terrasse aufgemachter Musikklub mit Restaurant in einem Hinterhof der Hauptstraße Lielā iela, wenige Gehminuten vom Zentrum.

Einkaufen

■ **Pilsētas pasāža,** dieses übersichtliche, aber moderne, 2004 eröffnete Einkaufszentrum bietet auf zwei Etagen eine Vielzahl an Cafés, Imbissen, Restaurants und Geschäften aller Art, mit Bekleidung und Schuhen bis hin zu lettischer Seife und Schokolade. Der große **Supermarkt** *Maxima* im Inneren ist täglich von 8 bis 22 Uhr geöffnet, andere Geschäfte 10–21 Uhr, www.pilsetaspasaza.lv.

■ **Latvijas keramika A,** Rīgas iela 67, Tel. (6)30 22868, www.keramika.lv. Souvenirs, besonders einige schöne Keramikprodukte im Stil der Region. Etwas außerhalb in Richtung Riga.

Verkehrsverbindungen

■ **Auto:** Die A8 führt von Riga direkt nach Jelgava. Einige Kilometer vor der Ortseinfahrt geht die Trasse in eine kleinere Landstraße über. Die Fahrzeit beträgt unter einer Stunde.

■ **Bahn:** Es gibt eine Vorortbahn, die den ganzen Tag über mindestens einmal pro Stunde verkehrt (Fahrzeit ca. 45 Min., Preis 1,90 Euro, www.ldz.lv). Abgesehen von Riga lohnt sich die Anreise mit der Bahn nicht.

Wer am Bahnhof (Dzelzceļs, Stacijas laukums) ankommt, ist nicht weit vom Zentrum entfernt. Wenn man den Zemgales prospekts einige Hundert Meter geradeaus läuft, geht die Straße in die sehenswerte Akadēmijas iela über.

■ **Bus:** Wesentlich größer ist das Angebot an Linienbussen und Minibussen, die den zentral gelegenen Busbahnhof (*Jelgavas Autoosta,* Pasta iela 26, wenige Schritte von der Touristeninformation, 6–23 Uhr, Tel. (6)3022639, Fahrpläne unter www.auto osta.lv) von allen Richtungen des Landes ansteuern. Busse verkehren täglich unter anderem nach Tērvete, Dobele, Bauska, Riga und Ventspils. Von Riga täglich über 70 Verbindungen, Fahrzeit 55 Minuten, Preis 2,30 Euro. Viele Rigaer bevorzugen die Minibusse, die noch häufiger und flexibler verkehren und bei denen man jederzeit ein- und aussteigen kann.

Dobele

Das Städtchen liegt gut 30 Kilometer von Jelgava entfernt. Man erreicht es auf der einfachen, aber recht ordentlichen P97 in westlicher Richtung. In dem Ort mit gut 11.000 Einwohnern sollte man einen Stopp einlegen, um die Ruinen der **Livländischen Ordensburg** zu bestaunen, die am Fluss Bērze über Dobele thronen. Vor über 750 Jahren tauchte der Name erstmals in historischen Quellen auf, doch es handelte sich zunächst nur um eine kleine Siedlung von Holzhütten. In den Livländischen Kriegen zum Ende des 16. Jahrhunderts wurde das Dorf dem Erdboden gleich gemacht und an seiner Stelle entstand die Ordensburg, in deren Umkreis Doblen, so der deutsche Name, zu wachsen begann. Vom Parkplatz schlängelt sich ein Weg hinauf zur Burg. Der offizielle Aufstieg ist einige Schritte weiter an der Hauptstraße gelegen. Es sind Reste der Grundmauern erhalten, zwischen denen man auf Rasenflächen umherspazieren und schöne Foto-Motive oder sogar einen gemütlichen Platz für eine Picknick-Pause finden kann.

Die schneeweiße evangelisch-lutherische **Kirche** im Zentrum Dobeles ist bereits ein halbes Jahrtausend alt. Sie wurde 1495 auf Anweisung des legendären livländischen Ordensmeisters *Wolter von Plettenberg* errichtet, später jedoch mehrfach grundlegend umgebaut.

Hübsch ist in Dobele der kleine **Marktplatz** (Tirguslaukums). In den 1960er Jahren hieß er „Sowjetplatz" – ein Name, dessen sich die Letten nach der Wiedergewinnung der Unabhängigkeit schnell entledigten.

Praktische Tipps

Informationen

■ **Touristeninformation,** Baznīcasiela 6, Tel. 261 36682, www.dobele.lv.

Unterkunft

■ **Dabaicēni**②, Tel. 29322410, Ferienhaus mit drei Schlafzimmern im gleichnamigen Dorf, knapp 5 Kilometer nördlich von Dobele. Ideal für eine Familie oder eine Gruppe von Freunden, kann aber auch von nur zwei Personen gemietet werden, sogar für eine Nacht. Oft sehr günstige Last-Minute-Angebote über www.booking.com. Mit Sauna, toller Terrasse über einem Teich, Internet.

Essen und Trinken

■ **Mārtiņroze,** Tirguslaukums 3, Tel. (6)3722962, typisch lettische *kafejnīca,* diese Mischung aus Bistro, Café und Restaurant. Günstiges und leckeres Essen direkt am Marktplatz.
■ **Miltiņkrogs,** Miltiņi, Tel. (6)3722132, rustikaler und gemütlicher Gasthof mit lettischer Küche nahe Dobele an der Straße Richtung Jelgava.

▷ Morgenstimmung im Naturpark von Tērvete

2d

Tērvete

Der recht kleine Ort Tērvete ist im ganzen Land vor allem wegen seines beliebten, gleichnamigen **Bieres** bekannt. Doch die Brauerei *Tērvetes,* die gar nicht im Dorf selbst liegt, ist keineswegs die einzige Attraktion. Ein großer **See** und ein **Naturpark** mit **hervorragenden Wanderwegen** machen Tērvete zu einem Muss für jeden Reisenden, der sich dieser Region auch nur nähert. Von Dobele kommend, fährt man knappe 20 Kilometer auf der P103. Einige Kilometer vor Tērvete liegt linkerhand die kleine Brauerei. Von Jelgava aus führt die P95 direkt nach Tērvete – Fahrstrecke knapp über 20 Kilometer. Tērvete ist so klein, dass es nur über ein Geschäft und eine Tankstelle verfügt, die abends zum Dorfladen mutiert.

Naturpark

Für den großen und schönen Park von Tērvete sollte man am besten einige Stunden einplanen. Vor einigen Jahren wurde ein schönes **Besucherzentrum** eingerichtet (an der Straße nach Dobele, Schild *Dabas Parka Centrs*). Im Park fällt als erstes auf, wie hügelig er ist. Das Flüsschen Tērvete schlängelt sich in seinem Tal durch kleine, malerische Schluchten. Die Wanderung im Naturpark ist also durchaus anstrengend. Kinder haben Freude an einem langen **Märchenpfad** mit plastischen Darstellungen berühmter und weniger bekannter Geschichten – hier finden sich **Figuren, Baumhäuser, Hochstände** und vieles

zum Anfassen, Klettern und Herum-
toben. Daneben wurde auch ein **Hexen-
wald** und **Zwergenwald** mit Miniatur-
Häuschen eingerichtet. Es gibt sogar einen kleinen „**Märchenzug**", eine Bim-
melbahn, in die jeder für 0,75 Euro pro
Station einsteigen kann. Von einem
Holzturm bietet sich eine schöne Aussicht. Klosterberg und Schlossberg haben zwar heute weder Kloster noch
Schloss zu bieten, die Ruine der Ordensburg steht aber noch. Die Festung wurde
im 14. Jh. errichtet. Im Jahre 1701 erneu-
erten die Polen die Burg, im Krieg gegen
Schweden wurde sie dann endgültig zerstört. Und eine Attraktion ist 2015 hinzugekommen: der „**Skyway**", ein Weg
aus mit Seilen befestigten Holzpodesten,
der in acht bis zehn Meter Höhe durch
die Baumwipfel führt (Erwachsene 7
Euro, Familien 21 Euro).

So soll jeder sich fühlen wie der Held
Sprīdītis aus den Märchen von **Anna
Brigadere,** denn der Park ist vor allem
mit der in Lettland legendären Schriftstellerin verbunden (1861–1933). Ihre
Trilogie „Gott. Natur. Arbeit", in der
Tērvete eine wichtige Rolle spielt, hat
stark zur Prägung des lettischen Nationalbewusstseins beigetragen. *Brigadere*
verbrachte ihre Kindheit in Tērvete und
kehrte später immer wieder zurück. Ihre
letzten elf Sommerferien verlebte sie im
Hof *Sprīdīši,* der heute nahe dem Haupteingang innerhalb des Parks steht.

Neben dem gemütlichen **Restaurant-
Café** (geöffnet 11–20 Uhr) und dem
kleinen **Hotel①** (Tel. 26532691, www.
spridisi.lv, Seite nur auf Lettisch) ist in
dem Gebäude ein **Museum** zu Ehren der
Schriftstellerin untergebracht (Mi–So
10–17 Uhr, Eintritt 2,50 Euro).

Der Naturpark umfasst etwa 1200
Hektar Terrain mit dem Flüsschen in
seiner Mitte, das zum Tērvete-See führt.
Über die Geschichte Tērvetes, wo sich

904b mk

schon im 12. Jh. dramatische Kämpfe zwischen semgallischen Stämmen und den deutschen Kreuzrittern zugetragen haben, informiert auf anschauliche Weise das recht kleine **Historische Museum** gegenüber dem Haupteingang zum Park. Direkt neben dem Museum ragt ein weiterer großer **Aussichtsturm** in die Höhe. Wer ihn erklimmt, genießt das Panorama des Ortes, des Parks und des Schwanensees.

◾ **Tērvetesdabasparks** mit **Touristen-Informationszentrum**, Tel. (6)3726212, www.mammadaba.lv, geöffnet 9–19 Uhr, im Winterhalbjahr meist kürzer, Eintritt 4 Euro, Familie mit zwei Kindern 11 Euro, Aussichtsturm 1 Euro.

Tērvete-See

Das auch „**Schwanensee**" genannte Gewässer erreicht man über die Straße in Richtung Jelgava. Noch vor der Ortsausfahrt ist nach links ein Sanatorium ausgeschildert. Nach wenigen Sekunden gabelt sich die Strecke. Der rechte, nicht gute, aber per Auto befahrbare Feldweg führt über einige hundert Meter direkt zum See. Kaum zu glauben, dass diese idyllische, 70 Hektar große Wasserfläche künstlich angelegt wurde und erst im Jahre 1980 entstand. Es gibt auch einen Wanderweg direkt vom oben beschriebenen Naturpark zum See und dann in gut sechs Kilometern um ihn herum. Auf einer **Insel** in der Mitte des Sees steht ein Häuschen, von dem aus seltene Vögel wie Graureiher oder Rohrdommeln beobachtet werden können.

Unterkunft, Essen und Trinken

◾ **Tērvetesüdenskrātuve**①, laivubāze, kempings, Tel. 26115333, sechs Holzhütten, äußerst idyllisch am See gelegen. Mit eigenem Uferzugang. Grillplatz, Zelten möglich. Nur Trockentoiletten, keine Duschen, kleiner Strand, Bootsverleih.

◾ **Gasthaus (Viesu Nams) Laima**②, Tel. 29495 041, modern gestaltetes Restaurant mit ordentlichen Gästezimmern in mittlerer Preislage, gelegen an der Hauptstraße zwischen dem Eingang zum Naturpark und dem Ortszentrum. Bewachter Parkplatz, Fahrradverleih, Verkauf von Honig aus eigener Imkerei.

◾ **Pūteļkrogs**①, Dorf Zalenieki, Tel. 29624817, www.puteli.lv, Restaurant und Gasthaus mit elf Zimmern in familiärer Atmosphäre, kurz hinter Tērvete in Richtung Jelgava, betrieben von einer sympathischen Managerin (spricht gut Englisch), die 2008 diese ehemalige Molkerei erwarb und eine neue „Karriere" begann. Kleine Sauna, gutes Essen.

Umgebung von Tērvete

Augstkalne

Eine schöne Ausflugsmöglichkeit von Tērvete (eine Viertelstunde mit dem Auto, auch schön per Fahrrad) bietet das kleine **Dorf** Augstkalne nahe der litauischen Grenze. Hier steht eines der in Lettland so zahlreichen Herrenhäuser (*muiža*). Das rote Ziegelstein-Gebäude heißt *Mezmuiža* – nicht vergleichbar mit einem richtigen Schloss, aber doch malerisch. Es wurde Mitte des 19. Jh. im neogotischen Stil errichtet und beherbergt heute eine Schule. Wer zielstrebig zum Eingang geht, kann einen kurzen Blick ins Innere werfen. Der große und kleine Saal werden außerhalb der Schulzeiten für Veranstaltungen genutzt.

Blankenfelde

Von Tērvete führt die P103 in Richtung Eleja. Doch einige Kilometer vor der Ortseinfahrt geht eine schmale Straße rechts ab nach Blankenfelde, das ebenfalls unmittelbar an der Grenze liegt. In alten Zeiten hatten alle Orte in Kurland und Semgallen deutsch klingende Namen, doch im 21. Jahrhundert ist dies kaum noch anzutreffen. Wer neugierig genug ist, den Abstecher in Kauf zu nehmen, erfährt den Hintergrund: Blankenfelde ist gar kein Dorf. Es besteht eigentlich nur aus einem alten, viele Jahre deutsch geführten **Herrenhaus** und der Ruine eines Nebengebäudes. Das Bauwerk wurde 1743 als Landgut im Barockstil errichtet. Hausherren waren verschiedene deutschstämmige Gutsbesitzer, bis der letzte von ihnen, *Wilhelm von Hahn,* im Rahmen der Agrarreform das Gebäude abgeben musste.

Der vor wenigen Jahren noch ein wenig heruntergekommen und sehr verlassen daliegende Gebäudekomplex samt Park wurde von einem privaten Investor in den letzten Jahren grundlegend renoviert und auf Schwung gebracht. Er bietet jetzt **Veranstaltungen, Übernachtungen** und **Besichtigungen** an (Tel. 278 10348, www.blankenfeldesmuiza.lv).

Von Eleja nach Jelgava

Eleja an der A8, südlich von Jelgava, hat die Ruinen eines großen **Herrenhauses** in einem schönen Park zu bieten. Nur 200 Meter entfernt thront eine imposante, uralte Eiche.

Entlang der Straße nach Jelgava gibt es zunächst eine schöne **Windmühle** zu entdecken. Sie liegt in **Platone,** im vorletzten Dorf vor der großen Stadt. Auf der rechten Straßenseite zeichnet sich die rote Mühle bereits von weitem am Horizont ab und ergibt ein Bild geradezu perfekter **Landidylle.**

Hinter dem Jelgava am nächsten gelegenen Dorf Lapas führt eine kleine Straße nach rechts ins drei Kilometer entfernte **Vircava.** Auch dort steht ein kleines **Herrenhaus.** Immer wieder führt der Weg dorthin durch dichte Alleen, die teilweise wahre Tunnel aus mächtigen Linden bilden.

Bauska

Die kleine Stadt Bauska mit knapp 10.500 Einwohnern wird von fast jedem Touristen zumindest durchfahren, denn sie liegt an der **Via Baltica,** nur 66 Kilometer von Riga entfernt. Sie wäre nicht besonders hervorzuheben, hätte sie nicht eine große, schöne **Burg** im Zentrum zu bieten. In der Umgebung liegen ein Palast (Mežotne) und das wohl berühmteste Schloss Lettlands (Pilsrundāle). Daher kommt Bauska als Basis für mindestens einen Tag in Frage.

Auch wenn Bauska wie eine verschlafene Kleinstadt wirkt, hat es sein Gesicht durch die Öffnung der Grenzen und den Tourismus verändert. Die Supermärkte profitieren vom gewaltigen Durchgangsverkehr (es gibt keine Umgehungsstraße) und die Schlösser und Burgen in der Nähe ziehen immer mehr Besucher an.

Stadtgeschichte

Im Jahr 2009 feierte Bauska sein **400-jähriges Bestehen.** Damit ist das Städtchen nicht ganz so alt wie einige andere Orte in Lettland. Wie so oft war es auch hier der Schwertbrüderorden, der mit dem Bau einer mächtigen Burg den Grundstein für ein Dorf legte. Im 16. und 17. Jh. begann ein rasantes Wachstum. 1609 hatte die Stadt schon größere Bedeutung, was Handwerk und Handel anging. Doch die glücklichen Zeiten währten nicht lange, denn mehrere Kriege machten ab Ende des 17. Jh. viele der Fortschritte zunichte. Eine schwere Pestepedemie 1710 tat ein Übriges, um die Zahl der Bewohner, aber auch ihren Wohlstand zu dezimieren.

Im 19. Jh. kam ein großer Umschwung: Der Handel blühte wieder auf, die Industrialisierung setzte langsam ein. Die Händler waren großteils eingewanderte Juden, die schließlich fast die Hälfte der Stadtbevölkerung stellten. Die Stadt gehörte zum russischen Zarenreich, doch die hier lebenden Deutsch-stämmigen behielten viele ihrer Privilegien.

Nach dem Ersten Weltkrieg war Bauska wie der Rest des Landes Teil des freien lettischen Staates. In der Zwischenkriegszeit wurde es zu einem regionalen Zentrum und die Letten stellten nun drei Viertel der Bewohner. Dennoch spielten deutsche und jüdische Händler weiter eine wichtige Rolle. Dies endete mit dem Ausbruch des Zweiten Weltkriegs, der Auswanderung der meisten Deutschen und 1940 mit der Zwangseingliederung in die Sowjetunion. Drei Jahre lang okkupierten die deutschen Truppen Bauska: von 1941 bis 1944. In dieser Zeit wurden die meisten jüdischen Bewohner umgebracht, wenn es ihnen nicht gelungen war, vorher zu fliehen.

Als kleine Stadt in der riesigen Sowjetunion veränderte sich Bauska gewaltig, denn Tausende von Menschen aus anderen Sowjetstaaten wurden angesiedelt, sodass die Letten lange Zeit in der Minderheit waren. Anders als im nahen Jelgava ist Russisch hier heute aber nicht mehr die dominierende Sprache, auch wenn immer noch viele lettische Russen im Ort leben.

Kreuzritterburg

MEIN TIPP: Die größte Touristenattraktion der Stadt ist die mittelalterliche Kreuzritterburg, die dem Zentrum sehr nah liegt und nicht zu verfehlen ist. Etwas jünger als andere Burgen ihrer Art, entstand sie Mitte des 15. Jh. in der strategisch günstigen, leicht erhöhten Lage zwischen den beiden Flüssen Mēmele und Mūsa, die sich kurz hinter der Festung zur Lielupe vereinigen.

▷ Burg Bauska

Die alte Burg bildete ein unregelmäßiges Rechteck, hatte fünf Türme, die mit beinahe **vier Meter dicken Mauern** verbunden waren und ein Garnisonsgebäude. Weitere Türme wurden im Laufe der Zeit hinzugefügt – teilweise mit unterirdischen Verbindungswegen von einem zum anderen. Die Kellerräume dienten den Ordensherrschern als Gefängnis.

Heute sind von dieser ursprünglichen Anlage nur noch einzelne Elemente übrig geblieben, denn der Herzog von Kurland ließ um 1670 einen guten Teil der Festung abtragen und ordnete den Bau einer neuen Burg an. Besucher erhalten bis zum heutigen Tag aber einen Eindruck von der ursprünglichen Burg, denn die alten Befestigungsmauern, die Türme und das Portal wurden in den Neubau integriert. Drei Gebäude mit zwei Etagen bildeten von nun an einen hufeisenförmigen, allerdings relativ kleinen Innenhof.

Doch lange hatte keiner etwas von der Burg. Nachdem bereits Schweden, Polen und die Kurländer selbst um das Bauwerk gekämpft und es teilweise beschädigt hatten, war es schließlich der Krieg zwischen Schweden und Russland, der Anfang des 18. Jh. der Burg den Garaus machte: Zar *Peter der Große* gab 1706 die Order, die Festungen in Jelgava und Bauska dem Erdboden gleich zu machen. Der Befehl wurde nur teilweise ausgeführt, doch fast dreihundert Jahre lang nahm sich niemand mehr dem Wiederaufbau der Burg an und so verfiel sie zu einer malerischen Ruine. Die Menschen stahlen Steine und gusseiserne Elemente und verwendeten sie für ihre eigenen Häuser.

1973 begann der langwierige und mühsame Prozess des Wiederaufbaus. 1990, kurz vor der Wiedererlangung der Unabhängigkeit, wurde das **Museum** eröffnet. Doch zu einem Durchbruch kam

1111e mk

es erst in den letzten Jahren, nachdem 2006 endlich wieder Mittel für die Restaurierung zur Verfügung standen. Inzwischen ist die Burg fast komplett wieder aufgebaut. Besonders reizvoll ist es, über die schmalen Steintreppen den Turm zu erklimmen und von oben die Festungsanlage, die beiden Flüsse und das Städtchen mit seiner malerischen Umgebung zu überblicken.

Rundgang

In der Besichtigung inbegriffen ist ein Rundgang durch einige der ehemals **herzöglichen Säle,** etwa das Empfangs- und das Wohnzimmer des Fürsten oder der „Landtag", wo sich die kurländischen Abgeordneten zu Versammlungen einfanden. Diese Säle sind größtenteils recht leer und noch nicht wieder originalgetreu eingerichtet. Dafür wurden Informationstafeln und zahlreiche Ausstellungsstücke in den Räumen platziert, etwa **Rüstungen und Waffen,** eine massive, mit Eisen beschlagene Holztruhe oder der nachempfundene Versammlungstisch der Landtagsabgeordneten.

Am interessantesten ist es allerdings, die geschichtsträchtigen Räume, die ohne Flur ineinander übergehen, einmal abzuschreiten und durch die schmalen Fenster nach draußen zu blicken. Neben der Geschichte der Burg wird auch eine Ausstellung über Kleidung und Ornamente des Herzogtums Kurland gezeigt.

Sehr schön ist auch ein Spaziergang rund um den **Burghügel** und zum Ende der Insel Ķirbaksala, wo die beiden Flüsse sich vereinigen – ein idealer Ort für ein gemütliches Picknick.

■ **Bauskas pils,** Tel. (6)3922280, www.bauskas pils.lv, Mai bis September 9–19 Uhr, Oktober 9–18 Uhr, sonst 11–17 Uhr, Mo jeweils geschlossen, Kombiticket Burg, Turm und Museum 5 Euro, Familien 8 Euro, Fotografieren zusätzlich 1,50 Euro, Filmen 3 Euro, deutschsprachige Führung 30 Euro (Voranmeldung unter Tel. (6)3923793, bauska.pils @e-apollo.lv oder bauska.pils@gmail.com).

Feste

Das Gelände der Festung wird in der ersten Juliwoche jeden Jahres besonders lebendig, wenn das **Internationale Festival der Alten Musik** Teilnehmer und Besucher aus allen Himmelsrichtungen anlockt. Es gibt keine bessere Atmosphäre als die Umgebung der mächtigen mittelalterlichen Burg für diese Veranstaltung.

In der zweiten Juliwoche geht es mit einem **Countrymusik-Festival** weiter, allerdings nicht an der Burg, sondern auf der Freilichtbühne der Stadt.

In der ersten Septemberwoche ist das **Stadtfest** einen Besuch wert. Bauska verwandelt sich dann in eine Parade aus mittelalterlich, herzöglich oder auch modern gekleideten Menschen mit viel Musik und ausgelassener Stimmung.

Sehenswertes im Zentrum

Direkt am Marktplatz in einem historisch wichtigen Gebäude befindet sich das **Rathaus,** das Anfang des 17. Jh. gebaut wurde und mit seiner relativen Größe damals den Reichtum und wachsenden Wohlstand Bauskas widerspiegelte.

In den Straßen rund um den Marktplatz, besonders in der Rīgas iela und der

Plūdoņa iela, stehen noch einige **Holz- und Steinhäuser,** die einen Blick in das Bauska der Vergangenheit frei geben – auch wenn die meisten nicht im besten Zustand sind und ein wenig verfallen wirken. Doch auch hier gibt es Fortschritte: Straßen wurden neu gepflastert, Plätze verschönert und einige Gebäude bereits renoviert.

Stein Peters des Großen

Zwischen Zentrum und Burg sind noch zwei steinerne Zeugen der Geschichte erwähenswert: An der Ecke Kalēju iela und Rūpniecības iela ruht der große Stein Peters des Großen. Hier soll der russische Zar *Peter I.* mit dem polnischen König *August dem Starken* ge-

Zemgale – der Süden

Bauska   0 ▬▬▬ 200 m   © Reise Know-How 2017

Einkaufen/ Sonstiges
5 Fahrradverleih
7 Supermärkte Rimi und Maxima

Jauncode

Riga

Ⓜ Maschinen- museum

Museum für Regionalstudien und Kunst

Rathaus- platz

2 ★ Palast Mežotne

3

Kulturhaus ● Bibliothek

★ Stein Peters des Großen

Freiheitsdenkmal ★

Busbahnhof

8

Polizei ●

Litauen

⛪ Kreuzritterburg

★ Pilsrundāle

Bērzkalni

Unterkunft
1 Camping Labirinti
2 Camping Araji
8 Rixwell Bauska Hotel

Essen und Trinken
3 Kungu ligzda
4 Tornis Taverna
6 Pie Rātslaukuma
7 Hesburger

meinsam gegessen haben. Später haben die beiden angeblich ihre Silberlöffel unter dem Stein versteckt.

Freiheitsdenkmal

Ein Stück näher zur Burg, am Brīvības bulvāris, steht das **Denkmal der Freiheitskämpfer von 1929.** Die Bronzestatue eines semgallischen Kämpfers auf hohem Sockel soll an die Helden der ersten lettischen Unabhängigkeit erinnern.

Museum für Regionalstudien und Kunst

Kurios ist das Museum für Regionalstudien und Kunst. In dem Gebäude eines ehemaligen noblen Hotels wird neben der interessanten Geschichte der früher in Bauska lebenden Minderheiten wie Deutschen und Juden und der Entwicklung Bauskas im 20. Jh. eine Sammlung von **Spielzeug und Puppen** einer einheimischen Künstlerin gezeigt. Als wäre das noch nicht Kontrast genug, wurde auch ein **Friseursalon** aus den 1920er und -30er Jahren nachgebaut.

■ **Bauskas novadpētniecības un mākslas muzejs,** Kalna iela 6, Tel. (6)3960508, www.bauskas muzejs.lv (mit englischer Version), geöffnet Mai–Oktober Di–Fr 10–18, Sa/So 10–16 Uhr, November–April Di–Fr 10–17, Sa/So 10–16 Uhr, Eintritt 1,40 Euro, Familie (bis 3 Personen) 2,80 Euro.

Maschinenmuseum

Für Technikfreunde bietet sich das Maschinenmuseum an, eine Außenstelle des faszinierenden Rigaer Automuseums. Schwerpunkte der Ausstellung sind die **Entwicklung des Automobils** in Lettland mit einigen schönen und kuriosen Oldtimern sowie Nutzfahrzeuge wie **Traktoren und Feuerwehrautos,** darunter ein imposanter Traktor der Marke Lanz Bulldog aus den 1930er Jahren.

■ **Mašīnu muzeja izstāde,** Sarkanmuiža 6, Tel. (6)7025887, geöffnet Di–Sa 10–18 Uhr, Eintritt 2 Euro, Familie mit bis zu 4 Kindern 4 Euro.

Praktische Tipps

Information

■ **Touristeninformation,** Ratslaukums 1, Tel. (6)3923797, www.tourism.bauska.lv (Seite auch auf Deutsch), Mai–Sept. Mo–Fr 9–17, Sa/So 10–16, sonst Mo–Fr 9–17, Sa/So 10–14 Uhr. Freundliches, englischsprachiges Personal, viele Prospekte über Stadt und Region (auch Pilsrundāle). Verleih von Fahrrädern, auch Verkauf von Bustickets. Hier kann man auch Sonderaktionen buchen wie etwa einen romantischen Abend an der Burg.

Behinderte

Die Besichtigung der Burg gestaltet sich ohne Hilfe leider schwierig bis unmöglich, denn es sind Hügel und Treppen zu überwinden. Ein Spaziergang auf der Burginsel ist dagegen gut möglich.

Notfälle und nützliche Adressen

■ **Krankenhaus:** Dārza iela 7/1, Tel. (6)3923158.
■ **Apotheken:** *Bauskas aptieka,* Darza iela 7/3, Tel. (6)3960503.

■ **Post:** *Pasta Centrs Bauska,* Slimnīcas iela 9a, Tel. (6)3922268, Mo–Fr 8–18.30 Uhr, Sa 8–13 Uhr.

■ **Polizei:** Zaļā iela 12, Tel. (6)3922646.

Unterkunft

8 Rixwell Bauska Hotel①-②, Slimnīcas iela 7, Tel. (6)3920295, www.rixwell.com. In einem alten Block gelegen, aber grundlegend renoviert. Keine Sensation, doch saubere, ordentliche Zimmer im Zentrum der Stadt zu sehr anständigen Preisen. Im Sommerhalbjahr mit **Restaurant.**

Camping

2 Araji①, Mežotnes pagasts, Tel. 29475007, andrris@navigator.lv. Fünf Kilometer von Bauska entfernt auf dem Weg zum Palast in Mežotne (beim Dorf Jumprava dem Hinweisschild folgen), schön ruhig im Grünen (Wohnmobil 10–15 Euro), mit schönen Holzhütten für zwei Personen mit breiten Doppelbetten (15 Euro pro Person) und zahlreichen Zeltplätzen (Zelt 5 Euro, pro Person 1 Euro). Dusche, Küche, lettische Sauna, Grill- und Feuerstelle, Fahrradvermietung. Geöffnet Mai bis Oktober. Der Besitzer spricht Englisch.

1 Labirinti①, Tel. 26320336, www.labirinti.lv. Gut ausgestatteter Campingplatz 18 km nördlich von Bauska nahe der *Via Baltica* (in Richtung Riga, bei Iecava), für Wohnmobile und zum Zelten; Küche, Waschmaschinen, Grill, Spielplatz und Bootsfahrten. Ganzjährig geöffnet. Wohnmobil 15 Euro, Zelt 5 Euro.

Essen und Trinken

3 Kungu ligzda, Rīgas iela 41, Tel. (6)39 2400, www.kunguligzda.viss.lv. Restaurant des gleichnamigen Hotels mit schöner Sommerterrasse am Fluss Mēmele. Lettische und internationale Küche.

6 Pie Rātslaukuma, Plūdoņa iela 38, Tel. (6)39 23233, geöffnet 8–20 Uhr. Klassische lettische *Kafejnīca* direkt am Rathausplatz. Sehr günstige einheimische Speisen und Getränke in einfacher Atmosphäre.

4 Ein weiteres einfaches Lokal ist die ebenfalls nahe dem Rathausplatz gelegene **Tornis Taverna,** Rīgas iela 27, mit typisch lettischen Gerichten zu sehr günstigen Preisen.

7 Hesburger, Pionieru iela 2, *Fast-Food*-Restaurant im skandinavischen Stil bei den großen Supermärkten auf dem Weg aus dem Zentrum in Richtung Litauen.

Einkaufen, Sonstiges

7 Rimi und **Maxima,** zwei Supermärkte nebeneinander an der Durchfahrtsstraße Pionieru iela.

5 Fahrradverleih und -reparatur: *Velo sēta,* Kalna iela 12, Tel. (6)3960636.

Verkehrsverbindungen

■ **Bus:** täglich über 30 Verbindungen nach Riga, Fahrzeit 1 Std. 10 Min. Preis 3,05 Euro, und in andere Städte Lettlands. Auch der nahe gelegene Palast von Mežotne wird mehrmals täglich angefahren, Schloss Pilsrundāle fast jede Stunde bis zum frühen Abend. Ein aktueller Busfahrplan ist im Internet unter www.tourism.bauska.lv zu finden. Der Busbahnhof (*Bauskas Autoosta,* Slimnīcas iela 11, Tel. (6)3922477) liegt im Zentrum.

Schloss Pilsrundāle

Das Schloss von Rundāle ist der **bekannteste Palast Lettlands.** Man erreicht ihn von Bauska nach gut zwölf Kilometern auf der P103 nach Westen in Richtung Dobele (Busse verkehren etwa stündlich).

Das riesige, prächtig verzierte und überreich ausgestattete **Barockschloss** mit Rokoko-Elementen ist nach Riga das Reiseziel Nummer eins für Touristen aus dem In- und Ausland. Wer an einem Wochenende im Sommer kommt, wird sich vor dem **Ansturm an Besuchern** manchmal kaum retten können. Die Menge erinnert mehr als irgendwo anders in Lettland an die klassischen, überlaufenen Touristenattraktionen in Paris, Rom oder London. Die Schönheit der Architektur und der Ausstattung steht jedoch außer Frage.

An Samstagen fahren oft lange, weiße *Lincoln*-Stretchlimousinen vor, in denen frisch vermählte Brautpaare zum Schloss kutschiert werden, um dort auf dem Hof oder sogar in den Gemächern standesgemäße Fotoshootings zu absolvieren. Hochzeitspaare in Limousinen sind interessanterweise fast immer Russen oder russischsprachige Letten.

Im Vergleich zu manch anderem lettischen Palast ist Pilsrundāle relativ jung, denn es entstand in kürzester Zeit zwischen 1736 und 1740. Bauherr war der Herzog von Kurland, *Ernst Johann von Biron,* der auch in Jelgava für die Errichtung des Palastes und der Academia Petrina verantwortlich war. Von Biron genoss das Vertrauen und die Unterstützung der russischen Zarin *Anna Iwanowna* und konnte sich daher ein Prestigeobjekt wie Pilsrundāle erlauben, das er als Sommerresidenz für sich selbst vorgesehen hatte.

Der italienische **Architekt Francesco Rastrelli** war, wie in Jelgava auch, für den Entwurf des Anwesens zuständig. Es war 1740 noch nicht fertig errichtet, als die Zarin starb und Herzog von Biron in Ungnade fiel. Erst als *Katharina II. („die*

Der **Parkplatz** ist ein wenig provisorisch organisiert, sodass viele Ortskundige einfach an der Landstraße halten. Dennoch empfiehlt es sich, den Wegweisern zum offiziellen Parkplatz zu folgen.

⌃ ⏵ Barocke Pracht im Inneren von Schloss Pilsrundāle

Große") in St. Petersburg das Zepter übernahm, konnte von Biron zurückkehren und sein Werk vollenden fast 25 Jahre später. Zu dieser Zeit entstand der Großteil der Inneneinrichtung. Für die **Malereien** an Wänden und Decken waren die Italiener *Francesco Martini* und *Carlo Zucchi* verantwortlich.

Als Kurland und Semgallen vollständig ans Zarenreich fielen, geriet das Schloss in den Besitz mächtiger russischer Familien. Erst 1920 enteignete der junge lettische Staat die Hausherren und nahm den Palast an sich. 1933 wurde das staatliche Geschichtsmuseum in den edlen Gemäuern von Pilsrundāle untergebracht. Dem Objekt blieb wie durch ein Wunder im Zweiten Weltkrieg das Schicksal der meisten anderen Paläste und Burgen erspart, die schwer beschädigt oder zerstört wurden. Einzig der Zahn der Zeit nagte an dem Gebäudekomplex. 1972 wurden das **Rundāle-Palastmuseum** eröffnet und Restaurierungsarbeiten aufgenommen. Sie dauern bis heute an, auch wenn die meisten Gebäudeteile schon wieder in altem Glanz erstrahlen.

Die rechteckige Schlossanlage liegt malerisch in der grünen, spärlich besiedelten Landschaft von Zemgale. Ein von zwei **Löwenfiguren** bewachtes Portal durchbricht die Fassade, führt in den großen Innenhof und direkt auf den Haupteingang zu (die Kassen liegen hinter dem Portal rechts). Die gelbe Fassade mit der weißen Fenster-Umrahmung von Pilsrundāle erinnert deutlich an das Aussehen des Palastes im nahen Jelgava.

Noch nicht alle Flügel des Schlosses sind zur Besichtigung frei gegeben. Dennoch lohnt sich der Besuch, denn vom **Arbeitszimmer** des Herzogs bis zum

113le mk

Schlafzimmer der Herzogin, vom repräsentativen Empfangssaal, dem **goldenen Saal** mit Deckenmalereien und dem Treppenhaus mit reicher **Stuckverzierung** bis zu glitzernden Kronleuchtern und prächtigen **Kachelöfen** gibt es vieles zu bewundern.

Gegen Aufpreis können wechselnde **Kunstausstellungen** in einigen Sälen besichtigt werden. Man sollte sich auch Zeit für einen Spaziergang durch den **französischen Schlossgarten** nehmen,

2d

der noch nicht ganz fertig gestaltet ist, jedoch mit jedem Jahr schöner aussieht.

■ **Pilsrundāle,** Tel. (6)3962274, www.rundale. net, Museum geöffnet Mai–Oktober tägl. 10–18 Uhr, November–April 10–17 Uhr, Park Juni–September 10–19, Mai, Oktober 10–18, November–April 10–17 Uhr. Einlass bis 30 Minuten vor Schluss. Kleine Tour 4 Euro, große Tour 6 Euro, Fotografieren 2 Euro, Filmen 5 Euro; man erhält einen Aufkleber, den man sichtbar tragen muss; auch deutschsprachige Führungen möglich. Eintritt in den Park Mai–Oktober 1,50 Euro, sonst kostenlos. Achtung: Kein zentraler, großer Parkplatz, die Besucher parken überall verteilt. Tipp: Man sollte auf der Straße am Schloss vorbeifahren, parken und einige Schritte zurücklaufen.

Übernachtung

■ **Viesu māja „Vīnkalni"** *(Hotel Rundale)*①-②, Tel. 25622730, www.hotelrundale.lv. Günstiges und sehr ordentliches Hotel mit geräumigen Zimmern in direkter Umgebung des Schlosses, besonders gut für Autofahrer, auch als Stopp an der nahegelegenen *Via Baltica*. DZ schon ab 40 Euro, im Angebot teils noch günstiger.

Palast Mežotne

Ein besonders schönes **Landschlösschen** ist in Mežotne zu finden, gut zehn Kilometer nordwestlich von Bauska (eine kleine asphaltierte Nebenstraße führt aus dem Ortskern dorthin). Der in schönster Umgebung gelegene weiß-gelbe Palast mit den häufig auf dem Rasen vor dem Gebäude grasenden Schafen als Markenzeichen ist einen Abstecher wert.

Ende des 18. Jahrhunderts, als Kurland und Semgallen bereits zum russi-

schen Reich gehörten, übertrug die Zarin *Katharina II.* Mežotne (deutsch: Mesothen) an *Charlotte von Liven*, die Lehrerin der Zarenenkel. Charlotte begann den Bau des Palastes, der 1802 abgeschlossen wurde. Die Liven-Familie blieb bis ins 20. Jh. hinein im Besitz der Immobilie.

Doch 1919 war die schöne Zeit vorbei: Der Palast erlitt bei Kampfhandlungen erheblichen Schaden. Gleich danach wurde die Landwirtschaftsschule hier untergebracht. 1944 feuerte die Rote Armee auf das Gebäude und zerstörte es fast vollständig. Erst 1958 wurden erste Restaurierungsarbeiten in Angriff genommen. Doch es dauerte bis 1996, als die lettische Immobilienverwaltung sich

des Objekts annahm und eine grundlegende Wiederherstellung durchführte. Im zweiten Obergeschoss richtete man ein **Hotel** ein.

Mežotne bietet neben dem schönen Palast auch einen **faszinierenden Landschaftspark** am Fluss Lielupe. Ein ausführlicher Spaziergang sollte eingeplant werden. Auch die Besichtigung der Innenräume ist die Zeit und das Geld wert. Die eleganten Treppen, Säle, Kronleuchter und klassizistischen Säulen und Figuren, die schön geschmückten Wände und Decken sowie das Parkett beeindrucken. Der kunsthistorische Wert mag nicht groß sein, weil die Arbeiten aus jüngerer Zeit stammen, doch ästhetisch wurde hier einiges richtig gemacht.

Für Romantiker mit ein wenig Erspartem in der Tasche ist eine Übernachtung sicher ein bleibendes Erlebnis. Man kann auf dem Parkgelände ein Lagerfeuer entzünden, außerdem lassen sich Boote mieten. Am Strand des Flusses ist Baden möglich.

⌃ Palast Mežotne

2d

■ **Mežotnes pils,** Tel. (6)3960711, www.mezot nespils.lv, Besichtigung des Palastes täglich 10–16 Uhr, Eintritt 2,50 Euro, Führung auf Englisch 35 Euro. **Schlossrestaurant** täglich 11–22 Uhr.

Hotel②: Die sehr geschmackvoll und individuell im Stil des 19. Jh. eingerichteten Zimmer (jeder Raum hat seinen eigenen Namen wie „Schwarzwald", „Rosenzimmer" oder „Schubert") Preise inklusive Frühstück und Besichtigung. Nicht stilecht, aber praktisch: Telefon und Fernseher in jedem Zimmer. Auch drei Einzelzimmer und einige Familienapartments sind vorhanden. Gegen Aufpreis steht eine Sauna zur Verfügung (Sauna 30 Euro/Stunde, Picknick-Korb 35 Euro).

Das Aufstellen eines **Zeltes** im Park kostet stolze 15 Euro, es macht sich aber wegen der traumhaften Umgebung bezahlt.

Entlang der mittleren Daugava nach Daugavpils

Die Strecke an der Daugava entlang von Riga nach Daugavpils führt durch drei der vier lettischen Regionen: Vidzeme, Zemgale und Latgale. Doch die interessanteste (und längste) Teilstrecke des Flusses gehört zu Zemgale. Jede der drei Städte **Jaunjelgava, Aizkraukle** und **Jēkabpils** ist für sich allein recht sehenswert, aber erst der Besuch aller drei Städte lohnt sich wirklich. Die gesamte Daugava-Strecke, an der die Orte liegen – mit einigen interessanten Zwischenstopps – sollte man nicht missen.

Jaunjelgava ist ein wenig schwer zu erreichen, denn es liegt auf der „falschen", der südlichen Seite des Flusses. In der direkten Umgebung steht keine Daugava-Brücke zur Verfügung. Deswegen empfiehlt es sich, von Riga kommend schon in Kegums den Strom zu überqueren und dann die kleinere P85 in Richtung Jaunjelgava zu nehmen. Aus Osten kommend, kann man in Aizkraukle die Brücke benutzen und so den Ort erreichen.

Jaunjelgava

Die Kleinstadt Jaunjelgava verfügt über ein sonst kaum zu findendes Ensemble **alter Häuser,** viele davon aus **Holz.** Wären nicht die vereinzelt durch das Städtchen fahrenden Autos, könnte man sich in einigen Straßen ins 18. oder 19. Jh. zurückversetzt fühlen, als viele der Gebäude entstanden.

Bemerkenswert ist auch, dass in diesem kleinen Ort gleich **vier Kirchen** stehen: eine evangelische, eine katholische, eine orthodoxe und eine Kirche der Altgläubigen. Ein Rundgang durch Jaunjelgava dauert nicht länger als eine Stunde.

Aizkraukle

Die nächste Stadt an der Route ist Aizkraukle mit knapp 9000 Einwohnern. Im Gegensatz zu vielen lettischen Orten blickt es auf eine kurze Geschichte zurück: 1960 wurde ein Dorf für die Arbeiter eingerichtet, die den **Staudamm von Pļavinas** an der Daugava bauten. Immer mehr Menschen siedelten sich an und 1967 stieg Aizkraukle zur Stadt auf. Technikfans können sich das riesige

Wasserkraftwerk (*Pļavinu hidroelektrostacija*, Tilta iela 1, Tel. (6)5110309) genauer anschauen. Neben der Besichtigung einer Ausstellungshalle werden auch Exkursionen ins Innere des Ungetüms angeboten.

Historische Spuren gibt es in Aizkraukle dennoch, was die Ruinen der mittelalterlichen **Kreuzritterburg** (Aizkraukles pilsdrupas) beweisen. Aus historischen Quellen ist bekannt, dass der Ort damals auf Deutsch Ascheraden hieß. Die Ruine ist ausgeschildert und liegt sehr malerisch an der Daugava. Man muss nicht auf der schlechten Straße ganz heranfahren, sondern kann die Reste der im 13. Jh. gegen einfallende Litauer errichteten Burg von oben betrachten. Die Zufahrt beginnt bereits deutlich vor Aizkraule direkt hinter Skriveri. Hier geht es nach rechts, vorbei an einer Kirche und dann noch ein Stückchen der Nebenstraße folgend. Der Blick auf die Ruinen und vor allem auf die Daugava entschädigt für den Abstecher.

✎ Am Ufer wurde ein **Naturschutzgebiet mit Wanderwegen** eingerichtet.

Koknese

Burg

Die **Ruinen** der Burg von Koknese (Zufahrt von Koknese Zentrum ausgeschildert), elf Kilometer hinter Aizkraukle, sind ein weiteres Highlight der Daugava-Tour. Wie ein **Wasserschloss** stehen sie im äußerst malerischen Daugava-Bogen, während ihre Mauern in den Himmel ragen. Die Burg gehört zu den interessantesten Ruinen des Landes, wegen der romantischen Lage, aber auch was die

Bedeutung für Lettland angeht. Sie ist der Schauplatz von einigen Szenen der mittelalterlichen Heldensage „Lāčplēsis", einem wichtigen Stück Literatur für die nationale Identität des jungen Staates.

Bischof *Albert* von Riga befahl 1209, die Burg lettischer Stämme durch eine neue Festung zu ersetzen. Damals hieß Koknese auf Deutsch **Kokenhusen**. In den Nordischen Kriegen des 18. Jh. wurde das Bauwerk schwer beschädigt und seitdem nie wieder aufgebaut. Ein wenig verwirrend ist seine Lage im Wasser. Das Bauwerk stand damals auf einem Hügel, doch das Gelände darum herum wurde nach dem Bau des Staudamms von Aizkraukle **geflutet,** sodass nur die Ruinen aus dem Wasser ragen.

Vom Parkplatz in der Nähe des Eingangs führt ein Fußweg durch einen **Park** zu den Ruinen. Besucher können dazwischen umherwandern. Im Zusammenspiel von Sonne, Wasser und Mauern tun sich je nach Perspektive faszinierende Motive auf.

Einen Steinwurf vom großen Parkplatz entfernt führt im Ensemble des alten Landgutshofes von Koknese die **Touristeninformation** viel Material über die Region. Man erfährt, wo man beispielsweise lokale Werkstätten besuchen und handgefertigte Erzeugnisse beim Produzenten erwerben kann.

■ **Kokneses pilsdrupas,** Tel. (6)5161296, 8–19 Uhr, Eintritt 1,60 Euro, Familie 5 Euro.

Park

Wanderwege laden zum Spaziergang im 18 Hektar großen Park ein, der außer zu den Burgruinen auch zu einer elf Meter

112le mk

hohen Holzskulptur, einem schönen Brunnen, einem Soldatenfriedhof und zu mächtigen, alten Kanonen führt. Der beste Startpunkt ist die Touristeninformation.

Burgmodell im Rathaus

Ein Modell der Burg, wie sie vor der Zerstörung einmal in ihrer ganzen Pracht ausgesehen haben soll, wird im Rathaus der Stadt ausgestellt (Melioratoru iela 1, Tel. (6)5161296).

Information

■ **Touristeninformation,** Melioratoru iela 1, Tel. (6)5161296, www.koknese.lv.

Unterkunft, Essen und Trinken

■ **MazāKāpa**①, Lakstīgaluiela 4, Tel. 29227936, Gasthaus am Flussufer mit Kamin, Seminarraum, Sauna und gerade einmal 3 Zimmern zum Übernachten. In der Lederwerkstatt kann man sogar selbst einmal sein Talent ausprobieren.

Jēkabpils

Hinter Koknese führt die A6 für einige Kilometer direkt an der Daugava entlang. Mehrere Gasthöfe und Hotels nutzen diese verkehrsgünstige und gleichzeitig malerische Lage, um ihre Dienste anzubieten. In Pļavinas machen sowohl die Daugava als auch die parallel verlau-

⌃ Die Ruinen von Koknese an der Daugava

fende A6 einen scharfen Rechtsbogen und man gelangt nach gut 20 km zur **Doppelstadt** Jēkabpils/Krustpils.

Schloss Krustpils

Die Hauptstraße führt mitten durch das am nördlichen Ufer der Daugava gelegene Krustpils. Der Name verspricht ein weiteres Schloss. Der im 13. Jh. vom Rigaer Erzbischof als **Kreuzburg** erbaute Komplex wurde 1577 gesprengt, kurze Zeit später aber wieder aufgebaut. Je nach politischer Lage residierten hier schwedische, polnische und russische Eroberer. Im 19. Jh. – das Gebiet gehörte längst zum Zarenreich – war die Innenausstattung sehr prachtvoll und von großem Wert. Im 20. Jh. benutzten die sowjetische und die lettische Armee das Gebäude, das sich mit seinen großzügigen Räumen und dem großen Innenhof ideal für militärische Zwecke eignete. Doch im Laufe der letzten gut 100 Jahre litt der Zustand der Burg. Von außen wurde sie nicht besonders gepflegt und innen wurden viele der vorhandenen Reichtümer mehr oder weniger legal entwendet.

Das Gelände ist heute wesentlich weniger spektakulär, als man es erwarten könnte. Restaurationsarbeiten sind aber im Gange, um der Kreuzburg einiges ihres alten Glanzes zurückzugeben. Einstweilen steht in einem Teil des Gebäudes ein **Museum** für Besichtigungen offen.

■ **Jēkabpils vēstures muzejs,** Rīgas iela 216 b, Tel. (6)5221042, www.jekabpilsmuzejs.lv, geöffnet Mai bis Oktober Mo–Fr 9–18, Sa, So 9–17 Uhr, November–April Mo–Fr 10–17, Sa 10–16 Uhr, Eintritt Burg und Turm 1,70 Euro.

Zentrum von Jēkabpils

Direkt gegenüber, auf der anderen Seite der Daugava, gibt es noch einiges zu entdecken. Die einzige Brücke führt über den Fluss in einen Ortsteil, der sich als eigenes Städtchen herausstellt, auf der in Fließrichtung linken Daugava-Seite heißt es nicht mehr Krustpils, sondern Jēkabpils. Vorbei an einem großen Einkaufszentrum geht es ins sehr interessante Zentrum des Ortes, das einen ausgiebigen Spaziergang verdient hat.

Den Ortskern durchmisst die Brīvības iela, die hinter der Brücke von der Hauptstraße rechts abzweigt und zum hinter hohen Mauern liegenden **orthodoxen Kloster** führt. Die Kleinstadt hat ihren Charme – ein wenig verschlafen, ein wenig altmodisch, mit engen Straßen, kleinen Häuschen, teilweise noch aus Holz. Vor dem Kloster verläuft die Brīvības iela parallel zur Daugava, wenige Meter von ihr entfernt.

Schön gestaltet mit neuen Pflastersteinen, Brunnen, Tierfiguren und anderem Schmuck wurde der zentrale Platz **Vecpilsētas laukums** im Ortskern. Rundherum sind einige schöne alte Hausfassaden zu bestaunen.

Orthodoxes Kloster

Die russisch-orthodoxe Kirche mit zugehörigem Kloster (Brīvības iela 200, Tel. (6)5233822) war noch vor Kurzem abgeschirmt, nur die Zwiebeltürme erspähte man über die hohen Mauern. Nach einer grundlegenden Renovierung kann nun jeder einfach auf den Klosterhof spazieren und die sehenswerte Kirche auch von innen anschauen (um eine

Spende wird gebeten). Mit etwas Glück erwischt man gerade die Zeit, wenn die Mönche im Gotteshaus ihre Gesänge anstimmen. Die tiefen Klänge dringen bis ans Ufer des Flusses, wo ein kleiner Deich das Zentrum vor Überflutungen schützt. Auf dem mit Gras bewachsenen Damm lässt es sich entlangspazieren, mit Blick auf die Kreuzburg im gegenüber liegenden Krustpils.

Freilichtmuseum

MEIN TIPP: Eine versteckte Attraktion, die man auf keinen Fall verpassen sollte, ist das Freilichtmuseum in einer Parallelstraße zur Brīvības iela. Zu der kleinen Sammlung gehören Wohnhäuser, Unterkünfte der Bediensteten, Kornspeicher, eine Schmiede und sogar eine Sauna – alles aus dem 19. oder vom Anfang des

20. Jh. In alle Gebäude kann man den Kopf hineinstecken oder hineingehen und die **authentisch ausgestatteten Innenräume** unter die Lupe nehmen.

Besonders reizvoll sind die wechselnden Aktionen, die das Museum zusammen mit Bewohnern der Stadt durchführt. So wurde einmal eine **traditionelle Hochzeit** nachgestellt, wie sie in der Region vor 100 Jahren hätte gefeiert werden können – inklusive Brautpaar, Pfarrer und einer Gruppe von Gratulanten.

■ **Sēļu sēta,** Filozofu iela 6, Tel. (6)5232501, www.jekabpilsmuzejs.lv, Mai bis Oktober Mo–Fr 10–18 Uhr, Sa/So 10–17 Uhr, November bis April geschlossen, Eintritt 1,15 Euro.

Praktische Tipps

Informationen
■ **Touristeninformation,** Brīvības iela 140–142, Tel. (6)5233822, www.jekabpils.lv, Mo–Fr 8.30–12, 12.30–17 Uhr.

Post
■ Brīvības iela 131, Tel. (6)5207108, Mo–Fr 8–18, Sa 9–13 Uhr.

Unterkunft, Essen und Trinken
■ **Hotel Luiize**①, Brīvības iela 190, Tel. 2770 5777, www.luiize.lv. Sehr zentral, saubere, sympathische Zimmer, freundliche Mitarbeiter und sehr annehmbare Preise bietet dieses kleine Hotel-Restaurant. *Luiize* betreibt unten im Gebäude auch einen Klub, in dem DJs auflegen. Wer absolute Ruhe braucht, bleibt hier lieber nicht.
■ **Odzienas Krogusmāja**①, Vietalvaspagasts, Tel. 20533333, www.odzienasmuiza.lv, renovierte, alte Gutshaus-Anlage, gut 12 Kilometer nördlich der großen Straße. Der Abstecher lohnt sich, denn alles ist sehr geschmackvoll eingerichtet, die Betreuung sehr persönlich und freundlich sowie die Zimmer geräumig und sehr ordentlich. Dazu gibt es leckeres Essen aus vielen natürlichen Produkten. Auch ein alter Palast kann besichtigt werden.
■ **Uguntiņa kafejnīca,** Pasta iela 23, Tel. (6)52 31907, Mo–Do 10–22.30, Fr/Sa 10–3.30, So 11–

210e mk

◁ Lokal in Jēkabpils

2d

22.30 Uhr. Einfaches, gutes Lokal in einem hübschen, kleinen Ziegelstein-Häuschen direkt am Hauptplatz Vecpilsētas laukums. Kleines Mittagsmenü für 3,35 Euro.

Camping

■ **Camping Radži**①, Ziriņu iela 1, Tel. 29471447, www.radzi.lv. Am See Radžu ūdenskrātuve am südlichen Stadtrand, durch das Zentrum fahren, den Wegweisern nach Nereta (53 km) folgen und dann gleich außerhalb der Stadt hinter einer Brücke links (nur ein kleines Camping-Zeichen). Mit einem großen Sauna-Haus, fünf wunderschön am Ufer gelegenen, sehr günstigen Holzhütten (10 Euro), zwei großen Holzhütten mit jeweils drei bzw. fünf Zimmern (50 Euro) sowie Zeltplätzen (Zelt 2 Euro). Wann man den Verwalter nicht antrifft, muss man ihn anrufen und evtl. auf ihn warten. Es stehen nur Trockentoiletten zur Verfügung und ein Hahn mit Leitungswasser unter freiem Himmel. Trotzdem ist eine Übernachtung in den Hütten ein romantisches Erlebnis. Ein Bad im See direkt vor der Tür entschädigt für den sparsamen Komfort. Sogar ein kleiner Fleck Sandstrand ist vorhanden, außerdem: **Angelmöglichkeit,** günstiger Verleih von **Booten, Fahrrädern** und Tauchequipment. Fahrradmiete jeweils 1,50 Euro/Stunde. Miete eines Katamarans 5 Euro/Stunde.

Einkaufen

■ **Galerija mans's,** Brīvības iela 154, Tel. (6)52 31953, www.manss.lv. Mo–Fr 9–18 Uhr, Sa 9–15 Uhr, schöne, selbstgemachte Keramik aus der Region, außerdem Schmuck, Gemälde, Düfte.

Līvāni

Wer von Jēkabpils weiter die Daugava flussaufwärts fährt, gelangt zum bereits in Latgale gelegenen **Ort** Līvāni. Hier lohnt der Besuch des **Zentrums für Lettgallisches Kunsthandwerk** (*Latga-*

les Amatniecības centrs, Domes iela 1, Tel. (6)5381855, www.latgalesamatnieki. lv, Mai bis Oktober 9–18 Uhr, Sa 10–16 Uhr, November bis April Di–Fr 9–17 Uhr, Sa 10–16 Uhr, Eintritt 3 Euro). In dem modernen Gebäude kann man sich einen schönen Eindruck verschaffen von den vielen Facetten der Handwerkstradition, die in dieser Region besonders stark ausgeprägt ist. So wird beispielsweise die **Bearbeitung von Leinenstoffen** erklärt. Zu sehen ist eine 1930 patentierte Lochkarte, die beim Sticken geholfen hat. Schmuckvolle Kleider, Hemden, Handtücher und Schürzen wurden so hergestellt und später mit der Rinde von Lindenbäumen gefärbt. Auch Holzarbeiten, etwa schöne Truhen, und die Herstellung von bestickten Schuhen aus Stoff werden dem Besucher nähergebracht.

An der Kasse kann man eine Vielzahl von **Kunsthandwerksprodukten** aus der Region erstehen – darunter Töpferwaren, Bernstein, Lederprodukte und weiteren Schmuck.

Von Līvāni sind es noch 50 Kilometer auf der A6 bis nach Daugavpils.

Jersika

Eine sehr seltsame, aber doch spannende Erscheinung unterwegs ist die 1866 entstandene **orthodoxe Kirche** von Jersika (*Jersikaspareizticīgobaznīca*) hinter der Stadt Līvāni direkt an der A6. Das Spezielle an dem kleinen Gotteshaus: Es ist komplett aus Eisen errichtet und kann jederzeit auf- und wieder abgebaut werden. Wahrscheinlich lässt sich das Gebäude als die **einzige mobile Kirche Lettlands** bezeichnen.

905b mk

Weg der Kreuze

Nahe der A6 versteckt sich ein Ensemble der ganz besonderen Art: Eine **Ansammlung von Kruzifixen** in Gärten, am Straßenrand, auf einem freien Feld und auf Höfen. Gut 20 Kilometer vor Daugavpils, dort wo die Straße zu einer Schnellstraße geworden ist, biegt links ein kleiner Weg ins Dorf **Vabole** ab. Hier beginnt der „Kreuzweg", **Krucifiksuceļš.** Das Aufstellen von Kruzifixen ist eine Tradition, die vor langer Zeit in dieser für Lettland untypischen, katholischen Gegend ihren Anfang genommen hat. Die Kreuze sind gar nicht so leicht zu finden, daher lohnt es, gleich am Abzweig von der Schnellstraße das große Schild mit der schematischen Übersicht zu studieren. Die Objekte, die Hof und Wege der Einheimischen beschützen sollen, liegen nicht an einem Rundweg, sondern an verschiedenen Stellen in Vabole und Umgebung, teils an asphaltierten, teils nicht asphaltierten Straßen und Wegen.

⌃ Schmiedeeisernes orthodoxes Symbol

2d

NICHT VERPASSEN!

➜ Das russisch geprägte Lettland im **Zentrum und in der Zarenfestung von Daugavpils** | 477, 480

➜ Der prächtige Panoramablick vom **Burgberg von Dinaburga** auf die malerischen **Flussbögen der Daugava** | 483

Diese Tipps erkennt man an der gelben Hinterlegung.

⌂ Abendstimmung am See in Latgale

LATGALE – DER OSTEN

Das östliche Lettland ist ein selten von Touristen besuchter Teil des Landes, obwohl er gerade für westliche Besucher eine Vielzahl von Attraktionen zu bieten hat. Hier kann man ein deutlich **anderes Lettland** entdecken.

Es ist ein wenig **wie eine Reise nach Russland** – mit einer noch nicht so weit entwickelten Wirtschaft, einfacheren Häusern, Dörfern und Städten, der Allgegenwart russisch-orthodoxer Kirchen und der starken Verbreitung der russischen Sprache auf der Straße. Zusätzlich gibt es in Latgale eine starke Präsenz **polnischstämmiger Menschen,** manifestiert durch die vielen katholischen Kirchen im sonst protestantisch dominierten Lettland.

Angesichts der kleinen Ausmaße des Landes mag dies verwundern, denn schließlich sind es von der Regionalhauptstadt Daugavpils nur drei Autostunden nach Riga. Doch in Latgale leben auch viele nicht-russischsprachige Letten und selbstverständlich ist die offizielle Sprache in Ämtern, auf Plakaten und auf Straßenschildern Lettisch. Dennoch wirkt Latgale anders, was allein schon zu einer Entdeckungsreise ermutigen sollte. Hinzu kommen viele **landschaftliche Reize,** die stark verwurzelte **Volkskunst** mit dem Schwerpunkt auf schönen Keramikprodukten und einige Sehenswürdigkeiten.

2e

Latgale ist nach dem Volk der **Lettgallen** benannt, die schon in antiker Zeit die Region bewohnten und mit den alten Römern, den Byzantinern und den Arabern Handel trieben. Ende des 12. Jh. stießen die Kreuzritter des deutschen Schwertbrüderordens auch nach Latgale vor und besetzten es. Das Terrain gehörte von diesem Zeitpunkt an zu Livland. Der Orden baute Burgen und Festungen und zementierte seine Machtstellung, die mehrere Jahrhunderte andauerte. Im 16. Jh. wanderte die Reformationsbewegung ein und setzte sich langsam durch, auch wenn die Landbevölkerung nur teilweise konvertierte. Doch im Gegensatz zu den anderen Regionen war die

Entwicklung nicht von Dauer, denn bereits 1561 geriet Latgale an das katholische **Polnisch-Litauische Königreich.** Es verging nicht viel Zeit, bis die zuvor Macht habenden deutschen Adelsfamilien sich ins polnisch-litauische System eingliederten und sich ihm anpassten.

Gleich zu Anfang des 17. Jh. erschütterte der Polnisch-Schwedische Krieg die Region, doch Latgale blieb in polnischer Hand. Die Polen kennen das Gebiet bis zum heutigen Tag unter dem Namen Inflanty. Eine relativ stabile Phase, was die herrschende Macht angeht, währte bis zum Jahre 1772, als Latgale vom **russischen Zarenreich** übernommen wurde, kurz bevor Polen bis zum

Ersten Weltkrieg ganz von der Landkarte verschwand. Doch Russland griff zunächst kaum in die Verwaltungsstrukturen ein. Erst nach einem Aufstand der Polen 1831 wandte die zaristische Regierung harte Methoden an, entfernte alle polnischen Einflüsse und **bekämpfte den Katholizismus.** Russische Beamte wurden nach Latgale entsandt, Russisch wurde zur offiziellen Sprache. Erst gegen Ende des Ersten Weltkriegs tat sich für Latgale die Möglichkeit auf, zum freien Lettland zu gehören. Beim Kongress von Rēzekne 1917 stimmte die Mehrheit dafür. Es dauerte aber noch bis 1920, dass Latgale eine der vier Provinzen des erstmals souveränen Staates wurde.

Während des Zweiten Weltkriegs und danach hatte Latgale ein ähnliches Schicksal zu tragen wie der Rest des Landes: Sowjet-Okkupation, Nazi-Besatzung, Zugehörigkeit zur Sowjetunion bis 1991. Seit der Wiedergewinnung der lettischen Freiheit hat es Latgale vielleicht am schwersten von allen Regionen, denn hier leben die meisten **Russischsprachigen,** die sich am wenigsten mit dem neuen, eigenständigen Lettland identifizieren können und daher wenig begeistert nach vorn schauen.

Schwierig ist auch die Lage mit der langen, durch den Schengen-Beitritt Lettlands noch undurchlässiger gewordenen **Ostgrenze zu Russland und Weißrussland.** Auf der anderen Seite ist Russland (Weißrussland weniger) immer noch ein wichtiger Handelspartner, und Latgale fällt hierbei die Rolle einer Brücke zwischen beiden Ländern zu. Das sehr von **Handwerkskunst und Landwirtschaft** geprägte Latgale entdeckt auch gerade erst sein durchaus vorhandenes **touristisches Potenzial.**

Daugavpils

Daugavpils ist nicht nur die Kapitale, sondern schlicht die alles dominierende Stadt von Latgale, obwohl es im äußersten Süden dieser Region liegt. Mit knapp über 100.000 Einwohnern darf es sich **zweitgrößte Stadt Lettlands** nennen.

Auf den Straßen dominiert die **russische Sprache,** auch wenn die Werbetafeln, Schilder und Beschriftungen an den Geschäften fast alle auf Lettisch sind. Wer in den Laden geht und mit „labdien" freundlich einen guten Tag wunscht, wird wahrscheinlich eher Staunen auslösen, auch wenn die meisten Menschen natürlich Lettisch können, besonders die jüngeren Russen, die es seit 1991 in der Schule lernen. Ältere Russen tun sich da schon schwerer. Sie mussten bis in die Neunziger Jahre hinein nie Lettisch sprechen, weil Russisch als offizielle Amtssprache fungierte. Bis heute können sie in Daugavpils mit fast jedem auf Russisch kommunizieren. Es ist interessant zu beobachten, wie die Menschen hier in diesem Zwiespalt leben mit dem allgegenwärtigen Lettisch als offizieller und Russisch als Umgangssprache. Gut zwei Drittel der Stadtbewohner waren bei der letzten Zählung Russen, Weißrussen oder Ukrainer. Gut 15 % identifizierten sich als Polen, die zwar katholisch sind, aber auch eher Russisch als Lettisch sprechen. Nur 17 % gaben sich als Letten aus.

Daugavpils macht bisweilen einen leicht verschlafenen Eindruck. Dies kann jedoch darüber hinwegtäuschen, dass sich auch in dieser Regionalmetropole zurzeit vieles tut: Schöne, alte Häuser werden restauriert, moderne Gebäude entstehen und die Stadt erwacht zu neuem Leben. Eine gewisse Dynamik ist zu spüren, ein Drang, nicht länger ein Schattendasein zu fristen. Einige Attraktionen gibt es schließlich auch: Die riesige Zarenfestung und die vier nebeneinander liegenden Kirchen verschiedener Konfessionen sollte man auf keinen Fall verpassen.

Stadtgeschichte

Daugavpils taucht in historischen Quellen erstmals im Jahr 1275 auf, als der livländische Schwertbrüderorden eine Steinburg mit den Namen **Dinaburga** errichten ließ. Die historische Burg lag gut 20 Kilometer vom heutigen Daugavpils entfernt. Ihre Ruinen sind heute noch in malerischer Lage zu besichtigen (siehe „Umgebung von Daugavpils"). Um die Burg herum entstand eine Stadt mit Kirche, Rathaus und zunächst einer Hand voll Wohngebäuden, deren Anzahl dann immer größer wurde. Die Burg wurde in den verschiedenen Kriegen mehrmals zerstört und wieder aufgebaut.

Auf dem jetzigen Gebiet der Stadt entstanden erst in der zweiten Hälfte des 16. Jh. erste Häuser und Befestigungen, 1582 erhielt Daugavpils seine Stadtrechte. Abwechselnd stand der Ort unter polnischer, russischer und schwedischer Herrschaft. Auch damals schon war es die Hauptstadt von Latgale. Anfang des 17. Jh. siedelten sich **katholische Jesuiten** an, missionierten die Bevölkerung und gründeten geistliche und kulturelle Einrichtungen, darunter des erste Theater von Latgale.

Ab 1772 gehörte die Region zum **russischen Zarenreich.** Die Russen begannen 1811 mit dem Bau einer Festung, die bereits ein Jahr später von Napoleons Truppen angegriffen wurde. Um die Festung herum entstanden „Vorstädte", darunter das gegenwärtige Stadtzentrum. Richtiger Schwung kam aber erst im zweiten Teil des 19. Jh. in die Entwicklung: Daugavpils wurde zu einer immer wichtigeren Station auf dem **Handelsweg nach Russland:** Per Eisenbahn war die Stadt mit Warschau, St. Petersburg und Riga verbunden. Die wichtige Straße von St. Petersburg in die polnische Hauptstadt führte durch Daugavpils. Über die Daugava wurde die russische Witebsk erreicht – ebenfalls eine wichtige Handelsroute. Gleichzeitig siedelten sich immer mehr **Fabriken** an.

Während des Ersten Weltkriegs wurde Daugavpils stark zerstört. Als die Letten zum ersten Mal ihre Unabhängigkeit errangen, war die Regionalhauptstadt Schauplatz von Kämpfen. In den kurzen Zwischenkriegsjahren entwickelte sich die **lettische Wirtschaft und Kultur** zum dominierenden Faktor in der Region, auch wenn eine russisch-orthodoxe, eine russisch-altgläubige, eine polnische und eine jüdische Minderheit weiterhin anwesend waren.

Mit der Einverleibung in die Sowjetunion in den 1940er Jahren war es nicht nur mit der Unabhängigkeit, sondern auch mit der lettischen Dominanz schnell vorbei: Von den zahlreichen Russen, die in Lettland angesiedelt wurden, kamen viele in die Region Latgale. Seit der Wende 1990/1991 ist die offizielle Sprache auch hier wieder Lettisch.

▷ In der Rigas iela

Sehenswertes

Wer mit dem Auto unterwegs ist, wird über die Daugava-Brücke von Süden in Richtung Innenstadt fahren. Es empfiehlt sich, den Wagen in einer der schachbrettartig angeordneten Seitenstraßen stehen zu lassen und diese zu Fuß zu erkunden (K. Valdemāra iela, Imantas iela, Lāčplēša iela). Hier stehen einige sehenswerte **Wohnhäuser,** viele davon um 100 Jahre alt, einige mit schönen **Jugendstil-Elementen.**

Rīgas iela

Einen besonderen Rang nimmt die Rīgas iela ein, die vom Fluss bis zum Haupteingang des Bahnhofs verläuft. Die größtenteils als **Fußgängerzone** gestaltete Straße hat gerade ein „Facelifting" hinter sich: Die grauen Betonplatten sind einer schönen Pflasterung gewichen und die in Reihen stehenden Bäume haben Gesellschaft von Neuanpflanzungen bekommen. Dazu präsentieren sich immer mehr Hausfassaden restauriert und sehr ansehnlich. In Cafés kann man bei gutem Wetter draußen sitzen und während des Mittagessens oder der Kaffeepause das Leben der Stadt an sich vorbeiziehen lassen. Oder man kauft sich an einem mobilen Verkaufsstand den russischen Getränke-Klassiker Kwas zur Erfrischung.

An der Rīgas iela liegt die schöne, weiß gestrichene **katholische St. Petrikirche** mit einem gewaltigen, breiten Säulenportal (Sv. Pētera ķēdēs draudzes baznīca, Rīgas iela 39). Am Ende der Straße thront das mächtige, braune Gebäude des **Hauptbahnhofs.**

122le mk

Daugavpils

0 ▬▬ 300 m © Reise Know-How 2017

Valņu iela · Valņu iela · Kārklu iela · Polizei · **Zarenfestung** · Mark Rothko-Kunst-zentrum Ⓜ · Valņu iela · Krauļas iela · Stacijas iela · Riga · Daugavas iela · **Daugava** · Daugavas iela · Balvu iela · Cietokšņa iela · Sporta iela · Vienības iela · Kandavas iela · **Bahnhof** · Litauen · Liela iela · Gulbju iela · Kandavas iela · **Kino Silver Screen** · Vienības iela · **St. Petrikirche** · Stacijas iela · **Eis-sport-halle** · **Esplanāde** · Parādes iela · Rīgas iela · Saules iela · Cietokšņa iela · Saules iela · Lāčplēša iela · **Busbahnhof** · Rīgas iela · Viestura iela · Raiņa iela · **Universität** · Imantas iela · K. Valdemāra iela · Raiņa iela · **Alexander-Nevsky-Kirche** · Daugavas iela · 18. novembra iela · **Gajkos** · **Viertel der vier Kirchen,** Krāslava · Vienības tilts · Dostojevska iela · Liela iela · **Grīva** · Liela iela · Selijas iela · **Daugava**

Universität und Saules iela

An der Vienība iela 13 liegt das monumentale Gebäude der **Universität** von Daugavpils (www.du.lv) hinter einem von Blumenbeeten und Grünflächen gesäumten Platz, der das Gebäude fast schon in den Rang eines kleinen Palastes erhebt.

Schmuckvoll ist auch die kleine russisch-orthodoxe **Alexander-Nevsky-Kirche** in der Saules iela 20 (geöffnet 9–18 Uhr), die in ihrer heutigen Form im Jahr 2004 entstanden ist. In dieser Straße stehen auch einige **Jugendstil-Gebäude** (noch nicht alle restauriert), die einen Blick wert sind.

Viertel der vier Kirchen

MEIN TIPP: Vom Bahnhof führt die wenig schmuckvolle Stacijas iela zur großen Brücke der 18. novembra iela über zahllose Bahngleise. Die Brücke ist per Treppe zu erklimmen. Auf der anderen Seite ist bereits ein neuer, durch die Bahnlinie vom Zentrum getrennter Stadtteil erreicht. Hier warten vier hochinteressante Kirchen auf ihre Besichtigung.

Gleich hinter der Brücke, rechts der Hauptstraße, ragt die aus Backstein gebaute, hohe **Martin-Luther-Kirche** (Martina Lutera baznīca, 18. novembra iela 68) in den Himmel. Sie beeindruckt eher durch ihre stolze Schlichtheit, die auch im Inneren vorherrscht. Die evangelischen Letten von Daugavpils treffen sich hier.

Die in direkter Nachbarschaft gelegene **katholische Marienkirche** (Dievmātes Marijas baznīca, A. Pumpura iela 11a) dient vor allem der polnischen Gemeinde und so werden hier häufig Gottesdienste in polnischer Sprache abgehalten. Wie so viele andere katholische Kirchen in Latgale ist auch dieses frisch restaurierte Bauwerk von einer schneeweiß gestrichenen Fassade und zwei parallel aufstrebenden, hohen Türmen geprägt. Der hohe Bogen des zentralen Kirchenschiffs und der breite Gang zum Altar geben einen erhabenen Eindruck.

Am schmuckvollsten ist die **Boris-und-Gleb-Kathedrale** (Sv. Borisa un Gļeba pareizticīgo katedrāle, Tautas iela 2), eine der größten russisch-orthodoxen Kirchen Lettlands. Sie steht auf der anderen Seite der Hauptstraße, ebenfalls direkt hinter der Brücke, aber ein wenig im Hintergrund. Ihre hellblau-weiße Fassade und die nach oben hin goldenen Zwiebeltürme mit den orthodoxen Kreuzen sind weithin sichtbar, obwohl die Kirche von Bäumen und Grün umgeben ist. Der mit viel Gold und unzähligen Ikonen prächtig geschmückte Innenraum ist sehr groß – ein Eindruck, der sich durch die orthodoxe Tradition noch verstärkt, keine Sitzbänke aufzustellen. Die Gläubigen stehen oder knien während der oft langen Messen.

Alle drei oben beschriebenen Kirchen sind Anfang des 20. Jh. geweiht worden.

Kirche der Altgläubigen

Die am wenigsten auffällige, aber ungewöhnlichste Kirche ist die der Altgläubigen, die sich ein Stückchen weiter oben in der Tautas iela (zwischen A. Pumpura iela und Kaunas iela) versteckt. Schon außen an der rosafarbenen Fassade sind Bilder mit **Darstellungen von Heiligen,** von Christus und der Jungfrau Maria zu finden. Der **Zwiebelturm** erinnert an orthodoxe Kirchen, doch das kürzlich renovierte Äußere wirkt bescheidener. Man betritt zunächst eine Art Vorraum, dann einen weiteren, bevor man den Kern des Heiligtums erreicht.

Die Altgläubigen, die sich im 17. Jh. von den Orthodoxen abgespalten haben, folgen wesentlich strengeren Ritualen und Regeln. Bei einem Besuch der Kirche ist **höchster Respekt** geboten. Frauen erhalten beim Eintritt ein Kopftuch, wenn sie keines mitgebracht haben. Mit etwas Glück erhält man die Erlaubnis, den Altarraum in Augenschein zu nehmen. Man sollte sich aber immer an die Anweisungen halten und auf keinen Fall Fotos machen, auch nicht ohne Blitz.

Ein großer Kronleuchter hängt in der Mitte. Die Altarwand und die Seitenwände sind mit einer schier unglaublichen Zahl an **Ikonen** geschmückt, um die 300 sollen es sein. Die Tradition der Altgläubigen will es, dass die Jüngeren ein Heiligenbild in die Kirche bringen, wenn ein älterer Mensch stirbt. Ein schwerer Geruch von **Weihrauch und Kerzen** liegt in der Luft. Sei es beim Gottesdienst, bei einer Beerdigung oder Taufe: Endlos scheinende, monotone und mystische **Gesänge** erfüllen die Räume. So in sich gekehrt und zurückhaltend die Altgläubigen auch sind, so freundlich begegnen sie respektvollen Besuchern. Täglich um 8 und um 18 Uhr sind feste Gebetszeiten.

Zarenfestung

Schließlich gilt es das einmalige Gelände der Festung aus dem frühen 19. Jh. zu erkunden. Die Strecke dorthin führt auf der Daugavas iela am Fluss entlang und dann einige Hundert Meter nach rechts (ausgeschildert). Die Zarenfestung ist zu Fuß sehr gut erreichbar, man geht eine gute Viertelstunde vom Zentrum, vom Bahnhof 5 bis 10 Minuten länger.

Auf dem Gelände stand ab dem 17. Jh. eine Steinkirche und ein dazu gehöriges Kloster. Mit dem Anschluss der Region Latgale an Russland 1772 ersetzten die Russen Kloster und Kirche gegen eine orthodoxe Kathedrale. Gleichzeitig begannen die Planungen für die Festung, doch es dauerte bis 1810, dass die Bauarbeiten schließlich aufgenommen wurden. 1000 Männer arbeiteten an dem Objekt. Rund um die **elf Meter hohe Festungsmauer** wurde ein bis zu neun Meter tiefer **Graben** ausgehoben. Der Vormarsch von *Napoleon* mit seiner Armee unterbrach die Bauarbeiten, die Russen mussten die Festung zwischenzeitlich räumen, kehrten aber zurück und stellten sie 1833 fertig.

Zu der Anlage gehören eine **Zitadelle,** acht fünfeckige **Bastionen,** der äußere **Schutzwall** und ein unbebautes Gebiet zur Daugava hin. Auf dem Gelände stehen lange Reihen von Kasernen, Wohnblöcken, militärischen Verwaltungsgebäuden, ehemaligen Waffenlagern und Pulverkellern sowie Häusern für die Offiziere und sonstigen Höhergestellten. Durch leere Straßen und baumbestandene Alleen, über weite Appellplätze, vorbei am Offizierskasino und an Denkmälern führt der Weg. Der Besuch dauert nicht länger als eine gute Stunde.

Die Bauten sind zwar nicht mehr im besten Zustand, aber diese **militärische Geisterstadt,** einst Stolz der zaristischen Armee, übt eine große Faszination aus. So entstanden auch allerlei Legenden und Geschichten. Es soll beispielsweise einmal einen geheimen Tunnel vom Festungsgelände bis zur Daugava und unter dem Fluss hindurch auf die andere Seite gegeben haben. Hierfür konnten ebenso wenig Beweise gefunden werden wie für die Behauptung eines russischen Schriftstellers, das sagenumwobene deutsche Bernsteinzimmer sei aus St. Petersburg in eben jene Festung von Daugavpils gebracht worden.

■ **Cietoksnis,** Hospitāļa iela 8, Tel. (6)5422818, die Festung ist immer geöffnet, man kann draußen parken und zu Fuß das Gelände erkunden oder auch mit dem Auto hineinfahren. Halbstündige Führung 10 Euro, anderthalb Stunden 15 Euro, zweieinhalb Stunden 25 Euro (bis 10 Personen).

Mark Rothko-Kunstzentrum (Marka Rotko Mākslas Centrs)

Im Jahre 2013 wurde Daugavpils um eine wichtige Sehenswürdigkeit bereichert: ein Zentrum mit Arbeiten des abstrakten Expressionisten *Mark Rothko* – einem Maler des 20. Jahrhunderts. Es ist das einzige Zentrum mit Original-Werken dieses Meisters in Osteuropa. Das Zentrum wird gleichzeitig für Seminare und Veranstaltungen aller Art genutzt.

■ Mihaila iela 3, Tel. (6)5430279, www.rothkocenter.com, geöffnet Mi–Sa 11–19, Di, So 11–17 Uhr, Mo geschlossen, Eintrittskarten sind für vier einzelne Abteilungen erhältlich. Eintritt in alle vier Abteilungen 8 Euro.

Praktische Tipps

Information

■ **Touristeninformation,** Rīgas iela 22a, Tel. (6)5422818, www.visitdaugavpils.lv, Juni–Sept. tägl. 10–18 Uhr, Okt.–Mai Mo–Sa 10–18 Uhr, So geschlossen. Informationen über Daugavpils zu Sehenswürdigkeiten, Unterkünften, Restaurants, Shopping und aktuellen Veranstaltungen.

Behinderte

Daugavpils ist an vielen Stellen nicht wirklich gut auf Behinderte eingestellt. Symbolisch für die Probleme steht der Bahnhof, zu dem eine breite, Eindruck schindende Treppe hinaufführt – ohne Fahrstuhl oder Rampe. Fortschritte gab es durch die Neugestaltung der Fußgängerzone in der Rīgas iela, die jetzt keine Probleme mehr bereitet. Das Gelände der Zarenfestung kann in der Regel per Auto befahren werden.

Notfälle und nützliche Adressen

3 **Apotheke:** *A Aptieka*, Rīgas iela 24, Tel. (6)54 24774, Mo–Fr 8–20, Sa/So 9–18 Uhr.
■ **Krankenhaus:** *Daugavpils Reģionālā Slimnīca*, Vasarnīcu iela 20, Tel. (6)5405282.
■ **Polizei:** Vaļņu iela 27, Tel. (6)5403399.
■ **Post:** Rīgas iela 42a, Tel. (6)5422791, Mo–Fr 9–19 Uhr, Sa 9–15 Uhr.

Unterkunft

4 **Park Hotel Latgola**②, Ģimnāzijas iela 46, Tel. (6)5404900. Zu Sowjetzeiten der zentrale Hotelkomplex, inzwischen modernisiert mit schicker Lobby, bunter Designer-Bar und Zimmern der gehobenen Klasse. Mit Restaurant, Casino, Sauna und Touristeninformation, Organisation von Stadtführungen. Bei früher Buchung oft Rabatte.
7 **Hotel Dinaburg**①-②, Dobeles iela 39, Tel. (6)5453010, www.hoteldinaburg.lv. Hübsches, Haus im Stadtteil auf der anderen Seite der Bahngleise nahe den vier großen Kirchen. Zentrum zu Fuß in 20 Minuten oder per Straßenbahn zu erreichen. Gemütliche Zimmer, Restaurant, Bankettsaal, Sauna, Swimmingpool, kostenloser Parkplatz.
7 **Villa Ksenija**②, Varšavas iela 17, Tel. (6)54 34317, www.villaks.lv. Hervorragendes kleines Gästehaus mit sehr schick eingerichteten Zimmern und bestem Service durch das hochqualifizierte Personal. Sehr gutes Essen im dazugehörigen Restaurant und auch einwandfreies Frühstück. Ist seine recht hohe Preisklasse wirklich wert.

2e

Camping

7 **MEIN TIPP:** **Atpūtas bāze Virogna**①, Dorf Spogi, Gemeinde Višķi, Tel. 29532939, www.virogna.lv. Nahe der A13 von Daugavpils nach Rēzekne, etwa 25 km von Daugavpils. Campingplatz mit sechs Holzhütten von gut 27 Euro (klein) bis 60 Euro (groß, mit Wohn- und Schlafzimmer, Küche und Bad), Zeltplätzen und Stellplätzen für Wohnmobile mit Stromanschluss (Wohnmobil mit Stromanschluss 20 Euro, DZ im Gasthaus 45 Euro, ganzes Dampfsauna-Haus 40 Euro/4 Stunden). Bademöglichkeit und Bootsverleih am See. Im Park von Višķi gibt es 75 exotische Baum- und Buscharten zu bestaunen.

Essen und Trinken

5 **Vesma,** Rīgas iela 49, Tel. (6)5444350. Mischung aus Bistro, Café und Bar in der Fußgängerzone der Rīgas iela. Originell dekoriert mit riesigen Aquarien voller exotischer Fische und mit Kaninchen in Käfigen. Einfache Gerichte von der Theke, Kaffee und Süßwaren.

2 **Vita kafejnica,** Rīgas iela 22a, Tel. (6)5427706, einfaches, günstiges Esslokal mit lettischen Gerichten in der Fußgängerzone.

1 **Gubernators,** Lāčplēša iela 10, Tel. (6)5422 455. Restaurant der mittleren Klasse mit vorwiegend lettischer Küche. Große Auswahl an leckeren Speisen in sehr gemütlicher Atmosphäre zu gemäßigten Preisen. Mittagsangebot zwischen 12 und 13 Uhr. Auch geeignet, um bei einem Bier oder Snack den Tag ausklingen zu lassen.

Einkaufen

6 **Mākslas salons Māra,** Vienibas iela 11, Tel. 29199988,. Traditionelle Handwerkskunst, Keramik, Leinenstoffe und Bernstein.

6 **Deko Art,** Vienibas iela 11–34, Tel. (6)542 3777. Kunsthandwerk und Schmuck, u.a. mit Jugendstil-Anklängen.

Verkehrsverbindungen

■ **Auto:** Vom litauischen Kaunas sind es rund 200 Kilometer auf der relativ gut ausgebauten A6, die in Lettland A13 heißt. Daugavpils liegt nur 26 Kilometer von der Grenze entfernt. Man erreicht die Stadt, überquert die Daugava-Brücke und ist bereits im Zentrum.

121le mk

■ **Bahn:** Der Bahnhof (*Stacija Daugavpils*, Stacijas iela 44, www.ldz.lv) liegt zentral am Ende der Fußgängerzone Rīgas iela. Täglich drei Verbindungen von/nach Rīga, Fahrzeit mind. 3 Stunden, Preis 7,05 Euro; tägliche Züge in die litauische Hauptstadt Vilnius.

■ **Bus:** Der Busbahnhof (*Autoosta*, Viestura iela 10, www.autoosta.lv) ist mitten im Stadtzentrum zu finden. Täglich stehen gut 20 Verbindungen von und nach Rīga zur Verfügung, teilweise in Bussen, die von Daugavpils weiter ins weißrussische Minsk oder ins ukrainische Kiew verkehren. Der Fahrpreis für einen Erwachsenen beträgt 8,90 Euro, die Fahrzeit 3 Std. 50 Min. Auch in die Provinz von Latgale verkehren regelmäßig Busse, zum Beispiel dreimal täglich in den katholischen Wallfahrtsort Aglona, Preis nach Aglona 2,60 Euro.

Umgebung von Daugavpils

Naujene

Entlang der **Daugava** geht es auf der A6 weiter in Richtung Krāslava. Eines der ersten Dörfer hinter Daugavpils ist Naujene, wo im **Heimatmuseum** ein Modell der Unterwasserwelt der Daugava präsentiert wird.

■ **Naujenes Novadpētniecības muzejs,** Skolas iela 1, Tel. (6)5471321, geöffnet Mai–Sept. Mo–Fr 8–17, Sa 10–17 Uhr, Okt.–April Mo–Fr 8–17 Uhr, www.naujenesmuzejs.lv (nur auf Lettisch), Preis 1,50, Familie 4 Euro

Dinaburga

In Naujene beginnt ein Abstecher von der A6 mit einer Reihe sehr sehenswerter Stationen. Eine kleine Asphaltstraße (der letzte kurze Abschnitt ist eine Schotterpiste) führt rechts zum Burgberg von Dinaburga (Dünaburg) mit den **Ruinen der mittelalterlichen Ordensburg** aus dem 13. Jh., die ein ganzes Stück außerhalb des heutigen Daugavpils liegen. Der Eintritt ist frei (Tel. (6)5422818). Ein Fußweg führt in der hügeligen Gegend zunächst zu einem schönen, kleinen, aber sehr detailliert gearbeiteten **Modell der Burg.**

Hinter dem Modell fällt die Landschaft steil ab und unten tut sich das wunderbare **Panorama des Daugava-Tals** auf. Der Fluss schlängelt sich in diesem Gebiet in großen, S-förmigen Bögen durch die Natur. Der Weg führt vom Burgmodell hinab, es geht auf Holzbrücken über kleine Schluchten bis zu den wenigen erhaltenen Überbleibseln der Festung.

◁ Die für den Osten des Landes typische schwarze Keramik

Daugava-Bögen

Man kehrt nun per Auto nicht bis zur A6 zurück, sondern biegt rechts in eine Schotterstraße ab. Die braunen Sehenswürdigkeiten-Schilder weisen den Weg. Dieser ist nicht gerade autofreundlich, aber bei langsamem Tempo gut befahrbar. Nach etwa drei Kilometern taucht rechts am Straßenrand ein hoher **Aussichtsturm** auf (Vasargelisku skatu tornis). An dieser Stelle verläuft einer der Daugava-Bögen ganz in der Nähe des Weges. So eröffnet sich nach Überwindung der 65 Stufen bei meist steifem Wind und leichtem Schaukeln des Turms ein fantastischer Ausblick auf den Fluss und seine Windungen. Die Daugava-Bögen *(Daugavas loki)* standen Pate für die Gründung eines eigenen **Naturparks** mit schönen Wanderpfaden. Unterwegs kommt man an der Strecke an einigen landschaftlich sehr reizvoll gelegenen **Zeltplätzen** vorbei.

Altgläubigen-Dorf

MEIN TIPP: Nochmals etwa drei Kilometer weiter ist rechts das Dorf **Slutiški** ausgeschildert. Es handelt sich um eine alte Siedlung der Altgläubigen, die heute als „ethnografisches Dorf" wie ein **Freilichtmuseum** präsentiert wird. Bereits im 5. Jh. existierten an diesem Ort Siedlungen. In neuerer Zeit erbauten die Altgläubigen hier ein Dorf von 30 Holzhäusern, von denen heute noch zehn Gebäude stehen. Sie waren in Gefahr, als beim Bau eines Staudamms während der Sowjetzeit das Dorf geflutet werden sollte. Doch die Überschwemmung wurde verhindert.

Stattdessen können Besucher heute, allein oder mit Führung, einen Blick in das Dorf werfen und in einem Haus das **original ausgestattete Innere** in Augenschein nehmen. Über den Fenstern besaß jedes Gebäude eine Verzierung, die wie ein Wappen die jeweilige Familie repräsentierte. Die Eingänge zu den außen reich mit Blumen geschmückten Häusern haben eine hohe Schwelle und sind nach oben hin niedrig. So verneigt man sich automatisch beim Eintritt. Die Altgläubigen bekreuzigten sich jedes Mal beim Überschreiten ihrer Türschwelle. In jedem Wohnzimmer stand ein kleiner Altar mit Ikonen. Mit den Heiligenbildern liefen die streng religiösen Menschen um ihr Haus herum, um es vor Feuer zu schützen. Sie versorgten sich selbst, backten Brot, betrieben Ackerbau und fertigten Handarbeiten an, etwa kunstvolle Stickereien.

Ein schöner Spazierweg führt durch den Wald, vorbei an einem großen **Stein,** der jedem, der ihn berührt, besondere Energie und Kraft verleihen soll. Ende Mai wird auf der Lichtung im Wald ein Fest gefeiert. Am Eingang zu dem Gelände gibt es einen kleinen **Strand mit Bademöglichkeit.**

Hinter dem Altgläubigendorf endet die Schotterpiste recht bald wieder an der A6.

■ **Slutišķu sadza,** Tel. (6)5471321, geöffnet Mi–So 10–19 Uhr, Eintritt 1,50 Euro.

2e

Krāslava

Krāslava gab sich selbst den Namenszusatz **„Wo Lettland beginnt"** – wegen seiner Lage nur wenige Kilometer vor der weißrussischen Grenze. Der knapp über 10.000 Einwohner zählende Ort begann erst im 18. Jh. eine nennenswerte Entwicklung und erhielt 1923 die Stadtrechte. Er wird von **Holzhäusern** dominiert. Herausstechendes Gebäude ist die katholische **Ludwigskirche** im Barockstil mit ihrer weißen, breiten Fassade ohne Turm. Sie ist von einer schönen Grünfläche umgeben.

Als die deutschsprachigen Adeligen in Lettgallen noch etwas zu sagen hatten, war der *Graf von Plater* eine wichtige Figur der Region. Sein **Barockpalast** vom Ende des 18. Jh. war bis vor wenigen Jahren sehr heruntergekommen, wurde aber inzwischen ansehnlich restauriert. Den erhöht gelegenen Palast erreicht man zu Fuß vom zentralen Platz durch einen kleinen Park und dann über Treppen. Man kann auch per Auto mit einem Bogen bis hinter das Gebäude fahren (Pils iela). Der nicht allzu beschwerliche Aufstieg lohnt sich vor allem wegen der Sicht von einer kleinen Aussichtsplattform auf Krāslava und das etwas entfernte Daugava-Tal. An der Straße unterwegs zum Herrenhaus erinnert ein **Denkmal** an den deutschen General *Otto Lancelle,* der 1941 in Krāslava ums Leben kam. Auf dem Stein wird schlicht „der Opfer" des Krieges gedacht – eine schöne Geste, bei der Nationalität keine Rolle spielt.

Ein weiteres interessantes Merkmal Krāslavas ist der so genannte **Schokoladenberg,** der allerdings außer seinem putzigen Namen – wegen der dunklen, lehmigen Erde – wenig mehr bietet als einen schönen Ort zum Picknicken im Grünen.

Praktische Tipps

Informationen

◼ **Touristeninformation,** Pils iela 2, Tel. 2648 7763, www.visitkraslava.com (sehr schöne Seite, auch auf Deutsch), Angebote wie Stadtführungen, Nachtrundfahrten durch die Stadt und Führungen durch das Schloss.

Camping

◼ **Camping Siveri**①, Kazinči, Tel. 29278599, www.campsiveri.lv (Seite auch auf Deutsch), schön gelegen am Sivers-See, ca. 25 Kilometer von Krāslava (gut 20 km auf der P61 Richtung Dagda, dann links ausgeschildert), Feuerstellen, Spielplatz, Bootsverleih. Pkw 3 Euro, Zelt 10 Euro, Wohnmobil 15 Euro, Erwachsener 2 Euro.

Essen und Trinken

◼ **Kafejnīca Mārīte,** Tirgusiela 2, Tel. 65624039, einfaches, gemütliches und günstiges Café-Restaurant mit angeschlossenem Lebensmittelgeschäft in einem Backsteinhaus im Ortszentrum.

Aglona

Das kleine Aglona ist das „Lourdes der lettischen Katholiken", ein **Wallfahrtsort,** zu dem jedes Jahr Zehntausende pil-

gern. Rund um den 15. August, zu **Mariä Himmelfahrt,** kommen sie aus der Region Latgale, aber auch aus anderen Teilen Lettlands, wo die Katholiken eine kleine Minderheit bilden. Es reisen außerdem ausländische Pilger an, besonders aus Polen. Ein Leser berichtete allerdings, bereits am 16. August habe er weit weniger Menschen als erwartet angetroffen. Auf jeden Fall ist es die meiste Zeit des Jahres in dieser ganzen Region sehr ruhig.

Unübersehbar dominiert die weiße **Kathedrale** (Cirīšu iela 8, Tel. (6)538 1109) mit ihren zwei rechteckigen, 60 Meter hohen Türmen das Ortsbild. Gegenüber dem Gebäude verrät ein riesiger Parkplatz, wieviele Menschen zur Pilgerzeit hierher strömen. An der Straße, wo das Kirchengelände beginnt, durchschreitet man ein mächtiges, weißes **Portal.** Auf der großen Grünfläche zwischen Portal und Kirche stehen während der Pilgertage neben Kapellen kleine mobile Häuschen aufgereiht, in denen die Pilger ihre Beichte ablegen können. Auf einem Hügel im Hintergrund links sind drei große, weiße Kreuze sichtbar.

Der Eingang des im **Barockstil** erbauten Gotteshauses aus dem 19. Jh. wird über eine Art Balkon erreicht, auf dem bei Freiluftgottesdiensten der Altar eingerichtet wird. Papst *Johannes Paul II.* feierte hier schon eine Messe.

Das Innere präsentiert sich reich geschmückt, besonders der im Rokoko-Stil goldverzierte **Altarraum,** der im oberen Bereich blau beleuchtet wird, und die Kreuzgewölbe. Die über 200 Jahre alte Orgel fällt dagegen überraschend klein aus. Man kann über Treppen die Rückseite des sehr hohen Altars besichtigen.

Einige Ölgemälde aus dem 18. und 19. Jh. zieren die Seitenschiffe. Unter dem Haupteingang führt ein Zugang in die **Krypta.** Unter dem Gotteshaus liegt ein altes **Grabgewölbe,** das ebenfalls zur Besichtigung frei gegeben ist.

Seitlich im Kirchgarten am See sprudelt eine **Quelle,** von der sich die Menschen heilende Kräfte erhoffen. Sie füllen sich das kühle Nass literweise in mitgebrachten Plastikflaschen ab.

In einem Nebengebäude wird ein Laden mit Andenken, Postkarten und Devotionalien betrieben. Direkt daneben steht Pilgern eine begrenzte Anzahl von recht günstigen **Gästezimmern** (Cirīšu iela 8, Tel. (6)5381109) zur Verfügung. Während der Pilgerzeit campen viele wild außerhalb des Kirchengeländes am See.

Informationen

■ **Touristeninformation,** Somersētas iela 34, Tel. (6)5322100, Mo–Fr 9–17 Uhr.

Camping

■ Es gibt in Aglona mehrere offizielle Zelt- und Campingplätze. Einer davon ist der große, vom Zentrum gut ausgeschilderte, zwei Kilometer entfernte **Aglonas Alpi**①, Tel. 29194362, www.aglonasalpi. lv (mit deutscher Version). Vom Parkplatz gegenüber der Kathedrale dem Schild „Šķeltova" folgen, dann den Campingzeichen. 12 Holzhütten am See, 30 Wohnmobil-Stellplätze, Raum für 500 Zelte, einige Zimmer, Bademöglichkeit, Bootsverleih und

◁ In der Wallfahrtskirche in Aglona

Sauna sowie ein Restaurant, geöffnet April bis November. Holzhütten für 2 Personen ab 26 Euro, Wohnmobil 10 Euro, Zelt 3 Euro/Person, Sauna für zwei Personen 12–14 Euro/Person. Das nette Besitzerpaar *Juris* und *Mihalīna* spricht ein wenig Deutsch.

Essen und Trinken

■ **Kafejnīca Turība,** Somersētas iela 36, Tel. (6)5375475, geöffnet ab 9 Uhr, kleines, einfaches und günstiges Esslokal an der Ortsdurchfahrtsstraße mit Sitzplätzen draußen.

Umgebung von Aglona

Berzgale

Östlich von Aglona geht es in Richtung des 35 Kilometer entfernten Dagda durch eine liebliche Landschaft, teilweise vorbei an schönen **Seen,** mit denen diese Region wahrhaft gesegnet ist. Wer möchte, kann beim Dorf **Kapiņi** einen kurzen Abstecher von zwei Kilometern am See entlang nach links machen, wo in Berzgale eine der ältesten **Holzkirchen** von Latgale steht (Berzgales katoļu baznīca, Baujahr 1744).

Hof Jasmuiža

MEIN TIPP: Liebhaber von **Keramik** werden in ganz Latgale auf ihre Kosten kommen. Eine gute Möglichkeit zur Besichtigung dieser Handwerkskunst besteht bei dem Hof *Jasmuiža* im Dorf **Aizkalne** – zu erreichen von Aglona über die P62 in Richtung Preiļi, über die Kreuzung mit der großen A13 geradeaus

hinweg und kurz dahinter links in einen Schotterweg.

Jasmuiža besteht aus zwei mit Wein bewachsenen Gebäuden und einem schönen Garten. Der 1865 geborene lettische Dichter *Jānis Rainis* verbrachte hier seine Jugend. Im Haus werden kunstvolle Töpferwaren ausgestellt und verkauft. Besucher können auch selbst ihr Glück beim **Töpfern** versuchen.

■ **Jasmuiža,** Tel. (6)5329313, www.preili.lv (mit englischer Version), jasmuiza@memorialiemuzeji.lv, geöffnet Mitte Mai–November 10–17 Uhr.

Preiļi

Über die P82 ist die **Kleinstadt** Preiļi mit einem charmanten **Landschaftspark** aus dem 19. Jahrhundert schnell erreicht. Neben einer weißen, katholischen **Kapelle** mit stolzem Säulenportal steht hier auch das ehemalige **Schloss** des *Grafen von Borth*, an dem der Zahn der Zeit schon mächtig genagt hat. Dennoch sind die Außenmauern samt Zinnenturm fast vollständig erhalten und geben einen guten Eindruck der ehemaligen Pracht. Sehenswert ist auch die schnurgerade, auf den Schlosspark zuführende, repräsentative Straße **Raiņabulvāris.**

Praktische Tipps

Information

■ **Touristeninformation,** Kārsavasiela 4 (im Erdgeschoss des Bibliotheksgebäudes), Tel. 22339980, www.preili.lv.

Unterkunft, Essen und Trinken

■ **Pie Pliča Viesu Nams**②, Raiņabulvāris 9, Tel. 65307075, sehr hübsches hölzernes Gasthaus aus dem 19. Jahrhundert an der zum Schlosspark führenden Straße, Esslokal mit klassischer lettischer Küche. Historische Einrichtung, gemütlich, freundlich, empfehlenswert.

Einkaufen

■ **P. Čerņavskakeramikasmāja,** Talsuiela 21, Tel. 29429630, Ausstellung und Verkauf sehr schöner Keramikkunst der Region. Mit Werkstatt des Besitzers Polikarp Čerņavski.

Dagda

In Dagda, ganz im Osten Latgales, glänzt vor allem die weiße, katholische **Kirche** von 1741. Auffällig ist auch das hohe, nach oben spitz zulaufende **Denkmal** für die Rote Armee – eine in Lettland nicht mehr allzu häufige Ansicht. Ende Juli wird das verträumte Dagda anlässlich des Anna-Festes sehr lebendig.

Umgebung von Dagda

Razna-See

Von Dagda nach Rēzekne passiert die P55 den großen Razna-See (Raznasezers) und verläuft für einige Kilometer fast direkt an seinem Ufer entlang. **Picknickplätze, Badestrände** und **Bootsverleihe** finden sich hier.

Rēzekne

Es ist die größte Stadt in der weiteren Umgebung und nach Daugavpils der zweitgrößte Ort Latgales. Auch wenn das geschäftige Treiben dieses Provinzzentrums nicht unsympathisch ist, machen sich reizvolle Plätze doch rar. Die wenigen erhaltenen Ruinen der alten **Burg** auf einem Hügel sind einen Blick wert, ebenso wie die hübsche russisch-orthodoxe Kirche. Das große, nicht zu verfehlende patriotische **Denkmal** mit der Aufschrift Vienotīl atvijaj („Vereint für Lettland") im Stadtzentrum wurde 1920 anlässlich des Beitritts Latgales zum freien Staat Lettland, der eben hier in Rēzekne vollzogen wurde, aufgestellt.

■ **Touristeninformation,** Krastaiela 31, Tel. 6462 2222, www.rezekne.lv.

Ludza

Auf der A12 dauern die 28 Kilometer von Rēzekne nach Ludza eine knappe halbe Stunde. Unterwegs werden an einigen Stellen Töpferwaren verkauft. Berühmt ist Latgale für seine **schwarze Keramik.** Hunderte Lkw durchqueren täglich das nah an der russischen Grenze gelegene Ludza. Dennoch macht das kleine Zentrum einen ruhigen Eindruck. Immerhin handelt es sich bei dem Ort mit einigen hübschen Holzhäusern um nichts weniger als die **älteste Stadt Lettlands** (Gründung 1177). Die mittelalterlichen **Burgruinen** (Pilsdrupas) auf einem Hügel sind per Treppe zu erreichen. Von oben schweift der Blick auf die gegenüber gelegene katholische **Kirche** mit gewaltiger Marienfigur.

In einem Holzhaus aus dem 14. Jh. ist eine **Ausstellung zur Stadtgeschichte** untergebracht. Auf dem Hof ist auch eine **Mühle** zu besichtigen.

■ **Ludzas Novadpētniecībasmuzejs,** J. Kuļņevaiela 2, Tel. (6)5723931, www.ludzasmuzejs.lv, geöffnet Di–Fr 8–17, Sa 10–18, So 10–15 Uhr.

Praktische Tipps

Informationen

■ **Touristeninformation,** Baznīcasiela 42, Tel. (6)5707203, http://turisms.ludza.lv, gut ausgestattet, auch Organisation von Ausflügen ins Dreiländereck Russland, Weißrussland, Lettland.

Camping, Essen und Trinken

■ **Dzerkaļi①,** Gemeinde Cirmas, Tel. 26182240, www.dzerkali.lv, großer gepflegter Campingplatz direkt vor Ludza (von Rēzekne kommend) am Cirmas-See, mit einigen Holzhäusern, inklusive Küche und Bad, Zeltplätzen mit Duschgelegenheit, einer Bar mit Imbissen (z.B. russische *Pelmeni*) sowie einer schönen Seepromenade. Ausgeschildert von der nicht weit entfernten A12.

■ **Kafejnīca Krīstine,** Baznīcaciela 25, Tel. (6)578 1326, direkt im Zentrum von Ludza, einfache, aber angenehme Gaststube mit günstigen lettischen Speisen und Getränken.

Einkaufen

■ **Ludzas Amatnieku Centrs,** Tālavijasiela 27A, Tel. (6)5707203, www.ludzasamatnieki.lv. Laden mit großer Auswahl traditionell lettischer Handwerkskunst, von bestickten Volkstrachten über Schuhe bis hin zu ausgezeichneten Töpferwaren. Direkt neben dem Geschäft liegt die Werkstatt.

Umgebung von Ludza

Zur russischen Grenze

Die letzten 40 lettischen Kilometer auf der A12 können sehr abenteuerlich werden. Gewöhnlich bilden die Lastwagen mit dem Ziel Russland einen riesigen **Rückstau.** Man muss sich also über eine lange Strecke an den Brummis vorbeiquetschen, deren Fahrer aus Russland, Litauen, Lettland, Estland, Polen und Deutschland derweil am Straßenrand ein Schwätzchen halten.

In **Opuļi** führt ein solider Feldweg mit Hinweisschild *Opuļu Svētavots* zu einen eigenartigen **Brunnen.** Über einem

906b mk

Loch im Boden hängt an der Kette ein Eimer. Umrandet von Birken steht über ihm eine kleine blaue Kapelle mit Zwiebeltürmchen und einigen Ikonen.

Zilupe ist danach der letzte Ort vor der Grenze. Hier verlief vor 100 Jahren die Eisenbahnlinie nach Moskau. Den Bahnhof gibt es noch.

Eine letzte sehenswerte Station nahe der russischen Grenze ist **Pasiene,** zwölf Kilometer südlich von Zilupe an der P52 mit mächtiger katholischer **Kirche** von 1761. Damals war Pasiene noch ein Knotenpunkt einiger wichtiger Handelsrouten.

Kurz hinter Pasiene hört der Asphalt auf, und es geht auf einer Schotterpiste 15 Kilometer weiter bis zum **Dreiländereck** zwischen Lettland, Russland und Weißrussland. Der dortige **Aussichtspunkt** kann aber nur mit Genehmigung besucht werden (Auskünfte und Führungen gibt es in der Touristeninformation Ludza).

Rund um den Lubāns-See

Von Rēzekne kann man in nördlicher Richtung über Balvi in den schönen Nordosten der Region Vidzeme, etwa nach Alūksne, weiterfahren. Wer dies tut, sollte den Lubāns nicht verpassen, den mit 82 km² **größten See Lettlands.** Leider ist er nur über eine ziemlich schlechte Sandpiste zu erreichen – also nur für solide Autos zu empfehlen. Hinter dem Dorf **Pudinova** geht es von der P36 links ab und dann nach vier Kilometern kurz hinter **Gaigalava** wieder links, dann sehr schön am Ufer des mächtigen Gewässers entlang. Es taucht ein kleiner Sandstrand mit Badestelle auf, dazu gibt es Wanderwege und einen Beobachtungsturm. Der See ist umgeben von großen **Sumpf- und Feuchtgebieten.** Der schönste Teil der Strecke führt auf einer Art Damm über den See – zu beiden Seiten sieht man fast nur Wasser.

Bērzpils

An der weiteren Strecke nach Balvi liegt in Bērzpils der **Keramikhof** mit Töpferwerkstatt von *Jolanta* und *Valdis Dunenieki,* in der man beim Töpfern zuschauen und auch selbst Hand anlegen sowie natürlich Waren kaufen kann.

■ **Jolantas un Valda Dundeniekukeramikas darbnīca,** Tel. 29173889, www.visit.balvi.lv.

Balvi

In der kleinen Stadt im Norden Latgales mit lang gestrecktem **See,** der sich durch den Ort zieht, steht ein altes **Herrenhaus** am Wasser, umgeben von einem hübschen Park. Heute ist hier eine Schule untergebracht. Im **Museum** der Stadt kann man die Geschichte der Region kennenlernen (Balvunovadamuzejs, Tel. 64521430, www.muzejs.balvi.lv).

◁ Blick von der Burgruine auf die katholische Kirche in Ludza

2e

3 Estland

Das kleinste der baltischen Länder hat schon eine spürbar nordische Note. Die zahlreichen Inseln und weitläufigen Sumpfgebiete locken Naturfreunde, Geschichte und Kultur finden Interessierte in der herausragenden Tallinner Altstadt, in Ordensburgen und Gutshöfen.

◁ Estnische Idylle: Birkenallee, saftiges Korn und weiter Himmel in der Nähe von Palamuse

3

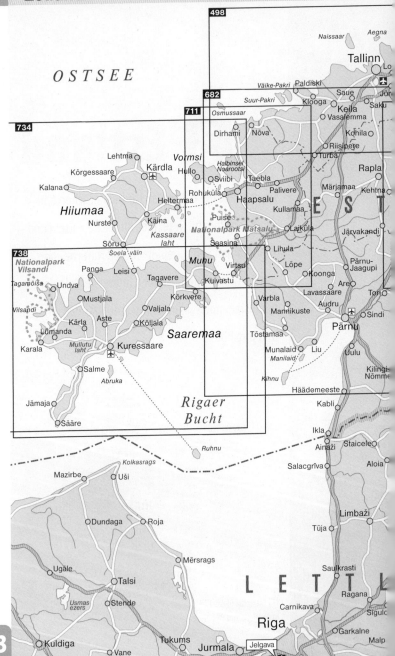

OSTSEE

498

682

711

734

738

Tallinn

Naissaar Aegna

Lo

Väike-Pakri Paldiski

Suur-Pakri Saue Jür

Osmussaar Klooga Keila Saku

Vasalemma

Dirhami Nõva Kohila

Riisipere

Turba

Lehtma Vormsi

Körgessaare Kärdla Hullo Halbinsel Taebla Rapla

Noarootsi

Kalana Sviibi Palivere Märjamaa Kehtna

Heltermaa Rohuküla Haapsalu Kullamaa

Hiiumaa Puise Laikula Järvakandi

Nurste Käina Nationalpark Matsalu

Kassaare Saastna Lihula

Sõru laht Munu Lõpe Pärnu-

Soela väin Virtsu Jaagupi

Nationalpark Panga Leisi Kuivastu Koonga

Vilsandi Tagavere Are

Tagamõisa Undva Lavassaare Tori

Mustjala Körkvere Varbla Audru Sindi

Vilsandi Valjala Männikuste Pärnu

Kärla Aste Kõljala Saaremaa Tõstamaa

Lümanda Munalaid Liu Uulu

Karala Mullutu Kuressaare Manilaid

laht Kilingi-

Salme Abruka Kihnu Nõmme

Jämaja Rigaer Häädemeeste

Sääre Bucht Kabli

Ikla

Ruhnu Ainaži Staicele

Kolkasrags Salacgrīva Aloia

Mazirbe Uši

Limbaži

Dundaga Roja Tūja

Ugāle Saulkrasti

Talsi LETTL

Usmas Mērsrags Ragana

ezers Stende Carnikava Sigulc

Riga Garkalne

Kuldiga Vane Tukums Jurmala Jelgava Malp

0 ———— 20 km

Prangli
Suurpea
Loksa
Kaberneeme
Maardu
Valkla
Kuusalu
Raasiku
Kehra
Vaida
Aegviidu
Kose
Kuismetsa
Roosna-
Alliku
Paide
Türi
Koigi
Vändra
Võhma
Suure-
Jaani
Kolga-
Jaani
National-
park
Soomaa
Vastemõisa
Kõpu
Abja-
Paluoja
Mõisaküla
Mazsalaca
Rüjiena
Burtnieku
ezers
Strenči
Valmiera
Lode
Cēsis
Rauna
Augšligatne
Jaunpiebalga

Nationalpark Lahemaa

Suurpea
Loksa
Võsu
Annikvere
Kunda
Kohtla-
Järve
Sillamäe
Narva
Ust-Luga
Narva-
Jõesuu
Ivan-
gorod
St. Petersburg

Rakvere
Sõmeru
Kiviõli
Jõhvi
Kadrina
Püssi
Sompa
Ahtme
Tapa
Vinni
Pandivere-
Ambla
Porkuni
Tamsalu
Väike-Maarja
Aravete
Hochland
Järva-
Jaani
Rakke
Avinurme
Endla-
Moor
▲166
Imavere
Jõgeva
▲144
Raja
Poltsamaa
Palamuse
Ranna
Tabivere
Koosa
Laeva
Emajõgi
Tartu
Lejei
Viljandi
Puhja
Võrts-
järv
Rannu
Nõo
Ülenurme
Mustla
Elva
Vastse-Kuuste
Karksi-
Nuia
Tõrva
▲217
Otepää
Põlva
Sangaste
Väimela
Valga
Nationalpark
Karula
Antsla
Võru
Valka
Suur
Munamägi
Vastseliina
Haanja-
Naturpark
▲318
Smiltene
Ape
Ziemeris
Zaiceva
Alūksne
Zeltiņi
Kuprava
Gulbene
Litene
Vilaka
Balvi
Cesvaine
Lubana
Ergli
Rugaii
Baltinava
Pytalovo

Tudu
Mäetaguse
Jõuga
Slantsy
Jaama
Vasknarva
Kauksi
Lohusuu
Tammispää
Dobruchi
Mustvee
Peipus-
See
Gdov
Saare
Chernevo
Kallaste
RUSSLAND
Alatskivi
Spitsyno
Varnja
Yamm
Meerapalu
Samolva
Lämmi-
järv
Rasina
Seredka
Räpina
Pskover
See
Veriora
Yershovo
Värska
Saatse
Pečory
Pskov
Velikaya
Vasil'yevo
Palkine
Tudulinna

594
560
612
648

Ostrov

3

ext22

TALLINN UND UMGEBUNG

Tallinn ist eine **kleine Metropole.** Die Rolle als Hauptstadt und die Touristen bringen weltläufiges Flair, die unterschiedlichen Viertel und vielfältigen kulturellen Einflüsse lassen die Stadt größer erscheinen, als sie es nach ihrer Einwohnerzahl eigentlich ist.

⌅ Damen in der Tracht der Insel Saaremaa bei einer Veranstaltung auf dem Tallinner Rathausplatz

3a

⮑ **Rathausplatz,** das Herz Tallinns ist immer voller Leben | 501

⮑ **Der Domberg,** elegante Herrenhäuser, geschichtsträchtige Kirchen und schöne Ausblicke über die Stadt | 516

⮑ **Kadriorg Schloss und Park,** der weitläufige Park rund um das Barockschloss lädt zum Flanieren ein | 527

⮑ **Jägala juga,** der Wasserfall in der Nähe Tallinns friert im Winter regelmäßig ein | 556

Diese Tipps erkennt man an der gelben Hinterlegung.

Die Hauptstadt

Tallinn ist mit seinen gut 400.000 Einwohnern nicht einfach die größte Stadt und Hauptstadt des Landes: Sie ist das beherrschende **Zentrum in fast allen Lebensbereichen.** Kultur, Verkehr, Tourismus, Politik, Wirtschaft – in allem dominiert Tallinn ganz Estland. Allein in der Wissenschaft kann Tartu, die zweitgrößte Stadt, traditionell die führende Rolle für sich reklamieren, wobei Tallinn schnell Boden gut macht. Tallinn ist bei seiner im internationalen Vergleich sehr überschaubaren Größe eine vielfältige und dynamische Stadt und geradezu Pflichtprogramm jeder Estlandreise.

Die **Lage am Meer,** seine **reiche Geschichte** und der **internationale Charakter** der Stadt machen Tallinn zu einer kleinen Metropole. In zwei oder drei Tagen kann man das Wesentliche gesehen haben, es lohnt sich aber durchaus, mehr Zeit zu investieren.

Hauptanziehungspunkt für die meisten Touristen ist die **Altstadt,** inklusive der **Oberstadt** auf dem **Domberg.** Die daneben angesiedelte moderne **Innenstadt** mit ihren hoch aufragenden Büro- und Hotelbauten ist das wirtschaftliche Herz der Stadt. Noch sehr zentrumsnah liegt **Kadriorg,** eine bevorzugte Wohngegend mit vielen schönen Holzvillen und dem weitläufigen Park. **Pirita** mit seiner berühmten Klosterruine und dem Jachthafen ist der Freizeitstadtteil von Tallinn: Die Uferpromenade ist beliebt bei Joggern und Radfahrern. Und schließlich sollte man auch **Kalamaja** nicht verpassen, den aufstrebenden Stadtteil am Meer, Sammelpunkt von Kreativen und Hipstern.

Kleines Estland-Vokabular

Geografisches

järv	See
jkivi	Stein
jõgi	Fluss
juga	Wasserfall
looduskaitseala	Naturschutzgebiet
loodusrada	Naturpfad
maastikukaitseala	Landschaftsschutzgebiet
matkarada	Wanderweg
mets	Wald
õpperada	Lehrpfad
rahvuspark	Nationalpark
rand	Strand
rändrahn	großer, eiszeitlicher Findling
ujumiskoht	Badeplatz
vaatetorn	Aussichtsturm

Urbanes

keskus	Zentrum
kirik	Kirche
linnus	Festung
maantee (mnt)	Landstraße
maalinn	frühgeschichtliche estnische Festung
mälestusmärk	Denkmal
mõis	Herrenhaus, Gutshof
ordulinnus	Ordensburg
piiskopilinnus	Bischofsburg
puiestee (pst)	Allee
sünnipaik, sünnikoht	Geburtsort
tänav (tn)	Straße
tee	Straße, Weg

■ Im Anhang dieses Buches befindet sich eine **„Kleine Sprachhilfe"** mit einem etwas ausführlicheren Grundvokabular für die Sprachen aller drei baltischen Länder.

3a

Tallinn und Umgebung

0 _____ 20 km

Finnischer Meerbusen

Naissaar
Aegna
Püünsi

Keila-Joa
`551` `497` **TALLINN** `555` Rebal

Lahepere-Bucht
Väike-Pakri `551` `551` Laulasmaa `8` `2`

Paldiski `552` Gedenkstätte `551` Jür

Suur-Pakri `552` Klooga Keila Saue Luige

Osmussaar `553` Madise `554`

Läänemaa Harju Lehola Saku Tuhala

Suurso Risti `553` Kloster `554` Ääsmäe

Dirhami maastikukaitseala Padise Gutshof Kose-Uuem

Leidissoo 17 Laitse Kohila

looduskaitseala Riisipere `4`

ESTLA

`712` Haapsalu, `740` Saaremaa `9` `683` Pärnu Kasari

So unterschiedlich die Stadtviertel sind, so kann man auch als Besucher den Schwerpunkt auf sehr **unterschiedliche Facetten** der Stadt legen. Wer **Geschichte** spannend findet, kann auf zahlreichen Inschriften deutsche Namen entdecken, sich an gotischen Handelshäusern der **Hansezeit** sattsehen oder die ungewöhnlich zahlreich erhaltenen Befestigungstürme der **Stadtmauer** besteigen.

Sowjetische Spuren sind in den Plattenbauvororten, einzelnen stalinistischen Prachtbauten und im KGB-Museum im *Viru Hotel* zu entdecken. Wer es dagegen **zeitgenössischer** mag, schlürft ein *Craft Beer* mit den jungen, urbanen Menschen im Loomelinnak in Kalamaja oder bewundert *Street Art* und die *Lost Places* Linnahall und Patarei-Festung. Zu entdecken gibt es jedenfalls eine selbstbewusste und lebenswerte Stadt.

Stadtgeschichte

Bereits vor etwa 3500 Jahren besiedelten finnisch-ugrische Stämme das Gebiet, in dem Tallinn heute liegt. Lange Zeit ging man davon aus, dass die erste schriftliche Erwähnung der Stadt aus dem Jahr 1154 stammt, als der arabische Geograf *al-Idrisi* auf seiner Weltkarte einen Eintrag machte, den man als *Kolywan* deutete, den Namen einer Stadt, die in einer altrussischen Chronik auftaucht. Die neuere Forschung sieht diese Version aber als nicht belegbar an. Ob schriftlich belegt oder nicht: Sicher gab es an der Stelle des heutigen Dombergs schon früh eine estnische Festung.

1219 eroberte der dänische König *Waldemar II.* Tallinn und Nordestland – auch wenn in der Legende erzählt wird, er habe die Stadt gegründet. Auf dem

Domberg legten die Dänen anstelle einer Bauernburg eine neue Burg an. Diese sogenannte **Dänenburg** *(Taani linn)* gab der Stadt ihren heutigen Namen: Tallinn.

Zwei unabhängige Siedlungen entstanden, die heute im Altstadtkern vereint sind. Während auf dem **Domberg** die Ritter und Adligen ansässig wurden und von hier aus über das Land herrschten, siedelten sich in der **Unterstadt** Kaufleute an, die ebenso mächtig wurden. 1248 erhielt die Unterstadt das Lübische Recht, seit dem 13. Jahrhundert erscheint Tallinn auch als Mitglied der **Hanse.** Die rührigen Kaufleute gründeten Gilden und wählten einen Rat, erhielten das Münzrecht und oblagen bereits 1265 nicht mehr der Herrschaft der Domherren. Im Jahre 1346 verkauften die Dänen Nordestland an den Deutschen Orden.

Vom 14. bis Mitte des 16. Jh. erlebt Tallinn als bedeutende **Hansestadt Reval** seine Blütezeit. Reval lag strategisch günstig auf dem Handelsweg zwischen Westeuropa und Russland. Eine mächtige Befestigungsmauer schützte die prunkvollen Handelshäuser der Altstadt.

Im Livländischen Krieg kam Tallinn 1561 unter **schwedische Herrschaft.** Bis 1710 regierten die Schweden über die Stadt und engagierten sich stark für das Bildungswesen, dann fiel Tallinn im Nordischen Krieg an das **russische Zarenreich.** Unter dessen Herrschaft entstand das Barockschloss **Kadriorg** (Katharinental) mit seinen zahlreichen Nebengebäuden und einer hübschen Parkanlage im Osten der Stadt. Ein Kriegshafen wurde gebaut, die Eisenbahnlinie nach St. Petersburg angelegt und im 19. Jh. schritt die Industrialisierung voran. Erst 1889 wurden die Ober- und Unterstadt offiziell zusammengelegt.

Am 24. Februar 1918 wurde die **Republik Estland** ausgerufen und Tallinn zu ihrer **Hauptstadt** erklärt, bis sie 1940 entsprechend den Vereinbarungen des Hitler-Stalin-Pakts der Sowjetunion angegliedert wurde. 1941 marschierte die deutsche Wehrmacht ein. Bei der **Bombardierung** in der Nacht des 9. März 1944 durch die sowjetische Armee wurden über 600 Menschen getötet und etwa ebenso viele verletzt. Der größte Teil der Altstadt blieb aber verschont. Zu den zehn Prozent der zerstörten Gebäude gehörte vor allem das Gebiet um die Harju-Straße rings um die Nikolaikirche.

Zu Sowjetzeiten entstanden **Trabantenvorstädte** rund um die Altstadt, in denen auch die zahlreichen Russen unterkamen, die aus anderen Teilen der Sowjetunion zuzogen.

3a

Ende der 1980er Jahre wurde Tallinn **Zentrum der Unabhängigkeitsbewegung** und 1991 wieder Hauptstadt der unabhängigen Republik Estland. Seither hat die Stadt eine **rasante Entwicklung** durchlaufen. Nachdem zunächst die Altstadt restauriert und das Geschäftsviertel entlang der Rävala pst hochgezogen wurde, werden nun immer weitere Bereiche in den Stadtumbau einbezogen. Neben dem auch von vielen ausländischen Journalisten entdeckten und manchmal etwas hochgejubelten Kalamaja, sehen viele jedoch im bisher verrufenen Kopli in Nord-Tallinn großes Potential.

Eine Reihe **internationaler Veranstaltungen** und **Ereignisse** hat die Aufmerksamkeit auf die Stadt gelenkt. Darunter sind hervorzuheben: Die Ausrichtung des *Eurovision Song Contest 2002,* der Titel *Europäische Kulturhauptstadt 2011* und die wegen des *Brexit* vorgezogene EU-Ratspräsidentschaft 2017.

Orientierung

Vom **Rathausplatz** (Raekoja plats) in der Unterstadt aus kann man die meisten Sehenswürdigkeiten der Altstadt zu Fuß über pflastersteinerne Gässchen, Plätze und Straßen erreichen. Der zentrale Platz mit seinem gotischen Rathaus eignet sich auch gut als Ausgangspunkt, weil in der Nähe die **Touristeninformation** angesiedelt ist, die kostenloses Kartenmaterial zur Verfügung stellt.

Wer sich jedoch zunächst einen – im wahrsten Sinne des Wortes – Überblick über die Stadt verschaffen will, sollte auf den **Domberg in der Oberstadt** steigen, ein Kalksteinplateau, das sich über der Altstadt erhebt. Von den dortigen Aussichtsplattformen kann man seinen Blick über die Stadt schweifen lassen und anschließend den Sehenswürdigkeiten des Dombergs einen Besuch abstatten.

Für einen Bummel durch Ober- und Unterstadt sollte man mindestens einen Tag einplanen. Wer Kirchen und Museen auch von innen besichtigen will, kann problemlos mehrere Tage im Zentrum der Stadt verbringen.

Sehenswürdigkeiten jenseits des Stadtzentrums sind das **Kadriorg-Schloss,** das 1718–25 von Zar *Peter I.* errichtet wurde, und seine Parkanlagen. Bleibt man mehr als einen Tag, sollte dieses beliebte Ausflugsziel ein fester Programmpunkt der Stadttour sein. Unweit des Stadtteils Kadriorg mit seinen vielen Museen befindet sich – bereits zum Stadtteil Pirita gehörig – die berühmte **Sängerfestbühne,** auf der alle fünf Jahre das Sängerfest stattfindet.

Im Westen der Stadt liegt inmitten eines schönen Naherholungsgebietes das **Freilichtmuseum Rocca al Mare,** in dem die verschiedenen Architekturformen und Bräuche des Landes dokumentiert werden. Mehr als 70 Bauernhäuser, Windmühlen und Holzhütten aus allen Teilen Estlands wurden auf dem rund 80 Hektar großen Gelände aufgestellt. Hier bietet sich die beste Möglichkeit, die architektonische Vielfalt des Landes im Überblick kennenzulernen. Ist man nicht mit dem eigenen Auto oder Mietwagen unterwegs, kann man die Sehenswürdigkeiten in der Umgebung problemlos mit öffentlichen Verkehrsmitteln erreichen.

Die Unterstadt rund um den Rathausplatz

Im Herzen Tallinns befindet sich der **Rackoja plats** mit dem Rathaus, der heute wie vor Hunderten von Jahren das Zentrum der Stadt darstellt. Von hier aus sind die meisten Sehenswürdigkeiten Tallinns leicht zu Fuß zu erreichen, Cafés und Restaurants laden zum Verweilen ein und verschiedene Märkte, Geschäfte und auch Konzertveranstaltungen in den kleinen Gassen ringsum bieten Kultur und Kitsch für jeden Geschmack. Angesichts der gut erhaltenen Architektur rund um den Platz fällt es nicht schwer sich vorzustellen, wie hier zu Hansezeiten Märkte und Feste, Umzüge und Feierlichkeiten abgehalten wurden.

Wer sich mit Karten- und Informationsmaterial ausstatten möchte, kann ein paar Schritte südwestlich des Platzes die **Touristeninformation** (Kullassepa 4/Ecke Niguliste 2, s. „Praktische Tipps") aufsuchen. Ihr Name (*kullassepp* = Goldschmied) weist darauf hin, dass hier in früheren Zeiten vor allem Goldschmiede ansässig waren.

Rathaus

Wie archäologische Ausgrabungen beweisen, gab es an dieser Stelle bereits spätestens in der zweiten Hälfte des 12. Jh. eine Siedlung. Eine der markantesten Sehenswürdigkeiten der Stadt, das den Platz dominierende Rathaus, stammt aus dem 14. Jh. Zum ersten Mal 1322 schriftlich erwähnt, wurde es 1370 auf die heutige Größe ausgebaut und er-

hielt nach weiteren Umbauten Anfang des 15. Jh. sein heutiges Aussehen. Der schlanke, achteckige Turm des **spätgotischen Gebäudes** wurde schließlich im Jahr 1628 durch den im Renaissance-Stil errichteten Turmhelm gekrönt, auf dessen Spitze die Figur des Stadtknechts **Alter Thomas** (*Vana Toomas*), eine Wetterfahne von 1530, die Stadt überblickt.

Drachenköpfige Wasserspeier an der Seitenfassade unterhalb des Daches stammen aus der gleichen Zeit wie der Turmhelm. Sie wurden von einem Kupferschied namens *Daniel Pöppel* angefertigt. Die darunterliegenden Gewölbebögen dienten einstmals Händlern als Verkaufsraum, in dem sie ihre Waren den Bürgern der Stadt feilboten. Außerdem befand sich hier der Pranger, an dem kleinere Verbrechen gesühnt wurden. Zum Tode Verurteilte hat man normalerweise außerhalb der Stadt auf dem Galgenberg hingerichtet.

Im Inneren des unterkellerten, zweistöckigen Gebäudes befinden sich der zweischiffige **Bürgersaal** mit hübsch bemalten Pfeilern sowie der angrenzende **Ratssaal** mit bemerkenswerten Schnitzarbeiten unter anderem von den Barockkünstlern *Elert Thiele* und *Joachim Armbrust*. Kunstvolle **Holzschnitzereien** weisen auch die Ratsbänke auf, die Szenen verschiedener Legenden bzw. biblische Motive aufgreifen: Tristan und Isolde, Simons Kampf mit dem Löwen, David und Goliath. Die acht **Gemälde,** die biblische Motive zeigen, stammen vom Lübecker Meister *Johann Aken* aus dem 17. Jh. In diesem Saal tagten einst die Ratsherren der Unterstadt und hielten Gericht. Bis zum Ende des 19. Jh. stand dem Rat die höchste Gerichtsbarkeit der Stadt zu. Weitere Räumlichkeiten sind die Küche, die Kämmerei, der Warensaal sowie der Ratsweinkeller.

Wer wie der „Alte Thomas", der ein Wahrzeichen Tallinns ist, einen Blick über die Stadt werfen möchte, kann in den Sommermonaten den **Rathausturm** erklimmen.

■ **Rathaus,** Raekoja plats 1, http://raekoda.tallinn.ee, Juli und August Mo–Sa 10–16 Uhr, sonst nach Vereinbarung, Anmeldung Tel. 6457900 oder raekoda@tallinnlv.ee. Eingang durch den Keller. Der Turm ist vom 15. Mai bis 15. Sept. täglich 11–18 Uhr geöffnet. Eintritt 5 €.

Fotomuseum

Hinter dem Rathaus stand in einer kleinen Gasse ab Mitte des 14. Jh. das **Ratsgefängnis.** Bis Mitte des 19. Jh. als solches genutzt, beherbergt das auch von innen sehenswerte Gebäude heute ein Fotomuseum, in dem neben alten Kameras, historischen Fotos und einer nachgebauten Dunkelkammer zeitgenössische Fotoausstellungen zu sehen sind. Bedeutend ist die auch mit Tallinn verbundene Entwicklung und Produktion der „Agentenkamera" *Minox* durch den gebürtigen Rigaer *Walter Zapp.*

■ **Fotomuseum im ehemaligen Ratsgefängnis,** Raekoja 4/6, Tel. 6448767, www.linnamuuseum.ee, tägl. außer Di 10.30–18 Uhr, November bis Februar tägl. außer Di 10–17.30 Uhr, Eintritt 2 €.

Ratsapotheke

Unter den in zarten Pastellfarben gestrichenen Häusern rund um den Rathausplatz ist vor allem die Ratsapotheke (Raeapteek, Raekoja plats 11) gegenüber dem Rathaus hervorzuheben. Sie gilt neben einer Apotheke in Dubrovnik als älteste noch heute dem Verkauf dienende Apotheke Europas, da dort vermutlich schon lange vor ihrer ersten schriftlichen Erwähnung 1422 Heilmittel verkauft wurden. Ihr heutiges Aussehen erhielt sie Mitte des 16. Jh. bei Umbauten, kurz bevor die Familie *Johann Burchart* die Geschäfte übernahm und die Apotheke über 300 Jahre lang führte. Das Familienwappen schmückt noch immer das Gebäude. An der geschnitzten und bemalten Tür sind der Stab des göttlichen Arztes Asklepios und die Schlange zu sehen. Katzenblut, Fledermauspulver, Schlangenhauttrank und Schwarzpulver sind in der Apotheke heutzutage nicht mehr zu bekommen, doch im Falle einer Urlaubserkrankung werden hier sicherlich gute Dienste geleistet. Im Hinterzimmer gibt es einen kleinen Ausstellungsraum, den man kostenlos – bzw. gegen eine Spende – besichtigen kann.

Wenn man genau hinschaut, kann man im **Pflastersteinmuster** auf Höhe der Apotheke eine Besonderheit erkennen: Zwei längliche Steine, die zu einem „L" zusammengefügt sind, markieren die grausige Stelle, an der in finsteren Zeiten ein Pfarrer geköpft wurde, nachdem er eine Magd erschlagen hatte.

Weitere Gebäude am Rathausplatz

Gleich gegenüber der Apotheke befindet sich ein ehemaliges **Handwerkerhaus.** In dem schmalen, auffällig dunkel gestrichenen Eckhaus (Raekoja plats 12) ist heute das Denkmalsamt der Stadt untergebracht. Das **Haus des Ratsschreibers**

(Nr. 15, heute Restaurant Troika) beherbergte einst die Ratskanzlei, das jetzige Gebäude wurde im 15. Jh. errichtet.

Über die nordwestlich vom Rathausplatz abgehende Voorimehe-Straße, die in die Pikk jalg übergeht, kann man den Domberg besteigen, über die nördlich abzweigenden Straßen zunächst einmal den nördlichen Teil der Unterstadt besichtigen.

Heiligengeistkirche

Nur ein paar Meter hinter dem Rathausplatz findet sich eine der schönsten Kirchen der Stadt. Zur Heiligengeistkirche (Pühavaimu 2) gelangt man, wenn man links von der Apotheke beim Haus Nr. 11, in dem sich das Restaurant Balthasar befindet, dem Durchgang in die kleine Gasse Saiakang folgt. Saiakang lässt sich mit „Weckengang" übersetzen, eine Erinnerung daran, dass hier einst Bäcker Weißbrot feilboten.

Die Fassade der Heiligengeistkirche wird von einer auffälligen **Holzuhr** (vom Weckengang einmal rechts um die Ecke schauen) aus dem 17. Jh. geschmückt, die von *Christian Ackermann* angefertigt wurde. Die Kirche selbst ist viel älter, sie wurde bereits 1319 schriftlich erwähnt. Gegründet als Kapelle, hatte sie zeitweise zwei Funktionen: Sie diente als Kirche des Armenhauses und als Ratskapelle. Ihr jetziges Aussehen erhielt sie im 14. Jahrhundert. Aus dieser Zeit stammt auch der **schlanke, achteckige Turm,** der im 17. Jahrhundert seinen Turmhelm erhielt. Hoch oben hängt die älteste **Glocke** des Landes aus dem Jahr 1433. Der berühmteste Pastor der Kirche war der Autor der „Livländischen Chronik", *Balthasar Russow* (1536–1600).

Im Innern der zweischiffigen Kirche befinden sich kunstvolle **Holzschnitzarbeiten** wie der Altar des Lübecker Meisters *Bernd Notke.* Im mittleren Teil kann man die Ausgießung des Heiligen Geistes und die Krönung der Jungfrau *Maria* bewundern. Auf den Flügeln sind der heilige *Olaf,* die Jungfrau *Maria,* die heilige *Elisabeth* und der heilige *Viktor* zu erkennen. Außerdem wurde der Leidensweg *Christi* dargestellt. Kunstvolle Schnitzereien weisen auch die Kanzel aus dem Jahr 1597 und die mit allegorischen Figuren geschmückte Empore von 1660 auf.

Im Norden der Unterstadt entlang der Pikk-Straße

Vor der Heiligengeistkirche liegt der Suurgildi-Platz, über den die Pikk-Straße verläuft. Der Name spricht für sich: Pikk heißt „lang" und in der Tat ist sie die längste Straße der Tallinner Altstadt. Hier siedelten sich im Mittelalter die genossenschaftlichen, nach Berufsständen gegliederten Vereinigungen an, die **Gilden.**

Große Gilde

Gleich gegenüber der Heiligengeistkirche erhebt sich die Große Gilde (Pikk 17), der auch der Platz (Suurgildi) ihren Namen zu verdanken hat. Die Mitglieder der Großen Gilde – mächtige Kaufleute – gehörten zu den reichsten Bürgern der Stadt. Sie erstanden 1406 das Grundstück, auf dem im Jahr 1416 das Gebäude errichtet wurde. Die **Fassade** des Giebelhauses hat weitgehend ihr ursprüngliches Aussehen bewahrt. Die Tür des zweistufigen Portals ist mit **bronzenen Türklopfern** versehen, die Löwenköpfe darstellen (1430). Auch das **Wappen** der Kaufleute (zugleich das kleine Wappen Tallinns) ziert bis heute das Haus: ein weißes Kreuz auf rotem Untergrund. Die ursprünglich rechteckigen Fenster im Hochparterre wurden im 19. Jh. mit Spitzbögen versehen.

Der **Große Gildensaal** im Inneren mit seinem Kreuzgratgewölbe und sechseckigen Pfeilern ist ebenfalls weitgehend erhalten geblieben. Die Kapitelle der Pfeiler sind mit Blättern, Drachen und Vögeln geschmückt.

Im Keller befand sich ab dem 15. Jh. eine legendäre Weinstube. Wer sich dort nicht manierlich benahm, wurde in einen Käfig im hinteren Teil der Schenke gesteckt. Heute ist das **Museum für Estnische Geschichte** in der Großen Gilde untergebracht.

◼ **Museum für Estnische Geschichte** *(Eesti Ajaloomuuseum)*, Pikk 17, Tel. 6968690, www.ajaloomuuseum.ee, Mai bis Sept. tgl. 10–18 Uhr, Okt. bis April Mi geschlossen.

Weitere Gildehäuser

Wenige Meter weiter befinden sich auf der gegenüberliegenden Seite der Pikk-Straße eng beieinander weitere Gildehäuser, das der Kanuti-Gilde, der Olai-Gilde und der Bruderschaft der Schwarzhäupter. Zuvor lohnt sich jedoch ein Blick auf das **Jugendstilhaus** (Nr. 18), das mit Drachen und barbusi-gen Schönheiten geschmückt ist. Gegenüber, am Giebel eines weiteren Jugendstilhauses (Pikk 21–25), gleich gegenüber der Kanuti-Gilde, befindet sich eine Figur, die einen durch ein Monokel blickenden Herren darstellt. Um ihn ranken sich diverse Legenden, so erzählt man, dass es den ehemaligen Besitzer des Hauses darstellt, der heimlich eine hübsche Frau im gegenüberliegenden Gebäude beobachtete.

Das Haus der **Kanuti-Gilde** (Pikk 20, auch: Handwerkergilde) diente Goldschmieden, Schustern, Bäckern, Hutmachern und anderen angesehenen Handwerkern als Sitz. Das heutige Gebäude wurde jedoch lange nach der Hansezeit erbaut, nämlich 1863–64. Die Fassade schmücken das kleine (weißes Kreuz auf rotem Grund) und das große Stadtwappen (drei Löwen) sowie zwei Figuren: Martin Luther und den heiligen Knut (Kanutus) darstellend, den Schutzpatron der Gilde.

Während in der Kanuti- oder Handwerkergilde vorwiegend deutsche Mitglieder zusammentrafen, vereinigte die **Olai-Gilde** (Pikk 24) Skandinavier und Esten. Auch sie gingen handwerklichen Tätigkeiten nach. Von außen relativ schlicht, verbirgt sich hinter den Mauern ein sehenswerter mittelalterlicher Gewölbesaal von 1422. 1919 erwarben die Schwarzhäupter das Haus, deshalb schmückt ihr Wappen die Fassade.

Schwarzhäupterhaus

Gleich nebenan steht ein hübsches Giebelhaus mit einer auffälligen rot-grünen Tür, die mit goldenen Blumen geschmückt ist: das Schwarzhäupterhaus.

Sein heutiges Aussehen erhielt das Gebäude im Jahr 1595. Reliefbilder schmücken die **Renaissancefassade,** darunter Abbilder des polnisch-schwedischen Königs *Sigismund III.* und seiner Gattin *Anna,* die zu dieser Zeit die Stadt besuchten. Außerdem sind die Wappen der vier Hansekontore Brügge, Nowgorod, London und Bergen an der Fassade zu sehen. Hoch oben am Giebel sind *Pax* und *Justitia* dargestellt.

Die **Bruderschaft der Schwarzhäupter** wurde im 14. Jh. gegründet und war eine Vereinigung lediger, deutschstämmiger Kaufleute, die sehr einflussreich und mächtig war. Zu ihren Ehrenmitgliedern gehörten sogar einige russische *Zaren: Peter I., Paul I.* und *Alexander I.* Der Name der Gilde geht auf den heiligen Mauritius zurück, einen dunkelhäutigen Märtyrer. Ein weiteres Schwarzhäupterhaus findet sich in der lettischen Hauptstadt Riga.

■ **Schwarzhäupterhaus,** Pikk 26, Tel. 6699946, www.filharmoonia.ee/mustpeademaja. Es finden regelmäßig Konzerte statt.

KGB-Zentrale

Einige Meter weiter gabelt sich die Straße. Bleibt man links auf der Pikk, kommt man ein ganzes Stück weiter nördlich an der ehemaligen KGB-Zentrale vorbei

(Pikk 59/Ecke Pagari 1). Hinter zugemauerten Kellerfenstern wurden hier zu Sowjetzeiten Staatsfeinde verhört und nicht selten erschossen. Heute erinnert eine **Gedenktafel** an die düstere Vergangenheit, im Gebäude befinden sich mittlerweile luxuriöse Wohnungen.

Tallinn und Umgebung

> Die Olaikirche überragt die Altstadt

Olaikirche

Eine Straßenecke weiter, an der Oleviste-Straße, die Pikk- und Lai-Straße verbindet, erhebt sich die gotische Olaikirche (Lai 50, www.oleviste.ee). Erstmals 1267 schriftlich erwähnt, wurde das Gotteshaus im Laufe der Jahrhunderte – nicht zuletzt wegen mehrerer Brände – mehrfach wieder aufgebaut, umgebaut und erweitert, unter anderem im 16. Jh., als die spätgotische Bremerkapelle (auch: Marienkapelle) angebaut wurde.

Besondere Aufmerksamkeit galt und gilt jedoch dem **Turm**. Bei seiner Erbauung um 1500 galt er mit 159 Metern als höchstes Bauwerk der Welt. Nach einem Brand im Jahr 1820 wurde er etwas kürzer wieder aufgebaut und misst heute 124 Meter. Dennoch handelt es sich bei der Olaikirche – abgesehen vom weit außerhalb der Stadt gelegenen Fernsehturm – noch heute um das höchste Gebäude Tallinns. Angesichts der immer höher in den Himmel ragenden Wolkenkratzer im modernen Tallinn ist fraglich, wie lange dem noch so ist. Bis jetzt haben sich allerdings auch zeitgenössische Architekten an die „nicht zu übertreffende Höhe" gehalten. Vielleicht, weil sie jener Legende Glauben schenken, wonach der Turm vom Teufel höchstpersönlich erbaut wurde?

Den Turm kann man im Sommerhalbjahr besteigen und von dort aus die Altstadt, den Domberg und den Hafen überblicken. Die steile lange Treppe setzt eine gewisse körperliche Fitness voraus. Oben ist es sehr eng, große Taschen sollte man besser nicht dabei haben. Der Ausblick lohnt die Mühe aber, er gehört zu den schönsten der Stadt.

Die Drei Schwestern

Ganz am Rande der Tallinner Altstadt, nur ein paar Meter neben der mittelalterlichen Stadtmauer am Ende der Pikk, säumen drei **eng aneinandergebaute Häuser** die pflastersteinerne Straße: die

◁ Eine schöner als die andere: die Drei Schwestern

„Drei Schwestern". Jahrhundertelang von reichen Kaufleuten bewohnt, beherbergen die drei in zarten Pastelltönen gestrichenen Gebäude heute **eines der luxuriösesten Hotels** der Stadt (*The Three Sisters*). Auch wenn die Häuser heute zu einem einheitlichen Bauensemble zusammengeschlossen sind, sieht man doch auf den ersten Blick ihre unterschiedlichen architektonischen Stile.

Dicke Margarete

Gleich hinter den Drei Schwestern begrenzt die **Stadtmauer** die Altstadt. Die sog. **Große Strandpforte** mit einem stattlichen Turm an der Seite, der Dicken Margarete, führt zum Hafen hinaus. Die Pforte ist neben der Viru-Pforte das einzige von insgesamt sechs mittelalterlichen Toren, das noch heute steht. Turm und Pforte hatten zwei Funktionen: Einmal dienten sie zur Verteidigung der Stadt, aber ebenso sollten sie Besucher, die vom Hafen kamen, beeindrucken.

Heute ist in dem gewaltigen Kanonenturm das **Estnische Meeresmuseum** untergebracht. Man erkennt es an dem kleinen Schiffchen, das aus der Wand ragt. Vom Turm, auf dessen oberste Ebene man aus dem Museum steigen kann, hat man einen schönen Blick auf die Umgebung. Der zweite, spektakulärere Teil des Museums befindet sich in den Hangars des alten Wasserflugzeughafens (Lennusadam, s. „Kalamaja").

Geht man durch die Große Strandpforte hindurch und hält sich außerhalb der Stadtmauer rechts, findet man das Kunstwerk **Katkenud liin** („Unterbrochene Linie"), das an den Untergang der Estonia-Fähre 1994 erinnert.

● **Meeresmuseum** (*Meremuuseum*), im Turm der Dicken Margarete, Pikk 70, Tel. 6733092, www.meremuuseum.ee, täglich 10–19 Uhr, im Winter montags geschlossen und nur bis 18 Uhr. Im Stadtteil Kalamaja befindet sich der Lennusadam, ein herausragender Museumsbau in ehemaligen Hangars, außerdem liegen dort Museumsschiffe am Kai, darunter der dampfgetriebene Eisbrecher *Suur Töll*. Küti 15a.

Entlang der Lai-Straße und der Stadtmauer

Innerhalb der Stadtmauer, gegenüber der Dicken Margarete, geht von der Pikk-Straße eine kleine mit Steinen gepflasterte Straße ab. Sie führt auf die zweite Hauptstraße der Altstadt: die Lai-Straße. Diese ist nicht viel breiter als ihre Parallelstraße, obgleich *Lai* übersetzt „breit" heißt. Zu beiden Seiten befinden sich einige sehenswerte, liebevoll restaurierte **Bürgerhäuser aus der Hansezeit**. Hält man sich von der Stadtmauer kommend links, sieht man schon von hier aus wieder den Turm der Olaikirche.

Rossmühle

Beim *Meriton Old Town Hotel* führt die Straße an einem einstöckigen Gebäude aus dem 14. Jh. vorbei, der Rossmühle (Hobuveski, Lai 47). Damals trieben acht Pferde gleichzeitig die Mühle an, um die Stadtbürger mit Mehl zu versorgen. Sie lag innerhalb der Mauern, um auch zu Kriegszeiten die Nahrungsmittelversorgung zu gewährleisten. Heute finden hier Theateraufführungen und Konzerte statt.

Tallinn und Umgebung

3a

Ukrainische Kirche

Wer mag, kann von hier aus einen kleinen Schlenker entlang der Stadtmauer machen. Dorthin gelangt man, wenn man an der Mühle rechts abbiegt in Richtung Mauer (bei dem ans Hotel angeschlossenen Bistro *Vene söögituba*). Hier verläuft, parallel zu Lai-Straße und Stadtmauer, die Laboratooriumi-Straße. Kurz vor der Suurtüki-Straße passiert man zur Linken die kleine **ukrainisch-griechisch-katholische Kirche** (Laboratooriumi 22). Obgleich die ukrainische Gemeinde bereits im 17. Jh. in Tallinn aktiv war, bezog sie dieses Gebäude erst Ende des 20. Jahrhundert. Heute beherbergt das schiefe, mit einem Lastkran versehene Gebäude, das vormals nur weltlichen Zwecken diente, die Kirche mit einer recht hübschen Ikonostase von *Pjotr Gumenjuk.*

Platz der Türme

An dieser Stelle hat man mehrere Möglichkeiten, den Rundgang fortzusetzen. Entweder man läuft an der Stadtmauer entlang, die innerhalb und außerhalb der Altstadt sehr sehenswert ist, und steigt in Höhe der Suur-Kloostri-Straße den Nonnenturm hinauf, um einmal die Position früherer Wachmänner einzunehmen (s.u.), oder man kehrt auf die Lai-Straße zurück.

Zuvor lohnt sich aber auf jeden Fall ein Blick nach rechts, wo die Suurtüki-Straße aus der Altstadt hinausführt. Hier ist nicht nur die Deutsch-Baltische Handelskammer untergebracht, sondern auch ein Park angelegt, von dem man einen tollen Blick auf die Türme der Stadt-

mauer hat – daher der Name „Platz der Türme" (Tornide väljak). Folgt man der Suurtüki-Straße geradeaus aus dem Altstadtring heraus, gelangt man in den Stadtteil Kalamaja.

Huecksches Haus

Folgt man der Suurtüki- von der Laboratooriumi-Straße aus nach links, gelangt man zurück auf die Lai-Straße. Dort verdient das gleich zur Rechten liegende Huecksche Haus (Huecki maja, Lai 29) Aufmerksamkeit. Vor dem Gebäude stehen zwei **Linden,** die – glaubt man den Erzählungen – der russische Zar *Peter I.* höchstpersönlich gepflanzt haben soll. Im Haus soll es außerdem spuken, allerdings geistert nicht der Zar, sondern ein Mönch durch die Mauern.

Naturkundemuseum und Theater

Gleich nebenan befinden sich das Estnische Naturkundemuseum, mit einer kleinen aber schön gemachten und auch für Kinder geeigneten Ausstellung und das **Tallinner Stadttheater** (Linnateater, Lai 23). Letzteres ist in einem hübschen mittelalterlichen Haus mit Stufenportal untergebracht. Wie an so vielen Häusern der Altstadt kann man auch hier noch den Flaschenzug am Giebel erkennen, ein Zeichen dafür, dass die oberen Stockwerke einst als Warenlager benutzt wurden.

Angeschlossen ist das schlichte, aber empfehlenswerte **Theatercafé.**

■ **Estnisches Naturkundemuseum** *(Eesti Loodusmuuseum)*, Lai 29 a, Tel. 6411739, www.loodus

muuseum.ee, Di–Mi, Fr–So 10–17 Uhr, Do 10–19 Uhr, Eintritt 5 €.

Weitere Museen

Einige nahe gelegene Gebäude beherbergen weitere Museen: das **Estnische Museum für Gesundheitswesen** und das **Estnische Museum für angewandte Kunst und Design**. Letzteres ist in einem sehenswerten alten Kornspeicher untergebracht. Der Eingang liegt etwas versteckt in einem Hinterhof, den man durch die Toreinfahrt betritt.

■ **Estnisches Museum für Gesundheitswesen** (Eesti Tervishoiu Muuseum), Lai 28/30, Tel. 6411 886, www.tervishulumuuseum.ee, geöffnet Di und Do–So 10–18, Mi 10–19, Eintritt 8 €.
■ **Estnisches Museum für angewandte Kunst und Design** (Eesti Tarbekunsti- ja Disainimuuseum), Lai 17, Tel. 6274600, www.etdm.ee, Mi–So 11–18 Uhr, Eintritt 4 €.

Christi Verklärungskirche

Hinter den Museen geht rechter Hand die schon erwähnte Suur-Kloostri-Straße ab, die wieder zur Stadtmauer führt. Man passiert die russisch-orthodoxe Christi Verklärungskirche (Suur-Kloostri 14), die auf eine lange Geschichte zurückblickt. Zunächst errichteten die Dänen an dieser Stelle eine Kapelle (1219), später (1249) nahm das Nonnenkloster St. Michael hier seine Tätigkeit auf. Es fiel jedoch 1433 einem Brand zum Opfer. Zwar wurde es wieder aufgebaut, aber etwa hundert Jahre später, nach der Reformation, wurde es geschlossen. Nach dem Livländischen Krieg stand das Gotteshaus zunächst den schwedischen Truppen als Garnisonskirche zur Verfügung, ab 1716, nach dem Nordischen Krieg, den Russen. Seither dient es der **russisch-orthodoxen Gemeinde** als Kirche. Ihr heutiges Äußeres bekam sie nach einigen Umbauarbeiten in den Jahren 1827–30. Sehenswert ist die Ikonostase des russischen Meisters *Ivan Zarudnyij*, sie soll ein Geschenk *Peters I.* sein. Ein **Denkmal** erinnert an *Platon*, den ersten Bischof der estnisch-orthodoxen Kirche, der 1919 von Kommunisten ermordet wurde.

Zu besagten Schwedenzeiten, also nach dem Livländischen Krieg, ließ König *Gustav II. Adolf* im Konventgebäude des Klosters das erste **Gymnasium** Estlands (Suur-Kloostri 16) einrichten (1631), das bis heute seinen Namen trägt.

Stadtmauer und Nonnenturm

Hinter der Christi Verklärungskirche erhebt sich bereits wieder die Stadtmauer. Ursprünglich umgab sie die komplette Unterstadt und war zwischen dem 13. und 16. Jh. die mächtigste Befestigungsanlage Nordeuropas. Immerhin sind von der bis zu drei Meter breiten und 16 Meter hohen Mauer, die in einer Länge von etwa 2,4 Kilometern um die Stadt verlief, noch knapp zwei Kilometer mit 26 Türmen erhalten.

An dieser Stelle hat man die Möglichkeit, die Mauer zu erklimmen und wie seinerzeit die Stadtwächter den Blick über Innenstadt und Umgebung schweifen zu lassen. Der etwas abenteuerliche **Aufstieg** im Nonnenturm wird mit einem schönen Ausblick auf die Umgebung belohnt. Vom Nonnenturm gelangt man durch den Verteidigungsgang zu zwei weiteren Türmen: dem Badestubenturm und dem Goldenen Fuß.

■ **Stadtmauer,** Aufstieg vom Nonnenturm, Väike Kloostri 1/Gümnaasiumi 3, im Juni bis August täglich 11–19 Uhr, den Rest des Jahres variierend und kürzer.

tersbourg Hotel (Rataskaevu 7) kann man mit dem **Radbrunnen** den wahrscheinlich ältesten Brunnen der Stadt bewundern, der bereits im 14. Jh. genutzt wurde. In der Straße befinden sich mehrere gute Einkehrmöglichkeiten. Die Dunkri-Straße zur Linken führt zurück auf den Rathausplatz.

Aufstieg zum Domberg

Wer von hier aus auf den Domberg steigen will, kann eine **Treppe** nördlich des Kalksteinplateaus benutzen. Hierzu folgt man der Suur-Kloostri-Straße durch das Tor, überquert am Ende der Häuserreihe links die Straße und steigt die Treppe am Hang des Dombergs hinauf.

Weitere Aufgänge befinden sich in der Innenstadt und heißen **Pikk jalg** und **Lühike jalg.** Die Pikk-jalg-Straße ist nicht weit von hier entfernt. Statt durch die Toreinfahrt gegenüber dem Gymnasium zu gehen, hält man sich links und folgt der Väike-Kloostri-Straße, die in die Nunne-Straße übergeht. Am Ende der Nunne steht rechts ein Turm – der Eingang zur Pikk jalg (siehe „Oberstadt/Domberg: Das kurze und das lange Bein").

Rückkehr zum Rathausplatz

Um den Rundgang durch die Unterstadt zu vervollständigen, kann man sich aber zunächst die Sehenswürdigkeiten südlich und östlich des Rathausplatzes ansehen. Statt rechts auf die Pikk jalg abzubiegen, geht man geradeaus (etwas versetzt) in die Rataskaevu. Vor dem St. Pe-

☑ Diente schon mehrfach als Filmkulisse: der Katharinengang

Das Lateinerviertel entlang der Vene-Straße

Außer der Pikk- und der Lai-Straße zieht sich eine dritte Achse durch die Unterstadt: die Vene-Straße, die früher einmal Mönchsstraße hieß, aber im Mittelalter den Alten Markt mit einer Siedlung von russischen Kaufleuten verband, sodass sie in Russenstraße (estnisch: *Vene*) umgenannt wurde. Man erreicht sie vom Rathausplatz aus entweder über die Vanaturu kael (hinter dem Rathaus) oder über die Apteegi-Straße neben der Apotheke.

Kaufmannshäuser

Wählt man den Weg hinter dem Rathaus, passiert man einige interessante mittelalterliche Gebäude, beispielsweise das **Haus eines reichen Fleischers** (Vana Turg 3, die Vana turg geht in die Vene-Straße über), in dem heute eine Galerie ansässig ist, oder das **Packhaus** (Vana turg 1), welches heute das Restaurant **Olde Hansa** beherbergt. Bevor es im 17. Jh. umgebaut wurde, beherbergte das Haus drei Speicher für die Waren ausländischer Kaufleute. Kehrt man hier ein, fühlt man sich angesichts der mittelalterlichen Kostüme der Kellner sowie der

Tallinn und Umgebung

Musik und Ausstattung des Restaurants in diese Zeit zurückversetzt. Eine ähnliche Atmosphäre findet man gegenüber im *Restaurant Peppersack* (Vana turg 6).

von Kunsthandwerkern sowie einige Souvenirläden. Mit dem *Controvento* findet sich hier auch ein empfehlenswertes italienisches Restaurant.

Hof der Meister

Der Vene-Straße Richtung Norden folgend, dringt man in das sogenannte **Lateinerviertel** vor. In den Hinterhöfen liegen kleine Schätze verborgen, beispielsweise im Hof der Meister *(Meistrite Hoov),* in den man beim Haus Nr. 6 abbiegt. Hier befinden sich **kleine Geschäfte** und ein **Schokoladencafé.**

Katharinengang und -kirche

Zurück auf der Vene-Straße, zweigt nicht weit vom Hof der Meister entfernt eine weitere kleine Gasse rechts ab. Folgt man ihr, findet man sich in einer der romantischsten Szenerien der estnischen Hauptstadt wieder. Der **Katariina käik** (Katharinengang), der die Vene-Straße mit der Müürivahe-Straße verbindet, führt an der Wand der ehemaligen gleichnamigen Kirche entlang, an der heute alte Grabsteine und -platten angebracht sind. Die Katharinenkirche, die zu einem benachbarten Kloster gehörte, war die größte der Stadt, bevor sie mit dem Kloster im 16. Jh. durch einen Brand zerstört wurde.

Der Katharinengang war übrigens schon Kulisse für einige Filme, auch wenn er als Straße des mittelalterlichen London oder Paris ausgegeben wurde.

Die kleinen Handwerkerhäuser auf der Seite gegenüber der Klostermauer beherbergen heute wieder Werkstätten

Ehemaliges Dominikanerkloster

Im Bereich zwischen Vene, Katariina käik und Müürivahe liegt das ehemalige Dominikanerkloster, das 1246 von Mönchen gegründet wurde und der heiligen Katharina geweiht war. Bei der Klosteranlage handelt es sich um das älteste zumindest teilweise erhaltene Gebäude der Tallinner Altstadt. In der Müürivahe-Straße liegt in einem kleinen Innenhof der Zugang zu einem Teil des Klosters, der besichtigt werden kann. Obwohl in den Räumen außer einigen **Steinmetzarbeiten,** darunter solchen von *Arent Passer,* der auch an den Dekorationen der Domkirche und des Schwarzhäupterhauses gearbeitet hat, nicht viel zu sehen ist, lohnt ein Besuch wegen der Atmosphäre des Gebäudes. Im Keller lädt eine **„Energiesäule"** Besucher ein, Kraft und Energie zu tanken.

Im Mittelalter hatten die Mönche einen großen Einfluss auf die Stadtbevölkerung, sehr zum Argwohn der weltlichen Herrscher. Unter dem Deckmantel der Reformation verjagte der Rat 1525 die Dominikaner aus Tallinn. Die Anlage fiel nur sechs Jahre später einem Brand zum Opfer. Erst im Jahr 1996 kehrten die Dominikaner nach Tallinn zurück und ließen sich östlich des ehemaligen Klosters an der Müürivahe-Straße nieder.

■ **Klausur des Dominikanerklosters,** Müürivahe 33, Tel. 5112536, www.claustrum.eu, 15. Mai bis

30. September täglich 11–17 Uhr; im Winter nur nach Voranmeldung.

St.-Peter-und-Paul-Kirche

Dreht man am Ende des Katharinengangs um und kehrt auf die Vene-Straße zurück, findet man nur einige Schritte weiter nördlich einen weiteren Schatz der Altstadt. Die neoklassizistische St.-Peter-und-Paul-Kirche (Vene 16) in einem Hinterhof neben dem Katharinengang wurde zwischen 1841 und 1844 an der Stelle erbaut, wo sich einst das Refektorium eines mittelalterlichen Dominikanerklosters befand. Die neoklassizistische Fassade ist nachträglich entstanden.

Tallinner Stadtmuseum

Das Geschichtsmuseum der Stadt liegt weiter nördlich auf der gegenüberliegenden Seite der Vene-Straße und ist in einem Patrizierhaus untergebracht. Im Tallinner Stadtmuseum kann man sich durch alle Epochen führen lassen – vom Mittelalter über die Sowjet-Okkupation bis hin zur Unabhängigkeit Estlands.

■ **Linnamuuseum,** Vene 17, Tel. 6155180, www.linnamuuseum.ee, täglich 10.30–18 Uhr, November bis Februar 10–17.30 Uhr, montags geschlossen, Eintritt 4 €.

Kirche des heiligen Nikolai des Wundertäters

Schräg gegenüber, auf der anderen Seite der Vene-Straße, erhebt sich die Kirche des heiligen Nikolai des Wundertäters (Vene 24), ein Nachfolgebau jener russischen Kirche, die hier bereits im 13. Jh. gestanden hat. Wie schon erwähnt, kommt der Name der Straße („Russische Straße") daher, dass hier ein russischer Handelshof angesiedelt war, zu dem auch das Gotteshaus gehörte. Die Kirche, die sich heute an dieser Stelle erhebt, wurde vom St. Petersburger Architekten *Luigi Rusca* entworfen und 1827 fertiggestellt.

Müürivahe-Straße

Wer noch einen kleinen Einkaufsbummel einlegen will, dem sei ein Gang durch die Müürivahe-Straße empfohlen. Dorthin gelangt man über die Munga-Straße oder den oben erwähnten Katharinengang. **Souvenirs** findet man bei den Handarbeitsständen an der Stadtmauer (Müürivahe oberhalb der Viru-Straße): Hier werden handgestrickte Pullover, Mützen und Handschuhe, aber auch Leder- und Holzarbeiten, Keramikwaren und Schmuck feilgeboten. Über einen der Türme kann man den Wehrgang oben an der Mauer besteigen und dabei Kunst ansehen.

■ **Hellemann-Turm und -Galerie,** Müürivahe 48, Mai–Sept tägl. 9–19, Okt.–April 10–18 Uhr, Eintritt 4 €.

Im Süden der Unterstadt

An der Stadtmauer

Nach dem Einkaufsbummel lohnt sich ein Blick auf die **Viru-Pforte** oder auch Lehmpforte, eine der beiden noch erhaltenen Vorpforten, die heute die Altstadt mit dem modernen Tallinn verbindet. Die Vorpforte war Teil des Haupttores, welches außerdem Hängebrücke, Wallgraben und Fallgitter umfasste. Sechs solcher Tore waren im Mittelalter Bestandteil der Stadtmauer.

Entlang der Viru-Straße, die in östlicher Richtung zum modernen Teil Tallinns führt, in westlicher wieder in Richtung Rathausplatz, finden sich weitere Restaurants, Geschäfte und *Fast-Food*-Ketten. In der Einkaufsstraße machen sich die Begleiterscheinungen des Massentourismus stark bemerkbar, sodass hier auch viel Ramsch geboten wird. Ähnlich ist es in der Gastronomie.

Schön ist dagegen die **Müürivahe-Straße** (s.o.), der Name bedeutet „Zwischen den Mauern". Auf dem Weg öffnet sich ein kleiner Platz mit einem klassischen Beispiel stalinistischer Architektur (Vana-Posti 8) und einem Kino von 1955 mit der Aufschrift „Sõprus" (Freundschaft).

Theater- und Musikmuseum

Kulturinteressierte können der Müürivahe weiter folgen und einen Blick in das estnische Theater- und Musikmuseum werfen. Im Haus lebte und arbeitete von 1923 bis 1933 Professor *Jaan Tamm*, der Direktor des Tallinner Konservatoriums.

■ **Theater- und Musikmuseum**, Müürivahe 12, Tel. 6446407, www.tmm.ee, im Sommer Mo–Sa 10–18 Uhr, sonst Di–Sa 10–18 Uhr.

An der Harju-Straße

Etwas weiter kreuzt die Harju-Straße die Müürivahe. Auch hier stand im Mittelalter ein großes Stadttor, die **Harju-Pforte,** von der allerdings nichts mehr zu sehen ist. Errichtet im 14. Jh., verband sie die Stadt mit dem Landkreis Harjumaa. Die Zeit überdauert hat jedoch die Geschichte jenes Mannes, der an dieser Stelle hingerichtet wurde: *Johann von Üexküll,* der am 7. Mai 1535 genau zwischen den zwei Außentoren der Pforte den Tod fand. Die Hinrichtung des Adligen durch den Rat der Stadt führte zu einem erbitterten Streit zwischen der Stadt und der Ritterschaft in Harjumaa, sodass das Tor von 1538 bis 1767 geschlossen blieb. Abgetragen wurde es 1875.

Bereits von hier öffnet sich der Blick auf eine der ältesten Kirchen Tallinns, die Nikolaikirche, auf den Wachturm „Kiek in de Kök" sowie die Zwiebeltürme der Alexander-Newski-Kathedrale, die schon auf dem Domberg liegt.

Auffällig an der Harju-Straße ist die fehlende Bebauung auf der einen Seite. Ursprünglich befand sich hier, wie in der ganzen Altstadt, eine geschlossene Häuserzeile, die aber durch den Bombenangriff der Roten Armee am 9./10. März 1944 zerstört wurde. Im Winter wird die Freifläche oberhalb des Parkstreifens als Eisbahn genutzt.

Das große braune Gebäude mit dem Antiquariat im Erdgeschoss (Harju 1) ist vielleicht nicht das schönste, spielt aber im estnischen Kulturleben eine wichtige Rolle. Die **estnische Schriftstellervereinigung** hat hier ihren Sitz, *Jaan Kross* (1920–2007), einer der wichtigsten estnischen Schriftsteller, wohnte hier den

3a

größten Teil seines Lebens. Links um die Ecke an der Wand (schon in der Kuninga-Straße) befindet sich eine Gedenktafel für *Juhan Smuul* (1922–1971), der zwar durch seine Ode an Stalin keinen einwandfreien Ruf genießt, dessen auch auf Deutsch vorliegendes Eisbuch, eine Reisebeschreibung einer sowjetischen Antarktisexpedition, aber auch heute noch lesenswert und auch recht unterhaltsam ist.

Nikolaikirche

Angesichts der Tallinner Hansetradition erstaunt es nicht, dass deutsche Kaufleute, die Anfang des 13. Jh. über Gotland nach Tallinn gekommen waren, eine Kirche bauten, die sie dem Schutzpatron der Seefahrer und Kaufleute widmeten, dem heiligen *Nikolaus*. Die spätgotische Steinkirche wurde, wie auch andere Gotteshäuser im Ostseeraum, als **Wehr- und Speichergebäude** genutzt. Da zur Zeit ihrer Erbauung noch keine schützende Mauer die Unterstadt umgab, fiel der Turm mächtig und hoch aus. Der Dachspeicher diente dazu, Waren zu lagern.

Im 15. Jh. fing man an, die Kirche zur **Basilika** umzubauen. Es heißt, sie sei die einzige Kirche der Unterstadt, die während des Bildersturms in der Reformationszeit unversehrt blieb, weil der Kirchenvorsteher Zinn in die Schlösser goss, um eine Stürmung zu verhindern.

Bis zum Zweiten Weltkrieg nutzte die deutsche Gemeinde das Gotteshaus, das 1944 bei einem Bombenangriff der Sowjetarmee stark beschädigt wurde. Fast das ganze Viertel um die Kirche wurde dabei zerstört. 1982 fiel sie einem Brand zum Opfer.

Nach einer erneuten Restaurierung dient die Nikolaikirche heute als Zweigstelle des **Estnischen Kunstmuseums.** Herausragende Exponate sind der kostbare ehemalige Hauptaltar der Kirche, der 1482 vom Lübecker Meister *Hermen Rode* mit bemalten Holzskulpturen versehen wurde, ein Fragment des „Totentanz" von *Bernd Notke* aus Lübeck sowie eine historische Silbersammlung, die unter anderem das Silber der Schwarzhäuptergilde beinhaltet.

◼ **Niguliste-Museum und Konzertsaal in der Nikolaikirche,** Niguliste 3, Tel. 53431052, www.ekm.ee/niguliste, Mai–Sept. Di–So 10–17 Uhr, Okt.–April Mi–So 10–17 Uhr, Eintritt 5 €.

Michaeliskirche

Geht man von der Nikolaikirche die Rüütli-Straße hinunter, gelangt man zu einem schlichten, turmlosen Gebäude aus dem 16. Jh.: der schwedischen Michaeliskirche (Rüütli 7/9). Ursprünglich war sie als sogenanntes Neues Siechenhaus und Armenspital erbaut worden, wurde aber ab dem 18. Jh. von der **schwedischen Gemeinde** in Tallinn als Kirche benutzt. Zu Sowjetzeiten hat man das im Krieg stark beschädigte Gebäude zu einer Sporthalle umfunktioniert, bis es 1992, nachdem Estland seine Unabhängigkeit wiedererlangt hatte, an die schwedische Gemeinde zurückgegeben wurde. Heute nutzt – neben der schwedischen und finnischen – auch die deutsche Gemeinde unter Pfarrer *Matthias Burghardt* die Kirche (www.kirche-estland.de).

Tallinn und Umgebung

3a

Oberstadt/Domberg

Das kurze und das lange Bein

„Warum hinkt Tallinn?" lautet eine beliebte Scherzfrage, die Touristenführer den Besuchern der Stadt stellen. Die Antwort lautet: Weil die Stadt ein kurzes und ein langes Bein hat. Frage und Antwort beziehen sich auf zwei Straßen, die Ober- und Unterstadt miteinander verbinden: **Lühike jalg** („kurzes Bein") und **Pikk jalg** („langes Bein"). Im Deutschen werden sie auch „Kurzer Domberg" und „Langer Domberg" genannt.

Obgleich man den Domberg auch über eine Treppe, die im Norden auf das Kalksteinplateau hinaufführt, oder über eine Straße im Süden erreicht, gelangen die meisten Touristen auf einem dieser beiden Wege in die Oberstadt. Der Weg über die Pikk jalg ist weniger steil, dafür etwas weiter, während sich die Lühike jalg im Wesentlichen als eine enge Treppengasse entpuppt. Wer Zeit mitbringt, sollte auf jeden Fall beide Wege ausprobieren. Die Pikk jalg betritt man am unteren Ende durch einen Torturm aus dem Jahr 1380. Die Lühike jalg beginnt gegenüber der Nikolaikirche. Im Mittelalter wurde die Lühike jalg von Fußgängern benutzt, während Reiter und Kutschen die Pikk jalg frequentierten.

Auf dem Weg gibt es die Möglichkeit in mehreren **Kunsthandwerksgeschäften** und **Galerien** zu stöbern.

Garten des dänischen Königs und Stadtmauer

Hält man sich am oberen Ende der Lühike jalg geradeaus und dann links, er-

reicht man den Garten des dänischen Königs (Taani kuninga aed, alternativ geht man um die Alexander-Newski-Kathedrale herum), wo der Legende nach im Jahr 1219 im Krieg Dänemarks gegen Estland auf Gebete des dänischen Königs *Waldemar II.* die dänische Fahne vom Himmel gefallen sein soll. Bestärkt durch dieses Wunder, soll das dänische Heer die Schlacht gewonnen haben.

Entlang dem Garten befinden sich Teile der mächtigen Stadtmauer, die an dieser Stelle zwei Türme, den **Jungfern-** und den **Marstallturm,** miteinander verbindet. Hier befinden sich Cafés und eine Ausstellung zur Geschichte der Wehranlage. Die gesichtslosen Mönchsskulpturen, die direkt einem Fantasyfilm entsprungen sein könnten, wurden 2015

aufgestellt. Sie stammen von den estnischen Bildhauern *Aivar Simson* und *Paul Mänd.*

Alexander-Newski-Kathedrale

Hoch auf dem Domberg (Toompea) dominiert die orthodoxe Alexander-Newski-Kathedrale (estnisch: Aleksander Nevski katedraal, Lossiplats 19, tägl. 8–19 Uhr) mit ihren **fünf Zwiebeltürmen** seit Ende des 19. Jh. das Stadtbild. Erbaut wurde sie in den Jahren 1894–1900 vom Architekten *Michael Preobraženski* im historistischen Stil. Vorbild waren fünftürmige Kirchen aus dem 17. Jh., wie man sie beispielsweise in Moskau findet.

Obgleich sie ein beliebtes Fotomotiv für Touristen abgibt, die vom üppig geschmückten und märchenhaft wirkenden Inneren und Äußeren der Kirche fasziniert sind, schätzen viele Esten das Bauwerk nicht besonders. In der Tat will es nicht so recht in das mittelalterliche Architekturensemble der Oberstadt passen. Doch nicht nur das, die Kirche galt zur Zeit ihrer Erbauung als deutliches **Symbol der Russifizierung.** Mit ihrem Bau wollte der russische Zar ein politisches Zeichen setzen und den Macht- und Überlegenheitsanspruch Russlands gegenüber der lutherischen Bevölkerung

⌂ Mit zwiespältigem Ruf:
die Alexander-Newski-Kathedrale

3a

– Deutschen und Esten – unterstreichen. Bewusst wurde der wohl repräsentativste Platz der Stadt als Standort der Kirche ausgewählt, genau an der Stelle, wo zuvor ein Denkmal *Martin Luthers* gestanden hatte. Zahlreiche alte Gebäude und ein Teil der alten Burgmauer wurden abgerissen, um Platz für die nunmehr größte Kuppelkirche Tallinns zu schaffen.

Auch der Name des Bauwerks hat Symbolwert, schließlich war es *Alexander Newski*, der die deutschen Kreuzritter im Jahr 1242 auf dem zugefrorenen Peipus-See vernichtend schlug und somit ihr Vordringen gen Osten vereitelte. Szenen, wie *Newski* gegen die Deutschen kämpft (über dem Südeingang) oder Fürst *Wsewolod* die Esten besiegt (Nordfassade), sind in den Wandmosaiken wiederzufinden.

Elf Glocken hängen in den fünf Türmen des Sakralgebäudes, mehr als in jeder anderen Kirche der Stadt. Die mächtigste misst drei Meter im Durchmesser und gilt mit einem Gewicht von 15 Tonnen als größte des Landes. Trotz seiner umstrittenen Geschichte ist das Bauwerk mit seinen zahlreichen Mosaiken und Ikonen sehr sehenswert.

Domschloss und Langer Hermann

Gleich gegenüber der vergleichsweise jungen Alexander-Newski-Kathedrale befindet sich die weitaus geschichtsträchtigere Domberg-Festung, an die sich auch das **Wahrzeichen Tallinns,** der über 45 Meter hohe Lange Hermann (Pikk Hermann) angliedert. Auf dem Turm weht die blau-schwarz-weiße Nationalfahne.

Bereits im 11. Jh. stand an dieser Stelle eine estnische Bauernburg, die später unter dem Schwertbrüderorden durch ein Kastell mit Eckturm ersetzt wurde. Ab 1238 bauten die Dänen die Burg aus, bis diese Mitte des 14. Jh. vom Livländischen Orden übernommen wurde. Aus dieser Zeit stammt der in der Südwestecke der Burg angesiedelte **Lange Hermann** sowie der **Pilsticker-Hängeturm,** der sich an der Nordwestecke befindet.

Neben diesen beiden Türmen sind heute noch die nördliche **Wehrmauer** und der **Landskroneturm** erhalten. 1533–90 errichteten die Schweden mit Hilfe der polnischen Meister *Antonius* und *Johann Poliensts* ein zweigeschossiges Paradehaus, das **Reichssaalgebäude.**

Etwa 200 Jahre später, 1767–73, wurde die Burg endgültig vom Jenaer Architekten *Johann Schultz* in ein **Schloss** umgebaut, das den Ostflügel der Burg und einen Eckturm ersetzte und dem Gouverneur von Estland als Residenz diente. Zu dieser Zeit bekam die Hauptfassade des dreigeschossigen Bauwerks ihr heutiges Antlitz. Während die Fassade barocken Stils ist, hielt man sich im Inneren an frühklassizistische Motive. Anstelle des abgebrannten Konventhauses entstand 1920–22 das expressionistische Gebäude der estnischen Staatsversammlung (Riigikogu). Auch heute hat das estnische **Parlament** hier seinen Sitz.

Domgilde und Domschule

Folgt man der Toom-Kooli-Straße, erreicht man den Kiriku plats (Kirchplatz), der seinen Namen der Domkirche zu verdanken hat. Zuvor passiert man zwei weitere geschichtsträchtige Bauten. Ein Vorgängerbau des klassizistischen Gebäudes auf der Toom-Kooli-Straße 9 diente einst der Domhandwerks-Gilde als Sitz. In der unmittelbaren Nachbarschaft war jahrhundertelang die Domschule tätig. 1319 auf Anordnung des dänischen Königs *Erich Menved* gegründet, wurden hier die adligen Schüler unterrichtet. 1919–1939 diente es als **deutsches Gymnasium.**

Domkirche

Am Kirchplatz erhebt sich an der Stelle, wo vermutlich bereits im frühen 13. Jh. von den Dänen eine Holzkirche erbaut worden war, die spätgotische Domkirche, die der Jungfrau Maria geweiht ist, eines der ältesten Gotteshäuser des Landes. Das erste steinerne Bauwerk wurde 1240 fertiggestellt, aber bereits weniger als ein Jahrhundert später nach dem Vorbild gotländischer Kirchen in eine **dreischiffige Basilika** umgebaut. Die Ostwand des quadratischen Chors wurde abgetragen und durch eine polygonale Apsis ersetzt, außerdem erhielt der Chor ein Gewölbe mit Rundstab-Rippen.

Nachdem die Domkirche in den folgenden Jahrhunderten nach und nach durch kleinere Anbauten wie Kapellen, einen Glockenturm sowie das Stufenportal an der Südseite erweitert worden war, wurde sie im Jahr 1684 bei einem

◁ Die Unterstadt im Abendlicht von einer der Plattformen auf dem Domberg ist eines der beliebtesten Fotomotive der Stadt

Tallinn und Umgebung

3a

Brand auf dem Domberg schwer zerstört. In nur zwei Jahren hat man sie wieder aufgebaut, doch der Turm mit dem barocken Helm wurde erst 1778/79 hinzugefügt.

Die Besichtigung des Innenraums gehört zum Muss eines jeden kulturhistorisch interessierten Tallinn-Besuchers. Obgleich die Ausstattung bei dem Brand im 17. Jh. überwiegend zerstört wurde, sind noch zahlreiche Stücke – vor allem **Wappenschilde und Grabsteine** – aus früheren Zeiten erhalten. Die Wände des Kalksteingebäudes werden von Wappenepitaphen baltendeutscher Adliger geziert. Grabmäler erinnern an berühmte Köpfe des Landes wie den schwedischen Heerführer *Pontus de la Gardie* oder den Anführer der Tallinner Garnison *Carl Horn* (1601). Aus dem 18. und 19. Jh. stammen die Grabmäler des schottischen Admirals *Samuel Greigh* (1788), der sich in der russischen Flotte verdient machte, und des Weltumseglers *Adam Johann von Krusenstern* (1848).

Aus der Barockzeit stammen die mit kunstvollen Schnitzereien versehenene **Kanzel** (1686) und der **Altar** (1694–96) von *Christian Ackermann*. Das Altarbild ist ein Kunstwerk *Eduard von Gebhardts*.

Adelshäuser und Aussichtspunkte

Rings um die Kirche gruppieren sich prächtige Adelshäuser, darunter das **Haus der Estländischen Ritterschaft** (Kiriku plats 1), der Selbstverwaltung vorwiegend deutschstämmiger Adliger, das aus der Mitte des 19. Jh. stammt und heute einen Teil der Kunsthochschule beherbergt.

Den wohl schönsten Blick auf Gassen und Plätze, Speicher und Gildehäuser, Kirchen und spitzgiebelige Dächer hat man von den **zwei Aussichtsplattformen** des Dombergs. Hier drängeln sich Touristen aus aller Welt, um einen Blick bis hin zur Ostsee zu erhaschen, bevor sie sich – eingekeilt zwischen Postkartenverkäufern und Straßenmusikern – den Schönheiten des Dombergs zuwenden.

Eine der Plattformen liegt nicht weit vom Haus der Estländischen Ritterschaft entfernt. Man folgt entweder der Toom-Rüütli-Straße oder der Kohtu-Straße. Letztere führt an weiteren Adelshäusern aus dem 19. Jh. vorbei. Das ehemalige Haus der Familie *von Uexküll* (Kohtu 4) beherbergt heute die **finnische Botschaft.** Im Innenhof des Hauses Kohtu 6, das der Familie *von Ungern-Sternberg* gehörte und vom Architekten *Martin Gropius* (Großvater von *Walter Gropius*) erbaut wurde, erinnert eine Gedenktafel an die **deutsche Kulturselbstverwaltung,** die hier zur Zeit der ersten estnischen Unabhängigkeit ihren Sitz hatte. Das **Gebäude Nr. 8** gehört zu den schönsten klassizistischen Bauwerken Tallinns und wurde von *Karl Ludwig Engel*, einem Schüler *Schinkels,* für die Familie *von Kaulbars* erbaut. Da das Gebäude am Hang des Dombergs liegt, ist die der Stadt zugewandte, von hier aus gesehen hintere Seite repräsentativer als die vordere. Sie ist mit sechs ionischen Säulen geschmückt. Einen Blick erhascht man von der Pikk jalg.

Am Ende der Straße biegt man rechts um die Ecke und gelangt zu der Plattform, wo man hervorragend Fotos von der Unterstadt schießen kann. Von hier aus geht es weiter zur zweiten Aussichts-

3a

plattform ganz im Norden des Dombergs an der Patkul-Treppe. Dort eröffnet sich der Blick über den Hafen, die Stadtmauer und die Olaikirche. In unmittelbarer Nähe befindet sich das Stenbockhaus.

Stenbockhaus

Im nördlichen Teil des Dombergs befindet sich das sogenannte „Stenbockhaus", der **Regierungssitz** des Landes. Ursprünglich wurde es Ende des 18. Jh. als Gerichtsgebäude und Gefängnis errichtet. Da der russische Staat, der den Bau in Auftrag gegeben hatte, jedoch nicht für die Kosten aufkam, beschloss der Erbauer, es stattdessen als Wohnhaus für seine Familie zu nutzen. Nachdem Estland Anfang der 1990er Jahre wieder seine Unabhängigkeit erlangt hatte, wurde das Stenbockhaus Sitz der Regierung. Hinter der frühklassizistischen Fassade geht es sehr modern zu, schließlich bilden die Regierungsmitglieder die erste „E-Regierung" der Welt, die vollkommen ohne Papier und Aktenberge auskommt.

An der Fassade des Gebäudes erinnert eine Gedenktafel an jene Politiker, die am Ende der ersten estnischen Unabhängigkeit bei der Okkupation ermordet wurden bzw. danach als verschollen galten.

Am Rande der Altstadt

Kiek in de Kök

Wer nach der Besichtigung des Dombergs nicht über die Pikk jalg oder die Lühike jalg auf direktem Weg in die Unterstadt zurückkehren möchte, kann südlich der Oberstadt zwei sehr unter-

▷ Kiek in de Kök: der stolzeste Turm der historischen Stadtbefestigung

schiedliche, jedoch gleichermaßen sehenswerte Museen aufsuchen. Eines befindet sich in dem **Turm Kiek in de Kök**, den man vom Schlossplatz in ein paar Minuten erreicht. Hierzu folgt man der Toompea-Straße abwärts und biegt links in die Komandandi tee ein.

Im 15. Jh. galt der Turm mit seinen drei bis vier Meter dicken Mauern als einer der stärksten Kanonentürme des Baltikums. Seinen durchaus originellen Namen, der aus dem Niederdeutschen stammt und soviel wie „Schau in die Küche" heißt, soll daher stammen, dass die Turmwächter von dem 49 Meter hohen Turm einen hervorragenden Blick in die Küchen der Unterstadt hatten. Einige in die Wand eingemauerte Kanonenkugeln stammen noch aus dem Livländischen Krieg, als die Truppen *Iwans des Schrecklichen* versuchten, die Stadt anzugreifen. Im Turm, der durch den Bau der Bastionen etwa zu einem Drittel unterirdisch liegt, ist heute eine Filiale des **Tallinner Stadtmuseums** untergebracht. Wer Tallinn einmal von unten sehen will, kann sich im Museum einer Führung durch die **Tunnel der Stadt** anschließen. Dabei nimmt man unter anderem an einer virtuellen Zeitreise in einem (realen) unterirdischen Zug teil.

■ **Kiek in de Kök,** Komandandi tee 2, Tel. 644 6686, www.linnamuuseum.ee, März bis Oktober Di–So 10.30–18 Uhr, November bis Februar Di–So 10–17.30 Uhr. Für die Führungen durch die Tunnel muss man sich vorher telefonisch, per E-Mail oder im Museum anmelden. Eintritt Museum 5 Euro, Bastionstunnel 9 Euro.

▷ Blaskapelle auf dem Vabaduse väljak

Okkupationsmuseum

Das zweite sehenswerte Museum südlich der Oberstadt, das Okkupationsmuseum, erreicht man, vom Domberg kommend, indem man der Toompea-Straße ganz hinunterfolgt oder gleich hinter Kiek in de Kök über den **Freiheitsplatz** (Vabaduse väljak) geht. Nur ein paar Fußminuten vom Vabaduse väljak entfernt befindet sich am Fuße des Dombergs das auffällige, einstöckige Gebäude. Das 2003 fertiggestellte „Haus ohne Wände" von *Indrek Peil* und *Siiri Vallner* mit schiefer Fassade, Glaswänden und einem von der Straße zugänglichen Innenhof ist ein gelungenes Beispiel moderner Architektur.

Die im Inneren befindliche Ausstellung widmet sich der Zeit zwischen 1939 und 1991, als Estland zunächst kurz von den Deutschen und dann rund ein halbes Jahrhundert lang von der Sowjetunion besetzt war. Verschiedene Ausstellungsstücke, Fotos und Tondokumente zeugen von den Repressalien der Besatzer und dem Widerstand der Bevölkerung. Wer sich für die Geschichte des Landes interessiert, sollte auf jeden Fall einen Besuch einplanen.

■ **Okkupationsmuseum,** Toompea 8, Tel. 668 0250, www.okupatsioon.ee, täglich 10–18 Uhr.

Freiheitsplatz

Der **Vabaduse väljak** wurde am 20. August 2009 zum 18. Jahrestag der Wiedererlangung der Unabhängigkeit feierlich wiedereröffnet, nachdem er im Zuge von archäologischen Grabungen grundlegend umgestaltet worden war. Neu hinzugekommen ist das **gläserne Kreuz,** das Denkmal für den Unabhängigkeits krieg.

Die Bebauung um den Platz stammt hauptsächlich aus den 1930er Jahren. Hervorzuheben sind (im Uhrzeigersinn): das **Café Wabadus,** das an die berühmten Vorgänger *Kultas* (in den 1930er Jahren) und *Moskva* anknüpft, das **Tallinner Kunsthaus** mit dem *Café Kuku,* Ausstellungsräumen und Ateliers sowie die neugotische **Johanniskirche** (Jaani kirik) aus dem Jahr 1867. Hier finden auch häufig hochkarätige Konzerte statt. Wendet man den Blick weiter im Uhrzeigersinn, erblickt man auf der anderen

Seite der breiten Kaarli pst drei weitere interessante Gebäude: Links liegt das **Hotel Palace** aus den 1930er Jahren mit seiner eleganten Fassade, rechts daneben ist das **Russische Theater** (*Vene teater*) von 1926 zu sehen, ursprünglich ein Kino. Das in rotbraunen Klinkerziegeln ausgeführte Haus der **Stadtverwaltung** nebenan stammt aus dem Jahr 1932 und ist ein hervorragendes Beispiel der Art déco in Tallinn.

Die zwei Säulen am Beginn des Grünstreifens in der Mitte der Kaarli pst sind die **Freiheitsuhren,** von denen die eine die Zeit seit der Unabhängigkeit 1918 und die andere die seit der Unabhängigkeit 1991 zählt.

009es ta

■ **Tallinner Kunsthaus,** Vabaduse väljak 6–8, www.kunstihoone.ee, Mi–So 12–18 Uhr.

Viru-Platz und Umgebung

Der Vabaduse väljak ist durch eine breite Verkehrsachse, die Pärnu-Straße, mit dem zweiten Hauptplatz des modernen Tallinn, dem Viru väljak, verbunden. Er wird von dem markanten Hotel *Viru* dominiert, dem ersten Hochhaus in Tallinn. Angeschlossen an das Hotel ist das große Einkaufszentrum *Viru keskus*. Auf dem Weg passiert man das **Estnische Dramentheater** aus dem Jahr 1910, das im nordischen Jugendstil („Nationalromantik") erbaut wurde, und das danebenliegende **Estonia Theater** von 1910–13. Es beherbergt die Nationaloper und den Estonia-Konzertsaal (s.u.: „Praktische Tipps: Aktivitäten").

Östlich des Viru-Platzes sind im ersten Jahrzehnt des 21. Jh. viele neue **Hochhäuser** mit verspiegelten Fassaden in die Höhe gezogen worden. Nachdem Dänen, Deutsche und Russen ihre Spuren in Tallinn hinterließen, sind es nun internationale Hotelketten und skandinavische Banken. Hier erheben sich jene Gebäude, die man von der Aussichtsplattform auf dem Domberg im Hintergrund der Altstadt sehen kann: etwa die luftige Rahmenkonstruktion an der Spitze des Hochhauses der schwedischen Bank *SEB* von Architekt *Raivo Puusepp* oder das bläulich schimmernde *Radisson*-Hotel.

Vorbei am Viru-Platz führt die Mere-Straße zum **Passagierhafen** Tallinns, wo unter anderem die Fähren nach Helsinki ablegen. Das **Haus der Marineoffiziere** (Mere pst 5) ist ein herausragendes Beispiel stalinistischer Architektur.

Rotermannviertel

Das Rotermannviertel ist geprägt von **Industriebauten des 19. Jh.,** die mit teilweise extravaganten Um- und Zubauten in einen modernen Geschäfts-, Gastronomie-, Wohn- und Einkaufsbereich verwandelt wurden. Neben der Gleichförmigkeit moderner Shoppingtempel präsentiert sich das Rotermannviertel ausgesprochen ambitioniert. Es wird begrenzt durch die Straßen Mere pst, Narva mnt, Ahtri und Hobujaama. Die Lage zwischen Altstadt, Innenstadt und Hafen ist hervorragend, doch bis zur Sanierung seit 1991 gehörte diese Gegend zu den düstersten und heruntergekommensten im Innenstadtbereich.

Die Entwicklung des Viertels geht zurück auf *Christian Abraham Rotermann,* der hier 1829 die Basis für das spätere Handels- und Industrieimperium der *Rotermanns* legte. Der Gründer und seine Nachfahren entfalteten ein erstaunliches Spektrum wirtschaftlicher Aktivitäten: Baustoffhandel, ein Warenhaus, Sägewerke, Wollverarbeitung und Nudelherstellung sind nur einige davon.

Biegt man hinter dem ehemaligen Postgebäude (heute Einkaufszentrum mit einer Filiale der schwedischen Modekette *H&M*) von der Narva in die Hobujaama-Straße ein, folgt dahinter das Kino *Coca-Cola-Plaza* und links dahinter der Zugang in das Herz des Viertels. Es gibt weitere Zugänge, die aber alle recht versteckt liegen. Inzwischen ist der größere Teil der Gebäude saniert und das Viertel hat sich mit Leben gefüllt. Dennoch ist hier noch vieles im Umbruch, und es gibt immer wieder Neues zu entdecken.

■ Einkaufsmöglichkeiten sind z.B. das **Schokoladen- und Marzipangeschäft Kalev,** das im ehemaligen Sägewerk untergebracht ist (Roseni 7), diverse Modeboutiquen, Designgeschäfte und ähnliches. Im Atrium, einer entgegen dem Namen etwas eng geratenen Einkaufspassage am Rand des Viertels zur Ahtristraße hin, findet sich auch etwas für Feinschmecker, nämlich zwei Wein- und Feinkostläden sowie der empfehlenswerte *Juustukuningas*, der Käsekönig, der insbesondere holländische Käsespezialitäten führt – der Besitzer ist übrigens selbst Holländer.

Architekturmuseum

Zwischen Rotermannviertel und Hafen verläuft die Ahtri-Straße. Dort befindet sich, auf dem Mittelstreifen der breiten Straße im ehemaligen **Rotermann'schen Salzspeicher,** das Architekturmuseum. Das Kalksteingebäude war ursprünglich vom deutsch-baltischen Ingenieur *Ernst Boustedt* entworfen worden, es wurde Mitte der 1990er Jahre von *Ülo Peil* und *Taso Mähar* restauriert und 1996 wieder eingeweiht.

■ **Museum der estnischen Architektur,** Ahtri 2, Tel. 6257000, www.arhitektuurimuuseum.ee, Mi–So 11–18 Uhr.

Kalamaja – Rundgang nördlich der Altstadt

Kalamaja ist zum Synonym für den **Wandel in Tallinn** geworden. Anfang der 1990er Jahre war das Viertel hinter dem Bahnhof vollkommen heruntergekommen, die Holzhäuser verfault, eine Gegend, die man lieber mied. Ganz langsam zogen die niedrigen Mieten, die ursprünglich schöne Bausubstanz und die stadtnahe Lage aber neben der Bewohnerschaft mit sozialen Problemen auch Künstler und Kreative an, die hier den Raum fanden, den die zunehmend touristische und teure Altstadt nicht mehr bot. Doch auch wenn die ersten Anfänge schon lange zurück liegen – für den Besucher war bis vor wenigen Jahren noch wenig von dem Wandel zu sehen. Inzwischen hat die Entwicklung aber soviel Fahrt aufgenommen, dass wesentliche Teile des Viertels renoviert sind und sich eine lebendige Gastronomieszene angesiedelt hat. Zusätzliche Impulse gab das Kulturhauptstadtjahr 2011. Hier wird ein Rundgang vorgeschlagen, der **verschiedene Aspekte der Entwicklung des Viertels** erschließt.

Erste Station ist die ehemalige **Stadthalle Linnahall** (mit Tram 1 oder 2 bis Haltestelle Linnahall, dann über die großen Straßen). Der flache, große Kalksteinbau war bei seiner Eröffnung 1980 ein Prestigeprojekt, dessen Glanz jedoch nur von kurzer Dauer war. Das Gebäude ist teilweise verfallen, die weitere Nutzung und Renovierung offen. Die Linnahall zu besteigen und vom Dach aufs Meer zu schauen, ist jedoch ein interessantes Erlebnis. Gegenüber eröffnet sich der Blick auf den Stadtteil Pirita, links liegt das Meeresfort Patarei (s. unten).

Im vorderen Teil des Gebäudes verläuft ein Spazierweg durch einen **Tunnel:** Die schwarz-weißen Markierungspfähle erinnern noch an den „Kulturkilometer", der hier während des Kulturhauptstadtjahres eingerichtet war. Folgt man dem Weg, weg vom Hafen, markiert der weithin sichtbare Ziegelschornstein die erste Station, den **„Kulturkessel"** *(Kultuurikatel)*. Das ehemalige

Heizkraftwerk bietet Raum für Messen, Veranstaltungen und Kongresse. Die Sitzungen der estnischen EU-Ratspräsidentschaft 2017 sollen hier stattfinden. Gegenüber befindet sich das **EKKM, das Estnische Museum für zeitgenössische Kunst,** wo Werke aus der aktuellen estnischen Kunstszene zu sehen sind (Põhja pst 35). Dahinter liegt der **Kulturgarten Pada** mit teilweise sehr schrägen und witzigen subkulturellen Initiativen. Im Sommer gibt es eine Outdoor-Bar.

Als nächstes folgt der **alte Fischereihafen Kalasadam.** Das *Café Klaus* (Kalasadama 8) ist hier einen Besuch wert, ebenso wie das Designgeschäft mit Namen *Estonian Design House* nebenan. Folgt man der Straße Kalaranna oder der Uferpromenade (Beetapromenaad), gelangt man nach einer Weile zum alten **Meeresfort Patarei** (Kalaranna 2) aus der Zarenzeit. Erbaut 1840, diente das Gebäude lange Zeit als Gefängnis. Nachdem man gegen eine geringe Eintrittsgebühr einige Jahre lang das Gebäude frei erkunden konnte, ist dies nun wegen Sicherheitsbedenken unterbunden. Am besten man schaut selbst vorbei, ob sich

schon etwas tut. Für die Zukunft gibt es weitreichende Pläne (Museum, Hotel, Kreativcampus), deren Realisierung aber noch unklar ist.

Die nächste Station entlang der Kalaranna ist der **Lennusadam,** ein neuer Stern in der estnischen Museumslandschaft. Die Außenstelle des estnischen Meeresmuseums (s. oben unter „Dicke Margarete") überzeugt mit spektakulärer Architektur (das Museum befindet sich in entsprechend umgebauten Wasserflugzeughangars) und einem innovativen Museumskonzept. Es gibt auch ein Café und einen Spielplatz, die ohne den Museumseintritt besucht werden können.

Danach folgen noch der neu erschlossene **Jachthafen Port Noblessner** in industrieller Umgebung und, links der Straße, der **Kalamaja-Park.** In der kleinen Kapelle erinnert eine Bildschirmpräsentation an einen in Sowjetzeit geplanten historischen Friedhof mit zahlreichen deutschen Gräbern.

Alternativ gelangt man von Patarei und Lennusadam über die Straßen Oda, Küti und Vana-Kalamaja zurück zum Tallinner **Bahnhof Balti jaam.** Wenn die

010es ta

Runde etwas größer sein soll, empfiehlt es sich die Soo-Straße weiter stadtauswärts zu gehen und über Salme und Vabriku zurückzukehren. Hier liegen die **gemütlichen Wohnstraßen**, die den eigentlichen Stadtteil prägen. Im Bereich hinter dem Bahnhof gibt es mit dem *Café Boheem* und dem *Restaurant Sesoon* weitere gastronomische Anlaufstellen.

Ansonsten bietet sich als Schlusspunkt eine Einkehr im Restaurant **F-hoone** (Telliskivi 60a) oder im **Kukeke** gegenüber an. Das *F-hoone* ist die bekannteste Einrichtung in dem **Loomelinnak** genannten Kreativcampus auf einem ehemaligen Industriegelände. Das *Loomelinnak* ist ein Paradebeispiel für den dynamischen Stadtumbau, der in Kalamaja stattfindet. Zahlreiche Geschäfte, gastronomische Einrichtungen und Firmen haben sich hier angesiedelt.

Kadriorg (Katharinental)

Kadriorg – der Stadtteil, der sich nach Osten hin an die Innenstadt anschließt – ist neben der historischen Altstadt vielleicht **der typischste Teil Tallinns.** Wirken die zum Zentrum hin gelegenen Teile noch sehr urban, wandelt sich das Bild Richtung Kadriorg-Park zu einem eher stillen und eleganten Viertel, mit bunten Holzvillen, Museen und einigen interessanten Lokalen. Es scheint ein Hauch des späten 19. Jahrhunderts zu wehen, als Bürgerfräulein hier im Park spazierten. Andererseits gehört Kadriorg zu den besten Wohnlagen Tallinns. Nach und nach werden Baulücken geschlossen, überall wird renoviert und die Mieten steigen.

Von der Innenstadt kommend bietet sich ein **Spaziergang** über die Gonsiori-, Faehlmanni- und Koidula-Straße zum Park an (wahlweise diverse Nebenstraßen) um den Charakter des Viertels zu erleben. Dort wartet mit dem **Schloss** die Hauptsehenswürdigkeit.

Schloss Kadriorg

1718 ließ **Zar Peter I.,** der sich zum Bau eines neuen Kriegshafens in Tallinn aufhielt, im Osten der Stadt ein barockes Sommerschloss mit Parkanlage für seine Familie errichten. Zu Ehren seiner Frau *Katharina I.* wurden Schloss und Park „Katharinental" genannt. Erbaut wurde das prächtige Anwesen von dem italienischen Architekten *Niccolo Michetti,* der auch an der Gestaltung des Schlosses Peterhof bei St. Petersburg beteiligt war. Der Zar höchstpersönlich soll den Grundstein für das Schloss gelegt haben, das den Grundriss einer italienischen Villa hat und im nordischen Barockstil erbaut wurde. Sehenswert sind vor allem der sich über zwei Etagen erstreckende **Große Saal** (auch „Weißer Saal" genannt) mit reichem Stuck und Deckengemälde.

In den 30er Jahren des 20. Jh. wurde das Schloss zum **Sitz des estnischen Präsidenten.** Auf der anderen Seite des Blumengartens ließ dieser genau auf der Mittelachse des Gebäudes seine Kanzlei

◁ Der historische, dampfgetriebene Eisbrecher Suur Töll im Lennusadam-Museum

3a

errichten. Dort hat der heutige estnische Präsident seinen Sitz, während im Schloss das **Museum für ausländische Kunst** untergebracht ist.

■ **Schloss Kadriorg,** Weizenbergi 37, Tel. 606 6400, http://kadriorumuuseum.ekm.ee, Mai bis Sept. Di, Do–So 10–18 Uhr, Mi 10–20 Uhr, im Winter Do–So 10–17 Uhr, Mi 10–20 Uhr.

Park

Der Park rund ums Schloss ist ein beliebtes Ausflugsziel der Tallinner. Er wurde wie das Schloss auf Initiative *Peters des Großen* angelegt. Während der Bereich in der Nähe des Schlosses und in Richtung der Innenstadt eher den streng geometrischen Vorbildern französischer

204es ta

passiert linker Hand das Schloss Kadriorg, den Amtssitz des Präsidenten und weitere Nebengebäude. Parallel dazu gelangt man vom Schwanenteich – vorbei am großen Denkmal für *Friedrich Reinhold Kreutzwald,* der das estnische Nationalepos „Kalevipoeg" niederschrieb, an dem großen und meist belebten Spielplatz und dem **Miia-Milla-Manda-Kindermuseum** vorbei, die Treppen hinauf und am Springbrunnen vorbei – ebenfalls zum Kunstmuseum Kumu. Wer es ruhiger mag, kann gleich vorne, beim *Café Katharinenthal* schräg links über die Kanäle in den Wald abbiegen und – an einigen Büsten estnischer Kunstschaffender vorbei, zum Schloss gelangen. Im hintersten Teil des Parks befindet sich außerdem ein japanischer Garten – vor dem Schloss stehend ein Stück schräg links dahinter durch den Wald. Auf jeden Fall lohnt es sich, etwas Zeit mitzubringen und sich dem gepflegten Müßiggang hinzugeben. Am oberen Ende des Parks, kurz vor dem Kumu (s.u.), befindet sich in einem kleinen, eher unscheinbaren Gebäude aus dem 17. Jh. das **Hausmuseum Peter I.** Zu besichtigen sind Wohnstube sowie Ess- und Schlafzimmer des Zaren, die mit zahlreichen persönlichen Gegenständen eingerichtet sind.

■ **Infozentrum des Parks,** Weizenbergi 33, Tel. 6015783, www.kadriorupark.ee, Mi–So 10–17 Uhr.
■ **Hausmuseum Peters I.,** Mäekalda 2, Tel. 601 3123, www.linnamuuseum.ee, Mai–Aug. Di–So 10–18, Sept. Di–So 10–17, Okt–Apr, Mi–So 10–17 Uhr, Eintritt 2 €.

Parks folgt, wandelt sich das Bild zu den Rändern hin zum Landschaftspark englischen Stils. Außerdem gibt es einen Bereich mit Kinderspielplätzen.

Ein beliebter Platz ist der nah am Eingang gelegene **Schwanenteich** *(Luigetiik)* mit einem Pavillon auf der Insel. Die Weizenbergi-Straße führt vom Schwanenteich bergan Richtung Kumu und

◁ Das Barockschloss Kadriorg beherbergt heute eine Gemäldesammlung

3a

■ **Miia Milla Manda Museum**, L. Koidula 21c, Tel. 6017057, www.linnamuuseum.ee, Di–So 12–18 Uhr, Familienkarte 6 €. Kindererlebnismuseum bei dem großen Spielplatz. Darin auch ein kleines nettes Café, das man ohne Museumseintritt besuchen kann. Man muss nur die Schuhe ausziehen.

Anfahrt

■ Mit der **Straßenbahn Nr. 1** oder **3** kann man bis zur Endstation am Park Kadriorg fahren.

Vom Busbahnhof im Untergeschoss des Viru-Einkaufszentrums (Viru-Platz) in der Innenstadt fahren die **Busse 1a, 8, 19, 29, 34a, 35, 38, 44** und **51** nach Kadriorg. Die Haltestelle, an der man aussteigen muss, heißt „J. Poska". Dorthin fahren auch von der Narva mnt (Haltestelle „Hobujaama" in der Nähe der A.-Laikmaa-Str.) die **Busse 60** und **63.** Außerdem fahren an der Gonsiori-Straße von der Haltestelle „Kunstiakadeemia" die **Busse 31, 67** und **68** Richtung Kadriorg ab, aussteigen bei der Haltestelle „Kumu".

Mit dem **Auto** parkt man am besten am Kumu (s.u.), Valge 1. Dazu folgt man der Narva mnt stadtauswärts, am Hotel *Oru* vorbei und nach dem Anstieg rechts in die Turba, dann rechts in die Valge-Straße.

Rund um den Schlosspark

Um den Schlosspark gruppieren sich einige reich verzierte **Villen** und gut erhaltene alte Holzbauten verschiedener Stilepochen: Funktionalismus, Art déco, Historismus und Jugendstil. Sehenswerte Gebäude findet man vor allem westlich des Parks entlang jener Straßen, die nach estnischen Intellektuellen benannt sind: an der Weizenbergi, entlang der Koidula, der Faehlmanni sowie der Vilmsi- und Poska-Straße (Informationen zu den Personen im Kapitel „Land und Leute"). Wer einen kleinen Spaziergang durch diese Straßen macht, sollte vor allem auf folgende Gebäude einen Blick werfen: Koidula 7, 8, 9 und 10 sowie Poska 20, 35, 51 und 53.

Jenseits der breiten Narvastraße, am Strand von Kadriorg, steht ein stattliches Denkmal aus dem Jahr 1902. Die sogenannte **Russalka** erinnert an den Untergang des gleichnamigen Kriegsschiffes, das im Jahr 1893 177 Menschen mit sich ins Meer riss. Gekrönt wird das Denkmal von einer Engelsskulptur, die von *Amandus Adamson* (siehe „Kunst") geschaffen wurde.

Kunstmuseum Kumu

Am Kalksteinhang zwischen dem Kadriorg-Park und dem Stadtteil Lasnamäe befindet sich das hervorragende Kunstmuseum Kumu. Das vom finnischen Architekten *Pekka Vapaavuori* entworfene Gebäude öffnete 2006 seine Pforten und ist ein gelungenes Beispiel **moderner Museumsarchitektur,** außerdem ein Muss für jeden, der sich für estnische Kunst interessiert.

Die Dauerausstellung zeigt die Entwicklung der estnischen Kunst seit dem Beginn des 18. Jh., einschließlich der Gegenwartskunst. Neben den Werken zum Teil unbekannter deutsch-baltischer Porträtmaler befinden sich hier Werke von Künstlern wie *Johann Köler, Kristjan Raud* und *Konrad Mägi,* aber auch Werke des sozialistischen Realismus der Nachkriegszeit. In der vierten Etage sind wechselnde Sonderausstellungen zu sehen.

■ **Kumu,** Weizenbergi 34/Valge 1, Tel. 6026000, http://kumu.ekm.ee, April bis September Di, Do–So 10–18, Mi 10–20 Uhr, Oktober bis März Do–So

3a

11–18, Mi 11–20 Uhr, Eintritt 5,50 Euro. Ein Audioguide ist auf Englisch, nicht aber auf Deutsch verfügbar. Essen und Trinken kann man im Café des Museums. Anfahrt siehe Kadriorg.

Sängerbühne

In der Nähe von Kadriorg befindet sich ein Bauwerk, das für den estnischen Nationalstolz eine herausragende Rolle spielt: die Sängerbühne (Narva maantee 95, www.lauluvaljak.ee). Die Konzertbühne aus dem Jahr 1960 hat die Form einer **Muschel.** An ihrer Seite steht ein 42 Meter hoher Leuchtturm, an dessen Spitze bei den traditionellen Sängerfesten ein Feuer entzündet wird. Das **Sängerfest,** die größte Veranstaltung in Estland, findet alle fünf Jahre statt, also nach 2014 erst wieder im Jahr 2019 (siehe Kapitel „Land und Leute: Traditionen und Bräuche"). Höhepunkt der Veranstaltung ist der Auftritt eines aus etwa 25.000 Mitgliedern bestehenden Chors.

Neben dem Sängerfest finden hier diverse **Konzerte, Festivals und Jahrmärkte** statt, unter anderem das alljährliche Volksfest „Biersommer" *(Õllesummer).* Im Winter entsteht hier alljährlich ein Ski-, Snowboard- und Tubingpark.

011es ta

☐ Spektakulärer Museumsbau: das Kumu

Geschichtsmuseum und Klosterruine in Pirita

Fährt man von Kadriorg nicht zurück in Richtung Innenstadt, sondern steigt in einen Bus, der in die entgegengesetzte Richtung fährt, gelangt man bald zum **Schloss Marienberg** *(Maarjamäe loss),* das sein ehemaliger Besitzer *Anatoli Orlov-Davydov* 1874 im neogotischen Stil errichten ließ. Es dient als Außenstelle des Estnischen Geschichtsmuseums, wird allerdings zur Zeit umfassend renoviert und soll zum 100-jährigen Jubiläum des estnischen Staates 2018 wiedereröff-

3a

net werden. Daneben, nicht zu übersehen wegen des Obelisken, liegt das sowjetzeitliche **Mahnmal für die Opfer des Zweiten Weltkriegs.** Weiter entlang der Küstenstraße Pirita tee folgt nach einer Weile der Piritafluss und dahinter die Ruine des **Birgittenklosters.** 1407 wurde das Kloster von wohlhabenden Kaufleuten gegründet und avancierte zum größten Kloster des alten Livland. Bis zum Einzug *Iwans des Schrecklichen* 1577, dessen Heer das Kloster zerstörte, war der Birgittenorden hier ansässig. Heute sind nur noch die 35 Meter hohe gotische Giebelwand sowie die Kalksteinseitenwände erhalten, die davorliegenden Grabsteine stammen aus späteren Jahrhunderten.

Im August findet hier das **Birgitta-Festival** statt, in dessen Rahmen hochkarätige Musikaufführungen in dieser besonderen Kulisse stattfinden. Im Jahr 2001 wurde ein neues Konvent eröffnet, in dem Nonnen des Birgittenordens aus aller Welt ansässig sind.

■ **Maarjamäe loss,** Pirita tee 56, www.ajaloomuuseum.ee, wegen Renovierung und Umbau bis 2018 geschlossen. Busse Nr. 1A, 5, 8, 34A, 38, an der Haltestelle „Maarjamägi" aussteigen.
■ **Pirita Klosterruine,** Kloostri tee 9, Tel. 605 5044, www.piritaklooster.ee, Apr.–Okt. tägl. 10–18, Nov.–März 12–16 Uhr, Eintritt 2 €. Die Nonnen des benachbarten Klosters betreiben ein Gästehaus (s. Unterkunft). Zum Kloster gelangt man mit den Bussen Nr. 1a, 8, 34 und 38, an der Haltestelle „Pirita" aussteigen. Das Festival hat eine eigene Internetseite: www.birgitta.ee. Während des Festivals können die Klosterruinen nicht besichtigt werden.

Fernsehturm

Mit 314 Metern Höhe ist der Fernsehturm das **höchste Bauwerk Tallinns.** Er wurde anlässlich der Olympischen Spiele errichtet, die 1980 zum Teil in Tallinn ausgetragen wurden. Heute ist der Turm zu einer Touristenattraktion mit Restaurant, Ausstellung und Edgewalk ausgebaut. Der in der Tat beeindruckende Ausblick ist je nach Geschmack gegen Anfahrt und Eintritt abzuwägen.

■ **Teletorn,** Kloostrimetsa 58a, Tel. 6863005 www.teletorn.ee. Den Fernsehturm erreicht man mit den Bussen Nr. 34A und 38, an der Haltestelle „Teletorn" aussteigen. Eintritt: 10 € bei Onlinebuchung im Internet, sonst 13 €.

Estnisches Freilicht-museum (Rocca al Mare)

Im Westen der Stadt, etwa sieben Kilometer vom Zentrum entfernt, liegt das Estnische Freilichtmuseum, in dem die verschiedenen **Architekturformen und Bräuche des Landes** dokumentiert werden. Den italienisch klingenden Namen bekam die Anlage von Baron *Arthur Girard de Soucanton.* Der von einer französischen Adelsfamilie abstammende Tallinner Bürgermeister pachtete das Grundstück 1863 als Landsitz. Da er ein großer Bewunderer Italiens war, gab er dem Ort einen italienischen Namen.

Mehr als 70 Gebäude aus allen Teilen des Landes wurden seit 1957 auf dem rund 80 Hektar großen, bewaldeten Grundstück aufgestellt. Neben Bauern- und Wohnhäusern kann man Kirchen, einen Gasthof, mehrere Mühlen, ein

Schulhaus, eine Kolonialwarenhandlung (in der man tatsächlich einkaufen kann) und eine Feuerwehrstation besichtigen. In einer Villa von 1870, die im frühen 20. Jh. als Sommerhaus diente, ist heute die Verwaltung des Freilichtmuseums untergebracht. Viele Gebäude stammen aus dem 19. Jahrhundert.

Für den Besuch sollte man mindestens einen halben Tag einplanen und festes Schuhwerk mitbringen. Im Informationszentrum, das gleichzeitig der Eingang zum Museum ist, kann man typische **Handarbeitserzeugnisse** aus allen Teilen des Landes erstehen.

■ **Estnisches Freilichtmuseum** *(Eesti Vabaõhu-muuseum)*, Vabaõhumuuseumi tee 12, Tel. 654 9101, www.evm.ee. Das Gelände ist ganzjährig täglich außer an manchen Feiertagen geöffnet, allerdings kann man im Winter (Oktober bis April) nicht in alle Gebäude hineingehen, im Sommer 10–20 Uhr (Häuser bis 18 Uhr), im Winter 10–17 Uhr. Eintritt im Sommer 8 Euro, sonst weniger.

■ In das Museum eingegliedert ist die alte Schenke **Kolu Kõrts**, in der man nationale Gerichte oder auch nur eine Tasse Kaffee zu sich nehmen kann – günstig und gut!

■ **Anfahrt:** Vom Bahnhof Balti jaam aus fahren die Busse Nr. 21 und 21B zum Freilichtmuseum (Haltestelle „Rocca al Mare") oder mit dem *Citytour*-Bus.

Praktische Tipps

Ankunft

Am Flughafen

Der Flughafen liegt etwa 4 km von der Altstadt Tallinns entfernt. Das Zentrum kann man problemlos mit öffentlichen Verkehrsmitteln erreichen. **Bus Nr. 2** fährt von etwa 6.30 Uhr morgens bis ca. 24 Uhr in der Regel dreimal in der Stunde. Die Haltestelle liegt direkt vor der Ankunftshalle. In der Innenstadt hält der Bus an der Laikmaa-Straße, zwischen dem *Tallink Hotel* und dem *Viru*-Einkaufszentrum.

Außerdem halten **Taxis** direkt vor der Ankunftshalle.

Am Busbahnhof

■ **Zentraler Busbahnhof,** Lastekodu 46, Ticketinfo: Tel. 6800900, www.tpilet.ee. Hier halten die Inlands- und Auslandsbusse, es gibt eine Gepäckaufbewahrung. Vom Busbahnhof gelangt man mit Straßenbahn Nr. 2 oder 4 sowie Bus Nr. 17, 17a oder 23 in die Innenstadt. Die Straßenbahnen halten bei der Tartu maantee in der Nähe des Viru-Platzes, die Busse stoppen am Platz Vabaduse väljak.

Am Hafen

Der Hafen liegt einen etwa 15-minütigen Fußmarsch von der Innenstadt entfernt. Mit Gepäck sollte man Bus Nr. 2 oder ein Taxi nehmen. Der Bus hält in der Innenstadt hinter dem *Viru*-Einkaufszentrum.

Autovermietungen

Die meisten Autovermietungen haben ein Büro am **Flughafen** oder bieten einen Bring- und Abholdienst dorthin an. Alle großen, internationalen Autovermietungen sind hier vertreten, günstiger fährt man aber meist mit einem der lokalen Anbieter:

■ **1 autorent,** Türi 6, Tel. 53555999, www.1auto rent.ee, Bürozeiten Mo–Fr 8.30–20.30, Sa/So 10–20.30 Uhr.

3a

Tallinn

0 — 400 m

Paljassaare laht

Tallinna laht

Hintere Umschlagklappe

Lennusadam

Patarei Fortmuseum

Tallinna Linnahall

PÕHJA-TALLINN

KALAMAJA

Bahnhof

ALTSTADT

Kopli laht

Rocca al Mare Freilichtmuseum

Vabaõhumuuseumi tee

HAABERSTI

Premia Eishalle

★ Tallinn Zoo

Paldiski mnt

Merimetsa tee

Liivalaia

Endla

KRISTIINE

Maria

Mustamäe tee

Tuuliku

Kadaka tee

Linnu tee

Oismäe tee

Ehitajate tee

Keila

Oismäe tee

Järveotsa tee

A. H. Tammsaare tee

Kadaka tee

E. Vilde tee

MUSTAMÄE

Akadeemia tee

Ehitajate tee

Keskuse

Sõpruse pst

J. Sütiste tee

Mäealuse

Mäepealse

Raja

Reike tee

Rahumäe tee

Tervise

Pärnu

NÕMME

Tartu

Trummi

Kadaka tee

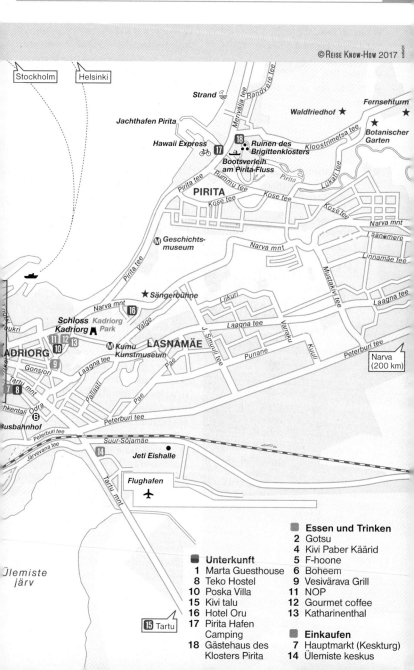

© REISE KNOW-HOW 2017

Stockholm
Helsinki

Strand
Jachthafen Pirita
Hawaii Express
Waldfriedhof ★
Fernsehturm ★
Botanischer Garten ★
Ruinen des Brigittenklosters
Bootsverleih am Pirita-Fluss
Pirita
PIRITA
Merivälja tee
Randvere tee
Kloostrimetsa tee
Lukati tee
Rummu tee
Pirita tee
Kose tee
Kose tee
Kosetee
Narva mnt
Läänemere
Linnamäe tee
Ⓜ Geschichts- museum
Narva mnt
Mustakivi tee
Laagna tee
★ Sängerbühne
Iljkuri
Laagna tee
Varraku
Schloss Kadriorg
Kadriorg Park
Valge
J. Smuuli tee
Kuuli
Peterburi tee
Narva (200 km)
LASNAMÄE
Ⓜ Kumu Kunstmuseum
Pae
Punane
ADRIORG
Laagna tee
Gonsiori
Pallasti
Pae
Tartu mnt
Odra
Peterburi tee
Ⓑ usbahnhof
hkentali
Peterburi tee
Järvevana tee
Suur-Sõjamäe
Jeti Eishalle
Flughafen ✈
Tartu mnt
Ülemiste järv
Tartu

Unterkunft
1 Marta Guesthouse
8 Teko Hostel
10 Poska Villa
15 Kivi talu
16 Hotel Oru
17 Pirita Hafen Camping
18 Gästehaus des Klosters Pirita

Essen und Trinken
2 Gotsu
4 Kivi Paber Käärid
5 F-hoone
6 Boheem
9 Vesivärava Grill
11 NOP
12 Gourmet coffee
13 Katharinenthal

Einkaufen
7 Hauptmarkt (Keskturg)
14 Ülemiste keskus

■ **Easy Car Rent,** Ahtri 12, Tel. 6454044 und 564 54064, www.easycarrent.ee. Bürozeiten Mo–Fr 9–18, Sa 9–15 Uhr.

■ **Sirrent,** Tatari 56, Tel. 5651353, www.sirrent.ee.

■ **Yes Rent,** Lehe 68, Tel. 56159599, www.yes rent.ee.

Informationen

■ **Touristeninformation,** Kullassepa 4/Niguliste 2, Tel. 6457777, www.visittallinn.ee. Auf der Home-page findet man alles Wissenswerte, u.a. auch aktuelle Angaben zu Verkehrsmitteln, Preisen und Unterkunft. Es können hier jedoch keine Reservierungen vorgenommen werden.

Die Touristeninformation vertreibt die „**Tallinn Card**", deren Benutzer eine kostenlose Stadtrundfahrt bekommen, das Eintrittsgeld von Museen sparen sowie öffentliche Verkehrsmittel benutzen können. Infos unter www.tallinncard.ee.

Magazine

■ Die englischsprachigen Publikationen **Tallinn in your pocket** (www.inyourpocket.com) und **Tallinn this week** sind zu empfehlen. Darin sind nützliche und aktuelle Informationen zu Unterkünften, Kulturangeboten, Klubs und Veranstaltungen zu finden. Ebenfalls recht informativ ist die englischsprachige Zeitschrift **Baltic Guide.**

Stadtführungen

■ Jeden Tag um 12 Uhr (in der Hauptsaison Juni – Sept. auch 15 Uhr) startet eine kostenlose (Trinkgeld willkommen), **englischsprachige Stadtführung** vor der Touristeninformation Kullassepa 4/Niguliste 2. Die geführten Rundgänge sind betont locker und nicht mit Fakten überfrachtet. Veranstalter ist *Traveller Tours* (Tatari 6-6, Tel. 58374800, www.traveller.ee; Altstadtbüro, Viru 6) die auch andere Touren in Tallinn, Estland und Riga im Angebot haben.

■ Über die Touristeninformation können auch **Stadtführer** bestellt werden, dies muss jedoch mindestens 4 Tage im Voraus geschehen.

■ Desweiteren gibt es **Hop on-Hop off-Touren** mit den roten *Sightseeing*-Bussen. Die beiden Anbieter sind www.citysightseeing.ee und www.citytour.ee. Obwohl nicht ganz billig, sind diese Busse eine recht praktische Möglichkeit, um sich einerseits einen schnellen Überblick zu verschaffen, andererseits auch entferntere Ziele wie den Fernseh-

◁ Im Freilichtmuseum

turm oder das Freilichtmuseum zu erreichen. Es gibt die **rote Linie** (Innenstadt), die **grüne Linie** (Pirita bis Fernsehturm) und die **blaue Linie** (bis Freilichtmuseum). Die Busse fahren in der Hauptsaison stündlich oder häufiger ab Viru väljak, in der Nebensaison 2x tägl. Alle Ziele sind natürlich auch für einen Bruchteil des Fahrpreises mit öffentlichen Bussen zu erreichen.

Service

Post
■ **Post,** Narva mnt 1, www.post.ee, Mo–Fr 9–20 Uhr, Sa 10–17 Uhr.

Internet
Cafés und **Hotels** bieten in aller Regel kostenlosen Internetzugang (WiFi). Dadurch ist die Abdeckung im Zentrum fast lückenlos. Außerdem bieten viele **Hostels** Computernutzung für ihre Gäste.

Notfälle

■ **Notruf:** 112
■ **Polizei:** 110
■ Für die Tallinner Innenstadt zuständig ist die **Dienststelle in der Kolde pst 65,** Tel. 6125400. Wenn tatsächlich etwas passiert ist, sollte man 110 anrufen. Allgemeine Informationen: Polizei- und Grenzschutzamt, www.politsei.ee.
■ **Falck Pannenhilfe** *(Falck Autoabi),* Laki 11, Tallinn. Pannendienst: Tel. 6979188 oder 1888, 24-Stunden-Service.
■ **Apotheken** sind normalerweise 10–19 Uhr geöffnet. Zentrale Apotheken befinden sich beispielsweise im *Viru-* und im *Solariscenter,* in der Narva mnt 7 und am Rathausplatz.
■ **Zentralkrankenhaus** *(Ida-Tallinna Keskhaigla),* Ravi 18, Tel. 6661900, www.itk.ee.
■ **Kinderkrankenhaus** *(Tallinna Lastehaigla),* Tervise 28, Tel. 6977200.

■ **Zahnarzt:** *Tallinna Hambapolikliinik,* Toompuiestee 4b, Tel. 6121200, www.hambapol.ee, Klinik für Zahnbehandlungen und -notfälle.

Stadtverkehr

Öffentliche Verkehrsmittel
Die öffentlichen Verkehrsmittel der Stadt, also Busse, Trolleybusse (O-Busse), Straßenbahnen und Minibusse, verkehren von etwa 6 bis 23 Uhr. Tickets erhält man beim Fahrer. Ein Ticket kostet 2 Euro. Alternativ gibt es die grüne *SmartCard,* die man gegen 2 € an **R-Kiosken** kaufen kann und auf die dann ein Guthaben geladen wird. Für Kurzzeitbesucher lohnt das aber nicht.

Die **Busse** 1a, 19, 34a, 38, 44, die teilweise zu den Sehenswürdigkeiten rund um Tallinn fahren, halten am **Innenstadt-Busbahnhof** am Viru-Platz im Untergeschoss des *Viru*-Einkaufszentrums.

Taxis
Taxis stehen am Bahnhof, Hafen, Flughafen, vor größeren Hotels und rings um die Altstadt. Man kann an einem Taxistand einsteigen, per Handzeichen ein fahrendes Taxi anhalten oder telefonisch einen Wagen bestellen. Hotels und Restaurants, in denen man Gast ist, sind dabei gern behilflich. Wer sich in der Stadt mit dem Taxi bewegt, sollte es telefonisch vorbestellen (lassen), das ist meist preiswerter, als eines auf der Straße anzuhalten.

Taxifahren ist in Estland wesentlich **preiswerter** als in Deutschland. Um sicher zu gehen, sollte man den Fahrer beim Einsteigen nach dem ungefähren Preis fragen und darauf achten, dass das **Taxameter** angeschaltet ist. Grundgebühr und Kilometerpreis sind immer auf einem kleinen Schild am Fenster des Wagens angeschrieben. Die Grundgebühr beträgt etwa 3 Euro, der Preis pro Kilometer liegt bei 60 bis 90 Cent. Die Nachttarife sind etwas höher. Wenn Bedarf besteht, ist der Fahrer nach der Fahrt verpflichtet, eine Quittung auszustellen. Bei den großen, etablierten Anbietern, besteht kein

Tallinn und Umgebung

3a

ernsthaftes Betrugsrisiko, dafür sind sie etwas teurer. Als verlässlich können gelten: *Tulika Takso* (Tel. 6120000) und *Tallink Takso* (Tel. 6408921).

Parkmöglichkeiten

Da große Teile der Altstadt für Autos gesperrt und Parkplätze rar sind, empfiehlt es sich, beim Hotel Erkundigungen einzuholen, ob es einen hauseigenen oder nahe gelegenen Parkplatz gibt. Man sollte den eigenen Wagen vor allem nachts auf bewachten Parkplätzen abstellen.

Die Parkplätze in der gesamten Innenstadt bis hin nach Kadriorg sind gebührenpflichtig. Es gibt relativ wenige Parkautomaten. Bezahlt wird häufig per SMS, was aber nur mit einer estnischen SIM-Karte möglich ist, sodass Touristen besser Parkhäuser benutzen. Günstig gelegene Parkhäuser befinden sich bei den *Viru*- und *Solaris*-Einkaufszentren und unter dem Freiheitsplatz (Vabaduse väljak, Einfahrt auf dem Mittelstreifen der Kaarli pst). Ein recht günstiger, bewachter Parkplatz liegt neben der Linnahall (am *Café Klaus* vorbeifahren).

Unterkunft

Hotels
Tallinn

16 Oru③, Narva mnt 120 B, in Kadriorg, gegenüber Sängerfestplatz, Tel. 6033302, www.oruhotel.ee. In Hörweite der Sängerfestwiese: modernes, sehr ordentliches Dreisternehotel. Mit Parkplatz, Allergiker- und Behindertenzimmern sowie Suiten mit Sauna. Nicht zentral, aber mit dem Auto gut zu erreichen. Busanbindung.

Tallinn Zentrum

68 **Hotel Kreutzwald** ③-④, Endla 23, Tel. 666 4802, www.kreutzwaldhotel.com. Gehobenes, geschmackvoll eingerichtetes Hotel unweit des Domberges. Mit Spa, Restaurant und Terrasse.

65 **Uniquestay City Hotel**①-②, Paldiski mnt 3, am Fuß des Dombergs gelegen, Tel. 6600700, www.

uniquecityhotel.com. Einfache, ruhige und ordentliche Zimmer. Man bezahlt nur für das, was man wirklich haben möchte: Täglicher Zimmerservice, frische Handtücher und Frühstück müssen extra bestellt und bezahlt werden. Dadurch im besten Sinne preiswert. Die Rezeption befindet sich nebenan im Hotel *Von Stackelberg.*

62 **Economy Hotel**①-②, Kopli 2c, Tel. 6678300, www.economyhotel.ee. Überschaubares, einfaches, ordentliches und freundliches Hotel. Wer günstig wohnen will und keinen Luxus braucht, ist hier genau richtig. Die Altstadt und Kalamaja sind zu Fuß zu erreichen, eine Straßenbahnhaltestelle ist vor der Tür.

40 **Hotel Cru**④, Viru 8, Tel. 6117600, www.cruhotel.eu. Günstige Lage mitten in der Altstadt. Schönes, freundliches Hotel in einem mittelalterlichen Kaufmannshaus mit besonderer Atmosphäre und verwinkelten Fluren. Die Zimmer sind unterschiedlich und liebevoll eingerichtet. Zum Hotel gehört das **Restaurant** *Cru.*

73 **Palace Hotel**④, Vabaduse väljak 3, Tel. 680 6655, www.tallinnhotels.ee/hotelpalacetallinn. Unterkunft mit viel Flair: frisch renoviertes, elegantes Hotel in hervorragender Lage. Bereits vor dem Zweiten Weltkrieg war das *Palace* eine der ersten Adressen der Stadt.

60 **Ilmarine Hotel**③, Põhja pst 21 b, zwischen Hafen und Bahnhof gelegen, Tel. 6140900, www.pkhotels.eu. Originell designtes Hotel in einer ehemaligen Maschinenfabrik. Integriert ist ein Bereich mit Mini-Apartments, die für Familien besonders zu empfehlen sind. Saunabereich, kurzer Weg in die Altstadt, der allerdings über eine vielbefahrene Straße führt. Nah an Hafen und Kalamaja.

8 **Meriton Old Town Garden**③, Pikk 29 und Lai 24, Tel. 6648800, www.meritonhotels.com. Verwinkeltes, kleineres Hotel in sehr guter Altstadtlage. Das mittelalterliche Haus ist geschmackvoll renoviert worden, der Service ist freundlich. Achtung: Die Zimmer der Economyklasse sind sehr klein.

53 **My City** ③-④, Vana Posti 11/13, am Rande der Altstadt gelegen, Tel. 6220900, www.mycityhotel.

ee. Ordentliche Zimmer, gute Lage, um das Tallinner Nachtleben zu erkunden, Sauna und Restaurant.

77 Radisson Blu Hotel Olümpia④, Liivalaia 33, im neuen Zentrum, Tel. 6315333, www.radisson blu.com. Großes Hotel, das zur Olympiade 1980 fertiggestellt wurde. Schicke, moderne Zimmer, teilweise auch mit Badewanne. Die Atmosphäre ist nicht so persönlich, aber der Blick aus den höheren Stockwerken dafür hervorragend. Im Erdgeschoss gibt es eine Galerie der prominentesten Gäste. Im Hotel befindet sich das *Café Boulevard.*

52 Savoy Boutique Hotel④-⑤, Suur Karja 17/19, am Rande der Altstadt gelegen, Tel. 680 6688, www.savoyhotel.ee. Gediegene Einrichtung im Art-déco-Stil und denkmalgeschützter Fahrstuhl. Gehobene estnische Küche im angeschlossenen **Restaurant** *Mekk.* Spezielle Zimmer für Allergiker und Behinderte.

82 Sokos Hotel Viru③-④, Viru väljak 4, Tel. 680 9300, www.sokoshotels.fi. Sehr großes, von außen nicht eben schönes Hotel, das in der Sowjetzeit geradezu legendär war. Heute nach umfassender Renovierung wegen der hervorragenden Lage und des guten Service zu empfehlen. Im Hotel befindet sich auch das KGB-Museum.

70 St. Barbara②-③, Roosikrantsi 2A, unweit des Freiheitsplatzes gelegen, Tel. 6400040, www.stbar bara.ee. Gemütliches 3-Sterne-Hotel mit guter Lage für Alt- und Neustadt. **Restaurant** *Baieri Kelder (Bayerischer Keller)* im Haus. Allergikerzimmer, Zimmer für Reisende mit Tieren, Familienzimmer. Parkmöglichkeit vorhanden.

31 Taanilinna Hotel③, Uus 6, am Rand der Altstadt gelegen, Tel. 6406700, www.taanilinna.com. Zentral und trotzdem ruhig, stilvolles Hotel mit gemütlicher Einrichtung und freundlichem Service. Parkplatz kann mitreserviert werden.

89 Tallinn Seaport Hotel①-②, Uus Sadama 23, im Hafen, neben dem D-Terminal, Tel. 6676600, www.seaporthoteltallinn.com. Das Hotel besticht durch seine günstigen Preise. Kein Luxus, aber alles ist freundlich und sauber. Von der Sauna hat man einen tollen Blick auf die Altstadt, die in Gehentfer-

nung liegt. Das **Bistro-/Restaurant** im Haus ist ebenfalls gut und günstig.

29 Hotel Telegraaf④, Vene 9, Tel. 6000600, www.telegraafhotel.com. In dem Hotel mitten in der Altstadt erinnert alles an die ehemalige Funktion des Gebäudes als Telegrafenhauptamt: Die Zimmer sind mit historischen Telefonen ausgestattet und die Suiten heißen nach berühmten Erfindern im Fernmeldewesen. Ansonsten gibt es alles, was das Herz begehrt, einschließlich des feinen **Restaurants** *Tchaikovsky* und einer Tiefgarage.

1 The Three Sisters⑤, Pikk 71/Tolli 2, Tel. 630 6300, www.threesistershotel.com. Eines der wenigen Hotels, die gleichzeitig eine berühmte Sehenswürdigkeit sind. Es befindet sich in drei mittelalterlichen Kaufmannshäusern, den „Drei Schwestern". Eine der feinsten Adressen in Tallinn.

65 Von Stackelberg④, Toompuiestee 23, Tel. 6600700, ww.vonstackelberghotel.com. Am Fuß des Dombergs in der ehemaligen Stadtresidenz des baltischen Barons *von Stackelberg* gelegenes Hotel. Freundliche Atmosphäre, stilvolle Einrichtung und Zimmer, die zur Hofseite sehr ruhig sind. Alle Zimmer mit PC. Das **Hotelrestaurant** *Emmeline & Otto* serviert estnische Küche.

Gästehäuser
Tallinn

1 Marta Guesthouse①-②, Marta 8, Tel. 502 4050, www.martaguesthouse.eu. Außergewöhnliches, charmantes, kleines Gästehaus in nicht mehr ganz optimaler Lage 2,5 km südlich der Altstadt, aber mit Bus/Tram-Anbindung. Frühstück auf Bestellung. Parken im Hof gegen Aufpreis. Man sollte frühzeitig reservieren.

18 Gästehaus des Birgittenklosters Pirita *(Pirita kloostri külalistemaja)*②, Merivälja tee 18, Tel. 6055000, www.birgittaguesthouse.ee. Das Haus verbindet die stille Atmosphäre eines Klosters mit einem modernen, freundlichen Gästehausbetrieb. Im architektonisch ansprechenden Neubau in grüner Umgebung befinden sich – getrennt vom eigentlichen Kloster – saubere, helle, schlichte Zim-

Tallinn und Umgebung

3a

mer (alle mit eigener Dusche und WC). Umzäunter, geschlossener Parkplatz. Direkte Busverbindung ins Zentrum (ca. 15 Min.). Nicht die alltägliche Unterkunft und sicher nichts für Partytouristen, sonst aber unbedingt empfehlenswert.

10 **Poska Villa**②, Jaan Poska 15, Tel. 6013601, www.venu.ee/poskavilla. Den Charme von Kadriorg genießen: Im Stadtteil Kadriorg in einem Holzhaus vom Anfang des 20. Jh. gelegen, bietet die *Poska Villa* einfache, aber freundliche Zimmer in netter Atmosphäre. Auch die Umgebung mit altem Baumbestand und großem Garten ist reizvoll. Betrieben wird das Gästehaus von einem gemeinnützigen Verein, der damit Altenarbeit finanziert. Eine warme Empfehlung für Gäste jeden Alters. Geschlossener Parkplatz vorhanden.

Tallinn Zentrum

63 **Olematu Rüütel**②, Kiriku põik 4a, Tel. 631 3827, www.olematu.ee. Neben Café und Restaurant gibt es bei *Olematu Rüütel* auch einige einfache, aber saubere Gästezimmer. Eine Sauna steht zur Verfügung. Empfehlenswert auch wegen der besonderen Lage auf dem Domberg und des herzlichen Service.

Hostels

Tallinn

8 **Teko Hostel**①, Lastekodu 13, am Zentralmarkt und in der Nähe des Fernbusbahnhofs gelegen, Tel. 6811352, www.teeninduskool.ee/hostel. Einfache, aber sehr saubere und ordentliche Zimmer. Von außen scheint das Haus aus der Sowjetzeit nicht einladend, aber davon sollte man sich nicht abschrecken lassen. Betrieben wird das Hostel von Absolventen der Hotelfachschule Tallinn. Internet, Frühstücksraum, kostenlose Parkplätze, nur Barzahlung möglich.

Tallinn Zentrum

69 **Euphoria**①, Roosikrantsi 4, Tel. 58373602, http://euphoria.traveller.ee. Größeres Hostel mit künstlerisch-alternativem Touch. Im großen Gemeinschaftsraum kann zusammen musiziert werden, internationaler Austausch ist hier selbstverständlich. Die Lage in der Nähe des Vabaduse väljak ist günstig. Die eher unscheinbare Eingangstür liegt im Durchgang zum Hof auf der rechten Seite. Die Rezeption ist tägl. von 9 bis 14 Uhr und von 18 bis 23 Uhr besetzt, sonst nach Vereinbarung.

59 **Fat Margaret's**①, Põhja pst 27, Tel. 5100916, www.16eur.ee/fatmargarets. Typisches Travellerhostel in praktischer Lage für eine Besichtigung der Altstadt und von Kalamaja. Tischtennisplatte und vormittags Zugang zu einer Sauna.

3 **Old House**①, Uus 26, Tel. 6411281, www.oldhouse.ee. In einer ruhigen Ecke am Rand der Altstadt in einem alten Haus gelegen. Familiäres Hostel mit lockerer Atmosphäre, kleinem Frühstücksraum und einfachen, aber schönen Zimmern. Für verschiedene Altersgruppen zu empfehlen. Fahrradverleih in der Nähe. Neben dem Hostel liegt auch ein *Guesthouse*, das über die gleiche Rezeption vermietet wird. Parkplätze und Internetzugang.

12 **Tabinoya**①, Nunne 1, Tel. 6320062, www.tabinoya.com. Nettes, kleineres Hostel in unschlagbarer Lage am unteren Ende des Pikk jalgä. Lockere, internationale Atmosphäre. Zwei bis Achtbettzimmer, Gemeinschaftsbad und -küche. Den Eingang kann man leicht übersehen: eine einfache Eingangstür, beim entsprechenden Schild klingeln.

Apartments

Tallinn Zentrum

■ **Old house apartments**②-⑤, Rataskaevu 16, Tel. 6411464, www.oldhouse.ee. 29 Apartments mit 26–135 m^2 für 1–8 Personen sind über die ganze Altstadt verteilt. In unterschiedlichen Stilen eingerichtet, aber alle gut ausgestattet mit Küche, teilweise mit Kamin, Sauna, Whirlpool und kostenlosem WLAN. Kostenlose Parkplätze stehen für die Mieter zur Verfügung.

37 **Villa Hortensia**②-④, Vene 6, im *Meistrite Hoov*, Tel. 5046113, www.hoov.ee. Individuell gestaltete Apartments in verwinkeltem Altbau. Viel Charakter und tolle Umgebung.

Camping
Tallinn

17 **Pirita Hafen Camping**①, Regati pst 1, Tel. 6398801, www.piritatop.ee. Mit Stellplätzen für 20 Wohnwagen und Wohnmobile, nur im Sommer.

15 **Kivi talu,** etwas außerhalb im Dorf Aaviku, Gemeinde Rae, GPS N 59.35239, E 24.91514, Tel. 603 4386 und 5186888, www.kivitalupuhkus.ee. Leicht schräg, aber nett und praktisch, wenn man nur mal einen Abstecher in die Stadt machen will.

Essen und Trinken

Estnische und internationale Küche
Tallinn Zentrum

36 **Kaerajaan,** Raekoja plats 17, Tel. 6155400, www.kaerajaan.ee, täglich 12–22 Uhr. Die Gerichte verbinden klassische estnische Küche mit modernen internationalen Kochtrends. Dasselbe Prinzip wurde beim Interieur angewandt, wo traditionelle Muster in kühles modernes Design eingebunden sind.

57 **Klaus,** Kalasadama 8, Tel. 56919010, www. klauskohvik.ee, Mo–Fr 9–23, Sa/So 10–23 Uhr. Designaffines Café-Restaurant, eher kühl, aber cool. International gemischte Speisekarte mit Schwerpunkt auf Fisch (der alte Fischereihafen liegt gegenüber), viele lokale Zutaten.

61 MEIN TIPP: **Kohvik Sesoon,** Niine 11, Tel. 586 65558, http//kohviksesoon.ee, Mo–Sa 11–23, So 11–17 Uhr. Sehr angenehmes, eher alternatives Restaurant im Stadtteil Kalamaja mit preiswerter, guter Küche.

23 **Kuldse Notsu Kõrts,** Dunkri 8, Tel. 6286567, www.hotelstpetersbourg.com, tägl. 12–24 Uhr. Essen wie auf dem Land in guter alter Zeit: Das ist der Anspruch des Restaurants. Im schönen Keller oder an den Plätzen auf der Straße kann man Blutwurst, Sauerkraut, Braten und was die estnische Küche sonst noch so hergibt, genießen.

2 **Leib,** Uus 31, Tel. 6119026, www.leibresto.ee, Mo–Fr 12–15 und 18–23, Sa 12–23 Uhr. Zu selbst-gebackenem Brot (estn. *leib*) gibt es die zurzeit in Estland angesagte modern-traditionelle Küche mit *Haute-Cuisine*-Anstrich. Im Sommer schön zum Draußensitzen.

17 **Rataskaevu 16,** Rataskaevu 16, http://rataskaevu16.ee, Tel. 6424025, So–Do 12–23, Fr/Sa 12–24 Uhr. Hervorragende Küche und tolles Ambiente. Zu den Hauptzeiten sollte man reservieren.

34 **Ribe,** Vene 7, Tel. 6313084, www.ribe.ee, Mo–Fr 12–14.30 und 17–22, Sa 12–23 Uhr. Hochwertige estnische und europäische Küche, die bereits mehrfach ausgezeichnet wurde. Mit saisonalen Zutaten. Die Einrichtung ist stilvoll und modern.

18 **Vanaema juures,** Rataskaevu 10/12, Tel. 626 9080, www.vonkrahl.ee/vanaemajuures, tägl. 12–22 Uhr. Der Name bedeutet „Bei Großmutter" und so ist es: ein gemütlicher Keller, traditionelle Küche – rundum empfehlenswert.

Russische Küche
Tallinn Zentrum

58 MEIN TIPP: **Kohvik Moon,** Võrgu 3, Tel. 631 4575, www.kohvikmoon.ee, Mo–Sa 12–23, So 13–21 Uhr, im Juli geschlossen. Schönes kleines Café-Restaurant mit persönlicher Atmosphäre und ambitionierter, außergewöhnlicher Küche. Die Straße ist nicht auf allen Stadtplänen zu finden, statt dessen Kalaranna ansteuern.

35 **Troika,** Raekoja plats 15, Tel. 6276245, www. troika.ee, tägl. 12–23 Uhr. Russische Küche, garniert mit Bedienungen in traditionellen Kostümen, Livemusik und Mi–Sa sogar Tanzvorführungen. Wenn man das nicht kitschig findet, kann man es genießen.

Aus aller Welt
Tallinn

2 **Gotsu** (*Kyuho's Kitchen*), Pärnu mnt 67A, Tel. 6140022, www.gotsu.ee, Mo–Fr 12–20 Uhr. Sehr angenehmes, kleines, koreanisches Restaurant. Dieses etwas außerhalb gelegene Restaurant lohnt die Anfahrt.

Tallinn und Umgebung

3a

013es ta

Tallinn Zentrum

5 Chakra, Bremeni käik 1, Tel. 6412615, www.chakra.ee, tägl. 12–23 Uhr, Fr/Sa bis 1 Uhr. Hochwertige, authentisch indische Küche in schönem Ambiente. Auch eine Adresse für Vegetarier.

33 Controvento, Vene 12 (Katariina käik), Tel. 644 0470, www.controvento.ee, tägl. 12–22.45 Uhr. Gehobenes italienisches Restaurant, schöne Plätze, oben mit Blick auf die romantische Gasse.

34 Elevant, Vene 5, Tel. 6313132, www.elevant.ee, tägl. 12–23 Uhr. Alteingesessenes indisches Restaurant, geschmackvoll eingerichtet, leckeres Essen.

56 Pizza Americana, Müürivahe 2, Tel. 6448837, www.americana.ee, geöffnet So–Mi 11.30–21.30, Do–Sa 11.30–22.30 Uhr. Amerikanische Kochkunst, insbesondere Pfannenpizza in vielen Varianten. Seit Jahren eine feste Adresse in Tallinn, unter der man sich relativ günstig satt essen kann.

87 Sfäär, Mere pst 6e, Tel. 56992200, www.sfaar.ee, geöffnet Mo–Mi 8–22, Do/Fr 8–24, Sa 10–24, So 10–22 Uhr. Kombination aus Restaurant und kleinem Geschäft. Helles und stilvollminimalistisches Interieur, feine Küche und ausgefallene Kaffeezubereitungsmethoden. Empfehlenswert auch fürs Frühstück.

Spezielle Restaurants
Tallinn

5 F-hoone, Telliskivi 60a, Tel. 53226855, www.fhoone.ee, Mo–Sa 9–24, So 9–22 Uhr. Alternatives Bar-Restaurant im Gebäude „F" eines großen, ehemaligen Industriekomplexes (daher der Name), der sich zu einem „Kreativcampus" gewandelt hat.

Tallinn Zentrum

28 Balthasar, Raekoja plats 11, Tel. 6276400, www.balthasar.ee, tägl. 12–24 Uhr. Spitzenküche mit dem gewissen Extra: Fast alle Gerichte werden mit Knoblauch zubereitet, sogar der Nachtisch. Schöner Innenhof, umfangreiche Weinkarte.

43 Olde Hansa, Vana turg 1, Tel. 6279020, www. oldehansa.ee, tägl. 11–24 Uhr. Kein anderes Tallinner Restaurant, das sich mittelalterlich gibt, setzt es so konsequent um wie das *Olde Hansa*. Der Speiseplan enthält daher z.B. keine Kartoffeln und keinen Mais, dafür Pfefferschnaps und Zimtbier. Zu Recht sehr beliebt bei Touristen jeder Herkunft.

19 V, Rataskaevu 12, Tel. 6269087, www.vegan restoran.ee, Su–Do 12–23, Fr/Sa 12–24 Uhr. Ein rein veganes Restaurant mit sehr guter Küche in einem schönen Gebäude. Auch für Nicht-Veganer lohnend. Eher klein, daher reservieren.

21 Von Krahli Aed, Rataskaevu 8, Tel. 6269088, www.vonkrahl.ee/aed, geöffnet Mo–Sa 12–24, So 12–23 Uhr. Das Restaurant bietet hochwertige, gesundheitsbewusste Küche in einem schick renovierten Altstadthaus. Gute Auswahl an vegetarischen Gerichten.

Imbissstuben

Tallinn

9 Vesivärava Grill, Vesivärava 42, Tel. 56655313, www.vesivarava.ee, tägl. 12–21 Uhr. Kleine Burgerbraterei mit hervorragenden, günstigen, handgemachten Burgern. Etwas Wartezeit muss man mitbringen, es lohnt sich aber.

Tallinn Zentrum

66 Hotokas, Toompuiestee 16, www.facebook. com/Hotokas, tägl. 12–22 Uhr. Netter *Hotdog*-Laden in einem Holzhaus im Hinterhof. Viele verschiedene Geschmacksrichtungen, hausgemachte Pommes.

71 Square Kebab, Vabaduse väljak 9, Tel. 699 9550, www.squarekebab.ee, Mo–Fr 11–22, Sa/So 12–22 Uhr. Gutes türkisches Schnellrestaurant im Tunnel unter dem Freiheitsplatz.

Weinstube

Tallinn Zentrum

39 Veinipööning, Viru 18, im 4. Stock, Tel. 6418 631, www.vinoteek.ee, Mi/Do 18–23, Fr/Sa 18–2 Uhr. Gemütliche, alteingesessene Weinstube im Dachgeschoss. Der Eingang ist leicht zu übersehen: Man muss bei der entsprechenden Hausnummer durch den Eingangsflur bis zum Treppenhaus durchgehen.

Cafés

Tallinn

12 MEIN TIPP: Gourmet Coffee, L. Koidula 13A, Tel. 6613035, http://gourmetcoffee.ee, geöffnet Mo–Fr ab 9 Uhr, Sa/So ab 10 Uhr. Vorne Kaffeeladen, hinten ein schönes Café mit guter Küche. Mehr als es scheint!

4 Kivi Paber Käärid, Telliskivi 60 a, www.kivi paber.ee, Tel. 6003626, So–Do 11–23, Fr 11–2, Sa 10–2 Uhr. Lässige Hipsteranlaufstelle, glutenfreies Essen, auch Livemusik. Befindet sich auf dem Gelände des *Kreativcampus Loomelinnak*.

11 NOP, Köleri 1, in Kadriorg, Tel. 6032270, www. nop.ee, Mo–Fr 8–21, Sa/So 9–21 Uhr. *NOP* steht für

☐ Skyline in der Tallinner Innenstadt

3a

„Nachbarschaftlich, organisch, praktisch". Hinter diesen Schlagworten verbirgt sich eine Mischung aus Bio und Feinkostladen mit angeschlossenem Café. Für ein Café ist das Speiseangebot allerdings sehr umfangreich. Berühmt sind die *Brownies*. Eine Kinderspielecke ist vorhanden. Relaxte, alternative Atmosphäre.

Tallinn

6 Boheem, Kopli 18, Tel. 6311928, www.boheem. ee, tägl. 9–23 Uhr, Sa/So 10–23 Uhr. Hinter dem Bahnhof gelegen. Das *Boheem* markierte eines der ersten Anzeichen für den beginnenden Wandel im Viertel Kalamaja und ist bis heute ein beliebter Treffpunkt für Alternative und Kreative. Eine entspannte Atmosphäre und günstige Pfannkuchen.

13 Café-Restaurant Katharinenthal, Weizenbergi 22, Tel. 6011055, www.katharinenthal.ee, Mo–Do 8–20, Fr 8–22, Sa 9–22, So 9–20 Uhr. Klassisches Café am Rande des Kadriorg-Parks, empfehlenswert im Sommer zum Draußensitzen.

Tallinn Zentrum

64 Bogapott, Pikk jalg 9, Tel. 6313181, www.bo gapott.ee. Tägl. 10–19 Uhr. Gemütliches Café auf dem Domberg, das von einem bekannten Keramikkünstler betrieben wird, entsprechend kann man hier auch schöne Souvenirs erstehen.

■ Café La Muu, Viru väljak 4/6, tägl. 9–21 Uhr. Im Buchladen *Rahva Raamat* im dritten Stock des *Viru*-Zentrums gelegen, s.u. „Einkaufen".

44 Café Peppersack, Viru 2, Mo–Sa 8–24, So 9–23 Uhr. Das Café des *Peppersack*-Restaurants kann mit historischen Räumlichkeiten aufwarten, liegt zentral und hat gute *Piroggen* im Angebot. Trotz des touristischen Trubels ringsum muss man diesen Laden nicht meiden.

30 Café Josephine, Vene 16, Tel. 6418291, www. pierre.ee, tägl. 8–23 Uhr. Opulentes Interieur und echte Kalorienbomben sorgen für leuchtende Augen bei Freunden des klassischen Cafés.

27 Kehrwieder Chocolaterie, Saiakang 1, Tel. 5245645, www.kohvik.ee, tägl. 8–23 Uhr, Fr/Sa 8–

1 Uhr. Urgemütliches, originell gestaltetes Café mit leckerem Gebäck und Kaffee und einer äußerst mächtigen heißen Schokolade. Ein moderner Klassiker unter den Tallinner Cafés. Neben der hier genannten gibt es noch weitere Filialen.

75 Komeet, Estonia pst 9, im *Solaris Center,* 4. Stock, Tel. 6140090, www.kohvikkomeet.ee, Mo–Sa 10–23, So 10–21 Uhr. Schönes Café mit hervorragendem Kuchen, auch warme Küche. Toller Blick aus der großen Fensterfront oder von der Dachterrasse. Auch vegane Gerichte stehen auf der Karte. Kinderfreundlich.

79 Lounge 24, Rävala pst 3, im *Radisson Blu Hotel,* Tel. 6823424, So–Mi 12–24, Do–Sa 12–2 Uhr. Hotelbar mit Dachterrasse im 24. Stock, lohnt wegen des Ausblicks.

10 Maiasmokk, Pikk 16, Tel. 6464079, Mo–Fr 8–21, Sa/So 9–21 Uhr. Klassisches Café, dessen Gründung auf das Jahr 1864 zurückgeht. Es ist damit Tallinns ältestes Café. Berühmt für Marzipan und Kuchen, aber auch die herzhaften *Piroggen* sind lecker. Schon die Einrichtung ist einen Besuch wert.

51 Must puudel, Müürivahe 20, Tel. 5056258, Mo/Di 9–23 Uhr, Mi 9–1 Uhr, Do–Sa 9–2 Uhr, So 9–23 Uhr. Im „Schwarzen Pudel" werden neben leckeren Kuchen auch Frühstück und einfache Gerichte geboten. Die lockere, alternative Atmosphäre und die im Retro-Stil gestalteten Räume bieten sich auch gut an, um am Abend auf einen Drink hereinzukommen.

38 Pierre Chocolaterie, Vene 6, im Hof der Meister, Tel. 6418061, www.pierre.ee, tägl. 8–23 Uhr. Hier gibt es tolle Torten, guten Kaffee und die Möglichkeit zum Draußensitzen.

42 Reval Café, Vene 1, Tel. 6446473, www.reval cafe.ee, Mo–Do 8–22, Fr/Sa 8–23, So 8.30–21 Uhr. Sehr zentral gelegenes Café mit guter Auswahl an Getränken und kleinen Speisen. Der schönste Platz ist oben im kleinen Erker. Gehört zu einer Kette mit einer ganzen Reihe von Filialen im Stadtgebiet.

45 Vanalinna kohvik, Suur Karja 3, Tel. 6444365, geöffnet: Mo–Sa 8–20, So 9–19 Uhr. Schlichtes und relativ preiswertes Café.

72 Wabadus, Vabaduse väljak 10, Tel. 6604019, www.wabadus.ee, Mo–Do 8.30–23, Fr 8.30–1, Sa 11–1, So 11–21 Uhr. Traditionsreiches Café. Oben ist es ruhig. Schöner Ausblick, Allround-Anlaufstelle.

26 Weckengang, Saiakang 3, Tel. 6443055, www.facebook.com/Saiakangi Kohvik, geöffnet Mo–Fr 9–20, Sa 10–20, So 10–18 Uhr. Nettes kleines Café, sehr zentral. Rundum empfehlenswert für Kaffee, Kuchen und kleine Snacks.

22 Kompressor, Rataskaevu 3, Tel. 6464210, www.kompressorpub.ee, tägl. 11–23 Uhr. Tagsüber geht man hier zum Pfannkuchenessen, denn die sind günstig, groß und das Angebot vielfältig. Keine Kartenzahlung möglich.

Nachtleben

Bars und Kneipen
Tallinn Zentrum

24 Beer House, Dunkri 5, Tel. 6442222, www.beerhouse.ee, So–Do 11–24, Fr/Sa 11–2 Uhr. Eine Art estnisches Hofbräuhaus. Finnische Touristen bei der Polonaise, deftiges Essen und gutes selbstgebrautes Bier. Der eine wird die Nase darüber rümpfen, der andere eine Gaudi haben. Schöne Sitzplätze auch draußen.

7 MEIN TIPP: Hell Hunt, Pikk 39, Tel. 6818333, www.hellhunt.ee, Mo–Do 12–2, Fr/Sa 12–3, So 12–1 Uhr. Gemütlicher Pub, gute Auswahl an gezapften Bieren, eigentlich immer gute Stimmung, auch von Einheimischen geschätzt, nach eigener Auskunft der erste Tallinner Pub (seit 1993).

46 Karja Kelder, Väike Karja 1, Tel. 6441008, www.villemipubid.ee/karjakelder, So/Mo 11–24, Di–Do 11–1, Fr/Sa 11–3 Uhr. Uriges Kellergewölbe, nette Kneipe, Livemusik, für jedes Alter. Ein Klassiker der Tallinner Kneipenlandschaft.

48 Nimeta Baar, Suur Karja 4, Tel. 6411515, www.nimetabaar.ee, So–Do 9–3, Fr/Sa 9–5 Uhr. Urgestein der Tallinner Kneipenlandschaft, Mischung aus Einheimischen und Touristen, Fußballübertragungen, abends Partyatmosphäre und Tanzfläche.

13 MEIN TIPP: Pörgu, Rüütli 4, Tel. 6440232, www.porgu.ee, Mo–Do 12–24, Fr/Sa 12–2 Uhr. „Willkommen in der Hölle" (so der Name des Lokals). Es handelt sich allerdings um eine sehr angenehme Hölle in Form einer freundlichen Schänke im Gewölbekeller mit schmiedeeisernen Möbeln und einer großen Auswahl an gezapften Biersorten.

67 Pööbel, Toompuiestee 16, Tel. 6017770, www.poobel.ee, Di–Do 12–23, Fr/Sa 12–2, So/Mo 12–21 Uhr. Nette und gemütliche Kneipe in einem eher erdigen Stil, wie der Name schon vermuten lässt. In Wahrheit geht es hier aber ganz zivilisiert zu. Äußerst umfangreiche Getränkekarte.

32 Sinilind, Müürivahe 50, Tel. 53512220, www.facebook.com/Kohvik Sinilind, So–Do 10–1, Fr/Sa 10–5 Uhr. Café-Restaurant und Klub im Hipster/Retro Stil. Angesagt. Entspannte Atmosphäre.

49 St. Patrick's, Suur Karja 8, Tel. 6418173, www.patricks.ee, So–Do 11–2, Fr/Sa 11–4 Uhr. Angenehmer Pub in tollem Altstadtgebäude. Es gibt noch drei weitere Filialen.

55 Gloria Veinikelder, Müürivahe 2, Tel. 6406 804, www.gloria.ee, geöffnet Mo–Fr 12–23.30, Sa 17–23.30 Uhr. Alteingesessene Weinstube mit guter Auswahl. Der Weinkeller ist in die Stadtmauer gebaut.

47 Paar Veini, Sauna 1, Tel. 6603036, www.paarveini.ee, Mo/Di 18–24, Mi 18–2, Do 18–3, Fr/Sa 18–4 Uhr, So geschl. Wein, aber nicht piekfein, hip, aber nicht zu sehr – einfach eine lockere und lebhafte Weinbar.

Live-Music
Tallinn Zentrum

83 Chicago 1933, Aia 3, Tel. 6271266, www.chicago.ee, Mo/Di 12–24, Mi/Do 12–1, Fr 12–3, Sa 14–3, So 14–24 Uhr. Gesetzter Klub mit dunklem, edlem Interieur. An vielen Abenden gibt es gute Livemusik, vornehmlich aus dem Jazz- und Swingbereich, darunter bekannte estnische Künstler. Auch Speise- und Weinkarte.

11 Clayhills, Pikk 13, Tel. 6419312, www.clayhills.ee, So–Do 12–23, Fr/Sa 12–2 Uhr. Hinter der

Selbstbezeichnung *Gastropub* verbirgt sich eine Mischung aus gemütlicher Kneipe und guter Küche. Empfehlenswert unter den touristisch orientierten Lokalen in Rathausplatznähe. Fr–So abends Livemusik.

88 Scotland Yard, Mere pst 6 E, Tel. 6535190, www.scotlandyard.ee, Mo–Do 11–24, Fr/Sa 9–2, So 9–24 Uhr. Sehr großer Pub mit britischem Flair. Mi–Sa Livemusik. Wenn man spät kommt und nicht viel los ist, kann man sich in der Halle etwas verloren fühlen, sonst gute Pubatmosphäre.

19 Von Krahl Baar, Rataskaevu 10, Tel. 6269090, www.vonkrahl.ee, So–Do 10–24, Fr/Sa auch länger. Eine seit Langem etablierte Adresse der Tallinner Alternativkultur- und Kunstszene. Tagsüber Café, abends vielfältige Kulturveranstaltungen.

Nachtklubs
Tallinn Zentrum

82 Café Amigo, Viru väljak 4, www.amigo.ee, Live-Musik, Nachtklub im Hotel *Viru*, wird auch von Einheimischen gern besucht, gemischtes Publikum.

54 Hollywood, Vana-Posti 8, http://clubhollywood.ee. Erster Klub, der nach neu erlangter Unabhängigkeit eröffnete. Im *Sõprus*-Kinogebäude angesiedelt, mit stalinistischen Balkonen und Fünfziger-Jahre-Stuck, jüngeres Publikum, Mi–Sa ab 23 Uhr.

84 Venus Club, Vana Viru 14, www.venusclub.ee, beliebte Mainstream-Disco, Di–So ab 23 Uhr.

Klubs für Homosexuelle
Tallinn Zentrum

74 X-Baar, Tatari 1, Tel. 6440121, www.xbaar.ee, Klub und Bar.

▷ Kunsthandwerksmarkt auf dem Rathausplatz

Einkaufen

Markt
Tallinn

7 Keskturg (Hauptmarkt), Keldrimäe 9, mit Straßenbahn 2 oder 4 erreichbar, eine Haltestelle nach dem *Stockmann*-Kaufhaus. Täglich bis 17 Uhr. Etwas schräges Relikt der Sowjetzeit, fester Markt mit Markthalle.

Einkaufszentren und Kaufhäuser
Tallinn

14 Ülemiste keskus, Suur Sõjamäe 4, www.ulemiste.ee. Neben dem Flughafen, geöffnet täglich 10–21 Uhr, der Lebensmittelladen 8–22 Uhr. Sehr großes Einkaufszentrum, praktisch für Autofahrer.

Tallinn Zentrum

81 Kaubamaja, Gonsiori 2, www.kaubamaja.ee, geöffnet täglich 9–21 Uhr, das Lebensmittelgeschäft im Keller bis 22 Uhr. Gut sortiertes, klassisches Kaufhaus (das bedeutet der Name auch), das bereits zu Sowjetzeiten existierte, auch wenn davon nichts mehr zu sehen ist. Verbunden mit *Viru keskus.*

85 Postimaja keskus, Narva mnt 1. Einkaufszentrum gegenüber *Viru keskus.* H&M, Lebensmittelladen *Rimi,* Apotheke, *Reval Café,* R-Kiosk, Post.

86 Rotermanni kvartal (Rotermann-Viertel), zwischen Postimaja keskus und Ahtri-Straße. Diverse Läden und Gastronomie um einen kleinen Platz herum, architektonisch sehenswert.

76 Solaris keskus, Estonia pst 9, www.solaris.ee, täglich 9–23 Uhr, Läden 10–21, das Lebensmittelgeschäft 9–23 Uhr. Kultur-, Kino-, Konferenz- und Einkaufskomplex. Hier finden sich eine Filiale der lettischen Restaurantkette *Lido,* das *Café Komeet* und ein großes Lebensmittelgeschäft.

78 Stockmann, Liivalaia 53, www.stockmann.ee, Mo–Sa 9–21 Uhr, So 10–21 Uhr. Klassisches Kaufhaus. Mit gut ausgestatteter Feinkostabteilung.

81 Viru keskus, Viru väljak 4–6, www.virukeskus.com, tgl. 8–21 Uhr, Läden 9–21 Uhr. Im Keller des Gebäudes liegt eine größere Busstation, in der Haupthalle des Kaufhauses gibt es einen Kartenvorverkauf *(Piletilevi)*.

Bücher und Karten
Tallinn Zentrum

■ **Apollo,** im *Solaris keskus,* www.apollo.ee.
■ **Rahva Raamat,** im Einkaufszentrum *Viru keskus,* www.rahvaraamat.ee.

Galerien, Kunsthandwerk und Souvenirs
Tallinn Zentrum

MEIN TIPP: **Hof der Meister** *(Meistrite Hoov),* sehr schöne kleine Geschäfte einer kleinen Gasse, die von der Vene-Straße beim Haus Nr. 6 abgeht.
■ Einige Meter weiter entlang der Vene-Straße befindet sich am Eingang zum *Katariina käik* der Verkaufsraum der **Katharinengilde,** ein Zusammenschluss unterschiedlicher Kunsthandwerker.
■ **Bogapott,** s.u. Cafés.

41 Eesti Esindus, Viru 3, Tel. 6404037. Größeres Souvenirgeschäft mit estnischem Kunsthandwerk und Lebensmittelspezialitäten, tägl. 10–20 Uhr.
6 14 20 Helina Tilk, Lühike jalg 8, Rataskaevu 6, Pikk 40, http://helinatilk.eu. Farbenfrohe Keramik der bekannten Designerin.
16 Hindricus, Lühike jalg 2. Schöner Laden, hochwertige Filz-, Schmiede- und andere Waren.
43 Krambude, Vana turg 1, www.oldehansa.ee. Authentische mittelalterliche Glas-, Leder- und Keramikwaren, sehr schöner Laden.
15 Lühikese Jala Galerii, Lühike jalg 6, Keramik, Schmuck, Textilien und Glas.
4 Saaremaa sepad, Olevimägi 11, www.sepad. ee, tägl. 10–18 Uhr. Schmiedewaren.
■ Auf der **Müürivahe-Straße** entlang der Stadtmauer findet man Verkaufsstände, an denen **Handarbeitsartikel,** vor allem selbstgestrickte Kleidung angeboten werden.
50 Jolleri Käsitöökamber *(Handwerksstube),* Müürivahe 11, www.jollery-bunny.ee. Netter kleiner Laden, hauptsächlich Gestricktes.

014es ta

9 15 Estnischer Volkskunst- und Kunsthandwerksverband, www.folkart.ee. In den beiden Läden des Verbands findet man hochwertiges Kunsthandwerk: *Eesti Käsitöö Maja*, Pikk 22 und *Allikamaja*, Lühike jalg 6 a.

25 VeTa, Pikk 6, Woll- und Leinenkleidung. Keine Handarbeit, aber schönes, individuelles estnisches Design.

Feste und Veranstaltungen

Neben zahlreichen Märkten und Kulturveranstaltungen finden folgende regelmäßig statt:

■ **Frühjahr:** *Jazzkaar*, internationales Jazzfestival, genauer Termin unter www.jazzkaar.ee; kleinere Ausgabe im Winter unter dem Namen *Jõulujazz (Weihnachtsjazz)*.

■ **Mai/Juni:** *Altstadttage*, großes Mittelalter- und Kulturfest, www.vanalinnapaevad.ee; *Mittsommerfest*, die kürzeste Nacht des Jahres, der Johannistag, wird mit Feuer, Tanz und Musik gefeiert, u.a. im Freilichtmuseum *Rocca al Mare*.

■ **Juli:** Bierfest *Õllesummer*, findet auf dem Gelände der Sängerbühne statt, genaue Daten unter www.ollesummer.ee. In der Regel gibt es ein Konzert einer bekannteren, internationalen Band als *Headliner*.

■ **Dezember:** Auf dem Rathausplatz findet der **Weihnachtsmarkt** statt. Von Ende November bis Weihnachten wird hier täglich 10–19 Uhr an vielen kleinen Holzhäuschen und Ständen typische estnische Handarbeit feilgeboten. Eine Besonderheit ist der kleine Weihnachtsmann-Poststand, wo man Karten vom Weihnachtsmarkt verschicken kann.

Etwa Ende November bis Mitte Dezember findet im Kino im *Solaris-Center* und in anderen Kinos das **Filmfestival der dunklen Nächte** *(Pimedate Ööde Filmifestival*, kurz: *PÖFF)* statt, www.poff.ee.

> Praktisches Verkehrsmittel im Winter: Schlittenparkplatz im Kindergarten

3a

Aktivitäten

Ausflugs- und Tourveranstalter

■ **Estravel,** Suur-Karja 15, Tel. 6266266, www.estravel.ee, größtes estnisches Reisebüro, über das sich die verschiedensten Angebote buchen lassen.

■ **Baltic Tours,** Jõe 5, Tel. 6300460, www.baltictours.eu. Organisiert Gruppenreisen in die baltischen Länder.

■ Wer es gern abenteuerlich mag, kann sich an einen **Spezialanbieter für Aktivitäts- und Sportangebote** wenden. Bei Bedarf kann eine Abholung organisiert werden.

■ **360°,** Sõtke, Gemeinde Märjamaa, Tel. 5137141 (*Nert,* spricht Deutsch), www.360.ee. Moorwanderungen, Kanutouren, Touren in Nordestland zu jeder Jahreszeit, z.B. Seekajakfahrten zu den estnischen Inseln oder vor der Küste Tallinns, Schneeschuhwanderungen, Tiersafaris oder Skitouren über die zugefrorene Ostsee im Winter.

■ **Reimann Retked,** Gemeinde Kuusalu, Dorf Saunja, Hof *Mikumärdi,* Tel. 5114099, www.retked.ee. Kajak-, Rafting-, Wander- und Skitouren.

Fahrradverleih

■ **City Bike,** Vene 33, Tel. 5111819, www.citybike.ee, Fahrradverleih und organisierte Radwanderungen durch Tallinn und Umgebung, auch Kinderfahrräder, Kindersitze und -anhänger. Man kann sich auch Räder für Estlandtouren ausleihen.

Tallinn und Umgebung

015es ta

3a

Weiterreise

Fähre

Vom Hafen aus fahren etwa stündlich Fähren nach **Helsinki,** die schnellsten davon brauchen im Sommer nur 1½ Stunden (http://lindaline.ee, reine Passagierfähren, ab Anleger Linnahall). Täglich fahren auch Schiffe von und nach **Stockholm** (ungefähr 15 Std.). Weitere Angaben siehe im Kapitel „Praktische Tipps" unter „Anreise".

Bus

Von Tallinn kann man per Bus nach **St. Petersburg** (Visum!), **Riga** und zu weiteren Zielen in den Nachbarländern fahren. *Lux Express* fährt auch die estnischen Städte Pärnu, Tartu und Narva an.

◼ **Lux Express,** Lastekodu 46, Tel. 6800909, www.luxexpress.eu.

Flug

◼ Klein, aber fein: Der Tallinner **Lennart-Meri-Airport** (TLL), Lennujaama tee 12, www.tallinn-airport.ee.

Bahn

Von Tallinn aus kann man täglich nach **Moskau** und **St. Petersburg** fahren (mit Visum). Ansonsten ist im innerestnischen Verkehr und nach Lettland der Fernbus das verbreitetere Verkehrsmittel. Allerdings sind die Züge mittlerweile modernisiert worden und stellen auf vielen Strecken durchaus eine konkurrenzfähige Alternative dar.

◼ **Bahnhof** (Balti jaam), Toompuiestee 37, www.baltijaam.ee. Der Bahnhof liegt etwa 10 Min. zu Fuß von der Innenstadt. Man kann die Straßenbahnlinien 1 oder 2 nehmen.
◼ **Innerestnische Züge:** *Elron,* www.elron.ee, Tel. 6737400 (Mo–Fr 8–16 Uhr), 24-Std.-Info Tel. 6160245.
◼ **Züge nach Russland:** *Go Rail,* www.gorail.ee, Tel. 6310044, Mo–Fr 9–16 Uhr.

Umgebung von Tallinn

Die Landschaft rund um Tallinn heißt **Harjumaa** (mit altem deutschen Namen Harrien). Die direkte Umgebung der Hauptstadt ist nicht reich an touristischen Anziehungspunkten, aber es gibt durchaus **lohnende Abstecher.** Die Gegend ist geprägt von den Kalksteinvorkommen, was sich auch in der örtlichen Architektur niederschlägt. Im Inland sind an einigen Stellen typische Phänomene einer **Karstlandschaft** zu sehen, etwa Trockenwiesen, Quellen und Wasserfälle. An der **Küste** hat sich eine beachtliche Abbruchkante geformt (Baltischer Glint), so dass die vorherrschende Küstenform die Steilküste ist und schöne Ausblicke erlaubt. An wenigen Stellen gibt es aber dennoch einige Bademöglichkeiten.

Auch viele **historische Spuren** gibt es zu entdecken: Gutshöfe, Klöster und Kirchen, darunter ist insbesondere die **Klosterruine Padise** hervorzuheben, bei der man auf dem Weg nach Westen einen Stopp einlegen sollte.

Richtung Osten ist das nächstgelegene Hauptziel der **Lahemaa-Nationalpark** (s. Kapitel „Der Nordosten").

Unter den der Küste vorgelagerten **Inseln** sind **Naissaar, Aegna** und **Prangli** bei Tallinn hervorzuheben, ebenso wie die beiden Prangli-Inseln bei Paldiski, die besucht werden können (in diesem Buch jedoch nicht beschrieben werden. Interessierte mögen sich an die Touristeninformationen wenden).

Rundfahrt westlich von Tallinn

Wer **mit dem Auto** unterwegs ist, kann in ein oder zwei Tagen einige sehenswerte Punkte in der näheren westlichen und südwestlichen Umgebung von Tallinn besuchen. Mit anderen Verkehrsmitteln wird man sich auf einige Hauptziele beschränken wollen, vor allem Keila-Joa und Padise.

Keila-Joa, Gutspark und Wasserfall

Eine Möglichkeit **nach Keila-Joa,** gute 30 km westlich von Tallinn, zu gelangen, ist über Tabasalu immer an der Küste entlangzufahren. Es gibt einige schöne Ausblicke auf die Steilküste, aber die Strecke ist für estnische Verhältnisse recht kurvenreich und eng und die Fahrt zieht sich entsprechend. Wir empfehlen daher, der 8 Richtung Keila zu folgen und dann bei Kiia über Vääna nach Keila-Joa zu fahren.

Keila-Joa ist bekannt für seinen etwas verwunschenen Gutspark mit dem Wasserfall, der zu den größten Estlands gehört. Die **Hängebrücken** über den Keila-Fluss im Park geben, ebenso wie der Wasserfall, schöne Fotomotive ab; nicht zufällig kommen gern Hochzeitsgesellschaften hierher. Durch den Park führt ein 3 km langer **Naturpfad.**

Die Geschichte des Ortes ist ebenfalls mit dem Wasserfall verbunden. Im Jahr 1555 fand eine hier befindliche Wassermühle schriftliche Erwähnung. Seit 1928 produziert ein Wasserkraftwerk Strom. Der örtliche Gutshof gehörte verschiedenen deutschbaltischen Adelsgeschlechtern, bevor *Alexander von Benckendorff*

das neue Hauptgebäude 1833 im neugotischen Stil erbauen ließ. Es gehörte später, und bis 1919, der Familie *Volkonski*. In der Sowjetzeit verfallen, wurde es erst in jüngster Vergangenheit restauriert. Heute befindet sich hier ein Hotel (unter dem alten deutschen Namen *Schloss Fall*) mit Restaurant, Museum und gelegentlichen Musikveranstaltungen.

■ **Schloss Fall**⑤, Pargi allee 5, Tel. 56288287 (Reservierung für Restaurant *Cher Ami* Tel. 53477143), www.schlossfall.com. Museum tägl. 10–18 Uhr. Sonntags um 17 Uhr Fünf-Uhr-Tee-Konzerte. Die Hotelzimmer sind spektakulär und dasselbe lässt sich über die Preise sagen. Anfahrt: Mit dem Bus ab Tallinner Bahnhof Balti jaam mit *Atko*-Bussen 108, 126, 127 und 128.

Lahepere-Bucht

Fährt man von Keila-Joa aus entlang der Küste, gelangt man zu einigen **Bade- und Ausflugsorten** rund um die Lahepere-Bucht. Die bekanntesten sind **Lohusalu, Laulasmaa** und **Kloogaranna,** die auch für Tallinner beliebte Ausflugsziele sind.

■ **Ferienzentrum Laulasmaa**①, Side tee 7, Laulasmaa, Gemeinde Keila, Tel. 56207115, www.puhkekeskus.ee. Einfache Zimmer und Platz für Zelte; Dusche, WC und Küche zur Mitbenutzung, Ausflugspakete. Anfahrt: Zugverbindung nach Kloogaranna ab Tallinn mit *Elron* (www.elron.ee), nach Laulasmaa ab Balti jaam, Bus 126, 127.

Gedenkstätte KZ Klooga

Hinter Kloogaranna gelangt man auf die Hauptstraße 8 Richtung Paldiski. Nach

3a

kurzer Fahrt weist ein Schild nach links nach „Holocausti ohvrite mälestuspaik" (Holocaustopfer-Gedenkstätte). Hier befand sich während der deutschen Besatzung Estlands im Zweiten Weltkrieg ein **Konzentrationslager**, als Außenstelle des Lagers *Vaivara* in Ostestland. Es wurde 1943 eingerichtet und 1944 wegen des Vorrückens der Roten Armee geräumt. Dabei wurden etwa 2000 Gefangene ermordet und ihre Leichen zwecks Beseitigung von Beweisen verbrannt. Erst nach und nach konnten die hier begangenen Verbrechen rekonstruiert werden. Die Gedenkstätte ist pietätvoll gestaltet und steht in beklemmendem Gegensatz zur idyllischen Natur.

Paldiski

Ob Paldiski einen Ausflug lohnt, ist schwer zu sagen. Eine Schönheit ist die Stadt mit heute weniger als 4000 Einwohnern sicher nicht, eher ein Mahnmal für Verwüstungen der sowjetischen Besatzung in Estland. Bereits in der Zeit des Russischen Reiches war Paldiski (mit altem deutschen Namen Baltischport) ein wichtiger Marinestützpunkt. In der Zeit der estnischen Republik war die Stadt als kleiner, romantischer Hafenort bekannt. Der **Bildhauer** *Amandus Adamson* etwa lebte und arbeitete hier. Sein Atelier ist zu besichtigen. Durch einen von der Sowjetunion aufgezwungenen Vertrag wurden in Paldiski ab 1940 sowjetische Truppen auf einer Militärbasis stationiert, was faktisch in die Annexion mündete. Im Zweiten Weltkrieg zerstört, errichteten die Russen nach dem Krieg eine geschlossene Stadt nach sowjetischen Vorstellungen, im wesentlichen eine Militärbasis mit Forschungsreaktoren und U-Boot-Basis. Heute lebt die Stadt vom Hafen und dem nun hier stationierten estnischen Militär. Der russische Bevölkerungsanteil ist bis heute hoch, anders als sonst in Westestland. Wir verzichten in diesem Buch aus Platzgründen auf eine detailliertere Beschreibung. Lohnenswert ist in jedem Fall durch die ganze Stadt hindurch bis ans Ende der Pakri-Halbinsel zu fahren und **den Blick von der Steilküste** zu genießen. Dort steht auch der schöne **Leuchtturm Pakri tuletorn.**

◼ **Peetri Toll,** Mere 10, Tel. 53423425, tägl. 11–24 Uhr. Nette Kneipe und gute Anlaufstelle für Besucher. Die Betreiber helfen gern mit Tipps weiter.

◼ **Amandus Adamson Ateljeemuuseum,** Adamsoni 3, Tel. 6742013, www.amandusadamson.eu, Mai–Sept. Mi–So 11–18 Uhr, Okt.–Apr. Di–Sa 11–16 Uhr. Museum für den Bildhauer, dessen bekanntestes Werk in Tallinn steht, die *Russalka*, unweit des Schlosses Kadriorg.

◼ **Anfahrt:** Mit dem **Zug** ab Tallinner Bahnhof Balti jaam (www.elron.ee).

Madise

Auf dem Rückweg von Paldiski lohnt sich ein kleiner Abstecher nach Madise. Der Ort fällt, insbesondere im Kontrast zu den Plattenbauten von Paldiski, durch ein recht **idyllisches Ortsbild** auf, das man insbesondere von der etwas erhöht liegenden Kirche mit dem Blick über die Bucht von Paldiski genießen kann. Neben dem schönen Kirchhof und den Grabsteinen mit deutschbaltischen Namen (die Familie *von Ramm* war in dieser Gegend wichtig) ist der Gedenkstein für *Bengt Gottfried Forselius* (ca. 1660–

1688) neben der Kirche einen Blick wert. *Forselius* war der Sohn des schwedischen Gemeindepastors und hat sich einen Platz in der estnischen Geschichte gesichert, weil er wichtige Anstöße für die Volksbildung gab und zur Verschriftlichung der estnischen Sprache beitrug. Menschen wie er sind der Grund dafür, dass die schwedische Herrschaft über Estland bis heute positiv gesehen wird.

Kloster Padise

In den südlichen Teil der sich westlich anschließenden Paldiski-Bucht mündet der Fluss Kloostri, dessen Name auf ein im Landesinneren gelegenes **Zisterzienserkloster** verweist. Man erreicht es, wenn man von Madise kommend rechts in die Straße 17 abbiegt. Von Tallinn aus fährt man am besten über Keila die Straße 17 entlang, an deren Wegesrand inmitten einer alten Parkanlage die stattliche **Ruine** liegt.

Bereits um 1280 ließen Mönche des Klosters Daugavgriva (im heutigen Lettland) an dieser Stelle eine Kapelle errichten, die ab 1317 in den Bau des Klosters einbezogen wurde, wobei dieses allerdings stark beschädigt wurde.

1622 schenkte Schwedenkönig *Gustav II. Adolf* die Ruine samt Ländereien *Thomas Ramm*, dessen Nachfahren das Anwesen bis zur estnischen Landreform 1919 hielten. Teile der Klosterruine nutzten sie, um einen **Gutshof** zu errichten, zu dem im 19. Jh. hübsche **Nebengebäude** wie Ställe und Speicher kamen.

■ In den Nebengebäuden befindet sich eine **Touristeninformation** sowie ein schöner **Kunsthandwerksladen.**

■ **Hotel im Herrenhaus Padise**③-④, Padise (Dorf und Gemeinde), Tel. 6087877 und 5035843, www.padisemois.ee. Schönes Hotel direkt neben der Klosterruine. Im Sommer ist die Terrasse des Restaurants sehr schön.

■ **Anreise:** Mit Bus 136, 146, 149 ab Balti jaam.

Harju-Risti

Abgelegen ist der kleine Ort Harju-Risti mit seiner **urtümlich anmutenden Kirche.** Die Anfänge der Kirche liegen im 14. Jh., als Mönche des nahegelegenen Klosters Padise hier eine Kapelle gründeten. Die eigenwillige Form des Turms geht auf einen Teileinsturz im 17. Jh. zurück. Im etwas abenteuerlich zu besteigenden Turm befindet sich die **älteste Glocke Estlands** aus dem 14. Jh. Unter den vielen hübschen Dorfkirchen Estlands ist diese eine Besonderheit mit viel historischer Atmosphäre.

Weiterfahrt oder Rückweg

Wer noch weiter nach Südwesten fährt, erreicht die großen **Sumpfgebiete des Läänemaa-Suursoo** und **Leidisoo.** Dahinter folgt das früher schwedisch besiedelte Noarootsi (s. Kapitel „Der Westen"). Von Padise zurück, Richtung Tallinn, passiert man **Rummu,** das für seinen Baggersee bekannt geworden ist, wo Jugendliche von alten Sowjetbauten ins Wasser springen, was man allerdings aus Sicherheitsgründen zu unterbinden sucht. Etwas nördlich der Hauptstraße liegt **Ämari,** was häufiger in den Nachrichten zu hören ist, weil hier die im Rahmen der NATO-Luftraumüberwachung im Baltikum rotierenden Luftstreitkräfte stationiert sind. **Vasalemma** hat einen hübschen Gutshof ebenso wie **Laitse,** das über kleine Straßen in Richtung der Hauptstraße 9 Tallinn – Haapsalu zu erreichen ist.

Laitse

Südlich von Keila gibt es weitere Gutshöfe. Der **Gutshof Laitse** *(Laitz),* der den Beinamen **Schloss** *(loss)* trägt, stammt vom Ende des 19. Jh. und wird von Arkaden und einem Turm geziert. In einem Nebengebäude kann man übernachten. Als Besonderheit kann man hier **historische Sportwagen** für Ausfahrten mieten.

◼ **Gutshof Laitse**④, Laitse, Gemeinde Kernu, Tel. 55515032, www.laitseloss.ee, Gaststätte Sa/So 12–22 Uhr.

◼ **Laitse Rally Park,** Dorf Hingu, Gemeinde Kernu, Tel. 6716067, www.facebook.com/LaitseRallyPark.

Saku

Der Name *Saku* wird in Estland vor allem mit einem in Verbindung gebracht: **Bier.** 1876 begann man in der kleinen Ortschaft, die etwa fünfzehn Kilometer südlich von Tallinn liegt, die wohl bekannteste Biersorte Estlands *Saku Õlu* zu brauen. Wer sich für die Braukunst interessiert, kann das gleichnamige **Museum mit Verkostung** besuchen. Man bekommt im Pub auch einen recht ordentlichen Mittagstisch.

◼ **Saku Pruulikoda Kneipe und Museum,** Tallinna mnt 2, Tel. 6508338, www.pruulikoda.ee, Mo 11–15, So und Di–Do 11–22 Uhr, Fr–Sa 11–0 Uhr.

Karstgebiete bei Tuhala

Südöstlich von Tallinn, bei Tuhala, liegt eines der größten Karstgebiete des Landes – eine Landschaft, in der fast alle Gewässer im porösen Kalkstein verschwinden. Im Laufe der Zeit hat das Wasser dort **Höhlen, Rinnen und Senken** geformt. Es fließt unterirdisch durch die Hohlräume, bis es an anderer Stelle in Form von Karstquellen wieder an die Oberfläche gelangt.

Von Tallinn kommend, folgt man der Straße 2 Richtung Tartu, und biegt dann bei Tuhala ab. Das **Landschaftsschutzgebiet** kann man über einen 2,5 Kilometer langen **Lehrpfad** erkunden, der sich durch die Landschaft mit typischen Karstphänomenen wie Senken, Dolinen (trichterförmige Hohlräume, die durch eingestürzte Decken entstanden sind) und Höhlen windet. Am bekanntesten sind die mit 54 Metern Länge **größte natürliche Höhle** Estlands (Vihulase) und der sogenannte **Hexenbrunnen** (Nõiakaev), der im Frühjahr während der Schneeschmelze bis zu drei Wochen lang „überkocht". Der Fluss Tuhala, der das Gebiet auf über sechs Kilometern Länge unterirdisch durchfließt, tritt an mehreren Stellen in Form von Quellen an die Oberfläche.

◼ **Informationen** und **Führer** findet man im *Naturzentrum Tuhala (Looduskeskus),* Dorf Kata, Gemeinde Kose, Tel. 56984123, www.tuhalaloodus keskus.ee. Klickt man auf der nur estnischsprachigen Internetseite auf den ersten Menüpunkt, findet man eine englischsprachige Karte des Naturpfads. **Hexenbrunnen** und **Naturpfad** befinden sich beim Naturzentrum. An der Landstraße Kolu – Kohila befindet sich ein kleiner **Parkplatz,** GPS N 59. 199800, E 24.963762.

Anfahrt mit dem **Bus** ab Tallinner Bahnhof Balti jaam oder Busbahnhof mit Nr. 130.

Blaue Quellen von Saula

Östlich der Straße 2, etwa in Höhe von **Kose-Uuemõisa** (Neuhof), dessen Gutshof beim Bauernaufstand 1858 attackiert wurde, tritt das Grundwasser in Form **dreier Quellen** – den **Saula Siniallikad** – aus der Erde. Durch schwebende Mineralien wirken die Quellen auffällig farbintensiv. Manche Anwohner halten die Gewässer für heilend.

Kose

Ein Stück weiter, entlang der Hauptstraße 2, liegt links, also östlich der Straße, noch der **Ort** Kose (nicht identisch mit Kose-Uuemõisa). Kose hat eine hübsche **Dorfkirche,** deren Geschichte bis in die Zeit der Christianisierung Estlands zurückreicht. Spätestens seit 1370 befand sich hier eine Steinkirche. Das heutige Gebäude erhielt sein Aussehen erst im 19. Jh. Auffällig und ein schönes Fotomotiv sind die neben dem Eingang eingemauerten **Radkreuze** aus dem 16. oder 17. Jahrhundert.

Essen und Trinken

● **Viikingite küla (Wikingerdorf),** Saula, Gemeinde Kose, bei Km 29 an der Landstraße Tallinn-Tartu, Tel. 56642528, www.viikingitekyla.ee. Direkt an der Hauptstraße gibt es eine ungewöhnliche Raststation, eine Art Freizeitzentrum in Form eines Wikingerdorfes. Wenn auch eher an Gruppen und Firmenfeiern gerichtet, lohnt sich ein Stopp, auch um sich bei einem herzhaften Wikingermahl zu stärken und sich auf dem Gelände umzusehen.

Denkmalschutzgebiet Rebala und Kapelle Saha

Rund um die Dörfer Rebala und Jõelähtme erstreckt sich das Denkmalreservat Rebala, das eine Reihe interessanter **Architektur- und Landschaftsdenkmäler** umfasst, die schnell von der Straße 1 (Tallinn – Narva) aus zu erreichen sind: Steinkistengräber der Bronzezeit, ein Burghügel, Kultsteine sowie Kirchen aus dem Mittelalter.

Informationen über diese Sehenswürdigkeiten erhält man im **Museum** des Schutzgebietes, an der Straße 1. Das alte Rävala, so der ehemalige Name des Kirchspiels um Tallinn (heute Harjumaa) und nicht zuletzt der alte Name Tallinns, Reval, gehen auf das Dorf Rebala nördlich der Straße 1 zurück.

Wie dutzende **Steinkistengräber** aus der späten Bronzezeit belegen, handelt es sich hier um ein jahrtausendaltes Siedlungsgebiet. Im Museum sind viele Fundstücke aus der Gegend untergebracht, es wird Wissenswertes über die 36 Steinkistengräber aus dem 8.–7. Jh. v. Chr. vermittelt.

Foto- und Kirchenfreunde wählen bei der Anfahrt aus Richtung Tallinn nicht die Hauptstraße, sondern die kleine Landstraße nach Saha, genau südlich des Maardu-Sees. Die frei zugängliche, örtliche **Kapelle** ist eigenwillig schön, im umgebenden Friedhof befindet sich ein Radkreuz.

● **Museum des Rebala-Denkmalschutzgebietes,** Gemeinde Jõelähtme, direkt an der Hauptstraße 1 Tallinn – Narva bei km 22, GPS N 59. 440401, E 25.133672, Tel. 5032774, www.rebala.ee, Mai–September Di–So 10–17 Uhr, sonst nur nach Vereinbarung.

Tallinn und Umgebung

3a

Jõelähtme

Zwei architektonisch interessante Gebäude finden sich im Dorf Jõelähtme östlich von Tallinn. Die **Marienkirche,** erstmals Mitte des 13. Jh. erwähnt, wurde mehrfach zerstört und wieder aufgebaut. Die letzte größere Baumaßnahme war das Hinzufügen eines Turms 1910. Im Inneren sind noch einige Kostbarkeiten aus früheren Zeiten erhalten: die Renaissancekanzel aus der ersten Hälfte des 17. Jh. von *Tobias Heinze* und der etwas jüngere Barockaltar.

Folgt man der Ortsstraße nach Osten, gelangt man hinter der Steinbrücke zur alten **Poststation** von 1822–24. Schon vor seinem Bau gab es im Ort Poststationen, die auch als Gaststätten dienten. Man schätzt, dass im frühen 17. Jh. die erste errichtet wurde. Ab 1712 ist der Sitz einer Poststation dokumentiert.

Jägala-Wasserfall

Rund zwei Kilometer weiter nordöstlich stürzt der etwa sieben bis acht Meter hohe Jägala-Wasserfall auf rund 15 Metern Breite von der Glintterrasse herab. Im Laufe der Zeit hat er eine 300 Meter lange und 13 Meter tiefe **Schlucht** ausgespült. Von hier fließt der Jägala weiter in die Ihasalu-Bucht.

Essen und Trinken

◼ Der Ausflug lässt sich im Sommer mit einem Abstecher zum kleinen Ort Kaberneeme an der Küste verbinden. Das **Restaurant** *OKO* liegt direkt am Strand und Hafen. Sehr schöne Atmosphäre und außergewöhnliche Küche. Tel. 53004440, www.oko resto.ee, Do–So 12–22 Uhr, geöffnet etwa Mai bis September.

Valkla rand

Ein schöner **Badestrand** in der näheren Umgebung von Tallinn ist der Strand von Valkla. Neben dem Sandstrand und dem Erholungszentrum gibt es auch die Möglichkeit von hier **Seekayaktouren** zur vorgelagerten **Insel Pedassaar** zu unternehmen. Siehe *Reimann Retked* unter „Tallinn", „Aktivitäten".

Unterkunft, Essen und Trinken

◼ **Puhkekeskus (Erholungszentrum) Valkla Rand**①-②, beim Strand von Valkla, nordwestlich von Kiiu, Tel. 56244544, www.valklarand.ee. Zimmer in der „Villa", Campinghütten, Zeltplatz. Zahlreiche Freizeitangebote. Schönes Café-Restaurant.

Kiiu

Eine Skurrilität hat der Ort Kiiu, direkt nördlich der Hauptstraße 1, zu bieten: **Estlands kleinste Festung.** Der Wohnturm wurde wohl um 1520 vom örtlichen Gutsherren *Fabian von Tiesenhausen* gebaut und sieht ein bisschen aus wie aus einem Märchenfilm.

▷ Der Jägala-Wasserfall friert im Winter ein

NICHT VERPASSEN!

**Diese Tipps erkennt man an der
gelben Hinterlegung.**

⌂ Das Viru-Moor ist gut erreichbar
und eignet sich für einen Ausflug

3b

DER NORDOSTEN

Die Reise in den Nordosten Estlands beginnt beim **Nationalpark Lahemaa,** der sich – nur 50 Kilometer von Tallinn entfernt – in den Landkreisen Harjumaa und Lääne-Virumaa befindet. Ein Besuch des Gebietes gehört wohl zu den Höhepunkten einer jeden Estlandreise.

Hier hat sich die typische nordestnische Landschaft im Urzustand bewahrt, was auch dadurch begründet ist, dass an der Küste die Außengrenze der ehemaligen Sowjetunion verlief und die Gegend als militärisches Sperrgebiet jahrzehntelang so gut wie keinen menschlichen Einflüssen ausgesetzt war. Der Nationalpark wartet mit einsamen Buchten, Moorlandschaften, ausgedehnten Wäldern, Fischerdörfchen und Herrenhäusern auf. Letztere wurden sorgfältig renoviert

und gehören zu den herausragendsten Zeugnissen der deutsch-baltischen Geschichte in Estland.

Das sich daran anschließende Gebiet, das historische **Wierland,** das heute in einen West- (Lääne-Virumaa) und einen Ostteil (Ida-Virumaa) unterteilt ist, gilt hingegen als kontrastreichster Teil des Landes. Einerseits lassen sich Umwelt- und architektonische Sünden aus Sowjetzeiten nicht leugnen. Industrieruinen und verfallene Häuser um die Stadt

3b

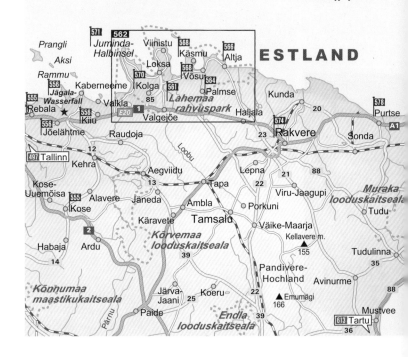

Kohtla-Järve sind alles andere als schöne Anblicke. Wegen der teilweise hohen Arbeitslosigkeit und des Alkoholismus gilt die Gegend als sozialer Brennpunkt. Die Fabriken und Industrieanlagen im Osten haben Umwelt und Natur schweren Schaden zugefügt. Ölschiefer- und Torfabbau, Urangewinnung und Zementherstellung hinterließen trostlose Mondlandschaften. Nur langsam erholt sich die gebeutelte Natur von der massiven Ausbeutung während der sowjetischen Herrschaft.

Andererseits zeichnet sich der 300 Kilometer lange **Küstenstreifen** am Finnischen Meerbusen durch bis zu 55 Meter hohe Steilküsten, den **Baltischen Glint,** einsame Buchten und dichte Wälder aus. Vor der Küste liegen **74 kleine Inseln.** Die Eiszeit hat eine sanfte Moränenlandschaft hinterlassen, die einige unerwartete Schätze birgt. Im Landkreis Ida-Virumaa, ganz im Nordosten Estlands, breiten sich über weite Strecken **Wälder, Seen und Hochmoore** aus. Mittendrin liegt ein einsames russisch-orthodoxes Kloster, das einem Märchen entsprungen zu sein scheint.

In **Rakvere** wartet die Ruine einer stattlichen Burg auf Besucher, während

.Bol'šoj Tjuters

Kurgolovo

P60

Wasserfall Valaste

578

Narva-Jõesuu 553

Ontika
Voka Sillamäe 579 Narva 91 M11 E20
Toila 581
Jõhvi

Narvskoe vdhr

32

E20

591
Mäetaguse
Kloster **Pühtitsa** 590 589

Kuremäe 3

Puhatu looduskaitseala (Kurtna-Seengebiet)

35 32
Iisaku **Agusalu maastikukaitseala** Slancy

Pljussa
Vasknarva
Kauksi P60

Peipsi järv **RUSSLAND**

Lahemaa-Nationalpark

Der Nationalpark Lahemaa (Lahemaa rahvuspark), rund 50 Kilometer östlich von Tallinn, ist nicht nur aufgrund seiner **landschaftlichen Vielfalt,** sondern auch wegen seiner historisch und kulturell bedeutsamen Denkmäler ein Highlight. Auf dem 725 Quadratkilometer großen Areal, das zu einem Drittel von Wasser bedeckt ist, befinden sich einige der schönsten **Gutshöfe** Estlands wie die Gutshauskomplexe Sagadi, Vihula und Kolga oder das sorgfältig renovierte **Herrenhaus Palmse** mit seinen schmucken Nebengebäuden. Der Park von Gut Palmse könnte mit seinem weißen Pavillon, einer ehemaligen Schnapsbrennerei und einem kleinen See, auf dem Schwäne ihre Runden drehen, auch in einer englischen Grafschaft liegen.

Doch in dem dichten Wald und den abgelegenen Mooren ringsum sind **Wildschweine, Elche, Bären und Wölfe,** aber auch **Schwarzstörche** und **Höckerschwäne** zu Hause. Libellen gleiten durch die milde Luft und an manch altem Baum am Wegesrand flattern bunte Bänder, gelten einige Linden oder Eichen hier doch als heilige Bäume. Mit seinen dunklen Seen, mannshohen Findlingen und rot-weißen Fliegenpilzen, die im Herbst überall aus dem Boden sprießen, erinnert der Nationalpark Lahemaa an einen Märchenwald. Begibt man sich hier auf Wanderung, wird man kaum eine Menschenseele treffen, außer vielleicht ein paar alte Frauen, die nach Beeren und Pilzen suchen, oder aber Fi-

sich kurz vor der russischen Grenze, im alten **Kurort Narva-Jõesuu** mit seinen Sandstränden und Kiefernwäldern, Spa-Hotels aneinanderreihen, die hoffen, an die ruhmreiche Vergangenheit als Kurort wieder anknüpfen zu können. In **Narva,** der östlichsten Stadt des Landes, endet die Europäische Union. Die stattliche Hermannsfestung und ihr auf der russischen Seite des Flusses Narva liegendes Pendant, die Burg Ivangorod, markieren die **Außengrenze der EU.**

scher, die an der Küste ihrer Arbeit nachgehen.

Unter den verstreuten Siedlungen ist vor allem der **Fischerort Altja** hervorzuheben, der seine Besucher in vergangene Zeiten zurückversetzt. Aber auch die Dörfer Pedassaare, Natturi, Pärispea, Pe-

daspea und Virve haben ihre Ursprünglichkeit bewahrt. Als **Badeorte** eignen sich besonders Võsu und das pittoreske Käsmu. Kunstinteressierten sei das sehr sehenswerte **Museum in Viinistu** empfohlen, das Besuchern einen guten Überblick über die estnische Kunstszene gibt.

Lahemaa-Nationalpark

Kurz, Lahemaa ist ein Idyll, das bewahrt und geschützt werden soll. Das erkannte auch die Sowjetregierung, die das Gebiet nördlich der Schnellstraße Tallinn – Narva, das sich über etwa 40 Kilometer von Andineeme im Westen bis Vainupea im Osten hinzieht, bereits 1971 unter Schutz stellte und damit den ersten Nationalpark der Sowjetunion gründete. Während einige Teile komplett vor menschlichem Einfluss geschützt sind, dürfen andere Bereiche wirtschaftlich genutzt werden, solange der Schutz der Natur gewährleistet ist.

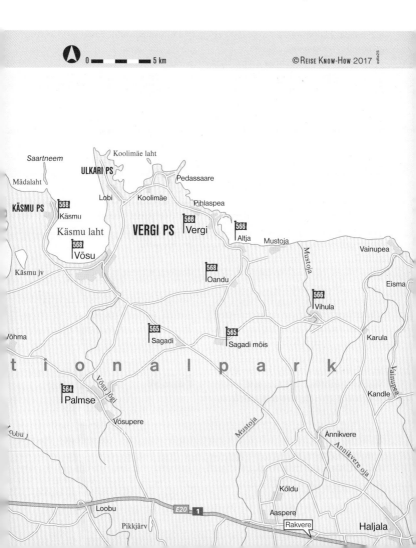

Das Landschaftsbild und die Küstenlinie wurden im Laufe der Zeit vom sich zurückziehenden Kontinentaleis und vom Meer geformt. Wie Brotkrumen, die ein Riese verstreut hat, liegen Hunderte **Findlinge** auf den Landzungen, Halbinseln, Sandbänken und Buchten verteilt. Hervorzuheben sind dabei besonders das 400 Hektar große Findlingsfeld auf der Halbinsel Käsmu und die sogenannten Klostersteine bei Palmse.

Die vier großen **Buchten** Kolga, Hara, Eru und Käsmu gaben dem Nationalpark den Namen: Ins Deutsche übersetzt bedeutet „Lahemaa" soviel wie „Buchtenland". Dazwischen ragen langgezogene **Halbinseln** in den Finnischen Meerbusen hinein, mit klangvollen Namen wie Juminda, Pärispea, Käsmu und Vergi.

Der Baltische Glint trennt die Küstenniederung vom **Kalksteinplateau**. In der Nähe der Brackwasserseen, die sich auf den Halbinseln verteilen, rasten jedes Jahr zahlreiche **Zugvögel**, die Seen und Flüsse gelten als sehr fischreich. Das Plateau wird von kleineren Seen, Flüssen und Mooren bedeckt. An manchen Stellen fallen **Wasserfälle** von der Kalksteinterrasse herab. Die steppenartige Landschaftsform, die sich an manchen Stellen auf dem Kalkstein gebildet hat und zumeist von Wacholderbüschen bewachsen ist, wird Alvar genannt und lässt sich beispielsweise in der Nähe des Dorfes Muuksi vorfinden. Weitaus größere Teile, nämlich zwei Drittel des Gebiets, sind indes mit **Wald** bedeckt.

Die schönste Art, den Nationalpark kennenzulernen, ist sicherlich, ihn mit dem **Fahrrad** zu erkunden. Wer es nicht eilig hat, kann auf diese Art gut und gerne mehrere Tage im Nationalpark verbringen, ohne dass Langeweile aufkommt. Ab und zu kann man das Fahrrad am Baum anbinden und einen der **Wander- und Lehrpfade** ablaufen. Schilder und das umfangreiche Informationsmaterial, das man bei der Parkverwaltung in Palmse bekommt, geben Auskunft über Küstenökosysteme, Hochmoore, Architekturdenkmäler sowie die tierischen Bewohner des Gebiets.

Palmse ist somit ein guter Ausgangspunkt für einen Besuch des Nationalparks. Von dort aus lässt er sich in westlicher oder östlicher Richtung erkunden, zum Beispiel mit Tagestouren nach Sagadi und Altja. Alternativ kann man, von Tallinn kommend, natürlich auch einem weiter westlich gelegenen Abzweig in den Nationalpark folgen, um den Westteil des Gebiets zu erkunden. In Höhe des **Viru-Moors** geht beispielsweise eine Straße nach Kolga bzw. Loksa ab. Zwar ist dies nicht das größte Moor des Nationalparks, aber es ist aufgrund des dort verlaufenden Lehrpfads am besten erschlossen.

Auf mehreren **Lehrpfaden** bzw. **Wanderwegen** kann man die Natur und die von Menschenhand geschaffenen Sehenswürdigkeiten des Gebiets erkunden. Karten und Informationen (auch auf Deutsch) bekommt man im Besucherzentrum des Nationalparks in Palmse.

Palmse

Einer der bekanntesten und in seiner Gesamtheit besterhaltenen Gutshöfe des Landes ist das **Herrenhaus Palmse** (Palms), das mit seinen Nebengebäuden – Orangerie, Schnapsbrennerei, Stallungen, Scheunen, Badehaus, Pavillons und Waschhaus – in eine schöne Parklandschaft eingebettet liegt. Die Parkanlage, die zu den größten Estlands zählt, gibt mit den darin befindlichen Gebäuden ein harmonisches, in sich geschlossenes Gesamtbild ab.

Lange Zeit gehörte das Anwesen, das erstmals im 13. Jh. erwähnt wurde, der deutsch-baltischen Familie *von der Pahlen*. 1677 ging das Gebiet in ihren Besitz über, erst die Landreform zu Zeiten der ersten Unabhängigkeit Estlands und die damit einhergehende Enteignung der Gutsherren setzte dem ein Ende.

Zu Sowjetzeiten schaffte es ein weitsichtiger Kolchosenvorsitzender, Geld aus Moskau locker zu machen, das er in die Renovierung des Anwesens steckte. Nach weiteren umfangreichen Renovierungsarbeiten in den 1990er Jahren befindet sich im Herrenhaus heute ein **Museum,** während die alte Schnapsbrennerei zu einem schönen **Hotel** umgebaut wurde. In den alten Stallungen haben die **Nationalparkverwaltung** und das **Besucherzentrum** ihren Sitz. Stärken kann man sich im zum Hotel gehörenden **Restaurant** oder im **Café** im Badehaus.

Im Herzen der Anlage befindet sich das **Hauptgebäude,** das Ende des 17. Jh. erbaut wurde und ein knappes Jahrhundert später, 1785, sein heutiges Aussehen erhielt. Zwischen den Museumsexponaten im Inneren befinden sich noch einige Originalkachelöfen im Rokokostil und restaurierte Möbelstücke aus den vergangenen Jahrhunderten. Die Wände sind mit Malereien verziert.

Wer durch den Park mit dem alten Baumbestand schlendert, kann ferner eine **Orangerie** und einen am Schwanenteich gelegenen **Gartenpavillon** besuchen. Außerdem gibt es ein kleines **Oldtimermuseum,** in dem außer Autos auch Fahrräder und Motorräder zu sehen sind.

Daran, dass der Gutshof im 13. Jh. bis 1510 zu einem dänischen Zisterzienserkloster gehörte, erinnern heute noch die sogenannten **Kloster- oder Teufelssteine.** Der Sage nach handelt es sich bei der Ansammlung von Findlingen, südöstlich des Gutshofs im Wald, um versteinerte Teufel, die hier den Nonnen auflauerten.

■ **Palmse mõis,** Tel. 3240070, www.palmse.ee, Eintritt 7 Euro. Weitere Infos s.u. „Praktische Tipps".

Sagadi

Östlich von Palmse führt eine Straße nach Sagadi (Saggad), der zweiten architektonischen Perle des Nationalparks. Wie Palmse besticht das acht Kilometer entfernte **Gutshof Ensemble** durch das harmonische Gesamtbild, zu dem sich Herrenhaus, Nebengebäude und Park fügen.

Erstmals Mitte des 15. Jh. erwähnt, gehörte das Anwesen ab 1687 der Familie *von Fock*, die es bis 1919 hielt und ihm zu seinem jetzigen Aussehen verhalf. Nach der Landreform der ersten Estnischen Republik nutzte man das Herrenhaus als Schule.

Kurz nachdem Lahemaa zum Nationalpark erklärt wurde, begann man mit der Restaurierung des Anwesens, das heute zwei **Museen** (im Herrenhaus eine Ausstellung alter Möbel, in einem Nebengebäude ein Forstmuseum), ein **Hotel,** ein **Hostel** und ein nettes **Restaurant** beherbergt. Außerdem kann man auf dem Gelände ein kleines **Souvenirgeschäft** und einen **Reitstall** vorfinden.

3b

Wie Palmse liegt auch das Sagadi-Herrenhaus an einem kleinen Teich, der von alten Bäumen und einer geometrisch angelegten Parkanlage umringt ist.

◼ **Sagadi mõis**, Tel. 6767888, www.sagadi.ee. Weitere Infos s.u. „Praktische Tipps".

Vihula

Auch der **Gutshof** Vihula (Viol), der sich etwa fünf Kilometer östlich von Sagadi befindet, zählt zu den größeren und bedeutenden Anlagen Estlands. Wenn auch das Hauptgebäude weniger schlossartig ausgebaut ist, als bei den mondänen Nachbargütern im Westen, beeindruckt das Gut mit seiner baumgesäumten Zufahrt, dem weitläufigen Park und den herausgeputzten Gebäuden. Das Gut wird heute von einer Hotelkette betrieben, auch ein gehobenes Restaurant befindet sich hier.

Das Herrenhaus wurde in der zweiten Hälfte des 18. Jh. auf einer kleinen Anhöhe errichtet. Nach und nach kamen verschiedene Holz- oder Steinbauten hinzu, die als Ställe, Mühle, Scheunen, Sauna oder Schnapsbrennerei dienten. Das ganze Areal mit seinen rund 25 Gebäuden ist von einer Kalksteinmauer umgeben. Ein schöner Blick auf die gesamte Anlage eröffnet sich vom anderen Ende des Teiches. Kleine Holzbrücken und Pavillons laden zum Spazierengehen und Verweilen ein.

◼ **Vihula mõis,** Tel. 3264100 (Hotel), www.vihu lama nor.com. Neben dem Hotelbetrieb gibt es ein Freizeitzentrum mit Sport- und Wellnessangeboten, Spielplatz, Gasthaus und dergleichen. Infos zum Hotel siehe unter „Praktische Tipps".

Altja und Vergi

Während im Inneren des Nationalparks Gutshöfe Touristen anlocken, sind urtümlich erhaltene **Fischerdörfchen** die Perlen der Küste. Hervorzuheben ist vor allem der kleine Ort Altja, nördlich von Sagadi, der im 15. Jh. gegründet wurde. Auf dem Weg dorthin lohnt sich eine Wanderung über einen der Naturlehrpfade.

Die kleinen Holzhäuser und Fischerkaten, die die Dorfstraßen säumen, mit

ihren Gärten voller Blumen, Obstbäumen, Gemüsebeeten und Brennholzstapeln, sind hübsche Fotomotive. Besonders empfehlenswert ist der Besuch der **alten Höfe Toomarahva und Uustalu,** die zu einer Art Freilichtmuseum umfunktioniert wurden. Im Hof Toomarahva kann man auch übernachten oder zelten (s.u.: „Praktische Tipps").

Durch das Dorf führt ein 3,5 Kilometer langer Wanderweg, der am sogenannten „Schaukelberg" (Kiigemägi) startet. Geht man an der alten **Schenke**

Altja Kõrts (s.u.: „Praktische Tipps") vorbei in Richtung Meer, stößt man auf einige alte **Netzhäuschen,** die nahezu jede Postkarte Lahemaas schmücken. Dabei handelt es sich um kleine Schuppen, in denen die Fischer ihre Netze aufbewahren und draußen an den Wänden zum Trocknen aufhängen. Von hier aus kann man in die idyllische Bucht mit ih-

☑ Historische Fischerschuppen in Altja

ren unzähligen aus dem Wasser ragenden Findlingen blicken.

Wanderwege und Naturzentrum

Südlich von Altja, bei Oandu, liegt das **Naturzentrum der staatlichen Forstverwaltung RMK.** Hier gibt es Informationen und eine kleine **Ausstellung** für Naturinteressierte. Zwischen dem Naturzentrum und Altja liegt der kurze aber schöne **Biberpfad** *(Koprarada).* Etwas südlich des Naturzentrums, Richtung Sagadi, gibt es einen einfachen, öffentlichen **Campingplatz.** In der Nähe finden sich weitere Wander- und Lehrpfade, Informationen erhält man im Naturzentrum. Außerdem startet der erste estnische **Fernwanderweg** hier, der von Oandu rund 375 km weit bis zur lettischen Grenze bei Ikla führt.

■ **Naturzentrum** (Looduskeskus) **Oandu,** GPS N 59.565011, E 26.101993, Tel. 6767010 und 5099 397, www.loodusegakoos.ee, Mitte April–Mitte Okt. Mo–Fr 9–17, Mitte Mai–Mitte Sept. zusätzlich Sa/So 10–18 Uhr, Mitte Okt.–Mitte Mai Mi–Fr 10–16 Uhr.

Võsu

Auf der anderen Seite der zu Sowjetzeiten komplett als militärisches Sperrgebiet abgeriegelten Vergi-Halbinsel liegt der Ort Võsu, der sich im 19. Jh. zu einem Seebad mauserte. Ein schöner **Sandstrand** an der flachen, windgeschützten Bucht lockt auch heute wieder Badeurlauber an. Zwar verschandeln einige Betonblöcke das Ortsbild, doch die hölzernen Villen und Häuser des Dorfes

lassen erahnen, wie Võsu aussah, als sich im 19. Jh. die russischen Aristokraten zum Sommerurlaub einfanden. Vor Ort gibt es einige kleine Cafés und Gaststätten, aber außerhalb der Saison, vor allem im Winter, muss man damit rechnen, verschlossene Türen vorzufinden.

Käsmu

Käsmu (Kasperswiek) liegt etwa fünf Kilometer nordwestlich von Võsu auf der gleichnamigen Halbinsel und schmiegt sich idyllisch an die Bucht. Mit seinen Holzvillen, alten Bäumen und seiner schönen Lage zwischen Meer und Wald gilt es als **eines der schönsten Dörfer Estlands.** Ab Ende des 19. Jh. wurden hier über 50 große Segelschiffe gebaut, außerdem gab es von 1884 bis 1931 eine Seemannsschule. Kein Wunder, dass Käsmu seither den Beinamen **Kapitänsdorf** trägt. Dutzende Kapitäne wurden vor Ort ausgebildet, rund 25 ließen sich im Ort nieder.

Im Gebäude der ehemaligen Seemannsschule, das zu Sowjetzeiten als Grenzschutzhaus diente, befindet sich heute ein kleines **Meeresmuseum.** Ein Besuch lohnt sich, vor allem wenn man das Glück hat, den Betreiber und Gründer, *Aarne Vaik,* anzutreffen. Von ihm stammen auch die 365 verschiedenen Meeresansichten. Die kleinen Gemälde hat er selbst angefertigt, sie zeigen immer dasselbe und doch so unterschiedlich wirkende Motiv: das Meer, von seinem Küchenfenster aus gesehen. Im Inneren sieht man Schiffsmodelle, darunter ein nachgebauter Einbaum und alles, was man im und um das Meer findet. Ganz am Ende des Dorfes befindet sich ein öffentlicher Parkplatz, von dem aus ein Pfad zu einem Badestrand führt.

■ **Käsmu Meremuuseum,** Merekooli 1, Tel. 323 8136 und 5297135, www.kasmu.ee (Seite nur auf Estnisch).

Halbinsel Pärispea

Die Nordspitze der Halbinsel Pärispea ist der nördlichste Punkt des estnischen Festlands. Kurz vor dem Dorf **Kasispea** liegt der 7,50 Meter hohe **Findling** *Jaani-Tooma suurkivi*. Südlich des Dorfes an der Küste von Kasispea und auf den davorgelagerten Inselchen der Eru-Bucht nisten zahlreiche Wasservögel.

Suurpea ist ein gutes Beispiel für die Hinterlassenschaft des Sowjetmilitärs. Verwahrloste Plattenbauten, zumeist leerstehend, einige noch bewohnt, verschandeln die idyllische Landschaft.

Kunstinteressierte sollten einen Stopp in **Viinistu** einlegen. Hier hat der frühere *ABBA*-Manager, Außenminister und Kunstsammler *Jaan Manitski* in einer ehemaligen Fischfabrik ein sehr sehenswertes **Kunstmuseum** geschaffen. Es handelt sich um die größte öffentlich zugängliche Privatsammlung estnischer Kunstwerke. Sie umfasst Werke, die ab 1880 entstanden sind, etwa von *Karl Ludwig Maybach* (1833–89) und *Ants Laikmaa* (1866–1942) bis hin zu zeitgenössischen Werken, etwa von *Jaan Toomik* (geb. 1961). In den ehemaligen Was-

☑ Beim Kunstmuseum in Viinistu

019es ta

sertonnen, rundturmähnlichen Gebilden rings um die alte Fischfabrik – einstmals die Vorzeigekolchose des Landes – werden zeitgenössische Wechselausstellungen präsentiert.

■ **Viinistu Kunstimuuseum**, Tel. 6086422, www.viinistu.ee, Mi–So 11–18 Uhr, in der Hauptsaison täglich.

Kolga

MEIN TIPP: Der Ort Kolga (Kolk) mit seinem gleichnamigen **Gutshof** (Kolga mõis) liegt nur ein kurzes Stück nördlich der Straße Tallinn – Narva. Es handelt sich hierbei um einen der einstmals größten Gutshöfe Nordestlands. Zwar ist das klassizistische Anwesen recht baufällig, aber durchaus sehenswert.

Ein in Gotland ansässiges Zisterzienserkloster besaß von 1230 bis 1519 die Ländereien um Kolga und errichtete ein Konventhaus mit einigen Nebengebäuden, das während des Livländischen Krieges stark beschädigt wurde. In den Jahren 1626–42 ließ *Jacob de la Gardie* anstelle der Ruinen ein zweigeschossiges Herrenhaus aus Stein errichten. Nach und nach wurde das Gut ausgebaut und um Nebengebäude erweitert. Nach dem Nordischen Krieg ging das Anwesen in die Hände der Familie *Stenbock* über, deren Ländereien sich bis nach Tallinn erstreckten. 1768 ließ *Carl Magnus Stenbock* das Herrenhaus erneut umbauen, das nun barocke Züge bekam. Zeitgleich entstanden der englische Park und weitere Nebengebäude. Der Portikus mit den sechs Säulen stammt aus dem Jahr 1820.

952b ta

Das Gut blieb bis 1939 in Hand der Familie *Stenbock,* die das Anwesen 1993 zurückerhielt. Heutzutage finden im Gutshof Konzerte und Theateraufführungen statt. In den Sommermonaten hat in einem renovierten Teil des Hauptgebäudes das *Restaurant Kolck* geöffnet. Man sollte auf jeden Fall einen Spaziergang durch den Park unternehmen und dabei die teilweise klassizistischen, teilweise barocken Nebengebäude besichtigen. In einem von ihnen, im Haus des Verwalters, befindet sich das **Museum Kolga,** das die Geschichte der Umgebung darstellt.

◾ **Museum Kolga,** Tel. 6077177, im Sommer täglich 10–18 Uhr, im Winter Mo–Fr 9–16 Uhr und auf Anfrage. Das Museum bietet auch Gutsbesichtigungen an.

Hochmoor Viru

🦋 Das Viru-Moor (Viru raba) bei Kolga kann man auf einem 3,5 Kilometer langen **Lehrpfad,** der auf Holzstegen quer hindurchführt, am besten erkunden. Von einem hölzernen **Aussichtsturm** kann man das Moor mit seinen dunklen Seen und rot-grünen Moosflächen gut überblicken, zwischen denen auch der insektenfressende Sonnentau und kleine Kiefern wachsen. Die Tümpel sind die Reste eines Sees, der vor etwa 5000 Jahren verlandete. Der Parkplatz liegt unweit der Hauptstraße von Tallinn nach Narva an dem Abzweig Richtung Loksa (Straße 85).

◁ Auch in verfallenem Zustand noch beeindruckend: die Hauptfassade des Gutshofes Kolga

Halbinsel Juminda

Auf der Juminda-Halbinsel verläuft beim Moor Aabla (Aabla raba) ein Wanderweg, der einen der größten Findlinge des Nationalparks, den **Majakivi-Findling,** passiert. Bei **Kiiu-Aabla** lädt ein **Strand** zu einem Bad im Meer ein.

Praktische Tipps

Informationen

◾ Sehr gut ausgestattet und im Herzen des Parks gelegen ist die **Nationalparkverwaltung** und **Informationsstelle in Palmse**, Tel. 3295555, www.keskkonnaamet.ee, vom 15. Mai bis 30. Sept. tägl. 9–17 Uhr, im Winter und am Wochenende geschlossen. Im Besucherzentrum wird ein etwa viertelstündiger Film über den Nationalpark gezeigt. Außerdem gibt es diverse interessante Broschüren. Empfehlenswert ist die deutschsprachige Karte des Gebietes, in der auch alle Wanderwege eingezeichnet sind.

◾ In der **Touristeninformation von Rakvere** (s.u.) bekommt man Kartenmaterial und eine Liste mit Unterkünften für den Nationalpark.

Service

◾ **Postämter** und **Banken** bzw. **Geldautomaten** findet man in Võsu und Loksa.

Unterkunft

Gutshöfe

◾ **Park Hotel Palmse**②-③, Palmse, Tel. 3223626 und 56464170, www.phpalmse.ee. Das Hotel ist in der ehemaligen Schnapsbrennerei des Gutshofkomplexes untergebracht, inmitten der idyllischen Parkanlage. Restaurant, Bierkeller, Sauna, Fahrradverleih (auch für Nicht-Gäste).

■ **Hotel Sagadi**③, Sagadi, Tel. 6767888, www.sagadi.ee. Das der Waldschutzbehörde gehörende Hotel liegt in den ehemaligen Stallungen des Gutshofes, relativ einfach ausgestattet, aber mit einem guten Restaurant, einer Sauna und Fahrradverleih. Zum Gutshof gehört auch ein Hostel (s.u.), außerdem kann man ein Gartenhaus komplett mieten (für 2 Personen).

■ **Vihula Manor Country Club and Spa**⑤, Vihula, Tel. 3264100, www.vihulamanor.com. Schickes, modernes Hotel in schönem Gutshofkomplex, unterschiedlich gestaltete Zimmer mit guter Ausstattung, Restaurant, Weinstube, Kur-Angebote, Fahrräder, Reiten, Kutschtouren etc.

Pensionen, Ferienhäuser und Hostels

🦋 **Bauernhof Kuusiku**②, etwa 3 km südlich von Viitna, Tel. 5153573, www.kuusikunaturefarm.ee. Man hat die Wahl zwischen zwei Standardzimmern im Haus, einem einfachen Sommerhäuschen und ein paar Schlafgelegenheiten im Saunahaus. Leckeres Frühstück, auf Bestellung auch Abendessen, eigene und Ökoerzeugnisse. Gäste können Fahrräder ausleihen, außerdem bieten die Besitzer geführte Wanderungen, Naturprodukte und Handarbeitsartikel an. Achtung: die Einfahrt in den schmalen Waldweg bei einer größeren Kiefer ist leicht zu übersehen, Anfahrtsbeschreibung auf der Internetseite.

■ **Pension Laane**①, Laane tee 7, Käsmu, Tel. 325 2959 und 5078904, www.laanepansion.ee. Man hat die Wahl zwischen DZ und Ferienhäuschen; Sauna, Grill, Fahrradverleih.

■ **Merekalda Ferienhof**③, Neeme tee 2, Käsmu, Tel. 3238451, www.merekalda.ee. Unterkunft mit Apartments und einer Dachkammer. Sehr schön am Meer gelegen, Sauna am Strand, Vermietung von Fahrrädern und Booten. Von Oktober bis Mai geschlossen.

■ **Gästehaus Rannamännid,** Neeme tee 31, Käsmu, Tel. 3238329 und 5117975, www.rannamannid.ee. Gästehaus mit nettem Garten, Sauna, Grill und Feuerstelle im Hof. Man hat die Wahl zwischen einem der Zimmer im Haupthaus② und einfachen Betten im Saunahaus①.

■ **Hostel/Jugendherberge Sagadi**①-②, Sagadi, Tel. 6767888, www.sagadi.ee. Liegt wie das Hostel im Gutshofkomplex *Sagadi,* sehr nette einfache Unterkunft mit Gemeinschaftsbädern. Die Mehrbettzimmer sind auch für Familien praktisch. Viele Annehmlichkeiten, die auch das Hotel bietet, also schöne Lage, Fahrradverleih, Restaurant.

🦋 **Ferienhof Toomarahva**②, Altja, Tel. 505 0850, www.toomarahva.ee. Alter Blockholzbauernhof mit Reetdach, in dem drei Zimmer für Gäste und ein Apartment untergebracht sind. Wer es ganz unluxuriös mag, kann auch im alten Speicher übernachten, muss dort aber mit anderen Gästen rechnen. Waschen kann man sich in der Sauna. Wer mag, kann im Garten auch **zelten** oder seinen **Wohnwagen** aufstellen. Fahrradverleih, Frühstück und Abendessen auf Vorbestellung.

■ **Viinistu Hotell**②, Viinistu, Tel. 53736446, www.viinistu.ee. Einfach ausgestattetes Gästehaus, das zum Kunstmuseumskomplex Viinistu auf der Halbinsel Pärispea gehört. Schlichte Zimmer mit Kiefernmöbeln und eigenem Bad, am Jachthafen gelegen, Sauna; gutes, einfaches Restaurant.

■ In Võsu gibt es zwei einfache Hostels, in denen man preisgünstig übernachten kann: **Võsu Postimaja**②, Mere 63, Tel. 5292722, Küchenmitbenutzung, Grill; **Männisalu Hostel**②, Lääne 13, Tel. 5035354, www.mannisalu.ee. Eher auf größere Gruppen ausgerichtet, aber Einzelgäste sind ebenso willkommen. Grill, Sauna, Sportmöglichkeiten, auch **Camping** möglich.

Camping

Wildcampen und Lagerfeuer sind im Park verboten, aber viele Unterkünfte heißen auch Gäste, die im Garten **zelten** wollen, willkommen (s.o.). Ausgewiesene Plätze, auf denen man kostenlos oder gegen ein sehr geringes Entgelt zelten kann, befinden sich auf der Spitze der Pärispea-Halbinsel, im Norden der Halbinsel Juminda, in Oandu, in Tsitre, in Võsu und in Mustoja. Der Begriff „Campingplatz" wäre jedoch übertrieben, da keine entsprechende Infrastruktur vorhanden ist. Von der Lage her sind jedoch alle sehr schön und versprechen Ruhe und Abgeschiedenheit. Außerdem kann man beim idyllischen Dorf Käsmu zelten.

■ **Lepispea Caravan & Camping,** Lepispea 3, bei Võsu, Tel. 54501522, www.lepispea.eu. Von Mai bis September Stellplätze für Wohnwagen mit Strom, Wasser, Entsorgung, Sauna, Waschmaschine, nah am Meer, auch Zelten möglich.

Essen und Trinken

■ **Lebensmittelgeschäfte** gibt es in den Orten Võsu und Loksa.

■ Gute **Restaurants** findet man in den Nebengebäuden der Gutshöfe *Palmse, Sagadi* und *Vihula.*

■ In den Küstenorten Vergi, Võsu und Loksa findet man **Kneipen** und **Gaststätten,** die kleinere Speisen anbieten.

■ **Altja Kõrts,** Altja, Tel. 53418513. Sehr gute, traditionelle estnische Küche, unbedingt vorbuchen. Geöffnet im Sommer.

■ **Forellenhof Kotka Forell,** Tel. 56650608 und 5651225, www.kotkaforell.ee, Di–Fr 11–20, Sa/So 11–21 Uhr geöffnet, südlich von Loksa gelegen. Sehr nett, es werden fertige Speisen angeboten (besser vorbestellen), man kann dort aber auch selber **angeln.**

■ **Lahemaa Kohvikann,** Palmse, Richtung Võsupere, Tel. 3234148 und 53877729, www.kohvikann.ee. Die „Kaffeekanne" ist ein nettes Café und Restaurant mit reichlicher Speisenauswahl und Schwerpunkt auf deutscher Küche. Es wird von einem deutsch-russischen Ehepaar betrieben.

■ **Viinistu restoran,** Viinistu, Gemeinde Kuusalu, Tel. 55586984, www.viinistu.ee. Restaurant, das viele Fischgerichte auf der Speisekarte hat, aber

auch Fleisch und vegetarisches Essen. Große Terrasse, direkt am kleinen Hafen.

Aktivitäten

Auch einige **Unterkünfte** (siehe oben) organisieren Führungen, Reit- oder Bootsausflüge.

■ **Reiterhof Mätta,** Paasi, Tel. 55696241, www.ratsatalu.ee. An einer Stichstraße zwischen Sagadi und Vihula, die Betreiber bieten Ausritte, Kutsch- und Schlittenfahrten an.

■ Das **Wanderzentrum Lahemaa** (*Lahemaa Matkakeskus*) in Loobu, bei der Abzweigung der Straße 24 nach Tapa von der Straße 1 Tallinn – Narva (Tel. 5093177, www.lahemaa.info), bietet kleinen Gruppen diverse Aktivitäten an, beispielsweise **Kanuausflüge.**

■ Bei Võsu und Loksa findet man **Badestrände.** Auch an der Ostseite der Spitze der Käsmu-Halbinsel gibt es ein kleines Stück Sandstrand.

Verkehr

■ Ohne eigenes Auto ist es zum Teil sehr schwierig, in bestimmte Bereiche des Nationalparks vorzudringen. Von Rakvere fahren einige Busse nach Käsmu, auch zu anderen Ortschaften gibt es einige (wenige) Verbindungen. Je nach Jahreszeit fahren ein bis mehrmals täglich Busse von Tallinn nach Loksa und Võsu. **Aktuelle Fahrpläne** unter www.tpilet.ee.

■ Einmal angekommen, empfiehlt es sich, **Fahrräder** auszuleihen, um flexibler zu sein.

■ **Tanken** kann man in Loksa.

3b

Rakvere

Etwas südlich der Straße 1, die von Tallinn nach Narva führt, knapp 100 Kilometer östlich von Tallinn, liegt der Hauptort des Landkreises Lääne-Virumaa: Rakvere (Wesenberg). Mit rund 15.000 Einwohnern ist die Kleinstadt für estnische Verhältnisse bereits ein bedeutender Ort. Bekannt ist die Stadt vor allem für ihre große **Ordensburg.** Aber auch sonst lohnt sich ein Rundgang durch einige gemütliche Straßen mit bunten Holzhäusern wie etwa die **Pikk.**

1226 tauchte in der Livländischen Chronik erstmals der Name einer Burg auf dem Hügel Vallimägi auf. „Tarvanpea", was übersetzt „Kopf des Auerochsen" oder „Kopf des Wisent" bedeutet, wurde die frühzeitliche hölzerne Festung der Esten genannt, die nach der Eroberung der Dänen 1220 durch ein steinernes Kastell ersetzt wurde. Vom Dänenkönig *Erik VII. Menved* bekam der Ort, der durch die Ansiedlung von Handwerkern und Kaufleuten angewachsen war, das lübische Stadtrecht verliehen. Zu Hansezeiten profitierte Wesenberg, wie die Stadt in Anlehnung an den ursprünglichen Namen genannt wurde, von seiner günstigen Lage.

Wie in ganz Estland wechselten die Herrscher auch in Rakvere in den kommenden Jahrhunderten häufig. Schwedenkönig *Gustav II.* schenkte die Stadt Anfang des 17. Jh. dem Niederländer *Reinhold von Brederode*, später ging sie in den Besitz der Familie *Tiesenhausen* über. 1870 gab es einen neuen entscheidenden Einschnitt in der Geschichte der Stadt: Die Eisenbahnverbindung von

Tallinn nach Narva und St. Petersburg entstand und brachte erneut Wohlstand.

Nach der Kolchosenbildung zu Sowjetzeiten leben die Bewohner heute vor allem von der Holzindustrie oder arbeiten in der nahe gelegenen Fleischfabrik. Nach und nach wächst der Dienstleistungsbereich, außerdem wenden sich viele Menschen wieder handwerklichen Berufen zu. So ist 1992 ein Handarbeitsunternehmen entstanden, das seine Waren nicht nur im ortsansässigen *Viru Käsitöö Salong* (Handarbeitsgeschäft, Pikk 16), sondern in ganz Estland anbietet.

953b ta

Besonders stolz sind die Bewohner Rakveres auf ihren früheren Mitbürger, den international bekannten Komponisten *Arvo Pärt*, der auch lange in Deutschland lebte.

⌃ Die Burg Rakvere thront über der Stadt

Ordensburg

Die wichtigste Sehenswürdigkeit der Stadt überragt diese im wahrsten Sinne des Wortes: Hoch auf dem Wallberg liegt die Ruine der Burg Rakvere. Als **Autofahrer** erreicht man sie am besten von der westlichen Seite, wo man unterhalb der Burg an der Vallikraavi-Straße parken kann. Von der Stadtseite führt eine Treppe von der Pikk-Straße zur Burg hoch.

Nachdem die Dänen den hölzernen Vorgänger durch ein steinernes Kastell

3b

ersetzt hatten, wurde die Burg mehrfach umgebaut. 1346 verkauften die Dänen sie an den Deutschen Orden, der die Festung zu einem Konvent mit Innenhof ausbaute und verstärkte. Russen, Schweden und Polen beherrschten sie in den kommenden Jahrhunderten, bis sie nach zahlreichen Zerstörungen im 16. und 17. Jh. schließlich an Bedeutung verlor. Wie die ganze Stadt ging auch die Burg im 17. Jh. in den Besitz des Gutsherrn *Reinhold von Brederode* über.

1975 wurde die Burg schließlich restauriert und in ein **Museum** umgewandelt. Vom Kanonenturm aus dem 16. Jh. genießt man den Blick über den vorderen Burghof und die Stadt. Von den Burgmauern aus kann man das nahe gelegene Wahrzeichen Rakveres sehen, ein auf dem benachbarten Hügel stehender, gigantischer **Auerochse,** der an den alten Namen des Ortes erinnert. Das Denkmal von *Tauno Kangro* steht hier seit 2002. 700 Jahre zuvor waren Rakvere die Stadtrechte verliehen worden.

Am nördlichen Fuße des Wallbergs liegen das **Kulturhaus** und das **Theater** der Stadt, das einen ausgezeichneten Ruf genießt.

■ **Rakvere linnus,** www.rakverelinnus.ee, geöffnet im Sommer tägl. 10–19 Uhr, im Winter 10–16 Uhr, Eintritt 7 €. Gastronomie, diverse Vorführungen, Shop, Führungen möglich.

Hausmuseum des Stadtbürgers

Die Pikk-Straße war einstmals die Hauptstraße der Stadt. Unter den hübschen, teilweise liebevoll renovierten Holzhäusern befindet sich auch das Hausmuseum des Stadtbürgers von Rakvere, das Mitte des 18. Jh. errichtet wurde. Es versetzt seine Besucher zurück in die Zeit Anfang des 20. Jh. und früher.

■ **Hausmuseum des Stadtbürgers,** Pikk 50, Tel. 3244248 und 55667355, Mai–Sept. Di–Sa 11–17 Uhr, sonst Di–Fr 10–16, Sa 11–15 Uhr.

Dreifaltigkeitskirche

Auf dem Weg zwischen den beiden Museen erhebt sich der hohe Turm der spätmittelalterlichen Dreifaltigkeitskirche (Pikk 19). Sein heutiges Aussehen erhielt das Kalksteingebäude Ende des 17. Jh. Im Inneren können Besucher eine **barocke Kanzel** mit Holzschnitzereien von 1690 bewundern. Der Altar von 1730 ist ein Werk von *Johann Valentin Rabe*.

Praktische Tipps

Informationen

■ **Touristeninformation Rakvere,** Laada 14, Tel. 3242734, tägl. Mo–Fr 9–13 und 14–17 Uhr, Sa/So 9–15 Uhr, Winter am Wochenende geschl.

Unterkunft

■ **Aqva Hotel & Spa**④, Parkali 4, Tel. 3260000, www.aqvahotels.ee. Schickes Spa-Hotel mit zahlreichen Bade- und Saunaangeboten, zentral gelegen. Dazu gehören das Restaurant *Fiore* und eine Bar.
■ **Art hotell**②, Lai 18, Tel. 3232060, www.arthotell.ee. Zentral gelegenes, schönes, kleines Hotel. Die Betreiber sind dieselben wie die des schräg gegenüber liegenden *Art café* (s.u.). Weinstube im Haus.

■ **Bed & Breakfast Tammiku**①, Tammiku 36, Tel. 5157765, http://web.zone.ee/tammikumaju tus. Nur drei Zimmer in Privathaus, ein bisschen abseits im Süden der Stadt, sehr preiswert, mit Garten und Grill, der zur freien Verfügung steht, Küchenmitbenutzung möglich.

■ **Gästehaus Katariina** *(Katariina Külalistemaja)* ②, Pikk 3, Tel. 3223943, www.katariina.ee. Zentral an der alten Hauptstraße, nahe der Burg gelegen, Zimmer in verschiedenen Größen, die im Preis variieren, die meisten mit eigenem Bad und TV, Sauna. Das Restaurant *Katariina Kelder* gehört zum Haus

■ **Villa Theresa**②, Tammiku 9, Tel. 3223699, www.villatheresa.ee. Hübsches, kleines Hotel mit Restaurant, die Zimmer variieren in Preis und Größe, alle haben eigenes Bad und TV, sicherer Parkplatz vorhanden.

■ **Hotell Wesenbergh**②, Tallinna 25, Tel. 322 3480, www.wesenbergh.ee. Zentral gelegenes Hotel, zu dem auch eine Villa mit mehreren Suiten und ein Gästehaus mit Ferienwohnungen gehören. Alle Zimmer mit Bad und Telefon, z.T. behindertengerecht und für Allergiker geeignet. Zum Hotel gehört auch der Pub *Wesenbergh*. Bewachter Parkplatz.

Die zum Hotel gehörenden Ferienwohnungen liegen im Gästehaus **Margit** in einem Plattenbau, Side 12, Tel. 5145202, jeweils mit komplett eingerichteter Küche, Bad, je nach Größe ab ①.

Essen und Trinken, Nachtleben

■ **Restaurants** befinden sich im Hotel *Wesenbergh* und im Gästehaus *Katariina*, auch vielen Cafés und Kneipen gibt es eine Reihe von Speisen.

■ In der Burg liegt die Gastwirtschaft **Schenkenberg** mit mittelalterlichem Ambiente.

MEIN TIPP: **Art café**, Lai 13, nettes Café mit einer Auswahl an Salaten und kleineren warmen Gerichten. Fungiert auch als Galerie.

■ **Inglise pubi** *(English pub)* **Old Victoria**, Tallinna 27, Kneipe mit englischem Bier und Speisen, abends Musik und Tanz.

■ **Virma Bar/Dragonhouse,** Tallinna 8, asiatische Küche, abends Musik und Tanz, Freitag- und Samstagabend oft Live-Musik, donnerstags Karaoke.

■ **Grillers Burger,** Lai 2, besonders leckere, frisch zubereitete Burger in einem kleinen Eckladen.

■ **Rohuaia kohvik,** Rohuaia 13, schön eingerichtetes Café. Neben Kaffee und großer Auswahl an Kuchen auch warme Gerichte.

Verkehr

■ **Züge** von Tallinn nach Narva halten in Rakvere. Der Bahnhof liegt im Norden der Stadt an der Raudtee-Straße.

■ Regelmäßige **Busverbindungen** nach Tallinn, Tartu, Narva, Jõhvi und in weitere Städte der Umgebung sowie in andere Teile des Landes vom Busbahnhof aus, der unweit der Touristeninformation an der Laada 18 a liegt.

Von Rakvere nach Osten

Auf der Straße 1 nach Osten fahrend, hat man kurz vor Kohtla-Järve die Wahl zwischen zwei Strecken. Der direkte und schnellere Weg nach Narva führt an den Städten Kohtla-Järve, Jõhvi und Sillamäe vorbei quer durch das wenig sehenswerte **Ölschieferindustriegebiet.** Alternativ kann man eine kleine Stichstraße wählen, die nach Aa abbiegt und sich bis Toila an der Küste entlangschlängelt. Dieser Weg ist empfehlenswerter, führt er doch durch eine der **landschaftlich schönsten Gegenden im Nordosten Estlands** mit der bis zu 56 Meter hohen Steilküste, dem Baltischen Glint.

3b

Gleich hinter dem Gutshof von **Aa,** in dem ein Altersheim untergebracht ist, breitet sich ein Sandstrand aus. Von hier aus hält man sich gen Osten. Noch verdecken Bäume oft die Sicht auf die Steilküste.

In der Nähe dem Ort **Purtse** befindet sich auf einem heiligen Hügel der vorzeitlichen Esten der sogenannte **Trauerpark für die Opfer der stalinistischen Gräueltaten.** Im Park wachsen viele Eichen – gepflanzt von Politikern, diversen Organisationen und Betroffenen. Eine „Leidenskarte" zeigt, wo und in welchem Ausmaß die Deportationen das estnische Volk trafen.

Bei **Saka** jedoch hat man Gelegenheit, einen Blick auf das Kalksteinplateau und das Meer zu werfen. In einem Nebengebäude des *Saka*-Gutshofes ist ein luxuriöses Hotel untergebracht, in dem man sich verwöhnen lassen kann (s.u.). Wer will, kann hier sein Auto stehen lassen und zu Fuß den rund 5,5 Kilometer langen Wanderweg entlang der Küste laufen.

Bei **Ontika,** nördlich von Kohtla-Järve, erreicht die Steilküste mit rund 56 Metern ihre maximale Höhe. Zwar erstreckt sich der Baltische Glint nahezu an der ganzen Nordküste Estlands, doch präsentiert er sich in diesem Landschaftsschutzgebiet höher und steiler als andernorts.

Ein Stückchen weiter östllich, etwa zehn Kilometer vor Toila, stürzt der **Wasserfall Valaste** aus rund 25 Metern Höhe hinab. Er ist nicht gut ausgeschildert, an der Straße weist in Höhe eines kleinen Cafés rechter Hand lediglich das kleine Schild „Valaste oja" auf den Wasserfall hin. Dort befindet sich ein Parkplatz. Während der Valaste-Fall im Frühjahr relativ wasserreich ist, kann es sein, dass sich im Sommer nur ein Rinnsal in die Tiefe ergießt. Ohnehin ist der durch Entwässerungsarbeiten entstandene Wasserfall nicht mehr gut zu besichtigen, seit die Aussichtsplattform durch Hochwasser beschädigt wurde und nun bis auf Weiteres gesperrt ist.

An der Mündung des Flusses Pühajõgi, etwa elf Kilometer nordöstlich von Jõhvi, findet sich beim Ort **Toila** eine der größten **Parkanlagen** Nordestlands. Von dem dreistöckigen Gutshaus *Oru,* das der St. Petersburger Geschäftsmann *Grigori Jelissejev* im 19. Jh. erbauen ließ, ist leider nichts mehr zu sehen. Noch zu Zeiten der ersten Estnischen Republik weilte der damalige Präsident *Konstantin Päts* in den Sommermonaten in der schlossähnlichen Anlage, aber im Zweiten Weltkrieg wurde das Ansehen komplett zerstört. Dennoch ist der Park mit seinen über 250 verschiedenen Pflanzenarten einen Besuch wert. Eine Höhle und ein Pavillon laden zum Verweilen ein. Bei einem Picknick auf der alten Terrasse kann man die Aussicht von der Glintküste genießen.

Von Toila oder auch ein Stückchen weiter, von **Voka,** wo sich die Ruinen eines alten Gutshofes befinden, gelangt man über Stichstraßen zurück auf die Hauptstraße.

Unterkunft, Essen und Trinken

■ **Saka Cliff Hotel & Spa**③, Kohtla vald, Saka mõis, Tel. 3364900, www.saka.ee. Das Hotel befindet sich in einem der Nebenhäuser des Herrenhauses in unmittelbarer Strandnähe, Zimmer mit Dusche, WC, Fernseher und Telefon, im Hotel auch WI AN. Massagen, Sprudelbäder, Infrarot- und Dampfsauna, Fahrradverleih. Das Restaurant bietet eine sehr gute Küche. Auf dem Gelände befinden sich auch **Wohnmobilstellplätze**, ein **Zeltplatz** und **Campinghäuschen**①.

■ **Toila Spa Hotell**③, Ranna 12, Toila, Tel. 334 2900, www.toilaspa.ee, am Rande des Toila-Oru-Parks gelegen. Das Hotel bietet Kuraufenthalte im Haupthaus an, betreibt auch **Ferienhäuschen**① in denen Selbstverpfleger unterkommen können. Camping ist ebenfalls möglich. Restaurant, Sauna, Kurangebote, Schwimmhalle.

■ **Mereoja kämping**①, Körkküla, Gemeinde Aseri, Tel. 59084196, www.mereoja.eu. Moderner und netter Campingplatz am Meer für Wohnmobile und Zelte. Es gibt auch **Campinghäuschen**①.

■ **Purtse Café und Restaurant**, Purtse, Gemeinde Lüganuse, Tel. 5146774 und 5174548, www.purtse.ee. Das Restaurant befindet sich in einer Lehnsburg aus dem 16. Jahrhundert. Das Essen wird aus regionalen Produkten zubereitet. Sehr schöne Atmosphäre und nette Bedienung. Auch die Burg kann besichtigt werden. Geöffnet im Sommer täglich, sonst am Wochenende.

Weiterfahrt

Von **Jõhvi** aus führt die sehr gut ausgebaute Straße Nr. 1 (Tallinn – Narva) weiter nach Sillamäe. Reisende, die nicht weiter **nach Osten** fahren möchten, können in Jõhvi die Straße nach Süden in **Richtung Peipus-See** einschlagen. Vor dem See passiert man – wenn man ein paar kleine Umwege in Kauf nimmt – das Kurtna-Seengebiet und das Kloster Pühtitsa in Kuremäe (s. „Von Narva zum Peipus-See" am Ende dieses Kapitels).

Sillamäe

Die kleine Stadt Sillamäe am Finnischen Meerbusen ist ein besonderer Ort. In der Sowjetzeit war sie eine geschlossene Stadt. Aufbauend auf der Ölschieferindustrie, die sich seit den 1920er Jahren entwickelt hatte, begann man nach dem Zweiten Weltkrieg Uranerze abzubauen und zu verarbeiten, unter anderem für die erste Atombombe der Sowjetunion. Später wurden höherwertige Erze aus anderen Teilen der Sowjetunion und dem Ostblock angeliefert und hier verarbeitet. Bis 1989 war die **Uranverarbeitung** in Betrieb, dem unabhängig gewordenen Estland wurde eine hohe Hypothek in Form von radioaktiven Abwasserbecken hinterlassen, die erst nach und nach gesichert werden konnten. Bis heute ist die Verarbeitung seltener Erden ein wichtiger Wirtschaftszweig der Stadt.

In touristischer Hinsicht ist Sillamäe wegen seines außergewöhnlichen Ensembles **stalinzeitlicher Architektur** interessant. Von der Hauptstraße 1 kommend, fährt man auf der M. Rumjantsevi gerade nach Norden bis man auf die Kesk trifft. Am zentralen Platz liegen das **Rathaus** und das **Haus der Kultur,** über die Stufen gelangt man weiter bis zum Meer.

■ **Restaurant und Hotel Krunk**②, Kesk 23, Tel. 3929030, www.krunk.ee. Das Restaurant bietet kaukasische Küche. Sauna und Parkmöglichkeit.

■ **Orava talu**①, Vana-Sõtke, Gemeinde Vaivara, Tel. 5045485, www.oravatalu.ee. Der Hof befindet sich am südlichen Rand der Stadt Sillamäe. Campinghäuschen, Wohnmobilstellplätze, Zeltplatz, Sauna, Führungen.

Narva-Jõesuu

An der Küste des Finnischen Meerbusens, im äußersten Nordosten Estlands, liegt der beschauliche **Kurort** Narva-Jõesuu. Kleine Holzhäuschen, zum Teil künstlerisch verzierte Holzvillen und alter Baumbestand säumen die kleinen, schachbrettartig angelegten Sträßchen des Ortes, die in den Wald oder an den Strand hinunterführen. Man fühlt sich in alte Zeiten zurückversetzt, die – wenn man den Zustand der Holzgebäude näher betrachtet – sicherlich für den Ort rosiger waren als die heutigen.

Der ehemalige Fischerort und Vorhafen von Narva stieg Ende des 19. Jh. zu einem mondänen Kurort auf. Gäste aus Moskau, von der Krim und aus Kaukasien kamen hierher, um sich am kilometerlangen weißen **Sandstrand** und in den Kiefernwäldern zu erholen. Trug der Ort zuvor aufgrund seiner Armut lange den Beinamen „Hungerburg", wurde er zu seinen besten Zeiten „Riviera des Baltischen Meeres" genannt.

Heute ist es aufgrund von Visabestimmungen für Russen schwieriger, den Ort aufzusuchen, und westliche Kurgäste vergnügen sich lieber auf den estnischen Inseln oder in den Kurorten entlang der Westküste. Während viele Holzvillen einen morbiden Charme ausstrahlen, zeigen die „Sanatorien" aus der Sowjetzeit, obgleich sie noch heute genutzt werden, oft deutliche Zeichen des Verfalls.

Ein Spaziergang durch den idyllischen Ort und entlang des Strandes lohnt sich auf jeden Fall. Sehenswert sind einige mit aufwendigen Schnitzereien verzierte Holzvillen, beispielsweise auf der Aia-Straße, Teile des Kursaals von 1882 sowie die kleine orthodoxe Wladimirkirche aus dem 19. Jh. In einem kleinen Park bietet der verzierte Tschaikowski-Pavillon Schutz vor Sonne oder Regen.

Auf dem Weg nach Narva

Folgt man der Straße Richtung Südwesten, gelangt man in die etwa 14 Kilometer entfernte Stadt Narva. Auf dem Weg dorthin, immer am **Grenzfluss Narva** entlang, passiert man zwei Denkmäler: Der **T-34-Panzer** erinnert an die Gefechte im Zweiten Weltkrieg, das **Monument in Siiversti,** ein wenig weiter, an die berühmte Schlacht zwischen Russen und Schweden im Jahr 1700 und ehrt besonders mutige Kämpfer. Wirft man einen Blick hinüber auf die russische Uferseite, sieht man nichts als Wälder.

Unterkunft

◼ **Narva-Jõesuu Spa Hotell & Sanatoorium**③, Aia 3, Tel. 3599529, www.narvajoesuu.ee. Das Hotel befindet sich in einem architektonisch besonderen Haus aus den 1930er Jahren. Alle klassischen Spa-Anwendungen, verschiedene Freizeitangebote, Fahrradverleih, Restaurant.
◼ **Noorus Spa Hotel**④, L. Koidula 19, Tel. 356 7100, www.noorusspahotel.com. Ein schönes, modernes Spa-Hotel am Meer. Anwendungen, Sauna und Schwimmbecken, Fahrradverleih, Bowling, Restaurant.

Narva

Der Nordosten

Narva, mit knapp 60.000 Einwohnern an dritter Stelle unter den estnischen Städten, ist heutzutage sicher keine schöne Stadt. Sie war aber eine schöne Stadt, und darin liegt ihre Tragik und ihr Reiz. Liest man historische Reiseberichte, entsteht das Bild einer prosperierenden Handelsstadt mit bunten, barocken Bürgerhäusern. Im Zweiten Weltkrieg wurde die Stadt aber völlig zerstört und danach in realsozialistisch-trostloser Weise wieder aufgebaut.

Zudem war die Stadt am stärksten von der **Russifizierung** in der Sowjetzeit betroffen. Lag der russische Bevölkerungsanteil in den 1930er Jahren noch bei unter einem Drittel, waren am Ende der Sowjetunion über 90 % der Bewohner russischsprachig, und daran hat sich bis heute nicht viel geändert. 84 % der Einwohner sind Russen. 15 % der Einwohner sind staatenlos (in der Regel ehemalige Sowjetbürger, die sich seither nicht um die Erlangung der estnischen Staatsangehörigkeit bemüht haben). Vielen Esten ist die Stadt fremdgeblieben, in dem Namen klingt immer auch das Unrecht mit, das dem Land widerfahren ist, und die Aufbauarbeit, die den Esten mit dem Zusammenbruch der Sowjetunion hinterlassen wurde. Entsprechend wird jede Investition in die Stadt, jede Gründung einer öffentlichen Einrichtung zu einem Statement, einem Signal des politischen Willens, sich die Stadt wieder zurückzugewinnen.

Und tatsächlich hat sich viel getan in den letzten Jahren. Die Uferpromenade an der Narva, dem Grenzfluss zu Russland, wurde hergerichtet, die alten Bastionen restauriert und zugänglich gemacht und die vorhandenen Reste der historischen Bausubstanz restauriert.

Interessant ist die Stadt schon aufgrund ihrer **Lage:** Hier endet die EU. Vom hohen Ufer schaut man auf die Grenzanlagen und die Brücke nach Russland.

Mit der **Hermannsfestung** verfügt Narva über ein touristisches Pfund, auf das sich ein Teil ihrer Zukunft bauen lässt. Die mächtige Anlage ist unbedingt sehenswert, und der Eindruck wird noch verstärkt durch die auf der anderen Flussseite gelegene Festung Iwangorod.

Stadtgeschichte

Am linken Ufer des Narva-Flusses entstand im 13. Jh., als die Dänen über Nordestland herrschten, eine **Kaufmannssiedlung,** die im Jahre 1240 erstmals schriftlich erwähnt wurde. Ein Jahrhundert später erhielt die Ansiedlung das lübische Stadtrecht. Im Laufe der Jahrhunderte herrschten Dänen, Deutsche, Schweden, Russen und Esten über die Stadt. Dänenkönig *Woldemar IV.,* der Schwede *Karl XII., Iwan IV.,* der nicht umsonst den Beinamen „der Schreckliche" trug, *Peter I.* und zuletzt die deutschen und russischen Truppen im Zweiten Weltkrieg bauten Narva um oder zerstörten die Stadt. Seine günstige Lage am Kreuzungspunkt der Handelswege musste sie mehr als einmal mit Menschenleben und Zerstörung der Bebauung bezahlen. Kein Wunder, dass die wechselnden Herrscher die **Befestigungsanlage** – die Hermannsburg und später die Bastionen – immer weiter aus-

3b

bauten. Leider nutzte dies meist nicht. Die vom Deutschen Orden errichtete Stadtmauer wurde erst von den Russen und später von den Schweden zerstört. Innerhalb zweier Tage sollen ihre Kanonen große Teile der Stadtmauer niedergerissen haben. So ist heute nichts mehr von den Verteidigungsmauern zu sehen.

Doch auch die Herrschaft der **Schweden** hatte keinen Bestand. Ihr im 17. Jh. errichtetes Bastionssystem wurde Anfang des 18. Jh. vom russischen Zaren **Peter I.** durchbrochen. Zehn Tage lang beschossen die Russen die Verteidigungsanlage, dann soll es, so heißt es in einer Legende, *Peter I.* binnen 45 Minuten gelungen sein, die hohen Mauern zu überwinden – er musste einfach den Berg der davorliegenden Toten erklimmen.

Nachdem die Stadt im 17. Jh. durch mehrere große **Brände** zerstört worden war, verbot man Holzgebäude. Stattdessen gaben deutsche und holländische Architekten unter schwedischer Herrschaft Narva ein **barockes Antlitz.** Infolge der Industrialisierung wurde 1857 außerhalb der Altstadt die backsteinerne Kreenholm-Textilmanufaktur erbaut und mit ihr zwei Kirchen im südlichen Teil der Innenstadt.

Zur Zeit der ersten Unabhängigkeit gehörte auch die **Nachbarstadt Ivangorod** zum estnischen Staat, eine Entscheidung, die die UdSSR gleich nach Eingliederung Estlands als Sowjetrepublik rückgängig machte.

Die letzte große Katastrophe ereilte Narva im 20. Jh. Während der russischen „Befreiung" im März 1944 wurden 98 % der Stadt durch **russische Bomben,** aber auch durch **deutsche Rückzugsgefechte** zerstört. Vom barocken Narva der Schwedenzeit, das über die Landesgrenzen hinaus für seine Schönheit bekannt war, blieben nichts als Ruinen übrig. Zu Sowjetzeiten wurde Narva im damals üblichen Baustil wieder aufgebaut – was man bis heute sehen kann. Es wurden gezielt **russische Familien** hier angesiedelt, was den hohen Anteil an russischer Bevölkerung erklärt. 1922 waren ca. 63 % der Bewohner Esten, 1989 nur noch drei Prozent. Bis heute hat sich an diesem Verhältnis nicht viel geändert.

MEIN TIPP: In der Tallinner Domkirche kann man auf dem Grabstein des schwedischen Heerführers *Pontus de la Gardie* eine Schlachtszene des Jahres 1581 besichtigen, die einzige Darstellung, auf der die **mittelalterliche Stadtmauer Narvas** zu sehen ist.

Hermannsfestung

Die touristische Hauptattraktion Narvas ist ohne Zweifel die stattliche Burg. Ausgehend vom Peetri-Platz, schlendert man zunächst durch den kleinen **Schlossgarten** *(Lossiaed),* der eher einem begrünten Platz als einem Garten ähnelt, und betritt dann durch einen Torbogen den Burghof. Von hier aus bietet sich ein guter Blick auf die Anlage, die von dem gut 50 Meter hohen Turm Langer Hermann dominiert wird.

> ▷ An der Hermannsfestung hat man das Ende der Europäischen Union erreicht

954b ta

Doch vorher sollte man links einen Blick um die Ecke werfen. Dort findet man eine Lenin-Figur, die früher auf dem Peetri-Platz aufgestellt war. Bei diesem **Lenin-Denkmal** handelt es sich wohl um das einzige des Landes, das noch öffentlich aufgestellt ist. Ein paar wilde Anekdoten ranken sich um das Standbild. Der ausgestreckte Finger Lenins, so heißt es, zeige einen Platz an, der vom Unglück heimgesucht wird. Gerade bei westlichen Touristen hat sich das Denkmal zu einem beliebten Fotomotiv entwickelt.

Zum Eingang in das Burgmuseum geht es einmal um den Burghof herum.

Bevor man das Museum betritt, lohnt sich ein Blick über den Grenzfluss Narva auf die gegenüberliegende **Burg Ivangorod.** Hier beginnt Russland.

Zurzeit können drei Flügel und der Lange Hermann besichtigt werden. Der **nördliche Innenhof** der Burg *(Põhjaõu)* ist im Sommer geöffnet (ca. Mitte Mai bis Ende August). Dann finden hier zahlreiche Veranstaltungen statt und es gibt Workshops zu verschiedenen historischen Handwerkstechniken. Einige **Handwerksstuben** haben sich im Hof angesiedelt, darunter eine Töpferei und eine Schmiede, außerdem eine **historische Apotheke.** Die Apotheke kann auf

3b

Kräuter aus dem Linné-Garten zurück-greifen, in dem Pflanzen gesammelt werden, die von dem berühmten schwedischen Botaniker beschrieben wurden. Die Aktivitäten im Nordhof sind durchaus ambitioniert und Teil eines Museumsprojekts zur experimentellen Geschichte. Man kann aber auch schöne Souvenirs erstehen.

Geschichte

Die Narvaer Burg wurde Ende des 13. Jh. von den damals in Nordestland herrschenden **Dänen** als kastellartige Festung angelegt. Das quadratische Bauwerk sollte als Residenz für den Statthalter des dänischen Königs dienen und war, im Vergleich zu seinen späteren Ausmaßen, mit einer Seitenlänge von 40 Metern eher klein. Der große Burghof wurde Mitte des 14. Jh. errichtet, um den ringsum angesiedelten Menschen im Kriegsfall Schutz zu bieten. 1347 verkaufte der dänische König Estland an den Livländischen Orden, der die Burg in ein **Konventgebäude** umbaute, das aus vier Flügeln und dem auf sechs Stockwerke erweiterten Turm bestand. In den Flügeln wurden Versammlungs-, Speise- und Schlafsaal untergebracht.

In den nächsten 150 Jahren wurde der Komplex aufgrund der sich stetig weiterentwickelnden Waffensysteme mehrfach erweitert und umgebaut. So kam im Westen ein **Rundturm** – das Rondell – hinzu.

Ende des 17. Jh. wurde die Burg unter den **Schweden** ein Bestandteil des **Bastionssystems,** das die Stadt umfasste, wohl auch, um mit der Ende des 15. Jh. errichteten Burg Ivangorod mithalten zu

können, die natürlich ebenfalls immer weiter ausgebaut wurde. Während des Zweiten Weltkriegs erfuhren beide Komplexe starke Zerstörungen, ab den 1950er (Burg Narva) bzw. 1960er Jahren (Burg Ivangorod) wurden sie wieder aufgebaut und restauriert.

Rundgang und Museum

Schmale Treppen führen die Besucher durch die bis zu vier Meter dicken Festungsmauern in die Säle und Ausstellungsräume sowie in die Aussichtsgalerie hoch oben im Langen Hermann. Der größte Saal ist das **Refektorium,** das als Versammlungs- und Speisesaal diente. Wegen seiner guten Akustik finden unter den Kreuzgewölben oftmals Konzerte statt.

In fünf Sälen sind die ständige **Ausstellung** des Museums sowie wechselnde Sonderausstellungen untergebracht. Interessant ist vor allem die Geschichte der Stadt vom 13. Jh. bis zu ihrer Zerstörung im Zweiten Weltkrieg.

Es empfiehlt sich, den **Langen Hermann** bis ganz oben zu erklimmen. Vom hölzernen Wehrgang an der Außenseite des Turms hat man einen guten Ausblick auf beide Grenzstädte. Die einzelnen Stockwerke stammen aus verschiedenen Epochen, da im Laufe der Jahrhunderte unter den wechselnden Herren immer wieder eines aufgesetzt wurde.

■ **Hermannsfestung/Narva Muuseum,** Peterburi mnt 2, Tel. 3599230, www.narvamuuseum.ee, tägl. 10–18 Uhr.

■ **Rondeel,** Restaurant innerhalb der Festung, Tel. 3599250, gutes Restaurant in sehr schönen Räumlichkeiten.

Der Nordosten

Weitere Sehenswürdigkeiten

Peetri-Platz

Verlässt man die Burg, geht es durch den Schlossgarten *(Lossiaed)* wieder auf den Peetri-Platz, der seinen Namen *Peter dem Großen* zu verdanken hat. Neben der Grenzstation zur Rechten fallen besonders zwei Gebäude ins Auge: ein hässlicher, grauer, zwölfstöckiger Klotz mit einem seltsamen Gebilde auf dem Flachdach. Er wurde als Wasserturm gebaut, tatsächlich aber nie als solcher genutzt. Heute beherbergt er Büros und Privatwohnungen. Das andere auffällige Gebäude ist das mit den violett abgesetzten Fenstereinrahmungen, in dem die Stadtverwaltung untergebracht ist.

Bastionen

Auf den ersten Blick sind nicht alle Bastionen leicht zu finden, liegen sie doch mitten in der Innenstadt und sind zum

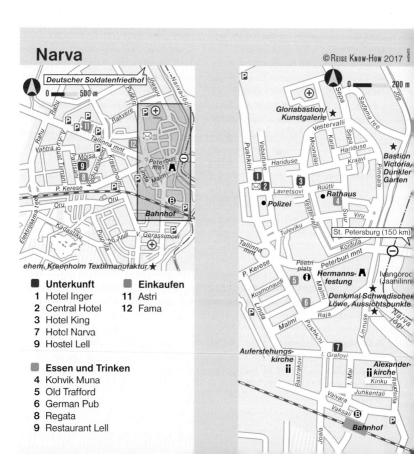

Narva   ©REISE KNOW-HOW 2017

Deutscher Soldatenfriedhof

■ Unterkunft
1 Hotel Inger
2 Central Hotel
3 Hotel King
7 Hotel Narva
9 Hostel Lell

■ Einkaufen
11 Astri
12 Fama

■ Essen und Trinken
4 Kohvik Muna
5 Old Trafford
6 German Pub
8 Regata
9 Restaurant Lell

ehem. Kreenholm Textilmanufaktur ★

Gloriabastion/ Kunstgalerie

Bastion Victoria, Dunkler Garten

Rathaus

Polizei

St. Petersburg (150 km)

Hermanns-festung

Denkmal Schwedischer Löwe, Aussichtspunkte

Ivangorod (Jaanilinn)

Auferstehungs-kirche

Alexander-kirche

Bahnhof

Teil überbaut. Von ursprünglich neun geplanten konnte der schwedische Staatsmann, Heeresführer und Baumeister *Erik Dahlberg* im 17. Jh. sieben realisieren, bevor der Nordische Krieg ausbrach. Die Bastionen tragen lateinische Namen: Fortuna (Glück), Spes (Hoffnung), Justitia (Gerechtigkeit), Pax (Frieden), Victoria (Sieg), Honor (Ehre) und Gloria (Ruhm). Am besten erkennt man die am Fluss gelegenen Bastionen vom Ufer aus (von der Burg aus gesehen hinter der Grenzstation). In einigen befinden sich Kasematten.

Die am Ufer der Narva liegenden Bastionen laden zu einem schönen Spaziergang ein, denn von hier aus hat man einen hervorragenden Blick auf die beiden Burgen. Auf der 16 Meter hohen **Bastion Viktoria** wurde bereits im 19. Jh. ein Park angelegt, der „Dunkle Garten" (Pimeaed). Zudem soll in Kürze ein Besucherzentrum eröffnet und die Viktoria-Bastion für Besucher geöffnet werden. Zwei Denkmäler erinnern an vergangene Schlachten: den Nordischen Krieg und den Freiheitskrieg (1918). Seit der Restaurierung ist die Bastion für Besucher geöffnet, die Kasematten sind nur im Rahmen einer Führung zugänglich.

Auf der **Gloriabastion** wurde das ehemalige Munitionslager aus dem 18. Jh. wieder aufgebaut, es beherbergt heute eine **Kunstgalerie**. Neben verschiedenen zeitgenössischen Exponaten ist hier eine Sammlung russischer Kunstwerke der Kaufmannsfamilie *Lavretsov* ausgestellt.

■ **Kunstigalerii**, Vestervalli 21, Tel. 3592151, www.narvamuuseum.ee, Mo–So 10–18 Uhr.
■ **Victoria Bastion**, Pimeaia, Tel. 3565002, http://bastion.narva.ee, Mi/Do 11–18, Fr/Sa 10–19, So 10–16 Uhr.

Rathaus

Das Rathaus bietet einen traurigen Anblick, vielleicht weil es die einstige Schönheit der Stadt erahnen lässt. Der zweigeschossige Bau wird von acht toskanischen Pilastern an der Hauptfassade und einem schmalen Türmchen auf dem Walmdach geschmückt. Sein Grundriss folgt den Traditionen niederländischer Paläste. Nach Plänen des Lübecker Architekten *Georg Teuffel* im 17. Jh. erbaut, war es bis zum Zweiten Weltkrieg Teil eines Architekturensembles, das einst aus Rathaus, Börse, Apotheke und den Wohnhäusern schwedischer Bürger bestand, die sich um den Rathausplatz gruppierten. Heute rahmen stattdessen Plattenbauten das Rathaus ein, dessen gelb-rosa Farbe samt Putz von den Außenwänden bröckelt.

Zu Sowjetzeiten als Pionierlager genutzt, steht das Gebäude heute zum größten Teil leer. Im Inneren wurden das Treppenhaus und das Deckengebälk der Vorhalle renoviert, jedoch ist das Rathaus meist geschlossen. Man kann anklopfen, wenn man Glück hat ist jemand da und man kann sich ein Modell der Stadt ansehen.

Die Stadtverwaltung plant eine weitere Renovierung und Nutzung des Rathauses sowie die Neugestaltung des davorliegenden Platzes bis zum Jahr 2018.

Immerhin: Im Jahr 2013 gab es endlich einmal wieder positive Nachrichten aus Narva zu vermelden: Das Gebäude des **Narva College** neben dem Rathaus wurde eingeweiht. Das Aussehen des Gebäudes soll an die historischen Bauten der Narvaer Altstadt erinnern und wurde überwiegend positiv aufgenommen. Die Rektorin der Lehreinrichtung, einer

Außenstelle der Universität Tartu, *Katri Raik* wurde zur Frau des Jahres 2013 gewählt. Angesichts der schwierigen Situation der Stadt, insbesondere mit dem russischsprachigen Bevölkerungsanteil, ist es ein wichtiges Signal für ein konstruktives Zusammenleben von Esten und Russen, dass am College auf Estnisch, Russisch und Englisch unterrichtet wird.

Aussichtspunkte

Südlich der Burg, auf dem Weg zum Bahnhof und Busbahnhof, befinden sich zwei nette Aussichtspunkte, die sich hervorragend für ein Foto von den beiden Festungen eignen. Der eine liegt am Ende der Raja-Straße, auf der man auch einen kleinen Snack in der Pizza-Döner-Bude oder im *German Pub* einnehmen kann (siehe „Essen und Trinken").

Etwas repräsentativer ist der Aussichtspunkt weiter südlich beim **Schwedischen Löwen.** Das Denkmal erinnert an die Schlacht zwischen den Streitmächten *Peters I.* und des schwedischen Königs *Karl XII.* am 19. November 1700. Von hier aus kann man auch einen Blick auf eine kleine Flussinsel mit Sandstrand werfen, auf der sich im Sommer Angler und Badende tummeln.

Vom dritten Stock des *Astri*-Einkaufszentrums hat man ebenfalls einen guten Ausblick über die Stadt.

Alexanderkirche

Ein Stückchen weiter südlich, hinter der Grafovi-Straße, erhebt sich eine der beiden Kirchen vom Ende des 19. Jh. Die in den Jahren 1881–84 errichtete, lutherische Alexanderkirche wurde im Krieg stark beschädigt, der gut 60 Meter hohe Glockenturm völlig zerstört. Zu Sowjetzeiten diente das achteckige Gebäude als Lager für Alkoholika. Genau wie die Auferstehungskirche wurde auch dieses Gotteshaus von der *Kreenholm Manufaktur* (siehe unten) finanziert.

Mittlerweile reckt sich der Turm wieder stolz in die Höhe, er ist in den letzten Jahren vollständig wiederaufgebaut worden. Leider ist die Gemeinde inzwischen bankrott gegangen, und der Staat hat die Kirche übernommen. Ihre Zukunft ist ungewiss.

Auferstehungskirche

Folgt man der Grafovi-Straße, gelangt man zur Auferstehungskirche. 1890–96 wurde das knapp 30 Meter hohe, backsteinerne Gebäude für die orthodoxen Arbeiter der Kreenholm Manufaktur errichtet. Im Gegensatz zur nahe gelegenen, etwa gleich alten Alexanderkirche hat das im byzantinischen Stil erbaute Gotteshaus den Zweiten Weltkrieg unbeschadet überstanden. Auch heutzutage finden hier regelmäßig Gottesdienste statt. Eine klassische dreiteilige Ikonostase und ein hölzernes Kreuz aus dem 17. Jh. schmücken das Innere. Wände und Kuppel wurden aus Backstein, Treppen und Ornamente aus Granit angefertigt. Leider ist das hübsche Bauwerk – ähnlich wie das Rathaus – von schäbigen Plattenbauten umringt.

Kreenholm Textilmanufaktur

Die Kreenholm-Manufaktur im Süden der Stadt ist zum Glück von den Zerstörungen des Zweiten Weltkriegs weitgehend verschont geblieben. Die „Stadt in der Stadt" ist ein beeindruckendes Beispiel für die **Industriearchitektur des 19. Jh.** Die damals benutzte Technologie war innovativ – als billige Energiequelle diente ein Wasserfall –, sodass der Komplex auf der Pariser Weltausstellung 1900 mit dem *Grand Prix* ausgezeichnet wurde. Neben einer Fabrik englischen Stils wurden ein Krankenhaus (1913 zu Ehren der 300-jährigen *Romanow*-Dynastie im modernistischen Stil errichtet), Arbeiterunterkünfte, Wohnhäuser für die Leiter der Fabrik sowie ein Park angelegt.

Die einst größte Fabrik des Russischen Imperiums mit mehreren Zehntausend Angestellten ist allerdings dem Schicksal der meisten europäischen Betriebe der Textilbranche nicht entronnen. Seit der Unabhängigkeit Estlands wurde die Zahl der Angestellten immer weiter reduziert. 2010 kam das endgültige Aus, als der dann schwedische Mutterkonzern Insolvenz anmelden musste.

Es gibt mittlerweile konkrete **Pläne** das historische Gelände von etwa 30 ha innerhalb der nächsten 20 Jahre neu zu gestalten und inmitten der alten Industriegebäude ein neues, modernes Narva zu bauen.

Weitere alte Gebäude

Weitere vom Krieg verschonte bzw. wieder aufgebaute Gebäude gibt es wenige. Wer doch noch etwas durch die Stadt schlendern will, findet in der Kraavi-Straße 2 das ehemalige Gebäude des Barons *von Velio,* in dem heute eine Schule untergebracht ist. Auf der Koidula-Straße (Nr. 3a und 6) befinden sich weitere Gebäude, die ein wenig an die prächtige Vergangenheit erinnern. Im Norden der Stadt, auf dem Weg nach Narva-Jõesuu, passiert man die neue orthodoxe Kirche.

Deutscher Soldatenfriedhof

Am Ortsausgang an der Straße nach Narva-Jõesuu liegt auf der Flussseite ein deutscher Soldatenfriedhof. Neben dem Gräberfeld erinnert ein Gedenkkreuz an die Gefallenen des Zweiten Weltkrieges in der strategisch wichtigen Narva-Region. Die Anlage ist auch als **Landschaftspark** reizvoll.

Praktische Tipps

Informationen

■ **Touristeninformation,** Peetri 3, Tel. 3599137, http://tourism.narva.ee, tägl. 10–16 Uhr, im Sommer bis 17.30 Uhr. Hier bekommt man verschiedene Infomaterialien, Unterkünfte und Fremdenführer vermittelt. Es wird auch Internetnutzung angeboten, und es können diverse Fahrkarten gebucht werden.

Service

■ **Bank:** Filialen z.B. Tallinna mnt 28 *(SEB)*, Geldautomaten finden sich auch in den Einkaufszentren und Supermärkten.
■ **Post:** Tallinna mnt 41 (im *Astri*-Center).
■ **Tanken:** an der Tallinna mnt.

Unterkunft

2 **Central Hotel**②, Lavretsovi 5, Tel. 3591333, www.centralhotel.ee. Günstiges aber nettes Hotel in einem der alten Gebäude Narvas.

1 **Hotel Inger**②, Pushkini 28, Tel. 6881100, www.inger.ee. 83 modern ausgestattete Zimmer mit Bad, TV und Telefon, es gibt hier auch Spezialräume für Allergiker, ein bewachter Parkplatz ist vorhanden.

3 **Hotel King**②, Lavretsovi 9, Tel. 3572404, www.hotelking.ee. 7 Zimmer mit Bad, TV und Telefon. Frühstück auf Anfrage, gemütliches Restaurant mit Kamin.

9 **Hostel und Restaurant Lell**①-②, Partisani 4, Tel. 3549009, www.narvahotel.ee. Rund 50 Zimmer, Sauna, Fitnessraum, Billiardtisch, Restaurant.

7 **Hotel Narva**③, Pushkini 6, Tel. 3599600, www.narvahotell.ee. Mitten im Zentrum gelegen, großes Restaurant im Hotel.

Essen und Trinken

6 **German Pub,** Pushkini 10, Tel. 3591548, www.germanpub.ee. Obgleich dieses Lokal „Pub" heißt und in einem dunklen Untergeschoss gelegen ist, ist die Auswahl an Speisen relativ groß und der Service nicht zu bemängeln.

8 **Regata,** P. Kerese 26, Tel. 53911423. Tagesgerichte, Bar, teilweise Live-Musik.

4 **Kohvik Muna,** Raekoja plats 2, Tel. 3549665. Das Café befindet sich im Collegegebäude. Warme Küche, Auswahl an Kuchen.

5 **Old Trafford,** Peetri plats 1, Tel. 3360054, www.oldtrafford.ee. Europäische und russische Küche.

Einkaufen

11 **Astri keskus,** Tallinna mnt 41, www.astri.ee/astri-keskus. Größeres Einkaufszentrum mit allen wichtigen Geschäften und Services.

12 **Fama keskus,** Tallinna mnt 19 C, www.astri.ee/fama. Weiteres Einkaufszentrum.

Verkehr

■ Der gleich neben dem Bahnhof gelegene **Bushof** an der Vaksali erinnert eher an einen größeren Kiosk als an ein Bahnhofsgebäude. Von hier fahren täglich zahlreiche Busse nach Tallinn, und auch Rakvere, Jõhvi, Narva-Jõesuu und Tartu werden regelmäßig angefahren. Die **Busse** nach St. Petersburg (dorthin nur mit Visum!) halten hier.

■ Über Rakvere fährt ein **Zug** nach Tallinn.

Von Narva zum Peipus-See

Südlich von Narva führt keine befestigte Straße an der Grenze entlang zum größten See des Landes, dem **Peipsi järv.** Will man Richtung Süden fahren, muss man sich nach Jõhvi zurückbegeben, um von dort aus an den See zu gelangen. Wälder und Moorlandschaften, darunter der größte Sumpf des Landes, Puhatu, zeichnen dieses dünn besiedelte Gebiet aus.

Kurtna-Seengebiet

Wanderfreunden sei das Kurtna-Seengebiet empfohlen, das östlich der Straße 32 nach Vasknarva liegt. In einem Umkreis von rund 30 m² liegen zwischen malerischen, bewaldeten Hügeln über 40 Seen, die in der Eiszeit entstanden sind. Pilz- und Beerensammler kommen in dieser einsamen Gegend auf ihre Kosten.

3b

Kloster Pühtitsa

Das **Nonnenkloster** von Pühtitsa beim Dorf **Kuremäe** gehört zu den herausragenden Sehenswürdigkeiten der Region. Es liegt in einer einsamen Gegend, eingebettet in eine nahezu unbesiedelte **Moor- und Waldlandschaft** etwa 20 Kilometer südöstlich von Jõhvi. Das Kloster war eines der wenigen in der ehemaligen Sowjetunion, das ohne Unterbrechung in Betrieb war. Es hat gerade für westliche Besucher ein besonderes Flair. Wandelt man durch den Klosterkomplex, fühlt man sich in eine vergangene Zeit im tiefsten Russland versetzt. Prachtvolle Kirchen mit Zwiebeltürmchen, in lange Gewänder und Kopftücher gehüllte Nonnen, wertvolle Ikonen und meterhohe, zu Türmen aufgeschichtete Brennholzstapel wirken auf westliche Augen durchaus exotisch.

Im 16. Jh. soll einem Hirten auf dem Hügel Pühtitsa die heilige Jungfrau Maria erschienen sein. Wenig später fanden Bauern unter einer Eiche eine Ikone der Muttergottes, die noch heute zu den Schätzen des Klosters gehört. Doch erst drei Jahrhunderte später begann man auf Veranlassung des Gouverneurs von Estland, *Sergej Schachowski,* mit dem Bau des Klosters, das der heiligen Synode der russisch-orthodoxen Kirche angehören sollte.

Heute betritt man den von einer Mauer umgebenen Komplex durch ein stattliches Tor mit grünem Dach und farbenprächtiger Wandbemalung und schreitet durch einen schönen Rosengarten auf die **Uspenski-Kathedrale** zu, die Anfang des 20. Jh. erbaut wurde. Das dreischiffige Sakralgebäude wird von drei Altären und einer wertvollen Ikonostase geschmückt. Bis zu 1200 Menschen finden in dem Gotteshaus Platz. Außen krönen fünf grüne Kuppeln die Kathedrale.

Neben ihr gehören eine weitläufige Parkanlage, fünf kleinere Kirchen, hölzerne Wohnhäuser der Nonnen, ein Friedhof, eine Schule und ein Alters-

023es ta

heim zu dem Gebäude-Ensemble. Allerdings sind nicht alle Bereiche zugänglich. Eine heilige Quelle, die im Winter nicht zufrieren soll, zieht die Besucher an. Die rund 150 russischsprachigen Nonnen leben auch heute noch weitgehend eigenständig von Landwirtschaft, Viehzucht und Handarbeiten, die in einem kleinen Kiosk verkauft werden.

Mäetaguse

Südwestlich von Mäetaguse geht beim Dorf **Metsküla** der **Selisoo-Wanderweg** ab, der auf Holzstegen durch das gleichnamige Moor führt. Der Zugang ist auch von der anderen Seite, von der Jõhvi-Taru mnt, möglich. Je nach Jahreszeit kann das Gebiet auch zur **Vogelbeobachtung** interessant sein.

Unterkunft

■ **Vaikla Puhkekeskus**①, Vaikla, Gemeinde Iisaku, Tel. 58049366, www.vaikla.ee. Ferien- und Erholungszentrum für Gruppen, daher keine Zimmervermietung, aber Zelt- und Wohnwagenstellplätze, idyllisch an einem See mitten im Wald gelegen. Gemütlicher Speiseraum mit Bar, Lagerfeuer- und Grillplatz, auf Vorbestellung Boots- und Kanuverleih, großer Abenteuerspielplatz für Kinder und Fischen und Eisfischen auf dem Peipus-See im Winter.

Am Nordufer des Peipus-Sees

Von Kiefernwald umrahmte Strände, menschenleere Dünen und ein Gewässer, das so groß ist, dass es vom Ufer aus wie das Meer wirkt, so lässt sich das Nordufer des Peipus-Sees beschreiben. Der See lädt zum **Baden** ein, beispielsweise bei Remniku, Alajõe, Uusküla, Rannapungerja, aber vor allem in **Kauksi** mit seinem schönen Sandstrand. In Kauksi und Raadna befinden sich einfache Campingplätze.

Das Gebiet ist dünn besiedelt und hat bis auf orthodoxe Kirchen in **Alajõe** und **Vasknarva** sowie den sich dort befindlichen Resten einer Ordensburg aus dem Jahr 1427 nicht viel zu bieten, ist aber der ideale Ort für einen Badeurlaub.

Der Peipus-See wird im Kapitel „Der Süden" ausführlich beschrieben.

In **Lohusuu** beginnt das Gebiet der **Altgläubigen**. Die knapp 1000-Einwohner-Gemeinde teilt sich auf in Esten, Altgläubige und Russen, die zu Sowjetzeiten her gezogen sind. Auf dem Friedhof finden sich Gräber deutscher Soldaten aus dem Zweiten Weltkrieg.

Unterkunft

■ **Kauksi Ferienhaus (Puhkemaja)**①-②, Kauksi, Tel. 5219326, www.kauksipuhkemaja.ee. Zur Auswahl stehen drei Holzhäuser, Rauchsauna, Grill und Lagerfeuerplatz, Fahrradverleih.
■ **Kauksi puhkeküla** *(Feriendorf Kauksi)*①, Kauksi, Tel. 3393835 (Juni–August), Tel. 56640649, www.kauksirand.ee. Nur Juni bis August geöffnet, einfache Hütten, Dusche und WC in separatem Haus, Kiosk, Sportartikelverleih.
■ **Puhkekeskus** (Erholungszentrum) **Suvi**①-②, Karjamaa, Remniku, Gemeinde Alajõe, Tel. 5331 1117, www.peipsi-suvi.ee. Im Wald gelegen, nicht weit vom See, alle Zimmer mit Dusche, WC, TV und Kühlschrank; auch Wohnmobilstellplätze.

◁ Verwunschen: das Kloster Pühtitsa in Kuremäe

3b

IM ZENTRUM ESTLANDS

Die im Zentrum liegenden Landkreise **Raplamaa, Järvamaa** und **Jõgevamaa** werden von den meisten Reisenden eher stiefmütterlich behandelt, sind sie im Großen und Ganzen doch nicht für herausragende Sehenswürdigkeiten bekannt.

024es ta

- **Ordensburg Paide,** einst starke Festung, lädt das Gelände nun zu schattigen Spaziergängen ein | 595
- **Palamuse,** das schöne Dorf mit Kirche, Mühle und Schulmuseum lohnt einen Stopp | 604
- **Ordensburg Põltsamaa,** innerhalb der streng geometrisch angelegten Mauern befindet sich eine sehenswerte Kirche | 606

NICHT VERPASSEN!

Diese Tipps erkennt man an der gelben Hinterlegung.

▷ Künstlerhof an der Landstraße östlich von Tallinn

3c

Doch wer es nicht allzu eilig hat, kann auf dem Weg von der Hauptstadt nach Tartu, Viljandi oder Pärnu den einen oder anderen Zwischenstopp bei kleineren Sehenswürdigkeiten einlegen oder sich in einem einsamen, kleinen Landschafts- und Naturschutzgebiet die Füße vertreten. Vor allem wer **Moore** und **Karstgebiete** mag, wird auf seine Kosten kommen. Auch im **Pandivere-Hochland** findet man beim Urstromtal Por-

kuni eine liebliche Landschaft mit Hügeln und Seen vor.

Die sehenswertesten Städte in Zentralestland sind **Paide** und **Põltsamaa,** in deren Herzen jeweils alte **Burgruinen** liegen, die heute Museen beherbergen. So manches **Herrenhaus** hat wieder zu altem Glanz gefunden, mittelalterliche **Kirchen** und kleine **Museen** haben zumindest den Sommer über ihre Pforten geöffnet.

3c

Paide

Die Stadt Paide (Witten- oder Weißenstein) liegt im **Landkreis Järvamaa**, etwa auf halber Strecke zwischen Tallinn und Tartu, und nennt sich etwas großspurig „Herz von Estland" *(Eesti süda)*, was wirklich nur geografisch stimmen mag. Bis auf die alte **Befestigungsanlage** hat Paide nicht sehr viel zu bieten, deshalb verwundert es kaum, wenn viele Touristen die Stadt und den umgebenden Landkreis einfach durchfahren. Wer es aber nicht allzu eilig hat, der sollte einen Zwischenstopp einlegen und die Hauptsehenswürdigkeit des Ortes, den Befestigungsturm auf dem Burghügel, besuchen.

Im Landkreis können einige sehenswerte **mittelalterliche Kirchen** sowie einige schön herausgeputzte **Herrenhäuser**, beispielsweise **Jäneda** im Norden Järvamaas, besucht werden. Die Landschaft in der Umgebung ist sehr abwechslungsreich und umfasst Karstgebiete, Drumlins, Moore und ein Quellgebiet.

1265 entstand auf dem Vallimägi (Burghügel) unter Leitung *Konrad von Manderns* anstelle einer altestnischen Burg eine Ordensburg, um die sich schon bald eine Siedlung entwickelte, die bereits 1291 zum ersten Mal Stadtrechte erhielt. Sie ist für die Stadtbewohner eng mit dem Aufstand in der Georgsnacht *(Jüriöö)* im Jahre 1343 verbunden, als sich die Esten gegen die deutschen Herren erhoben, denn auf dem Burggelände wurden einige Zeit später vier estnische Älteste, die zu Verhandlungen abgesandt waren, auf Anordnung des Livländischen Ordensmeisters *Burchardt von Dreileben* getötet. Im Volksmund werden die Stammesältesten „Könige" genannt und noch heute erinnern der Name des ortsansässigen Hotels „Vier Könige" (Nelja Kuninga) und ein Denkmal auf dem Vallimägi an das Ereignis.

Im Laufe des 16.–17. Jh. eroberten immer wieder die Russen und die Schweden, 1602 auch einmal die Polen die Stadt. Bei einem Brand im Livländischen Krieg wurden schließlich die Festung und mit ihr große Teile der Stadt zerstört. 1636 wurde sie dem nordöstlich gelegenen Gutshof Mäo zugeordnet und erhielt erst 1783 erneut Stadtrechte.

Der **Name** Paides, auf Deutsch Witten- oder **Weißenstein**, geht auf den weißen Kalkstein zurück, aus dem auch die Burg errichtet ist. Ähnliches gilt für den estnischen Namen: Aus *Pae linn* (Stadt oder Burg aus Kalkstein) wurde *Paide.*

Die Geburtsstadt des international bekannten Komponisten *Arvo Pärt* ist gut zu Fuß zu durchschreiten. Zentraler Platz ist der Keskväljak, wo sich neben Rathaus und Kirche noch einige ältere Gebäude aus dem 19. Jh. befinden, darüber thront der Burghügel.

Sehenswertes

Ordensburg

Zwar wurde die alte Ordensburg im Livländischen Krieg zerstört, doch lohnt sich trotzdem ein Besuch ihrer Überreste und des restaurierten **Burgturms Pikk Hermann** („Langer Hermann"). Er gehörte zu den ersten Bauteilen der Ordensburg, die später, zu Beginn des 14. Jh., zu einem Konventhaus-ähnlichen Komplex ausgebaut wurde, dessen

Mauern zum Teil noch stehen. Im 16. Jh. hat man die Burg ausgebaut und mit Wällen und Bastionen gesichert. In dem hohen Bergfried ist ein **Museum** untergebracht, in dem die Geschichte Estlands als Zeitreise aufbereitet ist.

Vom höchsten Stockwerk des achteckigen Turms kann man auf die Stadt hinuntersehen. Ursprünglich war er 30 Meter hoch, seine Wände waren drei Meter dick. Heute wird die Höhe sogar noch übertroffen: Zusammen mit dem Turmhelm misst der wieder aufgebaute „Lange Hermann" 42 Meter.

Eine **Freilichtbühne** auf dem Gelände zeugt davon, dass hier öfters Konzerte und Aufführungen stattfinden.

■ **Geschichtsmuseum Ajakeskus Wittenstein,** im Verteidigungsturm der Ordensburg, Veski 11, Tel. 58502001, www.wittenstein.ee, Mi–So 10–18 Uhr, Eintritt 6 €.

In der Altstadt

Am Fuße des Burghügels erstreckt sich der zentrale **Platz Keskväljak,** an dessen Enden Kirche und Rathaus stehen. Die lutherische **Heiligenkreuzkirche** fällt vor allem durch die ungewöhnliche Lage ihres Turms auf, der nicht im Westen des Gebäudes, sondern mittig an der Südseite in den Himmel ragt. Sie folgte 1786 auf einen mittelalterlichen Vorgängerbau, 1848 wurde sie erneut umgebaut und erhielt ihr heutiges Aussehen. Die Stadtbewohner sind stolz auf die hübschen Glasmosaikfenster, die *Ernst Tode* 1901 schuf, und das aus einer Riesenmuschel angefertigte Taufbecken.

Zwischen der Kirche und dem am Südende des Platzes befindlichen **Rat-**

Im Zentrum

haus, dessen Fassade aus dem Jahr 1920 Jugendstilelemente aufweist, befinden sich einige hübsche **spätklassizistische Holzhäuser.** Eines davon bewohnte in seinen letzten Lebensjahren, seit 1804, der aus der Nähe von Weimar stammende *August Wilhelm Hupel* (1737–1819), der, ursprünglich Pastor, einer der bedeutendsten Literaten und Aufklärer im Baltikum wurde (s.u. „Friedhof Reopalu" und unter „Põltsamaa"). Weitere alte Gebäude findet man auf der Tallinna-Straße, die westlich am Vallimägi vorbeiführt, beispielsweise ein **Speicherhaus** von 1786 (Nr. 25) oder das alte **Gerichtsgebäude** von 1783 (Nr. 18).

Heimatmuseum

Wer vor dem Rathaus rechts in die Pärnu-Straße abbiegt, kommt, vorbei an der Touristeninformation, zu einem zweiten zentralen Platz, der von einem klotzigen Bau, dem Kulturhaus, dominiert wird. Rechter Hand liegt das Heimatmuseum des Landkreises Järvamaa (Lembitu 5), das im Jahr 2005 sein hundertjähriges Bestehen feierte. Besonders hübsch sind die Innenausstattung der **alten Apotheke** und weitere Wohnstätten- und Arbeitseinrichtungen.

Friedhof Reopalu

Folgt man der Pärnu-Straße zum Ortsausgang, findet man rechter Hand den Friedhof Reopalu vor, auf dem einige wichtige Persönlichkeiten der Ortsgeschichte begraben liegen, so etwa der ehemalige Kreisarzt *Carl Hermann Hesse* (1802–96), Großvater des Schriftstellers *Hermann Hesse. August Wilhelm Hupel* liegt ebenfalls hier begraben, allerdings ist der genaue Begräbnisort unbekannt. Ein Gedenkstein erinnert an den prominentesten ehemaligen Bewohner der Stadt.

Praktische Tipps

Informationen

▪ **Paide Touristeninformation,** Keskväljak 8, Tel. 3850400, www.jarva.ee/turism. Mitte Mai–Mitte Sept. Mo–Fr 9–17 Uhr, Sa/So 10–15, sonst nur Mo–Fr 9–17 Uhr.

Service

▪ **Erste Hilfe:** Krankenhaus *(Järvamaa Haigla)*, Tiigi 8, Tel. 112.
▪ **Polizei:** Tallinna 12, Tel. 110.
▪ **Post:** Telliskivi 5.
▪ **Bushof:** Jaama 15.

Unterkunft

▪ **Nelja Kuninga Hotell** ②, Pärnu 6, Tel. 3850 882, www.nelikuningat.ee. Keine Schönheit, aber ordentliche, renovierte Standardzimmer, Sauna.
▪ **Gästehaus Tõru** *(Külalistemaja)* ②, Pikk 42 a, Tel. 3850385, www.toruhostel.com. Schlichte Räu-

◁ Im Turm der Ordensburg von Paide befindet sich ein Geschichtsmuseum

3c

me, aber sauber und nett, kostenpflichtiger bewachter Parkplatz. Café im Haus täglich 7–22 Uhr.

Essen und Trinken

Das Angebot in Paide ist nicht groß, neben den genannten Adressen gibt es noch zwei **Imbisse** am Keskväljak.

▪ **Paide Plaza,** Keskväljak 15, Tel. 56988777, liegt im oberen Stockwerk des „Hochhauses" schräg gegenüber dem Rathaus. Mittagsmenü, abends auch Veranstaltungen. Mit Dachterrasse.

▪ Im Nachbarort Mäo, an der alten Straße Tallinn – Tartu, jetzt etwas abseits der Hauptstraße, liegt der empfehlenswerte **Sämmi Grill,** GPS N 58. 908963, E 25.616412, Tel. 3846000, tägl. 11–22 Uhr, www.sammigrill.ee. Für Freunde hochwertiger Grillgerichte ein Muss.

MEIN TIPP: Knapp 10 km entfernt, an der Straße 2 Richtung Tartu, liegt der Gutshof **Põhjaka Mõis** im Dorf Mäeküla, Gemeinde Paide, GPS N 58.895483, E 25.672213, Tel. 5267795, www.pohjaka.ee. Mi–So 12–15 und 16–20 Uhr, im Sommer eventuell auch öfter geöffnet. Ausgezeichnete, moderne Küche in nur teilrenoviertem Gutshaus. Eine Entdeckung!

Türi

Über 50 **Drumlins,** parallel liegende Höhenrücken, die die letzte Eiszeit hinterlassen hat, liegen in dem Gebiet zwischen Paide, Väätsa und Türi. Der Fluss Pärnu fließt durch die fruchtbaren Felder, Wiesen und Weiden. Über **Kirna** mit seinem alten Gutshofpark samt klassizistischem Herrenhaus gelangt man von Paide nach Türi.

„Eesti kevadpealinn", Estlands **Frühlingshauptstadt,** nennt sich das von nicht einmal 7000 Menschen bewohnte Städtchen, das sich damit in die Reihe diverser „Hauptstädte" des Landes (Sommerhauptstadt Pärnu, Geisteshauptstadt Tartu, Winterhauptstadt Otepää) einfügt. Das Wort „Hauptstadt" mag angesichts der Größe etwas lächerlich erscheinen, aber immerhin lassen die netten **Gärten, Alleen und Parks** des Ortes tatsächlich eine Anmutung von Frühling erkennen, eine Zeit, in der in Türi alles grünt und blüht und diverse Festivitäten, etwa ein großer Blumenmarkt, abgehalten werden.

Erstmals tauchte der am Fluss Pärnu gelegene Ort 1347 unter dem Namen Turgel in historischen Dokumenten auf. Einen gewissen Zuwachs verzeichnete er nach Anlegen der später zur normalen Bahnlinie ausgebauten Schmalspurbahn Tallinn – Viljandi um die Wende vom 19. zum 20. Jh., sodass Türi 1926 Stadtrechte bekam. Im Laufe der Zeit verwandelte es sich in eine Gartenstadt, landesweit bekannt wurde ferner das hier ansässige Rundfunkstudio.

Sehenswertes

Museen

Nahe dem Bahnhof, südlich der Gleise, befinden sich nebeneinander die beiden Museen der Stadt sowie die Touristeninformation. Im **Rundfunkmuseum** kann man technische Geräte, Fotos und Wachsfiguren populärer Radiomacher betrachten. Das **Heimatmuseum** dokumentiert die Stadtgeschichte.

Im Zentrum

■ **Eesti Ringhäälingumuuseum,** Vabriku pst 11, Tel. 3857055, www.rhmuuseum.ee, Di–Sa 10–17 Uhr.

■ **Türi Muuseum,** Vabriku pst 11, Tel. 3857429, www.tyrimuuseum.ee, Di–Sa 10–17 Uhr.

St. Martinskirche

Weiter nördlich, an der Wiedemanni-Straße 7, steht das älteste Bauwerk der Stadt, die St. Martinskirche, ein mittelalterliches Bauwerk, das sein heutiges Aussehen 1867 erhielt, als der **neogotische Turm** mit seinem Wetterhahn auf der Spitze erbaut wurde. Sie stellt eine interessante Mischung der für Nordestland typischen Bauweise aus Kalkstein und der in Südestland verbreiteten Ziegelsteintechnik dar. Das Südportal ist mit hübschen **Ornamenten** verziert. Im Sommer ist das Gotteshaus normalerweise dienstags bis sonntags geöffnet (abgesehen von einer Mittagspause), dann kann man im Inneren den von *Christian Ackermann* 1693 geschnitzten **Altar** bewundern. Das Altarbild von 1856 stammt von *August Pezold*.

Gutshöfe

In Särevere, etwas südlich des Ortes, kann man einen Blick auf ein schönes, rotes Holzhaus, das **Herrenhaus Särevere** aus dem 19. Jh., werfen.

Hält man sich gen Süden, erreicht man ein paar Kilometer weiter den sehr schönen **Gutshof Laupa,** der idyllisch am Ufer des Flusses liegt. Das reich dekorierte rosa Gebäude wurde 1913 für die Familie *von Taube* errichtet. Der Steinbau wird von einem hohen Walmdach abgeschlossen, die Fassaden sind von Terrassen, Vorsprüngen, Balkonen und reicher Ornamentik verziert.

Praktische Tipps

Informationen

■ **Touristeninformation,** Vabriku 11, Tel. 3853 111 und 53033111, www.tyri.ee, Di–Sa 10–17 Uhr.

Service

■ **Post:** Viljandi 1a.
■ **Bankautomaten** findet man in der Ortsmitte (Kreuzung Tallinna/Paide/Viljandi).
■ **Bahnhof** und **Bushof:** Jaama 8.
■ **Taxi:** Tel. 58405800.

Unterkunft

■ Übernachten kann man in Väätsa, etwa 5 km westlich von Paide: **Vana Tall Gästehaus**①-②, Kooli 4, Väätsa, Tel. 53411290. Sechs ordentliche Zimmer, untergebracht in einem ehemaligen Stall aus dem 19. Jh., der zu einem alten Gut gehörte, Verpflegung auf Vorbestellung, Sauna, Fahrradverleih. Eventuell wird die Einrichtung den Besitzer wechseln, so dass sich die Kontaktdaten ändern könnten. Ebenso war bei Redaktionsschluss die Adresse der Homepage noch unsicher.

■ **Hotel Veskisilla**② in Türi-Alliku, Tel. 5105913, www.veskisilla.ee. Nette Zimmer mit Minibar, TV und Duschbad, morgens Frühstücksbuffet, ansonsten kann man sich in der hauseigenen **Gastwirtschaft** stärken; verschiedene Saunen, diverse Aktivitätsangebote wie Paintball und Bowling, zum Haus gehört eine Kartbahn.

3c

Essen und Trinken

■ **Café Kadri Tare,** Paide 10, Tel. 3878346. Neben einem kleinen Lebensmittelgeschäft betreiben die Besitzer ein Café mit einigen Plätzen draußen und einfacher Küche.

■ **Kevade kohvik,** Hariduse 1, Tel. 56257128, www.facebook.com/Kohvik Kevad. Das Frühlingscafé im Kulturhaus ist eine gute Adresse, auch für warme Gerichte.

Von Paide nach Norden

Järva-Jaani

Eine **mittelalterliche Wehrkirche** kann man in Järva-Jaani an der Straße 39 besuchen. Das einschiffige Gotteshaus (Pikk 25) aus dem 13. Jh. wurde Johannes dem Täufer geweiht. Später umgebaut, erhielt es 1881 mit Anbau des Westturms sein heutiges Aussehen. Im Sommer ist die Kirche zumeist freitags bis sonntags in den Nachmittagsstunden geöffnet. Man sollte unbedingt einen

Im Zentrum

Blick auf die farbenprächtige **barocke Kanzel** mit wertvollen Holzschnitzereien sowie das Epitaph werfen. Im Pastorat lebte der Verfasser der Livländischen Chronik von 1695, *Christian Kelch*.

Ambla

Die **Marienkirche** in Ambla (Valguse tee 1) gilt als ältester Kirchenbau Zentralestlands. Bereits im 13. Jh. wurden Langhaus und Chor vom Deutschen Orden am nördlichsten Punkt ihres Gebietes errichtet, weiter nördlich lagen schon die Ländereien der Dänen. Später kamen die beiden Seitenschiffe und der Turm hinzu. Von Außen eher schlicht, bestechen im Inneren die verzierten Kapitelle der Säulen, der Renaissance-Altar von *Berendt Geistmann* (um 1620), die zwei Fensterrosetten an Westfassade und Südwand des Chors sowie die Kanzel und das Gestühl aus der Werkstatt *Adam Pampes*.

Über **Käravete**, wo man auf ein weiteres Gutshofensemble aus dem 18. bzw. 19. Jh. stößt, geht es weiter nach Jäneda.

Gutshof Jäneda

Nordwestlich von Ambla bzw. etwa 15 Kilometer westlich von Tapa (von dort kommend immer an den Schienen entlangfahren) stößt man auf den stattlichen Gutshof von Jäneda (Jendel), der seit Jahrhunderten im Herzen des Dorfes liegt. Erstmalig erwähnt wurde das Anwesen 1510, doch das heutige Gebäude aus rotem Backstein, in dessen Turm sich ein Observatorium befindet, wurde erst 1915 von *Hans von Benckendorff* errichtet. Es trägt neogotische Elemente, hat aber auch Anlehnungen an den nordischen Jugendstil. Die Gutsherrin *Maria Zakrevskaja Benckendorff* hat in Italien für den Schriftsteller *Maxim Gorki* gearbeitet und hielt rege Kontakte zu anderen Schriftstellern und Intellektuellen. Sie übersetzte die Werke von *H.G. Wells*, der Jäneda 1934 besuchte. 1921, nach der Bodenreform der ersten Estnischen Republik, zog eine landwirtschaftliche Schule in das Herrenhaus.

◁ Landstraße zwischen Jäneda und Tapa

3c

Heute beherbergt das Anwesen u.a. ein kleines **Museum.** Zur Anlage gehört ein **Gästehaus,** das in einem nachträglich erbauten Nebengebäude aus den 1970er Jahren untergebracht ist. Im ehemaligen Stall von 1888 befindet sich die **Gastwirtschaft Musta Täku Tall** („Zum schwarzen Hengst"), in der häufig Folklore- und Musikabende stattfinden. Außerdem hat das hier ansässige **Handarbeitszentrum** im Sommer seine Pforten für Touristen geöffnet (So–Di 10–18 Uhr, Mi–Sa 10–19 Uhr).

■ **Jäneda mõis,** Jäneda, Gemeinde Tapa, Tel. 3849 770, www.janedaturism.ee. Das **Gästehaus**② verfügt über DZ und 3er-Zimmer und kann bis zu 120 Gäste beherbergen. Wer mag, kann auch **zelten.** Außerdem helfen die Besitzer bei der Vermittlung von Ausritten und geführten Touren; Minigolfplatz. Die **Gastwirtschaft** *Musta Täku Tall* bietet 300 Gästen Platz, rustikale Atmosphäre, Hausmannskost, offener Grill.

Pandivere-Hochland

Südlich von Rakvere und östlich von Tapa erstreckt sich die bedeutendste Erhebung Nordestlands, das Pandivere-Hochland. Beim Berg **Emumägi** erreicht der Kalkstein-Höhenzug eine **maximale Höhe von 166 Metern.** Wie so viele Orte im Land wird auch der Emumägi mit dem Sagenheld *Kalevipoeg* in Verbindung gesetzt. Sein Pferd habe ihn vor einem Rudel Wölfe retten wollen, dazu habe es mit den Hufen die Erde aufgegraben und sie zu einem Haufen zusam-

mengescharrt. Von der Spitze des Berges kann man auf die umliegenden Felder, Wälder und das Moor Endla blicken.

Porkuni

Im Herzen des Pandivere-Hochlands liegt das Urstromtal Porkuni, eine liebliche Landschaft mit Hügeln und Seen, die bereits Ende der 1980er Jahre zum Wasserschutzgebiet erklärt wurde. Der **Porkuni-See** (Porkuni järv) wird von zahlreichen Quellen gespeist, sodass das Wasser rein und klar ist. Um den See mit den darin liegenden Inseln ranken sich zahlreiche Legenden, wie die von einer Nixe, die in dem Gewässer lebt. Das hohe Ufer ist von alten Bäumen umsäumt, an einer Seite gibt es einen **Sandstrand,** wo im Sommer Boote vermietet werden.

Von der Burg aus dem 15. Jh., die auf der **Insel Küngassaare** mitten im See liegt, ist nur noch ein **Turm** erhalten. Dieser wurde liebevoll renoviert und beherbergt ein sehenswertes **Kalksteinmuseum** (Kalkstein ist der offizielle estnische Nationalstein). Wer die in den Stein gehauene, enge Treppe besteigt, kann von der 21 Meter hohen Turmspitze auf die reizvolle Landschaft und den zu Füßen des Turms liegenden **Gutshof Porkuni** (Borgholm) blicken. Im 17. Jh. gehörte der Gutshof der Familie *Tiesenhausen.* Das heutige Gebäude wurde von *Ludwig von Rennenkampf* in Auftrag gegeben und war 1870 fertiggestellt. Es dient als Wohnheim für die Schüler der gegenüber liegenden Gehörlosenschule. Man erreicht die Insel über eine Brücke.

■ **Porkuni Kalksteinmuseum** *(Porkuni Paemuuseum),* Lossi 1, Tel. 3293881 und 53452598, www.

paemuuseum.ee, Mai bis Sept. täglich 11–18 Uhr, im Winter auf Anfrage.

Väike-Maarja

In Väike-Maarja kann man die **mittelalterliche Kirche** (Tamme 4) besichtigen, deren dicke Mauern davon zeugen, dass sie auch zu Verteidigungszwecken genutzt wurde. Den Turm hat man 1873 auf eine Höhe von knapp 62 m aufgestockt. Auf manchem Grabstein des alten Friedhofs liest man noch deutsche Namen.

Das kleine **Museum** des Ortes ist in einem hübschen Holzhaus untergebracht. Dort gibt es auch ein Informationsbüro, das gern bei der Suche nach einer Unterkunft behilflich ist und deutschsprachige Broschüren über die Gutshöfe der Gegend bereithält.

■ **Väike-Maarja Touristeninformation und Museum,** Pikk 3, Tel. 3261625, www.v-maarja.ee, Mai bis September Di–Sa 10–17 Uhr, Winter Mo–Fr 10 17 Uhr.

Endla-Moor

❀ An den südlichen Ausläufern des Pandivere-Hochlands erstreckt sich auf über 80 km² das sehenswerte Moorschutzgebiet Endla, ein typisches Hochmoorareal mit zum Teil drei bis vier Meter dicken Torfschichten. Einige **Adlerarten,** aber auch **Schwarzstörche** und verschiedenste **Sumpf- und Wasservögel** brüten an den Ufern der Flüsse, Seen und Quellen, die das Gebiet mit seinen sieben Hochmooren durchziehen. Moosbeeren sowie der insektenfressende Sonnentau verwandeln das Moor in eine farbenprächtige Landschaft, die von dunklen Moorseen durchzogen und teilweise von niedrigem Wald bewachsen ist.

Die **Besucherzentrale** des Moorgebietes befindet sich in Tooma etwas westlich der Straße 39. Links des Gebäudes, über einen Reiterhof, liegt der Zugang zum eigentlichen Moorgebiet. Der rund drei Kilometer lange **Weg um den Männikjärv** biegt nach einer Weile links in den Wald ab. Alternativ folgt man dem Hauptweg geradeaus und gelangt über den Bohlenweg zum **Aussichtsturm** im Männikjärve-Moor und weiter bis an den Waldrand. Man könnte weitergehen bis an den Endla-See und zurück über Kärde, doch ergibt dies einen sehr ausgedehnten Tagesmarsch. Die in den Karten verzeichnete kürzere Runde am Kaasikjärv vorbei ist zugewachsen. Hier ist die beste Option wohl am Waldrand umzudrehen. Wer den schönen Endla-See erreichen will, startet die Wanderung besser von unten her, über Kärde. Von dort sind es nur noch rund zwei Kilometer.

■ **Endla looduskaitseala,** Tel. 53059756, http://loodusegakoos.ee, dort nach Endla suchen. Die Besucherzentrale in Tooma bietet zurzeit keinen regelmäßigen öffentlichen Service, sondern dient nur der Verwaltung. Eine kleine Ausstellung kann nach Vereinbarung geöffnet werden.

Palamuse

Südöstlich von Jõgeva liegt der kleine, aber sehenswerte Ort Palamuse, der ein guter Ausgangspunkt für einen Besuch des Schutzgebietes Vooremaa darstellt. Einige Geschäfte, eine Post, eine eigene kleine Sängerbühne und eine Gastwirtschaft gruppieren sich um das Zentrum des Ortes, das nördlich der Seen Veskijärv und Paisjärv liegt. Am Ufer des Vesskijärv (Mühlensees) steht eine **Wassermühle** aus den 1870er Jahren.

Ein kleines Informationsbüro versorgt Besucher mit Karten- und Infomaterial. Gleich um die Ecke erhebt sich die **St. Bartholomäuskirche** aus dem Jahr 1234, die mehrfach um- und wieder aufgebaut wurde. Im Inneren sind der barocke Altar und die Kanzel vom Ende des 17. Jh. erwähnenswert. Die Grabsteine und Steinkreuze auf dem Friedhof datieren bis ins 15. Jh. zurück.

Bekannt ist Palamuse aber wegen des Films *Kevade* (1970), der im Jahr 2012 zum beliebtesten estnischen Film gewählt wurde. Es handelt sich um die Verfilmung der gleichnamigen Erzählung des estnischen Schriftstellers *Oskar Luts* aus dem Jahr 1912. *Luts*, der in Palamuse zur Schule ging, erzählt humorvoll die Geschichte einiger Schuljungen. Der Film wurde in Luts' ehemaliger Schule gedreht und ebendort befindet sich das Museum, direkt hinter der Kirche.

▪ **Museum der Gemeindeschule,** Köstri allee 3, Tel. 7760514, www.palmuseum.ee. Mai–Sept. tägl. 10–18, Okt.–April Mo–Fr 10–17 Uhr. Eintritt 1,50 €.

Unterkunft, Essen und Trinken

MEIN TIPP: Etwas außerhalb von Palamuse liegt der **Ferienhof Mokko**②, Änkküla, bei Palamuse, Tel. 5052573, www.mokko.ee. Es stehen Küche und Grill zur Verfügung, Frühstück kann man auf Wunsch bekommen. Auch ein schönes, separates Ferienhaus mit eigener Sauna kann man mieten. Die Deutsch sprechenden Besitzer verleihen Boote und Fahrräder, außerdem kann man in der Nähe reiten. Schön ist der Garten des Anwesens, in dem man sich abends von den Ausflügen erholen kann.

▪ **Udu Talu Camping,** Änkküla, Palamuse, nahe Mokko, GPS N 58.70500, E 26.56306, www.udutalu.ee. Einfacher Platz mit Hütten① und Stellplätzen am Kuremaa-See.

▪ **Lible juures,** kleines, schlichtes Restaurant mitten in Palamuse, bei der Kirche.

Landschaftsschutzgebiet Vooremaa

Die von ungewöhnlich lang geformten Höhenzügen gezeichnete Gegend südlich von Jõgeva ist beim Zurückweichen des Festlandeises nach der letzten Eiszeit entstanden. Durch den Druck der Gletscher Richtung Nordwesten und die Verschiebung des Moränenmaterials entstanden zahlreiche **längliche Hügel,** die sich allesamt von Nordosten nach Südwesten erstrecken. Diese spezielle Moränenform, die man auch in anderen Ländern, etwa Großbritannien, aber auch in Süddeutschland (beispielsweise in der

Nähe von Konstanz) vorfindet, wird **Drumlin** genannt. Der Höhenzug bei Laiuse ist mit 144 Metern der höchste Drumlin der Region. Bei dem Gebiet um Kassinurme handelt es sich um eine der ausgeprägtesten Drumlin-Landschaften Osteuropas. Der südliche Teil dieses Gebiets wurde unter Schutz gestellt. Das Vooremaa-Schutzgebiet zeichnet sich dadurch aus, dass sich zwischen den Drumlins acht ebenso lang gezogene **Seen** erstrecken, von denen der Badesee Saadjärv und der Kaiavere järv die größten sind. Beim See Raigastvere lädt ein **Aussichtsturm** dazu ein, einen Blick auf die Umgebung zu werfen. Der bis zu 25 Meter Tiefe Saadjärv ist fischreich, vor allem Barsche, Zwergmuränen und Hechte kommen in dem Gewässer vor.

Luua

Am Nordrand des Schutzgebietes Vooremaa liegt ein **Gutshofensemble,** das aus Herrenhaus, Wassermühle und Pastorat besteht. Es ist umgeben von einem der artenreichsten Parks Estlands, was die Vielfalt der Baum- und Buscharten angeht. 1730 ließ der Graf *Ernst von Münnich* ein barockes Herrenhaus errichten. Der Name des Anwesens – estnisch Luua, deutsch Ludenhof – geht aber auf seine vorherigen Besitzer, die Familie *Luden* zurück. Von 1831 bis 1921 gehörte es wie der Gutshof *Kuremaa* der Familie *von Oettingen*. Nach dem Zweiten Weltkrieg wurde das Hauptgebäude umgebaut und um ein Stockwerk erweitert, seither beherbergt es eine Forstwirtschaftsschule. Sehenswert sind neben dem Park das reichlich verzierte „Pfefferkuchenhäuschen".

■ **Arboretum Luua,** Gemeinde Palamuse, Tel. 7762111, ganzjährig geöffnet. Man kann eine Naturausstellung besichtigen oder sich bei einer Führung (auf Deutsch) Flora und Fauna erklären lassen.

Wildpark Elistvere

Wer auf seiner Reise durch Estland noch keinem Elch oder Bären begegnet ist, kann dies in Elistvere nachholen. 1997 wurde der ehemalige Park des Gutshofes *Elistvere (Ellistfer),* zu dem in der Mitte des 19. Jh. 28 Gebäude gehörten, in einen Wildpark umgewandelt. Neben **Elchen, Luchsen,** einem **Bären** und **Wildschweinen** – natürlich hinter Zäunen gehalten – können unter anderem Rehe und verschiedene Kleintiere aus nächster Nähe beobachtet werden.

■ **Elistvere Loomapark,** Gemeinde Tabivere, Tel. 6767030, täglich geöffnet, Juni bis Aug. 10–20 Uhr, März bis Mai und Sept./Okt. 10–17 Uhr, Nov. bis Febr. 11–15 Uhr.

Eiszeitmuseum Äksi

In dem kleinen Ort **Äksi,** schön am See gelegen, gibt es mit dem Eiszeitzentrum einen touristischen Anlaufpunkt. Die Gegend mit ihren länglich abgeschliffenen Hügeln ist deutlich als eiszeitlich geformt erkennbar, sodass das Museum an der passenden Stelle liegt. Es vermittelt mit einer modernen museumspädagogischen Gestaltung Wissen über **Geologie, die Eiszeiten, Umwelt und Klima.** Für die kleineren Besucher sind die Tiermodelle eine Attraktion.

Im Zentrum

3c

■ **Jääajakeskus,** Saadjärve 20, Äksi, GPS N 58. 525755, E 26.676229, Tel. 59113318, www.jaaaeg. ee, geöffnet 11–18 Uhr, sonst Di–So 11–18 Uhr.

Unterkunft, Essen und Trinken

■ **Motel Äksi**①, Äksi, Gemeinde Tabivere, Tel. 776 4988 und 5158191, www.aksi motell.ee. Nur 400 m vom Ufer des Saadjärv entfernt, mit Restaurant.

Põltsamaa

Obgleich das weiter westlich liegende Jõgeva Verwaltungssitz des gleichnamigen Landkreises ist, hat die Stadt Põltsamaa (Oberpahlen) nicht nur mehr zu bieten, sondern liegt gerade für Durchreisende auf der Strecke Tallinn – Tartu verkehrsgünstiger. Dass Põltsamaa sich von anderen Provinzstädten abhebt, ist vor allem seiner wohl bekanntesten Sehenswürdigkeit zu verdanken, den **Ruinen des Schlosses Põltsamaa,** dem einzigen ehemaligen Königssitz des Landes.

Mitte des 18. Jh. kam der deutsche Geistliche *August Wilhelm Hupel* (1737–1819) als Pastor in die Stadt. Er beschäftigte sich intensiv mit der estnischen Sprache und Literatur, gab ein Wörterbuch zu estnischen Dialekten heraus, sammelte Volkslieder und Sprichwörter, schuf einen dreiteiligen Band mit volks- und landeskundlichem Inhalt und korrespondierte mit Intellektuellen im In- und Ausland. Gemeinsam mit dem Arzt und Lehrer *Peter Ernst Wilde* (1732–85), der eine der ersten Druckereien Estlands gründete, gab er 1766 die erste estnischsprachige Zeitschrift des Landes heraus.

Sehenswertes

Ordensburg und Museum

1272 wurde am Ufer des Flusses Põltsamaa, der damals Pala genannt wurde, eine Ordensburg gebaut, die von einer kastellartigen Mauer und Wallgräben umringt war. Im 14. Jh. kam in der Ostecke ein Konventhaus hinzu, später hat man die Mauer erhöht und mit Türmen ausgestattet.

Acht Jahre lang, von 1570 bis 1578, diente sie dem Bischof von Ösel-Wiek und Vasallenkönig *Magnus* als Residenz. *Iwan der Schreckliche* hatte den jüngeren Bruder von Dänenkönig *Frederik II.* zum Herrscher über Livland erklärt, damit dieser von dort aus Reval (Tallinn) erobern konnte, welches sich seinerseits in schwedischer Hand befand. Da das *Magnus* jedoch nicht gelang und sich dieser kurz darauf mit dem König von Polen verbündete, löste der Zar das Vasallenreich auf. Die Burg wurde während des Livländischen Krieges beschädigt und verlor an Bedeutung, im Nordischen Krieg brannten die Mauern nieder.

1750 ging sie in Besitz von *Woldemar Johann von Lauw* über, der zahlreiche Manufakturen vor Ort aufgebaut hatte: Er ließ Spiegel und Glas herstellen, besaß eine Kupferwerkstatt und eine Gerberei. Auf den Ruinen ließ er ein prächtiges **Rokokoschloss** errichten und ringsherum einen **Park** mit mehreren Brücken anlegen, die über den Fluss führten.

Allerdings lebte Lauw über seine Verhältnisse, am Ende war er so verschuldet, dass sein Schloss auf einer Auktion veräußert werden musste. Es ging an *Katharina II.* über, die es dem Grafen *Aleksei Bobrinsky* schenkte.

Von der Schönheit und Pracht des Rokokoschlosses ist heute nichts mehr zu sehen, 1941 wurde es komplett zerstört. Dennoch ist die Anlage einen Besuch wert. Teile der Ringmauer wurden konserviert, in einem Schlosstrakt liegt ein **Restaurant,** das allerdings nur auf Bestellung öffnet, zudem gibt es ein **Museum,** das die Geschichte des Schlosses dokumentiert und auch als Informationsbüro fungiert. Nebenan findet sich ein kleines **Kunsthandwerksgeschäft.**

Wer den lokalen Wein probieren möchte, kann dies im **Weinkeller** tun, muss man aber wissen, dass es sich dabei um Fruchtweine handelt, die aus verschiedenen Beeren hergestellt werden. Die Esten, die ihren Sehenswürdigkeiten, Städten und Regionen gern klangvolle Namen geben, haben Põltsamaa den Titel **„Weinhauptstadt"** verliehen.

■ **Põltsamaa Museum** und **Touristeninformation,** Lossi 1b, Tel. 7751390, www.muuseum.visit poltsamaa.com, Mitte Mai bis Mitte Sept. tgl. 10–18 Uhr, im Winter Mo–Sa 10–16 Uhr.
■ **Põltsamaa Weinkeller,** Lossi 1 (im Schlosshof), Tel. 58556299, www.felix.ee (der estnische Fruchtweinhersteller *Põltsamaa* gehört zur schwedischen Konservenmarke *Felix*). Geöffnet tägl. 10–19 Uhr.

Nikolaikirche

Beim Betreten der Burganlage fällt die gelbe Kirche auf, die in die alte Festungsanlage integriert ist. Bereits im 13. Jh. stand am linken Ufer des Flusses eine Kirche, die jedoch Anfang des 17. Jh. wie auch die Burg im Krieg zerstört wurde. Also errichtete man auf einem Teil der Festungsmauern 1730 kurzerhand ein neues Gotteshaus. Dabei diente das alte Torgebäude als Kirchenschiff und der runde Kanonenturm als Sakristei, nach dem Nordischen Krieg als Altarchor. Mitte des 18. Jh. wurde dem Turm ein **barocker Helm** aufgesetzt. Wie das Rokokoschloss fiel auch die Kirche 1941 dem Zweiten Weltkrieg zum Opfer. In den Nachkriegsjahren widmete man sich dem Wiederaufbau, seit 1969 wird die Spitze wieder von dem Turmhelm geschmückt.

Ein Großteil der Einrichtung wie Kanzel, Altar, Bänke und Kronleuchter stammen aus der ebenfalls im Krieg zerstörten Universitätskirche der Stadt Tar-

▷ Die Nikolaikirche in Põltsamaa

tu. Die **Orgel,** die von der Firma *Sauer* in Frankfurt an der Oder im Jahr 1900 angefertig wurde, stammt aus der Johanniskirche in Viljandi und wurde 1966 durch die Orgelbauerfamilie *Kriisa* erweitert. Stolz sind die Gemeindemitglieder auf das **drehbare Altarbild.**

Weitere Sehenswürdigkeiten

Auf der gegenüberliegenden Flussseite liegt das in einen Park eingebettete **Gutshaus Uue-Põltsamaa** (Neu-Oberpahlen; Veski 7), das *Jakob Heinrich von Lilienfeld* Mitte des 18. Jh. erbauen ließ.

An der Lossi-Straße wurde 1895 für die anwachsende orthodoxe Gemeinde eine hübsche **Kirche** aus Ziegel- und Natursteinen gebaut, die von typischen Zwiebeltürmchen gekrönt ist.

Die 17 **Brücken,** die über den Fluss und auf die darin liegenden Inseln führen, laden zu einem netten Spaziergang ein. Neben dem Titel „Weinhauptstadt" brachten sie Põltsmaa den Namen **„Stadt der Brücken"** ein.

Doch – aller guten Dinge sind drei – noch ein weiterer Titel schmückt den Ort: Die Bezeichnung **„Rosenstadt"** ist der Tatsache geschuldet, dass hier Rosen gezüchtet werden. Im **Rosengarten,** der etwas außerhalb des Zentrums nach Norden Richtung Mällikvere liegt, findet man rund 1000 verschiedene Arten vor. Er ist täglich von 8 bis 18 Uhr, am Wochenende ab 9 Uhr geöffnet (ca. Juni bis Sept., Eintritt 2 €, www.eestiroos.ee).

Praktische Tipps

Informationen

■ **Põltsamaa Touristeninformation,** Lossi 1b, Tel. 7751390, www.visitpoltsamaa.com.

Service

■ **Bank/Geldautomat:** Silla 2 und beim Bushof.
■ **Post:** Silla 2.
■ **Apotheke:** Kesk 3, Lossi 9.
■ **Bushof:** An der Kreuzung Tartu mnt/Jõgeva mnt.

Unterkunft, Essen und Trinken

■ **Carl-Schmidt-Haus** *(Alevivanema Carl Schmidti maja)*①, Kesk 4, Tel. 7769937 und 53468303, www.csmaja.eu. Café-Restaurant und Gästehaus. Restaurant Mo–Sa ab 11 Uhr.
■ Direkt nebenan liegt der **Hullava Naise Pubi,** Kesk 4a, Tel. 7752459, tägl. ab 11 Uhr. Urige Gastwirtschaft mit ordentlicher Küche.
■ **Gästehaus Heleni Külalistemaja**①, Pajusi mnt 12, Tel. 7762720, www.helenimaja.ee. Einfaches Gästehaus, mit Kaminraum, Billard, Sauna.
■ **Gästehaus und Café Rivaal**②, Veski 1, Tel. 7762620, www.rivaal.ee. Kleines Gästehaus, Sauna, Frühstück. Das angeschlossene Snack-Café hat nette Plätze zum Draußensitzen.
■ **Kohvik 0**①, Lossi 5A, Tel. 58864664, www.kohviko.ee. Freundliches Café, geöffnet im Sommer.

Umgebung von Põltsamaa

Naturschutzgebiet Alam-Pedja

Südlich von Põltsamaa liegt das 260 km² große Naturschutzgebiet Alam-Pedja, das sich fast bis zum Võrtsjärv

(Wirz-See) erstreckt. Ironischerweise ist es der Sowjetbesatzung, die hier einen Truppenübungsplatz anlegte und die Gegend zum militärischen Sperrgebiet erklärte, zu verdanken, dass in dem abgeschiedenen Gebiet Sumpfwiesen und Moorinseln, ursprüngliche Wälder und liebliche Flusslandschaften vor menschlichen Einflüssen geschützt waren. See-, Fisch- und Steinadler, Tüpfelsumpfhühner und Schnepfen, Singschwäne und viele andere **Wat- und Wasservögel** rasten auf den weiten Auenwiesen und Hochmooren. Hinzu kommen **Otter, Biber, Luchse, Bären** und sogar **Wölfe,** die hier beheimatet sind.

Zwei **Wanderwege** erschließen Besuchern das Gebiet. Der eine, etwa 7,5 km lang, startet in Kirna, etwa fünf Kilometer flussabwärts von Puurmani. Die Zufahrt zum zweiten, vielleicht schöneren, zweigt in Laeva ab. Von Süden kommend, weist ein Schild zum „Laeva kontor". Diese Einfahrt noch nicht, sondern die nächste nehmen. Ein kurzes Stück ist der Weg geteert, nach einer kleinen Brücke geht er dann in eine recht holprige Schotterstraße über. An dieser folgen nach einer ganze Weile zwei Wanderparkplätze. Welchen man nimmt, ist egal, denn damit man einen Rundweg hat, muss man das Stück Straße dazwischen ohnehin gehen. Der eigentliche Lehrpfad ist fünf Kilometer lang, die Runde etwas länger. Der **Aussichtsturm** liegt näher am ersten Parkplatz (s.u.).

◾ **Informationen über das Naturschutzgebiet** erhält man (auf Englisch) bei der staatlichen Forstverwaltung *RMK,* die auch die Nationalparks und Schutzgebiete betreut, http://loodusegakoos.ee.
◾ **Selli-Sillaotsa Lehrpfad** *(õpperada)* (4,7 km) GPS N 58.435041, E 26.268727. Parkplätze, Aus-

sichtsturm. Teilweise schlechter Wegzustand, Erneuerung ist geplant.
◾ **Kirna õpperada** (6,8 km), GPS N 58.544423, E 26.237857. Nach ausgiebigen Regenfällen unter Umständen schwer zu begehen.
◾ Bei Kärevere, am Rand des Naturschutzgebietes an der Straße 2, hat ein **Bootsverleih** seinen Sitz. Hier kann man sich auch eine **Angelausrüstung** leihen, außerdem werden **Bootstouren** organisiert. *Paadilaenutus,* Kärevere, Gemeinde Laeva, Tel. 5031411 und 5020411, www.paadirent.ee.

Kõo und Pilistvere

Wer von Põltsamaa nach Viljandi fahren möchte, kann entweder querfeldein über Võisiku und Kolga-Jaani (Straße 51) durch weite Naturlandschaften fahren oder einen kleinen Schlenker über Võhma (Straße 38) machen. Auf dem Weg nach Võhma liegt das 1670 gegründete **Gut Kõo** *(Wolmarshof).* Ende des 18. Jh. entstanden das Herrenhaus, ein Pavillon, ein Vorratsspeicher, der Stall und eine Schnapsbrennerei.

Keine andere **Landkirche** hat einen derart hohen Turm wie die des Nachbarortes **Pilistvere.** 66 Meter ragt er in den Himmel empor. Die Jahreszahl am Giebel der Kirche, 1762, zeigt an, wann das Gebäude nach schweren Beschädigungen im 17. und 18. Jh. umfangreich renoviert wurde. Die Geschichte des Gotteshauses geht bis ins 13. Jh. zurück. Am Südportal überdauerten die in die Wand integrierten Drachen- und Menschenskulpturen aus dem 14. Jh. die Zeit. Sehenswert sind die reich verzierte Kanzel vom Dorpater (Tartuer) Meister *Thomas Öhmann* aus dem Jahr 1686. Die Orgel kommt aus Frankfurt an der Oder, wo sie *Wilhelm Sauer* 1893 baute.

DER SÜDEN

Südestland zeichnet sich durch eine liebliche Landschaft mit Hügeln und kleinen Bergen aus, zwischen denen romantische Seen, Flüsse und Bäche liegen, die zum Teil durch eiszeitliche Urstromtäler fließen.

▽ Der Brunnen der küssenden Studenten auf dem Rathausplatz in Tartu

In den estnischen Landkreisen Võrumaa und Valgamaa gehen die sanften Moränenhügel in Höhenzüge über, deren höchste Erhebung der Suur Munamägi ist, mit 318 Metern bereits der **höchste Berg des Baltikums.** Auch die „Große Himmelspforte" und „Kleine Himmelspforte" genannten **Sandsteinklippen** am Ufer des Flusses Ahja sowie die **Sandsteinhöhlen** in Piusa sind interessant und lohnen einen Besuch.

Etwa 185 Kilometer von Tallinn entfernt liegt die Universitätsstadt **Tartu.** Die zweitgrößte Stadt des Landes gilt als Wiege der estnischen Kultur. Fast alle Esten mit Rang und Namen haben hier studiert, außerdem spielte die Stadt eine bedeutende Rolle in der „Zeit des Nationalen Erwachens".

Tartu und der umliegende Landkreis Tartumaa sind durch den **Fluss Emajõgi** (Embach) geprägt, welcher die beiden

◩ **Tartu, Rathausplatz,** der kleine Bruder des Tallinner Rathausplatzes ist ebenso schön wie dieser, aber weniger überlaufen | 615

◩ **Tartu, Johanniskirche,** die mächtige Backsteinkirche blickt auf eine wechselreiche Geschichte zurück | 619

◩ **Altgläubigendörfer,** die kleinen Straßendörfer am Ufer des Peipus-Sees scheinen aus einer anderen Zeit zu stammen | 637

◩ **Rõuge, Nachtigallental,** außer einem schönen Spaziergang durch das Tal gibt es in der Umgebung noch viel mehr zu sehen | 652

◩ **Viljandi Folkfestival,** Freunde traditioneller Musik kommen im Juli in Viljandi auf ihre Kosten | 670

NICHT VERPASSEN!

Diese Tipps erkennt man an der gelben Hinterlegung.

3d

Der Süden

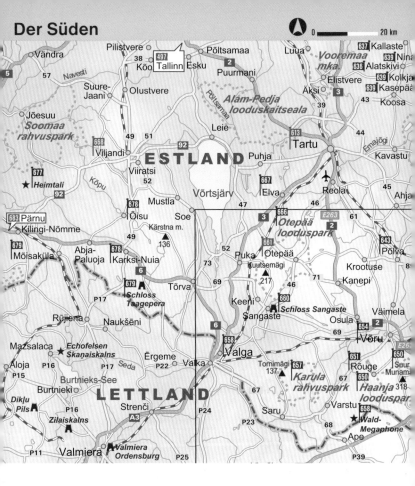

größten estnischen Seen, den **Peipus-See** und den **Võrtsjärv,** verbindet und auf einer Länge von zehn Kilometern durch die Stadt fließt. Am Ufer des Peipus-Sees befinden sich die **Altgläubigen-Dörfer,** langgestreckte Ansiedlungen, in denen alteingesessene Russen mit einer eigenen Kultur und traditionellen Sitten leben.

Die Landkreise Valgamaa und Võrumaa sind die beliebtesten **Skigebiete** des Landes. Das Städtchen **Otepää,** ganz auf Winterurlauber eingestellt, gilt als Estlands Winterhauptstadt. Das Hochland von Otepää ist das sicherste Schneegebiet des Baltikums und lockt jedes Jahr Tausende Skifans an. Als Ausrichter internationaler Wettkämpfe ist Otepää auch über die Landesgrenzen hinaus bekannt.

Etwas ruhiger, aber landschaftlich ebenso ansprechend geht es im Haanja-

Baltikum K13

636 Peipsi järv
(Peipus See) P60

Černëvo

639 Varnja

RUSSLAND

Emajõe suursoo kaitseala

Piirissaar

Jamm

Mehikoorma

Meelva

...mka

648

ellenurme Räpina   Seredka

Pskovskoe Ozero

62   ★   O.Kolpina

(Pskover See)

Mikitamäe   644   Värska   P60

Kamenka

Orava   63

645

Sandhöhlen von Piusa   Petschory

anaa-Vastseliina   A212

Izborsk

E77

RUSSLAND

Misso

Velikaja

Palkino

P42

Tartu

Die südestnische **Universitätsstadt** Tartu (Dorpat) ist nach Tallinn mit rund 100.000 Einwohnern die zweitgrößte Stadt des Landes. Tartu gilt als geistiges Zentrum der Esten, seine Universität ist die älteste und größte des Landes. In der **„geistigen Hauptstadt"** entwickelten sich Literatur, Theater und Kunst.

Zudem ist Tartu ein wichtiger Ursprungsort des estnischen Nationalbewusstseins. Hier fand im Jahre 1869 das erste große Sängerfest des Landes statt, das Ausdruck des nationalen Erwachens war und bis heute alle fünf Jahre abgehalten wird. Mittlerweile findet es jedoch in Tallinn statt. Die heutige Nationalflagge ging aus der 1884 kreierten blau-schwarz-weißen Fahne eines Studentenvereins hervor.

Bis heute prägen Studenten das Stadtbild. Etwa 19.000 junge Leute studieren in der am Fluss Emajõgi (Embach) gelegenen Stadt und machen damit fast ein Fünftel der Einwohner aus. Dennoch ist Tartu nicht überlaufen. In den kleinen Straßencafés des Zentrums finden Besucher auch in den Sommermonaten immer ein Plätzchen, können sich für ein paar Euro satt essen und ein Glas der estnischen Biersorte *A Le Coq* genießen, das hier gebraut wird.

Tartu ist mit seinen über 30 verschiedenen **Museen und Galerien** ein wichtiges Kulturzentrum Estlands. Hervorzuheben sind ganz besonders das **Estnische Nationalmuseum** und das **Erlebnismuseum AHHAA,** in dem naturwissenschaftliche Phänomene anschaulich erklärt werden.

Hochland zu. Im Sommer laden hier viele **Badeseen,** zum Beispiel im hübschen Örtchen Rõuge, zum Baden ein.

■ **Loodusturism** *(Naturtourismus),* Tel. 53482077, www.loodusturism.ee/de, bietet geführte Touren durch die südestnische Natur an. Auf dem Programm stehen Wanderungen, auch mit Moorschuhen, Kanuwanderungen und Tretrollertouren. Eine deutschsprachige Wanderführerin steht zur Verfügung. Besser rechtzeitig buchen.

3d

Orientierung

Dorpat, wie die Stadt auf Deutsch genannt wurde, ist touristisch gut erschlossen, doch Bettenburgen und horrende Preise sind nicht bis hierher vorgedrungen. Die meisten Sehenswürdigkeiten gruppieren sich um den zentralen **Rathausplatz** (Raekoja plats), wo sich auch die **Touristeninformation** befindet, und den dahinter gelegenen **Domberg.** Die gesamte Innenstadt kann man gut zu Fuß erkunden.

Haupteinkaufsstraße ist die Rüütli/Küüni, die von den Einkaufszentren an der Vanemuise über den Rathausplatz bis zur Lai-Straße führt. Auf der Rüütli/Küüni-Straße und der parallel liegenden Ülikooli, die weiter hinten in die Jaani-Straße übergeht, befinden sich viele **Restaurants und Cafés.** Die eigentliche Innenstadt liegt damit zwischen dem Fluss und den ausgedehnten Parkflächen des Dombergs (Toome mägi).

Hauptverkehrsstraßen sind die Riia, die weiter nördlich in die Narva übergeht, sowie die Vabaduse (später Turu). An der Kreuzung in der Innenstadt, wo ein großes, im Volksmund „Flachmann" genanntes und ebenso geformtes Hochhaus steht, liegen nicht nur die **zentrale Bushaltestelle** der Stadtbusse, sondern, ein paar Meter dahinter, der **Busbahnhof,** der **Markt** und die Schwimmhalle Aura. In der Nähe stehen das Hotel *Dorpat* und ein 23-stöckiges Wohn- und Bürohaus, der **Tigutorn** (Schneckenturm) sowie das **Science-Center AHHAA,** in dem naturwissenschaftliche Phänomene anschaulich erklärt werden (www.ahhaa.ee). An der Riia-Straße nahe dem Fluss sind mehrere größere **Einkaufszentren** angesiedelt und die **Hauptpost** ist nicht weit entfernt. Wer mehr sehen möchte, als die Innenstadt kann sich in den charmanten Vierteln **Supilinn** und **Karlova** auf die Suche nach der eigentlichen Seele der Stadt begeben.

Geschichte

Tartu ist die **älteste Stadt Estlands,** sie wurde 1030 erstmals urkundlich erwähnt. Bereits zuvor soll hier eine altestnische Festung gestanden haben, die den Namen **Tarbatu** trug. Sie soll gegen 550 n. Chr. erbaut und erst 1030 vom Großfürsten von Kiew *Jaroslaw dem Weisen* erobert worden sein. Knapp zwei Jahrhunderte später wurde sie von **deutschen Ordensrittern** niedergebrannt, die an ihrer Stelle eine Burg und eine Domkirche errichteten.

Die Blütezeit der von da an **Dorpat** genannten Stadt ist im Mittelalter anzusiedeln: Um 1280 wurde sie Mitglied der **Hanse** und vermittelte die Geschäfte zwischen Westeuropa und Russland, sodass sie neben Riga als zweitwichtigste Stadt Livlands galt. Aus dieser Zeit stammen die wichtigsten historischen Baudenkmäler, die backsteinerne **Johanniskirche** sowie die Ruine des **Doms** auf dem nach ihm benannten zentralen Hügel. Auch die **Stadtmauer,** von der heute nur noch Reste am Ufer des Emajõgi zu finden sind, wurde damals, auf zwei Kilometern Länge und mit 27 Türmen versehen, errichtet.

Doch zahlreiche wechselnde Herrscher – erst die **Russen,** dann ab 1582 die **Polen** –, Kriege und verheerende Brände vernichteten fast die gesamte mittelalterliche Bausubstanz. Auch die neuen Herrscher hinterließen Spuren.

Der Süden

1625, nach dem Schwedisch-Polnischen Krieg, geriet Tartu unter **schwedische Herrschaft.** Kurz darauf errichtete Schwedenkönig *Gustav Adolf II.* die Universität, die bis heute als wichtigste Lehranstalt des Landes gilt.

Anfang des 18. Jh. wurde die Stadt während des Nordischen Krieges vom russischen Heer erobert und fast völlig zerstört. Die Universität wurde zunächst nach Pärnu verlegt und dann ganz geschlossen. Dies bedeutete das Ende der sogenannten guten schwedischen Zeit, von nun ab regierte das **russische Zarenreich,** das die Stadt nach einem weiteren Großfeuer in der Innenstadt im Jahr 1775 im spätbarock-klassizistischen Stil wieder aufbauen ließ – diesmal aus Stein, statt wie zuvor aus Holz.

Auch nach der Wiedereröffnung der Universität im Jahr 1802 wurde bis Ende des 19. Jh. in **deutscher Sprache** gelehrt. Die russischen Zaren wollten so die Europäisierung ihres Landes vorantreiben. Erst im Zuge der dann verstärkten Russifizierung wurde ab 1893 auf Russisch gelehrt und erst ab 1919, in der Estnischen Republik, auf Estnisch. Bereits in der Zarenzeit war die Universitätsstadt aber ein Zentrum der **nationalen Bewegung** Estlands.

1876 wurde die **Eisenbahnstrecke** nach St. Petersburg und Tallinn eröffnet, 13 Jahre später nach Riga und Pskov. Am 2. Februar 1920 wurde in Tartu der nach der Stadt benannte Friedensvertrag unterzeichnet, in dem Sowjetrussland die Souveränität der Estnischen Republik anerkannte, die jedoch nur wenige Jahre halten sollte.

Im Zweiten Weltkrieg erneut stark zerstört, war die Stadt anschließend unter **sowjetischer Herrschaft** bis zur Un-

abhängigkeit Estlands 1991 jahrzehntelang abgeschirmt, da sie einen Militärflughafen beherbergte. Seit dem erneuten Erlangen der Freiheit hat sich Tartu allmählich wieder zu einer Vorzeigestadt entwickelt, die stolz auf ihre Geschichte und Kultur ist.

Rund um den Rathausplatz

Zahlreiche klassizistische Gebäude säumen den Rathausplatz, der sich trapezförmig zum Fluss Emajõgi (Embach) erstreckt. Der zentrale gelegene Rathausplatz ist immer belebt und zahlreiche Cafés bieten sich zur Einkehr an. Neben zahlreichen anderen Veranstaltungen werden hier im Sommer im Rahmen des **Filmfestivals** *tartuFF* Filme rund um das Thema Liebe gezeigt.

Rathaus

Das rosa gestrichene Rathaus aus dem 18. Jh. ist bereits das dritte, das an dieser Stelle gebaut wurde. Den Entwurf machte der damalige Stadtbaumeister *Johann Heinrich Bartholomäus Walter*, der aus Rostock stammte. Obgleich die Grundsteinlegung auf 1782 datiert ist und die feierliche Einweihung des Gebäudes 1786 stattfand, dauerten die Ausbauarbeiten noch bis 1789 an. Das mit einem hohen Walmdach versehene Gebäude, von dessen zierlichem **Turm** dreimal täglich ein **Glockenspiel** erklingt, weist Charakteristika verschiedener Stilepochen auf: Im Wesentlichen sind dies frühklassizistische Formen, auch Anleihen aus dem Barock und Rokoko sind bei der Außengestaltung eingeflossen.

ansässig ist. Auf der anderen Seite befindet sich die Touristeninformation.

Brunnen der küssenden Studenten

Vor dem Rathaus steht eines der mittlerweile bekanntesten Symbole der Stadt, der Brunnen der küssenden Studenten. Als 1998 ein Brunnen errichtet werden sollte, wurden die Bürger aufgerufen, Vorschläge zur Gestaltung zu machen. Ein verliebtes Studentenpaar schickte ein Foto ein, das sie eng umschlungen in einen Kuss vertieft zeigte. Schon bald darauf durften die jungen Leute Modell stehen. Das Figurenpaar mit Schirm, von dem das Wasser herunterfließt, hat sich mittlerweile zu einem beliebten **Treffpunkt** von Stadtbewohnern und Touristen entwickelt.

Schiefes Haus

Ein bemerkenswertes Gebäude am Rathausplatz ist das **schief stehende Gebäude des Kunstmuseums.** Aufgrund des sumpfigen Untergrundes wurden alle Gebäude hier auf Balkenrahmen errichtet. Im Fall des heute schiefstehenden Hauses befand sich jedoch auf der rechten Seite ein Rest einer alten Befestigungsanlage. Als die Balken verrottet waren, begann sich nur die linke Gebäudeseite abzusenken. Mittlerweile wurden aber weitere Stützen eingebaut, sodass das Gebäude sich nicht mehr weiter neigt. Die Sammlung des Museums umfasst Werke mehrerer namhafter estnischer Künstler, darunter *Johann Köler, Kristjan Raud* und *Eduard Wiiralt*.

   Im Erdgeschoss waren ursprünglich ein Gefängnis und das Wiegehaus untergebracht, während in den oberen Stockwerken der Rat tagte. Anstelle des Wiegehauses zog 1922 eine Apotheke in den rechten Flügel, die auch heute noch dort

3d

■ **Kunstmuseum Tartu/Gemäldegalerie,** Raekoja plats 18, Tel. 7441920, www.tartmus.ee, Mi–So 11–18 Uhr, Do bis 21 Uhr, Eintritt 4 €.

Universität

Gleich hinter dem Rathaus verläuft die schmale Ülikooli-Straße, auf der sich das weiß-grau gestrichene und von sechs toskanischen Säulen dominierte Universitätsgebäude (Ülikooli 18) erhebt. Es wurde von *Johann Wilhelm Krause* (1757–1828) entworfen und 1802 eingeweiht, doch die Geschichte der Universität reicht weiter zurück.

Im Jahr 1632 von Schwedenkönig *Gustav Adolf II.* (1594–1632) errichtet, galt die „Academia Gustaviana Dorpatensis" damals wie heute als wichtigste Lehranstalt des Landes. Bis auf kleinere Unterbrechungen bestand sie zunächst bis 1699 und wurde aufgrund der Unruhen im Land dann nach Pärnu verlegt, wo sie bis 1710 ihren Betrieb aufrechterhielt. 1802 wurde sie von Zar *Alexander I.* wiedereröffnet.

Trotz der Zugehörigkeit zum Russischen Reich lehrte man bis 1895 in den Vorlesungssälen in deutscher Sprache (danach auf Russisch und erst ab 1919 auf Estnisch). Im 19. Jh. entwickelte sich Dorpat, wie Tartu damals noch hieß, zu einem bedeutenden Wissenschaftszentrum des Russischen Reiches. Der Botanische Garten, das Observatorium und das Universitätsklinikum entstanden.

Die **Universitätsbibliothek** verfügt bis heute über mehr als zwei Millionen deutschsprachige Bände, von denen viele aus dem 18. und 19. Jh. stammen. *Karl Ernst von Baer,* der 1827 die Eizelle der Säugetiere entdeckte, und *Alexander Schmidt,* der sich mit der Blutgerinnung beschäftigte, gehörten zu den Lehrenden der Universität. Ende des 19. Jh. beseitigte die Russifizierung die liberalen Tendenzen, doch zuvor war bereits das estnische Nationalbewusstsein an der Alma Mater erwacht. 1869 fand das erste estnische **Sängerfest** in Tartu statt.

Zu den bedeutendsten Lehrenden jüngerer Zeit gehört beispielsweise der Semiotiker *Juri Lotman* (1922–1993). Der eigenwillige Brunnen vor der Bibliothek an der Vanemuise-Straße stellt ein Porträt des Wissenschaftlers dar. Die meisten Mitglieder der Regierung und die bekanntesten Schriftsteller, Wissenschaftler und Intellektuellen Estlands haben hier studiert. Schwerpunkte sind **Gentechnik** und **Laseroptik, Umwelttechnologie** und **Philologie.** Mit dem „**Genspeicher**" verfügt die Universität und damit ganz Estland über eine Einrichtung von internationaler Bedeutung. Hier liegen genetische Proben von gut 50.000 Bürgern samt detaillierter personenbezogener Angaben konserviert, die für die Genforschung eine bedeutende Quelle darstellen. Nur wenige Länder verfügen über eine Gendatenbank in dieser Vollständigkeit.

Im imposantesten Raum der Universität, der sich über zwei Stockwerke erstreckenden **Aula,** die mit Säulen und einer umlaufenden Empore geschmückt ist, finden neben universitären Zeremonien und Vorlesungen auch Konzerte und Feierlichkeiten statt. Im Südflügel

◁ Tartu ist vielleicht etwas provinziell, das aber auf äußerst charmante Weise. Hier: das Rathaus

Der Süden

3d

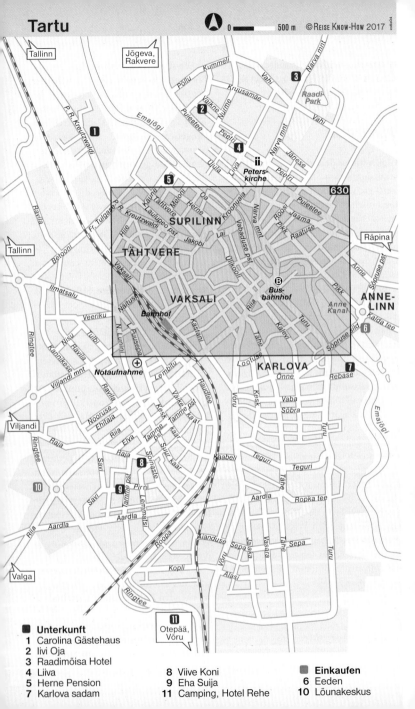

Tartu

0 ▬▬ 500 m © REISE KNOW-HOW 2017

Tallinn
Jögeva, Rakvere
Kummeli
Narva mnt
Pöllu
Kruusamäe
3
Raadi Park
Puiestee
2 Varkne
Nurme
Vahi
Emajõgi
Peetri
Vahi
P.R. Kreutzwaldi
1
4
Narva mnt
Janese
Ulula
Liiva
ℹ Peters-kirche
Peetri
Ravila
5
Oa
Puiestee
630
Kaune
Tähtvere
Meloni
Herne
Roosi
Jaama
Betooni
Hiie
P.R. Kreutzwaldi
Klaaslugeo pst
Kroonuaia
Narva mnt
Pikk
Raatuse
SUPILINN
Tallinn
Fr. Tulgase
Jakobi
Lai
Vabaduse pst
Räpina
TÄHTVERE
Vaksali
Ülikooli
Anne
Ilmatsalu
Näituse
Sõpruse pst
Veeriku
Bahnhof
VAKSALI
Ⓑ Bus-bahnhof
Riia
Pikk
ANNE-LINN
Ringtee
Nisu
Ravila
Tulbi
N. Lunini
Puusepa
Kastani
Turu
Kalevi
Tähe
Anne Kanal
Kalda tee
6
Viljandi
Kannikese
Viljandi mnt
⊕ Notaufnahme
Lembitu
Raudtee
Lootuse
Onne
KARLOVA
Rebase
7
Emajõgi
Nooruse
Ehitaja
Riia
Elva
Raja
Vaike-Tamme pst
Tamme pst
Kesk
Tamme kaar
Vöru
Kesk
Vaba
Söbra
Teguri
Turu
Valga
Savi
Raja
8
Soinaste
Suur kaar
Kaabeli
Teguri
Tähe
Sepa
10
9 Pirni
Lemmatsi
Aardla
Ropka tee
Aardla
Savi
Aardla
Roopa
Aianduse
Sepala
Jalaka
Vasara
Vöru
Tähe
Turu
Ringtee
Kopli
Alasi
11
Otepää, Võru

■ Unterkunft

1 Carolina Gästehaus
2 Iivi Oja
3 Raadimõisa Hotel
4 Liiva
5 Herne Pension
7 Karlova sadam

8 Viive Koni
9 Eha Suija
11 Camping, Hotel Rehe

■ Einkaufen

6 Eeden
10 Lõunakeskus

befindet sich das **Kunstmuseum** der Universität mit Nachbildungen antiker Skulpturen.

■ **Kunstmuseum der Tartuer Universität,** Ülikooli 18, Tel. 7375384, www.kunstimuuseum.ut.ee, Mai–Sept. Mo–Sa 10–18 Uhr, Okt.–April Mo–Fr 11–17, Eintritt 3 € (mit Karzer und Aula).

Denkmal Jaan Tõnisson

Gegenüber der Universität ist in dem Eckhaus an der Ülikooli/Gildi-Straße die Tartuer Redaktion der renommierten estnischen **Zeitung „Postimees"** untergebracht. Auf der anderen Straßenseite erinnert ein Denkmal an den ehemaligen Besitzer und Chefredakteur, *Jaan Tõnisson*. Der 1868 geborene *Tõnisson* war auch Premierminister des Landes. Er wurde 1940 vom sowjetischen Geheimdienst verhaftet und vermutlich ermordet.

Rund um die Johanniskirche

Egal, von welcher Seite man sich Tartu nähert, als erstes fällt das Auge auf den mächtigen Backsteinturm der **gotischen Johanniskirche,** die nur eine Pflastersteinstraße von der Universität entfernt liegt. Neben der Domkirche und den Resten der Stadtmauer am Ufer des Emajõgi ist die Johanniskirche das einzige Gebäude, das von einer Zeit zeugt, als Tartu eine reiche und bedeutende Hansestadt war. 1944 während der sowjetischen Offensive zerstört, wurde die dreischiffige Basilika auch mit finanzieller

Hilfe aus Deutschland renoviert und erstrahlt seit 2005 wieder in neuem Glanz.

Berühmt ist das Gebäude für die rund 1000 **Terrakottafiguren** aus dem 14. Jh., die das Innere und Äußere der Kirche schmücken. Die Skulpturen wurden Anfang des 14. Jh. aus Tonblöcken geschnitzt und sind in ihrer Art einzigartig. An dem von einem Ziergiebel gekrönten Westportal befanden sich 15 Figuren, die Christus, Maria, Johannes den Täufer und die zwölf Apostel darstellen. Sie sollen einen Teil des Jüngsten Gerichts symbolisieren. Weiter oben ist die Fassade mit einem Halbfigurenfries, der die ehemalige Höhe des Mittelschiffs markierte, sowie einem Hauptfries geziert. Zurzeit sind hier teils nur die Nischen sichtbar, doch irgendwann werden wieder alle Figuren zu sehen sein.

Auch im **Inneren der Kirche** werden die teilweise nur aus Büsten, teilweise aus Köpfen oder ganzen Körpern bestehenden Terrakotten nach und nach die Wände schmücken: an den Wänden des Mittelschiffes, oberhalb der Säulen, an den Stirnwänden, als lebensgroße Kruzifixgruppe und Halbfigurenfries an der Ostwand oder in Form von Tier- und Blumenmotiven an den Kapitellen der Säulen. Um die wertvollen Stücke vor Wind und Wetter zu schützen, werden an den Außenfassaden nur noch handgefertigte Kopien angebracht, eine Auswahl der Originale kann man im Inneren der Kirche bewundern.

■ **Johanniskirche** (Jaani kirik), Jaani 5, Tel. 7442229, www.jaanikirik.ee, Juni–August Mo–Sa 10–19 Uhr, sonst Di–Sa 10–18 Uhr, Gottesdienst So 11 Uhr. Konzerte („Musik-Viertelstunde" immer Dienstag und Freitag 12.15 Uhr), Kunsthandwerksladen. Turmbesteigung möglich.

Der Süden

3d

Klassizistische Gebäude und Museen

In der Jaani- und der angrenzenden Lai-Straße stehen einige Häuser im klassizistischen und historistischen Stil aus dem 18. und 19. Jh. Ein weiteres in der Lutsu-Straße beherbergt das schön gemachte **Spielzeugmuseum.** Gegenüber der Jo-hanniskirche liegt das **Museum des Stadtbürgers von Tartu aus dem 19. Jh.** Im Inneren des sehenswerten Holzgebäudes, das um 1740 errichtet wurde, findet sich eine typische Wohnung mit Biedermeiermöbeln, Bildern und Gebrauchsgegenständen, die das Leben um 1830 dokumentiert.

3d

■ **Spielzeugmuseum** *(Mänguasjamuuseum)*, Lutsu 8, Tel. 7361550, www.mm.cc, Mi‒So 11‒18 Uhr, das Spielzimmer ist Mi‒So 11‒16 Uhr geöffnet, Familienkarte 13 €.

■ **Museum des Stadtbürgers von Tartu** *(Tartu linnakodaniku muuseum)*, Jaani 16, Tel. 7361545, http://linnamuuseum.tartu.ee, April bis September Mi‒Sa 11‒17 Uhr, So 11‒15, Oktober bis März 10‒15 Uhr, Eintritt 2 €.

Antoniushof

Der Antoniushof *(Antoniuse õu)* bietet sich für einen Bummel an. Hier haben sich viele **Künstler und Handwerker** zu einer **Gilde** zusammengeschlossen und präsentieren ihre Werke in geschmackvollen kleinen Läden, die auf drei Häuser verteilt sind. Auf dem dazwischenliegenden kleinen Marktplatz finden oft Theater- oder Tanzvorführungen statt. Die Künstler knüpfen mit ihrer neuen Gilde an eine alte Tradition an, war hier doch die 1499 erstmals erwähnte Kleine Gilde von Tartu (auch St.-Antonius-Gilde genannt) ansässig.

■ **Antoniushof und Gilde,** Lutsu 3 und 5, Tel. 7423823, www.loovtartu.ee/antonius, Mo‒Fr 10‒18 Uhr. Im Haus Lutsu 3 befindet sich u.a. das **Café-Restaurant JOP Antonius,** Tel. 58119597, www.facebook.com/JOPantonius.

Am Ufer des Emajõgi

Am unteren Ende des Rathausplatzes überspannt eine **Bogenbrücke** den Emajõgi. Besonders nachts am Wochenende kann man häufig Studenten und Schüler beobachten, die waghalsig über den Bogen der Brücke balancieren. Dies gehört zu einem Ritual, das ihren Mut beweisen soll ‒ offiziell ist es natürlich verboten.

Früher hat an dieser Stelle eine Steinbrücke gestanden, die auf Befehl von *Katharina II.* 1785 erbaut wurde. Leider wurde die prächtige Bogenbrücke im Zweiten Weltkrieg zerstört.

Vorbei an **Denkmälern** des Schriftstellers und Arztes *Friedrich Reinhold Kreutzwald* und des Helden seines Hauptwerks „Kalevipoeg" kommt man an der Ecke Vabaduse/Lai zu den wenigen Resten der mittelalterlichen **Stadtmauer.** Von der einstmals fast zwei Kilometer langen Mauer ist nur noch wenig zu sehen. Man kann zuvor in Höhe des Kalevipoeg-Denkmals (Munga-Straße) einen Abstecher zur **orthodoxen Uspenski-Kirche** machen, ein Beispiel des russischen Frühklassizismus aus dem Jahr 1781. Ein paar Schritte weiter, auf der Rüütli-Straße, liegt das **Estnische Sportmuseum** (Rüütli 15, Mi‒So 11‒18 Uhr).

Botanischer Garten

Alternativ bleibt man am Flussufer und geht bis zur Ecke Lai. Hier bietet sich ein Spaziergang durch den sehr schönen Botanischen Garten der Universität an. 1803 angelegt, beherbergt er heute über 6500 verschiedene Pflanzen, die man sowohl unter freiem Himmel als auch in verschiedenen Pflanzenhäusern wie dem **Palmenhaus** betrachten kann.

◁ Die Johanniskirche ist nach der Zerstörung im Krieg liebevoll wieder aufgebaut worden

Der Süden

3d

Hinter dem Botanischen Garten beginnt schon das für seine Holzhäuser bekannte Stadtviertel Supilinn (s.u.).

◼ **Botanischer Garten der Universität,** Lai 40, Tel. 7376180, www.ut.ee/botaed, Garten tägl. 7–19 Uhr, im Sommer 7–21 Uhr, Gewächshäuser tägl. 10–17 Uhr. Auf dem Gelände befindet sich ein netter kleiner Spielplatz.

Domberg

Hinter der Universität und dem Rathaus erhebt sich die grüne Lunge der Stadt, der Domberg. Die hübsche **Grünanlage** mit ihren Denkmälern, die zwischen Buchen und Ahornbäumen stehen, und der darüberliegenden stattlichen Ruine der Domkirche lädt zu einem Spaziergang ein.

Engels- und Teufelsbrücke

Man erreicht die Parkanlage über verschiedene Wege. Entweder man geht hinter die Universität, wo sich am Fuße des Stadthügels ein **Denkmal** von Schwedenkönig **Gustav Adolf II.** (1594–1632) befindet, dem Gründer der Lehranstalt, und biegt dann in die kleine Stichstraße ab, die von der Jakobi nach oben führt. Alternativ kann man der hinter dem Rathaus hochführenden Lossi-Straße folgen, die auf die Engelsbrücke stößt, eine von zwei Brücken, die die beiden Teile des Dombergs verbinden. Die andere, etwas weiter hinten gelegene, heißt Teufelsbrücke. Letztere wurde 1913 zum 300. Jahrestag der russischen Zarendynastie der *Romanov* eingeweiht. Ihr Name geht aber nicht etwa auf den Höllenbewohner zurück, sondern auf den Chirurgen und ehemaligen Professor der Tartuer Universität, *Zoege von Manteufell*. Die ältere Engelsbrücke stammt bereits aus dem Jahr 1838. Eine lateinische Inschrift, die übersetzt soviel heißt wie „In der Ruhe liegt die Kraft", weist auf die Rolle hin, die der Domberg für die Tartuer spielt: ein Ort der Muße und der Entspannung, nicht nur für die Studenten, die hier gern ihre Pause verbringen.

Auf den Brücken veranstalten die Studenten jedes Jahr während der Studententage im Frühjahr ein Wettsingen, wobei es gilt, die andere Gruppe zu übertönen. Dabei stehen die Studentinnen auf der Engels-, die Studenten auf der Teufelsbrücke.

Denkmäler

Weiter oben, zwischen den Bäumen der Parkanlage, erinnern **Skulpturen** und Gebäude an weitere bedeutende Söhne der Stadt wie den Begründer der Embryologie, *Karl Ernst von Baer*, der die Eizelle der Säugetiere entdeckte, oder den Gründer der Universitätsbibliothek, *Johann Carl Simon Morgenstern* (1792–1852). Nicht weit entfernt von einem Denkmal, das den ersten estnischen Dichter *Kristjan Jaak Peterson* (1801–1822) zeigt, liegt ein alter, noch erhaltener **Opferstein.**

▷ Form vor Funktion:
die Engelsbrücke auf dem Domberg

031esta

Zu zahlreichen Orten auf dem Domberg gibt es Legenden oder **Studentenrituale.** So wird das Denkmal *von Baers* einmal im Jahr ehrenhalber von Studenten mit Sekt gewaschen. Den kleinen Trümmerberg neben dem Opferstein erklimmen frisch vermählte Paare damit die Liebe auch wirklich ein Leben lang halten möge.

Domkirche

Auf der Spitze des Dombergs erhebt sich schließlich die **gewaltige Ruine** der Domkirche aus dem 13. Jh. Im intakt gebliebenen Chorraum der gotisch-romanischen Backsteinbasilika, die Opfer zahlreicher Kriege und Brände wurde, ist das **Museum für die Geschichte der Universität** untergebracht. Nicht nur aufgrund seiner Exponate, sondern auch wegen seiner schönen Räumlichkeiten

ist ein Besuch des Museums lohnenswert. Besonders sehenswert sind der Weiße Saal und die Morgenstern-Halle. Im halboffenen Mittelteil der Kirche finden im Sommer Konzerte und Theateraufführungen statt. Die Türme können gegen Eintritt bestiegen werden, man sollte aber keine Höhenangst haben.

◼ **Museum der Universität,** Lossi 25, Tel. 737 5677, www.muuseum.ut.ee, Di–So 10–18 Uhr.
◼ **Türme der Domkirche,** Mai–Sept. Di–So 10–18 Uhr.

Sternwarte

Auf der anderen Seite des Dombergs, zu dem man über eine der Brücken gelangt, findet man neben einem Denkmal, das an den Schriftsteller *Friedrich Robert Faehlmann* (1798–1850) erinnert, zwei interessante Gebäude vor. Nach einem

3d

Entwurf des Architekten *Johann Wilhelm Krause*, der auch die Universität entwarf, wurde Anfang des 19. Jh. eine Sternwarte (tähetorn) errichtet. Hier arbeiteten bedeutende Astronomen wie *Friedrich Georg Wilhelm Struve* (1793–1864), der vor allem für seine umfangreiche Katalogisierung der Doppelsterne und seine umfangreichen Arbeiten zur Erdvermessung bekannt ist. Er war maßgeblich an der Errichtung des sogenannten **Struvebogens** beteiligt. Es handelt sich dabei um eine etwa 3000 km lange Kette von Messpunkten von Nordnorwegen bis zum Schwarzen Meer, die eine deutlich genauere Bestimmung der Erdform erlaubte. Der Struvebogen steht heute auf der Liste des UNESCO-Weltkulturerbes. Die Sternwarte in Tartu kann als zentraler Punkt des Struvebogens gelten. Außerdem schaffte Struve ein von *Fraunhofer* konstruiertes Fernrohr an und baute damit die Sternwarte zur größten ihrer Zeit aus.

Außer der eigentlichen Sternwarte kann man sich im unteren Teil des Gebäudes eine Ausstellung zur Astronomie anschauen.

■ **Sternwarte,** Lossi 40, Tel. 7376932, www.tahetorn.ut.ee, Di–So 10–18 Uhr.

Altes Anatomikum

Das zweite sehenswerte Gebäude, das halbkreisförmige Alte Anatomikum aus dem Jahr 1805, befindet sich nur einen kurzen Fußweg entfernt. Das Herz des ebenfalls von *Johann Wilhelm Krause* errichteten Gebäudes ist sein Mittelteil, eine **klassizistische Rotunde.** Die etwa 50 Jahre später hinzugefügten Anbauten stammen von *Karl Rathaus.* Im Inneren

032esta

befindet sich ein **Hörsaal,** der mit schmalen Bänken ausgestattet ist, die hohe Rückenlehnen haben. In der Mitte steht das alte Rednerpult. 1979 fand man im Bestand des Anatomikums eine Totenmaske, die *Immanuel Kant* zugeschrieben wird. Heute gehört das Gebäude zum Geschichtsmuseum, wird allerdings derzeit umfassend renoviert und kann bis auf Weiteres nicht von innen besichtigt werden.

■ **Altes Anatomikum,** Lossi 38, www.ajaloomuuseum.ut.ee/vana_anatoomikum. Zurzeit geschlossen.

Pulverfasskeller

Wer sich nach dem Spaziergang stärken will, kann zum Abendessen in dem rustikalen Lokal **Püssirohukelder** einkehren. Es ist im alten Schießpulverkeller (Lossi 28) in der Nähe der Engelsbrücke am Hang des Dombergs untergebracht. Der Keller wurde 1767 in einem Graben angelegt und trennte einst Bischofsburg und Vorburg voneinander. Seinem eigentlichen Zweck diente er nur 42 Jahre lang, bis 1982 nutzte man ihn als Lagerraum. Die Höhe der Räume des Lokals hat ihm sogar einen Eintrag im *Guiness Buch der Rekorde* eingebracht.

Südlich des Dombergs

Im Viertel **Vaksali,** das südlich des Dombergs an die Innenstadt grenzt, sind einige interessante Museen und weitere Sehenswürdigkeiten angesiedelt, denen man bei einem längeren Aufenthalt in Tartu einen Besuch abstatten kann. Vor allem ein Besuch des Estnischen Natio-

nalmuseums und der KGB-Zellen ist sehr empfehlenswert.

Verein Studierender Esten

Auf der J.-Tönissoni-Straße, gleich hinter dem Nationalmuseum, fällt eine schöne **Jugendstilvilla** ins Auge (J. Tönissoni 1). Hier hat der „Verein Studierender Esten" seinen Sitz. 1870 gegründet, war er der erste Verbund, der aus Esten bestand, bis dahin waren nur deutsch-baltische Korporationen gestattet. Die Fahne der Vereinigung, **Blau-Schwarz-Weiß,** wurde im Streben um die Unabhängigkeit ein Symbol der Freiheit und schließlich **Nationalflagge Estlands.** Auch das 1902 erbaute Haus ist eng mit der estnischen Geschichte verknüpft, wurde hier doch der finnisch-sowjetische Friedensvertrag von 1920 unterzeichnet. Im Inneren erinnern Gedenktafeln an die finnischen Freiwilligen, die im Kampf um die erste estnische Unabhängigkeit Anfang des 20. Jh. gefallen sind.

Deutsches Kulturinstitut

Zwischen Nationalmuseum und Villa kreuzt die Kastani- die Kuperjanovi-Straße. Unter den nett anzusehenden **Holzhäusern** an beiden Seiten der Straße beherbergt eine weitere schöne **Jugendstilvilla** am Anfang der Kastani das

◁ Die alte Sternwarte kann besichtigt werden

3d

Deutsche Kulturinstitut einschließlich **deutscher Bibliothek.** Neben Deutsch-kursen finden hier deutsch-estnische Stammtische und Kulturveranstaltungen statt.

■ **Deutsches Kulturinstitut,** Kastani 1, Tel. 538 53696, www.dki.ee.

Bahnhof

Am Ende der Kuperjanovi-Straße liegt der Bahnhof der Stadt. Das **hölzerne Bauwerk** mit den überdachten Bahnstei-gen und Zierschnitzereien stammt aus dem 19. Jh., als die Zugverbindung zu den großen Handelspartnern entstand. Heute spielt der Zugverkehr eine eher unbedeutende Rolle, ist aber ein nettes Erlebnis, wenn man Zeit für einen Aus-flug hat – beispielsweise nach Elva (siehe weiter hinten in diesem Kapitel). Dem Bahnhof ist auch der Name des Stadt-viertels zu verdanken, *vaksal* heißt nichts anderes als Bahnhof. Das Gebäude fiel 2006 einem Brand zum Opfer, es ist aber mittlerweile sehr schön restauriert worden.

Theater Vanemuine

Wer nicht denselben Weg zurückgehen möchte, kann der Vaksali-Straße parallel zu den Bahnschienen bis zur Vanemui-se-Straße folgen. An dieser Straße, die vom Stadtviertel Vaksali in die Innen-stadt führt, liegen zwei Gebäude des Theaters *Vanemuine* – benannt nach ei-nem altestnischen Liedergott.

Das **frühere Deutsche Theater,** das nur ein paar Fußminuten vom Bahnhof entfernt liegt, wird **Kleines Haus des Theaters Vanemuine** (Vanemuise väike maja) genannt. Es befindet sich in einem stattlichen Jugendstilbau.

Das **Große Haus des Theaters Vane-muine** (Vanemuise suur maja) nahe der Innenstadt ist das älteste Berufstheater des Landes. 1870 wurde hier das erste Theaterstück in estnischer Sprache auf-geführt. Nachdem das ursprüngliche Gebäude abgebrannt war, wurde es 1971 durch einen modernen Bau ersetzt. (Weitere Informationen dazu s. „Prakti-sche Tipps".)

Weitere Museen

Unterwegs passiert man **zwei Museen:** das zur Universität gehörende Natur-kundemuseum sowie das Estnische Lite-raturmuseum.

Direkt beim Kleinen Haus des *Vane-muine*-Theaters befindet sich auch das sehenswerte **Naturkundemuseum.** Ne-ben der Dauerausstellung gibt es regel-mäßig Ausstellungen zu wechselnden Themen.

Wer der Riia-Straße folgt, gelangt an der Ecke zur Pepleri-Straße zu einem kleinen, aber durchaus sehenswerten Museum, in dem man Einblicke in eines der dunkelsten Kapitel der estnischen Geschichte bekommt, die **KGB-Zellen.** Man kann die ehemaligen Gefängniszel-len des südestnischen KGB-Hauptquar-tiers besichtigen sowie Ausstellungs-stücke über die Geschichte des Wider-standskampfes. In den Zellen saßen Op-positionelle und Regimegegner ein oder solche, die dafür gehalten wurden.

Wem eher der Sinn nach Kunst ist, der kann an der Ecke Vanemuise/Akadeemia, nicht weit vom Theater *Vanemuine*, das **Kunsthaus** besuchen, in dem wechselnde Ausstellungen zeitgenössischer Künstler stattfinden.

■ **Naturkundemuseum der Universität Tartu** *(Tartu Ülikooli Loodusmuuseum)*, Vanemuise 46, Tel. 7376076, www.natmuseum.ut.ee. Di–So 10–18 Uhr, Eintritt 6 €.
■ **KGB-Zellen** *(KGB kongid)*, Riia 15b, Tel. 7461 717, http://linnamuuseum.tartu.ee, Di–Sa 11–17 Uhr, Eintritt 4 €.
■ **Kunstimaja,** Vanemuise 26, http://kunstimaja.ee, Mi–Mo 12–18 Uhr.

In den Außenbezirken

Etwas abseits nordwestlich der Innenstadt und des Dombergs sind die malerischen Viertel Tähtvere und Supilinn sehr idyllisch gelegen. **Tähtvere** wurde vom legendären Stadtarchitekten *Arnold Matteus* in den 1930er Jahren entworfen und galt lange als „Professorenstadt". In **Supilinn,** der „Suppenstadt" am Ufer des Emajõgi, sind die Straßen nach den Zutaten für eine gute Suppe benannt: Kartoffelstraße, Bohnenstraße, Erbsenstraße etc. **Bunte Holzhäuser** mit Schornsteinen, aus denen auch im Sommer Rauch austritt, da mit Holz geheizt und gekocht wird, Pflasterstraßen und kleine Gärten zeichnen diese Stadtteile aus. Etwas abseits der üblichen touristischen Wege sind die von morbidem Charme umhüllten Viertel durchaus einen Besuch wert, zumal sie nur einen kurzen Spaziergang vom Zentrum entfernt liegen. Auf der anderen Seite der Innenstadt hat der Stadtteil **Karlova** einen vergleichbaren Charakter. Die Bewohnerschaft ist sozial

bunt durchmischt, elegante Bürgerhäuser liegen neben schrägen Secondhandshops, lokale Initiativen gestalten Stadtentwicklung und Kulturleben.

Sängerfestbühne

Westlich von Supilinn und nördlich von Tähtvere befindet sich im Tähtvere-Park die Sängerfestbühne von Tartu, die ihrer großen Schwester in Tallinn architektonisch sehr ähnlich ist. Zwar findet das große Sängerfest mittlerweile in Tallinn statt, doch lässt Tartu, die Geburtsstadt dieser Tradition, es sich nicht nehmen, ein eigenes **Sängerfest** zu veranstalten. Hier feiern die Tartuer auch jedes Jahr den Johannistag mit einem Feuer.

In der Umgebung ist nach und nach ein größeres **Sport- und Freizeitgelände** mit eigenem **Skatepark** entstanden. Im Winter kann man hier auch Schlittschuhlaufen.

■ **Sängerfestbühne,** Laulupeo pst 25, www.arena.ee.

Stadtmuseum

Auf der anderen Seite des Emajõgi gibt es bis auf das Stadtmuseum nicht viel zu sehen. Zum Museum gehört noch eine Außenfiliale: das Wohnhaus des Schriftstellers **Oskar Luts.**

■ **Linnamuuseum,** Narva mnt 23, Tel. 7461911, http://linnamuuseum.tartu.ee, Di–Sa 11–18 Uhr, Eintritt 2 €.
■ **Museum Oskar Luts,** Riia 38, Tel. 7461030, http://linnamuuseum.tartu.ee, Mi–Sa 11–17 Uhr, Eintritt 2 €.

⌂ In der „Suppenstadt" Supilinn

Estnisches Nationalmuseum

Das Nationalmuseum ist ein Muss für jeden, der sich mit der **estnischen Geschichte** und **Landeskunde** auseinandersetzen möchte. Seine Geschichte reicht bis ins Jahr 1909 zurück. Gebrauchs- und Kunstgegenstände, Kostüme, Fotografien und anderes aus allen Teilen des Landes sind hier zusammengetragen und in einer modernen Museumspräsentation ausgestellt. Nach langer Planungs- und Vorbereitungszeit hat das Estnische Nationalmuseum neue Räumlichkeiten bezogen. Der auch architektonisch interessante Neubau ist in den historischen Gutshofpark *Raadi* eingebettet.

■ **Estnisches Nationalmuseum,** Muuseumi tee 2, Tel. 7350400, www.erm.ee, Di–So 10–19 Uhr, Mi bis 21 Uhr, Führungen auch auf Deutsch möglich.

Annelinn

In der Nähe des riesigen **Plattenbauviertels** Annelinn sind in den letzten

Veranstaltungen findet man unter http://kultuuria
ken.tartu.ee.

Service

■ **Hauptpost:** Riia 4.
■ **Banken:** Turu 1 sowie Ülikooli 2.
■ **Autowerkstatt:** *Teguri Autoremont,* Teguri 45 D,
Tel. 56880883, Mo–Fr 8–18, Sa 9–15 Uhr.

Notfälle

■ **Polizei:** Tel. 110.
■ Die **Rathausapotheke** direkt im Rathaus ist
24 Stunden durchgängig geöffnet, Tel. 7423560.
■ **Notaufnahme:** *EMO,* Puusepa 8, Tel. 7318183.
■ **Pannenhilfe:** Tel. 1888.

Stadtverkehr

Busse

Bustickets kann man an jedem Kiosk erstehen. Wer
mehrere Fahrten plant, sollte sich ein Zehnerblöck-
chen zulegen, da die einzelnen Fahrten so preiswerter sind. Man kann die Fahrkarten auch im Bus kaufen, sie kosten dann aber mehr. **Fahrpläne** hängen
an den Bushaltestellen aus.

Taxis

■ **Taxistände:** Vallikraavi/Ülikooli, Uueturu, Rae-
koja plats/Vabaduse, beim Busbahnhof.
■ **Tartu Linna Takso,** Tel. 7366366.
■ **Takso 1,** Tel. 7420000.

Parkplätze

■ Parken ist Mo–Fr 8–18 Uhr kostenpflichtig. Besucher ohne estnisches Mobiltelefon müssen einen
Parkplatz mit Automaten finden. Diese sind rund
um den engen Innenstadtkern ausreichend vorhanden und die Automaten akzeptieren auch Karten.

033es ta

Jahren große **Einkaufszentren** entstanden. Hier fließt, parallel zum Fluss, der
Anne-Kanal, in dem Anwohner im
Sommer baden. Man erreicht ihn über
die Fußgängerbrücke hinter dem Markt.

Praktische Tipps

Informationen

■ **Touristeninformation** im Rathaus (Seiteneingang), Tel. 7442111, www.visittartu.com. Geöffnet
im Sommer Mo–Fr 9–18, Sa/So 10–17, im Winter
Mo 9–18, Di–Fr 9–17, Sa/So 10–14 Uhr. Aktuelle

3d

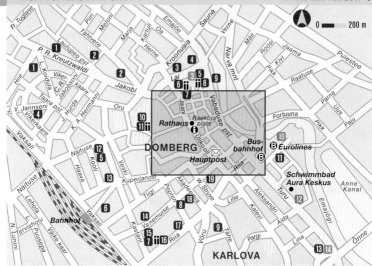

Unterkunft	25 Draakon Hotel	26 Püssirohukelder
1 Hiie Maja	27 Ferienwohnungen	(Pulverfasskeller)
2 Päikese maja	Domus Dorpatensis	29 Umbroht
4 Vikerkaare Gästehaus	28 Ferienwohnung	30 Illegaard
5 B&B Kastani	Carolina	32 E. Vilde Restaurant
Kodumajutus	29 Wilde Apartments	und Café
6 Rändur Gästehaus	31 Barclay Hotel	33 Café Shakespeare
7 Loomingu hostel	34 Pallas Hotel	
8 Academus	38 Hotel Dorpat	**Einkaufen**
9 Villa Margaretha		10 Markt
11 Tartu Hotel	**Essen und Trinken**	12 Zeppelini
13 Aleksandri Hotel	3 Genialistide klubi	Kaubanduskeskus
und Gästehaus,	14 Hansatall, Õlle Tare	17 Bierladen
Hansa Hotel	16 Ülikooli Kohvik	Gambrinus
15 Tampere maja	17 Crepp	35 Tartu Kaubamaja
19 Hotel Antonius	18 La Dolce Vita	36 Markthalle
21 London Hotel	20 Werner Café-Lounge	37 Kvartal
22 Terviseks	23 Chocolaterie Pierre	39 TASKU
Backpackers B&B	24 Suudlevad Tudengid	

Unterkunft

Hotels

Tartu

3 Raadimõisa Hotel ②-③, Mõisavärava 1, Tel. 7338050, www.raadihotell.ee. Modernes Hotel am Stadtrand Richtung Jõhvi/Narva in Höhe des Raadi-Sees; Sauna und Restaurant im Haus. Das Hotel hat vielleicht wenig Charakter, ist aber ordentlich und für Autofahrer recht praktisch.

Tartu Zentrum

38 Hotel Dorpat ③, Soola 6, Tel. 7337180, www.dorpat.ee. Das größte Hotel der Stadt mit rund 200 Zimmern, Restaurant, *Day-Spa*, Schönheitssalon und Parkplätzen.

3d

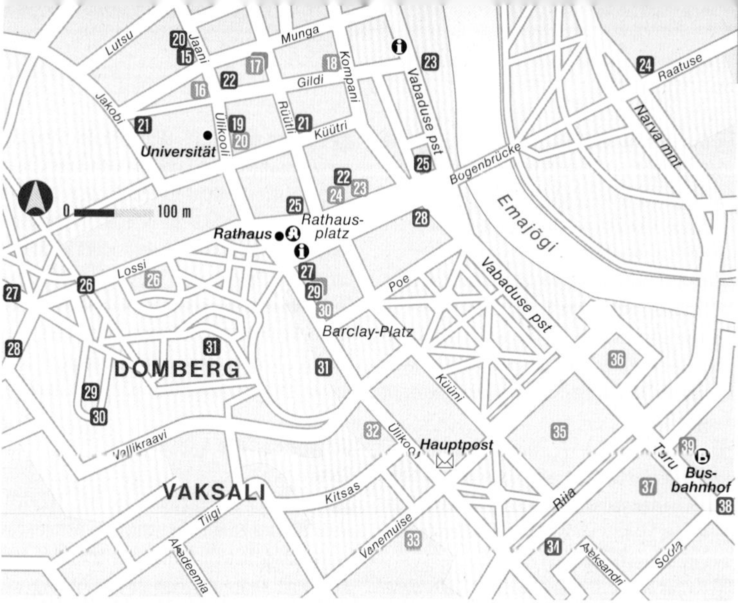

Der Süden

Sehenswürdigkeiten, Museen, Gotteshäuser

1 Sängerfestbühne
2 A le Coq Brauerei
3 Adelshäuser
4 Botanischer Garten
5 Reste der Stadtmauer
6 Spielzeugmuseum
7 Johanniskirche
8 Uspenski-Kirche
9 Denkmal von Kalevipoeg
10 Denkmäler, Opferstein
11 Domruine
12 Dt. Kulturinstitut
13 Verein Studierender Esten, Estnisches Nationalmuseum

14 Vanemuine Theater, Kleines Haus
15 Naturkundemuseum
16 Pauluskirche
17 KGB-Zellen
18 Kunsthaus
19 Vanemuine Theater, Großes Haus
20 Antoniushof
21 Denkmal von Gustaf Adolf II
22 Denkmal von J. Tõnisson
23 Denkmal von F. R. Kreutzwald
24 Stadtmuseum
25 Gemäldegalerie/ Schiefes Haus
26 Engelsbrücke

27 Staatsgericht
28 Teufelsbrücke
29 Denkmal von F. R. Faehlmann
30 Altes Anatomikum
31 Sternwarte

19 Hotel Antonius④-⑤, Ülikooli 15, Tel. 7370 377, http://hotelantonius.ee. Stilvolles Spitzenhotel, zentral gelegen. Eine Besonderheit ist das Einzelzimmer in der Dachkammer. Keine eigene Parkmöglichkeit, also nur an der Straße und daher unter der Woche kostenpflichtig.

13 Aleksandri Hotel②, Aleksandri 42, Tel. 736 6659, www.aleksandri.ee. Ein- bis Vierbettzimmer,

Sauna, Gemeinschaftsraum mit Fernseher etc., Frühstück gegen Aufpreis und Vorbestellung, bewachter Parkplatz vorhanden.

31 Barclay Hotel③-④, Ülikooli 8, Tel. 7447100, www.barclayhotell.com. Ordentliches, wenn auch nicht eben günstiges Hotel mit gutem Restaurant (spezialisiert auf Fisch), zentral gelegen, Parkplätze vorhanden.

3d

25 Draakon Hotel③-④, Raekoja plats 2, Tel. 744 2045, www.draakon.ee. Schönes Hotel am Rathausplatz mit Sauna, Parkmöglichkeiten; Tiere erlaubt, spezielle Zimmer für Allergiker; Restaurant nur für Gäste geöffnet.

13 Hansa Hotel②-③, Aleksandri 46, Tel. 7371 800, www.hansahotell.ee. Etwa 10 Min. Fußmarsch zur Innenstadt, am Emajõgi bei der großen Brücke (Sõpruse sild/Õnne), verschiedene relativ große Zimmer und Apartments; eine rustikale Schenke ist angegliedert.

21 London Hotel③-④, Rüütli 9, Tel. 7305555, www.londonhotel.ee. In einer der schönsten Straßen im Herzen von Tartu gelegen, eines der besten Hotels der Stadt, auch behindertengerechte Zimmer, modernes Design.

34 Pallas Hotel③, Riia 4, Tel. 7301200, www.pallas.ee. Obwohl das zentral gelegene, an ein Einkaufszentrum angegliederte Hotel von außen nicht gerade schön aussieht, hat es geräumige und geschmackvoll eingerichtete Zimmer mit Dusche oder Badewanne; Zimmer für Nichtraucher und Allergiker und behindertengerechte Räume.

11 Tartu Hotel③, Soola 3, Tel. 7314300, www.tartuhotell.ee. Modern gestaltete Zimmer, Sauna, Frisör und Massagen. Service auch in Deutsch.

9 Villa Margaretha②-③, Tähe 11/13, Tel. 518 7640, www.margaretha.ee. Gästehaus mit sehr schönen Räumlichkeiten und freundlichem Service, auch Café und Restaurant.

Ferienwohnungen
Tartu Zentrum

28 Carolina③, Raekoja plats 11 und 13, Tel. 742 2070, www.carolina.ee. 2- und 3-Zimmer-Apartments, Küche, Bad, Fernseher, Telefon, Waschmaschine, Sauna, Parkmöglichkeit. Ab zwei Übernachtungen buchbar.

27 Domus Dorpatensis②-③, Raekoja plats 1/Ülikooli 7, Tel. 7331345 und 53333031 (nach 17 Uhr und am Wochenende), www.dorpatensis.ee. Je nach Ausstattung Wohnraum mit Fernseher, Schlafraum und Extrabett, Küche, Dusche, WC.

2 Päikese maja③-④, Tähtvere 6, Tel. 5160728, www.sunnyhouse.ee. Farbenfroh gestaltete, gut ausgestattete Apartments, darin auch einzelne Zimmer zu mieten, günstig gelegen am Rand von Supilinn. Ab der zweiten Nacht deutlich günstiger. Für 4 oder 6 Personen.

29 Wilde Apartments②-③, Ülikooli 3 und 6, sowie im Tigutorn, dem „Schneckenturm" beim Bushof, Tel. 5113876, www.wildeapartments.ee. Fünf komfortable Wohnungen mit voller Ausstattung.

Gästehäuser, Bed & Breakfast
Tartu

1 Carolina②, Kreutzwaldi 15, Tel. 7422070, www.carolina.ee (auf der Homepage ist auch das gleichnamige Hotel in Pärnu aufgeführt, nicht verwechseln!). Auch Autoverleih möglich, ist etwas außerhalb gelegen, mit Kiefernmöbeln ausgestattete Zimmer.

9 Eha Suija①, Tamme pst 73a, Tel. 7304080 und 5086834. Liegt etwa 3 km vom Stadtzentrum entfernt, aber in der Nähe hält ein Stadtbus. Private Gästezimmer mit Gemeinschaftsraum, wo es einen Fernseher und Kamin gibt, Sauna, Fahrradverleih. Zimmer wirken ein bisschen wie Omas Gästezimmer, dafür preiswert und Frühstück inklusive.

5 Herne Pension①, Herne 59, Tel. 55523681. Zweibettzimmer, Bad muss man sich teilen, im pittoresken „Suppenviertel" von Tartu gelegen, Frühstück auf Vorbestellung.

2 Iivi Oja②, Vaikne 20, Tel. 7401429, Tel. 5381 7682, www.iivimaja.ee. Am Stadtrand westlich des Friedhofs Raadi Kruusamäe gelegen, Privathaus mit 5 Gästezimmern, jeweils mit TV, Mitbenutzung von Küche und Sauna, Garten.

4 Liiva①, Liiva 38, Tel. 7333645 und Tel. 5554 8180, www.liivakodumajutus.eu. Nettes Haus mit zwei einfachen Gästezimmern, Küche und Bad zur Mitbenutzung, Garten.

8 Viive Koni①, Õuna 32, Tel. 7381433 und 522 6834. Außerhalb der Innenstadt im Stadtteil Tammelinn. Mitbenutzung von Küche und Grillplatz im Garten, Parkmöglichkeit.

Der Süden

Tartu Zentrum

1 **Hiie Maja**②, Hiie 10, Tel. 7421236, www. bed.ee. Nennt sich selbst Bed & Breakfast, vom Standard her aber eher kleines Hostel mit 4 spartanischen, aber farbenfroh eingerichteten Zimmern, z.T. mit Doppelstockbetten. Im Garten kann man zelten, das Auto kann im Hinterhof geparkt werden.

5 **Kastani Kodumajutus B & B**②, Kastani 3, Tel. 7427663 und 5297703, www.facebook.com/ KastaniKodumajutus. Etwa 10 Min. Fußmarsch zur Innenstadt, in ruhiger Wohngegend, sehr kleine, an Privathaus angegliederte Pension, nettes Holzhaus, Frühstück, Gemeinschaftsraum mit Internetanschluss, Wäschedienst vorhanden.

6 **Rändur**①-②, Kuperjanovi 66, Tel. 7427190, web.zone.ee/randur. Hübsches, typisch estnisches Holzhaus, Zelten möglich, Parkplatz. Nur Barzahlung möglich.

15 **Tampere maja**③, Jaani 4, Tel. 7386300, www. tamperemaja.ee. Zentral gelegenes Holzhaus mit Sauna und Gemeinschaftsraum. Das Gästehaus ist Teil der Zusammenarbeit mit der finnischen Partnerstadt Tampere.

4 **Vikerkaare**②, Vikerkaare 40, Tel. 7421190, www.vikerkaare.com. Ein wenig außerhalb des Zentrum, aber wenn man nichts gegen einen netten Spaziergang hat, durchaus (ohne Gepäck) zu Fuß erreichbar. Schönes Gebäude, Garten, ordentliche Zimmer, Parkmöglichkeit.

Hostels
Tartu

■ **Torni Hostel**①, Kreutzwaldi 52, Tel. 7313262 (9–16 Uhr), 7313263, Piret.Kytt@emu.ee. Im am Stadtrand gelegenen Studentenwohnheim sind einige Etagen für Gäste reserviert. Die Zimmer wurden saniert und sind schlicht, aber farbenfroh eingerichtet, jeweils zwei Räume teilen sich eine kleine Küche, jedes Zimmer mit TV und Internetanschluss.

Tartu Zentrum

7 **Loomingu hostel**①, Kastani 38, Tel. 5699 4398, http://loominghostel.ee. Das „Kreativitäts-hostel" hat einen klaren künstlerischen und alternativen Anstrich und ist ein netter Treffpunkt, mit Dachterrasse und Küchenecke.

8 **Academus Hostel**②, Pepleri 14, Tel. 5306 6620, www.tartuhostel.eu. Studentenwohnheim, einfache, aber nette Zimmer mit Küchenecke und Fernseher. Café *Kotka Kelder* im Haus.

22 MEIN TIPP: **Terviseks Backpackers Bed & Breakfast**①, Raekoja plats 10, Tel. 5655382, http:// terviseksbbb.com. Travellerhostel in toller Lage und mit internationaler Atmosphäre.

Camping

Tartu

7 **11** **Karlova sadam** *(Karlova-Hafen)*①, Rebase 18, Tel. 53069966, www.karlovasadam.ee, sowie das Hotel *Rehe*, Linnavere tee 3, Tel. 7307287, www. rehehotell.ee, bieten auch **Stellmöglichkeiten für Wohnwagen. Zeltplätze** gibt es u.a. bei den Pensionen *Ränduri* und *Hiie*.

Essen und Trinken

Tartu Zentrum

23 **Chocolaterie Pierre,** Raekoja plats 12, Tel. 7304680, www.pierre.ee. Köstlichkeiten aus Schokolade, dazu Kaffee oder – was sonst? – Kakao. Aber auch leckerer Brei zum Frühstück und günstige Tagesgerichte.

17 **Crepp,** Rüütli 16, Tel. 7422133, www.crepp.ee. Französische Küche, Eierkuchen, guter Kaffee.

14 **Hansatall,** Aleksandri 46, Tel. 7371802, www. hansatall.ee. Im *Hansa*-Hotel, rustikale Holzeinrichtung, deftiges Essen.

30 **Illegaard,** Ülikooli 5, Tel. 7423743, www.ille kas.ee. Gemütliche Kneipe mit Kulturveranstaltungen und Fußballübertragungen.

18 **La Dolce Vita,** Kompanii 10, Tel. 7407545, www. ladolcevita.ee. Sehr gute italienische Küche, im Sommer auch im Innenhof.

3d

33 Café Shakespeare, Vanemuise 6, Tel. 7440 140, www.shakespeare.ee. Gehört zum Theater, gute internationale Küche.

14 Ölle Tare, Aleksandri 42, Tel. 7344766, www.olletare.ee. Rustikale Kneipe und Restaurant beim *Hansa*-Hotel, 10 Min. zu Fuß von der Innenstadt.

26 Püssirohukelder *(Pulverfasskeller)*, Lossi 28, Tel. 7303555, www.pyss.ee. Kneipe mit rustikalem, herzhaftem Essen im alten Pulverfasskeller am Domberg, sehr nett, aber man muss lärmunempfindlich sein, denn zu späterer Stunde verwandelt sich die Kneipe mit Tanzfläche in eine Disco. Tolle Räumlichkeiten und „kultig".

24 Suudlevad Tudengid *(Küssende Studenten)*, Raekoja plats 10, Tel. 7301893, www.suudlevadtudengid.ee. Zentrales Café, günstige Tagesgerichte.

16 Ülikooli Kohvik, Ülikooli 20, Tel. 7375405, www.kohvik.ut.ee. Gemütliches Café neben der Universität. Dachterrasse, unten auch Jazzklub.

20 Werner Café-Lounge, Ülikooli 11, Tel. 7426 377, www.werner.ee. Schönes Café und Restaurant (im 1. Stock) mit großer Auswahl an sehr leckeren Kuchen, guter Kaffee.

32 Eduard Vilde Restaurant und Café, Vallikraavi 4, Tel. 7343400, www.vilde.ee. Im Erdgeschoss befindet sich das Café, im ersten Stock das Restaurant. Ein Klassiker in Tartu und weiterhin gut.

3 Genialistide klubi, Lai 37, im Hinterhof, www.genklubi.ee. Das etwas schräge Zentrum der Tartuer Subkultur, entspannte Atmosphäre, günstiges Essen, Mo–Sa 12–3 Uhr.

29 Restoran Umbroht, Ülikooli 7, Tel. 7440055, www.umbroht.ee, Mo–Do 12–23, Fr/Sa 12–1, So 12–21 Uhr. Moderne Küche mit Ambition und Stil. Saisonale und regionale Küche, gute Weinkarte.

Konzerte
Tartu Zentrum

1 Sängerfestbühne, Laulupeo pst 25, www.arena.ee. Im Sommer finden hier, auf der zweitgrößten Sängerfestbühne Estlands, viele Konzerte statt. Fast alle im Sommer aufgeführten Konzerte Tartus finden dort statt, die zweitgrößte Sänger-

festbühne Estlands. Der *Jaanipäev*, der Johannistag im Juni, wird dort mit einem großen Lagerfeuer und Musik gefeiert.

■ **Vanemuine Konzerthalle,** Vanemuise 6, Tel. 7377537, www.concert.ee.

Theater

19 14 Vanemuine Theater, „Großes Haus", Vanemuise 6; **„Kleines Haus",** Vanemuise 45a, Tel. 7440165, www.vanemuine.ee. Im Jahr 1870 gegründet, stellte es das erste professionelle Theater in Estland dar. Es ist das einzige, das auch Opern, Dramen und Ballett aufführt.

Einkaufen

Tartu Zentrum

36 Markthalle: Vabaduse pst 1, Mo–Fr 8–17, Sa 8–16, So 8–15 Uhr. Für Selbstverpfleger eine gute Einkaufsmöglichkeit, es lohnt sich aber auch einfach zum Gucken. Nicht zu verfehlen wegen der markanten Schweineskulptur am Eingang.

10 Wochenmarkt: Soola 10, Mo–Fr 7–17 Uhr, Sa 7–16, So 7–15 Uhr.

Einkaufszentren/Kaufhäuser
Tartu

10 6 Etwas außerhalb findet man das *Lõunakeskus,* Ringtee 75, sowie das *Eeden,* Kalda tee 1c.

Tartu Zentrum

35 39 37 12 In der Innenstadt liegen die Einkaufszentren *Tartu Kaubamaja,* Riia 1, *TASKU,* Riia 2, das *Kvartal,* Turu 12, sowie das *Zeppelini Kaubanduskeskus,* Turu 14.

Sonstiges
Tartu Zentrum

■ Originelle Mitbringsel und vor allem Kunsthandwerk findet man im **Antoniushof,** Lutsu 5.

■ **Rae käsitöö,** Küüni 2. Kunsthandwerk am Rathausplatz.

17 Õllepood nr. 1 Gambrinus, Rüütli 18. Ein Paradies für Bierliebhaber – ein ganzer Laden nur für Bier mit einer beachtlichen Auswahl. Täglich 14–22 Uhr geöffnet.

■ Ein **Souvenir**- und **Kunsthandwerksladen** befindet sich am Rathausplatz, direkt unterhalb des Rathauses an der Ecke.

■ Ein guter **Buchladen** ist *Rahva raamat* im *TASKU*-Zentrum (s.o.). Auch Auswahl an deutschsprachigen Romanen.

Feste und Veranstaltungen

■ Im Sommer werden in Tartu die **Hansetage** mit vielen Ständen und Aufführungen gefeiert (www.hansapaevad.ee).

■ Ein weiteres Stadtfest ist der **Tag der Stadt Tartu** *(Tartu linna päev),* der am 29. Juni gefeiert wird.

■ Anfang August gibt es beim **Emajõe-Festival** unter anderem eine Bootsparade zu bestaunen, www.emajoefestival.ee.

■ Im Dezember findet auf dem Rathausplatz ein kleiner **Weihnachtsmarkt** statt.

Brauereibesichtigung

2 Besichtigung der Brauerei **A. Le Coq** ist Do um 14 Uhr und Sa um 10, 12 und 14 Uhr möglich. Laulupeo pst 15, Tel. 7449711, www.alecoq.ee.

Fahrradverleih

■ **Kauplus Jalgratas,** Laulupeo pst 19, Tel. 7421 731, www.kauplusjalgratas.ee.

Schiffsfahrten

■ Im Sommer legen vor der Diskothek *Atlantis,* etwa in Höhe des Rathausplatzes auf der gegenüberliegenden Seite, **Ausflugsboote** an, die den **Emajõgi** entlangfahren. Aktuelle Fahrpläne in der Touristeninformation.

■ Von etwa Mai bis Mitte September gibt es Linienschiffe zur **Insel Piirissaar** im **Peipus-See,** außerdem legen bei der Markthalle Ausflugsboote zum Peipus-See ab, www.setoline.ee.

■ Ausflugsfahrten auf dem Emajõgi und in der Umgebung von Tartu mit einem historischen **Hanse-Schleppkahn** (estn. *Lodi*), der nach altem Vorbild gebaut wurde. Näheres unter www.lodi.ee.

Schwimmbad

■ **Aura Keskus,** Turu 10, Tel. 7300280, www.aurakeskus.ee, Mo–Fr 6.30–22 Uhr, Wochenende ab 9 Uhr, Schwimmbad, Sauna, Whirlpool, Café, Kinderbecken.

Verkehr

Bus

■ Vom **Busbahnhof** Tartu gibt es landesweite Busverbindungen: *Bussijaam,* Turu 2, Tel. 6800900, alle Verbindungen unter www.tpilet.ee.

■ Kurzzeitbesucher kaufen beim Fahrer einen **Einzelfahrschein** *(ühe sõidu pilet)* für 1,50 €.

■ **Internationale Busverbindungen:** *Lux Express,* Turu 2, Tel. 7311300, www.luxexpress.eu, von Tartu in 4 Std. nach Riga.

Bahn

■ **Bahnhof:** *Rongijaam,* Vaksali 6, www.edel.ee. Von hier aus fahren Züge nach Tallinn, Jõgeva, Valga und Koidula.

Autovermietungen

■ **Avis,** Vallikraavi 2, Tel. 7440360, www.avis.ee.

■ **Hansarent,** Ringtee 31, Tel. 55638626, www.hansarent.ee.

■ **City Car,** Turu 2, Tel. 5239669, www.city car.ee.

■ **Hertz,** Turu 2, Tel. 5069065, www.hertz.ee.

■ **Tauf-Auto,** Sepa 24b, Tel. 7300868, www.tauf auto.ee.

3d

Alatskivi

Die Straße 43 führt von Tartu in nord-östlicher Richtung über Alatskivi ans Ufer des Peipus-Sees. Kurz vor dem See erreicht man Alatskivi mit seinem sehenswerten Schloss.

Schloss Alatskivi

Das **neogotische Gutshaus** in Alatskivi wurde in den Jahren 1880–85 nach dem Vorbild des schottischen Schlosses Balmoral erbaut. Es ist wohl das imposanteste Gutshaus Tartumaas, sodass das weiße, mit mehreren Türmchen ausgestattete Gebäude auch als Schloss bezeichnet wird. Sein ehemaliger Besitzer *Baron Arved Georg von Nolcken* (1845–1909) war von England fasziniert. Nach einer Reise durch Großbritannien in den 1870er Jahren begann er, das Gut nach eigenen Entwürfen zu bauen.

Das Gutshaus kann besichtigt werden. Es vermittelt einen guten Eindruck vom Lebensstil der deutschbaltischen Oberschicht im Hinterland der seinerzeit russischen Ostseeprovinzen. Nachdem die Familie des Barons das Gut im Jahr 1906 verlassen hatte, folgten verschiedene Institutionen und Gruppen, u.a. eine Schule und die Armee, die sich in dem Gutshof einrichteten. Seit 1999 gehört er nun schließlich der gleichnamigen Kommune.

Umgeben ist das Anwesen von einem 60 Hektar großen **Park.** Auch er wurde von seinem ehemaligen Besitzer nach englischem Vorbild angelegt.

◼ **Schloss Alatskivi,** Tel. 7453816 und 5286598, www.alatskiviloss.ee, Mai–Sept. tägl. 11–19 Uhr, Oktober–April tägl. 10–16 Uhr. Zum Schloss gehören ein **Restaurant** und eine **Unterkunft** (s.u.) sowie ein **Museum** über den estnischen Komponisten *Eduard Tubin.*

Unterkunft, Essen und Trinken

◼ **Gästezimmer im Schloss Alatskivi**③, Kontakt über Restaurant (s.u.). Vier gepflegte Doppelzimmer, von denen sich zwei zu einem Familienzimmer kombinieren lassen. Mit Frühstück.
◼ **Alatskivi lossi restoran,** Tel. 7453874 und 53032485, www.lossirestoran.eu. Gehobene estnische, schottische und „Gutshof"-Küche. Spezialität: Fisch aus dem Peipus-See.
◼ **Kivi Körts,** Tel. 5067605, www.kivikorts.ee. Ländliches Gasthaus und Antiquitätenladen. Preiswerte Gerichte, auch Frühstück im Angebot.

Verkehr

◼ Von Tartu aus fahren mehrmals täglich **Busse** nach Kallaste, die auch in Alatskivi halten.

Der Peipus-See

Der Peipus-See (estnisch: Peipsi järv) ist nicht nur der **größte See Estlands,** sondern mit über 3550 km² auch einer der größten Europas. Durch den See verläuft die **estnisch-russische Grenze** und somit auch die Ostgrenze der EU. Festgelegt wurde sie schon sehr früh. Mitte des 13. Jh. fand auf dem zugefrorenen See eine Schlacht zwischen Russland und den deutschen Ordensrittern statt. Eine Ikone in der Kirche von Vasknarva, am Nordufer des Sees, erinnert an den Sieger, den russischen Feldherrn *Aleksander Nevski* aus Nowgorod. Den Namen Peipus trägt der See seit dem 14. Jh.

Nicht wenigen Besuchern kommt das riesige Gewässer mit 143 Kilometern Länge und bis zu 48 Kilometern Breite wie das Meer vor, schließlich kann man das gegenüberliegende Ufer an den meisten Stellen mit dem bloßen Auge nicht erkennen. Ausnahme ist eine Stelle bei Mehikoorma im Süden (oberhalb der Grenze von Põlvamaa zu Tartumaa): Hier liegt das russische Ufer nur zwei Kilometer entfernt. Dafür ist der See hier mit ca. 17,50 Metern am tiefsten. Dieser Teil des Peipus-Sees hat allerdings schon einen anderen Namen: Im Süden, unterhalb der Insel Piirissaar, geht der Peipus-See in den Lämmi-See und schließlich in den See von Pskov über, der ganz auf russischem Gebiet liegt.

Die größten Städte am See sind **Mustvee** in Jõgevamaa und **Kallaste** in Tartumaa, doch muten sie eher wie größere Dörfer an. Die kleinen Orte Nina, Varnja, Kasepää und Kolkja südlich von Kallaste sowie Kükita und Raja nördlich davon sind typische **Ansiedlungen von altgläubigen Russen.** Ihre Holz- und Steinhäuser reihen sich manchmal kilometerlang an der Straße aneinander. Allen ist eines gemein: Mindestens zwei Fenster müssen zur Straße zeigen. Dazwischen befinden sich Felder, auf denen in langen, geraden Reihen Zwiebeln angepflanzt werden, was dazu führte, dass die Altgläubigen im Volksmund auch „Zwiebelrussen" genannt werden. In den Orten befinden sich hübsche, kleine **russisch-orthodoxe Kirchen.**

Der Peipus-See hat einige **Badestände,** unter anderem in Nina und Kallaste.

Von Alatskivi aus kann man entweder über einen Weg direkt ans Ufer des Peipus-Sees fahren (hier gelangt man zu den **Dörfern der Altgläubigen**) oder der Straße 43 in Richtung Norden folgen. So trifft man in Kallaste auf das Seeufer.

Altgläubigendörfer

Kallaste

Am Ufer des Peipus-Sees liegt ein bis zu acht Meter hoher und über 900 Meter langer, roter **Sandsteinaufschluss,** der vor 350 Millionen Jahren im Devon entstand. Der „Rote Berg" dient zahlreichen Uferschwalben als Niststätte und enthält neun Höhlen, die man betreten kann.

Bis auf eine kleine **Holzkirche,** die einige Ikonen aus dem 20. Jh. beherbergt, gibt es in Kallaste nicht viel zu sehen. Der Ort bekam zwar 1938 Stadtrechte verliehen, wirkt aber mit seinen bunten Holzhäuschen nicht viel anders als die umliegenden Fischerdörfer. Doch ist der im 18. Jh. gegründete Ort ein typisches Beispiel für die Ansiedlungen der Altgläubigen (s. Exkurs). Ein **Altgläubigen-Friedhof** befindet sich am Ufer des Sees.

◼ **Kallaste Kirche,** Kiriku 14, Tel. 7452256.

Mustvee

Mustvee, das schon im Landkreis Jõgevamaa liegt, zieht sich, wie die meisten Dörfer am Ufer des Sees, an der Hauptverkehrsstraße entlang. Kaum zu glauben, dass dies bereits die größte Ort-

Der Süden

3d

schaft auf der estnischen Seite des Peipus-Sees ist!

Mustvee ist ein Paradebeispiel für religiöse Vielfalt. **Vier Kirchen** zieren den Ort: eine orthodoxe aus dem Jahr 1864, eine mit goldfarbenen Turmhelmen gekrönte baptistische (ursprünglich orthodoxe) von 1877, eine lutherische, die um 1880 erbaut wurde, sowie ein Gotteshaus aus dem Jahr 1930, das den Altgläubigen dient.

Nina

Nina, südlich von Kallaste, ist das älteste der altrussischen Reihendörfer. Die mit Zwiebeltürmchen versehene, orthodoxe **St. Marienkirche** aus dem Jahr 1827 steht gegenüber einem kleinen **Leuchtturm** von 1936. Daneben, am Ufer des Sees, befindet sich ein Friedhof.

Kolkja

Im Dorf Kolkja kann man sich in einem kleinen **Museum** Einblicke in die Traditionen und Lebensweise der Altgläubigen verschaffen. Hier hat sich das Leben seit Jahrzehnten kaum verändert. Kostproben der traditionellen Speisen der Region, die vor allem aus Fisch und

Zwiebeln bestehen, sowie heißen Tee aus dem Samowar gibt es im örtlichen **Restaurant** (s.u.). Die Rezepte werden von Generation zu Generation weitergegeben.

◼ **Vanausuliste muuseum,** Tel. 7453431 und 53922444, geöffnet April bis September Mi–So 11–18 Uhr, Oktober bis März am Wochenende 11–17 Uhr oder nach Absprache.

Kasepää und Varnjaa

Die **Altgläubigen-Kapelle** in Kasepää wurde seit dem 18. Jh. durchgehend genutzt. Die **Steinkirche** im Nachbarort **Varnja** und ihre Ikonen stammen aus dem Jahr 1903.

Von Varnja aus führt eine kleine Straße zurück ins Landesinnere, wo sie in Koosa auf die Regionalstraße Richtung Tartu stößt. Will man weiter in das Mündungsgebiet des Emajõgi fahren, muss man einen Umweg durchs Landesinnere machen.

Mündungsgebiet des Emajõgi

Auf etwa 250 km² erstreckt sich das Mündungsdelta des Flusses Emajõgi, wovon ein Großteil seit 1981 unter dem Namen Emajõe-Suursoo („Großer Sumpf") unter Schutz gestellt ist. In dem **Naturpark** sind verschiedene **Moortypen** vorzufinden – ein wenig Hochmoor, aber vor allem Nieder- und Übergangsmoor mit zahlreichen Inseln und acht Seen. Zum Vogelzug zieht es Ornithologen hierher, die sich mit dem Fernglas auf die Lauer legen.

◁ Am Peipus-See

Die Altgläubigen am Peipus-See

Die kleinen Orte am westlichen Ufer des Sees haben einen eigenen, altmodischen, aber auch romantischen Charakter. Bewohnt werden sie von sogenannten altgläubigen Russen, von den Esten auch augenzwinkernd als „Zwiebelrussen" bezeichnet, da in den Gärten hinter den kleinen Holzhäuschen lange Reihen von Zwiebeln und anderem Gemüse wachsen. Wie die Zwiebelreihen schlängeln sich auch die Dörfchen an der Uferstraße entlang, Holzhaus neben Holzhaus, nur ab und zu von einer kleinen orthodoxen Kirche oder einem Fischerhafen unterbrochen, von wo aus die Männer des Dorfes auf den See hinausfahren. Wenn sie abends zurückkehren, nageln sie ihren Fang an die Wände ihrer Häuser und Schuppen. Luftgetrocknet, so weiß man hier seit Generationen, ist der Fisch eine Köstlichkeit.

37 verschiedene Fischarten wurden im Peipus-See gezählt, die nicht nur im Sommer mit Netzen gefangen, sondern auch im Winter durch Eislöcher geangelt werden. Dazu fahren die Fischer über die dicke Eisdecke weit auf den See hinaus – entweder mit dem Motorschlitten, oder mit sehr skurrilen umgebauten Autos mit riesigen Ballonreifen, Karakatitsa genannt (man kann sich die Gefährte ansehen, indem man bei youtube nach diesem Begriff sucht). Die Radarstationen der Grenzer passen auf beiden Seiten des Sees auf, dass sich dabei niemand ins Nachbarland verirrt. Im Frühjahr treiben oft riesige Eisschollen und -berge über den See.

Die Altgläubigen kamen bereits im 18. Jahrhundert aus Russland, vor allem aus der Gegend um Nowgorod, an die Westküste des Peipus-Sees, wo sie der Verfolgung im eigenen Land entgingen und friedliche Plätze zum Leben fanden. Seither bewohnt diese Bevölkerungsgruppe das ganze Ufer des Peipus-Sees und Narva-Flusses, von den Dörfern Gorodenka und Kuningaküla im Norden bis zum Gebiet der Seto im Süden.

Die Altgläubigen leben seither in einer sehr isolierten und streng abgegrenzten Gesellschaft, ihr Alltagsleben hat sich seit ihrer Ansiedlung kaum verändert. Die modernen Zeiten ha-

ben nicht viel Gutes für diese Bevölkerungsgruppe gebracht. Arbeitslosigkeit zwingt die Jugend, ins Landesinnere umzusiedeln, wo die moderne Welt als kulturelle Konkurrenz eine ständige Bedrohung für die Weiterexistenz der Altgläubigenkultur darstellt.

Mittlerweile sind erfolgreiche Maßnahmen zu Förderung und Erhaltung der Traditionen ergriffen worden. So eröffneten in Kolkja ein Restaurant mit örtlichen Spezialitäten sowie ein Heimatmuseum. Ferner haben sich in Raja und Mustvee Priester bereiterklärt, ihre Kirchen der Öffentlichkeit zugänglich zu machen und sie über die Eigenart der russisch-orthodoxen Altgläubigen-Kirche und die Besonderheiten der Liturgie zu informieren. Auf der Insel Piirissaar wird jedes Jahr der Peter-und-Paul-Tag festlich begangen. Ein Besuch der Altgläubigensiedlungen ist eine exotische Reise in ein anderes Estland!

Pflanzenkenner werden seltene Arten wie die Sibirische Schwertlilie entdecken. Im Frühjahr nach der Schneeschmelze stehen große Flächen unter Wasser. Überhaupt entdeckt man das feuchte Gebiet am besten per Boot, es gibt aber auch verschiedene **Wanderpfade,** wie den rund acht Kilometer langen Weg von Ahunapalu nach Virvissaare (kein Rundweg!).

Nur wenige Touristen dringen in das sehr **entlegene Gebiet** südöstlich der Emajõgi-Mündung vor. Um hierher zu gelangen, bedarf es eines großen Umwegs über das Landesinnere, wenn man nicht von Süden über Rapina anreist. Es geht über unbefestigte Straßen in die ziemlich menschenleere Gegend, die mit keinen größeren Sehenswürdigkeiten aufwartet.

◼ **Informationszentrum in Kavastu** *(Emajõe-Suursoo looduskeskus),* am Westrand des Schutzgebietes, GPS N 58.382129, E 27.105742, Tel. 6767 999 und 53050999, http://loodusegakoos.ee, im Sommer tägl. 10–18 Uhr, sonst Mi–Fr 11–16 Uhr. Hier bekommt man Kartenmaterial und kann Führer buchen.

Praktische Tipps

Informationen

◼ **Besucherzentrum** *(Peipsimaa Külastuskeskus),* Kolkja, Tel. 55639398, www.peipsimaa.ee, Ende Mai–Mitte Sept. Besucherzentrum für die Traditionen der Altgläubigen der Peipusregion. Touristeninformation, Café, Kunsthandwerk, Fahrradverleih.
◼ Infos auch über die **Touristeninformation** in **Tartu.**
◼ Touristisch wird die Gegend unter dem Namen „**Zwiebelstraße, Sibulatee**" geführt.

036es hr

3d

Unterkunft

■ **Hansu turismitalu**①-②, Kodavere, Gemeinde Pala, Tel. 7452518 und 55599850, www.hansu.ee. Einige Kilometer nördlich von Kallaste in Kodavere, mit Sauna. **Zelten** und aufstellen von **Wohnwagen** möglich. Auch ein Campinghaus vorhanden.

■ **Hostel Laguun**①, Liiva 1a, Kallaste, Tel. 7452 553 und 5058551, http://hostel-laguun.ee. Kleines Häuschen am Peipus-See, einfache Zimmer, die meisten mit Seeblick. Küche, Bad und Fernsehzimmer zur Mitbenutzung, auf Wunsch mit Frühstück. Man kann auf auch **zelten,** Wohnwagenstellplätze.

■ **Kalameeste maja**①, Narva 9C, Mustvee, Tel. 5041067, www.peipsirent.eu. Einfaches, neueres Hotel in zentraler Lage in Mustvee.

■ **Willipu Külalistemaja**①-②, Pusi, Gemeinde Alatskivi (2 km südlich von Kallaste am Ufer des Sees), Tel. 56352117, www.willipu.ee. Nettes Gästehaus mit 2- und 3-Bettzimmern. Wer mag, kann angeln oder die Sauna benutzen; Fahrrad- und Bootsverleih. Man kann auch **zelten** oder seinen **Wohnwagen** auf dem Grundstück aufstellen.

Essen und Trinken

MEIN TIPP: **Kolkja kala-ja sibularestoran** (Fisch- und Zwiebelrestaurant), Kolkja, Tel. 5049908, www. facebook.com/KolkjakalajaSibularestoran, tägl. 12– 18 Uhr, im Winter auf Vorbestellung. Leckere Spezialitäten der Altgläubigen vom Peipus-See. Das Restaurant ist beliebt und kann schon um 12 Uhr voll belegt sein.

Einkaufen

MEIN TIPP: Probieren Sie unbedingt *suitsukala,* **geräucherten Fisch,** der entlang der Straße, vor allem rund um Mustvee, an kleinen Verkaufsständen feilgeboten wird. Als Selbstverpfleger halte man die Augen auf. Im Sommer wird überall **Gemüse aus eigenem Garten** für wenig Geld verkauft.

Kleine **Lebensmittelgeschäfte** gibt es in Alatskivi und Kallaste.

☑ Landlust in Kolkja

037es ta

Verkehr

■ Es gibt östlich von Tartu nicht allzu viele **Tankstellen,** deshalb sollte man den Tank voll haben, bevor man sich in diese Richtung begibt. Es gibt je eine Tankstelle in Alatskivi und in Mustvee.

■ Von Tartu aus fahren mehrmals täglich **Busse** über Alatskivi nach Kallaste. In die kleinen Altgläubigendörfer, v.a. nach Kolkja, fahren zwar Busse, aber selten. Informationen erhält man beim Bushof oder in der Touristeninformation von Tartu.

Rund um Põlva

Põlva ist nicht unbedingt eine Reise wert, hat das Städtchen außer seiner alten Kirche doch nicht viel zu bieten. Die von einer Geländestufe durchzogene Provinzstadt ist jedoch ein guter Ausgangspunkt zu zahlreichen schönen **Naturlandschaften** des Landkreises Põlvamaa. Im in der Stadt gelegenen Põlva-See kann man baden.

Entlang der Kesk-Straße findet man Banken, kleine Geschäfte und Cafés. Hier ragt auch das rote Dach der **Marienkirche** (Maarja kirik) empor, die wie so viele Gotteshäuser im Land seit ihrer Erbauung im 13.–14. Jh. mehrfach zerstört und wieder aufgebaut wurde. Ihr heutiges Aussehen erhielt sie 1845, einige Gemälde im Inneren wie das Altarbild von 1650 stammen aus früheren Zeiten.

■ **Touristeninformation** des Landkreises Põlvamaa in Räpina, Kooli 1, Tel. 7995001, GPS N 58.09722, E27.46472, www.visitpolva.ee. Mitte Mai–Mitte Sept. Mo–Fr 12–17, Sa/So 11–16, sonst nur Mo–Fr 12–17 Uhr. Karten und Infomaterial, Unterkunftsbuchung und vieles mehr.

Taevaskoja und Ahja-Fluss

Nahe der Straße 61, die von Tartu nach Südosten führt, nur ein paar Kilometer nördlich von Põlva, befindet sich inmitten des Ahja-Urstromtals eines der schönsten Naturdenkmäler des Landes: die **Große Himmelshalle** (Suur Taevaskoja), ein 24 Meter hoher Sandsteinaufschluss, der sich am Ufer des Ahja-Flusses in leuchtenden Rottönen präsentiert. Wer den Ahja mit dem **Kanu** entlangfährt, entdeckt eine wildromantische Landschaft. Neben der Großen Himmelshalle gibt es etwa 40 weitere rote Sandsteinfelsen und -wände aus dem Devon.

Wie ihre große Schwester beherbergt auch die einige Fußminuten entfernt gelegene **Kleine Himmelshalle** (Väike Taevaskoja) zahlreiche Schwalben- und einige Königsfischernester. Im Laufe der Jahrhunderte hat das Quellwasser eine Höhle in die knapp 13 Meter hohe und etwa 190 Meter lange Kleine Himmelshalle gespült. Zahlreiche Legenden ranken um die sogenannte Mädchenhöhle (Neitsikoobas) und weitere Quellen, Findlinge und Höhlen. Davon zeugt auch der Name eines großen Findlings, der inmitten der Stromschnellen liegt – er wird als Hexenstein bezeichnet. Früher wurde Taevaskoja als heiliger Ort verehrt und war eine Opferstelle.

Am Ufer des Flusses entlang führt ein idyllischer **Wanderweg,** der am Parkplatz (GPS N 58.115193, E 27.047072) an der Straße beginnt. Man kann die malerische Gegend aber auch mit dem Fahrrad oder auf dem Pferderücken erkunden. Der Wanderweg führt durch den Kiefernwald am Flussufer entlang zu den beiden Himmelshallen. Unterwegs kann man den Blick von einem Aussichtsplatz

3d

genießen. Im Sommer kann man im kühlen Fluss baden, ein Ausflugsboot bietet Fahrten über den nahen Stausee.

■ Wer mehr über das Gebiet erfahren will, findet im Dorf **Kiidjärve,** etwa auf halber Strecke zum nördlich gelegenen Naturschutzgebiet Akste, das **Informationszentrum des Naturparks Ahja:** *RMK Kiidjärve looduskeskus,* Kiidjärve, Gemeinde Vastse-Kuuste, GPS N 58.139568, E 27.019477, Tel. 6767122, http://loodusegakoos.ee. Geöffnet Juni–Aug. tägl. 10–18 Uhr, Sept.–Mai Mi–Fr 11–16 Uhr.

Naturlandschaften südöstlich von Põlva

Zahlreiche **Landschaftsschutzgebiete** im Süden des Landkreises Põlvamaa lassen sich per pedes oder Rad, auf dem Pferderücken oder vom Kanu aus entdecken. Die sanften Moränenhügel werden von Urstromtälern und Flüssen durchzogen, viele Seen laden zum Baden ein.

Praktische Tipps

Unterkunft

Eine Liste von Unterkünften im Landkreis findet man auf **www.visitpolva.ee.**

■ **Hotel Pesa**②, Põlva, Uus 5, Tel. 7998530, www.kagureis.ee. Ordentliches Hotel mit einer Vielzahl an Serviceangeboten.
■ **Tammekännu-Freizeitzentrum** *(Tammekännu vabaajakeskus)*①, Mammaste, Gemeinde Põlva, Tel. 7993275, www.tammekanuu.ee. Hütten und Ferienhäuser, Zelt- und Wohnwagenstellplätze, Sauna, Bootsverleih und -ausflüge.

Aktivitäten

■ **Kanuumatkad Vesipapp,** Tel. 5145430, www.vesipapp.ee. Ansprechpartner ist *Sander Hausenberg,* er spricht gut Deutsch. Vermittlung von Kanutouren in Südestland, z.B. auf dem Ahja- und Võhandu-Fluss. Mehrstündige, aber auch mehrtägige Kanuausflüge mit Verpflegung möglich. *Hausenberg* verabredet Treffpunkte und Strecken individuell. Sehr empfehlenswert bei schönem Wetter.

Das Grenzgebiet zu Russland

Der südöstlichste Teil Estlands entlang der russischen Grenze ist die Heimat eines eigenständigen Volksstammes, der **Seto.** Der frühere Landkreis Setomaa befindet sich heute zum Teil auf russischem Staatsgebiet. Die Ortschaften Värska, Obinitsa und Meremäe sind die Hauptorte der Seto auf estnischer Seite.

Wer das Gebiet der Seto durchfährt, kann nicht nur alte Friedhöfe und **Seto-Höfe** entdecken, sondern wird vielerorts auf kleine **Gebetshäuser** stoßen, die *Tsässons* genannt werden und in Orten stehen, die keine eigene Kirche haben.

Värska

Värska, nahe der russischen Grenze und dem **Pskover (Pleskauer) See** gelegen, ist vor allem für sein Mineralwasser bekannt, von dem mehrere Sorten mit verschiedenen Salzgehaltsstufen verkauft werden. Im **Sanatorium,** das ein wenig außerhalb bei Väike-Rõsna liegt, können

Gäste Mineralwasserbäder nehmen und sich Heilschlammpackungen aus der Värskaer Bucht verabreichen lassen.

Wer sich für die Seto-Kultur interessiert, kann sich im kleinen Touristeninformationsbüro mit Broschüren und Landkarten Setomaas ausrüsten, die zum Teil in deutscher Sprache verfasst sind. Hier erhält man auch den aktuellen Veranstaltungskalender. Alle drei Jahre wird das Seto-Gesangsfest in Värska abgehalten.

Seto-Bauernmuseum

Den besten Eindruck von der Kultur dieser Volksgruppe, ihrer Lebensweise und Architektur bekommt man im sehr sehenswerten Seto-Bauernmuseum in Värska. Ein **typisches Seto-Anwesen** besteht aus dem Wohnhaus und verschiedenen Nebengebäuden, die sich von der Straße abgewandt um einen Innenhof gruppieren. Im Museum kann man eine typische Sauna, Ställe, eine Scheune und kleine Werkstätten besuchen, in denen oft kulturelle Veranstaltungen durchgeführt werden. Mit etwas Glück trifft man Frauen in typischen Trachten an. Im **Teehaus**, das Teil des Seto-Museums ist, bekommt man oft typische Köstlichkeiten serviert.

■ **Seto-Bauernmuseum,** Õrsava bei Värska, Pikk 56, Tel. 5054673, www.setomuuseum.ee, Juni bis Aug. Di–Sa 10–18 Uhr, So–Mo 10–16 Uhr, sonst Di–Sa 10–16 Uhr.

Praktische Tipps

Informationen

■ **Touristeninformation Setomaa in Värska,** Pikk 12, Tel. 7964782 und 56821268, www.visitsetomaa.ee, Juni bis August Di–Fr 11–17 Uhr, Sa 11–16 Uhr.

Unterkunft

■ **Spahotel Värska Sanatoorium**②, Väike-Rõsna, Gemeinde Värska, Tel. 7993901, www.spavarska.ee. Liegt am Ufer des Lämmijärv, der für seinen heilenden Schlamm bekannt ist. Das Gebäude stammt aus Sowjetzeiten, wurde aber Ende der 1990er Jahre renoviert. Verschiedene Zimmerkategorien, im Haus Restaurant, Sauna, Schwimmbecken, Billard. Zudem Gesundheits- und Spa-Behandlungen, Massagen und Aromabäder. Das Klima ist hervorragend bei Atemwegserkrankungen.

Piusa

Die **Sandhöhlen von Piusa** südwestlich von Värska in Richtung Võru sind durch Quarzsandabbau entstandene Gewölbe und Gänge. 1920 begann nahe der Bahnstation Piusa auf der Strecke Valga – Petseri (Petschory) der Abbau des Sandsteins, der für die Glasindustrie benötigt wurde. Während ein Teil der Höhlen früher frei zugänglich war, ist der Zugang wegen der Einsturzgefahr nunmehr stark beschränkt. Eine Höhle kann von einer Besucherplattform aus besichtigt werden. Die zahlreichen Fledermäuse, die die Höhlen bewohnen, wird es jedenfalls freuen. Nach der Besichtigung der Höhle kann man den Spaziergang bis zu einer weiten Sandfläche ein Stück hinter dem Besucherzentrum ausdehnen. Neben dem neuen Besucherzentrum mit Spielplatz finden sich am Park-

Der Süden

3d

205es ta

platz ein kleiner Laden und eine Töpferei, die im Sommer geöffnet sind.

■ **Piusa Besucherzentrum und -höhlen,** Dorf Piusa, Gemeinde Orava, GPS N 57.8405858, E 27.465 515, Tel. 53044120, www.piusa.ee, tägl. 11–18 Uhr, im Winter nur Sa/So 12–16 Uhr, sonst nach Vereinbarung. Im Besucherzentrum gibt es ein Café, eine Touristeninformation und einen kleinen Souvenirladen. Die Führung beinhaltet die Vorführung von zwei Naturfilmen (auf Englisch). Eintritt Erwachsene 5 €, Kinder (4–14 Jahre) 3 €.

⌃ Sandflächen bei Piusa

› Die Ruinen der Bischofsburg Vana-Vastseliina

Bischofsburg Vana-Vastseliina

Mein Tipp: Beim Ort Vana-Vastseliina, etwas weiter oberhalb am Lauf des Piusa-Flusses, liegen die romantischen **Ruinen** der Bischofsburg Vana-Vastseliina. Zusammen mit dem Besucherzentrum, einem Museum, Café und Restaurant (allerdings nur für Gruppen) und einem schönen Souvenirgeschäft bilden sie einen lohnenden Anlaufpunkt in dieser ansonsten einsamen Gegend.

Abgelegen war die Gegend sicher auch im 14. Jh., als mit dem Bau der Festung begonnen wurde. Doch war das Gebiet von erheblicher strategischer Bedeutung, da das russische Pskov im Osten zu einem mächtigen Gegner heranwuchs. Vastseliina reihte sich in einen Verteidigungsgürtel ein, der von Võru bis in den Süden des heutigen Lettland reichte. Dazu kam, dass Vastseliina auch eine gewisse Bedeutung als Pilgerziel erlangte, da ein angeblich schwebendes Kreuz als Wunder deklariert wurde. Bis ins 16. Jh. wurde die Festung ausgebaut. Neben der militärischen und religiösen Bedeutung war sie auch eine Station im Handel zwischen Livland und Pskov. Damit verbunden ist die Geschichte der „Grenzschänke" (**Piiri korts**), die Ende des 17. Jh. belegt ist. Das Gebäude mit den typischen dicken Säulen, die bei allen historischen Poststationen in Estland zu finden sind, beherbergt heute das **Besucherzentrum.** Die Burg selbst wurde im Großen Nordischen Krieg zerstört, nur relativ wenig ist erhalten. Doch die Überreste verströmen in der einsamen Lage eine besondere Atmosphäre. Auf einem Turm brüten Störche, dort wo der Innenhof lag, blühen im Sommer zahlreiche Pflanzen. Der größte Turm kann über eine Holzkonstruktion bestiegen werden.

Von der Burg kann man noch – über die lange Treppe und den Piusa-Fluss – einen Abstecher in den dahinter liegenden **Gutspark** machen. Er wurde 1830 von *Guido Reinhold von Liphart* angelegt. Die mächtigen Bäume laden zu einem stillen Spaziergang ein.

■ **Ruinen der Bischofsburg/Besucherzentrum,** Vana-Vastseliina, Tel. 53305089, www.vastseliina. ee/linnus, GPS N 57.72889, E 27.36111. Geöffnet Juni–Aug. tägl 10–18 Uhr, April, Mai und Sept. Mi–So 10–18 Uhr, Okt. geschlossen, Nov.–März Di–Sa 10–18 Uhr. Die Burgruinen selbst sind frei zugänglich.

Unterkunft

■ **Piusa Puhkemaja**②, Väiko-Härma, Gemeinde Meremäe, Tel. 5289134, www.puhkemaja.ee. Kleines Ferienhaus mit neun Zimmern direkt am Fluss im Urstromtal Piusa, mit Kochgelegenheit und Sauna, außerdem gibt es die Möglichkeit zu **zelten.** Einfache Unterkunft zudem im renovierten Speicher und in Hütten. Gleich in der Nähe ein Wanderpfad.

MEIN TIPP: Setomaa Turismitalo②, Kalatsova, Gemeinde Meremäe, Tel. 5161941, www.setotalu. ee. Schönes Ferienzentrum der Seto, mit Zimmern, Ferienhäusern, Restaurant, Spielplatz und touristischen Angeboten, idyllisch gelegen.

Haanja-Naturpark

Der Landrücken Haanja (Hahnhof) südlich von Võru mit dem **höchsten Berg des Baltikums,** dem Suur Munamägi, zahlreichen malerischen Dörfern, Seen, Urstromtälern, Wäldern und sanften Hügeln wurde zum etwa 17.000 Hektar umfassenden Naturpark Haanja zusammengefasst. Ein Besuch des Gebietes lohnt sich im Sommer ebenso wie im Winter. In den warmen Monaten locken unzählige Seen zum **Baden oder Kanufahren,** im Winter kann man auf **Skiern** die Gegend erkunden. Nirgendwo sonst im Land liegt so lange Schnee wie hier. Ein guter Ausgangspunkt ist die hübsche

kleine Ortschaft **Rõuge,** herausragendste Sehenswürdigkeit ist – im wahrsten Sinne des Wortes – besagter Suur Munamägi.

Berg Suur Munamägi

Auch wenn es so manchen Besucher aus dem Ausland, beispielsweise aus Süddeutschland, Österreich und der Schweiz, schmunzeln lässt – die Esten sind stolz auf den höchsten Berg des Baltikums. Der Suur Munamägi, was übersetzt „Großer Eierberg" bedeutet, weist gerade einmal eine Höhe von **318 Metern** über dem Meeresspiegel auf. Da er mitten im Haanja-Höhenzug beim **Dorf Haanja** (Hahnhof) liegt und sich von der Umgebung nur durch gute 60 Meter abhebt, kommen hier nicht gerade alpine Gefühle auf. Dennoch lohnt sich ein Aufstieg auf den knapp 30 Meter hohen Aussichtsturm auf der Spitze des Berges, denn von hier eröffnet sich ein weiter Blick über die dichten Wälder der Umgebung und auf den zweithöchsten Berg des Gebiets, den 296 Meter hohen Vällamägi.

Am Fuße des Suur Munamägi kann man einige Souvenirs erstehen, ein kleiner **Laden** verkauft Holzschnitzereien, außerdem bieten im Sommer Bauern Honig und selbstgemachte Marmelade an. Vor dem Aufstieg auf den Suur Munamägi kann man sich am Fuße des Berges im **Café** *Suur Muna* (tägl. ab 10 Uhr, www.suurmuna.ee) stärken.

■ **Aussichtsturm auf dem Suur Munamägi,** www.suurmunamagi.ee, April bis August tägl. 10–20 Uhr, September und Oktober tägl. 10–17 Uhr, im Winter nur Sa/So 12–15 Uhr.

Unterkunft

Im Naturpark Haanja findet man eine sehr große Auswahl an Unterkunftsmöglichkeiten. Viele Unterkünfte bieten auch **Campingmöglichkeiten** mit Feuerstelle und Grill. Nach Absprache ist auch Verpflegung möglich, obgleich die meisten Unterkünfte keine eigenen Restaurants haben.

◼ **Jaanimäe Bauernhof**①, Jaanimäe, Gemeinde Haanja, Tel. 7829007 und 5155600, http://jaani maetalu.ee. 14 km von Võru Richtung Haanja. Grill- und Feuerplatz, Sauna, Frühstück inklusive.

◼ **Plaani Lodge**②, Plaani, Gemeinde Haanja, Tel. 5543161, www.plaanilodge.edicypages.com. Bed & Breakfast, 6 km vom Suur Munamägi entfernt, gegenüber der orthodoxen Kirche in Plaani. Vor dem Haus hält der Bus von und nach Võru. Jedes Zimmer mit eigener Dusche, im Obergeschoss auch Familienzimmer mit Dusche und WC. Essen nach Absprache möglich, keine Kartenzahlung.

◼ **Suhka Turismitalu**②, Gemeinde Haanja, GPS N 57.682752, E 27.116028 (oder s. Anfahrtsskizze auf der Internetseite, Zufahrt über schmale Schotterstraßen), Tel. 51938000, www.suhka.ee. Abgelegener, noch teilweise bäuerlich geprägter Ferienhof. Ordentliche Zimmer im Haupthaus, großer Gemeinschaftsraum und Speisesaal. Leckere und reichhaltige Verpflegung.

◼ **Haanja Milla Küche und Unterkunft** *(Haanja Guest Apartments*①*)*, Dorf Haanja, Gemeinde Haanja, Tel. 5289100, www.haanjamilla.com. Einfache, größere Unterkunft, für Sportlergruppen, Apartments aber auch für Familien geeignet, direkt im Ort Haanja an der Hauptstraße, dort wo auch der kleine Supermarkt liegt.

MEIN TIPP: Vaskna Turismitalu②, Plaksi, Gemeinde Haanja (weniger als 1 km vom Suur Munamägi nach Süden links abbiegen), Tel. 5087359 und 56507773, www.vaskna.ee. Günstig gelegener Ferienhof mit sehr freundlichen Besitzern, viel Platz, Spielmöglichkeiten, Sauna, Bootsverleih. Zelten möglich. Auch Abendessen auf Vorbestellung.

◼ Ein wenig nördlich vom Haanja-Naturpark, etwa 9 km südwestlich von Võru, passiert man die nette **Villa Arossa**②, Nooska, Tel. 7829114 und 5175 600, www.arossa.ee. Es gibt ein Grillhaus im Garten, zum Gästehaus gehört eine Sauna mit Swimmingpool (wie das Grillhaus kostenpflichtig). Der Besitzer organisiert Kanufahrten, Reit-, Boots- und Wanderausflüge. Nicht alle Räume haben ein eigenes Badezimmer.

Verkehr

◼ Die meisten kleinen Orte werden nur selten von **Bussen** frequentiert. Allerdings sind viele Unterkünfte bereit, Ihre Gäste am nächsten Busbahnhof, zumeist in Võru, abzuholen. Ist man auf öffentliche Verkehrsmittel angewiesen, empfiehlt sich eine Unterkunft in Rõuge oder Haanja. Dort verkehren nahezu stündlich Busse nach Võru. In Haanja hält ein Bus, der auch nach Tallinn fährt.

Rõuge

Der etwa 15 km südlich von Võru gelegene Ort Rõuge (Rauge), 1613 erstmals urkundlich erwähnt, liegt in einer idyllischen Landschaft, die sich durch sanfte Hügel und bis zu 75 Meter tiefe Täler, Laub- und Nadelwälder sowie zahlreiche Seen, Flüsschen und Quellen auszeichnet. Wie an einer Perlenkette aufgereiht, liegen sieben durch den Rõuge-Bach miteinander verbundene Seen in und um den Ort. Im Zentrum Rõuges befindet sich der **Suurjärv**, der mit 37 Metern der tiefste See Estlands ist.

Die **Marienkirche** im Zentrum des Dorfes gilt als Symbol Rõuges. Bereits im Jahr 1550 stand hier ein Gotteshaus, das

jedoch im Nordischen Krieg zerstört wurde. Das jetzige Gebäude stammt aus dem Jahr 1730. Die einstmals katholische, jetzt lutherische Kirche beherbergt eine der besten Orgeln der **Orgelbauerfamilie Kriisa,** die aus Kokõmäe stammt, einem kleinen Ort in der Nähe von Rõuge. Das Altarbild „Jesus am Kreuze" ist von *Rudolf zur Mühlen*. Die Kirche ist im Sommer Donnerstag bis Samstag 11–16 und Sonntag 9–15 Uhr geöffnet. Die Besteigung des Turmes ist kostenpflichtig. Gegenüber der Kirche erinnert ein **Denkmal** an die Opfer des Unabhängigkeitskrieges.

Vom alten **Festungshügel Rõuge linnamägi** hinter der Touristeninformation hat man einen schönen Ausblick auf die liebliche Landschaft. Auf dem Linnamägi stand vom 6. bis 11. Jh. eine estnische Burg. Heute kann man von einem spektakulären **Aussichtsturm** aus, dessen Gestaltung an einen Baum mit Vogelnestern erinnert, die wunderschöne Seenlandschaft betrachten. Zur anderen Seite des Linnamägi liegt das **Tindiorg** (Tindi-Tal), das von Kalksteinfelsen dominiert wird.

Nachtigallental

Eine Reihe von Tälern in der Umgebung von Rõuge laden zum Spaziergang ein, vor allem das 300 Meter lange und bis zu 15 Meter tiefe Nachtigallental (Ööbikuorg) südöstlich des Ortes. Es ist besonders im Frühling, wenn der Gesang zahlreicher Nachtigallen durch das bewaldete Tal schallt, ein beliebter Ausflugsort der Esten. Ausgangspunkt ist die Touristeninformation (s.u.).

Naturwanderweg

Ein wunderschöner, zehn Kilometer langer Wanderweg führt an den sieben Seen entlang durch den beschaulichen kleinen Ort und das Nachtigallental und endet in einem Sandsteinaufschluss, der **Hinni-Schlucht** („Canyon" genannt, GPS N 57.76521, E 26.87915). Die bis zu acht Meter tiefe und 200 Meter lange Schlucht liegt nördlich der Ortschaft in der Nähe des Dorfes Nursi, sie steht unter Schutz. Rõuge selbst liegt in der Mitte des Wanderweges, d.h. man sollte sich entweder an ein Ende bringen lassen oder in zwei Etappen laufen, um nicht insgesamt 20 Kilometer zurücklegen zu müssen. Im Sommer nicht vergessen, ein Anti-Mücken-Mittel aufzutragen!

Energiepfad

Ein weiterer Wanderweg ist 1,5 Kilometer lang und führt an **natürlichen Energiequellen** (zumeist Wasserkraft) vorbei. Schilder erklären, wie diese technisch genutzt werden. Der „Rõuge Energiepark" gibt ein Faltblatt mit der Wanderroute und englischsprachigen Informationen heraus. Ausgangspunkt auch hier die Touristeninformation (s.u.).

Praktische Tipps

Informationen

■ **Rõuge Touristeninformation,** im Blockhaus beim Nachtigallental, Tindi, Gemeinde Rõuge, Tel.

7859245, www.rauge.ee, 15. Mai bis 15. September täglich 10–18 Uhr, im Winter geschlossen. Der Parkplatz ist ein guter Ausgangspunkt für Spaziergänge über die große Wiese mit dem Aussichtsturm zum Festungshügel und zum Nachtigallental.

Service

■ **Post:** Võru mnt 6, von der Kirche die Straße hinunter am See vorbei, dann rechts.

 Im Nachtigallental

3d

Unterkunft

■ **Ala-Rõuge Külalistemaja**①, Veski 4, Tel. 7859 236 und 5226384, www.alarouge.ee. Gästehaus mit unterschiedlich ausgestatteten Zimmern, nicht jedes mit eigenem Bad, Whirlpool, Sauna, Konferenzraum. Auf Bestellung Mittag- und Abendessen.

■ **Tamme Puhkemaja**①, Vadsa, Gemeinde Rõuge, GPS N 57.73417, E 26.99750, Tel. 7860835 und 5064465, www.tammepuhkemajad.ee. Ferienhäuser und Zimmervermietung, liegt zwischen Rõuge und Haanja. Schön angelegtes und gepflegtes Grundstück mit Grill, Sauna, Schaukel, Volleyballplatz. **Camping** möglich, Essen nach Absprache.

■ **Ööbikuoru Villa**②, Tiidu, Gemeinde Rõuge, Tel. 5099666, www.oruvilla.ee. Unterkunft zwischen drei Seen. Hier ist auch das Café *Andreas* (s.u.)

■ **Rõuge Suurjärve külalistemaja**①-②, Metsa 5, Rõuge, Tel. 7859273 und 5243028, www.mare majutus.ee. Nettes Gästehaus direkt im Ort und am See. Wohnmobilstellplätze, Zelten möglich.

■ **Ööbikuoru Villa**①-②, Rõuge, direkt bei der Touristeninformation und dem Aussichtsturm, Tel. 55521555, www.tindiorutalu.ee. Zimmer in größerem Blockhaus, Wohnmobilstellplätze, Zelten möglich, Sauna, diverse Freizeitangebote, Kneipe im Haus; außerdem kleine Straußenhaltung.

Essen und Trinken

■ Forellen kann man im Sommer bei bei **Tindioru forellipüük** (Tindi küla, Gemeinde Rõuge), Tel. 5032060, fangen oder fangen lassen und grillen.

■ **Café Andreas** in der Ööbikuoru Villa (s.o.). Vereint lokale Traditionen, saisonales Angebot und moderne internationale Küche. Wenige, aber ausgesuchte Gerichte.

MEIN TIPP: **Saarsilla talukohvik**, Haanja mnt 4, Rõuge, unterhalb der Kirche Richtung See, Tel. 5345 6116, www.facebook.com/Saarsilla Talukohvik. Kleines Café-Restaurant mit hausgemachten Speisen in der alten Apotheke.

Einkaufen

■ **Kunstikuur,** Võru mnt 1, Tel. 5226277 und 555 23366, geöffnet im Sommer. Netter Laden mit preiswerten, schönen Handwerksartikeln, selbstgemachter Marmelade, eingelegten Gurken und Honig. Darüber hinaus Workshops und Konzerte.

■ Kleines **Lebensmittelgeschäft** schräg gegenüber dem *Kunstikuur.*

■ **Kunsthandwerk** findet man auch in der Rõuge Touristeninformation, s.o.

Verkehr

■ Von Rõuge verkehren nahezu stündlich **Busse** nach Võru.

Võru

Võru (Werro) liegt am **Tamula-See** und mutet mit seinen gut 12.000 Einwohnern – obwohl Hauptstadt des gleichnamigen Landkreises – von der Größe und Atmosphäre her wie eine Provinzstadt an. Auf Geheiß der russischen Zarin *Katharina II.* wurde die Stadt am 21. August 1784 gegründet und in quadratischen Vierteln angelegt. Archäologische Funde weisen darauf hin, dass die Gegend schon in der Steinzeit bevölkert war.

Im Mittelalter stand am linken Flussufer des Võhandu (gleich hinter Võru Richtung Väimela) die **Bischofsburg Kirumpää,** von der allerdings nicht mehr als ein paar Mauerreste zu sehen sind. Bereits 1656 wurde die Burg, die erstmals 1322 Erwähnung fand, zerstört, ihre Steine sind beim Bau der Stadt verwendet worden. Die Fundstücke aus der

Zeit sind im Võrumaa Museum ausgestellt.

Võru hat kaum Sehenswürdigkeiten vorzuweisen, doch ist die Stadt eng mit dem Namen ihres berühmtesten Sohnes verbunden, dem auch ein Museum gewidmet ist: *Friedrich Reinhold Kreutzwald*, der die Geschichten des immer wieder auftauchenden Sagenhelden *Kalevipoeg* aufgeschrieben hat.

Vom Bahnhof aus sind es nur einige Gehminuten in die Innenstadt. Folgt man der Tartu-Straße, stößt man an der Ecke Jüri auf die Touristeninformation. Rund um die Kreuzung Tartu/Jüri bzw. Antsla, wie die Verlängerung der Jüri-Straße heißt, finden sich die meisten Sehenswürdigkeiten und zahlreiche bunt gestrichene Holzhäuser.

Sehenswertes

Kirchen und Estonia-Denkmal

Auf dem Weg vom Bahnhof zur Touristeninformation liegt die **orthodoxe Jekateriina-Kirche** (Tartu 26) von 1804. Nur einige Meter weiter auf der gegenüberliegenden Straßenseite ist noch eine Kirche zu sehen. In Anbetracht dessen, dass Võru auf Anordnung *Katharinas II.* errichtet wurde, erstaunt es nicht, dass auch sie den Namen **Katharina** trägt. Für die Fertigstellung hatte ihre Namensgeberin 28.000 Silberrubel gestiftet. Das einschiffige, evangelische Gotteshaus (Antsla/Ecke Tartu) wurde am 24. Juli 1793 eingeweiht. Die Orgel aus dem Jahr 1913 stammt aus der in Haanja ansässigen Orgelbauerfamilie *Kriisa*.

Vor der Kirche erinnert ein **Denkmal** aus Granit an die 17 Einwohner, die beim Untergang der *Estonia* 1994 ihr Leben verloren haben.

Võrumaa Museum

Das Võrumaa Museum zeigt Exponate aus der Geschichte Võrus und Südestlands. Hier kann man auch typische **Seto-Trachten** bewundern und den Unterschlupf eines **Waldbruders** – so hießen damals die estnischen Widerstandskämpfer gegen die sowjetische Besatzung – besichtigen.

▪ **Vorumaa Museum,** Katariina allee 11, Tel. 782 4479, www.vorumuuseum.ee, Juni–Aug. Mi–So 11–19 Uhr, sonst Mi–So 10–18 Uhr, Eintritt 2 €.

Kreutzwald-Museum

Das ehemalige Wohnhaus von **Friedrich Reinhold Kreutzwald** (1803–1882) wurde 1793 erbaut und ist eines der ältesten Häuser der Stadt. Von 1833 bis 1877 lebte er hier und hatte auch seine Arztpraxis darin. Zu besichtigen sind im Kreutzwald-Museum die Wohn- und Arbeitsräume sowie die verschiedensten Ausgaben des estnischen Nationalepos *Kalevipoeg,* an denen er hier im Haus gearbeitet haben soll.

▪ **Kreutzwald-Museum,** Kreutzwaldi 31, Tel. 7821798, www.lauluisa.ee, April bis Sept. Mi–So 10–18 Uhr, Okt. bis März Mi–So 10–17 Uhr.

Am Ufer des Tamula-Sees

Läuft man die Tartu-Straße Richtung See, stößt man rechter Hand auf einen kleinen **Park**. Auch hier ist wieder *Friedrich Reinhold Kreutzwald* – gleich in doppelter Form – anwesend. Im Park steht ein Denkmal und die parallel laufende Straße heißt nach seinem großen Werk Kalevipoja (Straßennamen stehen immer im 2. Fall).

Der See mit ordentlichem Badestrand und einer frisch angelegten, kleinen Promenade wird im Sommer gern genutzt. Geht man über die große Brücke zum anderen Ufer des Tamula-Sees auf die **Halbinsel Roosisaar,** vermerkt ein Informationsschild, wo Archäologen auf die Reste einer neolithischen Siedlung stießen. Zu besichtigen gibt es hier allerdings nichts, die Fundstücke wurden im Museum untergebracht. Von der Brücke hat man aber einen netten Blick auf den See und die Stadt.

Informationen

■ **Touristeninformation,** Jüri 12, Tel. 7821881, www.visitvoru.ee, Mitte Mai bis Mitte Sept. Mo–Fr 10–18 Uhr, Sa/So 10–15 Uhr, im Winter Mo–Fr 10–17 Uhr. Sehr empfehlenswert ist die (auch deutschsprachige) Homepage. Das Personal spricht Deutsch und ist sehr zuvorkommend. Hier bekommt man einen Stadtplan und Informationen über die Sehenswürdigkeiten in der Umgebung, Übernachtungs- und Ausflugsmöglichkeiten. **Tipp:** Sehr detailliert und informativ ist die kleine Broschüre *Võrumaa Reiserouten*.

Service und Notfälle

■ **Banken:** Tartu 25, Vabaduse 10a.
■ **Krankenhaus** *(Lõuna-Eesti Haigla):* Meegomäe, am Ortsrand, von der Stadtmitte ca. 4,5 km, Tel. 7868569, www.leh.ee.

■ **Autowerkstatt und -verleih:** Tallinna mnt 42, Tel. 5082266, www.autoteh.ee.

Unterkunft

■ **Georgi Hotell**②-③, Jüri 38a, Võru, Tel. 332 2221, www.georgihotell.ee. Sehr schönes, nicht zu großes Hotel in frisch renoviertem, historischem Gebäude. Sauna, Restaurant, Parkplatz.
■ **Hotel Kubija**③, Männiku 43a, Tel. 7866000, und 5045745, www.kubija.ee. Etwa 3 km von Võru entfernt in südlicher Richtung, sehr idyllisch im Wald und am Badesee Kubija gelegen, mit Restaurant. Besonders bekannt für seine Behandlungen bei Schlafstörungen, außerdem diverse Spa- und Schönheitsanwendungen; auch 20 Stellplätze für **Wohnwagen** mit Wasseranschluss.
■ **Hotel Tamula**②, Vee 4, Tel. 7830430, www.tamula.ee. Obgleich das Hotelgebäude von außen nicht besonders attraktiv aussieht, sind die Zimmer in Ordnung und die Lage am gleichnamigen See ist sehr nett. Vom Zimmerbalkon aus kann man direkt auf den schönen Badestrand vor dem Hotel blicken. Dort gibt es einen kleinen Spielplatz für Kinder, außerdem Sportplätze, Sauna, Restaurant.
■ **Külalistemaja Ränduri**②, Jüri 36, Tel. 786 8050, www.randur.ee. Rustikales Gästehaus im Herzen der Stadt gelegen, Sauna, mit Gaststätte.

Essen und Trinken

■ **Empfehlenswerte Restaurants** finden sich im Hotel *Kubija* und im *Georgi Hotell (Restaurant Postmark)*.
■ **Café Katariina,** Katariina 4, Tel. 7824490. Sehr nettes Café mit frisch zubereitetem warmen Essen und leckerem Gebäck. Weit über Võrus Grenzen hinaus bekannt.
■ **Café Spring,** Petseri 20, am Tamula-See, Tel. 7822777, www.springcafe.ee. Auch warme Gerichte. Sonntags geschlossen.

■ **Pub Ränduri,** Jüri 36, pub-typische Speisekarte, auch Frühstück.

■ **Gaststätte Mõisa Ait,** Juri 20c, Tel. 7825587, www.moisaait.ee. Reichliche Speisenauswahl, am Wochenende Live-Musik.

Einkaufen

■ Das **Antiquitätengeschäft Karma,** Koidula 14, www.antiques.ee, ist eines der größten im Lande. Untergebracht ist es in einem der ältesten Gebäude der Stadt an der Ecke Antsla/Koidula. Ein Besuch lohnt sich wegen der vielen historischen Stücke, die Preise sind allerdings saftig.

Aktivitäten

■ **Reiten:** *Tamula Tallid,* Vana-Nursi küla, Tel. 5048621, www.tamulatallid.ee. Ab 4 Personen wird auch ein dreitägiger Ausritt angeboten.

Verkehr

■ **Busbahnhof,** Vilja 2. Der Bus von Tallinn nach Võru ist etwa vier Stunden unterwegs, mehrmals täglich. Gute Anbindung auch nach Tartu, Põlva und in andere Städte. Außerdem fahren von Võru die Regionalbusse ab, beispielsweise nach Haanja oder Rõuge.

■ **Taxi:** Tel. 7820002, 7822222.

Karula-Nationalpark

🦋 Etwa 30 Kilometer südwestlich von Võru erstreckt sich der Nationalpark Karula, der etwa zwei Drittel des gleichnamigen **Höhenzugs** umfasst. Sanfte Moränenhügel, die sich bis zu 137 Meter über den Meeresspiegel erheben, Sümpfe, Wälder und Seen prägen die malerische Landschaft. Der Name Karula geht auf das estnische Wort *karu* für Bär zurück, doch statt auf Bären stößt man hier mit etwas Glück eher auf Hirsche, Elche, Wildschweine, Wölfe, Luchse, Biber, Füchse oder Marder.

In Lüllemäe startet einer der vier **Lehrpfade,** die durch den Nationalpark führen. Auf der höchsten Erhebung, dem Tornimägi bei Rebasemõisa, steht ein **Aussichtsturm.** In der Nähe befindet sich auch ein Platz, auf dem man **zelten** kann. Im Süden des Nationalparks liegt der etwa drei Kilometer lange **See Ähijärv,** an dem auch das Besucherzentrum zu finden ist.

■ **Informationszentrum des Nationalparks Karula,** Ähijärve, Gemeinde Antsla, GPS N 57.712 486, E 26.504927, Tel. 7828350, http://loodusega koos.ee, Kartenmaterial und Informationen über die Gegend, Unterkunft im Nationalpark hier buchbar. Geöffnet Mitte Mai–Mitte September tägl. 10–18 Uhr, sonst Mi–Fr 10–16 Uhr.

Wald-Megafone

Einsam im Wald Richtung lettischer Grenze kann man einen Abstecher zu einem interessanten **Kunstwerk** machen: Die Wald-Megafone sollen die natürlichen Geräusche verstärken und den Besucher dazu animieren, genauer auf die Natur zu hören. Die drei Holzinstallationen sind eine Arbeit der Tallinner Kunstakademie und wurden 2015 hier aufgestellt.

■ **Wald-Megafone** *(Metsa kõlakojad)*, Pähni, Gemeinde Varstu, GPS N 57.63000, E 26.75528. Bei Km 30 an der Straße 67 Võru – Valga, an der Matsi-Kreuzung links Richtung „RMK Pähni looduskeskus 6". Nach 6 km erreicht man Pähni. Am Ende der Schotterstraße bei der ersten Kreuzung rechts und dann bis zum Schild „Metsa kõlakojad".

Unterkunft

■ **Nakatu turismitalu**①, Karula (von Valga kommend, rechts Richtung Ringiste abbiegen, nach etwa 10 km), Tel. 7670300 und 5134024, www. nakatu.ee. Ferienhof ein paar Kilometer westlich des Nationalparks mit Sauna an kleinem Teich, auf Wunsch mit Verpflegung. Die Besitzer organisieren auch Kanufahrten in der Gegend.

Valga

Ganz im Süden des Landes, rund 250 Kilometer südöstlich von Tallinn und etwa 150 Kilometer nordöstlich der lettischen Hauptstadt Riga, liegt die Grenzstadt Valga (Walk). Seit 1920, als beide Länder ihre Unabhängigkeit erklärten, verläuft die **estnisch-lettische Grenze durch den Ort,** die sie in einen estnischen und einen lettischen Teil trennt, letzterer nennt sich **Valka.** Nach

der langen Sowjetbesatzung ist sie seit 1991 wieder eine Staatsgrenze.

Heute wohnen etwa 18.000 Menschen in beiden Teilen der Stadt, etwas mehr als zwei Drittel auf der estnischen Seite. Wer sich in Valga aufhält, kann problemlos zu Fuß oder mit dem Auto die innerstädtische Grenze passieren. Da die wenigen Hotels oft ausgebucht sind, ist man manchmal sogar gezwungen, auf die lettische Seite auszuweichen. Man kann beide Stadtteile an einem Tag besichtigen, sollte sich aber kein durch die Teilung bedingtes, besonderes Flair erhoffen. Den größten Unterschied stellen die Straßen- und Informationsschilder dar, die in verschiedenen Sprachen verfasst sind, und die Flaggen an offiziellen Gebäuden: rot-weiß-rot die lettischen, blau-schwarz-weiß die estnischen. Trotzdem ist Valga wegen seiner eigenwillig-provinziellen Stimmung einen Stopp wert.

Sehenswertes

Johanniskirche

Im Herzen Valgas, am Ende der Kesk-Straße (in Verlängerung der Kuperjanovi) ragt auf einer Straßeninsel die gelb-weiße, oval angelegte **Jaani kirik** in den Himmel empor. Das Kirchenschiff ist von einem hohen Mansarddach gekrönt. *Christoph Haberland,* ein Architekt aus Riga, entwarf das Gotteshaus Ende des 18. Jh., das 25 Jahre nach seiner Fertigstellung um einen Turm erweitert wurde. An der Außenwand ist eine Gedenktafel zu Ehren von finnischen Freiwilligen angebracht, die im Laufe des estnischen Befreiungskampfes Anfang des 20. Jh. gefallen sind. Im Inneren findet man einige deutschsprachige Inschriften.

Rund ums Rathaus

Gegenüber der Kirche befindet sich ein hölzernes Gebäude, das rot-weiß gestrichen ist. Es beherbergt nicht nur das Rathaus, sondern auch die **Touristeninformation.** Mit einem Türmchen und aufgesetzten Fenstern auf dem Halbwalmdach gehört das 1865 erbaute Haus zu den schönsten Gebäuden der Stadt.

Ein wenig jünger ist das Haus der **Kreisverwaltung** Valgamaa (Kesk 12), ein paar Schritte weiter auf der gegenüberliegenden Seite. Wie die Johanniskirche plante auch das ehemalige **Gebäude der Deutschen Bank** ein Rigaer Architekt. Nach den Entwürfen *Wilhelm Rösslers* wurde das neoklassizistische Gebäude 1912 eingeweiht. Ionische Doppelsäulen und ein Dreiecksgiebel schmücken seine Fassade.

Museum

Wer sich für die **Geschichte** der Grenzstadt sowie die **Flora und Fauna** der Umgebung interessiert, sollte dem Museum einen Besuch abstatten.

■ **Valga Museum,** Vabaduse 8, www.valgamuuseum.ee, Tel. 7668861, Di–Fr 11–18, Sa 10–15 Uhr.

Kirchen

Auf dem Weg zum Bahnhof passiert man zwei weitere Kirchen. Die **orthodo-**

xe Isidor-Kirche, die von fünf Kuppeln und einem Glockenturm überragt wird, entstand Ende des 19. Jh., die **Heiligengeistkirche** liegt etwas versteckt hinter dem Bahnhof (Maleva 8). Sie gehört zu den wenigen katholischen Kirchen des Landes. Ihre Fassade ist von neogotischen Fenstern und einem Giebel geziert. Der Bau eines Turms wurde zur Zeit ihrer Entstehung 1907 von der Zarenregierung nicht gestattet, schließlich durfte ein katholisches Gotteshaus nicht höher sein als die orthodoxe Kirche vor Ort.

Bahnhof

Das Bahnhofsgebäude (Jaama 10) haben deutsche Kriegsgefangene errichtet. Eine **Lokomotive** an der Bahnstrecke wurde 1998 als Erinnerung an die einstmals wichtige Verbindung Riga – Valga – Pskov aufgestellt.

Kriegsgefangenenlager

Am nordöstlichen Ende der Stadt lag im Wald Priimetsa das **Stalag 351,** ein Kriegsgefangenenlager, das die Deutschen im Herbst 1941 für russische Gefangene errichteten. Im Spätherbst 1944 wendete sich das Blatt, nun saßen deutsche Kriegsgefangene hier ein. Heute erinnert ein **Denkmal** an die Soldaten, die im Lager ums Leben kamen.

Pedeli-Fluss

Entlang des Pedeli-Flusses erstreckt sich ein für die Größe der Stadt beachtliches

Sport- und Erholungsgebiet. Man findet dort Spazierwege, Spielplätze und Strände.

Praktische Tipps

Informationen

■ **Touristeninformation,** Kesk 11, Tel. 7661699, valga@visitestonia.com. Mitte Mai bis Mitte September tägl. 10–17 Uhr.
■ **Informationsseite des Landkreises,** www.valgamaa.ee.

Unterkunft

■ **Hotel und Restaurant Metsis**②, Kuperjanovi 63, Tel. 7666050, www.hotellmetsis.com. Stilvoll eingerichtetes Hotel, alle Zimmer mit Bad.
■ **Yasmina Hostel**①, Pärna pst 1, Tel. 56258754, www.valgahostel.ee. Freundliches Hostel in zentraler Lage.

Essen und Trinken

■ **Café und Restaurant Lilli,** Kuperjanovi 6, Tel. 766 3509, www.lilli.ee. Geöffnet So–Do 12–19 Uhr, Fr–Sa 12–21 Uhr, Café und Restaurant mit guter Karte, im Sommer Terrasse mit Spielplatz.
■ **Voorimehe Pubi,** Kuperjanovi 57, Tel. 7679 627, www.voorimehepubi.ee. Gemütlicher Pub mit Küche, freitags Live-Musik, samstags Disco.
■ **Tammi Baar,** Tartu mnt 6a, Mo–Sa 11–18 Uhr, Tel. 7670033. Günstige Mittagessen.

Verkehr

■ **Bahnhof und Bushof,** Jaama pst 10. Die Busse sind auf jeden Fall schneller als der Zug. Regelmäßige Busverbindungen nach Tallinn, Tartu, Viljandi, Otepää. Regionalbusse halten an den an der Hauptstraße gelegenen Orten und Sehenswürdigkeiten, beispielsweise in Sangaste und Tõrva. Mit dem Zug kann man nach Tartu oder Riga fahren.
■ **Autovermietung:** *A-Karuse*, Rükkeli 4, Tel. 766 1020 und 5177707, www.akaruse.ee. Eine recht günstige Autovermietung. Liegt etwas außerhalb, deshalb sollte man ein Taxi dorthin nehmen, Mo–Fr 9–17 Uhr.

Schloss Sangaste

Auf dem Weg von Valga nach Otepää stößt man auf halber Strecke, etwa 25 Kilometer von beiden Städten entfernt, auf das Schloss Sangaste, das ein paar Kilometer außerhalb des gleichnamigen Dorfes liegt. Das aus roten Ziegeln errichtete Herrenhaus wurde in den Jahren 1874–81 erbaut, doch bereits Ende des 13. Jh. hat hier ein prächtiger Gutshof gestanden, der dem Bischof von Tartu gehörte.

Der letzte Besitzer, Graf *Friedrich Georg Magnus von Berg*, der sich auch selbst aktiv der Landwirtschaft widmete, baute das Anwesen Anfang des 20. Jh. zu einem fortschrittlichen Gutshof aus. Bekannt war vor allem eine ertragreiche, kälteresistente Roggensorte, die der Gutsherr züchtete. Für seine wirtschaftlich erfolgreiche Arbeit wurde der Graf mit einer Goldmedaille des russischen Zaren ausgezeichnet. Der Architekt des Gutshofes, *Otto Pius Hippius*, hat sich bei der Planung des mit Türmen und Kaminen verzierten Backsteinbaus an ein englisches Vorbild gehalten: Windsor Castle. Eine Kuriosität ist der **Eingangsbereich:** Stellen sich zwei Personen in ge-

Der Süden

genüberliegende Ecken des überdachten Eingangs, können sie sich flüsternd unterhalten – nicht nur für Kinder ein verblüffendes akustisches Phänomen. Im Inneren sind vor allem der 300 Quadratmeter große **Ballsaal** und das holzvertäfelte **Speisezimmer** sehenswert.

Im Schlosspark findet man neben einem Teich auf der Rückseite des Schlosses alten Baumbestand, darunter eine Eiche, die angeblich von Zar *Peter I.* gepflanzt worden ist. Im Dorf steht eine Kirche aus dem 18. Jh.

Praktische Tipps

Unterkunft, Essen und Trinken

■ **Sangaste loss**③, GPS N 57.90206, E 26.28039, Tel. 5295911, www.sangasteloss.com. Geschmackvolle Zimmer in außergewöhnlichem Gebäude. Im Erdgeschoss befindet sich das **Restaurant** *Vidrik* (Tel. 53857276).

■ **Sangaste Rukki Maja**②, Tel. 7669323, www.rukkimaja.ee. Über der Gastwirtschaft liegen die relativ neuen Gästezimmer, jeweils mit WC, Dusche, TV und Radio, zu denen auch eine Sauna gehört. Unten befindet sich das **Roggen-Restaurant.** Der Name spricht für sich: traditionelle estnische und europäische Küche.

Verkehr

■ Das Schloss Sangaste kann man mehrmals täglich mit dem **Bus** von Otepää, Tartu und Valga aus erreichen. Mehrmals am Tag hält der Bus zwischen Tartu und Valga im Dorf Sangaste.

Otepää

Namentlich tauchte Otepää (Odenpäh) erstmalig unter dem Begriff *Medvezhya Golova* in der Chronik von Nowgorod auf, beides bedeutet soviel wie Bärenkopf. Der Name kam aber nicht etwa aufgrund einer hohen Anzahl von Bären in dem Gebiet zustande, sondern vielmehr durch die Form des Linnamägi (Stadtberges), der angeblich an einen Bärenkopf erinnert. Doch bereits lange vor ihrer ersten schriftlichen Erwähnung war die Stelle, an der sich heute die Stadt Otepää befindet, besiedelt. Hier soll sich das Zentrum der altestnischen Region Ugandi befunden haben.

Auch in späteren Zeiten spielte die höchste Stadt des Landes (152 Meter über dem Meeresspiegel) eine für die Esten bedeutende Rolle, schließlich wurde in Otepää die blau-schwarz-weiße Fahne, die seit 1922 Estlands Nationalflagge ist, 1884 heimlich geweiht. Stadtrechte erhielt der Ort jedoch erst 1936.

Otepää ist eine nette Kleinstadt, die nicht sehr viele Sehenswürdigkeiten zu bieten hat, aber ein guter Ausgangspunkt für Ausflüge in die Umgebung ist. Die Stadt ist sehr auf Tourismus eingestellt, zumal sie Estlands bekanntester **Wintersportort** und regelmäßig Austragungsort internationaler Wettbewerbe ist. Eine Vielzahl an Hotels und Pensionen, zahlreiche Kneipen und Freizeitveranstalter locken deshalb besonders im Winter immer mehr ausländische Gäste an.

Im Zentrum des Städtchens auf dem Lipuväljak steht das **Rathaus.** Rundherum befinden sich die meisten Kneipen und Restaurants, die Post, die Bibliothek

3d

und die Apotheke des Ortes. Östlich vom Platz liegt der Busbahnhof.

Sehenswertes

Burgberg

Ein kurzer Spaziergang vom Stadtzentrum aus führt zum Burgberg **Linnamägi,** auf dem einmal eine alte estnische Festung aus der Ugandi-Zeit gestanden hat. Im 13. Jh. wurde sie durch eine Steinburg ersetzt, die erste Estlands, die aus Ziegeln bestand. Ein paar Reste sind noch heute zu sehen.

Marja-Kirche

Die Kirche von Otepää, das **älteste Bauwerk der Stadt,** ist vor allem bekannt, weil hier die verbotene blau-schwarz-weiße Fahne einer Studentenvereinigung heimlich geweiht wurde. Zwei Reliefs an der Hauptfront erinnern daran. Die Kirche selbst stammt aus dem Jahr 1671 und ist der Heiligen Jungfrau Maria geweiht. Im Laufe der Jahrhunderte wurde das Gotteshaus mehrfach umgebaut. Ihr heutiges neogotisches Aussehen erhielt sie in der zweiten Hälfte des 19. Jh.

Museum der Estnischen Flagge

Das Museum der Estnischen Flagge ist im ehemaligen Pfarrhaus untergebracht. Der Volkskundler und Pastor *Jakob Hurt* (1839–1907), der hier wohnte, war es, der die heutige Staatsflagge 1884 heimlich weihte.

■ **Eesti Lipu muuseum,** Kirikumõis, Tel. 765 5075, Besichtigung nur nach Voranmeldung.

Energiesäule

Auf der Mäe-Straße befindet sich ein sehr seltsames Monument: Die mit Bärenköpfen verzierte Energiesäule soll die **Gegenwart positiver Energiefelder** verdeutlichen und Passanten daran erinnern, dass der Mensch ein Teil der Natur ist und von ihr abhängt. Ob das Umarmen der Säule wirklich neue Energie bringt, bleibt jedem überlassen auszuprobieren.

Apothekerberg

Südlich der Mäe-Straße erhebt sich der 180 Meter hohe **Apteekrimägi,** von dessen Aussichtsturm Besucher einen schönen Blick auf die Umgebung haben.

See Pühajärv

Im Winter sind die Tränen der Mütter zu Eis gefroren. Daraus soll er nämlich bestehen, der Pühajärv, übersetzt **Heiligensee,** der an den Ort grenzt. Unter den zahlreichen Sagen und Legenden, die um das Gewässer kreisen, ist die der Mütter, die ihre im Kampf gefallenen Söhne betrauern, die bekannteste. Ihre Tränen bildeten den See, die sich darin befindenden Inseln sind die Grabhügel der Gefallenen.

Im Winter sieht man hier Fischer, die dick eingemummelt dem im Norden beliebten **Eisangeln** nachgehen, oder dampfende Saunagänger, die Abkühlung

Otepää

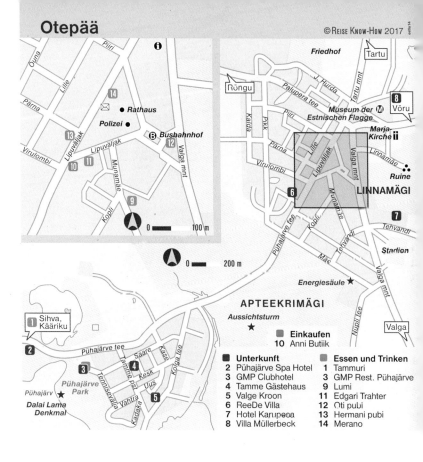

Einkaufen
10 Anni Butiik

Unterkunft	**Essen und Trinken**
2 Pühajärve Spa Hotel	1 Tammuri
3 GMP Clubhotel	3 GMP Rest. Pühajärve
4 Tamme Gästehaus	9 Lumi
5 Valge Kroon	11 Edgari Trahter
6 ReeDe Villa	12 Oti pubi
7 Hotel Karupesa	13 Hermani pubi
8 Villa Müllerbeck	14 Merano

im Eisloch suchen. **Baden** kann man auch im Sommer sehr gut im Pühajärv – ohne Eis. Badestrände locken Besucher an den wohl **beliebtesten See Estlands.**

Um das 3,5 km lange, 1,6 km breite und bis zu 8,50 m tiefe Gewässer verteilen sich verschiedene, sehr schöne **Rad- und Wanderwege.** Diese führen auch an einem hölzernen **Monument** am nordöstlichen Ufer des Sees vorbei. Es erinnert an den Besuch des geistigen Oberhaupts der Tibeter, des *Dalai Lama,* der Anfang der 1990er Jahre zu einer Konferenz von unterrepräsentierten Ländern nach Estland kam. Das Denkmal liegt am **Badestrand** Pühajärve rand.

Bemerkenswert ist die sogenannte **Kriegseiche** *(Pühajärve sõjatamm)* im Norden des Sees beim Erholungszentrum Pühajärve. Der nahezu 400 Jahre alte Baum ist 20 Meter hoch und hat einen Umfang von über 6,50 Metern.

3d

Sim Dienst 1884 aastal
ipatihuu rahaahtol poorab
puhtises Eesti kirandusesb
koits oman sihentis tundusfs
knoru koobedes Isamaa ian
haidehud, kuule pena valest
ibnme äriu haaades pahitse

Praktische Tipps

Informationen

■ **Touristeninfomation,** Tartu mnt 1, Tel. 766 1200, otepaa@visitestonia.com, im Sommer Mo–Fr 10–17 Uhr, Sa/So 10–15 Uhr, im Winter So geschlossen. Weitere Infos zu Otepää findet man (auf Englisch) unter www.otepaa.eu.

Service

■ **Post:** Tartu mnt 1.
■ **Apotheke:** Lipuväljak 28.
■ **Arzt:** *Otepää Tervisekeskus* (Gesundheitszentrum Otepää), Tartu mnt 2, Tel. 7668560 www.oteptervis.ee.

Unterkunft

3 **GMP Clubhotel**③-④, Tennisevälja 1, Tel. 5010504, www.clubhotel.ee. Apartmenthotel am idyllischen See Pühajärve, mit Ein- und Mehrzimmer-Apartments, stylisch. Sehr empfehlenswert ist das angegliederte **Restaurant.**

7 **Hotel Karupesa**③, Tehvandi 1a, Tel. 7661500, Tel. 5064528, www.karupesa.ee. Nettes, Mitte der 90er Jahre eröffnetes Hotel im Stadtzentrum mit Restaurant, Kaminraum, Sauna, Billard, im Winter Eisbahn und Verleih von Sportausrüstung.

4 **Tamme Gästehaus**①, Tamme pst 6, Tel. 562 44748, www.tammemajutus.ee. Übernachtung in einfachen Zimmern mit Frühstück, weitere Verpflegung auf Anfrage, Sauna.

5 **Valge Kroon**③, Café und Gästehaus, Kolga tee 33, Tel. 53006533, www.villavalgekroon.ee. Unschwer von außen zu erkennen an Türmchen und Aufschrift am Giebel, nah am See. Zum Gästehaus gehört ein **Café.**

2 **Pühajärve Spa Hotel**③, Tel. 7665500, www.pyhajarve.com. Das sehr idyllisch am Heiligensee liegende Spa-Hotel ist auf dem Gelände des alten Gutshofs untergebracht. Großes Restaurant mit Terrasse; im Pub stehen Billard, Dartvorrichtung und ein großer Bildschirm für Sportübertragungen bereit. Kamin und Grillküche, Schwimmbad.

6 **ReeDe Villa** ①-③, Pühajärve tee 3, Tel. 5656 4666, www.reedevilla.ee. Schöne Ferienwohnungen unterschiedlicher Größe in zentraler Lage, Fahrrad- und Skiverleih.

8 **Villa Müllerbeck**②, Ortsteil Rukkimäe, Otepää, etwas außerhalb an der 71 Richtung Kanepi, GPS N 58.061602, E 26.512607, Tel. 6331100, www.villamullerbeck.eu. Schönes Hotel mit recht günstigen Zimmern, aber auch sehr gut ausgestatteten Suiten. Spielplatz.

Essen und Trinken

3 Das **GMP Restaurant Pühajärve** im *Clubhotel* (s.o.) hat eine gute Auswahl an Weinen und leckeren Gerichten.

14 Pizza bekommt man im **Merano,** Tartu mnt 1a, Tel. 7679444, http://merano.ee.

9 **Café und Restaurant Lumi,** Munamäe 8, www.lumikohvik.ee. Hier wird eine gute Auswahl an leckerem Essen geboten.

11 **13** **12** Ebenfalls zentral an der Straße Lipuväljak liegen die Gaststätten **Edgari Trahter** (Nr. 3), **Hermani pubi** (Nr. 10) und **Oti pubi** (Nr. 26).

1 Wer im häuslichen Rahmen estnische Hausmannskost genießen möchte, kann sich auf Voran-

◁ Relief an der Marja-Kirche

meldung im **Haus-Restaurant Tammuri,** westlich vom Pühajärv in Richtung Mäha, verköstigen lassen, www.tammuri.ee, Tel. 53585140.

Einkaufen

10 Wer auf der Suche nach **Souvenirs** ist, kann sich im Geschäft *Anni Butiik, Pühajärve tee 2,* mit gestrickten Handschuhen, Keramik und Holzutensilien eindecken.

Aktivitäten

■ **Veetee,** Valga mnt pöik 2, Tel. 5060987, www.veetee.ee, Kanu- und Schlauchboot-Wanderungen in Süd-Estland, Ski- und Snowboard-Verleih.
■ **Paap,** Tel. 56251015, www.paap.ee, im Winter Touren mit Motorschlitten bei Tag und Nacht.
■ **Skier** verleiht *Fansport,* www.fansport.ee, Tel. 5077537, im Hotel *Karupesa* beim Tehvandi-Stadion. Über diesen Anbieter können auch **Kanutouren** organisiert werden.
■ Beim Dorf Mäha gibt es einen **Golfplatz:** *Otepää Golf Center,* Tel. 56200115, www.otepaagolf.ee.
■ **Reiten** kann man im Dorf Nüpli beim Reiterhof *Tobra Hobused,* Tel. 7667478 und 5052282, www.tobrahobused.ee.
■ Wer schwindelfrei ist, sollte den **Kletterpark Seiklus** beim *Tehvandi*-Sportzentrum ausprobieren. Man bewegt sich auf Seilen zwischen den Baumspitzen: *Otepää Seikluspark,* Tehvandi 3, Tel. 5049783, www.seikluspark.ee. Auch für Kinder ab 90 cm Körpergröße.

Feste und Veranstaltungen

■ Im Januar/Februar kann es in Otepää sehr voll werden, finden dann doch internationale Sportereignisse statt, u.a. der **Tartu Marathon,** der größte Ski-Wettbewerb des Landes. Genaue Daten findet man unter www.otepaa.ee oder www.tartu maraton.ee.
■ Im Juli und im September gibt es in Otepää alljährlich ein **Radrennen.**
■ Sehr empfehlenswert ist das **Musikfest in Leigo** beim Dorf Nõuni, das im Juli oder August rund um einen See und auf einer darin schwimmenden Bühne stattfindet. Genaue Daten und Infos: www.leigo.ee. Zu dieser Zeit auf jeden Fall rechtzeitig ein Zimmer reservieren!

Verkehr

■ **Busbahnhof:** Tartu mnt 1. Es gibt eine direkte Busverbindung von Tallinn nach Otepää, aber oft ist es schneller mit dem Expressbus nach Tartu und von dort weiter nach Tallinn zu reisen. Von Tartu aus geht es mehrmals täglich nach Otepää. Verbindungen gibt es ferner nach Valga und in andere Städte der Umgebung wie etwa Sangaste.

Umgebung von Otepää

Naturpark Otepää

Nicht nur im Winter, auch im Sommer ist der 232 km² große Naturpark Otepää ein beliebtes Ausflugsziel. Die hügelige Seenlandschaft ist sehr abwechslungsreich und es empfiehlt sich eine ausgedehnte Wanderung oder Radtour. Die großen Waldflächen, Urstromtäler, Flüsschen und Quellen wurden bereits 1979 unter Naturschutz gestellt. Der schönste See des Parks ist der **Pühajärv,** der bis an den Ort Otepää heranreicht.

Der **Väike Munamägi** (Kleiner Eierberg) liegt südöstlich von Otepää. Von seinem Gipfel hat man einen guten Ausblick, bei schönem Wetter bis zu 50 Kilometer in die umliegende Landschaft.

Auch der **Harimägi** (auch: Leenardi mägi) lohnt einen Aufstieg. Auf der 211 Meter hohen Erhebung im Süden des Naturparks steht ein etwa 25 Meter hoher **Aussichtsturm** *(Harimäe vaatetorn),* von dem aus der Blick weit über die pittoreske Landschaft bis nach Võrumaa reicht.

Wassermühle Hellenurme

Nordwestlich von Otepää befindet sich der Gutshof Hellenurme (Hellenorm). Die bis heute funktionierende Wassermühle aus roten Ziegeln und Feldsteinen vom Ende des 19. Jh. ist innen sehr sehenswert. In der Mühle, die von der Familie *Middendorff* erbaut wurde, kann man Maschinen und Möbel aus den 1930er Jahren besichtigen und sich die Funktionsweise erklären lassen.

■ **Hellenurme veski,** Hellenurme, Gemeinde Palupera, GPS N 58.13694, E 26.38639, Tel. 7679809 und 5205142, www.veskimuuseum.ee. Wer die Mühle besichtigen will, muss sich auf jeden Fall vorher anmelden (am einfachsten über die Touristeninformation), nur dann lohnt ein Besuch. Ansonsten ist sie meist geschlossen und dann keinen Umweg wert.

Unterkunft, Essen und Trinken

■ **Leigo Talu**②, Nõuni, Tel. 5091344, www.leigo.ee. Etwas abgelegen am nördlichen Rand des Naturparks, aber sehr schön, am besten die Abfahrt nach Lutike nehmen. Gemütliches Bauernhaus, traditionelle Rauchsauna, großer **Zeltplatz.** Im Sommer findet hier alljährlich das in Estland sehr bekannte **Musikfestival von Leigo** statt. Während des Festivals gelten andere Preise.

■ **Kalarestoran,** Pangodi, am Pangodi-See, bei Km 23 an der Landstraße Tartu-Otepää, Tel. 7411 840, www.kalarestoran.ee. Geöffnet tägl. 12–21 Uhr. Über die Grenzen der Region hinaus bekanntes Restaurant – wie der Name schon sagt, dreht sich alles um Fisch.

Elva

Die **malerische Kleinstadt** Elva nördlich von Otepää und rund 25 Kilometer südwestlich von Tartu liegt idyllisch in einer Hügellandschaft zwischen Kiefernwäldern und **Seen,** die zum Baden einladen. Das Städtchen hat sich zu einem beliebten **Urlaubsort** der Esten entwickelt und verfügt deshalb auch über eine gute Infrastruktur: Hotels und Restaurants, Geschäfte und Museen sowie Tennis- und Sportplätze, die sonst in der Gegend nicht so häufig anzutreffen sind. Die vom Bahnhof kommende Kesk ist die Hauptstraße, hier befinden sich die meisten Geschäfte und Restaurants.

Überall im Ort stößt man auf **alten Kiefernbestand,** der die Atmosphäre der Stadt prägt. Einige **Villen** liegen malerisch am Seeufer. Der größte See des Ortes ist der Verevi, auch Suurjärv genannt. Er ist elf Meter tief und eine ideale **Badestelle.** In der Stadtmitte liegt der naturbelassene Arbi-See.

Praktische Tipps

Informationen

■ **Touristeninformation** *(Elva Matkakeskus),* Pargi 2, Tel. 7330132, www.matkakeskus.elva.ee,

Fahrpläne, Ausstellungen, Kunsthandwerk, Kaffeeautomat, Fahrradverleih. Geöffnet Mo–Fr 9–18, Sa 10–16, So 10–15 Uhr.

Unterkunft

■ **Verevi Motell**②, H. Raudsepa 2, Tel. 7457084, www.verevi.ee. Hübsch am See gelegen, Zimmer mit Bad und TV, außerdem Sauna, Fahrradverleih.
■ **Waide Motel**②, Käo, Gemeinde Rõngu, GPS N 58.22006, E 26.36889, Tel. 7303606, www.waide.ee. Liegt etwa 2 km westlich von Elva, nette, ordentliche Zimmer mit Dusche, TV, Telefon und Balkon, behindertengerechte Räumlichkeiten, Sauna, eigene Bar im Motel. Außerdem **Zelt- und Wohnwagenstellplätze,** Vermittlung von Ausflügen, Kanufahren und Segeln. Das **Restaurant** ist einfach, aber empfehlenswert.

Verkehr

■ Vom Tartuer Bushof fahren mehrmals täglich **Busse** nach Elva.
■ Elva ist von Tartu aus auch mit dem **Zug** zu erreichen. Angesichts der alten Bahnhöfe fühlt man sich wie in alte Zeiten zurückversetzt. *Elva Matkakeskus* (das frühere Bahnhofsgebäude), Pargi 2. Fahrkarten gibt es im Zug bzw. im Bus.

Viljandi

Viljandi (Fellin) gehört neben Tallinn (Reval), Tartu (Dorpat) und Pärnu (Pernau) zu den **vier ehemaligen Hansestädten Estlands,** ist bei Touristen jedoch merklich unbekannter als die drei anderen. Während Tallinn als Hauptstadt, Pärnu als Seebad und Tartu als Stadt des Geistes mit der prestigereichen Universität den meisten ein Begriff ist, haben viele Besucher des Landes von Viljandi, das ein wenig abgelegen auf dem Höhenzug Sakala im Landesinneren liegt, wenig konkrete Vorstellungen.

Ein Besuch der von weniger als 18.000 Menschen bewohnten Stadt ist aber durchaus lohnend und lässt sich gut in einen Tagesausflug integrieren, den man mit der Besichtigung einiger Sehenswürdigkeiten in der Umgebung verknüpfen kann. Mit seinen hübschen Holzhäuschen, dem Viljandi-See in einem eiszeitlichen Urstromtal im Südosten des Stadtgebiets und den vielen Grünflächen, allen voran dem unter Naturschutz stehenden Schlosspark mit der Burgruine, strahlt Viljandi eine heitere Kleinstadtatmosphäre aus. Das Zentrum, um das sich die meisten Baudenkmäler gruppieren, lässt sich gut zu Fuß erkunden.

Stadtgeschichte

Eine der Hauptsehenswürdigkeiten Viljandis ist zweifelsohne die Ruine der alten **Burg,** die 1154 erstmals schriftlich erwähnt, jedoch wahrscheinlich schon Jahrhunderte zuvor an dieser Stelle errichtet wurde. Nach Einzug des Deutschen Ritterordens wurde die hölzerne Bauernburg zu einer stattlichen Festung ausgebaut, ringsherum siedelten sich Handwerker und Kaufleute an, sodass der Ortschaft bereits im Jahr 1283 die Stadtrechte verliehen wurden. Im 14. Jh. trat sie der **Hanse** bei und war wichtiges Bindeglied zwischen dem Ostseehafen Pärnu und der südostnischen Stadt Tartu. Über den See Võrtsjärv und den Fluss Emajõgi wanderten die Waren von Viljandi gen Osten nach Tartu, um von dort weiter nach Nowgorod zu gelangen.

Nach der glanzvollen Hansezeit ging es in den darauffolgenden Jahrhunderten mit der Stadt bergab. 1481 fiel das Heer von *Ivan III.* ein, Mitte des 16. Jh. tobte der Livländische Krieg und im 17. Jh. begann der Krieg zwischen Polen und Schweden. Als die Schweden nach den Russen und Polen in die Stadt einzogen, lagen die meisten Gebäude in Trümmern und die Einwohnerzahl war soweit geschrumpft, dass Viljandi seine Stadtrechte wieder verlor. Der Ort erhielt sie erst 1783 zurück, als Estland und damit auch Viljandi unter der Herrschaft des russischen Zarenreichs stand.

Danach ging es langsam wieder aufwärts. Das 19. Jh. brachte wirtschaftlichen und kulturellen Aufschwung. Viljandi mauserte sich zu einem Zentrum der nationalen Bewegung. Die Bauern im Umland, das damals noch den Namen Sakala trug, waren die ersten des Landes, die sich von der **Leibeigenschaft** der deutschen Gutsherren **befreiten,** indem sie diesen die Höfe abkauften und selbst bewirtschafteten. Zu Geld kamen sie vor allem durch den **Flachsanbau,** aber auch Getreide wächst in der Gegend heute wie damals sehr gut. Daher stammt wohl auch der Name der Stadt (Getreide = *vili*).

Carl Robert Jakobson gründete 1878 die estnischsprachige Zeitung „Sakala", die in Viljandi herausgegeben wurde. Knapp 20 Jahre später schloss man die Stadt ans Schmalspurbahnnetz an. Nach der Gründung einiger größerer Fabriken erhielt Viljandi als eine der ersten Städte des Landes Wasserleitungen und Kanalisation. Der alte **Wasserturm** im Stadtzentrum stammt aus dieser Zeit und gilt

– neben der Hängebrücke im Park – bis heute als eines der Stadtsymbole. 1920 wurde das Theater Ugala gegründet.

Nach der jahrzehntelangen Sowjetbesatzung wurden große Teile der Stadt seit den 1990er Jahren liebevoll restauriert. Bewohner und Stadtverwaltung bemühen sich, Viljandi als kulturelles Zentrum des Landes zu etablieren. Alljährlich werden **Musik- und Tanzfestivals** abgehalten, hinzu kommen die lokalen **Hansetage,** ein großes **Folklorefest** und diverse **Freilichttheateraufführungen,** die im Schlosspark stattfinden.

Sehenswertes

Vabaduse väljak

Im Herzen der Innenstadt, am zentralen Vabaduse väljak (Freiheitsplatz), findet sich die **Touristeninformation,** in der man sich mit deutschsprachigen Broschüren und Karten eindecken kann. Von hier aus lassen sich die Sehenswürdigkeiten Viljandis gut zu Fuß erreichen.

Zu Zarenzeiten befand sich hier ein Apfelgarten, der zum Gutshof des Ortes, Schloss Fellin, gehörte. Hinter dem Gebäude der Stadtverwaltung im Westen des Platzes verbirgt sich das **Herrenhaus** aus dem Jahr 1880, das der Baron *von Ungern-Sternberg* bauen ließ.

Die Gutsherren residierten nicht immer an dieser Stelle. Das erste Schloss Fellin lag außerhalb des heutigen Stadtkerns: Im 16. Jh. befand sich drei Kilometer entfernt ein Anwesen namens Rickhof. Erst nachdem der schwedische König *Gustav Adolf* Viljandi die Stadtrechte verlieh und die Ländereien ringsherum seinem Feldherrn *Jacob de la*

Gardie zusprach, wurde das Anwesen in die Innenstadt verlegt, allerdings einige Hundert Meter von seiner heutigen Lage entfernt. Der **Park** des Gutshofes, der auch den kompletten Schlossberg umfasste, wurde 1867 umgestaltet und der Öffentlichkeit zugänglich gemacht.

Südlich der Touristeninformation an der Südostseite des Platzes führt die Tasuja-Allee hinauf zum Burgberg. Auf dem Weg dorthin passiert man eines der geschichtsträchtigsten Bauwerke der Stadt, die Johanniskirche.

Zentrum für Volksmusik

Strahlend weiß blitzt die **Jaani kirik** (Pikk 8) zwischen den grünen Bäumen und Wiesen der Parkanlage hervor.

Anfang des 17. Jh. bauten die Schweden auf den Ruinen der Klosterkirche ein neues Gotteshaus, das Johannes dem Täufer geweiht wurde. Überbleibsel des Vorgängerbaus liegen unter dem Altarraum. Doch dieser Nachfolgebau fiel wiederum dem Nordischen Krieg zum Opfer und wurde stark beschädigt. Nach

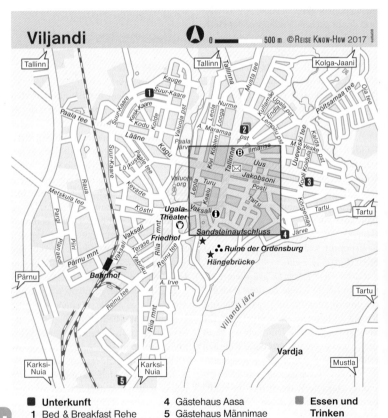

Viljandi — 0 ———— 500 m © Reise Know-How 2017

Unterkunft
1 Bed & Breakfast Rehe
2 Hotel & Café Endla
3 Gästehaus Alice

4 Gästehaus Aasa
5 Gästehaus Männimae
7 Hotel Centrum
13 Grand Hotel Viljandi

Essen und Trinken
2 Café Endla
8 Suur Vend

Der Süden

und nach hat man das Gebäude wieder aufgebaut und erweitert.

Zu Sowjetzeiten diente das Gotteshaus als Warenlager, bis es ab den 1980er Jahren renoviert und 1992 wieder eingeweiht wurde. Die **Orgel** im Inneren ist ein Geschenk von Viljandis deutscher Partnerstadt Ahrensburg.

Geht man weiter in Richtung Burgruine, passiert man das **Zentrum für Volksmusik** *(Pärimusmuusika Ait)*, in dem sich neben Konzertsälen auch ein Café befindet.

In dem historischen Speichergebäude mit modernen Umbauten befindet sich die wichtigste Institution für **estnischen Folk** und **traditionelle Musik.** Estland verfügt über eine äußerst lebendige **Folk-Szene,** die einerseits die traditionelle Musik bewahrt, und die sich andererseits mit vielen internationalen Stilrichtungen verbindet. Viljandi ist durch das Zentrum und das alljährlich stattfindende **Viljandi Folk Festival** ein Zentrum der estnischen Musik (s. auch unten unter „Feste und Veranstaltungen").

9	Armeenia köök	
	Soso juures	
10	Northmen	
12	Fellin	
14	Viljandi Kohvik	
16	Aida kohvik	

Einkaufen

11 Handwerksladen
    Bonifatiuse Gild
15 Rohelise maja pood

3d

Brücken

Zwei Brücken führen auf den Burgberg mit der Ruine der Ordensburg. Die **Varese-Brücke** spannt sich direkt von der Innenstadt in Höhe der Lossi-Straße über den Burggraben. Ihr Name geht auf den ehemaligen Bürgermeister *Jaan Vares* zurück, der die Brücke 1925 erbauen ließ. Die zweite Brücke, zu der ein Fußweg an der gegenüberliegenden Seite des 13 Meter tiefen Wallgrabens führt, ist das bekannteste Wahrzeichen der Stadt. *Karl von Mensenkampf* schenkte die im 19. Jh. konstruierte, hübsche rot-weiße **Hängebrücke,** die ursprünglich den Park des Gutshofes *Tarvastu* schmückte, 1930 der Stadt Viljandi.

> Viel ist nicht übrig von der Burg in Viljandi

Ruine der Ordensburg

Wann genau die hölzerne estnische Bauernburg auf einem Hügel des Höhenzugs Sakala über dem See Viljandi errichtet wurde, liegt im Dunkeln, doch schriftlich festgehalten ist, dass der Meister des Schwertbrüderordens *Folkwin* 1224 veranlasste, an ihrer Stelle eine stattliche **Festung** anzulegen, die sich wahrscheinlich im Grundriss an den Vorgängerbau anlehnte. In den kommenden Jahrhunderten wurde aus dem zunächst viereckigen Konventsgebäude eine der mächtigsten Burganlagen des alten Livland, die bis zum 16. Jh. um einen quadratischen Nordwestturm (wie vielerorts *Pikk Hermann* – „Langer Hermann" – genannt), Vorburgen, eine Wallanlage und ein Wohnhaus für Söldner anwuchs. Im Nordflügel befanden sich die wichtigsten Räume der Festung, eine Kapelle und der Kapitelsaal. Im Museum der Stadt (s.u.) kann man erhaltene Teilstücke der Dekore, die die Räume und den Kreuzgang schmückten, bewundern.

Nach zahlreichen Kriegen und Angriffen verlor die Anlage Ende des 17. Jh. an Bedeutung. Von ihrer einstigen Pracht und Größe ist heute nicht mehr viel zu sehen.

Erhalten geblieben ist das **Haupttor,** das auf den Burghof führt. Inmitten der Ruinen auf dem sogenannten Brunnenberg befindet sich eine **Freilichtbühne,** auf der das Theater *Ugala* im Sommer seine Stücke aufführt. Bis auf die **Westmauer** des Konventsgebäudes sind nur noch Fragmente der Festungsmauern erhalten. Der alte **Brunnen** im Südwesten des Burghofs wurde restauriert.

Vom Schlossberg *(Lossimägi)* genannten Burghügel hat man einen schönen

Blick auf das malerische Urstromtal Viljandi und den tief im Tal liegenden gleichnamigen See. Westlich des Schlossberges befindet sich ein knapp sechs Meter hoher **Sandsteinaufschluss** aus der Devonzeit.

Kunstzentrum Kondas

Über die Varese-Brücke gelangt man zurück in die Innenstadt. Kunstinteressierte können sich im Kunstzentrum Kondas eine Ausstellung **lokaler Künstler** ansehen, darunter Werke des Namensgebers *Paul Kondas* (1900–1985), dessen Bilder der naiven Kunst zugeordnet werden, und Holzskulpturen von *Joann Sõstra*. Die Galerie ist im ehemaligen Pfarrhaus der Johanniskirche untergebracht.

◾ **Kondase Keskus,** Pikk 8, Tel. 4333968, www.kondas.ee, Mai–Aug. tägl. 11–18, Jan.–März Mi–Sa 10–17, April und Sept.–Dez. Mi–So 10–17 Uhr.

Viljandi Museum

Die Lossi-Straße führt weiter in die Innenstadt. Die Straßen rings um den General-Laidoneri-Platz werden von schönen **Holz- oder Steinhäusern** aus dem 18. und 19. Jh. gesäumt, die größtenteils unter Denkmalschutz stehen. Rechter Hand, am Laidoneri plats 10, befindet sich seit 1942 in einem alten Apothekengebäude aus dem 18. Jh. das Viljandi Museum. Gegründet wurde es parallel zu den Ausgrabungsarbeiten auf dem Schlossberg im Jahr 1878. Hier befinden sich kunstvoll verzierte Fundstücke und ein **Modell der alten Ordensburg.**

Auf dem Platz vor dem Museum spritzen die kleinen Fontänen des **Brunnens „Junge mit Fisch"** Wasser in die Luft. Die Fische mögen daran erinnern, dass bis 1933 an dieser Stelle der Markt abgehalten wurde. Namensgeber des Platzes war der Armeeführer *Johan Laidoner,* der sich im Befreiungskrieg einen Namen machte.

◾ **Viljandi Museum,** Johan Laidoneri plats 10, Tel. 4333316, Mai–Aug. tägl. 11–18, Sept.–April Di–Sa 10–17 Uhr, www.muuseum.viljandimaa.ee, Eintritt 2 €.

Wasserturm

Vom Brunnen aus sieht man schon den alten Wasserturm aus dem Jahr 1911 *(Vana Veetorn).* Im Sommer (Mai–Aug. tägl. 11–18 Uhr, Sept. Di–Sa 10–17 Uhr) kann man das 30 Meter hohe, in den 1960er Jahren zum **Aussichtsturm** umfunktionierte Bauwerk besteigen und den herrlichen Blick über die Stadt, den See und die hügelige Umgebung in Ruhe genießen.

Rathaus

Wenige Meter daneben fällt ein weißes Bauwerk mit **Uhrturm** ins Auge: das Rathaus *(raekoda).* Die Jahreszahl an der Wand – 1931 – weist auf den Umbau des Gebäudes hin, den der Architekt *Johann Fuks* mit dem Ingenieur *Erich Otting* vornahm. Vom Vorgängerbau, der in den Jahren 1768–74 entstand, blieben nur die Mauern des Erdgeschosses erhalten. Die Uhr hoch oben im Turm wurde von der Firma *Siemens* angefertigt.

Denkmäler

Nicht weit vom Rathaus entfernt erinnert ein Denkmal an den **Maler Johann Köler.** Es wurde 1976 anlässlich seines 150. Geburtstages aufgestellt. Ein zweites Denkmal, weiter nördlich, ist dem Gründer der Zeitung „Sakala", **Carl Robert Jakobson** gewidmet. Das ehemalige Redaktionsgebäude liegt an der Tartu-Straße 4. Die heutige Redaktion arbeitet im Haus Nr. 9.

Treppe zum Strand

Neben dem Rathaus führt eine Treppe hinunter zum Strand am **Viljandi-See.** Am Fuße des **Trepimägi** (Treppenbergs), der um die Wende zum 20. Jahrhundert errichtet wurde, befindet sich die **Skulptur „Der Läufer",** die für den jährlichen Wettlauf um den Viljandi-See steht, der seit 1928 jedes Jahr am 1. Mai stattfindet. Von hier kann man Bootsausflüge auf dem See unternehmen.

Pauluskirche

Bevor man die Stadt verlässt, lohnt noch der Besuch der Pauluskirche (Kiriku 5) westlich des Zentrums. Mitte des 19. Jh. gab der Gutsherr *Paul von Ungern-Sternberg* den Bau des Gotteshauses in Auftrag. Eingeweiht wurde die im Tudor-Stil erbaute Kirche 1866.

Ugala-Theater und Friedhof

Südlich der Vaksali-Straße befindet sich hinter dem Ugala-Theater (Vaksali 7) der Friedhof der Stadt, zu dem auch der **Deutsche Soldatenfriedhof** gehört. Die Originalkreuze auf den Gräbern der Soldaten, die im Zweiten Weltkrieg fielen, wurden 1944 von den Sowjets zerstört. Die deutsche Kriegsgräberfürsorge stellte den Friedhof Anfang der 1990er Jahre wieder her, nachdem Estland unabhängig geworden war.

Praktische Tipps

Informationen

■ **Touristeninformation,** Vabaduse plats 6, Tel. 4330442, www.visitestonia.com, Mitte Mai bis Mitte Sept. Mo–Fr 10–18 Uhr, Sa/So 10–15 Uhr, sonst Mo–Fr 10–17, Sa 10–14 Uhr.

Service und Notfälle

■ **Banken:** Tallinna 7, Vaksali 2.
■ **Post:** Tallinna 22.
■ **Apotheken:** u.a. Tallinna 2.
■ **Privatklinik** *(Viljandi Erakliinik):* August Maramaa pst 5, Tel. 4347631, Mo–Sa 9–14 Uhr, www.maramaakliinik.ee.
■ **Krankenhaus:** *Viljandi Haigla,* Pärna tee 3, Dorf Jämejala, Gemeinde Viljandi, Tel. 4352022, www.vmh.ee.
■ **Zahnklinik** *(Hambakliinik):* Jakobsoni 13, Tel. 4334314, www.vilhambaravi.ee.

Unterkunft

Viljandi

7 Hotel Centrum②-③, Tallinna 24, Tel. 4351 100, www.centrum.ee. Im gleichnamigen Einkaufszentrum, 25 Zimmer und Suiten, Schönheitssalon, Solarium, Sauna und Restaurant.

13 Grand Hotel Viljandi③-④, Tartu 11/Lossi 29, Tel. 4355800, www.ghv.ee. Vier-Sterne-Hotel mit knapp 50 stilvoll eingerichteten Zimmern und Suiten im Herzen der Stadt, Restaurant, Fitnessraum und Sauna.

1 Bed & Breakfast Rehe①, Rehe 18, Tel. 519 13151, www.rehemajutus.ee. Kleines, gemütliches Gästehaus, etwa 1,5 km vom Zentrum, mit Sauna, Garten und Grill; Küche sowie ein Wohnzimmer können mitbenutzt werden.

3 Gästehaus Alice②, Carl Robert Jakobsoni 55, Tel. 4347616, www.matti.ee/alice. Einfache, aber freundliche Unterkunft.

5 Gästehaus Männimäe①, Riia mnt 52d, Tel. 4354845, www.mannimaja.ee. Liegt auswärts, die Zimmer stehen in verschiedenen Häusern zur Verfügung; Sauna mit Kaminraum kostet extra. Man kann auch in preiswerteren, einfachen Campinghäuschen unterkommen. Café und Bowling.

2 Hotel und Café Endla①, Endla 9, Tel. 433 5302, www.reinup.ee. Verschiedene (Nichtraucher)-Zimmer mit Frühstück, angegliedert ist ein nettes Café, Fahrradverleih.

4 Gästehaus Aasa (*Külalistemaja*)②, Aasa 6, Tel. 4345188, www.aasakylalistemaja.ee. Nettes, kleineres Haus, nah am See.

Essen und Trinken

Viljandi Zentrum

◼ Die **Restaurants** im *Grand Hotel Viljandi* und das **2** *Café Endla* stehen auch Nicht-Übernachtungsgästen offen.

12 Café Fellin, Kauba 11, Tel. 4359795, www.koh vikfellin.ee, tägl. ab 12 Uhr geöffnet. In der Nähe der Touristinfo. Schönes Café mit ambitionierter Küche im zurzeit in Estland populären Stil: Zeitgemäße estnische Küche mit einem Schuss internationaler Einflüsse.

14 Viljandi Kohvik, Lossi 31, zentral gelegenes Café. Auch günstiges warmes Essen.

10 Café Northmen, Tartu 4, Tel. 53464673, www. facebook.com/Northmen Kohvik. Bodenständige Küche (und das heißt auch große Portionen) mit nordischem Einschlag. Überhaupt handelt es sich, wie der Name verrät, um ein Lokal für Skandinavienfreunde. Nur Barzahlung möglich.

9 Armeenia köök Soso Juures, Posti 6 a. Solide armenische und estnische Küche.

16 Aida kohvik, Tasuja pst 6, Tel. 4342066, www. aidakohvik.ee. Geöffnet Di–Sa 11–21, So–Mo 11–19. Im Zentrum für traditionelle Musik, schöner Ausblick.

8 **Suur Vend,** Turu 4, www.suurvend.ee. Kneipe mit einiger Auswahl an Speisen. Karaoke, Live-Musik, Disco. Der Name bedeutet „Großer Bruder".

Einkaufen

Viljandi Zentrum

11 **Handwerksladen Bonifatiuse Gild,** Väike-Turu 8, Tel. 58147783, www.bonifatiusegild.ee. Schöner Laden in einem alten Holzhaus. Verschiedene Werkstätten, in denen man Puppen, Keramik, Schmuck, Strickwaren, Schmiedeartikel und Glasmalerei findet. Geöffnet Mo–Fr 10–18 Uhr, Sa 10–15 Uhr.

15 **Rohelise Maja Pood ja Kohvik** (Geschäft und Café im grünen Haus), Koidu 2, Tel. 4344307. Schöner Bioladen mit Café.

Aktivitäten

■ Am Viljandi-See befindet sich ein **großer Spielplatz** für Große und Kleine.

Feste und Veranstaltungen

■ Im Juli findet in Viljandi alljährlich ein mehrtägiges **Festival für taditionelle Musik** statt. Das Festival wird vom Zentrum für Volksmusik (*Pärimusmuusika Ait*) veranstaltet, in dem das ganze Jahr über verschiedene Konzerte und Veranstaltungen stattfinden. Tasuja pst 6, www.folk.ee.

◁ Holzhaus in der Posti-Straße

Verkehr

■ **Bushof:** Ilmarise 1, Tel. 6800900, 700 m nördlich des Stadtzentrums. Regelmäßige Busse nach Tallinn, Tartu, Pärnu, Kuressaare, Valga, Võru und Jõgeva. 2–3-mal tägl. werden auch Ortschaften in der Umgebung angefahren, z.B. Olustvere.

■ **Bahnhof:** Vaksali 44, Tel. 4349425, etwa 1,5 km westlich des Stadtkerns.

■ **Taxi:** Tel. 6120000, 53089900 oder 4333833; vor dem Bushof stehen üblicherweise Taxis.

Südlich von Viljandi

Heimtali

Am Hang des Urstromtals Raudna befindet sich etwa sechs Kilometer südwestlich von Viljandi der **Gutshof Heimtali.** Das klassizistische Herrenhaus und seine Nebengebäude, darunter Speicher und ein runder Pferdestall, liegen in einen schönen Park eingebettet. Bemerkenswert ist ein weiteres Nebengebäude des Gutshofes, die sogenannte **Schnapsbrennerei.** Ob hier wirklich Schnaps gebrannt wurde, ist fraglich, denn nach seiner Erbauung 1832 diente das auffällige Gebäude mit seinen vier runden Kaminen, die als Ecktürme „getarnt" sind, als Molkerei. Das Anwesen selbst wurde Anfang des 16. Jh. erstmals unter dem Namen Linsen erwähnt. Der Gutsbesitzer *Peter Reinhold von Sievers* gab ihm jedoch 1793 im Andenken an seine verstorbene Geliebte *Luise Heimenthal* einen neuen Namen.

3d

Im alten Schulgebäude von Heimtali, das im Jahr 1864 aus groben Feldsteinen und roten Ziegeln erbaut wurde, befindet sich ein kleines **Textil- und Heimatmuseum,** zu dem auch ein altes Klassenzimmer gehört.

■ **Textilmuseum Heimtali,** Heimtali, Gemeinde Pärsti, Tel. 4398126, Di–Sa 9–13.30 und 14.15–17 Uhr. Zu sehen sind alte Textilartikel und Haushaltsgeräte sowie ein Spielzimmer mit gestrickten Haustieren.

Unterkunft

■ Einige Kilometer östlich von Heimtali, am Südostufer des Viljandi-Sees, etwa vier Kilometer vor der Stadt, liegt das **Feriendorf** (puhkeküla) **Sammuli**②, GPS N 58.33806, E 25.58861, Tel. 5044298, www.sammuli.ee. Gästehaus und einfache Campinghäuschen; gut für Familien geeignet. **Stellplätze für Wohnwagen,** auch **zelten** ist möglich. Grill, Boot- und Fahrradverleih, Tennisplatz.

Aktivitäten

■ **Reiten:** Heimtali hobusekasvandus, Heimtali, Gemeinde Pärsti, Tel. 433308 und 5022501, www.hobusekasvandus.ee. In der Nähe des Feriendorfs Sammuli gibt es einen weiteren Reitstall: Sammuli Tall, Tel. 5047616, www.sammulitall.ee.

Gutshof Õisu

Folgt man der Hauptstraße 49 Richtung Süden, durchquert man verschiedene **Naturparklandschaften,** die sich über die Hügel des Höhenzugs erstrecken und kleine Seen, Quellen, grüne Täler und rote Sandsteinaufschlüsse umfassen.

Nach etwa zehn Kilometern geht eine Straße rechts ab zum Gutshof Õisu (Euseküll), der wie Heimtali der Familie *von Sievers* gehörte. Das klassizistische Herrenhaus, dessen Eingang von einer breiten Treppe und weißen Säulen flankiert ist, stammt aus den Jahren 1760–70. Die zwei barocken Mamorfiguren an der Treppe stellen die Göttin der Gerechtigkeit, *Justitia,* und die Göttin der Weisheit, *Prudentia,* dar. Heute beherbergt das Gebäude eine Schule. Eingebettet in einen englischen **Park,** gehören noch einige Nebengebäude zum Gutshof, unter anderem der **„krumme Stall",** der halbkreisförmig und von Säulen gesäumt angelegt wurde. Die Wetterfahne auf dem Dach dokumentiert das Datum seiner Erbauung: 1762.

Karksi-Nuia

Seit dem Nordischen Krieg ist von der **Ordensburg Karksi** (Karkus) am Hang eines malerischen Urstromtals nur noch eine Ruine erhalten. Die Festung aus dem 13. Jh. bestand aus einer relativ großen Vorburg, einer schützenden Mauer samt mehreren halbrunden Türmen, die im 15. Jh. hinzukamen, und einem nahezu quadratischen Hauptteil, der zusätzlich durch einen Graben geschützt war. Anstelle der im Nordischen Krieg zerstörten Burgkapelle errichtete man in den Jahren 1773–78 eine **barocke Kirche,** deren Turm sich aufgrund des absackenden Bodens im Laufe der Zeit etwas zur Seite geneigt hat. Von der Ruine aus hat man einen schönen Blick auf die im Urstromtal liegenden Seen und die bewaldeten Hügel der Umgebung.

Am Rand des Grundstücks liegt die kleine, weiße **Grabkapelle** des Feldmarschalls *Georg Reinhold von Lieven* (1696–1763). Dieser besaß ab 1747 den **Gutshof Karksi,** der wahrscheinlich zur gleichen Zeit wie die Burg angelegt wurde. Die ersten Gebäude überlebten die wechselnden Kriege und Herrscher – Deutsche, Litauer, Polen, Schweden und Russen – nicht. Außer dem Park sind jedoch einige Nebengebäude erhalten, darunter ein Speicher aus dem 19. Jahrhundert und das L-förmige Haus des Verwalters.

Informationen

◼ In Karksi-Nuia gibt es eine kleine **Touristeninformation**, Viljandi mnt 1, Tel. 4355527.

Schloss Taagepera

In Karksi-Nuia an der Hauptstraße nach Osten Richtung Valga fahrend, erreicht man nach 16 Kilometern das Schloss Taagepera, in dem man auch übernachten kann.

Hugo von Stryk war es, der Anfang des 20. Jh. den Rigaer Architekten *Otto Wildau* mit dem Bau eines großen Herrenhauses im Stil eines englischen Schlosses beauftragte, das 75 unterschiedlich dekorierte Zimmer umfassen sollte. Seither gilt das im **Art-Nouveau-Stil** errichtete Herrenhaus Taagepera (Wagenküll) als eines der schönsten im Lande. Heute beherbergt es ein Hotel. Vom 40 m hohen Turm hat man einen Blick auf den umliegenden Park und die Wälder, in die das Anwesen eingebettet liegt. Aber Vorsicht: Im Turm soll ein Geist umhergehen.

◼ **Schloss Taagepera**②, Taagepera, Gemeinde Helme, Tel. 5024428, www.taagepera.eu. Die Zimmer und Suiten sind zum Teil sehr geräumig, aber manche etwas düster, doch das gehört zu einem alten Schloss wohl dazu. Mit Restaurant.

Mõisaküla

Die Geschichte der kleinen Stadt Mõisaküla an der Grenze zu Lettland ist eng mit der Zugverbindung verknüpft, die ab 1895 die Städe Pärnu und Valga verband und diesen Ort passierte. Erst seither siedelten sich hier verschiedene Fabriken an, die Arbeitskräfte in die Gegend lockten. 1905 wurde die Ortsschule eröffnet.

Kein Wunder, dass das Thema Eisenbahn einen hohen Anteil an den Exponaten des hiesigen **Museums** hat, auch wenn der Bahnverkehr mittlerweile stillgelegt wurde. Das grüne Steinhaus, in dem die Ausstellung untergebracht ist, ist mit der estnischen und lettischen Fahne beflaggt. Neben diversen Zugmodellen ist ein bemalter Bauernschrank Schmuckstück der Sammlung. Besonders stolz sind die Einwohner auf die hier ausgestellten olympischen Medaillen (Silber 1928, Bronze 1936) des aus dem Ort stammenden Gewichthebers *Arnold Luhaäär.*

◼ **Museum Mõisaküla,** J. Sihveri 4, Tel. 4355607, Di–Fr 10–16 Uhr, Sa 10–15 Uhr, Eintritt 1,50 €.

Der Süden

3d

NICHT VERPASSEN!

➡ **Sommerhauptstadt Pärnu,** charmante Holzvillen, beschauliches Treiben, ein milder Sommer an der See: das ist die Essenz von Pärnu | 683

➡ **Strand von Pärnu,** ausnahmsweise keine Einsamkeit – am Pärnuer Strand ist im Sommer was los | 694

➡ **Soomaa,** das Sumpfgebiet ist ein Naturparadies, das in Europa seinesgleichen sucht | 706

➡ **Haapsalu Bischofsburg,** beeindruckende Festung mit dunklen Gängen und schönem Park | 713

Diese Tipps erkennt man an der gelben Hinterlegung.

△ In Pärnu gibt es zahlreiche Einkehrmöglichkeiten

3e

045es ta

WESTKÜSTE UND HINTERLAND

Im Westen Estlands liegen die Landkreise Läänemaa und Pärnumaa sowie **die größten Inseln des Landes.** Die wohl bekanntesten Orte an der Westküste sind die **Kurstädte Pärnu** und **Haapsalu.**

Bevor der im Nordwesten Estlands gelegene **Landkreis Läänemaa** erstmals im 16. Jh. schriftlich erwähnt wurde, war er unter den Namen Rotala oder Rotelewich (nach den größten damaligen Siedlungen) bzw. Maritima bekannt. Besiedelt wurde er – archäologischen Ausgrabungen zufolge – bereits vor 4000 bis 5000 Jahren.

Im Mittelalter bildeten West-Estland und die Inseln ein **Bistum,** dessen Zentrum zunächst in Lihula, im Süden des heutigen Läänemaa, dann in Alt-Pärnu und schließlich in Haapsalu lag. Zu dieser Zeit entstand das berühmteste Baudenkmal der heutigen Landeskreisstadt: die **Bischofsburg mit Domkirche von Haapsalu.**

Wer die Wahl zwischen Haapsalu und Pärnu hat, sollte wissen, dass Haapsalu die ruhigere Alternative ist und eher Kurgäste anspricht. Pärnu ist hingegen

3e

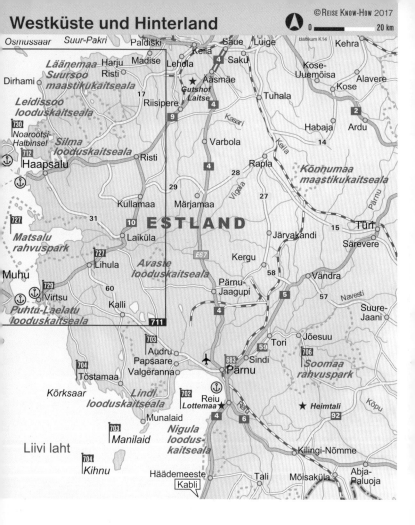

© Reise Know-How 2017
0   20 km

Osmussaar   Suur-Pakri   Paldiski   Saue   Luige   Baltikum K14   Kehra

Läänemaa   Harju   Madise   Kella   Saku   Kose-Uuemõisa   Alavere

Dirhami   Suursoo   Risti   Äasmäe   Lehola   Kose

maastikukaitseala   Gutshof Laitse   Tuhala

Leidissoo   17   Riisipere

looduskaitseala   Kasari   Habaja   Ardu

730   Noarootsi-Halbinsel   Silma   Varbola   Kella   14

712   looduskaitseala   Kõnnumaa

Haapsalu   Risti   Rapla   maastikukaitseala

28   Vigala   27   Pärnu

727   Kullamaa   Märjamaa

ESTLAND   15   Türi

Matsalu   31   10   Laiküla   Järvakandi   Särevere

rahvuspark   E67   Kergu

727   Avaste   58   Vändra

Muhu   Lihula   looduskaitseala   57   Navesti

729   60   Pärnu-Jaagupi   Suure-Jaani

Virtsu   Kalli   5

Puhtu-Laelatu   4

looduskaitseala   711   59   Tori   Jõesuu

703   706   Soomaa

704   Audru   683   Sindi   rahvuspark

Papsaare   Pärnu

Töstamaa   Valgeranna

Kõrksaar   Lindi   702   Reiu   Heimtali   92

looduskaitseala   Lottemaa   Köpu

Munalaid   4   6

703   Nigula   looduskaitseala

Manilaid

Liivi laht   704   Kihnu   Kilingi-Nõmme

Häädemeeste   Tali   Mõisaküla   Abja-Paluoja

Kabli

---

vor allem für diejenigen interessant, die gern unter Leuten sind und sich schon mal ins Nachtleben stürzen wollen.

Der Norden Läänemaas mag manchen Besucher an Schweden erinnern. So haben die bis Mitte des 20. Jh. hier ansässigen **Küstenschweden** einen starken Einfluss auf Landschaft und Traditionen der Gegend gehabt. Typische rote Holzhäuser und schwedische Dorfnamen zeugen vor allem auf der **Halbinsel Noarootsi** für ihre jahrhundertelange Anwesenheit.

In den Dörfern abseits der Küstenstädte findet man zahlreiche **mittelalterliche Kirchen,** die zum Teil bis heute für Gottesdienste genutzt werden. Sie wurden zumeist einschiffig gebaut und erst später um einen Turm erweitert.

Im Süden Läänemaas erstreckt sich rund um die Bucht von Matsalu der **Nationalpark Matsalu**, der bei Ornithologen auf der ganzen Welt bekannt ist. Das Feuchtgebiet ist die größte Nist- und Raststätte von **Zugvögeln** im Ostseeraum und lockt besonders im Frühjahr, wenn Tausende Vögel aus dem Süden zurückkommen, oder im Herbst, wenn sie ihre Reise antreten, Vogelliebhaber aus dem In- und Ausland an.

Der im Südwesten Estlands gelegene **Landkreis Pärnumaa** erstreckt sich hufeisenförmig um die Kurstadt Pärnu. Etwa die Hälfte des Landkreises besteht aus Wäldern, ein Viertel ist von Sumpfen bedeckt. Einer der längsten Flüsse des Landes, der ebenfalls den Namen Pärnu trägt, mündet in der gleichnamigen Bucht. Das Dorf Pulli bei Sindi gilt als älteste Siedlung des Landes, hat man hier doch menschliche Spuren gefunden, die sich auf das 8. Jahrtausend v. Chr. zurückdatieren lassen. Das Küstengebiet an dieser Stelle ist sehr flach und steinig. Die lange, **buchtenreiche Küstenlinie** wird von Stränden, Heidelandschaften, Wäldern, Wacholderhainen und Mooren geschmückt, in denen im Herbst köstliche Beeren und Pilze wachsen. Hervorzuheben ist der **Nationalpark Soomaa**, der sich auch im benachbarten Landkreis Viljandimaa erstreckt und zu den bedeutendsten Sumpfgebieten Europas gehört. Kanufahrten oder Moorwanderungen durch das entlegene Gebiet sind ein besonderes Erlebnis.

Pärnu

Pärnu gilt als **beliebtester Inlandsferienort** der Esten. Die von historischen Bauten und Grünanlagen geprägte Stadt ist bekannt für ihre Kur- und Spa-Hotels, bietet aber auch für junge Menschen gerade im Sommer eine Vielzahl von Ausgehmöglichkeiten und Sportangeboten. Nicht umsonst wird Pärnu, günstig an der *Via Baltica* zwischen dem lettischen Riga und Tallinn gelegen, im Sommer zumindest halboffiziell zur „Sommerhauptstadt" ernannt. Von den ausländischen Gästen dominieren Finnen, die hier die vergleichsweise günstigen Kur- und Spa-Angebote nutzen.

Trotz der guten touristischen Infrastruktur, der zahlreichen Freizeitangebote und vieler Geschäfte und Restaurants in der Innenstadt findet man in Pärnu auch ruhige Ecken. Wenn man vom Zentrum durch eine der Alleen, vorbei an hübschen, alten Holzvillen Richtung Strand flaniert, fühlt man sich in Zarenzeiten zurückversetzt, als wohlhabende Kurgäste hier entlangschlenderten.

Die meisten Sehenswürdigkeiten sind in und um den überschaubaren Innenstadtbereich angesiedelt und lassen sich im Rahmen eines mehr oder weniger langen Spaziergangs zu Fuß erkunden.

Allerorts stoßen Besucher dabei auf die in Pärnu geborene Dichterin und Publizistin *Lydia Koidula* (1843–86), die Verfasserin des ersten Theaterstückes in estnischer Sprache. **Haupteinkaufsstraße** ist die Rüütli, wo sich ein Einkaufsbummel wunderbar mit einer Besichtigungstour verbinden lässt, da die kleinen Geschäfte in hübschen alten Stein-

Westküste und Hinterland

3e

oder Holzhäusern untergebracht sind. Der **Busbahnhof** liegt an einer ihrer Querstraßen ebenfalls in Gehentfernung. In Richtung Strand erstreckt sich ein Grüngürtel aus Parkanlagen.

Entlang des drei Kilometer langen **Sandstrandes** – etwa einen Kilometer südlich der Innenstadt – befinden sich die **Kureinrichtungen,** darunter einige alte und sehenswerte Gebäude.

Heute lebt die mit gut 40.000 Einwohnern fünftgrößte Stadt des Landes vorwiegend vom **Tourismus** und **Kurbetrieb.** Neben Finnen kommen auch immer mehr Letten hierher, außerdem fahren die Esten selber gern nach Pärnu.

Stadtgeschichte

Pärnus Geschichte ist eng verbunden mit der Lage an der **Mündung des gleichnamigen Flusses** und der ebenso genannten Bucht – einerseits aus wirtschaftlichen Gründen, da die strategische Lage zwar den Handel begünstigte, aber auch andere Herrscher anlockte und Kriege und Zerstörung nach sich zog, andererseits durch das sandige Meerufer, die seichte Bucht und den heilenden Schlamm, der den Wandel in eine Kurstadt möglich machte.

Bereits 9000 v. Chr. hat es an der Flussmündung Siedlungen gegeben. Der Pärnuer **Hafen** wurde 1241 erstmals erwähnt, zehn Jahre später weihte Bischof *Heinrich* den **Dom** des Bistums *Ösel-Wiek* (Saare-Lääne) ein und gründete eine Domschule. Dieses Datum gilt als Geburtsstunde der heutigen Stadt. Nach einem Angriff durch das litauische Heer zwölf Jahre später verlegten die Bischöfe ihren Sitz von Alt-Pernau nach Haapsalu.

Wiederum ein paar Jahre später wurde am gegenüberliegenden Flussufer die Siedlung Neu-Pernau (zunächst: Embecke) vom livländischen Ordensmeister *Konrad von Mandern* gegründet, die bald darauf Stadtrechte erhielt und sich im 14./15. Jh. zur **Hansestadt** entwickelte. Auf diese glanzvolle Zeit folgten Kriege und Zerstörungen wie das Niederbrennen Alt-Pernaus im 16. Jh. und die Eroberung durch die Schweden im 17. Jh. Kurzzeitig verlegte die Universität von Tartu ihren Sitz hierher, doch im 18. Jh. gab es erneute Rückschläge in der Stadtgeschichte. Nach der Invasion durch russische Truppen herrschte gar die Pest und riss fast die gesamte Bevölkerung in den Tod.

Die Geschichte der Kurstadt beginnt im 19. Jh. 1838 wurde die erste **Badeanstalt** gegründet, daraufhin etablierte sich die Stadt nach und nach als anerkannter **Kurort des Zarenreiches.** Im gleichen Jahrhundert entstand die erste reguläre Zeitung in estnischer Sprache: 1857 hob *Johann Woldemar Jannsen* den „Perno Postimees" („Pernauer Postbote") aus der Taufe. Seine Tochter, die später den Namen *Lydia Koidula* annahm, wurde die wohl wichtigste Dichterin Estlands und eine bedeutende Protagonistin in der Phase des nationalen Erwachens. Zuvor hatte sich der Pastor *Johann Heinrich Rosenplänter* im Rahmen von Veröffentlichungen intensiv mit der estnischen Sprache auseinandergesetzt. Um die Jahrhundertwende entstand schließlich die erste **Eisenbahnanbindung** der Stadt.

Den Höhepunkt als Kurstadt erlebte Pärnu im frühen 20. Jh. Durch die Bahnverbindung, aber auch durch die Eröffnung einer **Schiffslinie über die Ostsee** in den 1930er Jahren kamen immer mehr Kurgäste. Zuvor, 1918, wurde vom Balkon des Endla-Theaters die erste estnische Unabhängigkeitserklärung proklamiert. Die beiden Stadtteile Alt- und Neu-Pärnu wurden endlich adminstrativ zusammengelegt.

Auch unter der sowjetischen Herrschaft galt Pärnu als **sozialistische Kurstadt.** Nach Erlangen der Unabhängigkeit 1991 erhielt Pärnu als erster Kurort in Osteuropa 1994 die „Blaue Flagge", die als Symbol für **hohe Umweltstandards** gilt. Im Jahr 2000, ein Jahr, bevor Pärnu sein 750-jähriges Jubiläum beging, wurde die Stadt Mitglied des *Europäischen Heilbäderverbandes (ESPA).*

☑ Pärnu ist bekannt für seine Holzvillen

Sehenswertes

Rüütli-Platz

Zentraler Ausgangspunkt ist der Rüütli plats (Ritterplatz) am östlichen Ende der Altstadt. Er ist vielleicht nicht der schönste Platz der Stadt, aber es lohnt, sich genauer umzusehen.

An der Nordseite wird er begrenzt von einem **Bankgebäude** aus den 1930er Jahren. Die Architekten *Alar Kotli* und *Anton Soans* zählen zu den bedeutendsten estnischen Architekten der ersten Hälfte des 20. Jh. So wurde der heutige Sitz des Präsidenten in Tallinn von *Alar Kotli* entworfen, von *Anton Soans* stammen herausragende funktionalistische Gebäude in Estland. Hinter dem Bankgebäude liegt der **Busbahnhof.**

An der Ostseite des Platzes, schon hinter der Aia-Straße, ist die auch nach der Renovierung mehr eigenwillige als

Westküste und Hinterland

Pärnu

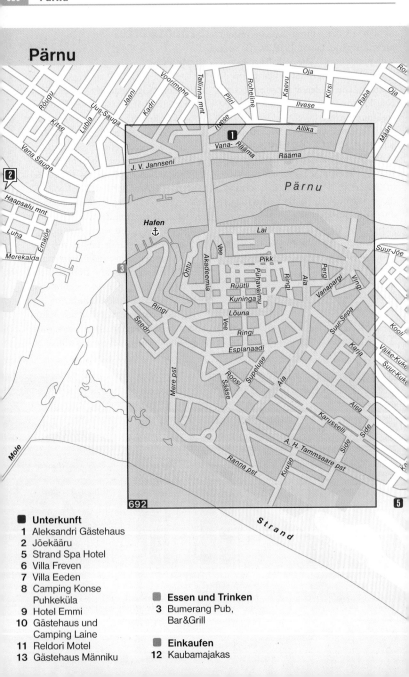

© REISE KNOW-HOW 2017

schöne Fassade des **Hotels Pärnu** zu sehen. Hier stand bis 1944 das ursprüngliche Gebäude des **Endla-Theaters** (Neubau Keskväljak 1). Nach der Zerstörung im Krieg wurden die Ruinen 1961 durch das Hotel ersetzt – wohl auch weil die sowjetische Führung kein Interesse hatte, das Theater als Erinnerungsort zu erhalten. Denn vom Balkon des Theaters war am 23. Februar 1918 **die Estnische Republik ausgerufen** worden, womit Estland zum ersten Mal in der modernen Geschichte die Eigenstaatlichkeit erhielt. Daran erinnert auch das **Denkmal** auf dem Platz, das eben jenen Balkon mit dem Eingangsportal des Theaters zeigt.

Bewegt man sich auf der **Rüütlistraße** vom Hotel weg, gelangt man in die Altstadt Pärnus.

Verklärungskirche (Issandamuutmise kirik)

Geht man vom Rüütli-Platz stattdessen nach Süden, die Aia-Straße hinunter, gelangt man zur orthodoxen Verklärungskirche (Aia 5) aus dem Jahr 1904, ein Beispiel für den **altrussischen Stil**.

Roter Turm (Punane torn)

Nicht weit vom Rüütli-Platz steht das älteste Gebäude der Stadt. Hält man nach dem **Roten Turm** Ausschau, einem im 15. Jh. errichteten **Gefängnisturm,** der Teil der mittelalterlichen Stadtmauer war, sollte man sich nicht durch die Namensgebung beirren lassen. Der rote Backstein, aus dem der Turm gebaut ist und der auch Grund für die Bezeichnung war, ist mittlerweile weiß gestrichenen Wänden gewichen. Und wer jetzt gar erwartet, dass das älteste Gebäude der Stadt herausgeputzt und schön angestrahlt auf Besichtigung wartet, sieht sich ebenfalls getäuscht. Zum einen ist der Turm zwischen Häusern versteckt, zum anderen sind bisherige Versuche dort eine kleine Gastronomie oder eine Galerie zu betreiben regelmäßig gescheitert, sodass der Turm zum Zeitpunkt des Redaktionsschlusses nur von außen zu besichtigen war.

Steiner-Haus (Steineri maja)

Zwei hübsche **Wohnhäuser** lohnen einen kleinen Schlenker in die 8. Das grünliche Giebelhaus eines ehemaligen Ratsherrn, das sogenannte Steiner-Haus aus dem Jahr 1674, und das gelbe Haus des Apothekers *Samuel Christian Heno* von 1670 wurden vom Kaufmann *Hans Diedrich Schmidt* gekauft, der die Gebäude im klassizistischen Stil umbaute. Eine neue Fassade vereinte 1877 die beiden Gebäude und der graue, mit Säulen versehene Vorbau entstand.

Der grüne Teil beherbergt heute das **Haus der Künste** *(Kunstide maja),* in dem Kunstkurse stattfinden. Ganz in der Nähe befindet sich die **Maria-Magdalena-Gilde** *(Maarja-Magdaleena Gild),* die aus touristischer Sicht interessanter ist, da man hier den Handwerkern bei der Arbeit zusehen und Kunsthandwerk einkaufen kann (s. auch unter „Einkaufen", „Souvenirs").

Rathaus (Raekoda)

Eine Querstraße weiter (Uus/Ecke Nikolai) steht das Rathaus der Stadt, das 1839

04/es ta

◁ Hier geht es zur Touristeninformation

in das 1797 erbaute, klassizistische Wohnhaus des Kaufmanns *Harder* einzog. Beachtenswert ist die **geschnitzte, bunt bemalte Tür,** durch die bereits Zar *Alexander I.* bei seinem Besuch in Pärnu 1806 getreten sein soll. 1911 wurde das Rathaus durch einen Jugendstil-Anbau erweitert. Die **Touristeninformation** befindet sich ebenfalls im Rathaus.

Barockkirchen

In der Nähe des Rathauses liegen zwei Kirchen aus der Barockzeit. Folgt man der Nikolai-Straße bis an die Kreuzung zur Kuninga, gelangt man zur **Elisabethkirche** (Nikolai 22), die der Architekt *Joachim Hinrich Güterbock* entworfen hat. 1750 wurde sie der russischen Zarin *Elisabeth* (*Jelisaweta*) gewidmet, 1893 baulich erweitert. Die Innenausstattung stammt aus dem 19. Jh.

Geht man vom Rathaus die Uus hinunter, trifft man auf die **Katharinenkirche** (Vee 16). Sie fällt schon von Weitem ins Auge: Hellgelb gestrichen und mit einem grünen Dach, das die verspielt wirkenden Türmchen bedeckt, ist sie die prächtigste Barockkirche Estlands. Auch ihr Name geht auf eine russische Zarin zurück. *Katharina II.* besuchte Pärnu 1764 und ordnete den Bau der Kirche an, die dann 1765–68 nach Plänen des Architekten *Pjotr Jegorov* errichtet wurde.

Vee-Straße

Am Neubau des bedeutenden Endla-Theater von 1967 (eröffnet zum 50. Jahrestag der Oktoberrevolution) vorbei, führt die Vee-Straße nördlich Richtung Hafen und südlich zurück zur Rüütli. Hier gibt es zahlreiche **Wohn- und Geschäftsgebäude,** die historisch und architektonisch interessant sind, zum Beispiel die Häuser Nr. 1a, 28, 27, 36, 37 oder 41. Am besten flaniert man einfach die Straße hinunter und lässt die schönen Bauten auf sich wirken. In einem der zahlreichen Cafés kann man den Bummel jederzeit unterbrechen.

Pärnu-Museum

Nördlich der verkehrsreichen Pikk-Straße lädt das Pärnu-Museum zu einem interessanten Rundgang durch die **Geschichte der Stadt und des Landkreises** ein. Hier sind auch einige der ältesten archäologischen Fundstücke Estlands ausgestellt, die auf das Jahr 9000 v. Chr. datieren.

▪ **Pärnu Museum,** Aida 3, Tel. 4433231, www.pernau.ee, Di–So 10–18 Uhr, im Sommer bis 18.30 Uhr, 4 €.

Mohrsches Haus

Gute Augen können am Giebel des „Mohrschen Hauses" (Rüütli 21/23) ein auf einer Stange angebrachtes **Hufeisen** entdecken. Dieses soll das Pferd von *Karl XII.* verloren haben, als er im Jahr 1700 durch die Stadt ritt.

Tallinner Tor und Wallgraben

Am westlichen Ende der Kuninga-Straße, die parallel zur Rüütli verläuft, blieb das **Tallinner Tor** (Tallinna värav) aus dem 17. Jh. erhalten. Bis 1710 trug das Walltor noch den Namen Carl-Gustav-Tor. Tritt man hindurch, steht man vor dem alten Wallgraben und einem ihn umgebenden Park. Der Wallgraben mündet in den Pärnu-Fluss, auch der Jachthafen befindet sich hier. Etwas nördlich des Tores, wo früher eine Bastion stand, wurde 1970 eine Freilichtbühne errichtet. Der sich zum Strand hin erhebende **Hügel Munamägi** (Eierberg) ist ein Rest der Bastion Mercurius, die 1860 abgetragen wurde.

Kuninga-Straße

Wie die Rüütli- säumen auch die Kuninga-Straße eine Reihe **bemerkenswerter Häuser,** zum Beispiel Nr. 18, 24, 26/28 oder 25. Schlendert man an ihnen vorbei, passiert man die schon erwähnte Elisabethkirche sowie den **Koidula-Park** und gelangt am östlichen Ende fast zum Ausgangspunkt des Rundgangs zurück, der Verklärungskirche.

Es bietet sich von hier aber auch ein **Spaziergang zum Strand** an. Von der Innenstadt führen mehrere Straßen, die von alten Holzvillen gesäumt sind, dorthin. Vor den mit Schnitzereien verzierten Häusern wachsen vielerorts Linden, die hübsche Alleen bilden, wie die kreuzende Ringi-Straße, die auch am Koidula-Park entlangführt.

Museum für moderne Kunst

An der Esplanaadi befindet sich das sehenswerte Museum für moderne Kunst, auch **Chaplin-Zentrum** genannt, in dem Dauer- und Wechselausstellungen zeitgenössischer Künstler untergebracht sind. Mitte 2016 wurde allerdings berichtet, dass das Gebäude abgerissen werden soll, bitte vor Ort nach dem aktuellen Stand erkundigen.

■ **Pärnu Uue Kunsti Muuseum,** Esplanaadi 10, Tel. 4430772, www.chaplin.ee, täglich 9–19 Uhr, im Sommer bis 21 Uhr, Eintritt 3 €.

Villa Ammende

Unten am Strand befinden sich die großen Hotels der Stadt, darunter einige, die durchaus auch touristisch interessant sind. Auch wenn man sich beispielsweise eine Übernachtung in dem luxuriösen Hotel, das die *Villa Ammende* (Mere pst 7, s. „Praktische Tipps", „Unterkunft") beherbergt, nicht leisten kann oder will, ist ein Spaziergang zu der wunderschönen **Jugendstilvilla** lohnenswert. Auf Anordnung des Pärnuer Großhändlers *Hermann Ammende* 1905 erbaut, ist das Gebäude heute das am vollständigsten erhaltene Bauwerk seiner Zeit in Estland. Wandmalereien, Originalmöbel, Kamine und Dekogegenstände machen die Innenräume zu kleinen Kunstwerken. Umgeben ist die Villa Ammende von einem Park, manchmal finden hier auch Konzerte statt.

An der Mole

Von hier aus kann man sich entweder nach rechts wenden und Richtung Mole wandern oder nach links zu den Kuranstalten der Stadt. Männer sollten sich allerdings vorsehen, ein Stück des Stran-

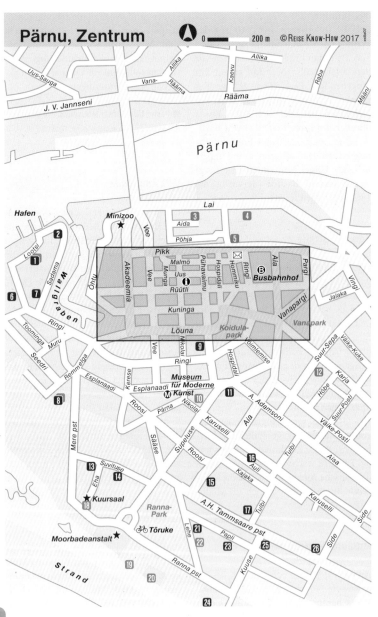

Pärnu, Zentrum

0 ▬▬▬ 200 m © Reise Know-How 2017

Uus-Sauga

J. V. Jannseni

Vana-Rääma

Ailika

Kaevu

Allika

Raba

Mäani

Rääma

Pärnu

Hafen

Minizoo ★

Lai

Aida

3

4

Põhja

5

Pikk

2

Lootsi

1

Sadama

W a l l g r a b e n

Õhtu

Vee

Akadeemia

Vee

Munga

Malmö

Uus

Pühavaimu

Ruutli

Hospidali

Hommiku

Ringi

✉

B Busbahnhof

Aia

Pargi

6

7

Ringi

Toominga

Muru

Seedri

Remmelga

Kuninga

Lõuna

Koidula-park

Vanapargi

Vanapark

Vingi

Jalaka

Vee

Nikolai

9

Ringi

Hospidali

Toimetise

Suur-Sepa

Väike-Kuke

Esplanaadi

Esplanaadi

Kerese

Roosi

Museum für Moderne Kunst

M

10

Pärna

Nikolai

11

A. Adamsoni

Aia

Hõbe

Kalja

Suur-Posti

Väike-Posti

8

Suvituse

13

Ena

14

Sääse

Supeluse

Roosi

Karuselli

16

Auli

Kalaja

Tulbi

Aisa

★ Kuursaal

18

Ranna-Park

🚲 Tõruke

15

A.H. Tammsaare pst

17

Tulbi

Karuselli

Side

Moorbadeanstalt ★

Lehe

21

22

Papli

23

25

26

Kuuse

Side

Strand

19

20

Ranna pst

24

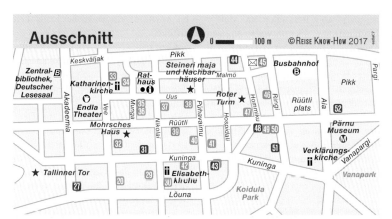

🟦 Unterkunft

1 Jahtklubi Külalistemaja
2 Sadama Villa
6 Carolina Hotel
7 Viiking Spa Hotel
8 Villa Ammende
9 Netti Hotel
11 Villa Artis
13 Villa Johanna
14 Kurhotel Wasa
15 Estonia Spa Hotel
16 Villa Ene
17 Villa Promenaadi
21 Legend Hotel
23 Kurgo Villa
24 Rannahotell, Strandhotel
25 Spa Hotel Tervise Paradiis
26 Astra Hotel
27 Hostel Lõuna
31 Alex Maja Gästehaus
43 Hotel Victoria
44 Hotel St. Peterburg
48 Hommiku Hostel
51 Koidula Park Hotel
52 Hotel Pärnu

🟦 Nachtleben

20 Sunset Club
32 Sugar Nightclub
45 Ööklubi Vaarikas
50 Mirage

🟦 Essen und Trinken

1 Jahtklubi restoran
8 Villa Ammende
10 Supelsaksad
18 Kuursaal
19 Rannakohvik
22 Lehe Kohvik
28 Postipoiss
29 Edelweiss
30 Steffani Pizzarestoran
34 Kohvihoovik
35 Café XS
36 Sweet Rosie
37 Kadri kohvik
40 Wine Piccadilly
41 Kohvik Mahedik
42 Armeenia restoran
43 Café Grand
47 Seegi Maja
49 Schnellrestaurant Georg

🟦 Einkaufen

3 Pärnu Keskus
4 Port Artur 2
5 Port Artur 1
12 Pärnu Turg
33 Pärnu Käsitöö Salong
38 Maarja-Magdaleena Gild
39 Ehe ja ehtne
46 Suveniir

des zwischen Kuranstalten und Mole ist **Frauenstrand** *(Naiserand),* an dem Männer nicht gern gesehen sind.

Ein Gang bis ans Ende der zwei Kilometer langen Mole soll Glück bringen. Ob einem das Hüpfen von Stein zu Stein über die 1863 gebaute Mole das Wert ist, sollte jeder selbst abwägen. Nordöstlich der Mole geht es, vorbei am Kurhotel *Tervis* (Seedri 6, s.u. „Praktische Tipps", „Unterkunft"), zum kleinen **Hafen** der Stadt.

Kuranstalten am Strand

Lohnender ist ein Spaziergang zu den alten Kuranstalten an der Pärnuer Bucht. Am Ende der Mere- bzw. Anfang der Ranna-Straße befindet sich der 1880 erbaute **Kuursaal** (Mere pst 22). Darin ist ein Lokal untergebracht, in dem man recht gut und preisgünstig essen kann (Weiteres, auch zu den im Folgenden genannten Einrichtungen, siehe unter „Praktische Tipps"). Auf der Bühne hinter der Terrasse finden im Sommer regelmäßig Konzerte statt.

Das dahinter liegende **Kurhotel Wasa** (Eha 2) ist in einer Villa aus dem Jahr 1938 untergebracht. Die *Villa Wasa* wurde im funktionalistischen Stil erbaut und während der Sowjetzeit durch einen Anbau erweitert. Zur Sowjetzeit und noch bis ins 21. Jahrhundert hieß das Hotel in realsozialistischer Manier *Sõprus,* d.h. Freundschaft.

Neben der Kurhalle befindet sich ein übermannsgroßes **Denkmal.** Der sitzende Mann, der Akkordeon spielt, soll den Komponisten und Liedermacher *Raimond Valgre* (1913–49) darstellen, dessen traurige Melodien sich noch heute bei Esten und Finnen großer Beliebtheit erfreuen.

Ganz in der Nähe liegt die **Moorbadeanstalt** (Ranna pst 1). Das neoklassizistische Gebäude aus dem Jahr 1927 wurde anstelle eines im Ersten Weltkrieg abgebrannten Badehauses errichtet. Von 1930 bis 1939 hat hier der Arzt und Heilschlammforscher *Voldemar Vadi* (1891–1951) gearbeitet. Nach längerem Leerstand befindet sich heute ein luxuriöses Spa-Hotel in dem Gebäude. Es befindet sich in Privatbesitz, die weitere Nutzung ist jedoch noch offen.

Am Badestrand fällt eine pilzförmige Terrasse auf, die zum *Rannahoone,* also Strandgebäude, gehört (Ranna pst 3). Das funktionalistische Gebäude stammt von dem in Estland bekannten Pärnuer Stadtarchitekten *Olev Siinmaa* und wurde 1938 eröffnet. Neben dem Nachtklub *Sunset* befindet sich hier noch ein Café mit Außenterrasse.

Ein Stück vorher findet man ein weiteres **Café,** das *Rannakohvik* (Ranna pst 1d) in einem modernen Gebäude aus Glas und Blech, von oben hat man eine schöne Aussicht.

Ein Stückchen weiter den Strand hinunter, stadtauswärts, befindet sich das *Rannahotell* (Ranna pst 5), an welchem *Siinmaa* ebenfalls als Architekt beteiligt war. Die Fensterzeilen sollen an Schiffskabinen erinnern. Danach folgt schließlich das moderne Hotel *Tervise Paradiis* (Side 14).

▷ Eine Perle des Jugendstils: die Villa Ammende

3e

04Besta

Praktische Tipps

Informationen

■ **Touristeninformation Pärnu**, Uus 4, Tel. 4473 000, www.visitparnu.eu, 15. Mai–15. Sept. tägl. 9–18 Uhr, 16. Sept.–14. Mai Mo–Fr 9–17, Sa/So 10–14 Uhr. Samstags um 15 Uhr startet von hier eine kostenlose Stadtführung auf Englisch (15. Mai–15. September).

■ **Aktuelle Veranstaltungstipps** und **Adressen** findet man in dem Heft *Pärnu in your pocket,* das man in der Touristeninformation erhält.

■ Die **Zentralbibliothek** *(Pärnu Keskraamatukogu)* hat einen deutschen Lesesaal *(Saksa lugemissaal),* Akadeemia 3, Tel. 4455707, www.pkr.ee.

Veranstaltungen

Im Sommer spielen oft Bands in der Stadt, Infos über Touristeninformation oder die ausliegenden Programmhefte. Herausgehoben seien hier nur:

■ **Juli:** *Parnu Muusikafestival,* www.parnumusicfestival.ee, hochkarätiges Klassikfestival.

■ **August:** *Augustiunetus,* www.augustiunetus.ee, in der Supeluse-Straße, Popup-Cafés, Musik, Kunst und Theater.

Service und Notfälle

■ **Post:** Hommiku 4.

■ **Banken:** *SEB,* Rüütli 40a; *Swedbank,* Aida 5; Geldautomaten auch in allen Einkaufszentren.

■ **Apotheken:** Neben vielen anderen in Pikk 11, Rüütli 30 und in den Einkaufszentren.

■ **Krankenhaus** *(Pärnu Haigla):* Ristiku 1, Tel. 447 3301, www.ph.ee.

■ **Zahnklinik:** *Pärnu Hambapolikliinik,* Väike-Kuke 4b, Tel. 4459299, info@hambapolikliinik.ee.

■ **Werkstatt:** *5+Autoremont,* Mere 7, Tel. 442 0525, www.5plussautoremont.ee, Mo–Fr 9–17.30 Uhr.

Unterkunft

Da Pärnu als Ferienort besonders im **Sommer** populär ist, sind die Übernachtungspreise dann entsprechend hoch. Die vorliegenden Angaben beziehen sich auf die Hochsaison.

Hotels
Pärnu

9 **Hotel Emmi** ②-③, Laine 2, Tel. 4476444, www.emmi.ee. Schlichte Zimmer mit Sat-TV, verschiedene Spa-Anwendungen, Sauna, Restaurant und Bar, Parkplatz.

Pärnu Zentrum

26 Astra Hotel③, Tammsaare 24b, Tel. 4455500, www.astra.ee. Nur 500 m vom Strand, etwa 10 Min. in die Innenstadt. Hotel mit 23 modernen, hellen Zimmern, Schönheitssalon, holzbeheizte Sauna, Restaurant, Parkplatz.

52 Hotell Pärnu③-④, Rüütli 44, Tel. 4478911, www.hotelparnu.com. Renovierte Zimmer, alle Services, Parkmöglichkeit nach Verfügbarkeit, nah zum Busbahnhof, Restaurant *Embecke* im Haus. Über das Hotel werden auch Apartments in der Seedri 4 vermietet.

6 Carolina Hotel②-③, Ringi 54 b, Tel. 4420440, www.carolina.ee. Modernes Hotel, Familienzimmer, Parkmöglichkeit, bis zum Strand und zur Innenstadt sind es nur paar Minuten zu Fuß.

51 Koidula Park Hotel③, Kuninga 38, Tel. 4477 030, www.koidulaparkhotell.ee. Im Zentrum mit Blick auf den Koidula-Park gelegen, in einem schönen Holzhaus von 1905.

21 Legend Hotel③-④, Lehe 3, Tel. 4425606, www.legend.ee. Ca. 200 m vom Strand und 10 Minuten vom Stadtzentrum entfernt. Terrasse, Sauna mit Kaminraum.

24 Rannahotell④, Strandhotel, Ranna pst 5, Tel. 4444444, www.rannahotell.ee. Fantastischer Blick auf den Strand, 2 km vom Zentrum entfernt. Das Gebäude im Stil des Funktionalismus ist einzigartig in Europa.

44 Hotel St. Peterburg③-④, Hospidali 6, Tel. 4430555, www.stpeterburg.ee. Sehr schönes Hotel in historischem Gebäude, stilvoll eingerichtet, auch Suiten mit Sauna und Sprudelbad. Der Name ist übrigens nicht falsch geschrieben, denn es gibt das „s" in der estnischen und russischen Version von St. Petersburg nicht. Zum Hotel gehört das Restaurant *Seegi maja* (s.a. „Essen und Trinken").

8 Villa Ammende⑤, Mere pst 7, Tel. 4473888, www.ammende.ee. Schönes Hotel in Jugendstilvilla, Billard- und Kaminzimmer, sehr gutes Restaurant in stilvollem Ambiente, das Prunkstück in Pärnu.

43 Hotel Victoria③, Kuninga 25, Tel. 4443412, www.victoriahotel.ee. Schönes, klassisches Hotel in stilvollem Gebäude aus der Zeit der Ersten Republik. Zimmer in verschiedener Größe und Raumlösung, alle mit Duschbad, Telefon, TV, Radio und Minibar. Das *Café Grand* (s.u. „Essen und Trinken") gehört auch zum Haus.

Kur- und Spa-Hotels

Die Preise in den Kur- und Spa-Hotels variieren je nach Saison beträchtlich. Es gibt oft Sonderangebote, wenn man Unterkunft, Verpflegung und Anwendungen als Paket bucht.

Pärnu

4 Tervis Spa④, Seedri 6, Tel. 4450111, www.spatervis.ee. Bei der Mündung des Flusses Pärnu gelegen, Gesundheits- und Spa-Anwendungen, Schwimm- und Sporthalle, Fitnessraum, Tanzabende und Konzerte, Billard.

5 Strand Spa Hotel④, A.H. Tammsaare pst 35, Tel. 4475370, www.strand.ee. Mit Schwimm- und Massagebecken, Fitnessraum, Schönheitszentrum und Restaurant.

Pärnu Zentrum

15 Resort Hotel & Spa Estonia④, Tammsaare pst 4a/6, Tel. 4401017, www.spaestonia.ee. Klassisches Spa-Hotel in guter Lage. Das Hotel hat eine Zweigstelle unter dem Namen *Estonia Medical Spa & Hotel*, die noch stärker auf Kur und Gesundheit ausgelegt ist, Pärna 12/Sääse 7.

14 Kurhotel Wasa③-④, Eha 2, Tel. 4450750, www.wasa.ee. Gemütliches Kurhotel mit Rehabilitationszentrum unweit des Strandes zwischen Parks und Alleen. Professionelles medizinisches Personal gibt Behandlungen bei Herz-Kreislauf-Krankheiten, Gelenk- und Knochenerkrankungen und Störungen des vegetativen Nervensystems; Schönheitssalon.

▷ Hotell Pärnu, s.o.

3e

Westküste und Hinterland

25 **Spa Hotel Tervise Paradiis**⑤, Side 14, Tel. 4451600, www.terviseparadiis.ee. Spa-Behandlungen, Wasserpark, Fitnessraum, Solarium, Tischtennis, Bowling, eigenes Kasino.

7 **Viiking Spa Hotel**③, Sadama 15, Tel. 4490 505, www.viiking.ee. Reha-Hotel mit diversen Sport-, Gesundheits- und Schönheitspflegeangeboten, Restaurant und Bar.

Pensionen/Bed & Breakfast
Pärnu

1 **Aleksandri Gästehaus**②, Vana-Rääma 8, Tel. 4432160, www.aleksandripub.ee. Nördlich des Pärnu-Flusses gelegen. Gästezimmer und kleine Campinghäuser im Garten, man hat die Wahl zwischen Zimmern mit eigenem Bad und etwas preiswerteren mit Bad auf dem Flur; bewachter Parkplatz. Im Gebäude ist eine Biker-Kneipe untergebracht (tägl. ab 11.30 Uhr geöffnet).

10 **Gästehaus Laine**①-②, Laine 6 a, Tel. 4439 111, www.gh-laine.ee. Liegt in von außen nicht gerade schönem Hotelblock in einem Wohngebiet, bis zum Strandviertel ca. 15 Minuten zu Fuß; einfache Zimmer. Zum Haus gehört ein am Fluss liegender **Campingplatz** mit Hütten (Suur-Jõe 50 b, Tel. 5912 4868, camping.green@gmail.com).

13 **Gästehaus** *(Külalistemaja)* **Männiku**①, Männiku 8, Tel. 56488020, www.manniku.com. 2 km außerhalb des Stadtzentrums bei einem Waldgebiet gelegen, Garten mit Grill, auch Familienzimmer.

6 **Villa Freven**②, Kooli 31, Tel. 56686545, www. freven.ee. Zimmer mit TV, Dusche und z.T. Kochnische, Sauna, Feuerstelle, schöner Garten.

7 **Villa Eeden** *(Külalistemaja)*②, Riia mnt 57, Tel. 4436222, www.inglipuudutus.ee. „Himmlisches" Gästehaus mit dekorierten Zimmern für Gäste mit romantischer Ader. Restaurant *Paradiis* im Haus.

Pärnu Zentrum

31 **Alex Maja**③, Kuninga 20, Tel. 4461866, www. alexmaja.ee. Elegant eingerichtetes, gemütliches, kleines Gästehaus in der historischen Altstadt.

1 **Jahtklubi Külalistemaja**③, Lootsi 6, Tel. 447 1740, www.jahtklubi.ee. Direkt am Jachthafen ge-

888b1a

legenes nettes Gästehaus, guter Standard, Parkplatz, Restaurant.

23 Kurgo Villa Hotel & Restaurant③, Papli 13, Tel. 4425736, www.kurgovilla.ee. Renovierte Holzvilla und ein Nebengebäude, 10 Min. zu Fuß zur Innenstadt, 300 m zum Strand, mit Garten und Restaurant *Piparmünt*. Gehobener Standard.

9 Netti Hotel②-③, Hospidali 11–1, Tel. 5167 958, www.nettihotel.ee. Modernes kleines Hotel- und Gästehaus, Fahrradverleih, Sauna.

2 Sadama Villa③, Sadama 13, Tel. 4470008, www.sadamavilla.ee. Renoviertes Haus aus dem Jahr 1934 mit 20 unterschiedlichen Zimmern inkl. Mehrbettzimmer; Garten mit Grillgelegenheit, Sauna, Schönheitssalon, Saunahaus mit Pool.

11 Villa Artis③, A. Adamsoni 1, Tel. 4471480, www.reiser.ee. Kleines Haus mit nettem Garten zwischen Innenstadt und Strandviertel mit 12 Zimmern, teils mit Balkon.

16 Villa Ene②, Auli 10, Tel. 4425532, www.villa ene.ee. 5 Min. zu Fuß zum Zentrum, Zimmer mit TV und z.T. Kaffeemaschine und Kühlschrank, Sauna, Garten, 2 Garagen für Autos.

13 Villa Johanna②-③, Suvituse 6, Tel. 4438370 und 56988370, www.villa-johanna.ee. Hübsches Holzhaus mit neun Zimmern, 300 m zum Strand, mit kleiner Bar, Garten und Sauna, Frühstück im Sommer inbegriffen, sonst auf Vorbestellung.

17 Villa Promenaadi②, Tammsaare 16, Tel. 5661 7623, www.promenaadi.net. Kleines, schönes Gästehaus. Der Garten kann mitbenutzt werden, auch mit Kleinkindern geeignet. Parkmöglichkeit, nur Barzahlung, Frühstück nicht im Haus.

Hostels
Pärnu

11 Reldori Motel①-②, Lao 8, Tel. 4478400, www.reldor.ee. Außerhalb des Zentrums inmitten einer Wohngegend, DZ und Dreibettzimmer, alle mit Dusche/WC, Sat-TV, auch Ferienwohnungen; es gibt Parkmöglichkeiten auch für größere Autos und Reisebusse; preisgünstiges angeschlossenes Bistro (eher *Fastfood*-Gerichte).

Pärnu Zentrum

48 Hommiku Hostel②, Hommiku 17, Tel. 4451 122, www.hommikuhostel.ee. Zentral gelegenes Hostel, DZ mit TV und Miniküche, auch 3er- und 4er-Zimmer, Frühstück kann zugebucht werden.

27 Hostel Lõuna①-③, Lõuna 2, Tel. 4430943, Tel. 56650130, www.hostellouna.eu. In einem hübschen Steinhaus aus dem Jahr 1909, Doppel- und Mehrbettzimmer, die oberen Räume werden als Hostel, die unteren als Hotel geführt. Gemeinschaftsküche und Fernsehzimmer.

Camping und Ferienhäuser
Pärnu

8 Konse Puhkeküla①-②, Suur-Jõe 44a, Tel. 53435092, www.konse.ee, GPS N 58.38499, E 24. 52647. Das Feriendorf befindet sich am Ufer des Flusses Pärnu. Komfortable Zimmer im Haus, Zeltplatz und 50 Stellplätze für Wohnwagen, Zeltverleih. Sauna mit Kaminraum, Fahrrad- und Bootsverleih. Badestrand und Innenstadt ca. 15 Min. zu Fuß.

2 Jõekääru kämping, Nurme, Gemeinde Sauga (4 km nordwestlich der Stadtgrenze), Tel. 443003 und 5022455, www.joekaaru.ee, GPS N 58.43111, E 24.43867. 19 Blockhütten (je 4–5 Zimmer), Zeltplätze und Stellplätze für Wohnwagen; Grill, Feuerstelle, Sauna, Aktivitätsangebote wie Kanufahren.

10 Camping Laine, s. Gästehaus *Laine* unter „Pensionen/Bed & Breakfast".

Essen und Trinken

Restaurants
Pärnu

3 Bumerang Pub, Bar & Grill, Ringi 37, Tel. 442 0302, www.bumerangpub.ee. Direkt am Pärnu-Fluss gelegen, Grillgerichte. Besonderheit ist eine Auswahl an exotischen Fleischsorten wie z.B. Krokodil.

Pärnu Zentrum

8 Villa Ammende, Mere pst 7, Tel. 4473888, www.ammende.ee. Feinstes Restaurant in Pärnu,

3e

gute Weinauswahl, gehört zum gleichnamigen Edelhotel, ab 12 Uhr. Im Sommer auch Cafébetrieb mit kleineren Gerichten.

29 Edelweiss, Kuninga 15, Tel. 4420600, www.edelweiss.ee. Ordentliches Restaurant mit alpenländischem Einschlag, tägl. ab 11 Uhr.

42 Armeenia Restoran, Kuninga 17, Tel. 555800 25, www.armeeniarestoran.ee. Schönes Restaurant und eine gute Gelegenheit, die armenische Küche kennenzulernen, viele Plätze draußen. Im Sommer tägl. ab 12 Uhr, Sept.–Mai Fr ab 17, Sa/So ab 12 Uhr, sonst geschlossen.

■ Restaurant Paradiis, Riia mnt 57, Tel. 4464 633. Gehört zum Gästehaus *Villa Eden* (siehe dort), europäische und estnische Küche.

■ Café im Endla Theater, Keskväljak 1. Tel. 4420 664. Einfaches, empfehlenswertes Café, unter der Woche ab 8.30 Uhr geöffnet.

43 Café Grand, Kuninga 25, Tel. 4443412, www.victoriahotel.ee. Beim Hotel *Victoria,* galt bereits in den 1920er Jahren als hervorragendes Café-Restaurant, renoviert im alten Stil.

49 Schnellrestaurant Georg, Rüütli 43, Tel. 443 1110, www.georgi.ee. Einfach, preisgünstig und früh geöffnet: Mo–Fr ab 7.30 Uhr, Sa/So ab 9 Uhr.

1 Jahtklubi restoran, Lootsi 6, Tel. 4471760, www.jahisadam.ee. Im Sommer sehr beliebtes Pub-Restaurant, direkt am Jachthafen gelegen, Dekoration entsprechend; gute Speisen, vor allem Fisch, Biergarten, tägl. ab 11 Uhr.

18 Kuursaal, Mere pst 22, Tel. 58100165, www.parnukuursaal.ee, So–Do 12–22, Fr/Sa 12–4 Uhr. Rustikales Restaurant im alten Kursaal, Grill- und Biergarten. Am Wochenende gibt es ein Abendprogramm, dann muss man evtl. Eintritt bezahlen. Nennt sich selbst „Estlands größtes Gasthaus".

22 Lehe Kohvik, Lehe 5, Tel. 4425788, tägl. ab 10 Uhr. Beliebtes Restaurant-Café im Strandviertel mit traditionellen und internationalen Speisen, Sommergarten.

28 Trahter Postipoiss, Vee 12, Tel. 4464864, www.trahterpostipoiss.ee, tägl. ab 12 Uhr. Rustikal, russische Küche, am Wochenende Live-Musik und Tanzabende.

30 Steffani Pizzarestoran, Nikolai 24, Tel. 443 1170, www.steffani.ee. Zu Recht sehr populäre Pizzeria, tägl. ab 11 Uhr.

47 Seegi Maja, Hospidali 1, Tel. 4430555, www.seegimaja.ee. Restaurant und Weinkeller in stilvollem Ambiente, mittelalterliche Kost, tägl. ab 12 Uhr.

Kneipen und Cafés
Pärnu Zentrum

35 Café XS, Munga 2, Tel. 4431316, tägl. ab 9 Uhr. Schön eingerichtetes Café mit diversen warmen Gerichten, bei der Touristeninformation.

37 Kadri kohvik, Nikolai 12, Tel. 4429782. Alteingesessenes, zentrales kleines Café mit Terrasse, traditioneller Speisenauswahl und günstigen Preisen, geöffnet Mo–Sa ab 9 Uhr.

41 ❀ Kohvik Mahedik, Pühavaimu 20, Tel. 4425 393, www.mahedik.ee. Nett eingerichtetes Bio-Café mit leckeren Kuchen, auch herzhafte kleine Gerichte. Im Hinterzimmer gibt es einen Bio- und Esoterikladen. Tägl. ab 10 Uhr.

34 Kohvihoovik, Munga 9, Tel. 58278732, www.kohvihoovik.com. Schönes Café mit leichter Küche und Weinkarte in einem der ältesten Häuser Pärnus, mit Innenhof.

40 Wine Piccadilly, Pühavaimu 15, Tel. 4420085, http://wine.kohvila.com. Stilvolles kleines Caféhaus mit großer Weinauswahl. Empfehlenswert sind die selbstgemachten Trüffelpralinen und Kuchen.

19 Rannakohvik, Ranna pst 1d, Tel. 4464891. Strandcafé, nur während der Hochsaison geöffnet, schöne Terrasse mit Ausblick.

10 MEIN TIPP: Supelsaksad, Nikolai 32, Tel. 4422 448, www.supelsaksad.ee. Sehr schönes Café mit kleiner, feiner Speisekarte. Tägl. ab 10 Uhr.

36 Sweet Rosie Irish Pub, Munga 2, Tel. 5682 8240, www.villemipubid.ee/sweet-rosie. Gemütliche Kneipe in der man auch recht gut und günstig essen kann, tägl. ab 11 Uhr.

049es ta

Nachtleben

Kultur
Pärnu Zentrum
■ **Pärnu Konzerthaus,** Aida 4, Tel. 4455810, www.concert.ee/parnu. Moderne und Klassik.
■ **Endla Theater,** Keskväljak 1, Tel. 4420666, www.endla.ee. Vorführungen auf Estnisch.

Klubs/Diskotheken
Pärnu
45 Ööklubi Vaarikas, Hommiku 3, www.klubivaa rikas.ee, Mi, Fr und Sa ab 23 Uhr.

Pärnu Zentrum
50 Mirage, Rüütli 40, www.mirage.ee, Klub und Kasino, Fr/Sa ab 23 Uhr.
32 Sugar Nightclub, Vee 10, www.sugarclub.ee, Fr/Sa ab 23 Uhr.

⌃ Zahlreiche Straßencafés laden zum Verweilen ein

20 Sunset Club, Ranna pst 3, www.sunset.ee. Nachtclub Fr/Sa ab 23 Uhr, Café und Sommerterrasse täglich ab 11 Uhr, abends je nach Wetter.

Einkaufen

Markt
Pärnu Zentrum
12 Pärnu Turg, Suur-Sepa 18, tägl. 9–20 Uhr. Markt mit Ständen in geschlossener Halle. Interessante Option für Selbstversorger.

Einkaufszentren
Pärnu
12 Kaubamajakas, Papiniidu 8/10, tägl. 10–21 Uhr, Supermarkt 8–22 Uhr. Großes Einkaufszentrum mit diversen Fachgeschäften, etwas außerhalb.

Pärnu Zentrum
3 Pärnu Keskus, Aida 7, www.astri.ee/parnu keskus. Tägl. 10–21 Uhr. Weiteres großes Einkaufs-

zentrum mit vielen Modegeschäften. Beim Talurg ("Hofmarkt") bekommt man gute, lokal produzierte Lebensmittel.

5 **4** **Port Artur 1,** Hommiku 2; **Port Artur 2,** Lai 11; www.portartur.ee. Größeres Shoppingcenter gegenüber dem Bushof, Mo–Sa 10–20 Uhr, So 10–18 Uhr, Supermarkt tägl. 9–22 Uhr.

Souvenirs
Pärnu Zentrum

46 **Suveniir,** Ringi 5, www.ringi5.ee, Mo–Fr 10–18 Uhr, Sa 10–16 Uhr.

38 MEIN TIPP: **Maarja-Magdaleena Gild,** Uus 5, www.maarjamagdaleenagild.ee, geöffnet im Sommer Mo–Fr 10–18 Uhr, Sa 10–15 Uhr, sonst Di–Fr 10.30–17, Sa 11–15 Uhr. Haus, in dem Kunsthandwerker ihre Werkstätten und Verkaufsräume eingerichtet haben. Es lohnt sich, in Ruhe alle Flure zu erkunden, man findet noch weitere Ateliers.

33 **Pärnu Käsitöö Salong,** Vee 6, www.aale.ee, Mo–Fr 10–19 Uhr, Sa 10–16 Uhr, Schwerpunkt auf traditionellen Wollartikeln.

39 **Ehe ja ehtne,** Rüütli 29, Tel. 58859961, www.ehejaehtne.ee, tägl. 10–20 Uhr. Schöner Handarbeitsladen, der zu einer größeren estnischen Kette gehört.

Bücher/Karten
Pärnu Zentrum

■ **Apollo Raamatupood,** Papiniidu 8/10, im Einkaufszentrum *Kaubamajakas* und Aida 7, im Einkaufszentrum *Pärnu keskus*.

■ **Rahva raamat,** Lai 11, im Einkaufszentrum *Port Artur 2*.

Galerien
Pärnu Zentrum

■ In der **stadtischen Galerie** *(Linnagalerii),* Uus 4, http://linnagalerii.parnu.ee, und der **Galerie des Endla-Theaters,** Keskväljak 1, www.endla.ee/galerii, werden wechselnde Ausstellungen estnischer sowie internationaler Künstler gezeigt.

Aktivitäten

Baden

■ Wer nicht ins Meer hüpfen möchte, kann die Schwimmbäder und Saunabereiche in einigen Hotels nutzen, z.B. im *Tervise Paradiis,* im *Tervis Medical Spaund* im *Viiking Spa-Hotel* (Adressen s. oben).

Fahrradverleih

Die meisten großen Hotels verleihen Fahrräder an ihre Gäste.

■ **Tõruke,** Ranna pst 1a/Ecke Supeluse, gegenüber dem alten Kurhaus, Tel. 5028269, www.bicyclerentalparnu.eu. Geöffnet Juni–August.

■ **Baltreisen rattarent,** Nikolai 9/Rüütli 21, Tel. 56969760, www.baltreisen.ee. Juni bis August, im Mai und September auf Vorbestellung.

Verkehr

Taxi
■ **E-Takso,** Tel. 4431111.
■ **Pärnu Takso,** Tel. 4439222.

Bus

■ Vom zentralen **Busbahnhof,** Ringi 3, Tel. 680 0900 (aktuelle Fahrpläne www.tpilet.ee), gelangt man mehrmals täglich in die größeren Städte des Landes, z.B. nach Tallinn (ca. 2 Std.), Tartu (2¾ Std.) und Viljandi (1½–2 Std.), einmal täglich auch nach Haapsalu (2½ Std.).

■ Einige Busse fahren täglich von Tallinn nach **Riga** (etwa 4 Std.) und machen in Pärnu Zwischenstopp, **www.luxexpress.eu.**

Bahn

■ Als **Bahnhof** fungiert *Pärnu raudteepeatus* (Bahnhaltestelle Pärnu), da der frühere Bahnhof sehr weit von der Stadt entfernt lag (alte Adresse Riia mnt 116). Die Haltestelle liegt im Ortsteil Papiniidu, an der Straße 4 (E67), die hier Liivi tee heißt.

Bus Nr. 3 fährt 3x täglich passend zu den Zügen aus der Stadt (z.B. von/ab Busbahnhof) zur Haltestelle Raudteejaama. Züge täglich in 2½ Std. von/nach Tallinn. **Fahrplan:** www.peatus.ee, www.elron.ee.

Fähre

■ Von April bis September fährt vom Hafen mittwochs um 13.15 Uhr eine Fähre **nach Kihnu.** Weitere Informationen bei *Kihnu Veeteed*, Kalda 2, Tel. 4431069, www.veeteed.com. Deutlich mehr Verbindungen gibt es vom Hafen Munalaid (s.u.).

Autovermietung

■ **Privalon Autorent,** Tallinna mnt 99 a, Tel. 4437 167 und Tel. 5014095, www.privalon.ee.

■ **Rendiautorent,** Lubja 27 a, Tel. 5141510, www.rendiautorent.ee.

Umgebung von Pärnu

In der Umgebung von Pärnu finden sich einige Ziele, die einen Ausflug oder einen kurzen Stopp lohnen. Ein Stück südlich liegt der schön gestaltete **Themenpark Lottemaa.** Weiter Richtung lettischer Grenze führt die alte Küstenstraße nah am Meer entlang, hier gibt es Badestellen und Übernachtungsmöglichkeiten sowie das hübsche Dorf **Häädemeeste** (s.a. „Von Pärnu zur lettischen Grenze"). Im Westen liegt **Tõstamaa,** ein Dorf mit einigen Sehenswürdigkeiten. Pärnu ist Ausgangspunkt für die **Inseln Munalaid** und **Kihnu** (s. dort). Im Osten ist der **Soomaa-Nationalpark** (s. dort) einen Besuch wert, ein großes **Moorgebiet.**

Lottemaa

Etwa am östlichsten Punkt der Pärnuer Bucht, bei Reiu, 11 km südlich von Pär-

nu, liegt der **Themenpark „Lottemaa",** was soviel heißt wie *Lotteland. Lotte* ist eine estnische Zeichentrickfigur, ein Hundemädchen aus dem Dorf der Erfinder. Die liebevoll erzählten Geschichten sind nicht nur in Estland ein Riesenerfolg, auch auf Deutsch sind die Filme erschienen. Der Park ist schön und kreativ gestaltet und setzt auf Geschichten und Theater. Schauspieler, die die Figuren aus den Filmen verkörpern, spazieren im Park umher und veranstalten zu bestimmten Zeiten Aktionen an festgelegten Punkten. Dieses tolle Konzept bringt aber den Nachteil mit sich, dass entsprechende Sprachkenntnisse erforderlich sind – Angebote auf Deutsch gibt es nicht, nur auf Estnisch, Englisch, Finnisch, Lettisch und Russisch. Ein Besuch für deutschsprachige Kinder kann sich trotzdem lohnen, insbesondere, wenn diese die Figuren kennen. Das Gelände an sich und die Häuser sind sehr schön gestaltet, manche Angebote funktionieren auch ohne Sprachkenntnisse. Auch Cafés und ein Restaurant befinden sich im Park.

■ **Lottemaa,** Reiu (Dorf), Tahkuranna vald (Gemeinde), www.lottemaa.ee. Geöffnet ab der ersten Junihälfte (genauen Termin nachschauen) bis Ende August täglich 10–18 Uhr. Eintritt: Erwachsene und Kinder ab 3 Jahren pro Person 17 Euro. Der Zug vom Parkplatz in den eigentlichen Park kostet extra. Man kann auch laufen, es ist aber empfehlenswert den Zug zu nehmen.

Unterkunft

■ Ganz in der Nähe befindet sich eine nette **Pension** (die man natürlich auch unabhängig von *Lottemaa* nutzen kann): *Reiumaa Motell*① , Reiu küla (Dorf), Tahkuranna vald (Gemeinde), Tel. 5105514, www.reiupuhkekeskus.ee. Unweit der Hauptstraße, daher für Durchreisende geeignet. Großer Garten, Kanuverleih. Die Betreiber sind Surfer und können Tipps zum Thema geben.

Rund um Audru

Wenn der Strand in Pärnu zu voll ist, kann man auf das Küstengebiet westlich der Stadt ausweichen. Etwa sieben Kilometer von Pärnu entfernt liegt bei **Valgeranna** (zwischen Papsaare und Audru an der Küste) ein schöner, mehrere Kilometer langer **Sandstrand.** Der Name spricht für sich: *Valgeranna* heißt so viel wie „weißer Strand". Gesäumt wird er von einem schattigen Wald.

Knapp hinter **Papsaare** liegt der Ort **Audru.** Neben dem **Gutshof mit Park** aus dem 19. Jh. (Audru mõis), dessen Hauptgebäude aber nicht erhalten ist, ist die **Kirche** von 1680 (Turm von 1715, Tõstamaa mnt 5) eine kurze Besichtigung wert. Rundherum wachsen in einem Arboretum seltene Baumarten. Der hölzerne Vorgängerbau (1636) gilt als erste lutherische Kirche Livlands. Die bunten Glasfenster erinnern an die Familien *Pilar von Pilchau* (Besitzer des Gutshofes bis 1919) und *von Ungern-Sternberg.*

■ **Golfplatz mit Restaurant:** *White Beach Golf,* Gemeinde Audru, Tel. 4429930, www.wbg.ee. Restaurant täglich 9–20 Uhr.

■ **Kletterpark Valgeranna:** *(Valgeranna seikluspark),* Valgeranna, Audru vald, am Meer, Tel. 562 22855, www.valgerannaseikluspark.ee. Tägl. 10–20 Uhr.

Unterkunft

■ **Ojakopuhkeja koolituskeskus** (Erholungs- und Schulungszentrum)②, Marksa, Gemeinde Audru, GPS N 58.28694, E 24.26528, Tel. 5084585, www. ojako.ee. Hübsches, rotes Holzhaus und Nebengebäude mit verschiedenen Zimmern, viele mit Meerblick; rustikaler Aufenthaltsraum mit Kamin, sehr gemütlich, Sauna direkt am Wasser, Verpflegung auf Anfrage, Grill, Bootsverleih. Der schwedisch-estnisch geführte Hof bietet Reitcamps und -wochenenden.

Munalaid und Insel Manilaid

Um auf die Inseln Manilaid oder Kihnu (s. unten) zu gelangen, nimmt man im **Hafen Munalaid,** etwa 40 Kilometer südwestlich von Pärnu an der Landspitze Torila (Torila ots), die **Fähre.** Manilaid liegt nur 800 Meter vom Festland entfernt und ist fast 2 km² groß. Viel zu tun gibt es hier nicht, aber darum ist es eben so erholsam.

■ Die **Fähren** werden betrieben von *Kihnu Veeteed,* Papiniidu 5, Pärnu, Tel. 4431069 (Mo–Fr 9–17 Uhr), www.veeteed.com. Die Fähre fährt 3x wöchentlich, Mo, Fr und So um die Mittagszeit (Achtung: aktuelle Abfahrtstage und -zeiten bitte auf der Homepage prüfen). Darüber hinaus fährt das kleine Linienschiff *Manija Mann* 2–4x täglich. Info über www.tostamaa.ee (dort auf Englisch schalten und „Internet, stores, transport" wählen), Tel. 5207968, Munalaid Hafen Tel. 4474443, GPS N 58.22947, E 24.11717.

■ **Riida Guesthouse**②, Dorf Manija auf der Insel Manilaid, Tel. 4474480 und 5055340, www.manilaid.ee. Nette Unterkunft mit verschiedenen Zimmern, unter anderem auf einem Boot. Sehr gute, lokale Küche, Sauna, eigener Leuchtturm. Abholung per Boot möglich. Nur Barzahlung möglich.

Tõstamaa

Nordwestlich von Munalaid liegt der Ort Tõstamaa (Testama) mit seiner eigenwilligen, massiven **Kirche** aus dem 18. Jh. und einem recht beachtlichen **Gutshof.** Es ist nach Audru der einzige größere Ort von Pärnu aus an der Westküste nach Westen und dann nach Norden bis zum Fährhafen Virtsu. Als „größer" qualifiziert sich der Ort in dieser auch für estnische Verhältnisse äußerst spärlich besiedelten Gegend bereits mit seinen knapp 1500 Einwohnern. Das Anwesen mit dem Gutshof gehörte im 16. Jh. dem *Bischof von Saare-Lääne* (Ösel-Wiek), das heutige Bauwerk wurde im 19. Jh. errichtet. Neben der Schule des Ortes gibt es ein Museum und Raum für kulturelle Veranstaltungen.

■ **Tõstamaa mõis** (Gutshof *Tõstamaa*), Kalli mnt 13, Tel. 53468635, http://mois.tostamaa.ee. Der Gutshof ist im Sommer zur Besichtigung geöffnet, es gibt auch ein kleines **Museum.**

■ **Hostel Tõstamaa**①, im Gutshof *Tõstamaa*, Kalli mnt 13, Tel. 53468635, http://mois.tostamaa.ee. 4-Bett-Zimmer, Gemeinschaftsdusche, Sauna, Frühstück erst ab 6 Personen. Geöffnet im Sommer, sonst nach Absprache.

■ **Ferienhof Maria**②, Kõpu, Gemeinde Tõstamaa, Tel. 4474558 und 5236066, www.maria.ee. Schöner, alter Bauernhof mit Sauna, Lagerfeuerstelle, Fahrradverleih und Reitpferden, auch Kutschfahrten.

■ Eine **Tankstelle** befindet sich etwas östlich des Ortes an der 101, Richtung Audru/Pärnu.

Insel Kihnu

Seit dem Jahr 2003 gehört Kihnu (Kühnö), die mit 16 km² siebtgrößte Insel des Landes, zum **Weltkulturerbe der UNESCO.** Doch es ist ausnahmsweise nicht die unberührte Natur des flachen, tief gelegenen Eilands mit seinen Strandwiesen und Kiefernwäldern, Wacholderhainen und vorgelagerten Holmen, auf denen Seehunde ihre Jungen aufziehen, der diese Auszeichnung gilt. Vielmehr sind es die **Bräuche und Traditionen** sowie der eigentümliche **Dialekt,** die geschützt werden sollen. Nirgendwo sonst im Land werden derartige Bräuche, darunter traditionelle Tänze und Gesang, so im Alltag gelebt wie auf Kihnu, was der Insel einen Platz auf der Liste der „Meisterwerke des mündlichen und immateriellen Erbes der Menschheit" einbrachte.

Die nahe der Bucht von Pärnu etwa zehn Kilometer vor der Küste liegende Insel im Rigaer Meerbusen ist der einzige Fleck im Land, wo auch heute noch zumindest einige Frauen tagtäglich ihre bunte **Tracht,** die aus farbig gestreiften Wollröcken, Schürzen und bestickten Blusen besteht, zur Schau stellen. Leider ist dieses Kulturgut in Gefahr, unter anderem weil viele junge Leute die Insel verlassen (müssen), um Arbeit auf dem Festland zu finden.

Besiedelt wurde das etwa 7 Kilometer lange und 3,3 Kilometer breite Inselchen vor etwa 500 Jahren. Die vier Dörfer Lemsi, Sääre, Rootsiküla und Linaküla entstanden bereits im 16. Jh. Neben Esten bewohnten **Schweden und Liven** die Insel, die mal zu Russland, mal zu Polen, mal zu Schweden gehörte. Während die Männer zur See fuhren und Robben jagten, waren die Frauen für Haus und Hof zuständig. Als „Kihnu naine", Frau von Kihnu, bezeichnet man noch heute in ganz Estland Frauen, die trotz Ehe ein unabhängiges Leben führen.

Heute leben weniger als 500 Menschen auf Kihnu. Für die Kinder gibt es eine eigene Inselschule, desweiteren verfügt die Insel über einen Flugplatz, eine Handvoll Unterkünfte und gastronomische Einrichtungen.

Sehenswert sind das **Inselmuseum,** etwa in der Inselmitte, und die **orthodoxe Kirche** gegenüber, welche aus dem Jahr 1784 stammt. Als lutherische Kirche anstelle eines Vorgängerbaus von 1642 erbaut, wurde sie 1862 umgewidmet, nachdem die meisten Inselbewohner aufgrund eines Erlasses des russischen Zaren zum orthodoxen Glauben übergetreten waren.

Im Süden der Insel erhebt sich ein **Leuchtturm,** den man besteigen kann. Wer die Reise nach Kihnu auf sich nimmt, kann eine unspektakulär-schöne Landschaft finden, der besonderen Inselkultur nachspüren und wird ganz sicher mit einem Gefühl von Entschleunigung und Abgeschiedenheit belohnt. Am besten ist die Insel per Fahrrad zu erkunden.

Praktische Tipps

Informationen

■ **Offizielle Seite der Gemeinde:** https://kihnu.kovtp.ee, auch auf Englisch.

Unterkunft und andere Angebote

■ **Kihnurand, Campinghäuser und Zeltplatz Ranna**①, Linaküla, Tel. 5255172, www.kihnurand.ee. Einfache Hütten für 1–4 Personen, direkt am Meer, Außenküche, Sauna mit Kamin, Duschen auf dem Gelände, Fahrradverleih; bei Bedarf Transport vom/zum Hafen, Mitte Mai bis August. Das Unternehmen verleiht außerdem Fahrräder, organisiert Ausflüge und betreibt die *Kurase Baar, s.u.*

■ **Rock City**①-②, Tel. 4469956 und 56262181, www.rockcity.ee. Gute Allround-Anlaufstelle, Übernachtung im Gästehaus und in Hütten, Zelten möglich, Fahrradverleih, Sauna, Bar, Café, Restaurant. Gut 300 m vom Hafen entfernt. Das Unternehmen betreibt außerdem den Laden *Kihnu Pood, s.u.*

■ **Ferienhof Tolli**②, Sääre, Tel. 5277380, www.kihnukallas.ee. Zimmer im Gästehaus und im alten Speicher, außerdem einfaches Campinghaus, Sauna, Kamin, Schaukel, Grill, Fahrradverleih, Verpflegung bei Vorbestellung, auch **zelten** möglich; bietet auch Boots- und Angelausflüge sowie Rundfahrten über die Insel an.

■ **Kurase Baar,** 1,5 km vom Hafen nach Westen, an der ersten großen Kreuzung. Café-Bar-Restaurant mit gutem Essen und einem kleinen Kunsthandwerksladen nebenan.

■ **Fahrradverleih,** außer den oben genannten auch am Hafen, Tel. 55513213, www.visitkihnu.com.

■ **Lebensmittelgeschäft,** Sääre küla, in der Inselmitte, *Kihnu Pood,* tägl. 9.30–18 Uhr.

■ **Kihnu Museum,** Tel. 4469717, www.kihnu.ee. Mai–August tägl. 10–17 Uhr, Sept. Di–Sa 10–14, Okt.–April Di–Fr 10–14 Uhr.

■ **Brot** und **Räucherfisch** gibt es bei *Rooslaiu talu* nördlich des Hafens, www.facebook.com/Rooslaiu talu, Kihnu leib, sai ja suitsukala, Tel. 5164923.

Verkehr

■ Man kann von zwei **Häfen** auf dem Festland die Insel Kihnu ansteuern: Die Passagierfähre *Liisi* legt

3e

vom **Hafen in Pärnu** Mai bis Sept. 1x wöchentlich ab, vom **Hafen Munalaid** mehrmals täglich. Betreiber ist jeweils *Kihnu Veeteed*, Papiniidu 5, Pärnu, Info und Buchung Mo–Fr 9–17, Tel. 4431069 und 5272974, www.veeteed.com. Die Touristeninformation in Pärnu ist auch gern bei der Buchung behilflich.

■ Im Winter, wenn die **See zugefroren** ist, kann man von Pärnu aus auf die Insel Kihnu **fliegen** oder **mit dem Auto** hinüberfahren, wenn offizielle Eisstraßen freigegeben sind.

Soomaa-Nationalpark

🦋 Um von Pärnu zum Nationalpark Soomaa zu gelangen, folgt man der Straße 5 und passiert nach wenigen Kilometern die Kleinstadt **Sindi** (Zintenhof), die 1833 um eine Tuchfabrik herum entstand. Die alten Anlagen und die zugehörigen Wohngebäude der damals größten Fabrik Estlands sind noch erhalten.

Am Rande des Nationalparks liegt der Ort **Tori,** ein guter Ausgangspunkt für Ausflüge in das Moorgebiet. In **Jõesuu,** wenige Kilometer hinter Tori, besteht die letzte Möglichkeit, im kleinen Lebensmittelgeschäft Proviant für Exkursionen in den Soomaa-Nationalpark zu kaufen. Nebenan gibt es eine zwar nicht allzu einladend wirkende, aber durchaus empfehlenswerte Kneipe, in der man

☑ Im Soomaa-Nationalpark

auch warme Gerichte bekommt. Gleich um die Ecke befindet sich eine für die Gegend typische **Hängebrücke,** die über den Pärnu-Fluss führt. Der Gang über die 1975 errichtete, über 67 Meter lange Brücke ist eine leicht wackelige Angelegenheit, bietet aber einen schönen Blick auf den Fluss.

Im Osten des Landkreises Pärnumaa erstreckt sich der rund 40.000 Hektar große Nationalpark Soomaa („Moorland"), der in den Kreis Viljandimaa hineinreicht und für seine großen **Moore, Wälder und Auen** bekannt ist. In dem Gebiet sind 524 Pflanzenarten und 172 Vogelarten zu Hause, darunter **Adler, Schwarzstörche und Kraniche,** die sich auch auf dem Logo des Nationalparks wiederfinden. Zu den 46 Säugetierarten, die hier ansässig sind, gehören **Biber, Elche, Wölfe, Luchse und Bären.**

Das wohl nasseste Gebiet Estlands wurde 1993 unter Schutz gestellt und umfasst bis zu acht Meter tiefe Moore,

die von zahlreichen Flüssen durchschnitten werden. Mehrmals im Jahr ist die Landschaft zu großen Teilen **überflutet.** Dies rührt daher, dass die Wasserpegel der Flüsse stark variieren und die flache Landschaft ein schnelles Abfließen verhindert. Bis zu fünf Meter hoch steigt der Pegel in der von den Einwohnern „fünfte Jahreszeit" genannten **Hochwasserperiode** im Frühjahr nach der Schneeschmelze. Das größte Flutgebiet befindet sich in der Nähe des Ortes Riisa und dehnt sich auf 110 km^2 aus.

Die **Bau- und Lebensweise** der Einwohner hat sich im Laufe der Jahrhunderte den natürlichen Gegebenheiten angepasst. Typisch für die Region sind Haabjas, aus Espenstämmen gefertigte **Einbäume,** die in der „fünften Jahreszeit" oft das einzige Fortbewegungsmittel waren. Noch heute ist die junge Generation bemüht, die Herstellung dieser traditionellen Gefährte fortzuführen, und auch Touristen sind eingeladen, im Einbaum – stehend und mit einem langen Paddel ausgerüstet – die Wasserstraßen Soomaas zu erkundigen.

Ebenfalls charakteristisch für die Gegend sind und waren Hänge- und Stelzenbrücken. Nahezu jeder Bauernhof hatte sich auf diese Art einen eigenen Zugang errichtet, wobei die Stelzenbrücken nur im Sommer aufgestellt wurden, da sie im Winter und zur Flutzeit vom Wasser mitgerissen worden wären. Stelzenbrücken gibt es heute nicht mehr, aber klassische **Hängebrücken** findet man noch in den Orten Läti bei Tipu, Aesoo, Jõesuu und Viira sowie am Fluss Raudna zwischen Riisa und Sandra. Es kann ein höchst abenteuerliches Vergnügen sein, auf derartige Weise von einem Ufer ans andere zu gelangen.

051esta

3e

Die Zahl der Einwohner hat im Laufe der Zeit – wohl nicht zuletzt aufgrund der schwierigen natürlichen Bedingungen – immer mehr abgenommen. Archäologische Funde aus der Stein- und Bronzezeit weisen auf frühe menschliche Anwesenheit hin. Die erste schriftlich belegte Besiedlung datiert auf das Jahr 1599. Anfang des 20. Jh. lebten noch rund 1000 Menschen in dem Gebiet, das heute den Nationalpark bildet. Jetzt sind es nur noch etwa 75.

Lediglich zwei **Schotterstraßen** führen durch das Gebiet. Das **Besucherzentrum** findet sich in Kõrtsi-Tõramaa zwischen den Dörfern Tipu und Riisa (dort, wo sich die beiden Schotterstraßen treffen) und dokumentiert die Natur-, Pflanzen- und Tiervielfalt. Gute Ausgangspunkte für einen Besuch sind die Orte **Tori** sowie Vastemõisa oder **Kõpu** in Viljandimaa (nicht zu verwechseln mit den gleichnamigen Orten in West-Pärnumaa sowie auf Hiiumaa). Kõpu liegt etwa 15 km von Viljandi entfernt an der Straße 56. Mit dem eigenen Auto oder Mietwagen muss man in der Flutzeit damit rechnen, nicht alle Wege befahren zu können. Eine Direktverbindung von Pärnu nach Viljandi durch den Park gibt es nicht, man muss ihn – will man auf Asphaltstraßen bleiben – nördlich oder südlich umfahren.

In den Sommermonaten sollte man sich ausreichend mit **Insektenschutzmitteln** ausrüsten. Die Mücken und Bremsen können zur Plage werden!

Der Nationalpark lässt sich am besten per **Kanu** oder auf den zahlreichen markierten Wander- und Lehrpfaden erkunden. Einen Überblick über die Wege gibt das Besucherzentrum. Gleich hinter diesem beginnt beispielsweise der ca. zwei Kilometer lange **Biberpfad,** der mit Informationstafeln ausgestattet ist. Schön ist auch der **Toonoja-Wanderweg,** der zu einer Landinsel im Kuresoo-Moor führt, wo einmal das Dorf Toonoja angesiedelt war. Auf dem **Ingatsi-Bohlenweg,** der ebenfalls ins Kuresoo-Moor führt, kann man sehen, wie die Waldlandschaft in ein Hochmoor übergeht.

Praktische Tipps

Informationen

▪ **Besucherzentrum des Nationalparks,** Tipu küla, Gemeinde Kõpu, Tel. 4357164 und 5261924, soomaa.teabepunkt@rmk.ee, 15. April bis 15. September Mo–Fr 10–17 Uhr, Sa/So 10–18 Uhr, sonst 10–16 Uhr. Das Besucherzentrum hilft auch bei der Suche von Unterkünften, vermittelt Kanutouren und Führer. Es gibt einen englischsprachigen Film über den Nationalpark.

Unterkunft

Im Park befinden sich mehrere **einfache Holzhütten** ohne Elektrizität, aber mit Feuerstellen, in denen gut ausgerüstete Wanderer z.T. sogar kostenlos übernachten können. Vielerorts kann man sein **Zelt** aufstellen, zum Beispiel in Karuskose in der Nähe des Besucherzentrums, das auch über Lage und Verfügbarkeit der Übernachtungsmöglichkeiten informiert.

Ansonsten kommt man am besten am Rande des Nationalparks unter. Die meisten Unterkünfte befinden sich in Tori. Man kann auch über die Touristeninformationen in Pärnu und Viljandi Unterkünfte finden.

▪ **Riisa Rantso**①-②, Dorf Riisa, Gemeinde Tori, Tel. 56694270, www.riisarantso.ee. Pension in der Nähe des Ortes Riisa. Neben Zimmern mit eigenem

Bad steht ein rustikales Ferienhaus mit eigener Sauna zur Verfügung, allerdings schläft man unterm Dach auf Matratzen auf dem Boden.

■ **Klaara-Manni Ferienhaus**②, Randivälja, Gemeinde Tori, Tel. 4475575 und 56457745, www.klaaramanni.ee. Hübsches, am Wald von Tori gelegenes, rot gestrichenes Ferienhaus, nur 200 Meter zum Fluss Pärnu. Fahrradverleih, Kanuwanderungen, Reiten und Massage möglich. Sportplatz und Seminarraum vorhanden, **Wohnwagenplätze.**

■ **Linnamehe Ferienhof**①-②, Kuiaru, Gemeinde Tori, GPS N 58 47531, E 24.71614, Tel. 5178 379 und 5010694, www.linnamehe.ee. Gästehaus mit Kamin, Sauna, Seminarraum und Teich zum Schwimmen. Die Besitzer verleihen auch Fahrräder und organisieren Moor- und Kajakwanderungen im Nationalpark Soomaa. Verpflegung möglich.

Essen und Trinken

Im Besucherzentrum des Nationalparks bekommt man einen Kaffee, daneben gibt es Platz für ein Picknick. Kleine **Lebensmittelgeschäfte** findet man am Rand des Nationalparks, u.a. in Tori, Jõesuu, Suurejõe, Vihtra und Vastemõisa. Die meisten Unterkünfte bieten Verpflegung oder Kochmöglichkeiten an. **Restaurants bzw. Cafés** gibt es nur außerhalb des Nationalparks (z.B. in Vastemõisa, Jõesuu, Suurejõe).

Aktivitäten

■ **Geführte Exkursionen** vermittelt das Besucherzentrum, s. oben.

■ **Soomaa.com** veranstaltet verschiedene Aktivitäten und geführte Touren, darunter eine Nachtwanderung und Kanufahrt. Transport kann organisiert werden. Mitinhaber ist der bekannte Outdoorreiseveranstalter *Aivar Ruukel*. Auch Winteraktivitäten wie Schneeschuhwandern. Tel. 5061896 und 5147572, www.soomaa.com.

Verkehr

Ohne Auto ist der Nationalpark schwer zu erreichen. Ein Zug fährt bis Tori (https://pilet.elron.ee). Mehrmals täglich fahren Busse von Pärnu nach Tori, Riisa (Haltestelle „Riisa", nicht „Riisa tee") und andere Orte in der Umgebung. Von Viljandi aus geht der Bus täglich bis Uia, 8 km vor dem Besucherzentrum, nur einmal pro Woche fährt er weiter bis nach Tipu. Da die Fahrpläne hin und wieder geändert werden, wendet man sich am besten an das Besucherzentrum oder an einen privaten Unterkunft- oder Tourenanbieter. Meist lässt sich ein Abholservice organisieren. Aktuelle Fahrpläne unter www.tpilet.ee.

Von Pärnu zur lettischen Grenze

Von Pärnu sind es etwa 50 Kilometer bis zur lettischen Grenze. Dazwischen liegen Kiefernwälder und Strände, lang gezogene Dünen und Hochmoore, Fischerdörfer und Landschaftsschutzgebiete. Die Straße 4 führt über den Grenzort Ikla (auf lettischer Seite: Ainaži) als **Via Baltica** bzw. E67 weiter nach Riga. Auf dem Weg nach Süden passiert man einsame **Dünenlandschaften und Strände** (z.B. bei Uulu oder Loode), hinter denen sich ausgedehnte Strandwiesen oder Kiefernwälder erstrecken. Wer es nicht eilig hat, sollte bei Rannametsa die Hauptstraße 4 verlassen und die alte Küstenstraße entlangfahren. Der Abzweig geht von Pärnu kommend nach rechts ab und ist als Vana Riia mnt (Alte Rigaer Landstraße) ausgeschildert. Ab dem alten Pärnuer Bahnhof am Südende der Stadt sind es rund 29 km.

Westküste und Hinterland

3e

Um Tahkuranna, Rannametsa und Häädemeeste erstrecken sich lange **Dünenketten,** die bei Rannametsa eine Höhe von etwa 40 Metern erreichen. Zwischen Võiste und Häädemeeste wurden einige davon zum **Naturschutzgebiet Luitemaa** zusammengefasst.

Den Ort **Häädemeeste** schmückt eine hübsche Kirche aus groben Steinen, die aus dem Jahr 1874 stammt. Er zeichnet sich darüber hinaus durch ein schönes **Ortsbild** aus. Häädemeeste ist der Hauptort der südlichen Küste, sodass sich hier eine Grundversorgung findet. Man kann auch an der Kirche nach rechts abbiegen (von Norden kommend, also Richtung Küste) und der Straße folgen bis zu einem Schild „Rannaniit ja vaateplatvorm", d.h. „Strandwiese und Aussichtsplattform". Auf einem Spaziergang vom dortigen Parkplatz gewinnt man einen guten Eindruck von der Landschaftsform der **Küstenwiesen.**

Das Fischerdorf **Kabli** mit typischen alten Häuschen und nettem Strand ist ein ruhiges Erholungsgebiet. Läuft man durch den Ort, spürt man den Charme der alten Siedlung, die Ende des 19. bzw. Anfang des 20. Jh. durch seine Werft bekannt wurde.

Schwer zu erreichen ist das **Naturschutzgebiet Nigula,** das sich bis an die lettische Grenze erstreckt. Brettstege führen durch die **Sümpfe,** in denen seltene – zum Teil fleischfressende – Pflanzen wachsen und Elche, Wölfe, Bären, Steinadler, Schwarzstörche und Birkhühner beheimatet sind. Beliebt sind die sogenannten **Moosbeeren** *(jõhvikas),* aus denen die Einheimischen Likör, Saftschorle und Marmelade machen.

Ein etwa drei Kilometer langer **Naturpfad** beginnt am See Nigula järv, an der Ostseite des Schutzgebietes (GPS N 58. 00699, E 24.71407). Von der Hauptstraße (E67) fährt man in Höhe Häädemeeste auf der 330 nach Osten ins Landesinnere und biegt dann bei Tali auf die 337 nach Süden ab.

◼ **Kabli Naturzentrum,** Dorf Kabli, Gemeinde Häädemeeste, Tel. 5058242, http://loodusegakoos. ee. Sommer Mo–So 10.30–18.30, sonst 11–16 Uhr.

Unterkunft, Essen und Trinken

◼ **Lepanina Hotell**③ (und Campingplatz①), Kabli, Gemeinde Häädemeeste, Tel. 4465024 und 437 368, www.lepanina.ee. Größeres Hotel am Meer, Restaurant, Sauna, Stellplätze für Wohnwagen. Man kann hier auch nur für einen Kaffee mit Meerblick einkehren, geöffnet 1. Mai–1. Sept.

◼ **Kosmonautika puhkekeskus**②, Penu, Gemeinde Häädemeeste, Tel. 5034829, www.kosmo nautika.ee. Ferien- und Freizeitzentrum. Hier erholten sich die sowjetischen Kosmonauten. Sauna, Fahrradverleih, Hütten und Hotelzimmer. Das Café *KOCMOC* (kyrillisch für Kosmos) ist Ende Juni bis Mitte August geöffnet, sonst Essen auf Vorbestellung.

◼ **Mullihotell**④, bei der Forststation *Vango (Vango metsavahi koht),* Laikssaare, Gemeinde Saarde, an der 330 zwischen Häädemeeste und Kilingi-Nõmme, GPS N 58.13139, E 24.76250, Tel. 5680 2190, http://mullihotell.ee. Eine extravagante Übernachtungsmöglichkeit ist das „Blasen-Hotel". Man kann in nach oben hin transparenten, festen, blasenförmigen Zelten übernachten und erlebt die umgebende Natur und den Sternenhimmel intensiv. Bootfahren, Fahrradverleih, verschiedene Naturpfade in der Nähe. Geöffnet im Sommer.

◼ In Ikla, direkt an der Grenze im ehemaligen Grenzgebäude, gibt es das **Schnellrestaurant** *Ikla kantiin,* 24 Std. geöffnet.

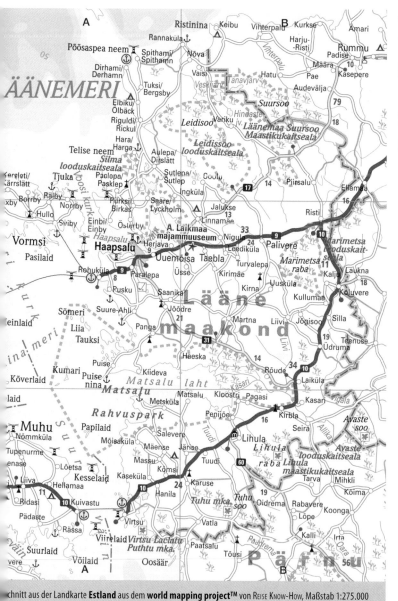

ÄÄNEMERI

schnitt aus der Landkarte **Estland** aus dem **world mapping project™** von REISE KNOW-HOW, Maßstab 1:275.000

Haapsalu

Haapsalu (Hapsal) ist ein beliebter und dennoch nicht überfüllter **Kurort,** der – nur 100 Kilometer von Tallinn entfernt – **Strand- und Badeliebhaber** mit mildem Wetter und relativ warmen Wassertemperaturen anlockt. In der seichten Bucht um die Kurstadt wird das Meerwasser schnell warm und erreicht im Sommer durchschnittlich 21 °C. Durch den heilenden Schlamm, der in den Kurzentren eingesetzt wird, finden Kranke Linderung ihrer Beschwerden. Schließlich kommen auch Kulturinteressierte in den **Museen** in und um die Stadt sowie auf den sommerlichen **Festen und Konzerten** auf ihre Kosten, die in der Burg, im Kursaal oder im Kulturzentrum veranstaltet werden.

Die Hauptstadt Läänemaas hat mehrere Wahrzeichen: Die Ruinen der mittelalterlichen **Bischofsburg** weisen auf die Ursprünge der Stadt zurück, die über 300 Jahre als Sitz der Bischöfe von Saare-Lääne (Ösel-Wiek) diente. Das zweite Wahrzeichen, die **„Weiße Dame",** entstammt einer romantischen Legende, die alljährlich bei einem großen Fest gefeiert wird, dann nämlich, wenn der Geist besagter Dame durch die Kapelle der Domkirche wandelt. Schließlich steht der wunderschöne, hölzerne **Kursaal** aus dem Jahr 1898 dafür, dass sich Haapsalu im 19. Jh. in eine Kurstadt verwandelte. Außerdem sind die zarten, handbestickten **Spitzentücher** Haapsalus, die so fein gearbeitet sein müssen, dass man sie durch einen Damenring ziehen kann, ein Produkt der örtlichen Handarbeitskunst.

Spaziert man durch die von hübschen Holzhäusern gesäumten Straßen der Innenstadt, die früher oder später immer ans Meer führen, begegnet man allerorten einem dieser Wahrzeichen – und wenn es die Bischofsburg ist, die die Silhouette der Stadt bestimmt. Die sehenswerte Altstadt ist klein und gut zu Fuß zu erkunden.

Einige **Kurhotels** und ein Rehabilitationszentrum haben sich in Haapsalu angesiedelt, die sich voneinander nur durch Größe und Stil unterscheiden, im Wesentlichen aber das gleiche Angebot haben: Schlammbäder, Fango, Paraffin, Massagen etc. Hier können sich Gäste, die an Rückenschmerzen, Arthritis, Herz- und Kreislauferkrankungen, gynäkologischen Beschwerden und Krankheiten des vegetativen Nervensystems leiden, behandeln lassen. In den Außenbezirken der Stadt befinden sich weniger ansehnliche Wohnblöcke und Industrieviertel, die für Touristen nicht interessant sind.

Stadtgeschichte

Der älteste Teil der Stadt Haapsalu ist auf einem Gebiet gebaut, das noch wenige Jahrhunderte zuvor aus einzelnen Inseln bestand. Doch die **Versandung der Haapsaluer Bucht** durch die allmähliche Anhebung des Bodens (ca. zwei Millimeter im Jahr) sorgte dafür, dass aus mehreren Inseln schließlich Festland wurde.

Urkundlich erwähnt wurde die Stadt erstmals im Jahr 1279, demselben Jahr, in dem ihr auch Stadtrechte verliehen wurden. Einige Jahrzehnte zuvor, im Jahr 1228, hatte der Erzbischof von Riga das **Bistum Saare-Lääne (Ösel-Wiek)** gegründet, das sich aus dem heutigen Läänemaa und den Inseln vor der Westküste zusammensetzte. Die erste Residenz des Bistums befand sich im nahen Lihula, doch um Streit mit dem Deutschen Orden zu vermeiden, siedelte der Bischof die Residenz nach Alt-Pärnu um und schließlich, nachdem die Letten die dortige Burg niedergebrannt hatten, nach Haapsalu.

300 Jahre lang sollte Haapsalu das Zentrum des Bistums Ösel-Wiek bleiben. Die **Domkirche** und die Reste der Burg zeugen bis heute von dieser Zeit. Zwar wurde im 14. Jh. in Kuressaare eine neue Bischofsresidenz gebaut, doch das geistliche Kollegium des Bischofs, das Domkapitel sowie der Bischofsstuhl behielten ihren Sitz in Haapsalu.

Im 15. und 16. Jh. wechselten die Herren der Stadt: Schweden, Dänen, Russen und Polen kämpften um ihren Reichtum, bis sie schließlich unter **russische Herrschaft** fiel. Allerdings verlor Haapsalu unter Zar *Peter I.* an militärischer Bedeutung, da der Hafen immer mehr versandete und nicht mehr von großen Schiffen angefahren werden konnte.

Erst im 19. Jh. ging es wieder bergauf. Bereits 1805 wurde das erste **Badehaus** gebaut, doch das Geburtsjahr Haapsalus als Kurort liegt im Jahr 1825, als *Dr. Carl Abraham Hunnius* die heilende Wirkung des Schlamms entdeckte und durch seine Initiative das erste **Heilschlammbad** gegründet wurde. Der russischen Zarenfamilie und der höheren Gesellschaft des Zarenreiches kamen die Heilwirkungen zu Ohren, sodass vermögende und einflussreiche Gäste die Stadt aufsuchten. Haapsalu erlebte endlich den lange ersehnten Aufschwung.

Mit der wachsenden Anzahl von Kurgästen veränderte sich die Stadt auch in architektonischer Hinsicht. **Kureinrichtungen, Villen und Pensionen** entstanden, oftmals mit kunstvollen Holzschnitzereien verziert. Auf Geheiß des Zaren wurden 1905 eine **Eisenbahnlinie** von Tallinn nach Haapsalu und der Bahnhof gebaut, der heute noch, neben dem hölzernen Kursaal, als eine der Hauptsehenswürdigkeiten der Stadt gilt.

Sehenswertes

Bischofsburg und Domkirche

Die Mitte des 13. Jh. erbaute Bischofsburg liegt im Zentrum der Altstadt und ist schon von Weitem gut sichtbar. Als Hauptattraktion der Stadt ist sie nicht nur aufgrund ihrer Lage, sondern auch, weil sie den Ursprung der Stadt darstellt, ein guter Ausgangspunkt, um Haapsalu zu erkunden.

Als Bischof *Herrmann I.* Haapsalu 1279 die Stadtrechte verlieh und den Sitz des Bistums Saare-Lääne von Alt-Pärnu hierher verlegte, waren die Domkirche und die Wohnräume der Domherren, die **Kleine Burg,** bereits fertiggestellt. Mit den Bauarbeiten der **Großen Burg** wurde wahrscheinlich auch schon im 13. Jh. begonnen. Nach ihrer Fertigstellung sollte die Burg immer wieder umgebaut werden. Die endgültige Größe der mächtigen Anlage wurde unter Bischof *Johannes IV. Kievel* Anfang des 16. Jh. erreicht: Die Kleine Burg umgab eine 28 Meter hohe Mauer mit drei Türmen. Der sich anschließende Vorhof und die Große Burg wurden wiederum von einer mit Zinnen versehenen, über

Haapsalu

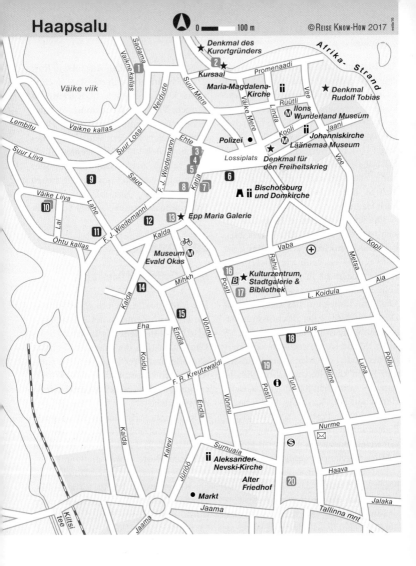

zehn Meter hohen und 800 Meter langen Mauer umringt, die weitere sieben gewaltige Türme umfasste.

Im Livländischen Krieg wurde die Anlage stark beschädigt und fiel in den Besitz des schwedischen Staates. 1625 verkaufte König *Gustav II. Adolf* Stadt und Burg an den Grafen *Jacob de la Gardie*, der die Burg zu einem Schloss umbauen wollte. Bis auf die Renovierung der Kirche blieben seine Pläne jedoch unverwirklicht. Unter russischer Herr-

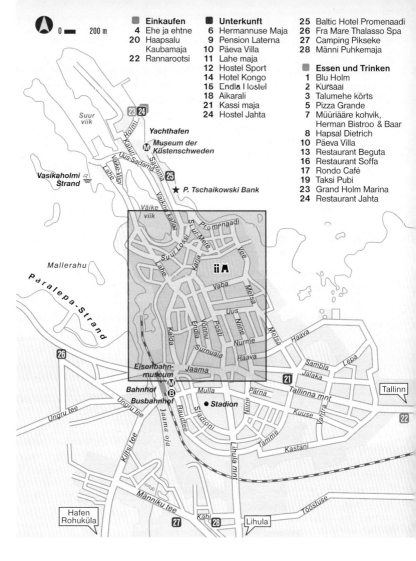

Einkaufen	**Unterkunft**	25 Baltic Hotel Promenaadi
4 Ehe ja ehtne	6 Hermannuse Maja	26 Fra Mare Thalasso Spa
20 Haapsalu Kaubamaja	9 Pension Laterna	27 Camping Pikseke
22 Rannarootsi	10 Päeva Villa	28 Männi Puhkemaja
	11 Lahe maja	
	12 Hostel Sport	**Essen und Trinken**
	14 Hotel Kongo	1 Blu Holm
	15 Endla I lostel	2 Kursaal
	18 Aikarali	3 Talumehe kõrts
	21 Kassi maja	5 Pizza Grande
	24 Hostel Jahta	7 Müüriääre kohvik, Herman Bistroo & Baar
		8 Hapsal Dietrich
		10 Päeva Villa
		13 Restaurant Beguta
		16 Restaurant Soffa
		17 Rondo Café
		19 Taksi Pubi
		23 Grand Holm Marina
		24 Restaurant Jahta

schaft wurden die Mauern der Anlage auf Befehl *Peters I.* während des Nordischen Krieges niedriger gemacht. Im Laufe der nächsten Jahrhunderte verfiel die Burg aufgrund von Bränden und Stürmen zu einer Ruine.

Im 19. Jh wurde die Kirche restauriert und die Burganlage in einen romantischen Park umgewandelt. Während des Zweiten Weltkrieges kam es mehrmals zu Plünderungen der Kirche, danach stand sie zu Sowjetzeiten jahre-

3e

lang leer und wurde später als Getreide-speicher genutzt. Eine erneute Restauration begann man 1971, zunächst unter dem Vorsatz, einen Konzertsaal dort unterzubringen. Nach der Wiedererlangung der Unabhängigkeit des estnischen Staates wurde die Kirche der Gemeinde zurückgegeben und neu geweiht.

Während heute von der eigentlichen Festung im Westteil des Hofes nur noch eine Ruine übrig ist, sind die Kathedrale und weite Teile der 800 Meter langen **Schutzmauer** samt Türmen erhalten.

Man betritt den Komplex durch ein **Tor** an der Nordseite des Schlossplatzes (Lossiplats). Am Eingangstor ist das Wappen des Bischofs angebracht. Dort ist auch das Jahr 1515 vermerkt, in welchem die Bauarbeiten ihr vorläufiges Ende fanden. Im Innenhof der Anlage befindet sich eine **Freilichtbühne,** auf der im Sommer Konzerte und Theaterstücke aufgeführt werden.

Zur Rechten liegt der **Eingang zu Museum und Wachturm** der Burg sowie zur Domkirche. Das Museum vermittelt

052es ta

einen Überblick über die Anlage, ihre Geschichte und das Bistum. Eine Sammlung von Waffen aus dem 15. und 16. Jh. ist ebenfalls ausgestellt. Den Wachturm kann man besteigen und den schönen Blick auf die Stadt und ihre Umgebung genießen.

■ **Bischofsburg** *(Piiskopilinnus)*, Lossiplats 3, www.salm.ee, Tel. 53853575, Mai bis Aug. tägl. 10–18 Uhr, Sept.–Apr. Fr–So 11–16 Uhr, Eintritt 5 €.

Vom Museum aus betritt man die **Domkirche.** Bei dem schlicht ausgestatteten, 425 m² großen Gotteshaus handelt es sich um die größte einschiffige Kathedrale Nordeuropas. Besonders beeindruckend ist das Gewölbe der 40 Meter langen, elf Meter breiten und 15,50 Meter hohen Kathedrale. Der Bau wurde in der Übergangszeit von der Romanik zur Gotik errichtet. Auf letztere Stilepoche gehen die Spitzbögen des Gewölbes zurück, während die Pflanzenornamente an den Kapitellen der Säulen im Langhaus romanisch sind. Auch das Hauptportal war ursprünglich romanisch, bevor es Ende des 19. Jh. durch ein **neogotisches Stufenportal** ersetzt wurde. Der Bau wurde nach den Vorschriften des Zisterzienserordens errichtet, ohne Turm und mit schlichter Einrichtung sowie einem **Rosettenfenster** über dem Portal. Um 1300 hat man die mit schmalen gotischen Fenstern versehene **Taufkapelle** angebaut.

Rund um den Schlossplatz

Tritt man aus der Burganlage hinaus auf den Schlossplatz (Lossiplats), erblickt man zur Rechten hinter Bäumen das hübsche, gelb gestrichene Haus, in dem das **Läänemaa-Museum** untergebracht ist. Hier gibt es Dauer- und Wechselausstellungen zum Landkreis Läänemaa. Im 18. Jh. erbaut, beherbergte das Gebäude früher das **Rathaus.** Der Schlossplatz war früher ein Marktplatz, von hier gehen die ältesten Straßen ab. Nebenan befindet sich die alte **Apotheke** aus dem Jahr 1772. Ein paar Meter vor dem Alten Rathaus erinnert ein **Denkmal** von *Voldemar Melnik* an die Toten des Unabhängigkeitskrieges.

■ **Altes Rathaus,** Kooli 2, Tel. 4737665, www.salm.ee, Mai–Aug. tägl. 10–18, Sept.–Apr. Mi–So 11–17 Uhr. Eintritt 4 €.

Museum Ilons Wunderland (Iloni Imedemaa)

Die 1930 geborene Künstlerin **Ilon Wikland** verbrachte in ihrer Kindheit mehrere Sommer in Haapsalu, um ihre Großmutter zu besuchen. 1944 emigrierte sie nach Schweden und machte sich als Illustratorin von Kinderbüchern einen Namen. Die meisten **Bücher Astrid Lindgrens,** darunter auch „Pippi Langstrumpf", wurden von ihr illustriert. Bei dem einen oder anderen Motiv soll sie von Haapsalu inspiriert worden sein.

Das kleine gelbe Gemeindehaus in der Linda-Straße ist auch unter dem Namen **Wikland-Haus** bekannt, hier hat die Illustratorin in ihrer Kindheit die Sommer verbracht.

◁ Blick von der Burg auf die Bucht von Haapsalu

3e

■ **Iloni Imedemaa** (*Ilons Wunderland*), Kooli 5, Tel. 58362803, Mai bis August tägl. 10–18 Uhr, September bis April Mi–So 11–17 Uhr, www.salm.ee. Eintritt 6 €.

Johanniskirche

Gleich hinter dem Läänemaa-Museum erhebt sich der weiße Spitzturm der Johanniskirche. Ursprünglich war das Gebäude im 15. Jh. als Warenspeicher gebaut worden und unterscheidet sich deshalb von anderen Kirchen durch seine Nord-Süd-Ausrichtung. Nachdem die Domkirche im 18. Jh. schwer beschädigt worden war und die Gemeinde die Aufbauarbeiten nicht mit eigenen Mitteln bestreiten konnte, bezog sie die Johanniskirche. Der Steinaltar von *Joachim Winter* aus dem Jahr 1630 und eine hölzerne Kanzel von 1707 schmücken das Innere. Der Turm kam 1856 hinzu.

Peters Haus

Folgt man der links vor dem Museum abgehenden Linda-Straße, stößt man auf die Rüütli-Straße. Im einstigen Stadtvogthaus soll, so heißt es, im Jahr 1715 der russische **Zar Peter I.** abgestiegen sein. Das Holzhaus trägt daher den Namen Peters Haus.

Maria-Magdalena-Kirche

Rund 130 Jahre nach dem Besuch des Zaren, Mitte des 19. Jh., spendeten reiche russische Besucher Geld für den Bau einer **russisch-orthodoxen Kirche.** 1852 war die Maria-Magdalena-Kirche (Linda 2) fertiggestellt. Einer der Hauptspender, der Kaufmann *Alexey Vekshin*, stiftete der Kirche auch einige Ikonen. Zu Sowjetzeiten als Lagerhalle genutzt, wurde das Gebäude Ende der 1980er Jahre renoviert und fungiert jetzt wieder als Gotteshaus.

Strandpromenade

Die Linda-Straße und ihre Parallelstraßen führen auf die schöne Promenade zu, die schon im 19. Jh. Zentrum für die Sommergäste war. Die Promenade beginnt beim **Afrika-Strand,** der bis zum Zweiten Weltkrieg ein beliebter Badestrand war, an dem heute aber aufgrund der Versandung nicht mehr gebadet werden kann. Dafür lassen sich hier gut die Vögel beobachten, die in der schilfbewachsenen Bucht nisten. Auf Höhe des Strandes befinden sich ein Spielplatz für Kinder und eine steinerne Sonnenuhr. Die Promenade lädt auch heute noch zum Flanieren ein. Besonders abends, wenn die Sonne untergeht, bieten sich hier romantische Spaziergänge an.

Kursaal

Einkehren kann man im hölzernen Kursaal (Promenaadi 1, siehe „Praktische Tipps", „Essen und Trinken"), vielleicht dem schönsten Estlands, der zudem auch noch praktisch im Originalzustand erhalten ist. Das mit **Holzschnitzereien** verzierte Gebäude wurde 1898 für die aristokratischen Kurgäste gebaut und als Sommerrestaurant und Konzertsaal genutzt. In der Sowjetzeit teilte das Gebäude das Schicksal der meisten Kirchen und wurde als Lager genutzt (und man fragt sich, was die damals Verantwortlichen eigentlich alles zu lagern hatten).

Denkmäler

Entlang der Promenade sind mehrere Denkmäler, die von dem lokalen Bildhauer *Roman Haavamägi* geschaffen wurden, wichtigen Persönlichkeiten gewidmet, die Haapsalu besuchten oder hier eine wichtige Rolle spielten: dem estnischen Komponisten *Rudolf Tobias* (1873–1918, in Höhe des Afrika-Strandes), dem Gründer des ersten Heilschlammbades *Carl Abraham Hunnius* (1797–1851, in der Nähe des Kursaals) sowie eine Musik abspielende Bank in der Nähe des Rehabilitationszentrums, die an *Pjotr Tschaikowski* erinnern soll. Der russische Komponist hat in Haapsalu mehrfach Urlaub gemacht und soll hier das estnische Volkslied „Kallis Mari" („Liebe Mari") gehört haben. Es gefiel ihm so gut, dass er es in seine Sechste Symphonie einbaute.

Bei der Tschaikowski-Bank geht die Promenade in die Sadama-Straße (Hafenstraße) über, die auf eine Landzunge hinausführt. Zwei kleine Einbuchtungen schneiden die Landzunge ein: die Große und die Kleine Wiek (Suur viik, Väike viik). Vor dem Laine Spa Hotel an der Kleinen Wiek steht eine weitere Skulptur: Der **Stockbrecher** von *Juhan Raudsepp* soll einen Mann symbolisieren, der – von einer Krankheit geheilt – seinen Gehstock zerbricht.

Museum der Küstenschweden

Die Sadama-Straße führt weiter am *Baltic Hotel Promenaadi* vorbei zum Museum der Küstenschweden, wo die wechselvolle Geschichte dieser Bevölkerungsgruppe in Westestland dokumentiert wird. Zum Museum gehören auch mehrere **traditionelle Boote,** die in dem kleinen Hafen nebenan vor Anker liegen. Von hier aus sieht man auch den weiter oben liegenden **Jachthafen** Haapsalus.

⬛ **Rannarootsi Muuseum,** Sadama 31/32, Tel. 4737165 und 55623993, www.aiboland.ee, Mai bis Aug. Di–Sa 10–18, So/Mo 10–16, Sept. bis April Di–Sa 11–16 Uhr. Eintritt 2,50 €.

Badestrand

Auf der gegenüberliegenden Seite der Landzunge zwischen der Großen und der Kleinen Wiek gibt es einen netten Badestrand, den **Vasikaholmi rand.**

Posti-Straße bis zum Bahnhof

Von der Bischofsburg aus führt eine lange **Einkaufsstraße** quer durch die Stadt. Am oberen Ende heißt sie Karja, anschließend Posti und schließlich Lihula-Straße. In Höhe der Burg endet sie an einem kleinen, mit einem Springbrunnen versehenen Platz: dem **Schwedenmarkt** (Rootsi turg). Hinter dem Springbrunnen steht eine Skulptur, die einen Jungen mit einem Fisch darstellt.

Die Karja- bzw. Posti-Straße wird von vielen kleinen, bunten **Holzhäusern** geschmückt, in denen Geschäfte und Restaurants untergebracht sind. Von der

3e

Karja- biegt die Wiedemann-Straße ab. Der Verfasser des ersten estnisch-deutschen Wörterbuchs, *Ferdinand Johann Wiedemann* (1805–87) wurde in Haapsalu geboren.

In einem schönen, alten Haus (Karja 21), das im 19. Jh. als Krankenhaus errichtet wurde, befand sich zuletzt das *Restaurant Central.* Schräg gegenüber liegt das **Museum des Künstlers Evald Okas** mit einer Ausstellung über das Schaffen des Malers; es werden auch Workshops angeboten.

■ **Museum Evald Okas,** Karja 24, www.evald okasemuuseum.ee, Juni bis Aug. Di–So 12–18 Uhr.

Hinter der Vaba-Straße befindet sich das **Kulturzentrum** Haapsalus, in dem neben einer Galerie auch die **Zentralbücherei** Läänemaas untergebracht ist. Wie in fast allen öffentlichen Bibliotheken hat man hier kostenlosen Internetzugang. Weiter unten liegt die **Touristeninformation** (Posti 37), die bei der Suche nach Unterkünften behilflich ist und aktuelles Informationsmaterial ausgibt.

Die Jaama-Straße biegt rechts Richtung Bahnhof und Paralepa-Strand ab. An der Ecke Posti/Jaama liegen in einem Park die orthodoxe **Aleksander-Nevski-Kirche,** der **Alte Friedhof** sowie der **Markt,** wo sich Selbstversorger preiswert mit frischen Nahrungsmitteln eindecken können.

Estnisches Eisenbahnmuseum

Der sehr sehenswerte **Bahnhof** wird heute nicht mehr von Zügen angefahren, aber die Nah- und Fernbusse halten hier. Bei seiner Erbauung im Jahre 1907 war der mit den rot-gelb gestrichenen Holzsäulen geschmückte Bahnsteig der längste überdachte Bahnsteig Nordeuropas (216 Meter), worauf die Bewohner der Stadt heute noch stolz hinweisen.

Im rechten Flügel des Bahnhofs, der ursprünglich eigens für die russische Zarenfamilie gebaut worden war, ist heute das Estnische Eisenbahnmuseum untergebracht. Hinter dem Bahnhof können **Züge und Loks** aus alten Zeiten bewundert werden.

■ **Eesti Raudteemuuseum,** Raudtee 2, Tel. 473 4574, www.salm.ee, Mai–Aug. tägl. 10–18 Uhr, Sept.–Apr. Fr–So 11–16 Uhr. Eintritt 4 €.

Paralepa-Strand

Nicht weit vom Bahnhof liegt die beliebteste Badestelle der Stadt. Von der Jaama-Straße geht hinter den Bahnschienen ein kleiner Fußweg ab, der zum Paralepa-Strand führt, der allerdings – angesichts der Lage der Stadt in einer Bucht – kein echtes Meeresgefühl aufkommen lässt. Minigolf- und Strandvolleyball-Anlagen sind vorhanden, ebenso ein Spielplatz. Am Strand liegt das dritte Kurhotel der Stadt, das Fra Mare. Wem nicht nach praller Sonne zumute ist, der kann im nahen Wald spazierengehen.

Praktische Tipps

Informationen

■ **Touristeninformation Haapsalu,** Karja 15, Tel. 4733248, www.visithaapsalu.com, 15. Mai. bis 14. Sept. Mo–Fr 9–17 Uhr, Sa/So 10–16 Uhr, 15. Sept. bis 14. Mai Di–Fr 10–17, Sa 10–16 Uhr.

Veranstaltungen

■ **Festival Alter Musik** *(Haapsalu Vanamuusika-festival):* Anfang Juli.

■ **American Beauty Car Show:** Große Ausstellung klassischer, amerikanischer Autos und diverse Veranstaltungen, langes Wochenende Mitte Juli (Achtung: Während dieser Zeit sind viele Unterkünfte ausgebucht und die Preise sind höher). Info über www.american.ee.

■ **Valge Daami festival:** „Festival der weißen Dame", www.valgedaam.ee, Mitte August. In der Bischofsburg wird das Theaterstück über die legendäre weiße Dame aufgeführt, daneben Kunsthandwerksmarkt.

Notfälle

■ **Apotheken:** Tallinna mnt 1 (im Kaufhaus), Nurme 1a, Posti 26, Jaama 32.

■ **Kreiskrankenhaus und Notfallstation:** Vaba 6, Tel. 4725800, Auskunft 4725801, Notruf 112.

■ **Polizei:** Jaama 14/3, **Notruf** 110.

Service

■ **Bank:** Posti 41a, Karja 27.
■ **Post:** Nurme 2.

☑ Der Bahnhof von Haapsalu dient heute als Museum

053es ta

Unterkunft

Hotels

25 Baltic Hotel Promenaadi③, Sadama 22, Tel. 4737250, www.promenaadi.ee. Modernes Hotel an der Promenade Haapsalus, Zimmer und Suiten, die meisten haben auch einen Balkon mit Meerblick. Fahrrad- und Bootsverleih, Konferenzsaal, Solarium, Massage, Whirlpool, Freizeit- und Sportangebote und ein Restaurant.

26 Fra Mare Thalasso Spa③-④, Ranna tee 2, Tel. 4724600, www.framare.ee. Heilbad am Badestrand Paralepa mit Bar, Café, Schwimmbad, Sauna, Schönheits- und Gesundheitsanwendungen, Fitnessraum, Restaurant.

14 Hotel Kongo④, Kalda 19, Tel. 4724800, www.kongohotel.ee. 15 Doppelzimmer, 5 Zimmer mit Küche, eine Suite mit Sauna, Restaurant, Bar, Konferenzräume und Wintergarten.

10 Hotel Päeva Villa③, Lai 7, Tel. 4733672 und 53488222, www.paevavilla.ee. Nah am Meer gelegen, zwei Gebäude mit unterschiedlichen Zimmern, die jeweils Bezug auf die Geschichte Haapsalus nehmen, also keine Angst im „Zimmer der Weißen Dame" bekommen! Sauna und Restaurant.

Gäste- und Ferienhäuser

Einige der unten aufgeführten Cafés bieten auch Gästezimmer. Siehe unter „Essen und Trinken".

18 Pension Aikarali①, Uus 10, Tel. 56492027, www.aikarali.ee. Einfache Pension in einem Wohngebiet, recht zentral, Innenhof mit Garten, Grill- und Zeltmöglichkeit, Parkplatz.

6 Hermannuse Maja②, Karja 1a, Tel. 4737131, www.hermanhaapsalu.ee. Drei komfortable Zimmer mit Bad, TV und kleiner Sitzecke. Das Gästehaus ist zentral gelegen an den Ruinen der Bischofsburg. Es gibt auch Apartments zu mieten (Tel. 53422122).

15 Endla Hostel①, Endla 5, Tel. 4737999, www.endlahostel.ee. DZ mit Gemeinschaftsküche, sicherer Abstellplatz für Autos. Außerdem gibt es günstige Ferienwohnungen zu mieten.

24 Jahta Hostel ①, Holmi 14, Tel. 4737460, www.jahta.ee. Kleines Hostel mit Hafenblick. Auch Restaurant mit moderner Küche (nur von Mittsommer bis Ende Juli, tägl. ab 12 Uhr).

21 Kassi maja①, Metsa 58, Tel. 5543827, www.kassimaja.eu. Im „Katzenhaus" gibt es zwei helle und freundlich gestaltete Apartments. Barzahlung. Deutlicher Rabatt bei längeren Aufenthalten.

11 Lahe maja③, Lahe 7, Tel. 5163023, www.lahemaja.com. Gästehaus mit besonders schönen Zimmern in himmelblauer Villa. Gehobene Ausstattung, Parkmöglichkeit, Garten.

9 Pension Laterna②, Lahe 12, Tel. 58090450, www.laternamajutus.ee. Mai bis Oktober auf Anfrage. In Holzhaus von 1920, ordentliche Zimmer, Parkmöglichkeit, Dachterrasse.

28 Ferienhaus Männi Puhkemaja①-②, Käbi 11, Tel. 5133643, www.mannipuhkemaja.com. Schöner Garten, großer Balkon, Küchenecke, Parkplatz. Der Anbieter vermietet auch eine schöne Ferienwohnung an der Adresse Karja 13.

12 Hostel Sport①, Wiedemanni 15, Tel. 4735140, www.spordibaasid.ee. In der Gemeinschaftsküche kann man auch selbst kochen, vorausgesetzt, die letzten Gäste haben sie in einem ordentlichen Zustand hinterlassen. Fitnessstudio und andere Sportmöglichkeiten stehen in dazu gehörigem Sportcenter zur Verfügung.

Camping

27 Camping Pikseke, Männiku tee 32, Tel. 4755 779, www.campingpikseke.com. Etwa 2 km vom Zentrum entfernt, Wohnwagen-/Wohnmobil-Stellplätze, Entsorgungsmöglichkeit, Sauna und Waschmaschine.

Essen und Trinken

■ Die **Hotels 26** *Fra Mare* und **10** *Päeva Villa* haben auch gute Restaurants, s.u. „Unterkunft"

13 Beguta, Kalda 4, Tel. 5232239, www.facebook.com/Taimetoidukohvik ja majutus Beguta, geöffnet tägl. 9–18 Uhr. Schönes vegetarisches und veganes Café-Restaurant. Wer bislang noch keine Gelegenheit hatte, sollte hier die estnische Spezialität *Karask* probieren. Auch Vermietung von Zimmern①.

1 Blu Holm, Sadama 9/11, Tel. 4724400, www.laine.ee. Gepflegtes, größeres Hotel-Restaurant und Bar, gutes Angebot an Speisen.

23 Grand Holm Marina, Westmeri 3, Tel. 5652 887, www.grandholmmarina.ee. Bar und Restaurant mit Terrasse am Jachthafen, nur im Sommer.

24 Direkt nebenan liegt das **Jahta Resto ja Hostel,** Holmi 14, Tel. 4737460, http://jahta.ee, direkt am Veskiviigi Jachthafen, ebenfalls empfehlenswert als Sommerrestaurant (ab Mitte August geschlossen) und freundliche, einfache Unterkunft①.

8 Hapsal Dietrich, Karja 10, Tel. 5094549, www.dietrich.ee. Tägl. ab 10 Uhr. Sehr schönes Café, das an die Tradition der Konditorei der Familie *Dietrich* anschließt, die hier Anfang des 20. Jh. bestand. Bereits dreimal in Folge zu einem der 50 besten Restaurants Estlands gewählt. Die Betreiber vermieten auch Ferienwohnungen (Tel. 5139414).

7 Herman Bistroo & Baar, Karja 1a, Tel. 4737 131, www.hermanhaapsalu.ee. Gleich an den Burgmauern mit einer kleinen Terrasse und typischer Bistro-Küche. Mo–Do 11–22 Uhr, Fr/Sa 11–2, So 11–20 Uhr.

2 Kursaal, Promenadi 1, Tel. 56462466, www.kuursaal.ee, im Sommer geöffnet, tolles Ambiente und schöner Ausblick.

7 Müüriääre kohvik, Karja 7, Tel. 4737527, www.muuriaare.ee. Schönes Café mit Plätzen im Garten hinterm Haus, guter Kaffee, leckerer Kuchen, auch kleine Speisen.

5 Pizza Grande, Karja 6, Tel. 4737200, www.pizzagrande.ee. Sommerterrasse, Pizza und andere italienische Gerichte.

17 Rondo Café, Posti 7, Tel. 5224095, www.rondokohvik.ee. Torten und leckere Kleinigkeiten warten auf den Gast. Es werden auch Gästezimmer③ angeboten.

16 Soffa, Posti 1, Tel. 4734000, www.soffa.ee, Restaurant und Café geöffnet Mo–Do 12–24, Fr/Sa 12–2, So 12–20 Uhr. Gehobenes Restaurant und Café mit feiner Küche und entsprechenden Preisen. Auch schöne Gästezimmer②.

19 Taksi Pubi, Posti 29, Tel. 5047428, www.facebook.com/Taksi Pubi. Gemütliche Kneipe mit gutem Essen. Mo–Sa ab 12 Uhr geöffnet. Der Name kommt vom estnischen Wort für Dackel.

3 Talumehe körts, Karja 2, Tel. 53062755, www.talumehe.ee, geöffnet täglich 7–2 Uhr (!). Der Name lässt sich etwa mit „Bauernschänke" übersetzen, gutes Essen, Sommerterrasse.

Einkaufen, Sonstiges

■ **Markt,** an der Jaama.

20 Haapsalu Kaubamaja, Tallinna mnt 1. Größeres Kaufhaus mit umfangreichem Lebensmittelmarkt und allerlei Spezialgeschäften. Man kommt hier zwangsläufig vorbei, wenn man auf einer der Hauptstraßen in die Stadt fährt.

22 Rannarootsi keskus, Rannarootsi tee 1. Ein weiteres großes Einkaufscenter an der Ausfallstraße Richtung Tallinn.

■ **Stadtgalerie,** Posti 3, Tel. 5149320, Mi–So 12–18 Uhr, Eintritt frei, wechselnde Ausstellungen zeitgenössischer Kunst. Es gibt im Ort weitere kleine Galerien verschiedener Künstler, die zum Teil auch Werke verkaufen.

4 Ehe ja Ehtne käsitöö, Karja 4, Tel. 53453853, www.ehejaehtne.ee. Ein verhältnismäßig großes, zentral gelegenes Geschäft, wo man hübsche Andenken erstehen kann: wollene Strümpfe, Handschuhe etc., geschnitzte Haushaltsgegenstände aus Wacholderholz, Keramik. Tägl. 10–20 Uhr geöffnet.

Aktivitäten

■ **Golf:** Etwa 5 km außerhalb der Stadt die Straße 31 nach Süden, hinter Valgevälja, liegt ein Golf-

3e

platz. Kontakt: Firma *Tikasoo*, Tõnu Merilo, Tel. 525 0261, www.haapsalugolf.ee.

■ **Fahrradverleih:** *Rattad/Vaba aeg* (Fahrräder/ Freizeit) Karja 22, Tel. 4729846 und 5212796, Mo– Fr 10–18 Uhr, Sa 10–15 Uhr, Verleih und Verkauf von Rädern und Ersatzteilen und Reparaturen.

■ **Schwimmhalle:** Lihula mnt 10, Tel. 4725065, www.spordibaasid.ee. Schwimmbad mit diversen Attraktionen und Sauna. Im Juni geschlossen, sonst ab 12 Uhr.

■ **Bootsausflug:** mit dem historischen kleinen Dampfboot *Kallis Mari* (im Sommer): Tel. 53961396, Anleger: Sadama 22, Fahrkarte 5 €, www.salm.ee/muuseumid/aurupaat-kallis-mari. Fahrkarten gibt es auf dem Schiff, aber man muss sich vorher anmelden, dabei hilft z.B. die Touristeninformation.

☑ Die Kreuzritter lassen sich heutzutage touristisch vermarkten

Verkehr

Bus

Das Bussystem außerhalb Haapsalus ist nicht sehr empfehlenswert. Zu vielen kleinen Orten fährt nur einmal täglich ein Bus, die meisten sind aber an Haapsalu angebunden.

■ **Busbahnhof Haapsalu,** Raudtee 2 (im alten Bahnhofsgebäude).

■ Täglich mehrere Busse nach **Tallinn** und zum **Hafen Rohuküla.**

■ Der zwischen Tallinn und Virtsu (Fährhafen) verkehrende **Regionalbus** hält in mehreren kleinen Orten, zum Beispiel in Koluvere, Kullamaa oder Lihula. Am bestem dem Busfahrer vorher Bescheid sagen.

■ **Stadtbus Nr. 1** fährt nahezu stündlich zum Hafen Rohuküla.

■ **Gepäckaufbewahrung:** im Bahnhofsgebäude. Die Bahnverbindungen wurden eingestellt.

054es ta

Autovermietung

■ **Pulsar autorent,** Tel. 5542380, www.pulsar24.eu.

■ **Aimaro autorent,** Jalaka 1d, Tel. 5576740, aivar55@hotmail.com.

Taxi

■ **E.T.X takso,** Tel. 4733500.
■ **Esra takso,** Tel. 14734200.

Fähre

Im **Hafen Rohuküla,** rund 10 km südwestlich von Haapsalu, legen Schiffe zu den **Inseln Vormsi** (zum Hafen Sviby) und **Hiiumaa** (zum Hafen Heltermaa) ab. Die Fähren fahren zwei- bis fünfmal täglich nach Vormsi und bis zu achtmal am Tag nach Hiiumaa. Die Überfahrt nach Hiiumaa dauert etwa 90 Minuten. Wenn man mit dem eigenen Auto unterwegs ist, sollte man gerade an den Wochenenden rechtzeitig da sein oder noch besser vorbuchen, da nur eine begrenzte Anzahl an Autoplätzen vorhanden ist. Die Touristeninformation in Haapsalu ist dabei gern behilflich.

Fährbuchungen: Die Linie Rohuküla – Heltermaa wird von der *Saaremaa Laevakompanii* bedient: Kohtu 1, Kuressaare, Auskunft über Fahrpläne und Preise unter www.tuulelaevad.ee. **Infohotline** 4524444.

Auf der Linie Rohuküla – Sviby fährt *Kihnu Veeteed,* Papiniidu 5, Pärnu, Tel. 4431069 und 5272974, www.veeteed.com, Information und Buchung Mo–Fr 9–17 Uhr.

Umgebung von Haapsalu

Ridala

Folgt man der Straße 31 von Haapsalu nach Südosten, erreicht man nach etwa acht Kilometern den kleinen Ort Ridala (Röthel). Hier befindet sich eine der ältesten Kirchen des Landes, die **Maria-Magdalena-Kirche** aus dem 13. Jh. Wie die meisten Kirchen Westestlands ist sie einschiffig, in die dicken Mauern wurden nur einige enge Fenster eingelassen. Im 15.–16. Jh. kam ein kleiner Turm hinzu. Im Gegensatz zu anderen Gotteshäusern in der Umgebung hat man diesen jedoch nicht an der Front, sondern am Seiteneingang der Kirche angebaut. Über dem gotischen Spitzbogenportal mit seinem Ziergiebel befindet sich in einer Nische eine der ältesten estnischen Skulpturen, welche die Schutzpatronin der Kirche, Maria Magdalena, darstellen soll. Der barocke Altar und die Kanzel stammen aus dem 17. Jh. An der Ostseite sind im Inneren der Kirche noch einige Fragmente von Wandmalereien aus dem 14. Jh. zu erkennen.

Auf dem **Friedhof** befinden sich neben zahlreichen deutsch beschrifteten Grabsteinen und Kreuzen aus dem 18. und 19. Jh. einige trapezförmige Grabsteine aus dem 13. Jh. Ganz in der Nähe des Ortes fanden Archäologen die Reste der altestnischen **Burg Tubrilinn,** die wahrscheinlich bereits im 1. Jh. n. Chr. gebaut wurde.

Taebla

Folgt man von Haapsalu aus zwölf Kilometer der Straße 9 nach Tallinn, weist in Taebla ein Schild auf das Museum und **Wohnhaus des estnischen Malers Ants Laikmaa** (1866–1942) hin, das sich im Dorf Kardarpiku befindet. In den 1920er Jahren wurde das Haus vom Künstler selbst entworfen. Es ist heute neben einem Sommerhaus und einem Grabdenkmal, die sich wie das Wohnhaus in dem acht Hektar großen **Museumspark** befinden, eine Filiale des Läänemaa-Museums in Haapsalu. Im Erdgeschoss des Hauptgebäudes können Besucher den Lebensweg des Künstlers nachvollziehen. Im Obergeschoss befinden sich das Atelier sowie Arbeits- und Schlafzimmer mit persönlichen Dingen und einigen Originalen. Es sind auch zwei Bilder von *Laikmaas* Lieblingsschülerin *Erna von Brinkmann* ausgestellt. Das Grabmal im Park wurde von *Juhan Raudsepp* geschaffen.

Ants Laikmaa (bis 1935 hieß er *Hans Laipman*) gilt als eine der herausragenden Persönlichkeiten der estnischen Kunstszene. Der in der Gemeinde Vigala (40 km südöstlich von Haapsalu) geborene Maler hatte sich auf Pastellmalerei spezialisiert.

■ **Ants Laikmaa Hausmuseum,** Kadarpiku, Gemeinde Taebla, Tel. 4729756, www.salm.ee, Mai bis Aug. tägl. 10–18, Sept. bis April Mi–So 11–16 Uhr, Eintritt 4 €.

In der Nähe, nördlich von Taebla an der Straße Richtung Dirhami, liegt die **Lääne-Nigula-Kirche,** die dem heiligen *Nikolaus* gewidmet ist. Das mittelalterliche Gebäude wurde um einen barocken Westturm erweitert. Die Altarwand kam 1832 aus St. Petersburg.

Folgt man der Straße weiter, kommt man nach **Koela,** wo sich ein weiteres **Museum** befindet. Es zeigt eine altestnische Bauernwohnung mit Speicher, Sauna und Werkzeugen.

■ **Bauernhofmuseum Koela** (*Koela talumuuseum*), Koela, Gemeinde Taebla, Tel. 56613584, geöffnet auf Anfrage.

Martna

In der Gemeinde Martna, südöstlich von Haapsalu, liegen einige weitere, für die Gegend typische Gebäude. Im Ort Martna selbst befindet sich die gleichnamige **Kirche,** die wie die meisten westestnischen Kirchen im 16. Jh. einschiffig erbaut wurde. Der Turm kam erst im Jahr 1883 hinzu. Das Wappen des damaligen Bischofs *Johannes III. Orgas* befindet sich über dem Nordportal. Im Inneren sind zahlreiche weitere Wappen an den Wänden angebracht, viele stammen von ehemals in der Region ansässigen deutschbaltischen Familien. Das Taufbecken ist aus dem 15. Jh. An der Wand links neben dem Altar hängt das ehemalige Altarbild „Das letzte Abendmahl". Es wurde um 1700 durch ein neues ersetzt, das die Familie *von Taube* der Kirche stiftete.

Wer schwindelfrei ist, kann die enge Treppe des **Turms** hinaufsteigen und die Glocken sowie eine kleine **Ausstellung** unter dem Dach der Kirche besichtigen.

■ **Kirche** (*Martna kirik*), im Sommer normalerweise Sa und So 12–16 Uhr. Wenn man beim Pastorat anruft (Tel. 4792605) oder im Ort nachfragt, kommt gern jemand und öffnet die Kirche außerhalb der offiziellen Öffnungszeiten.

Unterkunft

■ **Gästehaus Käbi** ①-②, Herjava, Gemeinde Ridala, östlich von Haapsalu, Tel. 5064421, www.jahimaja.ee. Nette Unterkunft, ordentliche Zimmer, Verpflegung auf Vorbestellung, Sauna. Man kann auf dem Grundstück auch **zelten** oder mit dem **Wohnmobil** übernachten.

■ **Gästehaus Altmõisa**②, Tuuru, Gemeinde Ridala, Tel. 4724680, www.altmoisa.ee. Sehr ruhig in Richtung Nationalpark Matsalu an der Küste gelegen. Gemütliche Zimmer mit Bad; Frühstück, Halbpension oder Vollpension möglich; Sauna, Fahrrad- und Fernglasverleih.

■ **Ferienhof Tooraku**①, Pusku, Gemeinde Ridala, Tel. 4729710 und 5015511, www.tooraku.ee. Ferienhaus an der Küste südlich von Haapsalu, mit Zimmern verschiedener Größe, einfache Sportplätze, Fahrräder und zwei Schlauchboote zum Verleih.

Lihula

Lihula (Leal), südlich der Bucht von Matsalu gelegen, ist nach Haapsalu der zweitgrößte Ort Läänemaas. Er ist ein Ausgangspunkt für Ausflüge in den Matsalu-Nationalpark. Hier gibt es Unterkunfts- und Verpflegungsmöglichkeiten sowie eine Tankstelle und Geschäfte.

Erstmals erwähnt wurde Lihula im Jahr 1211. Auf dem Lihula-Hügel befand sich damals eine alte Estenburg, die 1220 von den Schweden unter König *Johan I. Sverkersson* angegriffen wurde. Kaum war der König abgezogen, fielen Truppen aus Saaremaa über die Festung her. Lihula war später Sitz des Bistums Ösel-Wiek (Saare-Lääne). Anstelle der Estenburg wurde eine Bischofsburg errichtet, allerdings verlegte der Bischof den Sitz des Bistums Mitte des 13. Jh. nach Alt-Pärnu. Nachdem wechselnde Herrscher – Dänen, Schweden, Deutsche und Russen – die Burg eroberten, verfiel sie zusehends und wurde im 17. Jh. abgetragen. Anfang der 1990er Jahre legten Archäologen einige **Ruinen** frei, die man besichtigen kann.

Gleich hinter dem Hügel liegt das **Herrenhaus Leal**, das um 1840 von der Familie *Wistinghausen* im klassizistischen Stil errichtet wurde. Heute befindet sich darin ein **Museum**, in dem die archäologischen Fundstücke aus Lihula gezeigt werden.

■ **Lihula mõis,** Linnuse tee 1, Tel. 4778191, Juni–Sept. Di–Sa 11–17 Uhr, Eintritt 3 €.

Aktivitäten

■ **Estonian Nature Tours,** Linnuse tee 1, Lihula, Tel. 4778214 und 53496695, www.naturetours.ee. Organisiert Vogelbeobachtungstouren und andere Ausflüge in die Natur.

Matsalu-Nationalpark

Der Nationalpark Matsalu ist für Naturliebhaber und besonders für Ornithologen von großer Bedeutung. Das 486 km² große **Feuchtgebiet** ist die größte Nist- und Raststätte für **Zugvögel** im gesamten Ostseeraum. Im Sommer halten sich zahlreiche Vogelarten auf dem Areal auf, insgesamt wurden bisher 270 Arten gezählt. Im Frühjahr legen Hunderttausende Zugvögel, vor allem Entenarten wie Eisenten und Meerenten, Seetaucher und Schwäne, aber auch Adler und Kormorane, einen Zwischenstopp ein.

Das Zentrum des Parks liegt in **Penijõe** an einer schmalen Straße, die man von Lihula aus erreicht. Untergebracht in einem im Untergeschoss steinernen,

`3e`

im ersten Stock hölzernen Gutshaus aus dem Jahr 1835, führt das **Museum des Nationalparks** mit einer Ausstellung und Filmen in die Flora und Fauna des Parks ein. Hier werden auch Fremdenführer vermittelt und Bootstouren durch die Matsaluer Bucht organisiert. Mehrere **Natur- und Lehrpfade** starten am Herrenhaus.

Von einigen **Aussichtstürmen** können Besucher die verschiedenen Landschaftstypen des Nationalparks überblicken: zahlreiche kleine Inseln und Holme in und um die Bucht, Strandwiesen, Heidelandschaften und Auen sowie weite Schilfflächen, die auf die Überdüngung von Feldern entlang des Flusses Kasari zurückgehen.

■ **Matsalu Nationalparkzentrum,** Penijõe, GPS N 58.714566, E 23.815901, Tel. 4724236, www.loodusegakoos.ee, 15. April bis 30. Sept. Mo–Fr 9–17 Uhr, Sa/So 10–18 Uhr, im Winter am Wochenende geschlossen. Die Mitarbeiter sind sehr freundlich und helfen gern bei der Vermittlung von Unterkünften, außerdem erhält man Karten und Informationsbroschüren. Es gibt eine Ausstellung und die Möglichkeit, sich Filme und Bilderserien anzusehen.

Nordseite der Bucht von Matsalu

Folgt man von Haapsalu der Straße 31 Richtung Süden, gibt es entlang der Matsaluer Bucht mehrere unbefestigte **Wege, die in den Nationalpark** hineinführen: Nach der Ortschaft Parila kann man Richtung **Puise** und **Kiideva** abbiegen. Auf der Landspitze **Puise nina** befindet sich ein voll ausgestatteter **Vogelbeobachtungsturm** mit **Übernachtungs-**

möglichkeit der zum Ferienhof *Puise Nina* gehört. Ein Stück weiter biegt eine Straße Richtung **Haeska** ab. Hier befindet sich ein weiterer **Beobachtungsturm.** Haeska gilt unter Ornithologen als der **beste Beobachtungsplatz Nordeuropas** und lohnt sich insbesondere während des Frühjahrszuges.

Unterkunft

■ **Ferienhof Puise Nina**③, Puise, Gemeinde Ridala, Tel. 5117246 und 5149995, http://puisenina. ee. Ferienhof mit Meerblick, Sauna, Essen auf Vorbestellung, Übernachtung im Vogelbeobachtungsturm. Zelten und Wohnmobilstellplatz. Grillmöglichkeit und andere Freizeitangebote.

Südseite der Bucht von Matsalu

Neben dem Zentrum des Nationalparks in Penijõe (s.o.) gibt es auch an der Südseite der Bucht mehrere **Aussichtstürme** und -plattformen: in Penijõe und, der Stichstraße folgend, Kloostri sowie bei Matsalu. Zwischen Penijõe und Matsalu steht der höchste Beobachtungsturm des Nationalparks, der 21 Meter hohe **Suitsu-Turm.**

Unterkunft

■ **Algallika Gästehaus**①-②, Mäe talu, Dorf Rannaküla, Gemeinde Hanila, Tel. 55566088, www. algallika.ee. Zimmer, Campinghütten, Zelten. Schönes kleines Gästehaus mit Garten, Sauna und eigenem Strand.

🦋 **Lauri-Antsu Ökobauernhof①**, Dorf Kiviküla, Gemeinde Ridala, Tel. 4729636 und 5093002, www.lauriantsu.ee. Zwei gemütliche Zimmer, großer Ess- und Aufenthaltsraum, Sauna, Angeln (im Winter Eisfischen), Boots- und Fahrradverleih, Schießstand für Luftgewehre, Grill, Grillhütte, auch **Camping** möglich. Sehr zuvorkommende und hilfsbereite Besitzer, sprechen z.T. Deutsch und Englisch. Sehr gute Beköstigung bei Voranmeldung.

Rund um Virtsu

Karuse und Hanila

Verlässt man den Matsalu-Nationalpark über die Straße 10 in Richtung Virtsu, trifft man in Karuse und Hanila (Hannehl) auf zwei weitere für Westestland typische, schlichte, einschiffig gebaute **Kirchen** aus dem 13. Jh. Auf den Friedhöfen liegen ebenso alte, trapezförmige Grabsteine. In Hanila gibt es ein kleines **Museum,** in dem das Leben der Menschen in alten Zeiten dokumentiert wird. Untergebracht ist es in einem alten Schulhaus.

◼ **August Tampärg Muuseum,** Hanila, Tel. 53338586, www.hanilamuuseum.ee, Juni bis August Di–Sa 11–17, Mai und Sept. Di–Fr 11–17 Uhr, sonst nach Vereinbarung. Eintritt 2 €.

Virtsu

Vorbei an Wacholderhainen gelangt man auf der Straße 10 nach Virtsu (Werder), von dessen **Hafen** der Fährverkehr auf die **Inseln Muhu und Saaremaa** abgewickelt wird (siehe Kapitel „Die west-

lichen Inseln"). Auch Virtsu selbst war noch bis vor rund 150 Jahren eine Insel, bis es durch die Versandung zur Halbinsel wurde. Aus diesem Grund musste der Hafen schon mehrfach verlegt werden.

Im Mittelalter gehörte das Gebiet der Familie *Uexküll*, die in der Nähe eine Festung baute. Doch die 1430 errichtete Burg wurde bereits in den 1530er Jahren zerstört. Heute kann man am Strand noch **Ruinen** sehen.

Naturreservat Puhtu-Laelatu

Zwei Kilometer vom Hafen entfernt beginnt das Naturreservat Puhtu-Laelatu. Es umfasst die Küstenregion um Virtsu, die Inseln und die Meeresbuchten, wo zahlreiche Vogelarten nisten und rasten. Die **Gehölzwiese** von Laelatu gehört zu den artenreichsten des Landes, bis zu 76 höhere Pflanzenarten wachsen hier auf einem Quadratmeter.

Die **Puhtu-Halbinsel,** die mit der Virtsu-Halbinsel verbunden ist, wurde im 18. Jh. auf Anordnung des Landherren *Carl Thore von Helwig* als Erholungspark im holländischen Stil gestaltet. Er stellte hier mehrere Skulpturen auf, unter anderem ein **Denkmal für Friedrich Schiller** aus dem Jahr 1813. Dabei handelt es sich um eines der ältesten Schiller-Denkmäler Europas.

Unterkunft

◼ **Paatsalu Puhkekeskus②**, Paatsalu, Gemeinde Varbla, Tel. 5138000, www.paatsalupuhkekeskus.ee. Ferienhäuser südöstlich von Virtsu, direkt an

Westküste und Hinterland

3e

der Paatsalu-Bucht gelegen. Hübscher Ausblick auf die Bucht von der Terrasse der Anlage, **Camper** ebenfalls willkommen.

■ **Pivarootsi tuulik**①-②, Pivarootsi, Gemeinde Hanila, Tel. 56222353, www.pivarootsi.ee. GPS N 58.55944, E 23.59333. Die alte Mühle von Pivarootsi, zu einem ehemaligen Gutshaus gehörig, wurde 1869 errichtet und 2004 renoviert. Um die Mühle herum ist ein Feriendorf entstanden, zu dem kleine Ferienhäuser, eine Sauna, ein Fahrradverleih und allerlei Aktivitätsangebote gehören. Auch in der Windmühle gibt es einige Gästezimmer.

Halbinsel Noarootsi

Fährt man auf die im Norden Läänemaas liegende Halbinsel Noarootsi (Nuckö), tauchen plötzlich Ortsschilder mit zwei Namen auf, estnischen und schwedischen. Bis zum Zweiten Weltkrieg lebten hier die estnischen Schweden oder **Küstenschweden,** die im 13. Jh. über Finnland die nordwestliche Küstenregion Estlands besiedelten. Im Gegensatz zu den estnischen Bauern waren die Siedler frei, d.h. sie hielten und bewirtschafteten eigenes Land. Ein Gesetz besagte jedoch, dass sie diese Freiheit verloren, wenn sie sich mit Esten verheirateten – wohl einer der Hauptgründe, warum die schwedische Besiedlung 700 Jahre lang hielt. Von den etwa 8000 Schweden, die einstmals in Estland lebten (ca. 4500 davon in Noarootsi), flüchteten mehr als 7000 im Jahre 1944 vor der herannahenden Roten Armee nach Schweden.

Noarootsi oder Nuckö, wie sie von der schwedischen Minderheit genannt wurde, war früher einmal eine richtige Insel, an der einstmals Zar *Peter der Große* vorbeisegelte, um die Stadt Haapsalu zu erobern. Doch durch die Versandung der Haapsaluer Bucht aufgrund der allmählichen Anhebung des Bodens, wurde sie im Laufe des 18. bis 19. Jh. zur Halbinsel. Einige Seen auf Noarootsi tragen immer noch den Begriff Meer *(meri)* im Namen. Der größte Teil des flachen Küstengebiets ist mit Schilf bewachsen. **Badestrände** befinden sich in **Roosta** sowie an der Küste vor Peraküla.

Die **schöne Nordküste** ist allerdings nur über eine einsame Schotterstraße, die von Spithami nach Nõva führt, mitten durch den Wald, zu erreichen. An ihr liegt ein Abzweig nach **Peraküla.** Die Einfahrt insbesondere bei Nõva ist etwas schwer zu finden. Kiefernwälder, Weideland und Wacholderhaine laden hier zu Spaziergängen ein.

Obgleich nur drei Kilometer zwischen Haapsalu und dem kleinen Hafen **Österby** ganz im Süden der Halbinsel liegen, beträgt die Strecke über Land fast 40 Kilometer. Eine Landstraße führt über Linnamäe und Sutlepa zum Hauptort der Halbinsel, Pürksi. Leider verirren sich selten Busse hierher, sodass man ohne eigenes Fahrzeug viel Geduld aufbringen muss. Im Winter kann man die Strecke verkürzen: Wenn es lange genug gefroren hat, wird von Haapsalu nach Noarootsi offiziell eine **Eisstraße** freigegeben.

Pürksi

Im Zentrum der Halbinsel liegt der Ort Pürksi, wo sich auch Gemeindeverwaltung, Schule und Post befinden. Die Schule ist im ältesten Gebäude des kleinen Ortes untergebracht, dem **Gutshof Pürksi** aus dem 19. Jh. Früher gehörte der Hof der Familie *von Ungern-Sternberg*. Der Künstler *Johann-Carl von Ungern-Sternberg* wurde 1773 in der Nähe geboren. Sein Grab befindet sich neben der wahrscheinlich im 14. Jh. erbauten, einschiffigen **Noarootsi-Kirche,** die etwa fünf Kilometer außerhalb an der Straße nach Pürksi liegt. Sein heutiges Aussehen erhielt das Gotteshaus in den Jahren 1862–1872, als es umgebaut wurde. Die barocke, geschnitzte Kanzel wurde von *Elert Thiele* geschaffen, das Taufbecken stammt aus dem Jahr 1528.

Gutshof Saare

Von Pürksi aus führt eine Stichstraße nach Osten Richtung Saare (schwedisch: Lyckholm, deutsch: Lückholm). Der **klassizistische Gutshof** mit Pferdestall ist im 18. Jh. entstanden und wurde bis zum Zweiten Weltkrieg von der Familie *von Rosen* bewohnt, der er auch heute wieder gehört. Das während der Sowjetzeit verfallene Hauptgebäude wurde 2001 neu eingeweiht. Im Gutshof, der seither wieder strahlend weiß zwischen den alten Eschen, Kastanien, Eichen und Zedern hervorblitzt, befindet sich ein Café und es gibt Gästezimmer (s.u.).

Nebenan, im einstigen **Pferde- und Marstall,** wurde ein Museum untergebracht, das das Leben und die Geschichte des Hofes und des Landes anhand von alten Fotos, Haushalts- und Landwirtschaftsgeräten sowie volkstümlicher Handwerkskunst dokumentiert.

An das Grundstück grenzt das Natur- und **Vogelschutzgebiet Silma** mit einem **Aussichtsturm** am See Sutlepa (der Straße, am Gutshof vorbei, bis zu einem kleinen Parkplatz folgen, von dort etwa ein km. GPS N 59.032857, E 23.565549).

● **Lyckholm Museum** und **Gutshof Saare,** Saare, Noarootsi, Tel. 56988440, Mai bis September Mi–So 10–18 Uhr und nach Voranmeldung.

Unterkunft, Essen und Trinken

● Im **Gutshof Saare** gibt es einige Gästezimmer② und ein **Café.** Reservierung unter Tel. 56988440, besser auf Englisch unter anukari.saare@gmail.com, www.saaremois.ee. Im Sommer (Mai bis Ende Sept.) in Betrieb, im Winter auf Anfrage.

● **Roosta Feriendorf**④, Dorf Elbiku, Gemeinde Noarootsi, Tel. 5256699, www.roosta.ee, GPS N 59. 15722, E 23.51972. 32 ganzjährig bewohnbare Ferienhäuschen mit Bad, Sitzecke und Küchenzeile, behindertengerecht. Das Restaurant auch für Nicht-Gästen. U.a. Bowling, Sauna, Dampfbad, Whirlpool, Kaminraum, Fahrradverleih, Kletterwand, Minigolf, Skiverleih. In der Nebensaison preisgünstiger, Stellplätze für **Wohnwagen, zelten**① möglich.

MEIN TIPP: **Teeristi villa**②-③, Dorf Paslepa, Gemeinde Noarootsi, GPS N 59.02833, E 23.47722, www.teeristivilla.ee. Schöne Anlage, Café, Sauna, Fahrradverleih, auch Wohnmobilstellplätze.

● **Tuksi Puhkemaja**①, Elbiku küla, Gemeinde Noarootsi, Tel. 4797228 und 5044115, http://tuksi puhkemaja.wix.com/elbiku. GPS N 59.162448, E 23.528675. Gästehaus mit 28 Betten, Dusche/Plumps-Klo im Flur, Sauna, TV-Raum, Fahrradverleih, auch **Camping** möglich. Gleich hinter dem *Roosta* Feriendorf, sodass man dort das Restaurant benutzen kann. Auch Küche zur Selbstverpflegung. Geöffnet ab Mittsommer bis Ende August.

DIE WESTLICHEN INSELN

Die Inseln vor der Westküste Estlands gehören zweifelsohne zu den **touristischen Hauptattraktionen** des Landes. Jede für sich lockt Besucher mit landschaftlicher Schönheit, typischer Architektur, Bräuchen, Geschichte und Geschichten an.

- ⇨ **Koguva,** das bewohnte Bauernhausmuseum vermittelt anschaulich das Leben der alten Esten | 736
- ⇨ **Bischofsburg Kuressaare,** die besonders gut erhaltende Burg bietet eine filmreife Kulisse | 744
- ⇨ **Windmühlen von Angla und Karja-Kirche,** in der sonst einsamen Landschaft sind die beiden nahe beieinander liegenden Orte lohnende Anlaufstellen | 753, 754
- ⇨ **Köpu Leuchtturm,** die fast unbesiedelte Umgebung lässt den historischen Leuchtturm noch gewaltiger erscheinen | 767

NICHT VERPASSEN!

Diese Tipps erkennt man an der gelben Hinterlegung.

3f

▷ Am zentralen Platz in Orissaare

Von den 1500 Inseln und Holmen Estlands sind die beiden größten des Landes, **Saaremaa** (Ösel) und **Hiiumaa** (Dagö), auch die bekanntesten. Saaremaa ist durch einen Damm mit der davor liegenden Insel **Muhu** verbunden, sodass ein Besuch Saaremaas problemlos mit Muhu kombiniert werden kann. Möchte man eine dritte Insel besuchen, kann man beispielsweise von Hiiumaa mit der

Fähre nach Saaremaa übersetzen, um später über Muhu aufs Festland zurückzukehren. Dafür sollte man sich mindestens vier Tage Zeit nehmen.

Touristisch am besten erschlossen ist die nach Seeland und Gotland zweitgrößte Ostseeinsel **Saaremaa** (wenn man die dänischen Inseln Seeland und Fünen nicht mehr dazu rechnet) mit ihren weiten, von Wacholderbüschen bedeckten

Flächen, alten reetgedeckten Häusern, jahrhundertealten Trockenmauern und Bockwindmühlen. **Kuressaare,** die Inselhauptstadt, zieht Kurgäste mit bestens ausgestatteten, modernen Spa-Hotels an.

Hiiumaa ist noch einsamer und die Angebote für Touristen sind dünner gesät. Der Reiz der Insel liegt in der reichen und **vielfältigen Natur.** Sie bietet ein Zuhause für Robben, Wildschweine, Elche und Luchse. Hier wachsen über 1000 verschiedene Pflanzenarten, wovon einige unter Naturschutz gestellt sind. Gemeinsam bilden die Inseln das **UNESCO-Biosphären-Reservat** Westestnischer Archipel.

Muhu

Muhu ist mit etwa 200 km² die dritt-größte Insel Estlands und vom Festland durch die Meerenge **Suur väin** (Großer Sund) getrennt. 1896 wurde ein 3,6 Kilo-meter langer **Fahrdamm** zwischen Mu-hu und der dahinter liegenden Insel Saa-remaa errichtet, sodass seither die bei-den durch den **Väike väin** (Kleinen Sund) getrennten Inseln miteinander verbunden sind.

Die Fähre vom Festland (Hafen Virtsu) legt mehrmals täglich nach halbstündi-ger Fahrt im **Hafen Kuivastu** an. Um weiter nach Saaremaa zu gelangen, fährt man einmal quer über die Insel (knapp 18 km auf der Hauptstraße) zum Damm. Muhus Sehenswürdigkeiten lohnen aber durchaus den einen oder anderen Um-weg, vor allem das Museumsdorf **Kogu-va** und der sehr schön restaurierte **Gut-hof Pädaste.**

Die Insel ist wie ganz Westestland **sehr flach.** Im Norden befinden sich an mehreren Küstenabschnitten Steinauf-schlüsse wie in Rannaniidi. Die bekann-teste **Steilküste,** Üügu, ist knapp 300 Me-ter lang und bis zu zwölf Meter hoch. Landschaftlich ist die Insel ihrer großen Schwester im Westen sehr ähnlich: Weite **Wacholderhaine, Küstenwiesen** und kleinere **Moorgebiete** dominieren das Bild. Um den Ort Piiri herum befindet sich ein **Kiefernwald,** der im 19. Jh. ge-pflanzt wurde. Kleinere Inseln wie Kes-selaid, Viirelaid, Võilaid, Suurlaid und Kõinastu, auf denen zahlreiche Vogelar-ten nisten, umgeben Muhu.

Funde aus der Stein-, Bronze- und Ei-senzeit zeigen, dass Muhu bereits 2500 v. Chr. besiedelt war. In der jüngeren Ei-senzeit gehörten Muhu und Saaremaa zu den am dichtesten besiedelten Gebieten des Landes.

Gutshof Pädaste

Von der Hauptstraße führt, vom Hafen Kuivastu kommend, links eine Straße Richtung Pädaste (ausgeschildert). Der Gutshof Pädaste vom Ende des 19. Jh., seine sehr gut erhaltenen Nebengebäude sowie der unter Naturschutz stehende **Park** mit Trockenmauern und altem Baumbestand bilden ein harmonisches Ensemble. Vor der Erbauung der heuti-gen Gebäude muss dort schon ein Guts-hof gestanden haben. 1566 wurde dieser erstmalig erwähnt: Der König von Dä-nemark, *Frederik II.,* honorierte damals die Familie *von Knorr* für ihre Verdienste für die Dänische Krone, indem er ihr das Anwesen schenkte.

Die Geschichte des Gutshofes ist eng mit der Familie *von Buxhoeveden* ver-bunden. Im Jahr 1227 kam die deutsche Familie nach Muhu. Der letzte Inhaber Pädastes, *Axel von Buxhoeveden,* wurde im Winter des Jahres 1919 brutal ermor-det und seine Frau, *Charlotte von Sie-mens,* musste nach Deutschland fliehen. Heute ist in den Nebengebäuden des Gutshofs ein **luxuriöses Hotel** (s.u.) un-tergebracht, das sich leider etwas ab-schottet: Man muss sich anmelden, um auf das Gelände zu gelangen.

Liiva

Auf dem Weg zurück zur Hauptstraße, die man in Höhe des Ortes Liiva erreicht, kommt man in der Nähe des Dorfes Mäla an der **Grabstätte Ussimätta** vorbei, wo runde Steinkistengräber aus der älteren Eisenzeit sowie quadratische Grabstätten gefunden wurden, die aus der Christus-Zeit stammen.

Der kleine Ort Liiva mit seiner Dorfkirche aus dem 13. Jh. liegt ziemlich genau im Zentrum der Insel. Die sehr hübsche **Muhu-Katharinenkirche** ist ihr ältestes architektonisches Denkmal. An das Langhaus schließen sich der Chorraum mit Apsis und eine kleine Vorhalle an, sodass das Gebäude stufenförmig aussieht. Im Inneren des weißen, turmlosen Gotteshauses sind einige Fragmente von Wandmalereien erhalten: lebensgroße Heiligenfiguren an der Nordwand des Chores und Engel in der Apsis. Die Inneneinrichtung wirkt im Vergleich zum strengen Äußeren eher spielerisch. In Liiva befindet sich außerdem das Touristeninformationsbüro (siehe unter „Praktische Tipps").

■ **Muhu-Katharinenkirche,** www.eelk.ee/muhu, geöffnet Juni–Aug. tägl. 10–18 Uhr.

Koguva

Koguva, ganz im Westen der Insel, ist ein **Bauernmuseum,** wobei die Häuser, die man besichtigen kann, an ihren ursprünglichen Standorten stehen und von einem bewohnten Dorf umgeben sind. Das Freilichtmuseum umfasst den **Tooma Hof,** ein typisches Beispiel estnischer Bauernarchitektur, eine **Dorfschule** aus dem 19. Jh. sowie eine **Textilausstellung** im Bauernhof **Välja.** Ferner steht in der Nähe der Dorfeinfahrt auf der linken Seite eine typische **Bockwindmühle.**

Umgeben ist das unter Denkmalschutz gestellte Areal von moosbedeckten Steinmauern. Die Steine stammen von den umliegenden Feldern, wurden aufgesammelt und hier aufgeschichtet. Dass neben dem Ackerbau der **Fischfang** eine besondere Rolle für die Einwohner spielte, zeigen Boote, die auf der Mauer angebracht sind. Die alten, ausgedienten Boote galten als Freunde der Fischer und man durfte sie allenfalls in der Johannisnacht verbrennen. An jedem anderen Tag hätte dies Unglück gebracht.

Die meisten der von Schilfdächern gekrönten Gebäude wurden in den Jahren 1880–1929 errichtet und stehen eng bei-

3f

einander. Schriftlich erwähnt wurde der Ort erstmals im Jahr 1532, als der livländische Ordensmeister *Wolter von Plettenberg* einem Bauern, der ihm das Leben gerettet haben soll, Land gab und ihm den Status eines freien Bauern verlieh. Während die anderen Bauern des Landes Leibeigene blieben, lebten an dieser Stelle fortan freie Bauern.

Im Zentrum des Areals steht der **Tooma Hof,** auf dem der estnische Schriftsteller *Juhan Smuul* (1922–71) geboren wurde. Einige seiner Werke sind eng mit Muhu verbunden. Im Haupthaus sind Werkzeuge und Haushaltsgegenstände, alte Möbel sowie der Schlaf- und Arbeitsraum des Schriftstellers zu sehen.

Ebenfalls zum Museum gehört die an der Hauptstraße, etwa einen Kilometer vor dem Damm liegende **Bockwindmühle** *(Eemu tuulik)* aus dem Jahr 1881. Sie ist die einzige noch tätige Bockwindmühle der Insel.

■ **Muhu Museum,** Koguva, Tel. 4548872 und 5011566, www.muhumuuseum.ee. Mitte Mai bis Mitte September tägl. 9–18 Uhr, im Winter Di–Sa 10–17 Uhr. Im Textilmuseum kann man einige hübsche Souvenirs erstehen. Weitere Kunst- und Handwerksgegenstände können im *Koguva Kunstitall* („Kunststall") erworben werden.

☑ Im Freilichtmuseum Koguva

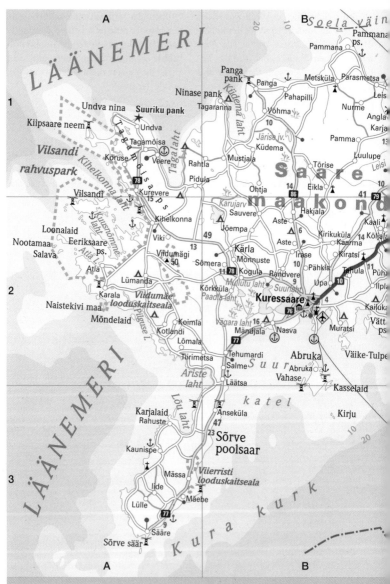

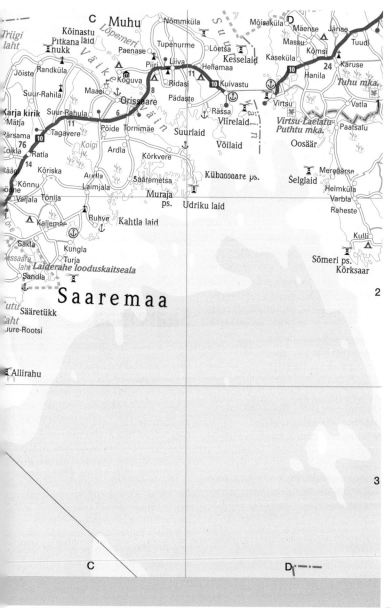

Information

■ **Touristeninformationsbüro,** Liiva, Tel. 5855 5020, turism@muhu.ee, vom 15. Juni bis 20. August tägl. 11–18 Uhr.

Unterkunft, Essen und Trinken

■ **Käspri Bed & Breakfast**①, Koguva, Tel. 4548 869 und 53427136, www.muhumaa.eu. 3 DZ im Haupthaus, separates Sommerhäuschen, Frühstück nach Vereinbarung.
■ **Koost Muhu Resto,** Liiva, in der Ortsmitte, Tel. 5021391, www.koost.ee. Kleine Karte mit lokalen Spezialitäten, auch lokal gebrautes Bier und somit einen Stopp wert. Tägl. ab 11 Uhr.
■ **Gutshof Pädaste**⑤, GPS N 58.55050, E 23.27 977, Tel. 4548800, www.padaste.ee. Luxuriöses Hotel im alten Gutshausensemble direkt an der Küste. Im dazugehörigen **Restaurant** gelten Dresscode, Pflichtreservierung und besondere Richtlinien für Kinder. Alles Dinge, um die man sich sonst in Estland kaum Gedanken machen muss.
■ **Reiterhof Tihuse**②, Hellamaa, Tel. 5148667, www.tihuse.ee, GPS N 58.61111, E 23.31194. Reitunterricht und Ausritte, auch Übernachtung mit Frühstück oder Vollpension möglich. Zelt- und Wohnmobilplatz sowie Café. Alles auf Vorbestellung, keine Kartenzahlung möglich.
■ **Vanatoa-Ferienhof**②, Koguva, Tel. 55587494, www.vanatoa.ee. Verschiedene Zimmertypen im Haupthaus und in Nebengebäuden. Diverse Freizeitangebote, Sauna, Grill, zelten möglich, Wohnwagen-Stellplätze. Ganzjährig geöffnet, aber vorher kontaktieren.

Verkehr

Fähre

Von **Virtsu** auf dem Festland fährt etwa stündlich, zu Kernzeiten im 40-Minuten-Takt oder noch häufiger, eine Autofähre den Hafen **Kuivastu** auf Muhu an. Die Überfahrt dauert etwa eine halbe Stunde. Wenn man mit dem eigenen Auto unterwegs ist, sollte man besonders an Wochenenden rechtzeitig da sein oder noch besser vorbuchen, da nur eine begrenzte Anzahl an Autoplätzen vorhanden ist. Zu Mittsommer ist die Fähre frühzeitig komplett ausgebucht. Die Touristeninformation in Kuressaare ist gern bei der Buchung behilflich.
■ **Buchung:** Infotel. 4524444, info@tuulelaevad. ee. Die Fahrkarten kann man im Internet unter www.tuulelaevad.ee oder im Hafen kaufen.

Bus

Busse fahren von Kuivastu hinüber zum Festland Richtung Tallinn, Tartu oder Pärnu und in entgegengesetzter Richtung über den Damm auf die Insel Saaremaa (Kuressaare).

Saaremaa

Saaremaa (Ösel), die mit 2672 km² **größte Insel Estlands** (das entspricht fast der dreifachen Größe Rügens), ist mit ihrem milden Klima (durchschnittlich 19 °C im Sommer und -1 °C im Winter), wunderschöner Natur, Stränden und hübschen alten Dörfern sowie seinen typischen kleinen Windmühlen ein beliebtes Reiseziel. Fast die Hälfte Saaremaas ist mit Wald bedeckt und lädt zu Wanderungen ein, während Badefreunde sich im flachen Meer vergnügen können.

Zu den touristischen Hauptattraktionen des westlichsten Landkreises Estlands gehören die sehr gut erhaltene Bischofsburg in Kuressaare, mittelalterliche Kirchen, urige Dörfer mit ihren typischen Trockenmauern und reetgedeckten Häusern, die Windmühlen von Angla sowie der Nationalpark Vilsandi ganz im Westen. Ferner liegt ein besonders gut sichtbarer Meteoritenkrater im Zentrum der Insel.

Vor 8000 Jahren scheinen sich bereits Menschen auf Saaremaa aufgehalten zu haben. Deutsche Kreuzfahrer eroberten das Gebiet 1227 und setzten dem Freiheitskampf der alten Esten ein Ende. Im Laufe der nächsten Jahrhunderte wechselten die Herren des Landes einander ab. Zunächst waren dies die Deutschen, die die Insel dann 1559 an den dänischen König verkauften. 1645 lag Saaremaa in den Händen der Schweden, wurde allerdings im Laufe des Nordischen Krieges vom Heer *Peters I.* erobert und ans Zarenreich angeschlossen. Während der Sowjetzeit wurden die Inseln isoliert, denn als westlicher Vorposten der Sowjetunion hatten sie eine große strategische Bedeutung. Die Folge war, dass sie zum **militärischen Sperrgebiet** erklärt wurden und somit nicht nur für Ausländer, sondern auch für die meisten Esten unzugänglich waren.

Im Nachhinein kann man dieser für die Inselbewohner dunklen Zeit unter Umweltgesichtspunkten etwas Positives abgewinnen. Jahrzehntelang fast ohne menschlichen Einfluss, blieb auf den Inseln eine **unberührte Naturlandschaft** erhalten, die man andernorts in Europa nur schwer findet.

Wer nicht vom Festland aus mit dem **Auto** anreist, kann sich in Kuressaare eines mieten, denn die Insel lässt sich am besten mit dem Auto oder Fahrrad erkunden. Oftmals bieten Hotels und Pensionen Transfer und Ausflüge an.

Kuressaare

Kuressaare (ehemals deutsch und bis 1918 offiziell Arensburg) ist die Hauptstadt von Saaremaa und liegt an der gleichnamigen Bucht im Süden der Insel. Die Stadt besticht vor allem durch ihre großartige, sehr gut erhaltene **Bischofsburg.** Abgesehen von dieser befinden sich die meisten Sehenswürdigkeiten rund um den Hauptplatz (Keskväljak). Lediglich der historische **Friedhof Kudjape** liegt außerhalb des Zentrums, am Ende der Tallinn-Straße. Er ist reich an Denkmälern, Kapellen und Krypten. Die meisten Grabsteine bestehen aus demselben Stein wie die Burg, dem Saaremaa-Dolomit.

Die großen **Spa-Hotels** der Stadt liegen westlich der Bischofsburg. Vor dem Hotel *Meri* befindet sich eine **Skulptur,** die Prospekte und Postkarten der Insel schmückt. „Der Große Töll und seine Frau Piret" des Künstlers *Tauno Kangro* stellt zwei Sagenfiguren der Insel dar. Dutzende mythische Erzählungen berichten über das Leben des Riesen **Suur Töll,** der fünfmal so groß wie ein normal gewachsener Mann gewesen sein soll und die estnischen Inseln nicht nur beschützte, sondern auch formte – durch Kämpfe, Würfe oder auch Bewegungen im Schlaf, ähnlich wie die Sagenfigur Kalevipoeg, der man andernorts in Estland auf Schritt und Tritt begegnet.

Sehenswertes

Stadtgeschichte

Obgleich schon im frühen Mittelalter an der Stelle der heutigen Stadt eine Siedlung existierte, beginnt die eigentliche Geschichte Kuressaares im 14. Jh., als die

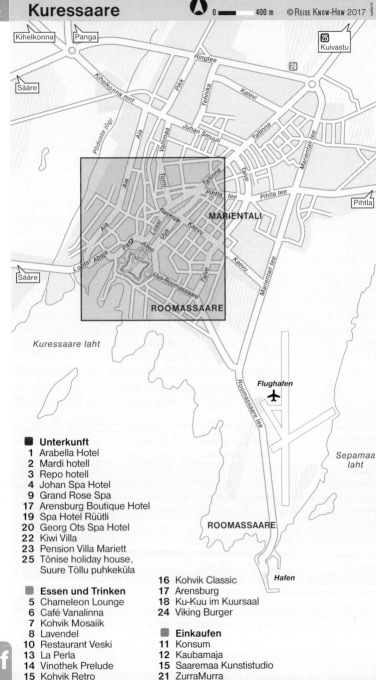

0 ▬▬▬ 400 m © Reise Know-How 2017

Unterkunft
1 Arabella Hotel
2 Mardi hotell
3 Repo hotell
4 Johan Spa Hotel
9 Grand Rose Spa
17 Arensburg Boutique Hotel
19 Spa Hotel Rüütli
20 Georg Ots Spa Hotel
22 Kiwi Villa
23 Pension Villa Mariett
25 Tõnise holiday house,
   Suure Tõllu puhkeküla

Essen und Trinken
5 Chameleon Lounge
6 Café Vanalinna
7 Kohvik Mosaiik
8 Lavendel
10 Restaurant Veski
13 La Perla
14 Vinothek Prelude
15 Kohvik Retro

16 Kohvik Classic
17 Arensburg
18 Ku-Kuu im Kuursaal
24 Viking Burger

Einkaufen
11 Konsum
12 Kaubamaja
15 Saaremaa Kunstistudio
21 ZurraMurra

3f

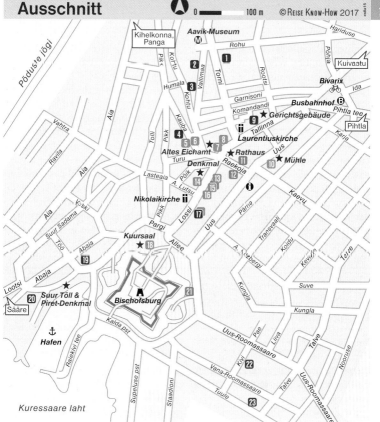

Kihelkonna, Panga

Aavik-Museum Ⓜ

Rohu

Hariduse

Pöha

Kuivaotu

Bivarix 🚲 Ida

Garnisoni

Komandandi

Busbahnhof Ⓑ

Gerichtsgebäude

Pihtla tee

Pihtla

Tallinna

Laurentiuskirche

Altes Eichamt

Rathaus

Denkmal

Mühle

Nikolaikirche

Kuursaal

Suur Tõll & Piret-Denkmal

Sääre

Bischofsburg

⚓ Hafen

Kuressaare laht

Ordensritter beschlossen, das Zentrum des **Bistums Ösel-Wiek** (Saare-Lääne) von Haapsalu auf die Insel zu verlegen. Zur gleichen Zeit begann der Bau der Bischofsburg. 1573 wurden Kuressaare vom Bruder des dänischen Königs, Herzog *Magnus,* die Stadtrechte verliehen und es entwickelte sich zu einem Handelsplatz. Ähnlich wie Haapsalu verlor die Stadt allerdings ab dem Ende des 17. Jh. an Bedeutung, da der Hafen versandete. 1710 setzten russische Truppen sie in Brand, wovon nur fünf Gebäude verschont blieben. Durch den Ausbruch der Pest im Nordischen Krieg kamen schließlich bis auf elf Menschen alle Bewohner um.

Parallelen zwischen Haapsalu und Kuressaare sind auch in der Renaissance der beiden Städte zu sehen. Auch in Kuressaare entdeckte man im 19. Jh. den heilenden Meeresschlamm, wodurch der Ort sich zur **Kurstadt** entwickelte. Die erste Heilstätte wurde 1840 eröffnet, und zur Zeit der ersten estnischen Unabhängigkeit 1918–40 war die Stadt ein be-

3f

kanntes Gesundheits- und Erholungszentrum. Seit 1991 versucht man, an diese Tradition anzuknüpfen, die großen Hotels konzentrieren sich wieder auf Schlammbehandlung und andere Gesundheitsdienste.

Bischofsburg

Die Bischofsburg, genauer gesagt, das Konventgebäude, ist die **wichtigste Sehenswürdigkeit der Stadt** und als Baudenkmal über Estland hinaus von Bedeutung. Der spätgotische Festungsbau ist sicher für das Jahr 1381 belegt, möglicherweise wurde die Burg bereits in den 1260er Jahren angelegt. Wenn zu lesen ist, dass die mittelalterliche Festung weitgehend original erhalten sei, ist das insofern einzuschränken, als auch dieses Bauwerk im Laufe der Jahrhunderte zahlreiche Renovierungen, Um- und Anbauten gesehen hat. Trotzdem bleibt der Gesamteindruck einer streng geometrischen, im Stil zurückhaltenden, und dafür umso mehr in sich ruhenden Architektur.

Zwei **mächtige Türme** dominieren die Front. Der wuchtige siebenstöckige Wehrturm (Sturvolt) ist 37 m hoch. Der schlankere und höhere Wachturm links ("Langer Hermann") diente auch als letzter Rückzugsort. Der einzige Zugang ist eine Brücke in 9 m Höhe. Im Inneren der Burg befinden sich neben dem Burghof der Kreuzgang, das festliche Refektorium (Speisesaal), das noch Anfang des 20. Jh. den deutschen Adligen als Landtag diente, eine reich verzierte Kapelle und die Wohngemächer des Bischofs. Dieser Teil war unter anderem an ein bereits in der Antike bekanntes Heizungssystem, das sogenannte Hypokaustum angeschlossen. Ferner gibt es mittelalter-

liche Burgtoiletten ("Dansker") zu sehen. Ein Aufstieg zum Wehrgang lohnt wegen des Ausblicks.

Verschiedene **Geschichten** ranken sich um die Burg. So wurde im Jahr 1785 im Keller ein eingemauertes Skelett gefunden; es sollen die Überreste eines Mönchs seien, der für eine Liebesaffäre grausam bestraft wurde.

Heute ist die Burg **Teil des Museums von Saaremaa.** Verschiedene Sammlungen sind hier untergebracht: die historische Abteilung, die Abteilung für zeitgenössische Geschichte (Saaremaa 1939 bis 1994), die Ausstellung zur Erinnerung an das kommunistische Massaker in der Burg 1941 (im Pulverkeller der Südbastion), ferner die naturkundliche Abteilung. Gerade die Ausstellungsteile zur neueren Geschichte stellen eine wertvolle Ergänzung zum touristisch ausgeschlachteten "Mittelalter" dar.

Ob mit Museumsbesuch oder ohne, die Burg strahlt eine Würde und Schönheit aus, die zu erleben sich lohnt. Aufgrund ihrer Insellage ist sie gut aus verschiedenen Perspektiven zu sehen, man kann sie auf einem Spaziergang durch den umgebenden Schlosspark umrunden. Dort ist unter anderem auf der Nordbastion noch ein Kanonenturm aus dem Jahr 1470 zu entdecken.

■ **Bischofsburg und Saaremaa Museum,** Lossihoov 1, Tel. 4554463, www.saaremaamuuseum.ee, täglich 10–19 Uhr, Sept.–April Mi–So 11–19 Uhr. Mo/Di geschlossen.

▷ Blick vom Hafen auf die Bischofsburg

057es ta

Stadtpark und Umgebung

Die Burg ist von einem schönen, im 19. Jh. angelegten Park umgeben, der sich bis zur Kuressaare-Bucht erstreckt. Ein Denkmal von *Amandus Adamson* von 1928 erinnert an die Gefallenen im estnischen Freiheitskrieg. Elegant, wenn auch etwas angestaubt, ist der am Burggraben gelegene, hölzerne **Kursaal** aus dem Jahr 1889.

Rund um den Hauptplatz

Von der Bischofsburg führt die von klassizistischen Häusern gesäumte Lossi-Straße zum zentralen Platz der Stadt. Unterwegs passiert man die orthodoxe **Nikolaikirche** (Lossi 8) aus dem 18. Jh.

Am zentralen **Keskväljak** stehen zwei Gebäude, die aus der Schwedenzeit stammen: das im schlichten, nordländischen Barock erbaute **Rathaus** aus dem 17. Jh., das ein großes Deckengemälde

beherbergt, sowie das einzige erhaltene **Eichamt** Estlands (Tallinna 3). In dem von einem Treppengiebel gezierten Gebäude befanden sich Waagen, Gewichte und Maße, die auf dem Markt gebraucht wurden. In dem von zwei steinernen Löwen bewachten Rathaus ist neben einer Galerie auch die **Touristeninformation** untergebracht.

Ein paar Meter neben dem Eichamt ragt der Spitzhelm der **Laurentiuskirche** (Tallinna 13) in den Himmel. Sie wurde 1836 im spätklassizistischen Stil aus Dolomit gebaut. Das daneben gelegene **Gerichtsgebäude** (Tallinna 19) stammt aus dem Jahr 1789 und auch die Apotheke am Keskväljak kann auf ein stattliches Alter verweisen: Erstmals 1680 erwähnt, gilt sie als eine der ältesten Estlands.

Nicht weit vom Hauptplatz können Besucher in einem außergewöhnlichen Gebäude speisen: einer 1899 im hollän-

3f

dischen Stil erbauten **Steinmühle** (siehe „Essen und Trinken").

Praktische Tipps

Informationen
■ **Touristeninformation Kuressaare,** Tallinna 2, Tel. 4533120, www.visitsaaremaa.ee.
■ **Reisebüro Mere,** Tallinna 27, Tel. 4533610 und 5050100, www.rbmere.ee, nettes Personal, spricht z.T. auch Deutsch und hilft bei der Vermittlung von Unterkünften, Ausflügen, etc.

Service
■ **Post:** Torni 1.
■ **Bank:** am und um den zentralen Platz gelegen (Keskväljak).

Unterkunft
Spa-Hotels sind in der Regel größere Häuser mit Schwimmbädern und Wellnessangeboten.

1 **Hotel Arabella**②-③, Torni 12, Tel. 4555885, www.arabella.ee. Modernes Hotel, ordentliche Zimmer mit TV und Bad.

17 **Arensburg Boutique Hotel & Spa**④, Lossi 15, Tel. 4524700, www.arensburg.ee. Gediegenes Hotel, zentral an der Hauptstraße. Zwei Restaurants, Schwimmbad, eigener Parkplatz.

20 **Georg Ots Spa Hotel**③, Tori 2, Tel. 4550000, www.gospa.ee. 85 DZ sowie diverse Suiten, die meisten Räume mit Balkon und Blick auf Meer oder Burg, verschiedene Saunen, Swimmingpool, Fitnessraum, Friseur, Lounge, Restaurant.

9 **Grand Rose Spa Hotel**④, Tallinna 15, Tel. 666 7018, www.grandrose.ee. Zentral gelegen in schönem Gebäude, großer Saunabereich, Restaurant, Vinothek.

4 **Johan Spa Hotel**④, Kauba 13, Tel. 4540000, www.johan.ee. Mittelgroßes, modernes und schön gestaltetes Hotel, dazu Pool, Sauna und Anwendungen. Mindestbuchung 2 Nächte.

22 **Kiwi Villa**②, Kivi 3, Tel. 4533739 und 5017378, kilumets@tt.ee. Unweit des Zentrums. Zimmer mit Dusche und WC, Küche, Sauna, Grill, Waschmaschine.

2 **Mardi hotell**③, Vallimaa 5a, Tel. 4524633, www.hotelmardi.eu. Hotel und Hostel bei einer Berufschule. Im Haus ist auch das Restaurant und Café *Kass.*

3 **Repo hotell**③, Vallimaa 1a, Tel. 4533510 und 53309444, www.saaremaa.ee/repo. Einfaches aber ordentliches Hotel. Gute Alternative wenn man keine Spa-Anwendungen braucht.

19 **Spa Hotel Rüütli**②-③, Pargi 12, Tel. 4548100, www.saaremaaspahotels.eu. Größeres Hotel mit Schwimmbad und Saunen, Squashhalle, Schönheitssalon, Gesundheitsangebote, zwei Restaurants.

23 **Pension Villa Mariett**①, Tuule 9, Tel. 51130 65, www.villamariett.ee. Kleines Haus mit Garten, auch Küchenmitbenutzung möglich.

Außerhalb von Kuressaare
25 **Tönise holiday house,** Lilbi küla, Kaarma vald, Tel. 5103477, www.tonisetalu.ee, GPS N 58.28747, E 22.57396. Etwas östlich von Kuressaare, nicht weit von der Hauptstraße, nette Ferienhäuschen verschiedener Größe, Sauna, Grillen, herzliche Besitzer. In der Hauptsaison kostet z.B. ein Haus mit 6 Schlafplätzen pauschal 105 Euro pro Nacht.

25 **Suure Töllu puhkeküla**①-③, Lilbi küla, Kaarma vald, Tel. 4545404, www.suurtoll.ee. Etwas östlich von Kuressaare, an der Hauptstraße. Ferienhüttensiedlung, touristische Angebote, Restaurant.

Essen und Trinken
Die Restaurants der Spa-Hotels und Hotels sind in der Regel in Ordnung. Diese sind hier nur in Auswahl aufgeführt. Dafür lohnt sich der Blick auch in einige der kleineren Betriebe.

17 **Restaurant Arensburg,** Lossi 15, Tel. 4524 700, www.arensburg.ee. Liegt zentral an der Hauptstraße, gehört zum gleichnamigen Hotel. Im neueren Teil des Hotels befindet sich das Lounge-Restaurant *Muusa,* dort auch Kinderspielecke.

10 **Restaurant Veski,** Pärna 19, Tel. 4533776, www.veskitrahter.ee. Liegt in einer alten Mühle, deshalb nicht schwer zu finden, typisch estnische Küche.

5 **Chameleon Kohvik-Lounge,** Kauba 2, Tel. 6682212, www.chameleon.ee. Wenn auch der etwas aufgesetzte Loungestil im beschaulichen Kuressaare etwas deplatziert wirken mag, ist das Chameleon immer noch ein unkompliziertes und empfehlenswertes Restaurant. Internationale Küche mit exotischen Anklängen, auch Sushi. Kinderspielecke.

6 **Café Vanalinna,** Kauba 8, Tel. 4553214, www.vanalinna.ee. Guter Kaffee, große Auswahl an leckeren Piroggen und Kuchen. Zum Café gehört auch eine einfache und günstige Unterkunft.

16 **Kohvik Classic,** Lossi 9, Tel. 4533441, www.facebook.com/Classickohvik. Rundum angenehmes Café, gutes Frühstück ab 8.30 Uhr, bzw. 9 Uhr am Wochenende. Auch als Pizzeria empfehlenswert.

8 **Lavendel,** Tallinna 9, Tel. 4554902, www.facebook.com/Lavendel Restoran. Stilvolles Restaurant. Auf der Speisekarte findet man Gerichte aus frischen, lokalen und saisonalen Zutaten.

13 **La Perla,** Lossi 3, Tel. 4536910, www.laperla.ee. Wer in Kuressaare italienisch essen möchte, ist im La Perla richtig.

18 **Ku-Kuu im Kuursaal,** Lossipark 1, Tel. 4539 749 und 5541067. Von Mai bis August gibt es leckeres Essen in außergewöhnlich schöner Umgebung. Konzerte, Freiluftkino, Fahrrad- und Bootsverleih. Auch Vermietung von **Gästezimmern**②-③ von Mai bis Oktober.

24 **Viking Burger,** Tankstelle *Roonimäe* (am großen Kreisverkehr, wenn man auf der Hauptstraße von Nordosten kommt). Die leckeren Burger haben es zu einer lokaler Bekanntheit gebracht.

14 **Vinothek Prelude,** Lossi 4, Tel. 4533407 und 5273614, www.prelude.ee. Wer gepflegt ausgehen möchte, sollte diese gemütliche und stilvolle Weinbar probieren. Mit kleiner Speisekarte.

7 **Kohvik Mosaiik,** Tallinna 1, Tel. 58250195, http://mosaiikcafe.ee, tägl. ab 10 Uhr, am Wochen-ende ab 11 Uhr. Schönes, modernes Café mit ebensolcher Küche. Frühstück, Hauptgerichte und Kaffee und Kuchen, alles unter Verwendung regionaler und saisonaler Produkte.

15 **Kohvik Retro,** Lossi 5, Tel. 56838400, http://kohvikretro.ee. Wie der Name verrät: Café im Retrostil, mit ambitionierter Küche und sehr großer Bierauswahl. Hier kann man sich durch die bunte Landschaft estnischer *Craft*-Biere trinken.

Einkaufen

■ Typische **Mithringsel** von der Insel sind **Saaremaa-Bier,** Küchenutensilien aus **Wacholderholz,** aber vor allem kleine Vasen, Schüsseln, Dosen, Kerzenständer oder Ähnliches aus **Dolomit.** Als „Saaremaas Marmor" bezeichnen Imagebroschüren der Insel jenen Stein, mit dem bereits im 13. Jh. gebaut wurde. Portale, Treppen, Kamine, Grabsteine und Türpfosten werden seit Jahrhunderten aus dem Stein gefertigt. In der Lossi-Straße findet im Sommer ein kleiner **Markt** statt.

11 Zentral in der Innenstadt gibt es den **Lebensmittelladen** *Konsum,* Raekoja 10.

12 **Einkaufszentrum:** *Saaremaa Kaubamaja,* Raekoja 1.

15 **Saaremaa Kunstistuudio,** Lossi 5, Tel. 4533 748, www.kunstistuudio.ee, Mo–Fr 12–18 Uhr, Sa 11–16 Uhr. Verkauf ausschließlich estnischer Kunst, u.a. von Künstlern von Saaremaa. Ausstellungen.

21 **ZurraMurra,** Allee 8 a, Tel. 54562480, von Mai bis August. Kunsthandwerksladen mit einem Café in schöner Lage. Kinderspielplatz, Boots- und Fahrradverleih, Sommerterrasse mit Ausblick, Konzerte.

Feste und Veranstaltungen

■ Freunde klassischer Musik finden bei den **Operntagen in der Burg** in Kuressaare Kunstgenuss unter freiem Himmel, www.saaremaaopera.eu

■ Im Sommer werden hier zahlreiche andere **Konzerte** aufgeführt. Das Veranstaltungsprogramm ist bei der Touristeninformation erhältlich.

■ Ebenfalls im Sommer werden in Kuressaare die **Meerestage** veranstaltet, mit vielen Events und

3f

Attraktionen rund um Meer, Hafen und Schifffahrt. www.merepaevad.ee.

■ Im Oktober findet eine **Rallye** auf der Insel statt. Rallyesport ist populär in Estland, daher können auch zu dieser Zeit die Fähren voller sein als sonst, viele Hotels nehmen zu der Zeit höhere Preise. www.saaremaarally.eu

Aktivitäten

Viele Gast- und Bauernhöfe bieten neben der Unterkunft eine breite Palette an Sport- und Freizeitmöglichkeiten an.

■ **Fahrradverleih:** *Bivarix,* Verkauf, Verleih und Reparatur, Tallinna 26, Tel. 4557118, www.bivarix.ee.

Verkehr
Bus

■ Überlandbusse fahren unter anderem von Tallinn, Tartu, Pärnu und Viljandi mehrmals täglich über Muhu nach Kuressaare. Sie sind mit dem Fahrplan der Fähre nach Muhu bzw. Virtsu abgestimmt. Regionalbusse verbinden die Inselhauptstadt mit anderen Teilen der Insel, allerdings fahren die Busse in die Dörfer und zu den Sehenswürdigkeiten relativ unregelmäßig und selten. Man sollte sich beim Busbahnhof oder in der Touristeninformation die aktuellen Abfahrtszeiten geben lassen, sonst kann es sein, dass man einen Tag lang am Ende der Insel festsitzt. Insbesondere ab September bis April/Mai reduziert sich die Zahl der Verbindungen noch einmal. Mehrmals täglich fahren Busse von und nach **Orissaare** mit Zwischenstopp in der Nähe von **Val-**

jala. Auch **Leisi** und **Kihelkonna** wird mehrmals täglich angefahren. **Bushof:** Pihtla tee 2, Tel. 453 1661, info@saarebussijaam.ee.

Autovermietung/Autowerkstatt

Die Touristeninformation ist gern bei der Suche nach Autovermietungen bzw. bei der Buchung von Mietwagen behilflich.

■ **Hertz,** Tallinna 8, Tel. 53003171, www.hertz.ee. Über *Estravel*-Agentur, Mitte Juni bis Ende August.
■ **Rendiautorent,** Tel. 56888140, http://rendiau torent.ee.

Häfen auf Saaremaa

■ **Buchungszentrum:** Tel. 4524444, www.tuule laevad.ee.
■ **Fährverbindung nach Hiiumaa:** ab Hafen Triigi, s. unter „Der Inselnorden"/„Hafen Triigi".

▷ Der Riese Suur Töll und seine Frau

3f

Rundfahrt über die Insel

Die Sehenswürdigkeiten der Insel lassen sich am besten mit dem Auto erkunden. Es bietet sich eine **Rundfahrt** mit mindestens zwei bis drei Übernachtungen in verschiedenen Teilen der Insel an oder aber einzelne **Tagesausflüge** von Kuressaare.

Badestrände westlich von Kuressaare

Schneeweiße Sandstrände, Wälder und ruhige Wanderwege, die an der Küste entlangführen, erwarten die Besucher westlich von Kuressaare. Auf dem Weg nach **Nasva,** wo die beliebten Badestrände beginnen, passiert man den Eichenwald von Loode sowie einige mit Schilf zugewucherte Lagunen. Das Gebiet ist touristisch gut erschlossen und auf Badeurlauber und Erholungssuchende eingestimmt. In der Umgebung von **Mändjala** befinden sich – abgesehen von Kuressaare – die meisten Hotels der Insel. Die Küstenstraße wird von öffentlichen Bussen frequentiert, sodass die meisten Hotels gut ohne eigenes Auto zu erreichen sind.

Kaum zu glauben, dass an diesem idyllischen Küstenstreifen am späten Abend des 8. Oktober 1944 eine blutige Schlacht zwischen deutschen und sowjetischen Soldaten Hunderte Todesopfer forderte. Ein aus Beton und Dolomit ge-

3f

hauenes **Denkmal** aus dem Jahr 1967 erinnert an die Opfer des Kampfes.

Unterkunft

■ **Ferienhof Arina**①, Ülejõe 3, Nasva, Tel. 4544162 und 56691942, www.arinabb.ee. 8 km westlich von Kuressaare, schöner Sandstrand, fünf Räume und Sauna, separate Ferienhäuschen, Grill, auch mit Kindern geeignet.

■ **Ferienhof Järve**①, Dorf Järve, Gemeinde Salme, Tel. 5209181, www.jarvetalu.ee. Unterkunft in rustikalem Holzhaus, einen halben Kilometer vom Strand entfernt, Fahrradvermietung; die Besitzer organisieren auch Ausflüge auf die Insel Abruka.

■ **Ferienhof Muha Puhketalu**①-②, Dorf Riksu, Gemeinde Lääne-Saare, Tel. 5092035, www.muhatalu.ee. An der Küstenstraße westlich von Riksu, ausgeschildert, Mehrbettzimmer, Küche, Sauna, Wohnmobilstellplätze.

■ **Hotel Saaremaa**③, Mändjala, Gemeinde Kaarma, Tel. 4544100 und 5058272, www.saarehotell.ee. Liegt direkt am weißen Sandstrand im Kiefernwald und ist mit dem öffentlichen Bus von Kuressaare aus zu erreichen. Rund 40 Zimmer verschiedenen Standards mit Blick aufs Meer oder auf den Kiefernwald; Tennisplatz, Nordic-Walking-Pfad; Thalasso Spa Hotel, diverse entsprechende Therapieangebote, Sauna. Sehr gutes **Restaurant,** das auch Nicht-Gästen offen steht.

■ **Villa Linda**③, Tuletorni 6, Nasva, Tel. 5138301, 5058045, www.villalinda.ee. Ferienhaus und Nebengebäude, Küche, von hier aus sind es etwa 1,5 km zum Meer; eigener kleiner Golfplatz.

Sõrve-Halbinsel

Kurz hinter dem Tehumardi-Schlachtfeld muss man sich entscheiden, ob man die Rundfahrt nach Nordwesten fortsetzt oder die einsame Halbinsel Sõrve erkundet, die 32 Kilometer weit in die Ostsee hineinragt. Kulturelle Sehenswürdigkeiten sind hier nicht zu erwarten, außer der kleinen Kirche aus dem Jahr 1864 am Westufer der Halbinsel, im Weiler **Jämaja** gelegen. Etwas südlich des Ortes erhebt sich eine **Steilküste** und ein paar **Bockwindmühlen** ragen aus der Landschaft heraus. Am Kap Sõrve säär, ein paar Kilometer südlich des Hafens, erhebt sich ein **Leuchtturm,** von wo aus man im Herbst die Zugvögel beobachten kann. Das dortige **Restaurant** ist eine beliebte Anlaufstelle.

Unterkunft, Essen und Trinken

■ **Tehumardi Caravaning & Erholungszentrum**②, Tehumardi, Gemeinde Salme, Tel. 4571666 und 58248508, www.tehumardi.ee. Am Anfang der Halbinsel Sõrve, hölzerne Ferienhäuschen mit vier Betten, Hotelzimmer, ein sogenanntes Familienhaus, Sauna, 50 Stellplätze für **Wohnwagen, Zeltplatz,** Fahrradverleih, Waschmaschine.

■ **Sääre Paargu restoran,** beim Leuchtturm an der Südspitze der Insel, Tel. 56245585, www.saarepaargu.ee. Tolle Lage, frisch geräucherter Fisch. Mai bis September geöffnet.

■ **Viking Burger,** Sõrve mnt 1, Salme, tägl. 12–20 Uhr. Die Wikingerburger haben sich einen guten Ruf erarbeitet.

Der Inselwesten

Nationalpark Vilsandi

Der Nationalpark Vilsandi, der sich über die Westküste Saaremaas sowie rund 100 vorgelagerte Inseln erstreckt, wurde 1973 zum Schutz der reichhaltigen Vogelwelt, seltener Pflanzen und unberührter Natur gegründet. Als Vogelschutzgebiet wurde er bereits 1910 deklariert und ist damit eines der ältesten Schutzgebiete Osteuropas. Sandstrände, stille Buchten, Inseln, auf denen sich Robben tummeln, Wacholderhaine, Glinte, Riffe und Kiefernwälder prägen die Landschaft. Besonders bekannt und geschätzt ist der Park aufgrund seiner **Vogelvielfalt.** Auf der Insel Vilsandi, die dem Nationalpark den Namen gab und als einziges Eiland des Parks bewohnt ist, sowie auf den zahlreichen kleinen Inseln ringsherum leben Zehntausende Vögel. Zu den rund 250 verschiedenen Vogelarten zählen Eiderenten, Gänsesäger, Berg- und Floridaenten sowie Seemöwen. Etwa 120 Vogelarten leben ständig hier.

Man kann das Gebiet auf **Lehrpfaden** erkunden oder mit dem **Boot oder Fahrrad** durchfahren, muss sich jedoch einer Führung anschließen. Das **Besucherzentrum** bietet nach Voranmeldung Vögel- und Kegelrobbenbeobachtungen an, veranstaltet sogenannte Orchideen-Wandertage und zeigt Besuchern unter Naturschutz gestellte Biotope.

Vom **Leuchtturm** Vilsandi (1809) kann man den Blick weit über Meer und Holme schweifen lassen. Südlich des Nationalparks an der Küste erinnert ein **Gedenkstein** an den Seefahrer *Fabian von Bellingshausen* (1778–1852), der hier geboren wurde und von dem man annimmt, dass er die Antarktis entdeckte.

Der Nationalpark hat außerdem einen nördlichen Teil, die abgelegene **Harilaid-Halbinsel** (wiederum ein Ableger der Tagamõisa-Halbinsel und nicht zu verwechseln mit der Insel Harilaid) an der Nordwestspitze Saaremaas. Dort kann man von der Straße 78 abbiegen,

z.B. in Höhe des Ortes Kõruse (Richtung Reiterhof), und gelangt dann über sehr schmale, unbeschilderte Sandwege zu einem Wanderparkplatz. Von diesem erreicht man nach einem Fußmarsch **einsame Strände** und nach einer ausgiebigen **Wanderung** (12 km eine Richtung), die dortige Sehenswürdigkeit, einen schiefen **Leuchtturm** namens Kiipsaare tuletorn. Die Orientierung auf den Zufahrtswegen ist schwierig, man sollte sich vorher erkundigen. Man kann auch nicht damit rechnen, jemanden zu treffen. Nach längeren Regenfällen sollte die Strecke gemieden werden.

◼ **Besucherzentrum Nationalpark Vilsandi,** Loona, Gemeinde Kihelkonna, GPS N 58.332954, E 22.019698, Tel. 4546880 und 5277421, www.loo dusegakoos.ee, Juni bis August täglich 10–18 Uhr, sonst Mo–Fr 9–17 Uhr. Das Besucherzentrum liegt in einem Gutshof aus dem 16. Jh. etwa 40 km westlich von Kuressaare. In einem der Gebäude befinden sich der Infopunkt und die Dauerausstellung über den Vilsandi Nationalpark. Die Erkundung des Nationalparks und der Natur in der Umgebung sollte man hier beginnen.

Kihelkonna

In der **Michaeliskirche** in Kihelkonna (Kiriku 4) am Rande des Nationalparks Vilsandi befindet sich ein Renaissancealtar mit einem Altarbild von 1591, das das Letzte Abendmahl darstellt. Der Glockenturm aus dem 17. Jahrhundert steht getrennt von der Kirche auf einer Anhöhe; der ans Kirchenschiff direkt anschließende Turm wurde 1899 angebaut.

Östlich von Kihelkonna lädt der **Karujärv** (Bärensee), den man über Kärla erreicht, zum Baden ein. Am Ostufer kann man zelten, im Sommer werden an einem kleinen Kiosk Getränke verkauft.

Im nahe Kihelkonna gelegenen Dorf **Viki** öffnet im Sommer das **Bauernmuseum Mihkli** seine Pforten. Bauernhof, Scheune, Sauna und eine Bockwindmühle stammen überwiegend aus der Mitte des 19. Jh. Wie es für die Bauernhöfe der Region typisch ist, umgibt eine Steinmauer den Hof.

■ **Mihkli Bauernmuseum,** Viki, Tel. 4546613, www.saaremaamuuseum.ee, Anfang Mai bis Mitte Okt. Mi–So 10–18 Uhr, Eintritt 1,50 €.

Praktische Tipps

Unterkunft

■ **Herberge Kipi-Koovi**①-②, Kipi, Gemeinde Lümanda, Tel. 5130517, www.kipikoovi.ee. Einfache Hütten, Ferienhäuser und Gästehaus. Sauna, Restaurant, zelten möglich.

■ **Kipi Puhkemaja** (Ferienhaus)①-②, Kipi, Gemeinde Lümanda, Tel. 4576477 und 53407826. Zwei Ferienhäuser für Familien, gemütlich, mit Kamin, Sauna, Verpflegung über das nahegelegene *Marta-Lovise* Gästehaus, das dieselben Besitzer für Gruppen betreiben: www.marta-lovise.ee.

■ **Gutshof Pilguse** (Hoheneichen)③, Jögela, Gemeinde Lümanda, Tel. 4545445 und 5240033, www.pilguse.ee. Südlich von Lümanda an der Küste gelegen, schönes Hotel im alten Gutshof, 15 helle Räume, einige mit Küchenzeile, Rauchsauna. Hier lebte einst *Fabian von Bellingshausen,* Seefahrer und mutmaßlicher Entdecker der Antarktis.

🎖 **Ferienhof Praakli-Reediku**①-②, Paiküla, Gemeinde Kärla, GPS N 58.35405, E 22.24862, Tel. 4542176 und 56699175. Einfache Unterkunft mit ökologischer Ausrichtung auf einem Bauernhof. Grillplatz, Spielmöglichkeiten für Kinder. Die Besitzerin spricht deutsch. Mitarbeit auf dem Hof ist möglich.

Essen und Trinken

MEIN TIPP: Restaurant Lümanda *(Lümanda Söögimaja),* Lümanda, Tel. 4576493 und 5033019, www.soogimaja.planet.ee, geöffnet im Sommer. Direkt im Ort Lümanda (30 km westlich von Kuressaare) neben der Kirche. Hervorragende, typisch estnische Küche, lokale Zutaten. Untergebracht ist das Restaurant in einem ehemaligen Pastorat aus dem Jahr 1875. Sehr empfehlenswert.

Aktivitäten

■ **Reitstall Ratsukievari,** Jögela, Gemeinde Lümanda, Tel. 5113395, www.ratsukievari.ee. Finnischer Anbieter für Ausritte, Fahrten mit dem Pferdewagen, Ponys für Kinder, Ausflüge mit dem Geländewagen, Wanderungen, Radtouren, Vogelbeobachtung und Angeln, Spielmöglichkeiten für Kinder. Auch eine Unterbringung im Zelt und Camping in einer kleinen Holzhütte mit Verpflegung sind möglich, Wohnwagenstellplätze.

Der Inselnorden

Eine Fahrt entlang der Nordküste Saaremaas führt überwiegend durch **einsame Gegenden** und zu einzelnen interessanten Zielen. Beim Dorf **Ninase** auf der gleichnamigen Halbinsel liegt ein Hafen, an dem Kreuzfahrtschiffe anlegen können. Wenn aber kein Kreuzfahrtbetrieb herrscht, ist hier nicht viel los. Hauptort der Gegend ist **Mustjala.**

Ein Stück weiter erreicht man die **Steilküste** bei **Panga,** ein beliebtes Ausflugsziel.

Unterkunft

■ **Ferienhof Kuuli,** Ninase, Gemeinde Mustjala, GPS N 58.53365, E 22.23442, Tel. 56606090, http://kuulitalu.weebly.com. Kleine, einfache Blockhütten, Sauna, Spielgeräte für Kinder, auch zelten und Aufstellmöglichkeit für Wohnwagen; von Mai bis Oktober auf Vorbestellung, Übernachtung pro Person im Haus①.

■ **Ferienhof Värava**①, Selgase, Gemeinde Mustjala, GPS N 58.42834, E 22.18037, Tel. 5251139 und 56483664, www.varava.fie.ee. Drei Zimmer in alten Speichern, fünf Waldhütten, Wohnmobilstellplatz, auch zelten möglich, Grill, Sommerküche im Garten, Sauna, Fahrradverleih, auf Wunsch geführte Ausflüge, von April bis Okt.

Steilküste bei Panga

Die Steilküste bei Panga ist mit zum Teil über 20 Metern **die höchste der Insel.** Man sollte bei schönem Wetter unbedingt zum Sonnenuntergang am Fuße der knapp 2,5 Kilometer langen Wand spazieren gehen. Dann leuchtet die Kalksteinwand in warmen roten Farben. Wichtig ist jedoch gutes, stabiles Schuhwerk, weil der Weg über Stock und Stein führt. Unterwegs kann man nach Versteinerungen im Kalkstein Ausschau halten. Wenn man nicht denselben Weg wieder zurückgehen möchte, muss man sich auf einen etwas waghalsigen Aufstieg gefasst machen. Am Ende der Wand hängt ein Seil, an dem man sich hochhangeln kann. Zurück geht es dann oberhalb der Steilwand auf einem Wanderpfad. Von einem Aussichtsturm kann man weit aufs Meer hinausschauen.

Unterkunft

■ **Panga Diving Resort**②, Panga, Gemeinde Mustjala, Tel. 56692009, www.panga.ee. Zimmer im Gäste- und Haupthaus, mehrere Blockhäuser an der Steilküste, aber auch auf Sörve-Halbinsel und in Kuressaare. Sehr nette Besitzerin, die Deutsch spricht; Sauna, Kamin, Verpflegung auf Wunsch,

Fahrradverleih, Angel- und Jagdausflüge, Tauchen im Angebot.

Rund um Leisi

Weiter nach Osten fahrend gelangt man nach Leisi. Am südlichen Ortseingang gibt es eine **orthodoxe Kirche** zu sehen. An der Hauptkreuzung im Ort gibt es eine Gaststätte und einen Laden.

Folgt man der Küstenstraße ein Stück nach Osten, Richtung Orissaare, gelangt man zum Abzweig zum **Hafenort Triigi,** wo die Fähren von und nach Hiiumaa anlegen.

Ein Stück entlang der Küstenstraße nach Osten gibt es im Örtchen **Metsküla** eine weitere kleine **orthodoxe Kirche** aus dem Jahr 1909, die nicht nur auffällig rot gestrichen ist, sondern auch wegen des Baumaterials Holz ungewöhnlich ist.

■ **Gaststätte Sassimaja,** Mustjala mnt 2, Leisi, Tel. 56645406, www.sassimaja.ee. Geöffnet in den Sommermonaten, auch Live-Musik.
■ **Orthodoxe Kirche,** Metsküla, Mai–September.

Angla-Windmühlen

Von Leisi aus führt die Straße 79 in Richtung Süden zu dem Motiv, das viele **Postkarten** Saaremaas ziert, den Windmühlen von Angla, **Wahrzeichen** der Insel. Überall auf den westestnischen Inseln, besonders auf Saaremaa, stößt man auf kleine Holzwindmühlen. Ähnliche **Bockwindmühlen,** die von einem starken Pfosten getragen werden, findet man sonst vor allem in Skandinavien. Je nach Windrichtung können die Mühlen

059esta

gedreht werden. Sie sind zweigeschossig, unten befindet sich der Mechanismus zur Regulierung der Mühlsteine, oben sind Mahl- und Zugvorrichtungen untergebracht, die von den Flügeln in Bewegung gesetzt werden.

Während früher nahezu jeder Hof eine eigene Mühle besaß, sind heute nicht mehr viele Exemplare erhalten. Es war üblich, mehrere Mühlen auf einer offenen Anhöhe zu gruppieren. Eine derartige Gruppe findet man heute nur noch in Angla, etwa 40 Kilometer nördlich von Kuressaare. Von den ursprünglich neun Bockwindmühlen, die hier Anfang des 20. Jh. erbaut wurden, sind heute noch vier erhalten. Dazwischen steht eine **holländische Windmühle** aus dem Jahr 1927. Alle Windmühlen sind frisch renoviert und für Besucher zugänglich. Außerdem befindet sich hier ein Zentrum für Volkskultur und traditionelles Kunsthandwerk, in dem Workshops angeboten werden und wo Kaffee und Gebäck verkauft wird.

◼ **Windmühlen von Angla und Zentrum für Volkskultur,** Angla, Gemeinde Leisi, Tel. 5199 0265, www.anglatuulik.eu. Geöffnet Mai–September 9–20 Uhr, sonst 9–17 Uhr. Eintritt 3,50 €.

Karja-Kirche

Die Straße zur **Katharinenkirche in Karja** zweigt direkt nördlich der hinter den Angla-Windmühlen nach rechts ab. Sie ist nicht nur das kleinste mittelalterliche Gotteshaus Saaremaas, sie gilt auch als eine der **hübschesten Kirchen des Landes.** Von außen eher schlicht, schmücken mittelalterliche Fresken und bemerkenswerte Steinskulpturen das Innere der gotischen Kirche. Die Kapitelle und Basen der Portale an West- und Südseite sind reich mit Pflanzendekor

△ Die Angla-Windmühlen

versehen, während an den Säulen Figuren dargestellt sind. An den Pfeilern des Triumphbogens kann man Szenen aus dem Leben der Heiligen *Nikolaus* und *Katharina* erkennen, aber auch Teufel wurden hier verewigt. In den Gewölben finden sich Pentagramme und andere magische Motive. Taufstein und Kruzifix stammen aus dem 14. Jh., die Kanzel wurde 1638 angefertigt.

Ordensburg Maasi

Der Besuch der Ordensburg Maasi (ausgeschildert: Maasilinn) ist ein kleines Abenteuer. Die **Ruine** ist jederzeit frei zugänglich und man kann sich allein in den Ruinen und dem **unterirdischen kleinen Museum** umsehen.

Vom Deutschen Orden im 14. Jh. erbaut, ging die mächtige Festung im 16. Jh. in dänische Hand über. Dänenkönig *Frederik II.* befahl 1576 die Zerstörung der Burg, um zu verhindern, dass die Truppen der Schweden sie erobern und für ihre Zwecke nutzen würden.

Die oberirdischen Ruinen wurden zum Teil überdacht und können besichtigt werden. Interessant sind die alten **Gewölbe.** Geht man am Ufer der Bucht um die Ruinen herum, kann man einer kleinen Treppe hinunter folgen. Der Lichtschalter befindet sich in Höhe der Eingangstür links an der Wand. Im Inneren sind Fotos ausgestellt, aber sehenswert sind vor allem die Gewölbe selbst.

Der nahegelegene Ort **Orissaare** ist einen kleinen Stopp wert, direkt am Hauptplatz findet sich ein Lokal (*Valge varese trahter*, Kuivastu mnt 31) und ein Supermarkt, am Hafen gibt es das empfehlenswerte *Café Kalda*.

Pöide

Bereits südlich der Hauptstraße 10 vom Muhu-Damm nach Kuressaare liegt die **Marienkirche** von Pöide. Sie wurde im 13. Jh. im romanischen Stil an der Seite einer Ordensburg erbaut, die zur damaligen Zeit Zentrum des livländischen Ritterordens war. Von der Burg, die bereits 1343 zerstört wurde, ist heute nichts mehr erhalten, doch die mächtige Wehrkirche überstand die Kämpfe und Stürme der Jahrhunderte. 1343, als es in Pöide zu einem Aufstand der estnischen Bevölkerung gegen die deutschen Landherren kam, verschanzten sich die Deutschen in den starken Mauern der Kirche. Nach acht Tagen Belagerung einigten sich die Parteien: Wenn die Deutschen die Kirche verließen, würde kein Este das Schwert gegen sie erheben. Doch als Erstere vor den schützenden Bau traten, wurden sie zu Tode gesteinigt.

Jahrhunderte später, 1940, schlug ein Blitz in den Kirchturm ein, Turm und Dach gingen in Flammen auf. Kurz darauf plünderten sowjetische Soldaten das Gotteshaus und verbrannten die Einrichtung. Zu Sowjetzeiten diente das Gebäude als Heulager. Obgleich man nach Erlangen der Unabhängigkeit mit der Renovierung begonnen hat, ist noch viel zu tun.

Herrenhaus Oti

Östlich von Pöide liegt das Herrenhaus Oti (Peudorf), der älteste Gutshof Saaremaas. Das 1309 erbaute Gebäude gehörte dem Deutschen Orden. 1710 fiel es russischen Truppen zum Opfer und wurde erst im 19. Jh. wieder aufgebaut.

955b ta

Heute befindet sich hier ein Hotel③-④, mobil 5117773, www.otimanor.com.

Aktivitäten

■ **Reitunterricht und Ausritte:** Tika talu, Körkvere (etwa 2 km hinter dem Ortsausgang), Gemeinde Pöide, im äußersten Osten der Insel, Tel. 567 03055 (Ausritte), Tel. 5044169 (Unterkunft), www.tikatalu.ee. Kurze sowie mehrtägige Ausritte möglich. Auf dem Gelände des Reiterhofs gibt es auch einfache **Holzhütten**① ohne eigenes Bad, dafür ist die Sauna in der Übernachtung inbegriffen. Uhr, Fr/Sa bis 20 Uhr.

Der Süden und Osten

Valjala

Die **Martinskirche** in Valjala (Waldia/Wolde) wurde Anfang des 13. Jh. im gotischen und romanischen Stil erbaut. Die Gewölbekapitelle sind mit Pflanzenornamenten verziert. Die hoch angebrachten Fenster weisen darauf hin, dass die Kirche später auch zur Verteidigung diente, wie so manches Gotteshaus auf Saaremaa. Der Turm über der Sakristei wurde erst im 17. Jh. errichtet, beim Bau hat man alte Grabsteine verwendet. Die Wandmalereien in Langhaus und Chor aus dem 13. Jh. waren lange unter Putz verborgen, bis sie in den 1970er Jahren wieder freigelegt wurden. Ebenfalls aus dem 13. Jh. ist das Taufbecken.

Ganz in der Nähe des heutigen Dorfes erhob sich eine stattliche Festung, die 1227 von den Ordensrittern in Besitz genommen wurde. Spuren der **Burg** sind kaum noch zu erkennen, stattdessen ist der Hügel von dichtem Wacholder überwuchert. Kaum vorstellbar, dass die Burg einst die stärkste Befestigungsanlage der Insel war. Da sich Saaremaa jedes Jahr etwas mehr aus dem Wasser erhebt, ist anzunehmen, dass die Festung anfangs näher an der Küste stand als heute.

Unterkunft
■ **Valjala Pastorat**①, Tel. 4549543 und 5568 0428. Das Pastorat gegenüber der Kirche bietet Rucksacktouristen eine einfache Unterkunft.

Meteoritenfeld Kaali

Ungefähr 18 km nordöstlich von Kuressaare befinden sich mitten im Wald auf

◁ Die romanische Marienkirche von Pöide

3f

einer Fläche von rund einem Quadratkilometer **neun Meteoritenkrater.** Der
größte ist 22 m tief und hat am oberen
Rand einen Durchmesser von ca. 110 m.
Wissenschaftler gehen davon aus, dass
der aus einem Meteoriteneinschlag her-
vorgegangene, kreisrunde **See Kaali**
mindestens 4000 Jahre alt ist. Durch die
Wucht des Aufpralls entstand der **meterhohe Wall,** den man rund um das grün-
lich schimmernde Gewässer sieht.

An der Straße befindet sich das **Museum für Meteoritik und Kalkstein** (im
Sommer 9–20 Uhr), das neben der Ausstellung auch ein Besucherzentrum, Gästehaus und Restaurant beherbergt.

■ **Kaali külastuskeskus** (Besucherzentrum),
Kaali, Gemeinde Pihtla, Tel. 4591184 , www.kaali.
kylastuskeskus.ee. Im Besucherzentrum, 100 m
vom Kraterfeld entfernt, befinden sich ein Museum,
ein Gästehaus mit Sauna und ein Souvenirgeschäft.
Hotel und Museum sind nur von Juni bis August geöffnet, sonst auf Anfrage.
■ **Kaali Trahter,** gegenüber vom Besucherzentrum, Tel. 53731818, www.kaalitrahter.ee, Mai bis
Sept. tägl. 10–20 Uhr, sonst auf Anfrage. Rustikales
Gasthaus, hier kann man auch das lokale Bier *(Pihtla)*
bekommen.

Kaarma

Die **Peter-und-Paul-Kirche** in Kaarma,
südwestlich von Kaali, entstand Ende
des 13. Jh. Das Gebäude mit seinem quadratischen Chor und der nördlich gelegenen Sakristei trägt romanische sowie
gotische Züge. Ihre Kunstschätze und
Schlichtheit verbreiten eine besondere
Atmosphäre. Ganz in der Nähe befinden
sich **Steinbrüche,** in denen man seit
dem 14. Jh. Dolomit abbaut.

Halbinsel Vätta

Hält man sich vom Meteoritenfeld nach
Süden, stößt man im Dorf **Püha** auf eine
Wehrkirche aus dem 13. Jahrhundert.
Von Püha aus geht es weiter nach Süden
auf die Halbinsel Vätta. Ein 2,5 Kilometer langer Wanderweg durchzieht ein
Gebiet, das im 15. Jh. von Schweden besiedelt war. Auf dem **Naturwanderpfad
Suure-Rootsi** kann man viele der 34 Orchideenarten, die auf Saaremaa heimisch
sind, finden, Birkenhaine durchwandern
und vor allem Ruhe und Stille genießen.
Der Weg startet beim Ferienhof *Aadu.*

Unterkunft

■ **Aadu Ferienhof**②-③, Suure-Rootsi, Gemeinde Pihtla, Tel. 5093981, www.aadutalu.ee. Rustikales Ferienhaus etwa 17 km westlich von Kuressare
mit verschiedenen Zimmern und gemeinsamem
Wohnzimmer, Bad, Küche und Esszimmer mit Kamin; Sauna, Fahrradverleih.

Hiiumaa

Auf Hiiumaa (Dagö), der mit 965 km²
zweitgrößten Insel Estlands (zum Vergleich: Rügen 926 km²), geht es ruhiger
zu als auf der großen Schwesterinsel Saaremaa. Rund 3000 Menschen bewohnen
die **Inselhauptstadt Kärdla,** auf der
ganzen Insel sind es gut 8000, Tendenz
weiter fallend. Damit ist Hiiumaa der am
dünnsten besiedelte Landkreis Estlands.
Aber genau wie Saaremaa ist Hiiumaa
reich an Naturlandschaften, frischer Luft
und einsamen **Stränden.**

Die westlichen Inseln

Besonders in der flachen Bucht von Käina, die von Dämmen umringt ist, kann man zahlreiche **Schwäne, Kraniche, Enten,** aber auch seltene Bartmeisen, Rohrdommeln und Säbelschnäbler beobachten. Zu den heimischen Bäumen gehören vor allem Birken, Kiefern und Fichten, aber auch Erlen und seltene **Eiben.** Einige alte **Eichen** werden als heilig verehrt. Allgegenwärtig ist – wie so oft in Westestland – der **Wacholder.** Zwei Drittel der Insel sind mit **Wald** bedeckt, in dem **Elche, Wildschweine** und **Rehe** zu Hause sind.

Gehölzwiesen und Moore entlang der etwa 325 Kilometer langen Küstenlinie beherbergen seltene Pflanzenarten, die zum Teil nur hier beheimatet sind, darunter einige nordische **Orchideenarten,** Knabenkraut sowie verschiedene Moos-, Schilf- und Gräserarten. Das Innere der Insel ist relativ unerschlossen und birgt **Sümpfe und Moore.** Unter Schutz stehen die kleinen Inseln und Holme vor der Küste Hiiumaas, sie sind heute nicht mehr bewohnt.

Das Wetter meint es mit Hiiumaa etwas besser als mit dem Festland, scheint hier doch öfter die Sonne, weil der Wind Regenwolken schnell weiterbläst.

Die Insel ist das Resultat eines Meteoriteneinschlags vor etwa 500 Millionen Jahren, an dessen Kraterrand heute die Hauptstadt Kärdla liegt. Ihre Form und das typische Landschaftsbild wurden in der letzten Eiszeit geprägt, überall verteilt liegen **Findlinge,** die ein sich zurückziehender Gletscher dort hinterlassen hat.

Die Inselbewohner verbinden viele Naturdenkmäler mit alten **Legenden,** vor allem denen des Riesen *Leiger,* der hier mit seiner Frau *Tiiu* lebte. Vielleicht

kommt der estnische Name der Insel – Hiiumaa – daher. Riese heißt auf Estnisch *hiid, maa* bedeutet Land, übersetzt wird daraus „das Land der Riesen". Vielleicht sind jene Legenden auf die Ankunft der stattlichen und zumeist großen **Schweden** zurückzuführen, die Hiiumaa wahrscheinlich im 13. Jh., von der schwedischen Insel Gotland kommend, besiedelten. Da sie die estnischen Küstenbewohner von der Körpergröße her überragten, kamen sie ihnen vielleicht wie Riesen vor.

Die Schweden nannten die Insel **Dagö** – „Tagesinsel" –, wohl weil die Überfahrt von Gotland bis Hiiumaa ziemlich genau 24 Stunden dauerte. Der Name wurde später auch von den Deutschen übernommen. Jahrzehntelang bewohnten die Schweden Hiiumaa als **freie Bauern und Fischer.** Ein Freibrief des schwedischen Königs garantierte ihnen, dass sie keine Frondienste auf den Gutshöfen der Adligen leisten mussten wie die Esten, die Leibeigene der Gutsherren waren. Natürlich waren die freien Bauern den Inselherren ein Dorn im Auge und nach einem Machtwechsel in Estland ließ *Katharina II.* sie im Jahr 1781 in die Ukraine deportieren. Die zurückbleibenden Schweden wanderten etwa 30 Jahre später ab, als sich der Baron *von Ungern-Sternberg* ihrer Höfe bemächtigte. Die meisten zogen in den Landkreis Läänemaa rund um Haapsalu oder auf die Nachbarinsel Vormsi.

Leider blieb Hiiumaa von den großen Katastrophen des 20. Jh. nicht verschont. Im Zweiten Weltkrieg wurden hier blutige Gefechte zwischen **deutschen und russischen Truppen** ausgefochten. 1941 eroberten die Deutschen die Insel von den Sowjets, 1944 schlugen diese zurück

3f

und brachten sie unter ihre Herrschaft. **Bunker, Aussichtstürme und Geschützstände** aus jenen Tagen sind noch an vielen Orten zu sehen und können besichtigt werden.

Zu Sowjetzeiten war Hiiumaa wie auch die Nachbarinseln **militärisches Sperrgebiet.** Selbst Esten war es verboten, ohne eine Sondergenehmigung die Insel zu betreten. Um diesem Teil der Geschichte wenigstens einen positiven Aspekt abgewinnen zu können, lässt sich festhalten, dass dadurch viele seltene Pflanzen- und Tierarten frei von menschlichen Einflüssen gedeihen konnten. Die letzten sowjetischen Armeeeinheiten verließen erst 1993 die Insel.

Anfahrt mit der Fähre

„Fortschritt" hieß die erste Fähre, die nach dem Bau des **Hafens Heltermaa** im Jahr 1870 Hiiumaa mit **Rohuküla bei Haapsalu** verband. Heute sind es mehrere Schiffe täglich, die die Insel anfahren. Die **Überfahrt** dauert etwa 90 Minuten. Wer mit dem Auto unterwegs ist, sollte auf jeden Fall einen Platz reservieren. Dabei sind die Touristeninformationen, beispielsweise in Haapsalu, behilflich. Auf Hiiumaa helfen die Touristeninformation oder das Reisebüro *Tiit Reisid* (das einzige Reisebüro auf der Insel) in Kärdla weiter.

Im Sommer fahren bis zu drei Fähren täglich (sonst weniger und nicht täglich) zwischen dem **Hafen Sõru** im Süden von Hiiumaa und dem **Hafen Triigi** auf der Nachbarinsel **Saaremaa.** Auch hier sei Reisenden mit eigenem Auto oder Mietwagen geraten, mit Hilfe der Touristeninformation eine Fähre im Voraus zu buchen oder man fährt vor dem Reisetag selbst einmal zum jeweiligen Hafen, um sich einen Platz zu reservieren, da nur 30 Autos auf das Schiff passen. Die Überfahrt dauert eine gute Stunde.

◼ **Buchung:** *Tuule laevad,* Tel. 4524444. Die Fahrkarten kann man im Internet unter www.tuulelaevad.ee oder am Hafen kaufen. Hafen Heltermaa: GPS N 58.86667, E 23.04833; Hafen Sõru: GPS N 58.69246, E 22.52208.

Rundfahrt über die Insel

Am besten erkundet man die 22 Kilometer vom Festland entfernte Insel mit dem Auto. Die Hauptstrecken sind mittlerweile asphaltiert, man kann aber, wenn man Nebenstrecken nimmt, auch recht schnell auf etwas abenteuerliche Wege geraten. Die hier beschriebene Rundfahrt beginnt am Hafen Heltermaa. Bis zur Westspitze sind es etwa 60 Kilometer, die Nord-Süd-Ausdehnung beträgt rund 45 Kilometer. Es bieten sich auch sternförmige Tagesausflüge an, beispielsweise von Kärdla aus. Zwei Tage sollte man sich für die Rundfahrt mindestens lassen, wer ausgiebige Wanderungen oder Badeausflüge einplant, sollte noch einen Tag dranhängen. **Baden** kann man am besten an den Stränden in Tahkuna und auf der Halbinsel Kõpu.

Vom Hafen nach Kärdla

Pühalepa und Suuremõisa

Etwa sechs Kilometer vom Hafen Heltermaa entfernt liegt der erste lohnende Zwischenstopp. Der Turm der **St. Lau-**

rentiuskirche von Pühalepa ist schon von Weitem erkennbar. Um näher heranzukommen, verlässt man nach einer Kurve die Straße 80 und biegt links in Richtung Suuremõisa ab. *Pühalepa* heißt soviel wie „heilige Erle", weil Erlen in früheren Zeiten hier wuchsen und in der Naturreligion der Bevölkerung eine Rolle spielten.

Die steinerne Kirche wurde anstelle eines hölzernen Vorgängerbaus um 1270 zunächst turmlos errichtet. Im Laufe der Jahrhunderte hat man sie mehrfach umgebaut und 1770 durch einen Glockenturm ergänzt. Nachdem das Gotteshaus zu Sowjetzeiten als Speicher genutzt wurde, musste es 1991 restauriert werden. Im Inneren sind noch alte Grabsteine, Maskenreliefs sowie eine Kanzel mit Steinskulpturen aus dem Jahr 1636 erhalten.

Wie so viele Orte der Insel ist auch die Kirche an eine Legende geknüpft. Der Teufel selbst soll versucht haben, ihren Bau mit allen Mitteln zu verhindern, und warf riesige Steinbrocken in Richtung des Gebäudes. Zum Glück war er kein guter Werfer und verfehlte sein Ziel. Ein großer Brocken, der etwa hundert Meter nördlich der Kirche liegt, wird in Gedenken an diese Sage **Teufelsstein** genannt.

Eine weitere Ansammlung großer Findlinge befindet sich ein Stück nördlich hiervon. Ob sie auch das Resultat der teuflischen Wurfversuche sind oder eine Hinterlassenschaft von Seeleuten, die vor großen Reisen Felsen hierher brachten, um so eine Art Vertrag mit Gott zu schließen, der sie beschützen sollte, sei dahingestellt. Die Bezeichnung dieser Steinanhäufung, **Kontraktsteine,** geht auf letztere Theorie zurück.

Bevor man sich den Steinen zuwendet, verdient der **Friedhof** rund um die Kirche etwas Aufmerksamkeit. Neben einigen alten Grabsteinen sind noch Reste alter Ringkreuze erhalten. Einige tragen deutsche Inschriften. Hervorzuheben ist das Grab von *Ebba-Margarethe Stenbock* (1704–76), einer Urenkelin des ehemaligen Inselbesitzers *Jacob de la Gardie*, die den Bau des nicht weit entfernt liegenden, spätbarocken **Gutshauses Suuremõisa** (Großenhof) initiierte. Das dreigeschossige Gebäude mit hohem Halbwalmdach, das zuweilen auch Schloss (estn.: *loss*) genannt wird, wurde Mitte des 18. Jh. erbaut und diente der Familie *von Stenbock* als Landsitz.

1772 wurde es durch die im rechten Winkel angeschlossenen Flügel erweitert, bevor es knapp 25 Jahre später in den Besitz des Barons *Otto Reinhold Ludwig von Ungern-Sternberg* (1744–1811) überging. Sein Spitzname lautete nicht umsonst *Graf Ungern*, schließlich gründete ein Teil seines Reichtums auf der Plünderung in Seenot geratener Schiffe, die er zum Teil mit falschen Leuchtfeuern absichtlich an die seichte Küste lockte. Seine Beute versteckte er hinter einer Doppeldecke im Dachgeschoss. Eines Tages wurde der Baron jedoch für seine Taten bestraft. Nachdem er 1802 den schwedischen Kapitän *Carl Malm* im Streit ermordet hatte, wurde er nach Sibirien verbannt und starb dort im Alter von 67 Jahren.

An der Ostküste

Die Landstraße 80 führt in den Norden der Insel. Einer Stichstraße ans Meer folgend, trifft man hinter einem Kiefernwald auf einen etwa 400 Meter langen und bis zu zehn Meter hohen Kalksteinaufschluss. Ein Wanderweg führt am **Kliff Kallaste** entlang. Über eine Küstenstraße geht es via Hellamaa (dort links abbiegen) wieder zurück auf die Straße 80, der man in nördlicher Richtung folgt.

Bauernmuseum Soera

Einige Kilometer vor der Inselhauptstadt Kärdla bietet sich ein Abstecher zum Bauernmuseum Soera an, das einen guten Einblick in das **ländliche Leben des 19. Jh.** gibt. Der 1848 angelegte Hof ist in drei Teile gegliedert: Wohnhaus, Dreschraum und -boden. Hohe Schwellen und fensterlose Wände aus dicken Baumstämmen sollten die Kälte draußen halten, während drinnen ein aus Kalkstein gebauter Kamin für Wärme sorgte. In Nebengebäuden waren eine Schmiede, der Kornspeicher und die obligatorische Rauchsauna untergebracht, die der Familie als Badezimmer diente. Am Museum geht ein **Wanderpfad** ab.

◼ **Soera Talumuuseum,** Palade, Gemeinde Pühalepa, Tel. 53422087, www.lhk.palade.edu.ee, wegen Umbau zuletzt nur Do–So 12–16 Uhr geöffnet, sonst auf Anfrage. Eintritt 3 €.

Praktische Tipps

Unterkunft, Essen und Trinken
◼ **Allika hostel**②, Suuremõisa, Tel. 4629026 und 56689249, www.allika.com. Das Gästehaus ist im alten Gutshofkomplex *Suuremõisa* untergebracht; manche Zimmer mit eigenem Kamin, Fahrradverleih, Vermittlung von Bootsausflügen.

◼ **Heltermaa Hotell**①, Hafen Heltermaa, Tel. 4694146, www.heltermaahotell.ee. Hotel direkt am Hafen, auch Bar-Restaurant.

MEIN TIPP: Ungru Resto und Gästehaus①, Suuresadama, an der Küste östlich von Kärdla, Tel. 555 31230, www.ungrumaja.ee. Ambitioniertes Restaurant (Eigenbezeichnung der Küche: *soul food*) und Gästehaus im ehemaligen Hafen.

Einkaufen
◼ Ein schöner **Handwerksladen** ist Heltermaa käsitöömaja. Er liegt direkt an der Straße vor dem Hafengelände Heltermaa, in einem alten Kneipengebäude. Geöffnet Juni–Sept. tägl. 10.45–19 Uhr.

Kärdla

Obwohl sie Inselhauptstadt genannt wird, ist die von den Schweden gegründete Stadt Kärdla mit rund 3000 Einwohnern eher ein **verschlafener Ort** mit vielen kleinen Holzhäuschen und Gärten. Dennoch ist es ein guter Ausgangspunkt, um die Insel zu erkunden, liegen hier doch einige Hotels, die zentrale Touristeninformation Hiiumaas sowie Geschäfte und Restaurants.

Die steinerne **Johanniskirche** (Posti 2) wurde 1863 erbaut, 1929 hat man den hölzernen Turm angefügt.

Mitte des 19. Jh. ließ die Familie *von Ungern-Sternberg* in Kärdla eine große **Textilfabrik** errichten, die den Ort zum Handelszentrum Hiiumaas machte. Heute ist in dem sogenannten **Langen Haus,** das um 1830 als Wohnhaus für die Direktoren der Textilfabrik errichtet wurde, ein Museum untergebracht, das unter anderem die Geschichte der Fabrik dokumentiert. Der Name kommt nicht von ungefähr, das mehr als 60 Meter lange Gebäude ist das längste im Ort.

Die westlichen Inseln

■ **Hiiumaa Museum,** Vabrikuväljak 8, Tel. 4632 091, www.muuseum.hiiumaa.ee, tägl. 10–17 Uhr.

Praktische Tipps

Informationen
■ **Touristeninformation,** Hiiu 1, Tel. 4622232, www.hiiumaa.ee. Hier gibt es aktuelle englischsprachige Broschüren über die Insel mit Kartenmaterial sowie aktuellen Hotel- und Restaurantadressen. Sehr empfehlenswert ist die kleine Broschüre „Leuchtturm-Tour" (auch auf Deutsch), die eine Rundfahrt über die Insel beschreibt. Online kann man diese Rundfahrt unter www.hiiumaa.ee/tule torn finden.
■ **Tiit Reisid,** Reisebüro beim Busbahnhof, Sadama 13, Tel. 6623762, www.tiitreisid.ee.

Service
■ **Post:** Keskväljak 3.
■ **Banken:** am zentralen Keskväljak.
■ **Apotheke:** Uus 3, Tel. 4632166, Mo–Fr 8–18 Uhr, Sa 9–15 Uhr.

Unterkunft, Essen und Trinken
■ **Padu Hotel**②, Heltermaa mnt 22, Tel. 4633037 und 5051671, www.paduhotell.ee. Sehr nettes, gemütliches Hotel mit DZ und Apartments, der Besitzer spricht Deutsch, Sauna mit kleinem Pool, kleines Café und WiFi. Auto- und Fahrradvermietung
■ **Sönajala Hotel und Restaurant**②, Leigri väljak 3, Tel. 4631220, www.sonajala.ee. Das Hotel verfügt über eine Bar und eine Sauna, nette Zimmer, verleiht auch Fahrräder und bietet geführte Ausflüge an.
■ **Rannapaargu,** Lubjaahju 3, Tel. 4632053, www. rannapaargu.ee. Nettes, größeres Café, Restaurant und Bar, am Wasser, mit Liegewiese und nebem dem Strandpark gelegen.
■ **Mamma Mia Gästehaus**②, Rookopli 20, Tel. 53527642. Das schöne Gästehaus direkt am Hauptplatz, das auch schon mal *Kaptenite Villa* und *Villa*

Loona hieß, ist jetzt italienisch ausgerichtet: Es gibt auch Pizza.

Aktivitäten
■ **Fahrradverleih:** Viele der im Buch angegebenen Unterkünfte verleihen auch Fahrräder, im Zweifel vorher fragen.
■ **Seekajaktouren:** *360°,* Tel. 56864634, www. 360.ee. Seekajaktouren zu den kleinen vorgelagerten Inseln inklusive Robbenbeobachtung. Besonders schön sind Zweitagestouren mit Übernachtung im Zelt. Am besten im Voraus buchen.

Einkaufen
■ **Souvenirs** von Hiiumaa, zum Beispiel Küchenutensilien aus Wacholderholz oder dicke Wollpullover, kann man in diversen kleinen **Handarbeitsläden** erstehen. Sie sind hier wesentlich preiswerter als in Tallinn oder anderen großen Städten des Landes. Auch den Museen sind oft kleine Souvenirläden angegliedert.
■ **Tuulepesa pood,** Põllu 3, Tel. 4631081, www. tuulepesapood.eu, Mo–Fr 10–17.30, Sa 10–14 Uhr. Schöne Auswahl von echt lokaler Handwerkskunst.

Verkehr
Fähre
Siehe oben: „Anfahrt mit der Fähre".

Taxi
■ **Meelis Telvik,** Käina, Tel. 5176136.
■ **Jaanus Jesmin,** Kärdla, Tel. 5112225.

Bus
■ **Busbahnhof:** Sadama 13, Tel. 4631188.
■ Von **Tallinn und Haapsalu** fahren Busse nach Kärdla, manche weiter bis nach Käina. Die Fahrt von Tallinn nach Kärdla dauert inklusive Fährüberfahrt etwa 4½ Stunden. Info und Fahrkarten über www. tpilet.ee oder am jeweiligen Busbahnhof.
■ Auf der Insel verbinden nur ab und zu Busse die einzelnen Ortschaften miteinander. Es ist deshalb ratsam, sich mit einem (Miet-)Auto oder Fahrrad

3f

fortzubewegen, weil es sonst sein kann, dass man irgendwo bis zum nächsten Morgen festhängt. In der Busstation in Kärdla gibt es aktuelle Fahrpläne, die über die **Inselbusse** informieren. Sie fahren u.a. nach Körgessaare, auf die Köpu-Halbinsel, nach Kassari, Käina und zu den Häfen.

Autovermietung
Manche Hotels haben einen oder zwei Wagen zur Verfügung, die sie vermieten. Nachfragen lohnt sich, da dies oft die preiswerteste Alternative ist.

■ **Autoverleih** und **Taxi Jaanus Jesmin,** Kaare 10, Tel. 5112225, www.carrent.hiiumaa.ee.

Autowerkstatt
■ **Mameta,** Leigri väljak 5, Kärdla, Tel. 4631204 und 5091098, Mo–Fr 8–17 Uhr.

⊳ Die Leuchttürme gehören zu den beliebtesten Ausflugszielen auf Hiiumaa. Hier der Leuchtturm auf der Tahkuna-Halbinsel

❀ Tahkuna-Halbinsel

Kreuzberg

Folgt man der Straße 80 weiter in nordwestlicher Richtung, gelangt man zu einem merkwürdigen Ort, dem Kreuzberg, oder, auf Estnisch, **Ristimägi.** Zwar ist er kein Vergleich zu dem berühmten Berg der Kreuze in Litauen, doch umgibt auch diesen Ort eine mystische Atmosphäre. **Tausende Kreuze** verschiedener Größen, allesamt aus Na-

062es ta

turmaterialien geschaffen, stehen oder liegen entlang einem kleinen Waldweg. Kaum ausgeschildert und meist menschenleer, wirkt der Kreuzberg fast ein wenig gespenstisch. In der Tat erinnert er an ein trauriges Kapitel der Inselgeschichte, die Deportation der hier zuvor ansässigen Schweden. Ein Erlass Katharinas II. hatte zu der Zwangsdeportation der schwedischen Bevölkerung geführt. An dieser Stelle sollen sie zum letzten Mal einen Gottesdienst abgehalten und den Ort mit einem Kreuz markiert ha-

ben. In Gedenken an die Verbannten stellten Inselbewohner und Besucher im Laufe der Zeit immer mehr Kreuze auf. Auch Touristen sind eingeladen, ein Kreuz aus Naturmaterialien zu hinterlassen. Zweige, Kieselsteine und Tannenzapfen stehen zur Verfügung.

Freilichtmuseum Mihkli

Ein paar Kilometer weiter westlich geht rechts eine Straße ab, die zu einem alten

Gehöft führt, das heute als Museum für Besucher geöffnet ist. Der Hof wurde bis Ende des 18. Jahrhunderts von Schweden bewohnt und war noch bis 1987 in Betrieb. Die Gebäude stammen überwiegend aus dem 19. Jh. Neben dem Bauernhaus ist auch eine landestypische **Rauchsauna** zu sehen.

◼ **Mihkli Museum,** Malvaste, Gemeinde Kõrgessaare, Tel. 4632091, www.muuseum.hiiumaa.ee, Mitte Mai bis Ende Aug. Mi–So 11–18 Uhr, sonst nach Vereinbarung.

Leuchtturm Tahkuna

Über eine Schotterstraße geht es an die Spitze der Tahkuna-Halbinsel, die überwiegend von Wald bedeckt ist. Seit 1875 zeigt der über 40 Meter hohe Leuchtturm Tahkuna, der von Schwindelfreien auch besichtigt werden kann, den vor der seichten Küste vorbeifahrenden Schiffen den Weg. Zuvor waren unzählige Schiffe immer wieder in dieser Gegend auf Grund gelaufen. Dem sollte der Leuchtturm ein Ende setzen. Er wurde gemeinsam mit dem Leuchtturm von Ristna, ganz im Westen der Insel, in Paris angefertigt und mit einem Frachtschiff nach Hiiumaa gebracht.

Estonia-Denkmal

In der Nähe erinnert ein Denkmal an die **Fähre „Estonia",** die am 28. September 1994 etwa 30 Seemeilen nordwestlich der Tahkuna-Halbinsel unterging. Die auf der großen Glocke dargestellten Kinderköpfe stehen für die Kinder, die in den Fluten umkamen. Die Glocke erklingt genau dann, wenn Windrichtung und -stärke mit denen in jener Unglücksnacht übereinstimmen.

Bunker

In der Nähe des Leuchtturms befinden sich, zum Teil im Wald versteckt, Türme und Bunker aus dem **Ersten und Zweiten Weltkrieg.** Man kann sie besichtigen, doch Vorsicht: Die unterirdischen Bunker sind stockduster und teilweise sehr weit verzweigt. Ohne Taschenlampe sollte man sich auf keinen Fall hineinbegeben.

Badestrände

An den zumeist einsamen Stränden Tahkunas kann man einen Badestopp einlegen. Das Meer ist im Sommer aufgrund seiner geringen Tiefe an dieser Stelle angenehm warm. Biegt man von Süden kommend an der letzten Abzweigung vor dem Leuchtturm Tahkuna in den Wald ab, gelangt man etwa auf halben Weg Richtung Lehtma zu einem Parkplatz, von dem aus der Strand an der Nordseite der Halbinsel gut zu erreichen ist. Der Fahrweg ist allerdings in recht schlechtem Zustand.

Reigi

Zurück auf der Hauptstraße passiert man kurz vor Kõrgessaare in Reigi eine **Kirche** aus dem Jahr 1802, die der Landherr *von Ungern-Sternberg* in Erinnerung an seinen Sohn errichten ließ. Dieser hatte sich aufgrund von Spielschulden das Leben genommen und liegt auf dem Friedhof von Reigi begraben. Im Inneren des Gotteshauses erinnern Gemälde aus dem 16. und 17. Jh. sowie Reliefs aus einer älteren Holzkapelle an die schwedischen Bewohner, die hier einst lebten.

Unterkunft

■ **Gästehaus Kalda** *(Kalda puhketalu)*①-②, Mangu, Gemeinde Kõrgessaare, Tel. 5279421, www.kaldapuhketalu.ee. Ferienhäuser und Campingmöglichkeit am Westufer der Halbinsel, einfache Campinghäuser, Fahrradverleih, Bootsausflüge, Sauna, Grillhaus und Verpflegung.

■ **Ferienhof Randmäe** *(Randmäe puhketalu)*①, Mangu, Gemeinde Kõrgessaare, Tel. 56833511, www.puhketalu.ee. Ferienhäuser, Hütten, Speicher, schön am Sandstrand der Westküste Tahkunas gelegen, umringt von Kiefern. Zelten, Stellplatz für etwa 30 **Wohnwagen,** Fahrrad- und Autovermietung.

Kõrgessaare

Kõrgessaare (Hohenholm) an der Nordwestküste Hiiumaas war einst ein bedeutendes Handelszentrum. Anfang des 20. Jh. entstand hier eine große **Fabrik** namens *Viskoosa*, in der Kunstseide produziert werden sollte. Die Lage nahe dem bereits im Mittelalter angelegten Hafen schien den Planern ein idealer Standort, doch die beiden Weltkriege machten die Pläne zunichte. Ein Teil der Fabrik wurde in die Luft gesprengt, aber einige hübsche, backsteinerne Fabrikgebäude sind noch erhalten. In einer alten Wodkabrennerei aus dem Jahr 1881 ist heute das traditionsreiche Restaurant Viinaköök untergebracht.

Unterkunft, Essen und Trinken

MEIN TIPP: **Restaurant und Gästehaus Viinaköök**①-②, Sadama 2, Kõrgessaare, Tel. 4693337, www.viinakook.com. Ordentliche Zimmer, Dusche und WC auf dem Gang, Sauna, sehr empfehlenswertes Restaurant, das allerdings nur von Mitte/Ende Juni bis Mitte August geöffnet ist.

Kõpu-Halbinsel

Im Westen Hiiumaas ragt die Halbinsel Kõpu rund 20 Kilometer weit ins Meer hinein. Sie ist das Resultat einer vor 8000 bis 10.000 Jahren aus dem Meer gestiegenen Moränenerhebung, an deren höchster Stelle heute das wohl bekannteste Gebäude der Insel steht, der **Leuchtturm Kõpu.**

Anfang des 16. Jh. veranlasste der Tallinner Magistrat auf Bitten der Hanse den Bau des Turms. Zu viele Schiffe waren zuvor in der seichten Küstenregion am Riff Neckermannsgrund (Hiiu Madal bzw. Näkimadal) auf Grund gelaufen und von Piraten geplündert worden. Zunächst sollte das heutige **Wahrzeichen Hiiumaas** nur die Orientierung bei Tage erleichtern und war nicht mit Licht ausgestattet. Aus dieser Zeit stammt der untere Teil des Turms, ein massiver, quadratischer Kalksteinbau, der mit Strebepfeilern an den Seiten versehen war. 1538 wurde der Turm aufgestockt, doch seine eigentliche Funktion als Leuchtturm nahm er erst 1649 auf, wobei man zunächst mit Holz, später mit Öl Leuchtfeuer auf dessen Spitze anfachte. Der enorme Bedarf an Holz führte zu einer großflächigen Rodung der Halbinsel. Anfang des 19. Jh. hat man das Gebäude umgebaut, die Räume und die Treppe im

9560.ta

Inneren wurden angelegt. Ende des 19. Jh. installierte man eine elektrisch betriebene Beleuchtungskuppel auf der Spitze. Heute kann man den Turm besteigen und wird mit einem schönen Ausblick über die Wälder, Moore, Wälle und Dünen der Kõpu-Halbinsel belohnt.

Wie auch auf der Tahkuna-Halbinsel befinden sich an ihrer Spitze, wo der **Leuchtturm von Ristna** zur Besteigung offen steht, die Reste einer Festungsanlage. Kaum zu glauben, dass in dieser friedlichen Gegend Radaranlagen und Flugabwehrraketen stationiert waren, um die äußerste Nordwestgrenze der Sowjetunion vor einem Angriff des Westens zu schützen. Heute findet man noch die Stellungen der Soldaten im Wald. Ihre **Wachtürme und Bunker** können besichtigt werden, aber auch hier gilt: nicht ohne Taschenlampe und nur, wenn man Begleitung hat.

Wanderfreunden seien die **Naturpfade** auf der Halbinsel ans Herz gelegt. Für einen kurzen Spaziergang bietet sich der einen Kilometer lange Pihlatalu-Weg beim Dorf Kõpu an. Der zwei Kilometer umfassende Rebastemäe-Lehrpfad führt auf den 63 Meter hohen Kaplimägi mit einer Aussichtsplattform. Der Neljateeristi-Wanderweg umfasst vier verschiedene Routen unterschiedlicher Länge. Er führt über waldbedeckte Hügel, die aus früheren Dünen hervorgegangen sind. Kartenmaterial erhält man in der Touristeninformation in Kärdla.

Baden und Surfen kann man ganz im Westen bei Ristna oder in der Nähe des Ortes Luidja im Nordosten der Halbinsel. In der Nähe des Sandstrandes kann man auch campen.

◁ Der mächtige Leuchtturm von Kõpu

Unterkunft und Aktivitäten

■ **Ristna Puumetsa**②, Tel. 5182555, Kõpu-Halbinsel, großes Haus mit 10 Betten, ein kleines mit 7 Betten. Kontakt über *Dagen Haus*, www.dagen.ee (s. auch unten unter „Insel Kassari").

■ Das **Wassersportzentrum Surf Paradiis** an der Westspitze der Halbinsel Kõpu (*Paradiisirand*, Ristna, Gemeinde Kõrgessaare, Tel. 5051015, www.paap.ee) vermietet im Sommer Wassersportartikel und bietet verschiedene Wasseraktivitäten an wie Jetski, Schnorcheln, Wracktauchen und Bootsausflüge. Direkt am Meer steht das Blockhaus *Paradiisi Villa*, in dem Gruppen untergebracht werden. Es werden auch einfache Schlafmöglichkeiten in Hütten, Zelten, Booten oder Hängematten angeboten.

Der Inselsüden

Die Fähre von und nach Saaremaa legt ganz im Süden der Insel an. Wenn man nicht dorthin unterwegs ist, ist dieser Teil Hiiumaas nicht unbedingt einen Umweg wert.

Vom **Hafenort Sõru** aus hat man einen schönen Blick aufs Meer. Wie auf Tahkuna und Kõpu findet man auch hier militärische Hinterlassenschaften, darunter Geschützstellungen aus dem Ersten Weltkrieg. Im Sommer finden am Hafen häufig Veranstaltungen statt.

Insel Kassari

Im 18. Jh. wurde die kleine Insel Kassari durch eine Brücke mit Hiiumaa verbunden. Seither hat sie sich zu einem **beliebten Ferienort** entwickelt, der schon im 19. Jh. besonders die Intellektuellen des Landes anzog. Seit 1860 besteht eine zweite Brücke weiter östlich, sodass man

3f

eine kleine Rundfahrt über die Insel machen kann.

In der Nähe der Dämme laden zwei **Wanderwege** zu Entdeckungen ein. Der Naturpfad *Orjaku* (2,5 km) führt durch das **Vogelschutzgebiet** an der Bucht Käina, wo über 90 Vogelarten nisten und Zugvögel rasten. Er beginnt am Turm Orjaku. Der zweite Weg *(Ristitee turismitalu matkarada)* schlängelt sich über 1,5 Kilometer nahe Esiküla durch den Nordostzipfel der Insel.

🦋 Im Süden der Halbinsel Kassari ragt eine schmale **Landzunge** *(Sääre tirp)* drei Kilometer weit ins Meer hinaus. Ein Spaziergang auf der immer schmaler zulaufenden Landspitze ist zu empfehlen. Den ersten Kilometer kann man noch mit dem Auto zurücklegen, doch dann ist der Weg nur noch für Fußgänger geöffnet. Je mehr man sich der Spitze nähert, desto schmaler wird die Landzunge, bis sie schließlich – nur noch etwa einen bis zwei Meter breit – im Meer verschwindet. Wem der Fußmarsch zu lang ist, der kann das Ganze natürlich auch als Fahrradtour machen (bis auf die letzten Meter).

Museum Kassari

Im sehenswerten Museum Kassari im gleichnamigen Ort finden sich Ausstellungsstücke rund um die **Geschichte Hiiumaas.** Viele Exponate sind naturgemäß eng mit der **Seefahrt** verknüpft, aber auch Gegenstände bekannter Inselbewohner und ein ausgestopfter Wolf sind zu sehen.

■ **Kassari Ekspositsioonimaja,** Kassari, Gemeinde Käina, Tel. 4697121, www.muuseum.hiiu

maa.ee, Mitte Mai bis Ende Sept. täglich 10–18 Uhr, sonst nachfragen.

Unterkunft, Essen und Trinken

■ **Dagen Haus**③, zwischen Orjaku und Nasva am Westende von Kassari, GPS N 58.796529, E 22.763 753, Tel. 5182555 und 5165600, www.dagen.ee. Ein Anbieter von stilvoll eingerichteten Ferienhäusern, meist am Meer gelegen.

■ **Gästehaus Keldrimäe**②, Kassari, Gemeinde Käina, Tel. 53430381 und 5182210, www.keldri mae.ee, GPS N 58.79056, E 22.83250. Gästehaus mit DZ, teils mit Bad auf dem Flur, Sauna und einer Feuerstelle.

■ **Lest & Lammas Grill/Kassari Ferienzentrum** ③, Kassari, Gemeinde Käina, Tel. 4697169, www. kassarikeskus.ee. Größeres Ferienzentrum mit Hotel, Zeltmöglichkeit, Ferienhaus und Grill-Restaurant. Schöner Biergarten. An der Straße zur Landspitze Sääre tirp.

■ **Fasshäuser und Restaurant Vetsi Tall**①-②, Kassari, Gemeinde Käina, Tel. 4622550 und 5648 7057, www.vetsitall.ee. Alte Schenke, die traditionelle Gerichte auftischt, gute Fischspeisen. Unterbringung im Haupthaus und in originellen Fasshäuschen, Vermittlung von Bootsausflügen, Fischfang, auch zelten (schöne Wiese) und Wohnwagen aufstellen möglich.

Aktivitäten

■ **Reitausflüge:** *Kassari ratsamatkad,* Tel. 5083 642, www.kassari.ee, im Nordosten der Insel Kassari, einstündige bis mehrtägige Ausritte.

Vaemla

Hinter der Brücke, wieder auf Hiiumaa, kann man bei der **Aussichtsplattform** von Vaemla (Waimell) einen Stopp einlegen. Der Ort ist heutzutage vor allem für seine **Wollfabrik Hiiu Vill** bekannt (hinter der Brücke noch vor der Hauptstraße rechts, ist ausgeschildert). Das Familienunternehmen ist in einem alten Steingebäude untergebracht, das zum ehemaligen Herrenhaus des Ortes gehörte. Im Haus sind alte Maschinen zu besichtigen, außerdem kann man hier hervorragend Mitbringsel erstehen, vor allem natürlich dicke Pullover, Socken oder Handschuhe aus Schafwolle. Im Sommer ist ein kleines Café geöffnet.

MEIN TIPP: Hiiu Vill, Dorf Vaemla, Gemeinde Käina, Tel. 4636121 und 5174850, www.hiiuvill.ee. Mitte Mai bis Ende August Mo–Fr 9–18, Sa 10–18, So 10–16. Rest des Jahres Sa bis 16 Uhr, So geschl., Café nur Juni bis August.

Käina

Von Vaemla geht es zurück auf die Hauptstraße (83), auf der man sich links hält. Die **Kirchenruine** von Käina ist ein Denkmal für die Schrecken des Krieges. Dabei fiel das Gotteshaus, das Ende des 15. bis Anfang des 16. Jh. erbaut wurde, 1941 eher einer unglücklichen Verkettung von Umständen zum Opfer. Ein sowjetischer Wachmann bekam 1941 die Aufgabe, vom Turm der Kirche aus nach deutschen Soldaten zu spähen. Wohl eher aus Langeweile schoss er mit dem Gewehr in Richtung der vorüberfliegenden Kampfflugzeuge der Deutschen. Ein Pilot schoss daraufhin mit einem Maschinengewehr auf den Wachmann. Ein Geschoss entzündete sich zu einem Feuer, dem die Kirche zum Opfer fiel. Zwar heißt es, dass der deutsche Soldat sich

später beim Ortspastor für den nicht geplanten Brand entschuldigt haben soll, doch ist dies angesichts seiner Auswirkung wohl nur ein schwacher Trost. Mit der Innenausstattung verbrannte auch eine Orgel, die der Vater des Komponisten *Rudolf Tobias* gebaut hatte.

Unterkunft

■ **Hotel und Restaurant Liilia**②, Hiiu mnt 22, Käina, Tel. 4636146, www.liiliahotell.ee. Zum Hotel gehört ein Restaurant, das das ganze Jahr über täglich geöffnet ist.

■ **Lookese Spa-Hotel**②, Lookese 14, bei Käina, nahe der Straße 83, Tel. 4636146, www.lookese.ee. Moderner Komplex mit Fitnessraum, verschiedene Anwendungen, Pool. Geöffnet Juni bis August, sonst nur für Gruppen.

Vormsi

Die Insel Vormsi (deutsch: Worms, schwedisch: Ormsö), liegt etwa zehn Kilometer von Haapsalu entfernt und ist mit ca. 92 km² die viertgrößte Insel Estlands. Urkundlich erwähnt wurde die 17 Kilometer lange und 10 Kilometer breite Insel erstmals im Jahre 1391. Um das Jahr 1270 siedelten sich **Schweden,** wahrscheinlich hauptsächlich über Finnland kommend, hier an. Ihre Anwesenheit, die im Jahr 1944 mit einer Flucht vor der Roten Armee abrupt endete, prägt bis heute die Architektur, überall sind typische rote Holzhäuser zu sehen. Auch die Dörfer tragen noch schwedische Namen.

Zunächst im Besitz der **Bischöfe von Ösel-Wiek** (Saare-Lääne), kam Vormsi Ende des 16. Jahrhunderts in die Hände des Feldherrn *Pontus de la Gardie*, welcher der schwedischen Krone diente. Wenige Jahre zuvor war die Insel Vormsi während des Livländischen Krieges (1558–83) von den Russen überfallen worden. Später ging der Besitz an die Gutsherren des Magnushofes über, der Anfang des 17. Jh. von *Magnus Brümmer* erbaut worden war. In den folgenden 300 Jahren kam es immer wieder zu Auseinandersetzungen zwischen den Gutsherren und den freien schwedischen Bauern. 1844 verlor der letzte Landbesitzer, Baron *Otto Friedrich Fromhold von Stackelberg* (1823–87), nach einer gerichtlichen Auseinandersetzung die Herrschaft über die Insel. Sein Sohn *Friedrich von Stackelberg* verkaufte den Gutshof schließlich an das russische Zarenreich.

Lebten 1938 noch 2600 Menschen auf Vormsi, sind es heute, nach der Vertreibung der schwedischen Einwohner im Zweiten Weltkrieg, nur noch **250 Bewohner.**

Vormsi ist für seine **unberührte Natur** bekannt, mehr als die Hälfte der Insel ist von Wald bedeckt. Im Süden liegt das Landschaftsreservat Rumpo, das auch die umliegenden Inseln der Hullo-Bucht umfasst. Hier finden sich die Nistplätze zahlreicher Vogelarten. Im Westen, an der Küste bei Saxby, ragen **Kalksteinklippen** aus dem Meer empor.

Architektonisch ist die im 14. Jh. erbaute **Vormsi-Kirche** in **Hullo** hervorzuheben. An der Stelle der in den Jahren 1632, 1772 und 1929 mehrmals umgebauten Kalksteinkirche hat zuvor bereits eine Holzkirche gestanden. Die Kanzel stellt eine Kopie des barocken Originals dar. An der Decke des Chorraums sind noch einige alte Malereien zu erkennen. Die Kirche ist im Sommer sonntags von 10.30 bis 12.30 Uhr geöffnet.

Auf dem **Friedhof** kann man eine große Ansammlung von schwedischen Rundkreuzen bewundern. Das älteste stammt aus dem Jahr 1743, das jüngste von 1923. Ferner erinnert ein **Mahnmal** an die Opfer des estnischen Unabhängigkeitskrieges, eines der wenigen seiner Art, das dort auch während der gesamten Sowjetzeit stand.

Im Wald bei Hullo befindet sich der sogenannte **Baronstein** (Parunikivi). Eine deutsche Inschrift auf dem Riesenfindling erinnert an den letzten privaten Gutsbesitzer der Insel, Baron *Otto von Stackelberg*. Von seinem Wohnsitz, dem **Magnushof**, ist nicht mehr viel zu sehen.

In Saxby sowie in der Nähe von Norrby befinden sich **Leuchttürme**, in Rälby kann man eine alte **Holzwindmühle** sehen. Ein kleines **Museum in Sviby** dokumentiert die **schwedische Geschichte der Insel** und steht exemplarisch für die Rückbesinnung der Insel – wie auch der früher ebenfalls schwedisch dominierten Region Noarootsi auf dem Festland – auf die schwedischen Wurzeln. So kann man hier Schilder auf Schwedisch finden, auch die lokalen Internetseiten sind teilweise auf Schwedisch verfügbar. Und unter Schweden mit estnischen Vorfahren regt sich ebenfalls wieder Interesse, sie kommen als Touristen, kaufen Sommerhäuser oder lernen Estnisch.

■ **Vormsi Talumuuseum,** Sviby, Tel. 53088320, www.talumuuseum.vormsi.ee. Ende Mai bis Ende August Mi–Sa 10–17 Uhr, sonst auf Anfrage. Hier gibt es auch Kaffee und Souvenirs.

Praktische Tipps

Informationen

■ Informationen bekommt man in der **Touristeninformation in Haapsalu.** Auch die Besitzer der lokalen Hotels helfen Gästen gern weiter. Im **Internet:** www.vormsi.ee.

Service

■ Der **Lebensmittelladen** in Hullo ist zugleich öffentlicher Internetzugangspunkt und Poststelle. Einen Briefkasten gibt es neben dem Laden. In der Bibliothek befindet sich ein weiterer Internetzugangspunkt.

Unterkunft

■ **Elle-Malle Külalistemaja**①, Hullo, Tel. 56472 854. Gästehaus und **Campingplatz,** Sauna, Fremdenführer, Boots- und Fahrradverleih; Verpflegung bei Voranmeldung. Wer es romantisch mag, kann auch in einer Windmühle übernachten.

■ **Rumpo Mäe Talu**②, Tel. 4729932 und 5060745, www.rumpomae.ee. Schönes Gästehaus am Meer in Rumpo, Zimmer im Haupthaus und in kleineren Hütten im Garten, Sauna und Fahrradverleih gegen Aufpreis, Verpflegung bei Voranmeldung; April bis Oktober.

Essen und Trinken

■ Eine gemütliche Kneipe mit gutem Essen ist **Krog No. 14,** Hullo. Man kommt vorbei, wenn man aus Richtung Sviby anreist, Tel. 5141418, www. krog.ee. Im Sommer geöffnet Mo 12–18 Uhr, Di–Do 12–0 Uhr, Fr/Sa 12–2, So 12–0 Uhr.

■ Selbstversorger finden in Hullo, in der Ortsmitte, ein **Lebensmittelgeschäft.**

■ In Sviby, direkt am Hafen, gibt es ein **Sommercafé.**

Aktivitäten

■ **Fahrrad- und Bootsverleih:** *Revalees,* Sviby küla (beim Hafen), Tel. 5178722, www.vormsi.ee/ sviby. Mitte Mai bis Mitte Sept. täglich 9–19 Uhr. Kommt man außerhalb der Öffnungszeiten an, lohnt sich ein Anruf, zumeist kann man den Service dann trotzdem in Anspruch nehmen. Hier werden auch geführte Radtouren über die Insel angeboten. Auch die Unterkünfte vermieten Fahrräder.

Verkehr

■ Vormsi ist über die **Fährverbindung Rohuküla – Sviby** zu erreichen. Der **Hafen Rohuküla** liegt rund 8 km westlich von Haapsalu, **Sviby** ist der Hafenort auf Vormsi. Überfahrt im Sommer 3–5x tägl., Fahrzeit 45 Min. Info über *Kihnu Veeteed,* Papiniidu 5, Pärnu, Tel. 4431069 und 5272974, Tel. Schiff: 53430916, www.veeteed.com.

■ Ein **öffentlicher Bus** richtet sich nach der Fähre, d.h. er wartet in Sviby, wenn man ankommt, und fährt nach Sviby, wenn die Fähre wieder abfährt.

Die westlichen Inseln

3f

4 Praktische Reisetipps A–Z

◁ In Estland

Anreise

Eine beträchtliche Anzahl spannender und sehenswerter Orte ist im dünn besiedelten Baltikum etwas mühsam oder gar nicht mit öffentlichen Verkehrsmitteln zu erreichen. Viele Besucher entscheiden sich daher für die Anreise mit dem **eigenen Auto** oder mit dem **Wohnmobil.**

Doch es gibt Alternativen: **Reisebusse** verkehren täglich aus Westeuropa, ebenso wie **Flugzeuge.** Für Rundreisen kann ein **Auto gemietet** werden. Einige Reiseveranstalter haben auch *Fly and Drive* im Angebot. Attraktiv und immer beliebter ist die Reise per **Fähre** – ob mit oder ohne eigenes Auto oder Fahrrad. Bahnverbindungen aus dem Ausland sind nicht gerade gut und kommen am ehesten für Litauen in Frage. Mit dem *Rail-Baltica*-Projekt, einer durchgehenden Bahnverbindung von Warschau nach Tallinn, gibt es immerhin die Chance, dass sich das ändert.

Mit dem eigenen Fahrzeug

Routen

Wer nach Litauen, Lettland oder Estland fährt, kennt die **Via Baltica,** die Hauptverkehrsader durch diese Länder. Sie beginnt in Polen und ist immer noch überwiegend einspurig, also weit entfernt von deutscher Autobahnqualität, aber durchgehend in gutem Zustand. Fast die ganze Strecke von Polen bis Tallinn (950 km) verfügt nun über einen recht glatten Straßenbelag. Viele der **Tankstellen** entlang der *Via Baltica* sind 24 Std. geöffnet.

Mindestens eine **Übernachtung in Polen** (beispielsweise in Masuren) bietet sich an. Aus Deutschland, Österreich und der Schweiz sollte man zuerst **Warschau ansteuern** und dann in Richtung Suwałki gen Nordosten fahren. Hierbei ist bis 2018 aber zu empfehlen, die Landesstraße 61 über Pułtusk, Łomża und Augustów nach Suwałki zu nehmen, da die Straße Nr. 8 von Warschau nach Białystok bis dahin an vielen Stellen zur Expressstraße umgebaut wird und daher mit Verzögerungen zu rechnen ist. Nach dem Umbau wird sie dann natürlich zur guten Alternative.

Möglich ist auch, **Warschau zu umfahren,** indem man hinter Posen von der Autobahn abbiegt und über Gniezno, Bydgoszcz und das hübsche Olsztyn (Allenstein) **nach Suwałki** fährt. Diese Strecke ist zwar kürzer, dauert aber ein wenig länger und bietet dafür schöne Besichtigungsmöglichkeiten.

Eine weitere Alternative, **die schnellste Variante,** ist die Autobahn A2 in Richtung Warschau, dann nahe Łódź (Lodsch) die A1 bis Danzig und von dort nach Osten durch Ermland und Masuren über Olsztyn nach Suwałki. Die Autobahn nach Warschau ist inzwischen komplett fertiggestellt. An mehreren **Mautstationen** werden Gebühren kassiert (Kartenzahlung ist möglich), insgesamt sind es derzeit knapp 20 Euro.

Kurz hinter Suwałki geht es dann nach Litauen. Es folgt ein sehr gut ausgebauter Abschnitt bis **Kaunas.** Von dort aus gibt es verschiedene Möglichkeiten, je nachdem, welches Ziel im Baltikum angepeilt wird: Auf der ziemlich guten Autobahn nach **Klaipėda** und von dort an der Ostseeküste entlang nordwärts in Richtung **Ventspils** geht es für alle, die die litauische Ostseeküste und Westlettland erreichen wollen. Geradewegs nördlich verläuft die Via Baltica durch das lettische Zentrum nach **Riga** und weiter nach **Tallinn.** Von Riga in nordöstlicher Richtung erreicht man **Tartu** und den estnischen Osten. Ist **Vilnius** und das östliche Litauen das Ziel, fährt man ab Kaunas auf der A1 in die litauische Hauptstadt. Von Kaunas nach Nordosten führt eine Straße ins südostlettische **Daugavpils.**

Hinweise und Tipps zum Autofahren im Baltikum siehe Kap. „Autofahren"

Dokumente

Wer mit dem eigenen Fahrzeug ins Baltikum reist, sollte den **Fahrzeugschein** und einen nationalen oder **EU-Führerschein** mit sich führen. Zwar genügt als Versicherungsnachweis das Autokennzeichen, dennoch ist es empfehlenswert, die **Grüne Versicherungskarte** mitzuführen, da sie alle wichtigen Fahrzeugdaten enthält und im Falle eines Unfalls die Schadensabwicklung wesentlich erleichtern kann. Ein **Auslandsschutzbrief** mit Europadeckung (Kostenübernahme für Rücktransport, Abschleppunternehmen, Unfall- und Pannenhilfe, Mietwagen etc.) ist bei Reisen mit dem eigenen Fahrzeug grundsätzlich anzuraten.

Ist man nicht mit dem eigenen Wagen unterwegs, sollte man einen **Mietvertrag** (bei Mietwagen) bzw. eine **Vollmacht** des Fahrzeughalters (bei Privatwagen) mitführen, die den Fahrer ermächtigt, den Wagen zu benutzen. Es sollte sich dabei um ein formloses, aber notariell beglaubigtes Schreiben mit folgenden Angaben handeln: Ausstellungsdatum und -ort, Name und Anschrift des Eigentümers sowie Benutzers, Art und Nummer des Ausweises und Führerscheins sowie Angaben zum Wagen.

Anreise mit der Fähre

Besonders aus Norddeutschland kommend, ist eine komfortable Schiffsreise eine **sehr gute Alternative** zur langen Anreise mit dem eigenen Fahrzeug über Polen, wenn auch etwas teurer. Denkbar ist auch, eine Strecke per Schiff zurückzulegen und die andere auf dem Landweg. Zurzeit werden nur Lettland und Litauen von deutschen Häfen aus angefahren. **Klaipėda** in Litauen ist von Kiel aus erreichbar.

Die Reederei *Stena Line* steuert von **Lübeck-Travemünde** aus zweimal pro Woche Liepaja in Lettland sowie einmal pro Woche Ventspils in Lettland an.

Sowohl Riga (Lettland) als auch Tallinn (Estland) sind über einen ganz anderen Weg zu erreichen: Zunächst per **Bahn** über Kopenhagen nach Stockholm, wofür preiswerte Bahntarife zu bekommen sind. Dann von Stockholm täglich per **Nachtfähre** nach Riga oder Tallinn. Dieser Weg ist aus finanziellen Gründen gegenüber einer Fährüberfahrt Deutschland – Helsinki und anschließend Helsinki – Tallinn vorzuziehen. Die Buchung der Fähren ist über das Reisebüro *Gleisnost* (www.gleisnost.de) möglich. Eine sehr gute Internetseite um aktuelle Fährverbindungen zu recherchieren ist www.ferrylines.com.

Kiel – Klaipėda

DFDS-Seaways bietet sechsmal wöchentlich Verbindungen mit 21–23 Std. Fahrzeit. Die Einschiffung erfolgt in Kiel im Ostuferhafen (den Hinweisschildern am Ende der A 7/A 215 folgen bzw. mit Bus 11 oder 12 vom Hauptbahnhof Kiel in Richtung Dietrichsdorf bis zur Haltestelle „Grenzstraße", von dort 5 Min. zu Fuß). Am Ostuferhafen in Kiel gibt es ei-

nen bewachten Parkplatz (6 Euro/Tag). Passagiere müssen spätestens eine Stunde vor der Abreise eingecheckt haben. Man sollte auch in der Nebensaison frühzeitig buchen. Die Preise starten bei 32 Euro (Ruhesessel) und 110 Euro pro Person in der Doppelkabine, für Pkw ab 85 Euro.

Lübeck-Travemünde – Ventspils/Liepāja

Die Überfahrt wird ein- bis zweimal wöchentlich von *Stena Line* (www.stenaline.de) angeboten. Von Travemünde

> In 24 Stunden mit der Autofähre von Travemünde nach Ventspils in Lettland oder ins litauische Klaipėda von Rügen in 18 Stunden

028le mk

nach **Liepāja** dauert es ca. 28 Stunden, die einfache Fahrt für 2 Personen mit dem Auto gibt es ab ca. 110 Euro ohne Mahlzeiten (Ruhesessel). Von Travemünde nach **Ventspils** muss man rund 24 Stunden einplanen, 2 Personen mit Auto zahlen ab 100 Euro ohne Mahlzeiten (Ruhesessel).

Lübeck-Travemünde – Helsinki – Tallinn/ Stockholm – Tallinn

Eine Anreise per Fähre nach Estland ist möglich mit *Finnlines* ab Lübeck-Trave-münde nach Helsinki. In Helsinki muss man den Hafen wechseln, dann mit *Viking Line, Eckerö Line* oder *TallinkSilja* weiter nach Tallinn. Allerdings ist die Fähre nach Helsinki sehr teuer. **Alternative:** Mit dem Auto nach Stockholm, dann mit *TallinkSilja* nach Tallinn. Diese Variante lohnt sich aber nur, wenn man sie mit einem Besuch in Schweden verbindet. Die derzeit günstigste Variante mit dem Auto nach Estland zu kommen, ohne die ganze Strecke zu fahren, ist daher die Anreise über Lettland nach Ventspils oder Liepāja (s.o.). Der Vollständigkeit halber: *DFDS* fährt von Kapellskär und Hanko auch Paldiski an.

4

Fährgesellschaften

- **DFDS Seaways,** Tel. 0431 20976420, www.dfd sseaways.com.
- **Stena Line,** Tel. 0180 6020100, www.stenaline. de. Eher schlichter Standard, aber dafür vergleichsweise günstig.
- **Finnlines,** 0049 45115070, www.finnlines.com.
- **TallinkSilja,** 0049 40547541222, www.tallink silja.de.
- **Viking Line,** 0049 451384630, www.viking line.de.
- **Eckerö Line,** 00358 92288544, www.eckero line.fi.

Flug

Nach Estland

Von Deutschland aus kann man zurzeit mit *Lufthansa* (ab Frankfurt/Main) direkt nach **Tallinn** fliegen. Ferner mit *Adria Airways* von München nach Tallinn und mit *Air Baltic* von Berlin/Tegel nach Tallinn. Trotz des Umsteigens (z.B. in Riga oder Kopenhagen) bietet auch *SAS* recht praktische Verbindungen. Die Flugzeit z.B. von Frankfurt nach Tallinn beträgt knapp zweieinhalb Stunden.

Nach Lettland

Nonstop-Verbindungen aus dem deutschsprachigen Raum mit Linienfluggesell-

Kleines „Flug-Know-how"

Check-in

Nicht vergessen: Ohne einen gültigen Reisepass oder Personalausweis für EU-Staatsbürger und Schweizer kommt man nicht an Bord. Kinder benötigen einen eigenen Reisepass.

Bei innereuropäischen Flügen sollte man mindestens eine Stunde vor Abflug am Schalter der Airline eingecheckt haben. Je nach Fluggesellschaft kann man den Check-in ab 23 Stunden vor Abflug auch vorab zuhause im Internet erledigen und muss am Flughafen nur noch die ausgedruckte Boardkarte vorlegen und sein Gepäck an dem entsprechenden Schalter abgeben. Manche Fluglinien bieten darüber hinaus die Übermittlung des Boardkarten-Barcodes aufs

Handy oder Smartphone an – interessant für Passagiere, die nur mit Handgepäck reisen.

Das Gepäck

In der Economy Class darf man pro Person in der Regel ein Handgepäckstück bis zu 8 kg in die Kabine mitnehmen (nicht größer als 55 x 40 x 20 cm) und bei Bedarf zusätzlich ein Gepäckstück bis zu 23 kg einchecken. In der Business Class sind es pro Person meist zwei Handgepäckstücke (je bis zu 8 kg) und zwei Gepäckstücke je bis zu 32 kg zum Einchecken. Aufgepasst: Bei sogenannten Billigfluggesellschaften wie z.B. *Ryanair* gelten andere Gewichtsklassen. Man sollte sich beim Kauf des Tickets über die Bestimmungen der Airline informieren.

schaften nach **Riga** bestehen mit *Air Baltic* von Berlin, Hamburg, Düsseldorf, Frankfurt/Main, München, Zürich und Wien. *Lufthansa* bietet zweimal täglich eine Direktverbindung Frankfurt – Riga an. Die Flugzeit dieser Verbindung beträgt knapp zweieinhalb Stunden.

Nach Litauen

Es gibt viele Verbindungen zu den internationalen Flughäfen **Vilnius** und **Palanga**. Nonstop-Verbindungen aus dem deutschsprachigen Raum mit Linienfluggesellschaften nach Vilnius bestehen mit *Lufthansa* von Frankfurt/Main und mit *Austrian Airlines* von Wien. Die Flugzeit z.B. von Frankfurt nach Vilnius beträgt etwas mehr als zwei Stunden.

Daneben gibt es **Umsteigeverbindungen** nach Vilnius, die zwar billiger sein können als die Nonstop-Flüge, bei denen man eine längere Flugdauer einkalkulieren muss. Diese sind mit den oben genannten Fluggesellschaften von anderen Flughäfen im deutschsprachigen Raum möglich, aber auch z.B. mit *LOT* über Warschau nach Vilnius oder Palanga, oder mit *SAS* über Kopenhagen nach Vilnius.

Flugpreise

Ein Economy-Ticket von Deutschland, Österreich und der Schweiz hin und zurück nach Tallinn, Riga oder Vilnius bekommt man je nach Fluggesellschaft **ab 100 Euro** (einschließlich aller Steuern und Gebühren) bis zu etwa 500 Euro.

Beim Packen des Handgepacks sollte man darauf achten, dass man Getränke oder vergleichbare Substanzen (Gel, Parfüm, Shampoo, Creme, Zahnpasta, Suppe, Käse, Lotion, Rasierschaum, Aerosole etc.) nur in geringen Mengen bis zu jeweils 100 ml mit ins Flugzeug nehmen darf. Diese Substanzen muss man separat in einem durchsichtigen Plastikbeutel (z.B. Gefrierbeutel) transportieren, den man beim Durchleuchten in eine der bereit stehenden Schalen auf das Fließband legen sollte. Auch das Notebook und/oder Smartphone muss in eine solche Schale gelegt werden. Hat man einen Gürtel mit einer Schnalle aus Metall, empfiehlt es sich, diesen auszuziehen und ebenfalls in die Schale zu legen, da sonst in der Regel der Metalldetektor anschlägt und man vom Flughafenpersonal abgetastet werden muss.

Aus Sicherheitsgründen dürfen Nagelfeilen sowie Messer und Scheren aller Art, also auch Taschenmesser, nicht im Handgepäck untergebracht werden. Diese sollte man unbedingt zuhause lassen oder im aufzugebenden Gepäck verstauen, sonst werden diese Gegenstände bei der Sicherheitskontrolle einfach weggenommen. Darüber hinaus gilt, dass leicht entzündliche Gase in Sprühdosen (Schuhspray, Campinggas, Feuerzeugfüllung), Benzinfeuerzeuge wie auch Feuerwerkskörper etc. nicht im Koffer oder auch dem Handgepäck transportiert werden dürfen.

Von einem Verschließen des Gepäcks mittels eines Vorhängeschlosses wird abgeraten, da das Gepäck vom Flughafenpersonal bei Auffälligkeiten beim Durchleuchten durchsucht werden können muss.

Kinder unter zwei Jahren fliegen ohne Sitzplatzanspruch für 10 % des Erwachsenenpreises, für ältere Kinder werden die regulären Preise je nach Fluggesellschaft etwas ermäßigt. Ab dem zwölften Lebensjahr gilt der Erwachsenentarif.

Buchung

Für die Tickets der Linienfluggesellschaften kann man bei folgendem zuverlässigen Reisebüro meistens günstigere Preise als bei vielen anderen finden. Sie buchen auch gerne Ihre „Billigflieger"-Tickets für Sie:

■ **Jet-Travel,** In der Flent 7, 53773 Hennef (Sieg), Tel. (02242) 868606, www.jet-travel.de unter der Auswahl „Flüge".

Billigfluglinien

Preiswerter geht es mit etwas Glück nur, wenn man bei einer Billigairline **möglichst früh online bucht.** Es werden keine Tickets ausgestellt, sondern man bekommt eine Buchungsnummer per E-Mail. Zur Bezahlung wird in der Regel eine Kreditkarte verlangt. Je nach Fluggesellschaft kann man inzwischen auch mit *PayPal* ohne zusätzliche Gebühren bezahlen. **Verpflegung** wird extra berechnet, bei den meisten Fluggesellschaften auch aufgegebenes Gepäck. Für die Region interessant ist:

■ **Wizz Air,** www.wizzair.com. Von Dortmund nach Riga und Vilnius und von Memmingen nach Vilnius.
■ **Ryanair,** www.ryanair.com. Von Bremen nach Vilnius sowie von Bremen und Weeze am Niederrhein nach Tallinn und von Riga nach Berlin/Schönefeld, Bremen, Frankfurt und Köln.
■ **Nordica,** www.nordica.ee. Von München nach Tallinn.

Anreise per Bus

Aus nahezu allen größeren Städten Deutschlands sowie aus Wien und Zürich fahren internationale Linienbusse ins Baltikum. Wer mit dem Bus anreisen möchte, braucht allerdings gutes Sitzfleisch. Besonders aus Süd- und Westdeutschland, Österreich und der Schweiz ist die Strecke weit und trotz moderner Busse oft mühsam. Verkauf von Lebensmitteln und Getränken ist an Bord.

Die Fahrtdauer nach **Riga** beträgt von Berlin 21 Stunden, von Köln 31 Stunden, von Zürich und Wien ebenfalls über 30 Stunden. Die Reise von Berlin nach **Tallinn** dauert gut 26 Stunden. Berlin – **Kaunas** wird in 17 Stunden bewältigt, Wien – **Vilnius** in 22 Stunden.

Die Linien *Ecolines* und *Eurolines* fahren mehrmals wöchentlich nach Tallinn. Die Hin- und Rückfahrt von Berlin kostet ca. 170 Euro. *Eurolines* fährt auch andere Städte in Estland an wie Pärnu, Valga und Tartu. *Eurolines* fährt aus vielen deutschen Städten häufig nach Riga und Valmiera, zum Beispiel von Köln dreibis viermal in der Woche ab 187 Euro für die Hin- und Rückfahrt – frühzeitige Buchung vorausgesetzt, von Berlin nach Riga für unter 100 Euro. Auch *Ecolines* steuert viele Ziele in Lettland an: Aizkraukle, Jelgava, Jekabpils, Daugavpils. Liepāja, Riga, Riga Flughafen, Valmiera oder Salacgriva.

Buchen kann man z.B. über *Gleisnost* in Freiburg (www.gleisnost.de, Tel. 0761

2055130), beim Busbahnhof der Heimatstadt oder direkt beim jeweiligen Unternehmen. Kinder und Jugendliche, Senioren, Studenten mit Internationalem Studentenausweis, Frühbucher sowie Gruppen erhalten meist Rabatt.

■ **Ecolines Deutschland,** Tel. 069 40159055, www.ecolines.net.
■ **Eurolines,** Tel. 069 7903501, www.eurolines.de.

Anreise per Bahn

Eine direkte Zugverbindung aus dem deutschsprachigen Raum nach Lettland und Estland gibt es nicht. Die Anreise mit der Bahn ist also allenfalls zu empfehlen, wenn man zunächst **Litauen** und dann etwa mit dem Bus oder einem Mietwagen das restliche Baltikum bereisen möchte.

Im Rahmen des *RailBaltic*-Projekts soll die Bahnverbindung Warschau – Tallinn in den nächsten Jahren ausgebaut werden.

Nach Vilnius

Aus der Schweiz und ganz Deutschland geht die Route zunächst nach **Berlin.** Die deutsche Hauptstadt ist von überall her mit schnellen *ICE*-Verbindungen erreichbar und auch zahlreiche Nachtzüge von *CityNightLine* haben Berlin als Ziel.

Die nächste Etappe ist **Warschau.** Von Berlin aus fährt dorthin viermal täglich der **Berlin-Warszawa-Express** *(EC)* in ca. 5½ Stunden. Ab **Wien** fahren täglich zwei direkte *Eurocity*-Züge in rund sieben Stunden und ein Nachtzug in acht Stunden in die polnische Hauptstadt.

Für den Ausstieg in Warschau, sowohl für den Anschluss nach Litauen als auch einen längeren Aufenthalt (s.u.), ist der Hauptbahnhof **Warszawa Centralna** der geeignetste.

Eine **Weiterreise** von Warschau nach Vilnius ist nur mit dem **Bus** möglich, einmal täglich tagsüber und einmal jeden Abend über Nacht.

Eine Zugverbindung über **Weißrussland oder Kaliningrad** (Königsberg) sollte man vermeiden, denn dafür ist ein **Transitvisum** erforderlich.

Buchung und Infos

Die komplizierteste, mühsamste und meist teuerste Art, so eine Reise zu buchen, führt über den Schalter einer der beteiligten Bahnen oder über deren Internet-Seite: Jede Bahn listet nur ihre eigenen Angebote vollständig, die der anderen Bahnen dagegen oft gar nicht oder ohne Sonderpreise.

Wer es bequem mag, sich nicht selbst durch den Dschungel der Bahntarife und Fahrpläne schlagen und trotzdem Geld sparen will, erhält bei spezialisierten Bahn-Agenturen kompetente Beratung – und auf Wunsch die Tickets an jede gewünschte Adresse in Europa geschickt. Eine davon ist:

■ **Gleisnost** in Freiburg, www.gleisnost.de, Tel. 0761 2055130.

Aufenthalt in Warschau

Mit einer Zug- oder Busverbindung ohne Umsteigen ist Litauen nicht zu erreichen. Das sollte aber nicht der einzige

4

Grund sein, in Polens Hauptstadt einen kleinen Aufenthalt einzulegen – sie bietet einiges Sehenswertes. Wichtige Infos liefern der *CityTrip Warschau* des Reise Know-How Verlags sowie das Magazin *Warsaw In Your Pocket* (erscheint sechsmal jährlich, auch in Hotels und Kiosken zu kaufen, www.inyourpocket.com/warsaw). **Hotelinfos** gibt es unter www.warsawtour.pl, günstigere Adressen unter www.hostelworld.de oder www.tripadvisor.de. **Zuginfos** findet man unter www.pkp.pl. Hilfreich sind auch die **Touristinformationsbüros** z.B. im Busbahnhof (s.u.) oder im Zentralbahnhof mit Zimmervermittlung, Stadtinfos, Zugfahrplänen etc. Geöffnet 8–18 Uhr, Mai bis Sept. 8–20 Uhr, Tel. 0048 229431, www.warsawtour.pl.

Der Warschauer Zentralbahnhof

Der Zentralbahnhof liegt an der Al. Jerozolimskie 54. Der wichtigste der sechs Warschauer Bahnhöfe hat vier Ebenen:

- **Zweites Untergeschoss:** Bahnsteige.
- **Erstes Untergeschoss:** Geldwechsel, Apotheken, Schließfächer, Cafés, Shops, Imbisse, Ticketschalter und -automaten, Geldautomaten, WC etc., vieles davon 24 Stunden geöffnet.
- **Erdgeschoss:** Bahnhofshalle, Verkaufsschalter (internationale Tickets überall erhältlich), WC, Passagier-Reisezentrum, Drogeriemarkt, Ausgang zu Bussen und benachbartem Einkaufszentrum.
- **Obergeschoss:** Galerie mit einigen Läden.

> „Asphalt zu Ende" sagt das Straßenschild – im Baltikum keine Seltenheit

Autofahren

Autofahren im Baltikum ist im Vergleich zu Westeuropa sehr entspannt, da der Verkehr – abgesehen von den großen Städten – sehr viel ruhiger ist und man kaum in verkehrsbedingte Staus gerät. Es gab in den letzten Jahren gewaltige **Modernisierungsmaßnahmen** und viele Landstraßen sind neu asphaltiert worden und gut ausgeschildert.

Daneben gibt es eine ganze Reihe von Nebenstrecken, die nicht asphaltiert sind, viele **Schlaglöcher** haben und recht staubig, bei Regen schlammig sein können. Auf solchen **unbefestigten Pisten,** die es immer noch häufig gibt, kann es abenteuerlich zugehen. Sie bestehen aus Sand oder Schotter; entgegenkommende oder überholende Autos (die Einheimischen fahren auf diesen Pisten in halsbrecherischem Tempo) hüllen das eigene Fahrzeug sekundenlang in eine **riesige Staubwolke.** Besonders Fußgänger oder Radfahrer sind arm dran. Wenn der Sand von Spezialfahrzeugen festgeklopft wurde, ist er oft voller Rillen, die Autofahrer kräftig durchschütteln. Manchmal sind diese Wege sehr schön oder bieten eine willkommene Abkürzung, manchmal gibt es gar keine Alternativen.

Alle 30 Min. aktualisierte, fünfsprachige **Verkehrsinformationen** über den Straßenzustand und den Wetterbericht erhält man unter www.balticroads.net. Der Winterräumdienst bedient meist nur die Hauptverkehrsstraßen. Wer mit dem Auto anreist, sollte das Kapitel „Anreise" beachten.

Verkehrsregeln

Es gelten die üblichen internationalen Vorschriften. Wenn nicht anders angegeben, gelten folgende **Geschwindigkeitsbeschränkungen:** in geschlossenen Ortschaften 50 km/h, außerhalb von Ortschaften 90 km/h. Auf den wenigen Autobahnen beträgt die Höchstgeschwindigkeit 110 km/h (in Litauen vom 1.4. bis 31.10. sogar 130 km/h; zwischen Vilnius und Kaunas stets 100 km/h). Fahrzeuge über 3,5 t dürfen maximal 70 km/h fahren.

Ferner gilt, dass rund um die Uhr, also auch tagsüber, das **Abblendlicht** angeschaltet sein muss. Vom 10.11. bis 10.4. sind in Litauen **Winterreifen** vorgeschrieben, in Estland und Lettland vom 1.12. bis 1.3.

Mit **Alkohol** im Blut sollte sich niemand am Steuer erwischen lassen. Die Grenze liegt in Lettland bei 0,5 Promille, in Litauen bei 0,4 und in Estland sogar bei 0 Promille. Die Strafen für eine Überschreitung können schnell empfindlich hoch werden. Schon bei über 1,0 Promille droht beispielsweise in Lettland eine mehrtägige Haftstrafe. Gleiches gilt, wenn man Drogen auch nur mit sich führt – und das nicht nur im Auto.

Ampeln schalten in Litauen und Estland von Grün auf blinkendes Grün, erst dann auf Gelb und Rot; bereits bei Gelb darf man nicht mehr fahren. In Lettland schalten Ampeln in vertrauter Weise von Grün über Gelb auf Rot, doch schon bei Gelb darf auf keinen Fall weitergefahren werden: Es gibt keine kurze gemeinsame Rotphase an der Kreuzung. Bei roter Ampel mit einem **grünen Pfeil** darf in dieser Fahrtrichtung abgebogen werden.

Besondere Gefahrenquellen

Aufpassen sollte man auf die **Minibusse** (Linientaxis), die plötzlich, ohne zu blinken, nach rechts ausscheren, um jemanden mitzunehmen, und dann wieder einscheren. Auch **(Trolley-) Busse** scheren oft weit aus den Bushaltestellen aus. Auf die ein-/aussteigenden Leute sollte man achten (auch bei Straßenbahnen).

Erhöhte Vorsicht ist bei Fahrten **durch Ortschaften** geboten. Einige Landstraßen sind recht eng und passen sich der Landschaft an, sodass es auf und ab geht. **Kuppen und Hügel** machen das Fahren dann oft unübersichtlich. Ganz

029le mk

normal ist es, dass auch auf der **Autobahn** Radfahrer und Pferdefuhrwerke unterwegs sind (!), dass Fußgänger die Fahrbahn überqueren, dass Kuhherden darüber getrieben werden oder dass Tiere frei herumlaufen. Üblich ist auch, wenn man eine Ausfahrt verpasst hat, dass man kurzerhand über den Grünstreifen auf die Gegenspur wechselt.

Eine andere Gefahrenquelle sind **verlorene Ladungsteile** von Lastwagen und Traktoren. Deshalb sollte man zu beladenen Fahrzeugen ausreichend Abstand halten! Heimtückisch können ganz vereinzelt auftretende **tiefe Schlaglöcher** in ansonsten guten Asphaltstraßen sein, da man nicht darauf vorbereitet ist und vor allem nachts Gefahr läuft, bei hoher Geschwindigkeit nicht mehr ausweichen zu können. Noch gefährlicher können beschädigte oder **fehlende Kanaldeckel** sein. Falls irgendwo auf der Fahrbahn ein Zweiglein emporragt, das man sonst zwischen die Räder nehmen würde, ist höchste Vorsicht geboten! Auf diese Weise werden manchmal fehlende Kanaldeckel markiert.

Besonders aufmerksam muss man bei **Nachtfahrten** sein. Nicht alle Verkehrsteilnehmer nehmen es mit der Beleuchtung so genau (unbeleuchtetes Fuhrwerk, Fahren mit Standlicht o.Ä.). **Verkehrsschilder** sind in der Regel nicht beleuchtet und die oft kleinen Schilder sind in der Dunkelheit ebenso wie manche **Straßenmarkierungen** schlecht zu erkennen.

Viele **Bahnübergänge** sind nicht beschrankt, deshalb auf jeden Fall langsamer werden und sich vergewissern, dass kein Zug kommt.

In der Dämmerung kann es in ländlichen Gebieten vor allem im nördlichen Baltikum vorkommen, dass ein **Elch** auf die Straße läuft. Zusammenstöße können tödlich enden, also Vorsicht!

In **Estland** gibt es in Städten häufig **Zebrastreifen,** die von den Autofahrern auch respektiert werden, d.h. man muss darauf gefasst sein, dass der Vorausfahrende mitunter recht abrupt bremst, wenn ein Fußgänger in Sicht ist. Ganz abgesehen davon, sollte man für **Fußgänger** immer bremsbereit sein. Dies gilt auch für mehrspurige Straßen.

Sicherheit

Neben dem Abschließen des Fahrzeugs sollte man auch darauf achten, **Wertsachen und Papiere** nicht zurückzulassen oder zumindest alles im Auto, was die Aufmerksamkeit von Dieben erregen könnte, zu verstecken. Tatsache ist, dass die Einheimischen, wenn sie ihr Fahrzeug abstellen, häufig ihre Autoradios und Navis ausbauen. Für die Nacht sollte man sich ordentliche, gut beleuchtete Parkplätze suchen. In den größeren Städten existieren zahlreiche rund um die Uhr **bewachte Parkplätze.** Insgesamt gelten dieselben Vorsichtsmaßnahmen wie im restlichen Europa auch.

Tanken

Tankstellen, auch für Autogas, existieren zahlreich, das **Netz** ist allerdings nicht ganz so dicht, wie von zu Hause gewohnt. Die Tankstellen sind mindestens

▷ Die Sand- und Schotterstraßen werden nach und nach ausgebaut

4

von 6 bis 22 Uhr, entlang der Via Baltica oft 24 Std. geöffnet. Der Kraftstoff wird durch seine Oktanzahl (Super entspricht „95"). klassifiziert. Die **Benzinpreise** sind etwas niedriger als bei uns. **Automatentankstellen** sind recht verbreitet.

Unfall und Panne

Bei einem Unfall, der keine schnelle, unbürokratische Einigung mit dem Gegenüber zulässt, sollte sofort die **Polizei** gerufen werden (bei Mietwagen sowieso immer). Es gilt sowohl für die Polizei als auch für den Notarzt die einheitliche **Notrufnummer 112.** Am anderen Ende der Leitung wird man jemanden finden, der Englisch versteht. Wichtig ist, dass man immer ungefähr weiß, wo man gerade fährt und so den Unfallort im Notfall schnell beschreiben kann.

Bei **Pannen** helfen auch die Reparaturwerkstätten einiger Tankstellen, die auch weitervermitteln. Niederlassungen aller großen westlichen Automarken sind in den Großstädten vertreten und leisten Pannenhilfe bzw. führen Reparaturen aus. Die Adressen der Kfz-Vertragshändler, bei denen meist auch Ersatzteile erhältlich sind, kann man bei Hotels, Tankstellen oder Touristinformationsbüros erfragen. Man kann sich auch direkt an seinen Automobilklub wenden.

◼ **ADAC,** (D-)Tel. 089 222222; unter (D-)Tel. 089 767676 gibt es Adressen von deutschsprachigen Ärzten in der Nähe des Urlaubsortes (Liste auch vorab anforderbar), www.adac.de.
◼ **ÖAMTC,** (A-)Tel. 01 2512000 oder 01 2512020 für medizinische Notfälle, www.oeamtc.at.
◼ **TCS,** (CH-)Tel. 022 4172220, www.tcs.ch.

◼ **Falck Pannenhilfe** *(Falck Autoabi),* Laki 11, Tallinn. Pannendienst: 6979188 oder 1888, 24-Stunden-Service.
◼ **Lettischer Automobilklub** *(Lamb Autoklubs),* Tel.-Servicenummer 1888, Tel. 67566222, www.lamb.lv, mit englischer Version.
◼ **Litauischer Automobilklub** *(LAS),* Straßenhilfsdienst, Tel. 880000000, vom Handy 18881414 (www.las.lt/en, „Roadside Assistance").

In Polen
◼ **Notruf in Polen:** Tel. 112.
◼ **Touristennotruf** (deutschsprachig) in Polen: Tel. 061 8319888,
◼ **Polnischer Automobilklub PZM:** Tel. 19637, Infonummer in Warschau: Tel. 022 5328444.

Praktische Reisetipps A–Z

0311e mk

Mietwagen

Die großen, international operierenden Autovermieter sind in allen großen Städten vertreten, die Preise sind in etwa auf deutschem Niveau. Zusätzlich finden sich kleinere, regionale Anbieter. Die meisten offerieren Abholung und Rückgabe des Autos sowohl am **Flughafen** als auch in der Innenstadt. Auch auf dem Lande gibt es zahlreiche Möglichkeiten. In Vilnius sind die Mietpreise niedriger als in Riga und Tallinn. Manche Reiseagenturen bieten Mietwagentouren inklusive Übernachtungen an, bei denen das Auto am Flughafen in Empfang genommen und wieder abgenommen wird, ggf. auch an anderen Flughäfen im Baltikum.

Barrierefreies Reisen

Immer mehr Einrichtungen wie Museen, Campingplätze, Hotels, Einkaufszentren, öffentliche Gebäude und sogar einige Schlösser und Burgen sind **behindertengerecht gebaut.** Auch haben einige Ostseestrände Zugang für Rollstuhlfahrer. Leider gibt es aber immer noch, besonders in der Provinz, **unüberwindbare Hindernisse.** Viele Sehenswürdigkeiten liegen in freier Natur, an Flussufern, in Höhlen, an Wanderwegen oder Naturpfaden. Auch hat man es aufgrund der häufigen Kopfsteinpflaster und Treppen und der fehlenden Vorrichtungen an öffentlichen Verkehrsmitteln mit Handicap nicht gerade einfach. Die Tourismusorganisationen aller drei Länder mit ihren Büros in vielen Orten sind aber auch auf diesem Gebiet äußerst hilfreich, sodass die Baltikumreise für Behinderte ebenfalls zu einem Erlebnis werden kann.

Die Situation in den einzelnen Städten Lettlands wird in den Ortsbeschreibungen skizziert. In Litauen hat sich die Situation vor allem in den touristischen Zentren stark verbessert. In Vilnius und Kaunas sind die neuen Trolleybusse behindertengerecht ausgestattet. Von den ca. 300 touristischen Pfaden und Wegen der Städte sind ca. 30 entsprechend ausgebaut. In Tallinn werden nach und nach Niederflurbusse angeschafft. Auf der Internetseite mit den Tallinner Busfahrplänen http://soiduplaan.tallinn.ee ist auch verzeichnet, wann auf welcher Linie ein Niederflurbus fährt.

Infos für Litauen sind in Vilnius erhältlich beim Informations- und Beratungsbüro für Behinderte, Teatro 11/8-13, Tel. 5617277 bzw. Kauno 4, Tel. 533 0161 (www.draugija.lt).

Camping

Vom **kleinen privaten Zeltplatz,** oft in schönster Natur direkt an Meer, See oder Fluss, bis hin zu **großen Anlagen** mit Restaurant, Sauna und Hotel oder Ferienbungalows ist die ganze Palette an Campingmöglichkeiten im Baltikum anzutreffen. Selbst in wenig touristischen Gebieten findet sich zumindest ein Zeltplatz oder Stellplatz für den Caravan. Immer häufiger werden auf den größeren Campingplätzen auch Snacks und

Getränke verkauft oder sogar Essen in einer Bar oder gar einem Restaurant serviert. Küche und Waschmaschine sind an einigen Orten vorhanden, aber nicht überall garantiert. Immer mehr Plätze bieten WiFi-Internetzugang, teilweise ist dieser aber extra zu bezahlen. Die Plätze sind im Allgemeinen nur während der Sommersaison geöffnet (von Mai bis September).

In **Estland** gibt es praktisch keine Campingplätze in der Art, wie man sie aus Deutschland kennt. Viele Touristenhöfe *(turismitalu)* haben aber Stellplätze für Wohnwagen und Wohnmobile (teils mit Stromanschluss), auch Besucher mit Zelten sind willkommen. Zelten kann man zudem auf den kostenlosen, öffentlichen Plätzen der staatlichen Forstverwaltung (www.loodusegakoos.ee), die in der Regel Schutzhütte, Grill und Plumpsklo bieten.

In **Lettland** entstehen ständig neue, oft malerisch schön gelegene Campingplätze – nicht selten mit kleinen (2–4 Personen) oder mittelgroßen (6 Personen) **Holzhütten** oder Gästezimmern. Bloße Zeltplätze sind häufig sehr einsam und romantisch an Fluss- oder Seeufern gelegen. Der Besitzer kommt abends oder morgens vorbei und kassiert eine kleine Gebühr.

In **Litauen** gibt es momentan gut 20 Campingplätze mit westeuropäischem Standard. Häufig finden sich sehr **einfache Naturplätze,** oft nur mit Schutzhütte, Wasserpumpen, Plumpsklos und Grillplätzen, manchmal mit weiteren Einrichtungen wie Sauna, Café oder Imbiss. Manche sind nicht einmal zum Aufstellen von Zelten geeignet. Weiterhin kann man oft kleine, unbeheizte **Holzhütten** oder **Ziegelbunga**lows mit 3–4 Betten mieten, die sehr billig sind. Die sanitären Anlagen liegen außerhalb.

Stell- und Serviceplätze für **Wohnwagen und Wohnmobile** sind eher selten, es werden aber immer mehr. Frei zu stehen ist außerhalb der Ortschaften gestattet. Ideale Übernachtungsmöglichkeiten bieten die meist hübsch angelegten **Rastplätze,** die öfters etwas abseits der Straße liegen und manchmal sogar Toiletten haben. Ausgeschildert sind die freien Rastplätze mit einem blauen Schild, auf dem eine Tanne abgebildet ist.

Streng verboten ist **Wildcampen** in den Nationalparks und in diversen Schutzgebieten.

Aktuelle Adressen der Campingplätze erhält man bei den Touristeninformationen der jeweiligen Region.

▪ **www.camping.lv,** Übersicht vieler lettischer Plätze, nach Regionen geordnet (auf Englisch).

▪ **www.camping.lt,** Campingverband Litauen, Liste der Plätze mit Übersichtskarte.

▪ **www.camping-estonia.ee,** Überblick über gute Angebote in Estland.

Ein- und Ausreisebestimmungen

Litauen, Lettland und Estland – wie das Transitland Polen – gehören zum Schengen-Raum. Bei der Reise aus Deutschland, Österreich und der Schweiz gibt es also **keine Grenzkontrollen** mehr, auch nicht im Flugverkehr.

Die genannten Einreisebestimmungen sind Stand Ende 2016. Man sollte sich **vor der Reise** bei der Botschaft oder beim Auswärtigen Amt (www.auswaertiges-amt.de bzw. www.bmeia.gv.at oder www.dfae.admin.ch) erkundigen, ob sie noch gelten.

Dokumente

Ein **Reisepass oder Personalausweis,** der nach Ausreise noch mindestens drei Monate gültig ist, genügt als Reisedokument für alle drei Länder (sowie für das Transitland Polen). Damit dürfen **EU-Bürger und Schweizer** ohne Visum 90 Tage bleiben. Vorläufige Reisepässe und Personalausweise werden ebenfalls anerkannt. Jedes Kind benötigt einen **eigenen Reisepass.**

In Deutschland, Österreich oder der Schweiz lebende **Bürger von Nicht-EU-Staaten** müssen grundsätzlich ein Visum bei der diplomatischen Vertretung beantragen.

Diplomatische Vertretungen der baltischen Länder

In Deutschland

■ **Botschaft der Republik Litauen,** Charité-str. 9, 10117 Berlin, Tel. 030 8906810, http://de.mfa.lt.

■ **Botschaft der Republik Lettland,** Reinerz-str. 40–41, 14193 Berlin, Tel. 030 8260022, www.mfa.gov.lv/berlin.

■ **Botschaft der Republik Estland,** Hildebrandtstr. 5, 10785 Berlin, Tel. 030 25460602, www.estemb.de.

In Österreich

■ **Botschaft der Republik Litauen,** Löwengasse 47/4, 1030 Wien, Tel. 01 7185467, http://at.mfa.lt.

■ **Botschaft der Republik Lettland,** Stefan Esders Platz 4, 1190 Wien, Tel. 01 4033112, www.mk.gov.lv/en.

■ **Botschaft der Republik Estland,** Wohllebengasse 9/12, 1040 Wien, Tel. 01 503776111, www.estemb.at.

054le mk

[‹] An den Grenzen wird nicht mehr kontrolliert

In der Schweiz

◼ **Botschaft der Republik Litauen,** Kramgasse 12, 3011 Bern, 031 3525291, http://ch.mfa.lt.

◼ **Generalkonsulat der Republik Lettland,** Feldeggstr. 55, 8008 Zürich, Tel. 043 8176546, lett land@granelli.ch.

◼ **Konsulate der Republik Estland,** Avenue Léon-Gaud 5, 1206 Genf, Tel. 022 8397000; Bergstr. 52, 8712 Stäfa, Tel. 044 9268837, www.baltics. ch/konsulat.

Weißrussland (Belarus)

Züge von Polen nach Litauen fahren z. T. durch Weißrussland, für das ein **Transitvisum** erforderlich ist, daher ist grundsätzlich von einer Durchfahrt **abzuraten.**

Mitnahme von Haustieren

Wer mit einem Hund oder einer Katze einreist, braucht den **EU-Heimtierausweis** mit eingetragener **Tollwutimpfung.** Der Zeitpunkt der Impfung muss mindestens 21 Tage und darf höchstens 12 Monate vor der Einreise liegen. Der EU-Heimtierausweis *(Pet Passport)* gilt in allen EU-Staaten und im Nicht-EU-Land Schweiz und kostet ca. 15–25 Euro. Darüber hinaus muss das Tier mit einem **Microchip** gekennzeichnet sein (für Tiere, die vor dem 3. Juli 2011 registriert wurden, reicht ihre bestehende Tätowierung aus, wenn diese gut lesbar ist).

Zollbestimmungen

Der private Warenverkehr innerhalb der EU ist grundsätzlich frei.

Als **Richtmengen** für den privaten Gebrauch gelten folgende Mengengrenzen bei hochsteuerbaren Waren:

◼ **Alkohol:** 10 Liter Spirituosen über 22 Vol.-%, 110 Liter Bier, 60 Liter Schaumwein.

◼ **Tabakwaren:** 800 Stück Zigaretten oder 400 Stück Zigarillos oder 200 Stück Zigarren oder 1 Kilogramm Rauchtabak.

Deutschland hat allerdings die Freigrenzen bei Zigaretten aus Bulgarien, Rumänien, Kroatien, **Lettland, Litauen** und Ungarn bis zum 31.12.2017 auf 300 Stück pro Person beschränkt.

◼ **Anderes:** 10 Kilogramm Kaffee, 20 Liter Treibstoff im Ersatzkanister.

Mehrmengen gelten als gewerblich verbracht und sind grundsätzlich nicht einfuhrfähig, wenn keine glaubhafte Begründung vorliegt, dass die Menge der Ware persönlich verwendet wird.

Einzelne **nationale Verbote** und **Beschränkungen** sind weiterhin zu beachten. Diese betreffen verbotene Waffen (u.a. Springmesser, Schlagringe, Wurfsterne), Artenschutzprodukte, Arzneimittel, Drogen, Markenfälschungen (geringe Stückzahlen sind zum Eigenbedarf/als Geschenk erlaubt), Feuerwerkskörper, die Mitnahme von Haustieren und eigenen Jagdwaffen u.a.

Achtung: Auch für die **Rückeinreise** nach **Österreich** gelten leicht abweichende Freigrenzen.

Für die Schweiz

Reisende aus der Schweiz müssen durch die Grenz- und Zollkontrolle, da das Land nicht Mitglied der EU ist. **Freigrenzen** für **Nicht-EU-Staaten:**

- **Alkohol:** 1 Liter Spirituosen über 22 Vol.-%, 4 Liter nicht schäumende Weine, 16 Liter Bier.
- **Tabakwaren:** 200 Stück Zigaretten oder 100 Stück Zigarillos oder 50 Stück Zigarren oder 250 Gramm Rauchtabak.
- **Andere Waren:** Waren zur persönlichen Verwendung oder als Geschenk bis zu einem Warenwert von 430 Euro bei Einreise mit dem Flugzeug oder Schiff. Für Kinder bis 15 Jahren gilt hier ein Warenwert von 175 Euro. Bei der Einreise mit der Bahn, Bus oder Kfz beträgt die Freimenge 300 Euro.

Bei der **Rückeinreise in die Schweiz** sind folgende Freimengen zu beachten:

- **Alkohol:** 5 Liter Alkohol bis 18 Vol.-% und 1 Liter über 18 Vol.-% (für Personen ab 17 Jahren).
- **Tabakwaren:** 250 Zigaretten/Zigarren oder 250 Gramm Tabak (für Personen ab 17 Jahren).
- **Anderes:** 25 Liter Kraftstoff im Benzinkanister, 1 Kilogramm Fleisch/Fisch, 1 Kilogramm Butter, 5 Kilogramm Speisefette/-öle. Übersteigt der Gesamtwert der mitgeführten Waren (inkl. der Wert aller Lebensmittel) 300 SFr, ist in jedem Fall die Mehrwertsteuer zu zahlen.

Nähere Informationen

- **Deutschland:** www.zoll.de
- **Österreich:** www.bmf.gv.at
- **Schweiz:** www.ezv.admin.ch

Einkaufen und Souvenirs

Das Angebot in den **Supermärkten** ist sehr breit und vollkommen mit dem in Deutschland, der Schweiz oder Österreich vergleichbar. Für die Selbstversorgung – und als Alternative zum Essen im Restaurant – empfehlen sich die Salate und Speisen von den Theken vieler Läden. Außerdem verfügt eine Vielzahl der Supermärkte über einen Imbiss oder ein Bistro im Eingangsbereich.

Selbst in kleineren Orten betreibt meist mindestens ein kleiner Supermarkt seine Geschäfte. Oft sind sie **abends bis 22 Uhr** geöffnet. Samstags kann überall bis zum frühen Nachmittag oder sogar bis zum Abend eingekauft werden, sonntags nur vereinzelt, auch am Wochenende nur etwas kürzer. Ab 22 Uhr wird in Lettland bis morgens **kein Alkohol verkauft,** in Estland ebenfalls von 22 bis 10 Uhr.

In größeren Städten gibt es auch Märkte, häufig in **Markthallen.** Hier findet man als Selbstversorger günstige, lokal produzierte Lebensmittel, außerdem kann es einfach interessant sein, diese Form des Einkaufens auszuprobieren. Ansonsten dominieren aber überall die großen **Einkaufszentren.** Teilweise haben sich dort aber **Hofläden** etabliert, so dass es durchaus möglich ist, dass man in einem riesigen Einkaufszentrum auch Kartoffeln vom Bauern um die Ecke bekommt.

Handeln ist weder in Geschäften noch auf Märkten üblich. Allenfalls wenn man an einem Handarbeitsstand

Strickpullis für die ganze Familie erstehen will, kann man mal sein Glück versuchen.

Souvenirs

Bernstein

Das typischste und beliebteste Souvenir aus dem Baltikum ist wahrscheinlich Bernstein, das „baltische Gold", das man an den Stränden der „Bernsteinküste" mit etwas Glück und Geduld auch selbst finden kann. Im südlichen Baltikum, an den **Stränden Litauens** und der **lettischen Westküste,** sind die Chancen am größten. Bernsteinschmuck in allen Formen und in unterschiedlichen Farbschattierungen (grün, weiß-gelb, rötlich oder braun) bekommt man auf den Märkten, in Schmuckgeschäften und in Souvenirläden in Form von Ketten, Anhängern, Ohrringen, Broschen und Ringen angeboten. Die Preise variieren je nach Qualität und Verarbeitung. In Estland ist der Schmuck nicht so preiswert wie in Lettland oder Litauen, weil es dort keine Bernsteinfunde gibt.

Souvenirs aus Estland

Beliebte Mitbringsel aus Estland sind Küchenzubehör aus Wacholderholz und andere **Holzwaren, Schmiedewaren** für Haus und Hof, **handgestrickte** und mit **traditionellen Mustern** versehene Mützen, Schals und Handschuhe, handgemachte **Seifen** und andere traditionelle **Handwerksprodukte.** Zunehmend finden sich auch hausgemachte **Bio-Lebensmittel** wie Müsliriegel mit Beeren aus estnischen Wäldern. Gut transportable Lebensmittel sind der häufig hervorragende **Honig** und diverse **Spirituosen,** allen voran der Klassiker unter den Likören, *Vana Tallinn,* oder Wodkasorten wie *Saaremaa* oder *Viru Valge.*

Die **Preisunterschiede** zwischen Tallinn und kleineren Orten auf dem Land können erheblich sein, es lohnt sich also unter Umständen die Reise in die Provinz abzuwarten. Dort findet man in der Regel lokal produzierte, hochwertige Ware.

In **Tallinn** gibt es zahlreiche **Souvenirshops,** die mit lokalem Kunsthandwerk nichts zu tun haben und die man eher meiden sollte. Zur Orientierung mag folgendes Kriterium dienen: Es gibt in Estland keinen Bernstein!

Souvenirs aus Lettland

Ein typisches Kunsthandwerksprodukt Lettlands sind **Töpferwaren.** Sie werden in Werkstätten des ganzen Landes geschaffen, der Schwerpunkt liegt aber im östlichen Latgale, wo besonders die schwarze Keramik das Herz von Freunden schönen Geschirrs höher schlagen lässt. Jeder Souvenirladen, Boutiquen und sogar viele Supermärkte bieten schmuckvoll geformte und verzierte Krüge, Becher, Teller, Kerzenständer, Vasen und Figuren aus Ton an. Am meisten Spaß macht der Kauf freilich beim Künstler selbst in seiner Werkstatt, wo neugierige Besucher nicht selten dem Töpfer auf die Finger schauen oder sogar selbst Hand anlegen können.

Ein weiterer Klassiker aus Lettland sind **traditionelle Kleidung** wie Trachten und Kostüme mit ihren fröhlichen

4

Größter Schatz der endlosen Strände – Bernstein

Die phänomenalen baltischen Ostseestrände wären nichts ohne ihren größten Schatz: Bernstein. Das **baltische Gold,** das sich am häufigsten an den Küsten Litauens und Lettlands findet, weniger in Estland, war einst noch wichtiger als heute. Es gab Zeiten, als es für die Region tatsächlich noch mehr Wert darstellte als Gold. Heute ist Bernstein mit seiner Bedeutung als **Schmuck und Souvenir** zwar nicht mehr ganz so kostbar. Doch er bleibt ein sehr wichtiger Identifikations-Faktor. Jeder Souvenirladen bie-

tet eine breite Auswahl an Bernstein-Produkten an und kaum eine Halskette oder kaum ein Ring aus dem Baltikum ist ohne diesen edlen, in grauer Vorzeit aus **Baumharz** entstandenen Stoff denkbar.

Die Bearbeitung von Bernstein begann bereits im vierten Jahrtausend vor Christus, wie eine Reihe von Ausgrabungen bewiesen. Mit dem Einmarsch der Kreuzritter vom Schwertbrüderorden wurde die Bearbeitung des Bernsteins stark eingeschränkt, denn die neuen Herren ver-

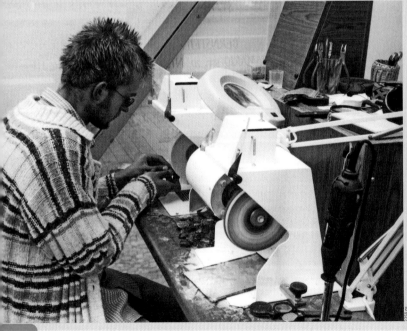

boten bei Todesstrafe das „Stehlen", also das Sammeln des wertvollen Stoffes. Sie wollten alles für sich haben und damit Handel treiben.

Es entstanden in der Ostseeregion Schmuckstücke faszinierender Art (wie etwa das legendäre Bernsteinzimmer), doch es dauerte bis ins 19. Jh., dass das Monopol aufgehoben wurde und jeder wieder selbst Bernstein sammeln und verarbeiten durfte. Das golden schimmernde Material war ein beliebtes Accessoire an Trachten und anderer traditioneller Kleidung, etwa für Knöpfe.

Heute ist die Verarbeitung von Bernstein nach wie vor ein Brotverdienst für Tausende Balten. Touristen kaufen nicht nur die Produkte, sondern werden selbst zu Schatzsuchern an den Stränden, wo es gar nicht so schwer ist, ein paar kleine Klumpen zu erspähen, wenn man genügend Geduld mitbringt. Faszinierend sind auch die Einschlüsse kleiner Tiere, jahrtausendelang im Bernstein konserviert. Es sind meistens Insekten, die solche Fundstücke zu einem ganz besonderen Souvenir machen.

Bleibt noch die Frage, **wie man Bernstein eigentlich erkennt.** Natürlich muss er transparent sein, die Sonne oder das Licht müssen hindurchscheinen. Ein weiterer Tipp lautet, Bernstein an Seide oder an der Kleidung zu reiben und zu schauen, ob eine elektrische Ladung auftritt, was bei Bernstein – der ja kein Stein ist – passiert. Oder man prüft, ob der „Stein" im Wasser schwimmt. Der ultimative Test besteht darin, das Exemplar an eine Flamme zu halten, Bernstein wird dann zähflüssig und verfärbt sich leicht. Im Zweifelsfall, bei einem richtig großen Fund, bleibt natürlich nur der Gang zum Juwelier. Ansonsten gilt: Hauptsache schön.

◁ Ein Bernsteinschleifer

Mustern (oft in den Landesfarben rotweiß) sowie andere Handwerksprodukte wie z.B. geschnitzte Stühle. Nicht nur die Hansestadt Riga hat eine lange ereignisreiche Handwerker-Geschichte. Ein weiteres beliebtes Mitbringsel aus Lettland sind Decken, vor allem Steppdecken.

Stolz sind die Letten auf ihre leckeren **Honigsorten.** Wer sich keine Sorgen um zu schweres Gepäck machen muss, sollte also einige Gläser Honig *(medus)* nach Hause mitbringen.

Eine Spirituose aus Riga ist der *Rīgas Melnaiz balzams,* ein dickflüssiger, herber, schwarzer **Kräuterlikör** mit großer Tradition. Er wird meist in hübschen Steingut-Flaschen verschiedener Größe angeboten und ist ein ideales Geschenk. Ein ebenso schönes Mitbringsel ist die **Schokolade** der Marke *Laima,* die schon immer in Riga produziert wurde. Die Verpackungen sind oft mit Motiven aus Lettland verziert.

Schön und hochwertig sind auch die **Kosmetikprodukte** der lettischen Marke *Stenders.*

Souvenirs aus Litauen

Auch in Litauen findet man **Holzarbeiten** wie geschnitzte Löffel oder gedrechselte Dosen und **Keramikwaren,** etwa Glaskeramik. Anderes typisches Kunsthandwerk sind Lederarbeiten (z.B. Bucheinbände), bestickte Leinenstoffe, Deckchen (Spitzen- und Häkelarbeiten), Korbwaren und Trachten. Ein anderer traditioneller Zweig der Volkskunst ist die Anfertigung von **Schärpen;** diese Bänder werden gewoben und wurden früher um den Leib getragen. Beliebt sind auch **Stricksachen** aus Wolle (z.B.

Trachtenmützen, Handschuhe, Socken), meist zweifarbig mit den im 19. Jh. populären Flora- und Faunaornamenten.

Liebhaber von Kunsthandwerk sollten sich die Broschüre *Folk Art Routes* vom Tourismusverband (info@tourism.lt) besorgen. Hier sind die Kontaktadressen der Kunsthandwerker (Holzschnitzer, Weber, Sticker, Bernsteinkünstler etc.) aufgeführt, bei denen man vor Ort deren Kunst bewundern und auch selbst erlernen kann.

Auch **russisches Kunsthandwerk** wie *matrioshki* (ineinander verschachtelte Holzpüppchen), *pisanki* (bemalte Holzeier), *loshki* (bemalte Holzlöffel) und *shkatulki* (Lackkästchen aus Pappmaché) ist in Litauen sehr populär, ebenso wie Souvenirs **sowjetrussischer Exotik** (z.B. T-Shirts mit Hammer und Sichel, Orden oder Generalsmützen).

Eine große Auswahl bieten Kunsthandwerksgeschäfte *(daile)* und Souvenirläden, teilweise auch Antiquitätengeschäfte. An touristischen Plätzen bieten Straßenhändler ihre Waren feil; es gibt auch **Souvenirmärkte** (z.B. in der Pilies gatvė in Vilnius, wo es auch einen Bildermarkt gibt). Hier ist Handeln gefragt.

Günstige Mitbringsel sind auch **landestypische Lebensmittel** wie Honig, Baumkuchen oder getrocknete Steinpilze, bzw. Getränke wie Kräuterlikör, Honigbier oder Wodka.

▷ Estnischer Weihnachtstisch

4

Elektrizität

Reisende können ihre mitgebrachten elektrischen Geräte problemlos im Baltikum benutzen. Steckeradapter sind normalerweise nicht notwendig, obgleich es noch einige wenige Steckdosen gibt, in die nur die zweipoligen Euronorm-Stecker ohne Schutzkontakt passen.

Essen und Trinken

Die estnische Küche

Die estnische Küche mag so manchem Reisenden bekannt vorkommen. Was der Besucher bislang mit typisch deutscher Hausmannskost assoziiert hat, deckt auch so manchen estnischen Tisch. Allerdings schaffen es viele Restaurants (und auch Menschen zuhause), diesen Gerichten mehr Leichtigkeit und Finesse zu verpassen, als man es im deutschen Dorfgasthaus erwarten würde. Bei allen Ähnlichkeiten gibt es zudem viele Eigenheiten der estnischen Küche, was Zutaten, Zubereitung und ganz allgemein die Essgewohnheiten betrifft.

Gekocht wird, was aus dem Garten, Meer oder Wald kommt: Fisch *(kala)* und Wild *(metsloomaliha)*, Schweinebraten *(seapraad, sealiha* = Schweinefleisch) und Rindfleisch *(loomaliha)*, Sülze *(sült)* und Blutwurst *(verivorst)* Sauerkraut *(hapukapsas)* und Kartoffeln *(kartulid)*. Eine Spezialität des Landes sind gewürzte Strömlinge *(kilud)*. Dazu gibt es – je nach Jahreszeit – Salat, Gemüse und besonders im Herbst köstliche Pilze *(seened)* aus den estnischen Wäldern. Gern werden auch vergleichsweise einfache Speisen aufgetischt wie Pfannkuchen *(pannkook)* oder Brei *(puder)*, der zum Frühstück gegessen wird.

Auch Suppen *(supp)* und Eintöpfe sind sehr beliebt. Oft gibt es *seljanka*, einen bunten Eintopf, der den zweiten großen Einfluss auf die estnische Kost erkennen lässt: die **russische Küche.** Ihr ist auch ein beliebter Snack für zwischendurch zu verdanken: Piroggen *(pirukas)*, mit Gemüse oder Fleisch gefüllte Teigtaschen.

Zu allen Speisen wird Brot gereicht, helles Weißbrot *(sai)* und dunkles Roggenbrot *(rukkileib)*. Viele Speisen werden mit saurer Sahne *(hapukoor)* und frischen Kräutern abgeschmeckt.

Zum **Nachtisch** gibt es Quarkcremes *(kohupiimakreem)* mit Früchtekompott oder *kama*. Letzteres ist eine Art Mehl aus verschiedenen Getreidesorten und Hülsenfrüchten (Gerste, Hafer, Roggen, Erbsen und schwarzen Bohnen), eine estnische Besonderheit, die – mit Joghurt oder Kefir zu einem Brei vermischt. Ferner gibt es mit Schokolade überzogene Quarkröllchen *(kohuke)*, die besonders bei Kindern beliebt sind.

Zum Bier *(õlu)* hingegen werden gern harte, in Öl und Knoblauch geschwenkte Brotstückchen, sogenanntes Knoblauchbrot *(küüslauguleib)*, gereicht.

Getränke

Bier wird in Estland gern getrunken, vor allem die lokalen Marken *Saku, A le Coq* oder das höherprozentige *Saaremaa*-Bier. In den letzten Jahren hat sich in Estland eine sehr aktive *Craft-Beer*-Szene entwickelt. Zahlreiche Kleinbrauereien produzieren *IPAs, Porters* u.s.w. in interessanten Geschmacksrichtungen, testen lohnt sich. **Wein** *(vein;* nicht zu verwechseln

mit *viin* = Wodka) wird – abgesehen vom Fruchtwein aus Põltsamaa – importiert und ist deshalb oft teurer als andere Getränke. Als Absacker und Appetitanreger trinkt man **Likör** oder **Wodka** *(viin)*. Bedenken sollte man, dass ein gesetzliches Verbot besteht, auf öffentlichen Plätzen Alkohol zu trinken. Zwar halten sich gerade Jugendliche nicht immer daran, doch wer sich dem Verbot widersetzt, muss mit einer Geldstrafe rechnen.

An nichtalkoholischen Getränken stehen neben Softdrinks **Saft** *(mahl)*, **Wasser** *(vesi)*, **Milch** *(piim)* und **Sauermilch** *(keefir)* sowie **Kaffee** *(kohv)* und **Tee** *(tee)* auf der Speisekarte.

Eine Besonderheit ist das aus vergorenem Getreide hergestellte Erfrischungsgetränk **Kali** (russ.: **Kwas**, siehe auch unter Lettland), das am ehesten mit Malzbier zu vergleichen ist.

Gastronomie

Jedem Estlandreisenden, der mehr als ein paar Tage im Land ist, sei empfohlen, zumindest einmal die typische Landesküche zu kosten. Auf Voranmeldung bieten die meisten **Unterkünfte auf dem Land** Verpflegung an. Das bedeutet, dass sich die Hausfrau persönlich an den Herd stellt und alles, was Haus und Hof zu bieten haben, auffährt – Essen also, das in deutschen Großstädten unter dem Label „Biokost" stolze Preise kosten würde, hier aber oft gegen ein kleines Entgelt liebevoll zubereitet wird.

Wer nur eine Stippvisite in Tallinn macht, kann dort in einem der **mittelalterlichen Restaurants** – beispielsweise dem *Olde Hansa* – in den Genuss traditioneller Küche kommen. Man sollte sich nicht davon abschrecken lassen, dass es dort touristisch zugeht, die Qualität des Essens stimmt allemal.

Natürlich schwanken die **Preise** je nach Region des Landes erheblich. Spitzenrestaurants in Tallinn haben längst westliche Preise erreicht, dennoch lässt sich insgesamt festhalten, dass man in Estland preiswerter speist als in Deutschland, der Schweiz oder Österreich. Dies gilt besonders für Restaurants auf dem Lande, dort kann man für wenig Geld ein komplettes Essen bekommen.

Doch trotz aller Hausmannskost, die in Estland wesentlich verbreiteter ist als in Deutschland, gibt es natürlich auch dort die verschiedensten Restaurants und Fastfoodlokale, die **internationale Küche** auftischen: Sushi und Hamburger, indische Speisen und Pizza, Reisgerichte und Tacos. Wer nicht so sehr auf den Geldbeutel achten muss, sollte einen Besuch in einem der estnischen Spitzenrestaurants in Erwägung ziehen, die nicht nur französische oder mediterrane Spezialitäten anbieten, sondern auch estnische Traditionen in verfeinerter Form auf den Tisch bringen.

Die lettische Küche

Man tritt den Letten nicht zu nah mit der Feststellung, dass sie wenige Gourmet-Speisen zu bieten haben: Die Küche ist geprägt von **deftigen und einfachen Gerichten**. Ein typisches Gericht ist die *karbonade*, ein großes, meist paniertes **Schweineschnitzel**, serviert mit Krautsalat oder Gemüse und Pommes Frites oder Bratkartoffeln, seltener auch mit

Salzkartoffeln oder Reis. Typisch als Geschmacksverfeinerung zu fast jedem Gericht ist **Kümmel.** Überhaupt dominiert das **Schweinefleisch** die Speisekarten der Letten, oft in Form von Schaschlik und Rippchen, auch häufig auf deutsche Weise als Würstchen oder Eisbein. Rindfleisch ist erstaunlich selten anzutreffen, Geflügel schon etwas häufiger.

Nur **Fischgerichte** haben in dem Land der vielen Gewässer noch einen ähnlich hohen Stellenwert wie Schweinefleisch. In den Küstenorten und Fischerdörfern werden viele Fischrestaurants betrieben. Am beliebtesten sind geräucherte Sorten wie Aal, Dorsch, Hering, Forelle und Lachs. Auch Freunde von Krabben und anderen Meeresfrüchten kommen auf ihre Kosten. Zum Fisch wird häufig eine interessante Beilage gereicht: eingemachte oder in Essig eingelegte Tomaten, Zwiebeln, Möhren und anderes **pikant schmeckendes Gemüse.**

So fleischorientiert die meisten Speisen auch sein mögen, so sehr überzeugt die immer wieder sehr reiche Auswahl an **Salaten,** die auch für Vegetarier zum wichtigen Rettungsanker wird. Aus deutschen Landen kommt die Tradition eines sehr schmackhaften, wenn auch nicht gerade leichten Kartoffelsalates. Beliebt sind außerdem Kraut-, Tomaten-, Gurken-, und Bohnensalate.

Nicht fehlen dürfen im von Wäldern übersäten Lettland natürlich **Pilzgerichte,** die sich nach der jeweiligen Jahreszeit richten. Eine Pilzsuppe wird oft als Vorspeise serviert, ob zu Pelmeni oder zum Schweineschnitzel. Letzteres kann aber auch Pilze als Beilage haben. Besonders lecker – und nicht so teuer wie in Westeuropa – sind Pfifferlinge, die in Lettland in Hülle und Fülle wachsen und ge-

sammelt werden. Weitere Spezialitäten sind graue Erbsen mit Speck, Kartoffeln mit Quark und Heringen und Sauerampfer-Suppe.

Käse – auch aus dem Supermarkt – ist meist entweder erstaunlich würzig oder süß. Interessant sind kleine Käseriegel, die in den verrücktesten Geschmacksrichtungen zu haben sind, etwa Preiselbeere, Kokos, Apfel oder Rose.

In der Küche ist die **deutsche Tradition** anzutreffen, die Jahrhunderte lang im größten Gebiet des heutigen Lettland dominant war, auch wenn das schon lange Zeit her ist. Der russische Einfluss macht sich bei weit verbreiteten Imbiss-Speisen wie den Teigtaschen **Pelmeni** oder den fettigen **Tscheburaki** aus der Pfanne bemerkbar.

Ein ganz besonderes Grundnahrungsmittel ist das lettische **Brot** *(maize):* Es wird meist aus Roggenmehl gebacken und ist mit einer gehörigen Portion Malz versetzt. Oft wird noch Kümmel hinzugefügt, manchmal auch Nüsse oder Trockenobst. Die Brote sind sehr dunkel, fast schwarz, und äußerst würzig. Wer zuviel auf einmal isst, kann Magenprobleme bekommen, aber dieses einfache Brot ist für viele eine echte Entdeckung. Dazu schmeckt besonders gut der berühmte lettische **Kümmelkäse,** der speziell zum Johannistag im Juni den Rang einer Pflichtspeise besitzt. Zu jeder warmen Speise wird übrigens Brot serviert.

Zum **Frühstück** gibt es zum Kaffee meist kleine, dünne **Pfannkuchen** *(pankūkas)* mit süßer Quark- oder Marmeladenfüllung. Eine beliebte **Süßspeise** ist auch Brotsuppe mit Schlagsahne und das ebenfalls aus Schwarzbrot zubereitete *rupjmaizes kārtojums.* In den Cafés *(kafejnīcas)* gibt es oft eine große Auswahl an kleinen **Törtchen und Kuchen.** Sie sind meist ziemlich bunt und süß und werden als Nachspeise, aber am liebsten nachmittags zum Kaffee gegessen.

Getränke

Die Letten mögen morgens und auch nachmittags eher **Kaffee** als **Tee,** doch die russische Tradition des Teetrinkens (oft aus Gläsern) ist auch hier anzutreffen. Der gemahlene Kaffee wurde in früheren Zeiten häufig in Becher oder Gläser geschüttet und dann mit kochendem Wasser übergossen. Heute setzen sich moderne Kaffeemaschinen durch. Dementsprechend werden auch immer häufiger Latte Macchiato und andere „trendige" Variationen angeboten. Morgens trinken die Letten gern ein Glas Milch, Dickmilch oder auch Kefir *(kefirs).*

Der deutsche Einfluss macht sich auch beim **Bier** bemerkbar. In Lettland finden sich zahlreiche, vielfach **regionale Brauereien,** die Bier auf allerhöchstem Niveau produzieren. Ein „kühles Blondes", ob gezapft oder aus der Flasche, gehört also zu einem anständigen Essen dazu. Weintrinker haben es da schon schwerer. Für Besucher, die mit dem Auto nach Lettland reisen und noch etwas Platz im Kofferraum haben, ist Bier aus Lettland ein ideales Mitbringsel. Es werden auch Liter- oder sogar Anderthalbliter-Flaschen aus Kunststoff verkauft. Besonders lecker sind *Tērvetes, Gaisu, Līvu, Cēsu* und *Lāčplēsis* sowie die Biere der Marke *Užava* und aus der kleinen, exklusiven Brauerei *Valmiermuiža.*

Auch **Birkensaft** gilt als Nationalgetränk. Eine weitere nahrhafte Flüssigkeit ist der **Kwas,** hergestellt auf Roggen-Sauerteigbasis. Durch den Zucker im Fermentationsprozess kommt die notwendige Süße hinzu. Kwas stammt aus Russland und hat nicht mehr Kalorien als Cola oder andere Limonaden, schmeckt aber erfrischender. Er ist im Supermarkt und in Restaurants fast überall erhältlich. Manchmal stehen an der Straße wie in Russland kleine Wagen mit einem Kwas-Tank, aus dem Verkäufer das Getränk in Becher abzapfen.

Gastronomie

Lokale mit dem auch für Ausländer wiedererkennbaren Namen **restorāns** gehören einer für lettische Verhältnisse höheren Preiskategorie an, müssen aber nicht teuer sein. Im Gegensatz zur *kafejnīca* wird das Essen hier am Tisch serviert und nicht selbst an der Theke zusammengestellt.

In einer **kafejnīca** bedient man sich zwar selbst, doch das Geschirr wird fast immer von Mitarbeitern abgeräumt. Es ist nicht üblich, dass man seinen Tisch selbst aufräumen und die Teller irgendwo abstellen muss. In einer *kafejnīca* kann man für kleines Geld satt werden, mit einem großen Tellergericht und Getränken. In Restaurants reicht die Spanne von vergleichbaren Preisen bis hin zu westlichem Niveau.

Wenn ein Lokal sehr schick, fast schon ein wenig zu nobel eingerichtet ist, aber relativ wenige Gäste hat, kann es sich um ein ausschließlich an wohlhabende Touristen gerichtetes Restaurant handeln. In Riga existieren einige Häuser dieser Art. Eine gute Methode ist es, vor Eintritt einen Blick auf die Karte zu

Bier – das lettische Nationalgetränk

Kein anderes Land im mittleren Osteuropa außer Tschechien besitzt eine Biertradition, die auch nur annähernd an die lettische heranreichen würde. Dies ist sicherlich auch auf den Jahrhunderte währenden deutschen Einfluss zurückzuführen. Besonders die deutschstämmigen Geistlichen, die seit dem 13. Jh. einwanderten, brachten der lettischen Bevölkerung nicht nur das Christentum, sondern auch das Bierbrauen und -trinken nahe. Letzteres dürfte im Vergleich zum Christentum auf weniger Widerstand gestoßen sein, denn das Bier entwickelte sich schnell zum Nationalgetränk – was es bis heute geblieben ist. Eine Veröffentlichung spricht von **18 registrierten Brauereien** im Lande, doch mehrere Dutzend Sorten sind im Verkauf, die meisten davon nur im regionalen Vertrieb.

Natürlich ist es fast eine Selbstverständlichkeit, dass die Mehrheit der Biere dem **Reinheitsgebot** entspricht und weder pasteurisiert ist noch aus anderen Zutaten als Wasser, Malz und Hopfen besteht. Man kann nun trefflich über die verschiedenen Geschmacksrichtungen der jeweiligen Marken fachsimpeln. Tatsache dürfte sein, dass die lettischen Biere ein wenig **malziger schmecken** als etwa die deutschen oder tschechischen. Vielleicht liegt dieser Eindruck aber auch nur an dem viel Malz enthaltenden, dunklen lettischen Brot, das man so hervorragend zum „kühlen Blonden" essen kann, ohne zu fettigen, salzigen Chips greifen zu müssen.

Was anderen Völkern ihr Wein, ist den Letten ihr Bier – daher gibt es statt Honigwein auch **Honigbier** *(Medalus)*. Traditionell gab man beim Brauen auch gelegentlich Wacholderbeeren oder Wermut in die Mischung, um den Geschmack zu verfeinern und zu bereichern – ein sehr früher Vorläufer der heute so beliebten „flavoured beers".

Obwohl auch in den Nachbarstaaten Lettlands gern und viel Bier getrunken wird, haben sowohl Litauen und Estland als auch Russland und Weißrussland weniger eigene, hochwertige Biersorten vorzuweisen. Auch in diesem Bereich behauptet das kleine Lettland seine Eigenständigkeit: Zwischen 15 und 20 Millionen Liter des Getränks flossen in letzter Zeit pro Jahr durch lettische Kehlen. Nicht alle Hersteller jedoch sind immer noch lettische Firmen. So geriet die älteste Brauerei des Landes im Stadtzentrum von Cēsis schon vor Jahren in finnischen Besitz.

werfen und Ausschau zu halten, ob Einheimische zu den Besuchern gehören.

Einfache, manchmal sehr gemütliche und urige Kneipen, in denen oft auch rustikale Speisen auf der Karte stehen, heißen **krogs.** Ganz einfache Esslokale im Stil einer Kantine werden als **ēdnīcā** bezeichnet.

Die Lokale in den größeren Städten, bei den wichtigsten Touristenzielen und an den großen nationalen und internationalen Straßen verfügen meist über eine englischsprachige **Speisekarte.** Manchmal, besonders im Osten des Landes, gibt es auch nur eine russische und lettische Sprachversion. Besonders in den bereits erwähnten einfachen Lokalen und in der Provinz steht oft nur eine lettische Karte zur Verfügung.

Restaurants und Cafés sind gewöhnlich **durchgehend geöffnet** und bieten ohne Unterbrechung warme Speisen an. Eine Mittagspause ist kaum anzutreffen. Die Essenszeiten und -gewohnheiten der Letten sind vergleichbar mit denen in Mitteleuropa. In den meisten Lokalen erhält man auch in der Woche bis 21 oder 22 Uhr noch warme Speisen, am Wochenende oft noch länger.

Die litauische Küche

Die litauische Küche sollte den früher auf dem Feld arbeitenden Bauern Energie spenden, deshalb ist sie relativ schlicht, aber auch rustikal und fett, zumal sie gern mit saurer Sahne oder Mayonnaise verfeinert wird. Mit Gewürzen wird sparsam umgegangen. Viele Gerichte werden mit Dill garniert. Eine Suppe, Kartoffeln oder Teigwaren, Fleisch oder Fisch sowie Gemüse gehören fast immer auf den Tisch. In vielen Gastronomiebetrieben erhält man neben internationalen Gerichten (die man teilweise noch erraten kann, wie *fileja* oder *šnitzelis*) auch **nationale oder regionale Spezialitäten.** Bei manchen sind die Bezeichnungen etwas irreführend: *Šašlykai (šašliks)* sind Fleischspieße, die mehr türkischem Kebab ähneln als unserem Schaschlik; *karbonadas* sind garnierte Fleischfilets; *kotletas* sind nicht Koteletts, sondern Hackfleischklöße, und mit *bifštekas* bezeichnet man nicht nur Beefsteak, sondern gebratenes oder gegrilltes Fleisch verschiedenster Art.

So eine Art **Nationalgericht** sind die *blynai;* das sind z.B. mit Fleisch (*mėsa*), Kohl (*kopūstai*), Pilzen (*grybai*), Quark (*varškė*), saurer Sahne, Kartoffeln, Lachs, Fisch (*žuvis*), Obst (*vaisiai*) oder Beerenmarmelade (*uogienė*) gefüllte Pfannkuchen. Dazu gehören auch *blyneliai* (kleine Pfannkuchen), *bulviniai* (Pfannkuchen mit geriebenen Kartoffeln), *varškėčiai* (Quarkpfannkuchen) und *lietiniai* (ohne Hefe).

Landesweit sehr beliebt sind auch die *čepelinai* (Kartoffelklöße mit Speckfüllung). Das hört sich nicht nur so an, sondern bedeutet tatsächlich Zeppelin, denn genau diese Form haben die Klöße, die mit einer Soße aus Speckschnitten und Zwiebeln serviert werden. Ihren Namen haben sie von den Zeppelinflugzeughallen, die die deutsche Armee im Ersten Weltkrieg in Zokniai baute. Die Bewohner waren so begeistert, dass sie ihren ähnlich aussehenden Kartoffelklößen (*didžkukuliai*) den Namen gaben. Es gibt sie auch mit Pilz-, Hackfleisch-,

▷ In der Markthalle in Kaunas

4

Quark-, Gemüse- oder Käsefüllung. Auf einigen Speisekarten erscheinen sie als „didžku-kuliai" (große Klöße).

Andere litauische Spezialitäten sind *kugelis* (eine Art Kartoffelpuffer mit Möhren und Sauerrahm), *vėdarai* (mit Kartoffeln oder Graupen gefüllte Würste), *čeburekai* (dünne Pfannkuchen mit Fleischfüllung), *kepsnys* (Schweine, Rind- oder Hähnchenfilet), *balandėliai* (Krautrouladen mit Hackfleisch- oder Reisfüllung), *kibinai* (Fleischpastete), *koldūnai* (Ravioli mit Fleisch-, Pilz- oder Kartoffelfüllung), *suktiniai* (Fleischrouladen mit Ei-, Zwiebel- und Speckfüllung), *rūgštynės* (Sauerampfersuppe), *troškinys* (in Tontöpfchen servierter Eintopf mit Kartoffeln, Fleisch und Pilzen), *liežuvis* (Kuhzunge) und *šaltibarščiai* (kalte Rote-Bete-Suppe mit Buttermilch, Eiern, gekochten Kartoffeln, Gurken; im Sommer sehr beliebt).

Nicht so leicht haben es **Vegetarier** in Restaurants, da viel Fleisch serviert wird. Am besten hält man sich an Salatteller oder an einige der oben genannten Gerichte. Fisch wird meist mariniert oder geräuchert angeboten. Auf der Kurischen Nehrung findet man fast überall **geräucherten Fisch.** In den größeren Städten haben viele Restaurants aber mindestens ein **vegetarisches Gericht** auf der Speisekarte. An den heimischen Tischen werden Vegetarier hingegen viel Freude finden, denn hier gibt es reichlich Gemüse (*daržovės:* Rüben, Sauerkraut, Kohl), viele Gemüse-, Brot-, Milch-, Fisch- und Mehlsuppen, Pilz- und Beerengerichte, Käse- und Krautsalate sowie die verschiedensten Milchprodukte (u.a. *grietinė,* Sauerrahm, und *rūgusis pienas,* saure Milch) oder mit Honig bestrichene saure Gurken. *Skalsaus!* (guten Appetit!)

Ein **Menü** besteht aus einer Vorspeise (z.B. Hering = silkė, Sprotten = šprotai, Pilze, Tomaten- und Gurkenscheiben), einer Suppe *(sriuba),* ein oder zwei Hauptgängen und einem Nachtisch *(desertas)* wie z.B. Eiscreme *(ledai),* Kuchen, Kompott, Pudding (oft mit Honig) oder *šaltanosiai* („kalte Nasen"; eine Art Ravioli mit Beeren). **Kuchen** und **Torten** sind sehr beliebt, darunter auch der *ša-*

4

kotis (ein sehr großer Kuchen aus 99 Eiern in Form eines Tannenbaums, der oft an Hochzeiten gegessen wird), *skruzaélynas* („Ameisenkuchen", süßes Dessert mit Honig), *šimtalapis (*Kuchen mit Mohnfüllung), *kugelis* (Kuchen aus geriebenen Kartoffeln) und *kūčiukai* (Biscuits an Weihnachten). *Muginukas* ist ein Honiggebäck mit Zuckerblumen (meist in Herzform).

Ein westliches **Frühstück** mit Brötchen, Butter und Marmelade gibt es eigentlich nur an den Frühstücksbüffets der großen Hotels. Ansonsten werden Käse, Wurst, Omelett, Brot, Fisch, Pilze, Rühreier und Tee oder Kaffee aufgetischt. **Konditoreien** bieten neben Kaffee und Tee auch Gebäck, Brötchen etc. an. Es gibt viele Brotsorten, u.a. mit Nüssen, Kümmel und getrocknetem Obst. **Milchbars** servieren u.a. Quarkspeisen, Milchshakes und Salate.

Getränke

Populär sind Tee *(arbata),* Kaffee *(kava),* Mineralwasser *(mineralinis vanduo),* Milch und natürlich Softdrinks. **Beeren- und Fruchtsäfte bzw. Limonaden** sind oft sehr süß. Gut ist **Mineralwasser,** von dem es viele Sorten gibt, darunter auch recht salzhaltige. **Leitungswasser** sollte man **nicht trinken.**

Bier *(alus)* wird wegen seiner Farbe auch „flüssiger Bernstein" genannt und ist das beliebteste alkoholische Getränk. Bekannte Marken sind *Švyturis, Utenos, Ragutis, Horn, Tauras* und *Kalnapilis. Zalgiris* hat einen Alkoholgehalt von 7,5 %. Es werden mehr als 200 Sorten Bier gebraut. Im Norden Litauens hat fast jede Stadt ihre eigene Brauerei mit eigenen Bierfesten. Informationen hierzu findet man in der **Broschüre** *The Beer Trail (Rundfahrt im Bierland Litauen),* erhältlich beim Staatlichen Tourismusbüro. Die Brauerei *Avilys* in Vilnius produziert auch **Honigbier.**

Gern getrunken werden **Wodka** *(degtinė),* **Honigmet** mit Hefe und Kräutern *(midus),* **Suktinis** (50%-iger Midus-Nektar), **Bobeline** (Auszug aus frischem Moosbeerensaft), **Gira,** auch **Kvas** genannt (in Lettland Kwas, s.o.), **Sekt** (darunter die landeseigene Marke *Alita),* *trauktinė* (eine Art Branntwein), Schnaps, süßer Beerenwein, Wein *(vynas;* meist Import), Glühwein *(karštas vynas)* sowie Honiglikör und viele Fruchtliköre *(likeriai).* An der Theke werden harte alkoholische Getränke meist in 50-ml-Gläschen ausgeschenkt.

Achtung: Das Trinken von Alkohol an öffentlichen Plätzen ist verboten.

Beliebte Snacks zu Getränken
- *kepta duona* (geröstetes Brot mit Knoblauch oder Salz)
- *süris* (Käseschnitten)
- *virtos kiaulės ausys* (geräucherte Schweinsohren)
- *žirniai* (Erbsen mit Speck)
- *duonos salotos* (Brotsalat mit Käse und Mayonnaise)
- *vištienos sparnai* (Hähnchenkeule)
- *žemės riešutai* (Nüsse)

Gastronomie

Es gibt vor allem in den größeren Städten so viele **Restaurants** *(restoranas)* mit internationaler Küche, dass es manchmal schwierig ist, landestypische Gerichte zu bestellen. Sehr beliebt sind diejenigen in altertümlichen Kellern sowie die traditionell eingerichteten, in denen manchmal folkloristische Musik gespielt wird. An touristischen Orten und an Raststätten sieht man zunehmend Restaurants mit traditionellen Dächern aus Stroh und Reet. Im Hinterland sind Gastronomiebetriebe selten, sodass man auf die kleinen Lebensmittelgeschäfte angewiesen ist (sich ggf. vorher im Supermarkt eindecken). **Reservierungen** sind meist nicht üblich und auch nicht nötig; trotzdem stehen in einigen Restaurants „rezervuota"-Schilder auf dem Tisch. Das Personal gibt diese Tische auf Anfrage aber meist frei.

Wer schneller, einfacher (aber nicht unbedingt schlechter) und sehr preiswert essen will, geht in eine der einfacheren Speisegaststätten wie die vielerorts verbreiteten **Kantinen** *(valgykla),* oft mit Selbstbedienung, in eine **Imbissstube** *(užkandinė)* oder auch in ein **Café** *(kavinė).* Diese Cafés sind nicht ganz mit den unseren zu vergleichen. Neben Kuchen, Gebäck und Kaffee bekommt man dort auch einfache kalte und warme Gerichte und manchmal auch alkoholische Getränke. Eine richtige Cafékultur ist erst langsam im Entstehen. Auch in einer **Bar** *(baras)* kann man meist essen. Der Übergang zwischen Café, Imbissstube und Bar ist deshalb fließend.

In den besseren Restaurants gibt es meist **Speisekarten** *(valgiaraštis)* auf Englisch, teilweise auch auf Deutsch (manchmal sogar mit detaillierter Beschreibung des Gerichts). In manchen Kantinen oder Cafeterias genügt ein Fingerzeig auf ein **Plastikmodell** des gewünschten Gerichts. Die meist reichlichen Portionen sind schön angerichtet und garniert. In einigen Cafés, Restaurants o.Ä. muss man die Speisekarte selbst am Tresen holen und dort auch bestellen. Das Bestellte wird dann gebracht, bezahlt wird wieder am Tresen. Der Service kann recht langsam sein; sich darüber aufzuregen schadet nur. Das Personal versteht oft auch etwas Englisch oder Deutsch.

In einigen Lokalen ist das **Gewicht** des Essens und des Getränks auf der Speisekarte angegeben, was sich amüsant liest (Beispiel: 100 g Wurst, 50 g Brötchen, 5 g Senf = 100/50/5; ein viertel Liter Wein = 250 g).

Fahrradfahren

Das Baltikum ist mit seinen unberührten Naturlandschaften, dem relativ **geringen Verkehr** und seiner recht **flachen Landschaft,** die keine großen Steigungen aufweist, gut geeignet für Radfahrer. Mit dem Rad kann man viele Ziele erreichen, zu denen man mit anderen Verkehrsmitteln nicht gelangt. Fahrradfans haben die Wahl zwischen organisierten Touren, die deutsche Anbieter sowie einige Unternehmen vor Ort organisieren, und individuellen Touren. Man kann mit dem eigenen Rad anreisen oder vor Ort eins mieten, alle drei Länder durchfahren oder nur Teilabschnitte per Rad zurücklegen.

Das Bild trübt allerdings der streckenweise **schlechte Straßenzustand** auf Nebenstrecken und das rüde Fahrverhalten einiger Einheimischer. Man sollte sehr umsichtig fahren und immer auf Ausweichmanöver vorbereitet sein. Die Fahrt auf **ungeteerten Straßen** ist nur etwas für Hartgesottene, denn der wellige Straßenbelag und die Staubwolken bei jedem passierenden Auto treiben manchem buchstäblich Tränen in die Augen. Doch mit einer guten Straßenkarte kann das Radeln auf asphaltierten Wegen äußerst reizvoll sein.

Ausrüstung

Ein **Fahrradhelm** und **wasserdichte Kleidung** gehören zur Pflichtausrüstung. Von Rennrädern und allzu breitreifigen Mountainbikes (mit entsprechend hohem Rollwiderstand) ist abzuraten. Ideal sind **Trekkingräder** mit stabilen Reifen mit asphaltgeeignetem Profil, um auch den Sand, die Schlaglöcher, Bodenwellen und Querrillen einigermaßen meistern zu können. Die flache Geländeform erlaubt einen großen Raddurchmesser.

In größeren Städten gibt es zwar **Fahrradwerkstätten,** doch in der Provinz ist die Suche nach professioneller Hilfe häufig schwierig. In Zweifelsfall ist es einen Versuch wert, zu einer Autowerkstatt zu gehen, die fast überall zu finden ist. Es empfiehlt sich, Ersatzteile und Werkzeug mitzunehmen. Fahrradteile (Speichen, Felgen etc.) haben die gleiche Norm wie bei uns.

Tourenanbieter

Wer vorhat, einen kompletten Fahrradurlaub zu machen, sollte sich vorab informieren. Die Touristeninformationen vor Ort, so hilfreich sie auch sonst sein mögen, kennen nicht alle Fahrradstrecken und haben auch nicht immer Fahrradkarten vorrätig. Das sollte aber kein Problem sein, es gibt hervorragende Informationen im Internet und Adressen,

307li gs

bei denen man Karten- und Informationsmaterial bestellen kann.

An erster Stelle sei das von baltischen Fahrradvereinen gegründete Projekt **BaltiCCycle** genannt. Die Hauptseite www.balticcycle.eu ist auch in deutscher Sprache verfügbar. Auf der Homepage findet man alles rund um Radtouren in Estland, Lettland, Litauen und auch Polen, von Reiseberichten, Tourenvorschlägen und Serviceadressen bis hin zu Kartenmaterial. Unter „Service" werden Fahrradverleihe und Unterkünfte aufgeführt, unter „Touren" findet man organisierte Fahrten.

◼ **BaltiCCycle,** *Frank (Frankas) Wurft,* A/d (Postfach) 61, Büro: Bernardinu 10-6, Vilnius, Litauen, Tel. 00370 69956009, www.balticcycle.eu.

Ein weiterer großer Anbieter in Estland ist **Citybike,** mit Verleih von Fahrrädern, Kinderfahrrädern, Kindersitzen und -anhängern. Hier organisiert man auch **Radwanderungen:**

◼ **City Bike,** Vene 33, Tel. 5111819, www.city bike.ee.

Organisierte Radtouren für Individual- und Gruppenreisende bieten mittlerweile viele der größeren, etablierten Reiseanbieter, darunter einige mit Spezialisierung auf die Region.

Baltic Bike Travel organisiert die jährliche **BalticCycle-Radtour** durch alle drei baltischen Länder sowie Kaliningrad (im Juli/August; mit Tourhandbuch); auch Infos und Beratung über Fahrradgeschäfte, -werkstätten, Routenplanung, Genehmigungen, Camping,

Buchung von Unterkunft, Adressen von Radverleihstationen. Sie verleihen auch selbst Räder.

◼ **Baltic Bike Travel,** Naujoji Uosto 3, Klaipėda, Tel. 46 300144, www.bicycle.lt.

Karten und Infomaterial

◼ Käuflich erwerben kann man die Broschüre **„Bikeline Ostseeküste, Baltikum"** vom *Verlag Esterbauer* sowie das Buch „Baltikum per Rad" von *Michael Moll (Verlag Kettler,* Neuenhagen). Beide sind im hiesigen Buchhandel erhältlich.

◼ Detaillierte **Radwegbeschreibungen** und **Radtourenbücher** zu kaufen gibt es unter www.balticcycle.eu.

◼ **Gute Infos** auch beim *ADFC*-Bundesverband, Postfach 107 747, 28077 Bremen, Tel. 0421 346290, www.adfc.de.

◼ Sehr gut ist die **Karte „Eesti Rattateed / Estonian Cycle Routes",** vom Kartenverlag *Regio.* Die Informationen sind auf Englisch. Man bekommt die Karte in den großen Buchläden in Tallinn oder über den spezialisierten Kartenhandel auch daheim.

◼ Ein guter **Straßenatlas** von *Regio* (primär für Autofahrer) ist der *Regio Eesti teede atlas* im Maßstab 1:150.000, man bekommt ihn überall im Land (www.regio.ee).

◼ Vor Ort in guten Buchhandlungen und Tankstellen werden die **Velokarte** Litauen und Kaliningrad (1:650.000) mit Tourenvorschlägen sowie verschiedene **Regionalkarten** (1:110.000) für Litauen verkauft.

◼ Sehr gut ist der **Radführer** *Küstenradweg Litauen,* erhältlich bei der Touristinformation in Klaipėda. Auch der *Nemunas Cycle Route Guide* ist hilfreich.

◁ Rent a bike in Vilnius

4

Fahrradverleih

Wer keine langen Touren, sondern nur kurze Ausflüge in die Umgebung unternehmen möchte, kann sich an sehr vielen Orten ein Rad ausleihen. Oft ist es die Touristeninformation selbst, die Drahtesel gegen Gebühr zur Verfügung stellt. Auch Unterkünfte und größere Campingplätze bieten häufig Räder an, darüber hinaus auch viele Zweiradgeschäfte in großen wie kleinen Ortschaften. Die Qualität der Räder variiert bei Privatunterkünften allerdings erheblich. Die Preise variieren ziemlich stark, man kann von rund 10–15 Euro pro Tag ausgehen. Lokale Anbieter werden in den Ortsbeschreibungen aufgeführt.

Eine sehr praktische Sache, die sich auch im Baltikum immer mehr verbreitet, ist **Sixt rent a bicycle** (www.sixtbicycle.lv, englische Version vorhanden). Per Telefon oder am besten per Internet muss man sich registrieren (inklusive Kreditkarten- und Handynummer) und kann sich dann spontan an derzeit zehn Stationen in Riga mit insgesamt 130 Fahrrädern ein beliebiges Fahrrad aussuchen und an derselben oder einer anderen Station wieder abgeben.

Fahrradtransport

Die **Einfuhr von Fahrrädern** ist ohne weiteres möglich. Sie können gegen geringen Aufpreis auf den **Fähren** mitgenommen werden. Der Transport im **Flugzeug** ist mit der Fluggesellschaft abzuklären. Achtung: Wenn das Fahrrad nicht genau ordnungsgemäß verpackt ist, kann die Mitnahme auch noch direkt am Abflugschalter verweigert werden!

In Deutschland und in den Transitländern kann man das Rad in bestimmten **Zügen** gegen Aufpreis mitnehmen. In Litauen sollte man die Zeiten des Berufs- und Wochenendverkehrs wegen des Gedränges meiden (beim Bahnhof oder Schaffner erfragen).

In **Bussen** ist der Radtransport vom Platz her meist schwierig bis unmöglich. Wenn aber Platz ist, zeigen sich die Fahrer oft hilfsbereit (Rad vorher durch Verstellen von Lenker und Sattel nach Möglichkeit „verkleinern") und verstauen den Drahtesel im Gepäckfach (man hat jedoch keinen Anspruch darauf).

Routenvorschläge Estland

Besonders beliebte Strecken sind der **Lahemaa-Nationalpark** östlich von Tallinn und die **Westküstenstrecke** über Tallinn, Haapsalu und Pärnu, eventuell mit einem Abstecher über die Inseln. Wer es hügeliger mag, ist im äußersten **Südosten** des Landes am besten aufgehoben.

Zwei **EuroVelo-Routen** führen durch das Baltikum, die Radroute *EuroVelo Nr. 10*, rund um die Ostsee/Hansering, sowie die *EuroVelo-Route Nr. 11*, Athen – Nordkap. Erstere heißt in Estland *Route Nr. 1* und führt an der Küste entlang, letztere trägt von Valga bis Tartu die *Nr. 3*, von Tartu bis Tallinn die *Nr. 4*. Die Routen sind auf Wegweisern mit *EuroVelo*-Aufklebern gekennzeichnet. Außerdem führen der Europaradweg *R1* (www.euroroute-r1.de) und der *Weg entlang des Eisernen Vorhangs* (www.ironcurtaintrail.eu) durch Estland. Darüber hinaus gibt es viele kleinere Routen durch das Land.

4

Routenvorschläge Lettland

Die oben genannten **Fernradwege** (*EuroVelo*-Routen) führen auch durch Lettland.

Von Riga nach Jūrmala und durch den Nationalpark Ķemeri

Von der Hauptstadt ist eine Fahrradroute ins benachbarte Jūrmala ausgeschildert. Die Beschilderung beginnt bereits im Zentrum von Riga. Die Strecke verläuft größtenteils sehr angenehm entlang der Bahnlinie. Zur Sicherheit sollte man dennoch eine Karte von Riga und Umgebung dabei haben, die auch Jūrmala abdeckt. Die Radler können statt der großen Autobrücke über die Lielupe, hinüber in den Kurort, die Eisenbahnbrücke benutzen und erreichen auf diese Weise ganz in Ruhe die Meeresküste.

Um in Jūrmala von einem Ortsteil zum nächsten zu gelangen, ist das Fahrrad bestens geeignet. Der am westlichen Ende Jūrmalas beginnende Nationalpark Ķemeri bietet drei hervorragende, ebenfalls ausgeschilderte Fahrradrouten verschiedener Schwierigkeitsgrade durch beinahe unberührte Natur.

Von Ventspils nach Kolka

Die etwa 80 km lange Strecke von Ventspils nach Kolka ist nicht allzu stark befahren, seit einiger Zeit ist sie durchgehend asphaltiert. Zahlreiche Abzweige führen zu den Traumstränden an der wilden **kurländischen Ostseeküste.**

Von Cēsis nach Valmiera

Diese 32 km lange Route mitten durch den **Gauja-Nationalpark** ist der lettische Fahrrad-Klassiker. Sie ist sehr gut ausgeschildert, verläuft aber teilweise auf einer relativ stark befahrenen Straße.

Von Bauska nach Mežotne und Pilsrundāle

Die **Schlösser** von Mežotne und Pilsrundāle sind von Bauska aus in einer guten Stunde per Fahrrad zu erreichen. Besonders die Strecke nach Mežotne ist äußerst idyllisch und ruhig.

Routenvorschläge Litauen

Das Netz der überregionalen und internationalen Radwege wird ständig ausgebaut. Manche führen entlang Flüssen und Straßen, andere durch National- und Regionalparks sowie Erholungsgebiete. Auch durch Litauen führen die oben genannten **europäischen Radwege** *EuroVelo Nr. 10* (russische Grenze des Kaliningrader Gebiets – Nida – entlang der Kurischen Nehrung nach Palanga – Grenze zu Lettland) mit einer Länge von rund 100 km und *EuroVelo Nr. 11* (polnische Grenze – Lazdijai – Dzūkija-Nationalpark – Trakai – Vilnius – Zarasai – Grenze zu Lettland). Neu ist der Radweg von Klaipėda nach Rusnė (60 km). Andere beliebte Radwege gibt es am Nordufer des Nemunas von Kaunas bis Jurbarkas, im Žemaitija-Nationalpark, im Sūduva-Gebiet oder in Druskininkai.

Feste und Feiertage

Estland und Lettland

In den überwiegend **protestantischen Ländern** Estland und Lettland sind die Feiertage großteils staatlich oder aber sie haben Volksfestcharakter. Höhepunkt ist – ganz im skandinavischen Stil – die **Mittsommernacht** vom 23. auf den 24. Juni, hier **Johannisfest** genannt.

Ein sympathischer Brauch in Lettland ist es, an diesem längsten Tag des Jahres Kränze aus Eichenzweigen zu binden und auf dem Kopf zu tragen. Auch die Kühlerhauben oder die Außenspiegel von Autos werden mit der Zierde versehen. In der Nacht gehen die Feiern aber erst los: Riesige **Lagerfeuer** werden im ganzen Land entzündet, Konzerte und andere Events unter freiem Himmel ziehen Menschen aller Altersgruppen an und lassen die Mittsommernacht fast zu einem spirituellen Erlebnis werden – auf jeden Fall ist sie die wichtigste Nacht des Jahres, bedeutender als Silvester.

In Estland werden die Feiern ähnlich abgehalten: Man trifft sich auf dem Land mit Freunden und Familienangehörigen und entfacht das **Johannisfeuer**, oft auf einer Anhöhe oder traditionell auf einer Stange, damit es von Weitem sichtbar ist. Man redet, tanzt, singt, isst gemeinsam und trinkt vor allem viel. Kein Wunder, dass neun Monate später vielerorts Kinder zur Welt kommen. Zu den traditionellen Bräuchen gehört es, über das Feuer zu springen und – auf den Inseln – die ausgedienten Boote der Fischer zu verbrennen. Mädchen flechten sich Blumenkränze, Groß und Klein schwingt sich auf Holzschaukeln in die Lüfte und Liebende gehen um Mitternacht los, um Farnkrautblüten zu suchen. Mädchen, die den Richtigen noch nicht gefunden haben, machen sich – ohne mit anderen darüber zu sprechen – auf den Weg, um neun verschiedene Blumen zu finden. Wer sich diese unter das Kopfkissen legt – so sagt der alte Brauch – wird im Traum den zukünftigen Mann sehen.

Die Mittsommerfeste sind ein schönes Erlebnis, finden jedoch bis auf ein paar wenig besuchte Veranstaltungen nicht in den Städten, sondern auf dem Land statt. Touristen können im **Freilichtmuseum bei Tallinn** oder auf den Inseln, z.B. beim Fest an der **Burg Kuressaare,** an den Feierlichkeiten teilhaben.

Staatliche Feiertage Estland

Die meisten Museen sind an Feiertagen geschlossen.

- **1. Januar:** Neujahr
- **24. Februar:** Nationalfeiertag/Tag der Unabhängigkeit (1918)
- **März/April:** Ostern
- **1. Mai:** Tag der Arbeit/Maifeiertag
- **23. Juni:** Tag des Sieges (1919), in der Nacht: Mittsommerfest
- **24. Juni:** Johannistag/Mittsommerfest
- **20. August:** Tag der wiedergewonnenen Unabhängigkeit (1991)
- **25./26. Dezember:** Weihnachten

Staatliche Feiertage Lettland

- **1. Januar:** Neujahr *(Jaungads)*
- **8. März:** Internationaler Frauentag (wird in

ehemals kommunistischen Ländern traditionell wichtiger genommen als im Westen, Frauen bringt man an diesem Tag ein kleines Geschenk oder Blumen mit)

■ **März/April:** Ostern, Ostersonntag *(Lieldienas)* und -montag *(Oträs Lieldienas)* frei
■ **1. Mai:** Tag der Arbeit *(Darba svētki)*
■ **4. Mai:** Unabhängigkeitstag
■ **23. Juni:** Mittsommernacht mit dem Johannisfest *(Līgo)*, Entzünden der Feuer
■ **24. Juni:** Johannistag *(Jani)*, als Tag nach der großen Feier ebenfalls ein freier Tag
■ **11. November:** *Lāčplēsis*-Tag zu Ehren des sagenhaften Nationalhelden
■ **18. November:** Nationalfeiertag, Tag der Ausrufung der ersten Lettischen Republik
■ **24.–26. Dezember:** Weihnachten
■ **31. Dezember:** Silvester *(Vecgada vakars)*

Litauen

Das vorwiegend **katholische** Litauen unterscheidet sich in seiner Festkultur von den nördlichen Nachbarländern. An den zahlreichen Feier- und Gedenktagen sind Geschäfte, Büros etc. verpflichtet, die **Nationalflagge** zu hissen, was auch viele Privatleute bei allen möglichen Anlässen tun. An den Feiertagen sind fast alle Geschäfte, Banken, Behörden und Büros geschlossen, am Tag davor sind kürzere Öffnungszeiten möglich. Während der Feier- und Gedenktage finden **Konzerte, Paraden und Volksfeste** statt.

Staatliche Feier- und Gedenktage

■ **1. Januar:** Neujahr sowie Gedenktag der Staatsflagge
■ **6. Januar:** Dreikönigstag

■ **13. Januar:** Gedenktag an die Verteidiger der Freiheit (13.1.1991)
■ **16. Februar:** Tag der Unabhängigkeit (von 1918); Nationalfeiertag
■ **4. März:** Gedenktag des Hl. Kasimir
■ **11. März:** Tag der Wiedererlangung der Unabhängigkeit (von 1990)
■ **März/April:** Ostern
■ **1. Mai:** Tag der Arbeit
■ **1. Maisonntag:** Muttertag
■ **14. Mai:** Nationaltag des zivilen Widerstands
■ **4. Maisonntag:** Gedenktag an die Partisanen
■ **14. Juni:** Tag der Trauer und Hoffnung zum Gedenken an die Deportationen nach Sibirien 1941
■ **15. Juni:** Gedenktag an Besetzung und Genozid
■ **23. Juni:** Gedenktag an die Auflehnung gegen die Sowjets 1941
■ **6. Juli:** Tag des Staates (Krönungstag von König *Mindaugas* 1253)
■ **15. Juli:** Gedenktag an die Schlacht bei Grunwald *(žalgiris)*
■ **15. August:** Mariä Himmelfahrt *(žoline)*
■ **23. August:** Gedenktag des schwarzen Bandes (Molotov-Ribbentrop-Pakt, an der Nationalflagge wird ein schwarzer Trauerflor befestigt)
■ **8. September:** Gedenktag der Nation (geplanter Krönungstag von Großfürst *Vytautas* 1430; er starb jedoch vorher)
■ **23. September:** Gedenktag für Holocaust-Opfer
■ **31. August:** Gedenktag an die Erlangung der Freiheit
■ **25. Oktober:** Gedenktag der Verfassung von 1992
■ **1./2. November:** Allerheiligen, Allerseelen *(vėlinės)* (Friedhofsbesuch/Kirchenbesuch)
■ **23. November:** Gedenktag an die litauischen Krieger
■ **25./26. Dezember:** Weihnachten

Festivals und Feste

Die vielen **volkstümlichen Feste** gehören zu den herausragenden Ereignissen

4

gs 181810

des Jahres und kristallisieren sich als besonderer touristischer Anziehungspunkt heraus. Die meisten finden im Sommer statt, einige nur jedes zweite Jahr oder noch seltener. Zu letzteren gehören die riesigen **Sängerfeste** mit Chören von bis zu 10.000 Mitwirkenden, die alle fünf Jahre stattfinden und als UNESCO-Weltkulturgut geschützt sind. Daneben gibt es **Festivals** aller Art, z.B. für Musik, Kunst, Theater, Jazz, Folklore, Tanz oder Film. Hilfreich sind die **Broschüre** *Lithuanian Events Calendar* vom Tourismusverband, die **Stadtführer** *In Your Pocket* sowie die Infoblätter der Touristinformationsbüros. Die wichtigsten Feste und Festivals sind bei den einzelnen Städten sowie bei den National- und Regionalparks vermerkt. **Infos** unter www.etno.lt, www.kultura.lt oder www.lithuania.travel.

Wichtige landesweite Feste

◼ **Fasching/Winteraustreibung** *(užgavénés)* im Februar, Karneval mit Umzügen, wobei die Holzmaskenträger (Teufel, Zauberer etc.) von Haus zu

Haus ziehen und Süßigkeiten sowie kleine Geschenke erhalten (sehr sehenswert in Rumšiškės). Die *„morė"*-Puppe in Frauenkleidern als Wintersymbol wird am Tag vor Aschermittwoch an einen Karren gespannt und danach verbrannt. Leute tanzen singend um das Feuer. Man isst vor der Fastenzeit viele Pfannkuchen *(plinsen)*.

■ **14. Februar, Valentinstag:** Man schenkt *muginukas* (s. „Essen und Trinken"), Blumen.

■ **8. März, Internationaler Frauentag:** Obwohl nach der Unabhängigkeit abgeschafft, wird er noch von der älteren Garde oder von denen, die den Valentinstag vergessen haben, gefeiert (Frauen bekommen rote Tulpen).

■ **21. März, Frühlingsanfang** *(lygiadienis):* Karneval mit Gesang und Tanz, die Kirchenglocken läuten, Konzerte. Geister als Symbole von Erde, Wasser, Feuer und Gras entzünden von weit her sichtbare Großfeuer.

■ **1. April:** Tag der Streiche und Scherze, Satireveranstaltungen, fröhliche Spiele, Witze.

■ **23. Juni, Johannisnacht** *(rasa und joninės).*

■ **21. September, Herbstanfang:** Früher wurden den Göttern Ernteopfer gebracht, heute wird getanzt.

■ **23. Dezember, Blukas-Fest:** Ein alter Baumstumpf wird durch die Höfe geschleppt. Er symbolisiert die vergangene Zeit, unerfüllte Hoffnungen; Umzug mit Folkloregruppen und Verkleideten.

◁ Litauische Trachten

Geld

Zum **Verlust** von Geldkarten sowie zur Geldbeschaffung im Notfall siehe Kapitel „Reisetipps A–Z: Notfälle".

Währung

Seit dem 1.1.2011 ist der **Euro** die offizielle Währung **Estlands,** seit dem 1.1.2014 auch die **Lettlands** und, seit dem 1.1.2015, auch die **Litauens.**

Geldwechsel und Geldautomaten

Banken und **Wechselstuben** gibt es auch in kleineren Städten, vor allem im Zentrum und rund um die (Bus-)Bahnhöfe, ebenso an den Flughäfen und in einigen Supermärkten, in großen Einkaufszentren immer.

Wechselkurse (Stand Januar 2016)
■ 1 Euro = 1,09 SFr
■ 1 SFr = 0,91 Euro

Bankkarten

Eine Vielzahl an Banken und **Geldautomaten** – sogar in Kleinstädten, oft in eigens aufgestellten kleinen Häuschen – machen das Reisen ohne viel Bargeld leicht, eine einfache Bankkarte genügt. Bei Bankkarten ist das Maestro-System am meisten verbreitet. Ob und wie hoch die Kosten für die Barabhebung sind, variiert je nach kartenaustellender Bank und je nach Bank, bei der die Abhebung

4

erfolgt. Man sollte sich daher vor der Reise bei seiner Hausbank informieren, mit welcher Bank sie vor Ort zusammenarbeitet. Auch unter www.geld-abheben-im-ausland.de kann man die Konditionen für die Kreditkarten vergleichen, mit denen man im Ausland gebührenfrei Bargeld abheben kann.

Grundsätzlich vorteilhafter als eine Barabhebung ist das **bargeldlose Zahlen** im Geschäft mit der Bank- oder Kreditkarte. Dafür darf die Hausbank innerhalb der Euro-Länder keine Gebühr mehr für den Auslandseinsatz veranschlagen (für Schweizer wird ein Entgelt von 1–2 % des Umsatzes berechnet).

In größeren **Geschäften** kann man direkt mit der Bankkarte bezahlen (*Maestro* und in den meisten Fällen auch *V PAY*). Auch Tanken an Automatentankstellen ist in der Regel möglich. Es kann aber passieren, dass nur Kreditkarten akzeptiert werden.

Durchreiseland Polen

Man beachte, dass das Durchreiseland Polen nicht in der EU-Währungsunion ist, und man hier **Złoty** zur Bezahlung braucht, wenn man nicht mit Karte zahlen möchte.

Achtung: Hat man bei Barabhebungen am Geldautoamten die Wahl, sollte

Hinweis zur alten lettischen Währung
Wer noch alte **Lats** von einer früheren Reise besitzt, kann diese übrigens unbegrenzt und unbefristet in den beiden Büros der lettischen Nationalbank in Riga und Liepāja wechseln – allerdings nur Scheine, keine Münzen.

man den Betrag immer in der Landeswährung vom Konto abbuchen lassen und nicht in Euro. Bei einer Abbuchung in Euro wird die *Dynamic Currency Conversion* zugrunde gelegt, die erhebliche Kosten verursachen kann. Bei Abbuchung in der Landeswährung wird hingegen der offizielle Devisenkurs der eigenen Bank zugrunde gelegt und dies ist am sichersten.

Reisekosten

Generell lässt sich sagen, dass das Baltikum zwar nicht zu den günstigsten Zielen des „neuen Europa" gehört, ein Aufenthalt aber dennoch preiswerter ist als in Westeuropa. Die Preise innerhalb der Länder schwanken erheblich, je nachdem, wo man sich befindet. Während Hotels, Restaurants und Souvenirs in den großen Städten durchaus westeuropäisches Niveau erreicht haben, kann man auf dem Land oft sehr günstig speisen und preiswerte Mitbringsel erstehen.

Die Eintrittskarten für **Museen** und **Veranstaltungen** sind mit Ausnahme von Auftritten ausländischer Stars in der Regel recht billig. Das Preisniveau für **öffentliche Verkehrsmittel** – innerstädtische genauso wie Überlandbusse – ist fast durchweg günstig. So kann man beispielsweise für etwa 2 Euro die Straßenbahnen und Busse in Tallinn benutzen, für 10–15 Euro mit Überlandbussen quer durch Estland fahren. In Litauen kostet eine Busfahrt etwa 6 Euro für 100 km, eine Fahrt mit dem Zug nur etwa 5 Euro.

Die **Restaurantpreise** (von Spitzenrestaurants und Gaststätten in den Hauptstädten einmal abgesehen) liegen immer noch etwas niedriger als in Deutschland. Vielerorts gibt es noch Cafeterias oder billige Restaurants (oft noch unter 5 Euro für ein Gericht) sowie preiswerte, einfach ausgestattete **Hotels,** Pensionen oder Herbergen (ab 20 Euro), sodass man relativ günstig reisen kann. Die Preise für Unterkünfte der gepflegten Mittelklasse haben aber oftmals westliches Niveau erreicht.

Bei bestimmten Unterkünften, Veranstaltungsorten, Museen, Tourveranstaltern oder Sportstätten erhalten Besitzer eines **internationalen Studentenausweises** *(ISIC)* einen Rabatt (siehe Stichpunkt „Discounts" unter www.isic.de). Dies gilt auch für den Lehrer- *(ITIC)* oder Schülerausweis *(IYTC).*

Gesundheitsvorsorge

Für Reisende sind **keine Impfungen vorgeschrieben.** Das Auswärtige Amt empfiehlt bei längeren Aufenthalten Impfungen gegen Hepatitis A und B sowie Tollwut. Wer schon lange keine Tetanus-Impfung mehr vorgenommen hat, sollte seine Baltikum-Reise zum Anlass nehmen, dies nachzuholen. Das Gebiet stellt aber keine erhöhte Gefährdung dar.

Das gesamte Baltikum ist Gebiet der von **Zecken** übertragenen Krankheit **FSME** (Frühsommer-Meningoencephalitis). Die baltischen Staaten melden jährlich hohe Zahlen an infizierten Personen. Besonders beim Aufenthalt in der Natur, auf Wiesen und in Wäldern, ist die Gefahr groß, von einer infizierten Zecke gebissen zu werden. Auch die Grünanlagen in Stadtgebieten sind betroffen. Daher ist eine vorherige Schutzimpfung nach ärztlicher Beratung empfehlenswert. Wer sich in der Natur aufhält, sollte sich aber vor allem abends auf Zecken **kontrollieren.** Viele praktische Infos hierzu liefert die Internetseite www.zecken.de, mit Risikogebieten auf einer Europakarte und spezieller Beschreibung für einzelne Länder (siehe auch oben: „Kleidung und Reisegepäck").

Aktuelle Informationen zu reisemedizinischen Themen können unter www.auswaertiges-amt.de oder www.crm.de *(Centrum für Reisemedizin)* eingeholt werden. Hinweise zur Krankenversicherung siehe unter „Versicherungen".

Reiseapotheke

Eine spezielle Reiseapotheke ist nicht erforderlich, da die Apotheken gut ausgestattet und verbreitet sind. Es empfiehlt sich jedoch, **Mückenschutzmittel** mitzunehmen, da die kleinen Stechbiester im Sommer eine wahre Plage sein können. Zur Not sind derartige Schutzmittel aber auch vor Ort erhältlich. Trotz allem wird man um Mückenstiche nicht herumkommen, daher sollte eine entsprechende **Salbe** in der Reiseapotheke sein.

Wichtig ist auch eine **Sonnencreme** mit hohem Lichtschutzfaktor, denn gerade am Meer oder an einem der vielen Seen unterschätzt man bei der frischen Brise schnell die Intensität der Sonnenstrahlen. **Desinfektionsmittel und Pflaster** sollte man natürlich auch nie vergessen. Wer regelmäßig **bestimmte Medikamente** braucht, sollte diese von zu Hause mitnehmen.

Hygiene

Leitungswasser

Estland

Das Leitungswasser kann man fast überall trinken, regional ist es aber aufgrund des hohen Eisenanteils schwefelhaltig und es kann in manchen Teilen des Landes vorkommen, dass das Wasser zunächst ein wenig riecht, wenn man den Hahn aufdreht. Gesundheitlich ist es unbedenklich, das Wasser zu trinken, es ist nur nicht besonders wohlschmeckend. In Plattenbauten sollte man das Wasser besser nicht trinken, schon weil es wegen der alten Rohre nicht besonders gut schmeckt.

Lettland

Das Leitungswasser hat in der Regel eine sehr gute Qualität, denn die Seen und Flüsse des Landes sind wie das Grundwasser meist sauber. Immer seltener kommt es vor, dass es aus dem Hahn wegen alter Rohre nach Eisen oder Rost schmeckt. Viele Campingplätze und andere Einrichtungen vermerken eindeutig, wenn das Wasser sich zum Trinken eignet. Im Zweifelsfall fragen.

Litauen

Das Leitungswasser ist meist stark gechlort. Unsauberes Wasser sollte man abkochen oder mit *Micropur*-Tabletten entkeimen. Am einfachsten und sichersten ist Mineralwasser.

Toiletten

Estland

Wer auf peinliche Situationen verzichten möchte, sollte sich folgende Dinge merken: Toilettentüren, die mit einem „N"

◁ „Trockentoilette" – auf einfachen Campingplätzen noch häufig vorzufinden

(für *naiste* = Frauen) oder einem mit der Spitze nach oben zeigenden Dreieck ▲ gekennzeichnet sind, stehen Damen offen, Herrentoiletten erkennt man an einem „M" (für *meeste* = Männer) oder einem nach unten zeigenden Dreieck ▼.

Bei sehr einfachen Unterkünften, z.B. Wanderhütten, sowie an manchen Parkplätzen bei Sehenswürdigkeiten auf dem Land findet man Plumpsklos.

Lettland

Lettland ist ein außergewöhnlich sauberes, ordentliches und gepflegtes Land. Ausnahmen bestätigen die Regel, doch weder bei öffentlichen Toiletten noch im Hotel müssen sich Gäste Sorgen um die Hygiene machen. Schwierig kann sich manchmal, wie in vielen Ländern, die Suche nach einer Toilette gestalten. Im Zweifelsfall kann man im Café oder im Restaurant eine Kleinigkeit bestellen. Aber vorher sollte man nach Toiletten fragen, denn nicht überall gibt es welche. Manchmal ist der Schlüssel an der Theke gegen ein kleines Entgelt erhältlich – selbst Gäste müssen gelegentlich eine geringe Gebühr entrichten. Oft sind auch noch altmodische, aber saubere Toilettenhäuschen auf der Straße zu finden, etwa neben einem Busbahnhof, mit Personal, das Geld kassiert und Toilettenpapier überreicht.

Litauen

Die besten Toiletten findet man in neuen Cafés, Restaurants und Hotels, die sehr sauber und auch mit Toilettenpapier ausgestattet sind. Relativ sauber sind die öffentlichen WCs, für die man bis 0,30 Euro entrichten muss, dafür aber auch ein paar Blatt Toiletten- oder Zeitungspapier erhält. Die übrigen öffentlichen Toiletten sind meistens schmutzig, haben selten Toilettenpapier und fließendes Wasser. Die Stehklos auf den (Bus-)Bahnhöfen sollte man möglichst nicht benutzen. Sollte ein Eimer oder ein Korb im WC stehen, heißt das, dass man wegen Verstopfungsgefahr der Kanalisation diesen für das Klopapier verwenden sollte. Es empfiehlt es sich, immer ein paar Papiertaschentücher mit sich zu führen. Wenn ein Hotel oder Restaurant in der Nähe ist, kann man als Tourist meistens deren Lokalitäten benutzen. Manche Restaurants und Bars geben allerdings den WC-Schlüssel erst nach einer Bestellung heraus, andere verlangen einen kleinen Obolus. Die Zeichen für Herrentoiletten sind „V", bzw. ▼ Die für Damen-WC sind „M" (Achtung, nicht verwechseln) bzw. ▲.

Informations-stellen

Allgemeine Informationsstellen

■ **Informationszentrum Baltische Staaten e.V.** *(InfoBalt),* Helgolander Str. 8, 28217 Bremen, Tel. 0421 391571, www.infobalt.de. Für Interessierte nützlich ist die Terminvorschau für Veranstaltungen und Fernsehsendungen mit Baltikumbezug.
■ **Baltic Sea Forum e.V.,** Große Bahnstraße 31, 22525 Hamburg, Tel. 040 239369810, www.baltic-sea-forum.org. Verein zur Förderung der Ostseekooperation.

4

● **Staatliches Litauisches Tourismusbüro,** www.lithuania.travel.de.

● **Fremdenverkehrsamt Lettland,** www.latvia. travel/de (gute, umfangreiche Website auf Deutsch, zum Herunterladen gibt es auch eine App für das Smartphone).

Touristeninformationen vor Ort

Das Netz von Touristeninformations- büros ist im gesamten Baltikum recht eng geknüpft. Die meisten Büros sind gut mit Material ausgestattet (häufig auch in deutscher Sprache, fast immer auf Englisch). Die Mitarbeiter sind stets sehr hilfsbereit und sprechen zumindest Englisch fließend. Sie helfen auch bei der Vermittlung von Hotel- oder Gästezim- mern. Man erhält Stadtpläne und Infos zu Ausflugszielen in der Region, zu Ver- anstaltungen oder Stadtführungen. Zu vielen Regionen bekommt man Land- karten mit Sehenswürdigkeiten und ei- ner Kurzbeschreibung. Ebenfalls für jede Region werden Prospekte mit Listen der Unterkunftsmöglichkeiten und Cam- pingplätze herausgegeben.

In den Ortsbeschreibungen sind viele regionale Informationsstellen aufgeführt.

Das Baltikum im Internet, sozialen Medien und Apps

● **www.inyourpocket.com:** Die *In-your-pocket*- Reihe ist ein regelmäßig erscheinendes Magazin in englischer Sprache zu verschiedenen Städten. Auf der begleitenden, englischsprachigen Website kann man einige dieser Infos und Texte einsehen.

● **www.baltictimes.com:** Website der englisch- sprachigen Zeitung *The Baltic Times* mit aktuellen

Artikeln über Wirtschaft, Politik und Kultur in den baltischen Ländern.

Litauen

● **www.litauen-info.de**

● **www.panoramas.lt:** virtueller Überblick über die Reiseziele.

● **www.muziejai.lt:** Museen

● **www.lietuvospilys.lt:** Burgen (auf Englisch)

Lettland

● **www.latvia.travel/de:** Seite der lettischen Tourismusbehörde

● **www.pilis.lv:** Seite der lettischen Vereinigung der im Lande so zahlreichen Burgen und Schlösser, gute deutsche Version

● **www.culture.lv:** Seite des lettischen Kultus- ministeriums mit sehr vielfältigen Informationen über Kultur im Allgemeinen und aktuelle Veranstal- tungen (auf Englisch)

● **www.history-museum.lv:** Liste mit einer Rei- he von lettischen Museen (auf Englisch), um zur Lis- te der lettischen Museen zu gelangen, auf „Links" klicken

● **www.lob.lv/en:** Vereinigung der lettischen Or- nithologen, mit vielen Hinweisen für Vogelenthusi- asten (auf Englisch)

● **www.lvm.lv/en:** Seite der Gesellschaft *Letti- sche Wälder,* gute englische Version

Estland

● **www.visitestonia.com:** Die Seite des estni- schen Fremdenverkehrsamtes bietet einen guten ersten Überblick über die Regionen und Sehens- würdigkeiten.

Entsprechend gibt es von den meisten touris- tisch interessanten Regionen und Städten entsprechende Seiten, inzwischen fast durchgehend vereinheitlicht zum Adressformat: www.visit.ee (z. B. www.visitsaaremaa.ee).

■ **www.maaturism.ee:** Seite des estnischen Landtourismusverbandes. Hier sind viele der in diesem Reiseführer beschriebenen Unterkünfte auf dem Lande aufgeführt – mit Foto. Man kann nach Region oder Unterkunftsart zusammengestellte Listen einsehen und sich die Pensionen, Bauernhöfe, Ferienhäuser oder Gästehäuser anschauen.

■ **www.turismiweb.ee:** Detaillierte Tourismusseite; vor allem Adressen, u.a. umfangreiche Listen, wo man unterkommen oder seinen Wohnwagen aufstellen kann, Anbieter von Freizeitaktivitäten.

■ **www.loodusegakoos.ee:** Tourismusseite der staatlichen estnischen Forstverwaltung (auch auf Englisch). Hier gibt es viele Informationen zu Outdooraktivitäten und den Nationalparks sowie Schutzgebieten.

■ **www.mois.ee:** Detaillierte Informationen über Herrenhäuser in Estland.

■ **www.estonica.org:** Eine Art virtuelles Nachschlagewerk zur estnischen Kultur und Geschichte (auf Englisch).

■ **http://estland.blogspot.de:** Deutscher, privater Blog über Estland, Kultur und Politik.

■ **http://estonianworld.com:** Gutes englischsprachiges Internetmagazin über alles was mit Estland zu tun hat.

■ **http://news.err.ee:** Englischsprachige Nachrichtenseite des estnischen Rundfunks.

Internet

Die Abdeckung mit **kostenlosem Internetzugang** ist sehr gut. Hotels, Restaurants, Cafés, auch Tankstellen, Einkaufszentren, Touristeninformationen und andere Einrichtungen bieten sehr häufig kostenloses WLAN, das als WiFi be-

zeichnet wird, an. Entweder ist der Zugang ganz frei, oder man muss auf einer Internetseite die Bedingungen akzeptieren. Seltener muss man sich ein Passwort geben lassen. Internetcafés sind entsprechend selten geworden, aber in Hostels findet man hin und wieder noch Computer zur allgemeinen Nutzung. In Estland bieten die Bibliotheken ebenfalls Internetzugang.

Kleidung und Reisegepäck

Alles, was man in Deutschland, Österreich und der Schweiz für den täglichen Gebrauch kaufen kann, ist auch im Baltikum erhältlich. Insgesamt ist die für Mitteleuropa passende Kleiderwahl angemessen. Der Sommer kann heiß werden, dennoch sollte man immer gegen kühle Abende und Nächte gewappnet sein, die ein **frischer Wind von der Ostsee** noch verschärfen kann. Jedem Reisenden sei ans Herz gelegt, **wasserfeste Kleidung und Schuhe** mitzunehmen, da es auch in den Sommermonaten oft regnet. Stabiles Schuhwerk ist nicht nur für die wunderschönen Naturlandschaften angebracht, sondern auch für die pflastersteinernen Straßen der Altstädte.

Auch sollte man die **Badesachen** nicht vergessen, viele Seen und das Meer laden zum Baden ein. Wichtig sind **Sonnenschutzmittel** und eine **Kopfbedeckung** im Sommer, auch im Baltikum droht Sonnenbrandgefahr. Im Winter darf man mit warmer Kleidung nicht geizen, denn -20° C und weniger sind keine Seltenheit.

4

Die kulturellen Sitten und Gepflogenheiten, was Bekleidung angeht, unterscheiden sich nicht von denen in der Schweiz, in Österreich oder in Deutschland. Einzig in **orthodoxen Kirchen** gelten strengere Regeln als in katholischen oder evangelischen Gotteshäusern. Hier sollte man sich „bedeckt" zeigen, also nicht in kurzen Hosen und am besten auch nicht in T-Shirts eintreten.

Manchmal haben bestimmte Personengruppen wie z.B. Studenten bei Vorlage des **Ausweises** Anspruch auf **Ermäßigungen** bei Veranstaltungen, in Verkehrsmitteln oder bei Unterkünften.

Mücken- und Zeckenschutz

Ein großer Teil des Baltikums ist von Wäldern bedeckt und der Reichtum an **Seen, Flüssen und kleineren Gewässern** ist bemerkenswert. Dies bringt leider auch eine Vielzahl von Mücken mit sich. Eine entsprechende Ausrüstung sollte man besonders während der Sommermonate im Gepäck haben. Anti-Mückensprays und -kerzen sind allerdings auch vor Ort in sämtlichen Apotheken und in den meisten Supermärkten zu erwerben. Der beste Mückenschutz ist, sich während der Dämmerung im Inneren aufzuhalten und die Fenster zu schließen. Da Sprays oft wenig helfen, sollte man überlegen, Mückennetze im Gepäck zu haben, die sich an Fensterrahmen kleben lassen.

Empfehlenswert ist es, sich nach Spaziergängen im Wald oder in hohem Gras sowie nach dem Zelten auf Zecken zu untersuchen. Ein gutes Werkzeug zur Entfernung von Zecken ist eine spezielle Zange aus der Apotheke, sodass man nicht den giftigen Inhalt des Schädlings beim Herausreißen in den Körper drückt. Eine Pinzette sollte man mindestens dabei haben. (Zu Zecken und Reiseapotheke s.a. „Gesundheitsvorsorge".)

Karten

Stadtpläne sowie Regional- und Landkarten sind in Kiosken, Hotels, Buchgeschäften, Reisebüros und auch Tankstellen erhältlich, ebenso am Flughafen in Vilnius. Eine gute Anlaufstelle sind die **Touristinformationsbüros,** in denen man Karten teilweise gratis und auch für andere Städte erhält. In Einzelfällen gibt es dort auch **Karten für die National- und Regionalparks,** die man ansonsten nur bei den Nationalparkverwaltungen bekommt.

Nicht nur für die Anreise mit dem eigenen Fahrzeug ist eine **Straßenkarte** sinnvoll. Sehr empfehlenswert sind die Karten aus dem *world mapping project* des Reise Know-How Verlages. Als Übersicht geeignet ist „Baltikum" im Maßstab 1:600.000. In der gleichen Reihe erscheinen die Karten „Estland" im Maßstab 1:275.000 sowie „Litauen, Kaliningrad" und „Lettland", jeweils im Maßstab 1:325.000. Sie bestehen aus reiß- und wasserfestem Papier, sind GPS-genau und mit Höhenschichten versehen. Außerdem sind die wichtigsten Sehenswürdigkeiten markiert, ein Register verzeichnet alle Orte.

Ein guter **Straßenatlas** des estnischen Kartenherstellers *Regio* (www.regio.ee) ist der *Regio Eesti teede atlas* im Maßstab 1:150.000, man bekommt ihn überall in Estland.

4

Mit Kindern unterwegs

Die eher **unkomplizierte Art** der Esten, Letten und Litauer bedeutet für Reisende mit Kindern, dass man sich eigentlich nie Gedanken machen muss, ob ein etwas höherer Geräuschpegel irgendjemanden stört, wenn man nicht gerade in ein piekfeines Restaurant geht. Im Gegenteil, in aller Regel kann man damit rechnen, dass Unterkünfte und gastronomische Einrichtungen Kindern ausdrücklich entgegenkommen.

Grundsätzlich bietet sich mit Kindern ein Urlaub auf dem Land an, viele Unterkünfte liegen direkt an einem schönen Badesee oder in der Nähe des Meeres. **Kanufahren** und **Ponyreiten** ist im ganzen Baltikum möglich. In vielen **Unterkünften** können Kinder kostenlos im Zimmer ihrer Eltern übernachten oder erhalten Rabatte. **Restaurants** bieten oft spezielle Speisen für Kinder an. Windeln und Kindernahrung sollte man vorsorglich in den Supermärkten größerer Städte einkaufen, da auf dem Land oft nur eine geringe Auswahl zur Verfügung steht.

Viele **Sehenswürdigkeiten** haben einen aktiven und abenteuerlichen Charakter: Ob beim Naturpfad mit Bären, Wölfen, Bisons und anderen wilden Tieren, ob im Freilichtmuseum, beim Klettern auf den Kirchturm oder dem Tag am Strand oder See – es herrschen ideale Bedingungen für die Kleinen. Die spannenden Naturpfade bieten außerdem oft große (Abenteuer-)Spielplätze oder „Märchenwege". Kleinere Streichelzoos oder Kinderparks sind, sofern vorhanden, in den Ortsbeschreibungen aufgeführt.

In Estland findet man auf dem Land hin und wieder **große Holzschaukeln,** auf denen man sich stehend in die Höhe schwingt. Ihre Benutzung ist meist kostenlos und übrigens nicht nur bei Kindern beliebt.

☑ Erlebnisse für Kinder finden sich überall: hier am Burghügel im estnischen Rakvere

Medien

Deutsches Fernsehen

Über Satellit ist der Empfang deutscher TV-Sender möglich, in den meisten Hotels sollte man verschiedene deutsche Privatsender empfangen können.

Deutsch- und englischsprachige Medien

An Kiosken und in Buchläden kann man nicht damit rechnen, deutsche Tageszeitungen zu bekommen, lediglich *Der Spiegel* und einige Zeitschriften zu speziellen Interessengebieten (etwa Handarbeiten) findet man gelegentlich.

Einmal in der Woche erscheint die englischsprachige Zeitung „**The Baltic Times**" (www.baltictimes.com), die über Politik, Wirtschaft, Kultur und Gesellschaft in Litauen, Lettland und Estland berichtet und an vielen Kiosken erhältlich ist.

Touristische Infos

Einige Magazine mit touristischem Fokus sind v.a. für im jeweiligen Land lebende Ausländer und Touristen interessant: „**City Paper**", eine alle zwei Monate erscheinende Zeitschrift mit Informationen zu den drei baltischen Ländern, und die Reihen „**In your Pocket**" sowie „**This week**"und „**Baltic Guide**", die in diversen Städten im Baltikum erscheinen und touristische Sehenswürdigkeiten so-

wie einen Veranstaltungskalender beinhalten (www.inyour pocket.com).

Deutschsprachige Zeitungen und Lesesäle

Die **Goethe-Institute** in Tallinn, Riga und Vilnius haben deutschsprachige Bibliotheken. Sehr gut ausgestattet mit deutschsprachigen Zeitungen ist die **estnische Nationalbibliothek** in **Tallinn** (deutscher, schweizerischer und österreichischer Lesesaal). Auch in Tartu und Pärnu gibt es deutsche Lesesäle (siehe Ortsbeschreibungen). Im Goethe-Institut Riga stehen neben Literatur über Deutschland auch zahlreiche aktuelle Zeitungen und Zeitschriften in deutscher Sprache zur Verfügung.

Medizinische Versorgung

Das medizinische Niveau in den baltischen Ländern kann sich mit dem in Westeuropa messen. Ärzte und medizinische Zentren nehmen Patienten mit Auslandskrankenversicherung problemlos auf, ein Patient ohne entsprechende Versicherung zahlt die Arztrechnung aus eigener Tasche. (Hinweise zur Krankenversicherung finden sich unter „Versicherungen".)

Gerade in ländlichen Regionen kann es schwierig sein, auf **deutschsprachige Ärzte** zu treffen. Englischsprachige Ärzte zu finden, ist schon einfacher, aber auch nicht in allen Praxen vorauszusetzen. Im Notfall kann man sich an die zuständige Botschaft wenden (s.u.: „Notfälle"). Natürlich helfen auch die zahlreichen Touristeninformationen, in denen sich fast immer englischsprachiges Personal findet. Adressen von Ärzten, Krankenhäusern und Apotheken sind in den Ortsbeschreibungen aufgeführt.

Medikamente sind in den oft sehr gut sortierten **Apotheken** problemlos erhältlich. Wer regelmäßig bestimmte Medikamente braucht, sollte diese von zu Hause mitnehmen (ggf. Beipackzettel oder Schreiben des Arztes). Die Apotheken sind etwa von 9 bis 18 Uhr, in den größen Einkaufszentren häufig auch langer geöffnet. Jede größere Stadt hat eine Notfallapotheke mit Nachtdienst.

Notfälle

Allgemeiner Notruf

■ **Polizei/Rettungsstelle/Erste Hilfe** in allen drei Ländern: **112**

Autopanne/-unfall

siehe „Autofahren"

Verlust von Geldkarten

Bei Verlust oder Diebstahl der Kredit- oder Maestro-(EC-)Karte sollte man diese umgehend sperren lassen. Für deutsche Bank- und Kreditkarten gibt es die einheitliche **Sperrnummer 0049-116116** und im Ausland zusätzlich 0049-

30-40504050. Der *TCS* (Schweiz) betreibt einen Kartensperrservice; Infos unter Tel. 0844 888111. Ansonsten gelten für österreichische und schweizerische Karten:

■ **Maestro/Bankomat,** (A-)Tel. 0043 1 204 8800; (CH-)Tel. 0041 44 2712230, UBS: 0041 800 888 601, Crédit Suisse: 0041 800 800488.

■ Für **MasterCard, VISA, American Express** und **Diners Club** sollten Österreicher und Schweizer sich vor der Reise die Rufnummer der kartenausstellenden Bank notiert haben.

Geldnot

Wer dringend eine größere Summe Bargeld im Ausland benötigt, kann dies z.B. online über **www.westernunion.de** regeln und sich das Geld bei der entsprechenden Vertretung von *Western Union* vor Ort bar auszahlen lassen. Egal ob z.B. 50 Euro oder die maximale Summe von 5000 Euro – eine solche Bargeldauszahlung in Estland, Lettland und Litauen kostet 5 € Gebühr, wenn man das Geld per Sofort-Überweisung von seinem deutschen Konto anweisen lässt.

Ausweisverlust/dringender Notfall

Wird der Reisepass oder Personalausweis im Ausland gestohlen, muss man dies bei der örtlichen **Polizei** melden. Darüber hinaus sollte man sich an die nächste diplomatische Auslandsvertretung seines Landes wenden, damit man einen Ersatz-Reiseausweis zur Rückkehr ausgestellt bekommt (ohne kommt man nicht an Bord eines Flugzeugs!).

4

Auch in dringenden Notfällen, z.B. medizinischer oder rechtlicher Art, Vermisstensuche, Hilfe bei Todesfällen, Häftlingsbetreuung o.Ä. sind die **diplomatischen Vertretungen** bemüht, vermittelnd zu helfen:

In Tallinn (Estland)

■ **Deutsche Botschaft,** Toom-Kuninga 11, Tel. 627 5300 und in dringenden Notfällen außerhalb der Öffnungszeiten Tel. 5012560, www.tallinn.diplo.de.
■ **Österreichische Botschaft:** Vambola 6, 5. Stock, Tel. 6278740, www.bmeia.gv.at/tallinn.
■ **Schweizer Generalkonsulat,** c/o *Trüb Baltic AS,* Laki 5, Tel. 6581133, tallinn@honrep.ch.

In Riga (Lettland)

■ **Deutsche Botschaft,** Raiņa bulvāris 13, Tel. (6)7085100, in dringenden Fällen auch Tel. 2946 6456, www.riga.diplo.de.
■ **Österreichische Botschaft,** Alberta iela 13, 7. Stock, Tel. (6)7216125, www.bmeia.gv.t/riga.
■ **Botschaft der Schweiz,** Elizabetes iela 2, Riga, Tel. (6)73383-51/-52/-53, www.eda.admin.ch/riga.

In Vilnius (Litauen)

■ **Deutsche Botschaft:** Z. Sierakausko gatvė 4, Tel. 52106400, www.vilnius.diplo.de.
■ **Österreichische Botschaft:** Gaono 6, Vilnius, Tel. 52660580, vilnius@honrep.ch.

In Warschau (Polen)

■ **Deutsche Botschaft,** ul. Jazdów 12, Tel. 022 5841700, in sehr dringenden Fällen auch Tel. 605 682347, www.warschau.diplo.de.
■ **Österreichische Botschaft,** ul. Gagarina 34, Tel. 022 84100-81/-82/-83/-84, www.ambasada austrii.pl.
■ **Botschaft der Schweiz,** Aleje Ujazdowskie 27, Tel. 022 62804-81/-82, www.eda.admin.ch/warsaw.

Öffnungszeiten

Die meisten Öffnungszeiten, die in diesem Reiseführer angegeben sind, sind ungefähre Richtlinien, da sie häufig wechseln, nicht nur zur Sommer- und Winterzeit. Für größere Ausflüge und Unternehmungen empfiehlt es sich, die Zeiten bei der Touristeninformation oder über die jeweils angegebene Telefonnummer zu überprüfen.

Die meisten **Geschäfte** sind Montag bis Freitag von 10 bis 19 Uhr geöffnet, Supermärkte und Lebensmittelgeschäfte wesentlich länger, wochentags und häufig auch das ganze Wochenende bis 22 Uhr. In kleineren Orten sind die Öffnungszeiten nicht zuverlässig anzugeben.

Banken sind von Montag bis Freitag im Allgemeinen von 9.30 Uhr bis mindestens 16 Uhr, oft auch bis 18 Uhr geöffnet. Viele Filialen öffnen am Samstag, **Postfilialen** werktags von 9 bis 18 und samstags von 10 bis 15 Uhr. Dies sind jedoch nur grobe Richtwerte, da die Öffnungszeiten je nach Lage und Größe der Filialen stark variieren.

Die meisten **Museen** stehen Besuchern von 11–18 Uhr offen. Allerdings sind viele montags, teilweise auch dienstags sowie an Feiertagen geschlossen. Da es sich oftmals um kleine Museen handelt, kann es vorkommen, dass einzelne Häuser nur im Sommer öffnen oder selbst dann nur nach Voranmeldung.

Das gleiche gilt für **Kirchen:** Im Winter so gut wie immer geschlossen, im Sommer dafür oftmals täglich geöffnet, variieren die Zeiten stark und werden durch Anschläge an den Kirchentüren bekannt gegeben. Sollte man vor verschlossenen Türen stehen, lohnt es sich oftmals, jemanden im Ort anzusprechen. Meist ist der Schlüssel irgendwo in der Nachbarschaft deponiert und man schließt die Kirche kurzfristig für Besucher auf.

Post

Estland

Die Urlaubspost kann auch schon einmal etwas länger unterwegs sein, gerade in leicht abgelegenen Gebieten werden die Briefkästen nicht täglich geleert und auch der danach folgende Weg zur Hauptpostverteilung kann einige Zeit dauern. Mit einer Woche Postweg ist zu rechnen, oft geht es aber deutlich schneller. **Briefkästen** sind in Estland orange.

Für Briefe (bis 250 g) und Postkarten nach Deutschland, Österreich und in die Schweiz braucht man eine **Briefmarke** *(kirjamark)* für 1,40 Euro. Außer in Postämtern *(postkontor)* erhält man Briefmarken in vielen Kiosken und in Geschäften, die auch Postkarten *(postkaart)* verkaufen. **Pakete** sollten in graubraunem Packpapier daherkommen, wichtige Dinge sollten extra versichert werden. Als grobe Richtwerte kann man sagen, dass Postfilialen werktags von 9 bis 18 Uhr und samstags von 10 bis 15 Uhr geöffnet sind.

Lettland

Postämter haben in vielen Städten recht großzügige Öffnungszeiten – in Riga sogar teilweise rund um die Uhr. Meist findet man eine *Pasts,* die werktags nicht vor 19 Uhr und samstags nicht vor dem Nachmittag ihre Pforten schließt. Das **Porto** für Briefe bis 20 Gramm nach Österreich, Deutschland und in die Schweiz beträgt 0,85 Euro per Luftpost *(a klase)* und 0,78 Euro einfach *(b klase).* Der Brief bis 20 Gramm innerhalb Lettlands kostet 0,57 Euro. Postkarten nach Deutschland und Österreich kosten 0,64 Euro, in die Schweiz 0,71 Euro. Unter **www.pasts.lv** (mit einer ausführlichen englischen Version) erhält man Informationen über Tarife und Links zu allen Postämtern des Landes inklusive Adressen und Öffnungszeiten.

Litauen

Die Postverbindungen sind zuverlässig. Wichtige Dokumente sollte man aber per Einschreiben *(registruotas)* verschicken. **Expresspost** *(EMS)* kann bei größeren Postämtern aufgegeben werden (Dauer: 2–3 Tage). Die Adressen der teuren, aber schnellen **Kurierdienste** (www.dhl.lt, www.ups.com, www.fedex.com, www.tnt.lt) sind bei den einzelnen Städten vermerkt. Unter **www.post.lt** findet man neben den Tarifen die Adressen der Postfilialen (meist mit Kopierservice, Verkauf von Schreibwaren, Zeitschriften etc.). Auch größere **Hotels und Kioske** verkaufen oft Briefmarken. Die **Briefkästen** sind gelb.

Briefe innerhalb Litauens kosten 0,39 Euro, **in EU-Länder** 0,75 Euro.

Wer sich Post schicken lassen möchte, aber keine feste Adresse hat, kann dies unter dem Vermerk *Poste restante* bei jedem größeren Postamt tun. Der Familienname sollte unterstrichen sein, Umlaute getrennt geschrieben werden. Adressierung mit *Centrinis Paštas*. Die Post bleibt vier Wochen am Schalter *iki pareikalavimo* liegen, bevor sie zurückgeschickt wird.

Reisezeit

Zum Klima siehe auch Kapitel „Land und Leute", „Klima".

Das Baltikum ist zu jeder Jahreszeit eine Reise wert. Natürlich steht der **Sommer** im Vordergrund in einer Region, die Hunderte von Kilometern an Strand und malerische Seen vorzuweisen hat. Juli und August sind am wärmsten, aber es regnet auch viel. Allgemein gilt das Wetter vor allem aufgrund der Westwinde als **sehr wechselhaft,** sodass man gut daran tut, Schirm oder Regenkleidung griffbereit zu haben.

Die baltischen Sommer bieten den unschätzbaren Vorteil, dass sie meist nicht zu heiß sind und extrem kurze Nächte haben. Selbst im August geht die Sonne erst um 22 Uhr unter. Am schönsten sind die **weißen Nächte** von Mai bis Ende Juli, wenn es nur wenige Stunden dunkel wird. Am längsten Tag des Jahres, dem 21. Juni, ist es in Estland 19 Stunden lang hell. Dagegen sind die kürzesten Tage um Weihnachten sehr dunkel, das Tageslicht verschwindet schon nach etwa sechs Stunden wieder. In der Nacht vom 23. auf den 24. Juni wird an vielen Orten das fröhliche **Mittsommerfest** gefeiert mit unzähligen privaten und öffentlichen Veranstaltungen.

Die **Wassertemperaturen** der Ostsee erweisen sich außer für Asketen nur von Ende Juni bis September als angenehm. Im Juni liegen die Temperaturen noch durchschnittlich bei eisigen 14–17 °C, im Juli und August reichen sie dagegen im Schnitt schon fast an 20 °C heran und können an manchen Tagen sogar darüber liegen. Im September geht es dann schnell wieder zurück auf Juni-Niveau. Die Seen wärmen sich natürlich schneller auf und behalten länger eine angenehme Badetemperatur.

Relativ kalte, aber teilweise auch sonnige Frühlings- und Herbsttage gibt es im April und Oktober. Der **Frühling** trifft einige Wochen später als in Deutschland ein, der **Herbst** beginnt hingegen überpünktlich, im September kann man schon mit erstem Nachtfrost rechnen. Gerade in diesen Jahreszeiten muss man mit Temperaturschwankungen von bis zu 20° C zwischen Tag und Nacht rechnen. Der Herbst ist sehr attraktiv, weil die zahlreichen Alleen und Wälder dann rot-golden leuchten. Die Blätterfärbung tritt stellenweise schon im September ein. Die endlosen Strände sind praktisch menschenleer und laden zu herrlichen Spaziergängen ein. Wer sich entsprechend kleidet, kann einen wunderschönen, trockenen Altweibersommer genießen.

Der **Winter** dauert vergleichsweise lange. Die Dunkelheit beginnt besonders früh und die Dämmerung kommt spät. Auch wenn es im Winter oft klirrend kalt ist und der Blick auf das Thermometer erschrecken mag – die oftmals trockenen, aber sonnigen Tage sind wesentlich angenehmer als verregnete Wintertage in Deutschland. Wenn auch keine Schneegarantie besteht, so ist das Land doch meist von einer weißen Decke überzogen.

Wintersportler sind vor allem in **Estland** gut aufgehoben. Von Januar bis Anfang März ist die Schneewahrscheinlichkeit am höchsten. Im hügeligen Südosten ziehen Loipen und Pisten Langläufer an, während Eisangler auf dem Peipus-See Löcher ins Eis bohren (Eisangeln ist auch auf dem Kurischen Haff in Litauen sehr beliebt). Nach dem Besuch in der Sauna können Tapfere sich im Schnee oder in einem Eisloch abkühlen. Wer im Winter auf die Inseln fahren will, kann dies in kalten Jahren über den Eisweg tun. Eine Fahrt über die zugefrorene **Ostsee** ist ein bizarres Erlebnis. Man sollte sich jedoch vorher erkundigen, ob die Eisdecke freigegeben ist, die Wege sind gekennzeichnet.

Saison

Nicht nur aufgrund des Wetters erstreckt sich die Hauptsaison von **Mitte Mai bis Mitte September.** Die touristische Infrastruktur ist in diesen Monaten weitaus besser auf Besucher eingestellt als in den Wintermonaten. Steht man in der kalten Jahreszeit auf dem Land oftmals vor verschlossenen Kirchen-, Museums- und Restauranttüren, sind die **Öffnungszeiten** im Sommer sehr ausgedehnt, viele Geschäfte, Museen und Galerien sind auch sonntags geöffnet. Im Sommer finden die meisten Feste und Festivals statt.

Die eigentliche Hochsaison beschränkt sich auf die Monate **Juli und August.** Strände und Städte sind allerdings selbst in diesen Spitzenzeiten **selten überfüllt,** von einigen Ausnahmen abgesehen. Vorteil der **Nebensaison,** also Herbst und Frühling, sind die günstigen Preise. Viele Hotels heben die Kosten für eine Übernachtung in der Hauptsaison beträchtlich an. Ein Zimmer kann durchaus bis zu einem Drittel teurer werden. Reist man jedoch im April oder Oktober, kann man zu günstigen Preisen unterkommen und hat wochentags manche kleine Pension ganz für sich.

Besuch der Hauptstädte

Es ist eine Überlegung wert, die Hauptstädte nicht in der Spitzenzeit, sondern im Frühling, Herbst oder gar im Winter zu besuchen, denn schön, lebhaft und sehenswert sind Vilnius, Riga und Tallinn immer. Die Städte sind dann weniger überlaufen und können ihren Charme besser entfalten. Restaurants und Museen sind das ganze Jahr über geöffnet.

Sicherheit

Die baltischen Staaten sind weitgehend sichere und ruhige Länder, wobei es natürlich Kleinkriminelle wie Handtaschendiebe oder Autoknacker auch hier gibt. Man sollte die üblichen Vorsichtsmaßnahmen treffen: Wertsachen möglichst im Hotelsafe lagern, keine Gegenstände im Auto liegen lassen, den Wagen möglichst auf bewachten Parkplätzen abstellen. Über kurzfristige Änderungen der **allgemeinen Sicherheitslage** kann man sich auf der Website des Auswärtigen Amtes erkundigen: www.auswaertiges amt.de.

Sport und Aktivitäten

Alle drei Länder sind ein wunderbares Reiseziel für **Aktivsportler.** Sie lassen sich aufgrund relativ kurzer Distanzen und gut ausgeschilderter Wege gut durchwandern und mit dem Fahrrad erkunden. Nahezu allgegenwärtig ist **Wasser,** egal, wo man sich befindet: Das Meer oder ein (Bade-)See ist eigentlich immer nah und lädt zu einem Bad oder einer Bootstour ein. Überall an der Küste und in den Städten gibt es Anbieter, die Sportausrüstung vermieten, die Unterkünfte auf dem Land veranstalten Angel-, Reit-, Kanu- oder sonstige Ausflüge. Man sollte in der Unterkunft nachfragen: Auch wenn der Besitzer selbst nichts anbietet, gibt es sicherlich jemanden in der Nachbarschaft, der Fahrräder oder Boote verleiht, Reitunterricht gibt oder Vogelbeobachtungen durchführt.

Auch bei den Touristinformationsbüros und in den *In Your Pocket*-Stadtführern findet man Kontaktadressen für sportliche Aktivitäten. Im Folgenden eine kleine Übersicht von typischen Freizeit- und Sportmöglichkeiten.

Angeln

Viele Unterkünfte organisieren Angelausflüge zu einem der vielen Seen oder Flüsse und stellen entsprechendes Zubehör. Wer vorhat, angeln zu gehen, erkundigt sich am besten vor Ort in der jeweiligen Touristeninformation oder beim Anbieter nach den Konditionen, denn zum Teil sind Angelscheine erforderlich und Angelzeiten zu beachten. Außerdem sind für gewisse Fischarten Mindestgrößen vorgegeben.

Sehr beliebt ist im Winter auch das **Eisangeln:** Touristeninformationen oder Hotels vor Ort vermitteln Interessierte an ortsansässige Angler, die genau wissen, auf welche Eisschicht man sich vorwagen kann. Von Dezember bis März ist das Eisangeln ohne Lizenz auf dem Kurischen Haff möglich. Tausende von Eisanglern fahren mit Amphibienfahrzeugen von beiden Haffseiten zu den Angelplätzen aufs dicke Eis, um den Seestint, eine Lachsart, die nach Gurken riecht, zu fischen, nachdem sie mit Handbohrern Löcher ins Eis bohren. Auch für Nichtangler ist das eine sehenswerte Angelegenheit.

Baden

Das Baltikum mit seinen vielen **Flüssen und Seen** ist ein Paradies für Badefreunde und Erholungssuchende. Herrliche Strände mit Sanddünen und Pinienwäldern findet man an der **Ostsee.** Bestimmte Bereiche sind im Sommer recht überlaufen, manche sind menschenleer. Die Bade- und Wassersportsaison dauert von Mai bis Oktober. Natürlich gibt es auch **Badeanstalten,** oftmals an große (Kur-)Hotels angeschlossen. Hallenschwimmbäder findet man in größeren Städten und vereinzelt auf dem Land.

Fahrradfahren

s. dort

Floßfahrten

Eine lettische Spezialität sind Gruppenfahrten auf großen Flößen. Die Gesellschaft *Jēkabs* beispielsweise veranstaltet Floßfahrten auf der **Daugava** in Gruppen ab 15 Personen. Das Angebot reicht von Tagestouren bis hin zu weiten Ausflügen von insgesamt neun Tagen auf dem Floß (Strecke von Krāslava nach Jēkabpils).

■ **Jēkabs,** Bebru iela 108, Jēkabpils, Tel. 6523 1538 und 29558438.

Kanu- und Kajakfahren

Praktisch überall werden Kajaks oder Kanus verliehen. Adressen von Anbietern sind in den Ortsbeschreibungen aufgeführt. Man kann allein oder in Begleitung eines Führers ein paar Stunden oder gar Tage auf einsamen Wasserwegen unterwegs sein, oftmals ohne einer Menschenseele zu begegnen. Viele Wasserstraßen sind noch im ursprünglichen Zustand belassen, man muss also mit Ausweichmanövern wegen heruntergefallener Äste und umgestürzter Baumstämme rechnen.

In **Estland** sind Touren durch den Soomaa-Nationalpark (Landkreis Pärnumaa/Viljandimaa) sowie über die Flüsse Ahja, Piusa oder Võhandu in den Landkreisen Põlvamaa und Võrumaa besonders empfehlenswert. Wer sich im Norden des Landes aufhält, kann die Flüsse Jägala jõgi oder Valgejõgi befahren.

In **Lettland** ist die Gauja der mit Abstand beliebteste Fluss für Kanu- und Kajakfahrten. In Cēsis kann man Boote leihen und sich in Sigulda abholen bzw. von Sigulda nach Cēsis bringen lassen und dann die malerische Strecke nach Sigulda paddeln. Wer es sehr gemütlich angehen will, kann auch nur die halbe Strecke bis Ligatne zurücklegen. Wer längere Touren machen will, startet weiter flussaufwärts, etwa in Valmiera.

Relativ ruhig verlaufende Flüsse in **Litauen** sind der Nemunas, Neris, Merkys, Šventoji und Nevėžis, die teilweise durch National-/Regionalparks fließen und auf denen Kanus, Kajaks und andere Boote fahren können. Es ist auch möglich, von der weißrussischen Grenze bis zur Ostsee zu fahren (am besten ist die Strecke bis Vilnius wegen der Stromschnellen und vieler Übernachtungsmöglichkeiten). Sehr beliebt sind auch die Seen um Molėtai und die Seen und Flüsse in den Aukštaitija- und Dzūkija-Nationalparks, wo auch Touren angeboten werden. Verleihstationen gibt es u.a. in Vilnius, Marcinkonys, Pabradė und Klaipėda.

Reiten

Viele **Bauernhöfe** bieten Reiterferien an oder können zumindest Ausritte und Reitunterricht, Kutsch- oder im Winter auch Pferdeschlittenfahrten vermitteln. Adressen finden sich in den Ortsbeschreibungen oder für Estland über den Landtourismusverbund, **www.maaturism.ee.** Natürlich helfen auch die Touristeninformationen vor Ort gern weiter.

Auf der Seite **www.celotajs.lv,** die Ferien auf dem Land gewidmet ist, erhält man neben vielen weiteren Informationen auch Tipps fürs Reiten in Lettland.

Für Pferdenarren ist im Februar das **„Pferderennen auf Eis"** im litauischen Dusetos ein Leckerbissen. Infos unter www.horse.lt. In Niuronys gibt es ein **Pferdemuseum,** Kutschfahrten und Pferderennen.

Sauna

Das Baltikum hat eine große Sauna-Tradition. Hier vermischen sich die Einflüsse des russischen Dampfbades und der skandinavischen Sauna. Am aufregendsten sind natürlich Saunen, bei denen man sich in der **freien Natur** im Fluss oder See abkühlen kann (wie wäre es im Winter mit dem Eintauchen in ein ins Eis geschlagene Loch?). Meistens handelt es sich um ein frei stehendes **Holzhäuschen** mit einem kleinen Vorraum und einem Schwitzraum, entweder elektrisch beheizt oder traditionell mit Holzofen. Man klopft sich mit Birkenzweigen leicht auf den Körper, was das Schwitzen und somit auch das Entspannen und die Vitalisierung fördern soll.

So gut wie jeder Haushalt auf dem Land und fast jede Unterkunft hat eine eigene Sauna. In Gästehäusern ist die Nutzung aber auch für Gäste kostenpflichtig, also nicht im Preis inbegriffen, es sei denn, man hat ein Zimmer mit angeschlossener eigener Sauna gebucht.

In Lettland heißt die Sauna *pirts* und gehört auf vielen Campingplätzen und Ferienanlagen, in Hotels und sogar in Innenstädten dazu. Das estnische Wort für Sauna ist *saun.*

Schiffsfahrten

In **Riga** werden kürzere Schiffstouren auf der Daugava angeboten (Einstieg am Fuß der beiden zentrumsnahen Brücken). Die Ausflugsfahrten beginnen, besonders im Sommer, oft noch spät abends (um 22 Uhr oder später).

Auch in **Kaunas** und auf der **Memel** (Nemunas) gibt es Schiffsfahrten.

Im estnischen **Tartu** kann man eine Nachtfahrt auf einem historischen Schiff machen, um Sterne zu beobachten. Abfahrtszeiten müssen kurzfristig erfragt werden.

■ Mehr **Informationen** bei *Emajõe Lodjaselts,* Ujula 98, Tel. 55599100, www.lodi.ee (Kurzversion auf Englisch).

Vogelbeobachtung

Ein Paradies für Vogelliebhaber, besonders während der Vogelzüge im Herbst und im Frühling, ist die Vogelwarte im litauischen Ventė. Auf seine Kosten kommt man auch auf der Kurischen Nehrung, im Aukštaitija-, Žemaitija- und im Dzūkija-Nationalpark, in den Nemunas-Delta- bzw. Pajūris-Regionalparks sowie in den Naturreservaten und Regionalparks mit ihren Beobachtungstürmen. Infos bei der **Litauischen Ornithologengesellschaft,** Vilnius, Naugarduko 47-3, Tel. 52230498, www.birdlife.lt, bzw. beim Litauischen Vogelbeobachtungsverein (www.birdwatching.lt). Auch Reiseveranstalter bieten hier ornithologische Touren an.

In Lettland bieten die zahlreichen Naturparks oft spektakuläre Möglichkeiten für „Birdwatcher". Besonders empfehlenswert ist der **Pape-Naturpark** (Papes dabas parks) an der Westküste, nur wenige Kilometer nördlich der litauischen Grenze. 271 Vogelarten wurden auf diesem fast unberührten Fleckchen schon gesichtet und ein ornithologisches Zentrum eingerichtet (Tel. (6)3400341, www.pdf-pape.lv).

In Estland gehören die **Nationalparks Matsalu** und **Vilsandi** zu den wichtigsten Orten für Ornithologen. Nähere Infos über die staatliche Forstverwaltung: http://loodusegakoos.ee. Beide Nationalparks zählen zu den *Bird-watching-Hotspots* von europäischem Rang.

◁ Paddeln, baden und angeln am lettischen Engures-See

Wandern

In allen drei Ländern gibt es unzählige Wanderwege und Naturpfade. Die lokalen Touristeninformationen und die Infozentren der National- und Regionalparks verteilen Informations- und Kartenmaterial. Wer eine geführte Wanderung unternehmen will, kann sich dort Führer vermitteln lassen. Einige Reiseveranstalter bieten Wanderreisen an.

Im Zeichen des Ökotourismus wurden in **Litauen** über 300 Wege und Pfade angelegt, 30 davon behindertengerecht.

In sämtlichen **Nationalparks Lettlands** sind viele schöne und oft nach Schwierigkeitsstufen geordnete Wanderwege bestens ausgeschildert, beispielsweise in den Nationalparks Gauja, Ķemeri, Slītere oder Naturparks wie Pape in Kurland.

Viele Wege in **Estland** sind mit Lehrschildern (häufig zumindest auch auf Englisch) ausgeschildert. Besonders empfehlenswert sind auch dort die Wege in den Nationalparks und Naturschutzgebieten. Die touristische Seite der staatlichen Forstverwaltung informiert über alle Naturpfade: www.loodusegakoos.ee.

Auf Holzstegen geht es durch den estnischen Soomaa-Nationalpark

Wellness und Spa

Große Hotels und neu entstehende Wellness- und Kurzentren offerieren eine immer breitere Palette an Behandlungen. Die Angebote umfassen Gesundheits- sowie Schönheitsbehandlungen, in der Regel Massagen, Wärme-, Kälte-, Salz- und manchmal Schlammbehandlungen, es gibt diverse Saunen und Schwimmbäder, Kosmetikangebote, Fitnessräume und Spezialanwendungen gegen Knochen-, Atemwegs- und Herz-Kreislauferkrankungen. Die wichtigsten Spa-Hotels sind in den jeweiligen Kapiteln dieses Reiseführers aufgeführt.

In den litauischen Kurorten **Birštonas, Druskininkai** und **Palanga** mit ihren Heilquellen und der heilenden Luft der Kiefernwälder kann man sich in modernen Spa-Hotels oder Kurhäusern mit Wellness-Angeboten zu einem annehmbaren Preis verwöhnen lassen.

Eine große Tradition haben Kuren im Badeort **Jūrmala** bei Riga. Interessante Adressen in Lettland sind zu finden auf der Seite www.latvia.travel/de unter dem Stichwort „Gesundheitstourismus und Spa".

Die bekanntesten Kurorte in Estland sind die westlichen Küstenstädte **Pärnu** und **Haapsalu** sowie **Kuressaare,** die Hauptstadt der Insel Saaremaa. Außerdem gibt es Spa-Hotels in Tallinn und Rakvere sowie in Toila an der Steilküste im Nordosten. Auch in Südestland gibt es einige Adressen.

Die meisten Hotels bieten Spezialpakete fürs Wochenende oder für eine Woche an, die günstiger sind, als alles einzeln zu buchen. Besonders die Hotels in den Kurorten Westestlands nehmen stolze Preise, die sich zumindest in der Hauptsaison kaum von denen westeuropäischer Wellness-Hotels unterscheiden. Für Reisende mit kleinem Portemonnaie, die nicht auf einen Verwöhntag verzichten möchten, gibt es Tagespakete, außerdem ist es in der Nebensaison wesentlich günstiger als im Hochsommer.

Wintersport

Die schneereichsten Gebiete befinden sich in **Südestland.** Hier gibt es Skipisten verschiedener Schwierigkeitsgrade auf 200–300 m hohen Bergen, die mit Beleuchtung und Skilift aufwarten. Der höchste Berg Estlands, der **Suur Munamägi** („Großer Eierberg") im südestnischen Haanja-Hochland, ist mit **318 m** die höchste Erhebung im Baltikum. Dort (in Kütioru) gibt es die besten Slalompisten Estlands, auf denen sich gern **Snowboarder** tummeln. Nachts sind viele Pisten mit Fackeln beleuchtet.

In Estland fällt der erste Schnee zwar oft schon im November, doch die eigentliche Skisaison beginnt um die Weihnachtszeit und dauert bis Ende März. Insgesamt lässt sich jedoch sagen, dass Estland aufgrund der geringen Höhen nicht gerade ein Mekka für Alpinisten ist, aber **Langläufer** kommen allemal auf ihre Kosten.

Skipisten sind auch in Lettland praktisch in jeder Region vorhanden. Besonders beliebt und gut entwickelt ist der Wintersport in **Sigulda,** wo die einzige Bob- und Rodelbahn des Landes zu finden ist. Die längste Skipiste Pilsētas trase kommt auf 350 m und immerhin 90 m Höhenunterschied. Weitere Informationen über Pisten und Loipen im ganzen Land gibt es unter www.latvia.travel/de.

Skilanglaufloipen gibt es in **Litauen** in den schneesicheren Regionen bei Ignalina und im Aukštaitija-Nationalpark. In Vilnius gibt es künstliche Skihänge. Ganzjährig Skifahren und Snowboarden kann man in der *Snow Arena* in Druskininkai (drei Skipisten mit Lifts).

⌂ Mobile Fass-Sauna

Sprache und Verständigung

Litauisch und Lettisch

Litauisch und Lettisch gehören zur **baltischen Gruppe** der indoeuropäischen Sprachen. Sie bilden damit eine eigene Sprachgruppe und haben keinerlei Verwandtschaft mit dem slawischen Zweig. Litauisch ist die **älteste** noch erhaltene **indogermanische Sprache** und daher für Sprachwissenschaftler besonders interessant. Zu der gleichen Sprachfamilie gehören das inzwischen ausgestorbene Altpreußisch und das in Rudimenten überlieferte Kurisch. Litauisch und Lettisch haben sich im Laufe der Jahrhunderte recht weit auseinanderentwickelt, es gibt kaum mehr Übereinstimmungen im Alltagswortschatz. Beide Sprachen haben durch die lange Dominanz fremder Mächte Elemente aus dem Deutschen, dem Schwedischen und den slawischen Sprachen übernommen. Als Ausländer versteht man außer einigen vertraut klingenden Fremdwörtern aber praktisch nichts.

Mit ihren vielen Endungen auf -as bzw. -s, enthalten Litauisch und Lettisch viele Anklänge an das Altgriechische, Lateinische, Iranische, Armenische und Gotische, auch an das indische Sanskrit, die indogermanische Ursprache. Beide Sprachen haben sieben Fälle und damit eine äußerst **komplizierte Grammatik.** Die Endungen modifizieren jedes Wort je nach Satzstellung. Das Alphabet ist das lateinische, kennt aber jeweils einige Sonderzeichen.

Die Anfänge der litauischen Hochsprache reichen bis ins 16. Jh. zurück (erster handschriftlicher Text von 1503). Der Autor des ersten litauischen Buches, eines Katechismus, der 1547 in Königsberg erschien, war *Martynas Mažvydas* (1510–63). Er war einer der acht Studenten, die vom preußischen Herzog Albrecht zum Theologiestudium in Königsberg eingeladen wurden.

Durch die über Jahrhunderte einflussreiche deutsche Kultur hat das Lettische ein wenig mehr Elemente aus der deutschen Sprache übernommen. Der 1654 in Sachsen geborene *Johann Ernst Glück* verbrachte über zwanzig Jahre seines Lebens mit seiner Familie im nordlettischen Alūksne. Er übersetzte die Bibel ins Lettische und legte damit den Grundstein für die lettische Schriftsprache.

Estnisch

Im Gegensatz zu Lettisch und Litauisch gehört Estnisch nicht zur indogermanischen, sondern zur **finno-ugrischen Sprachfamilie** und ist somit eng mit dem Finnischen und weitläufig mit dem Ungarischen verwandt. Aufgrund der wechselhaften Geschichte des Landes sind hoch- und niederdeutsche, schwedische und russische Wörter mit in die estnische Sprache eingeflossen. Das Estnische ist eine sehr klangvolle, von vielen Vokalen geprägte Sprache. Die Grammatik mit ihren 14 Fällen erscheint Ausländern jedoch sehr kompliziert.

Die estnische Schriftsprache benutzt das lateinische Alphabet, ferner die auch im Deutschen bekannten Umlaute ä, ö und ü. Ein uns nicht vertrauter Buchstabe ist das õ, das wie eine Mischung zwischen „ö" und „e" ausgesprochen wird. Ansonsten lässt sich festhalten, dass Doppelvokale lang gezogen werden; „ae" wird nicht wie „ä", sondern getrennt ausgesprochen, also wie „a-e". „Au" wird hingegen wie bei uns („auch") zusammengezogen. Das „h" wird hörbar betont, wie in „Hund", bei manchen Worten besonders stark, es klingt dann wie ein hart ausgesprochenes „ch".

Verständigung in Litauen

Nahezu überall problemlos verständigen kann man sich mit **Russisch.** Auch Kinder lernen in der Schule Russisch als

Fremdsprache. Zwar erfreut sich diese Sprache bei den Älteren als ehemalige „Besatzersprache" nicht gerade besonderer Beliebtheit, aber die Litauer benutzen sie auch selbst, wenn sie sich in Lettland oder Estland verständigen wollen. Zur Zaren- und Sowjetzeit war auch in Litauen Russisch die offizielle Amtssprache.

Das Interesse wendet sich jetzt immer mehr **Englisch** und **Deutsch** zu. Bisher allerdings kommt man damit (noch) nicht sehr weit, teilweise nicht einmal bei internationalen Auskunftsstellen. Etwas verbreiteter ist Deutsch, historisch bedingt, in Klaipėda und auf der Kurischen Nehrung, da diese Gebiete über Jahrhunderte hinweg unter deutschem Einfluss standen. Im Tourismusgewerbe und bei Gesprächen mit jüngeren Leuten ist eine Kommunikation jedoch auf Englisch, z.T. auch auf Deutsch, bedingt bis gut möglich. Deutsch- oder englischsprachige Exkursionen gibt es in vielen Städten. Bei Verständigungsproblemen wird mancherorts oft so lange herumtelefoniert, bis eine Person mit Fremdsprachenkenntnissen gefunden ist.

Tipp: Versuchen Sie es zuerst mit ein paar Brocken Litauisch, da jeder noch so kleine Versuch bereits positiv aufgenommen wird.

Verständigung in Lettland

Ein gutes Drittel der Landesbewohner gehören der russischen Minderheit an und verwenden **Russisch** als Umgangssprache. Besonders stark vertreten sind die Russen im östlichen Landesteil, wo selbst in Supermärkten und Bäckereien nur Russisch gesprochen wird. Die erste Amtssprache ist aber auch hier Lettisch.

Die nicht immer leichte Beziehung zwischen der russischen und der lettischen Bevölkerung führte dazu, dass die Russen oft in ihren eigenen Vierteln leben und wenig Austausch gepflegt wird. Trotzdem gilt seit der Wende 1991: Jeder muss in der Schule Lettisch sprechen.

Auch die Letten sprechen fast alle Russisch – allerdings meist nur diejenigen, die über 40 bis 45 Jahre alt sind: Zu Sowjetzeiten war Russisch die offizielle Staatssprache. Mit der mittleren und älteren Generation der Letten sowie der gesamten russischen Minderheit kann man sich also auf Russisch verständigen. Aus Höflichkeit sollte man Letten aber nie direkt auf Russisch ansprechen, sondern erst nachfragen. **Englisch** hat sich in den letzten Jahren unter den Letten rasant verbreitet, und man kann damit rechnen, dass die meisten Menschen, die man auf Englisch anspricht, auch auf Englisch antworten können.

In touristischen Gebieten überraschen einige Ältere bereits mit Englischkenntnissen. **Deutsch** ist in Lettland dagegen wenig verbreitet.

Verständigung in Estland

Die Esten sind sehr sprachversiert. Als Tourist kommt man mit **Englisch** und oft auch **Deutsch** in der Regel gut durchs Land. Auch **Russisch** wird verstanden, aber nicht immer begeistert aufgenommen. Wer sich bemüht, wenigstens einige Grundbegriffe der estnischen Sprache wie die zur Begrüßung und Danksagung zu beherrschen, wird die eher verschlossenen Esten gleich viel leichter für sich einnehmen.

Sprachführer

Sehr nützlich sind die praktischen und kompakten Sprachführer der Kauderwelsch-Reihe aus dem REISE KNOW-HOW Verlag, die es für alle drei Hauptsprachen des Baltikums gibt: **Litauisch – Wort für Wort** (Band 54), **Lettisch – Wort für Wort** (Band 82) und **Estnisch – Wort für Wort** (Band 55). Sie enthalten ein umfangreiches Wörterverzeichnis, erläutern Grundlagen der Grammatik auf einfache Weise und bieten vielfältige praktische Konversationsbeispiele zu allen Bereichen des touristischen Alltags an. Als begleitendes Tonmaterial sind die **AusspracheTrainer** auf Audio-CD erhältlich.

Im Anhang dieses Buches befindet sich eine „**Kleine Sprachhilfe**" für alle drei baltischen Sprachen.

Telefonieren

Wer im europäischen Ausland telefoniert (für Schweizer gelten diese Regeln einstweilen noch nicht), zahlt seit dem 30. April 2016 für **SMS** nur noch max. 2 Cent, für abgehende Anrufe pro Minute und **Herunterladen von Daten** pro MB max. 5 Cent, für eingehende Anrufe 1,14 Cent pro Minute zuzüglich zum nationalen Tarif (und ab 15. Juni 2017 gar keine zusätzlichen Roaminggebühren mehr, sofern es sich um eine zeitweilige Nutzung der SIM-Karte im Ausland handelt). Der Empfang von SMS ist in der Regel kostenfrei.

Bis dahin fährt man am günstigsten, wenn man eine **kostenlose Wifi-Ver-**bindung nutzt. Dann hat man z.B. über *Skype, Whatsapp, Facetime* oder *Messenger* vielfältige Möglichkeiten kostenlose Berichte auszutauschen oder zu telefonieren (mit oder ohne Video).

Estland

Wenn man aus der Heimat eine estnische Nummer anwählt, muss nur die 00372 vorangesetzt werden. Vor einigen Jahren wurde das Telefonsystem in Estland komplett umgestellt, sodass es seither keine richtigen Vorwahlen mehr gibt. Man kann zwar an den ersten ein bis zwei Ziffern erkennen, in welche Stadt man anruft, aber diese Zahlen sind fester Bestandteil der Nummer. Das heißt, egal, wo man sich im Land befindet, ob im Ort oder außerhalb, man wählt immer die vollständige Nummer. Bei der **Telefonauskunft 1182** versteht man auch Englisch, man kann diese Kurznummer allerdings nur von estnischen Anschlüssen oder SIM-Karten aus anrufen.

Es gibt in Estland **keine öffentlichen Telefone:** Wer nicht vom eigenen Handy aus telefoniert, muss dies in einer Unterkunft tun.

Mobil telefonieren

Das eigene Handy lässt sich in Estland nutzen, denn die Mobilfunkgesellschaften haben Roamingverträge mit den estnischen Gesellschaften *EMT, Tele2* oder *Elisa*. Die Netzabdeckung ist – außer in sehr abgelegenen Regionen – gut.

Mobiltelefone sind in Estland sehr weit verbreitet. Es ist nicht unüblich, dass nur Mobilnummern bei Reiseveranstaltern und Unterkünften angegeben werden. Man erkennt sie daran, dass sie **mit einer 5 anfangen.** Im Land werden Mobiltelefonnummern manchmal durch die Abkürzung GSM gekennzeichnet.

Ruft man im Urlaub von seinem deutschen, österreichischen oder Schweizer Handy eine Nummer im Land an, muss man die **Landesvorwahl 00372** voransetzen, egal, ob es sich um Festnetzanschlüsse oder Mobiltelefone handelt.

Lettland

Aus dem Ausland wählt man 00371 für Lettland und dann die Rufnummer. Städtevorwahlen existieren nicht. Leider gibt es eine Komplikation: Verwirrung, selbst für die Einheimischen, stiftet die **Ziffer 6,** die am Anfang vieler Telefonnummern auftaucht. Wenn man vom Ausland oder von Lettland aus mit einem ausländischen Handy anruft, wählt man immer die 00371 und kann die 6 ignorieren. Nur aus dem **lettischen Festnetz** oder von einem **lettischen Mobiltelefon** muss man die **6 beachten.** Teilweise werden die Telefonnummern mit der 6 in Klammern angegeben, teilweise mit der 6 einfach als erster Ziffer und

teilweise wird sie ganz ignoriert. Im Zweifelsfall also immer die **Nummer ohne die 6** am Anfang anwählen. Von einem lettischen Telefon aus dagegen sollte man immer an die 6 denken – es sei denn, man ruft eine Handynummer an.

In **Telefonzellen** wird fast immer eine Telefonkarte benötigt, die in Läden, Kiosken und Postämtern mit dem Aufkleber „Telekarte" erhältlich. Seltener ist auch der Einwurf von Münzen möglich.

Die meisten Mobilfunkgesellschaften haben Roamingverträge mit den lettischen Gesellschaften *LMT, SIA Bite* und *Tele2* (GSM 900/1800 MHz und 3G).

Litauen

Nach der Vorwahl für Litauen 00370 wählt man die Städtevorwahl ohne die Ziffer 8 (z.B. nach Vilnius 00370-5-Rufnummer). Ruft man ein **Handy** in Litauen an, muss ebenfalls die 8 als erste Ziffer der Rufnummer weggelassen werden (00370 + achtstellige Rufnummer).

Gespräche von Hotels sind teurer als von den vielen öffentlichen **Kartentelefonen** *(taksofonas).* Die wenigen rechteckigen akzeptieren nur Magnetstreifenkarten, die anderen nur Chipkarten. Beide sind u.a. an Kiosken, Tankstellen, Post- und Telefonämtern erhältlich. Für nationale Gespräche *(vietiniai pokalbiai)* ist die Telefonkarte der *lietuvos telekomas* zu empfehlen. Falls die Karte nicht mehr herauskommt, die gebührenfreie Nummer 800-20404 anrufen. An einigen Kartentelefonen kann auch mit **Kreditkarte** telefoniert werden.

Für ein **Ortsgespräch** genügt die Telefon-Nr. (ohne Vorwahl). Bei **nationale Ferngesprächen** wählt man zunächst die

Vorwahlnummern

- **Deutschland:** 0049
- **Schweiz:** 0041
- **Österreich:** 0043
- **Estland:** 00372
- **Lettland:** 00371
- **Litauen:** 00370

4

8 und wartet, bis man einen ununterbrochenen Ton hört. Dann wählt man die Stadtvorwahl und die Nummer des Teilnehmers, wobei keine Pause von mehr als 5 Sekunden entstehen sollte (z.b. Kaunas 8-37-Rufnr.). Um ein Handy anzurufen, muss erst die 8, dann die achtstellige Rufnummer gewählt werden.

Eine Verbindung **ins Ausland** kommt meist rasch und reibungslos zustande, auch von Kartentelefonen (auf Tastendruck erscheint eine Anleitung auf Englisch). Man wählt die Landesvorwahl, dann die Stadtvorwahl (ohne die Null), und schließlich die Rufnummer (z.B. Frankfurt/M. 0049-69- ...).

Mobil telefonieren

Das eigene Mobiltelefon lässt sich in Litauen problemlos benutzen, denn die meisten Mobilfunkgesellschaften haben Roamingverträge mit den litauischen Gesellschaften *Omnitel* (GSM 900 MHz), *Bité* (GSM 900/1800 MHz und 3G 2100) oder *Tele2* (GSM 900/1800).

Anruf auf ein anderes Handy: die 9-stellige Zahl (inkl. der 8) wählen. **Anruf aufs Festnetz:** 8 + Rufnummer, besser ist aber 00370 + Städtevorwahl (ohne die 8) + Rufnummer.

Trinkgeld

Trinkgelder sind nicht obligatorisch, werden aber gern genommen, da die Löhne eher niedrig sind. Eine Trinkgeld-Kultur wie beispielsweise in südlichen Ländern gibt es jedoch nicht. Ob und wie viel man geben möchte, sei jedem selbst überlassen. Für besonders guten Service kann durchaus ein Trinkgeld von 5 bis 10 % gegeben werden. In Hotels hängt das Trinkgeld vom Service ab.

Für **Litauen** und **Lettland** gilt: **Exklusive Restaurants, Bars** und **Nachtklubs** – manchmal auch ganz einfache, wie etwa eine große Café-Kette in Riga – stellen einen Bedienungszuschlag von 7 bis 12 % in Rechnung, sodass sich ein Trinkgeld erübrigt. Man sollte also immer aufpassen, bevor man großzügig Trinkgeld gibt, ob es nicht schon aufgeschlagen wurde.

Wenn Gäste **am Tresen** bestellen und bezahlen, wird kein Trinkgeld erwartet.

Unterkunft

Estland

Übernachtungsmöglichkeiten gibt es in Estland mittlerweile in allen Preisklassen und Unterkunftsarten. In Tallinn und anderen beliebten Reiseregionen wie Tartu, den Küstenstädten, den Inseln oder dem Nationalpark Lahemaa findet man eine große Anzahl Hotels mit gutem Standard, die dann allerdings auch nicht sonderlich günstig sind. Auf dem Land hingegen kann man oft recht günstig unterkommen, wobei die Preise stark von der jeweiligen Saison abhängen.

Es gibt in Estland verschiedene Hotelarten, Spa-Resorts, Unterkünfte in alten Gutshöfen, typischen Bauernhoftourismus, Ferienhäuschen, Pensionen, etc. Der Urlaub im *turismitalu* (Touristenhof) hat – anders als in Deutschland –

mit richtigen Bauernhöfen meist wenig zu tun. Es handelt sich nicht selten um eher schicke Unterkünfte im Landhausstil. Andererseits kann es durchaus welche geben, die auch Landwirtschaft betreiben. Touristische Unterkünfte auf dem Land haben praktisch immer eine Sauna. Essen wird häufig angeboten, aber unter Umständen nur auf Vorbestellung. Englisch wird in aller Regel verstanden, Deutsch nur gelegentlich.

Die in diesem Buch angegebenen Preiskategorien dienen lediglich als Richtwerte, denn insbesondere durch die Verwendung von Buchungsmaschinen können die Preise, zum Beispiel während einer örtlichen Veranstaltung, deutlich nach oben abweichen.

Estland ist im Allgemeinen ein sauberes und ordentliches Land, wobei es natürlich – wie überall – auch dort schwarze Schafe gibt. Wer als Individualreisender unterwegs ist und sich vor Ort für kleine Privatunterkünfte auf dem Land entscheidet, sollte sich die Zimmer und das Bad immer erst zeigen lassen. Große Hotels haben den gleichen Standard wie bei uns.

Unterkunftsvermittlung

Es gibt einige Dachorganisationen und Verbände, die Unterkünfte vermitteln. Empfehlenswert ist der **Landtourismusverband.** Der umfangreiche, deutschsprachige Katalog beinhaltet Fotos zu jeder Unterkunft auf dem Lande. Man bekommt ihn gegen ein geringes Entgelt nahezu überall im Land, außerdem bei diversen Reisebüros und Informationsstellen. Ferner kann man die Adressen der Pensionen, Bauernhöfe, Ferienhäuser und Gästehäuser im Internet einsehen.

◼ **Eesti Maaturism,** Vilmsi 53 G, Tallinn, Tel. 6009999 (Mo–Fr 8–17 Uhr), www.maaturism.ee.

Wer sich richtig verwöhnen lassen oder etwas für seine Gesundheit tun möchte, kann in einem der **Spa- und Wellnesshotels** unterkommen. Einen Überblick kann man sich im Internet verschaffen unter www.estonianspas.eu. Die Spa-Hotels werden in den Ortsbeschreibungen aufgeführt (siehe auch „Sport und Aktivitäten").

Die wichtigsten **Kurorte** in Estland sind Pärnu, Haapsalu und Kuressaare.

Preiskategorien der Unterkünfte

Die **in den Ortsbeschreibungen** aufgeführten Unterkünfte sind in folgende Preisklassen unterteilt.

Der Preis gilt für **zwei Personen im Standard-Doppelzimmer in der Hauptsaison,** sofern nicht anders angegeben. Dies dient nur zur Orientierung, was das Preisniveau anbelangt, und entspricht nicht etwa dem Qualitäts-Sternesystem.

Estland und Litauen

bis 40 Euro	①
40–70 Euro	②
70–100 Euro	③
100–140 Euro	④
ab 140 Euro aufwärts	⑤

Lettland

unter 50 Euro	①
50–100 Euro	②
100–150 Euro	③
über 150 Euro	④

Lettland

Immer mehr Hotels mit ansprechendem Standard entstehen im ganzen Land. Die größeren Städte hatten zu Sowjetzeiten alle ein zentrales Hotel. Bis heute atmen einige dieser Häuser noch Kommunismus-Flair. Doch immer mehr von ihnen verwandeln sich in moderne und angenehme Unterkünfte.

Interessant – und eine hervorragende Gelegenheit, die Menschen besser kennenzulernen – sind private Unterkünfte, die man entweder bei den jeweiligen Touristeninfos, auf Hinweisschildern oder einfach zufällig am Straßenrand findet. Einige Vermieter haben eine schöne Hütte in ihren Garten gestellt, andere haben Zimmer im Nebengebäude, im eigenen Wohnhaus oder erlauben einfach das Zelten in ihrem Garten. Mit etwas Glück gibt es die Möglichkeit (oder eine Einladung) zum Abendessen, zu einem Saunabesuch oder einfach zu einem lettischen Bier mit den Gastgebern. Da treten die Sprachprobleme schnell in den Hintergrund.

Bei **Hotels** *(viesnīca)* und allen sonstigen Unterkünften ist die gesamte Bandbreite an Standard und Ausstattung anzutreffen – vom noblen 5-Sterne-Hotel in Riga bis hin zu einfachsten Gästezimmern mit winzigen Betten auf einem Campingplatz. Stark vertreten ist aber das mittlere Segment mit meist nur innen modernisierten Häusern und durchaus ansprechenden, oft recht geräumigen Zimmern, immer häufiger auch in touristisch interessanten kleineren Städten. Für ein sehr akzeptables Doppelzimmer dieser Kategorie zahlt man oft nur 35 bis 50 Euro. Wer es noch bescheidener möchte, etwa mit Toilette auf dem Flur, kann sogar mit 15 bis 20 Euro auskommen. Für 50 bis 70 Euro sind oft schon sehr gute Doppelzimmer in Hotels zu haben.

In **Privatunterkünften** schwanken die Preise stark, doch sollte man auch mit der Faustformel 30 Euro plus x pro Zimmer oder pro Holzhütte rechnen. Sehr attraktiv und romantisch ist die Übernachtung in einem der zahlreichen **Paläste, Schlösschen** und **Herrenhäuser** *(muiža)*, wo die Preise gelegentlich erstaunlich niedrig liegen. Eine Übernachtung im Schloss – ohne Luxus, aber dafür in fürstlichen Gemäuern – kann weniger kosten als in einem Stadthotel.

In den meisten Städten, selbst in der Provinz, sind auch **Jugendherbergen** beziehungsweise entsprechend günstige **Hostels** zu finden. Riga bildet eine Ausnahme, denn hier sind auch die Hostels meist sehr hübsch eingerichtet und gut ausgestattet. Sie kosten in der Regel von 30 Euro aufwärts pro Zimmer.

In den meisten Hotels – und auch Hostels – gehört **Kartenzahlung** inzwischen ebenso zum Standard wie **Internetanschluss.** Am häufigsten wird VISA, oft auch MasterCard akzeptiert. Mit der einfachen Maestro-(EC-)Karte kann es dagegen Probleme geben. Mit ihr kann man aber beim nächsten Bankautomaten (der nie weit entfernt ist) zur Not schnell Geld abheben.

Wer sicher gehen will, sollte sich besonders in der Hauptsaison ein Zimmer **reservieren.** Am besten eignet sich dafür die Buchung per E-Mail. Natürlich kann man auch anrufen. **Englisch** ist in fast allen Hotels Standardsprache.

In den **Ferienmonaten** Juli und August können in besonders touristischen Gebieten die Hotelpreise bis zu einem

Drittel steigen. Entsprechend Geld sparen lässt sich also außerhalb des Sommers. Wer nicht reserviert hat, sondern spontan ein Quartier sucht, sollte in Lettland keine Probleme bekommen. Es existieren in jeder Region viele Unterkünfte (die ostlettische Region Latgale bildet eine Ausnahme, hier ist das Angebot dünner), und auch wer nicht zeltet und keinen Wohnwagen dabei hat, findet oft auf den Campingplätzen noch ein Dach über dem Kopf.

Wer längere Zeit an einem Ort bleiben will, findet eine reiche Auswahl an schönen **Holzhäusern und Ferienwohnungen.** Ab einer Woche Aufenthalt sollte man einen deutlichen Rabatt aushandeln.

■ **www.hotel.lv,** Website der lettischen Hoteliers-Vereinigung mit sehr vielen Adressen, unterteilt nach Kategorien, vom Fünf-Sterne-Hotel bis zum Hostel.

■ **www.celotajs.lv,** Ferien auf dem Bauernhof und auf dem Lande, mit Vorschlägen für Ausflüge und Touren, Seite auf Deutsch.

Litauen

Es entstehen ständig neue Unterkünfte, insbesondere der mittleren und gehobenen Klasse. Man kann auch in der Saison damit rechnen, eine Unterkunft zu finden, muss vielleicht aber nach der Ankunft erst mit etwas anderem als dem Gewünschten vorlieb nehmen. Man sollte auch nicht immer erwarten, dass alles westlichem Standard entspricht. Das **Preisniveau** ist eher hoch, trotzdem ist das Preis-Leistungsverhältnis nicht immer gut. Wer Wert auf Komfort legt, sollte frühzeitig **reservieren.** Die meisten Touristinformationsbüros (z.T. auch Reisebüros) haben eine Auflistung aller möglichen Unterkünfte und helfen bei der Zimmersuche. Einen guten Überblick erhält man unter www.hotels lithuania.com, www.hotelslithuania.net, www.lithuania.travel sowie www.lithua nianhotels.com.

Saisonpreise gibt es meist nur in Badeorten wie Palanga oder Nida. Vor allem bei geringer Auslastung kann man nach einem Preisnachlass fragen. In teureren Hotels gibt es z.T. **Wochenend-Sondertarife.** Einen Preisnachlass erhält man auch bei einer Buchung über das **Internet.** Es empfiehlt sich, den Zimmerpreis der Hotels mit denen der obigen Websites zu vergleichen. Da letztere 20 % als Kommission erhalten, kann man mit dem Hotel direkt einen 20-prozentigen Nachlass vereinbaren.

Bezahlt wird bar, mit Kreditkarte oder mit Vorauszahlung. Frühstück und Mehrwertsteuer sind in der Regel inklusive.

Hotels

Bei den Städtebeschreibungen wird die Klassifizierung in untere, mittlere und obere Kategorie vorgenommen. Sie erfolgt nach dem Preisniveau und spiegelt nicht unbedingt die Leistung wider. Es gibt (noch) keine verbindliche **Klassifizierung nach Sternen,** sodass die von den Hotels (viešbutis) angegeben Ratings nach westlichen Einstufungen manchmal 1–2 Sterne **niedriger** ausfallen. Eine Vielzahl der Hotels in Städten könnten nach unserem Standard 3, manchmal auch 4 Sterne, die in der Provinz 2–3 Sterne bekommen. Das liegt z.T. auch daran, dass manche Hotels an das in Sowjetzeiten verlegte **Fernwärmenetz** angeschlossen sind, das die Bevölkerung von etwa Mitte Oktober bis Anfang April mit Heizung versorgt. Außerhalb dieser Zeit ist man auf Heizstäbe, Heizlüfter oder Wolldecken angewiesen, die auf Wunsch vom Hotel gestellt werden. Nur die besseren Hotels haben ein **eigenes Heizsystem.**

Suiten *(lux)* sind keine Luxuszimmer, sondern zwei voneinander getrennte Wohn- und Schlafräume. **Doppelbetten** sind meist zwei nebeneinander gestellte Einzelbetten. Zu beachten ist, dass das **Erdgeschoss** als 1. Stock bezeichnet wird.

In **billigen Hotels** (ab 25 Euro) sind die Zimmer einfach, aber zweckmäßig ausgestattet (oft mit TV), meist sauber, manchmal nur mit Etagendusche. **Standardhotels** gibt es nahezu in jeder Stadt. Die Zimmer sind meist ziemlich schlicht und abgenutzt, oft haben sie nur ein Waschbecken, aber sie sind meist sauber und auf ihre Art gemütlich. Einige haben auch luxuriösere Zimmer mit Satelliten-TV, Telefon und Kühlschrank (meist zwischen 30 und 40 Euro).

Die meisten der **ehemaligen Intouristhotels** sind stillose Betonburgen der Sowjetzeit mit grauen, abgewohnten Zimmern. Die Extras, die sie gegenüber billigeren Hotels bieten (Bar, Café, Wechselstube, Reisebüro), reichen sicher nicht, um die recht hohen Preise zu rechtfertigen. Allerdings werden sie nach und nach renoviert, sodass es viele Preisklassen gibt.

Mittelklassehotels, meist kleinere Familienhotels, findet man nur in größeren Städten. Sie verlangen oft rund 50–100 Euro inkl. Frühstück, die meisten

bieten tatsächlich einen entsprechenden Standard. Dies sind oft Hotels, die in den letzten Jahren von Grund auf renoviert wurden. Im Sommer zeitig reservieren!

Es gibt auch **Luxushotels,** bei denen das Preis-Leistungsverhältnis stimmt. Sie werden meist von Hotelketten betrieben. Preise ab 100 Euro.

Gästehäuser

Es gibt *svečiu namai* in verschiedenen Kategorien. Im Gegensatz zu Hotels haben sie meist kein Restaurant. Das Frühstück ist oft inklusive.

Erholungsheime

Traditionelle Urlaubsgebiete wie die Kurische Nehrung oder Palanga verfügen

Jugendherbergen in Litauen

Hat man einen internationalen Jugendherbergsausweis, schläft man auch bei den angeschlossenen litauischen Jugendherbergen (aufgeführt unter www.hihostels.com) zum günstigeren Tarif, sonst muss man eine Tagesmitgliedschaft erwerben. Eine Jahresmitgliedschaft bei den Verbänden daheim kostet jährlich 7–21 Euro in Deutschland (www.jugendherberge.de), 15–25 Euro in Österreich (www.oejhv.at) und 22–44 SFr in der Schweiz (www.youthostel.ch). Für österreichische Jugendliche bis 16 Jahre oder Schweizer Jugendliche bis 18 Jahre ist die Mitgliedschaft kostenlos. Lebenspartner und Kinder bis 26 Jahre erhalten kostenlos eigene Mitgliedskarten. Übrigens: In Jugendherbergen kann man altersunabhängig absteigen!

Jugendherbergen

Es gibt Jugendherbergen in Vilnius, Klaipėda sowie in Zervynos im Dzūkija-Nationalpark. Sie sind sehr einfach ausgestattet und billig: meist 10 Euro, im Doppelzimmer 15 Euro pro Nacht (inkl. Frühstück und Bettzeug). Manche sind fantastische Traveller-Treffs und unersetzliche Informationsquellen. Sie vermieten z.T. Fahrräder und bieten geführte Touren an. Im Sommer besser rechtzeitig buchen!

Es gibt auch **private Herbergen** *(nakvynės namai)*, die etwa gleich teuer sind wie Jugendherbergen, manchmal auch besser.

Im Sommer besteht die Möglichkeit, während der Semesterferien in **Studentenwohnheimen** zu übernachten (ab 10 Euro).

Privatzimmer, B&B und Pensionen

Privatquartiere stellen eine gute Möglichkeit dar, einen näheren Einblick in das Alltagsleben zu erhalten, wenn man auch Familienanschluss möchte (gemeinsames Essen). Mit Ausnahme von Palanga ist es nicht immer einfach, diese Unterkünfte selbst zu finden. Man erkennt sie an den Schildern „kambariai" oder „nuomo jami". Touristinformationsbüros bzw. Agenturen wie Litinterp (www.litinterp.lt) vermitteln Privatzimmer, allerdings zu höheren Preisen.

Meist sind es Einzel- oder Doppelzimmer, manchmal mit einer Kochgelegenheit, die man sich oft mit dem Vermieter teilt. Bad und WC werden meist ebenfalls gemeinsam genutzt. Oft kann man preisgünstig ein ausgezeichnetes

über eine große Bettenkapazität in Erholungsheimen *(poilsio namai),* aus Sowjetzeiten. Nach dem Ende des Kommunismus wurden diese Betonklötze zunehmend umgewandelt, mit unterschiedlichem Engagement. Entsprechend verschieden sind auch die Preise. Sie umfassen Halb- oder Vollpension.

⌃ Hotel Majori im lettischen Badeort Jūrmala

Frühstück bekommen oder sogar Halb /Vollpension. Die **Preise** liegen bei ca. 15–20 Euro p.P. bzw. 25–35 Euro, wenn man sich die Unterkunft vermitteln lässt. Appartements kosten meist 80–90 Euro.

Ferienhäuser und -wohnungen

Diese werden meistens durch Reisebüros oder Touristinformationsbüros vermittelt. Man findet sie oftmals an der Ostseeküste.

Urlaub auf dem Lande

Mittlerweile gibt fast jeder der zehn Verwaltungsbezirke Litauens eine Broschüre mit mehrsprachigen Erläuterungen und den Adressen der rund 500 großteils einfachen **Bauernhöfe, ländlichen Ferienhäuser, Herrenhäuser** etc. heraus. Die meisten liegen in schöner Natur, teils in National- bzw. Regionalparks, teils auch in Dörfern. Der Landtourismus gibt den Bewohnern die Möglichkeit, ihr meist karges Einkommen als Bauern aufzubessern und die Agrarproduktion zu erhalten. Man kann hier auch zelten oder sein Wohnmobil abstellen. Es bieten sich viele **Sport- und Erholungsmöglichkeiten** wie z.B. Reiten, Angeln, Pilz- und Beerensuche, Rad-, Boot-, Schlitten- und Kanufahren. Die meisten dieser Unterkünfte haben eigene Küchen, einige auch Saunas. Sie kosten um 10–30 Euro p.P.

Kataloge *(atostogos lietuvos kaime)* gibt es beim Litauischen Touristenbüro für Landtourismus (Kaunas, Donelaičio 2, Tel. 37400354). Infos und Buchungen per Internet unter www.atostogos kaime.lt, www.countryside.lt, direkt beim Anbieter oder bei den Touristinformationen. Die meisten Anbieter sind in einem Verband organisiert, dessen Zeichen ein **Storch auf grünem Hintergrund** ist. Je nach Ausstattung und Service gibt es Kategorien von 1 bis 4 Störchen.

△ Mietbare Holzhütten in Litauen

4

Infos zu Gehöften für Landtourismus sowie anderen Übernachtungsmöglichkeiten in der Nemunas-(Memel-)Region in Südlitauen findet man ebenso wie Routenvorschläge für Autofahrer, Radfahrer, Wanderer und Wassersportler in der **Broschüre** „Erholung auf dem Lande in der Euroregion Nemunas".

Verhaltenstipps

Wer durch das Baltikum reist, braucht sich im Prinzip keine Sorgen um bestimmte Verhaltensweisen oder Sitten zu machen, die uns nicht vertraut sind. Fremde werden im Großen und Ganzen nicht viel anders als Einheimische behandelt, grundlegende Tabus gibt es kaum. Nicht zuletzt durch die lange geschichtliche Verbindung ist das Baltikum ein uns vertrauter Kulturraum. Es empfiehlt sich, im Umgang mit den Einheimischen seinem gesunden Menschenverstand zu vertrauen. Wie überall sollte man Menschen nicht einfach ungefragt fotografieren oder auf Privatgrundstücke vordringen. Wer sich ein paar Worte der jeweiligen Landessprache aneignet, wird auch verschlossene Gemüter gleich viel leichter für sich einnehmen können.

Bei den Esten sind selbst unter Freunden direkte körperliche Kontakte wie Umarmungen oder Küsschen auf die Wange nicht üblich. Die Esten geben sich in der Regel auch nicht die Hand! Anders verhält es sich mit den im Land lebenden Russen. Sie sind im Allgemeinen redseliger und Fremden gegenüber aufgeschlossen, außerdem begrüßen sie sich gern mit mehr Überschwang.

Im **Dienstleistungsbereich** und in der Bürokratie kann der Umgangston noch recht streng sein, ein Überbleibsel aus der Sowjetzeit. Da heißt es geduldig bleiben, wenn nicht alles so klappt, wie man es gern hätte. Seinen Unwillen darüber zu zeigen, legt einem noch mehr Steine in den Weg. Bestechungsversuche sind zwecklos.

In **Kirchen** sollte man sich wie hierzulande diskret und still verhalten. Frauen müssen in orthodoxen Kirchen ihren Kopf mit einem Tuch bedecken. In orthodoxe Kirchen und Klöster sollte man nicht mit Freizeitkleidung gehen. Zu aufreizende **Kleidung** von Frauen kann Missfallen erregen.

Es besteht in allen drei Ländern ein gesetzliches Verbot, auf öffentlichen Plätzen **Alkohol** zu trinken. Zwar halten sich gerade Jugendliche nicht immer daran, doch wer sich dem Verbot widersetzt, muss mit einer Geldstrafe rechnen.

Einladungen

Wird man privat nach Hause eingeladen, sollte man unbedingt Blumen für die Hausherrin mitbringen, auch Pralinen oder Wein sind gern gesehene **Gastgeschenke.**

In allen privaten Räumen ist es üblich, die **Schuhe auszuziehen.** Einmal nach Hause geladen, kann es vor allem in Estland gut und gern passieren, dass man gleich zu einem **gemeinschaftlichen Saunagang** eingeladen wird. Dies mag einem angesichts der estnischen Introvertiertheit wie ein Widerspruch vorkommen. Der gemeinsame Saunagang (wie bei uns nackt und nicht, wie etwa in den USA, mit Badesachen) gehört jedoch unter Freunden und Familienangehörigen zu häufig gepflegten Ritualen.

Wenn Esten Gäste zuhause haben, wird diesen immer etwas angeboten: Kuchen, warmes Essen, Kaffee. Mehr als in Deutschland gelten die Regeln der traditionellen **Gastfreundschaft,** es muss niemand hungern.

Das Verhältnis zwischen den Nachbarländern

Entgegen der Wahrnehmung im Ausland, dass die drei baltischen Länder sehr ähnlich seien, oder gar als Baltikum eine Einheit bilden, hält sich das **Zusammengehörigkeitsgefühl** in den Ländern selbst in Grenzen. Auch wenn die Länder klein sind, handelt es sich doch um vollkommen **eigenständige, nationale Kulturen.** Litauen unterscheidet sich durch den Katholizismus in religiös-kultureller Hinsicht von seinen nördlichen, protestantisch geprägten Nachbarn, Estland in sprachlicher Hinsicht durch die Verwandschaft des Estnischen mit dem Finnischen (und in ethnischer Hinsicht als ein finnougrisches Volk).

Aber auch die baltischen **Sprachen** Lettisch und Litauisch sind jeweils eigenständig. So ist beispielsweise die Verkehrssprache zwischen jungen Esten und Litauern mit hoher Wahrscheinlichkeit Englisch, wie mit allen anderen Ländern auch. Wer ein wenig Russisch spricht, der kann durchaus höflich fragen, ob der Gesprächspartner Russisch versteht. Bei jüngeren Leuten kann man es ja zuerst mit Englisch versuchen, aber Ältere sind oft froh, wenn sie mit Touristen Russisch sprechen können, weil das die Verständigung erleichtert. Ganz abgesehen davon, dass ja auch viele Bewohner, selbst wenn sie inzwischen den z.b. lettischen Pass haben und Lettisch sprechen, aus Russland stammen. **Vergleiche zu Russland** oder gar ein Lob auf die ehemalige Sowjetunion sollte man jedoch tunlichst vermeiden.

Die Unterschiede gehen aber über die religiös-kulturellen, ethnischen und sprachlichen Unterschiede hinaus. Auch in der Küche, bei Festen, in Geschmacksfragen und im kulturellen Schaffen der Länder gibt es neben unverkennbaren Gemeinsamkeiten immer auch **deutliche Unterschiede,** die alle Länder gerne betonen.

Nachdem in den ersten Jahrzehnten nach der Wiedererlangung der Unabhängigkeit jeder erst einmal mit sich selbst beschäftigt war, sind in letzter Zeit deutliche Zeichen eines **intensivierten Austauschs** zu beobachten. Esten fahren nach Lettland und Litauen in den Urlaub und umgekehrt. Die erfolgreichen *Lotte*-Kinderfilme sind eine lettisch-estnische Koproduktion. Ein besonders sichtbares völkerverbindendes Signal ist die Ehe zwischen dem zum Zeitpunkt der Eheschließung noch amtierenden estnischen Ex-Präsidenten *Toomas Hendrik Ilves* mit der Lettin *Ieva Kupce* (jetzt: *Ilves*). Nicht zuletzt führt die äußere Bedrohung durch Russland zu neuen Anstrengungen für eine intensive Zusammenarbeit.

Gute und **enge Beziehungen** bestehen zu den nordischen Ländern, Finnland und Estland betrachten sich als Brudervölker, wenn auch die historischen Erfahrungen unterschiedlich sind. Das Verhältnis zwischen Polen und Litauen ist einerseits eng, andererseits aber auch historisch belastet. Deutschland und die USA werden überwiegend positiv gesehen. Insbesondere haben die Menschen nicht vergessen, dass die amerikanische Politik der Nichtanerkennung der Annexion der baltischen Länder durch die Sowjetunion wesentlich dazu beigetragen hat, die geistigen und diplomatischen Grundlagen für die Wiedererlangung der Unabhängigkeit zu erhalten.

Verkehrsmittel

Hinweise zu den verschiedenen Verkehrsanbindungen im Land finden sich in den einzelnen Ortskapiteln unter dem Stichwort „Verkehr". Besonders umfangreich werden die Verbindungen in den Hauptstädten aufgeführt, auch die Anfahrt zum/vom jeweiligen Flughafen bzw. Fährhafen ist dort beschrieben.

Wer sich mit öffentlichen Verkehrsmitteln durch die baltischen Länder bewegen will, nimmt am besten den **Bus.** Das Eisenbahnnetz ist weniger dicht als das Netz der Busverbindungen. Sogar auf den nicht asphaltierten Sandpisten verkehrt meist ein Bus und verbindet selbst kleinste Dörfer. Dennoch sollte man bedenken, dass abgelegene Sehenswürdigkeiten nicht so oft angefahren werden. In die größeren Städte fahren hingegen oft und regelmäßig Busse.

Wer von einem Land ins andere fahren möchte, kann die häufig verkehrenden **internationalen Buslinien** nutzen. Fahrkarten erhält man meist an speziellen Schaltern in den Busbahnhöfen, teilweise auch in den Büros der jeweiligen Busgesellschaften (Hinweise siehe unter „Anreise per Bus").

Überlandbusse

Estland

Die beste Anlaufstelle, wenn man mit den Überlandbussen fahren will, sind logischerweise die **Busbahnhöfe.** Diese sind in der Regel gut ausgestattet, schließlich sind die Busse das wichtigste Transportmittel im Land.

Im Busbahnhof kann man im Voraus **Fahrkarten** kaufen, was zu empfehlen ist. Es gibt auch die Möglichkeit, direkt im Bus zu bezahlen. Allerdings kann es vorkommen, dass der Bus schon ausgebucht ist und man auf den nächsten warten muss.

Im Vergleich zu Deutschland, Österreich und der Schweiz sind die Busse in Estland sehr preisgünstig. Für 10–15 Euro kann man quer durchs Land fahren. Senioren bekommen auf manchen Strecken Vergünstigungen. Genaue Fahrpläne und Preise findet man – auch auf Englisch – auf der Website www.tpilet.ee. In den Busbahnhöfen größerer Städte gibt es fast immer eine **Gepäckaufbewahrung** (pakihoid).

Lettland

Fast jeder Ort in Lettland kann per Bus von fast jedem anderen Ort erreicht werden, wenn auch gelegentlich ein wenig kompliziert. Die Qualität der Überlandbusse ist natürlich noch nicht immer auf Spitzen-Niveau, Durchschütteln gehört dazu.

Die **Fahrpreise** sind für westeuropäische Verhältnisse niedrig. So kostet ein Ticket für die immerhin über einstündige Fahrt von Riga nach Sigulda nur

2,15 Euro. **Tickets** erhält man üblicherweise am jeweiligen Busbahnhof. Für den Nahverkehr besorgt man sich die Fahrkarten bei den Postämtern oder an den kleinen Straßenkiosken.

Die Webseite des **Busbahnhofs von Riga** mit Fahrplänen für alle Busverbindungen innerhalb Lettlands sowie internationale Strecken ist www.autoosta.lv.

Litauen

Jede größere Stadt hat einen **Busbahnhof,** meist mit Gepäckaufbewahrung *(bagažinė).* Die Fahrtroute ist auf einem Schild angegeben (ggf. nachfragen).

Busse sind zwar etwas teurer als Züge (100 km kosten etwa 6 Euro, z.T. Ermäßigung für Studenten), jedoch meist schneller und sie fahren häufiger. Die Fahrkarten kauft man entweder am Busbahnhof (bis 10 Min. vor der Abfahrt) oder beim Fahrer selbst. Fahrkarten für bestimmte Busse können bis zu 7 Tage im Voraus gekauft oder telefonisch bestellt werden (Abholung spätestens 2 Std. vor Abfahrt). Auf der Fahrkarte sind die Nummer der Plattform *(aikštelė)* sowie die Abfahrtszeit vermerkt; ebenso die Sitznummer im Bus. Für größere Gepäckstücke wird manchmal ein Aufpreis verlangt. Gelegentlich werden Tickets von Kontrolleuren geprüft, die unterwegs an Bushaltestellen zusteigen.

Vor allem im Nahverkehr in **ländlichen Gebieten** gibt es noch ältere Busse in nicht mehr bestem Zustand. In den **Städten** hat man oft die Auswahl zwischen normalen und den nicht überall haltenden sowie geringfügig teureren Expressbussen. Wer bei Langstrecken- und Nachtfahrten nicht mit dem Zug

fahren will, kann die komfortablen **Kautra-Luxusbusse** (www.kautra.lt, www.luxexpress.eu, www.autobusubilietai.lt) mit Klimaanlage, TV etc. benutzen. Auch alleinreisende Frauen werden sich bei Nachtfahrten hier vielleicht wohler als im Zug fühlen. Zwischen einigen Städten fahren auch bequeme, klimatisierte **Mikrobusse.**

Für Busse gelten die Ausführungen zu den Zügen sinngemäß mit dem Zusatz, dass die Fahrpläne für bestimmte Richtungen auch an den jeweiligen **Plattformen** angebracht sind. Nicht alle Busse halten an jeder Haltestelle. An den meisten der (Bedarfs-)Haltestellen sind jedoch Fahrpläne angebracht. Die Abfahrtszeiten der Überlandbusse sind unter www.autobusai.lt zu finden.

Bahn

Estland

Zwar spielt der Bahnverkehr in Estland gegenüber dem gut ausgebauten Fernbussystem nur eine Nebenrolle, aber es tut sich einiges. Es gibt neue Züge und die Verbindungen werden ausgebaut. Auch durch das **Rail-Baltica-Projekt,** mit dem eine durchgehende, schnelle Bahnverbindung zwischen Warschau und Helsinki geschaffen werden soll, fließen zusätzliche Investitionen in den Bahnverkehr. Alle wichtigen Linien (Tallinn – Paldiski, Tallinn – Viljandi, Tallinn – Pärnu, Tallinn – Rakvere – Narva, Tallinn – Tartu – Valga) werden von der Firma *Elron* (www.elron.ee) bedient. Trotzdem sind die Busse bis auf weiteres für die meisten Reisenden wohl die praktischere Alternative, zumal die Bus-

4

bahnhöfe etwa in Tartu und Pärnu deutlich verkehrsgünstiger liegen als die Bahnhöfe.

Lettland

Das Fahren mit der Bahn gehört in Lettland nicht überall zum Alltag. Einige wichtige Strecken werden aber bedient und können eine gute Reisemöglichkeit darstellen. Die 218 Kilometer von Riga nach Daugavpils befahren täglich 5 Züge in 3–4 Stunden für gut 7 Euro. In Einzelfällen – wie bei der einzigen Schmalspurbahn von Alūksne nach Gulbene – ist die Zugfahrt sogar ein echtes Erlebnis. Auf der Webseite der Lettischen Bahnen www.ldz.lv (englische Sprachversion) gibt es einen **elektronischen Fahrplan**.

☑ Fähre im lettischen Līgatne-Naturpark

Litauen

Alle Fernverbindungen laufen über die **Drehscheibe Vilnius**. Bei einigen Verbindungen wie z.B. von Vilnius nach Klaipėda muss man aufgrund der ungewöhnlichen Streckenführung gewaltige Umwege in Kauf nehmen. Andere Städte wie z.B. Palanga haben gar keinen Bahnanschluss. Ansonsten verkehren Züge mehrmals täglich zwischen den größeren Städten.

Zugverbindungen sind i.d.R. billiger als Busse, aber auch langsamer. Für die 350 km Vilnius – Klaipėda braucht der Zug je nach Klasse 5–8 Stunden, kostet aber nur etwa 15 Euro. Gepäckaufbewahrungen *(bagažinė)* gibt es in größeren Bahnhöfen.

Auf einigen **Nebenstrecken** fahren Züge nur an bestimmten Wochentagen oder nicht nach 18 Uhr.

Die Züge sind **sicher** und **meist pünktlich**. Eine Zugfahrt ist einer Bus-

fahrt bei **Nacht- und Langstreckenfahrten** vorzuziehen, es sei denn, dass auf dieser Strecke auch Luxusbusse fahren. Das Fahrziel ist auf Waggonschildern angeschrieben. Die Bahnwaggons sind einfach ausgestattet. Die Fenster lassen sich oft nicht öffnen.

Abteilklassen in den Fernzügen

■ **1. Klasse:** Schlafwagenabteil *(megomasis)* für meist 2 Personen, abschließbar, recht komfortabel, mit Waschbecken.

■ **2. Klasse:** gehobenes Liegewagenabteil *(kupė)* für 4 Personen, abschließbar, nicht so komfortable Pritschen.

■ **3. Klasse:** einfaches Liegewagenabteil *(plačkartas)* für 6 Personen (davon 2 Plätze am Korridorfenster), Abteil ohne Tür, harte Pritschen.

■ **4. Klasse:** weiche Sitzplätze *(bendras)*.

Die **Reservierung** ist eingeschlossen. Eine zusätzliche „Platzkarte" ist nicht erforderlich; der für die 3. Klasse verwendete Begriff hat sowieso nichts mit dem deutschen Ursprungswort zu tun und führt deshalb leicht zu Missverständnissen. In den ersten drei Klassen dienen die unteren Liegepritschen tagsüber als Sitzplätze. Die **Waggonschaffnerin** behält kurz nach dem Besteigen des Zugs das Ticket ein und gibt es rund 30 Min. vor Ankunft wieder zurück. Sie kassiert auch die Gebühr für das Bettzeug, serviert Tee aus dem Samowar und beaufsichtigt ihren Waggon. Die **Preisunterschiede** zwischen den einzelnen Klassen sind beträchtlich. Wer das Abteil nicht mit Fremden teilen möchte, kann auch alle Plätze des Abteils aufkaufen.

Die **Nahverkehrszüge** (Vorortzüge) werden meist elektrisch betrieben, halten überall und fahren teilweise bis zu einem Umkreis von 50 bis 100 km. Oft fahren moderne Doppelstockzüge als **Regionalbahn** mit bis zu 160 km/h. Unter den **Fernzügen** rangieren die Dieselzüge (meist 4. Klasse), die Passagierzüge (2.–4. Klasse) und die Schnellzüge (1. und 2. Klasse).

Fahrkarten erhält man auf den Bahnhöfen (spätestens 5 Min. vor Abfahrt; auch Kauf für andere Abfahrtsorte möglich), z.T. auch in Reisebüros. **Vorverkaufskassen** stellen nur Tickets für Züge aus, die nicht am selben Tag abfahren. Für Strecken über 50 km kann man die Tickets bis zu 7 Tage im Voraus lösen, für Fernzüge bis zu 40 Tage vor Reiseantritt.

Internationale Tickets erhält man meist an speziellen Schaltern (s. „Anreise/Mit der Bahn"). Fahrkarten können auch im Zug gelöst werden, aber mit einem 50 %-Zuschlag, wenn man in einer Station mit Fahrkartenschalter eingestiegen ist.

Die meisten Bahnhöfe haben große **Fahrplan-Tafeln** in den Bahnhofshallen. Man sollte unbedingt die dortigen Fußnoten mit den Erläuterungen beachten, da manche Züge nicht täglich fahren. Wer auf Nummer Sicher gehen will, kann sich an die Informationsschalter wenden, wo meist etwas Englisch gesprochen wird.

Am besten sollte man sich den aktuellen **Fahrplan** *(Keleivinių traukinių tvarkaraštis)* als Faltblatt gratis an einem Bahnhof besorgen. Infos auch unter www.litrail.lt, Hotline für Auskünfte unter Tel. 370 70055111. Auch manche Reisebüros haben die neuesten Fahrpläne. Ebenfalls hilfreich sind die Fahrplanauszüge in den Stadtführern *In Your Pocket*.

4

Taxis

Estland

Man kann an einem Taxistand einsteigen, per Handzeichen ein fahrendes Taxi zum Anhalten bewegen oder telefonisch einen Wagen bestellen. Restaurants und Hotels, in denen man untergekommen ist, sind dabei gern behilflich.

Man sollte darauf achten, dass beim Einsteigen das **Taxameter** eingeschaltet ist. Normalerweise hängt gut sichtbar eine Preisliste aus, die über die Grundgebühr (2–4 Euro) sowie den Preis pro Kilometer (etwa 40–80 Cent, nachts meist teurer) informiert. Das Taxifahren ist in Estland wesentlich preiswerter als daheim, lediglich am Tallinner Flughafen und an den Häfen lauern manchmal Fahrer, die versuchen, Touristen übers Ohr zu hauen. Dies ist jedoch nicht die Regel! Um sicher zu gehen, sollte man den Fahrer beim Einsteigen nach dem ungefähren Preis der Fahrt fragen. Bei Bedarf ist der Fahrer nach der Fahrt verpflichtet, eine Quittung auszustellen.

Lettland

Taxis sollten nur genommen werden, wenn der Fahrpreis von außen ersichtlich ist. Standardtarife betragen 2 Euro Grundgebühr und dann 0,70 Euro pro Kilometer. Ein Taxameter sollte während der Fahrt für den Fahrgast sichtbar laufen. Wer ein Taxi heranwinken will, muss auf das **grüne Licht** achten. Es signalisiert ein freies Fahrzeug. Zu empfehlen ist z.B. *Riga Taxi*, Tel. 80001010, www.taxi.lv, mit englischsprachiger Zentrale oder auch www.smiletaxi.lv.

Litauen

Taxis sollte man immer **telefonisch bestellen;** diese Wagen sind sicher und sogar billiger. Seriöse Taxifirmen sind in den Ortsbeschreibungen mit Rufnummern angegeben; ansonsten die Nr. 118 oder 1588 anrufen. Man wird zurückgerufen und über die Uhrzeit der Abholung informiert. Auf Deals von bestimmten Hotels mit nicht einschlägigen Taxifirmen sollte man sich nicht einlassen. Sollte eine telefonische Bestellung nicht möglich sein, sollte man immer in ein Taxi mit **Firmenlogo,** ausgehängtem **Lizenzschreiben** und funktionierendem **Taxameter** steigen. Die Grundgebühr beträgt etwa 1 Euro, der gefahrene Kilometer kostet 0,65 Euro. Nachts oder bei schlechtem Wetter wird meist ein Zuschlag erhoben.

Manche **unseriösen Taxifahrer** versuchen immer wieder, Ausländern an der Straße mit allerlei Ausreden dreimal so viel abzuknöpfen wie üblich. Besonders gierige Typen findet man vor allem an Flughäfen, (Bus-)Bahnhöfen und vor Touristenhotels. Manche fahren Extrarunden, andere schalten das Taxameter nicht ein. Bei diesen sollte man auf jeden Fall den Preis genau festlegen, um nicht übers Ohr gehauen zu werden.

Stadtverkehr

Estland

Öffentliche innerstädtische Verkehrsmittel sind in Estland **preiswert**. In Tallinn fahren Straßenbahnen, Busse und Oberleitungsbusse oder Trolleybusse, außerdem verkehren auf manchen Strecken Minibusse. Die Preise betragen pro Fahrt 2 Euro. Gleiches gilt für Verkehrsmittel in anderen größeren Städten, dort fahren Busse und Minibusse.

In Tallinn kann man einen normalen Einzelfahrschein beim Fahrer kaufen. Man sollte möglichst passendes Geld haben. Dieser Fahrschein gilt nur für die Fahrt in diesem Verkehrsmittel. Wenn man umsteigen muss, wird es schon teuer. Dann lohnt sich unter Umständen die **TallinnCard,** mit der man alle Verkehrsmittel kostenlos benutzen kann und die freien oder ermäßigten Eintritt zu diversen touristischen Einrichtungen gewährt.

Oder man besorgt sich die **Smartcard** *(Ühiskaart).* Diese Karte muss man sich einmal gegen 2 Euro Pfand ausstellen lassen, kann dann Guthaben oder Tagestickets darauf laden und entwertet das Ticket, indem man die Karte im Bus vor den entsprechenden Leseapparat hält. Man bekommt die Karte bei allen Post-Servicepunkten, bei den größeren *Selver-* und *Maxima*-Supermärkten, bei den *R*-Kiosks und einigen mehr. Eine vollständige Liste gibt es unter www.pilet.ee (nur Englisch). Das Tagesticket kostet 3 Euro, 3 Tage kosten 5 Euro, 5 Tage 6 Euro. Übrigens fahren Kinder im Vorschulalter und Erwachsene, die ein Kind unter 3 Jahren begleiten, immer kostenlos.

Lettland

Auch in Lettland sind **Minibusse** (sie werden *maršruti* oder *maršrutki* genannt, eine Wortschöpfung, die der deutschen „Marschroute" entlehnt wurde) oft praktisch, besonders in größeren Städten oder auch, um beispielsweise von Ri-

ga nach Jūrmala zu gelangen. Sie haben den Vorteil, dass sie auf ihrer Route an jeder Stelle auf Wunsch des Fahrgastes anhalten – entweder auf Handzeichen, wenn man einsteigen, oder durch Bitten des Fahrers, wenn man aussteigen will. Dies erfordert allerdings eine gewisse Ortskenntnis oder aber eine Erkundigung beim Fahrer. Auf jeden Fall ist es ein authentisches Erlebnis.

In allen Städten verkehren natürlich auch Busse, Oberleitungsbusse oder Straßenbahnen, ebenso wie Vorortbahnen (etwa von Riga nach Jelgava oder Jūrmala), wo man sich den Fahrplan in Ruhe ansehen kann.

Ein **Ticket** innerhalb einer Stadt im öffentlichen Nahverkehr kostet selten mehr als 1,50 Euro. Fahrkarten erhält man bei Postämtern oder an den kleinen Straßenkiosken. Immer häufiger sind im Stadtverkehr die Fahrscheine aber auch beim Fahrer und an den zahlreichen Automaten erhältlich.

Litauen

Stadtbusse fahren von etwa 5 Uhr morgens bis z.T. nach Mitternacht, in Außengebieten nach 19 Uhr sporadisch. Sie sind auf bestimmten Routen und bei bestimmten Tageszeiten oft **überfüllt.**

Jede Stadt hat ihre eigenen Bestimmungen und Tarife. **Fahrkarten** bekommt man beim Fahrer, es sei denn, es ist *bilietai neparduodami* (kein Fahrkartenverkauf) angeschrieben. Sie kosten an Kiosken weniger als beim Fahrer oder Schaffner. Kinder und Rentner zahlen die Hälfte. Tickets für Busse können i.d.R. für Trolleybusse und umgekehrt benutzt werden (aber z.B. nicht in Kaunas). Das Ticket muss bei Fahrtantritt **entwertet** werden. Ansonsten sind bei **Kontrolle** eines Schaffners (*Kontrolierius*), oft in Zivilkleidung, 20–35 Euro Bußgeld fällig. Manchmal hält sogar der Fahrer selbst auf offener Strecke an und kontrolliert die Fahrgäste. **Wochen- und Monatspässe** lohnen sich bei Vielfahrten. An einigen Orten gibt es auch 1-, 3- und 10-Tage-Tickets bzw. verbilligte 5er-/10er-Karten. In **Privatbussen** zahlt man beim Schaffner.

Es gibt auch in Litauen viele **Minibusse** (*maršrutinis,* siehe Lettland). Der Fahrpreis von meistens einem Euro (23–6 Uhr: 1,50 Euro) muss direkt beim Fahrer bezahlt werden.

Versicherungen

Egal, welche Versicherungen man abschließt, hier ein Tipp: Für alle Versicherungen sollte man die **Notfallnummern** notieren und mit der **Policenummer** gut aufheben! Bei Eintreten eines Notfalls sollte die Versicherungsgesellschaft sofort telefonisch verständigt werden.

Der Abschluss einer **Jahresversicherung** ist in der Regel kostengünstiger als mehrere Einzelversicherungen. Günstiger ist auch die **Versicherung als Familie** statt als Einzelpersonen. Hier sollte man nur die Definition von „Familie" genau prüfen.

Auslandskrankenversicherung

Die gesetzlichen Krankenkassen von Deutschland und Österreich garantieren eine Behandlung im akuten Krankheitsfall auch in Estland, Lettland und Litauen, wenn die Versorgung nicht bis nach der Rückkehr warten kann. Als Anspruchsnachweis benötigt man die **Europäische Krankenversicherungskarte,** die man von seiner Krankenkasse erhält.

Im Krankheitsfall besteht ein Anspruch auf ambulante oder stationäre Behandlung bei jedem zugelassenen Arzt und in staatlichen Krankenhäusern. Da jedoch die Leistungen nach den gesetzlichen Vorschriften im Ausland abgerechnet werden, kann man auch gebeten werden, zunächst die **Kosten der Behandlung** selbst zu tragen. Obwohl bestimmte Beträge von der Krankenkasse erstattet werden, kann ein Teil der finanziellen Belastung beim Patienten bleiben und zu Kosten in kaum vorhersagbarem Umfang führen. Deshalb wird der Abschluss einer **privaten Auslandskrankenversicherung** dringend empfohlen.

Bei Abschluss der Versicherung – die es mit bis zu einem Jahr Gültigkeit gibt – sollte auf einige Punkte geachtet werden. Zunächst sollte ein **Vollschutz ohne Summenbeschränkung** bestehen. Im Falle einer schweren Krankheit oder eines Unfalls sollte auch der **Rücktransport** übernommen werden, dieser wird von den gesetzlichen Krankenkassen nicht übernommen. Diese Zusatzversicherung bietet sich auch über einen **Automobilklub** an, insbesondere wenn man bereits Mitglied ist. Man hat den Vorteil billiger Rückholleistungen (Helikopter, Flugzeug) in extremen Notfällen. Wichtig ist auch, dass im Krankheitsfall der **Versicherungsschutz über die vorher festgelegte Zeit hinaus** automatisch verlängert wird, wenn die Rückreise nicht möglich ist.

Zur Erstattung der Kosten benötigt man ausführliche **Quittungen** (mit Datum, Namen, Bericht über Art und Umfang der Behandlung, Kosten der Behandlung und Medikamente).

Andere Versicherungen

Ist man mit einem Fahrzeug unterwegs, ist der **Europaschutzbrief** eines Automobilklubs eine Überlegung wert.

Ob es sich lohnt, weitere Versicherungen abzuschließen, wie Reiserücktrittsversicherung, Reisegepäckversicherung, Reisehaftpflichtversicherung oder Reiseunfallversicherung, ist individuell abzuklären. Diese Versicherungen enthalten viele **Ausschlussklauseln,** sodass sie nicht immer sinnvoll sind.

Die **Reiserücktrittsversicherung** für 35–80 Euro lohnt sich nur für teure Reisen und für den Fall, dass man vor der Abreise einen schweren Unfall hat, schwer erkrankt, schwanger wird, gekündigt wird oder nach Arbeitslosigkeit einen neuen Arbeitsplatz bekommt, die Wohnung abgebrannt ist u.Ä. Es gelten hingegen nicht: Terroranschlag, Streik, Naturkatastrophe etc.

Die **Reisegepäckversicherung** lohnt sich seltener, da z.B. bei Flugreisen verlorenes Gepäck oft nur nach Kilopreis und auch sonst nur der Zeitwert nach Vorlage der Rechnung ersetzt wird. Wurde eine Wertsache nicht im Safe aufbewahrt, gibt es bei Diebstahl auch keinen Ersatz. Kameraausrüstung und Laptop dürfen beim Flug nicht als Gepäck aufgegeben worden sein. Gepäck im unbeaufsichtigt abgestellten Fahrzeug ist ebenfalls nicht versichert. Überdies deckt häufig die Hausratversicherung schon Einbruch, Raub und Beschädigung von Eigentum auch im Ausland ab. Für den Fall, dass etwas passiert ist, muss der Versicherung als Schadensnachweis ein Polizeiprotokoll vorgelegt werden.

Eine **Privathaftpflichtversicherung** hat man in der Regel schon. Hat man eine **Unfallversicherung,** sollte man prüfen, ob diese im Falle plötzlicher Arbeitsunfähigkeit aufgrund eines Unfalls im Urlaub zahlt. Auch durch manche (Gold-)**Kreditkarten** oder eine **Automobilklubmitgliedschaft** ist man für bestimmte Fälle schon versichert. Die Versicherung über die Kreditkarte gilt jedoch meist nur für den Karteninhaber.

Zeitverschiebung

In Litauen, Lettland und Estland gilt die **Osteuropäische Zeit,** die der Mitteleuropäischen Zeit (MEZ) um **eine Stunde voraus** ist, auch während der **Sommerzeit** (letzter Sonntag im März bis letzter Sonntag im Oktober). Um 12 Uhr Mitteleuropäischer Zeit ist es in den baltischen Ländern also 13 Uhr. In den Transitländern Polen, Tschechien und der Slowakei gilt die MEZ.

5 Land und Leute

Eisangler in Estland

Geografie

Der Name *Baltikum* geht auf die lateinische Bezeichnung für die **Ostsee**, *mare balticum*, zurück. Litauen, Lettland und Estland liegen an deren östlicher Küste, die hier vorwiegend von Dünen und langen Stränden gebildet wird. Das außerhalb der wenigen größeren Städte dünn besiedelte Gebiet ist von Wäldern und Mooren durchzogen, zahlreiche Seengebiete prägen die überwiegend flache Landschaft. Die höchste Erhebung des Baltikums ist mit 318 m der **Suur Munamägi** in Estland. Die größte Stadt ist die lettische Hauptstadt **Riga** (696.000 Einwohner), gefolgt von der litauischen Hauptstadt Vilnius (523.000 Einwohner) und der estnischen Hauptstadt Tallinn (420.000 Einw.), dann folgen Kaunas (Litauen, 297.000 Einw.), Klaipėda (Litauen, 154.000 Einw.), Tartu (Estland, 94.000 Einw.) und Daugavpils (Lettland, knapp 100.000 Einw.).

Estland

Der nördlichste der drei baltischen Staaten hat eine Ost-West-Ausdehnung von etwa 350 km und eine Nord-Süd-Ausdehnung von 240 km. Mit etwas mehr als 45.200 km^2 ist es **eines der kleinsten Länder Europas**. Etwas größer als beispielsweise die Schweiz, entspricht es gerade einmal der Größe von Niedersachsen.

Estland grenzt im Süden an **Lettland,** die Grenze zu **Russland** verläuft großteils durch den Peipus-See, den größten See des Landes. Die stark gegliederte Nordküste grenzt an den **Finnischen Meerbusen,** Helsinki liegt nur 85 km entfernt. Auch westlich des Landes breitet sich die Ostsee aus, die in Estland übrigens „Westsee" genannt wird. Das Land liegt damit auf gleicher geografischer Breite wie Südschweden, der nördliche Teil von Schottland sowie die Südküste Alaskas. Estland sieht sich deshalb weniger als ost-, sondern vielmehr als nordeuropäisches Land.

Zum Land gehören über 1500 (größtenteils unbewohnte) **Inseln** und Holme. Die größten Inseln liegen vor der Westküste: Saaremaa (Ösel), Hiiumaa (Dagö) und Muhu. Das Land zählt – vor allem im höher gelegenen Süden – 1200 **Seen,** in manchen Quellen ist gar von 1500 die Rede. Viele Binnengewässer im Osten des Landes sind aus ehemaligen Ostseebuchten entstanden. Die bedeutendsten Flüsse sind der Pärnu und der Emajõgi. Etwa 20 % des Landes sind von **Mooren und Sümpfen** bedeckt, viele davon wurden unter Schutz gestellt. Auf den **Peipus-See,** der mit einer Fläche von 3550 km² zu den größten Europas zählt, folgt in Bezug auf die Größe der im Herzen des Landes liegende **Võrtsjärv** (Wirz-See), der 270 km² misst.

Vor allem im Westen ist das Land sehr flach, hier war es in der letzten Eiszeit am längsten von Gletschern und danach noch jahrhundertelang vom Meerwasser bedeckt. Viele kleine Inseln und Küstenabschnitte lagen vor gar nicht allzu langer Zeit noch unter Wasser. Im Westen befinden sich Estlands schönste **Strände, Dünen und Sandbänke,** die Nordküste ist eher steinig. Insgesamt ist das Land, das durchschnittlich etwa 50 m über dem Meeresspiegel liegt, sehr niedrig, Tallinn befindet sich gerade einmal 44 m über dem Meeresspiegel, Tartu 68 m.

Das **Relief** des erdgeschichtlich älteren Hochestlands, also die höher gelegenen Gebiete im Norden und Südosten, wurde in der letzten Eiszeit geformt. Die zurückweichenden Gletscher, die Gesteinsmaterial abtrugen und anderswo wieder ablagerten, hinterließen schöne Moränenlandschaften mit Senken, Gruben und lang gezogenen, parallel liegenden Geröllrücken (Drumlins). Das Schmelzwasser der Gletscher bildete breite Urstromtäler. Die am Rande der Gletscher entstandenen Endmoränen verhinderten oftmals den Abfluss des Wassers, wodurch zahlreiche Seen entstanden. Aus Skandinavien vorrückende Gletscher transportierten ferner riesige abgeschliffene Steine, sogenannte Findlinge, die heute vor allem die Küste säumen und manchmal mehrere Meter messen.

Im Südosten des Landes befinden sich die **Höhenzüge** Sakala, Otepää und Haanja. In Haanja liegt auch der höchste Berg des Baltikums, der 318 m hohe **Suur Munamägi.** Im Norden, bei Tamsalu, erheben sich die Hügel des Pandivere-Hochlands.

Während **Kalkstein,** der Nationalstein des Landes, das Fundament Nordestlands bildet, besteht der Untergrund weiter südöstlich aus **Sandstein** des Devon. Die wohl auffälligste Oberflächenform des Landes ist der am Finnischen Meerbusen entlanglaufende **Baltische Glint,** eine Kalksteinstufe, die im Nordosten, bei Ontika, eine maximale Höhe von rund 55 m erreicht. Auch auf der Insel Pakri, der Halbinsel Paldiski und bei Panga auf der Insel Saaremaa kann man **steile Küstenabschnitte** bewundern. Viele Flüsse münden hier und fallen als kleinere **Wasserfälle oder Stromschnellen** vom Plateau herab, zu den bekanntesten zählen die Wasserfälle von Keila-Joa (westlich von Tallinn) und Jägala (östlich von Tallinn).

◁ Mare Balticum – die Ostsee

Lettland

Der Staat belegt mit 64.600 m² in der Flächen-Weltrangliste Platz 121 und was die Einwohnerzahl angeht mit 1,96 Mio. Menschen gar nur Rang 144. Lettland platziert sich damit hinter Litauen, aber vor Estland.

Die längste gemeinsame Grenze besteht mit Litauen, dann folgen Estland, Russland und Weißrussland. Einen beträchtlichen Teil der Außengrenze, nämlich mit 494 km über ein Viertel, bildet die Ostsee inklusive der **Rigaer Bucht.** Die Landmasse zieht sich sehr in die Breite: Die größte Nord-Süd-Ausdehnung beträgt gerade einmal 210 km, doch von Ost nach West kann man 435 km auf gerader Linie zurücklegen.

Die Landschaft ist mit ihrer Lage nordwestlich der osteuropäischen Tiefebene eher **flach:** Mit nur 312 m ist der Gaizina Kalns der höchste Berg des Landes. Dennoch scheinen *kalns* (Hügel) allgegenwärtig zu sein, denn die Landschaft hat in Folge eiszeitlicher Verschiebungen eine Vielzahl an Hügeln und eindrucksvollen Steinen und Findlingen zu bieten.

Riga fungiert nicht nur als lettischer Regierungssitz und inoffizielle Hauptstadt des gesamten Baltikums, es ist auch die einzige Metropole im Lande. Mit gut 696.000 Einwohnern (inkl. Umgebung 1,2 Mio.) lebt dort mehr als jeder dritte Lette. Kein Wunder daher, dass die nächstgrößere Stadt Daugavpils nur 103.000 Menschen beheimatet. Die weiteren größeren Städte Liepāja, Jelgava, Jūrmala und Ventspils liegen allesamt weit unter der 100.000-Marke. Am dünnsten besiedelt ist das Land im russisch geprägten Osten (Latgale) und an der Nordwestspitze, wo einst das sowjetische Sperrgebiet lag.

Längster Fluss ist die **Daugava,** die sich aus Weißrussland kommend über Daugavpils und Riga in die Rigaer Bucht wälzt. Sie besitzt eine stolze Länge von 1005 km, davon allerdings nur 342 km in Lettland. Wer einmal Lettland bereist hat, dem wird auch die malerische **Gauja** mit ihrem einzigartigen Nationalpark in besonderer Erinnerung bleiben. Sie hat einen höchst seltsamen Verlauf, denn sie entspringt mitten in Vidzeme, fließt östlich und dann nördlich, überquert ganz kurz die estnische Grenze und kehrt in einem Bogen nach Vidzeme zurück, wo sie dann ebenfalls in die Rigaer Bucht mündet.

Der größte **See** Lettlands heißt Lubans und misst 81 km². Am tiefsten ist der Dridzis-See mit 65 m. Dies sind nur zwei der 2256 Seen mit einer Größe von mehr als einem Hektar.

Litauen

Mit einer Fläche von 65.303 km² ist Litauen fast so groß wie Bayern und damit der **größte baltische Staat.** Es hat jedoch die geringste Küstenlänge: nur 99 km. Das südlichste der drei Länder liegt etwa auf der **geografischen Breite** zwischen Hamburg und Århus in Dänemark. Die größte Nord-Süd-Ausdehnung beträgt 276 km, die von Ost nach West 373 km. Im Norden grenzt Litauen an Lettland, im Osten und Süden an Weißrussland, im Südwesten an Polen und an das zu Russland gehörende Kaliningrader Gebiet. Der **geografische Mittelpunkt Europas** liegt, auch wenn das vielleicht überraschen mag, bei Vilnius.

Die abwechslungsreiche Landschaft ist vor allem von landwirtschaftlich genutzten Flächen wie Feldern und Wiesen (rund 54 % der Fläche), Wäldern (ca. 30 %), Mooren und Sümpfen (ca. 7 %) geprägt. Ein Naturphänomen ist die **Kurische Nehrung** mit den höchsten Sanddünen Europas, ein herausragendes Beispiel biologischer Vielfalt.

Das relativ flache Land erstreckt sich am westlichen Rand der **osteuropäischen Ebene** entlang dem mittleren und unteren Lauf des Nemunas (Memel). Selbst die höchsten **Berge** erreichen keine 300 m. Längs der Küste dehnt sich das 15–20 km breite **Pajūris-Tiefland** aus, mit einer Höhe bis zu 50 m über dem Meeresspiegel. Einige Landstriche am Kurischen Haff liegen sogar unter dem Meeresspiegel. Östlich davon folgt das **Žemaičiu-Hochland** mit „Bergen" bis zu einer Höhe von 234 m. Im Landesinneren erstreckt sich das bis zu 100 km breite, fruchtbare **Zentrale Tiefland** mit Höhenlagen zwischen 35 und 90 m. Im Süden und Osten erhebt sich das **Baltische Hochland** mit ausgedehnten Wäldern, Seen, Mooren und Bergen bis zu 282 m. Im Osten zur weißrussischen Grenze hin liegen das Hochland von Medininkų mit dem **höchsten Berg Litauens,** dem **Aukštojas** (294 m), und das Hochland von Švenčionių mit zahlreichen Seen und dem **Aukštaitija-Nationalpark.**

Als niederschlagsreiche Region hat Litauen ein dichtes Netz von Wasserläufen. Die längsten Flüsse, der **Nemunas** (früher **Memel**) mit 937 km (davon ca. 475 km in Litauen) und die **Neris** mit 510 km (davon 235 km auf litauischer Seite), entspringen in Weißrussland. Der Nemunas bildet auf einer Strecke von

Vier litauische Charakterzüge

Den Bewohnern der vier Hauptregionen Litauens, Žemaitija, Aukštaitija, Suvalkija und Dzūkija, sagt man bestimmte Charaktereigenschaften nach – die man aber auch als Klischee auslegen kann. Die **Žemaiten** sollen hartnäckig, stur und verschlossen sein (als letzte Heiden Europas wurden sie erst 1413 christianisiert), die **Aukštaiten** gebildet und auch etwas arrogant, die **Suwalker** ordnungsliebend und sparsam und die **Dzūken** stolz, gesprächig, fröhlich und stets zu einem Liedchen oder Tänzchen aufgelegt. Dazu folgende **nette Anekdote:**

Eines Tages hatte der Teufel fünf Litauer (einen aus jeder Region sowie einen aus Klein-Litauen) in einen Sack gesteckt und zog durchs Land. Als er sich müde unter einen Baum setzte und den Sack losließ, sprang sofort der Dzūke heraus und rannte laut singend weg. Der clevere Aukštaite sah, dass der Teufel dadurch abgelenkt war, und rannte in die entgegengesetzte Richtung. Dann kroch der Suwalke heraus und starrte den Teufel an, worauf ihn dieser fragte, warum er nicht weglaufe. Er antwortete, dass er warte, bis die anderen zwei verschwunden wären, um dann den leeren Sack mitnehmen zu können. Nachdem der Klein-Litauer den Teufel zaghaft gefragt hatte, ob er wirklich gehen dürfte, zog er auch von dannen. Nur der Žemaite blieb im Sack und schrie den Teufel an: „Wenn du mich schon hier reingesteckt hast, dann hol mich gefälligst auch wieder raus!"

rund 150 km die Grenze zum Kaliningrader Gebiet. Der längste rein litauische Fluss und zugleich einer der schönsten des Landes ist die 246 km lange **Šventoji**. Im Durchschnitt sind die Wasserläufe drei Monate im Jahr **von Eis bedeckt;** in manchen Wintern bleiben sie offen.

Litauen liegt in einem der **seenreichsten Gebiete Europas.** Insgesamt umfassen sie 950 km² bzw. 1,5 % der Landesfläche. Teilweise sind sie miteinander verbunden und bilden Seenplatten. Der größte See ist der 45 km² große Drūkšiai.

Scherzhaft sagen die Litauer, dass ihr einziger Bodenschatz die Kartoffel ist. So werden tatsächlich nur Torf, Kies, Quarzsand, Gips, Kalk, Lehm, Dolomit und Sand abgebaut. Es gibt auch kleinere Braunkohle-, Tonschiefer und Erdölvorkommen. In Kurorten finden sich Mineralquellen und Heilschlamm.

Das Land ist in **vier ethnografische Regionen** unterteilt, die sich in den **Dialekten, Trachten, Gebräuchen** und gewissermaßen auch in der **Mentalität** ihrer Bewohner (s. Exkurs „Vier Regionen und vier Charakterzüge") unterscheiden. Die westlichste und zweitgrößte ist die Region **Žemaitija** (Samogitien bzw. West-, Niederlitauen), die die gesamte Küste und das Land zwischen Nemunas und der lettischen Grenze etwa bis zur geografischen Länge von Šiauliai umfasst. Östlich davon schließt sich die Region **Aukštaitija** (Nordost-, Hochlitauen) an, die mehr als die Hälfte der Landesfläche und die beiden wichtigsten Städte Vilnius und Kaunas umfasst. Sie reicht bis zur weißrussischen Grenze.

Im Südwesten zwischen dem Nemunas und der polnischen Grenze liegt die kleinste Region, die **Suvalkija** (Sūduva).

Die Stadt Suwałki selbst liegt heute in Polen. Den südlichsten Winkel des Landes schließlich, von Trakai bis zur weißrussischen Grenze im Süden, bildet die Region **Dzūkija** mit dem Kurort Druskininkai. Ethnografisch nicht selbstständig ist **Mažoji Lietuva** bzw. Klein-Litauen, das frühere **Memelland** (siehe auch Geschichtsteil von Klaipėda).

Die unterschiedliche **Holzarchitektur der Regionen** kann im Freilichtmuseum Rumšiškės besichtigt werden.

Umwelt- und Naturschutz

Während der **Sowjetzeit** spielte Umweltschutz im Baltikum praktisch keine Rolle. Eine Folge hiervon war, dass industrielle Gift- und Schadstoffe sowie Abwässer oft ungeklärt in die Flüsse und die Ostsee eingeleitet wurden. Die gewaltigen, großteils **veralteten Industrieanlagen** verpesteten auch die Luft. Mit **Unterstützung der EU** wurden große Anstrengungen zur Verbesserung unternommen, schrittweise wurden deren Umweltstandards eingeführt, sodass die Situation heute – auch dank geringer Besiedlungsdichte und wenig Schwerindustrie – insgesamt recht gut ist. Da Düngemittel und Pestizide weniger eingesetzt werden, ist z.B. die Ostsee sauberer geworden, die Schadstoffeinleitungen wurden stark verringert.

Schädlich für die Böden und damit für Nahrung und Trinkwasser war besonders die massenhafte und **rücksichtslose Agrarwirtschaft.** Kleinere

Bauernhöfe traten in den Hintergrund und es dominierten riesige Kolchosen. Doch seit der Wende stehen diese meist leer, während individuelle Landwirte wieder mehr Anteil am Gesamtaufkommen haben. Die Nutzflächen können sich nun länger erholen und es wird weniger Gift gespritzt. Darüber hinaus nimmt die Zahl der Öko-Bauernhöfe deutlich zu. Im estnischen Sillamäe und Paldiski hinterließ die abziehende Rote Armee, bzw. die für diese arbeitende sowjetische Industrie, Nuklearanlagen mit den entsprechenden Rückständen, die in den 1990er Jahren aufwendig entsorgt oder gesichert werden mussten.

Umweltprobleme in Litauen

Das wohl größte Umweltrisiko des Baltikums war das **AKW in Visaginas,** obwohl 2005 bzw. 2009 beide Reaktoren auf Druck der EU vom Netz genommen wurden. Diese unterstützt nun die **Entsorgung von Gift- und Atommüll,** die Abgasreinigung von Industrieanlagen und konventionellen Kraftwerken sowie die Förderung von **Windkraftwerken** und **umweltfreundlichen Energiequellen.** Bis zum Jahr 2025 sollen fünf Windenergieparks vor der Küste gebaut werden.

Problemfälle sind auch die **Raffinerie von Mažeikiai** (2006 an Polen verkauft) und deren von der EU finanzierten Pipeline nach Klaipėda, das **Ölterminal in Butingė,** die Altlasten der alten sowjetischen Militäranlagen, die **Energieverschwendung** in den veralteten Produktionsanlagen, die **Wasserverschmutzung** durch Abwässer sowie die Grundwasserbelastung durch teilweise noch ungesicherte Mülldeponien. Sorge macht auch eine russische **Ölplattform** vor der Küste Kaliningrads, die nur 22 km vom Strand in Nida entfernt ist.

Der Zustand der **Gewässer** ist inzwischen relativ gut. Ein Problem ist der **Nemunas,** der in mancher Hinsicht einer der am stärksten verschmutzten Flüsse Europas ist, da er auf seinem Weg zur Ostsee sowohl das Wasser von fast allen Flüssen Litauens als auch Einleitungen von Weißrussland und vom Kaliningrader Gebiet mitzuführen hat.

Andere Sorgen bereiten die veraltete Technologie vieler kleiner **Heizanlagen** und der geringe Wirkungsgrad bei der Energienutzung. Sind alle diese Punkte mehr oder weniger noch Spätfolgen der katastrophalen Zustände aus der Sowjetzeit, so sind jetzt aber auch die Verbraucher die Verursacher neuer Probleme. Die **Abfallberge** wachsen durch Übernahme westlicher Konsumgewohnheiten. Neuerdings wird jedoch die **Mülltrennung** groß geschrieben.

Die Entwicklung in Lettland

Es ist eine sehr erfreuliche Überraschung, dass trotz der rasanten wirtschaftlichen und touristischen Entwicklung Lettlands der Fortschritt bisher fast überall mit der Natur Hand in Hand geht. Vielleicht liegt es daran, dass die Verantwortlichen erkannt haben: In der einzigartigen Natur liegt der größte Reiz des Landes. Große Vergnügungs- und Unterhaltungskomplexe, gewaltige Hotelanlagen, Rennstrecken für Sportwagen oder ähnliche moderne bauliche Sünden wird man mit großer Wahrscheinlichkeit lange vergeblich suchen.

Sehr konsequent halten sich die Letten an die **Gesetze des Naturschutzes.** Sie ziehen in die Landschaft passende Campingplätze mit Holzhütten sowie kleine Hotels den mächtigen Bettenburgen vor, die sie ohne weiteres an einige ihrer wunderschönen Strände platzieren könnten, um mit Charterflügen Pauschaltouristen anzulocken.

Der ungemeine Vorteil dieser **planerischen Besonnenheit** besteht neben dem Umweltschutz auch darin, dass Reisende in Lettland tatsächlich Ruhe und Erholung finden und **keinen Massentourismus.** Die Entwicklung kann sich natürlich zum Schlechteren wandeln, wenn der Lockruf des Geldes lauter wird, doch im Augenblick ist dies gottlob nicht zu erkennen.

Für den Ausbau der **Via Baltica** durch Litauen, Lettland und Estland wurde manch großer Baum geopfert, der im Weg stand. Im Rest des Landes ist aber trotz zahlreicher Modernisierungsarbeiten einstweilen kein Raubbau an der Natur zu Gunsten einer besseren Infrastruktur zu beobachten.

Geschützte Gebiete

Nachdem in der Sowjetzeit der Natur wenig Aufmerksamkeit geschenkt worden war, wurden seither zum **Schutz des Ökosystems,** der biologischen Vielfalt und der Naturschätze auch mit Hilfe der EU durch Errichtung von Nationalparks, Naturreservaten und Regionalparks im gesamten Baltikum große Flächen unter besonderen Schutz gestellt. Positiv ist auch, dass es noch einige **fast unberührte Flecken** gibt, die vielen bedrohten Tier- und Pflanzenarten Lebensraum bieten und so zum Erhalt des europäischen Naturerbes beitragen. Die Parks sind nicht nur ein Dorado für Naturfreunde, Ornithologen und Botaniker, sondern auch ein Paradies für **sportliche**

> Hängebrücke über den Fluss Salaca im Norden Lettlands

303le mk

5

Land und Leute

Aktivitäten wie Angeln, Wandern, Reiten und Kanufahren. Sie laden außerdem zu Besichtigungen der zahlreichen **kulturhistorischen Denkmäler** ein, wie z.B. Burgruinen, Landhäuser, Wasser- und Windmühlen.

Touren durch die Schutzgebiete können über lokale Infozentren organisiert werden, oder sie sind bei privaten Touranbietern im Programm. Bei einem Aufenthalt sollte man die **Regeln der Parkbehörden** zum Schutz der Natur beachten. Dazu gehören z.B. kein Feuer zu machen und keine brennenden Zigaretten wegzuwerfen, auf den Pfaden zu bleiben, Pflanzen nicht zu beschädigen, Tiere nicht zu stören, Abfälle nicht zurückzulassen oder zu vergraben, nur an den bezeichneten Stellen zu campen und sorgsam mit Wasser und Strom umzugehen. Im Nationalpark Kurische Nehrung gelten zusätzliche Regeln.

Bei den Besucherzentren der Parkverwaltungen erhält man **Infos** und **Kartenmaterial,** z.T. ist die Ausleihe von Rädern, Booten oder Ausrüstungsgegenständen (Zelte, Kochgeschirr etc.) möglich.

Schutzgebiete in Estland

Zehn Prozent der Fläche Estlands stehen unter Naturschutz. Jedem Besucher, der nicht nur ein Wochenende in Tallinn verbringt, sei ein Ausflug in mindestens eines der wunderschönen Naturschutzgebiete oder einen der **fünf Nationalparks** (Lahemaa, Soomaa, Vilsandi, Ka-

rula, Matsalu) ans Herz gelegt. Wanderungen oder Spaziergänge in den ausgedehnten Moor- und Waldgegenden, Kanufahrten auf den Flüssen, die in liebliche Urstromtäler eingebettet liegen, Fahrradtouren entlang der Küste oder Reitausflüge durch die dichten Wälder bringen dem Besucher die unberührte Natur, einen der größten Schätze des Landes, näher. Vor allem im Herbst trifft man dabei oft Esten, die mit Körben ausgerüstet im Wald nach Heidelbeeren, Moosbeeren, Preiselbeeren oder Pilzen suchen, die hier in Massen wachsen.

Schutzgebiete in Lettland

Fast zehn Prozent des Landesgebietes stehen unter Naturschutz. Die Zahlen geben ein beeindruckendes Bild: ein Biosphären-Reservat, drei Nationalparks, vier Staatsreservate, sechs Landschaftsschutzgebiete, 22 Naturparks, 211 Naturreservate. Vielerorts stehen **Wanderpfade** durch sensible Gebiete zwar zur Verfügung, dürfen aber nur mit einem Führer betreten werden. Insgesamt geben sich die Letten größte Mühe, einen Zugang zu unberührter Natur zu ermöglichen, aber dabei so wenig wie möglich in die Umwelt einzugreifen. So wurden unter schwierigsten Bedingungen kilometerlange **Holzstege** durch Moore, Feuchtgebiete und Sanddünen gebaut, mit Brücken, Treppen und allem, was für eine schonende Begehung notwendig ist.

Schutzgebiete in Litauen

Litauen hat über 250 **Naturschutzgebiete,** 159 **Naturdenkmäler** und 386 geschützten **Naturobjekte** wie Steine, Brunnen oder Bäume. Bäume mit besonderem Aussehen oder hohem Alter werden als Naturdenkmäler geschützt.

Die **fünf Nationalparks** haben eine Gesamtfläche von 1394 km^2. Am bekanntesten und schönsten sind der **Aukštaitija-Nationalpark,** der Nationalpark **Kurische Nehrung** (von der UNESCO als Welterbe geschützt) und der historische **Nationalpark von Trakai.** Weitere sind der Dzūkija- und der Žemaitija-Nationalpark. Sie sind Besuchern weitgehend zugänglich, alle sind mit öffentlichen Verkehrsmitteln erreichbar, die teilweise die Parks durchqueren und auch sporadisch die Siedlungen und Dörfer innerhalb des Parkgeländes anfahren. Bis auf die Parks der Kurischen Nehrung und Trakai, die ihre eigene Verwaltung haben, werden sie vom „Hauptbüro der Litauischen Nationalparks" in Vilnius verwaltet (www.vstt.lt).

Es gibt 30 **Regionalparks,** darunter den Nemunas-Regionalpark bei Birštonas und Punia, den Biržai-Regionalpark und den Nemunas-Delta-Regionalpark. Geheimnisvolle Hünenhügel und **heidnische Kultstätten** bieten sich als Besuchsziele an (Infos beim „Litauischen Regionalparkverband", www.kurtuva.lt, und bei allen Parkdirektionen).

Von den ausgedehnten **Moor- und Sumpfgebieten,** die einst 20 % der Landesfläche ausmachten, sind im Laufe des 20. Jh. sehr viele trockengelegt und für die Landwirtschaft nutzbar gemacht worden. Doch aufgrund der ehemaligen sowjetischen militärischen Sperrgebiete haben sich in vier **Naturreservaten** noch relativ große Feuchtgebiete (Sumpf- und Marschland, Hoch- und Flachlandmoore) erhalten. Sie bilden Rückzugszonen für viele sonst selten gewordene Tier- und Pflanzenarten, insbesondere Wasservögel (z.B. Wildenten, Wildgänse).

Die Naturreservate Žuvintas, Čepkeliai, Kamanos sowie das Viešvilė-Schutzgebiet dürfen nur mit **Genehmigung** und nur in Begleitung eines Führers betreten werden. In diesen **Feuchtgebieten** stehen über 35 Tier-, 200 Vogel-, 20 Fisch- und 600–800 Pflanzen- sowie viele Insektenarten unter besonderem Schutz.

Die Gebiete sind z.T. nicht mit öffentlichen Verkehrsmitteln erreichbar und es besteht keine Übernachtungsmöglichkeit. Zecken- und Moskitoschutz und Gummistiefel sollte man nicht vergessen. Man sieht hier noch *kulgrinda,* Pfade aus großen Steinen und Baumstümpfen, die durch Sümpfe und Moore führen und früher als Fluchtweg vor Angreifern dienten.

Flora und Fauna

Das Baltikum liegt in einer **Übergangszone** zwischen dem ostmitteleuropäischen Kontinentalklima und dem milden Meeresklima, was sich auch in der Tier- und Pflanzenwelt widerspiegelt. Nach dem Rückzug des Eises vor etwa 13.000 Jahren breitete sich in einer 2000-jährigen subarktischen Periode erst eine arktische Fauna (Lemming, Polarfuchs, Rentier) und Flora (Birken, Buschwerk) wie in der sibirischen Tundra aus. Als dann die Wälder das Territorium wieder erobert hatten, folgten die Tierarten der Taiga und schließlich die der Laubwälder. In den Moorgebieten des Hochlandes und den sie umgebenden Kiefernwäldern haben sich aber auch Arten der **arktischen Tierwelt** bis heute erhalten, wie Goldregenpfeifer, Moorhuhn, Birkhuhn und Schneehase.

Die Pflanzenwelt Estlands

Über ein Fünftel des Landes ist von **Nieder-, Zwischen- und Hochmooren** bedeckt, darin wird Estland nur noch von Finnland übertroffen. Besonders gut zugänglich für Besucher sind das Endla-Moor nördlich von Tartu, die Moore im Nationalpark Soomaa sowie das Hochmoor Viru im Nationalpark Lahemaa, aber auch viele andere kleine Feuchtgebiete im ganzen Land, die großteils unter Schutz stehen.

An den Küsten und entlang einiger Flüsse findet man noch schöne **Auen** sowie **Natur- und Gehölzwiesen** vor. Als besonders artenreich gelten die Gehölzwiesen Vahenurme im Landkreis Pärnumaa und Laelatu. Letztere befindet sich südlich des Matsalu-Nationalparks in Läänemaa. Hier wachsen auf einem Quadratmeter über 70 verschiedene Pflanzenarten. 36 Orchideenarten wurden bislang in Estland gezählt, 34 davon sind auf der Insel Saaremaa zu finden. Die Nationalblume ist indes die Kornblume.

Rund 56 % des estnischen Territoriums sind von **Wäldern** bedeckt (damit Platz 5 in der EU), die sich wie in Skandinavien vor allem aus **Kiefern und Fichten** zusammensetzen. Laubwälder, wie man sie aus Mitteleuropa kennt, wurden aufgrund menschlicher Einflüsse in der Vergangenheit stark dezimiert. Die Forst- und Holzwirtschaft spielt in

Estland eine bedeutende Rolle, aber für etwa ein Drittel der Wälder liegen Naturschutzbeschränkungen vor. Im Norden liegen oft bemooste Findlinge zwischen den Bäumen, der Waldboden ist vielfach mit **Flechten, Moosen oder Heidekraut** überwuchert.

Birkenhaine findet man vielerorts, ebenso sieht man häufig Espen und Erlen, aber auch Eichen, Linden, Ulmen, Ebereschen und Ahornbäume wachsen in Estland. Gerade im Westen und auf den Inseln trifft man auf ausgedehnte, mit **Wacholder** bewachsene Flächen.

Alte Eichen und Linden, die einige Jahrhunderte überstanden haben, werden von den Esten verehrt und stehen dementsprechend unter Schutz. Die Verehrung der „heiligen Bäume" geht auf den Naturglauben der vorzeitlichen heidnischen Esten zurück. Vielfach ranken sich Legenden um diese Bäume, die mancherorts **mit bunten Bändern geschmückt** sind.

Die Pflanzenwelt Lettlands

Beeindruckende 44 % des lettischen Territoriums bestehen aus **Wäldern.** Ungefähr ein Viertel davon sind in Westeuropa kaum noch vorzufindende Feuchtwälder. Dazu passt auch die Tatsache, dass **Moore** fast 10 % der Landesfläche bilden. Die relativ hohen Niederschlagsmengen garantieren eine **artenreiche und vielfältige Vegetation** mit saftigen und frischen Farben.

Das Land war zu Sowjetzeiten „Arbeiter- und Bauernstaat", doch vor allem Letzteres. Noch heute werden fast 40 % der Landesfläche **landwirtschaftlich genutzt,** doch der Wert nimmt langsam ab.

Hinzu kommt, dass viele der noch bestehenden Agrarflächen wenig intensiv genutzt werden, was der Bodenqualität zugute kommt. Nach offiziellen Angaben hat sich seit 1990 der Verbrauch von Mineraldüngern auf ein Zwölftel und von Pestiziden auf ein Zehntel verringert. Die Schwermetallbelastung, so die staatlichen Zahlen, überschreite in keinem Fall die vorgeschriebenen Grenzwerte.

Der unumstrittene König der Pflanzenwelt Lettlands ist die **Eiche.** Es ist kein Zufall, dass ein Eichenzweig sogar im lettischen Wappen auftaucht. Beim Johannisfest (Sonnenwendfest) in der kürzesten Nacht des Jahres, der wichtigsten folkloristischen Feier, schmücken sich die Menschen mit Eichenzweigen. Volkstümlich symbolisiert die Eiche Männlichkeit, während die ebenfalls wichtige und in Lettland sehr häufig wachsende **Linde** für das Feminine steht.

Die kaum über zehn Meter Höhe hinauswachsende **Eibe** wird immer seltener, nicht zuletzt, weil viele Bäume gefällt wurden, um das schöne rötliche Holz zu verarbeiten. In Lettland finden sich noch relativ viele dieser kleinen, ganzjährig grünen Bäume.

In Strandnähe wachsen auf dem sandigen Boden am besten anspruchslose Nadelbäume wie **Kiefern und Fichten.** Das Land besitzt sehr viele Feuchtgebiete, wo sich beispielsweise alle möglichen Arten von **Farnen** äußerst wohl fühlen.

Manchen mag es überraschen, dass verschiedene **Orchideenarten** mitten im Baltikum wachsen und gedeihen – jedenfalls sind es Vertreter der Orchideen-Familie wie der in Europa seltene **Gelbe Frauenschuh.** Die äußerst sensiblen Pflanzen haben es schwer, sich zu vermehren, wo die Natur nicht gänzlich unberührt geblieben ist. Glücklicherweise gibt es in Lettland noch einige dieser wilden, beinahe unzugänglichen Orte. Zur **Nationalblume** wurde dennoch nicht die Orchidee, sondern die **Wucherblume** (Wiesen-Margerite) bestimmt, die gern in Sträußen verwendet wird.

Was sind schon die Seerosen von *Monet* gegen die lettische **Wassernuss?** Vielleicht ist Letztere nicht ganz so schön (man sieht die Blüten kaum), dafür stellt sie aber eine echte Rarität dar: In drei ostlettischen Seen wurde die eigenartige Pflanze gesichtet, obwohl sie eigentlich in Europa deutlich weiter südlich verbreitet ist. Die bräunlichen, fast pilzähnlichen Blätter schwimmen auf der Wasseroberfläche, während die Wurzeln des Gewächses im Boden des Sees stecken. Im Herbst wachsen einige Zentimeter lange Nüsse, die irgendwann abfallen und auf dem Grund des Gewässers auf die beste Gelegenheit und das passende Klima warten, um im nächsten Jahr erneut zu wachsen. So garantiert die Wassernuss, die eine Lebensdauer von nur einem Jahr hat, ihr langfristiges Bestehen.

Die Pflanzenwelt Litauens

Fast ein Drittel des Landes ist heute noch von **Wäldern** bedeckt. Litauen war schon seit alters her bekannt für große und undurchdringliche Wälder, die Schutz vor Feinden boten. Durch Rodung und teilweise Wiederaufforstung hat sich der Wald- und Baumbestand

▷ Der Wald als Refugium mystischer Gestalten

verändert. Der Anteil der über 100 Jahre alten Bäume beträgt nur noch 4 %. Große Waldflächen finden sich fast nur noch in den Nationalparks. Es gibt jedoch viele kleinere Wälder zwischen den landwirtschaftlich genutzten Feldern und Wiesen. Zu den Baumarten gehören neben der dominierenden **Kiefer** auch

5

Ahorn, Birken, Buchen, Eiben, Eichen, Erlen, Eschen, Espen, Fichten, Linden und Tannen.

Je nach Bodenart und dem Ausmaß der Aufforstung findet man verschiedene Arten von **Mischwäldern** sowie entweder nordische Nadel- oder mitteleuropäische **Laubwälder**, im Auk-štaitija-Nationalpark sogar ein „Urwaldreservat". Auch in der Art des Bodenbewuchses gibt es große Unterschiede: Meist ist der Boden der Kiefernwälder von **Beerensträuchern** bedeckt (Preiselbeeren, Heidelbeeren, Sanddorn, Wacholder), häufig von **Heidekraut, Moos** und **Flechten.** In den Fichtenwäldern findet man Sauerklee und Blaubeeren, in den Birkenwäldern hauptsächlich Riedgräser und in den Erlenwäldern Farne und Nesseln. Viele der Busch-, Gras- und Rohrpflanzen sind geschützt. Es gibt auch viele Wildblumen sowie **Pilze** (meist Pfifferling, Steinpilz, *voveraitė*, *baravykas*). Von den rund 1200 Pilzarten in Litauen sind 380 essbar, gesammelt werden aber nur 10–20 Arten. Es gibt rund 100 giftige Pilzarten.

In Litauen wachsen 210 besonders **gefährdete Pflanzenarten**, viele davon in den zahlreichen Moor- und Sumpfgebieten. Auch in einigen National- und Regionalparks gibt es noch **Feuchtgebiete.**

Die Tierwelt Estlands

Säugetiere

In Estland sind 65 Säugetierarten beheimatet, darunter knapp 12.000 **Elche,** 50.000 **Rehe,** 17.000 **Wildschweine,** 17.000 **Biber,** 800 **Luchse,** 100–150 **Wölfe** und 500–600 **Braunbären** sowie See-hunde und **Kegelrobben,** die sich auf den westestnischen Inseln tummeln. Obgleich diese Zahlen angesichts der Größe des Landes Hoffnung auf Tiersafaris machen mögen, müssen Besucher leider – oder im Falle von Bären vielleicht zum Glück – damit rechnen, während des Urlaubs kaum eines dieser Tiere zu Gesicht zu bekommen. Auf Elchpirsch geht man am besten in der Morgen- und Abenddämmerung an Stellen, die lokale Tourismusagenturen, Jäger oder Hotelbesitzer dem Gast empfehlen.

Wer in der freien Wildbahn kein Tier zu Gesicht bekommt, kann sich mit dem **Wildpark Elistvere,** nördlich von Tartu gelegen, trösten. Dort kann man zur Genüge Elche, Wildschweine, Luchse, Füchse und andere Tiere betrachten und fotografieren.

In manchen Naturschutzgebieten, beispielsweise im Lahemaa- und im Soomaa-Nationalpark, gibt es Wanderwege, entlang derer man wenigstens die Spuren der wilden Bewohner entdecken kann. So kann man **Biberbauten** und von Bibern abgenagte Bäume sehen. Andere Naturschutzgebiete, wie etwa **Alam-Pedja,** verfügen über gut ausgebaute **Beobachtungstürme,** wo man sich mit dem Fernglas auf die Lauer legen kann.

Eine Seltenheit ist der in fast allen Teilen Europas ausgestorbene **Europäische Nerz** (nicht zu verwechseln mit dem Amerikanischen), der nach einer Wiederansiedlung auf der Insel Hiiumaa wieder Fuß fasst. Man muss allerdings sehr viel Glück haben, um eines der scheuen Tierchen zu sehen. Gleiches gilt für das **Gleithörnchen** („Fliegendes Eichhörnchen"), das beispielsweise noch im Nationalpark Soomaa ansässig ist.

077esta

Vögel

Mehr Glück haben Besucher mit vielen der etwa 330 Vogelarten, wovon über 220 in Estland nisten. Seltene **Adlerarten, Auerhähne** und **Schwarzstörche** bekommt vielleicht nicht jeder zu Gesicht, dafür aber bestimmt **weiße Störche,** sofern man in den Sommermonaten durch das Land reist. Estlands ausgedehnte Feuchtgebiete und urwüchsige Landschaften bieten den großen Vögeln optimale Lebensbedingungen. Überall sieht man auf hohen Gebäuden, Masten

und Türmen große Storchennester, auch nach Ende August, wenn die Störche bereits beginnen, ihre Reise in den Süden anzutreten.

Häufig vertreten sind ansonsten vor allem diverse (Meeres-)Enten-, Schwan- und Gänsearten sowie Kraniche. Es gibt viele eigens unter Schutz gestellte Gebiete, wo man besonders zur Zugzeit her-

⌃ Rastende Gänse in Estland

vorragend Vögel beobachten kann, beispielsweise im Nationalpark Vilsandi, der sich über die westlichste Küste Saaremaas und rund 100 vorgelagerte Inseln erstreckt, in der Matsalu-Bucht zwischen Haapsalu und Pärnu, im Natur- und Vogelschutzgebiet Silma auf Noarootsi nördlich von Haapsalu oder im Mündungsgebiet des Emajõgi.

Fische

Die Seen und Flüsse, vor allem der Peipus-See und der Võrtsjärv, sind recht fischreich. Barsche, Hechte, Zander, Welse, Bachforellen, Karpfen, Rotaugen und Schleien sind nur einige der Fische, die in estnischen Gewässern beheimatet sind.

Insekten und Schlangen

Die vergleichsweise wenig belastete estnische Natur tut auch den Insekten gut: Wenn man sich im Sommer in der freien Natur bewegt, fällt das sehr lebendige Insektenleben auf. Unter anderem sind **Schmetterlinge** und **Libellen** in allen Größen und Farben zu bewundern. Auch **Mücken** fühlen sich wohl, was man bei der Bekleidung für eine Moorwanderung berücksichtigen sollte. Etwas unangenehm können die großen **Bremsen** und insbesondere **Zecken** sein. Da Estland Risikogebiet für FSME und Borreliose ist, sollte man sich abends regelmäßig auf Zecken kontrollieren (siehe auch Kap. „Gesundheitsvorsorge").

Kreuzottern kommen ebenfalls vor, gegen die man sich mit entsprechendem Schuhwerk und kräftigem Auftreten auf Moorbohlenwegen schützen kann.

Die Tierwelt Lettlands

Wölfe

Der Wolf hat in Lettland beinahe eine mythische Bedeutung. In der Realität jedoch gibt es kaum Gelegenheiten für die Menschen, diesem Urahnen unserer Haushunde zu begegnen. Die schätzungsweise **1000 Wölfe** in den lettischen Wäldern verhalten sich sehr scheu. Am Līgatne-Naturpfad sind einige Tiere zu sehen, dabei handelt es sich aber um Kreuzungen aus Wolf und Hund.

Luchse

Ein ebenso seltenes und menschenscheues Tier mit „Wohnsitz" in Lettland ist der Luchs, diese eindrucksvolle, bis zu 30 kg schwere und bis zu 70 cm hohe Wildkatze mit langen Beinen und charakteristischen Haaren an den Ohrspitzen. Die Schüchternheit des Luchses sollte aber nicht über seine Gefährlichkeit hinwegtäuschen: Neben Hasen oder Bibern reißen Luchse auch gelegentlich große Wildtiere wie Rehe. Nur wenige europäische Länder können sich einer Luchs-Population rühmen. Zuletzt wurden in Lettland rund **700 Exemplare** gezählt. Die Tiere vermehren sich gut und daher werden sogar 100 Luchse jedes Jahr bei der Jagd getötet.

Elche

Elche sind in Lettland etwas leichter anzutreffen als die Wildkatzen oder Wölfe. Scheu sind die aus Skandinavien bekannten gewaltigen Tiere mit bis zu

400 kg Gewicht aber trotzdem. Mit seinen langen Beinen kann der Elch sehr schnell weite Entfernungen zurücklegen – auch in hohem Schnee oder in Sumpfgebieten. Er erweist sich auch als exzellenter Schwimmer in Flüssen, Seen und gelegentlich sogar im Meer. Schätzungen zufolge leben bis zu **10.000 Elche** in Lettland.

Rotwild

Ein wenig kleiner als der Elch, aber genau so imposant sind der **rote Hirsch** mit seinem riesigen Geweih und die **kleineren Hirsch- und Reharten,** deren Gewicht von 40 bis 240 kg variieren kann. Von ihnen leben im Lande Zehntausende.

Wildschweine

Wildschweine waren über Jahrhunderte weit verbreitet auf dem heute lettischen Territorium. Doch unkontrollierte Jagd und möglicherweise auch Krankheiten oder andere natürliche Entwicklungen rotteten die Population im 19. Jh. aus. Vor hundert Jahren wurden daher Wildschweine aus Polen eingeführt. Inzwischen werden gut **20.000 Tiere** auf lettischem Gebiet angenommen.

Otter und Biber

Der schlanke, bis zu 80 Zentimeter lange und nur 5 bis 10 kg schwere Otter lebt im Wasser und hat hervorragende körperliche Voraussetzungen zum Schwimmen und Tauchen. Durch die Austrocknung einiger Landstriche, massive Wasserverschmutzung in der Sowjetzeit und die Abholzung von Wäldern nahm die Population der Otter deutlich ab, sodass sie in den 1970er Jahren gar auf die rote Liste der bedrohten Arten gelangten. Inzwischen konnte der Trend umgekehrt und die Zahl der Tiere auf über 6000 erhöht werden.

Der Biber ist weit weniger scheu und kommt näher an menschliche Siedlungen heran, Außer in Flüssen und Seen kann er sogar in Abwasserkanälen leben. Biberfell und auch Biberfleisch waren einst sehr beliebt. Auch der Biber verschwand im 19. Jh. gänzlich aus Lettland. 1927 wurde ein Biberpaar aus Norwegen eingeführt. Heute leben wieder mindestens 80.000 Tiere im Land.

Störche

Für die meisten Touristen sind die Störche die mit Abstand größte „tierische" Attraktion, zum einen, weil sie in Westeuropa so selten vorkommen, zum anderen, weil sie in Lettland allgegenwärtig sind. **Weißstörche** hocken ungefähr von April bis September auf Tausenden von Dächern, Pfählen und Säulen. Bis zum Sommer brüten sie ihre Eier aus und danach kann man die Vögel bei der Aufzucht ihrer Jungen beobachten.

Weißstörche sind es gewohnt, mit den Menschen zusammen zu leben und bauen sich ihr **Nest oft sehr nah an Häusern** oder sogar direkt darauf. Einem Aberglauben zufolge bringen Störche nicht nur Kinder, sondern schützen auch das Haus, auf dem sie ihr Nest errichten. Andere Hausbesitzer machen sich Sorgen um die Stabilität ihres Daches, denn

5

ein Storchennest kann mit der Zeit erstaunlich schwer werden. Ganz an sich heran lassen sie einen Menschen aber nie kommen, so vorsichtig er sich auch anschleichen mag. Fotografen müssen sich also auf den Zoom ihres Fotoapparates verlassen.

Während in Lettland schätzungsweise 10.000 Weißstörche nisten, ist der **Schwarzstorch** eine echte Rarität. Immerhin 1000 Paare soll es geben, doch sie sind viel schwerer auszumachen, denn der schwarze Vogel mit dem weißlichen Bauch – etwas kleiner als der Weißstorch – baut seine Nester an abgeschiedenen Orten. Er sucht sich ruhige Wälder, vorzugsweise nahe Flüssen oder Seen. Der Schwarzstorch braucht große Bäume mit dickem Geäst, sein Nest hat einen Durchmesser von einem Meter oder mehr. Schwarzstörche sollten auf keinen Fall gestört werden, sie sind gerade nach dem Schlüpfen ihrer Jungen extrem sensibel, was Einflüsse von außen angeht. Ungefähr jeder zehnte Schwarzstorch weltweit lebt in Lettland.

Weitere Vogelarten

Viele Menschen reisen gezielt nach Lettland, um seltene Vögel zu beobachten. Vogelliebhaber finden im ganzen Land eine gute Infrastruktur wie Holzstege oder Aussichtstürme vor. Eine besonders große Art ist der **Schreiadler,** der das Sommerhalbjahr in Lettland verbringt. Etwa zwölf Prozent der weltweiten Population finden sich in diesem kleinen Land ein.

Zehntausendfach kommt der in anderen Teilen Europas seltene, kleine **Wachtelkönig** vor. Er nistet in hohem, feuch-

tem Gras und in Getreidefeldern. Sein typischer schnarrender Ruf ist in ganz Lettland oft zu vernehmen.

Die Letten bezeichnen die weiße **Bachstelze,** die das Sommerhalbjahr im Land verbringt, als **Nationalvogel.** Die Bachstelze nistet oft in der Nähe menschlicher Siedlungen.

Amphibien und Reptilien

Wegen der zahlreichen Gewässer leben in Lettland auch sehr viele Amphibien wie Frösche und Kröten, darunter die seltene **Feuerkröte.** Giftige Tiere gibt es kaum, die **Kreuzotter** bildet eine prominente Ausnahme. Doch sie meidet Menschen, ihr Gift reserviert sie zur Tötung kleinerer Beutetiere. So ist eine Gefährdung zwar nicht vollkommen ausgeschlossen, aber das Risiko ist verschwindend gering. Im extrem unwahrscheinlichen Fall eines **Schlangenbisses** sollte man sofort einen Arzt aufsuchen. Weitere Reptilien wie die **Ringelnatter** und verschiedene Arten von **Eidechsen** sind ungefährlich.

▷ Wisente im Reservat

Land und Leute

Insekten

Lettland besitzt im Verhältnis zu seiner Fläche sehr viele Wälder, in denen natürlich auch viele **Käfer** und andere Insekten ein Zuhause finden. **Ameisenhügel** gehören zum normalen Bild. Unangenehmer sind da schon die zahlreichen **Zecken** (zur Impfung gegen FSME siehe Kapitel „Gesundheitsvorsorge"). Weniger gefährlich, aber auch sehr lästig sind die besonders in Wassernähe verbreiteten **Stechmücken.** Vornehmlich abends während der Dämmerung werden sie aggressiv. Der **Zweipunkt-Marienkäfer** hat in Lettland den Beinamen „Nationales Insekt". Er schützt Pflanzen vor Schädlingen.

Die Tierwelt Litauens

In Litauen gibt es etwa 330 verschiedene **Vogelarten,** darunter seltene Eulenarten, Seeadler, Fischadler und Schwarzstörche. Das Land ist ein Paradies für Vogelbeobachtung. Ein Drittel der Vögel brüten aber nicht in Litauen. Ca. 13 der hier vorkommenden Arten sind weltweit bedroht.

Auffällig zahlreich sind die **Störche,** die hier noch zum Dorfbild gehören (manchmal sind es auch bloße Attrappen im Storchennest). Am 25. März, dem Tag des Storches, wird dieser Vogel als Symbol des Hausbeschützers und als Glücksbringer für eine gute Ernte verehrt. Der Storch gilt als **Nationalvogel.** Litauen hat die weltweit dichteste Storchpopulation, bei der letzten Weißstorchzählung wurden etwa 13.000 brütende Paare registriert.

Im Baltikum gibt es zwar mehr große **wilde Tiere** als anderswo in Europa, aber sie in der freien Natur zu Gesicht zu bekommen, erfordert Geduld, Entschlossenheit und meist auch die fachkundige Begleitung eines Führers. Nicht fehlen darf das Glück, um einen der ca. 5000 **Elche** – meist in der Morgen- und Abenddämmerung – sehen zu können.

Unter den rund 70 Säugetierarten finden sich einige, die in Mitteleuropa selten oder ganz verschwunden sind. In den Wäldern leben außer Elch und **Wildschwein** auch der einst fast ausgerottete **Rothirsch** sowie Reh, Damwild, Hase, Hermelin, Iltis, Fuchs, Marder, Dachs, Wiesel und mit steigender Tendenz auch **Luchs** und **Wolf.**

226li.gs

Im 19. und 20. Jh. wurden neue Tierarten eingeführt: Nerz, Sitkahirsch, Bisamratte, Mufflon, Fasan, Marderhund, Eichhörnchen, Frettchen und Waschbär. Im Krekenava-Regionalpark wurden 1969 wieder die größten Tiere Europas, die **Wisente** (europäische Bisons) angesiedelt, nachdem sie aus der freien Natur schon verschwunden waren. Vorbei sind aber die Zeiten, als sie im 14./15. Jh. die größten Jagdtrophäen der Großfürsten waren.

Es gibt rund 15.000 **Insektenarten,** von denen 102 besonders gefährdet sind. In den vielen **Gewässern** tummeln sich neben Reptilien, Amphibien, Fischottern und den einst ausgerotteten Bibern auch 108 **Fischarten** wie Forelle, Dorsch, Zander und Hecht.

Klima

Offiziell bezeichnet man das Klima in den baltischen Ländern als **gemäßigt-kontinental,** wobei die relativ weite Ausdehnung nach Osten erkennbare Unterschiede mit sich bringt. Während die Regionen an der Ostsee und in der Rigaer Bucht deutlich geprägt sind von den mäßigenden Ausläufern des Golfstroms, wird es im weiten Osten wesentlich „kontinentaler": Hier erlebt man heißere Sommer und deutlich strengere Winter mit viel Schnee und Eis.

Die **Durchschnittstemperatur** von Juni bis September beträgt etwa 15–19 °C, im Winter pendeln die Temperaturen sich auf 3 bis -5 °C ein. Dennoch sind dies nur Richtwerte, de facto sind die Temperaturschwankungen innerhalb

eines Jahres sehr hoch und variieren von etwa -25 bis +25 °C oder darüber. Im Hochsommer kann es auch schon mal richtig heiß werden. Die Küste und die estnischen Inseln sind dabei jedoch weniger hohen Temperaturschwankungen ausgesetzt als der Osten, wo typisches Kontinentalklima herrscht. Im Winter kann es auch an den Küsten, etwa in Tallinn, empfindlich kalt werden – Tagestemperaturen von unter -20 °C sind zwar nicht die Regel, aber jederzeit möglich. Im Inland sind die Ausschläge dann meist noch ein paar Grad stärker. Im Frühling und Herbst muss man mit Temperaturschwankungen von bis zu 20 °C zwischen Tag und Nacht rechnen (-5 bis -10° C nachts, 10 bis 15° C tagsüber).

Die Monate mit dem meisten **Regen** sind August und September. Auch im Juni, Juli und Oktober fällt oft Regen, die Sommer sind jedoch selten ganz verregnet. Natürlich hängt das Wetter von der europäischen Gesamtwetterlage ab, es gibt warme, trockene Sommer und klirrend kalte Winter mit Schnee und Sonnenschein genauso wie trüb-verregnete Perioden, in denen man ungern vor die Tür tritt. Es treten auch immer wieder **Gewitter** auf. Dadurch, dass die Sonne im Hochsommer nur für wenige Stunden untergeht (bis Ende Juli werden die Nächte nie ganz dunkel), kühlt es nachts weniger ab.

Die **Wassertemperatur** der Ostsee steigt im Laufe des Sommers meist schnell auf 20 °C oder mehr. In der geschützten Rigaer Bucht steigen die Werte noch schneller und höher an. Im Juni ist das Wasser aber noch empfindlich kühl, oft nicht über 16 oder 17 °C. Die zahlreichen Seen wärmen sich jedoch rascher auf.

Geschichte des Baltikums

(von *Thorsten Altheide*)

Die historische Entwicklung des Baltikums ist geprägt durch seine Lage in einer **Übergangszone.** Die Einflusssphären verschiedener Großmächte trafen und treffen hier aufeinander. So war das Baltikum stets eine Transitstation auf den Handelsrouten zwischen Ost und West, zwischen dem weiten russischen Hinterland und der Ostsee. Seine Ostgrenze markiert auch die Grenze zwi-

078es ta

◁ Sängerfestbühne in Tallinn im estnischen Winter

5

schen Ost- und Westkirche, zwischen slawischer und nichtslawischer Bevölkerung, zwischen kyrillischem und lateinischem Alphabet.

Wenn man von der Geschichte des Baltikums spricht, geht es eigentlich nicht um die Geschichte eines einheitlichen Gebietes. Neben vielen Gemeinsamkeiten gab es auch bedeutende Unterschiede in der Entwicklung der Länder. Insbesondere ist die Geschichte Litauens im Mittelalter und der frühen Neuzeit weitgehend unabhängig von der Alt-Livlands, also Estlands und Nordlettlands, verlaufen.

Urgeschichte und frühes Mittelalter

Frühe Besiedlung

Die Geschichte der Menschen im Baltikum beginnt nach dem Zurückweichen des Eises nach der letzten Eiszeit. Die ersten Siedlungen werden für Litauen auf etwa **11.000 bis 9000 v. Chr.** datiert, für den Norden etwas später. Im 4. Jt. lassen sich einzelne **Kulturen** unterscheiden, die auf Grund der archäologischen Funde bereits einer nördlichen,

Das Baltikum zur Zeit der Missionierung

© Reise Know-How 2017
0 _____ 100 km

FINNEN
Åbo (Turku)
Sigtuna
Tallinn (Reval)
OSTSEE
ESTEN
Visby
LIVEN
LIVEN
Riga
KUREN
SEMGALLER
SELEN
SAMOGITEN
Vilnius
PRUSSEN
Truso
JATVINGER
POLEN

KARELIER
Staraja Ladoga (Alt-Ladoga)
Narwa
WOTEN
Nowgorod
Tartu (Dorpat)
SETUKESEN
Pskov (Pleskau)
RUSSEN
LATGALLEN
Jersika
Polazk
LITAUER
WEISSRUSSLAND

Ostseefinnische Stämme
Baltische Stämme
Slawen
Germanen
NACHBARVÖLKER (kursiv)
○ Wichtige Orte
— Handelswege
-- Heutige Grenzen

ostseefinnischen Gruppe und einer südlichen, indoeuropäischen Gruppe zugeordnet werden konnen, aus welcher die **baltischen Völker** hervorgegangen sind.

Handel mit Rom

Greifbarer wird die Siedlungsgeschichte nach der Zeitenwende. Im 1. Jt. bildeten sich **Stammesgesellschaften** heraus, die über eine rege handwerkliche Produktion, Eisenverarbeitung, Ackerbau und Viehzucht verfügten und bereits weiträumige Handelskontakte pflegten. **Bernstein und Pelze** wurden ins römische Reich exportiert, im Gegenzug wiederum, gelangten römische **Münzen** und **Schmuck** ins Baltikum.

Konflikte mit Nordeuropa

Etwas später finden sich in Estland auch **Überreste schwedischen Ursprungs,** die auf enge Kontakte nach Nordeuropa verweisen. Allerdings war die Nachbarschaft schon damals nicht immer friedlich. In den nordischen Sagas gibt es Hinweise auf **kriegerische Auseinandersetzungen** mit Skandinaviern für das 7. Jh. Entsprechend wurden Befestigungsanlagen angelegt, in der Regel **hölzerne Burgen und Festungen aus Erdwällen,** deren Spuren heute noch besichtigt werden können.

Wikingerzeit

Zum Ende des 1. Jt., in der Wikingerzeit, setzt sich diese Entwicklung fort. Runeninschriften berichten von **Raubzügen** aus Schweden an die Ostküste der Ostsee. Gleichzeitig bildete das Baltikum eine wichtige Station auf dem Weg der wikingischen Händler nach Nowgorod, Kiew und Konstantinopel. Bemerkenswert ist, dass die damaligen Bewohner des nördlichen Baltikums – teilweise als „Wikinger aus Estland" bezeichnet – auch Raubzüge gen Westen unternahmen und beispielsweise 1187 die schwedische Stadt Sigtuna niederbrannten.

Hochmittelalter

Christianisierung

Eine neue Dynamik in die Entwicklung brachte die um die **Jahrtausendwende** einsetzende Christianisierung. Das Baltikum gehörte zu den Regionen Europas, die zuletzt vom Christentum erreicht wurden. Die ersten Missionare wurden getötet oder ihre Erfolge waren nicht von Dauer. Ab der Mitte des 12. Jh. intensivierten sich die Bemühungen um die Mission, insbesondere **von dänischer und deutscher Seite.** Neben machtpolitischen Interessen spielte auch der Bedarf der hansischen Kaufleute an **sicheren Handelswegen** eine Rolle. Aber noch überwogen die Rückschläge bei der Missionierung.

Der Schwertbrüderorden in Livland

Mit der **Gründung von Riga** 1201 als fester Basis vor Ort und dem ein Jahr später von **deutschen Kreuzrittern** ins Leben gerufenen Schwertbrüderorden, der die nötige Schlagkraft bereitstellte, wendete sich das Blatt: Aus der Missionstätigkeit war ein **Eroberungsfeldzug** geworden. Zunächst wurden die Stämme auf dem Gebiet des heutigen Lettland bekehrt, nach erbittertem Widerstand konnte 1227 auch Estland als christianisiert gelten und wurde in der Folge von Dänemark und den Deutschen beherrscht. Das Territorium des Schwertbrüderordens – weitgehend dem heutigen Lettland und Estland entsprechend – ging unter dem Namen Livland in die Geschichte ein.

Dauerhafter Frieden herrschte damit allerdings nicht. 1343 erhoben sich die Esten in der **St.-Georgs-Nacht** (estn. Jüriöö) zu einem großen Aufstand, der erst nach zwei Jahren niedergeschlagen werden konnte. Danach hatten die Dänen genug von der unruhigen Gegend und verkauften das Land an den Deutschen Orden.

Deutscher Orden

Der Deutsche Orden war die neue Macht im Baltikum. Auf Einladung eines polnischen Fürsten, der in Preußen Unterstützung gegen die rebellische, heidnische Bevölkerung brauchte, kam er 1231 nach Nordpolen. Der Orden ließ sich vom Papst garantieren, dass er das eroberte Land selbst behalten konnte, und machte sich systematisch ans Werk, eine Herrschaft aufzubauen. Teile Nordpolens und des späteren Königsberg kamen in seinen Besitz. Nachdem der Schwertbrüderorden 1237 von Litauen vernichtend geschlagen wurde, gingen seine Reste im Deutschen Orden auf, genauer nun in dessen livländischem Zweig.

Dann wandten sich die Ritter nach Osten, Richtung Russland, mussten sich aber 1242 in der **Schlacht auf dem Eis des Peipus-Sees** dem Nowgoroder Fürsten *Alexander Newski* geschlagen geben. Damit war die Ostexpansion gestoppt, aber ansonsten war die Herrschaft des Ordens gefestigt. Außer Kriegern und Mönchen waren die Ordensritter auch Händler – der Orden war als einzige Organisation dieser Art Mitglied der Hanse.

Die Hanse

Das mittelalterliche Wirtschaftsleben wurde von den Händlern der Hanse dominiert. Rund ein Dutzend Städte im Baltikum zählte zu den Hansestädten, wobei **Riga und Reval** (heute Tallinn) die bedeutendsten waren. Der Handel mit Salz aus Lübeck und Pelzen, Honig und Teer aus den Wäldern Russlands brachte große Gewinne. In der Landwirtschaft bildeten sich große **Gutshöfe** aus, die Handwerker waren in **Gilden** straff organisiert. Die Oberschicht bestand in Livland in der Regel aus Deutschen, während Esten und Letten fast ausschließlich Bauern und einfache Handwerker waren.

Polen-Litauen

Zum größten Gegenspieler des Ordens wurde Litauen. Wie bei den anderen Stämmen und Völkern des Baltikums entwickelten sich mit der Zeit immer festere und besser organisierte Stammesgebiete, bis es 1230–40 dem Fürsten *Mindaugas* gelang, sich zum Herrscher des **Großfürstentums** Litauen aufzuschwingen. In der Folge gab es ständige Kämpfe mit dem Deutschen Orden, andererseits gelangen Litauen spektakuläre **Gebietsgewinne nach Osten** und Südosten. In der Zeit des Herrschergeschlechts der **Gediminen** (1295–1377) erweiterte sich das Herrschaftsgebiet bis nach Smolensk, im Süden **bis zum Schwarzen Meer.**

Auf dem Höhepunkt seiner Macht und Ausdehnung war der heidnische litauische Staat dennoch ein Relikt in der christlichen Umgebung. Den Weg zum Christentum ebnete die **Krevo-Union:** *Jogaila,* seit 1382 Herrscher über Litauen, erhielt im Gegenzug zur Annahme des Christentums die **polnische Königskrone** und ging als *Władysław Jagiełło* in die polnische Geschichte ein, 1387 war Litauen offiziell christlich.

Der Deutsche Orden setzte aus machtpolitischem Interesse trotzdem seinen Krieg gegen Litauen fort, eroberte **Samogitien** (Niederlitauen, lit. **Žemaitija**) und erreichte so die Landverbindung zwischen dem preußischen und dem livländischen Herrschaftsgebiet. Die Freu-

Das Baltikum im Mittelalter und in der Frühen Neuzeit

© REISE KNOW-HOW 2017
0 ⎯⎯⎯ 200 km

FINNLAND

Tallinn (Reval)

ALT-LIVLAND

Riga

OSTSEE

Moskau

RUSSLAND

Vilnius

Königsberg

Bryansk

Großfürstentum Litauen 1430

Polen-Litauen 1645

Lublin

Luzk

Kiew

Poltawa

Krakau

Brazlaw

Schwarzes Meer

▨ **Alt-Livland** 1556-1645 schrittweise an Schweden, ab 1721 an Russland

▨ **Staat des Deutschen Ordens** bis 1402

5

Die Hanse –
ein internationales Städtebündnis

Die Hanse – ein Begriff, mit dem man noch heute viel assoziiert: mächtige Städte, reger Handel und voll beladene Schiffe, die mit gespannten Segeln Waren über die Ost- und Nordsee, über Flüsse und Seen transportierten, reiche Kaufleute und volle Kassen. Noch heute tragen viele Städte – etwa Hamburg – den Begriff Hanse im Namen und verweisen damit stolz auf jenes Bündnis, das über Jahrhunderte die wirtschaftlichen Geschicke des Ostseeraums prägten. Doch wie genau ist sie entstanden, gediehen und schließlich zugrunde gegangen, diese **europäische Wirtschaftsgemeinschaft** des Mittelalters?

Die „Deutsche Hanse" war das erfolgreichste Städtebündnis des Mittelalters. Zur Blütezeit gehörten ihm rund **70 Städte** an, bis zu 200 weitere standen mit der Hanse im Austausch. In Estland waren **Reval** (Tallinn), **Dorpat** (Tartu), **Fellin** (Viljandi) und **Pernau** (Pärnu) dabei, in Lettland **Riga, Wolmar** (Valmiera), **Lemsal** (Limbaži), **Wenden** (Cēsis), **Windau** (Ventspils) und **Goldingen** (Kuldīga). Hansische Niederlassungen in Litauen waren **Wilna** (Vilnius) und **Kaunas.** Die Geschäfte der Gemeinschaft wurden von Lübeck aus geführt, Niederlassungen in anderen Ländern, sogenannte Kontore, entstanden im Laufe der Zeit in London, Brügge, Bergen und Nowgorod.

Angesiedelt im Nordsee- und Ostseeraum, erschlossen sich die Mitglieder der Hanse einen wirtschaftlichen Einflussbereich, der im 16. Jh. von Portugal bis Russland und von den skandinavischen Ländern bis nach Italien reichte. In ihrer Blütezeit war die Hanse so mächtig, dass sie zur Durchsetzung ihrer wirtschaftlichen Interessen Wirtschaftsblockaden verhängte und sogar Kriege führte.

Vom 13. bis in die Mitte des 15. Jh. beherrschten die Hansekaufleute weitgehend den **Fernhandel** des nördlichen Europa, sie versorgten West- und Mitteleuropa mit Waren wie Pelzen, Wachs, Getreide, Fisch, Flachs, Hanf, Holz oder Teer und erhielten im Gegenzug aus dem Westen und Süden Tuche, Metallwaren, Waffen oder Gewürze, die sie wiederum nach Nordeuropa brachten. Vor allem aber lieferten sie das dringend benötigte Salz nach Norden und Osten.

Zu verstehen ist der Erfolg der Hanse, aber auch ihr Niedergang Mitte des 17. Jh., nur vor dem historischen Hintergrund. Das Spätmittelalter war eine von bedeutenden Veränderungen geprägte Zeit. Das rapide Bevölkerungswachstum, die Zunahme von Handel und Verkehr und die Entstehung von Städten prägten die wirtschaftliche und politische Ordnung. Größere Städte versuchten, durch gezielte Städtebundpolitik ihre wirtschaftlichen Interessen abzusichern, und bauten einen Fernhandel auf.

Hatten sich anfangs verschiedene Gruppen von Kaufleuten zusammengeschlossen, entstand ab Mitte des 14. Jh., nachdem der Deutsche Ritterorden das Baltikum unter seine Herrschaft gebracht hatte und dort neue Städte wie Riga entstanden waren, die sogenannte Städtehanse, die alle zwei Jahre eine Hauptversammlung abhielt – den **Hansetag.** Ab 1356 galt er als oberste Instanz der Gemeinschaft und war die einzige hansische Institution im eigentlichen Sinne.

Natürlich war der wachsende Einfluss der Hanse den Stadtherren ein Dorn im Auge, deshalb kam es auch zu **kriegerischen Auseinandersetzungen** zwischen dem Bündnis und den Herrschenden. Einer der größten Erfolge der Hanse war dabei der Sieg über den Dänenkönig *Waldemar IV.* Auch im **Kampf gegen Piraten** bewährte sich die Gemeinschaft. 1402 wurde der wohl berühmteste unter ihnen, der Pirat *Klaus Störtebeker*, in Hamburg hingerichtet.

Der Machtverlust des Bündnisses begann mit dem **Erstarken der Landesherren** im Ostseegebiet, wo Städte den Interessen der regierenden Fürsten untergeordnet wurden. Ein anderer Grund war die **Entdeckung Amerikas,** die den bisher dominierenden Ostsee-Nordseehandel nun in überseeische Gebiete ausdehnte. Der stolze und mächtige Städtebund verlor nach und nach an Bedeutung und war zu Beginn des 17. Jahrhunderts nur noch dem Namen nach ein Bündnis. Der **Dreißigjährige Krieg** 1618–1648 brachte die Auflösung. Der letzte Hansetag fand 1669 statt.

Dennoch, der Einfluss der Hanse ist bis heute sichtbar. Vielen Städten gelang erst durch die Hanse der Aufstieg, und der Reichtum zu dieser Zeit manifestiert sich nicht zuletzt durch die Architektur, die vielerorts noch heute erhalten ist. Bei einem Spaziergang durch die ehemaligen Hansestädte im Baltikum kann man noch **architektonische Perlen aus der Hansezeit** entdecken. Die mittelniederdeutsche Sprache der Gemeinschaft, die eine Lingua franca des Mittelalters war, beeinflusste auch die Entwicklung der estnischen Sprache, die gewisse Begriffe und Worte adaptierte.

Im Jahr 1980 wurde die **„Hanse der Neuzeit"** gegründet, die wieder den Hansetag feiert, ein fröhliches **Mittelalterfest,** das jedes Jahr in einer anderen Mitgliedsstadt stattfindet.

de war jedoch nur von kurzer Dauer, denn die Samogiten erhoben sich zu einem Aufstand, der in einen Krieg zwischen Polen-Litauen und dem Deutschen Orden mündete. 1410 erlitten die Ordensritter eine schwere Niederlage in der **Schlacht bei Tannenberg,** die den Anfang vom Ende des Ordensstaates einläutete. Nach einer weiteren Niederlage im Krieg mit Polen wurde der Ordensstaat 1466 von Polen abhängig.

Reformation

Mit der Reformation, die das nördliche Baltikum 1521 erreichte, trat ein anderer Gegner auf den Plan. In den großen Städten breitete sich die neue Lehre schnell aus. Vor diesem Hintergrund wurde der Ordensstaat 1525 in das weltliche **Herzogtum Preußen** verwandelt. Seit 1554 galt in ganz Livland Glaubensfreiheit.

Neuzeit

Livländischer Krieg

Im Osten war mittlerweile **Moskau** erstarkt und *Iwan IV.,* besser bekannt als *der Schreckliche,* brach den Livländischen Krieg vom Zaun (1558–82/83), der zu bedeutenden Umwälzungen führte. Der Orden erkannte nun offiziell die **polnische Hoheit** an, Russland musste sich nach zwischenzeitlichen Gewinnen zurückziehen, Schweden beherrschte Nordestland, Polen-Litauen das restliche Livland.

Damit war das mittelalterliche Alt-Livland an ein Ende gekommen. Wenn in der Neuzeit von Livland die Rede ist, ist eine deutlich kleinere Provinz in Süd estland und Nordlettland einschließlich Riga gemeint. Der Rest des Baltikums teilte sich forthin auf in **(Nord-)Estland, Kurland** im nordwestlichen Lettland, **Semgallen** und das Großfürstentum Litauen. Litauen und Polen bündelten 1569 ihre Kräfte, indem sie durch die **Lubliner Union** eine neue Föderation schufen. Der gemeinsame Staat ist als **Rzeczpospolita** bekannt geworden.

Schwedische Herrschaft

Auch in der Folgezeit blieb die Region unruhig. Polen-Litauen und Schweden trugen zu Beginn des 17. Jh. einen Kampf um die Vorherrschaft im Baltikum aus, den Schweden nach anfänglichen Niederlagen unter dem neuen König *Gustav II. Adolf* 1629 für sich entscheiden konnte. Schweden beherrschte damit das nördliche Baltikum einschließlich seiner bedeutendsten Stadt Riga. Unter der Herrschaft der Schweden erlebte das **Bildungswesen** einen großen Aufschwung. Es wurden Bauernschulen, Gymnasien und 1632 die Universität Tartu gegründet. Litauen hatte mit der Universität Vilnius bereits seit 1579 ein bedeutendes Zentrum der Gelehrsamkeit.

Der nächste, nach dem Livländischen unter anderem als **Zweiter Nordischer Krieg** bezeichnete Konflikt begann 1654 mit der Besetzung litauischer Gebiete durch **Russland.** In seinem Verlauf stärkte Schweden seine Position weiter, während Litauen im Osten Gebiete an Russland verlor. Zudem wurde Litauen während des gesamten 17. Jh. durch innere Streitigkeiten geschwächt.

Eine bemerkenswerte Blütezeit erlebte das kleine **Herzogtum Kurland** während der 40-jährigen Herrschaft des Herzogs *Jakob von Kurland* 1642–1682. Die fortschrittliche Wirtschaftspolitik ermöglichte sogar den Erwerb kleiner Kolonien in Westafrika und der Karibik.

Nachdem die zahlreichen Kriege die schwedische Staatskasse erschöpft hatten, verfügte *Karl XI.* 1680 die sog. **Reduktion,** faktisch eine Verstaatlichung der Gutshöfe auch in Livland und Estland. Auch politische Mitbestimmungsrechte des Adels wurden dadurch eingeschränkt. Die aufgebrachten Gutsbesitzer waren durch *Johann Reinhold Patkul* maßgeblich an der Formierung der Nordischen Union beteiligt, in der sich die Leidtragenden der schwedischen Großmachtpolitik im Ostseeraum zusammenschlossen.

Großer Nordischer Krieg

Mit dem Angriff **sächsischer Truppen** auf Riga im Jahr 1700 nahm der nächste, der Große Nordische Krieg seinen Lauf, bald traten auch **Dänemark** und **Russland** in den Konflikt ein. Zunächst waren die Schweden unter *Karl XII.* erfolgreich, wehrten den Angriff ab, schlugen die Dänen, zogen weiter nach Warschau, das sie besetzen konnten, und trafen 1709 in der Ukraine auf russische Truppen. Da waren die Kräfte jedoch bereits überspannt. In der **Schlacht bei Poltawa** wurden die Schweden geschlagen, die Karten im Baltikum neu gemischt.

Das Baltikum im 18. Jh.

Zarenherrschaft

Mit dem **Frieden von Nystad** geriet 1721 das Baltikum unter russische Herrschaft. Allerdings gelang es der lokalen (vorwiegend deutschen) Aristokratie, ihre Autonomierechte zu verteidigen. Die „Ostseeprovinzen" des Zarenreiches behielten während der meisten Zeit ihre Sonderrolle – einschließlich der **deutschen Amtssprache** und des protestantischen Bekenntnisses. Ein Versuch der Kaiserin *Katharina II., der Großen,* die baltischen Provinzen durch Verwaltungsreformen stärker in das russische Reich einzugliedern, wurde von ihren Nachfolgern rückgängig gemacht.

Mit der russischen Herrschaft über Litauen endete auch die gemeinsame staatliche Geschichte Polen-Litauens. Hier waren auch die Eingriffe durch die russische Oberhoheit stärker und das Polnische wurde vom **Russischen** als Amtssprache abgelöst.

Kulturelle Entwicklung

Die gesellschaftliche Entwicklung der baltischen Länder im 18. Jh. ist geprägt vom endgültigen Absinken der bäuerlichen, einheimischen Bevölkerung in die **Leibeigenschaft** und einer konservativen Grundhaltung, die eine dynamische Entwicklung erschwerte. So behielten die mittelalterlichen Handwerksgilden im Baltikum ihren Einfluss länger als in Mitteleuropa. Doch nahm das Baltikum teil an den größeren Entwicklungen der europäischen Gesellschaften. In Litauen entstanden bedeutende **Barockbauten,**

Die Deutschbalten

Die Deutschsprachigen, einst in der Mehrheit in vielen Städten des Baltikums, wurden im Laufe des 19. Jh. und dann bis 1918 „von der Oberschicht zur Minderheit", wie es Historiker formuliert haben. Sie wurden nun Deutschbalten oder Balten genannt und bezeichneten sich bald auch selbst auf diese Weise. Zu Zeiten der Unabhängigkeit vom Ende des Ersten Weltkriegs bis 1940 wurden sie als Deutsche – oft auch offiziell mit deutschem Pass – akzeptiert und toleriert, hatten aber ihren besonderen Einfluss auf das Geschehen im Lande verloren. Vor dem Zweiten Weltkrieg wanderten sie ins Deutsche Reich aus oder wurden als Soldaten in die Wehrmacht eingezogen.

Bis heute gibt es Vereinigungen, Zeitungen und Treffen der Deutschbalten, in denen die Erinnerung an die Heimat hochgehalten wird. Viele dieser Menschen besuchen heute die baltischen Länder auf den Spuren ihrer eigenen Geschichte oder der Jugend ihrer Eltern und Großeltern. Einige kehrten auch zurück und wohnen heute dort. Der bekannte deutschbaltische Schriftsteller *Werner Bergengruen* verewigte mit seinen Erzählungen „Von Baltischer Reiselust" und anderen Büchern die Geschichte dieser Volksgruppe.

in Tallinn ließ *Peter I., der Große,* das Schloss Kadriorg errichten – schließlich waren die italienischen Baumeister noch in der Gegend, nachdem er 1703 St. Petersburg gegründet hatte. 1739 erschien die Bibel in estnischer Sprache, nachdem die lettische Übersetzung bereits 50 Jahre früher erschienen war. Neue religiöse Ideen brachte die pietistische Bewegung der **Herrnhuter Brüdergemeine** ins nördliche Baltikum. In der zweiten Hälfte des Jahrhunderts erhielt das Geistesleben neue Impulse durch die Ideen der **Aufklärung.** Eine Folge war die Hinwendung von Pastoren und anderen Gebildeten, unter ihnen *Johann Gottfried Herder* in Riga, zur Volkskultur der einheimischen Bevölkerung.

Von den Napoleonischen Kriegen bis zum Ersten Weltkrieg

Aufhebung der Leibeigenschaft

Auch das 19. Jh. begann kriegerisch. **Napoleon** griff 1812 Russland an und besetzte im Zuge dessen **Vilnius,** später auch **Riga und Kurland,** was in den betroffenen Gebieten zu erheblichen Schäden führte. Obwohl die liberale Politik *Alexanders I.* nach dem Sieg über *Napoleon* ein Ende hatte und sich das innenpolitische Klima in Russland verschärfte, wurden in Estland 1816 und danach auch in Kurland und Livland Gesetze zur Aufhebung der Leibeigenschaft erlassen. Damit einher gingen erweiterte **Selbstverwaltungsmöglichkeiten.** Tatsächlich dauerte es noch Jahrzehnte, bis die Bauern von dieser neuen Freiheit

profitierten, aber ein Anfang war gemacht. Schließlich wurde die Leibeigenschaft in Russland, Litauen und dem lettischen Lettgallen (lett. Latgale) erst 1861 aufgehoben.

Aufstände und Nationalbewusstsein

Die folgenden Jahrzehnte waren geprägt von **wachsenden Spannungen** zwischen dem aufkeimenden **Freiheitswillen** der baltischen Völker und progressiven politischen Ideen einerseits und der repressiven und reaktionären Politik der russischen Zaren sowie Teilen des baltischen Adels andererseits. 1831 erlangten Aufständische die Kontrolle über weite Teile Litauens und verlangten einen Anschluss an Polen oder einen eigenen Staat. Nach der Niederschlagung des Aufstands wurden stattdessen die letzten Freiheiten genommen.

Ende der 1830er Jahre brachen unter den **Bauern in Estland und Livland** Unruhen aus, da sich ihre Lage trotz der Bauernbefreiung noch nicht gebessert hatte. 1863 spitzte sich die Lage weiter zu, als in Litauen ein erneuter, großer Aufstand ausbrach, der sowohl soziale als auch nationalistische Motive hatte. Nachdem auch dieser niedergeschlagen war, griff die Zentralmacht zu den altbekannten Mitteln: Die **Repressalien** wurden weiter verschärft. So wurde in Litauen das lateinische Alphabet verboten, in Lettgallen durften keine lettischen Schriften mehr gedruckt werden, 1867 wurde Russisch einzige Amtssprache im Baltikum. Verschiedene Verwaltungsreformen beendeten den Sonderstatus der Ostseeprovinzen endgültig.

Russifizierung

Doch es sollte noch schlimmer kommen, denn nach der Ermordung *Alexanders II.* steuerte sein Nachfolger, *Alexander III.,* einen reaktionären Kurs. Die Russifizierung erfasste nun alle gesellschaftlichen Bereiche, von Russisch als Unterrichtssprache über das Rechtswesen, die Entlassung von potenziell illoyalen Beamten bis hin zur **Unterdrückung der katholischen Kirche** in Litauen und der gezielten **Ansiedlung von Russen** im Baltikum. Die Alexander-Newski-Kathedrale in Tallinn ist bis heute ein weithin sichtbares Symbol dieser Russifizierungspolitik.

Wirtschaftlicher Aufschwung

Trotz des zunehmenden Drucks von Seiten der Zentralregierung und wachsender sozialer Probleme war das Baltikum jedoch kein rückständiger Hinterhof Europas. Vilnius und Tartu waren bedeutende **Wissenschaftszentren,** eine eigene Literatur entwickelte sich, einschließlich der Nationalepen Kalevipoeg (Estland) und Lāčplēsis (Lettland). In wirtschaftlicher Hinsicht leiteten ab etwa 1830 die **Industrialisierung** und ab Mitte des Jahrhunderts der **Eisenbahnbau** eine rasch fortschreitende Modernisierung ein.

Russische Revolution

Die gesellschaftlichen Gegensätze entluden sich in der Russischen Revolution von 1905, nachdem in St. Petersburg eine Demonstration gewaltsam aufgelöst worden war. Gerade im Baltikum hatten die revolutionären Kräfte eine starke Basis, in Tallinn und Riga gab es Generalstreiks. Während des ganzen Jahres schwoll die Bewegung an, erfasste immer weitere Schichten der Bevölkerung und wurde erst im folgenden Jahr brutal niedergeschlagen. In Litauen verlief die Bewegung ähnlich, war aber deutlich schwächer ausgeprägt.

Einmarsch deutscher Truppen

Der **Erste Weltkrieg** erreichte das Baltikum 1915, als Deutschland Litauen und Teile Lettlands besetzte. Der Krieg verhalf den nationalen Bewegungen zu neuer Kraft, die sich unter anderem im Umkreis von Flüchtlingskomitees entfalteten. Die Litauer erhoben ab 1916 die Forderung nach Eigenständigkeit, nach dem **Sturz des Zaren** 1917 (Februarrevolution) gewannen auch die estnischen und lettischen Unabhängigkeitsbewegungen noch einmal an Schwung. Währenddessen tobten die Kampfhandlungen weiter, Deutschland nahm auch Riga und die westestnischen Inseln ein.

Erste Unabhängigkeit

Die Wende brachte die Oktoberrevolution. Die siegreichen **Bolschewiken** erklärten sich zum Frieden bereit. **Litauen** erklärte sich am 16. Februar 1918 für unabhängig – Deutschland unterstützte die Abkoppelung von Russland, hatte aber ein eng an Deutschland gebundenes Litauen im Sinn. Im restlichen Baltikum drohten bolschewistische Kräfte die Macht zu übernehmen, doch konnte

Deutschland mit einer Offensive im Februar 1918 das gesamte Baltikum besetzen und Russland im **Frieden von Brest-Litowsk** zur Abtretung der baltischen Provinzen zwingen.

Bereits in dieser Phase formierte sich die Estnische Provisorische Regierung unter *Konstantin Päts*. Deutschland hatte jedoch kein Interesse an unabhängigen Nationalstaaten im Baltikum, sondern folgte einem Vorschlag der Baltendeutschen zur Bildung eines **Baltischen Herzogtums,** das im November 1918 in Riga ausgerufen wurde. Tatsächlich hatte es aber keine Chance auf Bestand, da sich die Niederlage Deutschlands bereits abzeichnete.

Nach der Revolution in Deutschland und dem daraufhin ausgerufenen Waffenstillstand im Westen erklärten **Estland und Lettland** ihre Unabhängigkeit. Doch damit begann der Kampf abermals, Russland stieß zu einer neuerlichen Besetzung des Baltikums vor. Unter heftiger Gegenwehr durch estnische und der noch anwesenden deutschen Truppen rückte die Rote Armee im damit eröffneten **Estnischen Freiheitskrieg** bis kurz vor Tallinn vor und begann umgehend mit der Sowjetisierung der Gebiete, bevor die Esten sie bald darauf schließlich wieder zurückdrängen konnten. Weiter südlich wurden neben Riga und Vilnius weite Teile der baltischen Länder besetzt.

Um die Lage weiter zu verkomplizieren, griff auch die neugebildete deutsche Landeswehr unter *Rüdiger von der Goltz* in die Kämpfe ein und schlug die Rote Armee in Lettland. Allerdings verfolgten die Deutschen wiederum eigene Ziele, sodass es auch zur Konfrontation mit estnischen Truppen im **Landeswehr-** **Krieg** kam, der im weiteren Verlauf auch Lettland und Litauen betraf.

Am Ende profitierten die baltischen Staaten von der allgemeinen Erschöpfung aller Kriegsparteien und der konsequenten Verfolgung des Zieles der **staatlichen Eigenständigkeit.** Die Unterstützung durch die großen Mächte tendierte gegen Null, am meisten machte sich Großbritannien für die neuen Staaten stark. Die Aufnahme in den Völkerbund erfolgte im Herbst 1921.

Die Zeit der Republiken

Blütezeit

Die Republikzeit zwischen den Weltkriegen ist für alle baltischen Staaten – deren Geschichte ab dieser Zeit sehr deutliche Parallelen hat – von immenser Bedeutung. Die Länder blühten politisch und kulturell auf, eine wirtschaftliche Modernisierung setzte ein, die **Landessprachen** konnten endlich ungehindert verwendet werden.

Deutsche Oberschicht wird zur Minderheit

In Estland und Lettland war die Zeit der Vorherrschaft der deutschen Oberschicht, die auch unter russischer Herrschaft bestand gehabt hatte, nach vielen Jahrhunderten zum Ende gekommen. Die Deutschen konnten sich aber fortan als nationale Minderheit neben Russen, Juden und Polen entfalten. In Estland wurden diese Minderheiten durch ein fortschrittliches **Kulturautonomiegesetz** geschützt.

Nationalistische Bewegungen

Zwischen 1920 und 1922 gaben sich alle drei Länder demokratische Verfassungen, wählten Parlamente, Lettland und Litauen auch einen Präsidenten. Die demokratischen Errungenschaften währten allerdings nur kurz. In Litauen gelang 1926 ein Staatsstreich von rechten Kräften, die ein **autoritäres Regime** unter *Antanas Smetona* errichteten. In Estland wandelte *Konstantin Päts,* der seit 1920 mehrfach als Staats- und Regierungschef gedient hatte, seine bislang demokratische Herrschaft ab März 1934 per Notverordnungen in eine autoritäre Herrschaft um. In Lettland folgte *Kārlis Ulmanis* zwei Monate später auf diesem Weg. In den 1930er Jahren spitzte sich die ohnehin prekäre außenpolitische Lage zu, verschiedene Ansätze zu Verteidigungsbündnissen blieben ohne Erfolg.

Zweiter Weltkrieg

Hitler-Stalin-Pakt

Mit dem deutsch-sowjetischen Nichtangriffspakt und seinem **geheimen Zusatzprotokoll** teilten Deutschland und die Sowjetunion Osteuropa in Einflusssphären auf. Estland und Lettland, nach einer Änderung dann auch Litauen wurden dem **sowjetischen Teil zugeschlagen.** Damit erhielt Deutschland freie Hand für den Angriff auf Polen. Entsprechend zwang die Sowjetunion den baltischen Staaten bald nach Kriegsbeginn Verträge über die Einrichtung sowjetischer Militärbasen auf, die eigentliche **Okkupation** folgte im Juni 1940.

Zuvor, im Oktober 1939, hatte Deutschland unter der Parole **„Heim ins Reich"** die „Heimholung der nicht haltbaren Splitter des deutschen Volkstums" verkündet, woraufhin rund 60.000 Baltendeutsche ihre Heimat verließen, der größte Teil davon aus Lettland. In den von der Roten Armee besetzten Staaten wurden Satellitenregime installiert, die dann um eine **Aufnahme in die Sowjetunion** baten. Wirtschaft, Politik, Rechtswesen und das gesamte gesellschaftliche Leben wurden unmittelbar nach dem Anschluss sowjetisiert. Durch brutale Repression und massenhafte **Deportationen** (insgesamt etwa 50.000 Personen bis Juni 1941) sollte die neue Ordnung durchgesetzt werden.

Deutsche Besatzung

Doch zunächst brachte der Angriff Deutschlands auf die Sowjetunion am 22. Juni 1941 eine Wende für die baltischen Staaten, denn bereits am 28. August stand das gesamte Baltikum bis auf wenige Ausnahmen unter deutscher Besatzung. Wenn auch anders geartet, war diese ebenso brutal wie die vorangegangene. Die lokale **jüdische Bevölkerung** wurde praktisch **ausgelöscht** (in Litauen 200.000 Menschen, 90 % der jüdischen Bevölkerung), aber auch die Zahl der **hingerichteten Esten, Letten und Litauer** betrug über 70.000.

Anschluss an die Sowjetunion

Anfang 1944 begann die **Rückeroberung** des Baltikums durch die Rote Armee, bis zum Herbst war der größte Teil wieder unter sowjetischer Kontrolle. Einzig Kurland konnte bis zur Kapitulation Deutschlands nicht eingenommen werden. Um der sowjetischen Besatzung zu entgehen, floh mehr als eine Viertelmillion Menschen in den Westen. Nach dem Krieg gerieten die Interessen der baltischen Staaten unter die Räder und die westlichen Großmächte akzeptierten den völkerrechtswidrigen Anschluss der Gebiete an die Sowjetunion von 1940.

Sowjetzeit

Stalinismus und Russifizierung

Die Schreckensherrschaft setzte sich nach dem Krieg fort. Während des Stalinismus bis 1953 wurden Zehntausende Esten, Letten und Litauer verhaftet, hingerichtet oder **in Lager in Russland deportiert.** So lange dauerte auch der Partisanenkrieg der sogenannten **Waldbrüder** an, die in allen Ländern, am stärksten in Litauen, gegen die Besatzungsmacht kämpften. Parallel dazu wurde die gesamte Industrie verstaatlicht, die Bauern mussten sich in Kolchosen zusammenschließen. Das gesamte politische Leben wurde aus Moskau gesteuert.

Der Tod *Stalins* ermöglichte einen vorsichtigen inneren Wandel, die persönlichen Freiheiten nahmen zu. In der Planwirtschaft wurden regionalen Besonderheiten und der Versorgung der Bevölkerung wieder ein höherer Stellenwert beigemessen und der Lebensstandard stieg. Innerhalb der Sowjetunion galt das Baltikum gar als ein „Stück Westen". Unter *Leonid Breschnew,* der 1964 *Nikita Chruschtschow* ablöste, kam es dann wieder zu einem gesellschaftlichen Stillstand. In den 1970er Jahrne verschärften sich zudem die **wirtschaftlichen Probleme,** der Lebensstandard sank. Unter den Russifizierungsbestrebungen war die **Ansiedlung von russischen Arbeitskräften** in den baltischen Republiken die bedrohlichste Entwicklung. Obwohl im Alltag der Gebrauch von Estnisch, Lettisch und Litauisch selbstverständlich und unangefochten war, drohte die Russifizierung auf längere Sicht die kulturelle Eigenständigkeit auszuhöhlen.

Dissidentenbewegungen

Mangelnde persönliche und politische Freiheit, eine schlechte Versorgungslage und die Bedrohung der nationalen Identität – das war der Nährboden für die Dissidentenbewegungen, die im Laufe der Siebzigerjahre an Kraft gewannen. Es gab auch Ansätze zu einer Kooperation der Aktivisten in den drei Ländern. Auch wenn die praktischen Erfolge der Dissidenten angesichts der **Verfolgung durch den KGB** gering waren, kam ihnen eine wichtige Rolle dabei zu, freiheitliche und nationale Gedanken am Leben zu erhalten.

Perestroika und Glasnost

Als *Michail Gorbatschow* 1985 das Ruder übernahm, sah er die einzige Möglichkeit, die UdSSR zu erhalten, darin, sie zu öffnen und zu modernisieren. Dies setzte die Kräfte frei, die schließlich zur Auflösung der Sowjetunion führten.

Der Weg zur Unabhängigkeit

Widerstand

In Lettland und Estland formierte sich ab 1986 eine Bewegung gegen Umweltzerstörung und für die Aufarbeitung von Verbrechen der Stalinzeit. Spätestens ab 1987 lassen sich in Estland auch in der Kommunistischen Partei selbst klare Tendenzen zur Loslösung erkennen. 1988 wurden zunächst in Estland, dann auch in Lettland und Litauen **Volksfronten** gebildet, die Massenkundgebungen organisierten und der Bewegung Schwung verliehen. In Litauen wurde *Vytautas Landsbergis* zur prägenden Persönlichkeit in der **Sajūdis** („Bewegung") genannten Gruppe.

Singende Revolution

Die Singende Revolution entfaltete in Estland 1988 eine gewaltige Symbolkraft: Bei der größten Kundgebung versammelten sich 300.000 Menschen, fast ein Fünftel der gesamten Bevölkerung, auf dem Sängerfestplatz in Tallinn und sangen patriotische Lieder. Hatten sich die Forderungen bislang auf wirtschaftliche Eigenständigkeit und politische Erneuerung konzentriert, rückte nun die **Eigenstaatlichkeit** in den Vordergrund. Noch im November 1988 deklarierte die Estnische SSR ihre Souveränität innerhalb der UdSSR. Litauen und Lettland folgten 1989. Die nächste wichtige Demonstration des Freiheitswillens der baltischen Länder war eine **600 km lange Menschenkette,** bei der am 23. August 1989 rund zwei Millionen Menschen ein Band durch die drei Unionsrepubliken bildeten.

Unabhängigkeitserklärungen

Noch war der Kampf allerdings nicht gewonnen, Moskau versuchte, die zentrifugalen Tendenzen im Zaum zu halten. Nachdem **Litauen** am 11. März 1990 voranging und die Unabhängigkeit deklarierte, wurde es mit einer Wirtschaftssperre belegt. Im Mai versuchten die sowjetischen **Interbewegungen** in Riga und Tallinn die Kontrolle über die Situation zu erlangen, wurden aber von den Unterstützern der Unabhängigkeit vertrieben.

1991 spitzte sich die Situation zu, in Moskau gewannen Kräfte an Einfluss, die einen gewaltsamen Zusammenhalt der UdSSR befürworteten. Am 13. Januar **starben in Vilnius vierzehn Menschen,** als sowjetische Einheiten versuchten, den von Demonstranten blockierten Fernsehsender zu stürmen. Eine Woche später starben bei einem Angriff der Geheimpolizei auf das lettische Innenministerium weitere fünf Menschen. Eine gefährliche Situation für die baltischen Staaten entstand auch noch einmal durch den **Putsch gegen Gorbatschow,** als die Putschisten Truppen ins Baltikum schickten.

Am Tag nach dem Putsch erklärte **Estland** die volle Wiederherstellung der Selbstständigkeit, **Lettland** folgte am Tag darauf. Die **diplomatische Anerkennung** als selbstständige Staaten erhielten die baltischen Republiken 1991 zuerst durch Island, danach auch durch die anderen westlichen Staaten.

Die jungen Republiken

Staatsgründungen

Die drei baltischen Republiken konnten **1991**, anders als die meisten anderen Sowjetrepubliken, an eine **eigenstaatliche Tradition** anknüpfen. Es handelt sich im Selbstverständnis der Staaten auch nicht um Neugründungen, sondern um eine Fortsetzung der Republiken der Zwischenkriegszeit, die nur durch eine unrechtmäßige sowjetische Okkupation auf Eis gelegt waren. Das wichtigste außenpolitische Thema nach der Unabhängigkeit war der vollständige **Abzug der russischen Truppen.** Nach zähen Verhandlungen und einer russischen Verzögerungstaktik waren im August 1993 alle Truppen aus Litauen abgezogen, ein Jahr später auch aus Estland und Lettland.

Wirtschaftliche Entwicklung

Der Neustart gestaltete sich jedoch schwierig. Da die Wirtschaften der Sowjetrepubliken systematisch miteinander verflochten waren, kam es zunächst zu einer tiefgreifenden **Wirtschafts- und Versorgungskrise.** Einer der ersten Schritte der neuen Regierungen waren die Einführung einer eigenen **Währung** (Estnische Krone, Lettischer Lats und Litauischer Litas) und die Normalisierung der extremen **Inflation.**

Ab 1993/94 begann dann eine sehr rasche Belebung der Wirtschaft. Gerade Estland erfreute sich umfangreicher Investitionen aus dem Ausland. Im Wesentlichen hielt diese **Boomphase** bis zur Wirtschafts- und Finanzkrise 2008 an, die Wirtschaftswachstumsraten lagen nicht selten im zweistelligen Bereich. Das Wort von den „**Baltischen Tigern**" machte die Runde. Zwar war auch der Einbruch 2008 drastischer als in den anderen europäischen Volkswirtschaften, unter dem Strich geht es jedoch den meisten Bewohnern heute spürbar besser. Hinter den guten Wachstumszahlen ist allerdings nicht zu vergessen, dass nicht alle vom Boom profitiert haben und die Lage zum Beispiel für viele Rentner sehr schwierig ist.

Westintegration

Alle drei Länder verfolgen einen konsequenten Kurs der Westintegration, der 2004 in die Aufnahme in **NATO** und **EU** mündete. Seit 2007 sind die baltischen Länder Teil des **Schengen-Raumes.** Estland ist seit 2010 Mitglied der **OECD,** Lettland seit 2016. Alle drei führten inzwischen den **Euro** als Währung ein. Auch wenn die baltischen Länder aufgrund ihrer geringen Größe über kein besonders großes internationales Gewicht verfügen, sind sie doch zu selbstbewussten Akteuren auf der europäischen Bühne gereift. Schließlich kann **Estland** überall als Musterbeispiel für solide Staatsfinanzen dienen und **Lettland** hat sich mit seinem radikalen Sparkurs, der von der Bevölkerung ohne größeres Murren akzeptiert wurde, europaweit Respekt verdient.

Litauen hat sich unter der resoluten Präsidentin *Dalia Grybauskaité* zu einem der klarsten Unterstützer des ukrainischen Reformprozesses entwickelt und unterstützt das Land mit Ausrüstung und Know-how.

Alle drei Länder haben sich wiederholt und sehr deutlich gegen die zunehmend aggressive **russische Außenpolitik** positioniert.

Staat und Politik

Alle drei baltischen Republiken sind **parlamentarische Demokratien.** Zu Beginn der 1990er Jahre, mit der Wiedererlangung der Unabhängigkeit, haben sie sich neue Verfassungen gegeben.

Estland

An der Spitze des Landes steht der **Staatspräsident,** der nicht nur eine repräsentative Funktion, sondern auch exekutive Befugnisse hat. So ist er beispielsweise Oberbefehlshaber der Streitkräfte, verkündet Gesetze und kann dem Parlament Kandidaten für wichtige Ämter vorschlagen. Der Präsident wird alle fünf Jahre gewählt. Seit 2016 hat *Kersti Kaljulaid* das Amt inne, die erste Frau auf diesem Posten. Sie folgt auf *Toomas Hendrik Ilves,* der Estland 10 Jahre lang auf internationalem Parkett mit Witz, Intellekt und Stil vertreten hat.

Oberstes gesetzgebendes Organ ist das **Einkammer-Parlament Riigikogu** mit 101 Abgeordneten. Die Legislaturperiode dauert vier Jahre, jedoch wechselten die Regierungen bislang häufiger. Dies liegt daran, dass keine politische Partei im Land dominiert und die verschiedenen Koalitionen, die meist aus mehreren Bündnispartnern bestanden, Schwierigkeiten in der Konsensfindung hatten.

Lettland

Auch in Lettland ist der Präsident das Staatsoberhaupt. Die Regierung besteht aus dem Premierminister und seinem Kabinett, das vom Parlament gewählt und überwacht wird. Das aus nur einer Kammer bestehende **Parlament Saeima** wird alle vier Jahre von den Bürgern bestimmt.

Wichtigstes Merkmal des politischen Systems in Lettland ist die hohe Machtfülle der Saeima. Neben der Gesetzgebung und der Bestimmung der Richter wählen die Parlamentarier auch den Staatspräsidenten. Einmal ernannt, agiert der Präsident frei, hat aber keine weit reichenden Vollmachten wie etwa der französische oder der US-Präsident. Immerhin vergibt er aber nach Parlamentswahlen den Auftrag zur Regierungsbildung, er besitzt das Recht zu Gesetzesinitiativen, zur Zurückweisung von Gesetzentwürfen an die Saeima zur erneuten Beratung, zur Einberufung außerordentlicher Kabinettssitzungen und zur Auflösung des Parlaments. Letzteres darf jedoch nur in Verbindung mit einem Volksentscheid geschehen.

Präsidentin *Vaira Vike-Freiberga,* im Amt von 1999 bis 2007, erfreute sich großer Beliebtheit und war auch über die Landesgrenzen hinaus als effektive Vertreterin Lettlands in Europa bekannt. Ihr Nachfolger wurde *Valdis Zatlers.* Seit Sommer 2011 stand der wohlhabende Geschäftsmann *Andris Berziņš* an der Spitze des Staates, der *Zatlers* überraschend entmachtet hatte. Unterstützt wurde er von der „Partei der Grünen und Bauern". Ihm wiederum folgte 2015 der 1966 geborene *Raimonds Vējonis,* der zuvor lange Zeit Umweltminister

Die Länder im Überblick

Estland

- **Landesname:** Eesti
- **Fläche:** 45.215 km²
- **Grenzen:** 769 km Küste und 677 km Festland (zu Russland und Lettland)
- **Natur:** höchster Berg: Suur Munamägi (318 m), größter See: Peipsi (3555 km²), längster Fluss: Võhandu jõgi (162 km), über 1500 Inseln, 1200 Seen
- **Einwohner:** 1,3 Mio.
- **Bevölkerungsdichte:** 29 Einw./km²
- **Hauptstadt:** Tallinn (420.000 Einw.)
- **Bevölkerung:** 70 % Esten, 25 % Russen, <2 % Ukrainer, <1 % Weißrussen, Finnen, Letten und Deutsche
- **Religion:** traditionell evangelisch-lutherisch, heute vorwiegend konfessionslos
- **Landessprache:** Estnisch
- **Währung:** Euro (€)
- **Zeitzone:** Osteuropäische Zeit (OEZ)(MEZ + 1 Std.)
- **Telefonvorwahl:** 00372
- **KFZ-Kennzeichen:** EST

Lettland

- **Landesname:** Latvija
- **Fläche:** 64.589 km²
- **Grenzen:** 498 km Küste, 343 km mit Estland, 276 km mit Russland, 161 km mit Weißrussland, 588 km mit Litauen
- **Natur:** höchster Berg: Gaizina Kalns (312 m), größter See: Lubans (81 km²), längster Fluss: Daugava (1005 km, davon 342 km in Lettland), 2256 Seen
- **Einwohner:** 1,96 Mio.
- **Bevölkerungsdichte:** 31 Einw./km²
- **Hauptstadt:** Riga (696.000 Einw.)
- **Bevölkerung:** 61,6 % Letten, 25,8 % Russen, 3,4 % Weißrussen, 2,3 % Ukrainer, 2,1 % Polen, 1,2 % Litauer
- **Religion:** vorwiegend evangelisch-lutherisch und russisch-orthodox (in der Region Latgale konzentriert sich die katholische Minderheit). Etwa 10.000 Juden leben derzeit in Lettland.
- **Landessprache:** Lettisch
- **Währung:** Euro (€)
- **Zeitzone:** Osteuropäische Zeit (OEZ)(MEZ + 1 Std.)
- **Telefonvorwahl:** 00371
- **KFZ-Kennzeichen:** LV

Litauen

- **Landesname:** Lietuva
- **Fläche:** 65.303 km²
- **Grenzen:** 99 km Küste, 104 km mit Polen, 273 km mit Russland (Kaliningrader Gebiet), 588 km mit Lettland, 660 km mit Weißrussland
- **Natur:** höchster Berg: Aukštojas (294 m), größter See: Drūkšiai (45 km²), längster Fluss: Nemunas (937 km, davon 475 km in Litauen), 2833 Seen
- **Einwohner:** 2,89 Mio.
- **Bevölkerungsdichte:** 46 Einw./km²
- **Hauptstadt:** Vilnius (523.000 Einw.)
- **Bevölkerung:** 84 % Litauer, 6 % Polen, 5 % Russen, 1 % Weißrussen
- **Religion:** 80 % römisch-katholisch, 4 % russisch-orthodox, 2 % evangelisch-lutherisch
- **Landessprache:** Litauisch
- **Währung:** Euro (€)
- **Zeitzone:** Osteuropäische Zeit (OEZ)(MEZ + 1 Std.)
- **Telefonvorwahl:** 00370
- **KFZ-Kennzeichen:** LT

und auch Vorsitzender der *Grünen Partei* gewesen war. Er ist Sohn eines lettischen Vaters und einer russischen Mutter – stellt also auch ein in Lettland wichtiges verbindendes Element zwischen den beiden Völkern dar.

Litauen

Das Volk wählt alle vier Jahre das **Parlament Seimas** mit 141 Abgeordneten. Dieses wiederum wählt den Parlamentspräsidenten und ernennt auf Vorschlag des Staatspräsidenten den Premierminister und auf Vorschlag des Premierministers wiederum die 13 Minister der Regierung. Diese ist dem Parlament verantwortlich, das auch die Mitglieder des Obersten Gerichtshofes wählt.

Der **Präsident** ist Staatsoberhaupt und wird alle fünf Jahre direkt vom Volk gewählt. Er bestimmt den außenpolitischen Kurs und darf das Parlament auflösen, den Premierminister absetzen und Neuwahlen ausschreiben. Seit Juli 2009 ist *Dalia Grybauskaitė* Präsidentin.

Nationalsymbole

Estland

Die **Flagge** besteht aus drei horizontalen Streifen in **Blau, Schwarz, Weiß** (*sini-must-valge,* die Namen der Farben sind auf Estnisch ein feststehender Ausdruck). Sie stammt aus dem 19. Jh., war Flagge einer Tartuer Studentenorganisation und wurde bereits in der ersten Estnischen Republik Staatsflagge.

Das estnische **Staatswappen** zeigt drei Leoparden, oftmals als Löwen darge-

5

stellt, und stammt aus dem 13. Jh., als der dänische König *Waldemar II.* der Stadt Tallinn dieses Wappen stiftete. 1925 wurde es zur Zeit der ersten Estnischen Republik erstmals Staatswappen. Estland ist stolz auf seine traditionellen **Natur-Nationalsymbole:** Kalkstein, Rauchschwalbe und Kornblume.

Lettland

Die **rot-weiß-rote Flagge** besitzt eine spezielle Farbe: Das dunkle Rot ist als *Latvian Red* international ein Begriff. Es symbolisiert das für die Freiheit des Vaterlandes vergossene Blut, während der weiße Mittelstreifen für Reinheit und Gerechtigkeit steht. Die Erwähnung eines „rot-weiß-roten Banners" geht bis ins 13. Jh. zurück, die Flagge in ihrer heutigen Form wurde 1921 zum offiziellen Staatssymbol erhoben.

Ein Jahr nach der Flagge wurde auch das **Staatswappen** von Lettland entworfen, nämlich nach der Ausrufung der souveränen lettischen Republik im Herbst 1918. Wichtig für Lettland war zu dieser Zeit, aus den vier historisch so verschiedenen Regionen eine staatliche Einheit zu bilden, mit der sich die Bürger identifizieren konnten. Daher symbolisiert ein **roter Löwe** die in der Geschichte lange Zeit deutsch geprägten Regionen Kurzeme (Kurland) und Zemgale (Semgallen). Für Vidzeme (Livland) und Latgale (Lettgallen) steht ein **silberner Greif**. Interessant ist, dass beide Tierfiguren bereits im 16. Jh. auftauchen – der Löwe im Wappen des Herzogtums Kurland und der Greif aus der Zeit, als Livland und Lettgallen unter polnisch-litauischer Herrschaft standen.

Die **Sonne** auf blauem Grund steht im Wappen für die Eigenständigkeit Lettlands. Sie war das Zeichen der lettischen Schützen, die während des Ersten Weltkriegs in der russischen Armee kämpften. **Drei goldene Sterne** symbolisieren die drei großen historischen Regionen Kurland, Livland und Lettgallen. Semgallen ist in diesem Fall bei Kurland inbegriffen.

Im Staatswappen tauchen Löwe und Greif ein zweites Mal auf: Sie halten das Wappen. Grüne Eichenzweige – auch die standfeste Eiche ist für die Letten ein Symbol ihres Landes – und ein geschwungenes Band in den Nationalfarben Rot-Weiß-Rot sind dazu drapiert.

Litauen

Die **Flagge** in den Farben **Gelb-Grün-Rot** wurde erstmals nach der Unabhängigkeitserklärung 1919 auf dem Burgberg in Vilnius gehisst. Es sind die drei Farben, die am häufigsten in litauischen Geweben vorkommen. Gelb steht für die Sonne, das Symbol von Licht und Wohlergehen, Grün versinnbildlicht die Schönheit der Natur sowie die Hoffnung und die Freude, Rot als Farbe des Blutes, des Lebens und der Erde symbolisiert Mut und die Opfer der Litauer im Kampf um ihre Freiheit.

Das litauische **Staatswappen** ist eines der ältesten staatlichen Wappen Europas. Es zeigt auf rotem Hintergrund den **Litauischen Reiter,** einen silbernen Panzerreiter mit erhobenem Schwert und einem blauen Schild, der das goldene Doppelkreuz trägt. Es stellt den litauischen Fürsten *Vytis* dar, der seine Heimat verteidigt.

Erstmals erscheint dieser Reiter 1366 auf einem Siegel des Großfürsten *Algirdas.* Dessen Sohn, *Jogaila,* heraldisierte den Reiter 1386, und unter *Vytautas* wurde das Reiterbild 1392 zum Wappen des von ihm gegründeten Großfürstentums. Von den Zaren 1795 verboten, 1918 wieder eingesetzt, nach der sowjetischen Okkupation 1940 erneut verboten, ist das Wappen seit dem 1. März 1990 wieder in Kraft und Zeichen dafür, dass das heutige Litauen die historischen Staatstraditionen fortsetzt.

Wirtschaft

Bis ins Mittelalter hinein war die Landwirtschaft der alles dominierende Wirtschaftszweig. Das änderte sich teilweise mit dem Beitritt baltischer Städte zur Hanse und dem Handel mit West- und Osteuropa. Doch insgesamt blieb das bäuerliche Leben immer im Vordergrund – auch weil der Region außer dem Bernstein die **Bodenschätze fehlen.** Im 20. Jh. kam die Industrie (vor allem Schwerindustrie) hinzu. Doch mit dem Ende der Sowjetunion brachen nicht nur die unrentablen sowjetischen Produktionsbetriebe zusammen, auch die zuvor kollektivierte **Landwirtschaft** musste wieder neu aufgestellt werden. Insgesamt haben alle drei Länder den Wandel sehr gut gemeistert. Unter den ehemaligen Sowjetrepubliken spielten sie sowieso schon immer eine Sonderrolle, aber auch im Vergleich zu den anderen Ostblockstaaten stehen die Ostseeanrainer heute sehr gut da.

Estland

Der **wirtschaftliche Erfolg** des Landes ist vor allem das Ergebnis der liberalen Reformpolitik in den frühen 1990er Jahren: die Währungsumstellung vom Rubel zur Estnischen Krone mit festem Anker zur D-Mark bzw. später zum Euro, die erfolgreiche Privatisierung nach dem Treuhandmodell, wodurch die Modernisierung der Wirtschaft viel schneller möglich war, sowie eine schnelle Zuwendung zum Westen, nachdem der bisherige Heimatmarkt, also Russland, nach Wiedererlangen der Unabhängigkeit nahezu komplett wegbrach.

Bis zur **Wirtschaftskrise 2008** wuchs die Wirtschaft um etwa sieben bis acht Prozent pro Jahr, dann folgte ein kräftiger Einbruch (BIP 2009: – 14 %), aber eine ebenso rasche Erholung. Estland kommt dabei zugute, dass es die niedrigste Staatsverschuldung der EU und daher entsprechende Spielräume hat.

Neben klassischen Sektoren wie der Holz- und Metallverarbeitung, der Elektronik, dem Maschinenbau und der Textilbranche sind neue Wirtschaftsbereiche im Laufe der 1990er Jahre entstanden. So versteht Estland sich schon seit Jahren als Vorreiter in Sachen **Neue Medien.**

Während die Bedeutung des Landwirtschaftssektors seit der Unabhängigkeit kontinuierlich abnahm, wuchsen der Dienstleistungssektor und die verarbeitende Industrie immer weiter an. **Dienstleistungen** machen heute bereits etwa zwei Drittel des gesamtwirtschaftlichen Sozialproduktes aus, der Rest wird größtenteils von der verarbeitenden Industrie getragen. Auch der **Tourismus** spielt dabei eine bedeutende Rolle.

Wichtige **Handelspartner** sind Finnland und Schweden, aber auch Deutschland. An **Bodenschätzen** verfügt Estland vor allem über Holz, Ölschiefer und Torf.

Estland gehört zu den am raschesten wachsenden Volkswirtschaften der Europäischen Union. Leider profitieren jedoch nicht alle Bevölkerungsgruppen gleichermaßen vom wirtschaftlichen Erfolg und wachsenden Wohlstand. So kann man auch in Estland immer die berühmten zwei Seiten der Medaille finden. Wandelt man durch die Hauptstadt Tallinn, auf die sich mehr als drei Viertel aller Investitionen konzentrieren, sind es die Gewinner, die ins Auge fallen: Junganwälte und Banker, Wirtschaftsstudenten und Kunden jener teuren Boutiquen, die sich in den letzten Jahren angesiedelt haben. Doch an der schwierigen Lage der meisten Arbeitslosen, Rentner oder alleinerziehenden Mütter hat sich nicht viel geändert, weshalb man ein **Armutsgefälle** beobachten kann – vor allem im Vergleich der Städte mit dem Land, aber auch regional verteilt. Es ist vor allem die Hauptstadt, die boomt, während der Nordosten hohe Arbeitslosenzahlen verbucht.

Die **Arbeitslosenquote** liegt – langfristig betrachtet – im unteren europäischen Mittelfeld. Somit steht Estland auch hier relativ gut da. Allerdings wandern auch nicht wenige Arbeitskräfte ab – sowohl einfache Landarbeiter wie auch gut ausgebildete medizinische Fachkräfte finden in Finnland leicht Arbeit und können dort deutlich besser verdienen. Unter den drei baltischen Staaten ist Estland immer so etwas wie der Musterknabe.

Lettland

Etwa ein Viertel des Bruttoinlandsprodukts wird von der Industrie erwirtschaftet, aber ganze 75 % entfallen bereits auf den **Dienstleistungssektor,** der Jahr für Jahr zweistellige Zuwachsraten erzielte. Es stimmt zuversichtlich, dass Lettland auch nach der Wirtschaftskrise von 2008 weiterhin auf Zukunftsbranchen wie Tourismus oder erneuerbare Energien setzt.

Das **Wirtschaftswachstum** lag seit den neunziger Jahren lange Zeit sehr hoch – zwischen 5 und 10 %. Lettlands Wirtschaft brummte, war aber denkbar schlecht auf die weltweite **Krise an den Finanzmärkten** vorbereitet. 2008 und 2009 erlebte das Land den größten aller Abstürze: eine **Rezession** im zweistelligen Bereich. Die Situation war die dramatischste in der gesamten EU und drohte, völlig außer Kontrolle zu geraten, weswegen die Europäische Union, der IWF und eine internationale Gebergemeinschaft mit einem riesigen **Kredit-Hilfspaket** von insgesamt 7,5 Milliarden Euro einschritten. Im Gegenzug musste die lettische Regierung eine gewaltige Anstrengung bei der Haushaltskonsolidierung versprechen: Bis 2012 soll die Neuverschuldung im Rahmen der Maastricht-Kriterien liegen.

Seit Mitte 2010 wächst das **Bruttoinlandsprodukt** mit einer jährlichen Rate von zunächst 6 %, dann 4 %, dann 3 %, dann 2,4 %, und im Jahre 2015 von 2,7 %. Für 2016 wurden bei Redaktionsschluss knapp 3 % erwartet, für 2017 leicht über 3 %.

Die **Arbeitslosenrate,** die nach der Krise 2010 noch auf einen Rekordwert von 21 % geklettert war, sank recht schnell wieder auf die aktuellen knapp 10 %. Hier soll es im nächsten Jahr nahe an die 9 %-Marke gehen.

Die einst galoppierende **Inflationsrate** überschritt in den letzten Jahren kaum die 0 % (auch wenn viele Letten anhand von Einzelfällen glauben, der Euro hätte ihre Lebenshaltung verteuert), wird aber voraussichtlich 2017 wieder auf immer noch moderate 2 % klettern.

Das **Haushaltsdefizit** beträgt derzeit nur 1 % und die **Gesamtverschuldung** des Staates knapp 40 % des aktuellen Bruttoinlandsproduktes – Tendenz sogar sinkend. Die berühmten Maastricht-Kriterien der EU legen die Grenzen bei 3 % bzw. 60 % fest, Lettland erfüllt diese Vorgaben also bequem.

Die **Brutto-Durchschnittsgehälter** stiegen inzwischen auf 818 Euro pro Monat, während es zehn Jahre zuvor gerade einmal 350 Euro gewesen waren. Im öffentlichen Sektor sind es sogar 855 Euro, in der Privatwirtschaft 799 Euro.

Größter Handelspartner Lettlands ist **Litauen.** Beim Export liegt Deutschland auf Rang fünf, bei den Einfuhren auf Platz vier.

Während der **Tourismus** Anfang der neunziger Jahre praktisch keine Rolle spielte, machte er zuletzt bereits deutlich über drei Prozent des Bruttoinlandsprodukts aus. Die Zahl der in den Unterkünften des Landes gemeldeten ausländischen Touristen lag im Jahre 1993 bei knapp über 220.000, im Jahr 2003 waren es bereits 450.000, im Jahre 2013 dann 1,25 Mio. und 2015 schließlich 1,47 Mio. Die Zahl der österreichischen Besucher stieg von 2472 im Jahre 1998 auf gut 13.500 im Jahre 2015, die Zahl der Schweizer im selben Zeitraum von 1726 auf gut 18.000 und die der Deutschen

von knapp 26.000 auf stolze 178.500. Die **Milliarden-Beihilfen der EU** fließen nicht nur in den Ausbau der Infrastruktur, sondern in den Fremdenverkehr selbst: Broschüren, Landkarten, der Ausbau von Museen, Touristeninformationen selbst in kleinen Orten sowie Tausende von Hinweisschildern und Informationstafeln bei Sehenswürdigkeiten aller Art.

Litauen

Seit der Unabhängigkeit hat sich Litauen relativ schnell durch **Privatisierungen** (ca. 80 % des Bruttosozialprodukts werden in der Privatwirtschaft erbracht) bzw. durch die Liberalisierung des Kapitalmarkts und Handels der freien Marktwirtschaft angepasst. Mit 5–9 % **Wirtschaftswachstum** in den Jahren 2004–08 war Litauens Wirtschaft eine der am schnellsten wachsenden Volkswirtschaften Europas. 2009 sank das Bruttosozialprodukt aufgrund der **Wirtschaftskrise** um 5 %, danach zog es aber wieder kräftig an.

Im Dienstleistungsbereich arbeiten 62 % der Beschäftigten, in der Industrie 27 %. Litauen gilt als Drehscheibe zwischen Ost und West und konnte hohe **ausländische Investitionen** anlocken, u.a. aus Deutschland. Viele **internationale Firmen** lassen ihre Produkte jetzt in Litauen fertigen, z.T. von Zulieferfirmen. Gründe hierfür sind Niedrigsteuersätze, Billiglöhne, flexible Arbeitszeiten, Währungsstabilität, Rechtssicherheit und freier Zugang zum europäischen Markt.

Schattenseiten sind das immer noch riesige Gefälle beim **Pro-Kopf-Einkom-**

men (es beträgt nur 38 % des EU-Durchschnitts), Defizite bei den ökologischen und sozialen Standards bzw. der Infrastruktur sowie die **Arbeitslosigkeit** mit jetzt 8,6 %, bei Jugendlichen 16,5 %. Da diese auf dem Lande aber höher liegt, die Löhne aber niedriger sind als in den Großstädten, ziehen viele Jüngere in die Städte, sodass ein noch größeres **Wohlstandsgefälle** zwischen Stadt und Land entsteht. Viele setzen aber weiterhin große Hoffnungen in den **Tourismus,** der in den letzten Jahren hohe Zuwachsraten zu verzeichnen hatte.

Litauen war bis zur Unabhängigkeit ein industrialisierter Agrarstaat. Heute erbringt die **Land- und Forstwirtschaft** nur noch 3 % des Bruttosozialprodukts, stellt aber 11 % aller Arbeitstätigen. Die Effektivität der landwirtschaftlichen Nutzung wird noch durch den Mangel an technischen Geräten erschwert. Zwangsläufig ist deshalb auch der **Import von Lebensmitteln** notwendig.

Die **Industrie** beschränkt sich in dem an Bodenschätzen armen Land weitgehend auf den verarbeitenden Bereich. Wichtige Zweige sind Maschinenbau und Metallverarbeitung, Leichtindustrie (Textil- und Schuhindustrie), Petrochemie, Nahrungsmittelindustrie, Segelflugzeugbau und Holzverarbeitung.

Bevölkerung

Estland

Vergleicht man Estland mit anderen Ländern Europas, so stellen die Esten zahlenmäßig ein recht kleines Volk dar:

1,3 Millionen Menschen wohnen hier. Die Bevölkerungsdichte ist mit nur 29 Einwohnern pro Quadratkilometer entsprechend gering. Ein knappes Drittel der gesamten Bevölkerung wohnt in der Hauptstadt Tallinn.

Auch wenn Estland geografisch zum Baltikum gehört und es sich eingebürgert hat, die Völker aller drei Länder als **Balten** zu bezeichnen, so ist dies im Falle der Esten eigentlich nicht richtig. Im Gegensatz zu Lettisch und Litauisch ist das Estnische nämlich keine baltische, sondern eine finno-ugrische Sprache, die überhaupt nicht mit den vorgenannten verwandt ist. Auch aus kulturellen und historischen Gründen sehen die Esten selbst sich nicht als Balten (s. auch Kap. „Reisetipps A–Z": „Sprache" und „Verhaltenstipps").

Das estnische Statistikamt zählt heute knapp **330.000 Russen** (25 % der Bevölkerung), etwa 22.000 **Ukrainer** (1,7 %), 12.000 **Weißrussen** (1 %) und 7000 **Finnen** (0,6 %) als größte nicht-estnische Bevölkerungsgruppen auf. Tataren, Letten, Polen, Litauer, Deutsche und andere Volksgruppen sind zahlenmäßig geringer vertreten. Angesichts der Tatsache, dass knapp 70 % der estnischen Bevölkerung **Esten** sind und rund ein Viertel russischsprachig ist, überrascht es nicht, dass das kleine Land seit 1997 einen eigenen Minister für Bevölkerung und ethnische Angelegenheiten hat.

Deutsche und schwedische Minderheiten vor 1945

Die hohe Anzahl an ethnischen Gruppen und Nationalitäten in Estland erklärt sich durch die Geschichte des Landes. Estland war von 1918 bis 1940 unabhängig (siehe „Geschichte"), dann erst wieder seit 1991. Jahrhundertelang hielten hingegen **fremde Herrscher** die Fäden in der Hand: Deutsche und Russen, Dänen, Polen und Schweden führten in der Vergangenheit die Geschicke des Landes und zuletzt drohten die Esten selbst zur Minderheit im eigenen Land zu werden.

Zu Zeiten der ersten Republik, 1925, erließ die Regierung ein Autonomiegesetz, welches Minderheiten besondere Rechte einräumte: „Das deutsche, russische und schwedische Volk sowie diejenigen auf estländischem Territorium lebenden Minoritäten, deren Gesamtzahl nicht kleiner als 3000 ist", wurden hier aufgeführt. Estland war damit der erste Staat in Europa, der seinen Minderheiten gesetzlich Kulturautonomie zubilligte, sodass den Minoritäten gestattet war, eigene Schulen, Vereinigungen, Theater und Zeitungen zu gründen und somit ihre Nationalkultur zu bewahren und weiterzuentwickeln.

Sieht man einmal von den sogenannten altgläubigen Russen ab, die schon in dem Gesetz von 1925 aufgeführt wurden, spielen die beiden dort ebenfalls aufgezählten traditionellen Minderheiten – Schweden und Deutsche – heute zahlenmäßig keine Rolle mehr. Die **deutschbaltische Geschichte** in Estland fand nach über 700-jähriger Vormachtstellung Anfang des 20. Jh. ihr Ende. Stellten die Nachfahren der deutschen Ordensritter noch bis dahin die **Oberschicht** Estlands dar, wurde ihnen die wirtschaftliche und politische Macht binnen weniger Jahre genommen. Die Agrarreform des unabhängig gewordenen Staates bedeutete 1919 den **Verlust** **ihres Großgrundbesitzes,** die Umsiedlungsverträge von 1939 waren das Ende ihrer Anwesenheit. Rund 13.700 Menschen verließen Estland, nachdem im deutschen Reichstag als Konsequenz des **Hitler-Stalin-Paktes** die „Heimholung der nicht haltbaren Splitter des deutschen Volkstums" beschlossen wurde.

Damit einher ging die Flucht der sogenannten estnischen Schweden oder **Küstenschweden,** die im 13. Jh. über Finnland die nordwestliche Küstenregion Estlands besiedelt hatten. Im Gegensatz zu den estnischen Bauern waren die Siedler frei, d.h. sie hielten und bewirtschafteten **eigenes Land.** Ein Gesetz besagte jedoch, dass sie diese Freiheit verlieren, wenn sie sich mit Esten verheiraten – wohl einer der Hauptgründe, warum die schwedische Siedlung 700 Jahre lang hielt. Von den rund 8000 Schweden, die einstmals in Estland lebten, ca. 4500 davon auf der im Nordwesten gelegenen **Halbinsel Noarootsi,** flüchteten mehr als 7000 im Jahre 1944 vor der herannahenden Roten Armee nach Schweden. Heute erinnern sowohl zweisprachige Ortschilder als auch die Architektur an die Anwesenheit der estnischen Schweden.

Russische Minderheit

Spricht man von der russischen Minderheit, so ist zwischen den **Altgläubigen,** die schon seit 300 Jahren in Estland verwurzelt sind, und den neu zugezogenen Russen zu unterscheiden. Letztere kamen vor allem seit den 1950er und bis in die 1980er Jahre nach Estland. Nachdem die Sowjetunion das kleine Land 1944 okkupiert hatte, begann ein Prozess der beabsichtigten Russifizierung und nahezu **gewaltsamen Migrationspolitik.** Allein unter *Stalin* wurden 200.000 russische Arbeiter überwiegend im Nordosten Estlands angesiedelt. Zu den Einwanderern gehörten Russen, aber auch **Ukrainer und Weißrussen,** die heute nach Esten und Russen die dritt- bzw. viertstärkste Bevölkerungsgruppe Estlands bilden.

Anders verhält es sich mit den **altgläubigen Russen,** die am Ufer des **Peipus-Sees** ansässig sind. Die Altgläubigen kamen bereits im 18. Jh. vor allem aus der Gegend um Nowgorod an die Westküste des Peipus-Sees, wo sie der Verfolgung im eigenen Land entgingen und friedliche Plätze zum Leben fanden. Seither bewohnt diese Bevölkerungsgruppe das ganze Ufer des Peipus-Sees und Narva-Flusses, von den Dörfern Gorodenka und Kuningaküla im Norden bis an die Ufer des Seto-Landes im Süden. Im Gegensatz zu den neu zugezogenen Russen gehören die Altgläubigen nicht der russisch-orthodoxen Kirche an.

Zwar wurden die Altgläubigen nicht wie die Deutschen und Schweden im Zweiten Weltkrieg vertrieben, doch modernere Zeiten haben nicht viel Gutes für diese Bevölkerungsgruppe gebracht. **Arbeitslosigkeit** zwingt die Jugend, ins Landesinnere umzusiedeln, wo die moderne Medienwelt und sonstige kulturelle Konkurrenz eine ständige Bedrohung für das Fortleben der russisch-altgläubigen Kultur darstellt. Mittlerweile sind aber erfolgreiche Gegenmaßnahmen ergriffen worden, so wurde ein Heimatmuseum eröffnet und ein Restaurant mit örtlichen Spezialitäten, deren Hauptbestandteile vor allem Zwiebeln und Fisch

sind. Derartige Aktivitäten, so das Ministerium für Bevölkerung, werden vom estnischen Staat gefördert und zum Teil auch finanziell unterstützt.

Bis heute leben nahezu **330.000 Russen** in Estland, rund ein Viertel der Gesamtbevölkerung. In bestimmten Teilen des Landes, etwa im nordöstlichen Landkreis Ida-Virumaa, sind die Esten gar eine Minderheit. Auf rund 106.000 Russen kommen dort nur ca. 30.000 Esten, vorherrschende Sprache im Alltag ist nach wie vor Russisch. Natürlich birgt dies Spannungspotenzial. Mittlerweile geht aber die **Integration** erfolgreich voran, nicht zuletzt durch die vielen Projekte der 1998 eigens dazu gegründeten estnischen Integrationsstiftung. Diese unterstützt Lehrerfortbildungsprogramme, Jugendinitiativen und private Organisationen, die der estnisch-russischen Verständigung und der Integration dienen. Russische Schulen sind genau so erlaubt wie russische Medien und Gruppierungen.

Religion

Vom 16. Jh. bis zum Zweiten Weltkrieg spielte die **evangelisch-lutherische Kirche** in Estland eine bedeutende Rolle. Während bis zur Sowjetzeit, in der öffentliche religiöse Aktivitäten und Bekundungen untersagt wurden, der überwiegende Teil der Esten dem protestantischen Glauben anhing, ist heutzutage die Mehrheit der Bevölkerung **konfessionslos.** Weniger als ein Drittel ist Mitglied einer christlichen Kirche. Umfragen zufolge hängen etwa 180.000 Menschen dem lutherischen Glauben, gut 170.000 dem orthodoxen Glauben an.

Zu Letzteren zählt vor allem der russischsprachige Teil der Bevölkerung. Estland ist – sofern solche Statistiken sinnvoll sind – das atheistischste Land der Welt, in dem Sinne, dass es den geringsten Anteil an kirchlich organisierter Bevölkerung hat.

Mentalität

Estland ist, nicht zuletzt durch die lange geschichtliche Verbindung, ein uns im Wesentlichen sehr vertrauter Kulturraum. Versucht man, einige generelle Aussagen zu treffen, lassen sich Esten als typisch **nordisch-reserviert** charakterisieren. Die für eine Vielzahl von Esten zutreffende Zurückgezogenheit und Introvertiertheit, aber auch ihr Fleiß und ihre Anpassungsfähigkeit sind einerseits auf die Geschichte des Landes, das jahrhundertelang unter Fremdherrschaft stand, andererseits auf das Klima zurückführen. Lange und dunkle Winter wirken schließlich nicht gerade gemütsaufhellend. Deshalb spiegelt sich der Jahresrhythmus teilweise auch in der Stimmung der Menschen wieder. Im Winter eher verschlossen, gibt sich der Este im Sommer offener und kommunikativer, eine Beobachtung, die man aber sicher auch in anderen nördlichen Ländern machen kann.

Was viele Besucher, vor allem jene, die eine Weile im Land leben, als gewöhnungsbedürftig empfinden, ist die Fähigkeit der Esten, lange und ausgiebig zu **schweigen,** ohne dies als „peinliche Stille" zu empfinden. Esten sind zurückhaltend und eigenwillig, pragmatisch und sachlich, dafür aber selten arrogant und **niemals aufdringlich.** Zwar ist der durchschnittliche Este nicht gerade ein guter Smalltalk-Partner, doch sollte man seine Wortkargheit nicht als Unwilligkeit oder gar als unfreundlich abtun. Das wird man leicht feststellen können, wenn man einen Esten nach Auskunft fragt. Er wird wahrscheinlich nicht viele Worte verlieren, aber bereitwillig und präzise antworten und gern weiterhelfen.

Lettland

Obwohl Lettland auch für seine Bewohner seit der Wiedergewinnung der Freiheit und Unabhängigkeit langsam immer attraktiver wird, ist der langjährige **Trend zur Abwanderung** noch nicht aufgehalten. Nach wie vor weisen die offiziellen Statistiken einen Rückgang der Bevölkerungszahl aus. Mit **1,96 Millionen Menschen,** die heute in Lettland leben, hat das Land weniger Einwohner als vor 20 Jahren. Sogar vor einem Jahrhundert war das Land dichter bevölkert – und das, obwohl nach dem Zweiten Weltkrieg Hunderttausende Russen, Weißrussen und Ukrainer angesiedelt wurden. Im 20. Jh. emigrierten zunächst die meisten Baltendeutschen und dann angesichts der Einverleibung in die Sowjetunion auch viele Letten nach Westeuropa oder Übersee. Außerdem starben viele Menschen in den Weltkriegen und später durch Verbannung und Deportation.

Die **„moderne Emigration"** erfolgt, besonders seit der Öffnung vieler EU-Arbeitsmärkte, in die westlichen Länder der **Europäischen Union.** Zum demografischen Abwärtstrend kam noch erschwerend hinzu, dass die Geburtenra-

Die Liven – das kleinste Volk der Welt

Der Name **Livland** spielt in der Geschichte Lettlands eine überragende Rolle. Nachdem die deutschen Ritter des Schwertbrüderordens im 13. Jh. das Gebiet des heutigen Lettland erobert hatten, standen die Namen Livland und Kurland für einen Großteil des heutigen lettischen Staatsgebietes. Livland deckte zusätzlich noch gute Teile des **heutigen Estland** ab. Auch im 21. Jh. wird **Vidzeme** als eine der vier lettischen Regionen immer noch mit „Livland" übersetzt. Doch das im frühen Mittelalter von den Liven bevölkerte Gebiet an der **Rigaer Bucht** machte nur etwa zehn Prozent dessen aus, was später als „Livland" in die Geschichte eingehen sollte.

Es wird geschätzt, dass es **nie mehr als 20.000 Liven** gegeben hat. Sie bildeten ein winziges **finno-ugrisches Völkchen,** das den mächtigen einmarschierenden Kreuzrittern wenig entgegenzusetzen hatte. Dennoch haftet ihnen bis heute im kollektiven lettischen Gedächtnis der Ruf an, als erste „dem deutschen Feind nachgegeben" zu haben. So wird es jedenfalls im nationalen Mythos vom lettischen Helden Lāčplēsis, dem Bärentöter, dargestellt. Dabei waren nach dem Einmarsch der Schwertbrüder kaum noch Liven übrig geblieben. Wohl nur wenige Tausend retteten sich über die nächsten Jahrhunderte mit ihren ständigen Umwälzungen und Kriegen.

Nur 800 Liven wurden zum Ende des Zweiten Weltkrieges gezählt. Doch anstatt sich in ihren Heimatdörfern an der Ostseeküste neu zu sammeln, Kultur und Traditionen wieder zu pflegen, wurden sie von den Sowjets ganz bewusst überall im Land verstreut angesiedelt.

Mit dem Ende der kommunistischen Herrschaft kam endlich die Zeit, in der Minderheiten wieder ungehindert agieren konnten. Doch von

057le mk

den Liven scheint kaum jemand übrig zu sein, um von diesem Recht zu profitieren. In der ganzen Welt gibt es vermutlich nur noch **acht livländische Muttersprachler,** 40 Menschen beherrschen das Livländische immerhin als Fremdsprache und weitere 190 bezeichnen sich als Liven, obwohl sie sich in der Sprache gar nicht unterhalten können. Hinzu kommt, dass die meisten Liven der älteren Generation angehören. Vor dem endgültigen Aussterben bewahren derzeit wohl nur Wissenschaftler das Livländische – es gibt ganze Abhandlungen und Grammatiken dieser mit dem Estnischen und dem Finnischen, nicht aber mit dem Lettischen verwandten Sprache.

Als kleinstes Volk der Welt, dem man gewissermaßen beim **Aussterben** zusehen kann, haben die Liven in letzter Zeit einiges an Aufmerksamkeit erfahren. **Fernsehfilme** in Skandinavien und den baltischen Ländern verarbeiteten die für dieses Volk dramatische Entwicklung. Durch das gestiegene Interesse besteht nun Hoffnung auf eine **Wiederbelebung** des Livenvolkes: einige Letten haben bereits Ahnenforschung betrieben und ihre **livländischen Wurzeln** entdeckt. Es ist nicht ausgeschlossen, dass einige von ihnen die neu erfahrene Familientradition hochhalten und Sprache sowie Gebräuche ihrer Vorfahren kennenlernen wollen. Ob sie sich nun als Volk wiederbeleben werden oder nicht: Einen europaweit bekannten Namen besitzen die Liven auf jeden Fall immer noch. Und ein zentraler Punkt in Rigas historischer Altstadt wurde in „Livenplatz" umbenannt. Vielleicht ein gutes Omen?

◁ Alte Holzhäuser im Stil der Liven

ten über die Jahre stetig abnahmen. Gleichzeitig ist die **Lebenserwartung** in Lettland noch recht niedrig, steigt aber deutlich an: bei Männern auf nun schon 74,5 Jahre, bei Frauen auf 79,4 Jahre. Ein weiteres Wachstum ist aufgrund der besseren Gesundheitsversorgung und der stabilisierten Lage des Landes zu erwarten. Ob Lettland allerdings in baldiger Zukunft eine wirkliche Trendwende bei den Bevölkerungszahlen erreichen wird, steht derzeit noch in den Sternen.

Russischsprachige Minderheit

Die Russischsprachigen bilden immer noch **ein Drittel** der Bevölkerung Lettlands. Diese Gruppe gliedert sich in knapp 26 % Russen, 3,4 % Weißrussen und 2,3 % Ukrainer. Die **Integration** gestaltete sich lange Zeit **äußerst schwierig,** weil die lettische Regierung zunächst mit einem harten Kurs versuchte, alle Russen zur möglichst schnellen Eingliederung zu zwingen. Ohne den Nachweis von guten Lettisch-Sprachkenntnissen wollte man keine **lettische Staatsbürgerschaft** ausstellen.

Doch gerade ältere Russen waren nicht willens oder in der Lage, sich umzustellen – schließlich waren viele von ihnen in jungen Jahren nach Lettland gekommen oder sogar dort geboren worden, und Zeit ihres Lebens war Russisch die Amtssprache des Landes gewesen. Bestanden sie nicht die strengen Prüfungen, besaßen sie plötzlich gar keine Staatsbürgerschaft mehr, denn auf dem Papier waren sie ja nie Russen gewesen, sondern Bürger der lettischen Sowjetrepublik. Im Laufe der 1990er Jahre erkannte die lettische Regierung dann, dass auf diesem Weg keine Integration erkämpft werden konnte, und lockerte die Bestimmungen merklich. Der **lettische Sprach- und Geschichtstest** ist inzwischen so einfach, dass 95 % der Prüflinge ihn sofort bestehen.

Die Zahl der **staatenlosen Russen** (und anderer Volksangehöriger ohne lettischen Pass) in Lettland sank zuletzt deutlich auf nur noch knapp 11,6 %, während junge Letten russischer Herkunft nun verpflichtet sind, in der Schule die Landessprache zu erlernen. Auf diese Weise baut sich zumindest die Sprachbarriere langsam, aber sicher von selbst ab. In Lettland geborene Kinder erhalten automatisch die lettische Staatsbürgerschaft, wenn ihre staatenlosen (russischen) Eltern dies beantragen. Bisher machte aber nur gut ein Fünftel der Berechtigten davon Gebrauch – ein Zeichen für die Zähigkeit der Entwicklung.

Ein **Zusammenleben** von Letten und Russen findet derzeit aber nur gelegentlich statt, während die beiden Bevölkerungsgruppen meist aneinander vorbei existieren, ohne größeren Austausch zu pflegen – auch wenn es **wenige sogenannte Ghettos** gibt, in denen nur Russen unter sich leben. Eine Eingliederung wird in jedem Fall noch längere Zeit in Anspruch nehmen.

Mit dem schwindenden Einfluss Russlands auf den EU-Mitgliedsstaat Lettland wächst aber auch die Erkenntnis der russischen Letten, dass sie mit Moskau keinen „großen Bruder" mehr an ihrer Seite haben, sondern dass sie sich in Lettland eingliedern müssen. Dieses Bewusstsein war 1990 noch nicht vorhanden, als der russische Bevölkerungsteil in einem Referendum über die Unabhängigkeit Lettlands fast geschlossen mit „nein" votierte.

Weitere Minderheiten

Eine weitere Minderheit in Lettland wird von den **Polen** gebildet, die 2 % der Bevölkerung stellen. Die meisten von ihnen leben in den größten Städte Riga und Daugavpils und deren Umgebung. Die Polen pflegen ihre Tradition, z.B. in religiöser Hinsicht, können aber oft kein Polnisch mehr, sondern sprechen Russisch. Gleiches gilt für die 0,4 % **Juden** in Lettland, während die 1,4 % große **litauische Minderheit** eher Lettisch spricht. Die Litauer siedeln hauptsächlich an der lettisch-litauischen Grenze.

Religion

Die Religion der in Lettland lebenden Menschen richtet sich nach der Volkszugehörigkeit. So sind die Letten selbst fast alle Mitglieder der **evangelischen Kirche,** die Russen, Ukrainer und Weißrussen versammeln sich in der **russisch-orthodoxen Glaubensgemeinschaft** und Polen sowie Litauer sind **Katholiken.** Wenn auch katholische und orthodoxe Kirchen im gesamten Land zu finden sind, konzentrieren sie sich in der Region Latgale. Menschen, die sich zu keiner der Konfessionen bekennen, gibt es kaum.

Mentalität

Die Menschen in Lettland sind jahrhundertelang von verschiedenen Völkern geprägt worden: Deutschen, Polen,

5

Schweden, Russen. Zuletzt hatte natürlich Russland in Form der Sowjetunion den größten Einfluss. Dies bleibt nicht ohne Spuren in Kultur, Sprache und Gewohnheiten. Dennoch wird jeder überrascht sein, der eine russische Mentalität erwartet: Die Letten bemühen sich vielmehr um eine leichtere, offenere, **skandinavische Lebenseinstellung.** Öffentliche Plätze und auch Häuser und Vorgärten werden auffallend gut gepflegt, man spürt die protestantische Arbeitsmoral.

In einem Punkt muss aber keine Unterscheidung getroffen werden: **Gastfreundlich** sind fast alle Letten. Man kommt schnell mit den Menschen ins Gespräch, die von sich erzählen, aber auch sehr interessiert sind, mehr von ihren Gästen zu erfahren. Nicht selten passieren Situationen wie diese: Man will einen Aussichtsturm besteigen, der aber schon geschlossen ist. Die Besitzerin bemerkt dies, schließt auf und versorgt einen später noch mit einem Schluck Likör, den sie gerade mit Freunden trinkt.

Litauen

Die heutigen Litauer sind die Nachfahren der **baltischen Stämme,** die sich etwa 2000 v. Chr. hier niederließen. Anfang des 13. Jh. wurden sie dann zum **Großfürstentum Litauen** vereinigt, einer Stammesgemeinschaft mit verschiedenen Traditionen und Kulturen, die sich z.T. bis heute erhalten haben. Zu Beginn des 14. Jh. siedelten sich u.a. **Deutsche, Schweden** und **Russen** an, Ende des 14. Jh. wurden **Tataren** und **Karäer** (s. Exkurs „Die Karäer" im Litauen-Teil dieses Buches) ins Land geholt. Im 16. Jh. während der Reformation ließen sich in ihrer Heimat verfolgte **schottische Calvinisten,** Ende des 18. Jh. in Russland verfolgte Anhänger der altslawischen Religion nieder, da es in Litauen eine große Toleranz gegenüber anderen Religionen und Nationalitäten gab. Ende des 19. Jh. wurden viele **russische Staatsbeamte und Militärs** nach Litauen versetzt, nachdem bei dem misslungenen Zarenaufstand 1863 viele Bewohner nach Sibirien verschleppt oder getötet worden waren bzw. viele Bürger emigrierten. Andererseits entwickelte sich Vilnius zum „Jerusalem des Nordens" (s. gleichnamigen Exkurs im Litauen-Teil dieses Buches).

Die nächste **Emigrationswelle** rollte zwischen dem Ende des Ersten Weltkrieges und dem Beginn des Zweiten, zumeist aus wirtschaftlichen Gründen, an. Im Juni 1941 erfolgte die nächste **Massenverschleppung** nach Sibirien. Viele andere, vor allem Juden, wurden von den Nazis oder deren litauischen Schergen getötet oder fielen im Krieg. Kurz vor Kriegsende **flohen viele nach Westen.** Litauen war auch jenes Land unter allen von den Sowjets besetzten Staaten, in dem die meisten Bewohner nach dem Zweiten Weltkrieg von ihnen verschleppt wurden (118.000). Daraufhin **emigrierten** wieder viele Litauer zusammen mit dort ansässigen Polen.

Heute leben rund 3 Mio. Litauer oder Litauischstämmige im **Ausland** (teilweise schon seit mehreren Generationen), davon etwa 800.000 in den USA (Chicago ist Sitz der **Weltlitauer** mit der größten exillitauischen Gemeinde). Viele leben in Kanada, Südamerika, England und Australien, ca. 150.000 in Russland und in anderen GUS-Staaten.

Heutige Bevölkerung

Litauen hat heute **2,89 Mio.** Einwohner mit **rückläufiger Tendenz.** Gründe hierfür sind sinkende Geburtenzahlen, steigende Sterbeziffern, eine seit der Unabhängigkeit um 70 % gestiegene Selbstmordrate (mit 44 pro 100.000 Einwohnern mehr als doppelt so hoch wie der EU-Durchschnitt und weltweit eine der höchsten; 80 % davon stehen im Zusammenhang mit Alkohol), Alkohol- und Drogensucht, der Wegzug vieler Russen, die Auswanderung aufgrund fehlender beruflicher Perspektiven und relativ hoher Arbeitslosigkeit.

Die **Bevölkerungsdichte** ist mit 46 Einwohnern/km² gering. Auf dem Land wohnt rund ein Drittel der Bevölkerung. Aufgrund der besseren medizinischen Versorgung und besseren Lebensbedingungen ist zu hoffen, dass sich die **Lebenserwartung** der Bevölkerung erhöht, die mit rund 78 Jahren bei den Frauen und 66 Jahren bei den Männern immer noch geringer ist als in Westeuropa. Erstaunlich ist der Unterschied von 12 Jahren (in den meisten europäischen Staaten nur 7–8 Jahre).

Minderheiten

Knapp 84 % der der Bevölkerung sind Litauer. Von den knapp 260.000 Polen (darunter auch viele im 19. und 20. Jh. polonisierte Litauer), die etwa 6,6 % der Gesamtbevölkerung ausmachen, leben die meisten im Südosten des Landes, besonders in den Distrikten Vilnius und Šalčininkai. Die Mehrheit der Polen spricht einen weißrussischen Dialekt, viele der jüngeren haben nach dem Zweiten Weltkrieg die russische Sprache angenommen. Die drittgrößte ethnische Gruppe machen mit 5,3 % die Russen aus, von denen die meisten nach dem Zweiten Weltkrieg ins Land gekommen sind. Sie wohnen fast ausschließlich in größeren Städten. In Vilnius stellen sie rund 14 % der Einwohner. Sie sprechen überwiegend Russisch (und meist nur wenig Litauisch). Die Weißrussen machen 1,3 % der Bevölkerung aus.

Weiterhin leben in Litauen heute noch etwa 4000 **Juden.** Ende des 19. Jh. stellten sie noch über 13 % der Gesamtbevölkerung, doch während der Nazi-Okkupation wurden ca. 200.000 Juden ermordet, rund 94 % der jüdischen Bevölkerung, der höchste Prozentsatz in Europa (s. Exkurs „Jerusalem des Nordens"). Nach der Unabhängigkeit emigrierten viele nach Israel.

Weitere kleine Minderheiten sind **Ukrainer, Letten** und **Roma und Sinti,** die im 15. Jh. zugewandert sind, mehrheitlich ihre eigene Sprache sprechen. Zwei besondere Volksgruppen in Litauen sind die etwa 5100 **Tataren,** die überwiegend in und um Vilnius leben, dem muslimischen oder russisch-orthodoxen Glauben angehören und noch zu 30 % ihre eigene Sprache sprechen, sowie die ca. 250 **Karäer** (s. Exkurs „Die Karäer" im Litauen-Teil dieses Buches).

Die rund 2000 verbliebenen **Deutschen** leben über das ganze Land verstreut und sprechen zu etwa 40 % Deutsch; der Rest spricht Litauisch oder Russisch. Sie gehören großteils der evangelisch-lutherischen Kirche an. Die ersten deutschen Siedler kamen bereits im 13. Jh. nach Litauen. Viele verließen nach 1924 das Memelgebiet (s. Geschichtsteil Klaipėda im Litauen-Teil dieses Buches) oder wurden 1939 ins Deutsche Reich „heimgeholt", aufgrund des Nichtangriffspakts mit Russland. Die meisten der noch ansässigen Deutschen flohen 1945 vor der Roten Armee aus dem ehemaligen **nördlichen Ostpreußen.**

Jeder der in Litauen lebenden 115 ethnischen Gruppen wird laut Verfassung das Recht auf die Pflege ihrer Sprache und Kultur sowie der Unterhaltung eigener Schulen zugestanden, wenn sie auch die **litauische Sprache** lehren. Es existiert ein Gesetz, nach dem alle Bürger, die vor November 1989 in Litauen ansässig waren, automatisch zu litauischen Staatsbürgern wurden. Alle nach diesem Datum Zugereisten müssen mindestens zehn Jahre in Litauen wohnen, um diese Rechte zu erhalten. Die nicht-ethnischen Litauer müssen zuerst die Landessprache erlernen, wenn sie sich für einen Staatsjob bewerben. Im Gegensatz zu Estland und Lettland mit hohen russischen Bevölkerungsanteilen hat Litauen **kaum Integrationsprobleme.**

Religion

Auch in Litauen richtet sich die Religion vor allem nach der Volkszugehörigkeit. So sind die Litauer selbst wie auch die Polen fast alle **Katholiken,** die Russen und Weißrussen gehören vornehmlich der russisch-orthodoxen Glaubensgemeinschaft an.

Nach Jahrzehnten der Verfolgung und Entmündigung unter der Sowjet-Herrschaft gibt es wieder **Religionsfreiheit.** Viele Priester und Religiöse wurden damals nach Sibirien ins Arbeitslager deportiert oder kamen ins Gefängnis; das kirchliche Vermögen wurde beschlag-

nahmt, die Kirchen wurden geschlossen und teilweise als Werkstätten, Sporthallen, Kinos oder Museen für Atheismus missbraucht. Die Religion war ein bedeutendes Element der **Unabhängigkeitsbewegung,** und die Kirchen haben heute wieder regen Zulauf. **Kirche und Staat sind getrennt,** und in den Schulen wird Religion als Wahlfach angeboten. Die Kirchen leben meist nur von **Spenden,** da sie keine Steuern und staatlichen Zuwendungen erhalten.

Traditionen und Bräuche

Die baltischen Länder verfügen über einen großen Reichtum an Bräuchen und alten Traditionen, die sich regional unterscheiden. Sie stehen aber überall sehr stark im **Einklang mit der Natur.** Die heidnische Naturreligion, der die Bewohner des Baltikums bei Einzug der Kreuzritter im Mittelalter anhingen, hat bis heute ihre Spuren hinterlassen. Wer mit wachen Augen reist, kann vielerorts mit Bändern oder Schildern versehene **Naturdenkmäler** finden, die als heilig, heilwirkend oder energiespendend angesehen werden: alte Eichen und Linden, (Opfer-)Steine und Quellen oder Energiezentren wie die Energiesäule in der südestnischen Kleinstadt Otepää, die besonders gekennzeichnet sind. Um viele ranken sich geheimnisvolle Sagen und Mythen. Natürlich leben die meisten Menschen in den baltischen Ländern genau so im „Hier und Jetzt" wie sonst in der westlichen Welt auch. Es sind eher kleine Dinge im Alltag oder einzelne festliche Anlässe, an denen man sieht, dass die alten Traditionen noch nicht ganz verschwunden sind.

Alte heidnische Kulte

Die Kultur der Balten war durch großen Respekt vor der Natur geprägt und auch die **Götter** waren mit der Natur verbunden. Der Himmel war ein Berg, auf dem viele Götter wohnten, beispielsweise der besonders verehrte Donnergott *Perkunas*, der Himmelsgott *Dievs*, die Sonnengöttin *Šaulė*, der Mondgott *Menes*, die Schicksalsgöttin und Hausgottheit *Laima* (die in der christlichen Lehre dann zum Symbol des Kobolds wurde) und die Waldgöttin *Medeinė*. Daneben existierten *Velnias*, der Wächter der Zauberer und Weisen (der in der neuen Religion der Teufel wurde), die Erdenmutter *Žemyna* sowie viele kleinere Gottheiten, die über natürliche Phänomene, Sachen und menschliche Aktivitäten herrschten. Die estnische Glaubenswelt speist sich aus anderen Quellen, sie ist mit der finnischen Mythologie verbunden. Beiden gemein ist aber die Naturverbundenheit: **Wälder** und **Bäume** oder auch **Steine** wurden **angebetet**. Man glaubte, dass auch unter der Baumrinde oder im Moos sich Götter aufhielten und dass die Steine in der Erde wachsen und sich fortbewegen.

Die **Jahreszeiten** spielten eine große Rolle, der **Mondzyklus** war für Aussaat, Ernte, manchmal auch für Kriegszüge sehr wichtig. Davon zeugen z.B. Ornamente mit Neumonddarstellungen und Mondgebete. Auch Sonne und Sterne, Pflanzen und Tiere wurden oft auf Schmuckanhängern oder Ornamenten dargestellt. Der Kult schuf ein **ethisches System** mit ungeschriebenem Gewohnheitsrecht, das über Jahrhunderte hinweg galt.

Feste und Lieder

Der wichtigste Brauch in den protestantisch geprägten Ländern Lettland und Estland ist die Feier des **Johannisfestes** in der Mittsommernacht vom 23. auf den 24. Juni. Wie auch in anderen nordischen Ländern wird in dieser Nacht ein fröhliches Fest begangen, mit Lagerfeuern, Blumenkränzen und in Lettland dem legendären Kümmelkäse.

Die Letten legen Wert auf die Feststellung, dass sie ein „singendes Volk" seien. Und tatsächlich: Auf der Straße, im eigenen Haus oder beim Baden im See – man hört sie **viel singen.** Lieder und Gesang spielen auch in Estland eine große Rolle. Im Laufe der Geschichte waren Lieder ein Mittel, die eigene Identität zu erhalten und zu überliefern. Zur Zeit des „Nationalen Erwachens" im Jahre 1869 fand das erste nationale **Sängerfest** statt. Heute ist es zur Institution geworden. Die Sängerfeste trugen erheblich dazu bei, dass aus dem estnischen Bauernvolk eine Kulturnation wurde, die sich nach jahrhundertelanger Unterdrückung und Fremdherrschaft seiner eigenen Tradition und Kultur besinnen konnte.

Bis heute findet das Großereignis alle fünf Jahre statt und lockt große Teile der Bevölkerung an. Über 30.000 Aktive und über 200.000 Zuschauer kommen auf dem **Tallinner Sängerfestplatz** zusammen. Nach dem Fest im Juni 2014 ist es also erst 2019 wieder so weit. Dazwi-

Kalevipoeg – das estnische Nationalepos

Das estnische Nationalepos „Kalevipoeg" knüpft an das 1835 erstmals erschienene finnische Epos „Kalevala" von *Elias Lönnrot* (1802–84) an und berichtet in **19.000 Versen** vom Leben des gleichnamigen **Helden.**

Kalevipoeg (übersetzt: „Sohn des Kalev") ist der jüngste Sohn von Kalev, dem alten, mythischen König der Esten. Als seine Mutter Linda, die selbst aus einem Birkhuhnei geboren wurde, ihn zur Welt brachte, war Kalev bereits tot. Linda schaufelte ihrem Mann einen Grabhügel, den – so die Legende – heutigen **Tallinner Domberg,** und ihre Tränen flossen zu einem See zusammen, dem **Ülemiste-See** (beim Tallinner Flughafen).

Als junger Mann ist Kalevipoeg bereits sehr stark, aber noch kein Held – im Gegenteil, er begeht eine Reihe von Verbrechen, unter anderem vergewaltigt er eine junge Frau und verursacht ihren Tod. Als seine Mutter von einem finnischen Zauberer entführt wird, überquert er das Meer und bittet einen Schmied, ihm ein stattliches Schwert zu schmieden. Doch dann tötet er im betrunkenen Zustand den Sohn des Schmieds, der ihn daraufhin verflucht: Kalevipoeg solle eines Tages durch sein eigenes Schwert zu Tode kommen. Derartig versündigt, durchläuft Kalevipoeg eine Läuterung, er bereut seine Sünden

und tut künftig nur noch Gutes. Er setzt sich für die Armen und Schwachen ein, baut Städte, Burgen und Brücken, pflügt Felder und kämpft gegen das Böse – dunkle Mächte wie den Teufel, aber auch gegen fremde Eroberer. Dennoch holt ihn eines Tages der Fluch ein. In einem Fluss fällt er über sein eigenes Schwert, wobei ihm die Beine abgetrennt werden – er verblutet. Im Jenseits jedoch wird er zum Bewacher des Höllentors ernannt. Am Ende des Buches stellt Kreutzwald in Aussicht, dass sich der Held eines Tages vom Felsen am Rand der Hölle befreien, nach Estland zurückkommen und seinen Landsleuten Freiheit und Glück bringen werde.

Noch heute sind viele Naturerscheinungen, Straßennamen und Orte in Estland mit den Sagen um Kalevipoeg verbunden, wie die oben beschriebene Legende zur Entstehung des Tallinner Dombergs und des Sees Ülemiste. Auch ein estnischer Schokoladenhersteller ließ sich vom Epos inspirieren, die Kalev-Schokolade ist in allen Läden erhältlich.

Wer sich für Kalevipoeg interessiert, kann in der südestnischen Stadt Võru das **Kreutzwaldmuseum** besuchen. Die Werke des Malers *Kristjan Raud*, die man in verschiedenen Museen des Landes findet, illustrieren das Leben des epischen Helden.

---

schen gibt es etwas kleinere Veranstaltungen wie ein spezielles Jugendsängerfest.

In allen drei baltischen Ländern haben Sängerfeste eine lange Tradition, deshalb wurden sie 2003 von der UNESCO zum **„mündlichen Kulturerbe"** erklärt. Eingeläutet wird das Fest in Tallinn von einem großen Umzug, bei

dem die in Trachten gekleideten Sänger und Tänzer von der Innenstadt bis zur Sängerbühne ziehen.

So verwundert es nicht, dass sehr viele Esten in einem Chor singen, oft sogar in mehreren. Über 300.000 Blätter mit **Volksliedern** werden im estnischen Literaturmuseum aufbewahrt, die meisten handeln vom harten Alltag, von Sorgen und Hoffnungen, wichtigen historischen Ereignissen und natürlich auch von der Liebe. Konzerte und andere Musikaufführungen, auch moderne Stücke, werden rege besucht. Estnische Chöre haben auch im Ausland einen hervorragenden Ruf. Mit etwas Glück kann man im Sommer bei einem der vielen Feste oder in einem der Museen eine **Folkloregruppe** oder einen Chor antreffen, der traditionelle Lieder singt und einen der vielen schönen **Volkstänze** aufführt. Sehr empfehlenswert ist das im Sommer abgehaltene **Traditionsmusikfestival in Viljandi.**

Dainas – die lettischen Volkslieder

Das klassische lettische Volkslied Daina existiert bereits seit Jahrhunderten, einige Melodien sollen tausend Jahre alt sein. In den meist vierzeiligen Versen wird von Leben, Leiden und Liebe erzählt – nicht als hohe Kunstform, sondern auf volkstümliche Weise. Aus der Zeit um das Jahr 1600 stammen die ersten schriftlichen Quellen. Der deutsche Schriftsteller **Johann Gottfried Herder,** der jahrelang in Riga lebte und als Lehrer tätig war, beschäftigte sich intensiv mit den Volksliedern. Zwei deutsche Pfarrer waren es ebenfalls, die Anfang des 19. Jh. erstmals ein Buch mit einer Sammlung dieser Lieder veröffentlichten. Bis heute sind viele der Lieder stark verbreitet und werden von den **zahlreichen Folkloregruppen** im ganzen Land erlernt und gesungen – besonders zu herausragenden Anlässen wie dem Johannisfest zur Sonnenwende.

Eine verwandte Art von Liedern gab es auch in Litauen, sie trugen den sehr ähnlichen Namen *Dainos*. Interessanterweise ist die litauische Version dieser Kunstform aber heute kaum noch existent, beinahe ausgestorben, während die Dainas des nördlichen Nachbarn weiterhin sehr populär sind und von den großen Gefühlen der Menschen begleitet werden.

Trachten

Die zahlreichen Feste sind Anlass, die vielen schönen Trachten ans Tageslicht zu bringen. Die bunten Röcke, langen Stoffgürtel und bestickten Blusen der Frauen variieren von Landkreis zu Landkreis. In Estland gibt es einige besonders auffällige Formen wie die **Tracht der Seto,** die für ihren reichen Silberschmuck und die großen, schildähnlichen Broschen auf der Brust bekannt sind, oder die hübsche Kleidung der Frauen von der **Insel Muhu,** deren Strümpfe und Schuhe von bunten Blumen geziert sind. Klassische Muster werden von jungen Designern auch heute noch in modernen Kleidungsstücken und Accessoires verarbeitet. Internationale Bekanntheit erlangten die Muster der Insel Muhu durch eine Kollektion der schwedischen Modedesignerin *Gundrun Sjöden*.

Religiöse litauische Volkskunst

Eine alte Tradition ist im katholischen Litauen das **Schnitzen von großen Holzkreuzen,** von Christus- und Heiligenfiguren sowie kleinen Altären und Kapellpfählen, die an Weg- und Straßenrändern, Kreuzungen, Dorfplätzen oder auf Friedhöfen aufgestellt werden. Sie

symbolisieren Hoffnung, sind Ausdruck des Glaubens und würdigen bedeutende Ereignisse wie Erntedankfeste. In ihnen spiegeln sich sowohl christliche als auch heidnische Symbole wider. Als Erscheinung des nationalen Glaubens war diese Volkskunst zur Sowjetzeit zwar verboten, wurde aber immer wieder ausgeübt.

Eine Besonderheit ist der geschnitzte **„Schmerzensmann"** *Rūpintojėlis*, eine trauernde (Christus-)Gestalt mit dem Kopf in den Händen, die an den Kapellpfählen oder Bildstöcken aufgestellt oder an Kreuzen angebracht wird. Die Figur wurde während der Unterdrückung zum Symbol des Schicksals. Häufig sind auch *koplytstulpis*, geschnitzte Figuren unter einem schützenden Dächlein. Die meisten Kreuze findet man in der Region Žemaitija. Seit 2001 ist die Anfertigung von hölzernen und geschmiedeten Kreuzen von der UNESCO als **Weltkulturerbe** geschützt.

Litauische Trachtengruppe

Architektur

Das Leben der meisten Menschen im Baltikum spielte sich über die Jahrhunderte in kleinen Holzhäusern ab. Nur in größeren Städten wurden, oft nach verheerenden Bränden, Steingebäude errichtet. Sogar Kirchen waren lange Zeit hölzern. Bis zum heutigen Tag sind alle drei Länder geprägt von **Holzbauten,** auch wenn diese natürlich nicht mehr die Mehrheit bilden. In zahlreichen Freilichtmuseen, z.B. im Rocca al Mare in Tallinn, kann man hölzerne Bauernhäuser aus verschiedenen Zeiten und Regionen bewundern. In den Badeorten der Ostseeküste findet man zahlreiche sehenswerte Holzgebäude, die reich verziert sind.

Die **architektonischen Highlights** der Länder finden sich natürlich vor allem in den Hauptstädten. In Tallinn, Riga und Vilnius wurde die Altstadt von der UNESCO zum **Weltkulturerbe** erklärt. Die historischen Handelsorte der Region entwickelten sich ganz nach dem Vorbild der deutschen Hansestädte.

Tallinn wartet mit architektonischen Perlen verschiedenster Epochen auf: das spätgotische Rathaus, die Renaissance-Fassade des Schwarzhäupterhauses, das barocke Kadriorg-Schloss, die mittelalterliche Stadtmauer, Holzhäuser aus der Zarenzeit und vieles mehr. Das prächtigste, am weitesten ausgedehnte Ensemble von Gebäuden im Jugendstil deutscher Prägung entstand in **Riga**. Die litauische Hauptstadt **Vilnius** ist vor allem durch den Barockstil italienischer Baumeister geprägt, aber auch durch Gotik und Renaissance. Die estnische Universitätsstadt **Tartu** (Dorpat) hat neben der klassizistischen Universität und Gebäuden entlang des Rathausplatzes eine Perle der Backsteingotik zu bieten: die mittelalterliche Johanniskirche.

Außerhalb der Städte sind es vor allem die zahlreichen Herrenhäuser und die **Burgen der Kreuzritter,** die Touristen anziehen. Es handelt sich hierbei um kastellartige Anlagen, die zum Teil gleichzeitig als Kloster und Wehranlage dienten. Vielerorts zieren bis heute Burgruinen die Landschaft.

Nachdem im Nordischen Krieg zahlreiche Rittergüter und Gutshäuser der deutschen Oberschicht zerstört wurden, entstanden ab Mitte des 18. Jh. zahlreiche neue Gutshöfe, oft stattliche Anlagen

mit einem zentralen **Herrenhaus** und sehenswerten Nebengebäuden, um die hübsche **Parks** angelegt wurden. Ein Großteil der Gutshöfe ist erhalten, von anderen sind noch Ruinen zu sehen. Der Niedergang der Herrenhäuser begann mit der Landreform, als viele Deutschbalten ihren Besitz verloren. Zu Sowjetzeiten waren deren Landsitze den neuen Herrschern ein Dorn im Auge. Viele Häuser wurden bewusst dem Verfall preisgegeben, andere überlebten nur, weil sie zu Kolchosen, Lagerhallen, Schulen oder Altenheimen umfunktioniert wurden. Glücklicherweise konnten viele im Laufe der letzten beiden Jahrzehnte restauriert werden. Etliche Gutshöfe sind hervorragend renoviert, die meisten davon stehen Besuchern heute als **Museen oder Hotels** offen, andere dienen nach wie vor als Schulen, Verwaltungsgebäude oder Altenheime.

Unzählige mittelalterliche **Kirchen** wurden im Laufe der vielen Kriege im Baltikum zerstört und später wieder aufgebaut. Wegen seiner 50 Gotteshäuser erhielt Vilnius den Beinamen „Rom des Ostens".

In den Zeiten der sowjetischen Dominanz wurden wie überall hinter dem Eisernen Vorhang hässliche **Plattenbausiedlungen** aus dem Boden gestampft, während einige **Prachtbauten im sozialistischen Stil** entstanden wie der Palast der Akademie der Wissenschaften in Riga oder der Fernsehturm in Tallinn.

Angesichts des großen Renovierungsbedarfs und ganzen Stadtvierteln, die neu entstehen, gepaart mit einer gewissen Experimentierfreude, finden auch Freunde **moderner Architektur** genug zum Entdecken. Stellvertretend für viele andere Projekte in allen drei Ländern sei das Tallinner Rotermannviertel als Beispiel für einen gelungenen modernen Stadtumbau genannt.

004le mk

◁ Blick auf Riga vom Turm der Petrikirche

5

6 Anhang

⟨ Bootstankstelle in Estland

Literaturtipps

Geschichte und Politik

● Die **Carl-Schirren-Gesellschaft** widmet sich der Pflege der deutsch-baltischen Kultur und vertreibt auch diverse Schriften zum Thema, Adresse: Am Berge 35, 21335 Lüneburg, www.carl-schirren-gesellschaft.de.

● In der Schriftenreihe **Forschungen zur baltischen Geschichte** erscheinen jährlich Bände mit Beiträgen aus der aktuellen historischen Forschung zum Baltikum: Nordost-Institut, Institut für Kultur und Geschichte der Deutschen in Nordosteuropa e.V. an der Universität Hamburg, Conventstraße 1, 21335 Lüneburg, www.ikgn.

● *Nielsen-Stokkeby, Bernd:* **Baltische Erinnerungen. Estland, Lettland und Litauen zwischen Unterdrückung und Freiheit,** Bastei Lübbe 1997. Nur noch antiquarisch erhältlich, aber immer noch lesenswert.

● *Pistohlkors, Gerd von:* **Deutsche Geschichte im Osten Europas: Baltische Länder,** Siedler Verlag 2002. Das Standardwerk zum Thema, antiquarisch erhältlich.

● *Tuchtenhagen, Ralph:* **Geschichte der baltischen Länder,** Reihe C.H. Beck Wissen, 3. Aufl. 2016. Detaillierte und gewissenhafte Zusammenfassung der baltischen Geschichte. Ein wissenschaftlich sauberes, kurzes und gut verständliches Buch.

Belletristik und Reportagen

● *Bergengruen, Werner:* **Baltische Geschichten,** Nymphenburger 2000. Der 1892 in Riga geborene deutschbaltische Schriftsteller zog als Schulkind nach Lübeck um, doch er beschäftigte sich viel mit der Heimat seiner Familie. Als Dichter und Romanautor gehörte er von den 1930er bis in die 1950er Jahre zu den bekanntesten deutschen Erzählern.

Die „Baltischen Geschichten" präsentieren interessante Charaktere, Landschaften und Erinnerungen an das Lettland seiner Kindheit und Vorfahren, als die Deutschen noch die herrschende Schicht bildeten. Lesenswert ist auch seine Geschichtensammlung „Der Tod von Reval", zuletzt dtv 2006.

● *Bisping, Stefanie:* **Lesereise Estland: Das Model und der Kapitän,** Picus Verlag 2010. Reisereportagen.

● *Herre, Sabine:* **Gebrauchsanweisung für das Baltikum, Piper 2014.** Die bekannte Reihe widmet sich in journalistischer, subjektiver Weise den kulturellen Besonderheiten des jeweiligen Gebietes.

● *Jaunsudrabiņš, Jānis:* **Ich erzähle meiner Frau. Von der Flucht aus Lettland und dem Exil in Westfalen,** Waxmann-Verlag 2006. Jaunsudrabiņš, geboren 1877, war einer der bekanntesten lettischen Schriftsteller, als er sich zum Ende des Zweiten Weltkriegs gezwungen sah, ins Exil zu gehen. Im Buch schildert er seine abenteuerliche Flucht ins deutsche Westfalen, wo der Autor 1962 starb. Trotz des dramatischen Themas bricht *Jaunsudrabiņš* immer wieder mit augenzwinkerndem Humor und vielen spannenden Erzählungen das Eis.

● *Kalniete, Sandra:* **Mit Ballschuhen im sibirischen Schnee,** Herbig 2008. Als Dissidentin kämpfte die Autorin für die Unabhängigkeit ihrer Heimat von der Sowjetunion, als Außenministerin gestaltete sie für Lettland den Weg in die EU. Geboren wurde sie 1952 in Sibirien, wohin ihre Familie zehn Jahre zuvor zwangsweise deportiert worden war. Die persönlichen Erinnerungen und heutigen Ansichten einer führenden Politikerin.

● *Kross, Jaan:* Von dem großen estnischen Autor sind gleich mehrere Bücher ins Deutsche übersetzt worden, u.a.: **Das Leben des Balthasar Russow,** Hanser Verlag 1995; **Der Verrückte des Zaren,** dtv 2003; **Professor Martens Abreise,** dtv 1995; **Ausgrabungen,** Verlag Dipa 1994.

● *Mankell, Henning:* **Hunde von Riga,** dtv 2010. Einer der spannenden Mankell-Krimis mit dem schwedischen Kommissar *Wallander,* den die Ermittlungen in einem besonders mysteriösen wie

Anhang

brutalen Mordfall in die lettische Hauptstadt führen. Der Roman wurde 1992 geschrieben und beschreibt ein geheimnisvolles, düsteres Riga, noch ganz geprägt von der sowjetischen Vergangenheit.

◼ *Römpczyk, Elmar:* **Estland, Lettland, Litauen – Geschichte, Gegenwart, Identität,** Dietz 2016. Auch wenn man nicht jede Einschätzung des Autors teilen muss, ein guter Überblick von kulturellen und historischen Hintergründen bis zu aktuellen politischen Entwicklungen.

Sprache

Sehr nützlich sind die praktischen und kompakten Sprachführer der Kauderwelsch Reihe aus dem Reise Know-How Verlag, die es für alle drei Hauptsprachen des Baltikums gibt: **Litauisch – Wort für Wort** (Band 54), **Lettisch – Wort für Wort** (Band 82) und **Estnisch – Wort für Wort** (Band 55). Sie enthalten ein umfangreiches Wörterverzeichnis, erläutern Grundlagen der Grammatik auf einfache Weise und bieten vielfältige praktische Konversationsbeispiele zu allen Bereichen des touristischen Alltags an. Als begleitendes Tonmaterial sind die **AusspracheTrainer** auf Audio-CD erhältlich.

Landkarten

Sehr empfehlenswert sind die Karten aus dem *world mapping project* des Reise Know-How Verlages: **Lettland** im Maßstab 1:325.000, **Litauen und Region Kaliningrad,** Maßstab 1:325.000 und **Estland,** Maßstab 1:275.000. Sie bestehen aus reiß- und wasserfestem Papier und zeigen GPS-Koordinaten und Höhenschichten. Außerdem sind die wichtigsten Sehenswürdigkeiten markiert, ein Register verzeichnet alle Orte. In der gleichen Reihe ist die Karte **Baltikum** im Maßstab 1:600.000 erschienen. Die Landkarten in diesem Buch zeigen Ausschnitte aus diesen Karten.

HILFE!

Dieser Reiseführer ist gespickt mit unzähligen Adressen, Preisen, Tipps und Infos. Nur vor Ort kann überprüft werden, was noch stimmt, was sich verändert hat, ob Preise gestiegen oder gefallen sind, ob ein Hotel, ein Restaurant immer noch empfehlenswert ist oder nicht mehr, ob ein Ziel noch erreichbar ist oder nicht, ob es eine lohnende Alternative gibt usw.

Unsere Autoren sind zwar stetig unterwegs und versuchen, alle zwei Jahre eine komplette Aktualisierung zu erstellen, aber auf die Mithilfe von Reisenden können sie nicht verzichten.

Darum: Schreiben Sie uns, was sich geändert hat, was besser sein könnte, was gestrichen bzw. ergänzt werden soll. Nur so bleibt dieses Buch immer aktuell und zuverlässig. Wenn sich die Infos direkt auf das Buch beziehen, würde die Seitenangabe uns die Arbeit sehr erleichtern. Gut verwertbare Informationen belohnt der Verlag mit einem Sprachführer Ihrer Wahl aus der über 220 Bände umfassenden Reihe „Kauderwelsch". Bitte schreiben Sie an:

Reise Know-How Verlag
Peter Rump GmbH | Postfach 140666 | 33626 Bielefeld
oder per E-Mail an: info@reise-know-how.de

Danke!

Kleine Sprachhilfe

Aussprache

Litauisch

Die Betonung im Litauischen liegt nicht fest auf einer Silbe. Selbstlaute werden unterschiedlich lang ausgesprochen.

- Immer lang sind das „u" mit dem Häkchen (ų) sowie ė, ū, y und o.
- Immer kurz sind i und u.
- Ein i nach einem Mitlaut und vor a, o oder u wird zu j.
- e kurz wie ä in kämmen oder lang wie das ä in gähnen
- ė wie in Emil
- y wie i
- ch wie in kochen
- c wie z in Konzert
- č wie tsch in Tollpatsch
- r rollendes r
- š wie sch in Tasche
- v wie w in Wald
- z stimmhaftes s in summen
- ž stimmhaftes sch in Gelee
- ie ije wie in Geranie
- uo und u wie ein offenes o wie in Wolle

Lettisch

Lettische Wörter werden bis auf wenige Ausnahmen auf der ersten Silbe betont. Selbstlaute können sowohl kurz als auch lang ausgesprochen werden.

- Immer lang sind ā, ē, ī, ū.
- Ein ie wird nacheinander gesprochen, ebenso ev (allerdings wie eu).

- Die Buchstaben ģ, ķ, ļ, ņ werden weich gesprochen wie dj, kj, lj, nj.
- o wie uo, etwa in Uhr
- av wie au in Bauch
- c wie z in Zeit
- č wie tsch in Tschechien
- s wie ß in Maß
- š wie sch in Schule
- z wie s in Rose
- ž wie g in Blamage
- dž wie dsch in Dschungel
- v wie w in Wein

Estnisch

Estnische Wörter werden immer auf der ersten Silbe betont. Dabei werden alle Laute kurz gesprochen, Doppelbuchstaben grundsätzlich lang.

- õ wie das sehr offen gesprochene e am Ende von Seite
- š wie sch
- ž wie das zweite g in Garage
- s stimmlos wie in Essen
- h am Wortende oder vor Konsonanten als ch wie in echt
- v wie w
- r rollendes r
- eu, ei, ie als getrennte Laute

Basisvokabular Litauisch, Lettisch und Estnisch

	Litauisch	Lettisch	Estnisch
Zahlen			
0	*nulis*	*nulle*	*null*
1	*vienas*	*viens*	*üks*
2	*du*	*divi*	*kaks*
3	*trysp*	*trīs*	*kolm*
4	*keturi*	*četri*	*neli*
5	*penki*	*pieci*	*viis*
6	*šeši*	*seši*	*kuus*
7	*septyni*	*septiņi*	*seitse*
8	*aštuoni*	*astoņi*	*kaheksa*
9	*devyni*	*deviņi*	*üheksa*
10	*dešimt*	*desmit*	*kumme*
11	*vienuolika*	*vienpadsmit*	*ükteist*
12	*dvylika*	*divpadsmit*	*kaksteist*
13	*trylika*	*trīspadsmit*	*kolmteist*
14	*keturiolika*	*četrpadsmit*	*neliteist*
15	*penkiolika*	*piecpadsmit*	*viisteist*
16	*šešiolika*	*sešpadsmit*	*kuusteist*
17	*septyniolika*	*septiņpadsmit*	*seitseteist*
18	*aštuoniolika*	*astoņpadsmit*	*kaheksateist*
19	*devyniolika*	*deviņpadsmit*	*üheksateist*
20	*dvidešimt*	*divdesmit*	*kakskümmend*
21	*dvidešimt vienas*	*divdesmit viens*	*kakskümmend üks*
22	*dvidešimt du*	*divdesmit divi*	*kakskümmend kaks*
23	*dvidešimt trys*	*divdesmit trīs*	*kakskümmend kolm*
30	*trisdešimt*	*trīsdesmit*	*kolmkümmend*
40	*keturiasdešimt*	*četrdesmit*	*nelikümmend*
50	*peňkiasdešimt*	*piecdesmit*	*viiskümmend*
60	*šešiasdešimt*	*sešdesmit*	*kuuskümmend*
70	*septýniasdešimt*	*septiņdesmit*	*seitsekümmend*
80	*aštúoniasdešimt*	*astoņdesmit*	*kaheksakümmend*
90	*devýniasdešimt*	*deviņdesmit*	*üheksakümmend*
100	*šimtas*	*simts*	*sada*
200	*du šimtai*	*divsimt*	*kakssada*
1000	*tūkstantis*	*tūkstoš*	*tuhat*

Wichtige Fragen und Floskeln

Ja	*Taip*	*Jā*	*Jah*
Nein	*Ne*	*Nē*	*Ei*

Anhang

	Litauisch	**Lettisch**	**Estnisch**
Bitte	Prašau	Lūdzu	Palun
Danke	Ačiū	Paladis	Tänan
Guten Tag	Laba diena	Labadien	Tere päevast
Guten Abend	Labas vakaras	Labvakar	Tere õhtust
Auf Wiedersehen	Iki pasimatymo	Uz redzēšanos	Nägemist
Hallo!	Labas!	Sveiks!	Tere!
Tschüß	Ade	Čau	Head aega
Herzlich willkommen!	Sveiki atvyke!	Esiet sveicināti!	Tere tulemast!
Einverstanden	Sutinku	Piekrītu	Nõus
Entschuldigung	Atsiprašau	Atvainojiet	Vabandust
Ich heiße ...	Mano vardas ...	Mani sauc ...	Minu nimi on ...
Ich komme von/aus ...	Aš esu iš ...	Es esmu no ...	Ma tulen ...
... Deutschland	... Vokietijos	... Vācijas.	... Saksamaalt
... Österreich	... Austrijos	... Austrijas	... Austriast
... der Schweiz	... Šveicarijos	... Šveices	... Šveitsist
Sprechen Sie Deutsch/ Englisch?	Ar kalbate vokiškai/ angliškai?	Vai Jūs runājat vāciski/ angliski?	Kas Te räägite saksa/ inglise?
Ich habe nicht verstanden.	Aš nesupratau.	Es Jūs nesapratu.	Ma ei saa aru.
Wiederholen Sie, bitte!	Prašom pakartoti!	Lūdzu, atkārtojiet vēlreiz!	Palun korrake!
Sprechen Sie bitte langsamer.	Prašom kalbėti lėčiau.	Runājiet, lūdzu, lēnāk.	Rääkige palun aeglasemalt.
Haben Sie ...?	Ar turite ...?	Vai jums ir ...?	Kas siin on ...?
Wann?	Kada?	Kad?	Millal!
Wo?	Kur?	Kur?	Kus?
Wie viel?	Kiek?	Cik?	Mitu?

Wochentage und Zeitangaben

Montag	pirmadienis	pirmdiena	esmaspäev
Dienstag	antradienis	otrdiena	teisipäev
Mittwoch	trečiadienis	trešdiena	kolmapäev, kesknädal
Donnerstag	ketvirtadienis	ceturtdiena	neljapäev
Freitag	penktadienis	piektdiena	reede
Samstag	šeštadienis	sestdiena	laupäev
Sonntag	sekmadienis	svētdiena	pühapäev

	Litauisch	Lettisch	Estnisch
Minute	minute	minūte	minut
Stunde	valanda	stunda	tund
Wie spät ist es?	Kiek valandū?	Cik ir pulkstenis?	Mis kell on?
gestern	vakar	vakar	eile
heute	siandien	šodien	täna
morgen	rytoj	rīt	homme
morgens	rytais	rītos	hommikul
mittags	pietu metu	pusdienā	lõunaajal
nachmittags	popiet	pēcpusdienā	pärastlõunal
abends	vakarais	vakaros	õhtul
nachts	naktimis	naktīs	öösel
jetzt	dabar	tagad	nüüd
täglich	kiekviena diena	dienu	igapäeva
früher	huves	agrāk	enne
später	veliau	vēlāk	pärast

Unterwegs

Straße	gatve	iela	tänav
Kreuzung	sankryža	krustojums	ristmik
Platz	aikštė	laukums	väljak
Fluss	upė	upe	jõgi
Brücke	tiltas	tilts	sil
Marktplatz	turgaus vieta	tirgus	turg
Altstadt	senamiestis	vecpilsēta	vanalinn
Burg	pilis	pils	linnus
Kathedrale	katedra	katedrāle	katedraal
Kirche	bažnýčia	baznīca	kirik
Museum	muziejus	muzejs	muuseum
Rathaus	rotuše	rātsnams	raekoda
Taxi	taksi	taksometrs	takso
Bus	autobuso	autobuss	buss
Straßenbahn	tramvajus	tramvajs	tramm
Haltestelle	stotelė	pietura	peatus
Ampel	šviesoforas	luksofors	valgusfoor
nahe	arti	tuvu	ligidane
weit/fern	toli	tālu	kauge
geradeaus	tiesiai	uz priekšu	otse(teed)
gegenüber	prieš	pretī	vastas
rechts	dešineje	pa labi	paremal
links	kaireje	pa kreisi	vasakul

6

	Litauisch	Lettisch	Estnisch
neben, bei	*šalia*	*blakus*	*õrval*
zurück	*atgal*	*atpakaļ*	*tagasi*
Parkplatz	*sustojimo aikštelė*	*stāvvieta*	*parkla*
Tankstelle	*degalinė*	*degvielas uzpildes stacija*	*tankla*
Hotel	*viešbutis*	*viesnīca*	*hotell*
Flughafen	*aerouostas*	*lidosta*	*lennujaam*
Bahnhof	*geležinkelio stotis*	*stacija*	*rongijaam*
Fähre	*keltas*	*prāmis*	*parvlaev*
Hafen	*uostas*	*osta*	*sadam*
Toilette	*tualetas*	*tualete*	*tualett*
Einkaufen			
Lebensmittel-geschäft	*maisto prekės*	*pārtikas veikals*	*toiduaine*
Kaufhaus	*universalinė parduotuvė*	*universālveikals*	*kaubamaja*
Bäckerei	*duonos parduotuvė*	*maiznīca*	*pagariäri*
Markt	*turgus*	*tirgus*	*tur*
Postamt	*paštas*	*pasta nodaļa*	*postkontor*
Briefmarke	*pašto ženklas*	*pastmarka*	*kirjamar*
Telefon	*telefonas*	*telefons*	*telefon*
Kreditkarte	*kredito kortelė*	*kredītkarte*	*krediitkaart*
Geldautomat	*bankomatas*	*bankomāts*	*pangaautomaat*
Wie viel kostet es?	*Kiek kainuoja?*	*Cik maksā?*	*Kui palju maksab?*
offen	*atdaras*	*atvērts*	*avatud*
geschlossen	*uždaras*	*slēgts*	*suletud*
Essen			
Restaurant	*restoranas*	*restorāns*	*restoran*
Café	*kavinė*	*kafejnīca*	*kohvik*
Frühstück	*pusrčyiai*	*brokastis*	*hommikusöök*
Mittagessen	*pietūs*	*pusdienas*	*lõunasöök*
Abendessen	*vakarienė*	*vakariņas*	*õhtusöök*
Suppe	*sriuba*	*zupa*	*supp*
Fisch	*žuvis*	*zivs*	*kala*
Gemüse	*daržovės*	*dārzeņi*	*juurvil*
Obst	*vaisiai*	*augļi*	*puuvil*
Nachtisch	*desertas*	*deserts*	*magustoit*
Getränke	*gėrimai*	*dzērieni*	*joo*

	Litauisch	Lettisch	Estnisch
Saft	*sultys*	*sula*	*morss*
Kaffee	*kava*	*kafija*	*kohv*
Bier	*alus*	*alus*	*õlu*
Wein	*vynas*	*vīns*	*vein*
Eiskrem	*ledai*	*saldējums*	*jäätis*
Wasser	*vanduo*	*ūdens*	*vesi*
Zucker	*cukrus*	*cukurs*	*suhkur*
Salz	*druska*	*sāls*	*sool*
vegetarisch	*vegetariškas*	*veģetārietis*	*taimetoitlane*
Speisekarte	*valgiaraštis*	*ēdienkarte*	*menüü*
Die Rechnung bitte!	*Prašom saskaita!*	*Lūdzu, rēķinu!*	*Arve, palun!*
Guten Appetit!	*Gero apetito!*	*Labu ēstgribu!*	*Head isu!*
Zum Wohl!	*Būk sveīkas!*	*Priekā!*	*Terviseks!*

Unterkunft

	Litauisch	Lettisch	Estnisch
Zimmer	*kambarys*	*istaba*	*tuba*
Schlüssel	*raktas*	*atslēga*	*võt*
Dusche	*dušas*	*duša*	*dušš*
frei	*laisvas*	*brīvs*	*vaba*

Notfall

	Litauisch	Lettisch	Estnisch
Hilfe	*Pagalbos!*	*Palīgā!*	*Appi!*
Polizei	*policija*	*policija*	*politsei*
Arzt	*gydytojas*	*ārsts*	*arst*
Krankenwagen/ Ambulanz	*greitoji pagalba*	*ātrās palīdzības mašīna*	*kiirabiauto*
Krankenhaus	*ligoninė*	*slimnīca*	*haigla*
Apotheke	*vaistinė*	*aptieka*	*apteek*

Buchtipps

Ausführlichere Informationen und vielfältige praktische Beispiele für den Reisealltag enthalten die kompakten **Sprachführer** der Kauderwelsch-Reihe aus dem REISE KNOW-HOW Verlag:

- **Litauisch – Wort für Wort** (Band 54)
- **Lettisch – Wort für Wort** (Band 82)
- **Estnisch – Wort für Wort** (Band 55).

Begleitend sind zudem jeweils *AusspracheTrainer* auf Audio-CD erhältlich.

6

Register

Die Autoren

Alexandra Frank lebt und arbeitet als freie Journalistin in Hamburg. Nach Studium und Volontariat begann sie, über die drei baltischen Staaten zu schreiben. Ihre Artikel über Estland, Lettland und Litauen sind in zahlreichen namhaften Zeitungen und Zeitschriften erschienen.

Die Aktualisierung des Estland-Teils haben **Thorsten Altheide** und **Heli Rahkema** übernommen. *Heli Rahkema* ist gebürtige Tallinnerin, lebt seit vielen Jahren in Deutschland und reist mit ihrer Familie regelmäßig und mit nie nachlassender Begeisterung nach Estland. *Thorsten Altheide* arbeitet als Verlagslektor und hat in Estland seine zweite Heimat gefunden.

Mirko Kaupat wuchs in Oldenburg auf. Als Absolvent der *Berliner Journalistenschule* führte ihn sein beruflicher und privater Weg nach Warschau, wo er seit 2002 lebt und als Autor, Journalist sowie Übersetzer arbeitet. Sein Vater verbrachte die Kindheit mit russischer Mutter und deutschem Vater im Baltikum und vermittelte ihm schon den Reiz und die Realität dieser Region, als sie noch zur Sowjetunion gehörte. Die erste eigene Reise ins Baltikum machte *Kaupat* per Fahrrad von der polnisch-litauischen Grenze bis nach Tallinn. Im Reise Know-How Verlag ist von ihm auch der Reiseführer „Ungarn" erschienen.

Schon als Teenager packte **Günther Schäfer** die Reiselust. Nach einem mehrjährigen Aufenthalt in Japan, wo der studierte Steuerrechtler als Englischlehrer und Universitätsdozent für Deutsch tätig war, richtete sich sein Interesse auf die Staaten der ehemaligen Sowjetunion bzw. auf die baltischen Länder. Besonders fasziniert war er von der Natur Litauens sowie der Gastfreundschaft und Herzlichkeit seiner Bevölkerung.